Sylt Lexikon

Landesamt für den Nationalpark Schleswig-Holsteinisches Wattenmeer, Kohlus 2002

Harry Kunz
Thomas Steensen

Sylt Lexikon

Herausgegeben vom Nordfriisk Instituut

NORDFRIISK
INSTITUUT

2002

Wachholtz Verlag

Wir danken für die Unterstützung
der redaktionellen Arbeit:

Sparkassenstiftung
Schleswig-Holstein

KULTURSTIFTUNG
Sparkasse Nordfriesland

Umschlagbilder vorne:
Das Leuchtfeuer „List-Ost" auf dem Ellenbogen (Foto: Melitta Kolberg)

Umschlagbilder hinten von links:
Biikebrennen in Tinnum, um 2000 (Foto: Volker Frenzel)
Jens Mungard (Nordfriisk Instituut, Sammlung Thomas Steensen)
Utlandfriesisches Haus in Keitum (Foto: Melitta Kolberg)
Strandleben vor Westerland im 19. Jahrhundert (Foto: Sylter Archiv)

ISBN 3-529-05518-2

2002

Wachholtz Verlag Neumünster

Bredstedt, Sommer 2002

Hiermit liegt zum ersten Mal ein umfassendes Lexikon über die Insel Sylt vor. Die Autoren haben sich um eine „ganzheitliche" Darstellung bemüht. Alle Themenbereiche von der Natur und Landschaft über die Geschichte und Kultur bis zur Politik und Wirtschaft werden berücksichtigt. Damit möchten die Autoren sowohl die Einheimischen als auch ihre Gäste ansprechen und in verständlicher Sprache Hintergrundwissen über die Insel vermitteln. Das Lexikon soll nicht nur als Nachschlagewerk dienen, sondern auch neugierig machen und einladen zum Schmökern, Blättern und Weiterlesen.

Die beiden Verfasser erarbeiteten das Buch „nebenher", also neben ihren eigentlichen beruflichen Verpflichtungen, in ungezählten Arbeitsstunden über viele Jahre. Nach einem von Thomas Steensen entwickelten Konzept haben beide Autoren die Arbeit gemeinsam betrieben. Harry Kunz verfasste den Großteil der Texte. Als Fachleute, denen für ihre Mühe herzlich gedankt sei, waren mit Rat und Tat behilflich:

Amt für ländliche Räume, Husum (Küste, Küstenschutz),
Prof. Nils Århammar (Sprache),
Dr. Thomas Borchardt, Landesamt für den Nationalpark (Naturkunde),
Dr. Hendrik Brunckhorst, Landesamt für den Nationalpark (Naturkunde),
Werner Haselbach (Allgemeines),
Barbara Hegenberger, Sylter Archiv,
Dr. Roland Klockenhoff (Naturkunde),
Lothar Koch (Naturkunde),
Jörn Kohlus (Karten),
Gerd Kühnast (Architektur, Bauen und Wohnen),
Dr. Klaus Lengsfeld †, Nordfriesisches Museum Husum (Malerei),
Hanns Egon Maurmann (Allgemeines),
Carmen Müller-Matzen (Allgemeines),
Landesamt für den Nationalpark Wattenmeer (Karten),
Prof. Dr. Jürgen Newig (Küstenschutz),
Albert Panten (Mittelalter und frühe Neuzeit),
Dr. Paul-Heinz Pauseback (Auswanderung),
Alwin Pflüger (Genealogie, Kapitäne),
Prof. Dr. Joachim Reichstein, Archäologisches Landesamt (Vor- und Frühgeschichte),
Prof. Dr. Ulrich Schulte-Wülwer, Museumsberg Flensburg (Malerei),
Dr. Maria-Gesine Thies, Sylter Heimatmuseum (Kunst und Kultur),
Dr. Erich Voß (Genealogie),
Dr. Manfred Wedemeyer (Allgemeines, Literatur).

Mit Hinweisen und Auskünften waren neben vielen anderen behilflich Wilhelm Borstelmann, Margit Conrad (Schleswig-Holsteinische Landesbibliothek), Niels Diedrichsen, Ute Farenburg, Prof. Dr. Ole Harck, Hans Hoeg, Frank Lubowitz, Traute Meyer, Prof. Dr. Gerhard Paul, Carla Petersen, Prof. Dr. Karsten Reise, Hartmut Schiller, Peter Schnittgard, Erk-Uwe Schrahé, Heinrich Schwarze, Martin Segschneider, Dr. Harald Voigt, Leo Wittmeier. An einzelnen Beiträgen des Lexikons wirkten Studierende der Universität Flensburg mit, insbesondere Jule Jessen, Imke Petersen und Hilke Rudolph.

Ganz besonderer Dank gilt dem Sylter Archiv für die vielfältige Hilfe bei den Recherchen und die Bereitstellung zahlreicher Abbildungen. Für außergewöhnliche Hilfsbereitschaft ist den Fotografen Volker Frenzel, Dr. Nis-Peter Jessen und Uwe Sönnichsen sowie Reinhard Scheiblich zu danken.

Bei aller Hilfe und allen Ratschlägen, die gerne angenommen wurden, verbleibt die Verantwortung für den Text selbstverständlich bei den Verfassern.

Verlag, Herausgeber und Autoren hoffen auf eine weite Verbreitung dieses Sylt-Lexikons und nehmen gern weiterführende Hinweise entgegen.

Harry Kunz
Thomas Steensen

Hinweise zur Benutzung des Lexikons

Kursive Zusätze in Klammern geben die friesischen Entsprechungen wieder. Außerdem sind alte Namen von Ortschaften, Namen von Schiffen, Zeitungen und Zeitschriften sowie nichtdeutsche Wörter in *Kursivschrift* gehalten.

Die in kleinerer Schrift gedruckten Angaben am Schluss der Artikel verweisen auf das Literaturverzeichnis. Die Angaben „Nordfriisk Instituut" und „Sylter Archiv" bedeuten, dass verschiedene in diesen Einrichtungen befindliche Materialien verwendet wurden.

Für verschiedene Themenbereiche musste die Auswahl beispielhaft getroffen werden. Dies gilt vor allem für die Vielzahl der Kapitäne und Kommandeure, Malerinnen und Maler, prominente Feriengäste, Schriftstellerinnen und Schriftsteller. Die genannten Personen stehen also stellvertretend für viele andere, die den Rahmen eines allgemeinen Sylt-Lexikons gesprengt hätten. Viele hier nicht Erwähnte hätten sicherlich eigene Publikationen verdient. Bei der Arbeit am Lexikon stellten die Autoren außerdem fest, dass insbesondere große Teile des Sylter Wirtschafts- und Erwerbslebens sich bisher kaum in Veröffentlichungen widerspiegeln. – Gastronomiebetriebe wurden in der Regel nur dann berücksichtigt, wenn sie sich in bemerkenswerten Gebäuden befinden oder in anderer Weise bedeutsam für die Sylter Geschichte waren. Von lebenden Personen wurden grundsätzlich keine Porträtfotos aufgenommen.

Herausgeber und Verlag danken allen Fotografen und Leihgebern. Trotz sorgfältiger Recherchen konnten nicht alle Inhaber der Bildrechte zweifelsfrei ermittelt werden. – Wir bitten gegebenenfalls um Mitteilung.

Aal *(Jil)* Der Aal ist ein beliebter Speisefisch. Er wird hierzulande in der Nordsee, aber auch in Flüssen und Kanälen gefangen. Als Räucheraal, gebratener Aal, Aal in Gelee oder Aalsuppe gelangt er auf die Sylter Speisekarte. Der Aal gehört zur Familie der schlangenähnlichen Knochenfische. Aus dem Laichgebiet in der Sargasso-See bei den Bermudas treiben die Larven mit dem Golfstrom über 7 000 Kilometer bis an die europäischen Küsten und beziehen ihre angestammten Lebensräume. Die männlichen Aale werden etwa zehn Jahre alt und bis zu 50 Zentimeter lang. Die Weibchen dagegen erreichen ein Alter bis zu 20 Jahren, werden bis zu 1,50 Meter lang und bis zu fünf Kilogramm schwer. Aale sind Allesfresser, ernähren sich aber überwiegend von Würmern, Weichtieren, Krebsen und kleinen Fischen. Im Alter von zehn bis zwölf Jahren sind sie laichbereit. Nun begeben sie sich fast ohne weitere Nahrungsaufnahme auf den bis zu drei Jahre dauernden Rückweg in die Sargasso-See, laichen dort und sterben.

Pabst 2000, Quedens 1997.

Abbruchkante *(Klefkant)* Die Sylter Küsten werden vor allem bei Hoch- und Sturmfluten stark bedroht. An der gesamten Brandungsküste sind Jahr für Jahr enorme →Landverluste zu beklagen. Bei Sturmfluten unterspült die See die Uferkanten und kann in wenigen Stunden bis zu 30 Meter breite Geländestreifen abreißen. Am deutlichsten zeigen dies die Abbruchkanten im Bereich des →Roten Kliffs, auf der →Hörnum-Odde und an der Westküste des Listlands. Ein Teil des Sandes lagerte sich an der Nordseite des →Ellenbogens wieder an und bildete die über 100 Hektar große so genannte Ellenbogenplatte. Durch →Sandaufspülungen konnten seit 1972 die Landverluste immer wieder ausgeglichen werden. An manchen Stellen wurde der Strand sogar so weit verbreitert, dass er wieder den Zustand von 1900 erreichte.

Als Abbruchkante bezeichnet man auch den deutlich sichtbaren Absatz zwischen höherem →Vorland und blankem Watt. Die stürmische See bricht hier ständig Bodenmaterial ab. Typisch sind solche Vorgänge vor allem im Bereich der →Halligen. Dort wurden ab 1890 die Uferkanten durch Steinauflagen befestigt. Ähnliches unterblieb an der Sylter Ostküste, wo deutliche Abbruchkanten vor dem Nössedeich und zwischen Morsum und Kampen zu finden sind.

J. Lorenzen 1992, Mager 1927, Matthiesen 2001, Newig 1995b u. 2002, Pachtenfels 2001, Stadelmann 1981.

Abessinien heißt der →FKK-Strand bei Buhne 31 zwischen Wenningstedt und Kampen. Seinen Namen verdankt er wahrscheinlich einer kuriosen Begebenheit im Jahre 1935. Der französische 6 000-Tonnen-Frachter →*Adrar* war in einem schweren Oktobersturm gestrandet und blieb bis August 1936 vor der Küste liegen, bis ihn die Reederei schließlich zum Abwracken entfernen ließ. Da es während der gesamten Zeit verboten war, sich dem Schiff zu nähern, brodelte die Gerüchteküche. Schließlich verdichteten sich die umlaufenden Geschichten dahin, dass das Schiff Gewehre für Italiens Überfall auf Abessinien, das heutige Äthiopien, geladen habe. Die Spekulationen erwiesen sich später als falsch, doch behielt der Strand seine Bezeichnung. Eine andere Namensdeutung sucht den Ursprung im Zweiten Weltkrieg. Soldaten sollen den Namen geprägt haben, weil auch Abessinien Kriegsschauplatz war. Sie fühlten sich am Sylter Strand ebenso fremd und so weit weg von der Heimat wie ihre Kameraden in Afrika.

In den 1950er Jahren wurden mehrfach in verschiedenen Sylter Geschäften Postkarten beschlagnahmt, die Motive vom FKK-Strand Abessinien zeigten. Die polizeilichen Aktionen verhalfen ihm zu noch größerer Popularität. Besondere Attraktion am Strand ist der Restaurant- und Saunabetrieb „Wonnemeyer“.

Nordfriisk Instituut, Wedemeyer 1996b.

Aal (Walter Fiedler; gezeichnet von Thomas Bruske)

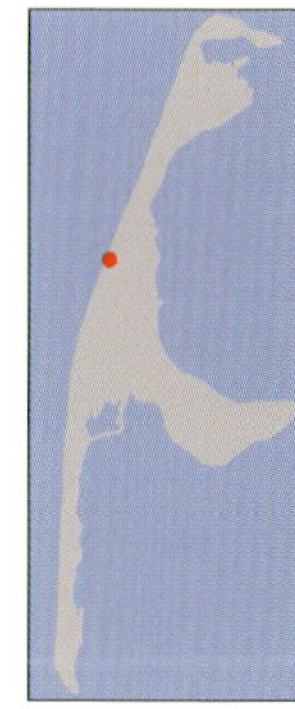

Abessinien

Riesige Sandverluste verursachte der Orkan „Anna“ im Februar 2002 am Weststrand. Links die freigespülten Tetrapoden an der Abbruchkante. (Foto: Uwe Sönnichsen)

Abgaben *(Skaten, Stjüüren)* Die Titel alter Steuerakten zeigen, dass die Obrigkeiten schon immer versuchten, an möglichst vielen Einkünften und Vermögen ihrer Untertanen mitzuverdienen. Ursprünglich waren die Abgaben Naturalverpflichtungen, doch wurden sie nach und nach von Geldleistungen abgelöst. Sie lasteten zunächst nur auf dem Grundbesitz. Der dänische Staat forderte eine pauschale Summe von der Insel Sylt. Die verschiedenen →Bauerschaften legten den Betrag auf die einzelnen Landeigner um. Obwohl die Sylter durch Sandverwehungen und Sturmfluten eine Menge Land verloren hatten, dauerte es viele Jahre, bis 1638 die Berechnungsgrundlage, die so genannte Pflugzahl, den tatsächlichen Gegebenheiten entsprechend von 100 auf 52 Pflüge herabgesetzt wurde. Weiter zahlten die Sylter u. a. Torf-, Gänse-, Austern- und Rochenpfahlschlagsteuern – letztere selbst dann noch, als die ökonomischen Grundlagen längst nicht mehr gegeben waren. Dies waren Gründe für die fast sprichwörtliche Abneigung der Friesen gegen das Steuerzahlen, die immer wieder zu Konflikten und Auseinandersetzungen führte. Am Beispiel der Sagenfigur →Pidder Lüng haben C. P. →Hansen und andere dies verdeutlicht. Um z. B. an der einträglichen Sylter →Seefahrt im 17./18. Jahrhundert teilzuhaben, führte der Staat zusätzlich eine Vermögenssteuer ein. Außerdem hatte nun jeder Einwohner über 16 Jahren eine persönliche Kopfsteuer zu entrichten. Auch Brandsteuern wurden erhoben, deren Höhe sich nach den Schadensfällen im Amt Tondern richtete. Für die Hebung und Weiterleitung der Abgaben an die Hauptkasse in Rendsburg sorgte auf Sylt der →Landvogt. 1762 wurde wegen eines vermeintlich bevorstehenden Krieges eine jährliche Steuer eingeführt, die beibehalten wurde, obwohl der Krieg nie stattgefunden hat. 1807 erging eine Hundesteuerverordnung, die allerdings bis 1860 nicht umgesetzt wurde.

Camerer 1756, Rinken 1992, Voigt 1967.

In der *Sylter Kurzeitung* vom 31. August 1901 klärte eine Anzeige den Verbleib des Abwassers im Seebad Westerland auf. (Sylter Archiv)

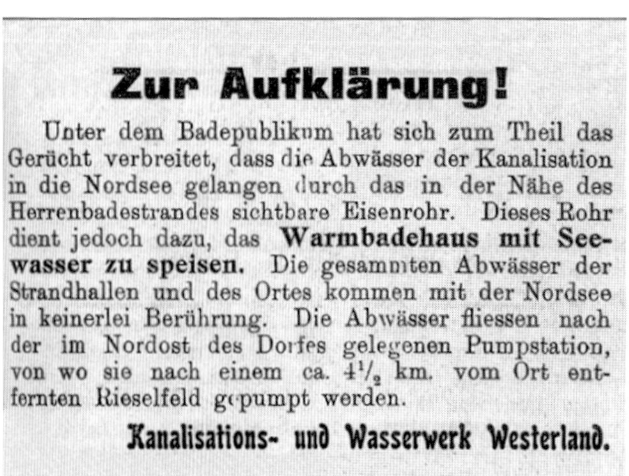

Zur Aufklärung!

Unter dem Badepublikum hat sich zum Theil das Gerücht verbreitet, dass die Abwässer der Kanalisation in die Nordsee gelangen durch das in der Nähe des Herrenbadestrandes sichtbare Eisenrohr. Dieses Rohr dient jedoch dazu, das **Warmbadehaus mit Seewasser zu speisen.** Die gesammten Abwässer der Strandhallen und des Ortes kommen mit der Nordsee in keinerlei Berührung. Die Abwässer fliessen nach der im Nordost des Dorfes gelegenen Pumpstation, von wo sie nach einem ca. 4½ km. vom Ort entfernten Rieselfeld gepumpt werden.

Kanalisations- und Wasserwerk Westerland.

Abstimmung →Volksabstimmung

Abuurt ist ein Ortsteil von Morsum.

Abwasser wurde früher in hauseigenen Gruben gesammelt, Fäkalien gelangten in Blechtonnen. Die Abfuhr der Tonnen und das Auspumpen der Gruben besorgte im aufstrebenden →Seebad Westerland die Gemeinde. Die Arbeit übernahmen Tinnumer Bauern, die die Abfälle auf der Heide verteilten. Ab 1901 wurden die Abwässer in einem 8 000 Meter langen Kanalnetz aufgefangen und zunächst zu einem Sammelbrunnen geleitet. Nach dem Abfischen der festen Bestandteile gelangte das Wasser in ein Rieselfeld in den Dünen südlich von Westerland. 1950 waren dessen Kapazitäten erschöpft. Bis zum Bau einer Kläranlage 1952 diente das →Rantumbecken als Notbehelf. 1966 war Westerland vollständig kanalisiert. Nach Erweiterungen der Anlage konnten nach und nach auch die Abwässer der umliegenden Ortschaften aufgenommen werden.

Voigt 1993.

Ackermann, Harald * 21.11.1810 Kiel, † 5.9.1873 Oldesloe, Arzt. Ackermann wirkte 1839-55 als →Landschaftsarzt auf Sylt. In seiner 1854 erschienenen wissenschaftlichen Untersuchung „Das Wetter und die Krankheiten" befasste er sich früh mit den Zusammenhängen zwischen Klima und Erkrankungen. Auf Sylt beobachtete er eine auffällige Erkrankungshäufigkeit im Frühjahr im Vergleich zu dem „sehr günstigen Gesundheitszustand" während der übrigen Jahreszeiten. C. P. →Hansen war er behilflich bei der Ordnung seiner Sammlung vor- und frühgeschichtlicher Fundstücke. 1855 wurde er zum Stadtarzt von Oldesloe berufen.

In einer Untersuchung schrieb Ackermann 1854 über seine Sylter Patienten: „Unter diesen werden weder Reichthum noch Armuth, weder Übermaß der Arbeit noch Unthätigkeit und einseitige Anstrengungen, weder dichtgedrängte Wohnungen noch Wohnstätten auf sumpfigem Boden gefunden. Syphilis, Skropheln und Krätze sind beinahe unbekannt, und in jeder Beziehung zeigt das physisch und geistig sehr entwickelte Völkchen einen trefflichen Gesundheitszustand."

Ackermann 1854, Klockenhoff 1988.

Adler-Schiffe Sven →Paulsen leitet die von seinem Vater Kurt 1950 auf Nordstrand gegründete „Insel- und Halligreederei" heute von Westerland aus. Sieben seiner über 20 Schiffe sind in Nordfriesland stationiert, vier davon in Hörnum und List, zwei auf der Halbinsel Nordstrand. *Adler IV* in Hörnum fährt zu den Inseln Amrum und Föhr und zu den Halligen Gröde, Hooge und Langeneß. *Adler VI* bietet tägliche Fahrten zu den Seehundbänken und Kurzfahrten um die gefährdete →Hörnum-Odde herum an. *Adler VII* unternimmt vom Lister Hafen aus Kurzausflüge um den →Ellenbogen herum. Der 60 Jahre alte Segelkutter *Gret →Palucca*, benannt nach der Ausnahmetänzerin, kommt von List aus als Piratenschiff für Kinder und für Fahrten zu den Seehundbänken mit Seetierfang zum Einsatz.
Der in Schweden konstruierte *Adler-Express* ist das Flaggschiff der Reederei. Seit 1994 verkehrt das Schiff, das 420 Passagieren Platz bietet, zweimal täglich zwischen Strucklahnungshörn auf Nordstrand und Hörnum mit Zwischenstopps auf der Hallig Hooge und in Wittdün auf Amrum. Seit 1999 wird der 1905 in den Niederlanden gebaute Seitenraddampfer →*Freya* eingesetzt. Der „Orient-Express" der Nordsee kann 250 Personen beherbergen und ist zeitweise auch von Kiel aus im Einsatz. Aus wirtschaftlichen Erwägungen verlegte der Reeder den Großteil seiner Flotte in die Ostsee und auf die Oder, wo ein zollfreier Warenverkauf an Bord noch möglich ist.

Nordfriisk Instituut.

Adler-Express, Baujahr 1993 (Foto: Adler-Schiffe, Cramers Kunstanstalt Dortmund)

Adrar Der französische Frachter *Adrar* lief 1935 bei Buhne 31 zwischen Wenningstedt und Kampen auf Grund. Drei Männer wurden vom Sylter →Freiwilligen Rettungs-Corps mit einer Hosenboje an Land gezogen. Weitere Hilfe lehnte der Kapitän ab. Niemand durfte sich dem Schiff nähern, allerhand Spekulationen kamen auf. Die Ansicht, das Schiff könne italienische Waffen für einen Überfall auf →Abessinien geladen haben, hielt sich am hartnäckigsten. Sie erwies sich als falsch, an Bord befanden sich lediglich Porzellan, Holzstämme und Palmöl. Im August 1936 wurde das Schiff zum Abwracken geschleppt.

Nordfriisk Instituut.

Neugierige fotografieren den am 20. Oktober 1935 gestrandeten Dampfer Adrar. (Sylter Archiv)

ADS-Schullandheim Das Schullandheim in der ehemaligen „Torbogenkaserne" der deutschen Wehrmacht in Rantum wurde 1951 von der →Arbeitsgemeinschaft Deutsches Schleswig in Betrieb genommen. In den 1970er Jahren baute sie es zu einem Kurheim mit Mutter-Kind-Station und Freizeitzentrum aus. Jährlich verbringen hier bis zu 350 Mütter und 500 Kinder einen Kuraufenthalt. Die Einrichtung ist nach dem früheren Landesminister Gerd Lausen benannt, der von 1975 bis zu seinem Tod 1993 der ADS vorstand.

Nordfriisk Instituut.

Aereboe, Albert * 31.3.1889 Lübeck, † 6.8. 1970 Lübeck, Maler. Nach seiner Ausbildung u. a. an der Bayerischen Kunstakademie in München ließ sich der Sohn eines Lübecker Dompredigers nach dem Ersten Weltkrieg als freischaffender Künstler in seiner Heimatstadt nieder. 1919 lernte er als Professor an der Staatlichen Kunstschule in Kassel seine Frau, die Malerin und Weberin Julie Katz (1888-1927), kennen. 1925 siedelte das Paar nach Sylt über und bezog 1927 eine kleine Hütte in den Lister Dünen. Aereboe befand sich auf dem Höhepunkt seines Schaffens. In der noch unberührten Natur des Listlands entstanden Werke, die sich mit der Sylter Landschaft, vor allem mit den Dünen und Pflanzen, befassten. Der plötzliche Tod seiner Frau inspirierte ihn zu einer Reihe von Bildern wie „Julies blauer Malerkittel" (1927), „Der Einsiedler" (1927), „Das tote Lamm" (1928) oder „Der Alchimist" (1928). Sie ließen ihn in die europäische Avantgarde aufsteigen. Aereboe pendelte nun zwischen Sylt und Berlin und übersiedelte 1939 endgültig zu seiner Schwägerin in die Hauptstadt. Nach einer Ausbombung im Zweiten Weltkrieg und dem Verlust eines Großteils seiner Werke 1943 kehrten beide nach Sylt zurück und bewohnten das Kampener Haus der Schwägerin. 1959 wurde Aereboe Ehrenbürger von Kampen. Im selben Jahr starb seine Schwägerin, und der Maler verbrachte seine letzten Lebensjahre in Lübeck. Beigesetzt wurde er auf dem Friedhof in Wenningstedt.

Schulte-Wülwer 1996, SHBL 8, SHL 1983, Wedemeyer 1981b u. 1986.

Agrarverfassung Die ursprüngliche Sylter Agrarverfassung war die Hufenverfassung. Zur Hufe zählten der Bauernhof, der Haus- und Hofplatz und die Toft, ein unmittelbar angrenzendes eingefriedetes Feld, als unveränderliches Privateigentum. Dazu kamen ein fester Anteil am Ackerland, das bis zur →Verkoppelung in so genannter Gemengelage existierte, und ein Anteil am Wiesen- und Weideland der →Bauerschaft. Die Bauernstellen unterschied man nach „Bondengütern" und nach „Festen". Bonden waren freie Eigentümer, Fester dagegen Pächter der Ländereien von Staat oder Kirche. Beim Erbgang galt das Jüngstenerbrecht, doch sind auch viele Fälle von Erbteilungen bekannt. Mit der Übernahme der Herzogtümer Schleswig und Holstein 1867 durch den preußischen Staat wurden die Festegüter in Privateigentum umgewandelt.

Meyer 1938.

Ahlborn, Knud * 14.3.1888 Hamburg, † 9.5.1977 Kampen, Arzt. Bereits als Primaner gründete Ahlborn 1905 den Hamburger Wanderverein und als junger Medizinstudent 1906 die Akademische Freischar. 1913 hielt er auf dem Freideutschen Jugendtag auf dem Hohen Meißner seine berühmte „Feuerrede" mit der Willenserklärung: „Die Freideutsche Jugend will aus eigener Bestimmung, vor eigener Verantwortung, mit innerer Wahrhaftigkeit ihr Le-

Albert Aereboe: „Dünenlandschaft bei List" um 1938, Leinwand, 71 x 138 cm, Nordfriesisches Museum Husum

Knud Ahlborn, gemalt von E. Bowien 1957, Öl auf Leinwand, 60 x 45 cm (Klappholttal)

ben gestalten." In einem Telegramm bat er den deutschen Kaiser kurz vor dem Ersten Weltkrieg, „in letzter Minute eine äußerste Anstrengung für die Erhaltung des Friedens zu machen und die Jugend der Welt vor dem entsetzlichen Unglück eines Krieges zu schützen". Als bedeutende Persönlichkeit der Jugendbewegung gründete Ahlborn 1919 auf Sylt aus dem Rest von sechs Baracken der kaiserlichen Marine ein Jugendlager als Sammlungs- und Begegnungsstätte, das spätere Nordseeheim →Klappholttal, das er bis 1971 leitete. Programmatisch wurden eine einfache Lebensweise, die Abkehr vom zivilisatorischen Überschwang und die gegenseitige, vorurteilsfreie Achtung auch des Andersdenkenden. 1924 schuf er zusammen mit Ferdinand →Goebel den →Verein Naturschutz Insel Sylt. Wegen seines Einsatzes zum Schutz der auf den Sylter Heiden wachsenden stark bedrohten →Arnika erhielt er den Beinamen „Dr. Arnika". 1935 erreichte er die Anerkennung der Kampener Vogelkoje als Naturschutzgebiet. 1953 gründete Ahlborn die Ferdinand-Avenarius-Gesellschaft und blieb bis zu ihrer Auflösung 1976 Vorsitzender.

Ahlborn 1960, Ahlborn/Goebel 1933, Wedemeyer 1977b.

Aids-Hilfe Sylt e. V. Die Vereinigung zur Hilfe bei HIV-Infektionen wurde 1990 u. a. von dem Maler Harro →Falkenreck in Westerland gegründet. Ihr Zuständigkeitsgebiet umfasst den gesamten Kreis Nordfriesland. Beratungsstellen gibt es neben Westerland auch in Niebüll und Husum (in Vorbereitung). Der Verein finanziert seine Arbeit durch Landes- und Kreiszuschüsse, Spendeneinnahmen und Mitgliedsbeiträge. Seine Ziele liegen in einer bewussten Gesundheitsvorsorge und in der Beratung und Betreuung HIV-infizierter oder an Aids erkrankter Menschen.

Nordfriisk Instituut.

Akademie am Meer lautet seit 1977 der Name der ehemaligen Heimvolkshochschule →Klappholttal.

Albers, Hans * 22.9.1891 Hamburg, † 24.7.1960 Kempfenhausen/Bayern, Schauspieler. Hans Albers gehörte zur internationalen →Prominenz, die zu Beginn der 1930er Jahre die Insel Sylt für sich entdeckte. Der „singende Seemann", dem besonders der →Eiergrog mundete, ist u. a. in den Gästelisten des Westerländer Hotels →Miramar sowie der exklusiven Nachtbar →Trocadero zu finden.

Hans Albers auf Sylt um 1930 (Sylter Archiv)

Alberts, Jacob * 30.6.1860 Westerhever/Eiderstedt, † 7.11.1941 Malente, Maler. Ausgebildet an den Kunstakademien von Düsseldorf, München, Florenz und Paris, fand Alberts ab 1890 in Berlin schnell künstlerische Anerkennung. 1892 schloss er sich mit Walter →Leistikow und anderen zur „Vereinigung der XI" zusammen, einem Vorläufer der Berliner Sezession. Zu seinen Freunden zählte der Langenhorner Philosoph Friedrich Paulsen, dessen Tochter Alberts 1911 heiratete. Von Berlin aus bereiste er im Sommer regelmäßig seine nordfriesische Heimat und entwickelte vor allem mit Landschaftsbildern eine eigene Ästhetik. Neben den Halligen, die er mit einer Reihe von Bildern in die deutsche Malerei einführte, wirkte Alberts auch auf Föhr und Sylt. Hier schuf er 1896 die „Dünen auf Sylt" und 1898 das Aquarell „Wanderdünen auf Sylt", das sich in der Kieler Kunsthalle befindet. 1900 malte er im Listland, 1907 entstand die „Abendstimmung auf Sylt". Viele seiner Bilder, darunter mit dem Ölbild „Kaffeegesellschaft" (1895) und der „Beichte auf Oland" (1891) zwei Hauptwerke, sind im Nordfriesischen Museum in Husum zu

sehen. Alberts wurde in Westerhever begraben.
Frenssen 1920, Haupenthal/Krähe/Lengsfeld 1999, Schulte-Wülwer 1996, SHL 1983.

Alfred-Wegener-Institut Das AWI ist seit 1998 Träger der →Wattenmeer-Station in List. Sie wurde 1924 als Filiale der Biologischen Anstalt Helgoland (BAH) zur Erforschung der Austernvorkommen und der Meeresströmungen auf Sylt eingerichtet.

Alkoven (arabisch: *el kobbah* = Zelt, Kuppel, Gemach) ist die Bezeichnung für eine Bettnische. Die ursprünglich arabische Raumform wurde von den Spaniern übernommen und verbreitete sich Mitte des 17. Jahrhunderts über alle europäischen Länder. Deshalb sind die Wandbetten auch in den alten →utlandfriesischen Häusern anzutreffen. Die relativ kleinen Schlafkästen (1,70 bis 1,80 Meter lang, 1 Meter tief) waren in die Wände zwischen den Zimmern eingelassen und mit Türen oder Vorhängen abtrennbar. Reichte die Länge des Alkovens nicht aus, ruhte man halb aufgerichtet mit mehreren Kissen im Rücken. Die Eltern schliefen in den Alkoven in der →*Kööv*, Kinder und Gesinde – bis zu drei oder vier Personen in einem Bett – in Wandbetten auf der Diele, in der Küche oder in der Kammer. Der Hohlraum unter der Matratze wurde als Aufbewahrungsort z. B. für Kartoffeln genutzt und bildete nicht selten eine ideale Niststätte für Mäuse. Mit der allgemeinen Verbesserung der Lebensbedingungen und der Hygiene verschwanden zu Beginn des 20. Jahrhunderts auch auf Sylt die letzten Alkoven aus dem Alltagsleben. Zu besichtigen sind sie noch im →Altfriesischen Haus in Keitum.

Adelbert Graf →Baudissin schrieb 1865 in seinem Buch „Schleswig-Holstein – Meerumschlungen": „Ganz abgesehen von der Gefahr, in den Eiderdaunen zu ersticken und in dem weichen Unterbett zu versinken, ist das Bett so kurz, daß man sich nicht der Länge nach ausstrecken kann. Man muß wegen der unzähligen Kopfkissen aufrecht sitzen, kann das schwere Oberpfühl nicht von der Stelle bewegen und schnappt nach Luft wie ein Gehenkter."

Baudissin 1865, Grunsky 2000a, Kühnast 2000c, Mehl 1999.

Einer der Alkoven im →Altfriesischen Haus in Keitum (Foto: Reinhard Scheiblich)

Allgemeiner Sylter Verein →Sylter Verein

Allmende war der meist unkultivierte Teil der Gemeindeflur, der sich im Gemeineigentum der Dorfgenossen befand. Gewöhnlich handelte es sich um Moor-, Sumpf-, Heide-, Wald- und Ödland, das als Gemeindeweide *(Büürgērsing)* oder zur Schweinemast, Holznutzung, Jagd, Fischerei und →Plaggendüngung genutzt wurde. Auf der nordfriesischen Geest und auf Sylt bildete die Allmende eine unbedingt notwendige Ergänzung zum Ackerland, denn nur ein ausreichender Viehbestand ermöglichte eine Düngung der armen Sandböden. Die Nutzungsrechte an der Allmende richteten sich nach der Hofgröße der Bauern und waren unveräußerlicher Bestandteil des betreffenden Hofes. Gegen Ende des 18. Jahrhunderts wurde im Zuge der →Verkoppelung die Allmende abgeschafft. Doch sofort schlossen sich die Archsumer und Morsumer Bauern einmütig zusammen, um weiterhin ihre Weiden und Heiden gemeinsam zu nutzen, während die Äcker Privateigentum blieben. Diese letzten Reste der mittelalterlichen Agrarverfassung wurden erst mit der Bedeichung des Nössekooges 1937 außer Kraft gesetzt. Je eine Losinteressentenschaft, „Vereine alten Rechts", besteht noch in Kampen und in Braderup. Die Eigentümergemeinschaften widmen sich vor allem der Erhaltung ihrer Heideflächen.
Gemeinde Kampen 1994, Koehn 1974, Wenk 1967.

Das Altfriesische Haus in Keitum (Foto: Reinhard Scheiblich)

Alpenstrandläufer →Vögel

Alte Friesenstube Die Westerländer Gaststätte in der Gaadt befindet sich in dem wohl ältesten noch erhaltenen Haus auf Sylt. Es wurde 1648 erbaut aus den Resten der Häuser von →Eidum, zum Teil auch aus den größeren Steinen der Eidumer Kirche. Es war damals nur vier Fach (etwa 10-12 Meter) groß. 1826 wurde es von Christian Matzen vollkommen umgebaut und erhielt einen „Friesengiebel". Im 20. Jahrhundert wechselte das Haus häufig den Besitzer. Ab 1955 wurde es zu einer Gaststätte, die 1976 wieder aufgegeben wurde. Es drohte der Verfall des unbewohnten Gebäudes. 1980 kauften die Geschwister Schacht die „Alte Friesenstube", restaurierten das Haus sachverständig und führten es als Gaststätte weiter.

Sylter Archiv.

Alte Post In Absprache mit Generalpostmeister Heinrich von →Stephan ließ der Sylter Hotelier Adam Hast 1892 ein Gebäude in Westerland errichten und vermietete es an die Kaiserliche →Post. Diese kaufte das Haus 1896 und erweiterte es um einen Anbau. 1897 wurde das Fernsprechkabel nach Sylt verlegt und 1904 für den Fernmeldebetrieb der Nordtrakt errichtet. 1975 bezog die Bundespost einen Neubau in der Kjeirstraße. 1981 erwarb die Stadt Westerland die Alte Post, um sie abzureißen und ein Parkhaus zu errichten. Einer Bürgerinitiative ist es zu verdanken, dass das historische Haus in der Stephanstraße erhalten wurde. Nach einigen Umbaumaßnahmen 1985 quartierte die Stadt ihre →Bücherei, das →Sylter Archiv, die Geschäftsstellen der →Bädergemeinschaft und der Fremdenverkehrszentrale und die Fraktionsräume der Parteien in der „Alten Post" ein. Auch die Stadtgalerie mit ständig wechselnden Ausstellungen fand hier ihren Platz.

Petersen 1987.

Altfriesisches Haus Das Hausmuseum in Keitum vermittelt Einblicke in die Sylter Kulturgeschichte des 18. und 19. Jahrhunderts. Das genaue Entstehungsdatum des Gebäudes ist unbekannt, doch wurde es mit hoher Wahrscheinlichkeit vor 1700 erbaut. 1739 übernahm Kapitän Peter →Uwen das Haus und ließ es renovieren. Daher stammen die Maueranker an der Westseite. Sein jüngster Sohn, der Kapitän und →Landesgevollmächtigte Bleik Peter Uwen (1740-1806), erweiterte das Gebäude 1784 und schmückte es mit →Fliesen aus. Seine Frau vererbte das Haus ihrem Enkel Bleik →Peters. Dessen Mutter Erkel (1798-1857) heiratete 1844 den Sylter Chronisten C. P. →Hansen, der das Anwesen 1850 von seinem Stiefsohn kaufte. Hansen richtete in dem Haus eine heimatkundliche Sammlung ein. Nach seinem Tod 1879 wurde es bis 1900 von seiner dritten Frau Gondelina weiter bewohnt, während der Lehrer Christian →Jensen die Sammlung verwaltete. Große Teile nahm er jedoch mit nach Föhr und vererbte sie seiner Fa-

milie. Seit 1907 besitzt die →*Söl'ring Foriining* das Gebäude.
In den vier Wohnräumen des →utlandfriesischen Hauses sind vor allem Möbel, Hausrat und Fliesen zu sehen. Der zentrale Blickfang der →*Kööv* ist der →Bilegger. Ein Fliesentableau über dem Ofen zeigt ein niederländisches Schlachtschiff. Beiderseits der zum →*Piisel* führenden Tür ist je ein →Alkoven in die Wand eingelassen. Die Holzpaneele bemalte der Künstler →Korwan-Katzenstein. Weiter bestechen die Wand- und Deckenmalereien im Rokokostil sowie ein eingebauter Vitrinenschrank. Hinter einer Zimmertür im *Piisel* befindet sich eine verborgene steile und verwinkelte Treppe zu einer kleinen Kammer. An deren Südwand mit Blick auf das Wattenmeer ist ebenfalls ein Alkoven eingebaut. Hier saß C. P. Hansen oft bei seinen Schreibarbeiten. Seine heimatkundliche Sammlung wurde in das →Sylter Heimatmuseum ausgelagert. In der Museumsweberei werden auf anschauliche Weise Geschichte, Gerät und Techniken des →Webens auf Sylt gezeigt.

Janus 1998, Schmidt-Rodenäs 1981, Thies/v. Bremen-Jessel 1995, Voß 1987.

Altjahresumritt *(Niijaarsrüter)* und →Maskenlaufen sind alte Sylter Silvesterbräuche, die vorwiegend in Morsum noch lebendig, ansonsten aber nahezu in Vergessenheit geraten sind. Menschen reiten, oftmals verkleidet, von Haus zu Haus, um für das neue Jahr Glück zu wünschen und als Gegenleistung einen Satteltrunk zu empfangen.

Rinken 1992, Tholund 2000a.

Alt-List →List

Ambrosius, Eduard Arnold * 27.5.1745 Flensburg, † April 1805 Friedrichstadt, Landvogt. Ambrosius bekleidete 1789-94 das Amt des →Landvogts auf Sylt. Wegen Unregelmäßigkeiten in seiner Geschäftsführung wurde er entlassen. In seiner erst 1799 veröffentlichten Schrift „Ueber meine Suspension und Entlassung von der Landvogts-Bedienung auf Sylt" wehrte er sich offenbar erfolgreich gegen die Beschuldigungen, denn 1796 ist er wieder Landvogt auf Föhr. 1792 ließ er auf eigene Kosten seine Schrift „Kurze Nachrichten von der Insel Sylt" drucken.

Landvogt Eduard Ambrosius tadelte in seiner Schrift von 1792 vor allem den Küstenschutz auf Sylt: „Gewiß ist es wohl, dass nirgends leichter und mit größerm Nutzen eine Bedeichung vorgenommen werden könnte, als eben hier. Die Bedeichung ist hier auch um desto leichter, da der Deich auf festem, trockenem Boden gesetzt werden kann, indem das Ufer an den meisten Stellen höher als das zu bedeichende Land liegt. Auch die Unterhaltung eines gut angelegten Deiches ist hier nicht so schwer, da solcher von Ost nach West geht und wegen der Dünen, auch bei westlichen Winden und der höchsten Fluth, die See auf denselben keinen starken Anschlag hat, da sie nicht gerade auf denselben eindringt."

Ambrosius 1792, SLL Nr. 10 (1935).

Amrum *(Aamrem)* ist die südliche Nachbarinsel Sylts im nordfriesischen Wattenmeer. Von Hörnum/Sylt gibt es regelmäßige Schiffsverbindungen nach Amrum. Ebenso starten von hier Ausflugsfahrten, die auch die Insel Föhr und die Halligen zum Ziel haben. Die Route führt um die ganze Westküste Amrums herum bis zum Hafen Wittdün an der Südspitze und dauert anderthalb Stunden. Mit rund 30 Quadratkilometern und etwa 2 400 Einwohnern (2001) in den drei Gemeinden Nebel (mit Süddorf und Steenodde), Norddorf und Wittdün ist Amrum die kleinste der drei →Geestinseln Nordfrieslands. Eindrucksvolle landschaftliche Formationen sind der bis zu 1,5 Kilometer breite und etwa 15 Kilometer lange Kniepsand an der Westküste und der sich binnenwärts anschließende etwa 1,5 Kilometer breite Dünengürtel. Der überwiegende Teil der Insel ist →Geestland, im Norden liegt die flächenmäßig sehr kleine Norddorfer →Marsch. Amrum besitzt mit rund 200 Hektar Wald den größten Baumbestand aller nordfriesischen Inseln.
Früher lebten die Amrumer hauptsächlich von der Seefahrt und dem Fischfang, heute vom Fremdenverkehr. Der 1875 in Betrieb genommene, mit 64 Metern höchste Leuchtturm der deutschen Nordseeküste darf noch bestiegen werden, und auch zwei Mühlen konnte man erhalten. Eine davon, ein „Erdholländer" von 1771 in Nebel, dient seit 1964 als Amrumer Heimatmuseum. Auf dem Kirchhof der Sankt Clemens-Kirche in Nebel stehen 90 „sprechende Grabsteine", die teilweise ganze Lebensläufe vor allem von Seefahrern in Bild und Text wiedergeben. Wie auf Sylt findet man auch auf Amrum eine Vogelkoje und frühzeitliche Grabhügel.

Die Linienverbindungen zum Festland verlaufen über Wyk auf Föhr nach Dagebüll sowie über die Halligen Langeneß und Hooge nach Schlüttsiel im Hauke-Haien-Koog. Bei Ebbe kann man zu Fuß in zwei Stunden zur Nachbarinsel Föhr gelangen.
Mit Ausnahme von Wittdün wird auf Amrum auch Friesisch gesprochen: das *Öömrang*. Es ist ein dem Föhrer *Fering* verwandter Inseldialekt. Der Heimatverein *Öömrang Ferian* ist ein Teil der →friesischen Bewegung.

Hansen 1964, Quedens 2000c, Quedens / Hingst / Stück / Wilts 1991.

Amt Landschaft Sylt Vor 1864 gehörte die →Landschaft Sylt zum Amt Tondern, dem ein →Amtmann vorstand. Mit dem Übergang an →Preußen wurden viele der Ämter des ehemaligen Herzogtums →Schleswig zu →Kreisen umgebildet und diese wiederum in neue, kleinere Amtsbezirke untergliedert. Ganz Sylt gehörte nun zum Kreis →Tondern, seit der Volksabstimmung von 1920 zum Kreis →Südtondern. Bei der Gebietsreform von 1970 entstand der →Kreis Nordfriesland mit 16 Ämtern und 125 Gemeinden, darunter das Amt Landschaft Sylt mit Sitz in Keitum. Es verwaltet die fünf Sylter Gemeinden Hörnum, Kampen, Rantum, Sylt-Ost und Wenningstedt-Braderup mit zusammen rund 9 300 Einwohnern (2001). Die Stadt Westerland und die amtsfreie Gemeinde List haben eigene Verwaltungen.

Steensen 1996a, Sylter Archiv.

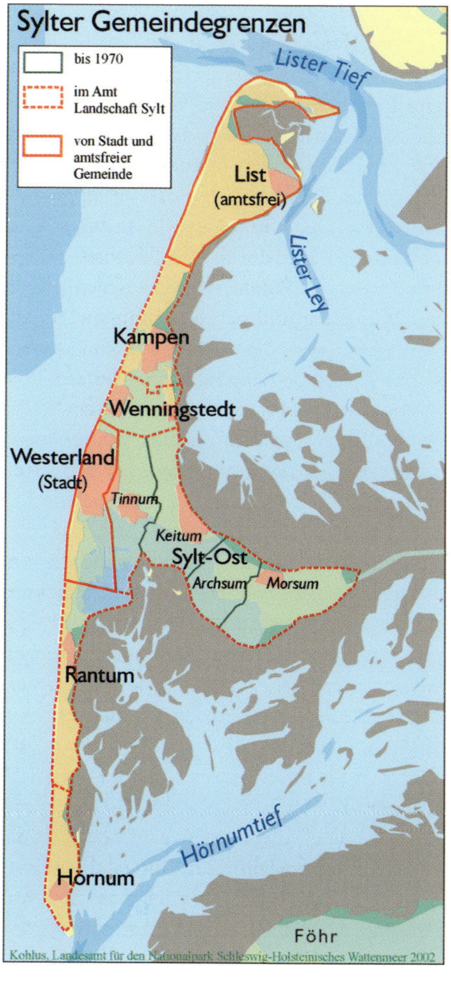

Amtmann Der jeweilige Amtmann von →Tondern war der höchste Repräsentant der Landesherrschaft vor Ort. Er residierte auf dem Festland und erschien eher selten persönlich auf Sylt. Hier ließ er sich durch einen →Landvogt vertreten. Der Sohn des Tonderner Amtmanns Henning →Pogwisch wurde nach einer von C. P. →Hansen erfundenen „Sage" von dem Fischer →Pidder Lüng ermordet. Bis zum Ende der Zugehörigkeit der Herzogtümer →Schleswig und Holstein zum dänischen Gesamtstaat stammten die Amtmänner immer aus adeligen Familien. Nach 1867 wechselten sie teilweise in die Landratsämter der neu gebildeten →Kreise in der preußischen Provinz →Schleswig-Holstein.

Nordfriisk Instituut.

„Anatol" (3. Dezember 1999), „Kerstin" (30./31. Januar 2000) und „Anna" (26. Februar 2002) gingen als die bislang heftigsten Orkanstürme seit der Aufzeichnung der Wetterdaten in die Sylter Sturmflutgeschichte ein. Mit Windgeschwindigkeiten bis zu 180 km/h und Wasserständen bis zu drei Metern über dem mittleren Hochwasser raubten sie der Insel jeweils über Nacht mehr Sand als sonst in einem ganzen Jahr. Schätzungen beliefen sich auf über eine Million Kubikmeter Substanzverlust. Vor dem Roten Kliff bei Kampen kamen die Geotextilmatten zum Vorschein, die 1990 zum →Küstenschutz verlegt worden sind. In Hörnum wurden die →Tetrapoden freigespült, vor Westerland der Strand ausgeräumt und Teile der hölzernen Wandelbahn bei der Musikmu-

Der Orkan „Anna" verursachte im Februar 2002 eine heftige Sturmflut, die auch die Tetrapoden am Strand vor Hörnum freilegte. (Foto: Volker Frenzel)

schel sowie das untere Ende der →Himmelsleiter weggerissen. Ganze Straßenzüge waren übersät mit abgedeckten Dachteilen. Abgesehen von enormen Sachschäden knickten die Stürme im Winter 1999/2000 auch rund zehn Hektar →Wald auf der Insel.

Nordfriisk Instituut.

Andelgras *(Aanel)* Zu den Pflanzen, die im Einflussbereich des salzigen Meerwassers gedeihen können, gehört neben dem →Queller und dem →Rotschwingel auch das Andelgras. Es wird bis zu 60 Zentimeter groß und besitzt glatte, kahle Stängel mit dicklichen Blättern. Die charakteristische Pflanze der jungen, beweideten →Salzwiese entwickelt weit verzweigte Ausläufer und ist somit ein wichtiger Bodenfestiger. Sie besiedelt den mittleren Bereich der Anwachszonen an der Sylter Ostküste zwischen der →Abbruchkante und dem höheren →Vorland, der etwa 200 Mal im Jahr überflutet wird.

Alshuth 1992, Heydemann 1998.

Andersch, Alfred * 4.2.1914 München, † 21. 2. 1980 Berzona/Tessin, Schriftsteller. Andersch war Organisationsleiter des Kommunistischen Jugendverbandes in Südbayern und verbrachte 1933 einige Zeit im KZ Dachau. Nach dem Zweiten Weltkrieg gab er u. a. die Zeitschriften *Der Ruf* und *Texte und Zeichen* heraus. In Kampen beendete er seine 1952 erschienene Autobiographie „Die Kirschen der Freiheit".

Rost 1996.

Kapitän Andreas Andersen (Sylter Archiv)

Andersen, Andreas * 19.1.1799 Leck, † 31.1.1879 Keitum, Kapitän und Kommunalpolitiker. Nach erfolgreichen Überseefahrten widmete sich der Kapitän der Sylter Inselpolitik. Als einer der →Landesgevollmächtigten führte er 1837 die schwierigen Verhandlungen mit der Staatsverwaltung um das Vorland im Sylter Osten. Er bewirkte, dass der dänische König Christian VIII. (1786-1848) gut 90 Hektar →Vorland an die Landschaft Sylt abtrat. Während der →schleswig-holsteinischen Erhebung 1848-50 wurde Andersen zum Anführer der Landwehr gewählt, flüchtete aber dreimal vor den Dänen aufs Festland. 1859 gründete er eine kleine Verkehrsgesellschaft, die den Dampfer *Ida* kaufte. Im Jahr darauf wurde er einer der drei Direktoren bei der Gründung des „Allgemeinen →Sylter Vereins". Im März 1864 gehörte Andersen im →deutsch-dänischen Krieg zu den Initiatoren einer Volksversammlung in Keitum, was fast zu seiner Gefangennahme geführt hätte. Nach der Versandung des Keitumer Hafens legte der Kapitän 1867 auf eigene Kosten im Hafen von Munkmarsch eine 100 Meter lange Mole für die Personenschifffahrt an. Die Einnahmen an der so genannten „Legatsbrücke" gab er in eine Stiftung für Bedürftige.

Hansen 1877, Jensen 1993, Quedens/Stöver 1978, SHBL 1.

Andersen, Claus * 10.11.1927 Keitum, Tierarzt. 1953 eröffnete „Claus Doktor", wie er im Volksmund genannt wird, eine Tierarztpraxis in Keitum. Im öffentlichen Leben übernahm er von 1955 an viele Ehrenämter. 1970-94 wirkte er als Amtsvorsteher des →Amtes Landschaft Sylt und wurde bei der Verabschiedung als „Sylter Urgestein" bezeichnet. In seiner Zeit als Vorsitzender der →*Söl'ring Foriining* 1968-76 stieg die Mitgliederzahl von 400 auf 1 300. Andersen war auch Vorsitzender des Ausschusses für →Küstenschutz und gilt als ein „Geburtshelfer" der →Sandaufspülungen. 1976 erhielt er den →C.-P.-Hansen-Preis, 2000 wurde er mit dem Bundesverdienstkreuz geehrt.

Nordfriisk Instituut.

„Anna" →„Anatol"

Anti-Aging-Klinik In einem →utlandfriesischen Haus in Morsum eröffnete 2001 der Westerländer Orthopäde Klaus Cordesmeyer die erste europäische Fachklinik für „Anti-Aging-

Medizin", die in den USA entwickelt wurde. Durch gezielte Therapie mit Hormonen, Enzymen und Vitaminen soll der körperliche Verfallsprozess verzögert und dem Menschen eine ähnlich aktive zweite Lebenshälfte ermöglicht werden wie die erste.

Antisemitismus →Juden, →Nationalsozialismus

Anwachs →Vorland

Apotheke *(Apteek)* 1825 erhielt Keitum nach langem Bemühen die Konzession für eine Apotheke. Hans Lorenzen († 1835) eröffnete eine Filiale der Schönemarckschen Apotheke von Tondern. Die Besitzer wechselten häufig, bis 1880 der Keitumer Erich Jens Schwennsen

Die Insel-Apotheke in Westerland um 1952 (Hans-Georg Hops; Foto: Pförtner)

(* 1852) die Leitung übernahm. 1891/92 wagte er in der Westerländer →Friedrichstraße einen Apothekenneubau, wodurch Keitum seine Einrichtung für gut 100 Jahre verlor. Bis 1950 blieb die in der Belle-Etage gelegene Insel-Apotheke die einzige auf Sylt. Nach Umbaumaßnahmen entstand 1975/76 im Obergeschoss ein Ärztehaus. Heute gibt es fünf Apotheken in Westerland und je eine in Keitum, Tinnum und Wenningstedt.

v. Bremen 1999, Kardel 1952, Rinken 1992, Voß 1987.

Appelschnut nannte der Schriftsteller Otto →Ernst seine Tochter Senta Regina, weil ihr Gesicht einem rotbackigen Apfel glich. In seinem 1906 erschienenen Buch „Appelschnut" erzählte er von einer Reise der Familie nach Kampen 1902. Über 80 Jahre später erinnerte sich Senta Möller-Ernst: „Sylt bleibt für mich für alle Zeiten das Traumland meiner Kindheit. ... 1902 war es wirklich ein Gefilde der Seligen – jetzt (1983) ist es ein armes Stück Land, von Betonstraßen durchzogen. Nur das Meer und die Dünen reden noch die alte Sprache."

Ernst 1907, Möller-Ernst 1990, Wedemeyer 1991a.

Arbeitsgemeinschaft Deutsches Schleswig Die ADS wurde 1948 von deutschen Parteien, Organisationen und Persönlichkeiten gegründet, um der stark anwachsenden prodänischen Bewegung im Landesteil Schleswig entgegenzuwirken. Viele Einheimische forderten eine Verschiebung der Staatsgrenze bis an die Eider. Um die Entwicklung zu stoppen, bemühte sich die ADS, der Bevölkerung im sozial und wirtschaftlich benachteiligten Grenzgebiet Lebens- und Existenzhilfe zu bieten. In diesem Zusammenhang entstand 1951 das →ADS-Schullandheim in Rantum. Die Arbeitsgemeinschaft versteht sich heute als modernes Sozialwerk und betreibt auf Sylt außerdem drei Kindergärten, in denen auch →Friesisch gesprochen wird.

Brich 1998.

Architektur Die frühesten Wohn- und Wirtschaftsgebäude auf Sylt waren →utlandfriesische Häuser: Wohnstallhäuser, deren Grundriss und Konstruktionsmerkmale in die Eisenzeit zurückreichen. Die Dachkonstruktion lastete auf Wand- bzw. Innenwandständern. Dieses Sylter Haus wurde bis etwa 1800 gebaut. Zeugen sind noch die aus der Seefahrerzeit des 17. und 18. Jahrhunderts stammenden Kapitänshäuser vor allem im Sylter Osten. Zum Teil wurden sie schon deutlich größer gebaut, mit stärkeren Außenwänden aus Ziegeln, die auch den Dachstuhl tragen konnten. Damit wurde die alte Ständerkonstruktion abgelöst. Auch die Innenausstattung verbesserte sich, viele Seeleute brachten z. B. niederländische →Fliesen mit. Der ab der Mitte des 19. Jahrhunderts aufkeimende →Fremdenverkehr erforderte mehr und anspruchsvolleren Wohnraum. Die an den europäischen Küsten blühende Bäderarchitektur hielt auch auf Sylt Einzug. Die neu entstehen-

Giebel in List/Sylt, 19. Jahrhundert (Zeichnung: Carl Voss)

Türklinke in Keitum/Sylt, 18. Jahrhundert

Giebel in Morsum/Sylt von 1741 (Zeichnungen: Carl Voss)

den Gebäude waren nun überwiegend zwei- oder mehrgeschossig und mit Balkonen, Loggien und Veranden versehen, wie sie z. B. das →Fährhaus Munkmarsch aufwies. Weiter entstanden große Hotels mit hoher Bettenzahl wie z. B. das Haus „Deutscher Kaiser" in Westerland. Die stürmische Entwicklung des →Seebads repräsentierte u. a. das →Kurhaus.
Unter dem Einfluss der →Heimatbewegung, die 1907/08 organisatorisch Gestalt annahm, und ihrem Baupflege-Ansatz konnte die als „stillos" bezeichnete Bauepoche des Historismus überwunden werden. Nun stand die Einbeziehung des „friesischen Baucharakters" im Mittelpunkt der neuen Architektur. Als herausragende Beispiele dieser Epoche gelten der Neubau des →Warmbadehauses 1907/08 durch Heinrich →Bomhoff und die 1910 errichtete Westerländer Mittelschule, entworfen von Hans Roß (1873-1922). Weiter entstanden in dieser Zeit zahlreiche große und kleinere vom Heimatschutz geprägte Gebäude wie z. B. Restaurationsbetriebe und Wandelhallen. Mitte der 1960er Jahre mussten sie zum großen Teil den gesichtslosen Beton-Rasterbauten des neuen →Kurzentrums weichen. Der 1927 mit der Eröffnung des →Hindenburgdamms fertig gestellte Bahnhof in Westerland repräsentiert die Fortsetzung der Heimatschutztradition, nun ergänzt um die für die Zeit typischen expressionistischen Gestaltungsmerkmale.
Stark beeinflusst wurde die Sylter Hauslandschaft auch durch die beiden Weltkriege. Vor allem in Hörnum, Westerland und List entstanden viele Kasernen und andere Militärbauten. Doch wurden vor dem Zweiten Weltkrieg in Anlehnung an den Heimatschutz sogar die militärischen Dienst- und Wohngebäude ganz traditionell in Backstein errichtet und mit einem Reetdach, Sprossenfenstern und spitzem Giebel ausgestattet.
Heute findet man auf Sylt von allem etwas. Die frühen Sylter Häuser gibt es in größeren Zusammenhängen noch in Keitum und Morsum. Sie sind überwiegend unter →Denkmalschutz gestellt. Viele moderne Reetdachhäuser erinnern nur noch entfernt an das Sylter Haus, erbringen aber durch eine maximale Ausnutzung des Grundstückes eine größere Rendite.

Andresen 1989, Kühnast 2000c, Voigt 1986, Voss 1975.

Archive Neben dem →Sylter Archiv in Westerland gibt es wenigstens zwei eindrucksvolle Privatsammlungen: das „Sylt-Archiv" von Hanns Egon Maurmann (* 1924) in Duisburg und die Sammlung von Stefan Dittmer (* 1964) im hessischen Baunatal. Maurmann besuchte Sylt erstmals 1961, als in der Westerländer Bomhoffstraße das erste Hochhaus auf der Insel entstand. Er beschloss, die Sylter Entwicklung zu dokumentieren. Sein Archiv umfasst rund 8 000 Postkarten aus den letzten Jahrzehnten des 20. Jahrhunderts und ist wohl die einzige umfassende und geschlossene Sammlung dieser Art. Dazu kommen über 2 900 Tonbandkassetten, auf denen der Betriebswirt Vortrags- und Filmtexte, Konzerte und politische Veranstaltungen festhielt. Etwa 4 000 Bücher, Broschüren, Hefte und Aufsätze über Sylt sowie rund 90 Videos vervollständigen die Sammlung Maurmanns, der 2001 aus gesundheitlichen Gründen sein Hobby aufgeben musste. Auch in Dittmers „Sylt-Zimmer" bilden rund 8 000 neuere Ansichtskarten den Mittelpunkt. Dazu kommen etwa 300 Bücher, 300 Streichholzschachteln sowie ungezählte Prospekte, Sylt-Porzellan ab 1900 und Reisesouvenirs aller Art.

Nordfriisk Instituut.

Archsum *(Ārichsem)* Das Dorf gehört seit 1970 zur Gemeinde →Sylt-Ost im →Amt Landschaft Sylt. Es liegt rund sechs Kilometer südöstlich von Westerland zwischen Morsum und Keitum. Auf einer Fläche von 679 Hektar leben rund 300 Einwohner (2001).
Archsum bedeutet „Siedlung des Arke oder Erke". Urkundlich erwähnt wird *Arxum* erstmals 1462 im Zinsbuch des Bischofs von Schleswig. Grabungsfunde in den 1930er Jahren erbrachten, dass eine →Besiedlung bereits seit der →Jungsteinzeit bestand. Bei →*Mootjis Küül* am Nössedeich liegt das rund 4 500 Jahre alte nordische Ganggrab →*Merelmērskhoog*. Teilweise sind noch alte Wohnhügel, wie z. B. der Firstklent, zu sehen. 1969-74 führten Archäologen unter Leitung von Joachim →Reichstein in Alt-Archsum umfangreiche Ausgrabungen durch, die eine über 3 000-jährige Geschichte hervorbrachten. Das „Troja des Nordens" offenbarte u. a. Zeugnisse aus der Stein- und Bronzezeit, Hinweise auf eine etwa 2 000 Jahre alte Siedlung und auf ein Dorf, das vermutlich zwischen 700 und 1000 n. Chr. bestanden hat. Die letzten Reste der rund 2 000 Jahre alten →Archsumburg wurden wahrscheinlich 1860 abgetragen. →Landwirtschaft und →Seefahrt bildeten lange die Lebensgrundlagen der Bewohner Archsums. 1611 wurden 38 Hofstellen gezählt, etwa 150 Menschen lebten im Dorf. 1709 gab es 42 Höfe und acht selbstständige Katen. 25 Männer aus 53 Familien fuhren in diesem Jahr zur See. Die Abhängigkeit von diesem Erwerbszweig zeigte sich in Archsum besonders deutlich. Mit den Erfolgen vor allem im →Walfang stieg die Einwohnerzahl bis 1745 auf 259, darunter 40 Seefahrer. Bei der →Verkoppelung 1787 wurden 54 Hausbesitzer gezählt. Viele noch erhaltene →utlandfriesische Häuser sind ehemalige Bauernhöfe und Ruhesitze Sylter Kapitäne. Als der Höhepunkt auf See überschritten war, sank die Zahl der Höfe auf 45 im Jahre 1850. Die Landwirtschaft als einzige Einkommensquelle führte bei vielen nicht mehr über die Armutsgrenze hinaus. In der Folge fiel die Bevölkerungszahl bis 1952 auf 129 und damit noch unter den Stand von 1611. Erst während der Aufrüstungsphase vor dem Zweiten Weltkrieg stieg sie wieder an. 1939 zählte man 306 Personen, wovon etwa die Hälfte dem →Reichsarbeitsdienst angehörte. Immer wieder wurde Archsum von schweren Sturmfluten heimgesucht. Missernten waren die Folge und die Vernichtung von Hab und Gut, bis schließlich 1937 der →Nössekoog entstand. Seit 1961 ist Archsum →Luftkurort, für den der →Fremdenverkehr eine immer wichtigere wirtschaftliche Rolle spielt.

Harck/Kossack/Reichstein 1992, Leonhardt 1980, Kossack/Harck/Reichstein 1975, Reichstein 1996, Rinken 1992, Thaysen 2001.

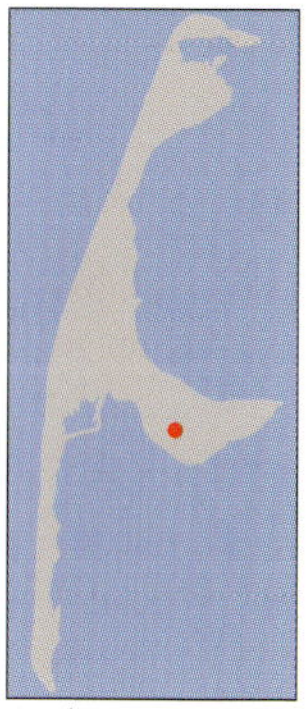
Archsum

Erntezeit in Archsum zu Beginn der 1960er Jahre (Sylter Archiv)

Archsumburg *(Ārichsemborig)* Der etwa 2000 Jahre alte ehemalige Ringwall liegt im Zentrum von Archsum. Er ist kaum noch zu erkennen, war aber wohl „die größte Burg" mit dem „höchsten Wall" auf Sylt, wie der Chronist Johann F. →Camerer 1756 berichtete. Umfangreiche Untersuchungen unter Leitung des Archäologen Ole →Harck 1972-78 kamen zu dem Ergebnis, dass es sich einst um einen Ringwall mit einem Innendurchmesser von unge-

Ausgrabungen in Archsum in den 1970er Jahren (Foto: Walter Fiedler)

fähr 64 Metern handelte. Der Sodenwall hatte ursprünglich eine Höhe von etwa einem Meter bei einer Basisbreite von rund fünf Metern. Durch spätere Aufschüttungen entstand allmählich ein über zehn Meter breiter Wallkörper. Im Norden des Ringwalls befand sich ein Tor, das jedoch von Anfang an unbrauchbar war. Der etwa zehn Meter lange, schmale Kriechgang ins Burginnere wurde bereits beim Bau wieder eingefüllt. In der Burg standen entlang des Wallfußes mit dem Eingang zur Mitte ausgerichtete Hütten aus Flecht- oder Sodenwänden. Sie waren mit Herdstellen und Streu ausgestattet, doch wurde nicht der erwartete Abfall gefunden. Mehrfach fehlten die Giebelwände, auch ein Wandbewurf konnte nicht festgestellt werden. Bemerkenswert sind zahlreiche mit Steinen gefüllte Gruben sowie drei Schachtanlagen. Sie haben einen Durchmesser von drei bis vier Metern und reichen bis auf den gewachsenen Boden hinunter. In etwas überdurchschnittlicher Häufigkeit kamen hier Trinkgefäße zum Vorschein. Vermutlich wurden Opfer dargebracht.

Das Fazit der Archäologen Ole →Harck, Georg Kossack und Joachim →Reichstein zur Archsumburg lautete 1992: „Die Befunde sprechen für eine besondere, nur kurze Zeit benutzte Anlage ohne ständige Besiedlung; die bäuerliche Lebenswelt scheint wie kopiert, ohne realen wirtschaftlichen Hintergrund. Das Geschirr, das man in die unbewohnten Hütten gestellt hatte, könnte Opfergaben mit vorgefertigter Nahrung enthalten haben oder beim Speiseopfer zu Bruche gegangen sein. Das Fundbild insgesamt vermittelt den Eindruck eines bislang unbekannten, von außerhalb beeinflussten Opferrituals im 1. Jahrhundert n. Chr.“

Harck 1990, Harck/Kossack/Reichstein 1992, Kossack/Harck/Reichstein 1974, Reichstein 1996.

Arena Zusammen mit dem Schwimmbad wurde 1969 in Keitum auch eine Arena für Freiluftveranstaltungen gebaut. Die oftmals ungeeigneten Witterungsbedingungen ließen sie bald in Vergessenheit geraten. 1999 wurde sie als Veranstaltungsort für die 1. Sylter Skulpturtage neu entdeckt.

Sylter Archiv.

Århammar, Nils * 7.8.1931 Katrineholm/Schweden, Sprachwissenschaftler. Während seines Germanistik-Studiums in Uppsala weckte sein Lehrer Prof. Ernst Löfstedt bei ihm Interesse für das →Friesische. 1960 wurde Århammar wissenschaftlicher Assistent an der Nordfriesischen Wörterbuchstelle der Universität Kiel und ab 1963 an der Universität Marburg. 1976-88 wirkte er als Friesisch-Professor an der Universität Groningen/Niederlande und 1988-96 an der Pädagogischen Hochschule bzw. Bildungswissenschaftlichen Universität Flensburg. In dieser Zeit war er zugleich Leiter bzw. Direktor für Sprache und Literatur am *Nordfriisk Instituut* in Bredstedt. Seit 1957 betrieb er in Nordfriesland eine ausgedehnte Sammel- und Forschungstätigkeit. Auf Sylt regte er Anna →Gantzel zur intensiven Beschäftigung mit ihrer Muttersprache an. Für das 1967 erschienene Standardwerk „Sylt. Geschichte und Gestalt einer Insel“ schrieb er die Abschnitte über die sylterfriesische Sprache und Literatur und verfasste zahlreiche weitere Arbeiten über das Friesische. Als erster Ausländer und erster Sprachwissenschaftler erhielt er 2001 den →C.-P.-Hansen-Preis für seine Verdienste um die Erforschung und Pflege der friesischen Sprache auf Sylt.

Århammar 1967 ff., Nordfriisk Instituut, Timmermann 1996.

Die stark bedrohte Arnika wächst in der Braderuper Heide. (Foto: Hans Jessel)

Arnika *(Güül Hiirbloom)* Die einzige mitteleuropäische Art dieses stark bedrohten Korbblütlers ist der 20 bis 70 Zentimeter hohe Bergwohlverleih. Mit ihren gelben Blütenkörbchen wächst die Pflanze bevorzugt auf kalkarmen, ungedüngten Böden, vor allem im Hochgebirge. In Norddeutschland findet sie nur auf der Insel Sylt gute Lebensbedingungen. Die schwach aromatisch riechenden Blüten werden medizinisch vor allem als Anregungs- und Herzmittel, äußerlich als Arnikatinktur gegen Blutergüsse gebraucht. Die Wurzeln dienen als Wund-, Fieber- und Magenmittel. Wegen seines großen Einsatzes zum Schutz dieser Pflanze erhielt der Arzt Knud →Ahlborn den Beinamen „Dr. Arnika“.

Koch 1996a.

Arp, Carl * 3.1.1867 Kiel, † 6.1.1913 Jena, Maler. Arp studierte an der Kunsthochschule in Weimar. Danach lebte er mehrere Jahre auf Sizilien, in Tirol und in der Schweiz. 1905 ist ein längerer Sylt-Aufenthalt überliefert. Dabei entstanden die Ölgemälde „Morsum Kliff“ und

Carl Arp: „Küstenlandschaft auf Sylt (Morsum Kliff)“ 1905, Leinwand, 47,5 x 59,5 cm, Museumsberg Flensburg

„Küstenlandschaft auf Sylt (Morsum Kliff)“. Dieses Bild befindet sich auf dem Museumsberg in Flensburg.

Schulte-Wülwer 1996, SHL 1983.

Asklepios Nordseeklinik Im Norden Westerlands wurde 1937-39 ein Kurkrankenhaus für die Luftstreitkräfte errichtet. Im Zweiten Weltkrieg diente die Einrichtung als Luftwaffenlazarett. Durch Vermittlung des Westerländer Bürgermeisters übernahm 1945 die Hamburger Arbeiterwohlfahrt (AWO) die Einrichtung. Die britische Militärregierung verlegte den überwiegenden Teil ihrer Patienten nach Wyk auf Föhr und ermöglichte die Aufnahme eines rein zivilen Krankenhausbetriebes in dem „Nordsee-Sanatorium Westerland auf Sylt“, wie es damals hieß. Zur Nordseeklinik stieg die Einrichtung auf, als ihr 1961 mit der Schließung des Städtischen →Krankenhauses in Westerland das gesamte stationäre →Gesundheitswesen der Insel übertragen wurde. 1991 ging die Klinik der AWO in Konkurs und wurde von der Asklepios-Gruppe übernommen. Die Bronzeplastik „Im Ziel“ stammt von dem Dresdener Kunstschmied Alfred Schmidt (* 1914).
Das Akutkrankenhaus mit den Fachbereichen Innere Medizin, Chirurgie, Orthopädie, Gynäkologie, Urologie, Anästhesie, Sozialmedizin und Dermatologie bildet eine eigene Abteilung mit 135 Betten. Die Kur- und Rehabilitationskliniken zur Therapie von Atemwegs- und dermatologischen Erkrankungen sowie zur Tumornachsorge verfügen über 290 Betten. Es besteht eine enge Zusammenarbeit mit der Wenningstedter →Syltklinik für krebskranke Kinder, so dass zeitlich gemeinsame Rehabilitationsaufenthalte von Eltern und Kindern organisiert werden können.

Nordfriisk Instituut, Voigt 1992.

„Atlantis“ war der Name eines gigantischen Bauprojekts der Stuttgarter Firma Hausbau Bense. Für 110 Millionen Mark wollte sie 1971 direkt am Strand von Westerland eine 80 Meter hohe Touristenburg mit 28 Stockwerken

Modell des „Atlantis"-Projekts in Westerland (Sylter Archiv)

und 3 000 Betten entstehen lassen. Der Magistrat der Stadt Westerland unterstützte den Plan. Die →Bürgerinitiative Sylt sammelte in kürzester Zeit 18 300 Stimmen gegen den Bau. Unbeeindruckt durch den Massenprotest und trotz übler Drohungen gegen einzelne Mitglieder stimmte die Stadtvertretung in einer Kampfabstimmung mit dreizehn zu sieben Stimmen für „Atlantis". Bauherr Hans Bense hatte der Stadt ein neues →Kurmittelhaus versprochen. Im April 1972 verweigerte schließlich das Landesinnenministerium die Baugenehmigung. Eine Schadensersatzklage Benses in Höhe von 3,25 Millionen Mark gegen die Stadt Westerland wurde 1977 durch das Landgericht Flensburg abgewiesen.

Bruns 1975/76, Walloch 1995.

Auburtin, Victor * 5.9.1870 Berlin, † 28.6. 1928 Garmisch-Partenkirchen, Schriftsteller. Auburtin war Mitarbeiter großer Berliner Tageszeitungen und zeitweise Auslandskorrespondent in Paris. 1921 besuchte er erstmals Sylt. Als „Meister der kurzen Skizze" spottete er im *Berliner Tageblatt* über Lokale „mit so friesischen Namen wie →Trocadero".

In der Geschichte „Pfauenfedern/Ein Glas mit Goldfischen" schildert Auburtin 1921 ein Austernessen in List: „Die →Austern werden, wie ich sie bestelle, aus dem Meeresbecken geholt und mir von einem friesischen Mädchen gebracht, das sich ohne lange Umstände zu mir setzt. Daß die Auster des Sommers besser ist als die verfrorenen Dinger, die man uns im Winter in die Stadt schickt, dieses habe ich schon vor Jahren in St. Malo und Cancale in der Bretagne erfahren, wo ich deren im August große Mengen gegessen habe. Das Tier ist des Sommers in seinem Liebesgeschäft begriffen und hat deshalb die Würze und die Schwungkraft, die verliebten Leuten eigen zu sein pflegen. Ja, so erklärt mir das friesische Mädchen, es gäbe Leute, die äßen sogar die Austern mit Laich, was man aber nicht tun solle, weil es verboten sei. Man könne die laichende Auster an ihrer dunkleren Schale erkennen und müsse sie wieder in das Becken zurücktun. ... Die Schalen der gegessenen Tiere werden auf die Felder und die Geest geworfen und bilden da schon ganze Haufen. In Millionen von Jahren ... werden diese Geologen die Austernhaufen finden, sie werden sie Kjökkenmödding benennen und aus ihrem Vorhandensein den Schluß ziehen, daß hier menschliche Geschöpfe gelebt haben, die vernunftbegabt gewesen sein müssen, denn sonst hätten diese Geschöpfe ja keine Austern gegessen."

Hörning 1999, Moses-Krause 1995.

„Aurlech" ist Sylterfriesisch und heißt „Überlegung, Nachdenken". Ein gleichnamiger Verein wurde 1834 in Westerland gegründet, während der →schleswig-holsteinischen Erhebung 1848 aufgelöst und 1864 wiederbelebt. Seine Mitglieder trafen sich wöchentlich, behandelten gemeinnützige Fragen und machten Verbesserungsvorschläge für das Inselleben. Wichtige Beschlüsse waren z. B. die Gründung der Sylter Spar- und Leihkasse sowie einer Seemannskasse, eine bessere Entwässerung der Wiesen und die Befestigung der Dünen. In den ersten Jahren des 20. Jahrhunderts löste sich der Verein auf, weil das Interesse vollständig erlahmt war. Der Grundgedanke des Klubs, die Besprechung kommunaler Angelegenheiten von allgemeiner Bedeutung, lebte in dem 1914 gegründeten „Neuen Bürgerverein zu Westerland" weiter.

Sylter Archiv.

Austern *(Skruken)* sind bis zu 15 Zentimeter große →Muscheln mit mehrschichtigen, stark profilierten Schalen. Sie spielten bereits in der frühen Steinzeit als Nahrungsmittel eine Rolle, wie die Abfallhaufen altsteinzeitlicher Wohnplätze, die *„Köökenmoðinger"*, erkennen lassen. Eine Anordnung des dänischen Königs Friedrich II. von 1587 bezeugt erstmals Austernvorkommen an der Küste Nordfrieslands. Er ließ damals den unbefugten Fang dieser schmackhaften Muschelart verbieten. Die einst sehr ergiebigen Austernbänke, darunter die bekannte →*Hüntje* bei List, konnten jedoch gepachtet werden (→Fischerei). 1804 eröffneten die „Fiskalischen Austernstuben" in einem

→utlandfriesischen Haus, heute →„Hundert Jahre Alter Gasthof", in List. Das lohnende Geschäft mit der Auster führte bald zur Überfischung, in deren Folge die Entwicklung der Jungtiere stark beeinträchtigt wurde. 1882 musste die kommerzielle Austernfischerei eine mehrjährige Schonzeit einlegen, 1925 sogar ganz eingestellt werden. Raubbau, einige strenge Eiswinter und Wegfraß durch die natürlichen Feinde Seestern und Pantoffelschnecke sind Ursachen dafür, dass die Europäische Auster an der deutschen Nordseeküste als ausgestorben gilt.

1910 begann vor Sylt die planmäßige Austernzüchtung. Doch die Ansiedlung europäischer Austernarten hatte wenig Erfolg. Die heutige Auster gehört zu einer pazifischen Gattung. Sie wird seit 1986 in der →Blidselbucht südlich von List im einzigen Austernkulturbetrieb Deutschlands erwerbsmäßig gezüchtet. Auf 3 500 Eisentischen wachsen die Setzlinge in drei Jahren zur Marktreife von 70 bis 90 Gramm heran. Über eine Million *„Sylter Royal"* erntet „Dittmeyer's Austern-Compagnie" pro Jahr. In der Probierstube Austernmeyer in List wie in den führenden Restaurants der Insel können sie getestet werden. Kenner genießen die Delikatesse roh und trinken dazu einen trockenen Wein oder Champagner. Zum Leidwesen der Ökologen verbreitet sich die Auster inzwischen über die Zuchtgebiete hinaus im Nationalpark Wattenmeer.

Faltings 2001, Peters 1996, Quedens/Stöver 1978, Reise 1998, Seidel 1999.

Austernverarbeitung in früherer Zeit, rechts oben im Bild die →Baljen (Sylter Archiv)

Austernfischer *(Lüüv)* Der Charaktervogel des Wattenmeeres ist etwa taubengroß und schwarz gefärbt mit weißem Unterkörper. Mit seinem kräftigen orangeroten Schnabel und den roten Beinen wirkt er wie ein zu klein geratener Storch, weshalb er auch „Halligstorch" genannt wird. Sein Name deutet darauf hin, dass er mit Vorliebe Muscheln verzehrt, doch die sehr unterschiedlichen Schnabelformen verweisen auf mehrere Nahrungsgewohnheiten. In Form einer Pinzette dient der Schnabel zum Fassen von Würmern, hammerförmig zum Aufschlagen von Strandkrabben und meißelförmig zum Stoß in die geöffnete Muschel.

Die Austernfischer gehören zu den lautesten Vögeln der Wattenmeerregion. Fast immer und überall ist das schrille Rufen der ganzjährig hier lebenden Tiere zu hören. Sie können über 30 Jahre alt werden und behalten sowohl ihren Partner als auch ihren Brutplatz möglichst lebenslang. Sie brüten an offenen Stellen im Küstengebiet, neuerdings auch in Ortschaften. Ihre Nistplätze legen sie in den Dünen und Wiesen oder auf flachen Hausdächern an. Weibchen und Männchen wechseln sich beim Brüten ab, die Jungen werden gemeinsam gefüttert.

Fiedler 1992, Quedens 1990.

Austernfischercasse →Bankwesen

Austernzucht →Austern

Auswanderung *(Ütwaneri)* Mehrere Millionen Europäer verließen einst die Heimat, um in Übersee ihr Glück zu versuchen. Der Höhepunkt der Auswanderung lag in der zweiten Hälfte des 19. Jahrhunderts. Nach den beiden Weltkriegen verursachten wirtschaftliche Schwierigkeiten noch einmal kurze, aber teilweise heftige Abwanderungen vornehmlich in die Vereinigten Staaten. Zu den Emigranten zählten einige 100 000 Schleswig-Holsteiner, darunter mehrere 10 000 Männer, Frauen und Kinder aus Nordfriesland.

Austernfischer (Foto: Georg Quedens)

1838 brachte Kapitän Dirk Meinerts →Hahn 199 deutsche Altlutheraner auf seinem Dreimaster nach Südaustralien. Auch Sylter zog es nach Übersee. So kam z. B. zur Zeit des kalifornischen Goldrausches Kapitän Cornelius Boy →Jensen mit seinem Schiff 1848 nach San Francisco. Da ihm die gesamte Mannschaft in die Goldfelder entwich, gab er sein Schiff auf und blieb an Land. Mit Schafzucht, Weinbau und Obstplantagen wurde er ein wohlhabender Mann. 1861 folgte ihm sein Neffe Peter Cornelius Peters, der zuerst bei seinem Onkel an-

Cornelius und Mercedes Jensen mit Familie im Jahr 1870, als das Haus in Rubidoux/Kalifornien gebaut wurde. (Nordfriisk Instituut, Auswandererarchiv)

gestellt war, sich dann aber mit einer eigenen Farm selbstständig machte. Jensens Schulfreund Peter Michel →Claasen ließ sich in Milwaukee nieder und betrieb gemeinsam mit Jacob Simonsen aus Morsum eine Reederei und Schiffsmaklerei. Sylter Auswanderer finden sich u. a. in Los Angeles, New York, Chicago und Iowa, dort z. B. in Lyons und Clinton.
Obwohl Sylter seit Beginn der Auswanderung in Übersee Fuß gefasst hatten, blieben sie doch Einzelfälle und zogen während der großen Wellen der 1870er und 80er Jahre nicht in dem Maße weitere Emigranten nach, wie dies auf andere Teile Nordfrieslands zutrifft. Im Gegensatz zu vielen Föhrern war für Sylter eine Auswanderung nach Amerika offensichtlich keine sehr verlockende Alternative. Der Landrat des Kreises Tondern, Matthias →Bleicken, konnte sich 1872 anlässlich einer Untersuchung über Umfang und Gründe der Auswanderung über die geringe Beteiligung der Sylter nur wundern, eine Erklärung hatte er nicht. Der →Landvogt Friedrich Johannes →Hübbe führte dies auf die „loyale Gesinnung" der Sylter zurück und die noch feste Verwurzelung der Bevölkerung in ihrer traditionellen Lebensweise als →Seefahrer.

Christiansen 1926, Pauseback 1995 u. 1999.

Noch ohne Doppelstockwagen fuhr der Autozug in den 1950er Jahren nach Sylt. (Sylter Archiv)

Autozug Seit 1932 werden Kraftfahrzeuge auf Eisenbahnwaggons über den →Hindenburgdamm nach Sylt transportiert. Anfangs waren die Waggons an den Personenzug angehängt, in dem die Insassen mitfuhren. Erst ab 1945 durfte man die Überfahrt im Pkw erleben. Bald wurden reine Autozüge auf die Reise geschickt. Seit 1962 verkehrten diese auch mit doppelstöckigen Waggons, auf die über Verladerampen in Niebüll und Westerland die Fahrzeuge rollten. 2001 wurden fünf neue je 550 Meter lange Züge in Betrieb genommen, die jetzt 190 Fahrzeuge auf der etwa 40-minütigen Tour befördern können. Der „SyltShuttle" fährt auch bei Frost, Hoch- und Niedrigwasser und bis zu →Windstärke 11. Der Autozug hat große verkehrspolitische Bedeutung sowohl für Sylt, dem mittlerweile der Verkehrsinfarkt droht, als auch für die Deutsche Bahn, die auf dieser Strecke sichere Einnahmen verzeichnet. Auf rund 100 wöchentlichen Zügen in der Hochsaison werden zum Preis von 77 Euro (PKW-Rückfahrkarte 2002) rund 450 000 Fahrzeuge im Jahr auf die Insel und zurück befördert.

Eckert/Stöver 1977.

Avenarius, Ferdinand * 20.12.1856 Berlin, † 20.9.1923 Kampen, Schriftsteller, Kunstförderer und Naturschützer. Der Neffe Richard Wagners war seit 1887 Herausgeber des *Kunstwart*, der in der wilhelminischen Zeit wohl bedeutendsten Kulturzeitschrift mit nachhaltigem Einfluss auf die literarische und künstlerische Bildung. Avenarius kam 1876 zum ersten Mal für drei Monate nach Sylt. Er verliebte sich in die Naturlandschaft und wurde zum größten Verfechter des →Naturschutzes auf der Insel. Ein Jahr nach seinem Tod gründeten seine Freunde Knud →Ahlborn und Ferdinand →Goebel den →Verein Naturschutz Insel Sylt, um das Gebiet zwischen Kampen und List zum Schutzgebiet

erklären zu lassen. Im selben Jahr konnte das →Morsum-Kliff vor den Baggern der Erbauer des Hindenburgdamms gerettet werden.
Avenarius trat für die Befreiung des Lebens von hemmenden Konventionen und für ein lebendigeres Verhältnis zum Natürlichen ein. Damit inspirierte der Gründer des Dürerbundes auch die deutsche Jugendbewegung, die sich unter Führung von Ahlborn 1919 in →Klappholttal ansiedelte. 1903 ließ sich Avenarius in Kampen sein friesisch-schweizerisches Haus →Uhlenkamp errichten. Auf dem Dach hatte er eine Vertiefung so konstruiert, dass er sich mit Freunden ungestört nackt in einer Kupferbadewanne sonnen konnte. So wurde er zum Vorreiter der →Freikörperkultur. Seine Gäste waren vor allem →Maler und →Schriftsteller, die Kampen den Ruf eines Künstlerdorfes verschafften. Allerdings arbeiteten sie unabhängig voneinander, eine Künstlerkolonie gab es nicht. 1953 rief Ahlborn die Ferdinand-Avenarius-Gesellschaft ins Leben. Ihre Ziele, das Haus Uhlenkamp als Gedenkstätte zu erhalten und das Lebenswerk von Avenarius auszuwerten, konnten nicht erreicht werden. Haus Uhlenkamp, seit 1955 im Besitz der Gemeinde Kampen, wurde 1968 abgerissen, die Gesellschaft löste sich 1976 auf. Seit 1977 besteht ein Ferdinand-Avenarius-Institut an der Akademie am Meer in Klappholttal. Avenarius, der erste Ehrenbürger Kampens, ist auf dem Friedhof in Keitum neben dem Frankfurter Verleger Peter →Suhrkamp begraben.

Im Kunstwart *schrieb Ferdinand Avenarius 1913: „Sobald man das Dorf Kampen auf Sylt durchschritten hat, breitet sich die Welt vor einem aus, herrlich wie am ersten Tag: Heide, dann ein schmaler Binnen-Dünenstreif, der in edel ruhiger Linie die Heide umsäumt, und über ihm Meer rechts, Meer links, dazwischen aber über schön geschweifter Bucht, wie ein fernes Hochgebirge, das größte Dünengebiet Deutschlands, die Halbinsel List."*

Ahlborn 1961, Gemeinde Kampen 1994, Naturgemeinschaft 1994, Wedemeyer 1995.

Baakdeel Das 242 Hektar große →Naturschutzgebiet aus Dünen und Sandwatt liegt auf der Höhe des →Rantumbeckens im nördlichen Teil der Hörnumhalbinsel. Sein Name setzt sich zusammen aus →Bake und Tal. Das von der →*Söl'ring Foriining* betreute Naturschutzgebiet wurde 1979 eingerichtet und gestattet die ungestörte Entwicklung von Dünen und Dünentälern. 53 Prozent des Gebietes sind Heidelandschaften. Am Teich der 1934 stillgelegten Eidumer →Vogelkoje befindet sich ein Informations- und Schulungszentrum.

Sylter Archiv.

Baathen, Jens →Sklaverei

Bachmann, Alf * 1.10.1863 Dirschau/Danzig, † November 1956 Amberg, Maler. Der Student der Kunstakademie Königsberg ließ sich nach vielen Auslandsreisen in München nieder, bis er 1943 wegen des Bombenkriegs nach Amberg am Starnberger See flüchtete. Um 1905 besuchte er vermutlich Sylt und schuf das Gemälde „Brandenten im Vorland, Sylt". Nur 1911 kehrte er nochmals zurück, sein Drang zur Naturbeobachtung wurde zu sehr vom „Badetölpel" gestört. Über Ferdinand →Avenarius blieb er der Insel jedoch verbunden. In dessen Zeitschrift *Kunstwart* setzte er sich stark für den Naturschutz ein.

Im Kunstwart *schrieb Bachmann 1915: „... es sollte in unseren Tagen nicht mehr nötig sein, erst noch zu beweisen, daß diese Ödländereien, diese Heide und Moorflächen und sumpfigen Wälder uns tatsächlich mehr bedeuten als ein Kulturhindernis, das beseitigt werden muß."*

Bachmann 1993, Schulte-Wülwer 1996, SHL 1983.

Backofen *(Baakaun)* Der Backofen eines →utlandfriesischen Hauses befand sich häufig unter dem Herd. Nur in größeren Häusern war er seitlich angebaut. Das Brot musste also fast ebenerdig eingeschoben werden. Zur Erleichterung der Arbeit konnte dazu eine Grube vor dem Herd geöffnet werden, das Grasterloch *(Gresterhol)*. Zum Backen setzte man sich auf den Rand und stellte die Beine in die Grube. Zunächst wurde der Backraum vorgeheizt. Waren die Innenwände des Ofens weiß, hatte er die nötige Hitze. Nun holte man Glut und Asche heraus, wischte den Boden mit einem nassen Tuch oder Sack ab und schob das Backgut hinein. Mit der in den Ziegeln gespeicherten Hitze wurde gebacken. Damit das Brot eine braune, glänzende Rinde erhielt, wurde der Laib nach einer ersten Erhitzung mit dem *Gresterbuurt* (Backbrett) aus dem Backofen geholt, mit Wasser und Mehl überstrichen

Ferdinand Avenarius (Festschrift)

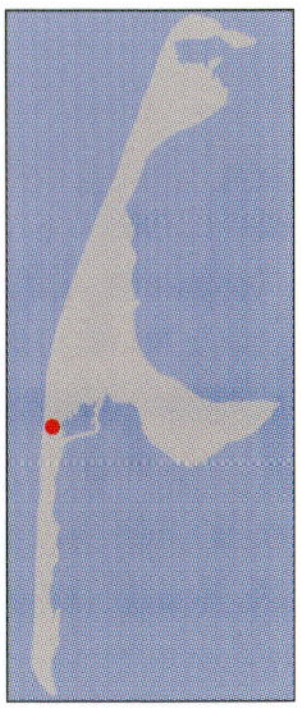

Baakdeel

(grestert) und wieder in den Ofen zurückgeschoben.

Köster-Lösche/Lösche 1989, Kühnast 2000c, Möller 1916.

Badekarren *(Baarikrer)* Die hölzernen Umkleidekabinen auf Rädern boten wesentlich mehr Komfort als die zuvor gebräuchlichen Badeschaluppen. Die Boote schaukelten auf dem unruhigen Wasser, außerdem war es sehr eng. Badekarren wurden in Deutschland zuerst 1797 auf der ostfriesischen Insel Norderney eingeführt. Mit einer Raumhöhe von etwa zwei Metern glichen sie einem kleinen Umkleidezimmer. Eine Bank, ein fester Tisch, Spiegel, Haken und eine wollene Fußdecke gehörten zur Standardausrüstung.
1855 stellte der Sylter Landvogt W. von →Levetzau erstmals solche Badekarren am Westerländer Strand auf. Für ihre Benutzung musste eine Badekarte gelöst werden. Dies war der Beginn des organisierten Badelebens in Westerland. Die Karren wurden mit ihren Passagieren, dem Badegast nebst Personal, in die Fluten geschoben, bis die zum Baden oder Untertauchen nötige Wassertiefe erreicht war. Durch die hintere, dem Strand abgewandte Tür stieg man dann in Badekleidung über eine kleine Treppe ins Wasser. Für Furchtsame und Nichtschwimmer war hier zusätzlich ein Seil befestigt. Ein Vorzelt bot den seitlichen Sichtschutz. Nach dem Bad konnte man sich sofort umziehen und, auf dem trockenen Strand zurück, den Karren wieder verlassen.

Altonaer Museum 1986, Kürtz 1994.

Badekur Mit dem besonderen Reizklima der Nordsee befasst sich ein ganzer Wissenschaftszweig, die Thalassotherapie bzw. →Meeresheilkunde. Nach deren Erkenntnissen wirkt es sich bei der Behandlung bestimmter chronischer Erkrankungen, wie z. B. Asthma, Atemwegserkrankungen oder Rheuma, äußerst positiv aus. Die erhöhte UV-Strahlung sorgt bei abgestimmter Dosierung für eine gesunde Bräunung der Haut und eine verstärkte Vitamin-D-Bildung, die der Knochenfestigung dient. Auch das Meerwasser gilt als hautfreundlich und Therapie fördernd, vor allem bei Neurodermitis, Psoriasis oder rheumatischen Erkrankungen. Beliebt sind Schlickpackungen, um die Durchblutung anzuregen. Die Witterungsschwankungen auf der Insel fordern den ganzen Körper, stärken die Abwehrkräfte, regulieren den Hormonhaushalt und können auch, vorwiegend bei einem Bad in der →Brandung, für die seelische Regeneration sorgen. Viele Orte auf Sylt sind deshalb anerkannte Kurorte. In den →Nordseeheilbädern Wenningstedt und Westerland werden in den →Kurmittelhäusern traditionelle therapeutische Maßnahmen ergänzt durch moderne Therapieformen, wie Yoga, autogenes Training, Reflexzonentherapie und vieles mehr.

Bischoff 1994, Pfleiderer 1972, Prignitz 1986.

Badeleben *(Baarileewent)* Obwohl die →Meeresheilkunde bereits das hüllenlose Baden in der →Brandung empfahl, begann das Sylter Badeleben dem Zeitgeist des späten 19. Jahrhunderts angemessen. Oberstes Gesetz war die strikte Trennung der Geschlechter am Strand. Im Süden Westerlands befand sich das →Damenbad, im Norden das →Herrenbad. In der neutralen Zone spielte sich das gesellschaftliche Leben ohne Badefreuden ab. Man ruhte im →Strandkorb oder Liegestuhl und lustwandelte auf der

Badeleben in Westerland in den 1920er Jahren: Mit Fahnen und Wimpeln wurden die Strandkörbe gekennzeichnet. (Sylter Archiv)

Der Hauptstrand vor Westerland um 2000, im Hintergrund das Kurzentrum (Foto: Volker Frenzel)

→Kurpromenade. Lesehalle, →Musikmuschel, Restaurants und →„Giftbuden" sorgten für das körperliche und geistige Wohl der Kurgäste. Badezeit war zunächst nur von sechs bis zwölf Uhr. Man bestieg dazu die vom Badepersonal dicht an den Flutrand geschobenen, geschlossenen →Badekarren, in denen man sich umkleidete und anschließend, gesichert durch eine starke Leine und von Kopf bis Fuß in Badebekleidung, mehrmals in der Brandung untertauchte. Den Sandstrand prägten schon bald unzählige →Strandburgen. Diese wuchsen sich nicht selten zu pompösen Bauwerken aus und waren häufig mit einer Beflaggung oder Transparenten versehen, den „Hausnummern" der Burgherren. 1902 wurde in Westerland ein erster Strandabschnitt als →Familienbad eingerichtet, das schnell alle Bedenken und Vorurteile widerlegte. Zeitweise galt Sylt als „Verlobungsbad". In der Saison 1909 zählte man 69 ordentlich gemeldete Verlobungen in Westerland.
Die Sylter selbst badeten laut C. P. →Hansen schon immer im Meer, um sich nach der Arbeit zu reinigen, aber auch um den Spaß in der Brandung zu genießen. Probleme mit der Badebekleidung erledigten sich am weiten, menschenleeren Strand der Sylter Westküste von selbst. Das von dem Sylter Arzt A. L. O. →Jenner bereits um 1855 aus therapeutischen Gründen vorgeschlagene Nacktbaden kam erst nach dem Zweiten Weltkrieg in Mode. Der erste offizielle →FKK-Strand wurde 1954 in Westerland eröffnet.

Die meisten Strände auf Sylt sind bewacht, rund 60 ausgebildete Rettungsschwimmer der →Deutschen Lebens-Rettungs-Gesellschaft (DLRG) zeigen eine etwaige Gefahr an. Ein roter Ball am Mast bedeutet, dass Baden nur unter Aufsicht in einem markierten Gebiet erlaubt ist. Zwei rote Bälle signalisieren unmissverständlich ein generelles Badeverbot.

Altonaer Museum 1986, C. P. Hansen 1859, Kürtz 1994, Prignitz 1977, 1986, Wedemeyer 1991a.

Zeichen am bewachten Badestrand (Foto: Volker Frenzel)

Bädergemeinschaft Sylt e. V. 1957 beschlossen die Sylter Gemeinden die Gründung eines Vereins zur Förderung des Fremdenverkehrs. In einer Bädergemeinschaft sollten Anliegen wie die Verkehrs- und Unterkunftsverhältnisse, die Werbung, die Ortsbilder und die Erhaltung und Pflege der Kulturgüter der Insel geregelt werden. 1996 gründete der Verein als einer von 13 Teilhabern die Vermarktungsgesellschaft „Bädergemeinschaft Sylt GmbH". Bei der Umbildung der Firma im Jahr 2001 in die →Sylt-Marketing GmbH zog sich die Bädergemeinschaft e. V. zurück. 2002 schloss sie sich dem Nordsee-Tourismus-Service an.

„Badezeit" →Milchkurhalle

Baedeker, Walther * 10.7.1880 Essen, † 1959 Hamburg, Architekt. Baedeker, der in den Jahren 1914-33 im →Weißen Haus in Kampen wohnte, war sehr aktiv auf Sylt. Er entwarf 28 Häuser, die meisten in Kampen, da-

Bahnsteigansicht des Westerländer Nordbahnhofs, 1908 (Sylter Archiv)

runter →Kliffende (1923), das Rundhaus für Emmi →Leisner (1928), das Haus für Fritz →Wichert (1933) und die zweite Version der →Sturmhaube, die 1936-69 Bestand hatte.

Sylter Archiv.

Bahnhöfe *(Baanhofen)* Seit 1888 verkehrte die erste →Inselbahn auf Sylt zwischen dem Hafen Munkmarsch und dem Ostbahnhof, später Nordbahnhof genannt, in Westerland. Ab 1901 kam eine Verbindung zwischen dem Hafen Hörnum und dem Südbahnhof Westerland hinzu, 1903 wurde die Nordbahn nach Kampen eingerichtet und 1908 nach List verlängert. Im Ersten Weltkrieg verband eine Kleinbahn auch die Orte Munkmarsch und Keitum mit Westerland. Hiervon zeugt noch das Bahnhofsgebäude in der Munkmarscher Chaussee in Keitum. Von den Bahnhöfen und Haltepunkten entlang der 1927 bzw. 1970 stillgelegten Strecken ist sonst nicht viel übrig geblieben, die Bahntrasse wurde zum größten Teil Rad- und Wanderweg. Der Lister Bahnhof beherbergt, äußerlich wenig verändert, ein Restaurant, die ehemalige Funktion des Kampener Bahngebäudes ist nach der Umgestaltung zum Ferienhaus nicht mehr zu erkennen. Im alten Südbahnhof in Westerland befand sich bis zu seinem Abriss das Gasthaus „Sylter Hahn", an der Stelle des 1969 abgerissenen Nordbahnhofs neben der Alten Post entstand das Haus „Ankerlicht". Seit 1927 führt eine Eisenbahnlinie über den →Hindenburgdamm nach Westerland mit Haltestationen in Morsum und Keitum. Die Endstation wurde 1996 umfassend renoviert und erhielt als erster deutscher Bahnhof das Prädikat „Touristisches Reisezentrum". Um einen freien Blick auf die Fassade des denkmalgeschützten Gebäudes zu gewähren, mussten die Anbauten durchsichtig konstruiert werden. Gitterartige Rundrohre ersetzen klobige Stahlgerüste, während andere Bauteile und selbst die Träger des Daches aus Glas bestehen.

Max Baldner (Sylter Archiv)

Kirschner 2000, Quedens/Stöver 1978, Stöver 1979 u. 1989-1991.

Baken sind im Unterschied zu den schwimmenden →Bojen oder Tonnen landfeste →Seezeichen aus Holz oder Stahl. Sie dienen der Kennzeichnung wichtiger Peilpunkte für die Schifffahrt. Einige, wie z. B. in der Elbmündung verankerte, besitzen auch einen Rettungsturm, auf den sich in Seenot geratene flüchten können. Der Chronist Henning →Rinken berichtete, dass 1839 zwei Seebaken auf dem →Ellenbogen errichtet wurden, eine dritte 1840 bei List. Einer Akte des Königlichen Grenzzollinspektorats ist zu entnehmen, dass 1847 das →Lister Tief und die Zufahrten zum →Hafen Keitum durch die Lister Ley und von Hoyer mit Treibbaken gekennzeichnet waren. Ab 1852 gab es zwei Feuerbaken in den Lister Dünen, in denen nachts eine Lampe brannte. Auch in Hörnum wurde in jenem Jahr eine erste Bake aufgestellt. Heute stehen Baken u. a. auf dem Ellenbogen.

Rinken 1992.

Baker, Josephine →Trocadero

Baldner, Max †1946, Cellist. Baldner war mit Charlotte Lindemann, genannt „Bimba", der Tochter eines Besitzers von 17 Kaufhäusern, verheiratet. 1933 ließ er durch den Berliner Architekten Otto Firle (1889-1966) den →Klenderhof, ein markantes, burgähnliches Reetdachhaus im Norden von Kampen, entwerfen. Der Kampener Ehrenbürger, NS-Generalfeldmarschall Hermann →Göring, fand daran Gefallen und ließ sich das Gebäude auf der mecklenburgischen Halbinsel Darß nachbauen. „Bimba" war Jüdin und Baldner sollte sich von ihr scheiden lassen. Er weigerte sich. Seine Frau kam in ein Konzentrationslager und verstarb später an den Folgen der Haft.

Leonhardt 1980.

Balje Das niederdeutsche Wort bedeutet Kübel oder Zuber. Mit so genannten Austern-Mess-Baljen wurden im 19. Jahrhundert die geernteten Austern zwischen Fischer und Pächter abgerechnet. Ein Kübel fasste genau 700 Stück. Für eine Balje zahlte der Pächter einen Taler und acht Groschen. Ein Boot konnte in einer Saison 700 bis 800 Taler verdienen.
Janus 1998, Mensing 1931, Rinken 1992.

Ball, Friedrich * 1884, † 11.12.1937 Westerland, Buchdrucker, Buchhändler. Ball war zunächst in der Druckerei von Carl →Meyer tätig. Er machte sich selbstständig und gab ab 1924 in Westerland die →*Sylter Nachrichten* heraus. Dort veröffentlichte er auch von ihm selbst bearbeitete Werke wie „Strandungen an der Küste von Sylt" (1930) oder eine „Chronik der Sylter Familie Lassen" (1931).
Ball 1930, Sylter Archiv.

Ballin, Albert * 15.8.1857 Berlin, † 9.11. 1918 Berlin, Reeder, HAPAG-Direktor. Nach der Eingliederung Helgolands in das Deutsche Reich 1890 organisierte Ballin einen Seebäderdienst zwischen Hamburg und den deutschen Nordseebädern. Auch nach dem Eintritt in die Dienste der →HAPAG 1886 führte er seine „Ballin's Dampfschiffs-Rhederei-Gesellschaft" weiter. 1899 wurde er Generaldirektor der HAPAG. Deren Bäderschiffe fuhren zunächst nur von Hamburg nach Helgoland. 1896 wählte die Reederei auch Sylt als Ziel, und Ballin begleitete persönlich die erste Fahrt. Sie endete mit dem beschwerlichen Umsteigen im →Pandertief auf die Schiffe der „Sylter Dampfschifffahrt-Gesellschaft". Ballin entwickelte daraufhin die Idee eines hochseetüchtigen Anlegers in Hörnum und einer Kleinbahnstrecke als Verbindung nach Westerland. 1901 wurde die Nordseelinie Hamburg-Helgoland-Hörnum eröffnet. Ballin schied mit Ende des Ersten Weltkriegs aus dem Leben.
Sylter Archiv.

Baluschek, Hans * 9.5.1870 Breslau, † 28.9. 1935 Berlin, Maler. Baluschek besuchte die Berliner Kunstakademie und erwarb sich bald den Ruf eines „Rinnsteinmalers". Alkoholismus, Prostitution, Selbstmörder oder Streiks lieferten ihm die Motive. 1889 wurde er Mitglied der Berliner Sezession. In diese Zeit fiel sein erster Sylt-Besuch. Nach 1903 war er auch Gast bei Ferdinand →Avenarius in Kampen. Baluschek ist der erste Maler, der die Insel mit kritischen Augen sah. Er widmete ihrer Entwicklung von einer entlegenen Fischer- und Seefahrerinsel zum mondänen Seebad einen Zyklus mit dem Titel „Sylt". Einzelne der acht Blätter befinden sich in Privatbesitz, der Rest gilt als verschollen. Die Kunstsammlung der Stadt Westerland besitzt das Ölbild „Der Telegraph (Sylt), 1898".

Der Kunstkritiker Hans Mackowski bewertete die Arbeiten des Malers Hans Baluschek so: „Mit der Genauigkeit eines evolutionistischen Naturforschers gibt Baluschek in dem Cyclus ‚Sylt' die Entstehungsgeschichte vom öden, windverwehten Eiland bis zum beginnenden Modebad. Im Anfang war der Sand, den der Wind zu kleinen Hügeln anhäufte. Dann setzte der Kampf der Haide mit dem Sande ein. Und das Haidekraut siegte über den Sand. Das noch dürftige Gewächs nährt einen kümmerlichen Viehstand: ein Dorf entsteht, das der Telegraph mit der Außenwelt verbindet. Nicht lange, so bietet sich ein primitives Logis an und findet einen anspruchslosen Abnehmer. Dieser erste Badegast zögert nicht, mit einer faute de mieux angezettelten Liebelei die Aussicht auf ein gedeihliches, mit allem Komfort ausgestattetes Modebad trostreich zu eröffnen."
Gemeinde Kampen 1994, Meißner 1985, Schlee 1962, Schulte-Wülwer 1996.

Hans Baluschek: „Der Telegraph (Sylt)" 1898, Ölkreide, 28 x 45 cm, Kunstsammlung der Stadt Westerland (Museumsberg Flensburg)

Albert Ballin (Sylter Archiv)

Bandow, Hans-Jürgen →Zeitungen

Bankwesen Die erste →Sparkasse Sylts war die 1821 in Keitum gegründete „Mobilien-Sparkasse". Sie war damit eine der ältesten Sparkassen Nordfrieslands. Im strengen Sinne handelte es sich dabei aber eher um einen Versicherungsverein. Dies gilt auch für die „Austernfischercasse“ in Keitum, die 1870 in einem Bericht des Amtes Tondern an die Regierung in Schleswig erwähnt wird, und eine Unterstützungskasse für Seeleute, die zwischen 1844 und 1877 in Westerland bestand. 1896 gründeten mittelständische Gewerbetreibende das genossenschaftliche Unternehmen „Sylter Credit-Verein in Westerland“, woraus 1939 die Volksbank Sylt wurde. 1908 entstand eine genossenschaftliche Spar- und Darlehnskasse in Morsum, 1927 ein ähnliches Unternehmen in Keitum. Beide vereinigten sich 1977 zur →Raiffeisenbank Sylt. 1998 schloss sich die Bank mit der Volksbank Sylt zur →Volks- und Raiffeisenbank Sylt zusammen. Auch die Deutsche Bank, die Commerzbank, die Vereins- und Westbank und weitere Bankunternehmen haben Filialen auf der Insel, zumeist in Westerland.

Sylter Archiv.

Bantelmann, Albert * 8.1.1911 Hamburg, † 18.9.1999 Schleswig, Archäologe. Bantelmann war zunächst Lehrer, u. a. in Westerland, wandte sich dann aber der Archäologie zu. Schon 1939 grub er in →Archsum. Nach dem Zweiten Weltkrieg leitete er mehrere wichtige Grabungen im Bereich der schleswig-holsteinischen Westküste und stellte deren Landschaftsentwicklung in beeindruckender Weise dar. Als Erster erhielt er 1986 den Hans-Momsen-Preis des Kreises Nordfriesland.

Nordfriisk Instituut.

Bargheer, Eduard * 25.12. 1901 Finkenwerder, † 1.7.1979 Hamburg, Maler. Bargheer ließ sich an der Kunstschule Gerda Koppel in Hamburg ausbilden und war dort 1927-40 Dozent. 1930-38 besuchte er regelmäßig Sylt, später auch in den 1960er Jahren. Dazwischen lebte er überwiegend in Forio d'Ischia und in Florenz. Seine 1938 entstandenen abstrakten Wattbilder, wie z. B. „Wattlandschaft (Sylt)“, bildeten Höhepunkt und Abschluss seines Frühwerkes. In den 1960er Jahren malte er „Häuser im Nebel, Kampen“ (1967) oder „Dünen auf Sylt“ (1969).

Wolfgang Henze, ein Kenner des Werkes von Eduard Bargheer, schreibt: „Mit wenigen großen schwarzen Konturen ist das Watt bei Niedrigwasser mit seinen Prielen und seinem Schlick, seinen Sandbänken und seiner Ufervegetation in Andeutungen von Grün umschrieben. Das Meerufer ist ja viele Kilometer breit, der Übergang von Land zu Wasser ist hier nicht eine Nahtlinie, sondern ein breiter Streifen, halb Land, halb Wasser, der Kampf der beiden Elemente ist hier nicht der harte und schnelle einer Steilküste, sondern der – umso gefahrvollere – nachhaltige und allmähliche des Wassers, das sich auf der gleichen Ebene über das Land schiebt oder des Landes, das sich unter das Wasser schiebt, ohne klare Grenze, nur von den Gezeiten bedingt.“

Henze 1979, Schulte-Wülwer 1996, SHL 1983.

Bark Die Bezeichnung ist aus der Nilschifffahrt entlehnt und bedeutet dort Nachen. Die abendländische Seefahrt versteht darunter drei- bis fünfmastige Segelschiffe, auf denen viele Sylter Seeleute die Weltmeere befuhren. Die ersten Masten sind rahgetakelt (mit Quersegeln), der Besanmast (hinterster Mast) trägt Gaffelsegel (Längssegel). Das ab der zweiten Hälfte des 19. Jahrhunderts international am meisten verbreitete Hochseefrachtschiff wurde anfangs aus Holz, später auch aus Eisen gebaut.

Kluge 1963, Szymanski 1934.

Barlog, Boleslaw * 28.3.1906 Breslau, † 17.3.1999 Berlin, Theaterleiter und Regisseur. Barlog war bis 1972 Intendant des Schlosspark- und des Schillertheaters in Berlin. 1947 kam er auf Anregung seiner Freundin Gret →Palucca das erste Mal nach Sylt und wohnte im Klenderhof bei Peter →Suhrkamp. 1948 bezog er den „Wiesenhof“ in Keitum als Zweitwohnsitz. Jahr für Jahr steckte er bei →Buhne 16 mit kleinen Holzstücken sein Areal ab, um auf einer Kiste sitzend seine nächsten Inszenierungen zu entwerfen und Bühnenbilder aus Sand zu modellieren. Mit dem „Seehund“ Ernst →Rowohlt, der ihn wegen seiner Vorliebe für das Nacktbaden „altes Schwein“ titulierte, verband ihn eine tiefe Freundschaft. 1974 überredete er den Schauspieler Martin Held, in die obere Wohnung des Wiesenhofs zu ziehen.

„Intendant sein in Berlin - das hätte ich nicht durchgestanden ohne den Anschluss an den Akku Sylt.“ Dieses Zitat stand auf der Einladung zur „Ausstellung eines Lebens in Berlin und auf Sylt“, die Johanna →Eglau 1993 in ihrer Galerie in Kampen für Boleslaw Barlog organisierte.

Barz 1988, Wedemeyer 1986.

Baudissin, Adalbert (als Schriftsteller: Adelbert) Heinrich Graf * 25.1.1820 Hovedgaard/

Jütland, † 26.3.1871 Wiesbaden, Schriftsteller. Nach Tätigkeiten im österreichischen Staatsdienst und als Freiwilliger im schleswig-holsteinischen Truppendienst ging von Baudissin 1852 als Farmer, Buchhändler und Redakteur nach Nordamerika. 1862 ließ er sich als Schriftsteller in Altona nieder. Er bereiste Nordfriesland und veröffentlichte seine Eindrücke in Büchern wie „Schleswig-Holstein – Meerumschlungen" (1865) oder „Blicke in die Zukunft der nordfriesischen Inseln und der Schleswiger Festlandsküste" (1867). Als Regierungsbeauftragter für den Küstenschutz entwickelte er 1865-69 wegweisende Pläne für eine Befestigung der Dünen und der Sandstrände auf Sylt. In dieser Zeit entstanden auch seine aquarellierten Zeichnungen „Östlicher Leuchtturm auf dem Ellenbogen", „Höchster Punkt des Roten Kliffs" und „Künstlicher Windtrichter bei Alten Rantum", die sich im Besitz des Landesarchivs in Schleswig befinden.

Über die Sylter Dünenlandschaft schrieb Adelbert von Baudissin in „Schleswig-Holstein – Meerumschlungen": „Eine todte, starre, öde und über alle Beschreibung trostlose Kette von schneeweißen Sandbergen, die in drei Reihen hintereinander liegen, Thäler und Schluchten haben, hin und wieder mit elendem Sandroggen bewachsen sind, und unausgesetzt von den Wellen und Stürmen des Meeres weiter nach Osten gedrängt werden ...".

Baudissin 1865 u. 1867, Janus 1998, SHBL 4, Steensen 1996a.

Bauernwillkür →Landwirtschaft

Bauerschaft *(Büürskep)* Die Gesamtheit der Landbesitzer eines Dorfes bildete bis 1867 die Bauerschaft. Auf Sylt gab es sieben solcher Gremien bäuerlicher Selbstverwaltung, und zwar für Archsum, Keitum, Morsum, die Norddörfer, Rantum, Tinnum und Westerland. An ihrer Spitze stand jeweils der →Bauervogt. Jeder Hausbesitzer hatte Sitz und Stimme, abwesende Seefahrer übten ihr Mitbestimmungsrecht durch ihre Frauen aus, Witwen waren ebenfalls stimmberechtigt. Die Frauen traten allerdings nicht persönlich auf, sondern ließen sich durch Söhne oder männliche Nachbarn in der Gemeindeversammlung (*Büür*) vertreten. Eine wichtige Aufgabe galt der Pflege der Dorfverfassung. In diesen so genannten Beliebungen waren die Rechte und Pflichten des Einzelnen sowie die Strafen bei Zuwiderhandlung genauestens festgehalten. Geregelt wurde z. B. die gemeinsame Bewirtschaftung der Feldstücke und der →Allmende vor der →Verkoppelung um 1786. Eine andere Aufgabe war die Wahl der →Landesgevollmächtigten. Darüber hinaus wurden sämtliche Angelegenheiten behandelt, die für das Dorf von Interesse waren. Jedes Dorfmitglied konnte die Einberufung einer Sitzung beim Bauervogt beantragen. Wichtige Entscheidungen wurden den Landesgevollmächtigten als Empfehlung mitgeteilt, waren jedoch nicht bindend für sie.

Wülfke 1831.

Bauervogt *(Büürfööger)* Bis zur Auflösung der alten Rechts- und Verwaltungsverhältnisse durch den preußischen Staat seit 1867 hatte der Bauervogt die Funktion eines Dorfvorstehers inne. Die sieben Sylter →Bauerschaften wählten ihre Vögte je nach Beliebung (Ortssatzung) für drei oder sechs Jahre, wobei die Amtszeit selten befolgt und oft auf zehn bis zwanzig Jahre ausgedehnt wurde. Der Bauervogt unterstand dem →Landvogt und war dessen Gehilfe. Er hatte polizeiliche Aufgaben und sorgte mit dem →Dingwall für öffentliche Bekanntmachungen. Weiter übernahm er die Aufsicht über die Mühlen sowie die Kontrolle der Straßen, Siele und Brücken. Zur Seite standen ihm die jährlich wechselnden „Sechs-Männer", die nach der Nummernfolge der Häuser bestimmt wurden. Als Vorsitzender der Bauerschaftsversammlungen führte er das Protokoll und die Rechnungsbücher und pflegte das Dorfarchiv. Er leitete öffentliche Arbeiten und regelte die dabei zu leistenden Hand- und Spanndienste.

Wülfke 1831.

Baupflege Kreis Tondern Mit der Heimatbewegung um die Wende des 19. zum 20. Jahrhundert wuchs auch das Bewusstsein für die überlieferte, heimische →Architektur. Es ent-

Die Altfriesische Weinstube mit Gartenanlage um 1914, dahinter architektonischer „Wildwuchs" in der Stadt Westerland

(Sylter Archiv)

standen Heimatvereine, wie z. B. 1902 der Nordfriesische Verein. Die Ursprünge der „Baupflege Kreis Tondern" liegen im Jahr 1905, als für ein neues Kreishaus ein Wettbewerb ausgeschrieben wurde. Eine Auflage forderte die „Anlehnung an die heimische Bauweise". Der Lösungsvorschlag enthielt flächenhafte, ungeteilte Backsteinwände und Fenster mit weißen Sprossen. Er wurde für die Architektur Nordfrieslands quasi zur Norm. Dass die Bauanträge dem nun festgelegten Baukatechismus entsprachen, überwachte ab 1908 mit Hilfe der Bauverwaltung der Schleswig-Holsteinische Landesverein für Heimatschutz. Heinrich →Bomhoff gestaltete mit der „Altfriesischen Weinstube" und dem →Warmbadehaus in Westerland Idealentwürfe für die nordfriesische Bäderarchitektur. In den 1920er Jahren schuf der Sylter Architekt Karl Christiansen eine Reihe pfannengedeckter Fremdenpensionen mit friesischem Charakter. Der Hamburger Architekt Franz Wienke baute 1925/26 einige Gebäude im landschaftsgebundenen Stil für das Schullandheim →Puan Klent. Die größte Sorge der Baupflege galt der Rettung des Reetdachs. Eine Zusammenarbeit mit den Brandkassen konnte allerdings erst mit der Entwicklung des „Gernentzdachs" erreicht werden. Es war imprägniert und garantierte je nach Ausführung bis zu fünfzig Minuten Feuerfestigkeit.
Mit dem Ende der Weimarer Republik klang die authentische Heimatschutzarchitektur aus. Der „Friesengiebel" wurde nun zum landschaftsübergreifenden Symbol für Bodenständigkeit und ähnlich ideologisierte Begriffe. In den Aufbaujahren nach 1950 geriet der Baupflegegedanke für lange Zeit in Vergessenheit. Erst als in den 1970er Jahren mehr und mehr landschaftscharakteristische Gebäude zu verschwinden drohten, erlebte er eine Renaissance. 1980 trat der Verein „Interessengemeinschaft Baupflege Nordfriesland (IGB)", zugleich Arbeitsgruppe des *Nordfriisk Instituut* in Bredstedt, das Erbe der alten Heimatschutzarbeit an. In seiner Zeitschrift *Der Maueranker* setzt er sich dafür ein, die nordfriesische Kulturlandschaft mit ihrer gewachsenen Architektur vor weiterer Zerstörung zu bewahren. Eine Arbeitsgruppe der IGB arbeitet unter Leitung von Traute →Meyer auf Sylt.

Andresen 2000, Kühnast 1980.

Auf einer aquarellierten Zeichnung hielt Adolf Beneke zwei am 2. November 1868 südlich von Westerland gestrandete Schiffe fest. (Sylter Archiv)

Baur-Breitenfeld, Georg von →Villa Baur-Breitenfeld

Becker, Friedrich Jensen * 2.11.1729 Keitum, † 5.7.1822 Kampen, Kapitän. Becker ließ 1763 das →Weiße Haus in Kampen erbauen. 1767 errichtete er zusammen mit dem →Landvogt Matthias Matthießen und Bleick Jens Eben die →Vogelkoje bei Kampen.

Spreckelsen 1991.

Behandlungs- und Beratungszentrum (BBZ) →Drogen

Beliebung →Bauerschaft

Bender, Victor →Sylter Archiv

Beneke, Adolf Erich * 1819, † 1882, Forstwirt, österreichischer Offizier, Maler. Beneke wurde in der Schlacht von Solferino 1859 verwundet und danach pensioniert. 1860 weilte er auf Sylt und malte als einer der ersten Ansichten von der Insel, insbesondere von Keitum, Munkmarsch und Westerland. In den Jahren 1861 und 1862 fertigte er zwei seiner 102 hinterlassenen Skizzenbücher auf Sylt an. Auf nahezu allen Zeichnungen des Rittmeisters finden sich topographische Besonderheiten wie Häuser, Windmühlen, Brunnen und Fahnenmasten, die sich – obwohl längst verschwunden – auch heute noch örtlich festlegen lassen. Auch gestrandete Schiffe sowie die Badeeinrichtungen am Strand weckten sein Interesse. Eines der

Sylter Skizzenbücher wurde 1957 vom →Sylter Archiv gekauft. Aus dem zweiten, das sich in Privatbesitz befindet, wurden Teile als Nachdruck veröffentlicht. Im Museum für Hamburgische Geschichte befinden sich die Aquarelle „Heide bei Wenningstedt" (1860) und „Braderup Kliff" (1864) sowie die Feder- und Bleistiftzeichnungen „Wenningstedt, Strand" (1861) und „Braderup Kliff" (1862).

Beneke 2000, Feddersen 1984, Schlee 1962, SHL 1983, Wedemeyer 1991a.

Benendikenwai Sylterfriesischer Flur- und Straßenname in Keitum. *Benen-diken-wai* bedeutet „Weg innerhalb des Deiches/Walls".

Möller 1916.

Benn, Gottfried * 2.5.1886 Mansfeld/Westpriegnitz, † 7.7.1956 Berlin, Arzt, Dichter. Benn arbeitete als Arzt in Berliner Krankenhäusern. Als Dichter, u. a. mit dem Gedichtband „Morgue", erregte er 1912 in avantgardistischen Kreisen großes Aufsehen, indem er die herkömmliche Vorstellung von Lyrik radikal in Frage stellte. 1933 verteidigte er in Rundfunkvorträgen den Nationalsozialismus, da er sich von ihm eine Wiedergeburt der deutschen Nation erhoffte. Wegen seiner Dichtungen, „widernatürliche Schweinereien", fiel er in Ungnade und erhielt Schreibverbot. Mit neuen Publikationen ab 1949 beeinflusste er maßgeblich die deutsche Nachkriegslyrik. Benn reiste, da er lange Fahrten und große Hetze nicht vertrug „und da wir kleine Leute sind, nicht nach Mallorca u. Taormina, sondern an die Ost- und Nordsee". Einen zweiwöchigen Sylt-Aufenthalt verbrachte er 1955 mit seiner zweiten Frau in der Pension Safari in Westerland. Auf einer Postkarte schwärmte er von der „warmen Nordsee, blauestem Himmel, Schwimmen und sogar Roulette".

Im Gästebuch der Pension Safari steht die Eintragung: „Dr. Gottfried Benn, Dr. Ilse Benn aus Berlin (West) verbrachten den Rest ihrer Ferientage in diesem vielleicht etwas lebhaften, wenn auch wunderbaren Ort u. empfanden die Ruhe und den Frieden von Pension Safari besonders dankbar. Westerland 23. VIII. 55"

Hörning 1999, Wedemeyer 1986 u. 1991a.

Bergen, Claus * 18.4. 1885 Stuttgart, † 4. 10. 1964 Lenggries/Oberbayern, Maler. Bergen ist einer der bekanntesten Marinemaler des 20. Jahrhunderts. Berühmt sind Kriegsschiffmotive, wie z. B. das Bild „Endkampf der Bismarck" (1942) in der Marineschule in Flensburg-Mürwik. 1919, 1920 und 1923 schuf der Maler einige Ölgemälde und Zeichnungen auf Sylt, die sich heute im Besitz des Deutschen Schifffahrtsmuseums in Bremerhaven befinden. In Kampen malte Bergen 1919 das Ölbild „Rotes Kliff, Sylt", weiter entstanden u. a. „Lister Bauerngehöft", „Uwe-Düne in Kampen", „Kirche in Keitum", „Häusergruppe in Wenningstedt" und „Hafen von Munkmarsch".

Schulte-Wülwer 1996, Wedemeyer 1991a.

Bergente *(Bärigen)* →Brandgans

Bergwerk →Morsum-Kliff

Berke, Hubert * 22.1.1908 Buer/Westfalen, † 29. 11. 1979 Köln, Maler und Bildhauer. Berke stammte aus der Düsseldorfer Paul-Klee-Schule und war Mitglied der Gruppe Zen. Er beherrschte sowohl die gegenständliche als auch die abstrakte Kunst. 1960 machte er Urlaub auf Sylt und schuf in den Jahren danach in seinem Kölner Atelier die umfangreiche Werkgruppe „Sylt". 1961 zeigte er erste Ergebnisse unter dem Titel „Sylt – Eindrücke einer Reise".

In einem Interview sagte Hubert Berke: „ Das Erlebnis der Insel Sylt, 1960-61, dem ich die Sylt-Serie verdanke, war die Konfrontation mit dem Elementaren, das sich im Wehen des Sandes, in Licht und Nebel, in Sand und Wasser, Gräsern und Steinen aufzeigte. Das Erlebnis ist vor der Natur, aber die Gestaltung ist fern, unabhängig von der Natur. Das Erlebnis wird umgesetzt durch Komponieren, kritisches Auslassen, Dazunehmen von bestimmten Formen und Formationen."

Schulte-Wülwer 1996.

Bernstein *(Rööfstiin)* ist versteinertes Harz, das viele Millionen Jahre alt ist. Es besteht aus Kohlen-, Wasser- und Sauerstoff sowie etwas Schwefel und ist brennbar. Daher leitet sich auch sein heutiger Name ab (mittelniederdeutsch: *bernen* = brennen). Die alten Griechen nannten den „Stein" wegen seines goldähnlichen Glanzes „Elektron". Die Reaktion, die der Bernstein durch Reibung auslöste, wie z. B. Papier oder Haare anzuziehen, führte schließlich zur heutigen Bezeichnung Elektrizität.

Der Bernstein stammt von Kiefern, die vor etwa 80 Millionen Jahren große Teile Skandinaviens bedeckten. Durch Verletzungen und wohl auch unter Schädlingseinfluss reagierten die Bäume mit starken Harzergüssen. Der klebrige, stark duftende Stoff saugte Insekten, aber auch Teile von Vögeln, Säugetieren und Pflanzen auf. Diese Einschlüsse geben Auskunft über eine artenreiche Tier- und Pflanzenwelt in den subtropischen Bernsteinwäldern. Durch einen Meereseinbruch wurde das fossile Harz von der Luft abgeschlossen. Dies war die wichtigste Voraussetzung dafür, dass es seine Festigkeit behielt. Mit den Eiszeiten gelangte der Bernstein zunächst nach Süden, dann durch die Schmelzströme in die Ost- und Nordsee und somit auch vor die Sylter Küste. Stürme und Baggerarbeiten wühlen den Meeresboden auf und fortwährend wird das „Gold des Nordens" an den Strand gespült.

Bernstein (Foto: Georg Quedens)

Seit der Steinzeit nutzte der Mensch den Bernstein, vermutlich zuerst als Amulett, in der Antike dann als Schmuckrohstoff. Es gab Handelswege von den norddeutschen Küsten bis zur Adria und nach Südfrankreich. Im Mittelalter gewann Bernstein als Werkstoff an Bedeutung, z. B. zur Herstellung von Rosenkränzen. Der weiße Bernstein wurde als Medizin gegen Krankheiten aller Art verabreicht. Die Hauptmasse landete jedoch in Schmelzfabriken, wo man das Bernsteinkolophoniumöl herausdestillierte. Gelöst in Terpentin oder Leinölfirnis, ergab dies einen sehr widerstandsfähigen Lack, der besonders als Bootsanstrich geschätzt wurde.

Auch heutzutage lohnt es sich, vor allem an Ostwindtagen, an der Westküste, aber auch im Watt vor →Puan Klent sowie nördlich von Kampen und im Ellenbogengebiet nach dem milchig trüben, meist orangefarbenen „Stein" zu suchen. Oft verbirgt er sich im Salztorf, dem →*Tuul.* Ein Jahrhundertfund gelang 1986 einem Schüler, der vor der dänischen Insel Fanö einen 640 Gramm (3 200 Karat) schweren Bernsteinbrocken aufsammelte.

Grzonkowski 1996, Kruse 1989, Rudat 1985.

Berufspendler Etwa 3 000 Menschen kommen täglich vom Festland zur Arbeit nach Sylt. Viele wohnen in →Klanxbüll, der letzten Bahnstation vor dem →Hindenburgdamm. Andere reisen mit dem Pkw an, um hier oder in Niebüll in die oft überfüllten Pendlerzüge zu steigen. Zu den vielen Aushilfskräften, die vor allem in der Hauptsaison benötigt werden, gesellen sich rund 1 500 Handwerker sowie Arbeiter, Angestellte und Lehrkräfte. Sie können sich ein Zuhause auf der Insel nicht leisten und wenden deshalb nicht selten über drei Stunden ihrer Freizeit allein für den täglichen Arbeitsweg auf. Viele Handwerker haben ihre Firmenwagen an den Bahnhöfen von Morsum oder Keitum stehen und sind bei ihrer Ankunft auf der Insel nicht weiter auf den öffentlichen Busverkehr angewiesen. Im Jahr 2000 zählte das Flensburger Arbeitsamt 3 025 Einpendler, von denen gut zwei Drittel auch die allabendliche Rückfahrt in Kauf nahmen. Der Rest blieb die Woche über auf der Insel. Auch 853 Auspendler wurden registriert, die auf dem Festland ihren Unterhalt verdienten.

Höfer 1995, Nordfriisk Instituut.

Besiedlung Archäologische Grabungen ergaben, dass Sylt seit dem Sesshaftwerden der Menschen in der →Jungsteinzeit kontinuierlich besiedelt war. Megalithgräber aus der Steinzeit und mehrere hundert →Grabhügel aus der →Bronze- und →Eisenzeit zeugen davon. Ein steigender Meeresspiegel und der allmählich nach Osten wandernde Dünengürtel schränkten die Siedlungs- und Wirtschaftsflächen der Inselbewohner ein. Sie reagierten u. a. mit speziellen Techniken im Ackerbau wie der →Plaggendüngung und mit der Zusammenlegung von Einzelgehöften zu Großbetrieben. Viele Wohnplätze konnten sie nur deshalb auf Dauer beibehalten, weil sie tellartige, also aus vielen Siedlungsschichten übereinander aufgebaute Wohnhügel anlegten. Eine Ausgrabung auf dem *Melnknob* in →Archsum erbrachte wertvolle Erkenntnisse über die Siedlungsverhältnisse in der →Eisenzeit. Nach lebhafter Siedeltätigkeit in den Jahrhunderten nach Christi Geburt erlosch im 5. Jahrhundert auf den meisten Höfen das Leben. Im 6./7. Jahrhundert weiteten sich die fränkisch-friesischen Handelsbeziehungen auf den Nordseeraum aus; die →Friesen begannen mit der Besiedlung der →Utlande. Seit dem 8. Jahrhundert bildeten sich auf Sylt stetig bewohnte Ansiedlungen mit ländlichen Familienbetrieben heraus. Die Siedlungen, zum Teil wohl die Urkerne der heutigen Dörfer, bestanden aus mehreren Gehöften mit Wohnstallhaus und Grubenhaus, Speichern und Brunnen. Zu diesen Ergebnissen gelangte eine von Joachim →Reichstein 1969-74 geleitete Grabung in Alt-Archsum. Aus dem frühen Mittelalter stammen Friedhöfe mit Urnenbestattungen unter kleinen Grabhügeln. Münzfunde mit Prägungen u. a. aus England, Skandinavien und Deutschland bezeugen die bestehenden Handelsbeziehungen im 10./11. Jahrhundert, aber auch Berührungen mit den Kriegsscharen der →Wikinger. Dies belegt ein Schatzfund in →List. An der Westküste wurde mit erneutem Meeresspiegelanstieg ab dem 11. Jahrhundert der Druck der Nordsee zu stark. Marschenflächen und Dörfer, von denen mancherorts →Siedlungsspuren zeugen, gingen unter.

Bantelmann 1996, Harck/Kossack/Reichstein 1992, Kersten/La Baume 1958, Krohn 1984, Panten 1996, Schmidt-Eppendorf 1977.

Bethge, Hans * 9.1.1876 Dessau, † 1.2.1946 Kirchheim/Teck, Lyriker, Erzähler, Übersetzer orientalischer Lyrik. Der neuromantische Dichter verfasste u. a. das literarische Tagebuch „Mein Sylt" (1900). Es ist illustriert mit Sylt-Aquarellen des Malers Walter →Leistikow. 1890 kam Bethge zusammen mit seiner Mutter erstmals auf die Insel. 1896 und 1898 kehrte er wieder und vollendete sein Tagebuch. Es enthält vor allem stimmungsvolle Beschreibungen der Landschaft gepaart mit einer Vorliebe für Geheimnisvolles und Wunderbares. Von Westerland unternahm er Ausflüge zu den anderen Inselorten. Sein Lieblingsziel war wegen der roten Grütze die Keitumer →Friesenhalle.

„Wanderst du nach Keitum", so schrieb Hans Bethge in seinem Sylter Tagebuch, „so tu es, wenn das Watt in Ebbe liegt, auch muß es zur Dämmerung sein und an einem grauen Tage, wenn du an das Letzte denkst und an das Glück, das dir vorbeigegangen. Dann schreite an das wehe Watt, und wenn dich das Leben nicht leergebrannt, wird sich dein Sehnen in Tränen lösen."

E. Bethge 1997, H. Bethge 1900, Leonhardt 1980, Wedemeyer 2000d.

Bienen *(Emen)* Die Feststellung des Chronisten Jens →Booysen aus dem Jahre 1828, dass die Bienenzucht auf Sylt niemals erhebliche Bedeutung erlangen könne, gilt nur bedingt. Zwar verhindern starke Seewinde und mangelnde Flora eine lukrative Honigerzeugung, doch gibt es auf der Insel seit 1948 zwei geschützte „Reinzucht-Gebiete". Bei List und bei Puan Klent liegen die so genannten Belegstellen. Jährlich rund 1 000 Bienenköniginnen aus mehreren europäischen Ländern werden hier von Ende Mai bis Ende Juli ausgesetzt, um für artenreinen Nachwuchs zu sorgen. Die Sylter Imker müssen mit ihren Bienenvölkern dem geschützten Bereich in dieser Zeit fern bleiben. Aus einheimischer Herstellung wird vorwiegend Rapshonig und Heidehonig angeboten.

Nordfriisk Instituut.

Biikebrennen Am 21. Februar, am Vorabend des →Petritags, werden auf den Inseln Sylt, Amrum und Föhr, auf den Halligen und in weiten Teilen des nordfriesischen Festlandes alljährlich mehr als 60 Biiken entzündet. *Biiki* bedeutet Zeichen, Seezeichen (→Bake), Feuermal. Nach dem Aufruf *„Tjen di Biiki ön!"* (Zündet die Biike an!) lodern weithin sichtbar auch die neun Sylter Feuer von ihren Standorten in den Dünen, auf frühgeschichtlichen Grabhügeln und in der flachen Marsch. Es werden meist auf →Friesisch feurige Reden gehalten zu Themen der Sylter Vergangenheit oder zur Tagespolitik. Anschließend geht man zum gemeinsamen Grünkohlessen. Während einst die Konfirmanden eine besondere Rolle spielten und vielerorts für das Zusammentragen der Biike zuständig waren, erledigen heute häufig Feuerwehrleute und Gemeindearbeiter das Einsammeln des Brennmaterials sowie das Aufschichten zu einem riesigen Holz- und Reisighaufen. Als Symbol für den Winter thront manchmal auch eine Strohpuppe, der *Piđer*, obenauf.

Das Biikebrennen – ein gemeinschaftliches Frühlings- oder Fastnachtsfeuer – geht auf einen heidnischen Brauch zurück, mit dem die bösen Geister vertrieben und die neue Saat geschützt werden sollte. Das Feuer wurde zunächst an langen, bakenähnlichen Stangen umhergetragen, berichtete der Deezbüller Pastor Petrus →Petrejus um 1740. 100 Jahre später beschrieb sein Kollege H. N. A. Jensen eine Biike ganz ähnlich: An der Spitze einer Stange wurde eine Teertonne befestigt, in die man Strohbündel als Brennmaterial steckte. Der Chronist Henning →Rinken berichtete, dass vor 1760 alljährlich am 22. Februar sich die Seeleute in Keitum versammelten, um ihre Abfahrt in die großen Häfen zu besprechen und Heuerverträge für die neue Fangsaison abzuschließen. Aus dieser einfachen Tatsache entwickelte um 1830 der Keitumer Lehrer C. P. →Hansen die alte „Tradition", dass mit einem großen Feuer die Seefahrer zum Walfang verabschiedet worden seien. Das Meer befuhr man aber erst, wenn die Häfen und Hafenausfahrten, wie z. B. die Elbe, weitgehend eisfrei waren. Auch die Deutung der Biike als Opferfeuer für den germanischen Gott Wodan beruht auf Hansens Erzählkunst.

Außer in Westerland und Keitum wurden für Kinder und Erwachsene verschiedene Petritage abgehalten. Die Feuer entzündete man immer am Abend vor dem Kinderpetritag, den die einzelnen Dörfer selbst bestimmten. Bedingung war, dass er im Februar und vor der Fastenzeit lag. Erst am Ende des 19. Jahrhunderts wurde das „nordfriesische Nationalfest" auf den 21. Februar festgelegt. Hier ist der Ursprung der modernen Biikentradition zu sehen. In der Zeit des Nationalsozialismus wurde auch dieser friesische Volksbrauch für die Propaganda missbraucht. Bei der Biike 1936 z. B. übertrug ein Redner die verhängnisvolle NS-Parole „Du bist nichts, dein Volk ist alles" ins Sylter Friesisch: *„Dü enkelt Mensk best nönt, din Fulk es ales!"* Neue Impulse erhielt das Fest durch ein wieder erwachendes nordfriesisches Regionalbewusstsein in den 1970er Jahren. Inzwischen jedoch droht es gerade auf Sylt auf die Stufe einer reinen Touristenattraktion zu sinken.

Um die Sylter Biike rankt sich eine Anekdote aus dem ausgehenden 19. Jahrhundert. Der Keitumer Pastor Rudolf Rienau und seine Kollegen Gleiß aus Westerland und Bahnson aus Morsum wetterten dagegen, dass die Biike mit Tanz und Spiel nun auch in der Passionszeit gefeiert werden sollte. Als Reaktion darauf verbrannten die Keitumer auf einer Biike drei Teertonnen mit den Aufschriften B, R und G. Es kam zur Gerichtsverhandlung. Dort zogen sich die Angeklagten aus der Affäre, indem sie behaupteten, die drei Buchstaben hätten nicht etwa für die drei Pastoren gestanden, sondern für die Abkürzung: „Brenne recht gut."

Hubertus Jessel 1982, Meier 1986, Panten 1994 u. 2002c, Rinken 1992.

Bi Kiar Sylterfriesischer Flur- und Straßenname in Wenningstedt. *Bi Kiar* heißt „Am Teich" und bezeichnet die Straße am Wenningstedter Dorfteich.

Möller 1916.

Biike in Tinnum, um 2000 (Foto: Volker Frenzel)

Bilegger (niederdeutsch: *bileggen* = dazulegen, nachheizen) Ab dem 17./18. Jahrhundert lösten gusseiserne Bilegger ihre gemauerten Vorgänger in der →*Kööv* der →utlandfriesischen Häuser ab. Die Kastenöfen standen an der Wand zur →Küche an der Rückseite des Herdes. Durch eine Öffnung in der Wand wurde vom Herd aus das Feuermaterial in den Bilegger geschoben. Eine zweite Öffnung im oberen Bereich des Ofens sorgte für den Abzug des Rauches in den offenen Schornstein in der Küche. Um die Mitte des 19. Jahrhunderts wurden die offenen Herdfeuer durch eiserne Herde, die so genannten Kochmaschinen, ersetzt. Damit verschwand die Möglichkeit, den Bilegger zu beheizen. In die Stube stellte man sich nun moderne, besser regelbare und deshalb wirtschaftlichere Öfen. Konstruktion und Funktionsweise eines Bileggers können im →Altfriesischen Haus in Keitum besichtigt werden.
Die aus dem Harz, dem Siegerland und im 19. Jahrhundert vorwiegend aus der Rendsburger Carlshütte stammenden drei Seitenplatten des Bileggers waren mit Ornamenten oder mit biblischen und ritterlichen Szenen versehen. Die Ecken verzierten häufig Pflöcke (niederdeutsch: *Tubben*) aus Messing. Die obere Platte diente zum Warmhalten von Speisen unter einer Messingglocke, dem „Stulp“, und auch zum Wäschetrocknen. Hölzernes Brennmaterial war knapp auf der Insel. Deshalb wurden neben Strandholz auch Heideplaggen, →*Tuul* (Seetorf), →*Kiisen* (getrockneter Kuhmist) oder →*Luurter* (Schafdung) verfeuert. Zum Anzünden griff man vor der Erfindung der Schwefelhölzer in die Zunderlade. In diesem Kästchen befanden sich Zunder, Feuerstahl und Flintstein.

Grunsky 2000, Köster-Lösche/Lösche 1989, Kühnast 2000c, Winger 1986, Wolf 1940.

Der Bilegger steht in der →*Kööv* des →Altfriesischen Hauses in Keitum. (Söl'ring Foriining)

Bi Müür Sylterfriesischer Flur- und Straßenname in Braderup. *Müür* heißt ein kleiner Teich in Braderup, die Bedeutung ist demnach „Beim Teich“.

Möller 1916

Blanker Hans *(Rasmus)* bedeutet wörtlich „ärmlicher Geselle“. Sinnbildlich für die stürmische Nordsee erreichte die Bezeichnung vor allem durch das Gedicht →„Trutz, blanke Hans“ von Detlev v. →Liliencron weite Bekanntheit.

Pingel 1994.

Bleicken ist ein friesischer →Personenname, der mit Sicherheit auf ursprüngliche Herkunft von der Insel Sylt schließen lässt. Der Vorname lautete in der Regel Bleick oder Bleicke, der Nachname Bleicken entstand nach den Regeln der patronymischen Namensgebung. Stammvater eines großen Keitumer Seefahrergeschlechts war Matz →Bleicken. Seine Familie stellte von der Mitte des 18. bis zum Ende des 19. Jahrhunderts über fünf Generationen hinweg Kapitäne, die vornehmlich auf Flensburger Schiffen fuhren. Ein gutes Beispiel für die Sylter Geschichte der →Seefahrt liefern sein Sohn Bleick →Matzen, sein Enkel Jens →Bleicken und die Urenkel Cornelius und Uwe →Bleicken. In die fünfte Generation des Geschlechts gehört Kapitän Andreas Lützen →Bleicken.

Schmidt-Rodenäs 1981.

Bleicken, Andreas Lützen * 29.8.1852 Flensburg, † 17.1.1936 Keitum, Kapitän. Andreas Bleicken stammt aus der fünften Generation der großen Keitumer Seefahrerfamilie, die seit 1747, angefangen mit Matz →Bleicken, Kapitäne für Flensburger Reedereien stellte. 1880 erhielt er mit dem Dampfer *Sexta* der Flensburger Dampfschiffahrts-Gesellschaft sein erstes Schiff als Kapitän. Danach führte er die Schiffe *Prima* (1880), *Quarta* (1881), *Tritos* (1883-1888) und *Deuterus* (1889). Wegen weiter Reisen nach Ostasien war Bleicken 1883-89 nicht auf Sylt. Nach seiner Rückkehr konnte er sich bereits als 38-jähriger „zur Ruhe setzen“. Er widmete sich kommunalen Aufgaben auf der Insel. 1923 erlebte der vermögende Kapitän die Inflation. Sie zwang den alten Mann, sein Haus gegen Leibrente zu verkaufen und bei der Keitumer Sparkasse eine Arbeit anzunehmen.

Quedens 1982.

Bleicken, Bleicke Matthias * 21.11.1835 Keitum, † 21.2.1900 Altona, Rechtsanwalt, Kommunal- und Sozialpolitiker. Der Sohn von Jens →Bleicken war 1868-74 Hardesvogt, Polizeianwalt und Ortsvorsteher in Bredstedt. 1874 wurde er zum 1. Bürgermeister von Ottensen gewählt, 1885 trat er aus gesundheitlichen Gründen zurück. Unermüdlich setzte er sich für soziale Reformen und den Ausgleich gesellschaftlicher Spannungen im Kaiserreich ein, u. a. bewirkte er die Gründung und Förderung von Bau- und Wohnungsgenossenschaften. Sein Bruder Matthias →Bleicken war Landrat in Tondern, sein Sohn Max (1869-1959), eines von sieben Kindern, Bürgermeister von Cuxhaven.

Schmidt-Rodenäs 1981, SHBL 1.

Bleicken, Cornelius * 5.5.1816 Keitum, † 7.3.1870 Keitum, Kapitän. Als Anhänger der missglückten →schleswig-holsteinischen Erhebung 1850 musste der Sohn von Jens →Bleicken für kurze Zeit das Land verlassen. Er ging nach Westindien, hatte aber keinen Erfolg als Geschäftsmann. 1852 zog er nach dem Tod seiner Frau zu seinem Bruder Uwe →Bleicken in das Keitumer →Packhaus. Beide gehörten zu den Pächtern der Austernbänke im Sylter Wattenmeer. Im →deutsch-dänischen Krieg 1864 brachte Bleicken zusammen mit Haulk →Prott eine Huldigungsadresse der Sylter an den Herzog von Schleswig-Holstein-Augustenburg zu Fuß über das brüchige Eis zum Festland und weiter nach Kiel. Am 15. Juni desselben Jahres gehörte er zu den sieben Sylter Gefangenen, die wegen aufrührerischer Aktivitäten für rund sechs Wochen in Kopenhagen festgehalten wurden.

Quedens 1982, Schmidt-Rodenäs 1981, Stolz 1988.

Bleicken, Jens * 2.11.1783 Keitum, † 27.6. 1859 Keitum, Kapitän. Der Sohn von Kapitän Bleick →Matzen fuhr bereits als zehnjähriger Knabe auf den Schiffen *Victoria* und *Bona fides.* Letzteres übernahm er 1804 als Kapitän. Wegen der Napoleonischen Kriege segelte er vermutlich nur auf der Ostsee und auf der nördlichen Nordsee. Nach Kriegsende 1814 erhielt er den Dreimaster *Apollo II.* 1818 kehrte er nach Sylt zurück. Zusammen mit seinem Schwiegervater Jens →Booysen, dem Kapitän Jürgen Jens →Lorensen und dem Kaufmann Lorenz Göttig pachtete er die Austernbänke im Wattenmeer. Bis 1859 blieb er Direktor der Austernfischerei. Seine „Sylter Heringsfischerei AG“ vor den Shetland-Inseln scheiterte dagegen. Bleicken legte 1822 zusammen mit anderen in Keitum einen →Hafen an, wurde 1824 →Landesgevollmächtigter und stand 1848 auf Seiten der →schleswig-holsteinischen Erhebung. Seine Söhne Matthias und Bleicke Matthias wurden Kommunalpolitiker, Cornelius und Uwe fuhren als Kapitäne zur See.

Jensen 1993, Quedens 1982, Schmidt-Rodenäs 1981.

Bleicken, Matthias * 5.9.1822 Keitum, † 1883 Tondern, Jurist, Landrat. Der Sohn von Jens →Bleicken stellte sich 1848, bei der →schleswig-holsteinischen Erhebung gegen Dänemark, der Provisorischen Regierung zur Verfügung und wurde deshalb nach Kriegsende des Landes verwiesen. 1864 setzte ihn die preußische Regierung als Bürgermeister in Tondern ein. 1867 wurde er erster Landrat des Kreises →Tondern. Hier wurde er von Dänen und Deutschen gleichermaßen geschätzt.

Schmidt-Rodenäs 1981, SHBL 1.

Bleicken, Matz * 19.6.1707 Keitum, † 22.9. 1777 Hoyer, Kapitän. Matz Bleicken ist der Stammvater eines Keitumer Seefahrergeschlechts, das von der Mitte des 18. bis zum Ende des 19. Jahrhunderts über fünf Generationen hinweg Kapitäne auf Flensburger Schiffen stellte. 1747 erhielt er mit dem Dreimaster *Die St. Nicolai-Kirche* sein erstes Schiff und fuhr Holz und Getreide in die Ostseehäfen, nach Norwegen und in das Mittelmeer. 1762-65 übernahm er das Schiff *Cron-Printz Christian* und bis 1773 den Dreimaster *Einhorn.* Er starb auf einer Heimreise von Flensburg nach Sylt in Hoyer. Seine marmorne Grabplatte steht auf dem Kirchhof zu Keitum. Der Sohn Bleick →Matzen begleitete den Vater bereits als Zehnjähriger auf See.

Quedens 1982, Schmidt-Rodenäs 1981.

Bleicken, Uwe * 7.5.1818 Keitum, † 13.7. 1877 Keitum, Kapitän. Der Sohn von Jens →Bleicken erhielt 1845 sein erstes Schiff als Kapitän. Die Dreimastbark *Algonquin* war das größte Schiff der damaligen Flensburger Flotte. Doch bereits bei ihrer Überführungsfahrt von Southampton nach Flensburg erlitt sie an der südjütischen Küste in einem Herbststurm Schiffbruch. Die Besatzung konnte gerettet werden. 1846 übernahm Bleicken den Dreimaster *Faedrenes Minde,* den er bis 1854 nach Südamerika und in die Karibik führte. Sein letztes Schiff war die →Bark *Thusnelda,* die 1858 in einem chinesischen Hafen in einer hohen Flutwelle verloren ging. 1859 kehrte er nach Sylt zurück und übernahm die Leitung der Schleswigschen Austernfischerei. Er war, wie sein Bruder Cornelius, Mitpächter der Austernbänke im Sylter Wattenmeer. Als →Landesgevollmächtigter gehörte er 1864 zu den sieben Sylter Gefangenen, die im →deutsch-dänischen Krieg wegen aufrührerischer Aktivitäten für rund sechs Wochen in Kopenhagen festgehalten wurden. 1868 bildete er u. a. mit Kapitän Thomas →Selmer eine Teilhaber-Gesellschaft, um in Munkmarsch eine Schiffswerft zu betreiben.

Quedens 1982, Schmidt-Rodenäs 1981, Stolz 1988.

Blidselbucht *(Bliselbocht)* heißt ein Abschnitt der Sylter Ostküste zwischen der Vogelkoje Kampen und List. Der Name ist als *Blysiddel* überliefert, eine mittelniederdeutsche Bezeichnung, die etwa „heiterer Sitz" bedeutet. Chronisten berichten von der alten Siedlung *Blydum* oder *Blidsum*, die hier unter dem Dünensand vergraben sein soll. Heute befinden sich in der Blidselbucht die Lister Siedlungen Mellhörn und →Sonnenland. Das Blidselwatt prägen einige als →Seekühe bezeichnete Betongerüste auf Stelzen und seit 1986 Deutschlands einziger Zuchtbetrieb für →Austern.

Booysen 1828, Kiesbauer 1994, Panten 2001e.

Blöös lautet die sylterfriesische Bezeichnung für eine Handvoll Heidekraut, Stroh oder Strandhafer, womit das Herdfeuer entfacht wurde. Die ursprüngliche Bedeutung ist Leuchtfeuer bzw. Loderflamme.

Möller 1916, Rinken 1992.

Boie, Margarete * 22.10.1880 Berlin, † 4.2.1946 Lüneburg, Schriftstellerin. Mit ihrer Lebensgefährtin, der Jugendstilkünstlerin Helene →Varges, kam Margarete Boie 1908 erstmals nach Sylt. 1919 verlegten die Frauen ihren ständigen Wohnsitz auf die Insel. In mehreren Romanen zeichnete die Vertreterin einer realistischen Regionalliteratur anschauliche Bilder aus der Sylter Kulturgeschichte und wurde so zur bekanntesten Dichterin der Nordseeinsel. In dem Roman „Schwestern" (Stuttgart 1921) schilderte sie in zwölf Kapiteln monatsweise den Jahreslauf der Insel. Besonders bekannt wurde ihr historischer Roman „Der Sylter Hahn" (Stuttgart 1925), in dem sie den Sylter Walfänger Lorens →Petersen de Hahn porträtierte. Ein Sylter Frauenleben um 1800 steht im Mittelpunkt des Romans „Moiken Peter →Ohm" (Stuttgart 1926). Mit dem Tier- und Pflanzenleben beschäftigte sie sich in der Schrift „Ferientage auf Sylt" (Berlin 1928), und gemeinsam mit Richard Stöpel verfasste sie einen „Führer von Sylt" (Westerland 1925). In dem Buch „Die letzten Sylter Riesen" (Stuttgart 1930) geht es um die bedeutenden Sylter Uwe Jens →Lornsen und Schwen Hans →Jensen. Den Bau des →Hindenburgdamms und seine kulturellen und sozialen Probleme für die Sylter Bevölkerung griff Boie in ihrem Roman „Dammbau" (Stuttgart 1930) auf. Ein Herzleiden und auch ihre Reiselust veranlassten die Dichterin, 1928 Westerland wieder zu verlassen.

SHBL 3, Wedemeyer 1997a.

Die noch unbebaute Blidselbucht in den 1950er Jahren (Sylter Archiv, Foto: Wilma Bräuner)

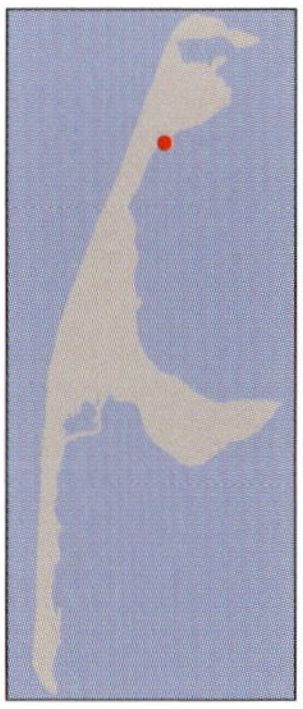

Blidselbucht

Sylt-Bücher von Margarete Boie in chronologischer Reihenfolge:
Schwestern. Jahreslauf einer Insel, Stuttgart 1921.
Der Auftakt, Stuttgart 1922.
Die treue Ose. Sage von der Insel Sylt, Westerland 1922.
Bo, der Riese. Sage von der Insel Sylt, Westerland 1923.
Der Sylter Hahn, Stuttgart 1925.
Führer von Sylt, Westerland 1925.
Moiken Peter Ohm, Stuttgart 1926.
Ferientage auf Sylt, Berlin 1928.
Dammbau, Stuttgart 1930.
Die letzten Sylter Riesen, Stuttgart 1930.
Sylter Treue – Zwei Sagen von der Insel Sylt, Stuttgart 1932.

Margarete Boie (Sylter Archiv)

Boikenhoog In diesem →Grabhügel aus der Bronzezeit westlich der Kirche Sankt Severin in Keitum soll der Sage nach der Hüne *Bo* begraben sein. Er besaß demnach gewaltige Kräfte, war ein großer Seeheld und führte die Inselfriesen einst gegen die Dänen in eine siegreiche Schlacht. Diese hatten in Abwesenheit der Seefahrer die zurückgebliebenen Frauen, Greise und Kinder überfallen und verschleppt. Ebenfalls nicht verbürgt ist, dass noch bis Ende des 18. Jahrhunderts die Sylter auf dem Boikenhoog eine Klageschrift an ein Brett geschlagen haben, wenn sie sich von einem Landvogt betrogen fühlten.

Boie 1923, Deppe/Frenzel 1996.

Bojen, auch Fahrwassertonnen genannt, sind schwimmende → Seezeichen aus Stahlblech oder Kunststoff, die mit einer Kette und einem Betonklotz am Meeresgrund verankert werden. Bojen sind farblich unterschieden und markieren die Begrenzungen von Wasserstraßen oder die Lage von Hindernissen, wie z. B. Anker im Hafen. Nach einem internationalen Betonnungssystem liegen von See kommend auf der rechten Seite (Steuerbord) grüne, kegelförmige und auf der linken Seite (Backbord) rote, zylindrische Tonnen. Sie können zusätzlich beschriftet sein oder als Glocken-, Heul- oder Leuchtboje auch bei schlechter Sicht ihren Zweck erfüllen. Der Chronist Henning →Rinken berichtete, dass bereits 1839 drei Seetonnen bei List ins Fahrwasser gelegt wurden, die über Winter wieder aufgenommen werden mussten.

Lang 1965, Rinken 1992.

Der Architekt Heinrich Bomhoff (Sylter Archiv)

Bolhoog *(Bol* = Bulle) Der bronzezeitliche →Grabhügel liegt auf der Morsumer Heide.

Bomhoff, Heinrich * 17.3.1878 Westerland, † 19.6.1949 Hamburg, Architekt. Der Sohn des Bauunternehmers Johann →Bomhoff wandte sich ebenfalls dem Bauwesen zu und der →Architektur. Vor allem im Schulbau, aber auch mit vielen anderen Gebäuden machte er sich einen Namen. Bomhoff entwarf vor allem Backsteinbauten im Stil des →Heimatschutzes und trug wesentlich zum Aufblühen dieser Architekturrichtung bei. Seine Bauaufträge resultierten zum großen Teil aus Wettbewerben, bei denen er vielfach erste Preise und Auszeichnungen errang. Für Sylt konstruierte er neben vielen Ferienhäusern auch Nielsen's Kaffeegarten in Keitum und die →Warmbadeanstalt (1908) des Seebades Westerland. Weiter war er Bauleiter bei der Errichtung der evangelischen Kirche →Sankt Nicolai (1907) nach einem Entwurf von Oberbaurat Hosfeld. Ehefrau Mathilde Bomhoff geb. Claasen zeichnete Begebenheiten aus der Sylter Vergangenheit in ihrer friesischen Muttersprache auf. Einige ihrer Erzählungen erschienen in →*Fuar Söl'ring Lir.*

Andresen 1989 u. 2000, SHBL 2.

Bomhoff, Johann Ehlert * 18.12.1846 Hoyerhagen/Nienburg, † 18.6.1928 Westerland, Bauunternehmer. Bomhoff kam 1869 als Bauhandwerker nach Sylt und erkannte schnell das Arbeitsfeld in dem aufstrebenden Seebad Westerland. 1874 nahm er eine Wohnung in Keitum, ein Jahr später machte er sich in Westerland als Bauunternehmer selbstständig. Bis zum Ersten Weltkrieg errichtete der Vater von 14 Kindern etwa 200 Häuser in der Stadt, darunter zwei Schulen, das →Kurhaus, das Elektrizitäts- und das Wasserwerk sowie Teile der Strandanlagen und unzählige Logierhäuser. Zusammen mit seinem Sohn Heinrich →Bomhoff baute er im Stil der Heimatschutzarchitektur das →Warmbadehaus und die →Sankt Nicolai-Kirche. Bomhoff war Mitbegründer

der Freiwilligen Feuerwehr und saß lange Jahre im Aufsichtsrat der Sylter Kreditbank. In Westerland wurde eine Straße nach ihm benannt.
Sylter Archiv.

Bomhoff, Mathilde →Bomhoff, Heinrich

Bonde →Agrarverfassung

Bondestave →Strandflieder

Böögen sind lange Leinen, die beim traditionellen Schellfischfang benutzt wurden. An den *Böögen* befanden sich bis zu 600 Angelhaken mit Ködern. Mit Steinen beschwert, wurden sie auf den Meeresgrund abgesenkt. An der Wasseroberfläche waren sie an →Bojen befestigt. So trieben sie ungefähr eine Stunde im Wasser und nahmen dabei die bogenförmige Gestalt an, die ihnen vermutlich ihre Bezeichnung verlieh.
Hansen 1876, Quedens/Stöver 1978, Rinken 1992, Seidel 1999.

Booysen, Jens * 22.8.1765 Wenningstedt, † 9.3.1833 Keitum, Kapitän, →Landesgevollmächtigter, Chronist. Als Kapitän auf Hamburger Kauffahrteischiffen gelangte der Onkel von Uwe Jens →Lornsen zu Wohlstand. Wegen mehrerer Prozesse lebte er zwischen 1798 und 1806 in Paris. Dort fertigte ein Kupferstecher das überlieferte Physionotraceporträt an. Aufgrund der Kontinentalsperre zog sich Booysen 1807 von der Seefahrt zurück und widmete sich fortan den kommunalen Angelegenheiten seiner Heimatinsel. Zusammen mit Georg →Wülfke bemühte er sich um eine Reform der Sylter Landschaftsverfassung und gab auch ökonomische Impulse, z. B. durch die Anlegung eines kleinen Hafens bei Keitum 1822 und die Gründung einer Heringsfischereigesellschaft. 1817 war er treibende Kraft bei der Bildung des →Sylter Vereins in Keitum, einem Vorläufer späterer Bürgervereinigungen. Zusammen mit seinem Schwiegersohn Jens →Bleicken beteiligte er sich 1819 an der Pacht der Austernbänke im Sylter Wattenmeer. Seine 1828 erschienene Beschreibung von Sylt vermittelt einen Eindruck vom Leben auf der Insel vor dem Aufkommen des Fremdenverkehrs.

In seiner „Beschreibung der Insel Silt in geographischer, statistischer und historischer Rücksicht ...“ beschrieb Jens Booysen 1828 die Bedeutung der Sylter für die →Seefahrt: „Der Ruhm der Sylter als vorzügliche gute Seeleute und als rechtliche Männer ist in allgemein bekannt, als daß deshalb etwas Mehreres zu sagen erforderlich wäre. In den Jahren 1795 bis 1800 zählte die Insel 100-110 Schiffscapitäne auf großen Schiffen, die von Copenhagen, Flensburg, Eckernförde, Altona, Hamburg und Holland aus nach allen Theilen und Gegenden des Erdbodens zur See fuhren ... und wer in jenen Jahren über 22 Jahr alt und noch nicht Steuermann war, dessen Ruhm war ganz sicher nicht sehr gut.“

Booysen 1976, SHBL 5, Wedemeyer 1977c u. 1991a.

Jens Booysen (Sylter Archiv)

Bop Tērp Sylterfriesischer Flur- und Straßenname in Archsum. *Bop Tērp* bedeutet „oberhalb des Dorfes“.
Möller 1916.

Börderstich Sylterfriesischer Flur- und Straßenname in Kampen. *Börder-stich* heißt der „Weg“ zu den Riesenbetten bei Kampen. Diese vorgeschichtlichen →Grabhügel tragen den Namen „*Börder*“.
Möller 1916.

Borig Sylterfriesischer Flur- und Straßenname in Archsum. *Borig* heißt „Burg“, gemeint ist die →Archsumburg.
Möller 1916.

Borigwai Sylterfriesischer Flur- und Straßenname in Tinnum. *Borig-wai* heißt „Burgweg“ und bezeichnet den Weg zur →Archsumburg.
Möller 1916.

Borstelmann, Ludwig * 21.6.1888 Wakendorf II/Kreis Segeberg, † 9.10.1942 Konzentrationslager Groß-Rosen, Kaufmann. Borstelmann war in Hennstedt, Kreis Steinburg, als Kaufmann tätig und verbrachte mehrere Jahre in Argentinien. Von 1927 an arbeitete er als Geschäftsführer der Spar- und Darlehnskasse in Keitum (→Raiffeisenbank). Nach der Eindeichung des Nössekoogs 1938 sah sich Borstelmann bei der Umlegung der Ländereien benachteiligt und vertrat entschieden seine Interessen auch gegenüber NSDAP-Mitgliedern auf Sylt. Er wurde denunziert und inhaftiert, zunächst in Flensburg, dann im Konzentrationslager Buchenwald und schließlich im KZ Groß-Rosen, Schlesien. Seit 1972 erinnert an ihn der Ludwig-Borstelmann-Wai in Keitum.

Ludwig Borstelmann (Wilhelm Borstelmann)

Max Bossen
(Nordfriisk Instituut)

Seine Söhne Hans und Wilhelm →Borstelmann wirkten auf der Insel als Organisten.
Borstelmann/Ihonor 2001, Volquardsen 1998.

Borstelmann, Wilhelm * 13.6.1927 Keitum, Landwirt. Der Sohn von Ludwig Borstelmann war 1952-92 Kantor und Organist an der →Sankt Severin-Kirche in Keitum. Hier begründete er die Reihe der Mittwochskonzerte, an denen viele internationale Organisten mitwirkten. Anfang 1970 ergriff er die Initiative zur Gründung einer →Musikschule auf Sylt. Weiter betrieb er Forschungen zur Genealogie Sylter Familien. Für seine Verdienste erhielt er 1990 die Schleswig-Holstein-Medaille.
Borstelmann/Ihonor 2001.

Boßeln nennt man eine Wurfsportart, die vor allem in Nord- und Ostfriesland sowie in Dithmarschen und Oldenburg, aber auch in den Niederlanden (Klootschießen), Italien und Irland ausgeübt wird. Ihre Anfänge lassen sich in den meisten Ländern bis ins Mittelalter zurückverfolgen. In Nordfriesland begann das organisierte Boßeln 1886 mit der Gründung des Boßelvereins Heverbund in Eiderstedt. Auf Sylt ist keine Boßeltradition bekannt. 1980 regte ein in List stationierter Marineangehöriger aus Ostfriesland ein Spiel gegen Sylter Zivilisten an. Mitarbeiter der →Bädergemeinschaft Sylt organisierten seither jährlich einen Wettkampf, bei dem sich prominente Sylter und Soldaten der →Marineversorgungsschule List gegenüberstanden. Geboßelt wurde auf dem →Ellenbogen.
Die Boßel ist eine mit Blei gefüllte Kugel aus Hartgummi oder Hartholz. Ihr Gewicht liegt zwischen einem Pfund und einem Kilogramm. Auf Sylt wird die Disziplin Straßen- oder Wegeboßeln durchgeführt. Jeder Teilnehmer versucht, die Boßel soweit wie möglich zu werfen. Dort, wo sie liegen bleibt, ist der Abwurfpunkt für den Mannschaftskollegen. Die Gruppe, die ihre Kugel am weitesten treibt, gewinnt. Jede Region pflegt vor allem ihre eigene Wurftechnik. So benutzen die Ostfriesen ein Sprungbrett, um die Energie des ganzen Körpers in den Wurf zu legen. Die Schleswig-Holsteiner drehen sich ähnlich wie ein Diskuswerfer um ihre Körperachse und erzielen dadurch Weiten bis zu 100 Metern pro Wurf.
Alberts/Wiemann/Basse Soltau 1988, Augustin/Johannsen 1978.

Bossen, Max * 5.3.1888 Westerland, † 3.11. 1958 Morsum, Tischler, Heimatdichter. Bossen setzte sich für seine friesische Muttersprache ein, in der er in seinem letzten Lebensjahrzehnt ansprechende Gedichte, insgesamt mehr als 400, und sehr beliebte Theaterstücke verfasste; die meisten wurden bisher nicht veröffentlicht. Die →Vollmondabende erweckte er zu neuem Leben, auch mit vielen eigenen Darbietungen. Seine Theaterstücke fanden unter seiner Regie in allen Dörfern der Insel ein begeistertes Publikum. Die Breitenwirkung, die er damit erzielte, erinnert an das Werk Erich →Johannsens. An der Morsumer Schule erteilte Bossen →friesischen Unterricht. Er wirkte als stellvertretender Vorsitzender der →*Söl'ring Foriining* und wurde 1956 Ehrenmitglied des Nordfriesischen Vereins.
Hoeg 1988a, Nielsen 1960.

Max Bossen:

Min Sölring Lön

Min Taachten en min Senen
Gel Di, min Sölring Lön,
Hur ik tö Wärel sen kemen
En hur min Waag jens stön.

Mein Sylter Land

Mein Denken und mein Sehnen
Gilt dir, mein Sylter Land,
Wo ich zur Welt bin gekommen
Und wo meine Wiege einst stand.

Boysen, Adolf * 13.6.1903 Hamburg, † 11.7. 1969 Niebüll-Deezbüll, Landwirt. Boysen, der aus einer Sylter Kapitänsfamilie stammte, betrieb einen Bauernhof in Keitum. Er schrieb in seiner friesischen Muttersprache vor allem Erzählungen, mehrere davon veröffentlicht in →*Fuar Söl'ring Lir.*
Hoeg 1991.

Boysen, Karl August * 17.7.1918 Westerland, † 16.1.1991 Westerland, Schlosser. Boysen stammte aus einer Sylter Kapitänsfamilie. Er gehörte in den 1980er Jahren zu den fleißigsten Schreibern auf Sylter →Friesisch. Seine Alltagsgeschichten unter dem Pseudonym „Jööne"

erschienen vor allem in der *Sylter Rundschau.*
Hoeg 1991.

Boysen, Meinert (eigentlich Meinert Boysen Prott) * 27.6.1817 Kampen, † 20.1.1857 Molukkensee, Kapitän. Der Sohn eines Munkmarscher Müllers erlitt 1857 ein schreckliches Ende in der indonesischen Molukkensee. Am 3. August 1856 begann seine Fahrt als Kapitän der *Posa* im Hamburger Hafen. Im Januar 1857 strandete das Schiff im Inselreich der Molukken, die achtköpfige Mannschaft und Boysen retteten sich in ein Boot. Nach 13 Tagen bekamen sie Kontakt zu feindseligen Eingeborenen, die ihn und den Steuermann mit Pfeilschüssen töteten. Nach weiteren zehn Tagen erreichten die Überlebenden eine unbewohnte Insel und fanden Wasser. Auf der Weiterfahrt gelangte das Boot nach Neuguinea, wurde erneut unter Pfeilbeschuss genommen und verlor seinen Untersteuermann sowie zwei weitere Männer. Die letzten vier gerieten in Gefangenschaft, wo der Matrose Nicolai Jessen Wachsmuth aus Archsum starb. Im Herbst 1857 gelang es einem niederländischen Kapitän und deutschen Missionaren, die drei Überlebenden der *Posa,* darunter als einzigen Sylter den Matrosen Jan Sybrand Josiassen aus Tinnum, freizubekommen. Im April 1858 kehrten die Überlebenden auf ihre Heimatinseln zurück.
Gemeinde Kampen 1994, Quedens/Stöver 1978, Spreckelsen 1991 (Band 4).

Bracht, Eugen * 3.6.1842 Morges/Schweiz, † 15.11.1921 Darmstadt, Maler. Bracht lernte bei Johann Wilhelm Schirmer (1807-1863) in Karlsruhe und war 1883-1901 an der Akademischen Hochschule in Berlin und anschließend bis 1919 in Dresden selbst Professor. Ab 1881 verbrachte er immer wieder Aufenthalte auf Sylt. Seine naturalistisch gemalten Heide- und Küstenlandschaften, wie z. B. „Abend auf Sylt", „Friesischer Hof" oder „Sylter Heide", sind in verschiedenen deutschen Museen ausgestellt. 1906 entstand mit dem Gemälde „Meeresstille bei den Lister Dünen" sein erstes Wolken-

Eugen Bracht: „Dünenlandschaft im Regen (Sylt, Kampen)" 1908, Leinwand, 58 x 65 cm, Hessisches Landesmuseum Darmstadt (Museumsberg Flensburg)

Idylle in Braderup, um 1900 (Sylter Archiv)

motiv. 1908 schuf er auf einer seiner letzten Reisen 19 Freilichtstudien, darunter „Gewitterwolken über'm Meer". Brachts Suche nach Zeugnissen unverfälschten Brauchtums führte ihn auf die Spur der Sylter →Tracht. Bei seinem ersten Besuch auf der Insel stellte er fest, dass sie nicht mehr getragen wurde und dass die Sylter eifrig dabei waren, Zeugnisse ihrer Volkskunst an die Badegäste zu verkaufen. Unter Mithilfe seines ehemaligen Schülers Franz →Korwan-Katzenstein sammelte er alles, was er an alten Trachten bekommen konnte, und vermachte es dem „Museum für Deutsche Volkstrachten" in Berlin. Mit seinen Rekonstruktionen führte Bracht die alte Sylter Volkskultur in das Gesamtbild der deutschen Volkskunde ein.

Bracht 1900, Feddersen 1984, Großkinsky 1992, Schlee 1962, Schulte-Wülwer 1996.

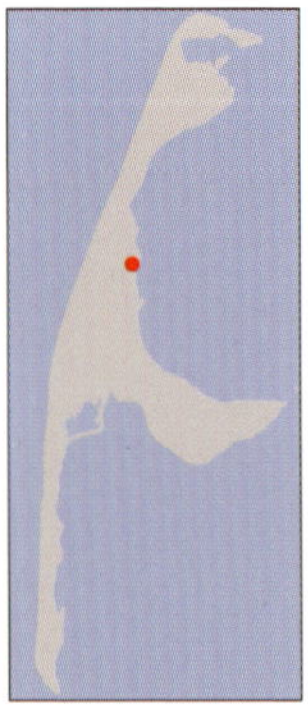

Braderup

Braderup *(Brērerep* = Dorf am Abhang) Das Dörfchen Braderup gehört seit 1927 zur Gemeinde →Wenningstedt. Es liegt direkt über dem →Weißen Kliff an der Sylter Ostküste etwa zwei Kilometer östlich von Wenningstedt. Im Jahr 2000 waren 113 Einwohner gemeldet, dazu kamen 185 Zweitwohnungsbesitzer.
1540 wurde Braderup erstmals urkundlich erwähnt. Aus dem 17. Jahrhundert stammt das „Haus Jens", ein sehenswertes Beispiel altfriesischer Baukunst. Auffälligstes Gebäude ist das Hotel „Weißes Kliff". Kapitän Andreas Hansen errichtete es 1852 als zweistöckigen Anbau an ein Friesenhaus. 1834 wurde ein erster, 22 Meter tiefer Brunnen zur Trinkwasserversorgung gegraben. Vorher musste das Wasser aus Kuhlen in den Wiesen geschöpft werden. 1853 verfügte Matthias Tobias →Buchholz seine Stiftung für eine Armen- und Erziehungsanstalt.
Ein aktuelles Problem bilden die verhältnismäßig vielen Ferien- und Zweitwohnungen. Seit Jahren sind in den Wintermonaten über 80 Prozent der Häuser in den sieben küstennahen Straßen in Braderup fast völlig verwaist. Obwohl die aktuellen Grundstückspreise bei rund 1 000 Euro pro Quadratmeter liegen, setzt nur das Naturschutzgebiet Braderuper Heide einer weiteren ungehemmten Ausbreitung nobler Feriendomizile im Nordosten des Dörfchens eine Grenze. Im weniger attraktiven Süden bestimmen →Kiesgruben und Mülldeponien das Bild.
In der Gegend um Braderup spielen viele Geschichten des Erzählers und Chronisten C. P. →Hansen. Unter anderem sollen hier die unterirdischen Zwerge, die →*Önereersken*, mit ihrem König →*Finn* gelebt haben, bekämpft von den Sylter Riesen unter König →*Bröns*.

Braderup im Winter, 1970er Jahre (Sylter Archiv, Foto: Wilma Bräuner)

Auch der sagenhafte Haus- und Poltergeist →*Nis Puk* und der Meermann →*Ekke Nekkepenn* trieben sich in Braderup herum.

v. Bremen 2000a, Frenzel/Deppe 1999, Hansen 1858a, Hubertus Jessel 1989, Rinken 1992, Spreckelsen 1981 u. 1992.

Brandenburger Strand heißt ein Abschnitt des Sylter Weststrands am nördlichen Ende Westerlands. Er ist benannt nach dem Logierhaus

Haus Brandenburg um 1900 (Sylter Archiv)

Brandenburg aus der frühen Seebäderepoche gegen Ende des 19. Jahrhunderts. Hier finden alljährlich hochkarätige Sportveranstaltungen statt, wie z. B. seit 1984 der *World-Cup* im →Surfen, aber auch Strandvolleyball- und Strandfußballturniere.

Brandgans *(Bärigen* = Bergente) Als „Halbgänse" weisen die Brandgänse einen entenähnlichen Körperbau und ein gänseähnliches Verhalten auf. Sie sind kontrastreich schwarz-weißgrün gefärbt und haben ein rostbraunes Brust-

Brandgans-Paar mit Jungen (Foto: Georg Quedens)

band. Ihr auffälliges Gefieder ist der Grund, warum sie nur in Verstecken, vorwiegend in Kaninchenhöhlen in den Dünen, ungestört brüten können. Dies nahmen die Sylter früher zum Anlass, der Bergente künstliche Höhlen, die *Bärigenhööler*, auf den Dünenhügeln anzulegen. Allerdings bauten sie Hintertüren ein, um den Vögeln einen Teil ihres Geleges entnehmen zu können. Auch die weichen Daunen waren kostbar. Nach dem Schlüpfen werden die Jungen sofort zum Wasser geführt und dort vom Elternpaar aufgezogen. Bei der Vielzahl der Gänse kommt es häufiger zum Streit. Während die Altvögelpaare um das Revier kämpfen, schwimmen die Küken oft zu einer einzigen Schar zusammen und lassen sich nicht mehr auseinandersortieren. Kampfstarken Paaren wachsen auf diese Weise immer mehr Junge zu. Zur Zeit der beginnenden Mauser Ende Juli überlassen viele Gänse ihren Nachwuchs auch freiwillig anderen und ziehen an die südliche Nordseeküste. Dort verbringen die Brandgänse das Winterhalbjahr.

Koch 1996, Quedens 1990 u. 2000a.

Brandt, Willy * 18.12.1913 Lübeck, † 8.10. 1992 Unkel/Rhein, Politiker. Als Regierender Bürgermeister von Berlin trat Brandt 1961 bei einer Wahlkundgebung in Westerland auf. Zehn Jahre später machte er als Bundeskanzler, immer wieder unterbrochen durch Termine aller Art, vier Wochen Urlaub auf Sylt. Er wohnte bei Horst Günther →Hisam in List. Bei einem Besuch der Kampener →Vogelkoje lernte er das Naturschutzgebiet kennen und informierte sich über die historische Bedeutung und Funktion der Fanganlage.

Wedemeyer 1972 u. 1974.

Brandung *(Brening)* bezeichnet das Überstürzen der Wellen im Küstenbereich. Sylt weist die stärkste Brandung aller deutschen Meeresküsten auf. Sobald die Wellen in den Bereich flacheren Wassers gelangen, berühren sie den Grund und werden abgebremst. Dabei kippen sie vornüber und ergießen sich über den Strand. Das zurückfließende Wasser erzeugt eine enorme Sogwirkung am Boden. Besonders bei schwerer See können dabei starke Strömungen auftreten, die erhebliche Sandmengen verfrachten und Schwimmern und sogar unvorsichtigen Strandwanderern gefährlich werden können. Die Kraft der Sylter Brandungswellen konnte 1976 eindrucksvoll beobachtet werden, als ein dänischer Fischkutter völlig unbeschädigt vor Wenningstedt strandete. In zwei Tagen zerschlugen die Wellen selbst die beindicken Schiffsspanten aus Eichenholz.

Die Brandung hat eine beachtliche gesundheitsfördernde Wirkung. Sie erzeugt eine Art Sprühregen, das →Meeresaerosol, das sämtliche Meeressalze und Spurenelemente enthält. Natrium, Kalium, Kalzium sowie Brom, Jod, Fluor u. a. werden in der Luft verteilt und gelangen über die Atemwege in den menschlichen

Gegen mannshohe Wellen im Brandungsbad (Foto: Volker Frenzel)

Körper. Ein Bad in der Brandung stimuliert und erfordert vielseitigen Körpereinsatz, denn der Badende wird bei mittlerer Windstärke in zehn Minuten Badezeit von 90 bis 100 Wellen überrollt. Dabei wird das Notfall-Hormon Adrenalin freigesetzt, das ein euphorisches Gefühl erzeugt und selbst ein Bad bei kälteren Temperaturen zum lustvollen Erlebnis werden lässt.
Hubertus Jessel 1996c, Struve 1986.

Bräuche →Sitten und Brauchtum

Braundüne →Dünen

Bräuner, Wilma * 31.3.1891 Hamburg, † 11.1.1985 Westerland, Malerin, Fotografin. Bräuner studierte an der Kunstgewerbeschule in Hamburg und hatte erste Erfolge mit Studien aus der Hansestadt. Bereits als Achtjährige verlebte sie ihren ersten Urlaub auf Sylt, 1921 bezog sie in Westerland ein Haus. Es entstanden naturalistische Ölbilder von Sylter Landschaften und zahlreiche Radierungen, ihre wohl stärkste künstlerische Leistung. Als Fotografin produzierte sie mit ihrer Leica u. a. die Bilder für einen jährlichen Fotokalender. Die Malerin engagierte sich stark im Naturschutz und für die Erhaltung einer lebenswerten Umwelt. 1971 fand in ihrem Haus die Gründung des Vereins →Bürgerinitiative Sylt statt.
Sylter Archiv.

Breker, Arno * 19.7.1900 Wuppertal-Elberfeld, † 13.2.1991 Düsseldorf, Graphiker, Bildhauer. Breker studierte in Düsseldorf und Paris. Ab 1933 arbeitete er in Berlin und erfuhr nachhaltige Förderung durch die Nationalsozialisten. Er schuf zahlreiche Monumentalplastiken, darunter den „Zehnkämpfer", der seit 1938 vor der Schule in List steht. Bei der Entnazifizierung wurde er als „Mitläufer" eingestuft, da er sich mehrmals für Verfolgte des Regimes, wie etwa Pablo Picasso (1881-1973) oder Peter →Suhrkamp, eingesetzt hatte. 1960 richtete er sein Atelier in Paris ein.
Breker 1970.

Breyer, Robert * 19.6.1866 Stuttgart, † 26.2.1941 Auerbach, Maler. Breyer besuchte die Münchner Kunstakademie und wurde 1895 Mitglied der Münchner Sezession. 1901-13 lebte er in Berlin, 1914 wurde er Professor der Kunstakademie Stuttgart. Breyer war mehrfach auf Sylt. Seine Bilder zeigen die Natur und die menschlichen Eingriffe als harmonisches Ineinander. Er malte die →Inselbahn auf ihrer Fahrt durch die Dünen, die Pavillon- und Hotelarchitektur in Westerland und den Strand mit all seinem →Badeleben. Ruhige Schauplätze zeigen „Dünenlandschaft" (1926) und „Kampen II" (1926) in der Galerie der Stadt Stuttgart.
Schulte-Wülwer 1996.

Brigg ist die Kurzform des italienischen Worts Brigantine, womit im 15./16. Jahrhundert die schnellen Piratenschiffe bezeichnet wurden. Der zweimastige, rahgetakelte (mit Quersegeln) Frachtsegler wurde im 18. Jahrhundert entwickelt und war bald ein international weit verbreiteter Schiffstyp, auf dem auch viele Sylter Seeleute die Weltmeere befuhren. Um 1860 erforderten die immer größer werdenden Schiffe eine stärkere Betakelung (→Bark), und die Brigg kam außer Mode. Für die Küstenschifffahrt bevorzugte man nun die wirtschaftlicheren →Schoner.
Kluge 1963, Szymanski 1934.

Brockmann, Gottfried * 19.11.1903 Köln, † 7.7.1983 Kiel, Maler. Nach einer Malerlehre besuchte Brockmann die Kunstakademie Düsseldorf. 1933 wurde er von nationalsozialistischen SA-Truppen vertrieben und lebte in Berlin. 1952 siedelte er nach Kiel über und wurde Dozent der Muthesius-Werkkunstschule. Bei Ferienaufenthalten auf Sylt und Amrum beobachtete er zu Beginn der 1950er Jahre ein massives Vogelsterben. Er malte das Bild „Ölpest" (1955), das nicht nur die geschundene Kreatur, sondern symbolisch auch den Bundesadler anprangerte. Brockmann war der erste Künstler, der aus gesellschaftlicher Verantwortung die Schattenseiten der Wiederaufbauphase sichtbar machte.
Schulte-Wülwer 1996.

Brödehooger *(bröri* = brüten) Die beiden Hügel aus der Bronzezeit liegen in der Heide zwischen Braderup und Kampen. Sie enthielten keine Grabkammern und hatten wohl kultische Bedeutung. Der →Sage nach soll hier ein See- und Strandräuber seine Schätze versteckt ha-

ben. Nachts zählte der Brödehoogmann sein Geld und ergötzte sich an seinem Reichtum. Er brütete auf seinen Goldeiern, hieß es im Volksmund.
Wedemeyer 1988.

Bröns lautet der Name des sagenhaften Königs der Sylter →Riesen. Nach C. P. →Hansen soll er auf seinem goldenen Wagen sitzend im →*Brönshoog* in der Kampener Heide begraben sein.

Brönshooger Die Hünengräber liegen in der Kampener Heide in der Nähe des Leuchtturms. Unter ihnen befindet sich der mit 34 Metern Durchmesser und einer Höhe von sieben Metern mächtigste →Grabhügel Sylts, der *gurt Brönshoog*. Hier soll laut C. P. →Hansen *Bröns*, der sagenhafte König der Sylter →Riesen, ruhen. In einem kleineren Hügel daneben, dem *litj Brönshoog*, liegt sein Sohn und in dem kleinsten Hügel, dem *Hünshoog*, der Hund des Riesen.
Hansen 1858, Koehn 1974, Wedemeyer 1988.

Brönswai Sylterfriesischer Flur- und Straßenname in Braderup und Westerland. *Bröns-wai* heißt „Brönsweg". Gemeint ist der Weg, der zu den →*Brönshooger* führt, den →Grabhügeln des Riesen →*Bröns*.
Möller 1916.

Bronzezeit Die Epoche der Bronzezeit (1700 bis 500 v. Chr.) folgt zeitlich der →Jungsteinzeit und wird abgelöst durch die →Eisenzeit. Der Werkstoff Bronze, eine Mischung aus 90 Prozent Kupfer und 10 Prozent Zinn, ist verformbar und widerstandsfähig gegen Korrosion und Abnutzung. Er war deshalb begehrt bei der Herstellung von Waffen, Geräten und Schmuck. Bronze musste importiert werden, was auf einen entwickelten Fernhandel schließen lässt. Große →Grabhügel aus der älteren Bronzezeit prägen weithin das Bild der Sylter Landschaft, darunter z. B. der bei Keitum rekonstruierte →Tipkenhoog, der zu den →Thinghügeln gehörte. Durch mehrere Nachbestattungen erhielten die Grabhügel eine stattliche Form. In Archsum ausgegrabene Reste von spätsteinzeitlichen oder bereits bronzezeitlichen Häusern lassen bisher kaum Rückschlüsse auf die Bauweise zu. Sie dürften bereits für die Tierhaltung eingerichtet gewesen sein. Ackerbau fand vermutlich mit dem Hakenpflug statt, auch darf man von ersten Anfängen einer Bodenverbesserung durch →Plaggendüngung ausgehen.
Harck/Kossack/Reichstein 1992, Kersten/La Baume 1958, Kossack/Harck/Reichstein 1975, Lorenzen-Schmidt/Pelc 2000, Reichstein 1996 u. 2000, Segschneider 2000.

Bruns, Herbert * 11.7.1920 Wilhelmshaven, † 27.2.1998 Wiesbaden, Ornithologe. Bruns arbeitete nach dem Abitur als Vogelwart auf Wangerooge und betreute zeitweise das Naturschutzgebiet auf der Insel Mellum. 1948 gründete er als Student die *Ornithologischen Mitteilungen*, die er bis 1997 herausgab. 1972-85 lehrte er als Zoologe an Berliner Hochschulen. Bruns engagierte sich früh in Naturschutzbewegungen, insbesondere im Seevogelschutz. Nach seiner Pensionierung zog er nach List und gründete seine privat finanzierte Biologische Station. Er führte sie bis zu seinem Tod, dann wurde das Gebäude verkauft. Über den Kampf gegen das Hotelprojekt →Atlantis in Westerland erstellte er 1975/76 eine knapp 500 Seiten starke Dokumentation. 1991 erhielt er das Bundesverdienstkreuz und 1995 das Ehrenzeichen in Gold des Naturschutzbundes (NABU).
Bruns 1975/76, Temme 1999.

Herbert Bruns
(Sylter Archiv)

Brutvögel *(Brörfügeler)* Regelmäßig vorkommende Brutvogelarten auf Sylt und Umgebung sind u. a. die →Eiderente, die →Brandgans, der →Austernfischer, der →Kiebitz, der →Sandregenpfeifer, der →Rotschenkel, der →Säbelschnäbler, einige Arten von →Möwen sowie verschiedene →Seeschwalben.
Quedens 2000b.

Bronzeschwert
von Sylt
(Bantelmann 1996)

Büchereien Die einzige größere Bücherei auf Sylt ist die Stadtbücherei Westerland. Sie befindet sich in der →Alten Post. Ihr Bestand umfasst über 28 000 Medieneinheiten und reicht von Bestsellern über Hörbücher, Tonträger und Videofilme bis zu Computer- und Gesellschaftsspielen. Im Jahr 2001 wurden etwa 60 000 Medien ausgeliehen. Auch Surfen im Internet ist möglich. Kleinere öffentliche Büchereien gibt es in der Schule in List, im Haus des Kurgastes in Rantum, bei der Kurverwaltung in Wenningstedt und im Kurmittelhaus in Hörnum. Sie werden ehrenamtlich betreut und sind nur während der Saison geöffnet.

Sylter Archiv.

Buchholtz, Anatol * 1.2.1927 Sensburg/ Ostpreußen, Bildhauer, Architekt. Buchholtz besuchte die Werkkunstschule in Braunschweig und die Hochschule für Bildende Künste in München. Nebenbei erlernte er auch das Steinmetz-Handwerk und die Architektur. In dieser Zeit fertigte er mehrere Skulpturen für öffentliche Plätze in Braunschweig. Die Sommermonate verbrachte er seit 1958 regelmäßig auf Sylt. 1968 siedelte er nach Kampen über und ist seitdem als freier Künstler tätig. In öffentlichen Ämtern war er zeitweise Verwaltungsratsvorsitzender der „Bildkunst" zum Schutz der Urheberrechte von Künstlern und leitete die deutsche Sektion der Internationalen Gesellschaft für Bildende Künstler. 1987-2002 war er Vorsitzender des Tierschutzvereins Sylt.
Buchholtz vertritt die Auffassung, dass er als Künstler zwar auf seiner Individualität und Außenseiterrolle bestehen dürfe, doch habe er sich als Mitbürger auch gesellschaftlichen Fragen zu stellen. In seinen Werken setzte er sich frühzeitig mit Problemen der Umweltbelastung auseinander, indem er den täglich von Nordsee und Wattenmeer angespülten Zivilisationsmüll künstlerisch bearbeitete. Sein bevorzugtes Material ist das Holz. Als mahnendes Zeichen versteht er seine Arbeit „Wald ist mehr als die Summe der Bäume".

Nordfriisk Instituut, Sylter Archiv.

Buchholz, Christian Friedrich * 19.10. 1748 Garding, † 24.9.1824 Keitum, Chirurgus. Buchholz kam mit 37 Jahren auf die Insel und wirkte hier ab 1785 als Landes- und 1792-1824 als erster Sylter →Landschaftsarzt. Er war gleichzeitig Apotheker, seine Befähigung wurde aber sehr skeptisch beurteilt. Da es keine Pensionsregelung für ihn gab, prägten andauernde Auseinandersetzungen mit der Sylter →Landschaft seine letzten Lebensjahre. Sein Sohn Matthias Tobias →Buchholz war Sylter →Ratmann.

Klockenhoff 1988, Rinken 1992.

Buchholz, Matthias Tobias * 23.8.1787 Keitum, † 8.8.1856 Braderup, Landwirt, Ratmann. In seinem Testament vermachte der wohlhabende Sohn des Landschaftsarztes Christian Friedrich →Buchholz 1853 sein Haus aus dem frühen 18. Jahrhundert und sein ganzes Vermögen dem Kirchspiel Keitum für eine mildtätige Stiftung. Er verfügte, dass „in dieser Stiftung vorzugsweise unbescholtene, ärmere Einwohner des Kirchspiels, besonders Kinder aufgenommen werden sollen". Bis 1890 wurden drei kränkliche Erwachsene und 27 Kinder in dem Haus versorgt, bis 1908 sind in den Protokollbüchern zehn Kinder verzeichnet, die bei Pflegeeltern erzogen wurden. Seit 1975 ist der Hof wieder verpachtet. Die Bewohner renovierten das Haus und gaben ihm sein altes, friesisches Gepräge wieder. Die Buchholz-Stiftung unterstützt nach einer Satzungsänderung seit 1979 auch Einrichtungen des Seenotrettungsdienstes auf Sylt sowie die Kindergärten im Stiftungsbereich Archsum, Kampen, Keitum, Munkmarsch, Tinnum und Wenningstedt.

Hubertus Jessel 1989, Nordfriisk Instituut.

Buchsteiner, Erich * 13.7.1906 Lyck/Ostpreußen, † 1.4.1969 Westerland, Buchdrucker, Zeitungsverleger. Buchsteiner war seit 1935 Verlagsleiter der *Westpreußischen Zeitung* in Elbing und ab 1939 in gleicher Funktion bei einer Tageszeitung in Schlossberg/Ostpreußen. 1945 kam er als Heimatvertriebener nach Sylt und übernahm ein Jahr später Verlag und Druckerei der 1901 von Carl →Meyer gegründeten →*Sylter Zeitung*. 1949 brachte er die Zeitung erstmals unter dem neuen Namen →*Sylter Rundschau* heraus. Buchsteiner bekleidete zahlreiche Ehrenämter, war Vorstand der Allgemeinen Ortskrankenkasse und lange Jahre im Aufsichtsrat der Volksbank Sylt.

Sylter Archiv.

Budersand

Budersand *(Buuđer)* heißt die größte Düne des Sylter Südens. Sie ist 32 Meter hoch und liegt nördlich des Hörnumer Hafens. Der Name soll auf die schlichten Buden der Heringsfischer im 15. und 16. Jahrhundert im →*Buuđerrening* zurückgehen. Hier spielt die von C. P. →Hansen erdichtete Geschichte von →Pidder Lüng. Andere phantasievolle Erzählungen berichten, dass sich dort einst die Sylter →Hexen einen Tanzplatz eingerichtet hatten. Sie feierten mit Seeräubern, die am Fuß der Düne in ihren

Hütten hausten, rauschende Feste. Einmal sollen Föhrer und Amrumer Hexen hinzugekommen sein und die Männer verzaubert haben, worauf diese nur noch mit ihnen tanzen wollten. Aus Rache sorgten die Sylter Hexen dafür, dass 74 Seeräuber im Jahre 1488 in Hamburg geköpft wurden.

Hansen 1875, Hubertus Jessel 1996d.

Buhne 16 ist eine von 100 alten →Buhnen an der Sylter Westküste. Sie bezeichnet den ehemals berühmt-berüchtigten →FKK-Strandabschnitt nördlich von Kampen. Hier machte in den 1950/60er Jahren ein Teil der Sylter →Prominenz durch wilde nächtliche Partys auf sich aufmerksam. Als Synonym für reich, schamlos und sündig füllte das Strandparadies zeitweise die Illustrierten. Der Industrielle Berthold Beitz galt seinerzeit als unumstrittener Herrscher dieses Strandabschnitts.

Barz 1988, Quedens 2000b.

Bei Buhne 16 nördlich von Kampen (Foto: Volker Frenzel)

Buhnen *(Buunen)* sind Bauwerke für den →Küstenschutz. Sie ragen rechtwinklig zum Strand etwa 100 Meter ins Meer hinaus. Ab 1869 sollten sie vor der Sylter Westküste die Strömung beruhigen und Sandablagerungen ermöglichen. Teilweise wurden sie konstruiert wie →Lahnungen. Die ersten Bollwerke bestanden aus Doppelreihen von Eichenholzstämmen, die mit Reisig und Steinen ausgefüllt wurden, ab 1927 versuchte man es auch mit Eisen und seit den 1950er Jahren mit Stahlbeton. Die Spundwände wurden bis zu neun Meter in den sandigen Untergrund eingerammt. Bis Ende der 1920er Jahre entstanden 100 durchnummerierte Buhnen zwischen Westerland und List. Die erhoffte Wirkung, die küstenparallele Strömung vom Strand fernzuhalten, trat jedoch nicht ein. Seit 1970 werden die mit dem Rückgang der Küstenlinie wieder auftauchenden Stahlspundwände Stück für Stück entfernt. Die Reste bleiben aber gefährlich für Badende, auch wegen der besonderen Strömungsverhältnisse in ihrer Nähe. Mit Warnschildern wird darauf hingewiesen. Zu besonderer Bekanntheit gelangte →Buhne 16 am Strand von Kampen.

Matthiesen 2001, Müller/Fischer 1938, Newig 2002.

Christian Peter Hansen: „Der versandete Hafen am Buder“, um 1850, Zeichnung (Sylter Archiv)

Bundeswehr →Marineversorgungsschule

Bundis ist ein Familienname, der mit Sicherheit auf eine Herkunft von der Insel Sylt hinweist. Der Vorname Bundi bzw. friesisch *Bunji* stammt aus dem Jütischen und ist ursprünglich ein Beiname mit der Bedeutung „Bauer“. Der Nachname Bundis wurde nach den Regeln der patronymischen Namensgebung (→Personennamen) gebildet. Zum Geschlecht der Bundis gehörten z. B. der Landesgevollmächtigte Hans Bundis (1783-1864) aus Morsum und dessen Sohn, der Kapitän und Strandvogt Rinke Hans Bundis (1827-1877). Er heiratete eine Tochter

Eiserne Buhnen am Weststrand, fotografiert 1934 (Sylter Archiv)

von Jacob Jürgen →Teunis und übernahm das heutige Haus Bundis am Wenningstedter Dorfteich.

Spreckelsen 1991 (Band 2).

Bundiswung Sylterfriesischer Flur- und Straßenname in Westerland. *Bundis-wung* heißt „Ackerland des Bundi" und erinnert an ein altes Sylter Geschlecht.

Möller 1916.

Bunker Die Insel Sylt wurde in ihrer →Militärgeschichte zweimal zur →Festung erklärt. Zu den militärischen Anlagen zählten viele Bunker. Die zum Teil heute noch sichtbaren Betonbauten sind vor allem in den letzten Jahren des Zweiten Weltkrieges entstanden. Sie dien-

Einer der letzten Wehrmachtsbunker am Südstrand von Westerland (Foto: Thomas Steensen)

ten als Maschinen- und Munitionsbunker oder als Sicherung der Beobachtungs- und Gefechtsstände z. B. bei Westerland, aber auch als Mannschafts- und Sanitätsbunker wie bei List, Tinnum, Morsum und Archsum. Insgesamt errichteten bis zu 2 000 Arbeitskräfte, hauptsächlich ausländische →Zwangsarbeiter, aber auch Soldaten und der Reichsarbeitsdienst, etwa 50 größere Befestigungsanlagen überall auf der Insel.

Nach dem Krieg dienten die Bunker zum Teil Flüchtlingen und ausgebombten Großstädtern als Unterkunft. Prominentester Bewohner war vermutlich der Schriftsteller Ernst von →Salomon auf dem Gelände der →Kupferkanne in Kampen. Noch 1960 verwaltete das Bundesvermögensamt über 20 Familien-Bunker in Westerland, Kampen, Keitum, Archsum und Morsum. Heute steht keines der Massivgebäude mehr auf der Mieteinnahmeliste, doch werden mehrere Bunker in Privatbesitz genutzt. So integrierte z. B. Dittmeyer's Austern Compagnie in List 1986 ganz bewusst einen alten Schutzraum in ihr Firmengebäude. Der kühle Ort eignet sich hervorragend zur Zwischenlagerung der Austern. Ähnliche Verwendung für einen Bunker fanden Tinnumer Fischhändler, die in dem metertief liegenden Betonklotz lebende Hummer in speziellen Becken frisch halten. Das Kinderheim „Haus Nordmark" in Westerland bunkert seine Kartoffeln in einem alten bombensicheren Gewölbe in seinem Garten, die Kinder-Fachklinik der Landesversicherungsanstalt Hamburg nutzt ein solches Bauwerk als Diskothek, und die Kampener →Kupferkanne wurde in einer alten Flakstellung eingerichtet. Viele Geschützbunker wurden von Pionieren der Bundeswehr gesprengt und vergraben oder abtransportiert. Bei Hörnum und List kippten sie nach und nach von der Dünenkante auf den Strand und wurden aus Sicherheitsgründen beseitigt.

Kruse 1989b, Sawallich 1992, Voigt 1992.

Burgen *(Borigen)* nennt man die drei rund 2 000 Jahre alten, nur zum Teil noch erhaltenen Ringwälle auf Sylt: die →Tinnumburg, die →Rantumburg und die →Archsumburg. Der Begriff legt im Allgemeinen eine Verteidigungsabsicht nahe. Hier handelte es sich jedoch um Kultstätten der germanischen Bevölkerung in den ersten Jahrhunderten nach Christus.

Harck/Kossack/Reichstein 1992.

Bürgerinitiative „Rettet Sylt" Nach der Zustimmung des Westerländer Magistrats zu dem gigantischen Bauprojekt →„Atlantis" gründeten besorgte Sylter im Frühjahr 1971 eine Bürgerinitiative. Den Vorsitz übernahm die Pensionswirtin Clara →Enss, Geschäftsführer wurde der Heilpraktiker und spätere Bundestagsabgeordnete der Grünen, Gerd P. Werner. In kürzester Zeit schlossen sich der Sylter Naturschutzverein sowie die Kurdirektoren und Bürgermeister der übrigen Inselorte dem Protest an. Auch die überregionale Presse und das Fernsehen griffen das Thema auf. Im Herbst 1971 konnten über 18 000 Unterschriften gegen das geplante 25-stöckige Kurzentrum vorgelegt werden. Das Projekt wurde 1972 gegen den Willen der Westerländer Stadtvertretung von der schleswig-holsteinischen Landesregierung gestoppt. Die Bürgerinitiative Sylt vereinigte sich 1977 mit dem →Verein Naturschutz Sylt zur →Naturschutzgemeinschaft Sylt, ebenfalls unter Vorsitz von Clara Enss.

Bruns 1975/76, Naturschutzgemeinschaft 1994.

Busse, Georg August * 21.10.1867 Berlin, † 11.5.1947 Westerland, Maler, Fotograf, Intendant. Busse studierte ab 1888 Malerei an der Kunstakademie in München. In seinem Berliner Atelier zeichnete er Landschaften, Häuser und Porträts, bevor die Fotografie und insbesondere die Fotomontage sein Interesse erfasste. 1903 übernahm er die Geschäftsführung im väterlichen Hotel →Miramar in Westerland. Hier entstand 1907 eine Fotomontage über das Familienbad. Während des Ersten Weltkriegs war er als Lehrer in Westerland tätig. Freundschaftliche Beziehungen pflegte Busse zu den Malern Hugo →Köcke, Franz →Korwan-Katzenstein, Carl Christian →Feddersen und Andreas →Dirks. Nach dem Krieg entstanden seine Ölbilder „Sturmbläser“ (um 1920) und „Westerland“ (1925). 1927 organisierte Busse zusammen mit dem Schauspieler Fritz Lehmann den Festzug zur Einweihung des Hindenburgdamms. Nach 1945 gab er sein Wissen an Günther →Petersen weiter.

Schulte-Wülwer 1996, SHL 1983, Wedemeyer 1991a.

Butt *(Bot)* ist eine Kurzbezeichnung für verschiedene Plattfische wie z. B. →Scholle, Flunder, Seezunge oder Kliesche.

Buttgrabbeln *(Boten groopi)* nennt man eine der traditionellen Fangarten von Plattfischen, wie →Scholle oder Flunder. Eine typische Verhaltensweise des Butts konnte vor allem in den flachen →Prielen des Watts gut ausgenutzt werden. Erspürt er den sich nähernden Menschen, schießt er zunächst blitzartig weg, um sich einige Meter weiter auf den Boden zu legen, umzukehren und der Gefahr entgegenzuschwimmen. Nun muss man die Fische nur noch mit den Händen „grabbeln“ oder mit den Füßen „pedden“, also unter den Fußsohlen festhalten. Auch Stechgeräte dienten zur Jagd nach Plattfischen. Mit diesen einer Forke sehr ähnlichen „Preggen“ oder „Buttpricken“ wurden die Fische aufgespießt, auf eine lange Schnur aufgezogen und nach Hause transportiert. Das Buttstechen war in den Jahren nach dem Zweiten Weltkrieg noch üblich. Es entstanden dabei aber häufig grobe Entstellungen, und die Tiere waren für den Verzehr nicht mehr geeignet. Man verzichtete schließlich auf diese Fangmethode.

Fiedler 1990, Seidel 1999.

Georg August Busse (Sylter Archiv)

Buttpedden →Buttgrabbeln

Buuđerrening „Rinne am →Buder(sand)“ hieß der ehemalige Hafen der Heringsfischer nördöstlich von Hörnum. Die Bezeichnung deutet auf einen tieferen →Priel hin, der die Zufahrt zur Küste und einen Hafen erst ermöglichte. In den Dünen hatten sich die Fischer eine eher ärmliche Siedlung errichtet. Die Hütten wurden aus Strandholz gebaut und mit Gras- oder Heidesoden abgedichtet. Als die Heringsschwärme in der Nordsee abnahmen und ab 1610 fast ganz ausblieben, musste die Fischereistation Hörnum aufgegeben werden. In die Schutzhütten sollen nach nicht belegbaren Erzählungen Seeräuber eingezogen sein.

Hansen 1858a, Möller 1916.

Büürlön Sylterfriesischer Flur- und Straßenname in Kampen. *Büür-lön* bedeutet „Land der →Bauerschaft“ bzw. Gemeindeland.

Möller 1916.

Café Wiedermann →Friesenkeks

Camaro, Alexander * 27.9.1901 Breslau, † 20.10.1992, Tänzer, Dichter, Maler. Die Jahre 1930-39 verbrachte Camaro als Tänzer

Gut getarnter Butt (Foto: Gerd Kühnast)

und Artist, seit 1933 hatte er als Maler Ausstellungsverbot. Der Professor für Bildende Künste pendelte seit Ende des Zweiten Weltkriegs zwischen Berlin und Kampen. Hier versteckte er sich vor der lärmenden und hektischen Gesellschaft in einer gut gehüteten Wildnis in der Nähe der Kupferkanne. Bis in seine letzten Tage schuf der ehemalige Schüler Otto →Müllers großflächige Kompositionen der Stille. Der Mehrfachbegabte, der sich fünf Leben gewünscht hätte, widmete großformatige Ölbilder, darunter sein „Café in den Dünen" aus den frühen 1950er Jahren, und Einzelhanddrucke der Insel Sylt.

Retzlaff 1996, SHL 1983.

Camerer, Johann Friedrich * 1720, † 1792, dänischer Kriegsrat und Chronist. Camerer beschäftigte sich intensiv mit der Landeskunde und gab 1758 und 1762 die beiden Bände „Vermischte historisch-politische Nachrichten in Briefen von einigen merkwürdigen Gegenden der Herzogthümer Schleßwig und Hollstein, ihrer natürlichen Geschichte und andern seltenen Alterthümern" heraus. Darin finden sich auch eine ausführliche Beschreibung der Sylter Geschichte und Landschaft sowie die „Nachrichten von der Insul Sylt", die wohl älteste Beschreibung der Insel, aus der Hand des Morsumer Pastors Martin Richard →Flor. Camerer hielt sich zehn Tage auf Sylt auf und bedauerte sehr, dass er nicht graben konnte, wo er wollte. Seine Bücher sind heute antiquarische Raritäten.

In seiner „Beschreibung der Insel Sylt" schrieb Johann Friedrich Camerer 1756: „Wann man diese Leute auf der guten Seite beschauet, so findet sich von natürlichen philosophischen Tugenden und ehrbarlichen, auch ein vieles, so rühmlich: als dass dieselben in Ansehung des männlichen Geschlechts, gute erfahrene, geschickte und treue Seeleute sind, die in großer Anzahl Schiffe zu commandiren haben; die Steuerleute durch alle Welttheile auf der See abgeben, gute Matrosen sind, und der dahin sich zu habilitiren trachtet, dass er in seinem 18 bis 20ten Jahre Steuermann oder Schiffer agiren könne, welches auch den mehresten gelingt. … Die Frauenspersonen sind nach vollendeter Feldarbeit sehr emsig, und man findet keine jemals müßig, und wann sie nichts anders zu verrichten haben, als mit Kochen, Waschen, Viehfüttern, und dergleichen häuslichen Geschäfften, so machen sie Strümpfe, die häufig verführet werden, und sehr weich und beliebt überall zum Gebrauche sind."

Camerer 1756, Reichstein 1996, Wedemeyer 1991a.

Camping ist auf den sieben öffentlichen Plätzen in Hörnum, Kampen, Morsum, Rantum, Tinnum, Wenningstedt und Westerland erlaubt. Dazu kommt der Jugendzeltplatz →*Dikjendeel.* Zusammen verfügen diese Campingplätze über rund 1 700 Stellplätze für Wohnwagen und Zelte. Das Übernachten außerhalb der Campingplätze ist auch in Wohnmobilen verboten.

Cantat 3 lautet die Bezeichnung für ein Großprojekt der Telekommunikation. Von List aus wurde 1993 ein Seekabel über 7 381 Kilometer nach Kanada verlegt. Dazu musste mit Pressluft ein Stahlrohr durch den 80 Meter breiten Dünenfuß beim westlichen →Leuchtturm auf dem →Ellenbogen gedrückt werden. Durch diese „Anschlussstelle" wurden vier PVC-Rohre für die Glasfaserkabel geschoben, die von hier unter Wasser an Island vorbei zum nordamerikanischen Kontinent verlaufen. Das knapp 400 Millionen Dollar teure Projekt garantiert gut 62 000 Fernsprechkanäle bzw. Kanäle für alle digitalen Dienste in den Bereichen Sprach-, Daten-, Breitband- und Rundfunkübertragung.

Retzlaff 1994.

Carstens, Carl Hinrich * 31.5.1833 Frederiks bei Viborg, † 8.5.1886 Dänemark, Landschaftsarzt. Carstens wurde 1860 als Nachfolger von Simon →Levin als →Landschaftsarzt auf Sylt angefordert. Als Däne hatte er in einer nationalpolitisch aufgeheizten Atmosphäre einen ähnlich schweren Stand wie sein Vorgänger. Bereits nach drei Jahren verließ er die Insel wieder und arbeitete als praktischer Arzt in verschiedenen Orten Dänemarks.

Klockenhoff 1988.

Casino →Spielbank

Castonier, Elisabeth geb. Borchardt * 6.3.1894 Dresden, † 24.9.1975 München, Schriftstellerin. Elisabeth Castonier war die Tochter des Malers Felix Borchardt, der u. a. Kaiser Wilhelm II. (1859-1941) porträtierte. Als Verfasserin autobiographischer Unterhaltungsromane beschäftigte sie sich mit dem Leben der 1920er und 30er Jahre und schilderte ihre Arbeit für Film und Literatur und ihre Ehe mit dem dänischen Tenor Castonier. 1933 kam sie mit

Freunden, darunter auch die Tänzerin Valeska →Gert, nach Sylt. 1934 emigrierte sie nach Wien, später nach England. In ihrem Buch „Stürmisch bis heiter. Memoiren einer Außenseiterin" (1964) schilderte sie eine Begegnung mit NS-Generalfeldmarschall Hermann →Göring auf Sylt.

Wedemeyer 1991a.

Christianisierung In der zweiten Hälfte des 11. Jahrhunderts residierten aus England stammende Mönche in Odense in Dänemark. Ihr Einflussbereich erstreckte sich bis nach Helgoland, wo Eilbert, der Bischof von Fünen, auch Bischof von Farria, dem späteren „Heiligland" bzw. Helgoland, wurde. Mit großer Wahrscheinlichkeit bekehrten Abgesandte aus Odense um 1100 auch die Bewohner der friesischen →Utlande zum Christentum. Ihr Standort könnte Sylt gewesen sein, jedenfalls erhielten 1141 die Brüder des Sankt Knutsklosters zu Odense Einkünfte von der Insel. Die Abgaben waren an Landbesitz geknüpft, der im Laufe der Zeit die Bezeichnung „Mönkebohlen" (Mönchsland) erhielt. In einem Landverzeichnis von 1573 ist die ursprüngliche Bezeichnung „Sankt Knutsmarsch" für das heutige Munkmarsch (Marsch der Mönche) erhalten. In seiner Landesbeschreibung *„Cimbricae Chiersonesi descriptio"* von 1597 berichtete der herzogliche Rat Heinrich Rantzau, dass zu den Mönkebohlen neben vier Pfarrkirchen auch ein stattliches Anwesen bei der Keitumer Kirche gehörte. Hierauf bezieht sich die Sage von →Ing und Dung, den beiden Stifterinnen des Turms von →Sankt Severin. Im Laufe des 12. Jahrhunderts wurde Nordfriesland und damit auch Sylt fester mit dem Bistum in Schleswig verbunden. Nach Vollendung des mittelalterlichen Landesausbaus zählte Sylt fünf →Kirchen, die aktuelle Anzahl beträgt zwölf Gotteshäuser.

Dannenberg 1996, Kuschert 1996, Panten 1996, 2000a u. 2001c.

Christiansen, Clothilde geb. Lassen * 1.8. 1861 Archsum, † 19.10.1945 Westerland, friesische Verfasserin. Ihre Texte auf Sylter Friesisch, z. B. Erinnerungen an ihre Kindheit in Archsum, wurden 1953 und 1954 in der Zeitungsbeilage →*Fuar Söl'ring Lir* veröffentlicht.

Thaysen 2001, Sylter Archiv.

Christiansen, Christian Peter * 4.11.1854 Westerland, † 10.10.1922 Berlin, Druckereibesitzer, Zeitungsverleger, friesischer Heimatdichter. Aus einfachen Verhältnissen stammend, besuchte er die Schule bei C. P. →Hansen und erlernte von 1870 an in Husum das Buchdruckerhandwerk. Er stieg zum Schriftleiter und Verleger des *Husumer Wochenblatts* (seit 1911: *Husumer Tageblatt)* sowie zum Senator der Stadt Husum auf. In seiner friesischen Muttersprache brachte er es zur Meisterschaft und verfasste mehrere sehr ansprechende Gedichte. Am bekanntesten wurde →*„Üüs Sölring Lön"*, das als Sylter Hymne gilt. In hochdeutscher Sprache verfasste er u. a. ein episches Gedicht über den in die →Sklaverei geratenen Seemann Tame →Tamen.

Fuar Söl'ring Lir 10/1932, Hübbe 1911, Schmidt 1961, Sylter Archiv.

Christian Peter Christiansen (Nordfriisk Instituut, Thomas Steensen)

Die letzte Strophe des Gedichtes „Stiiner bi Strön" von C. P. Christiansen lautet:

Dach üs ik di Stiiner nü me mi noom,
Forging jaar Glimrin alik üs en Droom. –
Üs Bloomen weli, wan's ofploket sen,
Sa gair't me di Stiiner jaar Skimer tö Jen,
Nemst dü jam me tö en üðer Stair,
Hur oler di Seewinj muar aur jam tair. –
Wan Mensken swügi, da prötji di Stiin;
Wat's sii, dit skriiv dü ön't Hart di iin:
„Din Tüs, min Dreeng, auriit dü ek;
Hat es din Glans, hat es din Lek."

Doch als ich die Steine nun mit mir nahm,
Verging ihr Glänzen so wie ein Traum –
Wie Blumen welken,
wenn sie abgepflückt sind,
So geht es mit dem
Schimmer der Steine zu End,
Nimmst du sie mit zu einem anderen Ort,
Wo niemals der Seewind mehr über sie zieht. –
Wenn Menschen schweigen,
dann predigen die Steine;
Was sie sagen, das schreib du
ins Herz dir hinein:
„Dein Zuhause, mein Junge, vergiss du nicht;
Es ist dein Glanz, es ist dein Glück."

Taufstein, um 1230 (Kirchengemeinde Sankt Christophorus)

Christiansen, Karl →Käpt'n Corl

Christoph, Inge geb. Bossen * 21.6.1922 Morsum, † 10.12.2000 Morsum, Schneiderin, Hausfrau, friesische Dichterin. Die Tochter von Max →Bossen verfasste in ihrer friesischen Muttersprache ansprechende Gedichte – mehrere auch auf Deutsch – und Lustspiele.

SF 2000.

Chronisten Mit der bewegten Geschichte Nordfrieslands ab dem 15. Jahrhundert gingen die Bemühungen verschiedener Chronisten einher, das Land und seine Entwicklung zu beschreiben. Die für Sylt bedeutendsten Geschichtsschreiber sind in chronologischer Reihenfolge: Hans →Kielholt, Muchel →Madis, Jacob →Cruppius, Petrus →Petrejus, Martin Richard →Flor, Johann Friedrich →Camerer, Jens →Booysen, Henning →Rinken und Christian Peter →Hansen.

Cicero Presse ist ein hochspezialisierter bibliographischer Fachverlag in Morsum. Der Name bezieht sich auf den römischen Staatsmann Marcus Tullius Cicero (106-43 v. Chr.) und auf eine Schriftgröße gleichen Namens. Der Germanist Timm Zenner gründete 1985 seinen Ein-Mann-Betrieb und brachte seither 18 hochwertige Bibliographien heraus, darunter zu Gottfried →Benn oder Thomas und Heinrich →Mann. Ein Umzug ist geplant.

Nordfriisk Instituut, Wedemeyer 1991a.

Johann Vincenz Cissarz: „Erlebnis in der Sylter Heide" 1901, 42 x 52 cm, Ostdeutsche Galerie Regensburg (Museumsberg Flensburg)

Cissarz, Johann Vincenz * 22.1.1873 Danzig, † 23.12.1942 Frankfurt/Main, Maler. Während seines Studiums an der Dresdner Kunstakademie lernte Cissarz den Verleger Ferdinand →Avenarius kennen. Der ließ ihn einen Gedichtband und die Titelseite seiner Zeitschrift *Kunstwart* gestalten. Für Studien zur Illustrierung eines Werkes der schleswig-holsteinischen Dichterin Helene Voigt-Diederichs (1875-1961) kam Cissarz 1898 nach Sylt. 1901 erlebte er in der Sylter Heide eine schwere persönliche Krise. Er hielt das Ereignis in dem Selbstbildnis „Erlebnis in der Sylter Heide, 1901" fest. Auch in den Jahren 1903 bis 1905 besuchte er als Gast von Avenarius Haus →Uhlenkamp. Alle dabei entstandenen Landschaftsgemälde sind verschollen.

Eines der Bilder von Johann Vincenz Cissarz wurde 1904 im Kunstwart *reproduziert. Ferdinand →Avenarius schrieb dazu: „Das Gemälde ‚Stürmische Herbstnacht an der Nordsee' versetzt uns in eine jener Mondscheinnächte auf den Nordfriesischen Inseln, die der Weststurm durchheult, in eine jener Nächte, die nie vergißt, wer's miterlebt hat. Helle, daß es uns bei erweiterten Pupillen erscheint, wie ein seltsam, ein zauberisch dämmernder Tag. Tiefe, satte Farben darin wie zur blauen Stunde. Große, herrlich einfache Formen auf der See, die mit erhabenem Rhythmengesang unaufhörlich ihr Schwarzgrünblau in Gischt verwandelt und vom Strande zurückschlingt. Ein geisterndes Schattenhuschen über die Heide. Wolkenformen thronend darüber in höchster, geschlossener Macht. Wo sich Menschen zeigen: mit Mühsal gegen den Wind ankämpfend, um sich aufrecht zu halten. Aber in ruhigstem Fluge hoch droben gleichmäßig und gleichgültig hinschwebend meilenweit ohne zu wenden die weißen Möwen."*

Schlee 1962 u. 1988, Schulte-Wülwer 1996.

Claasen, Peter Michel * 1.5.1843 Westerland, † 21.12.1918 Colton/Kalifornien, Seefahrer, Schiffsmakler, Farmer. Claasen war ein Schulfreund des Kapitäns und Auswanderers Cornelius Boy →Jensen. 1861 verließ er in Melbourne/Australien sein Schiff, um nach Gold zu suchen. Nach kurzer Zeit wechselte er in die USA, befuhr zusammen mit anderen Sylter Kapitänen die Großen Seen und ließ sich dann in Milwaukee nieder. Gemeinsam mit Jacob Simonsen aus Morsum betrieb er hier eine Reederei und Schiffsmaklerei. Nach dem Tod sei-

nes Partners verkaufte er das Geschäft, zog mit seiner Familie nach Colton/Kalifornien und erwarb eine Orangenfarm.
Pauseback 1995 u. 1999.

Clausen, Sophus, Ziegeleibesitzer aus Munkmarsch. Clausen übernahm 1874 von Thomas →Selmer die staatliche Konzession zur Beförderung der Post. Dafür setzte er im Sommer auf der Strecke Hoyerschleuse-Munkmarsch den Dampfer *Germania* (→Verkehrsanbindung) ein. Im Winter fuhr er mit Segelschiffen. Den schnell steigenden Verkehrsanforderungen konnte er jedoch nicht gerecht werden. 1882 wurde die „Sylter Dampfschiffahrt-Gesellschaft“ (SDG) gegründet.
Quedens/Stöver 1978.

Sophus Clausen
(Sylter Archiv)

Clemens, Peter Michael * 21.8.1804 Morsum, † 10.8.1870 Schleswig, Lehrer, Kantor. Clemens war 1829-68 als Kantor und Organist an der Michaeliskirche und Oberlehrer an der Wilhelminenschule in Schleswig tätig. In den 1860er Jahren übersetzte er das Neue Testament

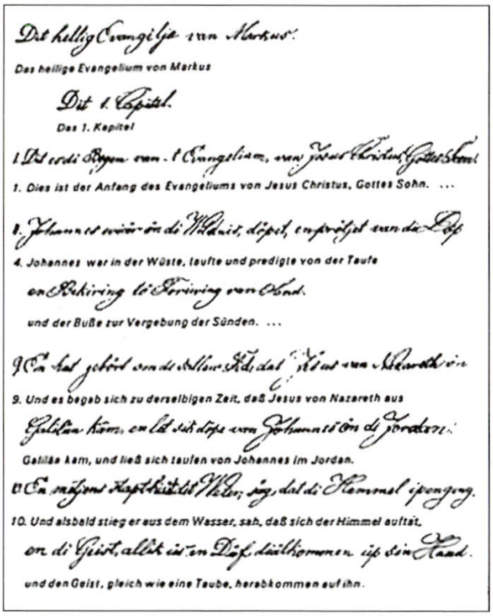

Das heilige Evangelium von Markus

Das 1. Kapitel

1. Dies ist der Anfang des Evangeliums von Jesus Christus, Gottes Sohn. ...

4. Johannes war in der Wüste, taufte und predigte von der Taufe
und der Buße zur Vergebung der Sünden. ...

9. Und es begab sich zu derselbigen Zeit, daß Jesus von Nazareth aus
Galiläa kam, und ließ sich taufen von Johannes im Jordan.

10. Und alsbald stieg er aus dem Wasser, sah, daß sich der Himmel auftät,
und den Geist, gleich wie eine Taube, herabkommen auf ihn.

Peter Michael Clemens übertrug das Neue Testament ins Sylterfriesische. (Nordfriisk Instituut, Thomas Steensen)

und die Psalmen in seine →friesische Muttersprache. Sylt verfügt damit über die älteste vollständige Übertragung dieser wichtigen Teile der Bibel ins Friesische überhaupt. Eine Woche vor seinem Tod konnte Clemens seine Arbeit abschließen. Sie blieb aber ungedruckt und wurde erst in den 1950er Jahren wieder entdeckt.

Der 1. Psalm beginnt in Clemens' Übersetzung:

Hat mai di Man wel gung, diär ek wandelt
eter di gottloas Lid jar Red; diär ek üp
di Senders Wei geid, en ek set, hur di
Spotmakers set

Wohl dem, der nicht wandelt
im Rat der Gottlosen noch tritt
auf den Weg der Sünder noch sitzt,
da die Spötter sitzen

Hofmann 1960, Steensen 1996b.

Clemenz, Peter Thies * 1867 Keitum, † 31.12.1934 Kiel, Arzt. Peter Thies Clemenz praktizierte als Landarzt in Ostholstein, wo auch sein Sohn Thies Peter →Clemenz zur Welt kam. Bis 1930 war er Anstalts- und Gefängnisarzt in Hamburg. Seinen Ruhestand verbrachte er wieder auf Sylt. Er wurde Vorstandsmitglied der →*Söl'ring Foriining* und betreute das Archiv.
Sylter Archiv.

Clemenz, Thies Peter * 2.8.1907 Schönwalde/Ostholstein, † 26.7.1992 Keitum, Arzt. Der Sohn des Arztes Peter Thies →Clemenz, betrieb 1946-75 eine Praxis in Keitum. Im Volksmund wurde er „Dr. Thies“ genannt. Er erlernte das Sylter →Friesisch und setzte sich für die friesische Kultur ein. 1976 wurde er Ehrenmitglied des Vereins Nordfriesisches Institut in Bredstedt. Für seine ehrenamtliche Arbeit in der evangelischen Kirche erhielt er die Bugenhagen-Medaille.
Hagge 1987 u. 1992, Sylter Archiv.

Cobra →Verkehrsanbindung

Cords, Johanna →Weberei

Corinth, Lovis * 21.7.1858 Tapiau/Ostpreußen, † 17.7.1925 Zandvoort, Maler. Corinth studierte in Königsberg, München und Paris. 1901 eröffnete er eine Malschule in Berlin. Er behandelte vor allem religiöse, mythologische und historische Themen. Bei seinen Sylt-Aufenthalten in den Jahren 1905, 1908 und 1909 besuchte er auch Ferdinand →Avenarius in Kampen, ließ sich aber nur schwer vom Reiz der Insel inspirieren. Seine Malutensilien hatte

Lovis Corinth
(Sylter Archiv)

er gar nicht erst nach Sylt mitgebracht. Erst 1909 entstand u. a. die Kreidezeichnung „Partie auf Sylt".

Retzlaff 1996, Schulte-Wülwer 1996.

C.-P.-Hansen-Preis Mit der Verleihung des Preises wird seit 1960 an den Sylter Chronisten C. P. →Hansen erinnert. Ein wichtiger Bestandteil ist der Jugendpreis. Den Hauptpreis für besondere Verdienste um die friesische Kultur, Sprache und Geschichte der Insel Sylt erhielten bisher:

1960 Harald →Hansen, Keitum
1961 Hermann →Schmidt, Wenningstedt
1962 Waldemar →Henningsen, Tinnum
1963 Karl →Kruse, Morsum
1964 Henriette →Mai, Keitum
Friedrich Hansen, Keitum
Andreas →Hansen, Keitum
1965 Nis Nissen, Wenningstedt
Hans →Gantzel, Wenningstedt
1966 nicht verliehen
1967 nicht verliehen
1968 Peter Albert →Peters, Tinnum
1969 Anna →Gantzel, Keitum
Benedikte →Petersen, Keitum
Boy →Matzen, Keitum
1970 Hermann →Dirksen, Keitum
1971 Meinert →Nielsen, Tinnum
1972 Wilhelm →Krüger, Westerland
1973 Hugo →Green, Keitum
1974 Hermann →Petersen, Hörnum
1975 Carl →Thiesen, Westerland
1976 Dr. Claus →Andersen, Keitum
1977 Hans →Lassen, Keitum
1978 Martha →Hansen, Keitum
1979 Alwin →Pflüger, Westerland
1980 Paula →Schneider, Keitum
1981 Hubertus →Jessel, Westerland
1982 Brunhilde →Hagge, Keitum
1983 Annemarie →Winger, Keitum
1984 Uwe →Petersen, Keitum
1985 Maike →Ossenbrüggen, Keitum
1986 Hans →Hoeg, Keitum
1987 Karl →Schmidt, Rodenäs
1988 Dr. Harald →Voigt, Westerland
1989 Jens Peter →Petersen, Keitum
1990 Dr. Erich und Erika →Voß, Lübeck
1991 Werner →Haselbach, Westerland
1992 Rolf →Spreckelsen, Wenningstedt
1993 Gerhard →Krause, Keitum
1994 Manfred →Holst, Morsum
1995 Günther →Petersen, Westerland
1996 Carla →Petersen, Westerland
1997 Uwe →Sönnichsen, Niebüll
1998 Gerd →Dannenberg, Westerland
1999 Erika →Hansen, Morsum
2000 Dr. Manfred →Wedemeyer, Morsum
2001 Prof. Nils →Århammar, Bredstedt
2002 Elke Rossberg, Westerland

Nordfriisk Instituut.

Crupp(en), Gerson * 30.5.1672 Keitum, † 3.2.1753 Keitum, →Kommandeur auf Walfangschiffen. Der Sohn des Keitumer Pastors Jacob →Cruppius sollte ebenfalls Theologie studieren. Zu seiner Zeit befand sich jedoch der →Walfang auf dem Höhepunkt, und Crupp(en) fuhr, wie fast alle männlichen Sylter, in den Sommermonaten zur See. Um 1723 tauchte er in der Liste der Hamburger Kommandeure für die Grönlandfahrt auf. Nach der aktiven Seefahrt arbeitete er als Lehrer in Keitum und gründete eine →Navigationsschule.

Dannenberg 1987, Quedens 1996.

Cruppius, Jacob * 4.7.1637 Stolp/Pommern, † 25.8.1708 Keitum, Pastor, Chronist. In Keitum wirkte Cruppius von 1670 bis zu seinem Tode. 1699 kaufte er für seine Kirche →Sankt Severin eine geschnitzte Renaissancekanzel in Mögeltondern. Nach damals üblichem Ritual heiratete er bei seiner Einstellung als Pastor die Tochter seines Vorgängers, Catherina Rhanen. Aus der Ehe gingen elf Kinder hervor. Sohn Gerson →Crupp(en) wurde Kommandeur auf einem Walfangschiff. Die wichtigsten Ereignisse seiner Dienstzeit hielt Cruppius schriftlich fest. Sein Sohn Joachim (* 1687) schrieb die Chronik bis 1734 fort. Sie wurde 1977 von Peter Schmidt-Eppendorf veröffentlicht.

Rinken 1992, Schmidt-Eppendorf 1977.

Dachse Während erste →Füchse bereits im frühen 19. Jahrhundert über das zugefrorene Watt nach Sylt einwanderten, gelangten Dachse erst 1996 auf die Insel. Die Allesfresser sind mittlerweile überall präsent und stellen eine ernsthafte Bedrohung für Brutvögel und Niederwild dar.

Quedens 2000b, Rinken 1992.

Dahlerus, Birger →Göring, Hermann

Dahlke, Paul * 25.1.1865 Osterode/Ostpreußen, † 29.2.1928 Berlin, Arzt, Buddhist. Paul Dahlke war 1900 auf einer Asienreise zum Buddhismus konvertiert. Richtiges Verständnis der Lehre bedeutete für ihn, sie auch im praktischen Leben umzusetzen. Dazu entwarf er Pläne für ein „Buddhistisches Haus" in Deutschland. Die Insel Sylt erinnerte Dahlke in vielem an die Stille und Einsamkeit Ceylons. 1914 errichtete er zunächst in Wenningstedt, wo seine Eltern bereits ein Ferienhaus besaßen, einen Flachdachbau mit Innenhof. Anschließend erwarb er rund 20 Morgen Land zwischen Wenningstedt und dem Wattenmeer bei Braderup. Der Bau des Hindenburgdamms 1927 ließ den Arzt jedoch Abstand von seinem „Buddhistenhaus" auf Sylt nehmen; er sah die kommende Hektik auf der Insel voraus. Allerdings ließ Dahlke noch ein Denkmal zu Ehren Buddhas aufstellen. Das Monument aus rotem Backstein entstand mitten in der Braderuper Heide und trug die Aufschrift „Namo Buddhaya. Ehre dem Erhabenen. P. Dahlke 1927". Es dürfte das erste größere Steindenkmal des Buddhismus in Europa, wenn nicht gar in der westlichen Welt gewesen sein. 1939 wurde es von der Luftwaffe abgerissen, um Platz für die Erweiterung des Flughafens Westerland zu schaffen.

Baumann 1996.

Damenbad und Herrenbad hießen die bis 1902 strikt getrennten Abschnitte am Strand vor Westerland. Im Süden durfte sich das weibliche, im Norden das männliche Geschlecht ins →Badeleben stürzen.

Damm *(Dam)* Die künstlichen Bauwerke dienen in Nordfriesland als Verbindungswege durch hochwassergefährdetes Gebiet, wie z. B. zu den Halligen Oland, Langeneß und Nordstrandischmoor. Der bekannteste Damm Nordfrieslands ist der 1927 fertig gestellte →Hindenburgdamm, der sturmflutsichere Eisenbahndamm zur Insel Sylt. Im Unterschied zu einem →Deich ist ein Damm an beiden Seiten dem Wasserdruck ausgesetzt und hat deshalb ein symmetrisches Profil. Erste Dämme wurden sehr wahrscheinlich schon seit der friesischen Besiedlung der →Utlande im 7. Jahrhundert errichtet, um in der amphibischen Landschaft feste Verbindungen zu erhalten. Ab dem zweiten Jahrtausend dienten sie zur Landfestmachung von Inseln und Halligen, aus denen nach einer Bedeichung Köge wurden. Dämme im

So „badeten" die Damen gegen Ende des 19. Jahrhunderts. (Sylter Archiv)

Wattenmeer beeinflussen die Meeresströmungen und damit auch die Ablagerungsprozesse im Watt. Meistens haben sie einen verstärkten Anwachs zur Folge. So entstand knapp 30 Jahre nach dem Hindenburgdamm vor der Festlandsküste der Friedrich-Wilhelm-Lübke-Koog.

Kunz/Panten 1999, Newig/Petersen 1995a.

Danckwerth, Caspar * um 1607 Oldenswort, † 25.1.1672 Husum, Mediziner, Historiograph, Topograph. Danckwerth war 1641-61 Bürgermeister in Husum. Er ist der Verfasser der im Jahre 1652 veröffentlichten „Newe Landesbeschreibung der zwey Hertzogthümer Schleswich und Holstein". Das 300 Seiten starke, großformatige Werk mit vielen Landkarten aus der Feder des Husumer Kartographen Johannes Mejer (1606-1674) zählt zu den kostbarsten bibliophilen Raritäten Norddeutschlands.

In seiner „Newe Landesbeschreibung der zwey Hertzogthümer Schleswich und Holstein" schrieb Caspar Danckwerth 1652 über Sylt: „Das merckwürdigste an dieser Insul ist (1.) der schöne Meerhafen bey List, oder vielmehr an Meelhören, so doch in den Lister Hafen hinausgehet, und Ihr. Königl. Mayest. dem Riper Hause angehörig, zustehet: Es wird zwischen der Elbe und dem Schagen kein tieffer und bequemer Hafen an der Westsee gefunden. (2.) Der Oesterfang, sintemal es an dieser Insul drey oder vier Steten hat, worselbsten diese Thierlein gefangen werden, davon der Oesterfang bey List, Ihr. Königl. Mayest. zum teihl zuständig. (3.) Daß in dieser Insul wie auch auff Föhr, gar viel Dörffer auff ein Um sich endigen, welches eine alte Friesische Endigung ist, den andern Nationen in Teutschlandt ungebräuchlich."

Danckwerth 1652, SHBL 4.

Danella, Utta →Schriftstellerin

Dänemark *(Denemark)* Sylt gehörte seit dem Mittelalter zum Herrschaftsgebiet des dänischen Königs. Sodann war die Insel, ausgenommen nur das →Listland, Teil des sich herausbildenden Herzogtums →Schleswig. Erst mit dem →deutsch-dänischen Krieg 1864 endete die jahrhundertelange Verbindung mit Dänemark. Von 1866/67 an gehörte ganz Schleswig-Holstein zu →Preußen. Als Nordschleswig durch die →Volksabstimmung 1920 zu Dänemark gelangte, rückte die →Grenze unmittelbar an die Insel heran. Der fortbestehende Grenzkampf, der nach Kriegsende 1945 noch einmal sehr heftig geführt wurde, belastete zunächst das Verhältnis zum Nachbarstaat. Mittlerweile hat sich eine intensive grenzüberschreitende Zusammenarbeit herausgebildet.

Nordfriisk Instituut.

Dänische Minderheit *(Deensk Foriining)* Im Vorfeld der →Volksabstimmung 1920 regten sich bei einigen Syltern Sympathien für Dänemark. In der Zeit des Nationalsozialismus wandten sich manche Gegner des Regimes von Deutaschland ab. Eine dänische Organisation im eigentlichen Sinne entstand hier aber erst nach dem Zweiten Weltkrieg. Den Hintergrund bildete die materielle und seelische Not der Menschen nach der Katastrophe des Nationalsozialismus und des Weltkriegs. Vermutlich die überwiegende Mehrheit der einheimischen Bevölkerung erhoffte in den ersten Nachkriegsjahren einen Anschluss an Dänemark. Auf Sylt entstanden, obwohl die Insel nicht zum dänischen Sprach- und Siedlungsgebiet gehört, dänische Schulen, und zwar 1949 in Westerland, 1950 in Hörnum, 1951 in Keitum und 1952 in List. Die nationalpolitische Auseinandersetzung beruhigte sich und ging in ein friedliches Nebeneinander, häufig auch in ein Miteinander über. Wichtige Meilensteine waren dabei die Kieler Erklärung von 1949 und die Bonner Erklärung von 1955. Der Südschleswigsche Verein, die kulturelle Organisation der dänischen Minderheit, umfasst etwa 340 Mitglieder auf der Insel, während es die →Nationalen Friesen hier nur auf 40 Mitglieder bringen. In mehreren Gemeinden wirkt der →Südschleswigsche Wählerverband an der Kommunalpolitik mit. Neben den dänischen Schulen Westerland-Keitum (120 Schülerinnen und Schüler) und List (18 Schülerinnen und Schüler) sowie dem Kindergarten Westerland-List (60 Kinder) besteht eine eigene dänische Kirchengemeinde auf der Insel mit 323 Mitgliedern, außerdem gibt es dänische Hausfrauen-, Jugend- und Seniorenvereine.

Det danske mindretal 2000, Sydslesvig 1955/56.

Dänische Schulen →Schulwesen

Gerd Dannenberg (Sylter Archiv)

Dannenberg, Gerd * 8.6.1922 Wolfen-Bitterfeld, † 17.5.2002 Westerland, Pastor. Dannenberg kam 1953 als Pastor nach Westerland.

Im Kirchenkreis war er Stellvertreter des Propstes. Mit zahlreichen Abschriften aus alten Kirchenbüchern und anderen Quellen, die er überwiegend nach seiner Pensionierung 1986 anfertigte, sorgte er für eine allgemeine Lesbarkeit der historischen Dokumente. Seine Schrift „Kreuz und Hakenkreuz auf Sylt 1933-1936" fand große Beachtung. Für sein umfangreiches Werk, mit dem sich Dannenberg mit der Geschichte, dem sozialen Gefüge und Einzelschicksalen auf Sylt befasste, erhielt er 1998 den →C.-P.-Hansen-Preis.

Nordfriisk Instituut.

Decker Das alte Sylter Geschlecht geht auf Broder Hansen (1736-1818) zurück. Der Sohn des Westerländer Kommandeurs, Küsters und Schullehrers Hans Carstens (1697-1763), genannt Hans Brorken, lernte Dachdecker, fuhr zur See und wurde später →Strandinspektor. Verheiratet war er mit Moiken Manne Jensen (1744-1814) aus Keitum, deren Mutter Merret eine Tochter des Walfangkommandeurs Lorens →Petersen de Hahn war. Das Amt des Strandvogts vererbte sich in der Familie Decker. Auf Broder Hansen folgte dessen Sohn Meinert (Manne) Broder Decker (1775-1852), diesem folgte sein Sohn Wulf Manne →Decker, Mitbegründer des Seebads Westerland, und sein Neffe Wulf Hansen Decker (1806-1881) nach. Ein weiterer Sohn des Broder Hansen war Kapitän Peter Broder Decker (* 1782). Dessen jüngste Tochter Amalie (1830-1908) ist die Mutter des bekannten Hamburger Dirigenten Oscar →Fetras.

Nordfriisk Instituut.

Decker, Wulf Manne * 15.3.1815 Westerland, † 26.7.1876 Westerland, Direktor des Seebades. Wulf Manne Decker entstammt einer Dynastie Westerländer →Strandvögte und Unternehmer. Sein Vater war der Kapitän und →Strandinspektor Meinert Broder Decker (1775-1852), sein Großvater Kapitän Broder Hansen Decker (1736-1818) und sein Cousin der Strandvogt Wulf Hansen Decker (1806-1881). Zur Seefahrt wohl ungeeignet, suchte er seine Aufgaben an Land. 1857 beteiligte er sich am Bau des ersten Hotels in Westerland, der →Dünenhalle. Im selben Jahr wurde er zum Direktor der Badeanstalt gewählt. Obwohl es bald zu Unstimmigkeiten mit den anderen Badeaktionären kam und er sein Amt wieder abgab, investierte er auch weiterhin in das →Seebad. 1861 zeichnete er allein 60 der benötigten 130 Aktien und rettete damit die Badegesellschaft. Decker war eine auffallende Persönlichkeit, die sich sehr wichtig nahm. Der Schriftsteller und Kurgast Julius →Rodenberg beurteilte ihn in seinem Tagebuch folgendermaßen: „Es ist nicht leicht, eine Beschreibung dieses Mannes zu machen, da er ohne bestimmten Charakter Alles ist, ohne bestimmendes Gewerbe Alles thut, und ohne bestimmbares Interesse Alles weiß." Nach allerhand Streitigkeiten mit der Badegesellschaft beantragte Decker 1867 erneut die Konzession für den Betrieb des Seebades für sich. Dies führte zu seinem dramatischen Ende durch den Tonderner Landrat Matthias →Bleicken. Decker, so dessen Urteil, sei schon seit mehreren Jahren geistig krank, weshalb ihm die Verfügungsbefugnis über sein Vermögen entzogen werde. 1876 verunglückte er tödlich durch einen Sturz von der Bodentreppe. Seinem Andenken ist eine Straße in Westerland gewidmet.

Quedens 1982 u. 2000b, Rinken 1992, Schmidt-Rodenäs 1981, Wedemeyer 1991a.

Deelgung Sylterfriesischer Flur- und Straßenname in Morsum. *Deel-gung* bezeichnet einen „Talacker".

Möller 1916.

Degen, Manfred * 7.7.1949 Lüneburg, Kabarettist. Degen begann seine berufliche Tätigkeit 1966 als Schalterbeamter der Bundesbahn. 1971 wurde er zunächst als Saisonverstärkung an den Bahnhof Westerland versetzt, blieb dann aber dauerhaft auf Sylt. 1977 gehörte er zu den Gründern des Sylter Shanty-Chores. Seit 1991 verfasste er regelmäßig Kolumnen für Sylter Zeitungen, in denen er sich humorvoll-satirisch mit aktuellen Sylter Problemen auseinandersetzte. Aus dieser Arbeit entstand 1992 sein erstes Buch „Freie Republik Sylt". Seit 1993 arbeitet Degen als freischaffender Kabarettist. Seine Auftritte beschäftigen sich überwiegend mit den ganz speziellen Sylter Verhältnissen. Ergänzend erschienen mehrere Bücher, darunter „Voll auf Kurs!" (2001).

Nordfriisk Instituut, Sylter Archiv.

Wulf Manne Decker (Sylter Archiv)

Deiche *(Diker)* sind wallartige Erdaufschüttungen, die zum Schutz der flachen →Marsch vor →Sturmfluten errichtet wurden. Im Unterschied zu einem →Damm hat ein Deich zwei unterschiedlich profilierte Seiten. Die dem Meer zugewandte Außenböschung ist dabei deutlich flacher geneigt als die Innenböschung. Hier sollen sich die heranstürmenden Wellen „totlaufen". In Nordfriesland setzte der Deichbau etwa im 11. Jahrhundert ein, als ein steigender Meeresspiegel und häufiger auftretende Sturmfluten solche Schutzmaßnahmen zwingend erforderlich machten. Insgesamt entstanden im Laufe von Jahrhunderten in Nordfriesland über 850 Deichkilometer, eine Strecke, die ziemlich genau der Nord-Süd-Ausdehnung der Bundesrepublik Deutschland entspricht.
Auch auf Sylt ist ein Deichschutz notwendig, obwohl ein großer Teil der Küste recht steil aufragt. Einige Strecken auf der Wattseite bei Rantum *(→Ingi)*, Kampen (Vogelkoje) und List so-

Deichschau auf dem Mövenbergdeich bei List, Herbst 1990 (Foto: Karl-Peter Pfnür)

wie das südöstliche Marschgebiet von Nösse bis Rantum sind besonders gefährdet. Im Südosten wurden im ausgehenden Mittelalter der →Mittelmarschdeich, der →Eidumdeich und der Stinumdeich angelegt. Die große →Mandränke von 1634 vernichtete die Deichbauwerke zum größten Teil. Eine Neubedeichung im Kirchspiel Westerland von 1820 fiel erneut 1825 dem →Blanken Hans zum Opfer und konnte erst 1866 wiederhergestellt werden. Moderne →Landesschutzdeiche entstanden erst 1936 bei der Aufstauung des Rantumbeckens zu einem Seeflughafen und 1937, als der →Nössekoog und der →Lister Koog gewonnen wurden. Die so genannte zweite Deichlinie verläuft vom Süden Westerlands über die ehemalige Trasse der Inselbahn und den alten Seedeich bis zur Tinnumburg. Nahezu privaten Charakter hat ein Deich vor Alt-Rantum. Weil das Land Schleswig-Holstein sich nicht in der Pflicht sah, spendierten Sylter und Kurgäste sowie die Gemeinde Rantum, der Landschaftszweckverband Sylt und die *→Söl'ring Foriining* für rund 600 000 Mark den sehr niedrig gelegenen Häusern einen 1,2 Kilometer langen Hochwasserschutz. Insgesamt ist Sylt auf einer Strecke von mehr als 22 Kilometern mit Deichen geschützt.

Kunz/Panten 1999, Newig/Petersen 1995a, Schmidt 1938, Steensen 1992a.

Deichgraf Das Amt wurde im Herzogtum Schleswig um 1600 eingeführt. Als Vertreter des Landesherrn beaufsichtigte der Deichgraf den Deichbau und kontrollierte die Funktionstüchtigkeit der →Deiche. Heute ist ein Deichgraf ehrenamtlicher Vorsitzender eines →Deich- und Sielverbandes und hat in erster Linie die Aufgabe, für die Entsorgung des Binnenwassers zu sorgen. 1971 ging die Verantwortung für die Seedeiche auf das Land Schleswig-Holstein über. Der Deichgraf nimmt jedoch weiter an den halbjährlichen Deichinspektionen teil. Außerdem ist er zuständig für die Pflege der zweiten Deichlinie. Theodor →Storm setzte dem Amt in seiner Novelle „Der Schimmelreiter" ein literarisches Denkmal.

Kramer 1989, Kühn 1992, Müller/Fischer 1938.

Deichrecht Die Menschen, die ihr Leben durch Deiche geschützt sahen, hatten besondere Rechte und Pflichten zu beachten. Diese regelte ein durch die Jahrhunderte mündlich überliefertes Deichrecht: das Spadelandesrecht. 1557 wurde es schriftlich fixiert. Vorbild waren vermutlich Rechtssätze, die bereits in dem um 1230 geschriebenen „Sachsenspiegel" formuliert waren. Dort heißt es u. a., dass jedes Dorf, das durch einen →Deich vor der Flut geschützt wird, seinen Abschnitt samt einem etwa 90 Meter breiten Vorlandstreifen zu pflegen hat. Bricht der Deich, sind alle Bewohner zur Wiederinstandsetzung verpflichtet. Die bekannteste Bestimmung des Spadelandesrechts ist die Rechtspraxis des Spatenstechens. Nach dem Grundsatz „De nich will dieken, mutt wieken" konnte jeder, der seinen Anteil bei der Deicherhaltung schuldig blieb, Haus und Hof verlieren. Dies wurde durch ein deutlich sichtbares Einstechen eines Spatens in das Grundstück des Säumigen rechtskräftig festgestellt. Insgesamt war das Deichrecht aber noch ziemlich uneinheitlich, und die Aufsicht durch die →Deichgrafen funktionierte nur mangelhaft. Ein entscheidender Durchbruch zu einer zeitgemäßen Deichverfassung gelang 1800 mit der Einsetzung von staatlichen Aufsichtsbeamten, den Deichinspektoren, und 1803 mit der Verfügung eines Allgemeinen Deichreglements für Schleswig-Holstein sowie der Bildung von Deichverbänden. 1882/84 wurden Wasserinspektionen eingerichtet und 1898 das Domänenrent- und Bauamt gegründet (seit 1936 Marschenbauamt, seit 1973 Amt für Land- und Wasserwirtschaft). Seit 1998 heißt es Amt für ländliche Räume. Der Sitz ist in Husum, ein Baubetrieb befindet sich in Westerland. Am 1. Januar 1971 ging die Zuständigkeit für die Seedeiche auf das Land Schleswig-Holstein über. Heute ist das Deichrecht Bestandteil des Landeswassergesetzes.

Kramer 1989, Kühn 1992, Kuschert 1996, Panten 1996, Petersen 1989, Steensen 1996a.

Deich- und Sielverband Nösse/Sylt Der Verband mit Sitz in Tinnum entstand 1937 bei der Eindeichung des →Nössekoogs. Bis 1971 regelte er alle Erfordernisse, die für einen wirksamen Deichschutz der Sylter Marschen nötig waren. Danach wurden seine Kompetenzen entscheidend eingeschränkt, da die Zuständigkeit für die Seedeiche auf das Land Schleswig-Holstein überging. Dem Deich- und Sielverband Nösse/Sylt blieb noch die Abhaltung je einer Deichschau im Frühjahr und Herbst, die Verantwortung für eine funktionierende Entwässerung sowie die Beaufsichtigung der zweiten Deichlinie (→Deiche) in seinem Verbandsgebiet.

Kunz/Panten 1999.

Denghoog Das steinzeitliche, seit 1928 von der →*Söl'ring Foriining* betreute Denkmal liegt in Wenningstedt gleich neben der Friesenkapelle beim Dorfteich. Das rund 5000 Jahre alte Grab gehört zu den bedeutendsten seiner Art in Nordeuropa. Die Deutung des Namens ist strittig. Der Vorschlag des Ortsnamenforschers Wolfgang Laur lautet „Hügel (Hoog) mit einem unterirdischen Gemach" (altnordisch: *dyngja*). Der Chronist Rolf Spreckelsen deutet ihn als *d'Enghoog*, also „Hügel auf der Wiese" (→*Ingi*; dänisch: *eng*). Dafür spricht auch die einstige Lage des Megalithgrabes. Als der Hamburger Nahrungsmittelchemiker Ferdinand

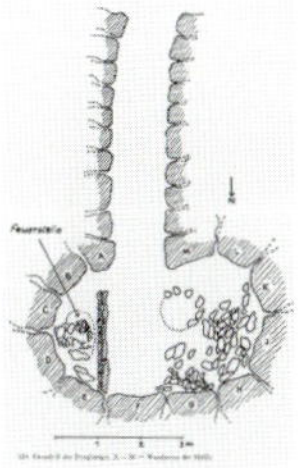

Grundriss des Denghoog, A-M = Wandsteine (Schmidt-Eppendorf 1977)

Denghoog, steinzeitliches Denkmal in Wenningstedt (Foto: Reinhard Scheiblich)

Wibel (1840-1902) 1868 seine Grabung durchführte, war der Denghoog „ein einsam gelegener Hügel, der sich hoch über das umgebende Ackerland erhebt". Heute ist er von der Wenningstedter Bebauung umschlossen. Die knapp zwei Meter hohe, etwa fünf Meter lange und drei Meter breite Grabkammer ist begehbar. Zwölf seitliche Steine tragen die drei Decksteine. Ein sechs Meter langer, nur ein Meter hoher Gang führt in die Kammer hinein. Bedeckt ist sie durch einen drei Meter hohen, rundlichen Erdhügel. Wibel fand Teile von menschlichen Skeletten sowie Reste von Bestattungen und zahlreiche Beigaben. Zu den Fundstücken gehörten weiter Trichterbecher und andere Tongefäße, Flintbeile, Meißel, Feuersteinklingen, Bernsteinperlen sowie eine Keule aus grünlichem Porphyr. Ein Teil der Funde ist im →Sylter Heimatmuseum in Keitum zu sehen.

Laur 2001, Reichstein 1996 u. 2000, Schmidt-Eppendorf 1977, Segschneider 2000, Spreckelsen 1981, Wibel 1869.

Denkmalschutz Schleswig-Holstein gab sich 1958 als erstes Land der Bundesrepublik Deutschland ein Gesetz zum Schutz der Kulturdenkmale. 1996 wurde es zuletzt novelliert. In dem Gesetz heißt es: „Kulturdenkmale sind Sachen ... vergangener Zeit, deren Erforschung und Erhaltung wegen ihres geschichtlichen, wissenschaftlichen, künstlerischen, städtebaulichen oder die Kulturlandschaft prägenden Wertes im öffentlichen Interesse liegt." Zuständig für den Denkmalschutz auf Sylt sind als obere Denkmalbehörden das Landesamt für Denkmalpflege Schleswig-Holstein und für archäologische Denkmale das Archäologische Landesamt für Schleswig-Holstein sowie als untere Denkmalschutzbehörde der Landrat des Kreises Nordfriesland. Auf Sylt wurden 450 erhaltenswerte Häuser und über 150 archäologische Denkmäler ins Denkmalbuch eingetragen. Darunter befinden sich z. B. die →Kirchen, das →Altfriesische Haus in Keitum und zahlreiche weitere Häuser aus der Seefahrerzeit, das →Fährhaus in Munkmarsch, der steinzeitliche Grabhügel →Denghoog oder die →Tinnumburg.

Eberl/Kleeberg 1997, Johannsen 1996, Kühnast 2000c.

Dettmann, Ludwig * 25.7.1865 Adelby/Flensburg, † 19.11.1944 Berlin, Maler. Dettmann wurde 1895 Professor an der Kunstakademie Berlin. Mit seinem Freund Otto Heinrich Engel (1866-1949) verbrachte er 1901-05 Studienaufenthalte auf Föhr, anschließend zwei Jahre auf Amrum. Von hier aus besuchte er Sylt und malte zwei Bilder einer Schafherde, die beide nach Amerika verkauft wurden. In den 1920er Jahren zog er sich aus dem turbulenten Berlin nach Sylt zurück. In dem Ölgemälde „Sylter Dünenschafe" standen um 1920 erneut →Schafe im Mittelpunkt. Das Bild „Weltschaffung (Sylt)" befindet sich auf dem Museumsberg in Flensburg. 1925 entstand das Pastellbild „Verschleierte Sonne über den Dünen (Sylt)".

Schulte-Wülwer 1996.

Deutsch-dänischer Krieg Die politische Großwetterlage zu Beginn der 1860er Jahre bewog Dänemark erneut zu einem Versuch, die Schleswig-Frage zu seinen Gunsten zu lösen. Ein 1863 verabschiedetes neues Grundgesetz für Dänemark und Schleswig rief 1864 Preußen und Österreich auf den Plan. Am 1. Februar überschritten alliierte Truppen die Eiderlinie nach Norden. Zur Verteidigung der nordfriesischen Inseln ernannte Dänemark den Kapitänleutnant Otto Christian →Hammer zum Oberkommandierenden einer Flottille im Wattenmeer. Er beschlagnahmte die Zoll-, Steuer- und Postkassen und erregte damit großen Unmut auch bei der Sylter Bevölkerung. Am 25. Februar wateten die beiden Kapitäne Cornelius →Bleicken aus Keitum und Haulk Bohn →Prott aus Westerland über das Eis zum Festland und brachten eine von 208 Syltern unterzeichnete Huldigungsadresse an Herzog Friedrich VIII. von Schleswig-Holstein-Augustenburg (1829-1880) nach Kiel.

Die sieben Sylter Gefangenen im deutsch-dänischen Krieg nach ihrer Rückkehr (v. links): Claas J. Hein, Andreas J. Simonsen, Andreas Jenner, Wulff Hendricks, Cornelius Bleicken, Hinrich B. Prott, Uwe Bleicken (Sylter Archiv)

Am 3. März wurde in Keitum die Volksbewaffnung beschlossen, um die Einziehung der jun-

gen Seeleute zum Wehrdienst zu verhindern. Hammer ließ die Anführer festnehmen. Es handelte sich um die Kapitäne Andreas →Andersen, Cornelius Lorenzen, Uwe →Bleicken, C. J. Jansen und den Bauervogt Andreas Jens →Simonsen. Die Männer mussten sich verpflichten, für Ruhe und Ordnung zu sorgen. In der Folge wurden viele Ratmänner und Bauervögte entlassen und durch dänische Beamte ersetzt. Um die Autorität Dänemarks zu wahren, verhängte Hammer am 13. Juni den Belagerungszustand über Keitum. Acht Männer wurden festgenommen und verhört: erneut Uwe Bleicken und sein Bruder Cornelius sowie Andreas Jens Simonsen, Haulk Bohn Prott, Claas Jacob →Hein, Wulff →Hendricks, der Badearzt A. L. O. →Jenner und der Lehrer C. P. →Hansen. Er wurde wegen seines schlechten Gesundheitszustandes anschließend unter Militäraufsicht gestellt. Die übrigen Gefangenen landeten im Kopenhagener Gefängnis. Erst mit dem Vorfrieden am 1. August in Wien kamen sie wieder frei.
Als die alliierte Flotte näher rückte, gab Hammer die nordfriesischen Inseln auf. Am 13. Juli konnte Sylt ohne Kampfhandlungen durch die von Kapitän Andreas Andersen sicher durch das Wattenmeer geführten Jäger aus der Steiermark/Österreich eingenommen werden. Fregattenkapitän v. Lindner, Oberstleutnant v. Schidlach, Hauptmann Kaluschke und Oberleutnant Comerlotti wurden zu Sylter Ehrenbürgern ernannt. Der Jäger Wenzel Wohner fand in Tinnum seine große Liebe und kehrte nach dem Krieg auf einem 1 200 Kilometer langen Fußmarsch auf die Insel zurück, um Sylter Landwirt und Vollziehungsbeamter zu werden.
Als Ergebnis des Krieges kamen zusammen mit den Herzogtümern Schleswig und Holstein auch das →Listland und die übrigen reichsdänischen →Enklaven zum Deutschen Bund. Bis zum Ersten Weltkrieg wurde der 18. August, der Geburtstag des Kaisers Franz Joseph von Österreich, auch auf Sylt gefeiert, mit Umzug, Festessen, Ball und Feuerwerk.

Janus 1998, C. Jensen 1914, J. Jensen 1961 u. 1993, Lange 1996, Rinken 1992, Steensen 1996a, Stolz 1988.

Deutsche Gesellschaft zur Rettung Schiffbrüchiger Die DGzRS wurde 1865 in privater Initiative gegründet. Die Gesellschaft mit Sitz in Bremen besitzt eigene Rettungsstationen und 60 Rettungseinheiten, deren Flotte zu den modernsten und leistungsfähigsten der Welt zählt. Der Personalbestand im Jahr 2000 belief sich auf 180 feste und rund 700 freiwillige Besatzungsmitglieder. Für die heutige →Seenotrettung im Sylter Bereich stehen in List der Ret-

Der Seenotrettungskreuzer Minden im Lister Hafen (Foto: Volker Frenzel)

tungskreuzer *Minden* und in Hörnum das Rettungsboot *Hertha Jeep* bereit. Unterstützung erfährt die DGzRS vom →„Freiwilligen Rettungs-Corps" aus Westerland.

Wedemeyer 1991b.

Deutsche Lebens-Rettungs-Gesellschaft
Die DLRG wurde 1913 in Leipzig gegründet. Eine Untersuchung nach einer Tragödie im Hafen von Binz auf Rügen hatte 1912 ergeben, dass nur etwa fünf Prozent der Bevölkerung schwimmen konnten. Aufgabe der DLRG war es, sachgemäße Kenntnisse und Fertigkeiten in der Rettung und Wiederbelebung Ertrinkender möglichst weit zu verbreiten. Mit rund 560 000 Mitgliedern entwickelte sich die Gesellschaft zur größten freiwilligen Wasserrettungsorganisation der Welt. Die Ortsgruppe Sylt ist eine von neun in Nordfriesland und gehört zum Landesverband Schleswig-Holstein. Seit 1946

In den 1950er Jahren wurde das Baden in der Brandung vom Schwimmer-Wagen aus bewacht. (Sylter Archiv)

bewacht sie die Badestrände der Insel und hilft in Notfällen.

Sylter Archiv.

DGzRS →Deutsche Gesellschaft zur Rettung Schiffbrüchiger

Deutsche Verkehrsfliegerschule (DVS) →Militärgeschichte

Diedrichsen, Diedrich Cornelius * 4.11. 1826 Wenningstedt, † 28.3.1883 Wenningstedt, Kapitän. Noch vor seiner Konfirmation widmete sich Diedrichsen 1842 der Seefahrt. 1854 erwarb er den Hamburger Bürgerbrief und trat für knapp 20 Jahre in den Dienst der Reederei Eggers ein. Zwischen 1854 und 1868 führte er den →Schoner *Voltigeur* und die →Bark *Flying Dutchman* nach Venezuela. Hierbei löste er sich offensichtlich mit seinen Landsleuten A. A. →Klein und P. A. →Jansen ab, die in jenen Jahren ebenfalls als Kapitäne dieser Schiffe verzeichnet sind. 1860 rettete er die Mannschaft eines brennenden amerikanischen Schiffes und erhielt eine goldene Uhr mit einer Dankeswidmung von US-Präsident James Buchanan (1791-1868). 1868-70 kommandierte er die Bark *Chance* auf Reisen nach Afrika, 1872/73 führte er die Bark *Heros* nach Ostasien. 1873 setzte er sich auf Sylt zur Ruhe.

Quedens 1982.

Diedrichsen, Niels * 31.7.1931 List, Landwirt. Diedrichsen übernahm 1965 den Osthof im →Listland, der sich seit dem 16. Jahrhundert in Familienbesitz befindet. Im Mittelpunkt stand die Schafzucht, doch führten nachlassende Erträge auch zu einer Öffnung für den Fremdenverkehr. Der Hof mit rund 250 Mutterschafen wird mittlerweile von der nächsten Generation bewirtschaftet. Diedrichsen bekleidet mehrere Ehrenämter, so als Gemeindevertreter von List, →Strandvogt, Feuerwehrmann und Jäger. Als Mitglied der →*Söl'ring Foriining* setzt er sich für die Erhaltung Sylter Traditionen ein.

Sylter Archiv.

Dietrich, Marlene (eigentlich Maria Magdalena von Losch) * 27.12.1901 Berlin, † 6.5. 1992 Paris, Filmschauspielerin, Sängerin. Marlene Dietrich verbrachte in den 1920er Jahren mehrfach ihren Urlaub auf Sylt. Einmal verwirklichte sie den Vorsatz, in den Ferien Geige zu spielen mit der Folge, dass sie in jenem Jahr viermal die Unterkunft wechseln musste. Den Sommer 1928 verbrachte sie mit ihrer Familie in Westerland und wohnte im „Haus Enzian" in der Friedrichstraße. Der Fotograf Heinrich Herold lichtete sie mit ihrer Tochter Maria am Strand ab. Auch die Nachtbar →Trocadero verzeichnete die Diva in ihrer Gästeliste. 1929 wurde sie als Lola in dem Film „Der blaue Engel" weltbekannt.

Sylter Archiv, Wedemeyer 1991a.

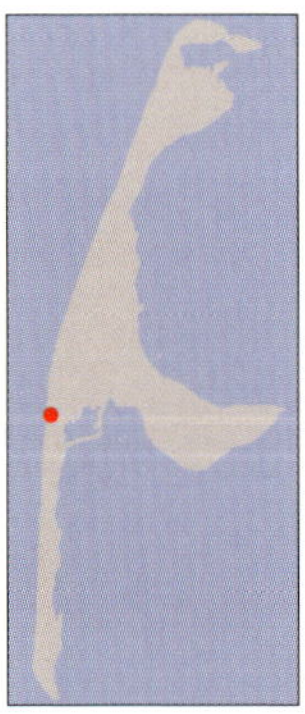

Dikjendeel

Dikjendeel *(Dikjendeel* = Deich-Ende-Tal) Das Tal am Ende eines vermutlich im Mittelalter zerstörten Deichs liegt nördlich des Naturschutzgebietes *Baakdeel* zwischen Westerland und Rantum. In dem auffallend tief gelegenen Gebiet befindet sich in den Gebäuden eines ehemaligen Lagers des →Reichsarbeitsdienstes (RAD) ein Jugendheim. Im Verlauf des Zweiten Weltkriegs wurden Marineeinheiten in *Dikjendeel* untergebracht. Bis in die 1960er Jahre diente die Einrichtung als provisorisches Aufnahmelager für →Flüchtlinge und Vertriebene. Den Sylter Chronisten C. P. →Hansen inspirierte die Gegend zu folgender Geschichte: In der Heiligen Nacht 1713 soll an dieser Stelle das Schiff des Archsumers Manne Tetten gestrandet sein. Während die Mannschaft ertrank, erreichte er mit seiner Geldkiste als einziger das rettende Ufer. Dort lauerten dem Schiffbrüchigen aber bereits Strandräuber auf, um ihn kurzerhand zu erschlagen und im Dünensand zu verscharren. Doch der rechte Arm des Toten bohrte sich durch den Sand und ragte anklagend in die Höhe. Er wurde bald entdeckt, und der Strandmord kam ans Licht. Seither soll hier in dunklen Nächten der Geist des Dikjendeelmanns umgehen, mit erhobenem Arm Gerechtigkeit fordernd. Wahr an der Geschichte ist, dass 1713/14 einige Sylter am Strand ertrunken aufgefunden wurden.

Hansen 1858, Panten 2001a, Quedens 2000b, Voigt 1992.

Dikstig bzw. *Dikwai* sind sylterfriesische Flur- und Straßennamen in Kampen, Keitum, Morsum und Rantum. *Dik-stig* bzw. *Dik-wai* heißt „Deichstieg oder Wallweg".

Möller 1916.

Digwai →Dikstig

Diner nach Noten →Musik

Ding *(Ting)* Die Sitzungen des →Sylter Rats wurden in früheren Jahrhunderten dreimal im Jahr abgehalten. Belegt sind die Tagungen in Keitum auf dem Kirchhof, ab 1714 in Häusern des Dorfes und ab 1764 im →Landschaftlichen Haus. Die →Thinghügel bei Tinnum dagegen tragen ihren Namen wohl nur deswegen, weil der Weg von den Norddörfern nach Keitum dort vorbeiführte. In der Regel am 22. Februar (→Petritag) und am 29. Juni (Peter und Paul) fand jeweils ein „Dinglesen" statt. Dabei wurden vor allem Gebote, Verbote und Beliebungen sowie sämtliche Vertragsabschlüsse öffentlich verkündet. Den Sommertermin nannte man auch das Frauending, weil die meisten Männer um diese Jahreszeit zur See fuhren. Zum Herbstding versammelten sich die zwölf Ratmänner jeweils Ende September oder Anfang Oktober als freies, selbstständiges Volksgericht der ersten Instanz. Sie verhandelten dabei meist mehrere Tage und entschieden in allen bürgerlichen und strafrechtlichen Sachen. Im Jahre 1700 z. B. waren so viele Streitigkeiten angefallen, dass zum Herbstding acht Tage benötigt wurden. Die Beschlüsse entstanden mit einfacher Mehrheit. Gegen das Urteil konnte beim →Dreihardengericht in Tondern bzw. beim Obergericht zu Gottorf Berufung eingelegt werden. Als Gefängnis diente bis 1803 der Kirchturm von Sankt Severin in Keitum. Schwere Fälle landeten im Pforthaus des Schlosses von Tondern.

Janus 1998, Rinken 1992, Schmidt-Eppendorf 1977, Wülfke 1831.

Dingwall *(Tingwal)* hießen die Rundschreiben der Sylter →Bauervögte. Sie sorgten u. a. für die Einhaltung der dörflichen Ordnung, die in so genannten Willküren oder Beliebungen festgehalten war. Die Dingwälle, die von Haus zu Haus weitergetragen wurden, dienten öffentlichen Bekanntmachungen und zur Einberufung der Bauerschaftsversammlung. Vor der →Verkoppelung wurden darin auch die Zeiten des gemeinsamen Pflügens, der Aussaat und der Ernte bestimmt. Wenn die Zeit drängte, musste allerdings ein Bote umgeschickt werden, denn der Umlauf eines Dingwalls dauerte zu Beginn des 19. Jahrhunderts z. B. in Keitum mit seinen 143 Häusern fünf Tage.

Janus 1998, Wülfke 1831.

Dirks, Andreas * 16.6.1865 Tinnum, † 24. 6.1922 Düsseldorf, Landschaftsmaler. Einer handwerklichen Ausbildung zum Dekorations-

Andreas Dirks: „Wattwiesen bei Westerland" um 1890, Leinwand, 115 x 80 cm, Privatbesitz (Museumsberg Flensburg)

Andreas Dirks
(Nordfriisk Instituut)

maler in Hamburg folgte 1885 die künstlerische Schulung bei Eugène →Dücker an der Königlichen Kunstakademie in Düsseldorf. 1887 wechselte Dirks zur Weimarer Kunstschule und wurde dort von Lehrern wie Theodor von Hagen und Leopold Graf Kalckreuth beeinflusst. 1916 erhielt er in Düsseldorf den Titel Königlicher Professor. Auf Sylt und im Wattenmeer zwischen den Inseln und Halligen versuchte Dirks nach eigener Aussage „die Kraft der Farbe zu erfassen, die Logik des Lichtes zu ergründen". Sein Werk war vorwiegend impressionistisch mit der Nordsee als Hauptmotiv. Ein Luther-Bild und ein Porträt des Chronisten C. P. →Hansen befinden sich in der Sankt Severin-Kirche in Keitum, das Ölbild „Kutter beim Hafen" im Sylter Heimatmuseum. Weitere Ölgemälde des erfolgreichen Malers sind „Wattwiesen bei Westerland", „Munkmarsch", „An der Vogelkoje" und „Abendstimmung in Keitum". In Tinnum ist die Straße, in der sein Geburtshaus steht, nach ihm benannt. Auch in Westerland gibt es eine Andreas-Dirks-Straße.

Der beliebte und gefragte Maler Andreas Dirks war vermögend und besaß ein sehr eigenwilliges Naturell. Eine Anekdote berichtet von einer Eisenbahnfahrt nach Hamburg. Der Zug erhöhte ruckartig seine Geschwindigkeit, und Dirks verschüttete ein Glas Wein. Kurzerhand zog er die Notbremse. Der Zugführer belehrte ihn: „Mein Herr, so geht das nicht. Das kostet Sie hundert Mark Strafe!" Seelenruhig erwiderte der Maler: „Sie können auch zweihundert haben. Aber sorgen Sie gefälligst dafür, dass ich mein Gläschen in Ruhe austrinken kann."

Bechthold 1996, Kruse 1924, Schulte-Wülwer 1996, SHL 1983, Wedemeyer 1978b u. 1986.

Dirks, Paul A. * 1835 † 1914, Obersteuermann. Dirks kam 1845 als zehnjähriger Vollwaise für einige Zeit zur Erziehung ins Haus von C. P. →Hansen. Später befuhr er die Weltmeere und überlebte eine Schiffsstrandung. Der Vater von Andreas →Dirks war Vorsitzender der →*Foriining fuar Söl'ring Spraak en Wiis.*

Hermann
Dirksen
(Sylter Archiv)

Dirksen, Hermann * 20.3.1903 Keitum, † 31.8.1980 Keitum, Landwirt. Dirksen führte 25 Jahre lang den elterlichen Hof in Keitum und wechselte nach dem Zweiten Weltkrieg in den Beruf des Versicherungskaufmanns. 1952-68 wirkte er als Vorsitzender der →*Söl'ring Foriining* und übte weitere Ehrenämter aus. 1970 wurde er mit dem →C.-P.-Hansen-Preis ausgezeichnet.

Nordfriisk Instituut.

Dittmann, August Friedrich * 8. 7. 1817 Sonderbyehof/Schwansen, † 15. 1. 1884 Keitum, Arzt. Dittmann hatte 20 Jahre lang in Angeln und Schwansen als praktischer Arzt gewirkt, bevor er, durch den Medizinalinspektor angefordert, 1863 als →Landschaftsarzt auf die Insel kam. Er behielt seine Stellung auch in preußischer Zeit. Wegen der allgemeinen Verteuerung der Lebenshaltungskosten auf Sylt als Folge des Fremdenverkehrs beantragte er mehrfach Gehaltsverbesserungen. 1884 schied er freiwillig aus dem Leben, weil er befürchtete, wegen einer Gehirnhauterweichung ins Irrenhaus zu kommen.

1867 klagte August F. Dittmann, „Wohnungen seien, wenn überhaupt zu bekommen, um das 4-5 fache teurer als auf dem Festland. Und für Milch, Butter, Korn, Speck und Fleisch, Feuerung und andere Lebensbedürfnisse müsse er schon mehr ausgeben als er einnehme".

Klockenhoff 1988.

Dittmer, Stefan →Archive

Dittmeyer →Austern

DLRG →Deutsche Lebens-Rettungs-Gesellschaft

Döns (Dörnsch) →*Kööv*

Döpken →Trachten

Dornier Wal →Gronau, Wolfgang von

Dredge heißt das Schleppnetz *(Slipnat)* für die Muschelfischerei. Bis zu 1 000 PS starke Kutter schleppen Netzsäcke über den Meeresgrund und kratzen mit einem schweren, etwa zwei Meter langen Eisenmesser an der unteren Öffnungskante die Muscheln von ihrem Untergrund.

Dreesen, Adelbert * 1828 Apenrade, † 1918 Apenrade, Lehrer, Dichter. Manche Sagen Nordfrieslands kleidete Dreesen in Gedichtform. In dem Poem „Die keusche Sylterin" geht ein Fischermädchen „ins kühle Wellengrab", um sich vor einer Vergewaltigung zu schützen.

Ramge 1996.

In dem Gedicht „Die keusche Sylterin"
von Adelbert Dreesen heißt es:

Sie keucht die Düne matt hinan –
Fast sprengt das Herz die keusche Brust,
Schon streckt den Arm nach ihr ein Mann,
In roher Sinnenlust.

Da stürzt sie schnell die Dün' hinab –
Rasch rollt am Kliff die Woge hin –,
Dort sinkt ins kühle Wellengrab
Die keusche Sylterin.

Dreesen, Wilhelm * 31.3.1840 Rendsburg, † 18.12.1926 Flensburg, Maler, Fotograf. Als Mitbegründer der Künstlerkolonie Ekensund und Gründungsmitglied des Vereins für Amateurfotografie in Flensburg versuchte Dreesen Landschaftsfotos von künstlerischer Qualität zu erzeugen. 1887 erhielt er den Titel eines Hoffotografen des Hauses Schleswig-Holstein-Glücksburg. 1891 veröffentlichte er seine erste Fotomappe „An der Ost- und Nordsee". Auf dem Höhepunkt seines Schaffens brachte Dreesen 1894 seine Mappe „Die Nordsee-Insel Sylt" heraus. Sie gilt heute als antiquarische Rarität. Die 50 Fotos, die im Lichtdruckverfahren auf 25 Kartons reproduziert wurden, zeigen die noch unbebaute Sylter Landschaft, Ortsansichten von Westerland und Kampen, die Mühlen in Keitum und Munkmarsch sowie Meer-, Strand- und Dünenlandschaften. Insgesamt schuf der Pionier der modernen Landschaftsfotografie bis 1905 etwa 20 Mappen. Auch auf den Weltausstellungen in Brüssel (1891), Chicago (1893) und Paris (1900) wurden seine Bilder gezeigt.

SHBL 10, Wedemeyer 1991a.

Dreihardengericht Das Gericht mit Sitz in Tondern war die zweite Instanz im alten Sylter →Recht und Gerichtswesen. Es setzte sich zusammen aus Vertretern der vier Harden Sylt, Osterland-Föhr, Böking- und Wiedingharde, weshalb seine Bezeichnung leicht irreführend ist. Sie erklärt sich daraus, dass jeweils drei Harden über einen Antrag aus der vierten zu Gericht saßen.

Wülfke 1831.

Drittes Reich →Nationalsozialismus

Drogen Sylt ist keine Drogenhochburg mehr, lautete das positive Fazit im Jahresbericht 2000 des Beratungs- und Behandlungszentrums Sylt (BBZ). Die Zahl der von illegalen Drogen Abhängigen Sylter hat sich seit Mitte der 1990er Jahre auf etwa 30 Personen reduziert. Die Gründe hierfür liegen zum einen in der Drogenersatztherapie vieler Heroinabhängiger, die statt des Rauschgifts Medikamente erhalten. Andererseits wählen Neu-Einsteiger heute eher Kokain, eine euphorisierende Droge, deren Wirkung für Außenstehende kaum erkennbar ist. Sie wird hauptsächlich von Personenkreisen konsumiert, die hohen Belastungen ausgesetzt sind, wie sie z. B. im Dienstleistungsgewerbe und in der Gastronomie zur Hauptsaison vorherrschen. Dies ist ein Grund, warum die Einnahme harter Drogen auf Sylt im Vergleich zum übrigen Nordfriesland überdurchschnittlich hoch ist. An erster Stelle stehen aber auch auf der Insel Alkohol und Nikotin.

Nordfriisk Instituut, Sylter Archiv.

Dücker, Eugène * 10.2.1841 Arensburg auf Oesel/Livland, † 6.12.1916 Düsseldorf, Landschaftsmaler. Dücker, seit 1872 Professor an der Landschaftsklasse der Düsseldorfer Kunstakademie, hielt sich zwischen 1873 und 1888 mehrfach auf Sylt auf. Zu seinen bedeutendsten Schülern gehörten Andreas →Dirks und Franz →Korwan-Katzenstein. Dücker suchte die

Wilhelm Dreesen: Wenningstedt und Braderup (im Hintergrund), 1894, Fotografie aus der Mappe „Die Nordsee-Insel Sylt" (Spreckelsen 1981)

stillen Reize der Landschaft. Auf Sylt malte er in Wasserfarben, die Ölbilder entstanden nach der Rückkehr in Düsseldorf. Er stellte sich immer wieder der Aufgabe, die veränderten Licht- und Luftverhältnisse auf der Insel zu erfassen. Landschaftliche Details malte er ohne dramatische Effekte. So erschien die See nicht mehr aufgewühlt und feindlich, sondern in schimmernder Ruhe. Aquarelle wie „Morsumkliff", „Strand bei Munkmarsch" und „Sylter Dünen" befinden sich im Kunstmuseum Düsseldorf.

Feddersen 1984, Schlee 1962, Schulte-Wülwer 1996, SHL 1983.

Dünemwai Sylterfriesischer Flur- und Straßenname in Rantum. *Dünem-wai* heißt „Dünenweg".

Möller 1916.

Dünen *(Dünemer)* sind Sandberge, die vom Wind an den weitläufigen Sylter Stränden gebildet werden. Der Sand wird durch die →Brandung vom Sylter Moränensockel gelöst und vorwiegend an den Nehrungshaken wieder abgelagert. Vom Wind aufgewirbelt, bleibt er zunächst an Hindernissen wie Steinen, Felsen, Grasbüscheln oder Sträuchern hängen und türmt sich schließlich im Laufe von Jahrhunderten zu kleinen Bergen auf. Die nur etwa einen Meter hohen jungen Dünen findet man vorwiegend auf dem →Ellenbogen, die älteren, höheren Dünenketten in beeindruckender Vielfalt nahezu an der gesamten Westküste, aber auch auf dem →Morsum-Kliff. Diese halden-, parabel- oder sichelförmigen Sandberge bedecken rund 2 900 Hektar und damit fast ein Drittel der Insel. Die einzige dünenfreie Stelle an der Sylter Westküste ist die Schlucht →*Risgap* bei Wenningstedt.

Die ältesten Sylter Dünen können etwa ab 1000 v. Chr. entstanden sein, als der Meeresspiegel bei drei Meter unter heutigem →Normal Null lag und erste maritime Einflüsse spürbar wurden. Es handelt sich um die heutigen Braundünen mit einem Bewuchs aus Krähenbeere und Besenheide sowie Moos- und Rauschbeere. Dem Meer zugewandt liegen die

Eugène Dücker: „Dünenlandschaft auf Sylt", Leinwand, 45 x 64 cm, Privatbesitz (Museumsberg Flensburg)

sehr dünn mit →Strandhafer, →Stranddistel, Binsenquecke und Salzmiere bewachsenen bis zu 100 Jahre alten Weißdünen. Im Übergangsgebiet schließen sich landwärts die mit Sandsegge, Silbergras, Habichtskraut, Moosen, Flechten und Kriechweiden bewachsenen Graudünen an. Sie entstanden durch verstärkte Dünenbildung ab dem 15. Jahrhundert, als Sturmfluten das schützende →Sylter Riff vernichteten und die Brandungszone allmählich die Sylter Moräne erreichte. In den Dünentälern wachsen Pflanzen, die es feucht, extrem nährstoffarm und leicht moorig lieben, u. a. auch die stark gefährdeten Arten Glockenheide, Hahnenfuß, Gelb- und Schwarzsegge, Sumpfsimsen, →Sonnentau und Zwergbinse.
Um das stete Wandern der Dünen nach Osten zu verhindern, wurden die Weißdünen mit Strandhafer bepflanzt. Nur bei List gibt es noch ein echtes Wanderdünengebiet; die „Sylter Sahara" steht als Naturdenkmal unter Schutz. Die Dünen bewegen sich hier mit einer Geschwindigkeit von etwa vier Metern im Jahr ostwärts. Die höchste Erhebung auf Sylt ist mit 52,5 Meter die →Uwe-Düne. Sie liegt aber auf der →Geest bei Kampen. Die höchste Düne aus purem Sand ist mit 36,9 Meter der →*Süterknol* bei List.
Im 15. bis 17. Jahrhundert brachte der wandernde Sand im Zusammenspiel mit einigen großen Sturmfluten fast die gesamte Landwirtschaft auf der Insel zum Erliegen. Die schützende Wirkung der Dünenpflanzen war noch unbekannt: Strandhafer und -roggen wurden für die Winterfütterung abgemäht, der →Dünenhalm zum Drehen von Stricken verwendet, das Dünengras als Brennmaterial und die Dünen selbst als Weideland genutzt. Erst im 18. Jahrhundert begann man allmählich mit einer systematischen →Dünenbefestigung.
Große Teile der Dünenlandschaft stehen heute unter Naturschutz. Sie dürfen z. B. nur auf den insgesamt rund 40 Kilometer Kies- oder Bohlenwegen überquert werden, um zum Strand zu gelangen. Vom Ellenbogen bis zur Hörnum-Odde gibt es über 80 solcher durch Baken gekennzeichneten Strandübergänge. Dennoch müssen jährlich mehr als 50 000 Euro zur Beseitigung der Schäden infolge Missbrauchs aufgewendet werden. Gutachter schätzen die Länge der Trampelpfade in den Sylter Dünen auf etwa 700 Kilometer. Inzwischen hat der Landschaftszweckverband ein besucherlenkendes Beschilderungssystem eingeführt, um das Problem zu mildern.

Unendliche Düneneinsamkeit (Sylter Archiv, Foto: Wilma Bräuner)

Der Schriftsteller Johann Georg →Kohl schrieb nach einem Sylt-Besuch 1846: „Man hat den langen künstlichen Seedeich, der sich schützend um ganz Friesland herumzieht, nicht nur in neueren Büchern, sondern auch in alten Chroniken ‚den goldenen Saum des Landes' genannt, weil er dem Volke unschätzbar und mehr als Gold werth sei. Die Dünenreihen, die sich auf den Außeninseln als zweite Wehr um das Land ziehen, sollten daher wenigstens der Silbersaum genannt werden."

Emeis 1967, Janus 1998, Koch 1996a, Kohl 1846, Krämer 1986, Matthiesen 2001, Pfnür 1999, Wenk 1967.

Dünenbefestigung Aus dem 16. Jahrhundert stammen Aufzeichnungen aus dem Amt Tondern über Versuche, den Flugsand zu bändigen und die ohnehin spärliche Landwirtschaft zu unterstützen. Der dänische König bestellte „Sandsaat". Mit dem →Dünenhalm sollte der Fuß der →Dünen befestigt werden, da-

Befestigungsarbeiten im Dünental in den 1960er Jahren (Sylter Archiv)

mit kein weiterer Sand mehr auf die Felder gelangte. Meistens vernichteten aber Sturmfluten das Ergebnis, bevor die Saat aufgegangen war. Es dauerte Jahrzehnte, bis die brauchbarsten Pflanzen und die richtige Pflanzweise herausgefunden waren. →Strandinspektor Broder Hansen Decker (1736-1818) konnte zunächst nur wenige seiner Landsleute von der Notwendigkeit der Dünenbefestigung überzeugen. Dies gelang erst seinem Sohn und Nachfolger Meinert Broder Decker (1775-1852), der vor allem die Inselmitte um Westerland befestigte. 1867 erhielt der preußische Staat einen verheerenden Bericht seines Deich- und Düneninspektors Graf →Baudissin über den Zustand der Sylter Dünen. Unter seinem Nachfolger Friedrich →Hübbe legten ab 1869 Arbeiter aus den preußischen Ostseegebieten an schwachen Dünenstellen Sandschleusen an. Sie bestanden aus einem weiten Trichter nach Westen und einem engen nach Osten. Damit wurde der Flugsand in die Schluchten und Einbrüche geleitet, um diese zu schließen. Das Bepflanzen der Vordünen, der vom Meer aus gesehen ersten Dünenreihe, mit Strandhafer und der Einsatz von Reisigzäunen brachten weitere Erfolge. Auch heute sorgen Sandfangzäune aus Laubholzbündeln für eine Festlegung des Sandes. Dazu werden ein bis zwei Zaunreihen in Abständen von vier bis zehn Metern parallel zur Randdüne gesetzt. Ein Zaun mit einer Höhe von 80 Zentimetern fängt etwa acht Kubikmeter Sand pro Meter Küstenlänge. Durchschnittlich wurden seit 1985 jährlich etwa 120 Kilometer Sandfangzäune errichtet und etwa 12 Hektar Dünenfläche mit Strandhafer bepflanzt.

Emeis 1967, Matthiesen 2001, Pfnür 1999.

Dünenhalle Das erste Hotel im →Seebad Westerland auf Sylt wurde 1857 von einer neunköpfigen Aktiengesellschaft errichtet. Gustav →Ross hielt die Rede bei der Grundsteinlegung. Erster Wirt des Hauses war der aus Kappeln an der Schlei stammende Peter Karsten Steffensen. Das Haus wurde mehrfach umgebaut, u. a. zum Hotel Union (ab 1890). Da es über einen großen Saal verfügte, entwickelte es sich bald auch zum Treffpunkt und Festlokal für Feuerwehr, Turner und andere Vereine. Vor dem Bau der ersten katholischen Kirche auf Sylt (1896) fanden die Gottesdienste zeitweise im Speisesaal der Dünenhalle statt. 1995 wurde das Gebäude abgerissen.

Stöver 1980, Sylter Archiv, Wedemeyer/Voigt 1980.

Dünenhalm *(Dünemhalem* oder *Halem)* oder veraltet „Helm“ ist die zusammenfassende Bezeichnung für die Dünengräser, insbesondere →Strandhafer und Strandroggen. Diese Pflanzen können mit ihren langen Wurzeln die Bewegungen des Dünensandes bändigen. Sie wurden deshalb auf Sylt ab dem 17. Jahrhundert zur →Dünenbefestigung angepflanzt. Die Möglichkeiten, die Pflanze auch wirtschaftlich zu nutzen, z. B. als Viehfutter oder als Material für →Halmreepen, führten immer wieder zu Konflikten mit der Bevölkerung. Der Dünenhalm durfte deshalb nur mit besonderer Erlaubnis des →Strand- und Düneninspektors geschnitten werden.

In einem Schreiben beklagt Strandinspektor Meinert Broder Decker 1820 die mangelnde Einsicht mancher Zeitgenossen in die Befestigung der Dünen: „Dünenraub ist ärger als Einbruch ... Dünenraub ist nicht Verbrechen gegen einen Einzelnen, sondern gegen die Commune, gegen das ganze Land ... und erfordert strenge Maßnahmen und nach Entdeckung scharfe Ahndungen.“

Emeis 1967.

Düneninspektor →Strandinspektor

Dünenschutz →Dünen

Dwarslöper heißt die →Strandkrabbe auf Plattdeutsch. Der „Querläufer“ wird so genannt, weil seine Fortbewegungsrichtung seitwärts, also quer zur Körperachse, verläuft.

Ebbe *(Eeb)* nennt man das etwa sechsstündige Sinken des Wasserstandes in der Nordsee im Rhythmus der →Gezeiten. Bei →Tideniedrigwasser fällt das Wattenmeer zu einem großen Teil trocken. Anschließend setzt die →Flut ein. Während einer →Springtide kommt es zu besonders ausgeprägten Gezeiten. Lang anhaltender Ostwind hat ebenfalls tieferen Wasserstand im Wattenmeer zur Folge. Der Chronist Henning →Rinken berichtete aus dem Jahr 1849, dass der Postbote im Mai bei Ostwind die zwölf Kilometer lange Strecke zwischen Morsum und der Wiedingharde zu Fuß zurücklegte, was unter normalen Bedingungen nicht möglich ist.

Rinken 1992, Wieland 1990.

Eben, Boy Tönnis * 1834 Tinnum, † 1870 auf See, Kapitän. 1862-65 fuhr Eben als Nachfolger seiner Landsleute F. A. →Petersen, D. C. →Diedrichsen und A. A. →Klein mit dem →Schoner *Voltigeur* der Hamburger Reederei Eggers auf der Venezuela-Linie. Er transportierte Kaffee. 1865 wechselte er zur Reederei Rönneberg & Eggers. Hier bekam er das Kommando auf der →Brigg *Laura.* Auf der Rückreise von Südamerika nach Hamburg starb der Kapitän an Bord seines Schiffes.

Quedens 1982.

Echolot →Navigation

Eglau, Otto * 20.4.1917 Berlin, † 23.2.1988 Berlin, Maler und Radierer. Nach Krieg und Gefangenschaft studierte Eglau an der Hochschule für Bildende Künste in Berlin. 1951 kam er erstmals nach Sylt und war begeistert von den Linien, Strukturen und Farben einer Landschaft, die ihn zu immer neuen Bildern und Radierungen anregte. Stets führte der Professor der Internationalen Sommer-Akademie für Bildende Kunst in Salzburg – gegründet von Oskar Kokoschka – sein Skizzenbuch mit sich, um spontane Eindrücke festzuhalten. In seinen Ateliers in Berlin und Kampen entstanden später die vielfach preisgekrönten Werke wie „Inselzeichen" (1978), „Am Meer" (1961) und „Buhnen am Meer" (1961). Höhepunkt der Ehrungen war 1981 die Verleihung des Bundesverdienstkreuzes.

Eglaus Frau Johanna (1932-1996) entfaltete erst mit dem Tod ihres Mannes ihre künstlerische Tätigkeit. Lebensfreude und Tanz, Trauer und Todesangst, Gefangensein und Befreiung waren ihre Themen. Sie experimentierte mit selbstgeschöpftem Papier und bezog Gedichte und verschiedene Materialien in ihre Collagen ein. 1975 gründete sie mit anderen einen →Kulturverein zur Förderung von Theater und Konzert in Westerland. Sylt und Kampen waren für das Ehepaar Eglau die Wahlheimat, der Friedhof von →Sankt Severin wurde ihre letzte Ruhestätte. Im Haus des Künstlers in der Dorfstraße 8 steht noch die alte Krause-Kupferdruckpresse, mit der die Radierungen gedruckt wurden, darunter auch die Sylter Kalligraphien.

Carla Petersen 1987a, Schulte-Wülwer 1996, SHL 1983, Wedemeyer 1991a.

Ehlfeldt, Kuno * 30.6.1912 Berlin, † 21.8. 1977 Westerland, Lehrer, Naturschützer. Ehlfeldt kam 1952 als Lehrer nach Hörnum. 1956 wurde er Schulleiter. Weiter gründete und leitete er eine selbstständige Volkshochschule in Hörnum. Ehlfeldt war Vorstandsmitglied der →*Söl'ring Foriining* und arbeitete im Ausschuss für Küstenschutz mit. Kurz vor seiner Pensionierung gab er 1972 den Anstoß zur Einrichtung einer →Schutzstation Wattenmeer auf Sylt. Sie bezog 1974 das →„Norwegerhaus" in Hörnum, Ehlfeldt wurde ihr erster Beauftragter. 1985 wurde das Haus in Kuno-Ehlfeldt-Haus umbenannt.

Nordfriisk Instituut.

Kuno Ehlfeldt
(Sylter Archiv)

Ehrke, Hans * 10.4.1898 Demmin/Pommern, † 29.10.1975 Kiel. Der zeitweise recht bekannte schleswig-holsteinische Schriftsteller verfasste u. a. das Schauspiel „Ose von Sylt", das durch Hermann →Schmidt auch ins Sylter →Friesisch übertragen wurde.

Nordfriisk Instituut.

Otto Eglau
(Klappholttal)

Eiderente *(Greenlönsen)* Seit Anfang des 19. Jahrhunderts besiedelte die Meerente als Brutvogel die Lister Dünen. Die Männchen sind schwarz-weiß, die Weibchen braun gefiedert. Charakteristisch ist, dass die Ente ihr Gelege mit Daunen warm hält, wenn sie sich zur Nahrungssuche aufmacht. Die Daunen wurden früher auch für Betten gesammelt. Eiderenten tauchen in erster Linie nach →Miesmuscheln, die sie mitsamt der Schale fressen. Im Muskelmagen werden sie zerkleinert und als „Muschelgrus" wieder ausgeschieden. Seit dem Bau des Hindenburgdamms 1927 wanderten verstärkt →Füchse nach Sylt ein und vertrieben neben vielen anderen Brutvögeln auch die Eiderenten. Große Bestände von ziehenden Eiderenten sind aber das ganze Jahr über rund um die Insel, vor allem am Weststrand, anzutreffen.

Quedens 2000a.

Eidum *(Aidem)* Das alte Kirchdorf Eidum lag einst mehrere hundert Meter vor der heutigen Sylter Westküste bei Westerland. Es wurde mehrfach durch Sturmfluten zerstört und jedes Mal weiter östlich wieder aufgebaut. In der Allerheiligenflut von 1436 wurde es wahrscheinlich endgültig vernichtet. Der Name taucht ab 1450

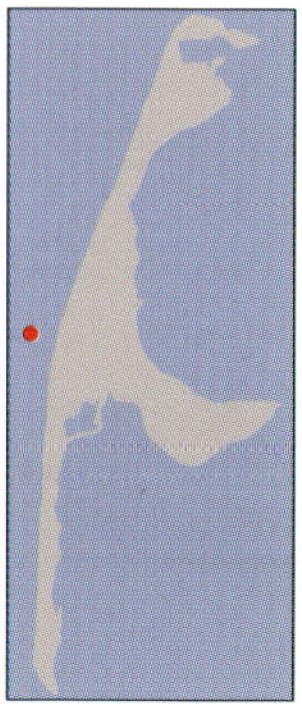

Eidum

nicht mehr in Urkunden auf. Nur die Eidumer Kirche Sankt Nicolai lag günstiger und wurde noch bis 1635 genutzt. Auf einer Karte des Husumer Kartographen Johannes Mejer (1606-1674) von 1644 ist sie als *Alt Eytum Kirch* eingetragen. Die Überlebenden aus Eidum gründeten zwei Kilometer nordöstlich auf Tinnumer Gebiet die Siedlung Südhedig, die 1462 erstmals als Westerland, das Land im Westen Tinnums, Erwähnung fand. Altäre und Glocke der alten Kirche sollen 1635 in die neu erbaute →Sankt Niels-Kirche von Westerland eingebracht worden sein. 1806 und 1850 tauchten Spuren der alten Eidumer Siedlung auf, als das Meer zeitweise die Stätte der Kirche freilegte und deutlich Steinreste zu sehen waren. Auch Herdstellen, Brunnenringe, Pflasterungen und Ackerfurchen traten hervor. Die ehemalige Eidumer →Vogelkoje bei Dikjendeel ist heute ein Informationszentrum des Seevogelschutzvereins Jordsand.

Hubertus Jessel 1989, Schmidt-Eppendorf 1977.

Die Vergrößerung aus einer Landkarte von Lucas Janszoon Waghenaer (Amsterdam 1585) zeigt die einzige Darstellung der Eidumer Kirche. Links steht eine Mühle, rechts der Glockenturm. (Sylter Archiv)

Eidumdeich Wahrscheinlich im 14. Jahrhundert wurde zum Schutz des Marschgebiets südlich von Westerland der Eidumdeich angelegt. Die große →Sturmflut von 1634 zerstörte ihn. Bis zur Bedeichung des Nössekoogs 1937 gab es noch Reste des Deichs bei Dikjendeel südlich der Eidumer Vogelkoje.

Rinken 1992.

Eidumtief ist ein Abzweiger des →Hörnumtiefs nordöstlich von Hörnum im Wattenmeer. Es zieht in einem großen Bogen nach Norden zum Rantumer Hafen.

Eidum-Vogelkoje →Vogelkojen

Eiergrog nennt man ein Getränk aus schaumig geschlagenem Eigelb mit Zucker, Rum und heißem Wasser. Die genaue Zubereitung bleibt allerdings das wohlgehütete Geheimnis der Gastwirte Nordfrieslands.

Eierkönig *(Aierköning)* Zur wirtschaftlichen Nutzung der Vogeleier im →Listland verpachtete der dänische König das Gelände. Die Eierpächter wählten sich einen „Eierkönig", der das Eiersammeln leitete und einen Kassierer oder Rechnungsführer unter sich hatte. Seine Aufgabe war es aber vor allem, die Nester der Brutvögel vor Eierdieben zu verteidigen. Die Gelege der Möwen und Brandgänse erbrachten jährlich bis zu 70 000 Eier, die vorwiegend auf das Festland geliefert wurden. Das Ei einer Möwe hatte fast den dreifachen Wert eines Hühnereis, weshalb auch viele Diebe unterwegs waren. Deshalb wohnte der jeweilige Eierkönig vor Ort in seiner „Eierhütte" auf dem →Ellenbogen und kontrollierte sein Revier rund um die Uhr. 1858 wurden die beiden Leuchttürme auf dem Ellenbogen in Betrieb genommen. Viele Vögel verzogen sich daraufhin ins südliche Listland. Die Hütte des Eierkönigs brannte 1866 ab. Auch in den Hörnumer Dünen wurden jährlich etwa 10-20 000 Möweneier gesammelt.

Der Schriftsteller Johann Georg Kohl berichtete nach einem Sylt-Besuch 1846: „Die Leute wählen Einen unter sich aus, den sie über die Eier und Nester setzen, und welcher der ‚Eierkönig' genannt wird. Dieser Eierkönig hat das weite Dünengebiet zu seinem Tag- und Nachtquartier, und es liegt ihm ob, die Nester der Bergenten vorzurichten und nachzusehen, wo die Möven nisten und legen, und sie vor Raubthieren und Menschen zu behüten."

Hansen 1865, Janus 1998, Wedemeyer 1988.

Christian Peter Hansen: „Die Wohnung des Eierkönigs auf dem Ellenbogen bei List" um 1850, Zeichnung (Sylter Archiv)

Eierwerfen *(Aier smiten)* ist ein noch lebendiger Osterbrauch auf Sylt. Es kommt bei diesem Wettkampf vor allem auf die Härte der gekochten Eier an. Wer sein Ei am weitesten wirft, ohne dass es beim Aufprall zerbricht, hat gewonnen. Ebenso kann man beim Eierkullern

nach Art des Boccia-Spiels feststellen, wessen Ei die härteste Schale hat. Die geeigneten Plätze mit viel weichem Gras und Moos als Unterlage sind überliefert. Einer davon befindet sich am →Grünen Kliff bei Keitum. Die Kurverwaltung stellt Gästekindern Ostereier zur Verfügung, um ihnen die Teilnahme am Sylter Brauchtum zu ermöglichen. Andere traditionelle Stätten waren die Tinnumburg und der mittlerweile planierte Mühlenberg in List.
v. Bremen 1996, Schmidt 1939.

Eiland-Verlag →Verlagswesen

Einsiedlerkrebs *(Kjemkrāb)* Typisch für den Einsiedlerkrebs ist sein ungepanzerter Hinterleib. Darum schützt er sich, indem er rückwärts in verlassene Schneckenhäuser kriecht. Diesem Verhalten verdankt er seinen Namen. Im Laufe seines Heranwachsens wechselt der Krebs von den kleineren Gehäusen der Strandschnecken zu den größeren der Wellhornschnecken. Seine Scheren sind unterschiedlich ausgebildet; die linke Greifschere ist kurz und spitz, die rechte Knackschere lang und breit geformt. Bei Gefahr wird der Eingang mit den Scheren verschlossen.
Alshuth 1992a, Quedens 1997.

Einwanderung der Friesen →Besiedlung

Einwohnerzahlen 1658 wurden 329, im Jahre 1695 bereits 457 steuerpflichtige Häuser auf Sylt gezählt. Dazu kamen drei steuerfreie Müller sowie drei Pastorate und der →Landvogt. Die genauen Zahlen zeigen die damalige Bedeutung der Dörfer: 1695 standen in Morsum 118 Häuser, in Keitum 78, in Westerland 76, in Tinnum 55, in Archsum 47, in Rantum 40, in Braderup 18, in Kampen 15 und in Wenningstedt 10. Spürbar waren vor allem die Auswirkungen der gefahrvollen →Seefahrt auf die Bevölkerungsstruktur. Mitte des 18. Jahrhunderts hatte Sylt rund 2 800 Einwohner, darunter nur 1 180 Männer (rund 42 Prozent), von denen über 500 den Beruf Seefahrer angaben. Die Landwirtschaft war noch von einiger Bedeutung, weshalb die Marschdörfer Morsum und Keitum die Hauptorte bildeten.
Mit dem Ansteigen des Fremdenverkehrs zu Beginn des 20. Jahrhunderts zogen die Orte an der Westküste neben Badegästen auch viele neue Einwohner an. 1890 wurden 3 915 Personen auf Sylt registriert, von denen fast ein Drittel in Westerland lebte. In den Jahren zwischen den beiden Weltkriegen stieg die Einwohnerzahl deutlich. Das Dörfchen Hörnum wuchs infolge der militärischen Aufrüstung der Insel zwischen 1933 und 1939 von 129 auf 1 602 Menschen an. Ähnlich verlief die Entwicklung in List, wo sich die Einwohnerzahl von 449 auf 2 572 etwa verfünffachte. Auch Rantum, Wenningstedt und Westerland vermeldeten starken Zuwachs. 1939 hatte Sylt 13 787 Einwohner.
Nach dem Zweiten Weltkrieg wohnten über 25 000 Menschen auf Sylt, darunter für einige Jahre knapp 14 000 →Flüchtlinge und Heimatvertriebene. 1973 waren rund 23 000 Sylter mit Hauptwohnsitz gemeldet. Steigende Lebenshaltungskosten nötigten viele Sylter, ihre Insel zu verlassen und sich vorwiegend auf dem nordfriesischen Festland ein neues Zuhause zu suchen. Seit 1994 fiel die Einwohnerzahl kontinuierlich um rund 100 Menschen jährlich von etwa 22 000 auf 20 890 am 30. September 2001. Dies entspricht einer Bevölkerungsdichte von rund 211 Menschen pro Quadratkilometer (bundesweit: 240). Hinzu kommen etwa 10 000 Zweitwohnungsbesitzer.

Die Einwohnerzahlen der Sylter Gemeinden im Jahre 2001:

Westerland 8 898
Sylt-Ost 5 655
List 2 689
Wenningstedt-Braderup 1 596
Hörnum 921
Kampen 624
Rantum 507

Krohn 1962/63 u. 1984, Nordfriisk Instituut, Rinken 1992, Sylter Archiv.

Eis-Avus nannte man die Strecke durch das zugefrorene Watt, die im Winter 1962/63 für den Autoverkehr freigegeben wurde. Ein stabiles osteuropäisches Hochdruckgebiet sorgte ab Januar neun Wochen lang für Dauerfrost und hob während dieser Zeit die Insellage Sylts auf. Der konstante Ostwind, ein tiefer Wasserstand und ruhige Meeresverhältnisse waren die Voraussetzungen, dass sich eine bis 1,50 Meter

Das vereiste Wattenmeer im Winter 1963 (Sylter Archiv)

dicke Eisschicht mit glatter Oberfläche bilden konnte. Da sie fast überall auf dem Wattboden auflag, gelangten in dieser Zeit selbst beladene Lastwagen über eine Route nördlich des Hindenburgdamms vom Festland zur Insel.
Hans Jessel 1996a, Simon 1980.

Eisboote *(Isbuaten)* hatten besonders starke Planken und einen eisernen Kiel. Sie stellten bis ins beginnende 20. Jahrhundert hinein die dringendste Versorgung der Inseln und Halligen in harten Wintern sicher. Vier bis sechs Männer schoben die Boote auf Kufen über das Eis. Sie waren außerdem mit Rudern ausgestattet, so dass auch offenes Wasser überwunden werden konnte. Eine solche strapaziöse Tour dauerte zwischen Sylt und dem Festland 12 bis 14 Stunden. Musste sie abgebrochen werden, erhielten die Männer nicht einmal eine Entlohnung. Der eisreichste Winter herrschte vermutlich 1888/89, als das Watt bereits im November zufror und erst im März wieder auftaute. In dieser Zeit wurden 57 Fahrten unternommen. Zum letzten Mal fuhr im Januar 1923 ein Eisboot nach Sylt.
Quedens/Stöver 1978, Simon 1980, Wedemeyer 1991a.

Eisbrecher ist ein heißes Getränk aus Rotwein mit Rum.

Franz →Korwan: „Postbeförderung zwischen Hoyer und Sylt 1892", Leinwand, 48 x 68 cm, Postmuseum Frankfurt/Main (Museumsberg Flensburg)

Eisenbahn *(Iisenbaan)* Sylt ist per Schiff, per Flugzeug oder mit der Eisenbahn zu erreichen. Die →Verkehrsanbindung auf der Schiene verläuft über den Hindenburgdamm. Letzte Station auf dem Festland ist Klanxbüll, erste Station auf Sylt Morsum; allerdings halten hier wie auch in Keitum keine Intercity-Züge und ebenfalls nicht der →Autozug. In Westerland befindet sich die Endstation auf Sylt. Mit der →Inselbahn konnte man bis 1970 nach Hörnum und List weiterfahren.

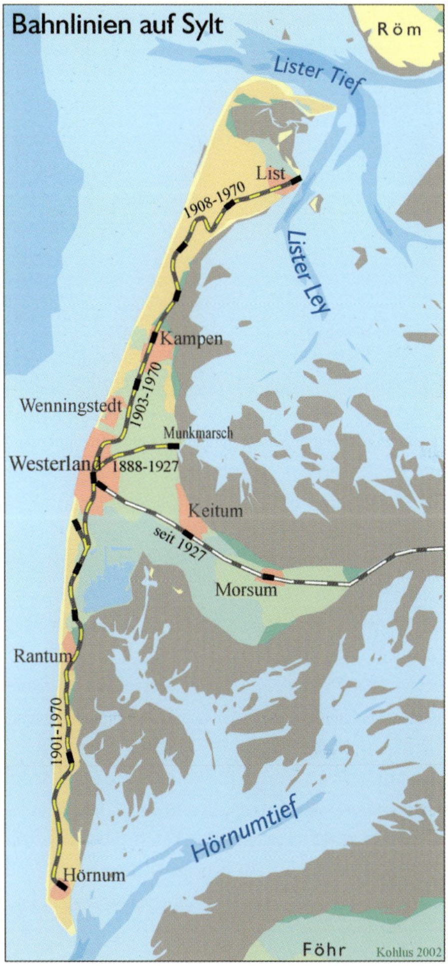

Eisenberg, Matthias * 15.1.1956 Dresden, Organist. Der international erfolgreiche Musiker ließ sich 1992 als Organist an der →Sankt Severin-Kirche in Keitum nieder. Eisenberg begann das Orgelspiel mit neun Jahren und sang auch im Dresdner Kreuzchor. Während seines Studiums an der Leipziger Musikhochschule gewann er mehrere Musikwettbewerbe. 1980 bei der Neueröffnung des Leipziger Gewandhauses übernahm er unter Kurt Masur das Amt des Organisten. Kritiker lobten fortan nicht allein dessen Orchester, sondern das Orgelwunder, „das die Spannung im Großen Gewandhaussaal an die Schmerzgrenze treibt". 1986 verließ Eisenberg die DDR und arbeitete als Kirchenmusiker u. a. in Bad Homburg und Hannover. Daneben konzertierte er als freischaffender Organist und Cembalist. In Keitum bietet er – seit 1999 auf einer neuen Mühleisen-Orgel – jeweils mittwochs hochkarätige Konzerte, oft im virtuosen Zusammenspiel mit eingeladenen Spitzenmusikern. Darüber hinaus tritt Eisenberg als Solist mit international bekannten Symphonieorchestern in aller Welt auf, spielt im Rundfunk und produziert CDs.

Retzlaff 1995, Zander 1994.

Eisenzeit Die Eisenzeit datiert von etwa 500 v. Chr. bis 600 n. Chr. Sie ist durch die Verwendung des Eisens als Werkstoff für Waffen, Geräte und Schmuck gekennzeichnet. Eisen wurde auch auf Sylt ausgeschmiedet. Die notwendige Holzkohle musste vom Festland beschafft werden, da es auf der Insel zu dieser Zeit fast keinen Baumbestand mehr gab. Vom Festland stammte auch das Raseneisenerz, das sehr wahrscheinlich in der Nähe der Erzlager in so genannten Rennfeueröfen verhüttet wurde. Der anhaltende Meeresspiegelanstieg verringerte die Wohn- und Wirtschaftsflächen und beeinflusste die →Besiedlung. Ackerfluren wurden nun örtlich festgelegt und durch →Plaggendüngung die Ertragsfähigkeit der erschöpften Böden gesichert. Die Bauern lebten in Höfen oder Hofgruppen über die →Geest der Insel verteilt. In Wenningstedt lagen z. B. mehrere Häuser mit Wohn- und Stallteil unter einem Dach in zwei Hauszeilen. In einem der Häuser wurde getöpfert, Töpferöfen lagen am Rande der Siedlung. Eine Ausgrabung auf dem *Melnknob* in →Archsum in den 1970er Jahren unter Leitung des Archäologen Joachim →Reichstein erbrachte wertvolle Erkenntnisse. Dort wurden um Christi Geburt fünf kleine Gehöfte gebaut. Jedes Gehöft bestand aus einem Wohnstallhaus und zwei Nebengebäuden, die um einen gepflasterten Hofplatz lagen. Die Gehöfte arbeiteten offenbar als selbstständige Kleinbetriebe. Nach einem Brand im ersten Jahrhundert wurden die Gebäude aufgegeben, das Gelände überdeckte eine Kleischicht. Darauf entstand später ein einziges, aber besonders großes Gehöft. Im Wohnteil gab es mehrere Herdstellen. Bis in die Zeit um 400 n. Chr. lassen sich mehrere Bauperioden unterscheiden. Die Archäologen nehmen an, dass die Änderungen auf Teilungsvorgänge innerhalb der Großfamilie zurückzuführen sind.

Harck/Kossack/Reichstein 1992, Kersten/La Baume 1958, Kossack/Harck/Reichstein 1975, Reichstein 2000.

Eisner, Kurt * 14.5.1867 Berlin, † 21.2. 1919 München, Publizist und Politiker. Der Sohn eines jüdischen Fabrikanten rief nach dem Ersten Weltkrieg den „Freien Volksstaat Bayern" aus und bekleidete den Posten des Ministerpräsidenten. Auf dem Weg zur Eröffnung des neuen Landtags wurde er von Graf Arco erschossen. Dies führte zur Ausrufung der Räterepublik in Bayern. Als Redakteur der sozialdemokratischen Wochenzeitung *Vorwärts* besuchte Eisner 1902 Sylt. Seine Bewunderung erregte die Gemeindeverfassung von →Rantum, die er als „erfolgreichen Kommunismus" pries. Der Ort war wegen der Bedrohung durch die Wanderdünen bis auf fünf Häuser geschrumpft. Das verlassene Land (etwa 1 400 Hektar) hatten die Verbliebenen in Gemeinbesitz genommen. Die Einnahmen der Gemeinde aus dem Verkauf des Dünenhalms, aus dem Weidegeld für fremde Schafe und aus der Jagdverpachtung überstiegen bei weitem die Ausgaben. Der Überschuss wurde an die Hausbesitzer verteilt.

Das Örtchen Rantum beschrieb Kurt Eisner 1903 für das illustrierte Unterhaltungsblatt Die neue Welt: *„Ich war zu Fuß die vielen Kilometer von Westerland herübergewandert, zuerst am Meeresstrand, dann über die Dünen nach dem Osten der Insel, wo, nahe an den Watten, die kleine Siedlung Rantum auftaucht, als raste sie nur einen Augenblick auf der Flucht vor Meer und Sand."*

Jessen 1967, Simon 1980, Wedemeyer 1991a.

Eiszeit Im Quartär (1 Mio. bis 8 000 v. Chr.) kam es durch einen allgemeinen Temperaturrückgang zu einer Verschiebung der Klimaregionen in Richtung Äquator. In der Folge breiteten sich die vereisten Polkappen nach Mitteleuropa bis hin zu den deutschen Mittelgebirgen aus. Die Gletscher führten abgeriebenes Material mit sich, das bei ihrem Abschmelzen in den Zwischeneiszeiten als Grund- und Endmoränen liegen blieb. So ergaben sich während der letzten großen Eiszeiten, der Saale-Vereisung (240 000 bis 125 000 v. Chr.) und der Weichsel-Vereisung (115 000 bis etwa 8 000 v. Chr.), mit Ausnahme der Marschgebiete die Geländeformationen, die für Schleswig-Holstein typisch wurden: das östliche Hügelland, die →Geest und die nordfriesischen Geestinseln Amrum, Föhr und Sylt.

Fränzle 1987.

Eitum →Eidum

Ekke Nekkepenn (urspünglich Eie oder Eike) ist der nordfriesische Meergott. Laut C. P. →Hansen ist er durch alte Erzählungen der Sylter Heidebewohner überliefert. Danach soll er genau wie seine Gemahlin Ran eine hässliche, walrossähnliche Gestalt gehabt haben. Das kümmerte ihn jedoch wenig, im Gegenteil, er kam von Zeit zu Zeit an Land, um hübschen Mädchen nachzustellen. Derweil saß seine Frau am Meeresgrund und mahlte Salz, wovon die Nordsee so salzig geworden ist. Manchmal mahlte sie so heftig, dass ganze Schiffe in die

Auf der Zeichnung von Alexander v. Volborth von 1926 bittet der Meermann Ekke Nekkepenn einen Schiffer um Hilfe für seine im Wochenbett liegende Frau. (Nordfriisk Instituut)

Tiefe gerissen wurden. Zur Besänftigung der Meeresgötter benannte man die Siedlungen →Eidum (Eie) und →Rantum (Ran) nach ihnen. Das war offensichtlich ein Fehler, denn mit Sturmfluten und Flugsand holten sie sich nun ihr vermeintliches Eigentum. Eidum ging in der Allerheiligenflut 1436 unter, und bald darauf wurde das alte Rantum unter Dünensand begraben.
In einer anderen →Sage gerät Ekke Nekkepenn in eine Geschichte, die stark rumpelstilzchenhafte Züge trägt. Der Meermann hatte sich die hübsche →Inge von Rantum als Frau ausgesucht. Das Mädchen war darüber sehr verzweifelt. Der Meergott ließ sich auf einen Handel ein. Er wollte Ruhe geben, wenn sie seinen Namen erriete. Als die junge Frau eines Abends traurig in den Dünen umherging, hörte sie Ekke Nekkepenn singen und auch seinen Namen rufen. Damit war Inge gerettet, und der Meermann verschwand laut grollend gegen alle Rantumer in den Fluten. Seither soll er alles unternehmen, um ihnen zu schaden, versenkt ihre Schiffe und schickt Stürme und Flutwellen. Rantum musste in den letzten tausend Jahren tatsächlich mindestens dreimal nach Osten verlegt werden.

Hubertus Jessel 1996d, Quedens o. J.

Elektrizität →Energieversorgung

Elisabeth, rumänische Königin →Sylva, Carmen

Ellenbogen *(Alemböög)* heißt der nördlichste Zipfel der Insel Sylt und damit auch Deutschlands. Dieser dem menschlichen Körperteil gleichende Sandhaken gehört zur Gemeinde →List und hat sich in seiner heutigen Gestalt erst in den letzten Jahrhunderten herausgebildet. Unter dem abgelagerten Sand befindet sich grober Kies, den man sonst auf der Insel nicht findet. Die am nordöstlichen Strandabschnitt freigespülten, nahezu faustgroßen Steine lassen den Schluss zu, dass der Untergrund eiszeitlichen Ursprungs ist. Seit rund 100 Jahren ist die Ellenbogenspitze *(Alemböögspünt)* nicht weiter nach Osten gewachsen. Nach Extremwetterlagen, wie z. B. Oststurm, kommt es manchmal zu erheblichen Landverlusten, die anschließend langsam wieder ausgeglichen werden. Die Nordostspitze Sylts bietet täglich das faszinierende Schauspiel des Zusammentreffens von offenem Meer und Wattenmeer. Mit jeder Tide fließen hier mehr als 500 Millionen Kubikmeter Wasser hin und her und rufen heftige Wirbel sowie lebensgefährliche Tiefenströmungen hervor. Vom Baden an dieser Stelle ist unbedingt abzuraten. Die Nordwestecke des Ellenbogens wird auch →Ostindienfahrerhuk genannt, denn viele Jahrzehnte lang lag dort das Wrack eines 1751 gestrandeten niederländischen Kauffahrteischiffes. Die fünf Kilometer lange Straße zur Ellenbogenspitze und zu der kleinen Ferienwohnanlage →Üthörn befindet sich in Privatbesitz und kann gegen Entrichtung einer Mautgebühr befahren werden. Mit den Einnahmen werden Straße und Parkplätze instand und der Ellenbogen sauber gehalten. Als Zufahrt zu den beiden →Leuchttürmen und zur Übergabestation des transatlantischen Glasfaserkabels →Cantat 3 sowie für Küstenschutzarbeiten erfüllt die Straße auch hoheitliche Aufgaben. Der Ellenbogen ist Teil des →Naturschutzgebietes Nord-Sylt.

Andersen 1991, Möller 1916, Sawallich 1995.

Deutschlands nördlichster Zipfel, der Ellenbogen, von Westen gesehen (Foto: Volker Frenzel)

Energieversorgung (EVS) 1855 trat Westerland in die Reihe der deutschen →Seebäder ein. Dies erforderte eine Anpassung der Lebensverhältnisse an städtischen Komfort. Ein Elektrizitätswerk versorgte ab 1893 das Kerngebiet des Ortes mit dem Großteil der Hotels in der Friedrichstraße, Strandstraße und deren Seitenstraßen. Eine Dampfmaschine produzierte zunächst nur von Juli bis September Wechselstrom ausschließlich für die Lichtversorgung. Ab 1903 erzeugte ein leistungsstärkeres E-Werk ganzjährig Strom.

Nach dem Ersten Weltkrieg war das Seebad nicht ausgelastet. Dies bot die Möglichkeit, die übrigen Inselgemeinden mit dem vorhandenen Strom zu versorgen. 1926 erhielten Tinnum, 1927 Braderup und Kampen, 1928 Wenningstedt, 1929 Rantum und 1935 Hörnum eine

Stromkabelverlegung bei Nacht auf dem →Hindenburgdamm, 1957 (Energieversorgung Sylt)

Hochspannungsleitung. Der Stromverbrauch stieg von rund 6 500 Kilowattstunden 1926 auf über 100 000 Kilowattstunden zu Beginn der 1930er Jahre. In Westerland versorgte ab 1928 ein Gaswerk die rund 700 Haushalte vor allem mit Kochenergie. 1937 errichtete die Luftwaffe in Hörnum ein Kohlekraftwerk. Während des Zweiten Weltkriegs musste die Energie von dort bezogen werden. Ein privates E-Werk des Ingenieurs Julius Jepsen versorgte ab den 1920er Jahren bis 1955 Keitum und die Nachbargemeinden Morsum, Archsum und Munkmarsch.

Seit 1950 liefert die Schleswig-Holsteinische Stromversorgungs-Aktiengesellschaft (Schleswag) Strom per Kabel über den Hindenburgdamm an die Westerländer Stadtwerke. 1979 wurde als Reserve und Absicherung der Sylter Stromversorgung ein 110 000-Volt-Seekabel etwas südlicher durch das Watt verlegt. Umspannwerke in Keitum, Rantum, Westerland und Kampen sorgen für die Verteilung auf der Insel.

Zur Versorgung mit →Trinkwasser wurde 1901 in Westerland das Wasserwerk in Betrieb genommen. Aus der Fusion mit dem E-Werk entstanden 1935 die Westerländer Stadtwerke. Die Brunnenanlagen wurden auf neun erweitert, das Wasserwerk 1957 und 1970 erweitert. Mit neuer Leistungsstärke belieferten die Stadtwerke ab 1973 zusätzlich die Gemeinde Sylt-Ost, ab 1999 auch Hörnum mit Leitungswasser.

Durch Zusammenschluss der Stadtwerke mit dem Gaswerk Westerland im Besitz der Thüga AG München entstand 1985 die Energieversorgung Sylt GmbH. 1998 kam ein Abwasserzweckverband hinzu. 2001 wurden 161,7 Millionen Kilowattstunden Strom, 336,1 Millionen Kilowattstunden Erdgas und 1,95 Millionen Kubikmeter Wasser auf der Insel verbraucht.

Jessel 1989, Nordfriisk Instituut, SF 1998, Voigt 1993.

Enklaven Als 1435 im Frieden von Wordingborg die langjährigen kriegerischen Auseinandersetzungen zwischen der Hanse, Dänemark und dem Herzogtum →Schleswig ein vertragliches Ende fanden, wurden auch die Hoheitsrechte auf Sylt für lange Zeit geklärt. Die Insel gehörte dem Herzogtum bis auf eine Ausnahme: Das →Listland war bereits 1292 als Geschenk des dänischen Königs Menved zum Stiftsamt Ripen (Ribe) gekommen. Der Vertrag bestätigte nun seinen Status als dänisches Staatsgebiet. So blieb das Listland bis 1864, wie z. B. auch die Landschaften Westerland-Föhr und Amrum, eine der reichsdänischen Enklaven auf dem Gebiet des Herzogtums Schleswig.

Panten 1996.

Clara Enss (Sylter Archiv)

Enss, Clara * 29.7.1922 Bad Doberan, † 6.6. 2001 Wenningstedt, Naturschützerin. Clara Enss wuchs auf einem Gutshof in Ostholstein auf. Nach einer Ausbildung in der Hamburger Schauspielschule und einigen Auftritten ließ sie sich 1956 in Braderup nieder und eröffnete die Prominenten-Pension „*Bundishoog*", die sie bis 1975 führte. 1971 leitete sie erfolgreich die →Bürgerinitiative Sylt gegen das geplante →Atlantis-Projekt in Westerland. Ab 1972 gehörte sie der Wählervereinigung Wenningstedt/Braderup an und war 1986-90 stellvertretende Bürgermeisterin von Wenningstedt. 1977-94 wirkte sie als Vorsitzende der →Naturschutzgemeinschaft Sylt e. V. Als treibende Kraft baute sie dabei das Braderuper Naturzentrum auf. Clara Enss gehörte zu den Gründungsmitgliedern des schleswig-holsteinischen Landesverbandes des Bundes für Umwelt- und Naturschutz Deutschland (BUND), war Vizepräsidentin des Bundes der Steuerzahler und gründete 1975 einen Arbeitskreis gegen die wirtschaftliche Nutzung der Atomkraft. Auch als Rentnerin, die sich selbst als das schlechte Gewissen Sylts bezeichnete, war sie aktiv in der Bürgerinitiative „Rettet Sylt" und kämpfte gegen den drohenden Ausverkauf der Insel. Sie wurde mit dem Bundesverdienstkreuz, dem Schleswig-Holsteinischen Umweltpreis der Landesbausparkasse sowie dem Umweltpreis der Bädergemeinschaft Sylt ausgezeichnet. Nach ihrem Tode verlieh die Naturschutzgemeinschaft Sylt dem Naturzentrum Braderup den Beinamen „Clara-Enss-Haus". Der *Sylter Spiegel* veröffentlichte 2002 ihre Tagebuchaufzeichnungen.

In einem Artikel der Sylter Rundschau *schrieb Clara Enss 1988: „Sylt, dieser unnachahmliche Kosmos, dessen Zauber jeden gefangen nimmt, der ihn betritt – für ein paar Urlaubswochen, für ein ganzes Leben. Sylt – innig geliebt, viel geschmäht, Ruhepol für Erschöpfte, Kontakthof für Einsame, sorgsam behütet, von Künstlern umworben, von Beutemachern umschwirrt – Heimat und Spekulationsobjekt – Sylt mit Vogelstimmen, Heideduft, blühenden Wegrändern, Dünen und Wolkentürmen. Bevor diese Insel versinkt, hat sie unseren Dank durch Handeln verdient."*

Nordfriisk Instituut, Sylter Archiv.

Erdbuch *(Lönbok)* Im „Erdbuch" ließ der dänische König Waldemar II. 1231 die königlichen Besitzungen inventarisieren. Darin wurde auch die Insel Sylt erwähnt.

Erdgeschichte →Landschaftsentwicklung

Erhebung →Schleswig-Holsteinische Erhebung

Erichsen, Friedrich * 19.6.1841 Tinnum, † 2.5.1914 Karlsbad, Kapitän. Erichsen war nach Jahren großer Fahrt Posthalter in Westerland und später Direktor der „Sylter Dampfschiffahrts-Gesellschaft". Er ist in Westerland begraben.

Quedens/Stöver 1978.

Erichsen, Susanne geb. Firle * 30.12.1925 Berlin, † 13.1.2002 Berlin, Mannequin. Die Karriere der Schönheitskönigin begann 1950 in der Tanzbar →Trocadero auf Sylt, wo sie sich spontan an der Wahl zur „Miss Schleswig-Holstein" beteiligte. Sie gewann den Wettbewerb und wurde anschließend in Baden-Baden auch zur ersten „Miss Germany" gekürt. Nach einigen Jahren in den Vereinigten Staaten baute sie ihre eigene Fotomodell- und Mannequinschule in Berlin auf. Susanne Erichsen kehrte jedes Jahr zur Erholung nach Sylt zurück. „Man sage mir nicht, es gäbe keine stillen Ecken mehr. Ich finde sie auch in der dicksten Saison", betonte die Inselliebhaberin bei ihrem 35. Sylt-Aufenthalt 1985.

Sylter Archiv.

Ernst, Otto (eigentlich Otto Ernst Schmidt) * 7.10.1862 Ottensen, † 5.3.1926 Groß-Flottbek, Schriftsteller. Der Sohn eines Zigarrenmachers wurde Volksschullehrer und später freier Schriftsteller. In den Geschichten um seine →„Appelschnut" genannte Tochter Senta Regina schilderte er auch eine Reise nach Sylt im Jahre 1902; das Buch gilt als seine zeitloseste Veröffentlichung. In dem von Rettung aus Seenot handelnden Gedicht „Nis Randers" (1901), das mehrere Schülergenerationen auswendig lernten, zeichnete er ein heroisches Bild der →Friesen: „Nun springt er ins Boot und mit ihm noch sechs / hohes, hartes Friesengewächs."

Ernst 1907, Großjohann 1991, SHBL 8.

Erster Weltkrieg Noch heute sind in fast allen Ortschaften, in den Dünen und am Strand Überreste aus der Sylter →Militärgeschichte zu finden. Sie stammen aus dem Ersten und →Zweiten Weltkrieg. Im August 1914 mussten alle Sommergäste Sylt in kürzester Zeit verlassen. 5 300 Soldaten und rund 100 Offiziere überzogen die Insel. In List wurden Torpedos und U-Boote stationiert. Barackenlager und →Bunker entstanden auf dem Ellenbogen, in List, bei der Kampener Vogelkoje, in Klappholttal, in Rantum, bei Puan Klent und in Hörnum. Die Unterkünfte lagen dicht an der →Inselbahn oder wurden durch Klein- und Militärbahnen mit ihr verbunden, wie z. B. auf dem Ellenbogen oder von Westerland über den Friesenhain nach Keitum. In der Anfangsphase des Weltkriegs wurden auf Sylt, Amrum und Röm →Inselwachen aufgestellt, die miteinander durch Blinkzeichen in Verbindung standen. Einen Feind bekamen sie auf Sylt allerdings nie zu sehen, denn die Insel blieb von unmittelbaren Kampfhandlungen verschont. Doch machten sich die Kriegsereignisse auch hier bemerkbar. Zwölf Opfer einer Seeschlacht vor Helgoland im August 1914 liegen auf dem Westerländer Friedhof begraben. Im Frühjahr 1916 er-

Kapitän Friedrich Erichsen (Sylter Archiv)

Susanne Erichsen (Sylter Archiv)

schütterte schwere Schiffsartillerie während der Skagerrakschlacht Fenster und Türen auf der Insel. Am Strand trieben später tote Soldaten an. Britische U-Boote griffen den Lotsendampfer *Lister Tief I* mit Torpedos an, trafen ihn aber nicht. Im selben Jahr wurden acht schwere Batterien an der Sylter Westküste aufgestellt, um eine englische Landung abzuwehren. Der Schwerpunkt lag bei List zum Schutz des Seefliegerhorstes und zur Flankensicherung der so genannten Sicherungslinie Nord.
Bei Kriegsende waren in den Sylter Kirchspielen über 160 Gefallene zu beklagen, die an fremden Schauplätzen ihr Leben lassen mussten. In Hörnum versteigerte die Inselkommandantur eine Reihe von Baracken zum Abbruch, auf dem Ellenbogen wurden Entfestungsarbeiten eingeleitet. Die größeren Lager →Puan Klent, →Vogelkoje Kampen und →Klappholttal blieben erhalten und wurden als Kinder- und Jugendheime weiter genutzt.

Jessen-Klingenberg 1991, Leonhardt 1980, Opitz 1997, Steensen 1996a, Stöpel 1927, Voigt 1992.

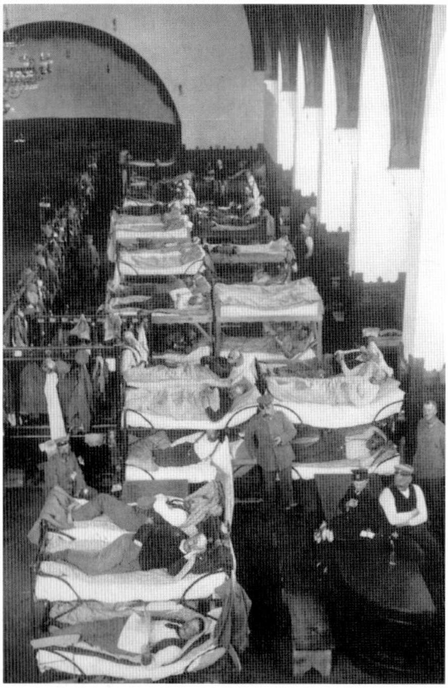

Der Westerländer Kursaal als Lazarett während des Ersten Weltkriegs (Voigt 1992)

Eschels, Emil →Freiwilliges Rettungs-Corps

Eschels, Peter * 22.4.1804 Westerland, † 11. 12.1852 auf See, Kapitän. Im April 1836 segelte Eschels auf seinem Hamburger Schiff *De Wettrenner* mit Handelswaren nach Hammerfest/Norwegen. Von dort brach er mit seiner 13-köpfigen Besatzung, darunter auch sein Bruder Dirk Peter (1817-1855), zu einer Fangfahrt ins Polareis auf. Es war die letzte →„Grönlandfahrt" unter einem Sylter Kapitän. 23 Walrosse wurden erlegt. Dann drückte ein Sturm das Schiff zwischen Eisplatten, starker Frost machte ein Freikommen unmöglich. Mit Hilfe der →Schaluppen erreichten die Männer nach dreiwöchigem Überlebenskampf am 10. September *Whales-Point* auf Spitzbergen. Kapitän Eschels fuhr noch weitere 16 Jahre auf Handelsschiffen. Im Herbst 1852 sank er mit seinem Schiff vor der englischen Ostküste.
Peter Eschels darf nicht verwechselt werden mit seinem Vater Kapitän Peter Peter Eschels (1771-1843), der lange in der Türkei war, und seinem Großvater Kapitän Peter Eschel Peters (1741-1824). Ein Onkel nannte sich Peter Eschels jun. (1776-1853). Er war ebenfalls Kapitän und später Strandvogt in Westerland. Außerdem legte er auf Sylt eine Störfischerei an und wurde →Eierkönig im Listland.

C. P. Hansen 1870, Schmidt-Rodenäs 1981, Voigt 1987.

Eschels, Peter Boy * 1.9.1841 Westerland, † 24.2.1922 Morsum, Landwirt. Er befasste sich intensiv mit der Inselgeschichte und schrieb viel auf Sylter →Friesisch. Das meiste verbrannte mit seinem Bauernhof.

Sylter Archiv.

Eskewai Sylterfriesischer Flur- und Straßenname in Braderup. *Eske-wai* heißt „Escheweg".

Möller 1916.

Essen und Trinken *(iit en drink)* Wie der Chronist Jens →Booysen schreibt, war Getreide, vor allem Roggen, lange Zeit Mangelware auf Sylt. Die Einfuhr war teuer, so dass nur jene, die schwere Arbeiten, wie z. B. das Dreschen, verrichteten oder zum Fischfang ausfuhren, in den Genuss von Roggenbrot kamen. Bis ins 18. Jahrhundert hinein waren Fisch, vorwiegend →Rochen, Getreidegrütze und →Grünkohl die Grundnahrungsmittel. Jeder Haushalt hatte sein selbstgebrautes Bier, mit dem bereits die Frühstücksgrütze zubereitet wurde. Mittags

Gut ausgestattete Speisekammer im Altfriesischen Haus in Keitum (Söl'ring Foriining)

kam eventuell Fisch dazu. Kartoffeln gelangten erst gegen Ende des 18. Jahrhunderts auf die Insel, →Tee 1735, Kaffee etwa um 1740. Da man sich unangemeldet besuchte, kam auf den Tisch, was gerade da war: meist Schweinskopfsülze mit Brot, dazu ein Topf Warmbier. Weizenbrot, Butter, Käse, Fleisch, Honig, Zucker oder Gemüse hielten erst im 19. Jahrhundert Einzug in die Sylter →Küche. Der Journalist Julius →Rodenberg schrieb 1859: „Von Essen und Trinken ist nicht viel zu sagen. Wir müssen an der Genügsamkeit, die uns umgibt, teilnehmen. Wir leben zwar am Meere, aber diesseits der Brandung halten sich keine Fische, und jenseits derselben fangen die Blankeneser sie uns weg. Wir schmachten nach Fischen, aber wir müssen uns an Entsagung gewöhnen.“ Heute befindet sich auf Sylt einer der kulinarischen Höhepunkt Deutschlands. Mit fünf „Sterne-Köchen“, darunter dem wohl prominentesten Inselkoch Jörg →Müller, stand die Sylter Gastronomie im Jahre 2001 an zweiter Stelle nach Baiersbronn im Schwarzwald.

Booysen 1828, Leonhardt 1980, Rinken 1992.

„Europa auf dem Stier“ →Kurpromenade

EVS →Energieversorgung Sylt

Ewer Das mittelniederdeutsche Wort hat die Bedeutung „Einfahrer“. Ewer waren frühe Fischerei- und Frachtsegelschiffe an der Nordseeküste mit flachem Boden und Seitenschwertern. Die 12 bis 18 Meter langen Fahrzeuge wurden in der Regel als Anderthalbmaster getakelt. Solange es auf Sylt keine Graupenmühle (→Mühlen) gab, transportierte man mit Ewern die Gerste zum Festland, vorwiegend zum Friedrichenkoog an der Wiedau, um sie dort zu Mehl oder Grütze verarbeiten zu lassen. Im Schlepptau befand sich häufig eine →Prahm.

Kluge 1963, Rinken 1992.

Fabri, Johann Ernst * 15.7.1755 Oels/ Schlesien, † 30.5.1825 Erlangen, Wissenschaftler. Fabri war seit 1794 Professor in Erlangen. Er verfasste u. a. das „Geographische Lesebuch zum Nutzen und Vergnügen“ (1782) mit einer Beschreibung der Insel Sylt. Darin schildert er die auffallend baumlose Dünenlandschaft, den anhaltenden Landverlust und die Arbeits- und Lebensgewohnheiten der von der Seefahrt abhängigen Inselbewohner. Vor allem der Arbeitseinsatz der →Frauen imponierte dem Forscher.

Wedemeyer 1991a.

Fahne *(Flåg)* Auch auf Sylt ziehen bewusste Friesen die nordfriesische Fahne in den Farben Gold-Rot-Blau *(gul, ruar, blö)* auf. In der Mitte erscheint häufig der Sylter →Hering oder auch das →Nordfriesen-Wappen. Der Schriftzug lautet zumeist →*„Rüm Hart, klaar Kiming“*, manchmal auch →*„Lewer duar üs Slaav“*.

Di Sölring Klöören

Di Sen is gul,
Kaamp Klef es ruar,
di Hemel es blö.
Dit sen di Klöören
fan üüs Ailön Söl.

Die Sylter Farben

Die Sonne ist golden,
Kampen-Kliff ist rot,
der Himmel ist blau.
Das sind die Farben
unserer Insel Sylt.

Aus: Wilts 1986.

Hotel Munkmarsch um 1897, später als Fährhaus bekannt (Sylter Archiv)

Fährhaus 1869 errichtete Kapitän Thomas →Selmer am Munkmarscher Hafen einen eingeschossigen Holzbau. 1880 ließ er aus rotem Backstein ein zweigeschossiges Haus bauen. Dieses kaufte 1894 Peter Friedrich Nann und eröffnete darin das „Hotel Munkmarsch". Hier erholten sich viele Kurgäste von der langen Anfahrt mit der Marschbahn von Hamburg bis Tondern und per Schiff von Hoyerschleuse bis Munkmarsch, bevor sie die Weiterreise in ihre Quartiere an der Sylter Westküste antraten. Mit dem Bau des Hindenburgdamms 1927 verlor das Haus seine Bedeutung. Erst in den 1960er Jahren wurde es in der Regie des Strumpffabrikanten Thierfelder wieder zum Treffpunktlokal. 1975 kaufte der Munkmarscher Kapitän Sven Funke das Haus und bewahrte es vor dem drohenden Abriss. Er renovierte das Gebäude, gab ihm den Namen Fährhaus und betrieb bis 1980 ein Restaurant. Danach blieb es lange Zeit ungenutzt und verfiel zusehends. Erst die Einstufung als Kulturdenkmal 1988 verhinderte erneute Abrisspläne. Buchstäblich in letzter Minute gelang 1997 eine Restaurierung. Das Hotel und Restaurant Fährhaus im Besitz von Karl-Rudolf Mankel wurde 1997 eröffnet.

Freier 1993 u. 1998, Kruse 1989f, Spreckelsen 1992.

Fahrräder *(Weelen)* gibt es auf der Insel fast überall zu mieten – etwa 2 500 Stück –, doch bringen inzwischen viele Urlauber ihr eigenes Gefährt als Reisegepäck mit. Das flache Gelände lädt förmlich zum Radfahren ein, einziges Handicap ist der allgegenwärtige Wind. Es gibt auf Sylt ein gut ausgebautes Radwegenetz von etwa 200 Kilometern Länge. Ein Teil davon verläuft auf der alten Trasse der Inselbahn.

Falkenreck, Harro * 6.2.1963 Hannover, Graphiker, Maler. Seit 1974 lebt Falkenreck auf Sylt und fertigte hier bereits als Elfjähriger Bleistift-Stilleben und Architektur-Federzeichnungen an. Bekannt wurde der Tinnumer durch seine Zeichnungen und Comics, mit denen er Sylter Verhältnisse karikierte. Seit den 1990er Jahren widmet er sich der minimalistischen Kunst. Es entstanden u. a. die Ölgemälde „hinter uns die sintflut" (1989) und „hohe wolken" (1996), die Lithographien „quermarkenfeuer" (1991) und „elefant" (1992) sowie Tuschezeichnungen von der Keitumer Bucht. 1997 schuf er das Triptychon „crossed". Falckenreck ist Mitbegründer der Aids-Hilfe-Sylt. Für den Malerfreund Christian →Hinrich erstellte er 2001 das zweisprachige Buch „Christian Hinrich – Maler auf der Insel Sylt".

Nordfriisk Instituut.

Fallada, Hans (eigentlich Rudolf Ditzen) * 21.7.1893 Greifswald, † 5.2.1947 Berlin, Schriftsteller. Fallada hatte 1929 am Roten Kliff bei Kampen eine entscheidende Begegnung mit Ernst →Rowohlt, dem Herausgeber seiner Romane „Der junge Goedeschall" (1920) und „Anton und Gerda" (1923). Der Schriftsteller war gerade von einer Morphiumabhängigkeit genesen und hatte eine Gefängnisstrafe abgesessen. Nun arbeitete er als Anzeigenvertreter und kleiner Redakteur beim *General-Anzeiger* in Neumünster. Bei seinem Sylt-Besuch wurde er in den Kampener Dünen von Rowohlt erkannt. „In so einem Kaff rumlaufen und Abonennten werben! Sie müssen nach Berlin, Mensch!" In seinem autobiographischen Buch „Heute bei uns zu Haus" (1943) berichtete der heute weltbekannte sozialkritische Autor von Romanen wie „Bauern, Bonzen und Bomben" (1931), „Kleiner Mann – was nun?" (1932) oder „Wer einmal aus dem Blechnapf frißt" (1934) von seiner Wiederentdeckung.

Im August 1927 schrieb Hans Fallada im Neumünsteraner General-Anzeiger: *„Westerland scheint ein Vorort Berlins zu sein, mit bemerkenswert guter Luft. Es scheint es auch Berlin in der Betriebsamkeit, unter allen Umständen Geld zu machen, gleich tun zu wollen. Der Strand erwies sich durch Kassenhäuschen blockiert, die dem Besucher nur gegen Zahlung eines Obolus Ausblick auf das deutsche Meer gestatten wollen."*

Hörning 1999, Rost 1996, Schulte-Wülwer 1996, Wedemeyer 1986 u. 1993b.

Familienbad Im Oktober 1901 erklärte der Nordseebäderverband auf seiner Generalversammlung gegen die Stimmen von Juist und Büsum die „Einführung von Familienstrandbädern für eine Notwendigkeit“. 1902 wurde deshalb am Strand vor Westerland erstmals die strikte Geschlechtertrennung aufgehoben. Einzelpersonen blieb der Zutritt zum gemeinsamen →Badeleben allerdings weiter verwehrt. Für die Badenden galten strenge Vorschriften: „Es werden nur vollständige Badeanzüge zugelassen, das heißt hochgeschlossene, von dunkler Farbe, beziehungsweise aus undurchsichtigen Stoffen hergestellte. Dies gilt ebenso für Kinder, wie auch für alle Begleitpersonen beiderlei Geschlechts.“ Natürlich war auch das Mitbringen „photographischer Apparate“ verboten.

Die Sylter Kurzeitung *schrieb 1902: „All' die Vorurteile und Befürchtungen, welche allzu ängstliche Gemüter schon im voraus beunruhigt hatten, wurden glänzend widerlegt. In der lebensvollen Wirklichkeit sieht eben ein Familienbad ganz anders aus als auf dem Papier und in den Köpfen.“*

Entz-v. Zerrsen 1993b, Kürtz 1994, Leonhardt 1980.

Im Familienbad durfte ab 1902 gemeinsam gebadet werden, allerdings nur im hochgeschlossenen Badekostüm. (Sylter Archiv)

Familiennamen →Personennamen

Faschinen Zum Bau von →Lahnungen und →Buhnen im Watt werden zwischen jeweils zwei Pfahlreihen Packungen aus Stroh, Buschwerk oder Reisigbündel gepackt. Anschließend wird das Dämmmaterial festgestampft und mit Draht befestigt.

Feddersen, Carl Christian * 9.3.1876 Tondern, † 8.2.1936 Westerland, Maler. C. C. Feddersen, nicht verwandt mit Hans Peter →Feddersen, ließ sich in Weimar und München zum Porträtmaler ausbilden. Es folgten Beschäftigungen als Zeichenlehrer der herzoglichen Kinder des Hauses Sonderburg-Glücksburg sowie an der Schule für höhere Töchter in Flensburg. Nach dem Ersten Weltkrieg kaufte er sich 1918 als Kriegsversehrter ein Haus im Keitumer Kirchenweg. Feddersen verlegte sein Interesse auf die Landschaftsmalerei, um der Konkurrenz der aufkommenden Porträtfotografie aus dem Wege zu gehen. Wirtschaftliche und private Probleme zwangen ihn 1927, sein Haus zu verkaufen und Sylt zu verlassen. Während eines erneuten Inselaufenthaltes verstarb der Künstler 1936 im Westerländer Krankenhaus. Er ist auf dem Friedhof in Keitum begraben.
C. C. Feddersen war ein Original. Seine hoch gewachsene Gestalt, eine knarrige Stimme und ein unverwüstlicher Humor wurden seine Markenzeichen. Als letzten Wunsch soll er sich folgenden Spruch auf seinem Grabstein ausgesucht haben: „Wanderer, geh fort von hier, sonst steh' ich auf und sauf' mit Dir!“ Er konnte ihm nicht erfüllt werden. Seine große Beliebtheit bei der Sylter Bevölkerung belegen die vielen Feddersen-Bilder in den Inselstuben.

Feddersen 1984, Wedemeyer 1986 u. 1991a.

Selbstbildnis des Malers C. C. Feddersen, etwa 1930 (Sylter Archiv)

Feddersen, Hans Peter d. J. * 29.5.1848 Wester Schnatebüll, † 13.12.1941 Kleiseerkoog, Maler. Im Unterschied zu seinem Vater Hans Peter Feddersen d. Ä. (1788-1860), der als Laienkünstler sehr geschätzt wurde, war Hans Peter d. J. kein Autodidakt. Seine Ausbildung zum Kunstmaler erhielt er 1866-70 an der Düsseldorfer Akademie. 1885 kehrte er in den heimatlichen Kleiseerkoog bei Niebüll zurück. 1894 war er Mitbegründer der Schleswig-Holsteinischen Kunstgenossenschaft. 1910 wurde er Professor und 1926 Mitglied der Berliner Akademie der Künste.

„HPF" gehörte zu den Vertretern der realistischen Malerei. Durch seine Bilder und Studien aus Nordfriesland öffnete er den Blick für die künstlerischen Werte einer noch wenig beachteten Landschaft. Er war einer der ersten Maler auf Sylt und darf als der künstlerische Entdecker der Insel gelten. 1869 hielt er in List die in die Dünenkette eingebetteten Reetdachhäuser fest. Feddersen kehrte häufig wieder, auch ermutigt durch seinen Malerfreund Hinrich →Wrage. Er suchte die große Linie in der Landschaft und fand sie in seinen bekannten Bildern „Lister Dünen" (1872), „Landschaft von Sylt" (1920) oder „Priel auf Sylt" (1926). Daneben entstanden eine Reihe von Naturstudien, vor allem Stimmungen aus den Dünentälern, sowie die ausdrucksvolle Strandimpression „Blanker Hans" von 1902. Im Nordfriesischen Museum Nissen-Haus in Husum befindet sich u. a. das Ölgemälde „Alt-List auf Sylt mit Wanderdünen" (1919), auf dem Museumsberg in Flensburg die Bilder „Düne bei Tinnum auf Sylt" (1872) und „Das alte List auf Sylt" (1872).

Bieske 1998, Schulte-Wülwer 1996, SHBL 1, SHL 1983.

Feddersen, Max * 2.8.1900, † 3.5.1945 Neustädter Bucht, Eisenbahner. Feddersen, Mitglied der SPD in Westerland, wurde als Gegner des →Nationalsozialismus nach dem Attentat auf Hitler vom 20. Juli 1944 verhaftet und ins KZ Neuengamme verbracht. Bei der Auflösung des Lagers kam er auf das Schiff *Cap Arcona* in der Neustädter Bucht. Es wurde am 3. Mai 1945 von britischen Jagdbombern angegriffen. Die Leiche Feddersens trieb am 18. Juli 1945 am Brodtner Ufer an.

Sylter Archiv.

„Ferien auf dem Bauernhof" Die naturnahe Erholungsmöglichkeit auf einem Bauernhof bietet neben der individuellen Note auch Gelegenheit, Einblicke in die landwirtschaftliche Produktion zu nehmen und eventuell bei der täglichen Arbeit mitzuhelfen. Für Kinder werden oftmals „Tiere zum Anfassen" gehalten. Selbsterzeugte Produkte bereichern den Speiseplan. Auf Sylt bieten Höfe in den Ostdörfern,

Hans Peter Feddersen d. J.: „Alt-List auf Sylt mit Wanderdünen" 1919, Öl auf Leinwand, 77,5 x 101 cm, Nordfriesisches Museum Husum

wie z. B. in Archsum und Morsum, solche Urlaubsmöglichkeiten an.

Nordfriisk Instituut.

Feskerdam Sylterfriesischer Flur- und Straßenname in Morsum. *Fesker-dam* heißt „Fischerdamm".

Möller 1916.

Feste →Agrarverfassung

Festung Sylt Am 8. April 1945, in den letzten Tagen des →Zweiten Weltkrieges, wurde Sylt neben anderen Inseln und Hafenstädten durch Führerbefehl zur Festung erklärt. Diese Einstufung bedeutete eine erweiterte Befehlsgewalt für den Festungskommandanten und eine erweiterte Lebensmittelbevorratung. Praktisch blieb diese Maßnahme in der →Militärgeschichte Sylts ohne Bedeutung, denn am 5. Mai kam es zur Waffenruhe und am 7./8. Mai zur bedingungslosen Kapitulation der deutschen Wehrmacht. Als Festung im landläufigen Sinn konnte man die Insel während beider Weltkriege betrachten. Entlang der gesamten Westküste lagen in den Dünen, aus Stahl und Beton erbaut, die →Bunkeranlagen und Stellungen der Marineartillerie. Sylt war für jeden Besucherverkehr gesperrt und nur mit ausdrücklicher Genehmigung zu betreten.

Voigt 1992 u. 1993.

Fetras, Oscar (eigentlich Otto Faster) * 16.2. 1854 Hamburg, † 11.1.1931 Hamburg, Dirigent und Komponist. Fetras stammte mütterlicherseits aus einem der ältesten Sylter Geschlechter. Sein Urgroßvater war der Kapitän und Strandvogt Broder Hansen →Decker. Sein Vater kam aus Böhmen und war Chefredakteur der *Hamburgischen Börsenhalle.* Fetras studierte Musik und begann 1880 mit eigenen Kompositionen. Ins öffentliche Licht trat er 1884, als er die Leitung des Orchesters des Uhlenhorster Fährhauses übernahm. Er komponierte und spielte vor allem Walzer und Tänze und hinterließ mehr als 300 gedruckte Werke. Weltruhm erlangte der enge Freund von Johann Strauß mit seinem Walzer „Mondnacht auf der Alster". Auf Sylt weilte Fetras regelmäßig seit seinem fünften Lebensjahr. Immer wieder gab er Sonderkonzerte auf der Insel.

Sylter Archiv.

Feuerquallen →Quallen

Feuerwehr *(Füürwiar)* 1835 ernannte Keitum und 1837 Westerland Aufseher, die im Brandfalle den Kirchspielvogt unterstützen sollten. Außerdem hatten sie über die Brandsegel zu wachen, die zum Schutz der Reetdächer vor Funkenflug dienten. Dies berichtete der Chronist Henning →Rinken 1855. Weiter schrieb er, dass auf höheren Befehl sechs Brandspritzen nach Sylt kamen, und zwar je zwei nach Morsum und Keitum und je eine nach Kampen und Westerland. Während in Morsum bereits ein Spritzenhaus existierte, mussten nun auch in den übrigen Gemeinden solche Gebäude errichtet werden. Verheerende Brände in Husum, Wyk auf Föhr und Bredstedt verhalfen in der Mitte des 19. Jahrhunderts auch in Nordfriesland zu der Einsicht, dass die Brandbekämpfung verbessert werden müsse. Innerhalb weniger Jahre entstanden in allen größeren Gemeinden Feuerwehren, so z. B. 1880 in Keitum und Westerland, 1896 in den Norddörfern und 1899 auch in Archsum. Heute besitzt jede Sylter Gemeinde ihre Freiwillige Feuerwehr. Im alten Spritzenhaus in Keitum befindet sich seit 1998 ein kleines Feuerwehrmuseum.

Rinken 1992, Steensen 1996a, Thaysen 2001.

Fidus (eigentlich Hugo Höppener) * 8.10. 1868 Lübeck, † 23.2.1948 Woltersdorf bei Berlin, Zeichner. Die Bezeichnung Fidus, der Getreue, die er seitdem als Pseudonym benutzte, verlieh ihm sein Lehrer, der Maler und Naturapostel Karl Wilhelm Diefenbach (1851-1913). Der Schüler hatte den gesellschaftlichen Außenseiter oft gegen Spott, Verunglimpfungen und polizeiliche Aktionen verteidigt. 1920 entstand eine dauerhafte Freundschaft zu seinem Malerkollegen Magnus →Weidemann. Bei einem Besuch in Keitum 1928 vermerkte Fidus im Gästebuch, dass ihn auf Sylt „Wellen und Wogen" am meisten beeindruckt hätten. Im Café Orth in der Westerländer Friedrichstraße dichtete er Reime wie „Magnus wird verfiduselt, Fidus wird magnificiert" oder „Welche Ähnlichkeit besteht zwischen Fidus, Magnus und einem Spargel? Die Köpfe sind das Beste."

Wedemeyer 1986, Wedemeyer/Weidemann 1984.

Findling *(Gurt Stiin)* Während der letzten →Eiszeiten führten die Gletschermassen vielfältiges Material aus Skandinavien nach Schleswig-Holstein. Die nach dem Abschmelzen hervorgetretenen, tonnenschweren Felsblöcke nennt man Findlinge. Viele wurden zur Errichtung steinzeitlicher Hünengräber verwendet, wie z. B. beim → Denghoog in Wenningstedt, andere als Fundamente für Kirchen oder als Gedenksteine.

Finn, der sagenhafte König der →Zwerge, soll im *Raisihoog*, einem Grabhügel auf der Kampener Heide, gewohnt und mit Isa aus Braderup lange Jahre eine glückliche Ehe geführt haben. So berichtete der Chronist C. P. →Hansen in dem Kapitel „Sagen und Erzählungen der Haidebewohner auf Sylt" seiner „Friesischen Sagen und Erzählungen". Später soll ein Riesenvolk nach Sylt eingedrungen sein und die Zwerge aus den fruchtbaren Marschgebieten auf die nördliche Heide verdrängt haben. Die Feindschaft zwischen den beiden Völkern wurde immer bedrohlicher, schließlich nahten die Riesen unter König →*Bröns* zur Entscheidungsschlacht. Nach langem Kampf war Finn der letzte Überlebende des Zwergenvolkes. Als der Untergang seines Volkes und Reiches besiegelt war, nahm er der Sage nach sein Steinmesser und stach es sich ins Herz.

Hansen 1858a, Hubertus Jessel 1996d, Wedemeyer 1988.

Hornhecht

Flunder

Stint

Seezunge

Dorsch (Walter Fiedler; gezeichnet von Thomas Bruske)

Finnwai Sylterfriesischer Flur- und Straßenname in Braderup und Kampen. Der *Finn-wai* bezeichnet den „Weg" zum *Raisihoog*, wo der sagenhafte Zwergenkönig →„Finn" gewohnt haben soll.

Fische *(Fesken)* Das Wattenmeer ist Lebensraum für über 70 Fischarten, von denen etwa 35 häufig bis regelmäßig vorkommen. Etwa 20 Arten sind wirtschaftlich von Bedeutung. Man kann die Fischfauna in vier Gruppen unterteilen: Die so genannten Standfische verbringen ihren gesamten Lebenszyklus im Wattenmeer; typische Vertreter sind Aalmutter (aalähnlicher Grundfisch), Steinpicker (Kopf und Rumpf mit Knochenplatten gepanzert), Seeskorpion (mit großem, gepanzertem Kopf und breitem Maul), Hornhecht (sehr schlank, bis 90 Zentimeter lang, grüne Gräten) und Seenadel (schlangenförmig mit nur einer Flosse). Zu den „Saisongästen" gehören Fische, die das Wattenmeer nur zu bestimmten Zeiten aufsuchen; dies sind vor allem Flunder (lebt in Flüssen und kommt nur zum Laichen ins Wattenmeer), Meeräsche (beliebter Räucherfisch auf Amrum), Seebarsch, Makrele, →Stint, Dreistacheliger Stichling und Kliesche (schollenähnlich). Für viele Fischarten stellt das Wattenmeer die Kinderstube dar. Als ausgewachsene Fische halten sie sich später in der tieferen Nordsee auf. Hierzu zählen die wirtschaftlich bedeutenden →Scholle, →Aal, →Hering, Sprotte und die Seezunge, eine wegen Überfischung selten gewordene Delikatesse. Gelegentlich sind auch „Zufallsgäste" im Wattenmeer anzutreffen, wie z. B. Seehase (seine Bauchflossen sind zu einer Saugscheibe verwachsen, mit der er sich an steinigem Grund festhalten kann), Schellfisch, Köhler (als „Seelachs" von großer wirtschaftlicher Bedeutung), Grauer Knurrhahn (häufigster Beifang der Hochseefischer) und Sardelle.

Fiedler 1992, Quedens 1997.

Fischerei *(Feskeri)* Der heute auf Sylt angebotene Fisch stammt überwiegend von Hamburger und dänischen Fischern. Auf der Insel wird Fischfang von etwa 50 Personen nur im Nebenerwerb betrieben. In früheren Jahrhunderten spielte er für die Sylter Bevölkerung jedoch eine existenzielle Rolle. Im 15. und 16. Jahrhundert stand der Schellfisch- und →Heringsfang vor Helgoland im Mittelpunkt der Hochseefischerei. 1513 z. B. registrierte man hier 40 Sylter Kutter mit 280 Mann Besatzung. Eine herausragende Bedeutung erreichte im 17. und 18. Jahrhundert der →Walfang im Eismeer. Im küstennahen Gebiet wurden →Garnelen gefangen und →Austern und →Miesmuscheln geerntet. Auch der Rochenfang war wichtig; getrocknete →Rochen dienten als Wintervorrat. Die meisten Fangplätze im Sylter Wattenmeer wurden allerdings von der Landesherrschaft beansprucht. Die Abgaben waren hoch und wurden auch noch erhoben, als gar keine Rochen mehr gefischt wurden. Nebenerwerbsfischer bedienten sich um 1800 ganz besonderer Techniken in Form von →Pieptauschiffen und →Böögen.
Die Erträge aus der Sylter Fischerei schwankten erheblich. 1674 wurden z. B. so viele Schellfische gefangen, dass kein Salz mehr zum Ein-

pökeln vorhanden war. 1809/10 hatte jeder Fischer täglich rund 100 Schellfische anzubieten, eine Nachfrage war nicht mehr vorhanden. In den 1860er und 1870er Jahren dagegen konnten insgesamt kaum 30 000 Schellfische (durchschnittlich etwa 80 Fische pro Tag) im Jahr gefangen werden. Sechs Westerländer Segelboote waren damals noch im Einsatz. C. P. →Hansen beklagte 1870 in den *Itzehoer Nachrichten*, „daß die heimathliche Fischerei der Sylter vernachlässigt, mindestens nicht, wie sie verdiente, betrieben wird". 1883 wurde die Schellfischjagd eingestellt.

Mit der Einführung des Schleppnetzes (→Kurre) 1865 und des motorisierten →Krabbenkutters 1906 stieg der Fang von Speisegarnelen deutlich an. In Zeiten geringer Erträge können die modernen Kutter auf Seezungen- oder Schollenfang umgerüstet werden. Auf Sylt ist der Krabbenfischer Paul Walter (* 1942) der letzte Vertreter seiner Zunft. Er sorgt in List im Nebenerwerb für fangfrischen Nachschub.

Bereits im 18. Jahrhundert wurde durch das Anlegen von Kulturen der Miesmuschelfang entscheidend verbessert. Die bis zu 1 000 PS starken Muschelkutter streichen mit Hilfe von →Dredgen ihre Ernte von den Muschelbänken im Lister und Hörnumer Tief sowie in der Norderaue zwischen Amrum und der Hallig Langeneß. Diese werden dann mit Saatmuscheln belegt, die nach zwei Jahren ihre Marktreife erlangen. In Nordfriesland sind acht Muschelkutter im Einsatz, darunter das vergleichsweise kleine Schiff von Detlef Dethlefs (* 1941) aus List. Seine Fanglizenz schreibt vor, dass er nur für den Inselbedarf fischen darf. Seine Kollegen arbeiten überwiegend für niederländische Muschelkonzerne. Im Watt östlich der Insel liegen zahlreiche Saatmuschel-Kulturflächen, die intensiv bewirtschaftet werden. Sylter Küstenschützer befürchten eine Beschleunigung der Erosion des Inselsockels durch das Abziehen natürlicher Muschelbänke.

Vor Sylt gab es auch ergiebige Austernbänke, die von der Landesherrschaft verpachtet wurden, z. B. an Kapitän Jens →Bleicken. Um 1870 registrierte man zwischen Röm und Amrum 47 Austernbänke, von denen einige über vier Kilometer lang waren. Sie bedeckten eine Fläche von rund 1 800 Hektar und lieferten bis zu fünf Millionen Austern im Jahr. Sie wurden in →Baljen verpackt. Ein Boot konnte in einer Saison 700 bis 800 Taler verdienen. Das lohnende Geschäft führte bald zur Überfischung, in deren Folge die Entwicklung der Jungtiere stark beeinträchtigt wurde. 1882 musste die Austernfischerei eine mehrjährige Schonzeit einlegen. Im 20. Jahrhundert begann die planmäßige Austernzüchtung. 1910/11 z. B. erntete die „Königlich Preußische Austernfischerei-Pachtung GmbH" mit ihrem Dampfer *Gelbstern* mehr als eine Million der Schalentiere und exportierte sie in viele Länder Europas. Heute werden im einzigen Austernkulturbetrieb Deutschlands in der Blidselbucht südlich von List jährlich etwa eine Million Austern der Marke „Sylter Royal" geerntet.

Im Lister Hafen um 1970 (Sylter Archiv, Foto: Wilma Bräuner)

Detlefsen 1984, Janus 1998, Jensen 1917, Kunz/Roeloffs 2000, Rinken 1992, Schmidt 1942, Seehase 1935, Seidel 1999.

Fischgarten *(Feskguart)* Die älteste bekannte Methode, im Wattenmeer zu fischen, war das Anlegen eines Fischgartens im Frühjahr. Eine solche Anlage bestand aus Fangzäunen (→Gaarden), Stellnetzen und korb- oder netzartigen Sammelbehältern (→Hamen). Bei Flut verteilen sich die Fische über die Wattflächen, bei Ebbe verlassen sie die trockenfallenden Gebiete vorwiegend durch die →Priele und Wattströme. Dort wurde ein an kräftigen Pfählen befestigtes, enges Flechtwerk aus Weidenruten trichterförmig im Sylter Watt ausgelegt. Am Ende des Trichters befand sich der Hamen. In dieser reusenähnlichen Konstruktion verfingen sich die Fische und mussten nur noch eingesammelt werden. Vorwiegend Schollen, Aale, Hornfische, Rochen und Makrelen wurden auf diese Weise gefangen. Auch heute versuchen zahlreiche Hobby- und Nebenerwerbsfischer, mit dieser Methode erfolgreich zu sein. Allerdings verwenden sie jetzt Netze und Reusen aus feinstem Kunststoffgarn.

Janus 1998, Seidel 1999.

FKK ist die Abkürzung für →Freikörperkultur.

Fliesen *(Stintjis*, niederländisch: *tegel)* schmücken auch heute noch die Wände der Wohnstube *(→Kööv)* oder der guten Stube *(→Piisel)* vieler alter Sylter Häuser. Spätestens im 18. Jahrhundert gelangten die oft fälschlich „Delfter Kacheln" genannten fünf mal fünf Zoll (13 mal 13 Zentimeter) großen Fayence-Platten aus den Niederlanden nach Nordfriesland. Ursprünglich stammt die Kunst der Fliesenherstellung aus dem Orient und verbreitete sich über Spanien und die italienische Stadt Faenza, die zur Namensgeberin wurde, nach Mitteleuropa. Um 1510 begannen italienische Fayencemacher im belgischen Antwerpen mit der Fliesenherstellung. In den Niederlanden entstanden wenig später zahlreiche *tegelbakkerijen* (Fliesenmanufakturen), so in Rotterdam, Amsterdam, Delft, Utrecht und in den friesischen Orten Harlingen *(Harns)*, Makkum und Bolsward *(Boalsert)*. Wenn im Herbst die Saison auf den niederländischen Handels- und Walfangschiffen endete, nutzten die Sylter Steuerleute und Kapitäne die Gelegenheit, Fliesen für ihre Häuser mitzunehmen. Mancher Kapitän gab auch ein aus mehreren Fliesen zusammengesetztes Schiffstableau in Auftrag. Es stellte nicht selten sein eigenes Schiff dar. Der größte Teil der Fliesen gelangte auf dem Seeweg nach Hamburg und von dort an die nordfriesische Küste und auf die Inseln. Hier schmückten die Kunstwerke nicht nur den Alterssitz des Seemanns, sondern gaben den Wänden in den →utlandfriesischen Häusern eine schönere Oberfläche, die man nicht alle Jahre neu kalken musste. Ihre Glasur verhinderte zudem das Eindringen von Feuchtigkeit durch die dünnen Wände und reflektierte die Wärme zurück ins Zimmer. Die Fliesen bezeugten auch den Wohlstand des Hauses. Etwa 3 000 Stück benötigte man für ein Wohnzimmer. Von der Mitte des 17. Jahrhunderts an dominierten auf niederländischen Fliesen die Farben blau und manganbraun. Dies sind auch die Hauptfarben in den Fliesenräumen der alten Sylter Häuser. Die Motive zeigten hauptsächlich Landschaften, Blumen *(Blompotjes)* und Tiere, „Historien" (biblische Szenen), Windmühlen und Schiffe.

Hans Werner Jessel o. J., Hubertus Jessel 1996d, Jessen o. J., Kühnast 2000d, Pluis 1988 u. 1997.

Fliesen schmücken den →Piisel im →Altfriesischen Haus in Keitum (Foto: Reinhard Scheiblich)

Flor, Martin Richard * 5.2.1699 Morsum, † 14.10.1759 Tondern, Pastor und Chronist. Der Sohn des Morsumer Pastors Urban Flor begann als Gehilfe *(pastor adjunctus)* seines Vaters und wurde 1728 dessen Nachfolger. 1740 wurde er zum Archidiakon an der Christ-Kirche in Tondern gewählt, wo er bis zu seinem Tod tätig war. Während seiner Morsumer Zeit beschäftigte sich Flor ausführlich mit den Problemen seines Dorfes und der Insel Sylt. Er unternahm selbst Versuche zur Dünenbefestigung, pflanzte Bäume und untersuchte Brunnen. Seine Beobachtungen fasste er 1758 in der Handschrift „Nachrichten von der Insul Sylt" zusammen. Es handelt sich um die älteste und umfangreichste Beschreibung Sylts. Darunter befindet sich auch ein erstes Verzeichnis der Pflanzen und Tiere auf der Insel von 1735. Der Lehrer Ekkehard Schmidt, der die Aufzeichnungen überprüfte und 1974 erstmals veröffentlichte, bezeichnete Flor als den bedeutendsten Sylter Chronisten vor C. P. →Hansen.

Martin Richard Flor (Sylter Archiv)

In § 38 seiner „Nachrichten von der Insul Sylt" schrieb Martin Richard Flor 1758: „An Quell-Wasser durch gegrabene Brunnen haben die meisten Gegenden einen reichlichen Seegen, nur die Dörfer Kampen und Braderup, die im Kirchspiel Keitum liegen, ausgenommen, die nicht so tief herunter graben können, daß sie Quellen erreichen mögen, weilen dieselbe sehr hoch liegen; daher müssen sie ihr Wasser herzufahren oder in gemachten breiten Gruben das eingelaufene Wasser so lang, als es brauchbahr, nutzen."

Flor 1974, Schmidt 1974.

Flüchtlinge Am 24. Februar 1945, kurz nach Mitternacht, erreichte der erste Transport mit Flüchtlingen und Vertriebenen aus den Ostgebieten den Bahnhof Westerland. Ungezählte weitere folgten. 1947 waren 13 956 Heimatvertriebene und Flüchtlinge auf Sylt registriert. Damit hatten sie kurzfristig die Mehrheit gegenüber den 12 449 Syltern. Knapp 6 000 Menschen konnten damals auf die Inselgemeinden verteilt werden, etwa 8 000 wurden in die 18 Auffanglager eingewiesen: Mövenberg, List-Nord, List-Süd, „Skagerrak" (heute Jugendseeheim Kassel), Klappholttal, Vogelkoje, Kampen, Braderup, Wenningstedt, Westerland-Schützenstraße, Westerland-Norderstraße, Keitum, Tinnum, Archsum, Morsum, Dikjendeel, Rantum und Hörnum. Besonders drastische Verhältnisse herrschten in Rantum, wo 1947 auf 338 Einheimische 1929 Flüchtlinge und Heimatvertriebene kamen. Damit wies das Dorf prozentual die höchste Flüchtlingsquote des Kreises Südtondern auf. Erst in den 1950er Jahren entspannte sich mit der Umsiedlung zahlreicher Flüchtlinge in andere Teile der Bundesrepublik die Situation. Doch viele blieben auf der Insel, z. B. als Arbeitskräfte in der →Weberei Cords in Rantum.

Der Westerländer Willi Witte (1928) erinnerte sich an die Verhältnisse in einem Flüchtlingslager:*
„In Dikjendeel bewohnten fünf Familien einen Raum. Diesen hatten sich die Bewohner mit Wolldecken unterteilt. Das Elend war unbeschreiblich. Kasernen, Baracken, Hotels, Pensionen und Privathäuser waren vollgestopft mit Flüchtlingen. Dazu gab es auf der Insel so gut wie keine Arbeit. Das Arbeitsamt war gegenüber der Alten Post im alten Hotel Deutscher Kaiser. Da musste man sich jede Woche einmal melden und bekam einen Stempel in seine Stempelkarte. Oft standen mehrere hundert Arbeitslose Schlange vor dem Arbeitsamt."

Jastrow 1978, Hubertus Jessel 1989, Nordfriisk Instituut, Simon 1980, Steensen 1996a.

Flughafen Der Sylter Flugplatz mit der internationalen Kennung EDXW liegt zwischen Westerland, Tinnum, Keitum, Munkmarsch und Wenningstedt. Am 19. Juli 1913 landete während einer Flugvorführung das erste Flugzeug auf diesem Gelände. Nach dem Ersten Weltkrieg setzte auf noch unbefestigten Start- und Landebahnen die Beförderung von Badegästen und Postsäcken ein. 1919 nahm die Deutsche Luftreederei die erste Linienflugverbindung zwischen Berlin, Hamburg und Sylt auf. Ab 1926 transportierte die viersitzige Maschine *Westerland* der „Westerländer Luftverkehrsgesellschaft" Fluggäste von Flensburg auf die Insel. 1939 wurde das Flugplatzareal zu einem Fliegerhorst ausgebaut. Aus dieser Zeit stammen auch die beiden *Runways* 15/33 (2113 Meter Länge) und 06/24 (1696 Meter

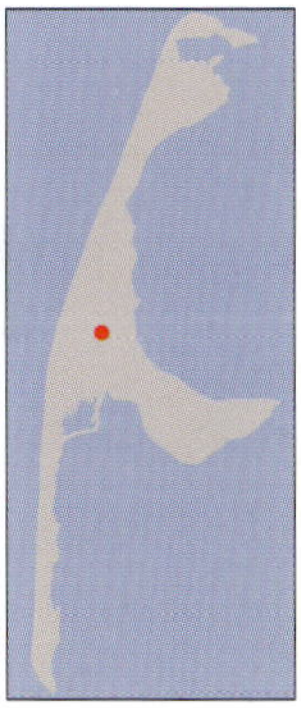

Flughafen

Der Tower des Sylter Flughafens (Foto: Volker Frenzel)

Länge) aus Beton. Die Start- und Landebahn 33, auf der auch ein Jumbo-Jet landen könnte, besitzt ein Instrumenten-Landesystem (ILS). Seit 1972 wird der Flughafen, der mit 536 Hektar Fläche einer der größten Deutschlands ist, rein zivil genutzt. In der Sommersaison bestehen zahlreiche Linienflugverbindungen zu deutschen Großstädten. Etwa 25 000 Passagiere landen pro Jahr auf Sylt, 8 605 Starts wurden z. B. 1999 registriert. In jenem Jahr ging auch ein 466 Hektar großes Areal für 18,5 Millionen Mark in das Eigentum des Sylter Flughafen-Zweckverbandes der Kommunen Westerland, Sylt-Ost, Wenningstedt-Braderup und Rantum über. Der Rest gehört weiter der Bundesrepublik Deutschland.

Asmus 2000, Fink/Friedel 2000.

Flugsand Neben den →Sturmfluten war der Flugsand das andere Naturphänomen auf Sylt, das in früheren Jahrhunderten menschliche Siedlungen bedrohte. Alt-List und Alt-Rantum wurden gänzlich unter Sand begraben. Durch eine →Dünenbefestigung wurde man Herr dieser Gefahr. Ein neues Problem mit dem Flugsand entstand in den 1970er Jahren, weil seither weite Teile der Sylter Westküste durch →Sandaufspülungen gegen den jährlichen Landverlust geschützt werden. Der vom Meeresboden geschürfte Sand ist sehr feinkörnig und wird leicht vom Wind verweht. So kommt es, dass vor allem trichterförmige Einschnitte in der Dünenkette den Flugsand förmlich anziehen und deshalb langsam zuwachsen. Dies brachte einerseits einen unerwartet positiven Effekt für den Küstenschutz. Andererseits wurden unerwünschte Versandungen bei den Strandübergängen und in den Inselorten beobachtet.

Emeis 1967, Matthiesen 2001, Nordfriisk Instituut, Pfnür 1999.

Flurnamen →Straßennamen

Flut *(Flör)* nennt man das gut sechsstündige Steigen des Wasserstandes der Nordsee im Rhythmus der →Gezeiten. Bei normaler Flut steigt das Wasser am Sylter Weststrand und im Wattenmeer um ungefähr 1,80 Meter. Je nach Stellung von Sonne, Mond und Erde kommt es etwa alle 15 Tage entweder zu einer besonders starken →Springflut oder zu einer besonders schwachen →Nippflut. Größere und weitaus schlechter zu berechnende Wasserstandsschwankungen verursachen Wind und Wetter. Starker Ostwind z. B. drückt gegen die Flut und lässt die Ebbe erheblich tiefer fallen. Dann kommen in größerer Entfernung vom Strand die Überreste alter Sylter Siedlungen wie →Eidum oder Alt-Rantum zum Vorschein. Starke Westwinde dagegen stauen die Flut gegen die Küste auf und verursachen bedrohliche →Sturmfluten.

Wieland 1990.

Flutsaum →Treibsel

Föhr *(Föör)* ist die südöstliche Nachbarinsel Sylts im nordfriesischen Wattenmeer. Obwohl sie von Hörnum nur gut acht Kilometer Luftlinie entfernt liegt, dauert der Schiffstransfer etwa zweieinhalb Stunden, da die Route ganz um die Insel Amrum herum führt. Die Fährschiffe vom Festland starten in Dagebüll und legen in Wyk an. Mit rund 83 Quadratkilometern Fläche und 8 724 Einwohnern (2001) ist Föhr die zweitgrößte nordfriesische Insel. Ihr Beiname „Grüne Insel“ verrät, dass die Landschaftsverhältnisse hier im geschützten Wattenmeerbereich anders sind als auf den Vorposten Amrum und Sylt.

Föhr teilt sich in zwei ähnlich große Flächen. Die Südhälfte besteht aus eiszeitlicher Geest, der Norden aus vom Meer angeschwemmter Marsch. Im 16. Jahrhundert wurde dort der Föhrer Marschkoog mit einem etwa 23 Kilometer langen Deich umgeben. Auf der Trennlinie, dem Geestrand, liegen von Ost nach West die Orte Boldixum, Wrixum, Oevenum, Midlum, Nieblum, Goting und Alkersum. Von hier, aus sicherer Höhe, bewirtschaftete man die häufig überschwemmten Weideflächen und die sechs →Vogelkojen, deren erste 1730 in der Oevenumer Marsch entstand. 130 landwirtschaftliche Betriebe prägen bis heute die Landschaft und das Inselleben mit.

Der Haupt- und Hafenort Wyk (*Wik* = Bucht) ist das älteste Seebad an der schleswig-holsteinischen Nordseeküste (gegründet 1819), doch gleichzeitig die jüngste der 16 Föhrer Ortschaften. 1611 erstmals urkundlich erwähnt, erlebte Wyk 1842-47 seine „Königsjahre“, als Christian VIII. von Dänemark hier seine Sommerresi-

denz bezog. Verheerende Brände brachten 1857 und 1869 große Rückschläge in der Entwicklung des Nordseeheilbads.
Auf dem Kirchhof der Sankt Johannis-Kirche von Nieblum sind, wie in Sankt Laurentii in Süderende oder in Keitum auf Sylt sowie in Nebel auf Amrum, denkmalgeschützte →Grabsteine zu finden, die in schmuckvoller Weise der Verstorbenen gedenken. Nördlich von Borgsum erhebt sich aus der flachen Marsch die Lembecksburg, ein weithin sichtbarer Ringwall von etwa sieben Metern Höhe und einem Durchmesser von beinahe 100 Metern. Nach einer mittelalterlichen Sage soll sich hier der Ritter Klaus Lembeck mit List einer Belagerung durch königlich-dänische Truppen entzogen haben.
Auch in politischer Hinsicht war Föhr bis 1864 zweigeteilt. Die Landschaft Osterland-Föhr mit den Dörfern Alkersum, Boldixum, Midlum, Nieblum, Oevenum, Wrixum und dem Flecken Wyk auf Föhr unterstand dem Herzogtum Schleswig. Westerland-Föhr mit den Ortschaften Borgsum, Dunsum, Goting, Hedehusum, Oldsum-Klintum, Süderende, Toftum, Utersum und Witsum war eine reichsdänische →Enklave.
Neben Hochdeutsch und Plattdeutsch sprechen auf der Insel etwa 2 000 Menschen *Fering*, das Föhrer →Friesisch. Der Föhrer Heimatverein *Fering Ferian* ist Teil der →friesischen Bewegung. Ein bedeutendes Kulturgut stellt die Föhrer Frauentracht dar. Sie entstand in der heutigen Form aus dunklen Stoffen und weißer Schürze vor etwa 150 Jahren. Der schwäbische Arzt Carl Haeberlin (1870-1954), der um 1900 nach Föhr kam, war treibende Kraft bei der Einrichtung eines Friesenmuseums in Wyk, das heute seinen Namen trägt. In Alkersum befindet sich die Ferring-Stiftung. Sie wurde 1988 von dem Föhringer Mediziner und Pharmaunternehmer Frederik Paulsen (1909-1997) gegründet und dient u. a. der Erhaltung friesischer Sprache und Kultur auf der Insel.

Hansen/Hansen 1971, Tholund 2000b.

Foriining fuar Söl'ring Spraak en Wiis Dieser Verein für Sylter Sprache und Sitte wurde am 10. Juli 1900 in Keitum gegründet. Die Anregung gab Andreas →Hübbe, Vorsitzender wurde Paul A. →Dirks. Der Verein entwickelte ein weitreichendes Programm zur Förderung der →friesischen Sprache auf Sylt. Er forderte u. a. →friesischen Unterricht und Heimatkunde in den Schulen. Im öffentlichen Leben sollte das Friesische eine Rolle spielen, z. B. auch auf Geschäftsinschriften. Allerdings setzten „innere Zwistigkeiten" der Vereinsarbeit ein Ende. Die Nachfolge trat 1905 die →*Söl'ring Foriining* an.

Steensen 1986.

Fossilien Versteinerte Überreste von Lebewesen aus dem skandinavischen Raum gelangten durch Gletscherbewegungen und Schmelzwässer während der →Eiszeiten u. a. auch in den Bereich von Sylt. Die gesamte Westküste der Insel, vor allem aber das →Rote Kliff, sowie das →Morsum-Kliff und die Munkmarscher →Kiesgruben an der Ostküste sind gute Fundplätze für Versteinerungen aus vorgeschichtlicher Zeit. So enthält z. B. der fünf bis sieben Millionen Jahre alte schwarzgraue Glimmerton fossile Schnecken und Muscheln sowie Reste von Krebsen. Am Morsum-Kliff stießen die Forscher auf Reste von über 50 verschiedenen versteinerten Fischen, Haien, Walen und einer Robbe. Der weiße Kaolinsand ist zwei bis drei Millionen Jahre alter Flusssand aus Skandinavien und enthält die versteinerten Kieselschwämme, Algen, Korallen und Seelilien aus dem Ordovizium (vor 450 Millionen Jahren). Nur auf Sylt ist dieser Kaolinsand ungestört erhalten geblieben. Der Lehrer und Geologe Ulrich v. →Hacht entdeckte Meerestiere, deren fossile Überreste bis dahin an keinem anderen Ort der Erde aufzufinden waren. In den Kiesgruben kamen Versteinerungen von gepanzerten, drei bis fünf Zentimeter großen Dreilappkrebsen zum Vorschein, die im Kambrium (570 bis 470 Millionen v. Chr.) lebten und ohne Nachfolger ausstarben. Weiter wurden zahlreiche Schnecken, Schwämme und Stachelhäuter gefunden. Viele Fossilien sind im →Sylter Heimatmuseum in Keitum und im →Naturzentrum Braderup ausgestellt. Eine große Privatsammlung besitzt der Westerländer Martin →Lange.

von Hacht 1985-90, Koehn 1974.

Die versteinerten Schwämme sind rund 450 Millionen Jahre alt, gefunden 1994 im Kaolinsand der Braderuper Kiesgruben. (Foto: Martin Lange)

Fotografie Der Fotograf, der sich 1853 als erster auf Sylt der Daguerreotypie zuwandte, war Paul Ebe →Nickelsen. Die Erfindung des französischen Malers Louis Daguerre (1787-1851) beruhte auf einer versilberten Kupferplatte, auf der sich ein gestochen scharfes Spiegelbild der Wirklichkeit erzeugen ließ. Nach einer Weiterentwicklung der Methode konnte man das Bild direkt vom Negativ auf Albuminpapier abziehen. Die Kontaktabzüge waren zumeist goldbraun, wie auch viele von Nickelsen hinterlassene Fotos aus der Gründerzeit des Seebads Westerland. Die Badegäste interessierten sich zunehmend für Erinnerungen an ihre Ferienzeit. Dazu eigneten sich Fotos am besten. Zu den frühen Fotografen auf Sylt gehörten u. a. Wilhelm →Dreesen und Albert →Renger-Patzsch.

Schulte-Wülwer 1996, Wedemeyer 1991a.

Frachtenstegelk Sylterfriesischer Straßenname in Keitum. *Fracht* heißt auf Sylterfriesisch die Ladung bzw. der Lohn, den man für die Beförderung erhielt. Seeleute übertrugen den Begriff auf das (abendliche) Spazierengehen oder Nachhausebegleiten der Liebsten. Ein *Stegelk* ist ein Fußpfad durch Äcker und Wiesen, weshalb *Frachten-stegelk* durchaus mit „Liebespfad" übersetzt werden darf.

Möller 1916.

Frauen *(Wüfen)* spielten auf der über Jahrhunderte von der →Seefahrt geprägten Insel Sylt eine ganz besondere Rolle. Vom Ausgang des Winters bis in den Herbst hinein waren sie bis auf die älteren Männer, die Pastoren und den Landvogt die einzigen Sylter Erwachsenen auf der Insel. Sie besorgten die →Landwirtschaft, die Kindererziehung und das tägliche Leben. In den Bauerschaftsversammlungen vertraten sie ihren Haushalt. Auf dem Feld halfen aus Jütland eingewanderte Tagelöhner. Eine besondere Tätigkeit der Frauen war das Wollekratzen, um sie zum Spinnen vorzubereiten. Dabei kamen Mädchen und Frauen, die *Bleensters*, gruppenweise zur Arbeit in den Häusern zusammen. Die „Sitzungen" dauerten oft bis Mitternacht und länger und dienten auch der Versorgung mit neuesten Informationen sowie der Verbreitung der von C. P. →Hansen aufgeschriebenen Sagen und Geschichten.

Otto Fikentscher: „Sylter Mädchen" 1864, Zeichnung (Schmidt-Eppendorf 1977)

Ein früher Beobachter des Insellebens, Professor Johann Ernst →Fabri, beschrieb die Verhältnisse gegen Ende des 18. Jahrhunderts folgendermaßen: „Die Einwohner sind stark, gutherzig, einfältig und vortreffliche Seeleute. Sobald die Schiffahrt mit dem Frühlinge anfängt, sobald gehn alle Mannsleute, die nur dienen können, zur See. Ein paar ältere Männer, die Prediger, etliche Wiegenkinder und ein Landvogt bleiben allein von Mannspersonen da. Die Weiber pflügen, ernten, fahren die auf der Insel ankommenden Fremden und besorgen die ganze Haushaltung, so daß der Mann nach vollendeten Seereisen mit der größten Ruhe und Bequemlichkeit hinter dem warmen Ofen seine Winterzeit vergnügt zubringen kann. Eine Weibsperson auf der Insel Sylt arbeitet in einem Tage soviel als in manchen andern Gegenden 2 Tagelöhner: und wenn sie 4-5 Stunden die härteste Arbeit verrichtet haben, so ist ihre Abwechslung und Ruhe der Tanz."

Jens →Booysen schildert die Verhältnisse um 1828 so: „... die Tochter folgt den Lehren ihrer Mutter; denn das Frauenzimmer bestellt oder bearbeitet das Feld, weil in der Regel die Mannspersonen zur See fahren und nur dann und wann auf kurze Zeit zu Hause sind, bis sie endlich die Seefahrt aufgeben. Das Frauenzimmer auf Silt beschäftigt sich also nicht blos mit häuslicher Arbeit, sondern der Landbau oder die Landwirthschaft gehört auch fast ausschließlich zu ihrem Departement: sie säen, pflügen, mähen, dreschen und verrichten alle Arbeiten bei der Landwirthschaft, die anderwärts blos vom männlichen Geschlecht verrichtet werden. ... Die wenigsten Seeleute haben Lust zur Landwirthschaft und noch wenigere haben die dazu erforderlichen Kenntnisse."

Booysen 1828, Koehn 1939, Quedens/Stöver 1978, Wedemeyer 1991a.

Freikörperkultur (FKK), auch Naturismus oder Nudismus genannt, trat in Deutschland

Die Freiwilligen des Rettungs-Corps vor ihrer Raketen-Station bei Westerland (Sylter Archiv)

um 1900 unter dem Einfluss der Wandervogel- und Jugendbewegung auf. Ihre Anhänger waren der Auffassung, dass ein Aufenthalt im Freien in natürlicher Nacktheit die Entwicklung des Menschen zu einer freien und gesunden Persönlichkeit fördere. In Nordfriesland liegen die Anfänge des Nacktbadens auf Sylt. 1903 ließ sich Ferdinand →Avenarius auf dem Dach seines Hauses →Uhlenkamp eine Wanne für das ungestörte nackte „Lichtbaden" konstruieren. Ein Jahr später wurde in Westerland das erste „Luft- und Sonnenbad" in einem Holzgebäude mit Innenhof errichtet. 1919 gründete Knud →Ahlborn das Freideutsche Jugendlager →Klappholttal. Dort gehörte ein morgendliches Bad ohne Bekleidung mit anschließendem Frottieren zum täglichen Ritual. 1927 erhielt Klappholttal eine landespolizeiliche Ausnahmegenehmigung zum Nacktbaden und war damit Sylts erster legaler FKK-Strand. Heute bevorzugen mehr als die Hälfte der Feriengäste das hüllenlose Baden. Für sie sind zwar viele Strandabschnitte reserviert, doch die einstmals festen Grenzen verschwimmen zusehends. Nostalgisch stimmen bereits Namen wie →Abessinien, →Samoa, →Sansibar oder →Buhne 16.

Simon 1980, Wedemeyer 1991a.

Freimaurer Die internationale Gemeinschaft „brüderlich verbundener Männer" zählt rund sechs Millionen Mitglieder. Durch rituelle Handlungen aus der Tradition der Steinmetzbruderschaften versuchen sie, „geistige Vertiefung und sittliche Vervollkommnung" zu erreichen. Ihre Hauptziele sind Erziehung zur Nächstenliebe, Duldsamkeit und Wohltätigkeit. Bekannte Freimaurer waren u. a. Goethe, Lessing, Roosevelt, Churchill und Tucholsky. 1737 wurde in Hamburg die erste deutsche Freimaurer-Loge gegründet, 1915 auf Sylt die Loge →„Frisia zur Nordwacht".

Winter 1967.

Freiwilliges Rettungs-Corps Weil sich die →Seenotrettung vor der stürmischen Sylter Westküste als äußerst schwierig erwies, gründete der Westerländer Fotograf Paul Ebe →Nickelsen am 26. Dezember 1891 zur Unterstützung der →Deutschen Gesellschaft zur Rettung Schiffbrüchiger (DGzRS) ein Freiwilliges Rettungs-Corps. Erster Vorsitzender bis 1920 war Emil Eschels. Die 24 Mitglieder führten in Zusammenarbeit mit der DGzRS regelmäßig Übungen mit einem so genannten Raketenapparat durch. Damit wurde eine Leine zu einem verunglückten Schiff geschossen und so eine oft lebensrettende Verbindung hergestellt. Trotz aller Modernisierung und Professionalisierung wird die jederzeit abrufbare Hilfe der 15 aktiven Mitglieder des Rettungs-Corps auch heute noch gerne angenommen.

Quedens/Stöver 1978, Wedemeyer 1991b.

Fremdenverkehr *(Baariforkiir)* Gegen Ende des 18. Jahrhunderts entstanden die ersten deutschen →Seebäder an der Ostsee und auf Norderney. Auch auf Sylt setzte ein Meinungsbildungsprozess über die Auswirkungen des Fremdenverkehrs ein. Den von Theodor →Mügge geweissagten „goldenen Flügeln" der Sylter

Bademode 1911
(Sylter Archiv)

Möwen und Seeschwalben stand die Skepsis beunruhigter Friesen gegenüber, die eine Überfremdung ihrer Kultur befürchteten. Dies konnte jedoch nicht verhindern, dass sich infolge der allgemeinen Entwicklung 1855 auch auf Sylt die ersten Badegäste einstellten. Nach der Gründung des Seebads Westerland verstärkte sich dieser Zustrom deutlich. Folgerichtig bauten der Arzt Gustav →Ross aus Altona und der Westerländer Wulf Manne →Decker 1857 ein Hotel. In ihrer →„Dünenhalle" konnten sie bereits in der ersten →Saison 263 Gäste begrüßen. Weitere Hotels entstanden, und die Zahl der Sommerfrischler stieg kontinuierlich von 470 (1859) über rund 1 000 (1865) und 10 000 (1895) auf 22 152 bei der Stadtgründung 1905.

Nach einem Besuch der Kirchengemeinden auf Sylt 1905 hielt Generalsuperintendent Theodor Kaftan (1847-1932) im Visitationsbericht fest:
„Die Eigenart der Gemeinde liegt darin begründet, daß von alters her die Einwohner als Seeleute mit der großen Welt in Berührung gekommen sind und einen weiten Blick, größere Regsamkeit und nicht zum wenigsten auch gesteigerte Intelligenz sich erworben haben; daneben aber großen Unabhängigkeitssinn und Eigenwillen. Jetzt wird die Bevölkerung durch das Badeleben mit dem ganzen Leben und Treiben der Großstadtwelt, mit ihren Allüren, ihrer Freiheit, ihrer Anmaßung bekannt... Mit dem stolzen Selbstbewußtsein, das sie gerne noch im Munde führen, paart sich oft seltsam widerspruchsvoll eine devote Rücksichtnahme gegen die Fremden, in denen sie ihre Lehrmeister sehen und die Geld auf die Insel bringen. Groß sind die sittlichen Gefahren für die Jugend, die mehr zu hören und zu sehen bekommt, als ihr gut ist (Putzsucht, Leichtlebigkeit, Verschwendung, direkte Unsittlichkeit)."
Der Keitumer Pastor Friedrich →Riewerts schrieb 1908 in der Kirchenchronik: „Verschwinden muß das Lebens-Motto: Drei Monate Arbeits-Hast, neun Monate träge Rast!"

Carl Ludwig Jessen: „Bade-Strand auf Sylt" 1874, Privatbesitz
(Nordfriesisches Museum Husum)

Das Seebad Wenningstedt blühte mit dem Bau des „Central-Hotels" 1889 auf und zählte kurz vor dem →Ersten Weltkrieg rund 3 000 Kurgäste im Jahr. Durch die Errichtung einer Hafenmole in Hörnum und den Betrieb der →Inselbahn quer durch Sylt war der Gästestrom bis 1914 auf über 30 000 jährlich deutlich angeschwollen. Die Entwicklung in Kampen wurde stark von Westerland gestört, das eine zu große Konkurrenz befürchtete. So konnte dort zwar 1894 ein Kurhaus gebaut werden, die staatliche Lizenz für ein Seebad erhielt die Gemeinde aber nicht. Dafür entdeckten →Maler, →Schriftsteller, Verleger und andere Intellektuelle die Idylle abseits des Badetrubels und hoben das Örtchen in den Rang eines Künstlertreffs. Vor allem kirchliche Kreise betrachteten das zunehmend bunte Treiben mit großer Besorgnis.

Im August 1914 wurde quasi über Nacht der Badebetrieb eingestellt. Die zahlreichen Gäste mussten überstürzt die Insel verlassen, in ihre Quartiere zogen Soldaten ein. Bei Ende des Ersten Weltkriegs waren diese genau so schnell wieder verschwunden, wie sie gekommen waren. Anfang 1919 wurden die größeren Militärlager als →Kinder- und Jugendheime verkauft. Zwischen den Kriegen sorgte vor allem der Bau des →Hindenburgdamms 1927 für einen Aufschwung im Fremdenverkehr. Von 1919 (rund 14 000 Gäste) bis zum Beginn des Zweiten Weltkriegs stieg die Zahl der Gäste kontinuierlich an und überschritt im Jahre 1938 mit rund 32 000 erstmals wieder den Höchststand vor dem Ersten Weltkrieg. Dieser positive Trend hatte aber eine Kehrseite. Gemäß der nationalsozialistischen Ideologie, preisgünstige pauschale Urlaubsreisen mit Hilfe der staatlichen KdF-Organisationen („Kraft durch Freude") zu ermöglichen, kamen nunmehr anstelle von Prominenten und Unternehmern vermehrt Arbeiter und kleine Angestellte nach Sylt. Die neuen Gäste schmälerten die Einnahmen der Vermieter, da der Staat die Übernachtungspreise diktierte. Sie waren nun nicht mehr kostendeckend, so dass keine Gewinne erzielt werden konnten und die Bausubstanz zu verfallen drohte.

Zu Beginn des →Zweiten Weltkriegs endete abrupt die Saison 1939. Das Militär besetzte viele Unterkünfte und sperrte die Insel für jeglichen Tourismus. Erst 1947 wurden viele Hotels und

Pensionen von der britischen Besatzungsmacht wieder freigegeben. Der Fremdenverkehr lebte aber erst nach der Währungsreform von 1948 allmählich auf. Nun nahmen auch die →Ostdörfer an der Entwicklung teil. Die Folgen waren zunehmende Bauaktivitäten, die zu einer Zersiedelung der Landschaft führten. Eine beinahe nie endende Saison erzeugte Dauerstress, soziale und familiäre Strukturen gerieten in Gefahr, die hier noch weitgehend erhaltene →friesische Sprache musste bald um ihr Überleben kämpfen. Bis vor wenigen Jahren galt Sylt in Nordfriesland als bevorzugter Platz für →Drogen aller Art.

Ein in den 1970er Jahren erstelltes Strukturgutachten bestimmte die gleichzeitige Anwesenheit von 100 000 Gästen als äußerste Belastungsgrenze für die Insel. Mehr ließen die Trinkwasserressourcen, die Infrastruktur (Straßen, Kläranlagen), die Empfindlichkeit der Natur und die Luftqualität nicht zu. Zum größten Problem wurde der drohende Verkehrsinfarkt. Im Jahr 2000 z. B. gelangten knapp eine halbe Million Fahrzeuge mit dem →Autozug über den Hindenburgdamm.

Zu Beginn des neuen Jahrtausends wurde Deutschlands beliebteste Ferieninsel von jährlich rund 650 000 Gästen besucht. Dies entspricht einem Verhältnis von 31 Besuchern pro Einwohner. Die rund sechs Millionen Übernachtungen in fast 50 000 registrierten Betten führten zu einem Umsatz von etwa 300 Millionen Euro im Jahr. Allein auf Westerland entfielen rund zweieinhalb Millionen Übernachtungen in etwa 26 000 Gästebetten, Wenningstedt verbuchte etwa eine Million, Hörnum und Rantum je rund 400 000, Kampen gut 200 000 und Sylt-Ost über 750 000 jährliche Übernachtungen. Rund 98 Prozent der Besucher kommen aus Deutschland. Führend sind die Bundesländer Nordrhein-Westfalen, Niedersachsen, Hamburg, Schleswig-Holstein, Hessen, Berlin und Baden-Württemberg. Viele Gäste kennen die gewachsenen Vermarktungsstrukturen – Bädergemeinschaft und Fremdenverkehrszentrale Westerland, Fremdenverkehrsvereine Kampen und Wenningstedt, Tourismus-Service Westerland u. a. – und nutzen sie für ihre Buchung. Das aktuelle Konzept eines „sanften Tourismus“ soll alle Bedürfnisse berücksichtigen: den Naturschutz, die einheimische Landwirtschaft und Fischerei und den Erholung suchenden Gast.

Die friesische Bäuerin und Sprachpflegerin Anna →Gantzel beschrieb 1970 in einem Gedicht Gefühle der Einheimischen gegenüber den Badegästen:

Baarilir

Ali Hüüsing sen tö Tir
stopet fol fan Baarilir.
Aliweegen gair't hoog hēr,
dat arkenjen sin Grösjens fair.
Fuul jert er tö, fuul uur er dön,
fan Autos es fol dit hiili Lön.
Teenk ek töbeek – da skrualest dü,
sa'n Ünruu jaav't jer ek üs nü.
Niin Stair kenst kum,
niin Mensk heer Tir,
ja haa jaa safuul Baarilir!

Badegäste

Alle Häuser sind zur Zeit
proppenvoll mit Badeleut'.
Überall geht es hoch her,
damit jeder seine Groschen bekommt.
Viel gehört dazu, viel wird dafür getan,
von Autos ist voll das ganze Land.
Denk nicht zurück – dann weinst du,
so eine Unruh' gab's früher nicht wie jetzt.
In kein Haus kannst du kommen,
kein Mensch hat mehr Zeit,
sie haben ja soviel Badeleut'!

v. Bremen 1999 u. 2000, Gantzel 1983, Hahne 2000, Hans Jessel 1996a, Newig 1974b, Oestreich 1976, Quedens/Stöver 1978, Spreckelsen 1978.

Frenssen, Christian Frederik →Schleswig-holsteinische Erhebung

Frenssen, Gustav * 19.10.1863 Barlt/Dithmarschen, † 11.4.1945 Barlt, Pastor, Schriftsteller. Frenssen war 1890-1902 evangelischer Pfarrer in Hennstedt und Hemme/Dithmarschen. Mit dem Roman „Jörn Uhl“ (1901) erlebte er seinen Durchbruch zu einem der meistgelesenen Schriftsteller im deutschen Kaiserreich. Sein Werk, darunter „Hilligenlei“ (1905) oder „Peter Moors Fahrt nach Südwest“ (1906), erreichte Millionenauflagen. Ab 1932 dominierten fixe Vorstellungen von einer exklusiven Heilslehre für das deutsche Volk und die Welt. 1943 erschien seine Erzählung „Der Landvogt von Sylt", die sich mit einem entfernten Verwandten, dem Landvogt Hans Nicolai →Frenssen, befasst.

Dohnke/Stein 1997, Frenssen 1943.

Frenssen, Hans Nicolai * 28.5.1798 Flensburg, † 11.8.1833 Tinnum, Jurist. Frenssen war bereits acht Jahre lang Kanzleisekretär am Schleswigschen Obergericht, als er 1831 zum Nachfolger von Uwe Jens →Lornsen als Sylter →Landvogt ernannt wurde. Bei der Ausarbeitung eines Entwurfs für eine Sylter Landschaftsverfassung trat er den Landesgevollmächtigten beratend zur Seite. Wegen seines rücksichtsvollen und menschenfreundlichen Auftretens war er allgemein beliebt. Nach nur 18 Monaten Amtszeit starb er im Alter von 35 Jahren, vermutlich von eigener Hand. Er hinterließ einen enormen Schuldenberg. Sein Onkel Johann Friedrich Frenssen (1772-1833) war ein Urgroßvater des Schriftstellers Gustav →Frenssen, der sich in der Erzählung „Der Landvogt von Sylt" unter allerdings großer dichterischer Freiheit mit seinem Vorfahren beschäftigte.

SHBL 4, Wedemeyer 1967, 1986, 1991a u. 2000b.

Frenzel, Volker * 10.2.1948 Westerland, Fotograf. Frenzel fotografiert seit seiner Jugendzeit, vorwiegend für die Bildagentur Syltpicture in Westerland. Er bedient nahezu alle deutschen Medien mit Abbildungen. Das Archiv von Syltpicture enthält rund 250 000 Motive zu sämtlichen Themen des Insellebens. Schwerpunkte sind das aktuelle Zeitgeschehen und Prominente, der Küstenschutz und Luftaufnahmen.

Nordfriisk Instituut.

Freya Im Jahre 1904 setzte die „Sylter Dampfschiffahrt-Gesellschaft" auf der Linie Hoyerschleuse-Munkmarsch den nach der nordgermanischen Göttin der Fruchtbarkeit benannten Seitenraddampfer *Freya* ein. Kapitän des in Hamburg gebauten und für 475 Passagiere geeigneten Schiffes wurde das Sylter Original →Käpt'n Corl. Nach dem Bau des Hindenburgdamms musste die Linie eingestellt werden. Die *Freya* wechselte als Ausflugsdampfer auf die Memel. 1932/33 wurde das Schiff nach Tilsit verkauft und in *Grenzland* umgetauft. Als Kriegsmarine-Lazarettschiff versah es seinen Dienst im Kurischen Haff. 1945 flüchteten mit dem Schiff 300 Menschen von Pillau in Ostpreußen nach Swinemünde und weiter über Bornholm und Kopenhagen bis nach Hamburg. Einem Kurzeinsatz 1946 auf der Trave folgte 1948 der Umbau zum Gaststättenschiff in Emden. Nach ihrem Verkauf nach Amsterdam 1966 geriet die *Freya* bei Schweißarbeiten

Raddampfer Freya, Baujahr 1905 (Foto: Adler-Schiffe)

in Brand und sank. Die seit 2000 in Kiel eingesetzte *Freya* der →Adler-Reederei ist ein Schiff sehr ähnlichen Typs. Es wurde 1905 in den Niederlanden gebaut. Der über fünfzig Meter lange und gut elf Meter breite Raddampfer kann maximal 250 Personen in zwei Salons beherbergen.

Detlefsen 2002, Nordfriisk Instituut.

Friedhof für Heimatlose →Heimstätte für Heimatlose

Friedhöfe *(Sērkhofen)* Auf Sylt gibt es den Friedhof der Stadt Westerland und den Gemeindefriedhof von Wenningstedt, auf dem auch die Toten von Braderup und Kampen beigesetzt werden. Kirchliche Friedhöfe besitzen Keitum, Morsum und List. Die Verstorbenen aus Archsum, Hörnum, Rantum und Tinnum werden in der Regel in Westerland begraben.

Friedrich Karl, Prinz von Preußen * 20.3. 1828 Berlin, † 15.6.1885 Jagdschloss Klein Glienicke/Berlin. Der spätere Generalfeldmarschall war Kriegsteilnehmer u. a. bei der →schleswig-holsteinischen Erhebung 1848-50, im →deutsch-dänischen Krieg 1864 und im deutsch-französischen Krieg 1870/71. Im August 1864 besuchte er erstmals Sylt und bat den Chronisten C. P. →Hansen um eine Führung über die Insel. Im Sommer 1871 war der preußische Prinz erneut Sommergast auf Sylt. Hansen schrieb dazu im *Hamburgischen Correspondenten*: „Der Prinz Friedrich Karl scheint durchaus ein Stillleben zu seiner Erholung nach den Kriegsstrapazen auf Sylt zu führen, sich wenig um die übrige Badegesellschaft und das Badeleben zu kümmern."

Janus 1998.

Friedrichshain →Wald

Friedrichstraße und →Strandstraße sind die Flaniermeilen Westerlands. Die 1888 nach den Straßenanliegern Kapitän Friedrich Erichsen und Kaufmann Friedrich Wünschmann benannte Friedrichstraße – beide hatten Teile ihrer Grundstücke unentgeltlich für den Straßenbau zur Verfügung gestellt – war eine wichtige Ader der Stadt. Die vom Hafen in Munkmarsch herangebrachten Kurgäste mussten sie passieren, um zum Strand und zu ihren Hotels zu kommen. Mit dem Bau der Inselbahn und der Ankunft der Reisenden auf dem Ostbahnhof übernahm zeitweise die parallel verlaufende Strandstraße diese Funktion. Fast alle wichtigen Geschäfte und kommunalen Einrichtungen entstanden in der Folge in diesen beiden Straßen. Die Friedrichstraße ist seit 1968 Fußgängerzone.

Wedemeyer 1989, Wedemeyer/Voigt 1980.

Friesen *(Friisen)* leben auf Sylt seit etwa 1 300 Jahren. Sie gehören zu den am frühesten bezeugten germanischen Stämmen. Das älteste von römischen Autoren berichtete Ereignis lässt sich auf das Jahr 12 v. Chr. datieren. Das friesische Siedlungsgebiet erstreckte sich an der südlichen Nordseeküste von der Rhein- bis zur Wesermündung, später in einem schmalen Streifen bis an die Mündung der Elbe heran. Einen alle friesischen Gebiete umfassenden Staat hat es vermutlich nie gegeben. Im achten Jahrhundert gelangten die Friesen unter die Herrschaft der fränkischen Könige. Es blieb jedoch ein hohes Maß an Freiheit und Selbstverwaltung erhalten. Friesische Eigenständigkeit zeigte sich vor allem im Bereich des Rechts, das zur Zeit Karls des Großen in lateinischer Sprache aufgezeichnet wurde. Gleichzeitig mit der fränkischen Herrschaft drang das Christentum vor, allerdings nicht ohne Widerstände. Der angelsächsische Missionar Bonifatius wurde 754 bei Dokkum (Westfriesland/Niederlande) von Friesen getötet. Wirtschaftlich spielte die Viehzucht eine große Rolle. In der Nordsee, die zeitweise →*Mare Frisicum* genannt wurde, betrieben sie einen ausgedehnten Handel. Im siebten Jahrhundert kamen die ersten Friesen von der südlichen Nordseeküste in das Gebiet, das später „Klein-Friesland" und sodann →Nordfriesland genannt wurde. Diese erste Phase der friesischen →Besiedlung betraf vor allem die →Geestinseln, also auch Sylt. Die weiten Marschgebiete wurden überwiegend erst seit dem 11. Jahrhundert besiedelt.

Die Westerländer Friedrichstraße, um 1905

(Sylter Archiv)

Die Friesen in den drei →Frieslanden stehen auch in der Gegenwart in Verbindung. In Nord- und Westfriesland ist eine →friesische Bewegung bemüht, →Friesisch als eigene Sprache und Kultur zu erhalten und zu fördern.

Munske 2001, Steensen 1994 u. 2000.

Friesenfeste In den Jahren 1903 und 1905 waren Landwirte der Nordfriesischen Inseln auf Sylt und Föhr zusammengekommen. Daraus entwickelten sich drei große „Friesenfeste": 1907 auf Amrum, 1909 auf Sylt, 1913 auf Föhr. Zum ersten Mal versammelten sich Friesen der Inseln in größerer Zahl, um sich über gemeinsame Anliegen auszutauschen. Die Redner forderten zum Festhalten an der friesischen Sprache und Kultur auf, die als bedroht angese-

Friesentag 1909 in Keitum (Sylter Archiv)

hen wurden. Eine treibende Kraft war der Sylter Friese Nann →Mungard.

Steensen 1986.

Friesenhain →Wald

Friesenhalle Die Gaststätte in einem →utlandfriesischen Haus in Keitum wurde 1870 von dem Zigarrenmacher Johannsen eröffnet. Ihm folgte sein Sohn Schwen. Dessen Tochter Maria kreierte einen „Friesenkuchen" *(Peepernööten)*, der sich großer Beliebtheit erfreute und bald in alle Welt versandt wurde. Um 1900 kaufte Kapitän Thomas →Selmer das Anwesen, baute es um und passte die Gaststätte den wachsenden Ansprüchen des Publikums und des Fremdenverkehrs an. Aus den Stallungen wurde ein großer Saal, der u. a. vielen Vereinen als Tagungslokal diente. An jedem Sonntagnachmittag trafen sich die ehemaligen Kapitäne zum Skatspiel. Noch vor dem Ersten Weltkrieg erreichte das Lokal unter seinem neuen Besitzer Nicolai Bleicken seinen größten Bekanntheitsgrad. Täglich wurden bis zu 150 Mittagessen serviert, vorwiegend an Badegäste aus Westerland, Wenningstedt und Kampen. Sie ließen sich per Kutsche nach Keitum befördern, was zu einem regen Gespannverkehr führte. Während der Weltkriege diente das Anwesen als Lazarett. In der Zwischenkriegszeit erlebte die Friesenhalle unter Max Drath eine zweite Blütezeit, die mit der Weltwirtschaftskrise in den 1920er Jahren endete. 1951 kaufte die Arbeiterwohlfahrt Haus und Grundstück und errichtete darauf das →Louise-Schroeder-Heim.

Sylter Archiv.

Die Friesenhalle in Keitum, 1906 (Sylter Archiv)

Friesenhäuser gehören in aller Regel zum Typ des →utlandfriesischen Hauses. Die Bezeichnung wird jedoch häufig für Häuser benutzt, die zwar mit Reet gedeckt sind und Sprossenfenster aufweisen, aber ansonsten kaum etwas mit den ursprünglichen friesischen Bauformen gemein haben. Bei diesen Pseudofriesenhäusern steht oft die optimale Ausnutzung des Platzes im Vordergrund (→Architektur).

Friesenhof Ein erstes Haus an der Stelle des heutigen Hotels am Wenningstedter Dorfteich war bereits vor 1670 bewohnt. Alten Akten ist zu entnehmen, dass es fortwährend im Besitz von Seefahrern war. Poh Bundes (1732-1795), der sich später Paul Boysen nannte, war Kapitän in der Handelsschifffahrt und baute das Haus gegen Ende des 18. Jahrhunderts aus. Seine Tochter Inken (1765-1842) heiratete 1798 den Walfangkommandeur Teunis Hansen →Teunis. Sohn Hans (1803-1879) lebte als Schiffsführer in Kiel und zog 1843 ins Elternhaus zurück. 1854 gab er die Seefahrt auf und widmete sich der Landwirtschaft. Wohl im selben Jahr wurde eine Gastwirtschaft eingerichtet. Die ersten Gäste im Hause Teunis verzeichnete 1859 die „Curliste des Badeortes Westerland auf Sylt". 1880 kaufte Johann Emil Gapsch Hof und Gastwirtschaft, doch 1892 kam das Anwesen wieder in Familienbesitz zurück. Käufer war Hans Bunde Boysen (1866-1917), ein Enkel von Jacob Jürgen →Teunis. Nach dessen Tod wechselten mehrfach Besitzer und Pächter, bis 1932 der Gastwirt Karl Rohde den Friesenhof erwarb. Das Hotel befindet sich seither in Familienbesitz.

Spreckelsen 1991, Sylter Archiv.

Friesenkapelle heißt die 1914 in der Nähe des Dorfteiches von Wenningstedt erbaute evangelische Kirche. 1948 erhielt sie eine eigene Pfarrstelle innerhalb der Kirchengemeinde Keitum. Den Innenraum ziert ein Deckengemälde mit biblischen Motiven, Sternen, Garben und Blumen. Die Altarwand ist nach dem Vorbild der →*Piisel* mit →Fliesen versehen. Eine kleine Orgel, ein Votivschiff, ein antiker Kronleuchter und ein Spruchband mit dem →Vaterunser in sylterfriesischer Sprache vervollständigen die Ausstattung. Etwas nördlich der Friesenkapelle liegt das begehbare Hünengrab →Denghoog.

v. Bremen 2000, Gemeinde Kampen 1994.

Friesenkeks 1896 eröffnete der Thüringer Konditor Otto Wiedermann ein Café in der oberen Strandstraße in Westerland. „Café Wiedermann" hatte einen schönen Garten, in dem nachmittags Tanztee für die Badegäste veranstaltet wurde. Wiedermann verfeinerte ein altes Sylter Rezept, nach dem die *Witte Pepernöts* (Weiße Pfeffernüsse) hergestellt wurden. Die kleinen anspruchslosen Plätzchen konnten lange in verschlossenen Steinkrügen aufbewahrt werden und wirkten doch immer wie frisch gebacken. Wiedermann nannte seine Neuschöpfung, die bei den Badegästen äußerst beliebt war, Friesenkeks. Für die Produktion und den Versand in alle Welt wurden eigens Konditoren und Packerinnen eingestellt. Eine Verkäuferin in Friesentracht stand einige Jahre am Bahnhof der →Inselbahn in Westerland und rief den Reisenden zu: „Friesenkeks für unterwegs!"

Sylter Archiv, Wedemeyer 1986 u. 1991a.

Friesenkongresse Friesen aus den drei →Frieslanden und einigen angrenzenden Gebieten treffen sich alle drei Jahre zu einem Friesenkongress. Der erste wurde 1925 in Jever gehalten. Die Insel Sylt war 1930 (gemeinsam mit Husum) und 1979 Tagungsort.

Steensen 2001b.

Friesennerz nennt man scherzhaft die leuchtend gelben Regenjacken, die in den 1970er und 80er Jahren an der Nordseeküste bei Touristen groß in Mode waren. Als Vorbild diente das →Ölzeug der Seeleute und Fischer.

Friesenrat *(Friisk Raat)* Vertreter aus den drei →Frieslanden bildeten 1930 ein gemeinsames Gremium, um die Verbindung untereinander zu verstärken. Der Friesenrat wurde 1956 erneut gegründet, seit 1999 firmiert er als Interfriesischer Rat. In seiner Sektion für Nordfriesland, die sich zu einem übergreifenden Gremium für die verschiedenen →friesischen Vereine entwickelt hat, ist auch die Insel Sylt mit der →*Söl'ring Foriining* vertreten. Alle drei Jahre veranstaltet der Interfriesische Rat einen →Friesenkongress.

Steensen 2001b/e.

Die Friesenkapelle in Wenningstedt, 2000 (Foto: Harry Kunz)

Friesensaal Die 1985 gebaute Mehrzweckhalle in Keitum dient als Gesellschafts- und Kulturzentrum. Hier werden →Petritage, →Ringreiterfeste und Hochzeiten gefeiert und Veranstaltungen wie Theaterabende angeboten. Der Bau wurde durch die Spende der Keitumerin Paula Hansen (1914-2000) möglich. Sie schenkte der Gemeinde eine Wiese, die in Bauland umgewidmet wurde.

v. Bremen 1999.

Friesenspende →Hübbe, Andreas

Friesentorte heißt eine mit viel Pflaumenmus gefüllte Blätterteigtorte, zu der auch eine große Portion Sahne gehört.

Friesenwall →Steinwall

Friesisch ist eine eigenständige westgermanische Sprache und gehört wie das Altenglische und das Altsächsische (Altniederdeutsche) zum Nordseegermanischen. Die Sprache gliedert sich in drei Zweige:

– Westfriesisch wird in der Provinz Friesland der Niederlande von über 400 000 Menschen gesprochen. Es weist nur relativ geringe dialektale Varianten auf, was die Entwicklung einer Standardsprache erleichterte, und ist in vielen Lebensbereichen vertreten.

– Ostfriesisch ist im eigentlichen Kerngebiet Ostfriesland, Bundesland Niedersachsen, schon vor Jahrhunderten dem →Niederdeutschen gewichen, wird aber im Saterland, einer Gemeinde im oldenburgischen Landkreis Cloppenburg, von etwa 1 500 Menschen gesprochen.

– Nordfriesisch wird im Kreis Nordfriesland, Bundesland Schleswig-Holstein, und auf der Insel Helgoland von weniger als 10 000 Menschen gesprochen. Es besteht aus neun Dialekten, die sich in zwei Gruppen gliedern. Das Inselnordfriesische umfasst das Syltring *(Sölring)*, das Föhring-Amring *(Fering-Öömrang)* und das Helgoländische *(Halunder)*; zum Festlandsnordfriesischen gehören Wiedingharder *(Freesk)*, Bökingharder *(Frasch)*, Karrharder *(Fräisch)*, Nordergoesharder (*Fräisch, Freesch)*, Mittelgoesharder *(Freesch)* und Halligfriesisch *(Freesk)*.

„Gut Freund? – Tritt ein!" Gesehen im Westerländer Kirchenweg (Foto: Thomas Steensen)

Die Aufteilung in zwei Dialektgruppen geht auf die unterschiedlichen Wellen der →Besiedlung zurück; zunächst wurden im 7./8. Jahrhundert die →Geestinseln in Besitz genommen, erst im 11. Jahrhundert die Festlandsmarschen. Die Abweichungen zwischen den Dialekten sind zumeist graduell. Das deutsche Wort ‚Insel' z. B. heißt auf Sylt *Ailön*, auf Föhr und Amrum *eilun*, auf Helgoland *Eelun*, auf dem Festland *ailönj, ailoun, ailöön* usw. Es gibt jedoch auch erhebliche Unterschiede. Ein Beispiel bieten die friesischen Entsprechungen für ‚Wange': auf Sylt *Sjak*, auf Föhr und Amrum *sjuuk*, auf Helgoland *Suaak*, auf dem Festland *siik* (= englisch *cheek*) bzw. für ‚Tisch': auf Sylt *Staal*, auf Föhr und Amrum *boosel* (aus: *bord-stall)*, auf Helgoland *Taffel*, auf den Halligen *taafel*, auf dem Festland *scheew*, *sküüw* (Scheibe).

Das Nordfriesische wurde zunächst stark vom Altdänischen beeinflusst. Selbst die Verneinung *ek* (nicht) stammt aus dem Dänischen *(ikke)*. Später überwog die Einwirkung durch das Nieder- und das Hochdeutsche; diese beiden Sprachen herrschten seit der Reformation nacheinander auch in Kirche, Schule, Gericht und Verwaltung. Nordfriesisch hat sich erst relativ spät, seit dem beginnenden 19. Jahrhundert, zu einer Schriftsprache entwickelt. Im Verhältnis zur Sprecherzahl entstand eine recht umfangreiche und vielfältige →friesische Literatur. Die →friesischen Vereine setzten sich seit Anfang des 20. Jahrhunderts für eine Berücksichtigung des Friesischen auch im öffentlichen Leben ein. In der Gegenwart wird an zahlreichen Schulen Nordfrieslands stundenweise →friesischer Unterricht erteilt. An den Universitäten Flensburg und Kiel kann Friesisch studiert werden. Zentrale wissenschaftliche Einrichtung in Nordfriesland für die Erforschung und Förderung der friesischen Sprache und Kultur ist das 1965 eingerichtete *Nordfriisk Instituut* in Bredstedt, das u. a. eine Fachbibliothek unterhält und Veröffentlichungen herausgibt, mehrere davon im friesischen Dialekt Sylts. In den Medien wird die Sprache sehr spärlich berücksichtigt. Der Norddeutsche Rundfunk strahlt regelmäßig nur drei Minuten wöchentlich auf Friesisch aus. In den Tageszeitungen des Schleswig-Holsteinischen Zeitungsverlags, also auch in der *Sylter Rundschau*, erscheint etwa monatlich eine Seite mit friesischen und niederdeutschen Artikeln. Das ursprüngliche nordfriesische Sprachgebiet im gesamten Westen des heutigen Kreises Nordfriesland ist in den letzten Jahrhunderten von Süden her eingeengt worden. Zahlenmäßige Schwerpunkte befinden sich auf dem Festland in der Gemeinde Risum-Lindholm und vor allem im Westen der Insel Föhr. Nordfriesisch ist eine der kleinsten Sprachen in Europa. Es gehört zu den durch die Europäische Sprachen-Charta (für Deutschland in Kraft seit 1999) geschützten Minderheitensprachen. Bei ihren Bemühungen wird die →friesische Volksgruppe durch das Land Schleswig-Holstein unterstützt, neuerdings auch durch die Bundesrepublik Deutschland.

Århammar 1967, 1976 u. 2000b, Munske 2001, Steensen 1989b u. 2001a, Steensen/Tadsen 2000.

Friesisch auf Sylt Der auf der Insel gesprochene Dialekt des →Friesischen heißt *Sölring*. Die Insulaner nennen also ihre Sprache und auch sich selbst nach ihrer Insel. Sie gehört zum Inselnordfriesischen, das hier seit der friesischen →Besiedlung im 7./8. Jahrhundert gesprochen wird. Das Altfriesische stand dem Altenglischen sehr nahe, was sich noch in vielen Sylter Wörtern zeigt:

Englisch	*Friesisch*	Deutsch
yet	*jit*	noch
key	*Kai*	Schlüssel
sleeve	*Sliiv*	Ärmel
sleep	*sliip*	schlafen
way	*Wai*	Weg
day	*Dai*	Tag

Das Nordfriesische wurde, gerade auch auf Sylt, stark vom Dänischen beeinflusst:

Dänisch	Friesisch	Deutsch
ild	*Jöl*	Feuer
ikke	*ek*	nicht
bygge	*bech*	bauen
ske	*Skair*	Löffel
skære	*skiar*	schneiden
ost	*Aast*	Käse
dreng	*Dreeng*	Junge
farvel!	*Faarwel!*	Auf Wiedersehen!

Die nordfriesische Orthographie – begründet von Jap P. →Hansen und verfeinert durch Boy P. →Möller – unterscheidet sich von der deutschen vor allem dadurch, dass ein langer Vokal immer durch Doppelschreibung, ein kurzer Vokal immer durch Einfachschreibung bezeichnet wird. Konsonanten werden nicht verdoppelt. *Hemel* (Himmel) wird also *Hemmel* gesprochen, *beter* (bitter) ist wie *better* zu sprechen, während das friesische Wort *beeter* mit langem Vokal „besser" heißt (→Friesisch auf Sylt – Schrift und Aussprache). Die meisten Schreibenden im Sylter Friesisch haben die Großschreibung der Substantive beibehalten, während die anderen nordfriesischen Dialekte bis auf das Helgoländische nach dem Zweiten Weltkrieg zur Kleinschreibung übergegangen sind. Das Sylter Friesisch besitzt eine besonders umfangreiche →friesische Literatur.

Für die anderen Nordfriesen, besonders auf dem Festland, ist das Sylter Friesisch am schwersten zu verstehen. Es unterscheidet sich vom Dialekt der Inseln Föhr und Amrum etwa so stark wie das Dänische vom Schwedischen. Die Vereinfachung des grammatischen Formensystems ist auf Sylt und Helgoland am weitesten fortgeschritten. Als eine sprachliche Besonderheit hat sich eine von älteren Menschen manchmal noch gebrauchte Eigentümlichkeit erhalten, die von den meisten anderen germanischen Sprachen bereits vor einem Jahrtausend aufgegeben wurde, der Dual: *wat* (wir beide), *at* (ihr beide), *unk* (uns beiden) und (unser beider), *junk* (euch beiden) und (euer beider).

Das *Sölring* ist relativ einheitlich. Vor allem die Morsumer Mundart weist jedoch einige Besonderheiten auf. Hier wird z. B. in manchen Wörtern das Schluss-*r* weggelassen, z. B. *Hau* statt *Haur* (Kopf), *Skai* statt *Skair* [skäär] (Löffel). In der Gegenwart sprechen auf der Insel kaum mehr als 700 Menschen *Sölring*, das sind wenig mehr als drei Prozent der Inselbevölkerung. Es handelt sich vorwiegend um Angehörige der älteren Generation. Örtlich liegt der Schwerpunkt in den Ostdörfern, vor allem in Morsum. Eine Statistik von 1965/66 erfasste auf der Insel 1 275 Friesischsprechende (rund 6 Prozent). Im Jahre 1898 lag der Anteil bei etwa 85 Prozent. Der gewaltige Rückgang wurde wesentlich herbeigeführt durch die erhebliche Umstrukturierung der Bevölkerung in der Folge des Fremdenverkehrs und auch durch den Zustrom von Flüchtlingen nach dem Zweiten Weltkrieg. Nützlichkeitserwägungen führten dazu, dass viele Eltern die Sprache an ihre Kinder nicht weitergaben, denn sie erschien weder für den schulischen noch den späteren beruflichen Erfolg von Vorteil. Heute kann demgegenüber auf die Vorzüge der →Mehrsprachigkeit hingewiesen werden. Geschwächt wird die Sprache auch weiterhin durch die Abwanderung vieler junger Menschen, die auf der Insel keine Arbeitsmöglichkeiten finden oder den teuren Wohnraum nicht bezahlen können. Um noch friesisch sprechende Sylter in genügender Zahl zusammenzubringen, lädt die →*Söl'ring Foriining* eigens zu Gesprächsnachmittagen (*Wat Snak üp Söl-ring* – Unterhaltung auf Friesisch) ein. Dieser Sylter Heimatverein setzt sich in vielfacher Weise für die ursprüngliche Sprache der Insel Sylt ein und fördert z. B. den →friesischen Unterricht an Schulen und die Berücksichtigung der Sprache in Kindergärten. Trotz dieser Bemühungen muss die friesische Sprache auf Sylt in der Gegenwart als akut bedroht angesehen werden.

Århammar 1967 u. 2000b, Munske 2001, Wilts 1996.

Friesisch auf Sylt – Schrift und Aussprache Lange Vokale (Selbstlaute) werden konsequent verdoppelt, z. B. *Week* (Woche), *Weeter* (Wasser) und *Kööv* (Stube), *Kööken* (Küche); daher auch *ii* statt deutsch *ie*, z. B. *lii* (liegen, legen), *Skiin* (Scheune). Abweichend schreibt man das gedehnte *a* und den langen *ä*-Laut (nur vor *r*!) mit Längestrich, z. B. *āp-/Āp-* (auf-/Auf-) und *Bēr* (Bett). Hierdurch konnte sowohl das Dehnungs-*h* als auch die Verdoppelung von Konsonanten (Mitlauten) entfallen. So sind et-

Grundzahlen auf *Sölring*:

1	*jen*	16	*sokstain*
2	*tau*	17	*soowentain*
3	*trii*	18	*achtain*
4	*fjuur*	19	*niigentain*
5	*fif* [füff]	20	*twuntig* [tuntich]
6	*soks*	21	*jenentwuntig*
7	*soowen*	30	*dörtig*
8	*aacht*	40	*fiartig*
9	*niigen*	50	*föftig*
10	*tiin*	60	*söstig*
11	*elev*	70	*sööwentig*
12	*twelev*	80	*tachentig*
13	*trötain*	90	*neegentig*
14	*fjuurtain*	100	*hönert*
15	*fiftain* [füfftein]	1000	*düüsent*

wa *Kat* (Katze) und *Kater* (Katzen) wie *Katt* und *Katter* zu sprechen, *Hün* (Hund) und *Hur* (Hut) wie *Hünn* und *Hurr*.

Sonstige Besonderheiten im *Sölring*:

- Der lange offene o-Laut wird nach dänischem Vorbild noch *aa* geschrieben, also z. B. *Baal* (Ball) wie [Bohl], *Jaar* (Jahr) wie [Johr].
- Die Diphthonge (Zwielaute) *ai* und *ia* werden vor *r* wie gedehntes [ä] gesprochen und fallen hier (außer in Morsum) gewöhnlich mit *ē*, neuerdings auch *e* zusammen. So lauten z. B. *Skair* (Löffel), *skiar* (schneiden, scheren) und *skēr* (scheiden) alle [*skäär*, Morsum: *skeer*]. Vor *l* wird *ia* wie [eä] ausgesprochen, z. B. in *Tial* (Sage, Märchen). Der Diphthong *ua* enthält das kurze o-haltige u + a.
- Vor *l*, *r* und *f* wird in einigen Wörtern noch *i* geschrieben, obwohl schon längst kurzes ö-haltiges [ü] gesprochen, z. B. in *Lir(en)* [lürr(n)] (Leute) und *fif* [füff] (fünf).
- Im Unterschied zum Deutschen hat das *Sölring* auch am Wortende kurze, betonte Vokale. Beispiele: *ja* (sie) (Mehrzahl), *Sne* (Schnee), *bi* (bei, an) (so auch die unbetonten Vorsilben *bi-*/*Bi-*, *gi-*/*Gi-* und der bestimmte Artikel *di*), *fo* (bekommen), *Mö* (Möwe), *Kü* (Kuh). Der Vokal wird hier offen und kurz „abgehackt" gesprochen, also [ja'], [sne'/ä'], [bi'/e'], [fo'/å'] usw.
- In den unbetonten Endsilben *-em*, *-er*, *-et*, *-ev* wird das *e* heute überwiegend wie kurzes, offenes [o] gesprochen: *Jerem* [järrom] (Arm), *Brööer*, *-n* [bröllo, -n] (Bruder, Brüder), *Korev*/*Korewer* [korrof/korrofo] (Korb, Körbe), *snaket* [snakkot] (redet(e), geredet). Auch *-en* wird in bestimmten Wörtern wie [on] gesprochen, z. B. *Jungen* [jungon] (Kind(er)), *tö siien* [siion] (zu sagen). – Die Wörtchen *en* (ein/-e) (unbestimmter Artikel) und *en* (und) werden [ön] gesprochen, also genau wie *ön* (in, an). Das unbetonte Pronomen *em* (man) wird [om] gesprochen.
- Die Konsonanten (Mitlaute) *p*, *t*, *k* werden zwischen Vokalen wie stimmlose [b, d, g] gesprochen, z. B. in *Aapel* (Apfel), *Mooter* (Mutter) und *Taaken* (Dächer).
- Im Wortinnern und am Wortende werden *g* und *w* (*v*) überwiegend wie [ch] bzw. [f] gesprochen, z. B. *Fügel* [füchel] (Vogel), *hoog* genau wie deutsch hoch, *Salig* [sallich] (Seehund) und *soowen* [soofen] (sieben), *Gluuv*/*Gluuwer* [gluuf/gluufo] (Spaten).
- Vor *p*, *t*, *k* wird *r* (hier wie am Wortende Hinterzungen-r) stimmlos gesprochen, d. h. praktisch wie [ch], vor *p* auch wie [f]; davor kann das Hinterzungen-r leicht mitklingen. Beispiele: *Tērp* [tä(ä)chp/tä(ä)fp] (Dorf), *Sērk* [sä(ä)chk] (Kirche), *Iarterbels* (*Iartapels*) [(j)ächtobols] (Kartoffeln), *Naachtert* [noochtocht] (Abendessen).
- Vor *-er* wandelt sich ein *-r* gewöhnlich in *-ð*, das überwiegend wie ein dickes [l] gesprochen wird, vor dem ein leichtes Hinterzungen-r mitklingen kann (vgl. *Faaðer* [fohlo] (Vater) usw.). Beispiele: *Hur*, *Huðer* [hullo] (Hut, Hüte), *Stair*, *Staiðer* [stäälo] (Stelle(n)), *jer'er* [jällo] (bevor er).
- *sj* wird etwa wie [sch] gesprochen, z. B. *sjung* [schung] (singen), *Sjip* [Schipp] (Schaf).

Amery/Cartwright 1999, Århammar 1967, Wilts 2001a.

Die Jahreszeiten auf *Sölring*:

Frühling	*Uurs* [Uus]
Sommer	*Somer*
Herbst	*Hārevst*
Winter	*Wunter*

Kirchliche Festtage auf *Sölring*:

Ostern	*Puask*
Pfingsten	*Pingster*
Weihnachten	*Jööl*

Die Wochentage auf *Sölring*:
Mondai, Tiisdai, Winjsdai [Winschdei], *Türsdai* [Tüssdei], *Friidai, Seninj* [-inj betont], *Sendai*

Friesische Bewegung Die friesische Bewegung, bestehend aus →friesischen Vereinen und Einzelpersonen, zielt auf die Bewahrung und Förderung der friesischen Sprache und Kultur ab. Im Zeichen der romantischen Zeitströmung wurde der friesischen Geschichte und Sprache seit dem beginnenden 19. Jahrhundert starkes Interesse entgegengebracht. Wichtige Werke entstanden. In den 1840er Jahren gelangten einzelne Nordfriesen zu der Erkenntnis, dass sie aufgrund ihrer eigenen Sprache und Geschichte keine Deutschen oder Dänen, sondern Friesen seien. Man plante eine eigene Zeitschrift, ein gesamtnordfriesisches Wörterbuch, friesische Volksfeste. Dieser erste Ansatz zu einer eigenen friesischen Bewegung wurde aber überschattet vom inzwischen aufgebrochenen Gegensatz zwischen Deutsch und Dänisch im Herzogtum Schleswig. Immer wieder überlagerte dieser übermächtige Konflikt die friesischen Bestrebungen, so während und nach der →Volksabstimmung 1920 und nach dem Zweiten Weltkrieg.

Nationalpolitisch standen die allermeisten Nordfriesen seit den 1840er Jahren auf der Seite der deutschen Schleswig-Holsteiner. Hier wirkte sich vor allem die jahrhundertelange Verbindung mit deutscher Kirchen- und Schulsprache aus. Auch die ersten friesischen Vereine, 1879 für Niebüll-Deezbüll und sodann 1902 für ganz Nordfriesland gegründet, waren deutsch ausgerichtet und Teil der Heimatbewegung. Dagegen betonten die →Nationalen Friesen, die 1923 einen eigenen Verein gründeten, die Selbstständigkeit der Friesen; sie arbeiteten mit der dänischen Minderheit zusammen. Es kam zu einem heftigen friesischen „Bruderkampf". Heute wirken die verschiedenen friesischen Vereine eng zusammen. In ganz Nordfriesland sind tätig:

- Nordfriesischer Verein, insgesamt etwa 4 900 Mitglieder, mit zahlreichen angeschlossenen örtlichen Vereinen, darunter die →*Söl'ring Foriining*,
- *Foriining for nationale Friiske*, ca. 600 Mitglieder.

Der Verein Nordfriesisches Institut, gegründet 1948, ca. 850 Mitglieder, fungiert als Trägerverein des 1965 eingerichteten *Nordfriisk Instituut* in Bredstedt.

Ein eigener friesischer Standpunkt wurde von den deutschen Regierungsbehörden lange Zeit nicht respektiert. So war in den 1920er Jahren die „Eindeutschung" der Friesen das politische Ziel. Erst seit 1990 ist die →friesische Volksgruppe in der Verfassung des Bundeslandes Schleswig-Holstein verankert.

Jensen 1961/93, Steensen 1986, 1989b, 1996b u. 2001d.

Friesische Lieder „Frisia non cantat" (Friesland singt nicht) heißt es zwar, doch gibt es eine ganze Reihe friesischer Lieder. Es sind aber kaum alte Sylter Singstücke überliefert. Die ersten Lieder veröffentlichte Jap P. →Hansen 1811. Viele Stücke wurden um 1900 geschrieben und gedruckt. Um diese Zeit entstand auch die Inselhymne →„*Üüs sölring Lön*" von C. P. →Christiansen. In den ersten Jahren des 20. Jahrhunderts gaben Erich →Johannsen, Boy Peter →Möller und Andreas →Hübbe kleine Liederbücher für Sylt heraus, Hermann →Schmidt sodann 1930 und wieder 1973. Ein umfangreicheres Liederbuch, zusammengestellt von Moiken Lassen, veröffentlichte die →*Söl'ring Foriining* 1980. Ein 2000 erschienenes kirchliches Gesangbuch enthält auch Lieder auf Sylterfriesisch.

Nordfriisk Instituut.

Titelblatt für das Lied *„Di Sol'ring Moodersproak"* (Die Sylter Muttersprache), um 1900
(Sylter Archiv)

Sylterfriesische Liederbücher
in chronologischer Folge:

Erich Johannsen: Üt Sölring Komedistekken. Söl'ring Leedtjis, Westerlön 1903.
Boy P. Möller: Söl'ring Leedji-Bok, Wēsterlön' (1910/11).
Andrees Hübbe: Söl'ring Leedjis, Hamburg/Altona 1911.
Andrees Hübbe: Söl'ring Dechtings en Leedjis (ütsaacht Steken), Hamburg 1911, 1913, 1927.
Hermann Schmidt: Let üüs da sjung...! Söl'ring Leedjibok, Husum 1930.
Hermann Schmidt: Nii söl'ring Leedjis, Bräist 1973.
Moiken Lassen (me Help fan Meinert Nielsen): Let üüs Sölring sjung. 48 Sölring Leedjis, Kairem 1980.
Ernst Martin Dahl: Loow nü e Hiire, Bräist/Bredstedt 2000.

Erich Johannsen dichtete 1903:

„Nuurðfriislöns Liren ken ek sjung",
en Spreekuurt sair't, diar es nönt mung,
dit let wü üüs fan nemen nem,
haa sölring Spraak, haa sölring Stem,
en hur en lüstig Brölep es,
diar sjung's en Leedji, hat es wes.

„Die Nordfriesen können nicht singen",
sagt ein Sprichwort, da ist nichts dran,
das lassen wir uns von niemandem nehmen,
haben Sylter Sprache, haben Sylter Stimme,
und wo eine lustige Hochzeit ist,
da singen sie ein Lied, das ist gewiss.

Friesische Literatur ist vor allem im 19. und 20. Jahrhundert entstanden. Aus der altfriesischen Periode (ca. 1300-1550) liegen Rechtstexte und Urkunden aus den ost- und westfriesischen Gebieten, nicht aber aus Nordfriesland vor. Das älteste nordfriesische Sprachdenkmal, eine Übertragung des Kleinen Katechismus von Martin Luther ins Föhrer und Nordstrander Friesisch, stammt von etwa 1600. Im Jahre 1809 entstand das erste gedruckte Buch in nordfriesischer Sprache. Es handelt sich um die auf Sylter →Friesisch *(Sölring)* geschriebene Komödie *„Di →Gidtshals of di Söl'ring Pid'ersdei"* von Jap Peter →Hansen. Parallel zu den Bemühungen um das Friesische entstand fortan eine Vielzahl von Veröffentlichungen mit friesischen Gedichten, Erzählungen und Theaterstücken. Eine besonders umfangreiche Überlieferung liegt in der friesischen Sprache der Insel Sylt vor. Ältestes Sprachgut sind die →friesischen Sprichwörter. Jap P. →Hansen gilt als Begründer der friesischen Literatur in Nordfriesland. Von den vielen weiteren Verfasserinnen und Verfassern auf Sylt seien hier nur genannt: Christian Peter →Hansen, der vor allem als Chronist bedeutsam war, Erich →Johannsen, der viele beliebte Theaterstücke schrieb, und insbesondere Jens →Mungard, der als bedeutendster Dichter in nordfriesischer Sprache gilt. Außerdem sei beispielhaft hingewiesen auf Max →Bossen, C. P. →Christiansen, Anna →Gantzel, Brunhilde →Hagge, Harald →Hansen, Andreas →Hübbe, Hermann →Schmidt, Erk Uwe →Schrahé und Wilhelm →Siemens. U. a. durch friesische Schreibwettbewerbe wird die literarische Produktion gefördert. Bei einem nordfriesischen Erzählwettbewerb im Jahre 2001 erhielt die sylterfriesische Erzählung über einen jungen Selbstmörder den ersten Preis; sie wurde geschrieben von Hans-Joachim Meyer aus Hamburg, der das *Sölring* erst als Erwachsener erlernte.

Århammar 1967, Frank 1995/98 u. 2001, Meyer 2001, Schmidt 1961, Steensen 1999, Wilts 2000b u. 2001b.

Im Gedenken an Wilhelm Siemens 1897-1984
Gedichte sind bunte Rauten aus Freude, Schmerz und Sinnen; sie scheinen nicht weit nach draußen, ihr glühendes Licht ist innen.
(Foto: Harry Kunz)

Friesische Namen →Ortsnamen, →Personennamen

Friesischer Unterricht Offizielle Schulsprache war in Nordfriesland seit der Reformation das →Niederdeutsche, seit dem 17. Jahrhundert das Hochdeutsche. Sicherlich bedienten sich viele Lehrkräfte auch des Friesischen, was jedoch schon in der Zeit des dänischen Gesamtstaats mehrfach durch die Regierung beanstandet wurde. Die →*Foriining fuar Söl'ring Spraak en Wiis* forderte 1900, vermutlich auf Initiative Andreas →Hübbes, die Berücksichtigung des Friesischen im Schulunterricht. Von 1909 an wurden an den Sylter Schulen erstmals reguläre friesische Stunden erteilt. Die Grundlage bildete ein von Boy Peter →Möller erarbeitetes Lesebuch. Es ergaben sich jedoch schnell politische Verwicklungen. Der preußische Kultusminister verbot den Friesischunterricht an der Volksschule in Westerland. Denn als Leitbild galt die nationale und sprachliche Einheitlichkeit.
Im Jahre 1928 führte die Regierung in Schleswig eine regelmäßige friesische Wochenstunde an den Schulen im nordfriesischen Sprachgebiet ein. Verdienste auf Sylt erwarb sich insbesondere der Lehrer Hermann →Schmidt. In der Zeit des Nationalsozialismus ging der friesische Unterricht zurück. Nach dem Zweiten Weltkrieg wurde er wieder aufgenommen. Ein gezielter Ausbau durch Kultusministerium und Schulamt setzte 1976/77 ein, beginnend auf Sylt. Im Jahr 2000 wurde an neun Schulen der Insel Friesischunterricht erteilt, über 250 Schülerinnen und Schüler nahmen daran teil. Der Unterricht beschränkt sich jedoch fast ganz auf die Grundschulklassen und wird an den weiterführenden Schulen kaum angeboten. Angehende Lehrkräfte können das Fach Friesisch an der Universität Flensburg (für Grund- und Hauptschulen, Realschulen) und an der Universität Kiel (für Realschulen, Gymnasien) studieren. Seit den 1990er Jahren wird die friesische Sprache auch in Kindergärten der Insel Sylt berücksichtigt, in der Gegenwart in sechs Einrichtungen.
Für Erwachsene besteht die Möglichkeit, die ursprüngliche Inselsprache in Kursen zu erlernen. An diesem Angebot der →*Söl'ring Foriining* nahmen z. B. im Winterhalbjahr 2001/ 02 etwa 90 Menschen teil.

Clemenz 1970, Steensen 1983, 1986, 1996b u. 2002b.

Friesischer Unterricht in der Rantumer Schule vor etwa einem halben Jahrhundert (Sylter Archiv, Foto: Kersten)

Sylterfriesische Unterrichtswerke:

Brunhilde Hagge: Sölring Liirbok I, Bräist/Bredstedt 1977, II, 1978.
Ommo Wilts: Üüs Sölring Liirbok/ Friesisches Lehrbuch, Husum 1981, 2. Aufl. 1986.
Inken Völpel-Krohn (Hrsg.): Sölring fuar Bigensters. Programmierter Lehrgang des Sylter Friesisch, Kiel 1991.
Ommo Wilts: Friesische Formenlehre in Tabellen. IV: Sylt, Husum 1995.
Landesinstitut Schleswig-Holstein für Praxis und Theorie der Schule: Handreichungen für den Friesischunterricht. Sölring, Kronshagen 2001.
Fryske Taal Rotonde. Me Sölring ön di Kring, 2 Bde., Bräist/Bredstedt 2002.

Friesischer Weihnachtsbaum →Sylter Weihnachtsbaum

Friesische Sprichwörter *(Spreekuurter)* Sprichwörter sind wie →Sagen, Märchen und Reime sprachliche Schöpfungen der Volksüberlieferung, die sich durch Wanderung verbreiteten. Sie gehen zum Teil auf antike und biblische Überlieferung zurück und sind weniger regionstypisch als vielmehr einer gesamteuropäischen Sprichworttradition zugehörig. Insofern gibt es kaum nordfriesische Sprichwörter, sondern hauptsächlich Sprichwörter in nordfriesischer Sprache. Die Ausnahme bildet eine kleine Gruppe, die anhand ihrer bäuerlich-seemännischen Thematik in Verbindung mit charakteristischen Landschaftsbildern und kulturellen Eigenheiten eindeutig als nordfriesische und insbesondere als Sylter Aussprüche zu identifizieren sind. Die erste nordfriesische Sprichwörtersammlung war der „Freske Findling" des Sprachpflegers Moritz Momme Nissen (1822-1902) aus Enge. Sie enthält Sprichwörter in den verschiedenen nordfriesischen Mundarten, in Westfriesisch und in Englisch. Zwei in Sprichwortform gekleidete Ausrufe gelten als Wahlsprüche der Nordfriesen: →*Rüm Hart, klaar Kiming!* und →*Lewer duar üs Slaav*, doch ist letzterer eine gelehrte Erfindung und gehört nicht zum Bestand alter friesischer Sprichwörter. Sylterfriesische Sprichwörter sind zunächst einmal an der Sprache identifizierbar. Auch die Verwendung von Orts- und Personennamen sowie die geschilderten Eigentümlichkeiten des Wetters und der Landschaft „verraten" die lokale Herkunft.

Einige Beispiele sylterfriesischer bzw. nordfriesischer Sprichwörter:

a) formale Mittel mit dem Sonderwortschatz des *Sölring* bzw. des Nordfriesischen:
Jil an Jil es dach lik gleer. – Aal und Geld sind doch gleich glatt.
Tö Pingster spring ali jung Hingster. – Zu Pfingsten springen alle jungen Pferde.
Di Swin sin Jen es di Märig sin Bigen. – Das Ende des Schweins ist der Anfang der Wurst.
b) Personennamen:
Diar kām Jap tö Düür. – Da kam Jap herein, d. h. da kam die Wahrheit heraus.
c) Ortsnamen:
Hi daaget āp üs Heliglön ön Töök. – Er tauchte auf wie Helgoland aus dem Nebel.
d) regionstypische Wetterregeln:
Moridai Feest haa di Wiipen trii Aier ön Neest. – Am Marientag (24. März) haben die Kiebitze drei Eier im Nest.
Nuurðuast Riin en ual Wüfens Kiiwin heer oler niin Jen. – Regen aus Nordost und das Keifen alter Weiber nehmen nie ein Ende.
e) Eigentümlichkeiten der Nordseeküste:
Diar di Dik liigst es, gair di Flör jest aur. – Wo der Deich am niedrigsten ist, geht die Flut zuerst herüber.
Dit wel ske, wan Weestersir drüch lapt. – Das wird geschehen, wenn das Meer an der Westküste (Sylts) trockenfällt – (also nie).
„Ark Drööp helpt", sair di Müürk en peset ön Heef. – „Jeder Tropfen hilft", sagte die Ameise und pinkelte ins Wattenmeer.
Dü must ek förter ütwaar ön Heef, üs dat uk weðer tö Lön kum kenst. – Du sollst nicht weiter in das Wattenmeer hinauswaten, als dass du auch wieder an Land kommen kannst.
f) charakteristische Landschaft und Tiere:
Diar sproong di Haas üt di Halemtot. – Da sprang der Hase aus dem Strandhafer, d. h. da kam es heraus.
Diar eeset me en Söngreevling, fangt wel aaft en Wetling. – Wer einen Sandspierling als Köder nimmt, fängt wohl oft einen Schellfisch.
g) typische Speisen:
Diar ön di Kual spütet, mut en salev āpiit. – Wer in den Kohl spuckt, muss ihn selber essen.
h) Gegensatz Bauer/Seemann:
En Seeman tö Hingst es en Gruul fuar Got. – Ein Seemann zu Pferde ist ein Gräuel vor Gott.

Århammar 1967, Möller 1916, Wielandt/Schmidt 1966, Wilts 1996 u. 2000b, Winger 1992 u. 1993.

Friesisches Wörterverzeichnis →Seite 404

Friesische Vereine wurden zur Förderung der friesischen Sprache und Kultur, aber auch zur Pflege der Geselligkeit in Nordfriesland seit 1879 gegründet. Sie gehören zur →friesischen Bewegung. Auf Sylt bildete sich als erste derartige Vereinigung 1900 die →*Foriining fuar Söl'ring Spraak en Wiis.* Fünf Jahre später wurde die →*Söl'ring Foriining* gegründet. Als erster Heimatverein für ganz Nordfriesland entstand 1902 der Nordfriesische Verein, dem sich auch die *Söl'ring Foriining* angeschlossen hat.
Steensen 1986 u. 2002a.

Friesische Volksgruppe In der Verfassung des Bundeslandes Schleswig-Holstein wird der friesischen Volksgruppe seit 1990 „Anspruch auf Schutz und Förderung" zugesichert. Für die Zugehörigkeit ist allein die individuelle Gesinnung und Entscheidung maßgeblich.
Steensen 1993.

Friesische Wörterbücher gibt es für die wichtigsten nordfriesischen Dialekte. Für die Erstellung eines großen gesamtnordfriesischen Wörterbuchs wurde 1950 an der Universität

Kiel eigens die Nordfriesische Wörterbuchstelle eingerichtet. Das Hauptwerk für das →Friesisch auf Sylt (*Sölring*) schuf der Lehrer Boy Peter →Möller mit dem „Söl'ring Uurterbok, Wörterbuch der Sylter Mundart", Hamburg 1916.
Nordfriisk Instituut.

Weitere Wörterbücher für das Sölring:

Nann Mungard: For Sölring Spraak en Wiis, Keitum 1909.
Hermann Schmidt: Wörterbuch der Sylterfriesischen Sprache (Söl'ring Uurterbok), Keitum 1969.
Hermann Schmidt: Wörterbuch Hochdeutsch/Sylterfriesisch (Dütsk/Söl'ring), Keitum 1972.
Anna Gantzel/Ommo Wilts: Sölring fuar sölring Skuulen. Friesisches Schulwörterbuch (Sylterfriesisch-Deutsch/Deutsch-Sylterfriesisch), Keitum 1978, 3. Aufl. 2001.
Erk Uwe Schrahé: Deutsch-Söl'ring zum Söl'ring Uurterbok, Wörterbuch der Sylter Mundart von Boy P. Möller, Rantum 1990 (Privatdruck).
Heather Amery & Stephen Cartwright: Min jest düüsend Uurter. Fuar dit Sölring biaarbert fan Nils Århammar, Bräist/Bredstedt 1999 (Bildwörterbuch).

Frieslande Das einstige Siedlungsgebiet der →Friesen zwischen Rhein und Weser war vielleicht ursprünglich eine zusammenhängende Region. Früh drang das Meer aber mit tiefen Einschnitten ins Land vor, die durch Sturmfluten im Laufe des Mittelalters noch vergrößert wurden. Einige Gebiete wie die Region westlich der Zuiderzee und das Land um Groningen gaben zudem im Laufe der Zeit ihren friesischen Charakter auf. Heute gibt es drei Frieslande:
– die Provinz Friesland der Niederlande (Fryslân), in Deutschland Westfriesland genannt. Von den ca. 500 000 hier lebenden Menschen sprechen rund 80 Prozent →Friesisch.

Ostfriesland im deutschen Bundesland Niedersachsen mit einer Bevölkerungszahl von ca. 600 000. Die Menschen hier fühlen sich sehr bewusst als Friesen, obwohl sie die friesische Sprache schon lange verloren haben und zum →Niederdeutschen übergegangen sind.

Besuch aus Westfriesland auf Sylt 1908 (von links): Nann →Mungard, der westfriesische Sprachwissenschaftler Pieter Sipma, Jens →Mungard (oben), Erich →Johannsen (unten), Paul A. →Dirks
(Nordfriisk Instituut, Thomas Steensen)

– →Nordfriesland. Von den hier lebenden 160 000 Menschen wird sich vielleicht ein Drittel als Friesen bezeichnen, nur ein Teil von ihnen spricht Friesisch.
Obgleich sich die Frieslande im Laufe der Jahrhunderte sehr unterschiedlich entwickelt haben, ist doch ein Zusammengehörigkeitsgefühl erhalten geblieben. Man gründete zum Beispiel einen →Friesenrat und trifft sich zu →Friesenkongressen oder bei anderen gemeinsamen Veranstaltungen.
Munske 2001, Steensen 1990 u. 2001b/e.

„Frii es di Feskfang" sangen in der von C. P. →Hansen erdichteten Geschichte über →Pidder Lüng die Söhne des Jacob Lüng. Die Familie wohnte im →Kressen-Jacobs-Tal bei Hörnum. Den Söhnen unterstellte man allen Mutwillen und Unfug, der auf der Insel geschah. Zugestopfte Schornsteine, zugebundene Türen, umgeworfene Windfahnen, verschleppte Wagen und entführte Pferde, alles ging auf ihre Rechnung. Pidder soll den Sohn des Tonderner Amtmanns im heißen Grünkohl erstickt haben. Ihre Überzeugung brachten die Brüder in dem Lied vom freien Fischfang und Strandgang zum Ausdruck. Dieses Motto in Sylter →Friesisch ist der wohl bekannteste Vers auf *Sölring* überhaupt. Detlev von →Liliencron stellte ihn seiner bekannten Ballade „Pidder Lüng" voran, die in früheren Zeiten zahllose Schülerinnen und Schüler auswendig lernten.

Das Lied der Lüng-Söhne beginnt
mit folgenden Zeilen:

Frii es di Feskfang,
Frii es di Jacht,
Frii es di Ströngang,
Frii es di Nacht,
Frii es di See, di wilji See
En di Hörnemer Ree!

Frei ist der Fischfang,
Frei ist die Jagd,
Frei ist der Strandgang,
Frei ist die Nacht,
Frei ist die See, die wilde See
Und die Hörnumer Reede!

Århammar 1967, Hansen 1858a u. 1875, Pahl/Carstensen 1973.

Max Frisch

Frisch, Max * 15.5.1911 Zürich, † 4.4.1991 Zürich, Architekt, Erzähler und Dramatiker. Der Schweizer Schriftsteller war in den Jahren nach dem Zweiten Weltkrieg Dauergast im Haus seines Verlegers Peter →Suhrkamp in Kampen. Dort badete er „ohne alles, und das ist herrlich" in den Abendstunden „in purem Messing oder Nickel", „hinter dem wässrigen Horizont" eine „silberne Garbe von Sonne". Seine Beobachtungen und Empfindungen hielt er in seinem „Tagebuch 1946-1949" fest.

Max Frisch beschrieb in seinem „Tagebuch" einen Blick aus dem Fenster des Hauses Suhrkamp: „Was ich an Menschenwerk sehe: sechs Häuser, weit ins Weite verstreut, jedes einsam, geduckt unter einer Kapuze aus mausgrauem Schilf. Ganz in der Ferne sieht man den Hindenburgdamm."

Frisch 1976, Hörning 1999, Rost 1996, Wedemeyer 1986.

Frisia Der 1900 gebaute Raddampfer Frisia – das ist die lateinische Bezeichnung für Friesland – bediente zu Anfang des 20. Jahrhunderts die →Verkehrsanbindung Hoyerschleuse-Munkmarsch. Das Schiff war fast 40 Meter lang und gut 5,5 Meter breit. Es konnte 450 Passagiere und 65 Tonnen Fracht transportieren. Nach dem Bau des Hindenburgdamms 1927 wurde das Schiff nach Lübeck verkauft, fuhr ein Jahr lang auf der Ostsee und anschließend als Hafenschlepper in Berlin.

Detlefsen 2002.

Frisia non cantat →Friesische Lieder

„Frisia zur Nordwacht" heißt die Loge der Sylter →Freimaurer. Sie wurde 1915 von damals auf der Insel stationierten Soldaten und Ortsansässigen in Westerland gegründet und erlebte einen starken Mitgliederzuwachs. Nach der NS-Machtübernahme 1933 versuchte die Loge ein Verbot zu umgehen, indem sie sich auf eine „deutsch-völkische Lebensanschauung" festlegte. Auf Druck der NSDAP erklärte die Loge 1935 schließlich doch ihre Auflösung. Einige Mitglieder sahen sich auch weiterhin drangsaliert und bespitzelt. Heute treffen sich wieder mehr als 60 Brüder regelmäßig im Logenhaus in der Strandstraße 10.

Winter 1967.

Frisistik ist die Wissenschaft von der →friesischen Sprache, Literatur und Landeskunde.

Munske 2001.

Frödden Der Name des alten Tinnumer Geschlechts tauchte in alten Urkunden auch als Fröden, Frödsen, Frydden, Frud(d)en, Früd(d)en, Frutzen, Frörzen, Fricks und Frerck auf. Die Mitglieder der Familie bekleideten über Jahrhunderte hinweg öffentliche Ämter auf der Insel. Frödde →Frödden z. B. war →Landvogt, Schwen Frödden 1645 Kirchspielvogt in Westerland. 1665 bis 1680 hatte Bleicke Frödden das Amt des →Strand- und Kirchspielvogts in Westerland inne. Erck, Fröd und Peter Frödden waren 1645 Mitglieder des →Sylter Rats, ebenso in späteren Jahrhunderten die Tinnumer Kapitäne Ebe Peter (1752-1819), Peter Peter (1773-1838) und Peter Albert Frödden (1810-1888). Friedrich →Frödden schenkte der Keitumer Kirche eine Orgel. Er ist der Vater der 1855 in Tinnum geborenen Gondel Peter Frödden, die als Erbin des Fröddenhofes den Kapitän Jan Meinerts Peters heiratete. Aus der Frödden-Familie stammt auch Anita Öchsle, deren Sohn Hans als Kapitän auf großen Öltankern fährt. In Tinnum erinnern der „Fröddenwai" und der „Fröddenhof" an die Familie, auf dem Keitumer Friedhof stehen noch vier Grabsteine.

Bleicken 1977, Krohn 1972, Rinken 1992, Voß 1993.

Das 1973 gestohlene „Frödden-Epitaph“ ist ein auf Holz gemaltes Ölbild aus dem Jahre 1654. Auf einem Schriftband stehen die Namen Karren Swennen, Swen Fröden, Fröde Frödesen, Bleck Fröden, Neckels Fröden, Jens Fröden.
(Schmidt-Eppendorf 1977)

Frödden, Andreas →Sklaverei

Frödden, Friedrich * 13.8.1747 Tinnum, † 1830 Tinnum, Kapitän. Friedrich Frödden ist ein Nachkomme des Sylter Landvogts Frödde →Frödden. Seine Eltern waren Frödde Erichen und Merret Frödden. Friedrich wurde als Kapitän auf der Westindienroute vermögend, blieb unverheiratet und lebte eine Zeit lang in England. 1787 schenkte er der Kirchengemeinde von →Sankt Severin in Keitum die erste Orgel auf Sylt. Mehrfach renoviert und umgebaut, wurde sie 1999 der katholischen Kirche Sankt Stanislaus in Posen/Polen vermacht. Fröddens Geburtshaus brannte 1834 ab, jedoch erinnern die Maueranker F-F im Gartenweg 10 in Tinnum an den Spender.
Voß 1993.

Frödden, Frödde * 16. Jahrhundert Tinnum, † „unlengst“ vor dem 20.5.1635 Tinnum, Landvogt. Der Stammvater der →Frödden-Familie trat 1623, mitten im Dreißigjährigen Krieg, die Nachfolge von Take Knuten als Sylter →Landvogt an. Er ließ →Sankt Martin in Morsum zur Wehrkirche ausbauen und verhinderte 1628 mit Umsicht und Verhandlungsgeschick eine Plünderung durch kaiserliche Truppen. 1654 wurde in der Keitumer Kirche →Sankt Severin ein Epitaph angebracht, das fünf Söhne und eine Schwiegertochter Fröddens zeigt. Die Familie hatte sich, wie der Chronist Henning →Rinken berichtete, sowohl in Kriegs- als auch in Friedenszeiten besonders verdient gemacht. Das Epitaph wurde 1973 aus der Kirche gestohlen.
Bleicken 1977, Rinken 1992, Voß 1993.

Fröddenwai Sylterfriesischer Straßenname in Tinnum. Der Weg erinnert an das alte Sylter Geschlecht →Frödden.
Möller 1916.

Fuar Söl’ring Lir In der Zeitungsbeilage *Fuar Söl’ring Lir* (Für Sylter Leute) erschienen jahrzehntelang Gedichte, Erzählungen und andere Texte in der →friesischen Sprache der Insel Sylt, dem *Sölring*. Gegründet wurde sie 1926 von den jungen Lehrern Hermann Fr. →Runge, der aber schon 1929 starb, und Hermann →Schmidt. Sie konnten den Herausgeber der →*Sylter Zeitung*, Carl →Meyer, für ihr Vorhaben gewinnen. Das friesische Blatt erschien zumeist monatlich bis 1940. 1953-70 führte Her-

In mehreren Jahrzehnten erschienen friesische Texte in der Zeitungsbeilage *Fuar Söl’ring Lir*.
(Nordfriisk Instituut)

mann Schmidt es als Beilage der →*Sylter Rundschau* weiter. Insgesamt kamen über 300 Nummern heraus. In keinem anderen nordfriesischen Dialekt ist über so lange Zeit eine friesische Zeitschrift erschienen. Ein ungedrucktes Register liegt vor.
Nordfriisk Instituut, Sylter Archiv.

Füchse *(Fosen)* Im strengen Winter des Jahres 1814 war das Watt bis in den April hinein zugefroren. Die Sylter befürchteten damals eine Kosakeninvasion und hielten sich mit kleinen Schanzen zur Verteidigung bereit. Statt der Kosaken kamen Füchse über das Eis, die man durch gezielte Ausrottung aber wieder los wurde. Ende der 1930er Jahre wanderten sie ungehindert über den Hindenburgdamm nach Sylt ein. Nach dem Zweiten Weltkrieg vermehrten sich die Tiere ganz besonders, als sie in den Ruinen der Kriegsbunker hausten, wo sie kaum zu bejagen waren. Füchse, deren Population heute einige hundert Tiere auf Sylt beträgt, waren die Ursache für das Verschwinden vieler Brutvögel. So sitzen heute auf Sylt im Vergleich zu den anderen deutschen Nordseeinseln deutlich weniger Vögel auf ihren Eiern. Um die 100 Füchse werden durchschnittlich im Jahr erlegt.
Quedens 2000b, SLL Nr. 6 (1928).

Fuglsang, Hans * 12.1.1889 Hadersleben, † 21.6.1917 bei Juniville (Champagne), Maler. Der Sohn eines Brauereibesitzers studierte an der Kunstakademie in München. Zu Studienzwecken besuchte er 1910-12 die Insel Sylt. Er wohnte bei Fischern in Kampen und malte ausschließlich in der engeren Umgebung. In die Reihe einiger bemerkenswerter Gemälde, Studien und Zeichnungen gehört das Ölbild „Landschaft auf Sylt, 1910". 1916 wurde er zum Kriegsdienst einberufen.
Schulte-Wülwer 1996.

Fünf-Städte-Heim heißt das größte →Kinder- und Jugendheim an der Nordseeküste. Der Gebäudekomplex wurde 1937 auf einer knapp 50 000 Quadratmeter großen Fläche in Hörnum als Offiziers-Erholungsheim errichtet. 1947 gründeten die Bürgermeister der Städte Elmshorn, Pinneberg, Wedel, Uetersen und Kellinghusen sowie der Gemeinden Tornesch und Neuendeich den „Fünf-Städte-Verein Pinneberg" als Träger eines Jugenderholungsheimes auf Sylt. Bis 1969 pachteten sie die Gebäude in Hörnum, dann wurden sie ihnen vom Bundesvermögensamt unentgeltlich überlassen. Die jährlich etwa 8 000 Kinder und Jugendlichen im Alter zwischen acht und fünfzehn Jahren kommen mittlerweile aus allen Teilen Deutschlands, um in der Zeit zwischen März und Oktober gesunde und abwechslungsreiche Ferien in Hörnum und auf Sylt zu verbringen.
Sawallich 1992c.

Der Ostflügel des Fünf-Städte-Heims in Hörnum, 1950er Jahre (Sylter Archiv)

Gaarden sind Fangzäune aus einem Weidengeflecht für den Fischfang in →Fischgärten.

Gaat (auch Gaadt) Sylterfriesischer Straßenname in Keitum, Morsum, Wenningstedt und Westerland. *Gaat* bezeichnet einen „Hohlweg" bzw. eine „enge Gasse". Die *Gaat* in Keitum verläuft zwischen zwei Höhenzügen von Norden nach Süden durch das ganze Dorf.
Möller 1916.

Galerien Das erste „offene" Atelier auf Sylt richtete der Maler Franz →Korwan-Katzenstein gegen Ende des 19. Jahrhunderts in Westerland ein. Zu den Besuchern seiner beliebten Teegesellschaften gehörten vorwiegend Künstlerkollegen und prominente Badegäste. Ähnlich publikumswirksam arbeitete nach dem Zweiten Weltkrieg der Maler Siegward →Sprotte in Kampen. Heute sind in vielen Gemeinden Sylts bildende Künstler aktiv und bieten ihre Werke auch direkt zum Verkauf an. Vor allem Kampen und die Dörfer in Sylt-Ost schmücken sich mit einer breit gefächerten Künstlerszene. Sie bieten ein gutes Dutzend Galerien und Ateliers und in etwa ebenso viele Betriebe und Geschäfte für →Kunsthandwerk und Kunstgewerbe. Gezeigt werden außer den Arbeiten großer bekannter Maler auch die Werke von Sylter Kunstschaffenden und von begabten jungen Künstlerinnen

und Künstlern. Öffentliche Ausstellungen präsentieren die Westerländer Stadtgalerie in der →Alten Post, das →Sylter Heimatmuseum, die Keitumer Kurverwaltung und das →*Muasem Hüs*.
v. Bremen 1999.

Galighoog *(Galig* = Galgen) heißt ein bronzezeitlicher →Grabhügel auf der Heide zwischen Keitum und Munkmarsch. Der Sage nach soll hier 1515 →Pidder Lüng, Fischer, steckbrieflich gesuchter Freiheitskämpfer und schließlich Seeräuber, für seine Taten gebüßt haben.

Gantzel, Anna geb. Walter * 10.4.1898 Keitum, † 10.11.1984 Keitum, friesische Sprachpflegerin. Anna Gantzel verlor schon im Kindesalter beide Eltern und erlebte das schwere Schicksal eines Waisenkindes. Sie fand Anstellung als Hausgehilfin im Keitumer Pastorat („Anna Pröst") bei Jacob Reinhardt, 1923-37 als Betreuerin des →Altfriesischen Hauses, wobei sie sich zusätzlich als Lohnweberin, Koch- und Waschfrau durchschlug. Später wurde sie Haushälterin bei Peter Gantzel, dessen Sohn Lorenz sie heiratete. „Gelernt habe ich nichts – außer Arbeiten", sagte sie einmal von sich. Das Ehepaar bewirtschaftete einen mustergültigen Bauernhof. Nach dem Tod ihres Mannes wandte sich Anna Gantzel, fast 70 Jahre alt, mit ihrer großen Energie der bedrohten friesischen Sprache zu. Angeregt und begleitet wurde sie dabei insbesondere von dem Sprachwissenschaftler Nils →Århammar. Sie übersetzte, dichtete, sammelte, häufig vom frühen Morgen bis zum späten Abend. So entstanden u. a. Übersetzungen von zwei Bullerbü-Geschichten, Hänsel und Gretel, Max und Moritz sowie ein Schulwörterbuch und ein Lesebuch. Innerhalb weniger Wochen übersetzte sie den 20 000 Wörter umfassenden kleinen Duden ins Sylter →Friesisch. Für die frisistische Sprachwissenschaft war Anna Gantzel eine wichtige Gewährsperson. Einige Jahre lang erteilte sie →friesischen Unterricht an der Schule in Keitum. Sie war Ehrenmitglied des Nordfriesischen Vereins und erhielt 1969 zusammen mit Benedikte →Petersen und Boy →Matzen den →C.-P.-Hansen-Preis. Viele Fäden der friesischen Bestrebungen auf Sylt liefen bei ihr zusammen. „*Förtermaaki!*" sagte sie kurz vor ihrem Tod – „Weitermachen!"

Anna Gantzel (1965):

Gung ek fuarbi!

Gung ek fuarbi, wan Bloomen blostri,
bliiv stuunen, wan di Fügler sjung.
Let di dit Leewent jit wat kosti,
bal best dü ual en ek muar jung.

Luki āp jens tö di Hemel,
frügi di aur Sen en Muun,
frügi di, wan diar gans jemelk
tau jung Lir töhop jit stuun.

Frügi di, wan Jungen spöli
en ja da sa lekelk sen.
Bal skel ja ön't Leewent wööli,
en dit Spölin es töjen.

Geh nicht vorbei!

Geh nicht vorbei, wenn Blumen blühen,
bleib stehen, wenn die Vögel singen.
Lass dich das Leben noch was kosten,
bald bist du alt und nicht mehr jung.

Schau hinauf einmal zum Himmel,
freu dich über Sonne und Mond,
freu dich, wenn da ganz vertraut
zwei junge Menschen
beieinander noch stehn.

Freu dich, wenn Kinder spielen
und sie dabei so glücklich sind.
Bald müssen sie sich durchs Leben wühlen,
und das Spielen ist zu End.

Anna Gantzel
(Nordfriisk Instituut)

Gantzel 1983, Green 1974, Hagge 1984, Nordfriisk Instituut, Reinhardt 1986, Wilts 1985.

Gantzel, Hans * 3.9.1882 Keitum, † 18.5. 1980, Wenningstedt. Der Postbeamte kehrte 1920 nach Wenningstedt zurück. 13 Jahre führte er die Freiwillige Feuerwehr. In der Senioren-Kapelle begeisterte er durch sein Handharmonikaspiel und selbst komponierte Stücke. 1965 wurde er zusammen mit Nis →Nissen und Hans →Japsen mit dem →C.-P.-Hansen-Preis ausgezeichnet.
Sylter Archiv.

Garnelen →Krabben

Garve, Theo * 21.11.1902 Offenbach/Main, † 20.5.1987 Hamburg, Maler. Garve erhielt seine Ausbildung an der Städelschule in Frankfurt am Main. Er gehörte zur Klasse von Max Beckmann, deren Kunst 1933 als „entartet" diffamiert wurde. Garve zog sich nach Berlin, an die Ostsee und nach Keitum zurück. Wahrscheinlich besuchte er zwischen 1934 und 1939 auch Fritz →Wichert in Kampen, dessen Nachfolger als Leiter der Städelschule er 1946 wurde. 1956 wechselte er an die Kunsthochschule in Hamburg. Zwischen 1948 und 1969 arbeitete Garve wiederholt auf Sylt. Hierbei entstanden seine „Häuser in Keitum" (1952).

Schulte-Wülwer 1996.

„Gasthof zum Weißen Kliff" 1852 ließ Kapitän Andreas →Hansen in Braderup ein Haus errichten, dessen Architektur nach Sylter Maßstäben aus dem Rahmen fiel. Es war zweigeschossig und hatte ein Flachdach im Stil der damaligen Kolonialbauten. Offenbar hatte er sich auf seinen vielen Weltreisen dazu inspirieren lassen. Er bewohnte das Haus von 1854 bis zu seinem Ableben. Beim Tod seiner Witwe ging das Anwesen 1902 an ihre Nichte Johanna Sachau über. Kapitän Claus Sachau eröffnete 1904 in dem Haus das „Hotel Braderup". 1906 verkaufte er es an den Landmann Andreas Petersen (1854-1935). Der beantragte im selben Jahr die Namensänderung in „Gasthof zum Weißen Kliff". 1935 kaufte der Landwirt Boy August Petersen (1897-1969) die Landstelle nebst Gastwirtschaft. Sie befindet sich seither in Familienbesitz.

Spreckelsen 1978b u. 1992, Sylter Archiv.

Gedenksteine An die tragischen Zwischenfälle auf See, die immer wieder in der Vergangenheit anonyme Tote an den Sylter Strand spülten, erinnert ein Stein in der →Heimstätte für Heimatlose in Westerland. In der Parkanlage vor dem Rathaus steht ein Gedenkstein für die Überzeugung der wohl meisten Sylter während der →schleswig-holsteinischen Erhebung. „Up ewig ungedeelt" lautet die Inschrift. Sein wesentlich kleinerer Vorgänger wurde 1947 gestohlen. Ebenfalls in dem Park befinden sich ein Gedenkstein für den 20 000. Badegast aus dem Jahr 1905 und die Büste Heinrich von →Stephans.

Ein großes Ehrenmal auf dem Westerländer Friedhof hält die Erinnerung an die Gefallenen des →Ersten und →Zweiten Weltkriegs aufrecht. Zwölf Sarkophage mit der Aufschrift „Helgoland 28. 8. 1914" stehen für die 17 Toten, die das Meer nach einer Seeschlacht an den Strand spülte. Weitere Kriegsmahnmale befin-

Theo Garve: „Häuser in Keitum" 1952, Leinwand, 37,5 x 66 cm, Privatbesitz (Museumsberg Flensburg)

Das Denkmal für Uwe Jens Lornsen in Keitum, um 1900 (Sylter Archiv)

den sich im Westerländer Friedrichshain sowie in Hörnum, Kampen, Keitum, Morsum, Tinnum und Wenningstedt. An das Schicksal der Heimatvertriebenen erinnert seit 1980 ein Stein gegenüber dem →„Hotel Stadt Hamburg" in der Strandstraße in Westerland. Im Lister Hafen steht der Gedenkstein für den Flugpionier Wolfgang von →Gronau, in den Dünen nördlich von Wenningstedt ein Findling zu Ehren der Leistungen der →Segelflugschule.
Schon C. P. →Hansen hatte an der Ostseite des heutigen →Altfriesischen Hauses in Keitum eine Gedenktafel für Uwe Jens →Lornsen angebracht. Weiter hält eine Büste vor seinem Geburtshaus das Andenken an den Kämpfer für einen modernen Verfassungsstaat aufrecht. Je eine Gedenktafel befindet sich für Wilhelm →Siemens in Braderup, für Jap Peter →Hansen in Westerland gegenüber der Sankt Niels-Kirche und für Hermann →Schmidt vor seinem Haus in Wenningstedt.
Sylter Archiv.

Geest nennt man in Norddeutschland das im Vergleich zur →Marsch höher gelegene, trockene Land. In Nordfriesland prägt sie das östliche Kreisgebiet sowie Teile der →Geestinseln. Die Geest wurde vor rund 200 000 Jahren durch Moränen der Saale-Eiszeit angelegt (→Landschaftsentwicklung). Hinzu kamen große Sandflächen, die von Schmelzwasserflüssen aus Moränen der Weichsel-Eiszeit (vor etwa 20 000 Jahren) in Angeln ausgeschwemmt und weiter westlich wieder abgelagert wurden. Sylt besitzt drei Geestkerne, die im Laufe der Jahrhunderte durch Versandungsprozesse zusammengewachsen sind. Sie bilden die leichten Erhebungen (bis zu 27 Meter über →Normal Null) im Dreieck Keitum-Kampen-Westerland, bei Morsum und bei Archsum. Ursprünglich wuchsen auf der Geest Laubmischwälder. Nach Verbrauch der meisten Nährstoffe gediehen nur noch atlantische Zwergstrauch- und Kiefernheiden. Zur landwirtschaftlichen Nutzung versuchten die Bauern mit →Plaggendüngung ihre Böden zu verbessern.
Fränzle 1987, Möller 1916.

Geestinseln Teile der nordfriesischen Inseln →Amrum, →Föhr und Sylt bestehen im Unterschied zu Pellworm, Nordstrand und den →Halligen aus dem Material eiszeitlicher Moränen, der →Geest.

Geld →Währung

Geographie →Topographie

Geologie →Landschaftsentwicklung

Gerichtswesen →Recht

Gert, Valeska (eigentlich Gertrud Valeska Samosch) * 11.1.1892 Berlin, † 15.3.1978 Kampen, Tänzerin, Schauspielerin, Pantomimin, Kabarettistin. Valeska Gert wurde in den 1920er Jahren durch Stummfilmrollen und durch ihre getanzten Satiren und Grotesken wie „Canail-

Tanz als Ausdrucksform für Gesellschaftskritik (Sylter Archiv)

le", „Kupplerin" oder „Clown" weltberühmt. So gestand der Dichter Bertolt Brecht: „Das, was Sie machen, darauf will ich hinaus." Und sein Kollege Kurt Tucholsky erklärte: „Eine tolle Nummer, eine hervorragende Tänzerin, eine außerordentliche Frau." Auf Empfehlung von Freunden besuchte sie um 1930 Kampen auf Sylt und ließ sich bald darauf ein Haus bauen. Nach der Machtübernahme durch die Nationalsozialisten emigrierte sie 1938 nach New York und betrieb ein Exilkabarett in der „Beggar's Bar". 1949 kehrte sie nach Berlin zurück und eröffnete das Kabarettlokal „Hexenküche". Ab 1951 betrieb sie in ihrem umgebauten Kampener Haus das skurrile Nachtlokal „Ziegenstall". Ihr Ziel war ein „romantisches Café" mit vorwiegend Künstlern als Gästen. Als Schauspielerin war sie noch in dem Fellini-Film „Julia und die Geister" (1965) sowie in der Schlöndorff-Verfilmung „Der Fangschuß" (1976) zu sehen. 1973 schrieb sie ihre Autobiographie „Katze von Kampen". In den Wintermonaten litt Valeska Gert sehr unter Vereinsamung, denn die einheimische Bevölkerung stand ihrem schillernden Nachtleben größtenteils skeptisch gegenüber. Nach ihrem Tod in Kampen – man fand die Künstlerin erst Tage später – übernahm der Fernsehjournalist Werner →Höfer das Haus. 1981 ließ er es abreißen und einen Neubau errichten. Valeska Gert wurde in Berlin begraben.

Gemeinde Kampen 1994, Gert 1973, Retzlaff 1996b, Wedemeyer 1986.

Geschichte →Militärgeschichte, →Politische Geschichte, →Sozialgeschichte

Gesundheitswesen Nach einer Epidemie in den Jahren 1784/85 gelangten die Sylter zu der Überzeugung, dass die medizinische Versorgung zukünftig von Amts wegen sichergestellt werden müsse. 1785 stellte der tatkräftige →Landvogt Matthias Matthiesen mit C. F. →Buchholz erstmals einen Arzt vertraglich ein. 1792 schuf eine königliche Resolution die rechtliche Grundlage für die Bestallung eines →Landschaftsarztes. In preußischer Zeit konnte die Stelle abgeschafft werden, da sich nun mehrere freie Ärzte auf der Insel niedergelassen hatten. 1895 wurde in Westerland auf Anregung der Badeärzte P. H. J. →Nicolas und Rudolf Schollenbruch ein erstes Krankenhaus gebaut. Bis dahin gab es nur das so genannte „Wiesesche Privatkrankenhaus", das wegen „Mangel an Frequenz" seine Schließung angekündigt hatte. Vor allem das Fehlen einer Quarantänestation machte sich negativ bemerkbar. Das Städtische Krankenhaus genügte bis zu seiner Schließung 1961 den Erfordernissen. 1974 wurde es abgerissen. Heute stellen Einrichtungen wie die →Asklepios Nordseeklinik und weitere kleinere →Krankenhäuser die gesundheitliche Betreuung auf der Insel sicher. 2001 beschäftigten die Sylter Kliniken 35 Ärzte, dazu kam etwa die gleiche Anzahl niedergelassener Mediziner. 1825 öffnete in Keitum die erste →Apotheke auf Sylt.

Klockenhoff 1988, Sylter Archiv.

Krankenhaus Westerland, um 1905 (Sylter Archiv)

Gewichte Die Grundlage des alten Gewichtssystems im Herzogtum Schleswig war das Pfund (476 bis 500 Gramm). Ein Pfund enthielt 32 Lot = 128 Quentchen = 512 Örtchen. Das Apothekengewicht war etwas anders eingeteilt: 16 Unzen = 128 Drachmen = 384 Skrupel = 7 680 Grän. Größere Gewichte waren das Liespfund = 14 bis 16 Pfund und das Schiffspfund = 20 Liespfund. Die Last bestand aus 4 500 bis 4 900 Pfund. Drei Handvoll beim Kornschneiden waren soviel wie ein Armvoll, drei Armvoll entsprachen einem *Lum* (sylterfriesische Bezeichnung für die ungedroschene Garbe). Erst mit dem Übergang der Herzogtümer an Preußen 1867 wurde das metrische System eingeführt.

Weitere Beispiele für historische Gewichte:
1 Last = 36 oder 40 Tonnen;
1 Schiffslast = 1 937,448 Kilogramm;

1 Kommerzlast = 1,25 Schiffslast
= 2 422,30 Kilogramm;
3 *Lumer* = 1 *Skoov*
(zusammengeschobene Korngaben);
14 *Skoower* = 1 *Rook* (Haufen) = 42 Garben;
1 Lot = ca. 15 Gramm = 4 Quentchen
= 16 Örtchen.

Lorenzen-Schmidt 1990, Schmidt-Eppendorf 1977.

Gezeiten Die im Wattenmeer sehr deutlich ausgeprägten täglichen Wasserstandsschwankungen der Weltmeere sind die Gezeiten. Sie entstehen zum einen durch die Anziehungskräfte von Mond und Sonne und zum anderen durch die Fliehkräfte, die auf der den Gestirnen abgewandten Seite der Erde erzeugt werden. Das Steigen des Wasserstandes nennt man →Flut, das Fallen →Ebbe, die Höhendifferenz zwischen Niedrig- und Hochwasser ist der →Tidenhub. Er beträgt an der Sylter Küste etwa 1,80 Meter. Während einer Flut strömen in gut sechs Stunden rund zwei Milliarden Kubikmeter Wasser in das Sylter Watt. Allein durch das →Lister Tief gelangen dabei etwa 500 Millionen Kubikmeter, die einen „Wasserwürfel" von 3,7 Kilometer Kantenlänge ergeben würden. Die Zeit von einem Tidehochwasser zum nächsten, die Tidedauer, beträgt im Durchschnitt 12 Stunden und 25 Minuten. Das bedeutet, dass sich die Gezeiten, genau wie der Mond, täglich um knapp eine Stunde „verspäten". Es bestehen enorme Zeitunterschiede zwischen der Sylter Ost- und der Westküste. So erreicht das Hochwasser erst rund zwei Stunden nach Westerland den Hafen Munkmarsch. Umgekehrt herrscht an der Ostküste rund eine Stunde früher Niedrigwasser als an der Westküste. Zusätzlich beeinflussen Windstärke und -richtung die Gezeiten. Ein Aufenthalt im Watt ist deshalb nur in Begleitung eines kundigen Führers zu empfehlen (→Wattwandern).

Petersen/Rohde 1991, Wieland 1990.

Gezeitenkalender werden vom Bundesamt für Seeschifffahrt und Hydrographie aufgestellt und herausgegeben. Sie enthalten genaue Angaben über die Uhrzeit des Hoch- und Niedrigwassers in den nordfriesischen Häfen, darunter auch Hörnum, List und Munkmarsch auf Sylt, sowie über die Stärke des Gezeitenstroms, mit dem das Wasser auf- und abläuft. Die *Sylter Rundschau* bietet täglich die aktuellen Angaben, außerdem sind Gezeitenkalender in den Kurverwaltungen und im Internet erhältlich.

Nordfriisk Instituut.

Gidtshals Die von Jap Peter →Hansen geschriebene Komödie *„Di Gidtshals, of di Söl'ring Pidersdei"* (Der Geizhals oder der Sylter Petritag) war 1809 das erste gedruckte Buch in nordfriesischer Sprache. Es wurde später in drei weiteren Auflagen verbreitet, und zwar in erweiterter Form 1833, 1896 und 1918. Auf die Bühne gelangte das Stück erst am →Petritag 1875. Es wurde auch in weitere nordfriesische Dialekte übertragen.

Der Geitzhals
auf der Insel Silt.

Ein Schauspiel
in vier Aufzügen.

Das Theater stellt die Wohnstube des Geitzhalses
und seiner Familie vor.

Flensburg, 1809.
Gedruckt bey Gerhard Christoph Jäger,
Königl. privil. Buchdrucker.

Titelseite der Erstausgabe des „Gidtshals" (Nordfriisk Instituut)

Die unterhaltsame Komödie, der allerdings eine tiefergehende Problematik fehlt, spielt am Sylter „Nationalfeiertag", dem Petritag (22. Februar), im Wohnzimmer des wohlhabenden, aber sehr geizigen Bauern Pir'rer Madtsen in Keitum. Nicht einmal zu dem Festtag will er seinen Kindern etwas Geld geben. Diesen gelingt es aber, ihrem Vater mit Hilfe eines fingierten Briefes einige Banknoten abzulisten. Es kommt zu allerlei Verwicklungen. Am Ende bringt ein mit Lebensgefahr verbundener Sturz Pir'rer zur Einsicht, und er bekehrt sich von seinem Geiz. Unterbrochen wird die Haupthandlung durch zahlreiche Episoden. Dabei treten auch Personen auf, die das Sylter →Friesisch nicht oder nur mangelhaft sprechen: Der Arzt redet Hochdeutsch, ein Betrunkener Plattdeutsch, ein Kuchenverkäufer vermischt das Friesische mit seinem plattdänischen Dialekt.
In dem Stück behandelte Jap Peter Hansen das Friesische als vollgültige Sprache. Ohne jedes Vorbild machte er es zur Bühnen- und Literatursprache und entwickelte dafür eine eigene Rechtschreibung. Der Seefahrer kannte wohl die Theaterstücke von Molière und Holberg. Seine Komödie stellt nicht nur den Beginn, sondern auch einen Höhepunkt der →friesischen Literatur Nordfrieslands dar.

Frank 2001, Hofmann 1965.

Giesen, Traugott * 6.5.1940 Bonn, Pfarrer. Giesen war zehn Jahre als Pastor in Berlin-Neukölln tätig. Seit 1976 ist er Pfarrer von →Sankt Severin in Keitum. Seine Predigten sind eine Mischung aus Tiefenwissen der Bibel,

Eine frühe Strandbar, „Giftbude“ genannt (Sylter Archiv)

glänzender Rhetorik und weltoffenem realistischem Alltagsbezug. Sie erfreuen sich großer Beliebtheit bei vielen Gästen und Einheimischen. Giesen ist Buchautor und schreibt auch Zeitungskolumnen.

Giesen 1998, Nordfriisk Instituut.

„Giftbuden“ hießen die ersten Holzbaracken am Westerländer Strand, in denen sich der frierende oder durstige Badegast etwas erholen konnte. Dazu gehörte ein „Gift“, ein einfach gebrannter Kümmelschnaps, der den Buden ihren Namen gab.

Carstensen 1997.

Gliep ist die Bezeichnung für ein Schiebenetz zum Krabbenfang. Das Gerät besteht aus einem langen Stiel, mit dem ein Querholz über den Wattboden geschoben wird. Als Auffangvorrichtung ist an Stiel und Querbrett ein Netz befestigt, das durch einen Reif aus Weidenruten aufgespannt wird. Jahrhundertelang wurde das Fanggerät zumeist von Frauen und Kindern durch →Priele oder gegen die kommende Flut geschoben. Die aufgewühlten Garnelen wurden in dem Netzbeutel gefangen. Bis zu 20 Kilogramm →Krabben am Tag konnten so gesammelt werden, vorwiegend für den Eigenverbrauch.

Seidel 1999.

Ferdinand Goebel (Klappholttal)

Goebel, Ferdinand * 2.6.1886 Vlissingen/ Niederlande, † 14.2.1966 Hamburg, Sozialdirektor der Reichsbahn. Goebel war ein Jugendfreund von Knud →Ahlborn und baute mit ihm 1905 die ersten „Selbsterziehungs-Gemeinschaften“ im Bund Deutscher Wanderer auf. 1906-10 wirkten beide in der Deutschen Akademischen Freischar und 1913-23 in der Freideutschen Jugend. Zusammen leiteten sie ab 1919 das Freideutsche Jugendlager →Klappholttal. Zusammen mit Ahlborn gründete Goebel 1924 den →Verein Naturschutz Insel Sylt. Weiter rief er den „Verein der Freunde der Uthlandkinder“ ins Leben. Die Vereinigung unterstützte die Kinderabteilung des Nordseeheims Klappholttal. Goebel war eine Art technischer Direktor der Einrichtung, die er mit immer neuen Ideen modernisierte. Nach seiner Pensionierung erwarb er 1951 einen landwirtschaftlichen Betrieb in Wenningstedt, um Klappholttal finanziell etwas unabhängiger zu machen. Das Unternehmen erwies sich als unrentabel. Besser klappte es mit einer Gärtnerei, die die Einrichtung mit Gemüse und Obst versorgte. Nebenbei sammelte Goebel Steine und Fossilien und legte sich eine stattliche Diasammlung an. Auf etwa 5 000 Bildern sind die Werke fast aller modernen Kunstmaler festgehalten. Seine Tochter Ulle Weber war lange Jahre Inhaberin des →Withüs in Wenningstedt.

Goebel 1950a/b, Nordseeheim 1979.

„Gogärtchen“ Anfang der 1930er Jahre eröffnete die Westfälin Margret Gogarten (1893-1988) in Kampen im späteren Bergentenweg die Familienpension „Gogarten“. 1951 kam unter der Regie von Tochter Inge (1914-1968) die bald bekannte Bar „Gogärtchen“ in der Kampener →„Whiskystraße“ dazu. Hier stand bis 1970 →Karlchen (Rosenzweig) hinter dem Tresen. Inge Gogarten wurde 1968 auf dem Keitumer Friedhof begraben. Ihr Nachfolger Rolf Seiche begann als Barkeeper in der „Tenne“, führte das Kampener Lokal „Village“ und formte schließlich als Pächter das „Gogärtchen“ zum zeitweise wichtigsten Treffpunkt der Sylter →Prominenz.

Andersen 1991.

Gold-Rot-Blau *(gul, ruar, blö)* sind die Farben der nordfriesischen →Fahne. Das Flaggenlied, dessen Text von dem Deezbüller Lehrer und Schulrat Albrecht Johannsen (1888-1967) stammt, gilt als nordfriesische Hymne. In einer Übertragung von Hans →Hoeg liegt es auch auf Sylter Friesisch vor.

Lassen 1980.

Golf Anfang der 1960er Jahre gründete der Hamburger Verleger Axel →Springer in Morsum einen privaten Golfclub mit einer Neun-Loch-Anlage. 1980 legte auch der Marine-Golf-Club auf einem 20 Hektar großen ehemaligen militärischen Gelände in unmittelbarer Nähe des Flughafens einen Golfplatz mit neun Löchern an. Seit 1982 kann zusätzlich auf dem landschaftsgärtnerisch gelungenen 18-Loch-Platz des Golf Clubs Sylt zwischen Wenningstedt und Kampen eingelocht werden, sofern die Platzreife nachgewiesen wird. 1999 wurde die 57 Hektar große Anlage um einen Sechs-Loch-Kurzplatz erweitert. Der Marine-Golf-Club besitzt heute 63 Hektar nebst 12 Hektar Pachtgelände von der Bundeswehr und plant einen Ausbau der Anlage auf 18 Löcher.

Golfen mit Uwe Seeler unter dem Kampener Leuchtturm (Foto: Volker Frenzel)

Entz-v. Zerssen 1993c, Hans Jessel 1990a, Nordfriisk Instituut.

Göring, Hermann * 12.1.1893 Rosenheim, † 15.10.1946 Nürnberg, NS-Generalfeldmarschall. In den 1930er Jahren entdeckten auch Nazi-Größen die Reize der Insel Sylt. Göring war zusammen mit seiner Frau häufig Kurgast auf Sylt. In Kampen wohnte das Paar u. a. im Haus →Kliffende. Göring erhielt wegen seines Einsatzes für die Erhaltung der Hochheide 1933 die Ehrenbürgerwürde des Ortes. Weiter beschaffte er Gelder zur Renovierung der Legatsbrücke im Munkmarscher Hafen. In Wenningstedt wohnten die Görings im →„Hotel Zum Kronprinzen". 1935 ließ seine Frau etwas südlich davon durch Otto Heilmann (1886-1944) das Haus „Min Lütten" bauen. Göring gefiel der →Klenderhof im Norden von Kampen, das burgähnliche Reetdachhaus des Cellisten Max →Baldner, das er schließlich auf der mecklenburgischen Halbinsel Darß nachbauen ließ. Schlagzeilen erregte er 1937, als er am Morsum-Kliff den Ehrendolch der faschistischen Miliz Italiens verloren hatte. Per Zeitungsanzeige ließ er ihn suchen. Der Finder Boy Thiessen erhielt 100 Mark. Die Auftritte Görings auf Sylt wurden von prominenten Zeitzeugen beobachtet und später in Büchern verarbeitet, so u. a. bei Elisabeth →Castonier und Valeska →Gert. Auf Sylt fand im Sommer 1939 auch eines seiner 18 geheimen Treffen mit dem schwedischen Industriellen Birger Dahlerus statt. Dieser versuchte mit seiner Reisediplomatie vergeblich, die politischen Spannungen zwischen England und Nazi-Deutschland zu lockern und einen Weltkrieg zu verhindern. „Min Lütten" verkaufte Görings Witwe 1958 für 60 000 Mark an einen Kölner Interessenten. Es ist südlich des Appartementhauses „Zum Kronprinzen" zu finden.

In ihrem Buch „Stürmisch bis heiter. Memoiren einer Außenseiterin" (1964) schilderte Elisabeth →Castonier, wie sie mit ihrer Freundin Valeska →Gert NS-Generalfeldmarschall Hermann Göring am Strand beobachtete: „Eines Tages hieß es, daß Göring nach Kampen kommen werde... Hitlerjungen in Uniform hoben eine besonders tiefe Grube aus, ein neuer Strandkorb mit neuer, großer Hakenkreuzflagge wurde aufgestellt, ein Hakenkreuz aus feuchtem Sand geformt. Dann erschien Göring, vielmehr: er trat auf. Er trug eine weiße admiralsähnliche Uniform und hob ein Fernrohr ans Auge, um den Horizont nach Feinden abzusuchen – einen herrlich lichtblauen, klaren Sommer-Horizont. Dann kletterte er finster und wichtig in seine Grube, saß eine Zeitlang da. Aber er wagte sich nicht ins Wasser. ‚Und dabei hätte ich so gern seinen Akt gesehen', seufzte Aribert. ‚Was meinst du, Valeska, soll ich in sein Loch rollen und sagen: Oh, du Großmächtiger, ich liebe eine Jüdin, kannst du mir verzeihen?' Wir rieten ihm ab. Damals lachte man noch hin und wieder in unserem Kreis über das Groteske dieser Zeit."

Gemeinde Kampen 1994, Jürgs/Trost 1978, Simon 1980.

Görings Sommerhaus in Wenningstedt aus dem Jahre 1935 (Sylter Archiv)

Gosch, Jürgen * 15.5.1941 Tönning, Gastronom. Der gelernte Maurer verdiente zunächst auf Baustellen der Insel Sylt sein Geld. Ab 1970 verkaufte er nebenberuflich Krabben, Heringe und Aale am Westerländer Strand und in der Friedrichstraße. Da die Geschäfte ausgezeichnet liefen, bot „Jönne" Gosch seine Ware bald auch vom Wagen aus an. Mit einer Fischbude im Lister Hafen wurde er 1973 sesshaft. Mittlerweile besteht sein Unternehmen aus zehn Geschäften auf Sylt. Darüber hinaus besitzt Gosch in Ellingstedt (Kreis Schleswig-Flensburg) eine große Produktions- und Vertriebsstätte, die nicht nur die Sylter Filialen, sondern auch die Restaurants in Berlin, Hamburg, Bremen, Hannover und Stuttgart versorgt. Über 250 Mitarbeiter werden insgesamt beschäftigt. Bei Feinschmeckern ist vor allem sein Angebot an Krabben, Lachs, Austern und Aalen beliebt, besonders am legendären Stehimbiss in List, wo die Wahrscheinlichkeit nach wie vor am größten ist, den Chef persönlich anzutreffen.

Syltbild Stöver 1992, Wedemeyer/Jessen 1997.

Gottorfer Die Herzöge von Schleswig-Holstein-Gottorf, benannt nach ihrer bei Schleswig gelegenen Hauptresidenz, entstammen einer Seitenlinie des dänischen Königshauses der Oldenburger. Die gottorfischen Anteile am Herzogtum →Schleswig entstanden bei der Landesteilung von 1490; zu ihnen gehörte auch Sylt mit Ausnahme des →Listlands. Bedeutende gottorfische Landesherren, die ihr kleines Herzogtum zu Eigenständigkeit und kultureller Blüte führten, waren Adolf (1526-1586), Johann Adolf (1575-1616), Friedrich III. (1597-1659) und Christian Albrecht (1641-1694). Ihre ehrgeizigen Pläne brachten aber auch eine Erhöhung der →Abgaben mit sich. Die Gottorfer verloren 1713/21 ihre Anteile im Herzogtum Schleswig. Seitdem unterstand ganz Sylt wieder dem dänischen König in seiner Eigenschaft als Herzog von Schleswig. 1773 erhielt der dänische König auch die gottorfischen Anteile in Holstein; der Gottorfer Staat verschwand von der Landkarte.

Gottorf 1997, Lohmeier 1997.

Grabhügel *(Hooger)* Die vor- und frühgeschichtlichen Megalithgräber (griechisch: *megas* = groß und *lithos* = Stein) auf Sylt sind oberirdisch errichtete Grabanlagen, die aus unbearbeiteten →Findlingen errichtet wurden und zumeist Mehrfachbestattungen dienten. Die Grabkammern wurden durch senkrechte Wandsteine und flache Decksteine oder Gewölbe gebildet und mit Erd- oder Steinhügeln bedeckt. Die verwendeten Steine sind Transportgut der →Eiszeiten und gelangten einst von Skandinavien nach Nordfriesland.

Eine wissenschaftliche Erhebung erbrachte Ende der 1950er Jahre auf Sylt 47 Großsteingräber aus der mittleren Steinzeit, darunter den →Denghoog und den *Merelmērskhoog* bei →Archsum. Mehrere hundert Grabhügel stammen aus der →Bronze- und der →Eisenzeit. Auch im frühen Mittelalter wurden Urnenbestattungen mit kleinen Grabhügeln bedeckt. Damit weist die Insel die im Vergleich zur Fläche größte Zahl an archäologischen Fundstätten in Mittel- und Nordeuropa auf. Dies ist vor allem der nur mit mäßigem Aufwand betriebenen Landwirtschaft zu verdanken. Dennoch wurden viele Gräber im Lauf der Zeit eingeebnet oder abgeräumt, um die Steine anderweitig zu verwenden. Unter anderem baute man damit die Schleuse in Bongsiel auf dem nordfriesischen Festland und das Fundament für den Kampener Leuchtturm, errichtete Buhnen vor der Westküste oder pflasterte die Straßen in Mögeltondern. Der →Harhoog wurde von Tinnum nach Keitum versetzt, weil er beim Ausbau des Sylter →Flughafens im Wege stand. Den aus der Bronzezeit stammenden Stapelhoog bei

Alwin Pflüger: „Thinghügel, nördlich von Tinnum", gemalt um 1975 nach einer Aufnahme aus den 1930er Jahren, Öl auf Leinwand, 30 x 68 cm, Nordfriisk Instituut Bredstedt (Foto: Astrid Karstensen)

Die bekanntesten Sylter Grabhügel
bei Kampen: →Brödehooger, →Brönshooger, →Jüdeelhooger, →Krokhooger, →Stapelhoog, →Stipelstiinhooger, →Tiideringhooger;
bei Wenningstedt-Braderup: →Boikenhoog, →Denghoog, →Galighoog;
bei Tinnum: →Klööwenhoog;
bei Keitum: →Harhoog, →Tipkenhoog;
bei Morsum: →Bolhoog, →Markmannshoog, →Munkhoog;
bei Archsum: →Kolkinghooger, →Merelmērskhoog, →Öwenhoog.

Kampen band die Wehrmacht im →Zweiten Weltkrieg in ihr Bunkersystem ein. Bemühungen um den Denkmalschutz hatten zwar schon im 19. Jahrhundert eingesetzt, doch erst 1958 waren die rechtlichen und tatsächlichen Voraussetzungen geschaffen.
Viele der Grabhügel inspirierten den Chronisten C. P. →Hansen zu phantasievollen Geschichten. Im →Klööwenhoog soll der Seekönig Klööw mit seinem goldenen Drachenschiff begraben sein, im →Brödehoog (Brütehügel) ein habgieriger Mann sein Beutegut, das er Schiffbrüchigen abgenommen hatte, versteckt haben. Er brütet auf seinen Goldeiern, so heißt es bei Hansen. Den *Raisihoog* auf der Kampener Heide erklärte er zur Behausung von →Finn, dem König der Zwerge.

Handelmann 1873, C. P. Hansen 1877, Harck/Kossack/Reichstein 1992, Kersten/La Baume 1958, Koehn 1974, Reichstein 1982 u. 1996, Rinken 1992.

Grabsteine *(Likstiiner)* ganz besonderer Art findet man auf den Kirchhöfen von →Sankt Martin in Morsum, →Sankt Severin in Keitum und →Sankt Niels in Westerland. Sie sind bis zu 300 Jahre alt, ausführlich beschriftet und erzählen ganze Lebensgeschichten. Eigentlich handelt es sich um Grabplatten, die einst die letzten Ruhestätten bedeutender Sylter Persönlichkeiten bedeckten. In Morsum steht ein letztes Exemplar aus rotem Kalkstein an der Westseite der Kirche. Der Stein zeigt das Relief eines Dreimasters vom Ende des 18. Jahrhunderts. Sein ursprünglicher Text wurde abgeschliffen und durch einen neuen über den Kapitän und Ratsmann Peter Sparbom (1742-1834) ersetzt.
Einige ehemalige Grabplatten liegen als Türschwellen und Trittsteine vor den Eingängen der Kirche.
Die meisten Grabplatten befinden sich auf dem Friedhof von Keitum. Hier ließ in den 1960er Jahren der Sylter Jurist Hugo →Krohn zusammen mit der Axel-Springer-Stiftung 23 der kostbaren Steine renovieren und am nördlichen Friedhofswall aufstellen, darunter auch den mächtigen Familiengrabstein der Landvogtsfamilie →Taken. In kunstvoller Schrift zeigen die unter Denkmalschutz stehenden Steine die Lebensgeschichten Verstorbener, vorwiegend von Seefahrern und ihren Familien. Diese Meisterwerke alter Grabmalkunst erzählen von Geburten, Eheschließungen und Todesfällen, vom Beruf, von Ehrenämtern und Lebenserfahrungen. Andere Steine tragen Sinnsprüche, Gebete und Danksagungen für die Verstorbenen. Häufig wurden sie reich mit Ornamenten verziert und mit gleichnishaften Darstellungen versehen. Ein beliebtes Motiv waren auch die Segelschiffe, mit denen die Sylter →Kapitäne einst zur See fuhren, doch ist davon nur ein Exemplar (Kapitän Uwe Peters und Frau Inken) erhalten.
Auf dem Westerländer Friedhof steht die Grabplatte des berühmten Walfängers und späteren Strandinspektors Lorens →Petersen de Hahn. Sein Name wurde später wieder ausgemeißelt und durch Prott ersetzt. Es war üblich, die großen Platten mehrmals innerhalb der Familie zu benutzen oder auch zu verkaufen. In Krisenzeiten wurden die Steine nicht selten gestohlen und für eine Neuverwendung abgeschliffen. An der Ostseite der Sankt Niels-Kirche in Wester-

Der Grabstein von Margaretha Teunis (Foto: Reinhard Scheiblich)

land lehnt die Grabplatte von Kapitän Dirk Meinerts →Hahn.

Beispielhaft sind die „redenden Steine" auf der Familiengrabstätte von Kommandeur Hans Hansen →Teunis und seiner Frau Margaretha:

Hier Ruhet
Seelig
Hans Hansen
TEUNIS
gebohren auf Röm d. 9. Octbr.1746
gestorben in Altona d. 9. July 1803
Sein Alter 56 Jahr 9 Monath
In seiner frühen Jugend wurde
er zur Grönländischen-Seefahrt
angeführt wo er auf 47 Reisen
davon 37 als Commandeur
und die mehresten mit glücklichem
Erfolg gethan. Strebsahm
war er als Versorger für
die Seinen dabey lag ihm
die Erziehung Seiner längst
Mutter Lose-Kinder
sehr am hertzen. Fyr
beydes danken selbige ihm
noch im grabe

Hugo Green
(Sylter Archiv)

Hier Ruhet
in Gott
Margaretha
TEUNIS
gebohrene Jürgens
Sie ward gebohren zu List
Anno 1746 d. 29. Octobr.
starb Ao 1785 d. 3. Januari
nachdem sie 12 Jahre 2 Mon.
und 5 Tage in der Zährt-
lichsten Ehe gelebet und
in derselben 3 Söhne und
3 Töchter gezeuget hatte.
Sie bahnte sich schon hier durch
ihre Tugend und wahre men-
schenfreundschaft den Weg
zu jenem unverwüstlichem Erbe
wo sie jetzt den Lohn ihrer Wer-
cke durch den Genusz der ewig
und über allemals wigtigen
Herlichkeit einerndtet

Bechthold 1996, Krohn 1972.

Grass, Günter * 16.10.1927, Danzig, Bildhauer, Graphiker, Schriftsteller. Der spätere Literatur-Nobelpreisträger verbrachte 1964/65 seinen Winterurlaub auf Sylt. In seinem Roman „Örtlich betäubt" verarbeitete er seine Eindrücke. Der Schluss der Handlung spielt auf der Insel, u. a. im Westerländer Hallenbad (heute →Sylter Welle).

Günter Grass schrieb in seinem Roman „Örtlich betäubt": „Nachgereist bin ich ihr. Januar 65: mit ihrem Gatten und ihren Kindern will Frau Schlottau den Winterurlaub auf Sylt verbringen, so hat der Arzt geraten. Tägliche Wanderung durch die windgeschliffenen Dünen. Mit geschlossenem Mund gegen den porenweitenden Wind durch das einsame List-Land. Jod einatmend um den Ellenbogen herum und auch um die Hörnumspitze, wo sich Watt und Meer strudelbildend verquicken. Vater steckt täglich die Wanderkarte ab. Seht die Familie: die Buben in Gummigaloschen voraus, im Anorak hält Mutter das Mittelfeld, Vater als Nachhut, fernglasbestückt. So sieht man sie Muscheln, Gesundheit suchen, strandauf strandab."

Grass 1969, Wedemeyer 1975b.

Graudüne →Dünen

Green, Hugo * 8.9.1901 Kiel, † 3.3.1974 Keitum, Lehrer. Green war 1927-36 an der Mittelschule in Westerland und seit 1948 an der Volksschule in Keitum tätig. Nach dem Zweiten Weltkrieg förderte er das Leben im Dorf, indem er Vogelschießen, →Petritag und Kinderfest wieder einführte. Mit beinahe 50 Jahren erlernte er bei Anna →Gantzel die →friesische Sprache der Insel und bezog sie als einer von damals ganz wenigen Lehrern in den Schulunterricht ein. Auch Erwachsene unterwies er im *Sölring*. Für die Sprachförderung setzte er sich so intensiv ein wie nur wenige Sylter. Für seine Verdienste erhielt er 1973 den →C.-P.-Hansen-Preis.

SF 2002, Stojan 1974.

Green Wai Sylterfriesischer Flur- und Straßenname in Wenningstedt. *Green Wai* heißt „Grüner Weg".

Möller 1916.

Grenze *(Grens)* Die deutsch-dänische Grenze verläuft im →Lister Tief und im Wattenmeer nördlich und östlich der Insel Sylt. Sie wurde nach den →Volksabstimmungen des

Jahres 1920 festgelegt. Neben den Zollbooten in List und Hörnum wurden nach dem Zweiten Weltkrieg in fast allen Inselorten Grenzaufsichtsstellen eingerichtet. Sie unterstanden bis 1951 dem Zollkommissariat in Westerland, wurden dann Niebüll zugeteilt, bis 1972 aber alle aufgelöst mit Ausnahme von Hörnum und seiner Lister Filiale. In List findet die passrechtliche Abfertigung der Reisenden nach Havneby/Röm statt. Auch führen die Zöllner in beträchtlichem Umfang Zollkontrollen im Warenverkehr durch. Seit der Verwirklichung des europäischen Binnenmarktes 1992 verlagerten sich die Aufgaben auf die grenzpolizeiliche Kontrolle des Personenverkehrs und die Abfertigung der so genannten Butterfahrten. Diese entfielen ab 1999, als die Möglichkeit des zollfreien Einkaufs auf Fahrten innerhalb der Europäischen Union gestrichen wurde. 2001 trat auch in Dänemark das Schengener Übereinkommen in Kraft. Damit gibt es an der deutsch-dänischen Grenze in der Regel keine Personenkontrollen mehr.

Nordfriisk Instituut.

Greth-Skrabbel-Wai Sylterfriesischer Straßenname in Hörnum. Greth →Skrabbel gilt laut Legende als Stammmutter der Familie des berühmten Walfangkommandeurs Lorens →Petersen de Hahn.

Grimm, Willem * 2.5.1904 Eberstadt/Darmstadt, † 19.9.1986 Hamburg, Maler. Nach einer Ausbildung in Offenbach und München und einigen Studienreisen wurde Grimm 1930 Mitglied der Hamburger Sezession. Seit dieser Zeit weilte er auch regelmäßig auf Sylt. 1931 entstanden die ersten Bilder zum Thema →Rummelpott. Ebenso nachhaltig setzte sich Grimm 1946-69 als Professor an der Landeskunstschule in Hamburg mit der Küstenlandschaft auseinander. Bildbeschriftungen wie „Munkmarsch" (1960) oder „Braderup am Watt" (1960) verweisen auf seine bevorzugten Plätze. Ein besonderes Interesse zeigte er für das Wasser, das sich im Watt seine weit verzweigten, netzartigen Wege bahnt. Es entstanden Bilder mit Feder und Tusche, wie z. B. „Wasserlauf im Watt" (1933) oder „Spiegelung/Sylt" (1973), Werke mit Kreide und Gouache, wie „Ablaufendes Wasser" (1935), oder mit Wachskreiden, wie z. B. „Watt im Dunst" (1965).

Grimm/Rüggeberg 1989, Schulte-Wülwer 1996, SHLM 1983.

Wolfgang von Gronau (Sylter Archiv)

Gronau, Wolfgang von * 25.2.1893 Berlin, † 17.3.1977 Frasdorf, Flugpionier. Von Gronau war in den 1930er Jahren Leiter der Deutschen Verkehrsfliegerschule (DVS) in List. Als „fliegender Prinz von Homburg" machte er auf sich aufmerksam, als er 1930 ohne Erlaubnis mit dem Wasserflugzeug Dornier *Wal* von List über Grönland nach New York flog, wo er im Weißen Haus empfangen wurde. 1931 flog er nach Chicago, 1932 umrundete er in vier Monaten die Erde und legte dabei 45 000 Kilometer zurück. Das Flugboot *Wal* war für zehn bis zwölf Personen konstruiert und erreichte eine Reisegeschwindigkeit von 120 Stundenkilometern. 1973 erschien sein Buch über die Pionierflüge. Der Lister Ehrenbürger ist auf dem Friedhof des Nordseebades begraben. Im Hafen erinnert ein Gedenkstein an seine Pioniertaten.

Gronau 1977, Wedemeyer 1991a.

Grönlandfahrt war eine andere Bezeichnung für den →Walfang. Die Schiffe begaben sich jedoch ins Eismeer um Spitzbergen, das man lange Zeit für einen Teil Grönlands hielt.

Groot, Erk Eben * 1739 Keitum, † 1822 Keitum, Kapitän. Groot war bereits als Kind mathematisch und nautisch interessiert und fuhr früh zur See. Als Steuermann eines dänischen Kriegsschiffes nahm er 1771/72 an einer Strafexpedition für afrikanische Seeräuber im Mittelmeer teil, ab 1776 war er Offizier auf den Kriegsschiffen *Mars* und *Danebrog*. 1781 verließ er den Kriegsdienst und trat in die Direktion der Altonaischen Heringsfischerei ein. Bis zum Niedergang der Seefahrt wegen der Kriegswirren zu Beginn des 19. Jahrhunderts führte er das Schiff *Neptunus* für die Heringskompagnie. Im Ruhestand erteilte er Navigationsunterricht in Keitum. Groot verkörperte laut Überlieferung den Prototyp eines zerstreuten Professors, immer tief in Gedanken und seine Umwelt kaum wahrnehmend.

Sylter Archiv.

Das Grüne Kliff am Keitumer Watt (Sylter Archiv)

Groot, Jens Petersen * 5.4.1841 Keitum, † 1891 Keitum, Kapitän. Der Schiffsführer aus einem weit verzweigten Sylter Seemannsgeschlecht war verheiratet mit Mathilde Lornsen, einer Nachfahrin des Walfangkommandeurs Lorens →Petersen de Hahn. Groot segelte 1873-79 mit dem Dreimastschoner *Alemania* der Hamburger Reederei Riedel nach Westindien. Den →Schoner *Durango* der Reederei „Hamburg-Vera Cruz Packetfahrt-Gesellschaft" führte er anschließend u. a. nach Mexiko. 1879/80 hatte er das Kommando auf der →Bark *Coquette* der Reederei Eggers. Die Fahrt ging nach Petersburg, England und Sisal/Mexiko.

Quedens 1982, Schmidt-Rodenäs 1981.

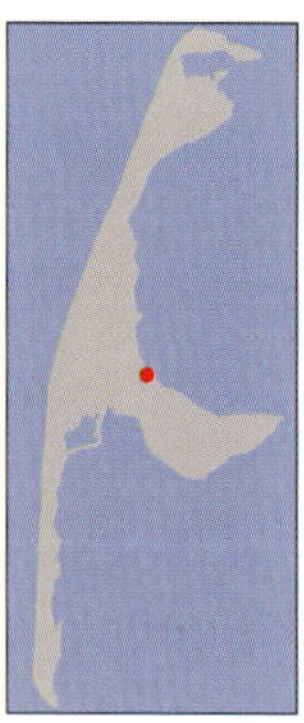

Grünes Kliff

Groth, Klaus * 24.4.1819 Heide, † 1.6.1899 Kiel, Lehrer, Schriftsteller. Der Begründer der neuniederdeutschen Dichtung widmete sich ab 1849 ganz der Schriftstellerei. Bahnbrechend für das moderne Niederdeutsch wurde 1852 seine Gedichtsammlung „Quickborn". Als älterer Herr besuchte Groth 1891-97 mehrere Male Sylt. Er kam im Herbst, um dem Badebetrieb auszuweichen. In Westerland wohnte er in der Maybachstraße im Elternhaus von Petrine →Klappenbach, dessen Giebel bis heute die friesische Bezeichnung *Itüüs* (bei uns; zu Hause) ziert. 1897 ist ein Besuch in List überliefert.

Klaus Groth besuchte 1897 den Seemann und Landwirt Peter Friede in List. Er widmete ihm ein Foto mit Gedicht:

Den Frieden liebt ja jeder Christ.
Ich selber liebe den Friede auf List.
Dem weih' ich daher mein altes Gesicht
Und dies mein jüngstes kleines Gedicht.

SHBL 2, Wedemeyer 1991a.

Grove Spiro, Stanley Joseph * 1896 oder 1900 Südafrika, † 17.12.1948 London, Bankier und Kunstmäzen. Grove Spiro war ein geheimnisumwitterter Mann. Selbst seine Geburtsdaten auf offiziellen Dokumenten sind widersprüchlich. 1932 ließ er sich von dem Architekten Otto Heilmann (1886-1944) ein rundes Haus in Westerland errichten. Es erinnerte an die Eingeborenenhütten in seinem Heimatland Südafrika. „Graf Spiro" war der schönen Schauspielerin Leopoldine Constantin nach Sylt gefolgt, um sich in ihrer Nachbarschaft niederzulassen. Das Haus erregte einiges Aufsehen. Auch die Frau Hermann →Görings war dort einige Male zum Tee, um sich Anregungen für das eigene Anwesen zu holen. 1937 stellte sich Grove Spiro der Polizei. Er wurde wegen millionenfachen Aktienbetruges gesucht. Seine guten Kenntnisse der Insel Sylt verhalfen nach eigenen, nicht belegten Aussagen 1940 der *Royal Air Force* zu Bombenabwürfen auf den Seefliegerhorst Hörnum und ihm selbst 1942 zur vorzeitigen Freilassung aus englischer Haft.

Heilmann 1993, Schreiber 1996, Simon 1980, Voigt 1992.

Grund- und Hauptschulen →Schulwesen

Grünes Kliff *(Green Klef)* Das Steilufer bei Keitum nennt man das „Grüne Kliff". Es ist neben dem →Roten, dem →Weißen und dem →Morsum-Kliff die vierte Steilformation an den Sylter Küsten. Sie ist jedoch im Unterschied zu den anderen bewachsen. Deshalb war hier auch ein bevorzugter Platz für das österliche →Eierwerfen.

Grünkohl *(Greenkual)* ist ein im Winter beliebtes Gericht und wird traditionell am Abend des →Biikebrennens gegessen. Zum Grünkohl gehören Kochwurst, Schweinebacke, Kasseler und Bratkartoffeln. Der Brauch soll entstanden sein, als im Jahre 1906 eine gesellige Runde nach dem Biikebrennen in einem Lokal in Keitum plötzlich großen Appetit verspürte. Grünkohl war das einzige, das der überraschte Gastwirt auftischen konnte. Früher war Grünkohl eher eine Mahlzeit der armen Leute und wurde ohne Fleischbeilagen verzehrt. Bei einem solchen Mittagsmahl soll der von C. P. →Hansen erdichtete Hörnumer Fischer →Pidder Lüng im 15. Jahrhundert den Sohn des tyrannischen

Amtmanns von Tondern in der heißen Kohlschüssel erstickt haben.
v. Bremen 1996, Hansen 1858a, Meier o. J.

Grüppen *(Gröpeler)* sind etwa 40 Zentimeter tiefe und ca. 60 Zentimeter breite Gräben in einem Landgewinnungsfeld. Sie werden parallel zu den →Lahnungen etwa alle zehn Meter ausgehoben und dienen der Entwässerung des →Vorlandes und der schnelleren Ansiedlung von Schlick fangenden Pflanzen. Der früher mit dem Kleispaten, heute mit schwimmfähigen Baggern ausgehobene Boden wird zwischen den Gräben, auf den „Beeten" oder „Äckern", abgelagert. Alle drei bis fünf Jahre, wenn die Grüppen erneut verschlickt sind, muss der Vorgang wiederholt werden. Der Fortschritt bei der Landgewinnung hängt von der Menge des anfallenden Schlicks ab.
Pfnür 1997.

Typische Grüppenstruktur in einem Landgewinnungsfeld. (Foto: Nis-Peter Jessen)

Grütztopf *(Briikroch)* ist ein Bestandteil des →Nordfriesen-Wappens.

Gunger bzw. *Weðergunger* ist die friesische Bezeichnung für →Wiedergänger.

Gungwai Sylterfriesischer Flur- und Straßenname in Morsum. *Gung/Wung* bedeutet Ackerkomplex, Felder, Gefilde. *Gung-wai* ist am besten mit „Ackerweg" zu übersetzen.
Möller 1916.

Gurtdeel Das „Große Tal" auf Sylt liegt nördlich des →Budersands bei Hörnum. Auf neueren Karten ist es irrtümlich auch als *Gredeel* (Graues Tal) verzeichnet.
Janus 1998, Möller 1916.

Gurtmuasem Sylterfriesischer Flurname in Morsum. *Gurt-Muasem* heißt „Groß-Morsum".
Möller 1916.

Gurtstig Sylterfriesischer Straßenname in Keitum. *Gurt-stig* heißt „Großer Weg".
Möller 1916.

Guttempler Die 1892 gegründete Guttempler-Gemeinschaft „Frisia" zählt zu den ältesten noch bestehenden Vereinen auf Sylt. Zunächst waren ihre Ziele nur auf die Lösung der Probleme Alkoholkranker ausgerichtet. Heute bieten die Guttempler ihre Hilfe allen Suchtkranken an.

Gymnasium Sylt Erst relativ spät wurde das Sylter →Schulwesen durch ein Gymnasium bereichert. 1948 gründete die Niebüller Friedrich-Paulsen-Schule eine Außenstelle in Westerland. In verschiedenen Baracken wurden zunächst nur eine 7. und 8. Klasse, bald auch eine 9. und 10. Klasse untergebracht. 1952 erlangte die Einrichtung ihre Selbstständigkeit als Progymnasium ohne Oberstufe. Bis 1959 wurde die Schule zu einem neusprachlichen und mathematisch-naturwissenschaftlichen Gymnasium für Jungen und Mädchen erweitert und in Gymnasium Sylt umbenannt. 1960 konnte erstmals auf der Insel das Abitur abgelegt werden. Das Gymnasium ist heute Teil des Schulzentrums Westerland. Im Schuljahr 2001/2002 wurden 285 Schülerinnen und Schüler von 28 Lehrkräften unterrichtet. „Kletterpartie" nannte die Bildhauerin Ursula →Hensel-Krüger ihr Relief, das seit 1971 eine Wand der Turnhalle ziert.
Sylter Archiv.

Haan, Lorens Petersen de →Petersen de Hahn, Lorens

Haawerlön Sylterfriesischer Flur- und Straßenname in Morsum. *Haawer-lön* heißt „Haferland".
Möller 1916.

Haberhauffe, Friedrich Albert * 16.11. 1845 Biere bei Magdeburg, † 2.3.1909 Wiesbaden, Hotelier. Haberhauffe ersteigerte 1871 das zwei Jahre zuvor erbaute →„Hotel Royal". 1872 erwarb er für 21 000 preußische Taler das →Seebad Westerland mit den dazugehörenden Hotels →„Dünenhalle", „Strandhotel" und „Erholung" nebst dem →Warmbadehaus und

Friedrich Albert Haberhauffe (Sylter Archiv)

Wenzel Hablik: „Sturm-Sylt“ 1907, Leinwand, 96 x 93 cm, Dauerleihgabe der Wenzel-Hablik-Stiftung, Itzehoe (Museumsberg Flensburg)

den →Badekarren. Zusammen mit seinem Bruder Gustav Hermann, der 1894 das Kurhaus in Kampen erbaute, investierte er jährlich rund 30 000 Mark in die Verbesserung der Badeeinrichtungen. Als besondere Leistung der Gebrüder Haberhauffe gilt der Bau des „Conversationshauses“ 1878, das jedoch 1893 bis auf die Grundmauern niederbrannte. 1884 verkauften die Brüder das Seebad für 365 000 Mark an Julius Adrian →Pollacsek.

Janus 1998, Stöver 1980, Wedemeyer/Voigt 1980.

Hablik, Wenzel * 4.8.1881 Brüx/Böhmen, † 14.3.1934 Itzehoe, Maler, Kunsthandwerker und Innenarchitekt. So vielschichtig wie Habliks Ausbildung zum Handwerker und Künstler ist auch sein Werk: Möbel, Messinggefäße, bemalte Porzellane, Besteck und Silberschmuck, Entwürfe für Kleidung und Stoffe, große Wandbehänge, die in der Weberei seiner Frau Elisabeth Hablik-Lindemann (1879-1960), einer der bedeutendsten Weberinnen ihrer Zeit, hergestellt wurden, Tapeten, utopische Architekturphantasien und Gemälde. Nach Sylt gelangte er erstmals 1907 auf Einladung der Kunstwartstiftung von Ferdinand →Avenarius und schrieb in sein Tagebuch: „Hier will ich meine Meisterwerke schaffen oder nichts.“ Er kehrte regelmäßig wieder und wohnte mehrmals im Haus von Clara →Tiedemann. Als Vertreter des Symbolismus interessierten ihn vor allem die Gezeiten und die Gewalt der Wellen, weniger Zustände und Ansichten der Insel. In den „Meereswogen“ von 1908 spiegelt sich seine Beschäftigung mit der japanischen Malerei und Grafik wider. 1923 gab er eine Erinnerungsmappe an das Kriegsjahr 1916 heraus. Die 23 Blätter zeigen eindrucksvolle Szenen aus dem Alltag der Sylter →Inselwache. Die Skizzenmappe ist eine antiquarische Rarität.

Wenzel Hablik war 1916 mit einer Sondererlaubnis auf die →Festung Sylt gekommen. Sein Antrag lautete: „Ich bin Maler und Radierer, bin 34 Jahre alt und wohne seit 1908 in Itzehoe. Nach Ausbruch des Krieges habe ich immer wieder versucht, als Kriegsfreiwilliger anzukommen. Wegen eines körperlichen Fehlers wurde ich immer wieder zurückgewiesen. Ich möchte nun gerne auch an meinem Teile mithelfen in diesem Krieg. Ich würde, wenn mir der Aufenthalt auf der Insel gestattet würde, Zeichnungen aus dem Soldatenleben machen, die reproduziert werden könnten und so für die Soldaten Erinnerungsblätter von künstlerischem Wert bilden könnten.“

Kauder 1979, Reschke 1981, SHBL 1, Spielmann/Timm 1990, Wedemeyer 1986 u. 1991a.

Hacht, Ulrich von * 1925 Hamburg, Lehrer, Hobbygeologe. Von Hacht war Berufsschullehrer in Hamburg. Sein Wissen im Bereich der Geologie brachte ihm hohe Anerkennung von Fachwissenschaftlern. Ab 1970 erforschte er →Fossilien auf Sylt. Insbesondere legte er, unterstützt von den Besitzern der Braderuper →Kiesgruben, eine reichhaltige Sammlung versteinerter Schwämme an. Sie befindet sich zusammen mit weiteren Funden im Besitz des Geologisch-Paläontologischen Instituts in Hamburg. Zwischen 1985 und 1990 gab er das dreibändige Werk „Fossilien von Sylt“ heraus. 33 Autoren, darunter sein „Schüler“ Martin →Lange aus Westerland, stellten den Wissensstand der Bereiche Paläontologie, Geologie und Gesteinskunde am Beispiel Sylter Fossilien dar. Im Zuge dieser Arbeit stellte die Stadt Westerland Vitrinen und Räume für Geschiebe-Ausstellungen zur Verfügung, und das Sylter Archiv sammelte die geologisch-paläontologische Literatur über die Insel.

v. Hacht 1985-1990, Sylter Archiv.

Hafen *(Haawen)* Die vier Sylter Häfen liegen an der geschützten Ostküste der Insel. Die Zufahrtswege im flachen Wattenmeer verlaufen über das →Hörnumtief, das →Eidumtief, das →Lister Tief und das →Pandertief. Von Hörnum besteht seit 1994 eine tägliche Fährverbindung über Amrum nach Nordstrand mit dem schnellen *Adler-Express.* Außerdem starten von hier Ausflugsfahrten der Reederei Sven →Paulsen zu den Halligen sowie nach Amrum und Föhr. Die Wyker Dampfschiffs-Reederei (W.D.R.) fährt mit dem *CatNo1*, einem Hochgeschwindigkeits-Katamaran, von Hörnum über Amrum nach Helgoland. List ist seit 1963 Ausgangspunkt für die Autofähren der →Rømø-Sylt Linie (RSL) nach Havneby auf der dänischen Nachbarinsel Röm. Auch von hier starten Ausflugsschiffe der →Adler-Flotte. In Rantum und Munkmarsch befinden sich die Anlegeplätze für Sportboote und Segelschiffe.

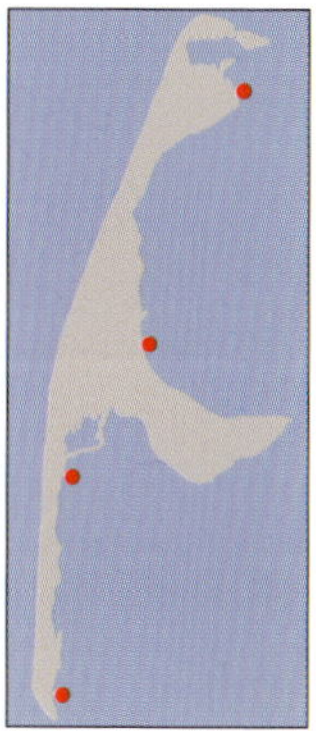

Häfen

Fischkutter, Yachten, Seenotrettungskreuzer (rechts hinten) und ein Ausflugsschiff (links) im Lister Hafen (Foto: Volker Frenzel)

Mehrere Sylter Häfen gehören der Vergangenheit an, so der versandete →Königshafen bei List und der →*Buuðerrening* bei Hörnum. Als Zufahrt nach Tinnum nutzte man einst einen tieferen Priel, auch bei Morsum-Odde befand sich eine Reede, die um 1810 verlandete. Der Keitumer Hafen war bis etwa 1760 und nach seiner Erneuerung 1820 die wichtigste Verbindung zum Festland. In den Jahrzehnten dazwischen und ab 1859, als er endgültig verschlickte, nutzte man den Hafen in →Munkmarsch. Ausgangspunkt der Fährschiffe war Hoyerschleuse im Amt Tondern. Als die →HAPAG 1901 in Hörnum einen tideunabhängigen Anleger baute und die →Inselbahn die →Verkehrsanbindung nach Westerland herstellte, verlagerte sich ein Großteil des Besucherverkehrs zur Sylter Südspitze. Das endgültige Aus für den Munkmarscher Verkehrshafen brachte 1927 der →Hindenburgdamm.

Quedens/Stöver 1978, Rinken 1992, Voigt 1967.

Hagendefeldt, Meinert * 1866 Tinnum, † 1914 Westerland, Kohlenhändler, Bankier und Vogelkundler. Hagendefeldt war 1896-1908 Vorstandsmitglied des neu gegründeten „Sylter Credit-Vereins in Westerland", der späteren Volksbank Sylt. 1912 war er Mitbegründer der Sylter-Kohlenhandels-Gesellschaft. Seit seiner Jugend spürte er den Vögeln nach und entwickelte eine ornithologische Sammelleidenschaft. In seinen Berichten finden sich zahlreiche Hinweise von Abschüssen, die damals üblich waren, um Präparate für die Sammlung zu erhalten. Daneben beschäftigte er sich auch mit Käfern, Pflanzen, →Fossilien und Mineralien. In rund 20 Beiträgen, Mitteilungen und Notizen informierte er ab 1901 die interessierte Öffentlichkeit über seine Tätigkeit. Seine Hauptarbeit „Die Vogelwelt der Insel Sylt" erschien 1902 in der *Ornithologischen Monatsschrift.* Hierin fasste er seine jahrzehntelangen Beobachtungen zusammen und zählte 44 Brutvogel- und 169 Zugvogelarten auf der Insel. Bis 1914 erhöhte sich die Zahl der von ihm registrierten Arten auf 240. Hagendefeldt erreichte nicht die Bedeutung des auch international anerkannten Helgoländer Vogelkundlers Heinrich Gätke (1814-1897), erarbeitete aber die Grundlagen für die heutige Inselornithologie.

Wedemeyer 1993b.

Hagge, Brunhilde geb. Jacobsen * 11.2.1923 Westerland, friesische Sprachpflegerin. Sie verfasste viele Veröffentlichungen auf Sylter →Friesisch, erarbeitete ein Lehrbuch und übersetzte z. B. Satiren von Ephraim Kishon *(„Fiin daagligs Kost").* In Kursen unterrichtete sie Friesisch. Mehrere Jahre lang gehörte sie dem Vorstand des Vereins Nordfriesisches Institut an, der sie 1997 zum Ehrenmitglied ernannte. Für ihre Verdienste um den Erhalt der sylterfriesischen Sprache wurde sie 1982 mit dem →C.-P.-Hansen-Preis ausgezeichnet.

Hagge 1978, 1981, 1986 u. 1989.

Hagn, Richard von * 21.3.1850 Husum, † 17.12.1933 Dresden, Maler. Nach einer Ausbildung zum Dekorationsmaler in Schleswig besuchte v. Hagn die Dresdner Kunstakademie. 1881 beschloss er, bei Gustav →Schönleber in Karlsruhe das Landschaftsfach zu belegen. Wohl um sich zu empfehlen, besuchte er zuvor

Sylt und malte hier zwei Landschaftsstudien. Er war der erste Künstler, der bei der Darstellung des Morsum-Kliffs auf kühle Sachlichkeit bedacht war. Die Ölbilder „Morsumkliff auf Sylt" (1881) und „Fahrweg durch Sylter Dünen" (1881) befinden sich im Nordfriesischen Museum Nissenhaus in Husum.

Schulte-Wülwer 1983 u. 1996, SHL 1983.

Dirk Meinerts Hahn (Sylter Archiv)

Hahn, Dirk Meinerts * 29.1.1804 Westerland, † 5.8.1860 Westerland, Kapitän. Dirk (ursprünglich Erck) Meinerts Hahn befehligte u. a. Schiffe des Altonaer Reeders Simon Dede. Auf dem Höhepunkt seiner Laufbahn steuerte er 1838 das Dreimastvollschiff *Zebra* mit 1997 deutschen Altlutheranern nach Südaustralien und vermittelte ihnen dort fruchtbares Land. Die Siedler tauften den neuen Ort in der Nähe von Adelaide aus Dankbarkeit Hahndorf. 1851 bedankte er die Seefahrt. Den Tod seiner Frau verkraftete der Kapitän i. R. nicht. Nach C. P. →Hansen wurde er außerdem ein Opfer des Fremdenverkehrs. Badegäste spendierten ihm alkoholische Getränke und ließen sich von der weiten Welt erzählen. Hahn starb 1860 im Alter von 56 Jahren; „die Guten sterben nie", steht auf der Grabplatte an der Ostmauer der alten Dorfkirche →Sankt Niels in Westerland.

Die Grabplatte von Dirk Meinerts Hahn steht an der Ostwand von Sankt Niels in Westerland. (Foto: Thomas Steensen)

Hagge 1989b, Koehn 1974, Simon 1980.

Hahn, Lorens Petersen de →Petersen de Hahn, Lorens

Halligen *(Haligen)* Halligen sind inselähnliche Marschflächen mitten im nordfriesischen Wattenmeer. Sie ragen gerade so weit aus dem Wasser heraus, dass sie von der normalen Flut nicht überspült werden. Acht der zehn heute noch vorhandenen kleinen und kleinsten Eilande entstanden nach der großen →Sturmflut 1362, in deren Folge es zwischen den Inseln Amrum, Föhr und Alt-Nordstrand zu massiven Geländeumbildungen kam. Es sind dies die Halligen Gröde (278 Hektar), Habel (rund 4), Hooge (592), Langeneß (920), Oland (117), Norderoog (rund 9), Süderoog (62) und Südfall (56). Die Hamburger Hallig (über 200, weiter wachsend) und die Hallig Nordstrandischmoor (180) sind kleinere, mittlerweile stark veränderte Reste der 1634 zerstörten Insel Alt-Nordstrand. Ehemalige Halligen wie Ockholm, Fahretoft oder Dagebüll wurden seit dem 16. Jahrhundert durch Landgewinnungsmaßnahmen zu Kögen und damit Teil des Festlandes, andere wurden auf natürliche Weise abgetragen und sind verschwunden.

Halligen sind im Unterschied zu den Inseln nicht von Landesschutzdeichen, sondern nur von erheblich niedrigeren Sommerdeichen umgeben. Bei höheren Wasserständen kommt es deshalb zu Überschwemmungen, dem „Landunter". Das Wasser erreicht aber nur bei sehr schweren Sturmfluten die Höhe der →Warften. Diese gewähren Mensch und Tier in aller Regel ein sicheres Ausharren bis zum Ende des Sturmes. Die stark bedrohten Halligufer sind mittlerweile durchgängig mit Steinen befestigt. Die Halligen erfüllen als Wellenbrecher eine wichtige Küstenschutz-Funktion für das Festland. Vier wurden deshalb durch Dämme zum Festland zusätzlich stabilisiert.

In früheren Zeiten war das Leben der Halligbewohner äußerst beschwerlich. Die Landwirtschaft musste sich auf eine Nutzung des Graslandes beschränken, weshalb im 17./18. Jahrhundert viele Männer die Chance ergriffen, in der Seefahrt und insbesondere im →Walfang ihren Lebensunterhalt zu verdienen. Zur Wasserversorgung musste Grund- und Regenwasser gesammelt werden. Dazu wurden einerseits tiefe Gruben (Fething) ausgehoben, andererseits leitete man das Wasser von den Hausdächern in Auffangbehälter (Soot oder Zisterne). Seit den 1950er Jahren sind die Halligen an die Versorgungsnetze des Festlandes angeschlossen. Auf ihren insgesamt 36 Warften stehen 150 Häuser, in denen um die 400 Menschen leben. Viele Männer sind beim Amt für ländliche Räume beschäftigt und arbeiten für den Erhalt der Halligen. Regelmäßige Schiffsverbindungen, wie z. B. von Hörnum aus, sorgen vor allem in den Sommermonaten für eine hohe Zahl von Tagesgästen. Die Zahl der Übernachtungen liegt bei rund 60 000 im Jahr. Mehr als 20 Prozent der Häuser auf den größeren Halligen befinden sich im Besitz Auswärtiger, die sie vielfach nur in den Ferien bewohnen. Die 1990 gegründete Stiftung „Nordfriesische Halligen" soll einem weiteren Ausverkauf entgegenwirken.

Laur 1992, Petersen 1981, Pingel 2000b.

Halmreepen *(Rooper)* sind Seile aus Dünengräsern wie →Strandhafer oder Strandroggen. Die alten Sylter bezeichneten die Gräser als →Dünenhalm oder einfach Halm. Die Gräser wurden im Sommer abgeschnitten und getrocknet. Im Winter fertigte man die Seile (→Handwerk). Dazu wurden die Halmreepen erneut eingefeuchtet, mit einem Holzhammer breit geklopft und anschließend zwischen den Handflächen hin- und hergerieben. Ein guter Reependreher schaffte täglich ein Seil von etwa 100 Metern Länge zu einem Gegenwert eines halben Zentners Getreide. Die Halmreepen dienten als Schiffstaue, als Wäscheleinen oder, in dünnerer Ausführung, als Dachstricke zur Befestigung der Reetdächer. Sie besaßen eine lange Lebensdauer. Da die Pflanzen aber auch große Bedeutung bei der →Dünenbefestigung hatten, unterlag das Schneiden ab dem 19. Jahrhundert der besonderen Erlaubnis des →Strand- und Düneninspektors.

Der Chronist C. P. →Hansen vermerkte 1865: „Es gibt jetzt noch einen Rantumer, der seine 80 Dachstricke oder 1 440 Fuß Stricklänge an einem Tag bloß mit den Händen drehen kann. Für 120 Stricke pflegen die Reependreher jetzt 1 Thaler zu erhalten. Auch in einigen anderen Dörfern Sylts werden nicht wenige Dachstricke aus Dünengras gedreht."

Hansen 1865, Quedens 2000b.

Hamen *(Hoom)* nennt man einen Korb oder ein Netz, das an dem trichterförmigen Ende eines →Fischgartens befestigt ist. Hier landen die Fische, die bei einsetzender Ebbe das Wattenmeer verlassen wollen.

Hammer, Otto Christian * 23.8.1822 Hulerød/Seeland, † 18.3.1892, Kopenhagen, Kapitänleutnant. Nach seiner Kriegsteilnahme 1848-50 war Hammer Kreuzzollinspektor und Inspektor für das Feuer- und Bakenwesen an der Westküste mit Sitz in Wyk auf Föhr. Als ausgezeichneter Kenner der Fahrwasserverhältnisse im Wattenmeer wurde er 1864 im →deutsch-dänischen Krieg zum Oberkommandierenden der dänischen Flotte an der Westküste ernannt. Die überwiegend schleswig-holsteinisch eingestellte Sylter Inselbevölkerung verweigerte ihm die erhoffte Unterstützung, gegen aufrührerische Aktionen verhängte Hammer deshalb Strafexempel. Der unter Militäraufsicht gestellte Lehrer C. P. →Hansen bezeichnete ihn als „Land und Leute tyrannisierenden Viking". Als am 13. Juli 1864 die preußisch-österreichischen Alliierten auf Sylt eintrafen, entwich Hammer nach Föhr, wo er am 19. Juli kapitulierte. Nach seiner Kriegsgefangenschaft fand er in Dänemark nicht die erhoffte Anerkennung und quittierte den Dienst.

v. Baudissin 1865, O. Hammer 1865, R. Hammer 1928, C. P. Hansen 1877, Hinrichsen 1988, Jensen 1914, Stolz 1988.

Aus Strandhafer gedrehtes Seil (Foto: Georg Quedens)

Handel *(Hanel)* Schon früh setzte ein reger Tauschhandel auf der Nordsee ein. Vorwiegend →Friesen unterhielten im Mittelalter die Küstenschifffahrt und transportierten Wollprodukte, →Bernstein und Salz nach Süden und etwa rheinischen Tuff für Kirchenbauten oder Steinsärge nach Nordfriesland. Im Jahr 1605 liefen z. B. 56 friesische Schiffe mit Salz in den Hafen von Ripen, dem Hauptstapelplatz für den Salz- und Seetorfhandel, ein. Zu den frühen Sylter Handelsprodukten gehörten auch

Hans Boy Jensen (1821-1878) gehörte zu den Ersten, die den wachsenden Konsumgüterbedarf im Seebad Westerland erkannten. Unter seinem Nachfolger Friedrich Alwart wurde 1907 ein neues Geschäftshaus in der Friedrichstraße/Ecke Maybachstraße eröffnet. Die Aufnahme stammt aus den 1920er Jahren. (Sylter Archiv, Foto: Pförtner)

die Erträge der →Fischerei, im 15. Jahrhundert insbesondere die des →Heringsfangs. Ab dem 16. Jahrhundert wurden nachweislich →Austern vor Sylt geerntet, ab dem 20. Jahrhundert planmäßig gezüchtet. Ein einträgliches Geschäft war auch das Absammeln von Möweneiern im Listland unter Kontrolle des jeweiligen →Eierkönigs. In der →Landwirtschaft konnten kaum Handelswaren erzeugt werden, nur die Haltung von →Schafen war profitabel. Ihre Produkte aus →Wolle boten die Sylter auf den Märkten in Husum oder Tondern an. Dorthin wurden auch die Reepen geliefert, aus dem →Dünenhalm gedrehte Seile, die man u. a. zum Decken der Reetdächer benötigte. Im Gegenzug erwarben die Insulaner vor allem Kolonialwaren und andere dringend benötigte Artikel. Als eine der ersten Gewerbetreibenden auf Sylt schob Marie →Köhler ihren mit Waren bepackten Wagen durch die Inseldörfer. Wie der Chronist Henning →Rinken berichtete, waren sonstige Handelsgeschäfte lange Zeit unbedeutend. In Keitum eröffnete 1845 Wulff →Hendricks ein Manufaktur-, Eisen- und Gewürzwarengeschäft. Später führte er auch Glas- und Porzellanwaren und handelte mit Sylter Wollwaren. Die Sylter Spinnstuben lieferten bis nach Thüringen. Handel und Dienstleistung erblühten mit der Entwicklung des →Seebads Westerland. Ab 1857 öffneten Logierhäuser und Hotels, und Restaurants, Cafés und Warengeschäfte aller Art versorgten die Badegäste. Neben den Läden für den täglichen Bedarf entstanden erste Geschäfte mit Luxusartikeln wie Schmuck, Sport- und Spielwaren, Toilettenartikel oder künstlerische Werke. Ein wachsender Energiebedarf führte 1912 zur Gründung der Sylter-Kohlenhandels-Gesellschaft in Westerland. Einer Genossenschaft zur Schlickgewinnung war kein Erfolg beschieden. 1921 als „Muscheldungwerk Sylt" gegründet, wurde bereits 1928 ihre stillschweigende Auflösung erklärt, „da sie kein Betätigungsfeld mehr habe". Die ebenfalls 1921 von Johanna Cords gegründete Strickerei und Handweberei produzierte nach dem Zweiten Weltkrieg jährlich etwa 120 000 Pullover, die nach ganz Deutschland geliefert wurden. 2002 waren rund 1 000 Handelsgeschäfte auf Sylt registriert.

Haverkamp 1908, Rinken 1992, Sylter Archiv.

Handwerk *(Hunwerk)* Bis zum Beginn des 19. Jahrhunderts lag die Hauptbetätigung der Sylter Männer in der →Seefahrt und →Fischerei. Seile zur Befestigung der Segel wurden auf der Insel selbst hergestellt. Für ärmere Inselbewohner war das Anfertigen von →Halmreepen bis ins 20. Jahrhundert hinein oft die wichtigste Einkommensquelle. Der Chronist C. P. →Hansen schrieb 1865, dass in der auf fünf Familien geschrumpften Gemeinde Rantum alljährlich 40 000 bis 50 000 *Rooper* à 18 Fuß Länge angefertigt wurden. Im Munkmarscher Hafen führten die Kapitäne Uwe →Bleicken, Thomas →Selmer und andere Teilhaber ab 1868 eine Schiffswerft. Die wenigen Handwerker auf der Insel waren zumeist Zugewanderte vom Fest-

Kaiken Andresen aus Westerland hinter ihrem Spinnrad (um 1925). Sylter Wollprodukte wurden im 19. Jahrhundert bis nach Thüringen geliefert. (Sylter Archiv)

land, schrieb der Chronist Henning →Rinken. Es handelte sich vor allem um Zimmerer oder Schuhmacher, ein Uhrmacher kam z. B. nur in den Sommermonaten nach Sylt. Erst 1790 ließ sich mit Jacob Trogilius Sievers ein Fachmann in Keitum nieder. Um 1860 zählte Rinken auf Sylt drei Rademacher, drei Uhrmacher, einen Gold- und Silberschmied, drei Blechner und Kupferschmiede, drei Maler, einen Knochendrechsler und Hornpfeifenmacher sowie zwei Männer, die Spinnräder anfertigen konnten. Ein Volkszählungsregister von 1860 weist außerdem Schuster, Schlachter, Schornsteinfeger, Dachdecker, Schneider und Färber auf. Die →Frauen führten in Abwesenheit der Seefahrer die →Landwirtschaft. Vor allem in den Wintermonaten wurde die →Wolle der Schafe weiterverarbeitet. Mit der Gründung und dem Aufblühen des →Seebads Westerland in der zweiten Hälfte des 19. Jahrhunderts ging eine rege Bautätigkeit einher. Maurer wurden benötigt, Ziegeleien entstanden in Munkmarsch und Tinnum. Ihr Rohstoff war →Schlick. 1875 machte sich z. B. der junge Bauhandwerker Johann →Bomhoff in Westerland selbstständig. Windräder trieben die Maschinen der Tischlereien und Sägewerke an, aus einfachen Handwerksbetrieben wurden kleine Gewerbe, wie z. B. die →Webereien. Der Zensus von 1860 enthält bereits private Tabak- und Zigarrenfabriken, die mehrere Arbeiter beschäftigten. Heute gibt es auf Sylt über 300 Handwerksbetriebe; vorwiegend in den Ostdörfern hat sich das →Kunsthandwerk angesiedelt.

Haverkamp 1908, Rinken 1992., Sylter Archiv.

Hansen, Andreas * 21.11.1808 Tinnum, † 20.8.1893 Braderup, Kapitän. Hansen heuerte schon vor seiner Konfirmation als Schiffsjunge an und erlangte bereits mit 23 Jahren das Kapitänspatent. 1830 überlebte er als einziger die Strandung der *Helena Teresia* auf der britischen Sandbank Longsand. 1836-38 befehligte er als Reeder und Kapitän den →Schoner *Johanna*, 1840 übernahm er die →Brigg *Mary u. Elisabeth* der Hamburger Reederei Ernst Albers. Das Schiff wurde 1842 an die Reederei Wachsmuth und Krogmann verkauft und in *Andromache* umgetauft. Kapitän blieb Andreas Hansen. Im Herbst 1848 kehrte er für ein Jahr nach Sylt zurück und kaufte einen Hof in Braderup. 1852 ließ er sein neues, zweigeschossiges Wohnhaus, den späteren →„Gasthof zum Weißen Kliff" errichten. Seine letzten Seereisen führten ihn in den Jahren 1849-54 mit dem Hamburger Schiff *Carl u. Hermann* mehrfach nach Singapur und weiter nach Hongkong, Australien und San Francisco. 1854 brach es im Hamburger Hafen auf der Fahrt ins Trockendock in einem Sturm auseinander. Hansen gab nach diesem Unglück die Seefahrt auf, kehrte nach Braderup zurück, betrieb Landwirtschaft und widmete sich bis 1890 als Vertreter der Norddörfer im Kollegium der →Landesgevollmächtigten den Interessen seiner Gemeinde und der Insel.

Spreckelsen 1978b.

Hansen, Andreas * 28.2.1887 Keitum, † 17.8.1980 Keitum, Straßenwärter. Hansen wirkte 1920-62 als Laienschauspieler an der von Erich →Johannsen gegründeten Sylter Heimatbühne. Für seinen Einsatz bei der Pflege der sylterfriesischen Sprache erhielt er zusammen mit seinem Bruder Friedrich 1964 den →C.-P.-Hansen-Preis.

Nordfriisk Instituut.

Hansen, Christian Peter * 28.8.1803 Westerland, † 9.12.1879 Keitum, Lehrer und Küster, Heimatforscher, Chronist. Hansen war

Carl Ludwig Jessen: „Der Sylter Chronist C. P. Hansen" 1882, Öl auf Leinwand, 69 x 58 cm, Nordfriesisches Museum Husum. 1910 vermachte der Maler das Bild dem damaligen Städtischen Museum Husum.

in der Nachfolge seines Vaters Jap Peter →Hansen 1829-60 Lehrer und Organist, von 1835 an auch Küster in Keitum. Er gründete u. a. 1838 den Sylter Lehrerverein. Spätere Vertreter der friesischen Sprachbewegung auf Sylt wie Boy Peter →Möller und Nann →Mungard gingen bei ihm zur Schule.

Als vielseitig interessierter Autodidakt trug „Kristjaan Japen", wie er auf Sylt aufgrund des Vornamens seines Vaters genannt wurde, reichhaltiges Material zu Geschichte, Volkskunde und Kultur Nordfrieslands, vor allem zu seiner Heimatinsel Sylt zusammen. Der zeitgenössische Schriftsteller Adelbert von →Baudissin nannte ihn „Schriftsteller, Küster, Organist, Antiquar und lebendiges Konversationslexikon". Erste Anregungen gingen u. a. von Uwe Jens →Lornsen aus, dessen erster Biograph er wurde. Teile der Sammlung C. P. Hansens bildeten den Grundstock des 1908 gegründeten →Sylter Heimatmuseums. Teile des Nachlasses nahm Christian →Jensen nach Föhr mit. Aus Hansens Wohnhaus entstand das Museum →Altfriesisches Haus.

Seine zahlreichen Veröffentlichungen stellen den eigentlichen Beginn der heute so umfassenden Sylt-Literatur dar. Neben zahlreichen Aufsätzen in Zeitungen und Zeitschriften verfasste er etwa 15 Bücher. Einige seiner Schriften illustrierte er selbst und stellte damit erstmals die Eigenarten seiner Heimatinsel dar. Als ein Hauptwerk zur nordfriesischen Geschichte kann seine „Chronik der Friesischen Uthlande" (1856) gelten. Allerdings räumte er in seiner Autobiographie auch ein, dass er „eine lebhafte Phantasie" hatte und „abentheuerliche Scenen schon als Knabe gern beschrieben" habe. Am liebsten wäre er wohl Romanschriftsteller geworden. Viele seiner Geschichten und Erzählungen sind deshalb mit Vorsicht aufzunehmen, was ihren Wahrheitsgehalt betrifft. Doch nahezu alle späteren Autoren beriefen sich kritiklos auf sein Werk. Viele der von ihm aufgezeichneten →Sagen entstammten wohl weniger der Volksüberlieferung als seiner Phantasie, z. B. die Erzählung von →Pidder Lüng.

Mit seinen Schriften und Sammlungen wollte C. P. Hansen das alte Sylt für die Nachwelt bewahren. Zugleich sorgten seine Veröffentlichungen dafür, die Insel bekannt zu machen, und warben für den aufkommenden Fremdenverkehr. „Darin aber liegt zugleich seine Tragik, daß er auf diese Weise wissend dazu beiträgt, eine hier fremde und zerstörerisch wirkende Kraft in die der heimischen Tradition einzulassen und so zu ihrem Untergang beizutragen" (Ernst Schlee). Nationalpolitisch stand C. P. Hansen auf der Seite der deutschen Schleswig-Holsteiner. Die Einverleibung Schleswig-Holsteins in Preußen behagte ihm nicht und er verglich das preußische Regiment mit dem dänischen. Lebhaft nahm er an den öffentlichen Angelegenheiten seiner Insel Anteil. So schlug er bereits in den 1850er Jahren den Bau eines Dammes zwischen dem Festland und Sylt vor.

Seit 1960 wird auf Sylt alljährlich mit der Verleihung des →C.-P.-Hansen-Preises für Verdienste um friesische Kultur, Sprache und Geschichte an ihn erinnert. In Keitum hält die C.-P.-Hansen-Allee sein Andenken aufrecht.

Århammar 1967, Hoeg 1995, Janus 1998, Schlee 1962, Schmidt 1961, Schmidt/Reinhardt 1979, Schmidt-Rodenäs 1981, SHBL 7, SHL 1983, Wedemeyer 1982a/b.

Einige wichtige Werke des Chronisten C. P. Hansen:

- Die Insel Sylt in geschichtlicher und statistischer Hinsicht, Hamburg 1845.
- Chronik der Friesischen Uthlande, Altona 1856; 2. erw. Aufl., Garding 1877.
- Das Seebad Westerland auf Sylt und dessen Bewohner, Garding 1856.
- Friesische Sagen und Erzählungen, Altona 1858.
- Uald' Söld'ring Tialen, Mögeltondern 1858.
- Die nordfriesische Insel Sylt, wie sie war und wie sie ist, Leipzig 1859.
- Der Fremdenführer auf der Insel Sylt. Ein Wegweiser für Badende in Westerland, Mögeltondern 1859.
- Der Sylter-Friese, Kiel 1860.
- Der Badeort Westerland auf Sylt und dessen Bewohner, Garding 1870.
- Die Friesen. Scenen aus dem Leben, den Kämpfen und Leiden der Friesen, besonders der Nordfriesen, Garding 1876.
- Die Anfänge des Schulwesens oder einer Schulchronik der Insel Sylt, Garding 1879.

50 Jahre nach dem Tod von C. P. Hansen widmete ihm Jens →Mungard u. a. die folgenden Zeilen:

Wat wiar üüs ailön Söl wel söner di?
Bluat en plak öört bi Friislöns rant.
En wat jir jer jens wiar, dit wiar fuarbi,
en gre lair't al, auriiten en tökant.

Was wäre unsere Insel Sylt wohl ohne dich?
Nur ein Flecken Erde an Frieslands Rand.
Und was hier früher einmal war,
das wär' vorbei,
und grau läg' alles, vergessen und am End'.

Hansen, Erika * 9.11.1939 Morsum, Sekretärin. Erika Hansen absolvierte eine ländliche Hauswirtschaftslehre in Dithmarschen und arbeitete u. a. in einer Sylter Bäckerei. 1991-2002 war sie Büroleiterin der →*Söl'ring Foriining*. Ihr unermüdlicher Einsatz für ihre Heimatinsel und ihr uneigennütziges Wirken *„fuar Sölring Aart en Wiis"* (für die sylterfriesische Tradition) wurden 1999 mit dem →C.-P.-Hansen-Preis belohnt.

Matthiesen 2000, Nordfriisk Instituut.

Hansen, H. P. * unbekannt, Westerland, † unbekannt, Rechenmeister in Sonderburg/Alsen. Hansen war ein Bruder von Jap Peter →Hansen. Sein Neffe Christian Peter →Hansen erhielt bei ihm die erste Ausbildung. H. P. Hansen schrieb 1824 das Gedicht *„Forklaaring, wat Lönsman ik sen"* (Erklärung, welch Landsmann ich bin).

Hansen 1860, Schmidt 1961.

Die ersten Zeilen des Gedichts *„Forklaaring, wat Lönsman ik sen"* von H. P. Hansen lauten:

Ik sen en Sölring fan Gibuurt
En stami of fan Liren,
Diar salev Sölring fan Gibuurt
Uk wiar sent ualing Tiren.

Ich bin ein Sylter von Geburt
Und stamme ab von Leuten,
Die selbst Sylter von Geburt
Auch waren seit alten Zeiten.

Hansen, Hans Harald * 23.1.1909 Keitum, † 13.11.1990 Kampen, Elektroingenieur, Kommunalpolitiker. „Hansche" Hansen war 1955-74 Betriebsdirektor der Stadtwerke Westerland. 1945 ernannte ihn der englische Besatzungskommandeur zum Gemeindevertreter von Kampen. 1946 offiziell gewählt, blieb er in der Gemeindepolitik bis 1986, 1951-55 und 1974-86 als Bürgermeister. Er bekleidete zahlreiche Ehrenämter. Zu seinen Verdiensten zählten u. a. der Bau des Kampener Wasserleitungsnetzes, die Errichtung des →*Kaamp Hüs* und der Norddörferhalle sowie die Schaffung fahrzeugfreier Zonen zur Erhaltung der Natur am Wattenmeer. 1979 erhielt er das Bundesverdienstkreuz. In Kampen wurde der Hans-Hansen-Wai nach ihm benannt.

Sylter Archiv.

Hansen, Harald * 27.4.1884 Keitum, † 19.8.1981 Keitum, Arbeiter, Journalist, Amtmann, friesischer Sprachpfleger. Schon mit sechs Jahren verlor Hansen seinen Vater. Nach landwirtschaftlicher Lehre und Militärdienst arbeitete er bei verschiedenen Firmen, im Buhnenbau, als Schreiber im Marschenbauamt, bei den *Sylter Nachrichten*. Er trat der SPD bei und gehörte seit 1919 mehr als fünf Jahrzehnte lang, unterbrochen durch die Zeit des Nationalsozialismus, der Keitumer Gemeindevertretung an. Nach dem Zweiten Weltkrieg übernahm Hansen zahlreiche wichtige Ehrenämter. Die britische Besatzungsmacht ernannte ihn zum Amtmann (Amtsvorsteher) für das →Amt Landschaft Sylt. 21 Jahre lang, 1945-66, füllte er diese Aufgabe aus und setzte sich auf den verschiedensten Gebieten für seine Heimatinsel ein. 25 Jahre lang wirkte er auch als Deichgraf. Intensiv bemühte er sich um den Uferschutz und die Dünenbefestigung. Schon früh erkannte er die Gefahren, die der Natur- und Kulturlandschaft Sylts durch den stark zunehmenden Fremdenverkehr drohten. Nicht nur auf der Insel setzte er sich für die →friesische Sprache und Kultur ein und veröffentlichte viele friesische Erzählungen sowie kleinere heimatkundliche Arbeiten. Er war 1947-69 Vorsitzender des Nordfriesischen Vereins, sodann dessen Ehrenvorsitzender. Als Mitglied des Friesenrats 1956-69 bemühte er sich u. a. um die Verbindung zu Ost- und Westfriesland. Als Laienlehrkraft un-

Harald Hansen
(Sylter Archiv)

terrichtete er *Sölring* an der Keitumer Volksschule. Für sein jahrzehntelanges, bis ins hohe Alter anhaltende Wirken erhielt Harald Hansen u. a. das Bundesverdienstkreuz. Als Erster wurde er 1960 mit dem →C.-P.-Hansen-Preis ausgezeichnet.

Holander 1981, Johannsen 1986, Nordfriisk Instituut, Petersen 1965, Reinhardt 1975 u. 1982, Steensen 2002a, Sylter Archiv.

Hansen, Jap Peter * 8.7.1767 Westerland, † 9.8.1855 Keitum, Seefahrer, Lehrer, friesischer Schriftsteller; Vater von Christian Peter →Hansen. Er fuhr 15 Jahre zur See und wurde 1800 Lehrer und Küster in Westerland, 1820-29 in Keitum; auf der Insel wurde er daher „Jap Köster" genannt. Daneben führte er eine Navigationsschule. Er verfasste ein sehr ausführliches „Protocoll der Bibliothek des Siltervereins" und mehrere Schulbücher und Schriften zur Mathematik und Astronomie, wie z. B. 1814 „Die dänische Trigonometriescale", errechnete einen hundertjährigen Kalender und konstruierte eine neue Kornwaage. 1811 erhielt er das Ehrenzeichen der Dannebrogsmänner und 1815 die Verdienstmedaille der Schleswig-Holsteinischen Patriotischen Gesellschaft. Allerdings musste er wegen Unterschlagung 1835 eine dreijährige Haftstrafe verbüßen. Offenbar war er in Geldschwierigkeiten geraten, denn er „lebte wegen der Zukunft ziemlich sorgenlos", wie sein Sohn C. P. Hansen später schrieb.

Jap Peter Hansen
(Nordfriisk Instituut)

Jap Peter Hansen:

Seemans Klaag-Soong

Wat es dach en Seeman fan Jen en tö Jen,
Diar swerwi en faar mut sa fuul üs er ken!
Hi heer ek fuul Früger, hi heer ek fuul Stair:
Bal jir en bal diar hen sin Uuning höm drait;
Hi sjocht höm ek seeker en söner Gifaar
Fuul Weeken, fuul Daagen,
fuul Stünen ön't Jaar.

Des Seemanns Klagelied

Was ist doch ein Seemann
von Anfang bis Ende,
Der herumschweifen und fahren muss,
so viel er nur kann!
Er hat nicht viel Freude,
er hat nicht viel Bleibe:
Bald hier- und bald dorthin
seine Wohnung ihn trägt;
Er sieht sich nicht sicher
und ohne Gefahr
Viele Wochen, viele Tage,
viele Stunden im Jahr.

Bedeutsam wurde Jap P. Hansen vor allem für die Förderung der →friesischen Sprache. Er kann als eigentlicher Begründer der nordfriesischen Literatur gelten. Seine 1788-92 auf See geschriebene Komödie *„Di →Gidtshals, of di Söl'ring Pidersdei"* (Der Geizhals oder der Sylter Petritag), 1809 in Flensburg gedruckt, ist das erste Buch in nordfriesischer Sprache und bedeutet zugleich einen Höhepunkt der nordfriesischen Literatur. Ebenso verfasste er das erste umfangreiche Prosastück auf Nordfriesisch: *„Di lekkelk Stjüürman"*, erschienen 1833 in der zweiten Auflage des „Petritagsbuchs" mit dem Titel „Nahrung für Leselust in nordfriesischer Sprache". Mit der von ihm autodidaktisch entworfenen Orthographie schuf er eine wichtige Grundlage für die Entwicklung des Nordfriesischen zur Schriftsprache. In Westerland wurde zu seinem Andenken eine Straße benannt und vor der alten Dorfkirche ein Gedenkstein aufgestellt.

Århammar 1967 u. 1998, SHBL 7, Wedemeyer 1981a, Wilts 1996 u. 2000b.

Hansen, Martha * 27.3.1904 Keitum, † 14. 9.1989 Keitum. Martha Hansen arbeitete fast 40 Jahre lang an der Sylter Heimatbühne mit und wirkte in fast allen Stücken als Hauptdarstellerin. Ihr Idealismus und ihr Einsatz für die →friesische Sprache wurden 1978 mit dem →C.-P.-Hansen-Preis belohnt.

Nordfriisk Instituut.

Hansen, Peter Peter * 19.8.1765 List, † 20. 5.1819 Kampen. Hansen gehörte zu den bekanntesten Kommandeuren der →Grönlandfahrt. Er wohnte als „Miethsmann" bei Kapitän Friedrich Jensen →Becker im →Weißen Haus in Kampen. 1794 fuhr er als Harpunier auf dem Walfänger *De Frau Anna*, ein Jahr später als Steuermann auf dem Vollschiff *De Lillie* der Hamburger Reederei Tönnies. Dieses Schiff führte er 1796-1803 als Kommandeur auf →Walfang. Es war mit einer doppelten Außenhaut ausgerüstet und hatte einen mit Eisen verkleideten Bug. Zur Besatzung gehörten 44 Mann, zur Ausrüstung u. a. sechs Schaluppen, 60 Harpunen und 800 Fässer für den Walspeck. Anfang April 1802 brach eine ansteckende Krankheit unter der Mannschaft aus. Fünf Männer, darunter ein Harpunier, der Koch und der Steuermann, starben. Die Fahrt musste unverrichteter Dinge abgebrochen werden. Ende Mai kam das Schiff vor Neumühlen in eine vierwöchige Quarantäne.

Spreckelsen 1991.

Hanusch, Karl * 9.5.1881 Freital/Sachsen, † 19.11.1969 Dresden, Maler. Der Arbeitersohn Hanusch wurde früh von dem Kulturpolitiker und Verleger Ferdinand →Avenarius gefördert. Er erhielt ein Stipendium des „Dürerbundes" und wohnte mehrere Sommer im Haus →Uhlenkamp. Hier entstand um 1908 auch das Bild „Haus auf Sylt". Hanusch wurde graphischer Mitarbeiter der *Dresdner Volkszeitung* und erhielt 1919 einen Ruf als Professor für Graphik an die Akademie in Breslau. Die Verbindung nach Sylt und zu Avenarius, der ihn zu seinem Nachfolger im „Dürerbund" ernannte, blieb erhalten. Hanusch zeichnete auch die weniger attraktiven Seiten der Insel wie Leitungsmasten oder die Funkstation.

Schulte-Wülwer 1996.

Karl Hanusch: „Haus auf Sylt" um 1908, Haus der Heimat, Freital/Sachsen (Museumsberg Flensburg)

HAPAG Die „Hamburg-Amerikanische Packetfahrt-Actien-Gesellschaft" wurde 1847 gegründet. 1905 schloss sie sich mit der Nordsee-Linie des Hamburger Reeders Albert →Ballin zusammen. Dieser hatte eine problemlosere →Verkehrsanbindung nach Sylt durch das →Hörnumtief entdeckt und 1901 auch den Bau einer →Inselbahn von Hörnum bis Westerland veranlasst. Der Verkehr zu den deutschen Seebädern auf Helgoland, Föhr und Sylt lief nun unter dem Namen der HAPAG. Die ersten Dampfer hießen *Cobra*, *Silvana* und *Prinz Heinrich*. Nach dem Ersten Weltkrieg mussten die nicht versenkten Schiffe an die Siegermacht Großbritannien abgegeben werden. 1920 wurde die Linie Hamburg-Helgoland-Hörnum mit dem Dampfer *Bubendey* wieder eröffnet. Später kamen die *Königin Luise* und das Turbinenschiff *Kaiser* hinzu, das auch im Winter nach Hörnum fuhr. Nach dem Zweiten Weltkrieg nahm die neu gegründete Gesellschaft HADAG (Hafen-Dampfschiffahrts-AG) 1952 den Bäderverkehr zwischen Hamburg und Hörnum auf. 1970 entstand nach einer Fusion mit dem Norddeutschen Lloyd die Hapag-Lloyd AG. Die Direktverbindung nach Hörnum wurde 1976 eingestellt, die Hamburger Schiffe fuhren nur noch bis Helgoland. Den Transfer Helgoland-Hörnum übernahmen die →Adler-Schiffe.

Quedens 2000b.

Harck, Ole * 7.5.1940 Flensburg, Archäologe. Harck ist seit 1992 Professor am Institut für Ur- und Frühgeschichte der Universität Kiel. 1967-75 war er örtlicher Grabungsleiter, 1976-

82 Leiter eines Forschungsvorhabens in →Archsum. Aus diesen Arbeiten entstand 1987 seine Habilitationsschrift „Die Ausgrabungen in den römerzeitlichen Erdwerken →Archsumburg, →Tinnumburg und Trælbanken an der Westküste Schleswigs".
Harck 1990, Kossack/Harck/Reichstein 1974.

Das „Skelett" des Harhoog wurde 1954 nach Keitum versetzt. (Foto: Uwe Sönnichsen)

Harden waren historische Verwaltungseinheiten mit eigenständiger Gerichtsbarkeit. Die Bezeichnung ist von ungewissem Ursprung und hatte wahrscheinlich militärische Bedeutung, übersetzbar etwa mit „Heerbezirk". Ab dem späten Mittelalter wurde zur effektiveren Kontrolle des Landes die Verwaltung neu strukturiert. Jeweils mehrere →Kirchspiele bildeten eine Harde. An ihrer Spitze stand ein Hardes- oder Landvogt, der zugleich Steuerbeamter und Richter war. Die Sylter Harde setzte sich aus den →Kirchspielen Keitum, Morsum und Westerland zusammen. Übergeordnete Institutionen waren das Amt und das →Dreihardengericht in Tondern. Zu den vornehmsten Privilegien einer Harde gehörte die Gerichtsbarkeit. Zwölf Ratmänner sprachen →Recht. Bis über das Mittelalter hinaus waren sie zugleich zuständig für die verschiedenen Aufgaben in der Selbstverwaltung der →Landschaft Sylt, etwa für Finanzen und Abgaben und für das Deichwesen. Nach dem Anschluss an Preußen wurde 1867 zunächst die Gerichtsbarkeit abgetrennt. Aus den Harden wurden Hardesvogteibezirke. Die neue preußische Landkreisordnung brachte 1889 ihre endgültige Auflösung. Sie wurden zumeist durch Amtsbezirke ersetzt.
Laur 1981, Pingel 2000a, v. Schröder 1837.

Hans Hartig: „Der blanke Hans kommt", aus einem Zyklus über den Verlauf der Sturmflut vom 6. November 1911, Ölgemälde, 53 x 63 cm, Privateigentum (Museumsberg Flensburg)

Harders, Luise →Weberei

Hardesvogt Der Vorsteher einer →Harde war der Hardesvogt. Auf Sylt ist in dieser Funktion seit 1547 der →Landvogt belegt. Frühe Hardesvögte konnten hier nicht nachgewiesen werden. Erst nach dem Anschluss des Herzogtums Schleswig an Preußen und der Umwandlung der Harden in Hardesvogteibezirke 1867 gab es auch auf Sylt das Amt des Hardesvogts. 1889 wurden statt der Hardesvogteien die Amtsbezirke eingeführt.

Harhoog Das steinzeitliche Megalithgrab ist etwa 4 500 Jahre alt und liegt heute neben dem →Tipkenhoog auf dem Grünen Kliff von Keitum. Es wurde mehrfach versetzt. Ursprünglich befand es sich zwischen Keitum und Tinnum, musste jedoch 1954 bei der Erweiterung des Flugplatzes weichen. Dabei versetzte man nur das „Skelett" des Grabes: die Steine der Grabkammer sowie einen magischen Steinkranz. Die Ummantelung aus Erde und Klei wurde nicht wieder angelegt. Das Grab war 1925 entdeckt worden, als die →„Mörderkuhle" für den Bau des Hindenburgdamms ausgebaggert wurde. Erst nach weiteren Sandentnahmen für den Deich des Nössekoogs 1936 entschloss man sich zu wissenschaftlichen Untersuchungen des Hünengrabs.
Kersten/La Baume 1958, Koehn 1974, Reichstein (Exkursion).

Hartig, Hans * 6.10.1873 Corvin/Pommern, † 14.2.1936 Berlin, Maler. Hartig besuchte die Kunstakademie in Berlin, wurde 1898 Schüler

Eugen →Brachts und folgte diesem nach Dresden. 1911 besuchte er Sylt und wohnte einige Monate in Keitum. Kurz vor seiner Abreise erlebte er eine schwere Sturmflut, die vor Westerland die Kurpromenade mit fast all ihren hölzernen Strandanlagen vernichtete. In über 20 Studien dokumentierte Hartig den Verlauf der Ereignisse von der Windstille vor dem Sturm über das Sturmläuten und den Höhepunkt der Flut bis zum Morgen des 7. November, der die Schäden ans Licht brachte. Der fünfteilige Zyklus „Der blanke Hans", „Stille am Wattenmeer", „Sturmwarnung (Vorabend)", „Der 6. November" und „Am anderen Morgen" wurde 1912 in einer Sonderausstellung in Berlin gezeigt. Bekannt wurde auch sein Ölbild „Die blaue Frau". Als Vorbild diente ein Fahnenmast mit einer Galionsfigur, der auf dem Grundstück eines Keitumer Kapitäns stand.

Barthelmess 1998, Schulte-Wülwer 1996, Wedemeyer 1982c u. 1986.

Haselbach, Werner * 23.11.1921 Freiberg/Sachsen, Berufssoldat, Elektromaschinenbauer. Als Lehrer an der Marine-Nachrichtenschule in Rantum kam Haselbach 1944 nach Sylt. Nach dem Krieg arbeitete er zunächst als Elektromaschinenbauer und wurde 1964 ziviler Mitarbeiter des Bundeswehrwetterdienstes. 1985 übernahm Haselbach ehrenamtlich das →Sylter Archiv. Mit Forschungen, Schriften und Sammlungen über die Postgeschichte der ehemaligen Herzogtümer Schleswig und Holstein trat er an die Öffentlichkeit. Dafür erhielt er 1985 den Aage-Tholl-Preis der Arbeitsgemeinschaft Schleswig-Holsteinische Postgeschichte. Für seine Verdienste um die Pflege der Sylter Tradition wurde er 1991 mit dem →C.-P.-Hansen-Preis ausgezeichnet.

Nordfriisk Instituut, Sylter Archiv.

Hasen *(Haasen)* wurden bereits um 1231 im Erdbuch König Waldemars II. für Sylt vermerkt. Offen ist die Frage, ob sie zur natürlichen Inselfauna gehörten oder zu Jagdzwecken ausgesetzt wurden. Ab 1643 beanspruchte nachweislich die Landesherrschaft die Hasenjagd für sich und stellte das unbefugte Abschießen unter Strafe. Mittlerweile gibt es mehr Wildkaninchen als Hasen auf der Insel.

Hansen 1877, Quedens 2000a/b.

Hasenclever, Walter * 8.7.1890 Aachen, † 21.6.1940 Les Milles/Frankreich, Schriftsteller. Hasenclever wurde bekannt durch sein Drama „Der Sohn" von 1914, das den Generationenkonflikt im wilhelminischen Zeitalter behandelt. Vor und nach dem Ersten Weltkrieg besuchte er Sylt, vorwiegend in der Nebensaison. Seine Antikriegsdichtung „Retter" wurde 1919 in das Veranstaltungsprogramm der Badeverwaltung aufgenommen. 1933 musste er Deutschland verlassen und beging beim Anmarsch der deutschen Truppen in einem Internierungslager Selbstmord.

Wedemeyer 1991a.

Hauptmann, Gerhart * 15.11.1862 Obersalzbrunn/Schlesien, † 6.6.1946 Agnetendorf/Schlesien, Dramatiker. Gerhart Hauptmann besuchte Sylt 1906, um in Wenningstedt seinen ältesten Sohn, den Kunstmaler Ivo →Hauptmann, zu treffen. Auch 1908 weilte er auf der Nordseeinsel und freundete sich dabei in Westerland mit dem späteren Außenminister Walther →Rathenau an. Bei einem weiteren Besuch im Jahre 1915 bestieg er die Lister Dünen, die Eindrücke in ihm erweckten „wie auf den Gletschern eines Hochgebirges". Er erlebte „einen Anblick von solch erhabenem Geiste, daß mir ist, als habe ich in der Natur nie Ähnliches gesehen". Großen Eindruck hinterließ auch die Lister Bauerntochter Inken Diedrichsen, die während des Ersten Weltkriegs die Poststelle verwaltete. Hauptmann setzte ihr ein Denkmal in der Figur der Gärtnerstochter Inken Peters in seinem 1932 uraufgeführten Drama „Vor Sonnenuntergang".

Gerhart Hauptmann (Gerhart-Hauptmann-Museum Erkner)

Gerhart Hauptmanns Begleiter Fritz Brehmer berichtete, wie sie „wohl zwei Stunden lang bei Inken in ihrem kleinen, anheimelnden Giebelzimmer" saßen, „umgeben von ihren Büchern und entzückt von dem herben Charme ihres Wesens und ihrer natürlichen Klugheit, inmitten einer Umwelt, die seit Jahrhunderten in derselben Familie von Schafzüchtern und Seeleuten immer die gleiche gewesen war".

Rost 1996, Syltbild Stöver 1992, Wedemeyer 1991a.

Hauptmann, Ivo * 9.2.1886 Erkner bei Berlin, † 28. 9. 1973 Hamburg, Maler. Der älteste Sohn des Dramatikers Gerhart →Hauptmann wuchs bei seiner Mutter in Dresden auf. Er studierte u. a. an der Kunstschule in Weimar. Zwischen 1904 und 1909 unternahm er mehrere

Studienreisen in die Ferienorte seines Vaters an der Ost- und Nordseeküste. 1906 besuchte er Sylt und wohnte in Wenningstedt im Hotel Friesenhof. Hier entstand das Bild „Der Strand von Kampen, Sylt“. Auch in den 1930er Jahren und 1955 hielt sich Hauptmann zu Studienzwecken auf der Insel auf. Seine Ölbilder „Strand“ und „Steilküste Sylt“ befinden sich in Privatbesitz.

Seinem Vater Gerhart Hauptmann schrieb Ivo 1906: „Die Natur ist hier so großartig, wie ich sie glaub' ich noch nie gesehen habe. Es gibt hier Dünentäler, wo ich mir vorkomme, als ob ich in den Tropen oder an einem anderen ganz fremdartigen Platz wäre; daß es so etwas in Deutschland gibt, kann man sich überhaupt nicht vorstellen.“

Schulte-Wülwer 1996, SHL 1983.

Hausmann, Raoul * 12.7.1886 Wien, † 1.2. 1971 Limoges, Schriftsteller, Fotograf. Hausmann gehörte zu den Anführern der Berliner Dada-Gruppe. Als vermutlich erster deutschsprachiger Künstler beschäftigte er sich ab 1918 mit der Fotomontage. 1925 wohnte er in der Villa Wüstefeld, heute Strandhotel, in Wenningstedt. Im Jahr danach verbrachte er mehrere Monate auf Sylt. Er suchte ein Lebens- und Partnerschaftskonzept in gänzlicher gegenseitiger Toleranz und ohne Besitzansprüche. Ab 1927 lebte er in Kampen mit zwei Frauen zusammen. Unter dem Arbeitstitel „Kampen“ begann er einen Roman, den er erst 1956 vollendete. Er nannte ihn „Hyle – Ein Traumsein in Spanien“. Darin konfrontierte er seine eigene, selbst gewählte Armut mit der „Dorfgemeinde einer Nordseeinsel, korrumpiert vom Nichtstun und vom Badebetrieb“. In der Fotografie entdeckte er die klassischen Ideale wieder und suchte in seinen Landschaftsaufnahmen das Geheimnis des Lichts und der Farben. 1933 verließ er Deutschland, ab 1944 lebte er in Südfrankreich.

Hausmann 1969, Schulte-Wülwer 1996.

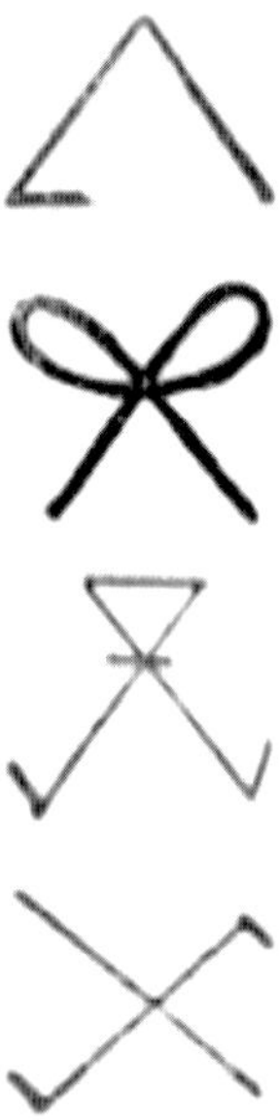

Hausmarken auf Sylt: 1) Marke des Landvogts Take Knuten, 1609 2) Marke des Tam Oben 3) Marke des Peter Manne, 1668 4) Marke des Peter Muchl, 1668 (SLL 12/1928)

Hausmarken *(Hüsteekens)* Bis ins 17. Jahrhundert waren auch auf Sylt Hausmarken allgemein üblich. Mit den runenartigen Marken kennzeichnete man sein Haus und alles Inventar, das Vieh sowie Wiesen- und Ackerstücke. Die Bauernvögte führten öffentliche Hausmarkenverzeichnisse. Die Form der Hausmarken schwankte zwischen einfachen Gebilden wie Winkel- und Dreiecksformen, Kreuzen verschiedener Art und kunstvollen Zeichen, die mitunter in Gestalt eines Gegenstandes Rückschlüsse auf den Erwerbszweig des Inhabers zuließen.

SLL 8/1928.

Havneby heißt der Hafenort auf der dänischen Insel →Röm, von dem seit 1963 die Autofähren der →Rømø-Sylt-Linie (RSL) Richtung List starten. Die Überfahrt dauert knapp eine Stunde. Im Jahr werden ungefähr eine Million Passagiere und 100 000 Autos übergesetzt. Ein zwanzigminütiger Fußweg führt zum „Sommerland“, dem südlichsten Vergnügungs- und Erlebnispark Dänemarks.

Heckel, Erich * 31.7.1883 Döbeln/Sachsen, † 27.1.1970 Hemmenhofen/Konstanz, Maler und Grafiker. Heckel gehörte zu den Mitbegründern der Künstlergemeinschaft „Die Brücke“. Sein Thema waren Landschaften und Städte, Szenen aus der Welt der Artisten, Badende, Porträts und Stillleben. Während des Nationalsozialismus galten seine Werke als „entartet“. Heckel malte häufig an der Ostseeküste in der Flensburger Förde, auf Hiddensee und Fehmarn. Ab 1921 verbrachte er regelmäßig Studienaufenthalte auf Sylt und beschäftigte sich vornehmlich mit der Aquarellmalerei. Dabei entstanden Bilder wie „Dünen am Abend“ (1932), „Wanderdünen“ (1932), „Reiter am Watt“ (1933), „Das Meer bei Kampen“ (1934), „Dünenlandschaft“ (1949) und „Die große Wolke“ (1951). 1944 siedelte der Maler an den Bodensee über und wirkte 1949-55 als Lehrer an der Hochschule für Bildende Künste in Karlsruhe.

Schulte-Wülwer 1996, SHL 1983.

Heckenrose →Sylt-Rose

Hedigen In den Hedigen (Heideland) legten die Überlebenden der Ortschaft →Eidum, die in der Allerheiligenflut 1436 vernichtet wurde, neue Wohnplätze an. Ihre neue Siedlung lag westlich von Tinnum, weshalb ab 1462 der Name Westerland üblich wurde. Die Straßen Hedigenwai oder Norderhedig erinnern noch an diese Anfänge.

Heefstegelk Sylterfriesischer Flur- und Straßenname in Morsum und Munkmarsch. *Heef-stegelk* oder auch *Heef-wai* heißt „Fußweg am bzw. zum Wattenmeer".

Möller 1916.

Heefwai →Heefstegelk

Heiberg, Asta geb. Gräfin Baudissin * 7.5. 1817 Greifswald, † 28.1.1904 Schleswig, Schriftstellerin. Asta Heiberg besuchte Westerland 1876 und beschrieb in ihren „Erinnerungen aus meinem Leben" (1897) auch ihre Eindrücke von der Sylter Entwicklung. Der wachsende Badebetrieb und der Zustrom der Fremden hatten nicht nur wirtschaftlichen Aufschwung für die Insel gebracht.

In ihren Lebenserinnerungen schrieb Asta Heiberg 1897: „Ältere Bewohner, verständige Männer klagten mir, daß die Insel moralisch mehr verliert als das Meer ihr raubt. Es herrschten Sittlichkeit, Genügsamkeit, Fleiß und Gehorsam auf dem kleinen Eiland, und jetzt schwindet gar die Nationaltracht. Sie wird verdrängt von der Mode und der Sucht, es den fremden Gästen gleich zu tun. ... Die Kultur bringt geistige und körperliche Genüsse, aber sie bringt auch Immoralität, Verweichlichung und Entartung; das haben die Kinder der sandigen Erde auch erfahren."

Leonhardt 1980, Wedemeyer 1991a.

Heide *(Hiið)* Der natürliche Pflanzenbewuchs der Sylter Braundünen und der Geest ist die Heide. Sie wird in mehreren →Naturschutzgebieten besonders betreut. Die Flächen umfassen rund 2 900 Hektar und stellen damit fast die Hälfte aller Heidegebiete im gesamten Land Schleswig-Holstein dar. Über 2 000 Tier- und rund 150 Pflanzenarten wurden bis heute in diesem Lebensraum gezählt. Allein fast 600 Schmetterlingsarten, wie z. B. Fuchs-, Zitronen- und Distelfalter sowie Pfauenaugen, sind zu beobachten. Bei Braderup und oberhalb des Morsum-Kliffs gibt es noch zwei Gebiete mit der ursprünglichen, subatlantischen Küstenheide. Ansonsten überwiegt die Krähenbeere. In trockenen Bereichen gedeihen besonders die Besenheide, das Behaarte Habichtskraut und der Englische Ginster. In vermoorten Senken, wie bei Morsum, findet man die Glockenheide oder Erika *(Hiiðbloom)*, die Rausch- oder Sumpfheidelbeere, die Rasensimse und die Sparrige Binse. Im feuchten Morast wachsen zwischen Schilfrohr der →Sonnentau, die Ährenlilie und der Lungenenzian. Im Hochsommer erblüht die Heide und gleicht einem rosa-violetten Teppich. Jens →Mungard erinnerte sie an eine freudig erregte Braut, und er dichtete: *„Di Hiið es Brir"* (Die Heide ist Braut, s. S. 138).

Die Braderuper Heide, im Hintergrund der Leuchtturm von Kampen, um 1990 (Foto: Uwe Sönnichsen)

Auf dem Geestkern muss die Heide gepflegt werden, wenn sie nicht verbuschen und schließlich durch Baumbestand abgelöst werden soll. In den Dünenbereichen befindet sie sich ohnehin im Endstadium der pflanzlichen Entwicklung. Früher nutzte man die Holzsträucher als Brennmaterial oder zur Herstellung von Besen. Heute durchstreifen Jäger und Mitarbeiter der Naturschutzgemeinschaft Sylt die Heideflächen und schneiden vor allem Birkenschößlinge heraus. Ein Teil der Braderuper Heide wurde 1989, 1995 und 2001 durch Abplaggen, das bedeutet Abschälen einer etwa zehn Zentimeter tiefen Schicht, regeneriert. Schonender ist die Beweidung mit →Schafen und Ziegen, die auf natürliche Weise für eine Ausmagerung und ein Abweiden der Gehölze sorgen. Im Rahmen eines Heideschutzprogrammes wurde dafür 1999 erstmals eine Wanderherde mit 680 Tieren vom Festland gemietet. Seit 2000 hält ein Keitumer Landwirt eine Herde von etwa 300 Heid- und Moorschnucken, die von Braderup bis Morsum für eine gesunde Entwicklung der Heidelandschaft sorgen soll. Auch gezieltes Abbrennen soll getestet werden.

Jens Mungard	Nachdichtung von Nils Århammar
Di Hiið es Brir	**Die Heide ist Braut**

Di Hiið es Brir
En ljucht sa ruar.
En Enen jir
Tii süðerfuar.

Di Hiið es Brir;
Bal Härefst uur't.
Di Somertir
Di es man kuurt.

Di Hiið es Brir;
Min Hiir uur gre.
Min Daagen jir
Ja gung en flö.

Di Hiið es Brir
En liit sa net.
Fan Kaamp en Strir
Uurst ual en träät.

Di Hiið es Brir
En kraawet di
Fan wir en sir
En sair tö di:

„Üp Wärel es
Di Tir fuar di,
Jaa, dit es wes,
Nü bal fuarbi.

Birail din Hüs
En dö dit wel!
Jir heest
niin Tüs.
Faarwel, faarwel!"

Di Hiið es Brir;
Wat es, forgair.
Man weðer jir
Kumt Niis önstair!

Die Heide ist Braut
Und leuchtet so rot.
Und Enten hier
Ziehn südwärts.

Die Heide ist Braut;
Bald wird es Herbst.
Die Sommerzeit
Sie ist nur kurz.

Die Heide ist Braut;
Mein Haar wird grau.
Meine Tage hier
Sie gehen und fliehn.

Die Heide ist Braut
und liegt so fein.
Von Kampf und Streit
Wirst du alt und müd'.

Die Heide ist Braut,
mahnt dich
Überall
Und sagt zu dir:

„Auf der Welt ist
die Zeit für dich,
Ja, das ist gewiss,
Jetzt bald vorbei.

Bestell dein Haus
Und tu es wohl!
Hier hast du
kein Zuhaus.
Lebwohl! Lebwohl!"

Die Heide ist Braut;
Was ist, vergeht.
Aber wieder hier
Kommt Neues dafür!

Århammar 1967, Christiansen 2000, Emeis 1967, Naturschutzgemeinschaft o. J.

Heilmann, Irmgard * 20.5.1914 Zeitz/Thüringen, † 8.7.1993 Hamburg, Schriftstellerin. Im Alter von elf Jahren kam Irmgard Heilmann nach Sylt, wo ihr Vater Otto Heilmann (1886-1944) als Architekt einige Akzente setzte. Sie arbeitete als freie Journalistin für Tageszeitungen und Magazine und als Lektorin und Redakteurin für die verschiedensten Verlage und Rundfunkanstalten. Ihr Theaterstück „Karussell der Zeit" hatte großen Erfolg in Westerland. 1953 zog sie nach Hamburg, wo sie den Heilmann-Verlag und 1988 zusammen mit der Kulturbehörde die Irmgard-Heilmann-Stiftung für Autoren gründete. In vielen ihrer Erzählungen, Novellen und Romane, darunter „Wahlheimat am Meer" (1944) oder „Die Sängerin am Meer" (1989), schilderte sie Sylter Schicksale. In „Graf Spiro und Scotland Yard" (1993) geht es um →Grove Spiro, den einst mächtigen Londoner Finanzier, der in Westerland seine Spuren hinterließ.

Heilmann 1993, Malik 1994.

Heimatbewegung, Heimatschutz Die Heimatbewegung um die Wende vom 19. zum 20. Jahrhundert war Bestandteil der damaligen neoromantischen Strömungen. Dazu gehörten z. B. eine Neubesinnung auf die Natur, die Skepsis gegenüber dem Großstadtleben und eine Betonung regionaler Kultur. Für Sylt entstanden in diesem Zusammenhang die →*Foriining fuar Söl'ring Spraak en Wiis* (1900), die →*Söl'ring Foriining* (1905) sowie das →Sylter Heimatmuseum (1908). Auch auf dem Gebiet der →Architektur wurde großer Wert auf den „Heimatschutz" gelegt, auf Sylt gefördert durch den 1908 gegründeten Verein →Baupflege Kreis Tondern.

Steensen 1986.

Heimreich, Anton * 1626 Nordstrand, † 1685, Pastor und Chronist. Heimreich stammte aus einer Nordstrander Pastorenfamilie. Nach Studien in Helmstedt, Jena und Leiden und weiten Reisen, u. a. nach Paris, Rom, London, Böhmen und Ungarn, trat er 1652 sein Amt auf der Hallig Nordstrandischmoor an. In seinem 1666 gedruckten Hauptwerk „Nord-Fresische Chronick" war er bemüht, die Geschichte ganz Nordfrieslands darzustellen. Der Schwerpunkt lagerte wegen der vorhandenen Quellen aber doch auf Eiderstedt und Nordstrand.

Anton Heimreich schrieb über die Sylter →Kirchen: „Morsum, so hieselbst die älteste Kirche gewesen und S. Martino geweihet worden, Stedum, so vermuthlich die Westerseekirche und S. Peter geweihet, Ketum, so S. Severin geweihet, eine große mit einem Thurm gezierte Kirche, auch mit Blei gedecket ist; Rantum, so auch die Rathsburger Kirche geheißen und S. Maria geweihet gewesen; und List, weiland Norderlist genannt, so vormals S. Jürgens Kirche gewesen und A. 1300 untergegangen, da auch hiebevor die alte Eitumskirche zu S. Niels, und bewesten derselben ein Städtlein so Wendingstadt genannt, sollen vergangen seyn, …“

Heimreich 1668, Kuschert 1996.

Heimstätte für Heimatlose ist die Bezeichnung für den 1855 von dem Strandvogt Wulf Hansen Decker am Südrand Westerlands angelegten Friedhof für die namenlosen Opfer der See. Unter 53 einfachen Holzkreuzen liegen hier die sterblichen Überreste von Personen, die zwischen 1855 und 1905 auf Sylt angespült wurden. Früher hatte man die Strandleichen nicht selten einfach in den Dünen verscharrt. 1907 musste der Friedhof wegen Überfüllung geschlossen werden, die wachsende Stadt Westerland verhinderte eine Ausweitung an dieser Stelle. Den Gedenkstein mit einer Inschrift des Berliner Oberhofpredigers Rudolph →Kögel stiftete Königin Elisabeth von Rumänien (alias Carmen →Sylva) nach ihrem Aufenthalt in der Villa Roth 1888. In dessen Fundament befindet sich eine Urkunde folgenden Inhalts: „In Gedanken an die fernen Witwen und Waisen gewidmet von Carmen Sylva. Westerland den 17. August 1888.“ Heute liegt die von einem Steinwall stilvoll umrahmte Begräbnisstätte an der Ecke Käpt'n-Christiansen-Straße/Elisabethstraße mitten in der Stadt.

Freiwald 1995, Voigt 1976, Wedemeyer 1986.

Reinhard Heinemann: „Düne bei Kampen“ 1935, Sperrholz, Privatbesitz (Museumsberg Flensburg)

Der 1888 auf der Heimstätte für Heimatlose enthüllte Gedenkstein trägt die letzte Strophe eines Gedichts des Berliner Oberhofpredigers Rudolph →Kögel. (Foto: Thomas Steensen)

Hein, Claas Jacob * 1819 Archsum, † 22.1. 1881 Archsum, Landmann. Hein bekleidete mehrfach das Amt des →Bauervogts in Archsum und war bis 1867 →Landesgevollmächtigter. Am 15. Juni 1864 gehörte er zu den sieben Sylter Gefangenen, die im →deutsch-dänischen Krieg wegen aufrührerischer Aktivitäten für rund sechs Wochen in Kopenhagen festgehalten wurden.

Stolz 1988.

Heinemann, Reinhard * 25.10.1895 Altona, † 13.10.1967 Esbjerg, Maler. Der Sohn eines Bankdirektors besuchte die Handelsschule in New York und erhielt dort auch seine künstlerische Ausbildung. Bis 1936, seiner Emigration nach Dänemark, bereiste er Europa. Seine Frau Dorette Elisabeth Caspar betrieb ein erfolgreiches Modeatelier. Nach einem Autounfall suchte sie 1935 auf Sylt Erholung. Das Ehepaar wohnte von Februar bis November bei zwei Kunsthandwerkerinnen im →Weißen Haus in Kampen. Hier entstanden u. a. die Bilder „Düne bei Kampen“ und „Dünen auf Sylt“.

Schulte-Wülwer 1996, SHL 1983.

Heleeker Sylterfriesischer Flur- und Straßenname in Archsum. *Hel-eeker* bedeutet vermutlich „abschüssiger Acker".
Möller 1916.

Heinrich Helliesen (Sylter Archiv)

Helliesen, Heinrich * 25.4.1844 Burg/Dithmarschen, † 6.11.1922 List, Lehrer und Küster. Helliesen studierte Theologie, geriet aber über ein kirchliches Dogma in einen Gewissenskonflikt. So wurde er nicht Pastor, sondern wirkte ab 1872 bis zu seiner Zwangspensionierung 1920 fast 48 Jahre lang in der Einsamkeit des kleinen Dorfes List als Lehrer und Küster. Zunächst trug der hoch gewachsene Mann einen langen Zopf und einen dunklen Bart; viele nannten ihn „Christus". In die kleine Schule mit nur zehn bis zwanzig Kindern führte er zum Teil fortschrittliche Unterrichtsmethoden ein. Er galt als „Patriarch von List".
Dannenberg 1988b, Peter Hansen Petersen.

Hemtresker Sylterfriesischer Flur- und Straßenname in Morsum. *Hem* bedeutet „Hamm oder Marschwiese", *Tresk* bezeichnet so genanntes „Drieschland", Brachland, das bis zur nächsten Einsaat als Viehweide oder zur Heugewinnung diente. Der Weg *Hem-tresker* führte demnach zu den Drieschländereien in der Marsch.
Möller 1916.

Hendricks, Wulff * 1812 Keitum, † 7.11. 1882 Keitum, Kaufmann. Hendricks war Mitglied im Kollegium der Sylter →Landesgevollmächtigten. 1845 eröffnete er als einer der Ersten auf Sylt ein Handelsgeschäft. Er führte Manufaktur-, Eisen- und Gewürzwaren, später auch Glas und Porzellan sowie Sylter Wollwaren. 1872 gründete er zusammen mit anderen die Sylter →Sparkasse und bekleidete das Amt des Rechnungsführers. Am 15. Juni 1864 gehörte er zu den sieben Sylter Gefangenen, die im →deutsch-dänischen Krieg wegen aufrührerischer Aktivitäten für rund sechs Wochen in Kopenhagen festgehalten wurden.
Stolz 1988, Voß 1987.

Hengist und Horsa Über die Auswanderung der Angeln und Sachsen zur Eroberung Großbritanniens gibt es viele Geschichten im norddeutschen Raum. Fast jeder Küstenort könnte Ausgangspunkt gewesen sein. Sylter →Chronisten verlegten das Geschehen in das alte Wenningstedt. Ihre Erzählungen ranken sich um die Stammesführer Hengist und Horsa. Unter dem Vorwand, dem englischen König gegen die Pikten und Schotten helfen zu wollen, sollen sie im fünften Jahrhundert ihre gesamte Streitmacht auf der britischen Insel versammelt haben. Diese Ausdehnung ihrer Machtsphäre war natürlich unerwünscht. Es kam, wie es heißt, zu einer Entscheidungsschlacht mit dem englischen Heer. Sie endete, so lautet die Sage, mit Horsas Tod, der Gefangenschaft des englischen Königs und der Herrschaft von Hengist über Britannien.
Wedemeyer 1988.

Henner-Krogh-Stiftung Im Gedenken an ihren früh verstorbenen Sohn Henner, einen talentierten Musiker, setzten 1987 die Eltern Frauke und Henner Krogh den jährlich zu vergebenden „Henner-Krogh-Förderpreis" aus. Der inzwischen mit 5 555 Euro dotierte Preis wird im Rahmen eines Wettbewerbs ausschließlich an Sylter Nachwuchsmusikerinnen und -musiker verliehen. Nach dem Tode der Stifter 1998 floss auch deren Vermögen in die Einrichtung. Mit dem Stiftungskapital von rund 300 000 Euro soll neben der Vergabe des Förderpreises auch die Musikausbildung in gemeinnützigen Vereinen, Schulen und Chören unterstützt und begabten Musikerinnen und Musikern aus sozial schwachen Sylter Familien geholfen werden.
Nordfriisk Instituut.

Hennings, Jürn (Jürgen) Rink * 27.2. 1785 Rantum, † 16.8.1865 Westerland, Steuermann, Landwirt und Verfasser friesischer Gedichte. Hennings zeigte, wie C. P. →Hansen schrieb, schon früh „einen lebhaften wohlbegabten Geist". Bis 1825 fuhr er zur See, dann wurde er Bauer in Westerland. Viele Begebenheiten regten ihn zum Reimeschmieden an, sowohl auf Deutsch als auch auf Sylter →Friesisch. Er schilderte u. a. eine Reise zum Mond und stellte darin die Sylter Verhältnisse satirisch dar. Seine Lebensbeschreibung und Gedichtproben sind in C. P. Hansens Schrift „Auszüge aus den poetischen Versuchen meines Vetters Jürgen Rink in Westerland auf Sylt" im Sylter Archiv erhalten.
C. P. Hansen 1870, Janus 1998, Schmidt 1961.

Waldemar Henningsen (Sylter Archiv)

Henningsen, Waldemar * 7.12.1883 Keitum, † 13.12.1965 Tinnum, Landwirt. Henningsen verfasste mehrere Dichtungen und Theaterstücke auf Sylter →Friesisch. Für seine Verdienste um die Sprache wurde er 1962 mit dem →C.-P.-Hansen-Preis ausgezeichnet.

Sylter Archiv.

Hensel-Krüger, Ursula * 26.6.1925 Hamburg, † 25.2.1992 Westerland, Bildhauerin. Nach einem überwiegend autodidaktischen Studium gestaltete Hensel-Krüger 1956 ihre erste Ausstellung. 1963 siedelte sie nach Westerland über. Sie erhielt viele Aufträge zur künstlerischen Verschönerung öffentlicher Gebäude. Auf Sylt schuf sie u. a. Wandreliefe für die Turnhallen in Tinnum und beim Gymnasium Westerland sowie Skulpturen wie die Brunnenfigur in der Westerländer Waldstraße oder das Kinderpaar bei der Grundschule in der Nicolaistraße. Ihr bekanntestes Werk ist die →Wilhelmine in der Friedrichstraße.

Sylter Archiv.

Heringe *(Jeringer)* waren jahrhundertelang in großer Zahl im Nordatlantik vorzufinden. Heute sind auch für diesen Fisch Fangzeiten und -quoten festgelegt, um weiteren Raubbau an den Beständen zu verhindern. Der Hering wird bis zu 30 Zentimeter lang und zieht in großen Schwärmen während der Laichzeit, die von Schwarm zu Schwarm verschieden ist, in die Nord- und Ostsee. Dabei folgen sie der tageszeitlichen Wanderung des →Planktons, stehen nachts dicht an der Oberfläche des Wassers und tagsüber in bis zu 200 Metern Tiefe. Ein Weibchen legt bis zu 40 000 Eier ab.

Von 1425, als erstmals ein größerer Schwarm vor Helgoland entdeckt wurde, bis ins 17. Jahrhundert hinein befanden sich die Laichplätze der Heringe vor der Hochseeinsel. Die hohe Zeit des Sylter →Heringsfangs lag zwischen dem Ausgang des 15. Jahrhunderts und etwa 1535. Vermutlich wurde der Hering deshalb auch im 16. Jahrhundert in das Sylter Siegel und spätere →Wappen aufgenommen.

Pabst 2000, Panten 1998, Quedens 1988, Vahlendieck 1992.

Hering (Walter Fiedler; gezeichnet von Thomas Bruske)

Auf der Speisekarte sind folgende Heringe zu unterscheiden:

Bismarck-Hering (entgrätet und in Essig eingelegt)
Brathering (gebraten, dann sauer eingelegt)
Bückling (geräuchert)
Grüner Hering (frisch aus der Pfanne)
Matjes (noch nicht laichreif und gesalzen)
Rollmops (gewürzt und um eine Essiggurke gerollt)
Voll-Hering (mit Laich gefüllt)

Heringsfang *(Jeringfang)* Im 14. Jahrhundert tauchten riesige Heringsschwärme in der Nordsee und vor allem vor Helgoland auf. Ein altes Abgabenregister beweist, dass um 1500 rund 40 Sylter Ruderboote mit etwa 300 Mann Besatzung am Heringsfang beteiligt waren. Die Zahl nahm mit Sicherheit noch zu, als bekannt wurde, dass der leicht verderbliche Fisch durch Einsalzen haltbar gemacht werden konnte. Damit war auch ein neuer Absatzmarkt für die friesischen →Salzsieder entstanden. Ein Lager hatten die Fischer am →*Buuđerrening* bei Hörnum, wo eine ärmliche Siedlung entstand. Die Hütten in den Dünen wurden aus Strandholz errichtet und mit Gras- oder Heidesoden abgedichtet. Auch List wurde von Fischerbooten angelaufen. Für eine Fangfahrt vor Helgoland schloss man sich zu kleinen Genossenschaften aus drei bis vier Booten zusammen. Anschließend teilten die „Compagnien" den Ertrag. Doch waren auch große Verluste zu beklagen. Allein 1571 versanken vor Hörnum sechs Fischerboote samt Besatzung, 1607 vermisste man 14 Boote, und 1609 wurden 18 tote Fischer gezählt. Bald danach verzogen sich die Heringe wieder, die Fischereistation Hörnum musste 1610 aufgegeben werden. 1826 versuchten die Keitumer Kapitäne Jens →Bleicken und Jens →Booysen mit ihrer „Sylter Heringsfischerei AG" ihr Glück vor

Der alte Kupferstich zeigt die Herings-compagnien beim Fang. (Nordfriisk Instituut)

den Shetland-Inseln. Das Unternehmen misslang wegen zu geringer Fangerträge. 1831 musste die Gesellschaft liquidiert werden. Das eigens für die Fischerei erbaute →Packhaus wurde nun Zollstelle.

Illing 1923, Panten 1998, Quedens 1982, Quedens/Stöver 1978, Rinken 1992, Wedemeyer 1993a.

Herrenbad und Damenbad hießen die bis 1902 strikt getrennten Abschnitte am Strand vor Westerland. Im Süden durfte sich das weibliche, im Norden das männliche Geschlecht ins →Badeleben stürzen.

Herzogsfriesen →Königsfriesen

Herzogtum Schleswig →Schleswig

Heuler *(jung Salig)* nennt man die bis zu fünf Wochen alten, allein gelassenen →Seehunde. Mit ihren typischen Ruflauten versuchen sie, den Kontakt zum Muttertier wieder herzustellen. Es gibt verschiedene Ursachen, die zu einer Trennung geführt haben können. Schwerwiegende Gründe sind Stürme und hoher Seegang, in denen das Muttertier ihr Junges nicht wiederfinden kann, Zwillingsgeburten, wobei in der Regel nur ein Junges großgezogen wird, oder eine Erkrankung bzw. der Tod der Mutter. Bei einer dauerhaften Abwesenheit des Muttertieres hat ein Heuler keine Überlebenschance und müsste ohne menschliche Hilfe verhungern. Für Sylt sind deshalb zwei ehrenamtliche Seehundjäger zur Hege und Pflege der Heuler ernannt. Sie veranlassen, dass gesunde Tiere in die Seehundstation Friedrichskoog in Dithmarschen gebracht werden, wenn sie nicht vor Ort durch Zusammenführung von Mutter- und Jungtier zu retten sind. Dies wird seitens der Naturschutzgesellschaft →Schutzstation Wattenmeer mit flexiblen Ruhezonen versucht. Denn nicht jeder Heuler, der im Watt gefunden wird, ist von seiner Mutter endgültig verlassen. Viele Tiere wurden nur vorübergehend dort abgelegt und werden erst durch vorschnelles Eingreifen besorgter Passanten endgültig von ihr getrennt. Verwaiste Seehundkinder sollte man deshalb niemals anfassen oder beunruhigen, sondern besser Abstand halten und die Seehundjäger, die Polizei oder die Schutzstation Wattenmeer benachrichtigen.

Heers 1999.

In Erwartung der ankommenden Welle, Herrenbad um 1900 (Sylter Archiv)

Hexen Viele →Sagen auf Sylt handeln von Frauen, die sich angeblich der Hexerei verschrieben hatten. Sie konnten sich dabei in allerhand Tiergestalten verwandeln, aber auch in hohe Flutwellen, die Schiffe versenkten. Meist handelte es sich um Racheakte gegen untreu gewordene Seefahrer. Mit Kreuzen aus Stein vor der Haustür oder „Hexenkreuzen" am Giebel versuchte man sich vor derartigen Bedrohungen zu schützten. Ein Tanzplatz der Hexen soll der →Budersand bei Hörnum gewesen sein.
Eine bekannte Hexengeschichte rankt sich um Marren Thacken, die Frau eines Hörnumer Strandvogts. Laut Erzählung des Chronisten C. P. →Hansen soll sie in Gestalt einer Meerjungfrau, aber auch als Schwan oder weiße Kuh vor Schiffen her geschwommen sein und sie auf den Strand gelockt haben. Da die Menschen, die von Strandungen durchaus zu profitieren wussten, sie nicht bestrafen wollten, soll sie schließlich von Pferden gerichtet und 1747 in Rantum zu Tode getrampelt worden sein. Im Kirchenbuch heißt es über diesen Vorfall hingegen: „1747 den 10ten October ist Marren Thacken aus Rantum gestorben, unvermuthet von einem Pferde überlaufen, welches ihr kurtz her nach das Leben gekostet. Alt gewesen 79 Jahr, begraben den 13ten ejus modi, hat 3 Söhne und 2 Töchter hinterlassen."

C. P. Hansen 1858a, Hubertus Jessel 1996d, Panten (Auskunft), Rinken 1992.

Heydorn, Volker Detlef * 17.6.1920 Hamburg-Blankenese, Maler. Heydorn studierte an einer privaten Kunstschule in Hamburg, war

Soldat im Zweiten Weltkrieg und besuchte im Sommer 1947 Sylt. Zusammen mit seiner Frau wohnte er in Kampen bei der Schwägerin von Albert →Aereboe. Hier fertigte er die Skizze zu seinem Ölbild „Inselbahn bei Kampen" (1948).

Volker Detlef Heydorn, der auch Biographien und Kritiken über Kollegen wie Carl →Hilmers oder Wenzel →Hablik verfasste, erinnerte sich so an den beginnenden Badebetrieb nach dem Zweiten Weltkrieg: „Das bunte Gemisch von ausgemergelten Kulturträgern und wohlgenährten Schiebern ergoß sich über die Kampener Dünenwelt, über diese Urlandschaft, welche sich zwischen Watt und Meer nach List hinaufzieht und allmählich in gewaltige Wanderdünen übergeht. Es differenzierte sich dabei in textiltragende und unbekleidete Gestalten, wobei erstere gesellig dicht beieinander noch nahe dem Orte Kampen verharrten und von den anderen mit tiefer Verachtung als Massenmenschen kaum eines Blickes gewürdigt wurden. In Kampen war die Zeit extensiver Freikörperkultur angebrochen. ... Noch ergaben sich 1947 in Kampen hier und dort merkwürdige Schwellenängste, wenn halbwegs befreundete Paare, die sich bisher nur in Gesellschaftskleidung begegnet waren, zusammen in den Dünen standen. Verlegen ‚drucksten' sie herum, bis schließlich ein Mutiger die Hosen fallen ließ, was in jedem Fall eine sichtlich befreiende Wirkung hatte."

Heydorn 1995, Schulte-Wülwer 1996, SHL 1983.

Hiirlön Sylterfriesischer Flur- und Straßenname in Morsum. *Hiir-lön* heißt „Heideland".

Möller 1916.

Hilmers, Carl * 28.1.1891 Gut Schönhagen bei Bordesholm, † 26.8.1978 Hamburg, Maler. Hilmers besuchte die Kunstgewerbeschule in Hamburg und die Kunstakademie in München. Nach einem zweijährigen Aufenthalt auf Helgoland ließ er sich 1921 in Hamburg nieder. Seither besuchte er in den Sommermonaten regelmäßig Sylt. Seine frühesten Insel-Motive entstanden 1925, u. a. „Heideweg bei Kampen". Spätere Werke sind „Wattenmeer" (1928), „Das rote Kliff bei Kampen" (um 1928) oder „Rotes Kliff im Schnee" (um 1935/40).

Sein Biograph, der Maler Volker Detlef →Heydorn, versuchte nachzuempfinden, wie Carl Hilmers das Meer gesehen hat, „hochgetürmt zur Springflut, wenn Sonne und Mond in richtiger Konstellation zueinander die Wassermassen magnetisch heransaugten", und wie er „die geheimnisvollen Linienornamente, die Stenogramme von Strömungskräften im Ufersande zu deuten versucht(e)".

Schulte-Wülwer 1996, SHL 1983.

Carl Hilmers: „Das rote Kliff bei Kampen" um 1928, 62 x 75 cm, Privatbesitz (Museumsberg Flensburg)

„Himmelsleiter" Vom Strand bis in 26 Meter Höhe führt ein Bohlenaufgang im Süden Westerlands. Die „Himmelsleiter" ist damit die größte Strandtreppe Sylts. Von einer Plattform aus hat man einen weiten Blick über die „Hauptstadt" der Insel und bei klarem Wetter bis zum Hindenburgdamm.

„Himmelsleiter" südlich von Westerland (Foto: Thomas Steensen)

Hindenburg, Paul von (eigentl. von Beneckendorff und Hindenburg) * 2.10.1847 Posen, † 2.8.1934 Neudeck/Westpreußen, Generalfeldmarschall und Reichspräsident. Ein einziges Mal besuchte Reichspräsident von Hindenburg Sylt für wenige Stunden. Dies geschah am 1. Juni 1927 zur Einweihung des Eisenbahndamms vom Festland zur Insel. Die Idee für die Bezeichnung →Hindenburgdamm entsprang der Laune eines Westerländer Stadtvertreters beim Festessen und setzte sich anschließend durch.

Nordfriisk Instituut.

Hindenburgdamm Sylt litt wegen seiner exponierten Lage im Wattenmeer von jeher unter schwierigen Verkehrsverhältnissen. Besonders nach der Gründung des Seebades Westerland 1855 waren gute →Verkehrsanbindungen gefragt. Der Chronist C. P. →Hansen schlug deshalb mehrfach Dammbauprojekte zwischen Insel und Festland vor, „wodurch das alsdann stromlose zeitliche Wattenmeer bei Sylt ohne Zweifel bald zum größten Theil in fruchtbares

Paul von Hindenburg und Patenkind Karin →Johler (Sylter Archiv)

Marschland verwandelt werden würde". 1876 folgte der Geologe Ludwig Meyn (1820-1878) nach einer Untersuchung des Wattbodens mit einem positiven Befund für einen Dammbau. Im Ostteil der Insel, vor allem in Archsum und Morsum, erhob sich ein Sturm der Entrüstung. Es gab Stimmen, die sich wegen einer drohenden Überfremdung und nachteiliger Veränderungen der jahrhundertealten sylterfriesischen Kultur große Sorgen machten. 1913 wurde das Vorhaben vom preußischen Landtag genehmigt, doch verhinderte der Erste Weltkrieg zunächst die Ausführung.

Die Abtrennung Nordschleswigs, besonders der Verlust des Hafens Hoyerschleuse an Dänemark, machte ab 1920 eine „deutsche" Verbindung vom Festland nach Sylt unverzichtbar. 1921 wurde mit Vorarbeiten und im Mai 1923 mit dem Bau des →Dammes begonnen. Widerstand regte sich kaum noch, der Glaube an den Segen des Fortschritts hatte sich weitgehend durchgesetzt. Die Trasse folgte einer →Wattwasserscheide zwischen Morsum und der Wiedingharde. Im August 1923 zerstörte eine Sturmflut alles bis dahin Geleistete. Deshalb zog man im nächsten Frühjahr eine Spundwand durch das Watt, an die sich das Erdreich „anlehnte". Unter der Regie des „Preußischen Wasserneubauamtes Dammbau Sylt" waren bis zu 1 500 Arbeiter in Tag- und Nachtschichten beschäftigt. Täglich rollte ein Materialzug mit 70 Wagen von der Festlandsseite heran. Auf der Sylter Seite bedienten 30 Segler, 3 Schlepper und 20 Schuten die Arbeiter mit Baustoffen aus Husum. Nach vierjähriger Arbeit waren die vier Tiefen Westerley, Sylter Ley, Holländerloch und Osterley überwunden. Der 11,2 Kilometer lange Eisenbahndamm wurde am 1. Juni 1927 vom damaligen Reichspräsidenten Paul von →Hindenburg eingeweiht, nicht aber offiziell auf seinen Namen getauft. Engagierte Friesen forderten zum 75. Jahrestag der Eröffnung eine Umbenennung.

Die Sohlenbreite des Bauwerks beträgt 50 Meter, die Breite der Dammkrone elf Meter und die Gesamthöhe rund zehn Meter. Unter der Leitung von Wasserbauingenieur Hans →Pfeiffer mussten 3,6 Millionen Kubikmeter Erde (ein Würfel mit einer Kantenlänge von 153 Metern) und über 400 000 Tonnen Steine, Kies, Busch und Pfähle bewegt werden. Die dreieckige Nössekuhle östlich von Morsum, aus der u. a. das benötigte Erdreich für den Damm entnommen wurde, wird heute als Angelteich genutzt. 25 Millionen Reichsmark kostete der komplette Eisenbahndamm. Seit 1932 verkehrt der →Autozug, seit 1962 mit Doppelstockwagen. 1973 wurde ein zweites Gleis verlegt. Für die Sicherheit in den Verkehrsspitzenzeiten sorgte eine Station auf dem Damm, die im Volksmund →„Villa Meeresblick" genannt wurde. Heutige Überwachungstechniken gewährleisten, dass etwa 100 bis 120 Züge täglich den Hindenburgdamm befahren können.

Dammbau 1923-27 (Sylter Archiv, Foto: Pförtner)

Der Damm setzt den Meeresströmungen ein erhebliches Hindernis entgegen, so dass es seither zu erhöhten Hochwasserständen im Sylter Watt kommt. Es wurde deshalb mehrfach angeregt, Schleusen oder ein Gezeitenkraftwerk in den Damm einzubauen. Für einen wirtschaftlich rentablen Betrieb ist allerdings der hier auftretende Tidenhub (→Gezeiten) zu gering. Die durch den Damm geförderte Verschlickung des Watts ermöglichte aber 1954 die Eindeichung des rund 1 400 Hektar großen Friedrich-Wilhelm-Lübke-Kooges auf dem Festland südlich

Der Autozug spiegelt sich im feuchten Watt, um 1990. (Foto: Uwe Sönnichsen)

des Damms. Er verkürzte sich dadurch auf 8,1 Kilometer.
Andere Nebeneffekte des Dammbaus werden mehr oder weniger begrüßt. Einerseits dient der Damm heute vielen Freizeitpiloten als Peilobjekt bei ihrem Anflug auf den Westerländer Flughafen. Andererseits gelangen über das Bauwerk Maulwürfe, →Dachse, →Füchse und Maikäfer auf die Insel mit enormen Folgen für die Vogelwelt. Zur größten Bedrohung des Insellebens aber wurden die vielen Fahrzeuge, die Zersiedelung der Landschaft, eine steigende Kriminalitätsrate und die Zerrüttung sozialer und familiärer Strukturen.

Die kulturellen und sozialen Probleme, die der Hindenburgdamm der Sylter Bevölkerung bereitete, griff Margarete →Boie in ihrem Roman „Dammbau" (Stuttgart 1930) auf. Darin heißt es: „‚Was die Fremden uns Gutes bringen wollen, daran gehen wir noch einmal zugrunde!' – so sprach nicht nur Volquart Claasen, so dachten alle Morsumer und die meisten Sylter. Unter ‚Fremden' aber verstanden sie allemann jeden Nichtsylter ohne Einschränkung. Als aber im Spätherbst dieses gleichen Jahres die Eisenbahndirektion Altona den Morsumern mitteilte, daß sie bereit wäre, das Land für den Dammbau noch einmal zur Debatte zu stellen und die vor dem Kriege erlegten Kaufsummen dafür aufzuwerten, da gab es doch nicht einen Sylter, der dagegen protestiert hätte."

Bock 1989, Boie 1930, Eckert/Stöver 1977, Hubertus Jessel 1996b, Steensen 1996a, Voigt 1977, Wedemeyer 1985.

Hingstwai Sylterfriesischer Straßenname in Keitum. *Hingst-wai* heißt „Pferdeweg".
Möller 1916.

Hinrich, Christian (eigentlich Christian Hinrich Claußen) * 2.5.1945 Hahnenklee/Harz, Maler. Nach einer Ausbildung in einer Kunstglaserei und Töpferei brach Hinrich sein Studium an der Kunstschule in Hamburg ab, weil er sich nicht den widerstreitenden Dogmen der Dozenten beugen wollte. In seiner Kindheit verlebte er längere Aufenthalte auf Sylt. 1964 ließ er sich in Kampen nieder, eröffnete die „Kampener Galerie" und signierte fortan mit „Chr. Hinrich". Ab 1972 arbeitete er in der Bürgerinitiative gegen das Projekt →„Atlantis" mit, maßgeblich war auch sein Engagement für den Erhalt der →Alten Post in Westerland. 1975 gehörte er zu den Gründern des Vereins Kampener Kunstfreunde (seit 1986 →Verein der Sylter Kunstfreunde), dessen Vorsitzender er bis 1986 war. Seine Bilder zeigen Sonne, Landschaften und Meer, häufig im Mondschein, und wecken Erinnerungen an den Romantiker Caspar David Friedrich (1774-1840).

Die Frage, warum er sich als Maler in Kampen niederließ, beantwortete Christian Hinrich so: „Hier duftet es nach Salzwasser und Tang, nach regennassem Dünensand und sonnendurchglühten Heideflächen, Inselrosen und Heidebeeren. Am Wattenmeer riecht es nach Wermutkraut, und der Kiebitz pfeift seine Erkennungsmelodie. Die Möwen lachen kreischend über Gäste vom Festland mit Hut und Schlips, und der fröhliche Nord-West-Wind spielt mit den Kleidern der vornehmen Damen ein erotisch neckisches Spiel. Da ist der bald lachende, bald tobende Himmel. Jetzt die öde Langeweile des tiefgrauen Horizonts, dann am aufgewühlten Himmel über weiten Wasserflächen das blitzende Schwert der durchbrechenden Sonne, das wie mit funkelnden Diamanten unsere Augen blendet. Wir freuen uns an dem sanften Farbenspiel des ablaufenden Wassers bei Ebbe, mit seinen zurückbleibenden Spuren, in stets wechselnden Formationen und Farben: Symbol der Unendlichkeit. Auf der anderen Seite die schäumend tobende Nordsee bis an die Dünen und das Rote Kliff!"

Nordfriisk Instituut, Wilken 2001.

Hirschfeld, Henriette geb. Pagelsen * 14.2. 1834 Westerland, † 24.8.1911 Berlin, Zahnärztin. Deutschlands erste Zahnärztin kam aus Westerland. Als Tochter des Pastors Daniel F. C. Pagelsen geboren, heiratete sie den holsteinischen Gutsbesitzer Hirschfeld. Sie verwitwete bald und entschloss sich, einen eigenen Beruf zu erlernen. Schlechte Erfahrungen mit Zahnärzten gaben den Ausschlag für ein Zahnmedizinstudium. Da dies 1867 in Deutschland noch nicht möglich war, folgte sie dem Rat eines amerikanischen Zahnarztes und schrieb sich an der Universität von Philadelphia ein. Zwei Jahre später eröffnete „Dr. Henriette Hirschfeld, geb. Pagelsen. American Dentist" in Berlin ihre eigene Praxis. Allerdings durfte sie aus Gründen der „Schamhaftigkeit und Sitte" keine männlichen Patienten behandeln.

Henriette Hirschfeld
(Wedemeyer 1991a)

Feyl 1981, Mack 1999, Retzlaff 1993, Risch 1992.

Hisam, Horst Günther * 2.5.1921 Berlin, Lister Bürgermeister. Hisam kaufte 1961 von den Eigentümern des →Listlands aus einem seit 1923 ausgewiesenen →Naturschutzgebiet mehrere Teilflächen am Wattenmeer. Diese waren zuvor durch die Bundesvermögensverwaltung als Entschädigung für im Zweiten Weltkrieg verlorenes Grundvermögen zu Bauland umgewandelt worden. Auf dem Gelände errichtete Hisam 1961 die beiden Ferienhaussiedlungen Mellhörn und Süderheidetal (→Sonnenland). Ferner plante er im Wattenmeer vor List den Bau des exklusiven Wohnkomplexes →„Hunningensand". Eine weitere Absicht war, das Gelände „Grünes Blidsel" zwischen den Wohngebieten →Mellhörn und Süderheidetal zu bebauen. Beide Pläne wurden nicht umgesetzt. Der →Verein Naturschutz Insel Sylt und die →Bürgerinitiative Sylt konnten die Aufgabe der Projekte erwirken. Hisam, der seit 1969 Bürgermeister von List war, verließ 1973 die Insel.

Naturschutzgemeinschaft 1994, Nordfriisk Instituut.

Hoboken, Anthony van * 23.3.1887 Rotterdam, † 2.11.1983 Zürich, niederländischer Musiksammler und Werkbiograph von Joseph Haydn. Hob. ist das Kürzel für das von Hoboken erstellte „J. Haydn, Thematisch-biographisches Werk-Verzeichnis". Für seine Frau Annemarie Seidel, genannt Mirl, Schauspielerin und Schwester der Dichterin Ina Seidel, ließ Hoboken von dem Architekten Otto-Heinrich →Strohmeyer ein Haus am Watt in Kampen bauen (heute Hobokenweg 18). Das Paar beherbergte dort illustre Gäste wie den Lyriker Oskar →Loerke oder den Schweizer Dramatiker Carl →Zuckmayer. Mirl behielt auch nach der Scheidung von Hoboken das Haus, heiratete 1935 den Verleger Peter →Suhrkamp und bot in den Folgejahren bedrängten Künstlern einen Zufluchtsort. Suhrkamp verkaufte das Haus schließlich an Axel →Springer, um die deutsche Gesamtausgabe von Marcel Proust zu finanzieren.

Rost 1996, Wedemeyer 1986.

Hochhuth, Rolf * 1.4.1931 Eschwege, Schriftsteller. Hochhuth gilt als einer der erfolgreichsten und umstrittensten deutschen Dramatiker. Mit seinem Stück „Der Stellvertreter" z. B. klagte er 1963 die katholische Kirche wegen ihrer Zurückhaltung zur Zeit der nationalsozialistischen Judenmorde an. Seit 1997 lebt er jeweils eine Woche in einem Dünental bei Kampen und bereichert das Vortragsprogramm der Akademie →Klappholttal. Zu seinem 70. Geburtstag erschien unter dem Titel „Zwischen Sylt und Wilhelmstraße" eine Sammlung von Essays, Reden, Aphorismen und Gedichten.

In dem Gedicht „Abfahrt von Sylt" aus dem Buch „Zwischen Sylt und Wilhelmstraße" von Rolf Hochhuth heißt es:

Thomas Mann schrieb ins Gästebuch:
‚Kliffende bleibt!' – nichts blieb:
Wurde am schönsten Hotel doch der Fluch
des Kapitalismus zuerst vollstreckt: Kliffende
fiel nicht der Flut, die Strand abtrieb,
sondern der Deutschen Bank in die Hände.

Hochhuth 2001, Nordfriisk Instituut,

Hodapp, Ursula →Sylter Spiegel

Hoeg, Hans * 16.1.1917 Keitum, Kfz-Schlossermeister, friesischer Sprachpfleger. Nachdem sich Hoeg mit einer Tankstelle und einer Werkstatt am Ortsrand von Keitum eine berufliche Existenz aufgebaut hatte, wandte er sich seiner friesischen Muttersprache zu. Er gehört auf Sylt zu den wenigen Mitgliedern der →Nationalen Friesen. Hoeg gab u. a. zwei Bücher mit Gedichten von Wilhelm →Siemens sowie die Lebenserinnerungen von Nann →Mungard heraus. Zu seinem besonderen Anliegen machte er das Werk des lange verkannten Dichters Jens →Mungard, dem er zum 100. Geburtstag im Jahre 1985 die bis dahin vorenthaltene öffentliche Ehrung zukommen ließ. Mungards lyrisches Werk gab er 1995 in dem umfassenden Buch *„Ströntistel en Dünemruusen"* heraus. Seit Anfang der 1970er Jahre ist Hoeg ein – manchmal auch unbequemer – Mahner, der →friesischen Sprache und Kultur den ihnen gebührenden Platz auf der Insel Sylt einzuräumen. 1986 erhielt er für seine Verdienste den →C.-P.-Hansen-Preis. 2002 wurde er zum Ehrenmitglied des Vereins Nordfriesisches Institut ernannt.

Hagge 1997, Nordfriisk Instituut, Wilts 1992b.

Werner Höfer

Höfer, Werner * 21.3.1913 Kaisersesch, † 26.11.1997 Köln, Publizist und Fernsehjournalist. Höfer wurde bekannt als Moderator der Diskussionsrunde „Internationaler Frühschoppen", die 1952-87 im Fernsehprogramm der ARD ausgestrahlt wurde. Vor dem Zweiten

Weltkrieg war er zweimal auf Sylt, seit 1948 kam er regelmäßig nach Wenningstedt. Am 4. Januar 1976 musste Höfer seine Sendung von Wenningstedt aus per Telefon moderieren, weil er wegen einer schweren Sturmflut die Insel nicht verlassen konnte. Nach dem Tode der Künstlerin Valeska →Gert 1978 erbte er ihr Kampener Anwesen. Das Wohnhaus ließ er 1983 komplett neu bauen. 1987 gab der Journalist wegen schwerer öffentlicher Kritik an seiner publizistischen Tätigkeit im Nationalsozialismus seine Fernsehtätigkeit auf.

Barz 1988, Höfer 1975.

Holm ist ein Ortsteil von Morsum und bedeutet Insel, höher gelegene Stelle.

Holst, Manfred * 16.7.1945 Keitum, Bau- und Möbeltischler. Holst begann früh, sich für die Sylter Traditionen zu interessieren. Er wurde Theaterspieler *(Komeedispölster)* und begab sich auf die Suche nach der alten Sylter →Tracht. 1974 verhalf ihm ein glücklicher Fund zu einem letzten Original. Es wurde zur Grundlage für die Wiederbelebung der alten rot-weißen Sylter Festtagstracht. 1975 gründete er die Trachtengruppe der →*Söl'ring Foriining*, die bald in vielen Ländern der Welt auftrat. Für seine Verdienste um die Erhaltung des sylterfriesischen Brauchtums und Kulturgutes wurde er 1994 mit dem →C.-P.-Hansen-Preis ausgezeichnet.

Nordfriisk Instituut.

Holst, Max Hermann * 25.6.1906 Wenningstedt, † 4.12.1991 Wenningstedt, Baumeister. Holst, ein Enkel des Firmengründers, war bis 1981 geschäftsführender Mitinhaber des Familienunternehmens Holst, das bis 2000/01 bestand. Die Firmengeschichte begann 1905 mit dem Bau des Keitumer Postgebäudes. Ungezählte Bauaufträge folgten, darunter die →Friesenkapelle am Wenningstedter Dorfteich (1914), Haus →Kliffende (1923) und der →Klenderhof (1933) bei Kampen, die Lister Kirche →Sankt Jürgen (1935), die katholische →Sankt Christophorus-Kirche in Westerland (1957) oder Häuser in der Kampener →„Whiskystraße" in den 1960er/70er Jahren. Auch in den →Norddörfern erledigten die Gebrüder Holst viele Bauaufträge. Holst bekleidete mehrere öffentliche Ämter, war u. a. Gemeindevertreter in Kampen, Kreistagsabgeordneter und Gründungsmitglied des „Lions-Club Westerland".

Nordfriisk Instituut.

Holst, Uwe Peter * 4.5.1933 Kampen, † 21. 8.1994 Westerland, Bauunternehmer. Der Sohn von Max Hermann →Holst arbeitete als Diplom-Ingenieur im Familienunternehmen. Für das Sylter →Friesisch, das er erst als Erwachsener erlernt hatte, setzte er sich intensiv ein, insbesondere in der →*Söl'ring Foriining* und im Verein Nordfriesisches Institut. Weitere Betätigungsfelder fand er in der Brauchtumspflege und im Denkmalschutz.

Nordfriisk Instituut.

Hoogenkamp Sylter Flur- und Straßenname in Westerland. *Hoogen-kamp* heißt „hohes Feld".

Möller 1916.

Hooger Wal Sylterfriesischer Flur- und Straßenname in Morsum. *Hooger Wal* („Oberwall") bezeichnet im Unterschied zu *Liiger Wal* („Unterwall") die höher gelegene Fläche des Ortsteils Wall.

Möller 1916.

Hopfengärtner, Mira geb. Busse * 16.5. 1903 Berlin, † 8.9.1985 Westerland, Schauspielerin, Autorin. Kurz nach ihrer Geburt zog die Familie nach Westerland, wo ihr Vater Georg →Busse die Geschäftsführung im Hotel →Miramar übernahm. Mira wurde Schauspielerin und wirkte u. a. auch bei den „Sylter Winterspielen" mit. Viele Jahre schrieb sie unter dem Kürzel M. H. für die *Sylter Rundschau*. Ihre „Plaudereien" über das Sylter Inselleben wurden 1982 als Buch veröffentlicht.

Hopfengärtner 1982.

Höppener, Hugo →Fidus

Hörnum *(Hörnem; Hörn* = Ecke) Die Gemeinde Hörnum im Amt Landschaft Sylt liegt an der Südspitze der Insel in rund 17 Kilometern Entfernung von Westerland. Auf einer Fläche von 717 Hektar leben 932 Einwohner (2001) und etwa 500 Zweithausbesitzer.

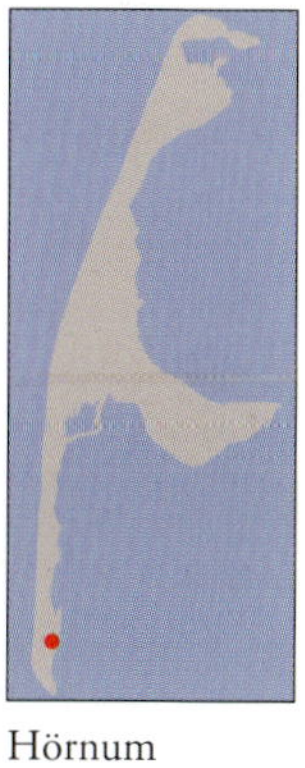

Hörnum

Hörnum

Wappen von Hörnum

Die Flurbezeichnung Hörnum kannte bereits Muchel →Madis, der in seiner Chronik von einem Schiffsuntergang „1571 ... vor Hörnum" berichtete. 1648 auch auf einer Karte von Johannes Mejer (1606-1674) als „*Hornum*" erwähnt, blieb die Südspitze der Insel noch lange Zeit unbesiedelt. „Auf Hörnum", wie die gesamte südliche Nehrung Sylts genannt wurde, lebten nur einige Fischer. Von 1765 bis etwa 1785 stand ein Haus in den Dünen beim →Budersand. Es diente zur Bergung von Strandgut, gewährte z. B. 1771 einer herrschaftlichen Jagd-

Hörnum in den 1930er Jahren (Sylter Archiv)

gesellschaft Unterkunft und wurde bald darauf von Amrumern und Rantumern geschleift. 1787 waren nur noch die Grundsteine zu sehen. Das erste feste Gebäude entstand 1871 auf Veranlassung der Deutschen Gesellschaft zur Rettung Schiffbrüchiger.

Erst 1901, als Hörnum mit seiner neuen Anlegebrücke für den →HAPAG-Seebäderdienst Hamburg-Helgoland-Hörnum als Hafenort Bedeutung erhielt, kam Leben auf die Landzunge. Von nun an verkehrte auch die →Inselbahn zwischen Hörnum und Westerland. 1906/07 wurde der →Leuchtturm „Hörnum-Odde" errichtet und zwischen 1918 und 1933 auch die Schule darin untergebracht. Bis 1927 bestand Hörnum nur aus sieben Häusern. Dazu gehörten das Leuchtturmwärterhaus und „Hotel Bettina", das 1914 errichtete Haus der HAPAG. Am Ende des Ersten Weltkriegs zählte man 21 Einwohner, die von Rantum mitverwaltet wurden. Während der beiden Weltkriege galt der Ort als strategisches Ziel, das besonders zu verteidigen war. Für die Soldaten der →Inselwache entstanden 1914 Baracken in den Dünen. Zur Vorbereitung des →Zweiten Weltkriegs errichtete die Luftwaffe 1935 einen Seefliegerhorst und die militärische „Siedlung Hörnum". Viele Soldaten und Zivilbediensteten brachten ihre Familie mit nach Hörnum, die Bevölkerungszahl stieg sprunghaft auf über 1000. Bald gab es Strom aus einem eigenen Kraftwerk. 1942 wurde der Ort an die →Trinkwasserversorgung Westerlands angeschlossen.

1947 löste sich Hörnum von Rantum und wurde eigenständige Gemeinde. Zwei Jahre später erhielt sie das Prädikat →Nordseebad und empfing bald einen regen Zustrom an Badegästen und Neubürgern. 1948 mussten die rund 1400 Hörnumer kurzfristig über 2000 Heimatvertriebene und →Flüchtlinge in ihren Reihen aufnehmen. Auch rund 40 Helgoländer Familien hatten sich nach der Evakuierung ihrer Insel in

Das Wahrzeichen Hörnums ist der rot-weiße Leuchtturm, um 2000. (Foto: Walter Fiedler)

Hörnum niedergelassen. 1960 wurde in den Dünen die →Kersig-Siedlung errichtet. Die beiden Kirchen sind jüngeren Datums. 1962 entstanden die katholische →Sankt Josef-Kirche und 1969/70 nach einem Entwurf des Niebüller Architekten Martin-Bernhard Christiansen auf einer Düne die evangelische →Sankt Thomas-Kirche. Ihre eigenwillige Ausformung erinnert an ein Schiff mit gesetzten Segeln. Sie löste das →„Norwegerhaus" ab.
Vom Hafen lassen sich Ausflugsfahrten zu den Halligen sowie nach Helgoland, Amrum, Föhr oder den Seehundsbänken unternehmen. Eine gute Aussicht auf die Inseln hat man von der 23 Meter hohen „Weißen Düne" südlich von Hörnum. Die größte Düne des Sylter Südens, der 32 Meter hohe →Budersand, liegt nördlich des Hafens. Jährlich buchen etwa 50 000 Feriengäste ihren Urlaub in Hörnum.

Nach einem Besuch auf Sylt schrieb Johann Georg →Kohl 1846: „Von Rantum aus ragt die schmale unheimliche Dünenkette noch 3 Stunden weit nach Süden hinaus. Sie ist völlig unbewohnt und endigt mit den Hörnumer Dünen, die einen sehr unheimlichen wilden Anblick gewähren. Auf dieses bei den Schiffern übelberüchtigte Vorgebirge, das sonst von Seeräubern bewohnt wurde, verbannten die Inselbewohner alles Unheimliche. Da spukt's, da ruht der Wind nie, und die Seelen der erschlagenen Schiffer und Verunglückten ziehen dort noch im Sturm am Strande herum."

Hubertus Jessel 1991, Kohl 1846, Leonhardt 1980, Pahl/Carstensen 1973, Quedens 2002, Rinken 1992, Schmidt-Eppendorf 1977.

Hörnum-Odde (dänisch: *odde* = „Spitze, Vorsprung") bezeichnet das vergleichsweise junge Dünengebiet auf der Südspitze Sylts. Es entstand ab der Mitte der 1920er Jahre durch die Verlagerung großer Sandmengen, die nordwestlich von Hörnum abbrachen. Sturmfluten lagerten auf der Odde Strandholz und Strandhafer ab und bildeten damit die Voraussetzung für die Entstehung großer →Dünen. 1972, als das Gebiet unter Naturschutz gestellt wurde, erreichte es seine größte Ausdehnung. Die Maße der Südspitzendüne betrugen nach nur 50 Jahren Entwicklungszeit acht bis zehn Meter Höhe, rund 600 Meter Breite von Nord nach Süd und etwa 350 Meter Tiefe von West nach Ost. In den Folgejahren schrumpfte die Odde durch Landabbrüche und Dünenverluste erheblich. Bis 1994 verschwanden rund 120 Hektar. Allein zwischen 1978 und 1988 gingen an der Westseite mehr als 150 Meter Dünen verloren, darunter auch das →Muscheltal, wo sich einst frühe Stadien der Dünenentstehung beobachten ließen. Auf den Hörnumer Primärdünen mit einer Höhe bis zu einem Meter wuchsen besonders salzverträgliche Pflanzen wie die Salzmiere, die Salzmelde oder der Meersenf. Zwei kleine →Leuchttürme, mehrere Strandcafés und die Reste der gesprengten Wehrmachtsbunker stürzten vor allem in den 1980er Jahren in die Brandung und versackten im Sand.

Matthiesen 2001.

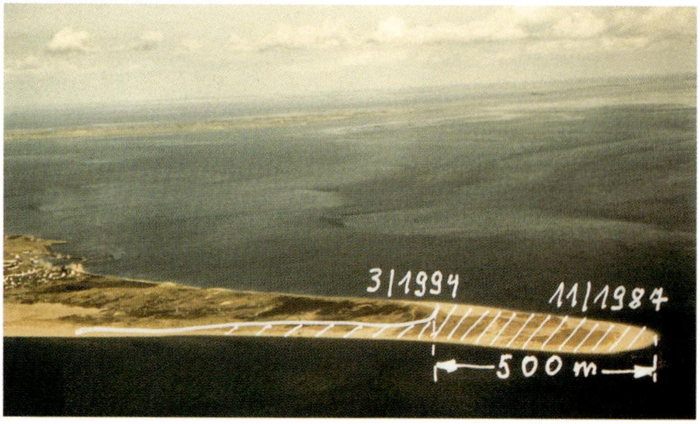

Tiefe Spuren hinterließen in den 1980er Jahren die Einbrüche der Nordsee in der Dünenlandschaft auf der Hörnum-Odde. (Foto: Werner Matthiesen)

Hörnumtief Das schmale →Tief liegt im Wattenmeer zwischen Sylt und Föhr und bildet eine Verlängerung des →Vortrapptiefs westlich vor Amrum. Mit einer Wassertiefe bis zu 23 Metern ermöglicht es die Zufahrt zum Hafen von Hörnum. Nordöstlich von Hörnum zweigt das →Eidumtief ab und zieht in großem Bogen zum Rantumer Hafen. Während einer Tide strömen über 500 Millionen Kubikmeter Wasser mit einer Geschwindigkeit bis zu 1,5 Meter pro Sekunde zwischen Sylter Watt und Nordsee hin und her.

Hotel Royal Das Haus wurde 1869 von der Aktiengesellschaft des →Seebads Westerland in Strandnähe erbaut. 1871 ersteigerte es der Hotelier Friedrich Albert →Haberhauffe. 1884 gelangte es an Julius Adrian →Pollacsek. 1908 kaufte die Stadt Westerland das Haus und baute es zum Rathaus um. Diese Funktion behielt es bis 1934. Heute befindet sich an dieser Stelle das →Kurzentrum.

Voigt 1986.

Hotel Stadt Hamburg Das kleine Hotel in der Strandstraße wurde 1869 erbaut. Der Besitzer hieß Samuel Nicolai Quitzow (1833-1888). Sein Nachfolger Hugo Oehme errichtete 1901 auf dem Nachbargrundstück an der Norderstraße das herrschaftliche „Parkhaus" dazu. Nach dessen Konkurs 1904 gingen die beiden Häuser an verschiedene Eigentümer. 1919 erwarb Heinrich Hamelau (1857-1930) das „Hotel Stadt Hamburg", um für seinen in der internationalen Gastronomie erfahrenen Sohn Eitel Hamelau (1889-1947) eine Existenz zu schaffen. Dieser begründete mit seiner Kochkunst den Ruf des Hauses, das heute zu den deutschen Spitzenhotels zählt. 1947 übernahm Eitel Hamelaus Stiefsohn Hans Hentzschel (1910-1973) den Betrieb. Er kaufte 1954 das „Parkhaus" zurück und verband es baulich mit dem Hotel. Beide Häuser wurden modernisiert, die 63 Zimmer erhielten eine originelle Innenausstattung im englischen Stil. Das typische Gesicht des Hauses wurde trotz einiger Anbauten aber nie verändert. 1986 übernahmen in dritter Generation Harald Hentzschel (geb. 1951) und Frau Moni die Leitung.

Sylter Archiv.

Hotel Stadt Hamburg, um 1914 (Sylter Archiv)

Hotel Zum Kronprinzen 1894 erbaute ein Berliner ein kleines Hotel in Wenningstedt in rund 70 Metern Entfernung zum Kliff. 1901 erwarb Peter Friedrich Nann aus Nordstrand, wegen seiner geschäftlichen Erfolge „Fürst von Munkmarsch" genannt, das Gebäude und erteilte den Auftrag für ein zusätzliches dreistöckiges Logierhaus. Damals war die Düne bis zum Strand noch 50 Meter breit. „Dat steiht nich länger als füftig Joar", unkte Bauunternehmer Max Hansen im Jahr 1903, doch galt er als Schwarzseher. Das Hotel Zum Kronprinzen florierte zeitweilig, vor allem in Adelskreisen. Durch die heranrückende See galt es nach dem Zweiten Weltkrieg als besondere Attraktion. Im Winter 1963 hatte das Meer das Logierhaus unterspült. Das Haus war nicht zu retten und wurde gesprengt, bevor es vom Kliff stürzte.

Simon 1980, Sylter Archiv.

Das Hotel Zum Kronprinzen in Wenningstedt wurde im Winter 1963 von der Abbruchkante eingeholt. (Sylter Archiv)

Hoyer *(Huaðer; dänisch: Højer)* wurde um 1200 auf dem Geestrand der nordschleswigschen Nordseeküste gegründet und ist damit eine der ältesten Ortschaften Dänemarks. Der Ort besitzt die höchste Holzwindmühle Nordeuropas aus dem Jahre 1857, heute Mühlen- und Marschenmuseum, und das einzige reetgedeckte Rathaus Dänemarks. Die mit Blei gedeckte romanische Kreuzkirche stammt aus dem 12. Jahrhundert, Turm und Seitenkapellen entstanden um 1400. Obwohl seit dem 16. Jahrhundert Eindeichungen den Hafen immer weiter vom Ortskern entfernten, ist noch überall die Atmosphäre des einst bedeutenden Seehandels zu spüren. Viele Bauernhäuser sind mit →Fliesen aus den Niederlanden geschmückt. Nach der →Volksabstimmung 1920 gelangte Hoyer zu Dänemark, obwohl der Ort mit 73 Prozent eine klare Mehrheit für Deutschland aufwies. Hoyerschleuse war bis zum Bau des →Hindenburgdamms 1927 ein wichtiger Fährhafen für die →Verkehrsanbindung Sylts. Seit 1992 besteht wieder eine tideabhängige Personenfährverbindung zwischen List und der neuen Wiedauschleuse.

Dierchen 1992.

Hoyerstig Straßenname in Keitum. Der „Hoyersteig" führte zum alten Keitumer Hafen mit Schiffsverbindung nach →Hoyer auf dem gegenüberliegenden Festland.

Möller 1916.

Hualevjunkensdreenger Die „Jungs des Halbdunkeln" wurden so genannt, weil sie vorwiegend in den dunklen Winterabenden auf Brautschau waren. Im Sommerhalbjahr befanden sich die meisten von ihnen auf See. Es gab wenig öffentliche Gelegenheiten zum Kennenlernen. Deshalb war es →Sitte, den Familien der Sylter Mädchen Höflichkeitsbesuche abzustatten. Auf diese Weise bekam die junge Frau einen Eindruck von den Heiratskandidaten. Beim Abschied hatte sie Gelegenheit, beim „*Bi Düür stuun*" (Bei der Tür stehen) durch die zeitliche Ausdehnung des Abschiednehmens ihre Sympathie zu äußern. Freude oder Enttäuschung über das Ergebnis des Besuches ließen die Touren der jungen Männer nicht ohne Begleiterscheinungen ablaufen. Von allerhand Schabernack wurde berichtet. So verschleppten sie z. B. Wagen und Gerät, verstellten Türen, warfen Fenster ein oder verstopften Schornsteine. Wer dabei erwischt wurde, wie er ein Mädchen in Abwesenheit ihrer Eltern besuchte, hatte eine Art Offenbarungseid zu leisten. Moralisch war er zur Ehe verpflichtet, Fehlverhalten führte zu öffentlicher Brandmarkung.

C. P. Hansen 1858a u. 1875, Tholund 1993, Wedemeyer 1988.

Hübbe, Andreas * 19.10.1865 Kläden/Altmark, † 15.5.1941 Hamburg, Exportkaufmann, Sylter Sprachpfleger. In seiner Kindheit hatte der Sohn des Düneninspektors und letzten Landvogts Friedrich Johannes →Hübbe auf Sylt →Friesisch gelernt. Von etwa 1900 an setzte er sich mit ganzer Kraft für den Fortbestand der Sprache ein und wurde vor dem Ersten Weltkrieg ein Motor der Bemühungen um die Sprachförderung. Auf seine Initiative gründete sich 1900 die →*Foriining fuar Söl'ring Spraak en Wiis.* Wegweisend waren u. a. sein Einsatz für →friesischen Unterricht an den Schulen und seine Forderung nach stärkerer Berücksichtigung des Friesischen im öffentlichen Leben. Hübbe veranlasste den ebenfalls in Hamburg ansässigen Boy Peter →Möller zur Abfassung eines Sylter Lesebuchs, das die Grundlage für die erstmalige planmäßige Einführung des *Sölring* in den Schulunterricht seit 1909 bildete. Er wusste auch die Geldmittel für die Veröffentlichung friesischer Bücher zu beschaffen. So forderte er die Hamburger Geschäftswelt erfolgreich zu einer „Friesenspende" auf. Auch für andere nordfriesische Dialekte wollte Hübbe Lesebücher schaffen, doch dies scheiterte nicht zuletzt an Meinungsverschiedenheiten über die anzuwendende Rechtschreibung. Bis auf einen kleinen Rest verfiel die „Friesenspende" in der Inflation 1923. Hübbe verfasste selbst über 100 friesische Gedichte, die z. T. von seinem Bruder Thomas (1867-1942), Zeitungsredakteur in Hamburg, vertont wurden, und Prosastücke, veröffentlicht in der Zeitungsbeilage →*Fuar Söl'ring Lir.* In Keitum wurde zu seinem Andenken eine Straße benannt.

Hübbe 1911, Schmidt 1964, Steensen 1986.

Andreas Hübbe:

Tö See
En Leedji fuar Böörigsters

Ik weet noch, Faaðer, wat ik wel:
Ik gung tö See. Tö See!
Bi'n Triimeestskep wel ik mi mel,
Da gair't ön Luf en Lee.
En Sölring sjukt tö See sin Lek,
Bleft ek itüüs, dit heer niin Skek.
Ik raisi, ik raisi, ik raisi me Huraa!
Trala, trala, tralala lalala.
Ik raisi, ik raisi, ik raisi me Huraa!

Zur See
Ein Lied für Konfirmanden

Ich weiß wohl, Vater, was ich will:
Ich geh zur See. Zur See!
Bei einem Dreimastschiff
will ich mich melden,
Dann geht's in Luv und Lee.
Ein Sylter sucht zur See sein Glück,
Bleibt nicht zu Haus, das hat keinen Schick.
Ich reise, ich reise, ich reise mit Hurra!
Trala, trala, tralala lalala.
Ich reise, ich reise, ich reise mit Hurra!

Titelblatt der Sylter Gedichte und Lieder von Andreas Hübbe (Nordfriisk Instituut)

Andreas Hübbe (Nordfriisk Instituut, Thomas Steensen)

Hübbe, Friedrich Johannes * 6.2.1836 Hamburg, † 25.7.1902 Keitum, Düneninspektor, Amtsbezirksvorsteher. Der Sohn des angesehenen Wasserbaudirektors Heinrich Hübbe (1803-1871) wurde 1869 als Nachfolger von Adalbert Graf →Baudissin Düneninspektor auf Sylt und blieb mehr als drei Jahrzehnte im Amt. 1872 wurde er Vorsteher des Amtes →Landschaft Sylt im Kreis Tondern mit den Aufgaben des früheren →Landvogts. Sein Sohn Andreas →Hübbe wandte sich intensiv der friesischen Sprache zu.

Janus 1998, Matthiesen 2001.

Hübbe, Thomas →Hübbe, Andreas

Hufe →Agrarverfassung

Hundert Jahre Alter Gasthof steht auf einem traditionsreichen Haus in List. Es wurde vor über 300 Jahren gebaut und gehört damit zu den ältesten Anwesen auf Sylt. 1804 eröffneten hier die „Fiskalischen Austernstuben" ihre Pforten. Der „Über 100 Jahre alte Gasthof", wie er sich heute nennt, hat die →Sylter Royal immer noch ganz oben auf seiner Speisekarte.

Sylter Archiv.

Hünengräber *(Hooger)* Die überdimensionalen →Grabhügel aus frühgeschichtlicher Zeit wurden Hünengräber oder Riesenbetten genannt, weil ihre Form zu der Annahme verleitete, dass hier einst →Riesen begraben worden sind.

„Hunningensand" lautete die Bezeichnung für einen von Bürgermeister Horst Günther →Hisam geplanten Wohnkomplex im Wattenmeer vor List. Auf Stelzen sollte eine Anlage für etwa 5 000 Menschen mit Hotel, Sanatorium, Eigentumswohnungen und einem Sportboothafen entstehen. Naturschützer erwirkten die Aufgabe des Projekts.

Naturschutzgemeinschaft 1994, Nordfriisk Instituut.

Hüntje hieß eine sehr ergiebige Austernbank bei List (→Austern).

Kohl 1846.

Hüüv →Trachten

Hydrologischer Messpfahl Das Messgerät wurde 1987 im Rahmen eines umfangreichen Untersuchungsprogramms zur Optimierung des →Küstenschutzes auf Sylt in Betrieb genommen. Es handelt sich um eine 70 Tonnen schwere und 44 Meter lange Stahlnadel, die rund anderthalb Kilometer westlich vor der Stadt Westerland 18,5 Meter tief im Meeresboden verankert wurde. Sie ragt 15 Meter über den normalen Wasserstand hinaus. Bis 1995 waren in zeitlich befristeten Projekten vier Universitätsinstitute an den Forschungsinstrumenten des Husumer Amts für ländliche Räume beteiligt. Mit einer Reihe von Spezialgeräten werden Wasserstand und -strömung, Seegang, Wind, Wassertemperatur und Luftdruck gemessen, um exakte Kenntnisse über die hydrodynamischen Belastungen der Westküste und der Inselenden zu gewinnen. Energieversorgung und Datenübertragung verlaufen über ein Seekabel zu einer Station in Westerland.

Amt für ländliche Räume (Auskunft), Kruse 1989a.

Igl, Ernest (eigentlich Ernest Hofmann) * 1920 Karlsbad, Künstler. Igl – der Künstlername steht für Idee, Gestalt, Linie – studierte an der Hochschule für Bildende Künste in Prag. Nach dem Zweiten Weltkrieg kam er nach Bayern und wurde Spezialist für die Formung von Kunststoffen und Blechen. Als Designer entwickelte er z. B. neue Kühlschrank-Formen, Trittleitern, Gummistiefel, Schreibtische, Mähdrescher und Bagger. In seinem sechzigsten Lebensjahr zog Igl nach Kampen und wurde freischaffender Künstler. Seine Skulpturen aus Metallmischungen entstehen häufig im Freien, wo er seine Werke auch gerne erklärt. Für die

Über 100 Jahre alter Gasthof in List (Sylter Archiv)

Keitumer Kirche →Sankt Severin schuf er das „Auferstehungskreuz“ auf der Kanzel und die Plastik „Totengedenken“. Igl verzog in den 1990er Jahren in die Schweiz.

Die Plastik „Totengedenken“ von Ernest Igl trägt die Inschrift: „Unsere Toten, die uns starben, hatten eine Spanne Zeit zum Lieben, Lachen, Leiden, Nehmen, Geben und Schuldigwerden. Wir gedenken ihrer. Und wir hoffen: ER hält die Bruchstücke Leben zusammen. Wenn wir ausatmen, atmet Gott uns ein.“

Struve 1986.

Immobilien Ende 2000 gab es auf Sylt insgesamt 7174 Wohngebäude. Davon standen in Sylt-Ost mit 2 217 und in Westerland mit 2 214 je knapp ein Drittel. Der Rest verteilte sich auf Wenningstedt 813 (11,3 %), List 685 (9,5 %), Kampen 632 (8,8 %), Hörnum 412 (5,7 %) und Rantum 201 (2,8 %). Gut zwei Drittel der Gebäude waren Einfamilienhäuser, 15,6 Prozent Zweifamilienhäuser und 16,6 Prozent Mehrfamilienhäuser. Die Einfamilienhäuser dominieren in Sylt-Ost und den kleineren Inselgemeinden, die Mehrfamilienhäuser in Wenningstedt und der Stadt Westerland. Zum selben Zeitpunkt wurden auf Sylt 15 109 Wohnungen gezählt sowie 525 Wohnungen in „Nichtwohngebäuden“. Darunter fallen auch die →„Sylt-Garagen“, eine Methode, noch den letzten Winkel zur Vermietung an Feriengäste auszunutzen. Mit durchschnittlich 7,8 bzw. 6,6 Wohnungen pro Mehrfamilienhaus weisen Westerland und Wenningstedt die höchste Wohnungsdichte auf.
Die Entwicklung auf dem Immobiliensektor hat zur Folge, dass Grundstücke und Häuser für Normalverdienende auf Sylt heute kaum noch zu bezahlen sind. Die besondere Anziehungskraft der Insel führte in vielen Gemeindevertretungen zu Beschlüssen, immer weiteres Bauland zu astronomisch hohen Preisen zwischen 3 500 und 10 000 Euro pro Quadratmeter zur Verfügung zu stellen. Die Kampener Wattseite ist mit diesem Spitzenwert eine der teuersten Gegenden Deutschlands für Wohnimmobilien. Viele einheimische Familiengründer mussten zwangsläufig ausweichen und ihr Haus auf dem Festland bauen. Nur in Hörnum und Tinnum sind die Preise mit 2-3 000 Euro pro Quadratmeter Wohnfläche noch halbwegs tragbar. Der Zuzug kapitalkräftiger Inselfreunde hat aber auch einen positiven Aspekt. Manchmal beweisen sie viel Sinn für das Ursprüngliche und können es sich auch finanziell leisten, ein →utlandfriesisches Haus stilgerecht zu erhalten.

Nordfriisk Instituut.

Einige Immobilienangebote
aus dem Jahre 2002:

Archsum:
Einfamilienhaus (160 qm): 395 000 Euro;
2-Zi-Wohnung (49 qm): 225 000 Euro
Braderup:
Reetdachhaus (178 qm): 1 800 000 Euro;
4-Zi-Wohnung (75 qm): 395 000 Euro
Hörnum:
Reihenhaus (83 qm): 160 000 Euro;
1-Zi-Wohnung (54 qm): 150 000 Euro
Kampen:
Hausteil (160 qm): 1 750 000 Euro;
3-Zi-Wohnung (89 qm): 449 000 Euro
Keitum:
Endhaus (160 qm): 950 000 Euro;
3-Zi-Wohnung (76 qm): 368 000 Euro
List:
Einfamilienhaus (137 qm): 650 000 Euro;
3-Zi-App. (52 qm): 165 000 Euro
Morsum:
Friesenhaus (186 qm): 600 000 Euro;
2-Zi-Wohnung (60 qm): 150 000 Euro
Munkmarsch:
Doppelhaushälfte (100 qm): 295 000 Euro;
2-Zi-Wohnung (72 qm): 352 700 Euro
Rantum:
Doppelhaushälfte (110 qm): 495 000 Euro;
2-Zi-Wohnung (50 qm): 225 000 Euro
Tinnum:
Endhaus (130 qm): 302 000 Euro;
3-Zi-Wohnung (65 qm): 178 900 Euro
Wenningstedt:
Mittelhausteil (120 qm): 690 000 Euro;
3-Zi-Wohnung (73 qm): 368 100 Euro
Westerland:
Doppelhaushälfte (135 qm): 499 000 Euro;
3-Zi-Wohnung (58 qm): 215 000 Euro

Inge von Rantum sollte der Sage nach die Frau des Meermannes →Ekke Nekkepenn werden. Sie erriet jedoch rechtzeitig seinen Namen und gewann dadurch ihre Freiheit zurück. Danach kam mit jeder höheren Flut der Meermann zurück auf die →*Ingi* von Rantum, überflutete sie und versuchte, sie in sein Reich fortzureißen.

Hubertus Jessel 1996d.

Ingi ist das sylterfriesische Wort für „Anger, Wiese" oder →Salzwiese. In den Sylter Marschgebieten, insbesondere vor Rantum und Tinnum, sind einige solcher Straßen- und Flurnamen anzutreffen. Das Wohngebiet Rantum-Inge ist seit 1989 durch einen Deich gegen Überflutungen vom Wattenmeer geschützt. Dafür spendeten die Anwohner gut 100 000 Mark.

Entz-v. Zerssen 1994.

Ingiwai Sylterfriesischer Flur- und Straßenname in Keitum, Rantum und Tinnum. *Ingi-wai* heißt „Wiesenweg".

Möller 1916.

Ing und Dung, die beiden wohlhabenden Schwestern, lebten der Sage nach in der Nähe der Keitumer Kirche →Sankt Severin. Ihren Lebensabend verbrachten sie in einem Kloster nördlich der Kirche und bedauerten sehr, dass diese immer noch keinen Turm hatte. Sie entschlossen sich deshalb zu einer großzügigen Spende. Beim Bau des Kirchturms wurde eine düstere Prophezeiung ausgesprochen: Die Glocke werde eines Tages herabstürzen und einen Jüngling erschlagen, später werde der ganze Turm zusammenstürzen und die schönste Jungfrau unter sich begraben. Am zweiten Weihnachtstag 1739 trieben tatsächlich junge Burschen Schabernack mit der Glocke, worauf sie aus der Halterung brach und einen von ihnen erschlug. Den Stifterinnen zum Andenken wur-

Die Feldsteine Ing und Dung in der westlichen Turmmauer von Sankt Severin in Keitum (Foto: Hans Jessel)

den zwei Feldsteine, die mit etwas Phantasie nonnenähnliche Gestalt aufweisen, in die westliche Turmmauer eingebaut. Sie tragen deren Namen, wie auch die Glocke bei genauem Hinhören klar und deutlich „Ing" und „Dung" läutet. Mit ihrem hellen Klang erregte sie einer weiteren Erzählung zufolge bald den Neid der Bewohner von Hoyer, die beschlossen, die Glocke zu stehlen. Der Plan wurde bekannt, die Keitumer trafen Vorsorge. Sie banden ein Pferdehaar um den Klöppel. Die Glocke klang nun gedämpft, als sei sie gesprungen. Daraufhin soll der Diebesplan schnell aufgegeben worden sein.

Deppe/Frenzel 1996, van der Kooi 1998, Wedemeyer 1988.

Inselbahn *(Litjbaan)* Im Auftrag von Julius Adrian →Pollacsek wurde 1888 unter der Leitung des Flensburger Kleinbahndirektors Emil Hyronimus Kuhrt (1848-1909) eine erste Bahntrasse vom Hafen Munkmarsch nach Westerland gebaut. Mit einer Dampfspurbahn sollten die anreisenden Gäste bequemer in ihre Unterkünfte gelangen. Die ersten Lokomotiven auf der 4,2 Kilometer langen Strecke hießen „Präsident von Maybach" und „Herzog Maximilian von Württemberg", auch „May" und „Max" genannt. 1892 kaufte Kuhrt die „Sylter Dampfspurbahn" auf.

1901 ließ Friedrich Bergmann im Auftrag der →HAPAG-Reederei die Sylter Südbahn vom Hafen Hörnum zum Südbahnhof in Westerland erbauen. 1903 war Emil Kuhrt der Auftraggeber für den Bau der Nordbahn vom Westerländer Ostbahnhof, später Nordbahnhof genannt, über Wenningstedt nach Kampen und 1908 weiter zum Hafen List. Das Streckennetz hatte nun eine Länge von 38,6 Kilometern erreicht. Wegen Sandverwehungen oder Ausblasungen der einfach in den Sand gelegten Schwellen und Gleise kam es in den Dünen

Blick auf Rantum-Inge (Sylter Archiv)

nicht selten zu Entgleisungen der „Rasenden Emma". Ein Jahr nach dem Tode Kuhrts wurde 1910 die „Sylter Dampfspurbahn" von der „Sylter Dampfschiffahrt-Gesellschaft" (SDG) übernommen. Im Sommer 1916 entstand aus militärischen Überlegungen das Verbindungsstück zwischen Süd- und Nordbahnhof in Westerland, der jetzt zum Zentralbahnhof aufstieg. Während des Ersten Weltkriegs existierten auch eine Reihe kleiner Stichbahnen sowie eine Kleinbahnstrecke von Munkmarsch über Keitum nach Westerland. Sie wurde 1923 wieder abgebaut.

1926 gründeten Oscar Meyner und Friedrich Iwersen die neue Sylter Inselbahn AG, um den absehbaren Konkurs der SDG aufzufangen. 1928 wurden die Gleise der Ostbahn abgebaut, der →Hindenburgdamm hatte sie überflüssig gemacht. Nach dem Zweiten Weltkrieg war der „Dünenexpress" in seiner Substanz verbraucht. In den ersten Nachkriegsjahren mussten englische und belgische Lokomotiven aushelfen.

Nach der Gründung der →Sylter Verkehrsgesellschaft und ihrer Übernahme durch Ruy →Prahl 1956 wurde die Bahn von Grund auf erneuert. Die umgebauten Borgward-Sattelschlepper, die ab 1957 als Leichttriebwagen dienten, verliehen dem Beförderungsmittel den Charakter einer Straßenbahn. Der verkürzte Bremsweg erlaubte ein Fahren auf Sichtabstand und ersparte teure Signalsysteme. Dennoch kam es wiederholt zu Zusammenstößen mit

Die Sylter Inselbahn in den 1960er Jahren: ein Borgward-Sattelschlepper als Triebwagen des „Nivea-Express" (Sylter Archiv)

dem Straßenverkehr. Die Bahn war mit 1,3 Millionen Fahrgästen im Jahr zwar gut ausgelastet, doch konnte das marode Schienennetz mit privatwirtschaftlichen Mitteln nicht mehr erneuert werden. Immer mehr Touristen reisten zudem mit dem eigenen Auto an.

Am 29. Dezember 1970 ging die Nordbahn auf ihre letzte Fahrt. Omnibusse, die schon seit Jahren parallel fuhren, blieben als Sieger zurück.

Der Sylter Dünenexpress um 1910 (Sylter Archiv)

Ein Großteil der Schienen gelangte in den westfälischen Bergbau, die Waggons fuhren bis 1983 bei der Juister Bahn oder landeten bei Museumsbahnen. Den letzten Schienenbus erhielt das Deutsche Straßenbahnmuseum in Sehnde-Wehmingen bei Hannover. Aus den Bahntrassen wurden überwiegend Wander- und Radwege, aus dem Nordbahnhof 1978 der Zentrale Omnibusbahnhof (ZOB) Westerlands. Auf dem Bahnhofsvorplatz der Deutschen Bahn stehen die letzten beiden Achsen als Denkmal. Die Sylter Verkehrsgesellschaft gehört seit 1995 dem Insel- und Halligreeder Sven →Paulsen, dessen →Adler-Schiffe in List und Hörnum vor Anker liegen.

Hans Jessel 1996c, Kirschner 2000, Quedens/Stöver 1978, Stöver 1979 u. 1989-1991.

Inselklinik Sylt Die Rehabilitations-Einrichtung für Mutter und Kind im Westerländer Nordhedig wurde 1999 eröffnet. Seit 2002 wird sie von der „Arbeitsgemeinschaft Eltern & Kind Kurkliniken" betrieben. Schwerpunkte des medizinischen Konzepts sind psychosomatische und Zivilisationskrankheiten. Bei den jeweils dreiwöchigen Kuraufenthalten werden neben alltäglichen Stresssymptomen wie Beschwerden im Wirbelsäulenbereich, Spannungskopfschmerz oder Schlafstörungen vor allem Gewichtsprobleme behandelt, die aus gestörtem Essverhalten resultieren. Die Klinik verfügt über 163 Betten.

Nordfriisk Instituut.

Inseln *(Ailönen)* Zu Nordfriesland gehören die im Wattenmeer liegenden drei Geestinseln →Amrum, →Föhr und Sylt sowie die beiden Marschinseln Pellworm und Nordstrand; letztere muss aber seit der Eindeichung des Beltringharder Kooges 1987 als Halbinsel bezeichnet werden. Eine besondere Art von Inseln stellen die zehn →Halligen dar.

Inselschreiber Seit 2001 wird von den Eigentümern der →Sylt-Quelle das Literaturstipendium „Sylter Inselschreiber“ vergeben. Es ist mit 5 000 Euro und einem achtwöchigen Aufenthalt auf der Insel dotiert. Erste Preisträgerin wurde die gebürtige Ungarin Terézia Mora (* 1971). Die freie Autorin und Übersetzerin, die seit 1991 in Berlin lebt, wuchs zweisprachig auf. Für die Geschichte „Der Fall Ophelia“ erhielt sie 1999 den Ingeborg-Bachmann-Preis. Das Stipendium des Jahres 2002 erhielt der mehrfach ausgezeichnete Berliner Dramatiker und Journalist Moritz Rinke (* 1967). Sein Stück „Republik Vineta“ am Hamburger Thalia Theater wurde bei der Kritikerumfrage der Zeitschrift *Theater heute* zum besten deutschsprachigen Schauspiel der Spielzeit 2000/2001 gewählt.
Nordfriisk Instituut.

Inselwache In der Anfangsphase des →Ersten Weltkrieges wurden auf den Inseln Sylt, Amrum und Röm Inselwachen aufgestellt, die miteinander durch Blinkzeichen in Verbindung standen. Dazu wurden in den Sylter Dünen vom Ellenbogen bis nach Hörnum Bunker und Unterstände gebaut und telefonisch miteinander verbunden. Stacheldraht sicherte den Weststrand in voller Länge. Zumeist ältere, einheimische Soldaten hatten die Aufgabe, den Strand und den Horizont lückenlos zu kontrollieren. Einen Feind bekamen sie auf Sylt aber nie zu sehen, denn die Insel blieb von unmittelbaren Kampfhandlungen verschont.
Hans Jessel 1989, Voigt 1992.

Gruppenaufnahme der 1. Kompanie der Sylter Inselwache. Sie bewachte den südlichen Strandabschnitt. (Voigt 1992)

Institut für Pathophysiologie und medizinische Klimatologie Die Außenstelle der Universität Kiel liegt in der Nähe der Nordseeklinik zwischen Westerland und Wenningstedt. Sie wurde 1936 von Heinrich →Pfleiderer, dem Vater der →Meeresheilkunde von Sylt, aufgebaut und stand zunächst ganz im Zeichen der Tuberkulose-Behandlung. In den 1970er Jahren leiteten Uwe →Jessel und Erich Witzleb die Forschungsstation. Im Mittelpunkt stehen seither Rehabilitation und Prophylaxe. Das Institut betreut neben der Meeresheilkunde auch die Gebiete „medizinische Klimaforschung“ und „medizinische Luftforschung“. Die hier untersuchten, früher oft belächelten therapeutischen Wirkungen von Sonne, Wind und Wellen und vor allem der Effekt des →Meeresaerosols finden heute in der Medizin allgemeine Anerkennung.
Der Förderverein „Forschungsstation Medizinische Klimatologie Westerland e. V.“ übergab 1996 der Stadt ein damals in Deutschland einmaliges Wetterinformationssystem. Die im Institut ermittelten Daten über die UV-Strahlung der Sonne werden ins Foyer des →Syltness-Centers gesendet, wo man ablesen kann, wie lange man sich bei der gemessenen Strahlungsstärke mit ungeschützter Haut gefahrlos im Freien aufhalten kann.
Hundhausen 1997, Hubertus Jessel 1996c, Uwe Jessel 1970, Jürgs/Trost 1978.

Irmer, Carl * 28.8.1834 Babitz/Wittstock, † 10.11.1900 Düsseldorf, Maler. Irmer studierte an der Düsseldorfer Kunstakademie und leitete ab 1862 die Landschaftsklasse. 1891 wurde er zum Anhaltischen Hofmaler und Professor ernannt. Zwischen 1873 und 1891 besuchte er häufig Sylt, meist zusammen mit seinem Malerfreund Eugène →Dücker. Hier entstanden z. B. die Gouache-Bleistift-Zeichnung „Weg auf Sylt“ oder die Federzeichnung „Westerland, Strand zwischen dritter und vierter Buhne“ (1891).
Für seine Arbeit erbat Carl Irmer die Hilfe des Westerländer Fotografen Paul Ebe →Nickelsen. „Lieber Nickelsen... ich denke: könnte ich nicht einen Ihrer Guckkasten benutzen und versuchen, Aufnahmen zu machen?... Ich habe einen Herrenstrand vor, ungefähr von der dritten, vierten Buhne, ganz hell; sollte mal etwas Ähnliches bei Ebbe sein, dann schießen Sie mal drauf.“
Schlee 1962, Schulte-Wülwer 1996, SHL 1983.

„Isaacs Sturm“ →Wetterstation

Jacobsen, Horst Jens * 12.6.1934 Westerland, Fabrikant. Jacobsen ist seit 1985 zugelassener Hersteller von Schlickpackungen/Sylter Heilschlick. Das Naturprodukt wird in den physiotherapeutischen Abteilungen der Krankenhäuser und Reha-Kliniken sowie in Massagepraxen verwendet. Er nahm und nimmt viele öffentlichen Aufgaben war, darunter seit 1982 als Kommunalpolitiker in Sylt-Ost, 1996-99 als Mitglied des Gremiums für friesische Angelegenheiten beim Kieler Landtag, 1994-2000 als stellvertretender Vorsitzender des Nordfriesischen Vereins und 1990-2000 als Vorsitzender der →*Söl'ring Foriining.*

Nordfriisk Instituut.

Jacobsohn, Siegfried * 28.1.1881 Berlin, † 3.12.1926 Berlin, Journalist, Publizist. Bereits vor dem Ersten Weltkrieg verbrachte Jacobsohn die Sommermonate bei einem Bauern in Kampen. Von hier aus leitete er seine Theaterzeitschrift *Schaubühne*, die er 1918 in *Weltbühne* umbenannte. Vom 30. Juli bis 7. August 1914 schrieb er ein Tagebuch, das ab dem 27. August in sechs Fortsetzungen in der *Schaubühne* erschien. Er beobachtete die Menschen in Kampen, dem „verwunschenen Dorf“, und die Badegäste in Westerland, der „abscheulichen Badestadt“, und machte sich Gedanken über den nahenden Krieg: „Bringt die begeistertsten Berliner hierher, und sie werden verstummen.“ 1920 kaufte Jacobsohn den 1745 erbauten Luerhof in Kampen. Soweit das Wetter es zuließ, verlegte er seine Arbeit an den Strand unterhalb des Roten Kliffs. Nur die technisch mangelhafte Ausrüstung seines Hauses verhinderte, dass sich der Publizist ganzjährig auf Sylt niederließ. 1921 erhielt er Besuch von Thomas →Mann. „Der alte Waterkantler hatte die Insel nicht gekannt und ist so erschlagen, daß er sofort entweder ein Friesenhaus oder Terrain kaufen will.“ Diese Begebenheit und vieles mehr ist dem regen Briefwechsel mit seinem Kollegen Kurt Tucholsky zu entnehmen.

Gert 1973, Jacobsohn 1989, Rost 1996, Wedemeyer 1992b.

Jaeger, Irmgard →Weißes Haus

Jagd Neben der →Landwirtschaft und der →Fischerei ernährten sich die Siedler auf Sylt

Das Ergebnis einer Fuchsjagd im Bereich des Rantumbeckens 1964
(Sylter Archiv)

auch von der Jagd auf →Wildtiere. Doch auch der dänische König Waldemar II. bekundete Interesse, insbesondere an den Sylter →Hasen, die er 1231 in seinem Erdbuch als landesherrliches Eigentum deklarierte. Als Sylt im 17. Jahrhundert einen reichen Bestand an Wildtieren aufwies, die Ausbeute des königlichen Amtsjägers aber nicht die Erwartungen erfüllte, wurde das Jagen unter Strafandrohung verboten. 1702 erging ein Befehl, wonach alle Hundebesitzer ihren Tieren entweder eine Pfote oder die ganze Klaue eines Vorderfußes abhauen mussten. Um 1800, so berichtete der Chronist C. P. →Hansen, galten Wildkaninchen wegen Überjagung als ausgestorben. Erst etwa 1908 siedelten sie Westerländer Jagdpächter erneut auf Sylt an. Mit dem Bau der →Vogelkoje Kampen begann 1767 die Jagd auf Wildenten, die einige wirtschaftliche Bedeutung für die Insel erlangte. 1959 wurden Rehe aus Dänemark auf Sylt ausgesetzt. Neben diesen werden heutzutage →Füchse, →Dachse und Fasane sowie Pfeif- und Stockenten, Schnepfen und Ringeltauben erlegt. Seit 1936 sind die Inseljäger im Hegering Sylt vereint. 2001 brachten sie 1 351 Wildtiere zur Strecke. Die beiden staatlich bestellten ehrenamtlichen →Seehundjäger dienen ausschließlich der Hege und Pflege des Robbenbestandes vor Sylt, vorwiegend der →Heuler. Getötet werden nur kranke oder sterbende Tiere.

Koehn 1974, Quedens 2000d, SLL Nr. 1 (1927), Voigt 1967.

Siegfried Jacobsohn

Jakobsstab →Navigation

Jansen, Jan * 21.8.1872 Keitum † 24.3.1956 Keitum, Kapitän. Jansen befuhr ab 1888 als Schiffsjunge, Schiffsoffizier und Steuermann und ab 1912 als Kapitän der Reederei Nord-

Jan Jansen
(Sylter Archiv)

deutscher Lloyd die Weltmeere. Im Ruhestand widmete er sich ab 1932 der Heimat und der sylterfriesischen Tradition. 1934-52 wirkte er als Vorsitzender der →*Söl'ring Foriining*, wurde ihr Ehrenvorsitzender sowie Ehrenmitglied des Nordfriesischen Vereins.

Sylter Archiv.

Jansen, Peter Andreas * 18.3.1813 Keitum, † 19.12.1881 Wenningstedt, Kapitän. Jansen stammte aus einem alten Sylter Seefahrergeschlecht. Sein Urgroßvater, Kapitän Manne Jens Eben (1705-1746), war mit einer Tochter des Walfangkommandeurs Lorens →Petersen de Hahn verheiratet. Jansen ging bereits vor seiner Konfirmation zur See. Bei der Reederei Degetau in Altona wurde er Kapitän. 1851/52 fuhr er für seinen Schwager, den Kapitän und Schiffseigner Jacob Jürgen →Teunis, die →Brigg *Manon* nach St. Thomas in der Karibik. Durch den Erwerb des Hamburger Bürgerbriefs war er auch befugt, die Schiffe der hanseatischen Reederei Eggers zu führen. 1852-59 befehligte er als Vorgänger seines Landsmanns Andreas A. →Klein die →Bark *Flying Dutchman* auf Fahrten nach Venezuela.

Quedens 1982, Schmidt-Rodenäs 1981.

Jawlensky, Andrej * 18.1.1902 Ansbacki/ Weißrussland, † 10.7.1984 Locarno/ Schweiz, Maler. Die Familie Jawlensky hielt sich 1924 zum Urlaub in Kampen auf. Vater Alexej malte abstrakte Köpfe, sein Sohn und Schüler Andrej drei Landschaftsbilder, darunter den „Leuchtturm auf Sylt", und das Porträt eines Sylter Mädchens. Das Haus der Familie Sörensen steht heute nicht mehr, doch gibt es noch eine von Andrej bemalte Tür.

Schulte-Wülwer 1996.

Andrej Jawlensky: „Leuchtturm auf Sylt" 1924, Malkarton, 23,6 x 32 cm, Privatsammlung (Museumsberg Flensburg)

Jenner, Andreas Ludwig **Otto** * 1828 Plön, † 20.6.1884 Gleschendorf bei Lübeck, Chirurg und Arzt in Westerland. Nach einem Medizinstudium in Kiel kam Jenner 1856 nach Sylt und wurde Landarzt. Ein Jahr später heiratete er die Keitumerin Anna Bleicken, Tochter des Kapitäns Jens →Bleicken und Enkelin von Jens →Booysen. 1860 wurde er einer von drei Direktoren bei der Gründung des „Allgemeinen Sylter Vereins". Seine Rivalität mit dem amtierenden →Landschaftsarzt Simon →Levin ist auf die deutsch-dänischen Auseinandersetzungen zurückzuführen. Jenner wurde von den Syltern unterstützt und hatte eine gut besuchte Privatpraxis. Im →deutsch-dänischen Krieg 1864 gehörte er zu den sieben Sylter Gefangenen, die von den Dänen als Aufrührer für rund sechs Wochen in Kopenhagen festgehalten wurden. Wegen der schlechten Schulverhältnisse verließ er mit seiner Familie 1870 die Insel und siedelte ins Ruhrgebiet und später in die Lübecker Gegend über. Jenner hatte bereits um 1859 vorgeschlagen, ohne Kleidung in der Brandung zu baden, um die therapeutische Wirkung des Wellenschlages auf der Haut zu erhöhen. 1884 setzte er in einem Lübecker Gerichtssaal seinem Leben ein Ende. Er war wegen eines schweren Sittenverbrechens schuldig gesprochen worden. – Sein Sohn Gustav →Jenner war der einzige Kompositionsschüler von Johannes Brahms.

Für den Lehrer C. P. →Hansen stellte A. L. O. Jenner 1859 „Einige Verhaltensregeln beim Gebrauch des Sylter Seebades" für dessen Handbuch für Badegäste zusammen und empfahl: „Unter allen Umständen bade man ohne Kleider. Ausgenommen sei eine Kappe für das Haar der Damen. Denn nicht nur hindern die Kleider, auch wenn sie noch so dünn sind, die Wirkung des Wellenschlages, sondern sie vereiteln gar leicht den Erfolg des ganzen Bades dadurch, dass sie den durch den Wellenschlag erwärmten Körper durch das Anschlagen im nassen Zustande beim Hinausgehen aus dem Wasser durchkälten."

C. P. Hansen 1859, LSHS 1885, Wedemeyer 1986 u. 1991a.

Jenner, Gustav Cornelius Uwe * 3.12.1865 Keitum, † 29.8.1920 Marburg, Musiker. Der Sohn des Badearztes A. L. O. →Jenner besuchte das Gymnasium in Kiel, als etwa zur gleichen Zeit Theodor →Storm und Klaus →Groth 1884 seine musikalische Begabung erkannten und ihm Unterstützung zukommen ließen. 1888-95 erhielt er in Wien große Hilfe von Johannes Brahms und wurde der einzige Kompositionsschüler des großen Musikers. Jenner erhielt eine Chorleiterstelle und schrieb in dieser Zeit seine ersten Lieder, darunter auch solche mit Texten von Storm und Groth. Auf Empfehlung von Brahms und Groth wurde er 1894 Universitätsmusikdirektor in Marburg und 1900 Professor. Seinem Lehrer widmete er 1905 sein einziges Buch „Johannes Brahms als Mensch, Lehrer und Künstler". Über die Sylter Landschaft schrieb er in einem Brief: „...dort, wo nichts anmutig oder lieblich, sondern alles von einer schauerlichen Öde oder einer erdrückenden Großartigkeit ist." Jenner komponierte neben Liedern, Chören, Klavierwerken und Kammermusik als einziges vollendetes größeres Werk seine „Serenade für Orchester". In der Sankt Severin-Kirche von Keitum wurden erstmals 1984 zwei seiner Choralvorspiele aufgeführt.

Krämer 1986b, Stadttheater Gießen 1999/2000, Wedemeyer 1986 u. 1991a.

Jensen, Christian * 28.1.1857 Marienkoog bei Dagebüll, † 29.2.1936 Schleswig, Lehrer, Heimatschriftsteller. Jensen – nicht zu verwechseln mit dem gleichnamigen Begründer der Breklumer Missionsanstalt – war an mehreren Orten als Lehrer tätig, auf Sylt 1878-86 in Keitum und Archsum, wo er eine Kapitänstochter heiratete. Der Sohn Christian Cornelius wurde Professor für klassische Philologie in Jena. Beeinflusst durch C. P. →Hansen, wandte sich Jensen der Heimatforschung zu. Von seinen Veröffentlichungen ist besonders wertvoll das umfassende Buch „Die Nordfriesischen Inseln Sylt, Föhr, Amrum und die Halligen vormals und jetzt" (Hamburg 1891; stark erweitert: Lübeck 1927). Jensen verwaltete auch die heimatkundliche Sammlung C. P. Hansens nach dessen Tod. Große Teile daraus nahm er mit nach Föhr und vererbte sie seiner Familie. Jensens Nachlass befindet sich zum überwiegenden Teil im *Nordfriisk Instituut* in Bredstedt.

Jensen 1891, 1900, 1914 u. 1917, Karstensen/Pingel 2001, Siercks 1917.

Jensen, Cornelius Boy * 29.9.1814 Westerland, † 12.12.1886 Riverside/Kalifornien, Kapitän, Kaufmann und Rancher. Jensen musste 1848 als Kapitän sein Schiff im Hafen von San Francisco aufgeben. Die folgenden Jahre verbrachte er als Kolonialwarenhändler für Goldgräber im Tal von Sacramento. Mit guten Bekannten gelangte Jensen nach Los Angeles und heiratete 1854 die 17-jährige Mercedes Alvarado. Erfolgreiche Geschäfte führten ihn schnell an die Spitze der politischen Verwaltung von San Bernardino County. Jensen interessierte sich auch für Land- und Viehwirtschaft. Zwischen 1856 und 1870 erwarb er Ländereien, baute ein festes Haus und vergrößerte ständig seine Ranch in Rubidoux. Nach altem Sylter Vorbild begann er mit dem Anbau von Gerste, Weizen und Kartoffeln. Dazu legte er Weinberge und Obstplantagen an. Er züchtete Rinder, Pferde und sehr erfolgreich Schafe. 1879 war der zehnfache Familienvater der wohlhabendste Mann im Kreis Riverside. In Erinnerung an die Pioniertaten der ersten Siedler wurde 1980 das „Jensen Ranch Historic Park Project" eingerichtet. Wohnhaus, Wirtschaftsgebäude und 40 Morgen Land zeigen sich wieder so, wie sie zu C. B. Jensens Zeiten aussahen.

Pflüger 1986.

Gustav Jenner (Sylter Archiv)

Cornelius Boy Jensen (Nordfriisk Instituut, Auswandererarchiv)

Jensen, Hans Boy →Handel

Jensen, Schwen Hans * 1.12.1795 Keitum, † 6.3.1855 Tinnum, Jurist, Politiker. Wie seine Vorväter fuhr Jensen zur See und erhielt 1818 sein Steuermannsexamen. Sein Freund Uwe Jens →Lornsen drängte ihn jedoch zum Studium, das er 1824 mit einem juristischen Examen abschloss. Er folgte Lornsen auch in die Schleswig-Holstein-Lauenburgische Kanzlei nach Kopenhagen, wo er 1830 dessen Nachfolger als Kontorchef wurde. Sein weiterer Berufsweg brachte ihn bis zum Kommittierten im Generalzollkammer- und Kommerzkollegium. In diesen Funktionen war Jensen vor allem für die Entwicklung eines neuen Schiffsvermessungsverfahrens sowie für das neue schleswig holsteinische Zollgesetz von 1838 verantwortlich.
Schon 1834 wurde er zum Bürgermeister von Kiel ernannt, wo er sich im liberalen Bürgersinn für eine soziale Handhabung des Steuerwesens, für die Beseitigung veralteter Kataster- und

Schwen Hans Jensen (Sylter Archiv)

Sportelsysteme (Amtsgebühren) sowie für die Straßenpflasterung einsetzte. Als Abgeordneter der holsteinischen Ständeversammlung trat er im Lornsenschen Sinne für die Offenlegung der staatlichen Finanzen und für die Vereinigung der schleswigschen und holsteinischen Stände ein. Auch setzte er den Bau der Eisenbahn von Altona nach Kiel durch.
1844 ließ sich Jensen als →Landvogt nach Sylt versetzen. Die gewünschte Ruhe fand ein Ende und sein Leben nach der →schleswig-holsteinischen Erhebung 1848 einen letzten Höhepunkt mit der Wahl zum Abgeordneten in die Landesversammlung. Gewählt von Kiel und nicht vom Amt Bredstedt, wo Jensen ebenfalls zur Wahl stand, übernahm er in der „Gemeinsamen Regierung" und der sich anschließenden „Statthalterschaft" das Amt des Finanzministers. Außerdem arbeitete er maßgeblich an einem Entwurf zu jener Verfassung mit, die Uwe Jens Lornsen 1830 gefordert hatte. Nach dem Berliner Waffenstillstand 1849 und dem Rückzug der Statthalterschaft von Schleswig nach Kiel trat Jensen als Minister zurück.
Seine letzten Jahre verlebte der Sylter Landvogt zurückgezogen in Tinnum unter zunehmender, oft schroffer Abweisung seiner Mitmenschen. Trotz schwerer Krankheit und nahezu völliger Erblindung schied er erst zehn Monate vor seinem Tode auf eigenen Wunsch aus seinem Amt aus.
Jensen blieb unverheiratet, hatte jedoch den unehelichen Sohn Wilhelm →Jensen aus einer Liaison mit der Seemannstochter Engel Dorothea Bahr aus Heiligenhafen, die wahrscheinlich bei ihm in Kiel in Stellung war.

Jensen 1998, SHBL 1.

Die Sylter Welle ist das Leitbild der fotografischen Arbeit von Hans Jessel. (Foto: Hans Jessel)

Jensen, Wilhelm * 15 2.1837 Heiligenhafen, † 24.11.1911 Thalkirchen bei München, Schriftsteller. Der uneheliche Sohn von Schwen Hans →Jensen wurde von seinem Vater juristisch anerkannt und finanziell versorgt. Es gab jedoch nie einen persönlichen Kontakt und auch kein Erbe für den zu seiner Zeit viel gelesenen Dichter und Schriftsteller.

Jensen 1882 u. 1894.

Jessel, Hans * 22.1.1956 Westerland, Geograph, Fotograf, Schriftsteller. Der Sohn von Uwe →Jessel arbeitete als Zivildienstleistender bei der Hörnumer Schutzstation Wattenmeer. Zu seinen Aufgaben gehörten u. a. Dia-Vorträge. Dabei stellte er fest, dass das Bildarchiv unzureichend ausgestattet war. Die Lücken füllte er selbst. Der renommierte Sylter Fotograf veröffentlichte mehrere Bücher. 1996 gab er „Das große Sylt-Buch" heraus.

Hans Jessel 1989, 1990a/b u. 1996.

Jessel, Hans Werner * 15.9.1887 Dannenberg/Elbe, † 2.3.1973 Westerland, Lehrer. Jessel kam 1925 als Lehrer an die Mittelschule in Westerland. Da er Mitglied der →Freimaurerloge war, wurde er nach 1933 durch die Nationalsozialisten aus allen öffentlichen Ämtern ausgeschlossen. In der Gemeinschaft der Bekennenden Kirche fand er im engeren Kreis um den Westerländer Pastor Reinhard →Wester

Rückhalt in seiner Abneigung gegen Hitler. 1946 half Jessel beim Wiederaufbau der Westerländer Volksschule und übernahm die Leitung der Mittelschule. Mit anderen baute er die Kreisberufsschule auf und gründete eine Volkshochschule. Nach seiner Pensionierung 1952 widmete sich Jessel u. a. der Fortschreibung der Westerländer Stadtchronik und veröffentlichte ein Buch über →Fliesen. Seine Söhne Hubertus →Jessel und Uwe →Jessel wurden auf der Insel vielseitig tätig.

Bender 1976, Hans Werner Jessel 1963, Hubertus Jessel 1989.

Hans Werner Jessel (Sylter Archiv)

Jessel, Hubertus * 13.1.1915 Altona, Lehrer und Heimatforscher. Durch die Versetzung seines Vaters Hans Werner →Jessel an die Westerländer Mittelschule kam Hubertus 1925 nach Sylt. Dem Abitur in Niebüll folgte eine Schriftsetzerlehre und die Lehrerausbildung in Frankfurt/Oder. Ab Herbst 1945 unterrichtete er die einklassige Volksschule in Archsum. 1951 wechselte er an die Realschule Westerland, wo er zuletzt die Stelle des Konrektors besetzte. Jessel veröffentlichte zahlreiche Beiträge zu Sylt und gab sein Wissen auch an der →Volkshochschule und in →Klappholttal weiter. Angeregt durch seinen Bruder Uwe →Jessel, beschäftigte er sich ausführlich mit dem Sylter Klima. 1981 erhielt er den →C.-P.-Hansen-Preis.

Hubertus Jessel 1969 ff., Reinhardt 2001.

Jessel, Uwe * 11.11.1916 Altona, † 31.12. 1979 Westerland, Arzt und Professor. Jessel kam mit der Versetzung seines Vaters, des Mittelschullehrers Hans Werner →Jessel, 1925 nach Sylt. Als Assistent und Kollege von Heinrich →Pfleiderer, dem Nestor der Meeresheilkunde, arbeitete er ab 1939 am →Institut für Pathophysiologie und medizinische Klimatologie in Westerland. Die hier untersuchten therapeutischen Wirkungen des Meeresküstenklimas finden heute in der Medizin als →Thalassotherapie allgemeine Anerkennung. Viele der dazu benötigten Apparate entwickelte Jessel selbst, darunter den „Frigorigraph", eine Kugel, die auf Wind, Regen und Sonne ähnlich reagiert wie die menschliche Haut. Sein Sohn Hans →Jessel ist ein angesehener Fotograf und Reiseschriftsteller.

Hubertus Jessel 1996c, Uwe Jessel 1970, Pabst 2000.

Jessen, Carl Ludwig * 22.2.1833 Deezbüll, † 4.1.1917 Deezbüll, Maler. Nach einer Tischlerlehre half Jessen seinem Bruder Christian als Stubenmaler auf den nordfriesischen Marschhöfen. 1879 gehörte er zu den Gründungs- und Vorstandsmitgliedern des Nordfriesischen Vereins in Niebüll-Deezbüll. In dieser Zeit entwickelte er eine erst später anerkannte, unverwechselbare künstlerische Darstellung des nordfriesischen Volkslebens. Ab 1875 besuchte der „Friesenmaler" auch die Insel Sylt. Es entstanden Ölgemälde wie „Dünenlandschaft" oder „Düne auf Sylt", das sich im Nordfriesischen Museum Nissenhaus in Husum befindet.

Feddersen 1984, Schulte-Wülwer 1989, SHL 1983, Steensen 1986.

Carl Ludwig Jessen: „Düne auf Sylt", 1870er Jahre, Öl auf Leinwand, 12 x 20 cm, Nordfriesisches Museum Husum

Jessen, Carl * 28.11.1882, † vermutlich 3.5. 1945, Hotelier. Jessen, Mitglied der SPD in Westerland, wurde nach dem Attentat auf Hitler vom 20. Juli 1944 als Gegner des →Nationalsozialismus verhaftet und im KZ Neuengamme eingesperrt. Die Umstände seines Todes sind ungeklärt. Vielleicht kam er bei den englischen Luftangriffen auf die in der Neustädter Bucht liegenden Schiffe mit Gefangenen ums Leben.

An Jessens Verhaftung erinnert sich Willi Witte (1928), Westerland: „Im August 1944, nach dem Attentat auf Hitler, ging eine Verhaftungswelle durch Deutschland. Ich arbeitete gerade bei unserem Altgesellen Carl Jessen. Im Zivilberuf Hotelier und Stadtvertreter war er im Kriege zur Sylter Inselbahn als Schlosser dienstverpflichtet worden. Carl Jessen war für seine Arbeitskollegen und auch Meister nicht immer ein leichter Brocken. Er nahm auch kein Blatt vor den Mund, wenn es um Politik ging. Er war ein alter Sozialdemokrat. Als Handwerker im Betrieb war er überdurchschnittlich tüchtig und wurde auch so respektiert. Für einen Lehrling war es schon fast wie eine Auszeichnung, bei ihm arbeiten zu dürfen. Eines Tages, im August 1944, kamen zwei Hilfspolizisten an unser Werkstatttor und traten auf Carl Jessen zu. Es waren zwei hiesige Leute, die als Hilfspolizisten eingezogen worden waren. Der eine,*

Uwe Jessel (Sylter Archiv)

Wilhelm Jessen
(Sylter Archiv)

Erich Johannsen
(Nordfriisk Instituut,
Thomas Steensen)

Kaufmann Kr., sagte zu Carl Jessen auf Plattdeutsch: ‚Ich soll dich abholen.' Carl Jessen, wie es so seine Art war, sagte nur kurz: ‚Jo.' Dann sagte der Hilfspolizist Kr. auf Platt: ‚Ich darf das ja nicht sagen, aber willst du noch mal nach Hause und eine Jacke überziehen?' Carl Jessen sagte kurz: ‚Nein.' Und ging dann in voller Arbeitskleidung mit den beiden über die Schienen in Richtung Rathaus.“

Nordfriisk Instituut.

Jessen, Wilhelm * 22.3.1879 Großsoltholz, † 29.8.1949 Westerland, Lehrer, Heimatforscher. Neben seinem Lehrerberuf, den Jessen ab 1914 an der Mittelschule in Westerland ausübte, widmete er sich der Inselgeschichte. Er förderte das Archivwesen auf der Insel, gründete 1929 ein erstes Inselarchiv in Keitum und leitete viele Jahre das →Sylter Archiv. Er belebte die Forschung über Uwe Jens →Lornsen und beschäftigte sich intensiv mit der Geschichte Rantums.

Jessen 1925 u. 1967, SHBL 1.

Johannsen, Albert * 21.3.1890 Husum, † 23.1.1975 Husum, Maler. Der Porträt- und Landschaftsmaler besuchte die Kunstakademien in Weimar, Dresden und Kassel. Neben Porträts und Landschaften, vor allem der nordfriesischen Küste und der Halligen, zeichnete er viele Innenansichten, z. B. von Kirchen. Seit 1910 hielt sich Johannsen mehrfach auf Sylt auf. Hier entstanden die Ölbilder „Malerin auf der Düne“ und „Blidselbucht“, die beide dem Nordfriesischen Museum Nissenhaus in Husum gehören.

Feddersen 1984, Schulte-Wülwer 1989, SHL 1983.

Albert Johannsen: „Wanderdüne List“, Öl/Hartfaser, 50 x 65 cm, Nordfriesisches Museum Husum

Erich Johannsen:

Min ual Düürdrumpel

Me Fet uurst dü trapet en ek fuul reekent,
Best bluat en Stek Holt, em gair aur di hen.
Man wat aur di henging, dit staant forteekent
Diip iin ön min Taachten, wat jer jens es sken.

Meine alte Türschwelle

Mit Füßen wirst du getreten
und nicht viel geachtet,
Bist nur ein Stück Holz,
man geht über dich hinweg.
Doch was über dich hinwegging,
das steht verzeichnet
Tief in meinen Gedanken,
was früher einmal ist geschehen.

Johannsen, Erich * 27.2.1862 Keitum, † 25.8.1938 Keitum, Tischler, friesischer Dichter. Schon während der Tischlerlehre in Tondern entdeckte Johannsen seine Liebe zum Theaterspiel. Mit 23 Jahren verfasste er sein erstes Stück, noch in hochdeutscher Sprache. Der Sprachwissenschaftler Theodor →Siebs gab 1898 in Greifswald zwei friesische Lustspiele aus Johannsens Feder heraus und versah sie mit Übersetzung, Erläuterungen und Wörterverzeichnis. Insgesamt schrieb Johannsen etwa 30 Theaterstücke, die zum Teil häufig aufgeführt wurden und bei den Syltern sehr beliebt waren. Am bekanntesten wurde sein Lustspiel *„Di Friier fan Muasem“* (Der Freier von Morsum). In jedem Bühnenstück wirkte er aktiv mit. Sehr beliebt waren die eingestreuten Lieder. Außerdem verfasste er etwa 400 Reimdichtungen, zumeist heiteren Inhalts, ebenfalls weit überwiegend in friesischer Sprache. Die meisten Stücke und Gedichte blieben ungedruckt. Sie werden größtenteils im Keitumer Heimatmuseum verwahrt. Johannsen lebte in beengten wirtschaftlichen Verhältnissen. Seine erste Frau und sein ältester Sohn starben früh. Lange Zeit galt er als der Sylter Heimatdichter schlechthin. In seinem Geburtshaus im Erich-Johannsen-Wai am westlichen Ortseingang von Keitum befindet sich heute eine Pizzeria.

Århammar 1967, Johannsen 1903, Nordfriisk Instituut, Steller 1953.

Johler, Hans * 3.7.1882 Hamburg, † 5.9. 1943 Hamburg, Pastor. Johler studierte Theologie, wurde 1913 zum Pastor ordiniert und im selben Jahr in Morsum als Pastor eingeführt. Er fühlte sich auch als Seelsorger für die etwa 1 500 Arbeiter zuständig, die 1923-27 den →Hindenburgdamm erbauten. Johler befürwortete den Damm und sah darin eine Entwicklungschance für die Insel. Einige Morsumer nahmen ihm seinen Einsatz für die Fremden übel. Beim Landeskirchenamt erreichten sie Johlers Absetzung. Er wurde 1927 vorzeitig pensioniert, zog mit seiner Familie nach Hamburg, promovierte und arbeitete als angestellter Geistlicher. In ihrem Roman „Dammbau" setzte Margarete →Boie dem Morsumer Pastor ein literarisches Denkmal. Die Taufe von Johlers Tochter Karin am 26. April 1925 fiel mit der Wahl Paul von →Hindenburgs zum Reichspräsidenten zusammen. So lautete der Trinkspruch des Pastors: „Für den Reichspräsidenten wie für meine Familie ist heute ein bedeutsamer Tag. Eine Patenschaft zwischen seiner Exzellenz und meiner kleinen Karin würde diesen Tag wohl krönen". Als Hindenburg zwei Jahre später durch Morsum fuhr, durfte Töchterchen Karin dem Reichspräsidenten auf dem Bahnhof einen Blumenstrauß überreichen. Mit der Erlaubnis hierzu war aus Berlin auch die förmliche Patenschaftsurkunde eingetroffen.

In sein persönliches Exemplar des Romans „Dammbau" trug Hans Johler 1930 ein: „Das Böse ist immer agressiv gegen mich, und sein Anblick verletzt mein Empfinden. Aber mein Verletztsein überwinde ich, um zu heilen in der Freiheit von mir selbst. Doch wo man den Lügen glaubt, die mich anschwärzen, glaubt ohne zu prüfen, da triumphiert eben so lange die vorübergehende Finsternis. Und so lange wir noch einen Kraftaufwand brauchen, um eine Beleidigung zu überwinden, sind wir noch nicht recht lebendig und ganz gesund. Sei leidensfest und bleib unbeirrt durch Trübsal irgendwo in der Heimat im Aufbau. Der Damm steht!"

Nordfriisk Instituut, Sylter Archiv.

Hans Johler
(Ekkehard Lauritzen)

Jöljarm Sylterfriesischer Flur- und Straßenname in Archsum. Die Bedeutung ist unsicher. *Jöl-jerem* heißt „Feuerarm".

Möller 1916.

Jöölboom ist die sylterfriesische Bezeichnung für den →Sylter Weihnachtsbaum.

Jordsand (dänisch: *Hjortesand* = Hirschsand) 1696 gab es noch zwei Bauernstellen auf der kleinen, zwischen List und dem Festland gelegenen einzigen Hallig Dänemarks. Sie kam 1920 nach der Volksabstimmung zum Königreich. 1907 stand sie Pate bei der Gründung des Vereins Jordsand zum Schutze der Seevögel und der Natur. Der Verein sorgte umgehend dafür, dass die Hallig als Vogelschutzgebiet ausgewiesen wurde. 1913 zählte man hier rund 1 800 Vogelnester mit etwa 3 800 Jungen, hauptsächlich Küstenseeschwalben, aber auch seltene Vogelarten. 1905 soll auch Rotwild auf Jordsand beobachtet worden sein. Da die Hallig nicht durch Küstenschutzmaßnahmen gesichert wurde, unterlag sie ständiger Erosion durch den Meereseinfluss. Heute ist nur noch eine höhere →Sandbank übrig.

Quedens 2000b, Rinken 1992, Uhd Jepsen 1977.

Josiassen, Jan Sybrand →Boysen, Meinert

Jückersmarsch bzw. Jüggersmarsch *(Jükersmērsk)* heißt ein Landstrich zwischen Keitum und Munkmarsch an der Ostküste Sylts.

Möller 1916.

Jüdeelhooger Die →Grabhügel aus der Bronzezeit liegen in einem gleichnamigen Dünental *(Jüdeel)* bei Kampen.

Möller 1916.

Juden gab es auf Sylt nur in sehr geringer Zahl. Um 1925 wurden lediglich sieben Menschen mosaischen Glaubens mit festem Wohnsitz auf der Insel gezählt. Bereits in der Zeit des Kaiserreichs suchten viele jüdische Kurgäste Erholung auf der Insel. Allein schon aus wirtschaftlicher Vernunft begegnete man diesem Personenkreis aufgeschlossen. In Wenningstedt allerdings inserierten 1914 das Hotel →Friesenhof und drei Privatpensionen: „Nichtchristliche Gäste verbeten!" Ein Westerländer Hotel betonte 1908, dass dort christlichen Gästen „ein gewisser Verkehr" erspart bleibe. Manche Juden betrieben auf der Insel Saisongeschäfte. In der Westerländer Strandstraße siedelte sich der Kunstmaler Sally Katzenstein, der später den Künstlernamen Franz →Korwan führte, mit seinem Atelier an. Er war befreundet mit Julius und Elsa Saenger, einem Hamburger Unternehmer-Ehe-

Elsa Saenger
(1878-1944)
(Sylter Archiv)

paar. Julius Saenger wurde 1929 nach jüdischem Ritus auf dem Keitumer Friedhof beigesetzt. Nach dem Ersten Weltkrieg kamen jüdische – und nichtjüdische – Künstler auf die Insel, die z. T. später hier Zuflucht suchten.
Nach der NS-Machtübernahme 1933 wurde auch auf Sylt antisemitische Hetze betrieben. Im August 1933 empörte sich die Inselpresse über einen Juden, der Kontakt mit einem „deutschen christlichen Mädchen" aufgenommen habe. Ernst Wiedermann, Sohn des Besitzers von „Wiedermanns Wiener Kaffeegarten" in Westerland, war begeisterter Nationalsozialist und wurde SA-Führer. Nach der nationalsozialistischen Machtübernahme stellte sich allerdings heraus, dass er als Enkel eines Juden nicht „rasserein" war. Er musste die Partei verlassen. Die aus jüdischem Elternhaus stammende Malerin Anita →Rée nahm sich vereinsamt 1933 in Kampen das Leben. Westerland erließ schon im März 1934 ein Aufenthaltsverbot für Juden, wenn es auch häufig umgangen wurde. Die anderen Sylter Kurorte folgten im August 1938. Kurz zuvor wurden drei Westerländer Saisongeschäfte boykottiert; „Jude" hatte man auf das Straßenpflaster davor geschrieben. Ihren Höhepunkt erreichten die Ausschreitungen in dem Pogrom am 9./10. November 1938. Juden gehörende Geschäfte und Pensionshäuser wurden demoliert. Die Inselpresse gab der Hoffnung Ausdruck, „von den Parasiten auf der Nordseeinsel künftig verschont zu bleiben". Zwangsweise ging das Eigentum an „Arier" über. Kurz nach der „Kristallnacht" versuchten Braunhemden den →Klenderhof in Kampen niederzubrennen, was jedoch verhindert werden konnte.
Zu den Menschen, die als „Nichtarier" verfolgt und ermordet wurden, zählte auf Sylt die „Halbjüdin" Johanna Herold geb. Eichenwald. Sie wurde im Juni 1943 im Konzentrationslager Auschwitz ermordet. Minna Petersen geb. Hartz überlebte das Konzentrationslager Theresienstadt und kehrte nach Westerland zurück. Wohl zwischen 12 und 20 Menschen jüdischen Glaubens oder mit jüdischer Herkunft überlebten die NS-Zeit auf Sylt, darunter Karl →Levy in Rantum und Ilona Helene Scharff in Kampen, Ehefrau des „entarteten" Künstlers Edwin →Scharff. In der Westerländer Friedrichstraße wurde der als „Mischling 1. Grades" geltende Bauingenieur Hans J. Hofmann versteckt. Bei ihrer Nichte in List fand von Juni 1942 bis Kriegsende Berta Gorszka, Jüdin aus Hamburg, Unterschlupf. Offenbar führte die relativ festgefügte Lebensgemeinschaft in einigen Inselorten dazu, dass hier Schutz und Unterstützung gewährt wurden.

Juden waren ab 1938 auf Sylt nicht mehr erwünscht; auf dem Bild der Strand bei Wenningstedt mit Hakenkreuzen. (Sylter Archiv)

Paul/Gillis-Carlebach 1998, Pingel/Steensen 1998 u. 2001, Pleines, Simon 1980, Steensen 1988, Voigt 1977, Wedemeyer 1983 u. 2001.

Jugendaufbauwerk (JAW) Die Einrichtung zur Ausbildung behinderter Jugendlicher befindet sich seit 1951 in einem ehemaligen Kasernengebäude in Hörnum. Als Aufnahmevoraussetzungen gelten neben einer Behinderung solche Erkrankungen der Haut oder der Atemwege, die auf Sylt besonders gut verheilen. Die rund 30 Fachkräfte aus den Bereichen Psychologie, Medizin, Pädagogik, Wirtschaft und Verwaltung betreuten bislang etwa 2 500 Jugendliche. 60 bis 70 Prozent von ihnen konnte ein beruflicher Ausbildungsplatz vermittelt werden. Neben einer allgemeinen Fortbildung werden chronische Erkrankungen behandelt und medizinische Grundlagen erörtert, die dem Kranken ein Verständnis für seinen Körper geben und ihn aus seiner gesellschaftlichen Randlage herausholen sollen.

Nordfriisk Instituut, Zielinski 2000.

Jugendheime →Kinder- und Jugendheime

Jugendherbergen Im Norden Sylts befindet sich seit 1948 die Jugendherberge „List-Mövenberg" mit 399 Betten, im Süden der Insel die Jugendherberge am Hörnumer Friesenplatz mit 169 Schlafstellen. Die Unterkünfte liegen in Backsteingebäuden, die 1934 als Wehrmachtskasernen erbaut und nach dem Krieg zunächst als Flüchtlingsunterkünfte und vorübergehend auch als Fabrik für keramische Produkte genutzt wurden. Mövenberg ist die zweitgrößte Landjugendherberge Deutschlands und zählt rund 50 000 Übernachtungen pro Jahr. In Hörnum werden rund 35 000 jährliche Übernachtungen registriert.

Höfer 1996, Syltbild Stöver 1992.

Jugendherberge „List-Mövenberg" in den 1950er Jahren (Sylter Archiv)

Jugendseeheim Kassel Die Holzbaracken des 1939 errichteten Militärlagers „Skagerrak" gegenüber der Vogelkoje Kampen bildeten 1945 zunächst eine Notunterkunft für viele →Flüchtlinge des Zweiten Weltkriegs. 1952 pachtete der Landkreis Kassel das 23 Hektar große Areal. 1956 beschloss der Kreistag unter Führung des Landrats Josef Köcher und seiner Devise „Erst der liebe Gott, dann Kampen", die neun Gebäude für 70 000 Mark zu kaufen und natur- und landschaftsgerecht durch massive Klinkerbauten zu ersetzen. Seitdem verbringen in dem Heim des Landkreises und der Stadt Kassel in rund 380 Betten und bis zu 160 Zelten jährlich etwa 6 000 Menschen ihre Ferien. Die Plastik „Wildgänse" vor dem Haus stammt von dem Kasseler Künstler Rolf Weber (1907-1985).

Spreckelsen 1996, Sylter Archiv.

Jungnamensand Die große, auch bei Hochwasser häufig aus dem Meer herausragende →Sandbank westlich von Amrum ist ein im Sommer und Winter beliebter Aufenthaltsort für →Kegelrobben und →Seehunde. Sie gehört zur Schutzzone I des →Nationalparks Schleswig-Holsteinisches Wattenmeer und darf nicht betreten werden. Ausflugsschiffe müssen einen Mindestabstand von 200 Metern einhalten, um die Tiere nicht zu stören.

Jungsteinzeit (Neolithikum, 4000 bis 1700 v. Chr.) Im 4. Jahrtausend v. Chr. schlugen auf Sylt Siedler mit geschliffenen Feuersteinbeilen Rodungsinseln in den Wald und wurden als Bauern sesshaft. Durch Ackerbau und Viehhaltung wurde die alte Naturlandschaft allmählich in eine Kulturlandschaft umgewandelt. Aus der jüngeren Steinzeit stammen die 47 bekannt gewordenen Megalithgräber unter →Grabhügeln, darunter der →Denghoog. Über die Lebensweise der jungsteinzeitlichen Bevölkerung ist im Einzelnen wenig bekannt. Die Siedler betrieben Ackerbau und Viehzucht und lebten von der Jagd und vom Fischfang. Neue Forschungen zeigen, dass ihre Spezialisierung bei der Geräteherstellung und Rohstoffgewinnung wohl größer war als bisher angenommen. Man fand geschickt zugeschlagene und geschliffene Flintbeile, Feuersteinmeißel und -dolche. Spätestens während der ersten Hälfte des 2. Jahrtausends v. Chr. hatte der Meeresspiegelanstieg die heutige Marsch erreicht und engte die Siedel- und Wirtschaftsflächen der Bauern erheblich ein.

Harck/Kossack/Reichstein 1992, Kersten/La Baume 1958, Reichstein 1996 u. 2000.

Jürgensen, Julius * 1896 Flensburg, † 1957 Berlin, Arbeiter, kommunistischer Stadtverordneter in Westerland. Jürgensen stammte aus einer mittellosen und kinderreichen Familie in Flensburg und war während der Weimarer Republik der wichtigste Mann der Kommunistischen Partei auf Sylt, die hier zeitweise über 100 Mitglieder und 400 Stimmen gewann. 1929 gelangte er als erstes KPD-Mitglied in die Westerländer Stadtvertretung. Zusammen mit zehn Sylter Kommunisten wurde er nach der NS-Machtübernahme verhaftet, ebenso seine Ehefrau. Man ließ die Eltern im Ungewissen darüber, wo und wie die beiden Kinder in dieser Zeit untergebracht waren. Nach etwa einjähriger Haft emigrierte Jürgensen nach Dänemark und kämpfte u. a. im Spanischen Bürgerkrieg. 1943 wurde er in Frankreich verhaftet. Im KZ Buchenwald wirkte er in der illegalen Lagerleitung mit. 1946/47 gehörte er für die KPD dem 1. und 2. Ernannten Landtag Schleswig-Holsteins an und siedelte nach dem Verbot der Partei in die DDR über.

Pusch 1997, Steensen 1996a.

Jürgensen, Sönk Thomas * 1833 Keitum, † 1895 Keitum, Kapitän. 1861-68 war Jürgensen als Nachfolger seiner Landsleute P. A. →Jansen und A. A. →Klein Kapitän auf der →Bark *Flying Dutchman* der Hamburger Reederei Eggers. 1874 wechselte er zusammen mit seiner Frau im Auftrag der Kosmos-Linie als Lotse zur Magellan-Straße nach Südamerika. Später war er Hafenmeister in Punta Arenas/Chile und Führer eines chilenischen Kriegsschiffes. Nur drei Wochen nach seiner Rückkehr nach Sylt starb er.

Quedens 1982.

Jüten sind ein dänischer Volksstamm, der auf der Halbinsel Jütland ansässig ist. Vor allem in der Epoche der →Seefahrt kamen viele Jüten nach Sylt und fanden hier als Tagelöhner, Fuhrleute und Handwerker Arbeit. Zum einen führte die lange Abwesenheit der Sylter Männer zu einem Mangel an Arbeitskräften auf der Insel, zum anderen waren gewisse Tätigkeiten, wie etwa C. P. →Hansen berichtete, bei den heimgekommenen Seeleuten äußerst unbeliebt.

Hansen 1877.

Jydske Lov →Recht

Kaamp Hüs 1956 baute Kampen sein „Haus des Kurgastes". Das *Kaamp Hüs* nahm auch die Gemeindeverwaltung und das Kurdirektorium auf. 1987 wurde ein Um- und Erweiterungsbau in Auftrag gegeben. Er verteuerte sich enorm, Architekt und Bauherr überzogen sich mit gegenseitigen Schuldzuweisungen. Den gerichtlichen Streit gewann die Gemeinde Kampen.

Nordfriisk Instituut.

Kaartel →Trachten

Kaatje Das Rettungsboot war in den 1930er Jahren in Hörnum stationiert. Zu Ehren der →Seenotrettung steht es heute beim Westerländer →Kurzentrum.

Kaffee →Tee

Boy Kaiser (Sylter Archiv)

Kaiser, Boy * 7.2.1902 Morsum, † 11.11. 1990 Rantum, Lehrer, Kommunalpolitiker. Sein Vater Boy Friedrich betrieb die Poststelle in Morsum und baute 1883 ein Haus, das später von seiner Urenkelin als Gaststätte „Morsumer Kayser" geführt wurde. Von 1924 bis zur Pensionierung 1967 war Kaiser Lehrer an der kleinen Schule in Rantum. Seit 1929 gehörte er der Rantumer Gemeindevertretung an und war 1959-74 Bürgermeister. Er setzte sich für den Naturschutz und die Bewahrung des Ortsbildes ein. Den Bau von Hochhäusern in Westerland hielt er für verfehlt. 1977 erhielt er das Bundesverdienstkreuz.

Nordfriisk Instituut, G. Petersen 1984.

Kaiserreich Die knapp 50 Jahre des deutschen Kaiserreichs 1871-1918 brachten der Insel Sylt den Eintritt in die „neue Zeit". Das Leben der Menschen veränderte sich aufgrund technischer Entwicklungen in vielfacher Hinsicht. Insbesondere der →Fremdenverkehr, der 1855 begonnen hatte, hielt Einzug auf der Insel. Westerland entwickelte sich zu einem mondänen Seebad; die Zahl der Häuser vervierfachte sich nahezu im Zeitraum 1870 bis 1910. Große Hotels entstanden, deren Namen den politischen Zeitgeist widerspiegeln wie z. B. „Germania", „Reichshof", „Hohenzollern", „Victoria" oder „Zum Deutschen Kaiser". Althergebrachtes, etwa die friesische Bauweise, wurde insbesondere

Wohl jede größere Stadt, so auch Westerland, hatte ihr Hotel „Deutscher Kaiser"; links daneben das 1898 gebaute Rathaus. (Sylter Archiv)

in Westerland und Wenningstedt an den Rand gedrängt. Bedroht erschien vor allem die →friesische Sprache. Im Jahre 1900 wurde deshalb die →*Foriining fuar Söl'ring Spraak en Wiis* gegründet. Bei den →Wahlen gaben die liberalen Parteien den Ton an. Spätestens 1905 bestand ein Ortsverein der Sozialdemokratischen Partei in Westerland, nachdem hier 1896 ein Arbeiter-Lese-und-Diskutier-Klub gegründet worden war. Auch auf Sylt wurde vielfach der für das Kaiserreich bezeichnende „Hurra-Patriotismus" geübt. Es gründeten sich mehrere „patriotische" und „vaterländische" Vereine. In ihnen herrschte zu Beginn des →Ersten Weltkriegs Aufbruchstimmung. Bald trafen die

Das Quermarkenfeuer ist ein Wahrzeichen von Kampen. (Foto: Volker Frenzel)

ersten Meldungen über gefallene Sylter ein.
Steensen 1996a/b, Wedemeyer/Voigt 1980.

Kamp, Jürgen Peter * 28.3.1867 Kampen, † 10.1.1968 Kampen, Landwirt. Als Landwirt galt Kamps besondere Liebe der Pferdezucht, als Gemeindevertreter und stellvertretender Bürgermeister von Kampen erwarb er sich große Verdienste bei der Schaffung einer Ortssatzung, die maßgeblichen Einfluss auf die Erhaltung eines harmonischen Ortsbildes haben sollte. 1956 erhielt er die Ehrenbürgerwürde von Kampen. Gleichzeitig wurde die erste Straße des Ortes, die einen Namen erhielt, Jürgen-Kamp-Wai genannt.
Gemeinde Kampen 1994, Nordfriisk Instituut.

Kamp, Tyge Jensen →Weißes Haus

Kampen *(Kaamp* = abgesteckte Feldflur) Die Gemeinde Kampen im →Amt Landschaft Sylt liegt auf der hohen →Geest, rund 27 Meter über →Normal Null, etwa sechs Kilometer nördlich von Westerland. Auf einer Fläche von 869 Hektar leben 660 Einwohner (2001). Hinzu kommt fast die doppelte Anzahl an Zweithausbesitzern, ein Verhältnis, das nirgendwo sonst in Nordfriesland überboten wird.
1543 wurde Kampen erstmals urkundlich erwähnt. 1745 zählte man 21 Häuser mit 102 Einwohnern. Darunter befanden sich nur 22 Männer. Die Gefahren der →Seefahrt hatten die männliche Bevölkerung dezimiert. 1762 erhielt der Ort eine Schule, fünf Jahre später wurde die →Vogelkoje angelegt. Eines der ältesten Gebäude ist das →Weiße Haus von 1763. Die ersten Badegäste kamen 1856, doch erst zwanzig Jahre später stellten die Brüder Bleicken auch am Kampener Strand →Badekarren auf. Bleicke M. Bleicken errichtete darüber hinaus den Gasthof „Zum Rothen Kliff", der bis heute Zentrum des Dorfes geblieben ist. Es folgten heftige juristische Auseinandersetzungen mit dem →Seebad Westerland, das die Kampener Konkurrenz fürchtete. Mit dem Bau des Kurhaus-Hotels durch Hermann Gustav →Haberhauffe im Jahre 1894 war schließlich die Entwicklung des kleinen Ortes nicht mehr aufzuhalten. „Prominente" Häuser in Kampen wurden →Kliffende, der →Klenderhof oder →Uhlenkamp. Hier bildete sich zu Beginn des 20. Jahrhunderts unter dem Einfluss des Kunstschriftstellers Ferdinand →Avenarius ein Künstlerzentrum heraus, und es „tummelt sich" hier „die komischste Gesellschaft, die Sie sich denken können, nur Menschen von Interessen, die zu dieser Landschaft in Beziehung stehen Musiker, Schriftsteller, überhaupt Künstler", wie Hermann von →Wedderkop 1927 in seinem Roman „Adieu Berlin" die Szenerie beschrieb. 1908 erbaute die Bäderverwaltung auf der Heide einen pompösen Musik- und Teepavillon.

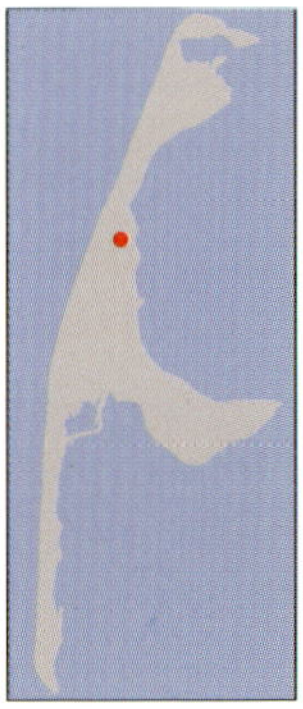

Kampen

Wappen von Kampen

Der achteckige, zweigeschossige Holzbau erwies sich wegen der störenden Windeinwirkung im offenen Wandelgang als Fehlkonstruktion und wurde 1922 wieder abgerissen. Ein Jahr später verzeichneten die Kampener Kurlisten 1 213 Badegäste. 1924 bekam Kampen ein eigenes Elektrizitätswerk. 1927 löste sich der Ort aus dem Verbund der →Norddörfer und wurde eine selbstständige Landgemeinde. Eine rege Bautätigkeit setzte ein; 1928 standen bereits 677 Betten in 40 Häusern für den Fremdenverkehr zur Verfügung. 1930 besuchten 3 848 Gäste das Nordseebad. Während des Dritten Reichs wurde Kampen eine Art „Prominentenasyl", in dem einige Verfolgte des Nazi-Regimes Unterschlupf fanden, darunter auch →Juden. Nach dem Zweiten Weltkrieg stießen zu den 370 Kampenern knapp 2 000 →Flüchtlinge, die in Notunterkünften und ehemaligen →Bunkern untergebracht wurden. Heute befinden sich an ihrer Stelle die „Gewoba-Siedlung", der Campingplatz und die Wohnanlage „Dorf-Aue". Aus einer ehemaligen Flakstellung schuf der Bildhauer Günter →Rieck die →Kupferkanne, aus den Baracken des Lagers „Skagerrak" wurde das →Jugendseeheim Kassel. 1956 entstand das →*Kaamp Hüs* als „Haus des Kurgastes" sowie Sitz von Gemeinde- und Kurverwaltung, 1961 die Kunsthalle und 1968 die bislang letzte Version einer →Sturmhaube am nahen Kliff. Vor allem in den 1960er und 70er Jahren übte Kampen eine hohe Anziehungskraft auf Künstler, Politiker, Wirtschaftsmagnaten und Lebemenschen aus sowie auf jene, die ihnen gerne nahe kommen wollten. Doch trotz vieler Neubauten weist Kampen auch heute noch ein recht harmonisches Ortsbild auf, denn ein Statut von 1913 schreibt den traditionellen „Friesenhausstil" mit Rotstein und Reetdach vor. Die Häuser dürfen maximal acht Meter hoch sein und müssen einen Minimalabstand von 24 Metern haben, um den Charakter einer Streusiedlung zu erhalten. 1971 erhielt Kampen das Prädikat „Nordseebad" und 1979 ein eigenes Wappen: eine stilisierte Stranddistel auf blauem Grund. Rund 35 000 Feriengäste verbringen jährlich ihren Urlaub in Deutschlands wohl prominentestem Dorf.
Im Osten des Ortes liegen mehrere →Grabhügel, darunter der →Stapelhoog. Die →Uwe-Düne im Westen ist die höchste Erhebung auf der gesamten Insel. Überstrahlt wird sie nur von „Christian", dem →Leuchtturm von 1855 und Kampener Wahrzeichen.

Kampen konnte sich lange seinen Charakter als friesisches Dorf bewahren. Den Garten des Hauses schützt ein typischer Steinwall. (Sylter Archiv)

Gemeinde Kampen 1994, Leonhardt 1980, Rinken 1992, Spreckelsen 1978a, 1981, 1991 u. 1996, Wedemeyer 1986.

Kamtschatka-Rose →Sylt-Rose

Kandinsky, Wassily * 4.12.1866 Moskau, † 13.12.1944 Neuilly-sur-Seine, Maler, Graphiker, Ökonom und Jurist. Kandinsky entwickelte ab 1910 die abstrakte Malerei als Reaktion auf die materialistische Haltung des 19. Jahrhunderts. 1924 bildete er mit Paul Klee (1879-1940), Lyonel Feininger (1871-1956) und Alexej →Jawlensky die Gruppe „Die Blaue Vier". Im selben Jahr verbrachten die Familien Jawlensky und Kandinsky ihren Urlaub in Wenningstedt. Kandinsky wohnte mit seiner Frau Nina im Strandhotel, das damals noch Pension Wüstefeld hieß. Es wurde ein unruhiger Urlaub. Das Ehepaar musste sich gegen die in Weimar umlaufende Verleumdung zur Wehr setzen, sie seien „gefährliche kommunistische Russen".

Schulte-Wülwer 1996.

Kaninchen →Hasen

Kapitäne *(Koptainen)* →Seefahrt und →Fischerei bestimmten von jeher das Sylter Leben. Im 15. und 16. Jahrhundert stand der Herings- und Schellfischfang vor Helgoland im Mittelpunkt des Erwerbslebens, im 17. und 18. Jahrhundert war es der →Walfang. Hier zeigte sich schnell das hohe seefahrerische Können der Sylter Friesen. Viele schafften einen raschen Aufstieg zum →Kommandeur eines Fangschiffes. Berühmte Walfänger wurden der Rantumer Lorens →Petersen de Hahn, der Keitumer Hans

Hansen →Teunis (de jonge) oder der Kampener Peter Peter →Hansen.
Auch die Handelsschifffahrt kennt viele Sylter Kapitäne und Steuerleute, vor allem seit dem 18. Jahrhundert. 1782 z. B. wohnten rund 2 800 Menschen auf Sylt. 597 gaben den Beruf Seefahrer an, darunter 150 im Kapitänsrang. Wie die Kommandeure können sie in diesem Lexikon nur beispielhaft angeführt werden. Hervorzuheben ist der Westerländer Dirk Meinerts →Hahn, der z. B. →Auswanderer in ihre neue Heimat Australien brachte. 1809 strandete der Norweger Peter Nicolai →Lassen auf Sylt und gründete mit der Rantumerin Merret Clasen die bekannte Sylter Lassen-Dynastie. Eine jahrzehntelange Verbindung bestand zwischen Sylt und der Hamburger Reederei H. H. Eggers im 19. Jahrhundert. U. a. fuhren die Kapitäne Diedrich C. →Diedrichsen, Jacob J. →Teunis, Jens D. →Thiesen und Schwenn →Wögens auf diesen Schiffen.
Den Ruhestand nutzten die Kapitäne auf den nordfriesischen Inseln häufig dazu, ihr reichhaltiges Wissen weiterzugeben. In privaten →Navigationsschulen legten sie den Grundstein für weitere erfolgreiche Seefahrergenerationen. Andere Betätigungsmöglichkeiten fanden sich als Kommunalpolitiker oder Chronist, wie beides z. B. Kapitän Jens →Booysen aus Wenningstedt verkörperte. Ein besonderes Original war →Käpt'n Corl. Nach seinem Dienst auf der Deutschen Ostafrika-Linie führte er zwischen Hoyerschleuse und Munkmarsch den legendären Raddampfer →*Freya* durch das Wattenmeer. Ihr Vermögen legten die Kapitäne zumeist in Form eines schmucken →utlandfriesischen Hauses an. Die Inneneinrichtung stammte nicht selten aus aller Herren Länder, genau wie der Schmuck der Ehefrauen.

Quedens 1982, Quedens/Stöver 1978, Spreckelsen 1978.

Kapitänstasse
(Söl'ring Foriining)

Käpt'n Corl
(Sylter Archiv)

Käpt'n Corl (eigentlich Carl Nicolai Christiansen) * 14.4.1864 Westerland, † 12.1.1937 Niebüll, Kapitän. Als ehemaliger Kapitän der Deutschen Ostafrika-Linie kam Käpt'n Corl 1902 mit großer Erfahrung zur Sylter Dampfschiffahrt-Gesellschaft (SDG) und übernahm das Dampfschiff *Westerland* auf der Strecke Munkmarsch-Hoyerschleuse (→Verkehrsanbindung). 1904 wechselte er auf den neu in Dienst gestellten Raddampfer →*Freya*. Nach seiner Pensionierung beschäftigte ihn die Westerländer Kurverwaltung als „Strandkapitän" für Stadt- und Inselführungen. Heute erinnert die Käpt'n-Christiansen-Straße in Westerland an die Herkunft des Sylter Originals. Käpt'n Corl dient auch als Patron einer täglichen Glosse in der *Sylter Rundschau*.

Käpt'n Corl war bekannt für seinen Humor und seine Schlagfertigkeit. Auf einer Überfahrt von Hoyerschleuse fragte ihn eine Dame: „Wie lange dauert die Fahrt nach Sylt!" Käpt'n Corl antwortete: „Zwei Stunden, die Rückfahrt vier Stunden", und erklärte der staunenden Reisenden weiter: „Sie wissen doch, die Erde ist rund. Von Hoyer nach Sylt geht es bergab, umgekehrt bergauf."

Haselbach 1986 u. 1987, Wedemeyer 1986.

Karlchen
(Sylter Archiv)

Karlchen (eigentlich Karl Rosenzweig) * 18.6.1921 Tönning, † 25.6.1986 Kampen, Gastwirt. Bis 1970 stand der nur liebevoll Karlchen genannte Barkeeper hinter dem Tresen des Kampener Prominentenlokals →Gogärtchen. Der gebürtige Eiderstedter zog 1928 mit seinen Eltern nach Sylt, wo sein Vater Bezirksschornsteinfegermeister wurde. Nach dem Krieg lernte Karlchen zunächst in einem Hamburger Hotel und arbeitete ab 1952 in der Nachtbar →Trocadero, bevor ihn Inge Gogarten (1914-1968) in ihr Café holte. 1971 eröffnete der talentierte Zeichner in Kampen sein eigenes Lokal. Charakteristisch war „Bei Karlchen" die private Atmosphäre, mit der er dem Gast das Gefühl vermittelte, er sei auf Hausbesuch. 1977 gründete Karl Rosenzweig den „Bonner Presseclub" und arbeitete in den Wintermonaten in Bonn als Barchef. Seine Frau Marlies war Modedesignerin und betätigte sich auch als Galeristin. U. a. zeigte sie die Bilder des „Rixdorfer Kreises". Diese Berliner Künstlergruppe betrieb in den frühen 1960er Jahren zusammen mit Karlchen eine Werkstatt mit einer Litho- und Radierpresse. Karlchens Freund und Lieblingsgast Werner →Höfer rief ihm am Grabe nach: „Dies war kein Jedermannsfreund und kein Allerweltsfreund. Er betrieb Freundschaft handverlesen..."

Andersen 1991, Barz 1988, Petersen 1987c, Wedemeyer 1991a.

Kartoffelrose →Sylt-Rose

Kartographie →Landkarten

Katholiken Erst der in der zweiten Hälfte des 19. Jahrhunderts einsetzende Fremdenverkehr machte eine katholische →Kirche auf Sylt notwendig. Unter den Einwohnern Sylts gab es bis dahin nur einen einzigen Katholiken, den Österreicher Wenzel Wohner, der im →deutsch-dänischen Krieg 1864 in Tinnum seine große Liebe gefunden hatte. Die ersten Gottesdienste hielten ab 1869 die so genannten Strandpfarrer, die aus allen Teilen Deutschlands nach Sylt kamen, um hier für einige Wochen ihren Beruf auszuüben. Die Messen wurden zunächst in Privathäusern gefeiert. Später standen der Speisesaal der →Dünenhalle, das →Warmbadehaus und schließlich eine Baracke in Westerland zur Verfügung. 1896 wurde die Herz-Jesu-Kapelle im neugotischen Stil in der Neuen Straße eingeweiht. Sie bot 160 Plätze. 1937 erhielt Sylt einen ständigen katholischen Seelsorger. Der Zuzug von Flüchtlingen und eine weitere Zunahme an Feriengästen erforderte nach dem Zweiten Weltkrieg eine neue Kirche. Die 1954, ein Jahr nach ihrer Gründung, zur Pfarrei erhobene katholische Gemeinde auf Sylt konnte 1957 die →Sankt Christophorus-Kirche in Westerland einweihen. Die Kapelle wurde abgebrochen. 1997-99 entstand der Neubau der katholischen Kirche. Zur Gemeinde mit rund 1 800 Mitgliedern (2001) gehören auch die Filialkirchen →Sankt Josef in Hörnum und →Sankt Raphael in List. Die katholische Kapelle →Stella Maris in Rantum diente 1975-1999 als Gotteshaus.

Nordfriisk Instituut, Quedens 2000b.

Katrevel bzw. *Katrebbel* (vielleicht Katzenstreifen) ist der Name eines ehemaligen →Priels, der heute im Nössekoog westlich des Morsumer Ortsteils Wall als Angelrevier dient.

Möller 1916.

Katschor *(Katskibuurter)* heißt die abseitenähnliche, mit Brettern verkleidete Deckenschräge im Inneren eines →utlandfriesischen Hauses. Sie entsteht dadurch, dass die innere Ständerkonstruktion des Hauses höher reicht als die Außenwände, die an das heruntergezogene Dach stoßen. Die ursprüngliche Bedeutung des Wortes ist nicht gesichert, doch scheint eine Beziehung zu Katze vorzuliegen, weil „sich in dem Winkel oberhalb dieser Bretter gerne Katzen aufhielten".

Mensing 1931, Möller 1916.

Kaus, Max * 11.3.1891 Berlin, † 5.8.1977 Berlin, Maler. Kaus ließ sich zunächst zum Dekorationsmaler ausbilden und besuchte anschließend die Kunstgewerbeschule in Berlin-Charlottenburg. Seine Lehrtätigkeit an den Vereinigten Staatsschulen musste er 1938 aufgeben, seine Werke wurden aus den Museen entfernt. Nach dem Zweiten Weltkrieg wurde er Professor an der Hochschule für Bildende Künste in Berlin. 1961 reiste er erstmals nach Sylt, 1965/66 und 1968 kehrte er wieder. In diesen Jahren entstanden u. a. die Farbstiftzeichnung „See in den Dünen – Sylt" (1965), das Aquarell auf Postkarte „Westerland" (1965), das Ölbild „Dünenküste am Wattenmeer" (1968) und „Sylt, gelber Strand" (1968).

Schulte-Wülwer 1996, SHL 1983.

Kegelrobben sind mit durchschnittlich 2,50 Metern Körperlänge und bis zu 300 Kilogramm Gewicht größer und schwerer als ein →Seehund. Die Säuger können bis zu 100 Meter tief tauchen und etwa 20 Minuten unter Wasser bleiben. Ihre Lebenserwartung beträgt gut 30 Jahre. Vor dem Mittelalter sollen Kegelrobben an der deutschen Nordseeküste weit verbreitet gewesen sein. Dann waren sie nur noch in der Ostsee anzutreffen. Vor etwa vier Jahrzehnten gründeten einige dieser Tiere auf dem →Jungnamensand westlich von Amrum wieder eine Kolonie. Sie umfasst rund 60 Tiere, die jährlich in den Monaten November bis Januar zehn bis zwanzig Jungtiere gebären. Diese tragen zunächst ein gelb-weißes Embryonal- oder La-

Der kegelförmige Kopf verhalf der Robbe zu ihrem Namen. (Foto: Volker Frenzel)

nugofell. In den ersten Tagen meiden sie das kalte Wasser, da ihre wärmende Fettschicht noch nicht ausreichend entwickelt ist. In dieser Zeit besteht bei Überflutungen tödliche Unterkühlungsgefahr. Manchmal legen Muttertiere ihre Jungen an den Stränden benachbarter Inseln ab, um sie vor hoch auflaufenden Fluten in Sicherheit zu bringen, wie etwa auf der Hörnum-Odde. Die jungen Robben müssen dann in flexiblen Ruhezonen davor geschützt werden, von ahnungslosen winterlichen Strandwanderern zurück ins Wasser getrieben zu werden. Diese Aufgabe übernehmen auf Sylt die Zivildienstleistenden der Naturschutzgesellschaft →Schutzstation Wattenmeer. Im März wechseln die Robben ihr Haarkleid und liegen besonders gern und lang auf ihren Liegeplätzen in der Sonne. Ausflugsschiffe führen von Hörnum aus Besucher in gebührendem Abstand an die Tiere heran. Gefährdet sind die Kegelrobben allerdings durch die zunehmende Erosion ihrer Liegeplätze.

Koch 1989, Quedens 1992 u. 2000a.

Keilmelde *(Mjol)* ist der einzige mehrjährige Zwergstrauch auf der →Salzwiese und bildet vor allem in den unbeweideten Regionen zwischen Puan Klent und Hörnum ein dichtes, niedriges Gestrüpp. Gegen eine zu starke Salzkonzentration in ihrem Gewebe wehrt sich die Pflanze mit einem „Wegwerfprinzip". Sie lenkt das aufgenommene Salz in einige wenige Äste, die nach einer gewissen Zeit absterben und zu Boden fallen. Nur mit diesem „Opfer" ist die Keilmelde fähig, in ihrer extremen Umgebung zu überleben.

Koch 1996a.

Keitum *(Kairem)* Das Dorf gehört seit 1970 zur Gemeinde →Sylt-Ost im →Amt Landschaft Sylt, das hier seinen Verwaltungssitz hat. Auf einer Fläche von 1 040 Hektar leben rund 1 250 Einwohner (2002) und 856 Zweitwohnungsbesitzer. Eine erste Beurkundung des Ortes *Keytum* findet man 1462 im Zinsbuch des Bistums Schleswig. Die Deutung des Namens ist unklar. Eventuell ist das „Heim (Siedlung) des Kei oder Keit" gemeint, vielleicht stammt er auch von „Heidum" und bedeutet „auf der Heide". Der Sage nach soll hier auf dem Galgenhügel *(Galighoog)* 1515 →Pidder Lüng für seine Taten gebüßt haben. Am Ortsrand steht auf einer Erhebung die Kirche →Sankt Severin. Auf ihrem Friedhof ruhen viele bekannte Persönlichkeiten, die zumindest einen Teil ihres Lebens auf der Insel verbracht haben. Im Osten Keitums liegen die vorgeschichtlichen Megalithgräber →Tipkenhoog und →Harhoog. Die Küstenlinie ist hier bewachsen und trägt deshalb die Bezeichnung →Grünes Kliff.

Den Ortskern zieren viele besonders schöne →utlandfriesische Häuser. Das Zentrum des kulturellen Lebens in Keitum bildete seit 1878 die →Friesenhalle, die lange ein beliebtes Ausflugsziel auch für die Westerländer Gäste blieb. 1951 entstand an ihrer Stelle das →Louise-Schroeder-Haus der Arbeiterwohlfahrt (AWO). Das →Sylter Heimatmuseum befindet sich in einem 1759 erbauten friesischen Haus und wird vom Verein →*Söl'ring Foriining* betreut. Im zweiten Museum Keitums, dem →Altfriesischen Haus von 1739, lebte einst der Lehrer und Inselchronist C. P. →Hansen. Die Sylter →Landesgevollmächtigten tagten im →Landschaftlichen Haus von 1764. Ein Denkmal erinnert an Uwe Jens →Lornsen, der 1830 für einige Tage →Landvogt von Sylt war. Sein Geburtshaus wurde 1971 durch Brandstiftung zerstört, anschließend aber wieder originalgetreu aufgebaut.

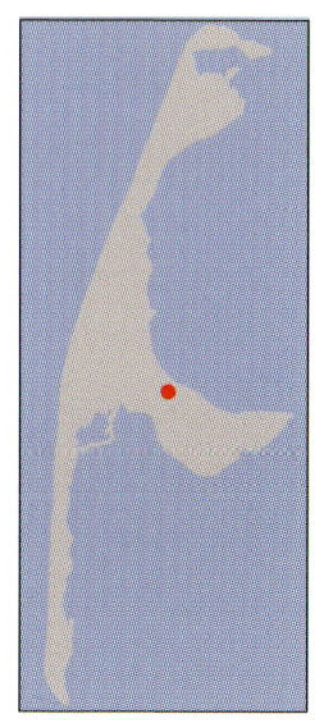

Keitum

Dorfstraße in Keitum, Ende 19. Jahrhundert (Sylter Archiv)

Keitum war bis gegen Ende des 19. Jahrhunderts eine bedeutende Inselgemeinde. Seit 1612 stand hier die größte Sylter →Mühle. 1695 zählte man 78 Häuser. 1763 erhielt der Ort ein Schulgebäude. 1820 wurde unter namhafter Beteiligung der Kapitäne Jens →Bleicken und Jens →Booysen der →Hafen ausgebaut. Er bildete trotz dauernder Fahrwasserprobleme bis 1867 den wichtigsten Kontakt der Insel zum Festland. Das 1829 erbaute →Packhaus erinnert noch an diese Zeit. 1816 wurde eine →Zollstation eingerichtet, 1821 entstand die erste →Sparkasse und 1826 die erste →Apotheke. 1829 ging eine Rapsmühle in Betrieb. Sie nutzte die Hafennähe, denn der Raps wurde von der Festlandsmarsch bezogen und das gewonnene Öl nach Altona verkauft. Als der Hafen 1859 verschlickte, rückte Munkmarsch in den Mittelpunkt der Fährschifffahrt. 1860 überholte Keitum mit nun 785 Einwohnern Morsum, das bis dahin größte Sylter Dorf. Die Stellung als Hauptort der Insel konnte noch gut 30 Jahre lang gehalten werden. 1892 wechselte die Apotheke in das →Seebad Westerland, das den Ostdörfern nun deutlich den Rang ablief. Nach dem Bau des →Hindenburgdamms 1927 erhielt Keitum Bahnanschluss, doch fuhren die meisten Inseltouristen bis Westerland durch. Erst 1950 erwarb die Gemeinde das Prädikat „Luftkurort". Neuere Einrichtungen sind das beheizte Meerwasserfreibad (1969), das „Haus des Kurgastes" (1978) und der →Friesensaal (1985). 1993 entstand an der Grenze zu Tinnum das Sportzentrum Sylt-Ost. In den letzten Jahrzehnten siedelten sich zahlreiche →Galerien, Läden und Werkstätten in Keitum an. Töpfereien, Goldschmieden und →Webstuben erhoben den Ort zum Zentrum des →Kunsthandwerks auf Sylt. Seit Ende der 1990er Jahre gibt es auch wieder eine Apotheke.

1890 gründete sich ein „Verschönerungsverein", um „durch Anpflanzung von Bäumen ... den Ort Keitum zu verschönern". Die Auswirkungen zeigen sich bis heute. Wegen ihres reichen Baumbestandes – die in den 1990er Jahren von Schädlingen befallenen Ulmenalleen und -gärten wurden durch Kastanien und Linden ersetzt – gilt die Gemeinde als das „grüne Herz der Insel". 1963 gewann sie den 1. Preis im bundesweiten Wettbewerb „Unser Dorf soll schöner werden".

v. Bremen 1999, Fiedler 2000, Hubertus Jessel 1989, Leonhardt 1980, Rinken 1992, Voß 1987.

Keitum gilt als das „grüne Herz" der Insel. (Sylter Archiv, Foto: Wilma Bräuner)

Kemmerich, Otto * 1.4.1886 Husum, † 11. 8.1952 zwischen Sylt und Amrum, Krankenkassenangestellter, „Wunderschwimmer". In den 1920er und 1930er Jahren sorgte Kemmerich auch auf Sylt für viel Gesprächsstoff. Ohne Beiboot schwamm er zum Beispiel von Sylt nach Amrum und von Husum nach Nordstrand. Als erster durchschwamm er den Fehmarn-Sund und bewältigte andere bis zu 100 Kilometer weite Strecken in der Ostsee. Die Überquerung des Ärmelkanals zwischen Frankreich und England allerdings gelang ihm nicht. Mit 66 Jahren wollte er an seine früheren Erfolge anknüpfen und die Strecke zwischen Esbjerg und Husum zurücklegen. Am 11. August 1952 schwamm er von Hörnum aus in Richtung Amrum, kam aber nie dort an. Sechs Tage später barg ein Sylter Fischer seinen Leichnam.

Nordfriisk Instituut.

Otto Kemmerich (Sylter Archiv)

Kerr, Alfred (bis 1911 Alfred Kempner) * 25. 12.1867 Breslau, † 12.10.1948 Hamburg, Schriftsteller. Kerr war einer der einflussreichsten Literatur- und Theaterkritiker in Berlin. 1912-15 wurde er Herausgeber der Zeitschrift *Pan*, nach dem Verlassen Deutschlands 1933 Mitarbeiter an Emigrantenzeitschriften. Zu seinem Werk gehören auch Gedichte und Reiseerzählungen. Nach einer Wanderung über Sylt sagte er vor dem Ersten Weltkrieg: „Immer das gleiche Gefühl: kein Mensch, aber zwei Meere."

1920 beschrieb Alfred Kerr in dem Buch „Die Welt im Licht" seine Empfindungen zu Sylt folgendermaßen: „Nirgends fühlt sich der Mensch so wohl wie auf einer schmalen Insel mit Dünen-Hochtälern und Möwennistungen zwischen zwei Meeren, mit Salzluft und braunviolettem Haidepelz, mit geduckten Friesenhäuschen, von Steinwällen umhegt, mit einem gelben Mond darüber, einem einsamen Leuchtturm und stillen, feinen nordwestdeutschen Menschen, – unbäurischen Bauern. Ich merke das in jeder Jahreszeit wieder. Nirgends wird einem der Hauch des Alls (darf man dies Gleichnis wagen?) so aufs Butterbrot geschmiert. Fortwährend kommt einem der Gedanke, wenn man in dieser klippigen Riesennatur in die rollenden Wasser starrt: Du, der hier atmet, siehst vor dir den einen Blutstropfen mit den Trillionen Bakterien, zu denen du gehörst; und über den hinaus wir nicht sehen können..."

Hörning 1999, Kerr 1920.

Kersig-Siedlung Die Ferienhaussiedlung aus Reetdachhäusern wurde 1959/60 durch den Kieler Bauunternehmer Kersig in den Dünen nahe am Weststrand von Hörnum erbaut. Zwei Jahre später riss eine schwere Sturmflut die vorgelagerte Stranddüne weg, und die Häuser standen unmittelbar an der →Abbruchkante. Zu ihrem Schutz wurde 1968 mit Steuergeldern eine rund 270 Meter lange Buhne aus Beton errichtet. Den Dünenfuß befestigte man durch ein 700 Meter langes Werk aus →Tetrapoden. Das Ergebnis des Millionenprojekts, das nur zustande gekommen sein soll, weil sich unter den Hauseigentümern ein Bundesminister befand, war vernichtend: Es bildete sich zwar eine starke Sandanhäufung an der Nordseite der Buhne, wo die Kersig-Siedlung liegt. An der Südseite, in Richtung des Naturschutzgebietes Hörnum-Odde, kommt es seither jedoch zu sehr großen Landverlusten. Diese so genannte Lee-Erosion kann nur durch aufwendige Sandaufspülungen ausgeglichen werden.

Newig 1996b.

Die reetgedeckten Ferienhäuser der Kersig-Siedlung bieten einen herrlichen Ausblick auf die Nordsee. (Foto: Volker Frenzel)

Kersten, Karl * 8.8.1909 Stade, † 24.7.1992 Schleswig, Archäologe. Kersten war seit 1937 Geschäftsführer der Provinzialstelle von Schleswig-Holstein für vor- und frühgeschichtliche Landesaufnahme und Bodendenkmalpflege. 1938 begann er mit einer archäologischen Landesaufnahme auf Sylt in Verbindung mit der Eindeichung des Nössekooges und umfangreicher Bauarbeiten auf dem Flugplatz Westerland. Als dabei neue, bis dahin unbekannte Siedlungsformen erkennbar wurden, kam es zu einer Neukartierung der Insel, die von vielen Ausgrabungen begleitet wurde. Die Ergebnisse publizierte Kersten u. a. in dem zusammen mit Peter La Baume veröffentlichten Werk „Vorgeschichte der nordfriesischen Inseln" (1958). 1944-74 war Kersten Direktor des Schleswig-Holsteinischen Landesmuseums für Vor- und Frühgeschichte zunächst in Kiel, dann in Schles-

Kersig-Siedlung

wig und 1958-74 in Personalunion auch Leiter des Landesamts für Vor- und Frühgeschichte. Sein Schriftwerk wurde in Offa 42 (1985) verzeichnet.

Hansen 1964, Hingst/Reichstein 2000, Kersten 1967, Kersten/La Baume 1958, Struve 1978.

Kerstin →Anatol

Kiarwai Sylterfriesischer Flur- und Straßenname in Tinnum. *Kiar-wai* heißt „Teichweg".

Möller 1916.

Kiebitz (Foto: Georg Quedens)

Kiebitz *(Wiip)* Der Kiebitz ist eigentlich kein Seevogel, tritt aber in keiner Landschaft so konzentriert auf wie an der deutschen Nordseeküste, die er nach der Überwinterung in Süd- und Westeuropa bereits Ende Februar wieder aufsucht. Kennzeichnend sind sein schwarz-weißes Gefieder, ein Federschopf am Hinterkopf und die beachtlichen Balzkapriolen des Männchens. Dabei steigt der Kiebitz steil in die Luft, um sich in mehreren Saltos und unter lautem Rufen wieder herunterfallen zu lassen. Kiebitze brüten gern in Kolonien auf Feuchtwiesen, Weiden und Äckern. Sie fressen Insekten, Würmer und Schnecken, aber auch Samen und Früchte.

Quedens 1976.

Kielholt (oder Kiel), Hans * vermutlich 1404 Kiel, † unbekannt, Chronist. Kielholt war nach eigenen Angaben der Sohn des Kieler Priesters Albertus van Kyele, mit dem er im Alter von siebeneinhalb Jahren nach Sylt kam. Sein Name ist auf eine Veränderung beim Abschreiben des Originals zurückzuführen. Dort steht: „...tho der tidt bin ick Hans Kiel halfacht Jahr olt gewesen." Diese Ausdrucksweise war um 1700 nicht mehr geläufig, „half" wurde zu „holt" umgedeutet, und es entstand „Kiel holt". Kielholts Vater predigte wahrscheinlich an der Sankt Nicolai-Kirche von Eidum. Mit etwa 20 Jahren verließ Kielholt die Insel, vermutlich um in Rostock zu studieren. Eine dortige Matrikeleintragung unter dem 11. Juli 1421 lautet auf „Johannes Alberti". Im Wintersemester 1422/23 findet sich in der Leipziger Matrikel ein „Johannes de Sale". Ungeklärt ist, ob es nicht eher „de Salt" heißt, wie Sylt vielfach auch auf alten Landkarten bezeichnet wurde. Kielholt selbst berichtete von seinem Aufenthalt in Leipzig. Nach zwölf Jahren Studienzeit kehrte er 1437 nach Sylt zurück. Sein Vater war gerade verstorben und das alte Rantum von der Allerheiligenflut 1436 vernichtet.

Seine um die Mitte des 15. Jahrhunderts in niederdeutscher Sprache verfasste Chronik ist nur bruchstückhaft überliefert, die verschiedenen Abschriften befinden sich in sehr schlechtem Zustand. Dies erklärt, dass ihr Inhalt bis heute nur unzureichend gedeutet werden konnte und immer noch zu allerhand Spekulationen über die Verhältnisse im frühen 15. Jahrhundert auf Sylt führt. Auch ist schwer zu entscheiden, ob Kielholt oder seine Kopisten, mit oder ohne Absicht, für die sagenhaften Spekulationen und Legenden zuständig sind, die das Werk durchziehen. Eine Version wurde erstmals in der „Nord-Fresische Chronick" von Anton →Heimreich 1666 gedruckt. Eine hochdeutsche Fassung unter dem Titel „Syltische Chronik" befindet sich in den „Memoiren einer Insel" von Peter Schmidt-Eppendorf.

Hofmeister 1900, Jessen 1967, Panten 2002a, Schmidt-Eppendorf 1972 u. 1977, Wedemeyer 1991a.

Kiesgruben *(Grüsküüler)* befinden sich zwischen Munkmarsch, Braderup und Keitum, wo eine Kaolinsandschicht ein ideales Depot zur Gewinnung von Kies und Sand bildet. Dies hat den Vorteil, dass das Baumaterial nicht importiert werden muss, aber auch den Nachteil, dass ein Teil der Keitumer Heide dafür geopfert wurde. In den Kiesgruben kamen und kommen immer wieder →Fossilien zum Vorschein.

Hans Jessel 1990a.

Braderuper Kiesgrube, im Hintergrund der Leuchtturm von Kampen, um 1990 (Foto: Walter Fiedler)

Kiisen lautet die sylterfriesische Bezeichnung für getrockneten Kuhmist, der früher als Brennmaterial diente. Zur Herstellung wurden mit den Füßen Fladen geknetet und diese anschließend mit den Händen in Scheibenform gebracht. Einfacher war es mit dem Schafdung, den →*Luurtern*, die nur eingesammelt werden mussten.

Winger 1986.

Kinder- und Jugendheime Neben zwei →Jugendherbergen gibt es auch mehrere Ferien- und Erholungseinrichtungen für Kinder und Jugendliche auf Sylt. Bereits seit 1919 nutzte die Stadt Hamburg ein Marinelager bei der Kampener Vogelkoje als Aufenthaltsgelegenheit für ihre Schüler, 1920 eröffnete sie das Jugenderholungsheim →Puan Klent zwischen Rantum und Hörnum. Das spätere Hamburger Bismarck-Gymnasium richtete zu Beginn der 1920er Jahre im ehemaligen „Hotel zur Nordsee" in Wenningstedt sein Nordseeheim mit 145 Betten ein. 1948 folgte der „Fünf-Städte-Verein Pinneberg" mit einem der größten Heime Deutschlands (→Fünf-Städte-Heim) in Hörnum. 400 Betten besitzt das →ADS-Schullandheim, das 1951 bei Rantum in der ehemaligen „Torbogen-Kaserne" der deutschen Wehrmacht gegründet wurde. Weitere Einrichtungen sind das →Jugendseeheim des Landkreises und der Stadt Kassel bei der Vogelkoje Kampen, das Kindererholungsheim „Haus Vogelkoje" des Hamburger Schulvereins in Klappholttal, das Jugendheim →Dikjendeel, das „Kindererholungsheim am Grünen Kliff" in Keitum sowie einige kleinere Häuser in Hörnum und List.

Nordfriisk Instituut.

Kino Öffentliche Lichtspieltheater gab und gibt es auf Sylt nur in Westerland. Am 15. Januar 1905 kündigte ein Inserat der *Sylter Zeitung* die erste Kino-Vorstellung auf Sylt an. Acht Jahre später führte die Deutsche Edison-Kinetophon-Gesellschaft im neuen Lichtschauspielhaus staunenden Gästen den ersten Tonfilm vor. 1919 kaufte Maximilian Haggenmiller, der Betreiber des Nachtlokals →Trocadero, in der Friedrichstraße das Kino „Metropol". Auch sein Nachtlokal formte er 1958 zum Kino um; es entstand die „Kurbel" mit 484 Sitzplätzen. In jenem Jahr gab es außerdem schon die 1937 gegründeten Kurlichtspiele und das Schauburg-Kurtheater. Kinobesitzer Willy Velten erweiterte 1971 die „Kurbel" um das „Studio". Es handelte sich dabei um ein kleines Filmtheater, das nur ausgewählte alte 16-mm-Filme zeigte. Es befand sich in der Strandstraße, war aber von der Friedrichstraße durch die „Kurbel" zu erreichen. 2000 wurde in der Strandstraße ein Kino-Center mit vier Sälen errichtet. Die Kurlichtspiele in der Bismarckstraße schlossen 2002 ihre Pforten.

Sylter Archiv.

Strandgymnastik der Kinder, 1950er Jahre (Sylter Archiv)

Kirchen *(Sērker)* Mit großer Wahrscheinlichkeit besorgten angelsächsische Bettelmönche um 1100 die →Christianisierung der friesischen →Utlande. Ihr Standort könnte Sylt gewesen sein, denn 1141 erhielt das Sankt Knut-Kloster zu Odense Einkünfte von der Insel. Nach Vollendung des mittelalterlichen Landesausbaus zählte Sylt fünf Kirchen, wovon heute noch →Sankt Severin in Keitum und →Sankt Martin in Morsum bestehen. In der großen →Sturmflut von 1362 wurde vermutlich die →Sankt Jürgen-Kirche in Alt-List vernichtet und 1652 die Kirche in →Eidum endgültig vom Dünensand überrollt. Allein in Alt-Rantum sollen im Verlauf der Jahrhunderte vier Kirchen, darunter die Westerseekirche sowie Sankt Marien und →Sankt Peter, zerstört worden sein. Die →Sankt Niels-Kirche in Westerland wurde 1635 erbaut. Die meisten der heutigen Sylter Kirchen stammen aus dem 20. Jahrhundert. Es sind dies →Sankt Josef und →Sankt Thomas in Hörnum, Sankt Jürgen und →Sankt Raphael in List, Sankt Peter in Rantum, die →Friesenkapelle in Wenningstedt sowie →Sankt Nicolai und →Sankt Christophorus in Westerland. Die →neuapostolischen Gotteshäuser in Hörnum und Westerland (beide von 1963/64) wurden 1998 verkauft. Als Ersatz entstand in Westerland eine neue große Kirche. Die dänische →Kirchengemeinde hat kein eigenes Gotteshaus.

Dannenberg 1996, Müller 1980, Quedens 1980, Rinken 1992, Runge o. J.

Kirchen auf Sylt:

	Ort	Baujahr	Konfession
Sankt Josef	Hörnum	1962	katholisch
Sankt Thomas	Hörnum	1970	evang.
Sankt Severin	Keitum	13. Jh.	evang.
Sankt Jürgen	List	1935	evang.
Sankt Raphael	List	1988	katholisch
Sankt Martin	Morsum	13. Jh.	evang.
Sankt Peter	Rantum	1964	evang.
Friesenkapelle	Wenningstedt	1914	evang.
Sankt Niels	Westerland	1635	evang.
Sankt Nicolai	Westerland	1908	evang.
Sankt Christophorus	Westerland	1957/ 2000	katholisch
Neuapostolische Kirche	Westerland	1998	neuapostolisch

Kirchengemeinden Die sechs evangelisch-lutherischen Kirchengemeinden in Hörnum-Rantum, Keitum, List, Morsum, den →Norddörfern und Westerland haben zusammen etwa 15 000 Mitglieder. Die Sylter →Katholiken bilden eine Gemeinschaft aus etwa 1 800 Personen, rund 140 Menschen gehören der →Neuapostolischen Kirche an. Die →dänische Minderheit wird seit 1948 von einem eigenen Pastor betreut. Ihre Kirchengemeinde besteht aus etwa 325 Mitgliedern und feiert ihre Gottesdienste in der dänischen Schule in List, in einem Kirchensaal im Rosenweg in Westerland oder in der alten Dorfkirche →Sankt Niels in Westerland.

Nordfriisk Instituut.

Kirchspiel *(Sērkspöl)* ist ursprünglich der ausgewiesene Pfarrbezirk, in dem ein Pastor predigen und amtieren darf. Es bestand in der Regel aus mehreren Dörfern, deren Bewohner sich zu einer bestimmten Kirche wandten. Auf Sylt gab es drei Kirchspiele: Keitum – bestehend aus den vier →Bauerschaften Archsum, Keitum-Munkmarsch, Tinnum und vereinte Norddörfer (Braderup, Kampen, Wenningstedt) –, Morsum und Westerland mit dem darin eingepfarrten ehemaligen Kirchspiel Rantum. Das →Listland, das zum Königreich Dänemark gehörte, war in Kirchen- und Schulangelegenheiten zu Keitum gelegt. Die Prediger wurden von den Eingesessenen gewählt und vom Propst in Tondern bestätigt.
Neben dieser geistlichen Bedeutung übernahmen die Kirchspiele auch weltliche Verwaltungsfunktionen. An ihrer Spitze standen der Prediger und das Kirchspielskollegium. Dabei handelte es sich um die vom Propst ernannten Geschäfts- und Rechnungsführer, die so genannten Juraten, und die auf Lebenszeit ernannten Älterleute, die auch das Kirchen-, Armen- und Schulkollegium bildeten. In Keitum und Westerland hatte auch der →Landvogt von jeher Sitz und Stimme im Kirchspielkollegium, in Morsum löste er 1797 den Kirchspielvogt ab. In den 1870er Jahren wurden die Kirchspiele als staatliche Verwaltungseinheiten aufgelöst. Heute versteht man darunter die Kirchengemeinde, d. h. die Gesamtheit der Dörfer und Wohnplätze, die einer bestimmten Kirche zugeordnet sind.

Etymologisches Wörterbuch 1989, Meyer 1938, Wülfke 1831.

Kirchspielvogt An der Spitze eines →Kirchspiels standen der Kirchspielvogt und das Kirchspielkollegium. Der Kirchspielvogt war ein Hilfsbeamter des →Landvogts und zuständig für die Hebung der Amts-, Hardes- und Kirchspielabgaben sowie der Brandgelder. Weitere Aufgaben lagen in der Leitung der Polizei und der Überwachung von Recht, Ordnung, Sitte und Moral. Darüber hinaus wachte er über den Zustand von Straßen, Sielen und Brücken in seinem Kirchspiel.

Klaampshörn Sylterfriesischer Flur- und Straßenname in Archsum und Morsum. *Klaamps-hörn* ist auch ein Ortsteil von →Morsum und bedeutet „Heuschober im Winkel, Schoberecke".

Möller 1916.

Klaar Kiming →Rüm Hart, klaar Kiming!

Klabautermann heißen in Geschichten und →Sagen die unsichtbaren, aber fleißigen Geister auf Schiffen. Sie behüteten ihre Wohnstätte auf

See vor Strandung, Brand und anderen Gefahren. Auch reparierten sie über Nacht die Dinge, die tagsüber entzwei gegangen waren. Ihr Klopfen und Klütern war meist deutlich zu vernehmen. Als Gegenleistung verlangten sie gute Behandlung, vor allem bestes Essen aus der Kapitänskajüte. Solange der Klabautermann an Bord blieb, war alles in Ordnung, verließ er sein Schiff, drohte größte Gefahr.

Quedens o. J., Wedemeyer 1988.

Klampshörn →Klaampshörn

Klanxbüll *(Klangsbel* = Siedlung des Klenke) *Klenxbul* wurde erstmals 1462 im Zinsbuch des Bischofs von Schleswig urkundlich erwähnt. Das Kirchdorf liegt im Westen der Wiedingharde etwa 13 Kilometer nordwestlich von Niebüll. Es setzt sich aus den Ortsteilen Oster-, Wester- und Nordwester-Klanxbüll zusammen. Von letzterem hat zumindest bis Mitte des 19. Jahrhunderts eine Fährverbindung nach Morsum auf Sylt bestanden. Zwischen Klanxbüll und der Sylter Nössespitze liegt in Luftlinie die kürzeste Entfernung nach Sylt. Außerdem befindet sich hier ein Wattrücken. Dies waren die Voraussetzungen, dass an dieser Stelle 1927 der 11,2 Kilometer lange →Hindenburgdamm errichtet wurde, über den seither die Eisenbahn rollt. Mit dem Bahnanschluss erhielt das Bauerndorf vor allem nach dem Zweiten Weltkrieg neue Bedeutung. →Berufspendler besteigen zumeist hier, im letzten Bahnhof vor Sylt, den Zug. In Morsum, der ersten Station auf der Insel, wechseln zumindest viele Handwerker in ihre Dienstfahrzeuge. Zahlreiche Sylter, die sich das Wohnen auf ihrer Heimatinsel wegen der hohen Lebenshaltungskosten nicht leisten können, suchen sich in Klanxbüll und Umgebung ein neues Zuhause.

Laur 1992, Nordfriisk Instituut, Schröder 1854, Steensen 1996a.

Klappenbach, Petrine geb. Eschels * 30.11. 1873 Westerland, † 30.1.1961 Uelzen, friesische Verfasserin. Klappenbach war eine Enkelin des letzten Sylter Walfangkommandeurs Peter →Eschels. Ihr Vater baute das Haus *„Itüüs"* in der Westerländer Maybachstraße. Nach seinem frühen Tod vermietete die Mutter Zimmer in dem Haus. 1892-95 war jeweils im Herbst der Schriftsteller Klaus →Groth zu Gast. Petrine Klappenbach verfasste in ihrer friesischen Muttersprache anschauliche Skizzen aus der Volkskunde der Insel Sylt, besonders von Weihnachten und Neujahr.

Nordfriisk Instituut, Schmidt 1961.

Klappholttal Ab 1869 wurden zur →Dünenbefestigung auf einem 35 Hektar großen Areal nördlich von Kampen kleinwüchsige Krummholzkiefern angepflanzt. Dieses „Klappholz" verlieh dem Dünental westlich der →Vogelkoje den Namen Klappholttal. Während des Ersten Weltkriegs wurde eine Barackensiedlung für Soldaten im Klappholttal errichtet. In den sechs verbliebenen Gebäuden gründeten 1919 Knud →Ahlborn und Ferdinand →Goebel ein Freideutsches Jugendlager mit dem Ziel, die persönlich-existenzielle Bildung der Menschen „nach eigener Bestimmung, vor eigener Verantwortlichkeit und in innerer Wahrhaftigkeit" zu ermöglichen. Der Strand bei Klappholttal gilt als eine frühe Stätte der →FKK-Bewegung und erhielt bereits 1927 eine landespolizeiliche Ausnahmegenehmigung zum Nacktbaden. Nach dem Zweiten Weltkrieg wandelte Ahlborn die Einrichtung in eine Heimvolkshochschule um. Ihr vielseitiges Lehrangebot, das rund 4 000 Teilnehmende im Jahr gewinnt, unterliegt bis heute der Zielsetzung, „die kritische Aufklärung mit dem Ziel der geistigen, kulturellen und sozialen Entfaltung" voranzubringen. Nachfolger Ahlborns war 1971-98 Manfred →Wedemeyer. Unter seiner Leitung erhielt die Einrichtung 1977 die Bezeichnung Akademie am Meer. Seit

Klappholttal

Nordseeheim und Volkshochschule Klappholttal (Klappholttal)

1998 wird sie von dem Historiker Hartmut Schiller (* 1957) geführt.
In die Dünenlandschaft eingebettet liegen rund 80 Häuschen und weitere Gebäude. Sie dienen als Herberge für maximal 160 Gäste, die in der Akademie gleichzeitig untergebracht werden können. Zu der Erholungs- und Bildungseinrichtung mit über 50 Angestellten gehören weiter ein Schullandheim (40 Betten) und ein Haus für Mutter- und Kind-Kuren (25 Familien). Seit 1977 ist der Akademie auch das Ferdinand-Avenarius-Institut angeschlossen. Es bemüht sich, die kulturelle Tradition des früheren Hauses →Uhlenkamp fortzuführen und die historischen Quellen, den *Kunstwart* und die *Deutsche Zeitschrift* des Dürerbunds (1902-1935) zu bewahren.

Ahlborn 1921 u. 1969, Andritzky/Friedrich 1989, Naturschutzgemeinschaft 1994, Nordseeheim 1979.

Klei *(Klai)* ist entwässerter, fester, klebriger, ehemaliger →Schlick. Das Wort ist sprachlich verwandt mit kleben. Von dem Sandanteil hängt es ab, ob dieser Boden leicht zu bearbeiten oder etwa nur als Weideland zu verwenden ist. Auf jeden Fall enthält er genug Kalk, Kali und Spurenelemente wie Jod, Fluor und Silizium, um bestes Land für gesunde und widerstandsfähige Kulturpflanzen abzugeben. Unter „kleien" versteht man die Reinigung und Vertiefung der Entwässerungsgräben in der Marsch; die Arbeiter sind die „Kleier". Der Auswurf wird als Dünger auf Ackerländereien verteilt.

Mensing 1931.

Kleiber, Erich * 5.8.1890 Wien, † 27.1.1956 Zürich, Dirigent. Kleiber war 1923-34 Generalmusikdirektor der Berliner Staatsoper. Während seiner Sylt-Besuche wohnte er im →Klenderhof oder bei der Prominentenwirtin Clara →Tiedemann im Haus →Kliffende. Er streifte am liebsten ganze Tage nur im Trainingsanzug herum. Abends setzte er sich an den Flügel und spielte Straußwalzer. Nach seiner Emigration arbeitete Kleiber zwischen 1936 und 1949 vor allem am Teatro Colón in Buenos Aires. Ab 1947 trat er auch in Europa wieder auf.

Einmal bedankte sich Erich Kleiber zum Abschied beim Personal für die gute Behandlung. „Ich vergeß euch nicht, und nun hört genau zu. In drei Tagen dirigiere ich ein Konzert, ihr könnt es im Radio hören. Kurz bevor ich anfange, klopfe ich noch einmal drei kleine Schläge, das heißt dann: ich grüße euch in Kliffende." Kleiber hielt sein Versprechen und Clara Tiedemann notierte in ihren Memoiren: „Wir hatten alle den Atem angehalten. Er hatte uns nicht vergessen."

Tiedemann 1985.

Klein, Andreas Albert * 6.12.1810 Keitum, † 23.4.1873 Keitum, Kapitän. Klein durchlebte eine typische Sylter Seefahrerlaufbahn. Seine erste Seereise machte er bereits als 14-Jähriger. 1850 erwarb er das Hamburger Bürgerrecht und trat in die Dienste der Reederei Eggers ein. Als Kapitän führte er in Abwechslung mit seinen Sylter Kollegen D. C. →Diedrichsen und P. A. →Jansen den →Schoner *Voltigeur.* Mehrfach lief er in den Jahren 1853-58 Venezuela an, um Kaffee zu laden. 1859 übernahm er für ein Jahr das Kommando auf der →Bark *Flying Dutchman.* Mit 50 Jahren bedankte er die Seefahrt und „genoss danach auch unter seinen Mitbürgern allgemeine Achtung und fungierte mit Geschick und Sorgfalt zum Besten seiner Heimatgemeinde", wie im Keitumer Kirchenbuch zu lesen ist.

Quedens 1982 u. 1996, Schmidt-Rodenäs 1981.

Kleiner Tümmler →Schweinswale

Klenderhof heißt ein markantes, burgähnliches Reetdachhaus im Norden von Kampen. Es wurde 1933 von dem Berliner Architekten Otto Firle für den Cellisten Max →Baldner entworfen. NS-Generalfeldmarschall Hermann →Göring ließ sich das Haus auf der mecklenburgischen Halbinsel Darß nachbauen. 1938, in der so genannten Reichskristallnacht, versuchten vom Festland angerückte SA-Männer Baldners Hof zu verwüsten. Der Künstler war mit Charlotte Lindemann, genannt „Bimba",

Der Klenderhof (Baujahr 1933) befand sich später im Besitz von Axel Springer. (Sylter Archiv)

der Tochter eines jüdischen Kaufhausbesitzers, verheiratet. Der Kampener NSDAP-Ortsgruppenleiter Willy Kamp (1894-1953), der in erster Linie Reitmeister war und sich wenig für politische Meinungen interessierte, verhinderte mit Hilfe der Feuerwehr die geplante Brandstiftung im letzten Augenblick. Es blieb bei der Zerstörung des Inventars. Nach dem Zweiten Weltkrieg befand sich das Anwesen auf dem rund zwei Hektar großen Grundstück für mehrere Jahrzehnte im Besitz des Hamburger Verlegers Axel →Springer, weshalb es im Volksmund auch als „Springer-Burg“ bekannt war. 1973, als der damalige Bundeswirtschaftsminister Karl Schiller zu Besuch kommen sollte, ging der Hof bei einem vermutlich politisch motivierten Brandanschlag in Flammen auf. Ein Großteil des Hauses konnte durch die Feuerwehr gerettet werden, der beschädigte Teil wurde in seiner alten Form wieder aufgebaut. Seit 1985 gehörte der Klenderhof einer Gruppe von Schweizer Geschäftsleuten, 2002 stand er erneut zum Verkauf.

Frenzel/Deppe 1999, Simon 1980, Spreckelsen 1996.

Klentertal heißt ein nördlich an Keitum grenzender Landstrich an der Ostküste Sylts.

Kliff *(Klef)* Neben steilen Felsküsten werden oft auch andere, durch →Brandung und Abtragung gebildete Steilabbrüche am Ufer als Kliff bezeichnet. Auf Sylt findet man vier solcher markanten Stellen: das →Morsum-Kliff, das →Weiße Kliff bei Braderup, das →Grüne Kliff bei Keitum und das →Rote Kliff zwischen Kampen und Wenningstedt.

Degn/Muuß 1966.

Kliffende *(Klefsjen)* heißt das 1923 von dem Architekten Walther →Baedeker erbaute Gästehaus, das heute in sehr exponierter Lage auf dem →Roten Kliff bei Kampen steht. Viele bekannte Persönlichkeiten, darunter der Schriftsteller Thomas →Mann und sein Sohn Klaus, der Kunsthistoriker und spätere Bürgermeister von Kampen, Fritz →Wichert, der Dirigent Erich →Kleiber, der Verleger Ernst →Rowohlt, der Maler Emil →Nolde, die Bildhauerin Renée →Sintenis, der NS-Politiker Hermann →Göring und viele andere, nahmen hier Quartier. Hausherrin der prominenten Sommerfrische wurde nach dem frühen Tod ihres Mannes Jürgen Heinrich (1884-1928) Clara →Tiedemann. 1955 erwarb die Deutsche Bank das zunehmend durch das Näherrücken des Kliffs bedrohte Haus und nutzte es als Gästehaus für ihre leitenden Angestellten. Seit 1997 befindet es sich im Besitz des Geschäftsmannes Clemens Vedder.

Die Zäune auf dem Strand vor Kliffende sollten den Sand auffangen und bei Sturmfluten festhalten. Sie wurden 1990 vom Meer vernichtet und durch sandgefüllte Geotextilwürste ersetzt. (Foto: Uwe Sönnichsen)

1990 versuchte man durch die Einarbeitung von Geotextilien in den Sand unterhalb des Hauses weitere Kliffabbrüche zu verhindern. Die Bank investierte eine Million Mark in mit Sand gefüllte Textilwürste von fünf Metern Umfang. Eine Fachfirma stapelte sie auf einer Länge von 160 Metern und bis auf eine Höhe von sieben Metern vor dem Kliff auf. Darüber kam eine Schicht aus Sand. Im Winter 1999/2000 tauchten die Geotextilien wieder auf, denn die schweren Stürme →Anatol und Kerstin hatten das Sanddepot restlos weggespült. Durch die Erhaltung von Kliffende entstand eine markante Landzunge, deren Spitze den Verlauf der Küste vor etwa 30 Jahren anzeigt.

Frenzel/Deppe 1999, Tiedemann 1973.

Kliffkieker →Wenningstedt

Kliiriwai Sylterfriesischer Straßenname in Keitum. *Kliiri-wai* heißt „Rotschenkelweg“.

Möller 1916.

Klima *(Weðer)* Auf Sylt herrscht ein atlantisches, vom Golfstrom beeinflusstes Seeklima. Im Allgemeinen sind die Wintermonate mit durchschnittlich zwei Grad Celsius etwas milder, die Sommermonate mit im Schnitt 17 Grad etwas kühler als auf dem nordfriesischen Festland. Es gab aber auch immer wieder sehr strenge, lange Winter, in denen die Insel wochenlang nur mit dem →Eisboot, zu Fuß oder mit dem Wagen über das gefrorene Watt erreichbar war. Die Jahresmitteltemperatur liegt bei 8,5 Grad. Wolken werden schnell vom immer etwa zwei Stärken kräftiger als auf dem Festland wehenden Wind vertrieben, weshalb die Sonne statistisch gesehen 1 714 Stunden im Jahr und damit über 150 Stunden länger scheint als an den meisten anderen Messstationen in Deutschland. Von Mai bis August gehört Sylt sogar zu den drei sonnenreichsten Plätzen der Bundesrepublik. Die längsten Tage im Sommer dauern über 17 Stunden, dazu kommen jeweils eine Stunde Morgen- bzw. Abenddämmerung. Die „weißen Nächte" entstehen dadurch, dass die Sonne auch um Mitternacht nur knapp unter den Horizont taucht und immer ein heller Schein am Nordhimmel zu sehen ist. Der meiste Regen fällt im Herbst, während das Frühjahr relativ trocken ist. Im statistischen Jahresmittel sind 745 Liter Niederschlag pro Quadratmeter zu verzeichnen. Typisch für Sylt ist der →Seenebel, der durch die Vermischung verschieden temperierter Luftmassen entsteht. Mit dem Wind wird er auf die Insel geweht und hüllt sie so schnell und vorübergehend in Wolken, wie dies sonst nur von den Gipfeln im Hochgebirge bekannt ist. Luftverunreinigungen sind bei stetem Wind aus West sehr selten. Die aktuellen Klimadaten liefert seit 1937 eine →Wetterstation bei List.

Temperatur, Wind und Sonnenstrahlung sorgen für ein gesundes Reizklima (→Kuren), außerdem ist die Luft an der Brandungsküste besonders jodhaltig. Ostwind dagegen wirkt auf Sylt wie Föhn in Bayern: Viele Menschen sind gereizt und leiden häufig unter Kopfschmerzen. Außerdem lockt er die →Quallen vom offenen Meer in Strandnähe und macht manchmal für Tage das Baden nahezu unmöglich. Seit 1936 wird das Sylter Klima auch wissenschaftlich erforscht. Damals übernahm Heinrich →Pfleiderer das →Institut für Pathophysiologie und medizinische Klimatologie in Wenningstedt.

Der Sylter Kapitän und Chronist Jens →Booysen stellte in dem Abschnitt „Clima" seiner „Beschreibung der Insel Silt" 1828 fest: „Das Clima auf Silt ist überhaupt genommen sehr gesund, selten übermäßig heiß im Sommer, und die Kälte im Winter auch niemals so stark wie auf dem festen Lande; indessen scheint es doch, daß einige Schwächlinge aus den Städten die Luft ein wenig stark finden."

Baese 2000, Booysen 1828, Hans Jessel 1996f, G. Müller-Westermeier 1996, Rinken 1992.

Klönschnack an der Klöntür (Foto: Uwe Sönnichsen)

Klockenhoff, Roland * 5.12.1957 Westerland, Arzt, Naturschützer. Mit 18 Jahren wurde Klockenhoff zusammen mit Kai-Uve Bossau Sieger im Landeswettbewerb „Jugend forscht". Die beiden Gymnasiasten legten „Neue Erkenntnisse am Glimmerton des Morsum-Kliffs" vor. Seinen Zivildienst leistete Klockenhoff bei der →Schutzstation Wattenmeer in Hörnum ab. Er studierte Medizin in Kiel und war ab 1985 an der Nordseeklinik Westerland tätig. 1990 eröffnete er eine Praxis als Allgemein- und Badearzt in Keitum. 1994 löste er Clara →Enss im Vorsitz der →Naturschutzgemeinschaft Sylt ab. Er plädiert dafür, siedlungsnah das Betreten der Dünen ausdrücklich zu erlauben, gleichzeitig aber in den Naturschutzgebieten echte Naturruhezonen durchzusetzen. Klockenhoff schrieb seine Dissertation über die Sylter →Landschaftsärzte und ihre Vorgänger.

Als Vorsitzender des Naturschutzvereins befürwortet Roland Klockenhoff neue Wege in der Naturschutzpolitik. Das Betreten der Inselnatur ist als Folge des Massentourismus aus Natur- und Küstenschutzgründen zunehmend tabuisiert worden. „Natur muss aber insbesondere für (Insel-) Kinder erfahrbar sein. Toben in den Dünen oder in der Heide, diese zu riechen und zu fühlen ist eine wesentliche Grundlage, auch den Wert zu begreifen."

Deppe 2002, Klockenhoff 1988, Sylter Archiv.

Klöntür nennt der Volksmund die zum Garten führende Tür der →utlandfriesischen Häuser. Sie ist in der Regel horizontal zweigeteilt. Dies erlaubt das alleinige Öffnen der oberen Hälfte, so dass z. B. Kleintiere keinen Zugang ins Haus finden. Die Möglichkeit, sich auf der unteren Hälfte aufzustützen, verführte zum gemütlichen Plausch. Schwatzen heißt auf Sylterfriesisch *klöön*, auf Niederdeutsch *klönen*, woher sich die Bezeichnung der Tür ableiten lässt.

Klööw ist der Name eines sagenhaften Seekönigs, der mitsamt seinem goldenen Schiff im →Klööwenhoog begraben sein soll.

Klööwenhoog ist die Bezeichnung eines bronzezeitlichen →Grabhügels zwischen Keitum und Tinnum. In dem acht Meter hohen Megalithgrab soll der sagenhafte Seekönig *Klööw* mit seinem goldenen Schiff begraben sein. Nach alten Erzählungen reicht die goldene Ankerkette über zwei Kilometer bis an das Watt bei Archsum, wo im Hünengrab →Öwenhoog der goldene Anker des Schiffes vermutet wird. C. P. →Hansen erzählte, dass Keitumer Schatzgräber das Schiff ausgraben wollten. Doch die →Zwerge, die Behüter der Schätze der Erde, unternahmen ein Ablenkungsmanöver. Ein Männchen musste auf einer lahmen Ente um den Grabhügel reiten, um die Schatzsucher abzulenken. Währenddessen zogen die Unterirdischen das Schiff so weit in die Tiefe, dass es keiner jemals wieder zu Gesicht bekam. Das Grabloch im oberen Teil des Klööwenhoog ist heute noch zu sehen.

C. P. Hansen 1858a, Hubertus Jessel 1996d.

Knobsände Die Sandbänke westlich vor Amrum sind beliebte Aufenthaltsplätze von →Kegelrobben und →Seehunden.

Knutt ist ein amselgroßer, etwas plump wirkender Schnepfenvogel. In Schwärmen bis zu 100 000 Tieren treffen die beiden getrennt lebenden Populationen der Knutts zwischen März (von den britischen Inseln) und Mai (aus Westafrika) im Wattenmeer ein und vollführen ihre typischen Schwenkflüge. Dabei zeigen sie dem Beobachter abwechselnd ihre helle Bauch- und ihre dunkle Rückenseite. Auf Nahrungssuche im Watt hinterlassen sie mit ihrem Schnabel nahtähnliche Einstichspuren. Knutts sind Durchzügler und fressen sich auf ihrem Weg zwischen den Winterquartieren und den arktischen Brutgebieten im Wattenmeer die lebenswichtigen Fettreserven an. Ihre Beutetiere sind vor allem Muscheln und Krebse.

Fiedler 1992, Koch 1996b, Quedens 1976.

Koch, Lothar →Schutzstation Wattenmeer

Köche →Essen und Trinken

Köcke, Hugo * 16.4.1874 Berlin, † 3.3.1956 Westerland, →Maler. Köcke erlernte zunächst den handwerklichen Beruf eines Graphikers, bevor er eine künstlerische Ausbildung in Berlin und in den Niederlanden absolvierte. Nach Sylt kam er erstmals 1918. Von Natur und Landschaft überwältigt, ließ er sich bald für den Rest seines Lebens in Westerland nieder. 1921 heiratete er in zweiter Ehe die Sylterin Cornelia Claasen, die Schwester von Mathilde →Bomhoff-Claasen. Köcke malte Ölbilder, die heute auch dokumentarischen Wert haben. Abgebildet sind noch unbebaute Landschaften und viele Sylter Personen, darunter Handwerker, Landwirte und Seefahrer. 1926 und 1951 wurden seine Werke in Ausstellungen auf Sylt gezeigt,

Hugo Köcke: „Priel bei Süderende" 1920, Leinwand, 45 x 79 cm, Privatbesitz (Museumsberg Flensburg)

1931 in Schleswig. Die Stadt Westerland genehmigte ihm kurz vor seinem Tod eine kleine Leibrente und widmete dem Künstler eine Straße. Sein Ölgemälde „Blick vom Vorland bei Kampen auf die Lister Dünen" (1942) befindet sich im →Sylter Heimatmuseum.

Schulte-Wülwer 1996, SHL 1983, Wedemeyer 1986 u. 1991a.

Henry Koehn
(Sylter Archiv)

Koehn, Henry * 20.6.1892 Hamburg, † 1.5. 1963 Kiel, Landwirt, Kulturforscher, Schriftsteller. Die Familie seiner Mutter (Smidt) stammte von der westfriesischen Insel Vlieland *(Flylân)*. Koehn betrieb kulturkundliche Forschungen in verschiedenen Ländern Europas, Afrikas und Asiens. Sylt lernte er 1912 kennen. Später ließ er sich in Kampen nieder. Über Jahre hinweg erforschte er die Großschmetterlinge auf der Insel. 1936 zählte er als Bilanz seiner Beobachtungen 256 Arten, darunter den Totenkopfschwärmer mit einer Flügelspannweite von zwölf Zentimetern. Sein 1939 erschienenes Buch „Die Nordfriesischen Inseln" wurde ein Standardwerk zur Volkskunde Nordfrieslands (5. Aufl., Hamburg 1961). Weite Verbreitung fand auch „Sylt. Ein Führer durch die Inselwelt" von 1951 (5. Aufl., Hamburg 1974). 1950 wurde er zum ehrenamtlichen Kreisbeauftragten für Natur- und Landschaftsschutz der Insel Sylt bestellt. In diesem Amt wandte er sich vor allem gegen eine zunehmende Kommerzialisierung der Landschaft.

Koehn 1939 u. 1974, George 1965, SHBL 4.

Klaus Koehn
(Söl'ring Foriining)

Koehn, Klaus * 7.8.1940 Hamburg, † 14.10. 2001 Kampen, Kaufmann, Kommunalpolitiker. Der Neffe von Henry →Koehn wuchs in Kampen auf, wo seine Eltern eine Pension betrieben. Er übernahm zahlreiche Ämter und Ehrenämter, darunter 1990-98 die Aufgaben des Bürgermeisters in Kampen. Als CDU-Abgeordneter gehörte er dem Kreistag an. Koehn engagierte sich u. a. für die Gemäldesammlung im *Kaamp Hüs* und war Beiratsvorsitzender des Musikfestivals →*Sylt in concert.* 2000 wählten ihn die Mitglieder der →*Söl'ring Foriining* zu ihrem Vorsitzenden.

Nordfriisk Instituut.

Kögel, Rudolph * 18.2.1829 Birnbaum/Posen, † 2.7.1896 Berlin, Oberhofprediger. Kögel begann als Religionslehrer in Dresden, war deutscher Pastor in Den Haag und wurde 1861 als Hof- und Domprediger nach Berlin berufen. 1879 stieg er zum Generalsuperintendenten der Kurmark und 1880 zum Oberhofprediger auf. Seine Bekanntschaft mit der Insel Sylt fiel in die 1880er Jahre, 1887 z. B. war er Gast in Westerland. Seine Eindrücke schlugen sich in den „Sylter Gedichten" nieder. 1888 stiftete er eines seiner Werke für den Gedenkstein der →Heimstätte für Heimatlose.

Sylter Archiv.

In einem seiner Gedichte beschrieb
Rudolph Kögel die tragische Geschichte
der Kirche von Rantum:

Der Friedhof war am öden Riff,
im Sturm allmählich versandet.
Die Kirche war, wie manches Schiff,
in diesen Dünen gestrandet.

Der Rosenstrauch verwelkt, verweht,
der Leichenstein versunken,
so wüst, als wär' selbst das Gebet
verdorrt hier und ertrunken!

Da stimmen wir an im Chor umher
ein Lied auf den König der Ehren.
Wie rauschte und jauchzte hochauf das Meer,
die alte Weise zu hören.

Die Dünengräser, sie neigten sich mit
und aus den Gräbern die Väter
sie tauchten empor mit Geisterschritt
und mischten sich unter die Beter.

Und wo sie längst erstorben war,
da hat sich durch Beten und Loben
die Kirche, sichtbar unsichtbar,
auf's Neue lebendig erhoben.

Kohl, Helmut * 3.4. 1930 Ludwigshafen, Politiker. Kohl war 1969-76 Ministerpräsident von Rheinland-Pfalz und 1982-98 Bundeskanzler der Bundesrepublik Deutschland. 1986 trat er gemeinsam mit dem schleswig-holsteinischen CDU-Vorsitzenden Gerhard Stoltenberg bei Wahlkampfveranstaltungen in List und Westerland auf. Im September 1992 traf er sich in

Begleitung mehrerer Kabinettsmitglieder mit dem spanischen Ministerpräsidenten Felipe Gonzalez zu einem deutsch-spanischen Gipfel auf Sylt. Neben Tagungen in Morsum, Keitum und Westerland unternahmen die Politiker auch einen Abstecher zur Hallig Hooge.

Sylter Archiv.

Kohl, Johann Georg * 28.4.1808 Bremen, † 28.10.1878 Bremen, Schriftsteller. Der Bremer Kaufmannssohn sammelte auf zahlreichen Reisen in Europa und Amerika Informationen und Eindrücke und beschrieb als scharfsichtiger Beobachter die tief greifenden Veränderungen, denen das Leben der Menschen im 19. Jahrhundert unterworfen war. In seinem dreibändigen Werk über die Marschen und Inseln Schleswig-Holsteins (1846) widmet er der Insel Sylt eine ausführliche Beschreibung.

Nach seinem Besuch auf Sylt schrieb J. G. Kohl 1846: „So wie die Einwohner von Sylt für die trefflichsten der Menschen gehalten werden, so sind die Sylter Dünen die bedeutendsten in Friesland. Die alten heidnischen Grabhügel, die Sagen und Erzählungen, die von diesen Hügeln unter dem Volke umgehen, sind hier zahlreicher als auf den übrigen Inseln; kurz die Insel Sylt wird, so wie sie die längste unter den friesischen Inseln ist, so ziemlich auch für die interessanteste angesehen."

Kohl 1846.

Köhler, Marie * um 1850, † nach 1930 Westerland, Händlerin. „Mootji Köhler hat'n Fehler", sangen die Westerländer Kinder hinter der kleinen Frau her, die lange vor dem Ersten Weltkrieg in der Strandstraße einen Gemischtwarenladen eröffnet hatte. Häufig bepackte sie auch einen Wagen und schob ihn durch die Dörfer. Großmutter bzw. *Mootji* Köhler war für eine einfache Frau ihrer Zeit politisch sehr aktiv. Im Februar 1900 hielt sie unter dem Titel „Appell an die deutschen Frauen und Jungfrauen" einen „patriotisch sozialen Vortrag" in Bugenhagens Kaisersaal in Berlin. Absolut kaisertreu agitierte sie auch in ihrem Geschäft in Westerland gegen die Sozialdemokratie. Mit dem Herrscherhaus Wilhelms II. stand sie in regem Briefwechsel. *Mootji* Köhler starb 84-jährig zu Beginn der 1930er Jahre.

Wedemeyer 1986.

Marie Köhler (links im Bild) in ihrem Laden in Westerland (Sylter Archiv)

Kolkinghooger Die beiden steinzeitlichen →Grabhügel liegen im Norden von Keitum, östlich des Weges nach Braderup. Sie sind nach einem benachbarten Wassertümpel *(Kolk)* benannt.

Handelmann 1873.

Kolle, Oswalt * 2.10.1928 Kiel, Publizist, Filmemacher. Der „Aufklärer der Nation" machte sich ab den 1960er Jahren einen Namen mit Zeitschriftenserien wie „Sie nennen es Liebe" oder „Deine Frau – das unbekannte Wesen". Später produzierte Kolle Kinofilme und durchbrach als einer der Ersten sexuelle Tabus der bürgerlichen Gesellschaft. Am Nacktbadestrand von Kampen spielte er mit seiner Familie die Hauptrolle in dem Film „Dein Kind – das unbekannte Wesen".

Simon 1980.

Kommandeur lautete die Bezeichnung für den →Kapitän eines Schiffes auf →Walfang. Dies hatte einen rein formalen Grund. Die Reedereien durften nur Kapitäne einstellen, die am Sitz des Unternehmens ansässig waren und dort Bürgerrechte besaßen. Die Führer der Grönlandfahrer stammten jedoch großenteils von den nordfriesischen Inseln und verrichteten quasi „Saisonarbeit". Daher wählte man bei der Ausstellung der Schiffspapiere die Bezeichnung Kommandeur. Die Sylter Kapitäne der Handelsschifffahrt ließen sich in ihrer aktiven Zeit am Ort der Reederei nieder.

Spreckelsen 1991.

Kompass →Navigation

Königsfriesen Die Insel Sylt war Bestandteil des dänischen Reichs und wie die anderen zwölf Harden friesischen →Rechts bis 1435, wenigstens nominell, staatsrechtlich unmittelbar dem dänischen König unterstellt. Diese →Friesen der →Utlande wurden im 14. und beginnenden 15. Jahrhundert als „Königsfriesen" bezeichnet. Dadurch wollte der dänische König die Bestrebungen der Nordfriesen schwächen, mit dem Herzogtum →Schleswig in nähere Verbindung zu treten. Von 1435 an gehörte Sylt endgültig zum Herzogtum. Die Bezeichnung „Königsfriesen" hat nichts zu tun mit den „königlichen" und „herzoglichen" Anteilen im Herzogtum, die seit 1490 bestanden. Damals gehörte Sylt mit Ausnahme von List zu den herzoglichen Anteilen der →Gottorfer.

Nickelsen 1982, Voigt 1967.

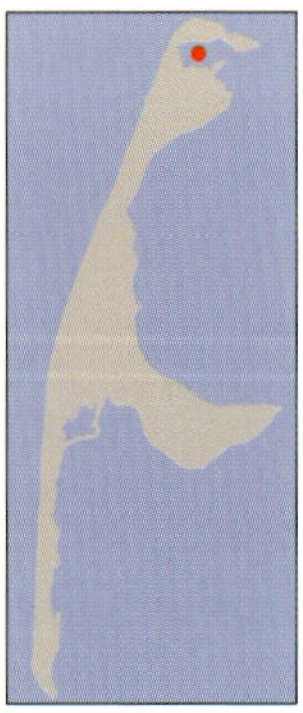

Königshafen

Königshafen *(Köningshaawen)* Die flache und versandete, rund vier Quadratkilometer große Bucht zwischen List und dem →Ellenbogen im Nordosten Sylts verdankt ihren Namen dem dänischen König Christian IV., der im →Lister Tief 1644, gegen Ende des Dreißigjährigen Krieges, eine schwedisch-niederländische Flotte besiegte. Damals existierte der Ellenbogen noch nicht in seiner heutigen Lage und Form. Der Königshafen bildete den südlichen Bereich des Lister Tiefs vor dem Listland. Erst die Ausbildung des heutigen Ellenbogens führte zu einer „Umarmung" des Königshafens, zu einem Abschluss gegen das Tief und damit zur Versandung.

Christian Peter Hansen: „Der Königshafen bei List" um 1850, Zeichnung (Sylter Archiv)

Das Watt im Königshafen mit seinen ausgedehnten Salzwiesen gehört zur Schutzzone I des →Nationalparks Schleswig-Holsteinisches Wattenmeer und unterliegt absolutem Betretungsverbot. Bei Ebbe tauchen weite Sand- und Schlickwatten, Muschelbänke und Seegraswiesen auf, die während des Vogelzugs besonders von Ringelgänsen abgegrast werden. Ein besonderes Naturparadies ist die Insel →Uthörn. Der Königshafen bildet einen Schwerpunkt in der Grundlagenerforschung des Ökosystems Wattenmeer. Wissenschaftler untersuchen hier z. B. Stoff- und Energieumsätze sowie die Transport- und Austauschvorgänge zwischen Watt, Nordsee, Land und Atmosphäre.

Kolumbe 1929, Reinke 1996, Syltbild Stöver 1992.

Koog (in anderen Gegenden auch „Groden", „Heller" oder „Polder" genannt) bezeichnet eingedeichtes Marschland. In strömungsgeschützten Buchten der Nordsee kommt es im Laufe von Jahrzehnten zu natürlichen Schlickablagerungen im Watt, die mit →Lahnungen noch künstlich gefördert werden können. Ist das →Vorland hoch genug gewachsen und hat seine Deichreife erreicht, kann durch Eindeichung ein neuer Koog gewonnen werden. Das neue Kulturland ist damit vom Meereseinfluss abgeschnitten. Es gilt nun, das Problem der Ableitung des Binnenwassers durch den →Deich hindurch zu lösen. Dies geschieht mit Hilfe von →Vorflutern, →Sielen und Schöpfwerken. Auf Sylt gibt es den →Nössekoog und den →Lister Koog. In Nordfriesland zählt man über 170 Köge aus verschiedenen Eindeichungsepochen. Zu ihrer Gewinnung mussten Deiche mit einer Gesamtlänge von rund 850 Kilometern errichtet werden. Diese Strecke entspricht etwa der Nord-Süd-Ausdehnung Deutschlands. Mit der Eindeichung des auf der Festlandseite des Hindenburgdammes gelegenen Friedrich-Wilhelm-Lübke-Kooges ging 1954 die Ära der Landgewinnung im Wattenmeer zu Ende. Spätere Deiche dienten dem →Küstenschutz und der Wasserlösung.

Kunz/Panten 1999.

Kööv ist die sylterfriesische Bezeichnung für den Raum, den man in einem →utlandfriesischen Haus für das tägliche Leben nutzte. Die gute Stube war der →*Piisel.* Aus Gründen der Wärmeersparnis waren Möbel wie →Alkoven, Schränke oder Uhren weitgehend in die Wände eingebaut. Sie bildeten so eine möglichst ebene Fläche, die den zu heizenden Raum verkleinerte. Das sonstige Mobiliar war bescheiden und beschränkte sich meist auf eine an der Wand befestigte Bank, einen längeren Tisch und einige Stühle. An der Wand zwischen *Kööv* und →Küche stand ein eiserner Kastenofen, der →Bilegger, der vom Küchenherd aus beheizt

Die *Kööv* des Altfriesischen Hauses in Keitum (Söl'ring Foriining)

wurde. Die Wand rund um den Ofen belegte man zumeist mit →Fliesen. Sie hielten die Wärme länger im Raum und waren leicht zu reinigen. In den Bettstellen der *Kööv* schliefen in aller Regel die Eltern; vor ihren Alkoven standen die Wiegen der Kleinkinder.

Johannsen 1996, Kühnast 2000c.

Korwan-Katzenstein, Franz (eigentlich Sally Katzenstein) * 26.10.1865 Heinebach/Kassel, † 4.9.1942 Noé/Frankreich, Maler. Korwan-Katzenstein besuchte für zwei Jahre die Düsseldorfer Akademie und kam mit einer Klasse Eugène →Dückers 1888 erstmals nach Sylt. 1889 ließ er sich in Westerland nieder, 1894 heiratete er Franziska Achenbach. Sein „offenes" Atelier in der Strandstraße war wegen seiner Teegesellschaften in Künstler- und Prominentenkreisen sehr beliebt, u. a. nahm auch Generalpostmeister Heinrich von →Stephan daran teil. 1908 wechselte er vom jüdischen Glauben zur evangelischen Kirche über. Er restaurierte die Räume des →Altfriesischen Hauses und des →Sylter Heimatmuseums. 1913 malte er die Keitumer Kirche →Sankt Severin aus.

Der Künstler übernahm auch viele öffentliche Aufgaben. So wurde er zweimal zum Ratmann der Westerländer Gemeinde gewählt und führte in dieser Zeit erfolgreiche Verhandlungen mit dem preußischen Innenministerium über die Stadtrechte. 1905 wurden sie gewährt. Weiter war er Vorstandsmitglied der →*Söl'ring Foriining*, arbeitete in der Denkmalpflege mit, leitete die Sparkasse und saß im Aufsichtsrat der Sylter Dampfschiffahrt Gesellschaft. Seinem ehemaligen Lehrer Eugen →Bracht half er bei der Suche nach der alten Sylter →Tracht.

Nach dem Scheitern seiner Ehe 1920 lebte Sally Katzenstein bei Julius Saenger in Keitum. Der Hamburger Kaufmann förderte seine Arbeit. 1924 erhielt der Maler die Genehmigung, den Künstlernamen Korwan zu führen. Nach dem Tode Saengers 1929 bildete er mit dessen Witwe Elsa eine Lebensgemeinschaft. Mit Aufträgen für Postkarten und Werbeplakate hielt er sich über Wasser. 1937 verkaufte Elsa Saenger ihr Haus und zog mit dem Künstler nach Wiesbaden, 1938 weiter nach Baden-Baden. 1940 wurden sie deportiert. Korwan verstarb 1942 im Internierungslager Noé in Südfrankreich, Elsa Saenger kam 1944 auf dem Transport nach Auschwitz ums Leben. Das „Saengerhaus" in Keitum fiel 1969 einer Serie von Brandanschlägen zum Opfer.

Die *Söl'ring Foriining* präsentierte 1993 und 2002 Gedächtnisausstellungen für den lange vergessenen Künstler und Politiker. Zahlreiche Werke Korwans befinden sich in Privathand. Zwei Gemälde besitzt das Postmuseum in Frankfurt am Main, darunter das Ölbild „Postbeförderung über das Eis nach Sylt 1892", das die gefahrvolle Fahrt mit dem →Eisboot zeigt.

Pingel/Steensen 2001, Sammlung Pleines, Schulte-Wülwer 1996, Wedemeyer 2000c.

Franz Korwan-Katzenstein (Sylter Archiv)

Köster, Hans Peter →Navigationsschulen

Köster, Ose geb. Helfers * 12.4.1919 Hamburg, † 1.3.2002 Wenningstedt, Redakteurin. Köster wuchs in Wenningstedt auf, da ihre Mutter aus einer Sylter Familie stammte. Ihre Ausbildung zur Redakteurin und Bildreporterin absolvierte sie in Hamburg. 1977 bezog sie in Wenningstedt ihren Hauptwohnsitz und engagierte sich in der Kommunalpolitik, 1986-94 in den Kur- und Sozialausschüssen. 1990-92 leitete sie den Wenningstedter Fremdenver-

Franz Korwan-Katzenstein: „Aufziehendes Wetter am Sylter Watt", Ölgemälde, 27 x 45 cm, Galerie Louis Bock & Sohn, Hamburg (Museumsberg Flensburg)

kehrsverein. Sie schrieb regelmäßig für den *Sylter Spiegel*, vor allem lebendige und poetische Geschichten vom alten Sylt.
Sylter Archiv.

Krabben *(Hopkräben*; niederdeutsch: *Porren)* Garnelen, so ihre korrekte Bezeichnung, sind kleine →Krebse, die im Sommer das erwärmte Wattenmeer aufsuchen, wo sie alle Bedingungen für Wachstum und Fortpflanzung vorfinden. Mit der Flut wandern sie auf die Wattflächen, bei Niedrigwasser bevölkern sie die Priele. Nachts schwimmen die fünf bis acht Zentimeter langen Tiere umher und suchen nach Nahrung, tagsüber halten sie sich im Meeresboden eingegraben verborgen. Als Allesfresser vertilgen Garnelen sogar Schalen tragende Tiere (kleine Schnecken, Jungmuscheln), sind aber selbst auch Beutetiere. So ist der Wegfraß z. B. durch Plattfische, Flundern, Grundeln, Aale, Stinte und Rochen sehr viel höher als die Fangmenge der Garnelenfischerei, deren Erträge bei etwa 9 000 bis 12 000 Tonnen Speisegarnelen pro Jahr an der deutschen Nordseeküste liegen. Während früher die Garnelen meist mit Schiebenetzen (→Gliep) im flachen Wasser von Hand gefischt wurden, wird der Fang heute vom Krabbenkutter aus mit jeweils zwei

Krabbenkutter (Foto: Volker Frenzel)

Eine Krabben-Mahlzeit, allerdings noch ungepult (Foto: Georg Quedens)

Schleppnetzen (→Kurren) betrieben (→Fischerei). Die kleineren Krabben werden als Tierfutter oder Dünger aussortiert oder gehen als Gammel wieder über Bord, die größeren werden sofort gekocht und enden später, nach dem Pulen (→Krabbenpulen), als Delikatesse unterschiedlichster Aufbereitung. Diese konzentrierte Nutzung ist nur möglich, weil die Krabbe eine beachtliche Vermehrungsrate hat und die Bestände sich schnell erholen. Im Sommerhalbjahr laicht sie zweimal im Wattenmeer und legt dabei jedes Mal zwischen 2 000 und 12 000 Eier ab. Im Winter, wenn sich die Schwärme in der tieferen und wärmeren Nordsee aufhalten, kommt es zu einer weiteren Eiablage.
Detlefsen 1984, Streble 1990.

Krabbenkutter *(Hopkräbkuter)* Mit der Einführung des Schleppnetzes (→Kurre) 1865 und des motorisierten Krabbenkutters 1906 wurde der Garnelenfang professionell. In den 1950er Jahren waren noch Holzboote von etwa 10 bis 13 Metern Länge gebräuchlich. Die heutigen Schiffe erreichen Ausmaße bis zu 20 Metern und kosten als Neubau rund 2,2 Millionen Mark. Motoren um die 300 PS, Echolot, Radar und Selbststeueranlagen sind die Regel, motorisierte Schüttelsiebe und ölgefeuerte Kessel selbstverständlich. In Zeiten geringer Erträge können die Kutter auch auf Seezungen-, Kabeljau- oder Schollenfang umgerüstet werden. Etwa 50 dieser Fahrzeuge haben in Nordfriesland ihre Heimat, darunter je eines in Hörnum und in List.
Seidel 1999.

Krabbenpulen *(hopkräbpöli)* Mit dem Herauslösen des Garnelenfleisches aus seinem Panzer verdienten vor allem in den Jahren nach dem Zweiten Weltkrieg ganze Familien in Nordfriesland ihren Lebensunterhalt. Aus zehn Pfund Krabben werden rund drei Pfund Fleisch gewonnen. Dazu brauchte eine geübte Krabbenpulerin etwa drei Stunden. Doch verschärfte Hygienebestimmungen und ein vergleichsweise geringer Lohn führten dazu, dass diese Beschäftigung heute nur noch als Nebenerwerb ausgeübt wird. Eine technisch ausgereifte Krabbenschälmaschine konnte bisher noch nicht entwickelt werden. Von den 1996 in Deutschland gefangenen 12 000 Tonnen Krabben wurden z. B. nur etwa zwei bis fünf Prozent per Maschine vor Ort gepult. Die meisten Garnelen werden in Billiglohnländer wie Polen oder Marokko transportiert und dort geschält. Nach drei Tagen ist das konservierte Krabbenfleisch zurück und wird für den Endverbrauch weiterverarbeitet.
Seidel 1999.

Krankenhäuser *(Kraankenhüsing)* 1895-1961 war das Städtische Krankenhaus in Westerland zuständig für die stationäre Versorgung im Sylter →Gesundheitswesen. Die heutigen Krankenhäuser befinden sich in Westerland und Wenningstedt. Im Einzelnen sind dies das Akutkrankenhaus →Asklepios Nordseeklinik und die Kureinrichtungen →Inselklinik Sylt und →Syltklinik. Außerdem gibt es für Kinder und Jugendliche eine Fachklinik der Landesversicherungsanstalt Hamburg. In Morsum besteht seit 2001 eine kleine →Anti-Aging-Klinik.

Krause, Gerhard * 4.10.1926 Berlin, Fotograf. Als Einjähriger kam Krause mit seinen Eltern mit einem der ersten Züge über den Hindenburgdamm nach Sylt. Die Familie siedelte sich bei Vorfahren in Keitum an. Krause arbeitete ab 1954 als Fotograf und Medienexperte bei der *Royal Air Force*, ab 1960 bei der deutschen Luftwaffe und Marine. In den 1960er Jahren begann er bei der Keitumer Theatergruppe „*Kairemböör Spölsters*" mit dem Laienspiel. Später wurde er deren Leiter und schrieb auch eigene Stücke. Für seine Verdienste um den Erhalt der friesischen Sprache und Kultur erhielt er 1993 den →C.-P.-Hansen-Preis.

Sylter Archiv.

Krebse *(Kräben)* sind Gliederfüßer im Größenbereich von Zehntelmillimetern bis etwa 60 Zentimetern. Zum Schutz ist ihre Haut durch Kalkeinlagerungen verkrustet. Allerdings erfordert dies auch mehrere Häutungen im Verlauf ihres Wachstums. Im Watt trifft man am ehesten auf die zehnfüßige →Strandkrabbe. Der →Einsiedlerkrebs hat einen ungepanzerten Hinterleib und schützt sich, indem er in verlassene Schneckenhäuser kriecht. Der äußerst schreckhafte Taschenkrebs erreicht eine Größe bis zu zehn Zentimetern, hat eine rötlichbraune Färbung und gräbt sich bei Ebbe ein. Das Fleisch seiner Scheren ist bei Feinschmeckern sehr beliebt. Als Delikatesse gelten auch die Garnelen, die besser unter ihrer volkstümlichen Bezeichnung →Krabben bekannt sind.
Zu den Krebsen gehört auch eine Tiergruppe, die sich nicht selbst fortbewegen kann: die Rankenfüßer. Hierzu zählen die Seepocken und die Entenmuscheln. Die kleinsten Krebse des Wattenmeers, die Schlickkrebse, werden nur einige Millimeter groß, kommen dafür aber in ungeheurer Zahl und Dichte vor. So leben z. B. bis zu 50 000 dieser Tierchen auf einem Quadratmeter Boden. Sie sind Ursache für das Knistern im Watt, das entsteht, wenn sie ihre Fühler spreizen und die dazwischen gelagerte Wasserhaut platzt. Im →Plankton sind die Ruderfußkrebse, die Muschelkrebse und die Wasserflöhe zu finden. Der größte Krebs Europas ist der Hummer. Er wird zwar auf Sylt gerne verzehrt, hat sein Revier aber in der tieferen Nordsee.

Alshuth 1992a, Quedens 1997.

Kreidolf, Ernst * 9.2.1863 Tägerwilen/Thurgau, † 12.8.1956 Bern, Maler. Der schweizerische Zeichner verfasste und illustrierte Kinderbücher mit Bildern von personifizierten Blumen und Insekten sowie Märchenfiguren. 1906 besuchte er auf Einladung der Kunstwartstiftung von Ferdinand →Avenarius die Insel Sylt. Seine Beobachtungen in der Kampener Vogelkoje haben dem Schmetterlingsliebhaber vermutlich bei den Lithographien seines Bilderbuches „Sommervögel" (1911) geholfen. Das Meer und die Dünen malte er zuerst im Aquarell, dann mit Farbstift und Kreide. 32 Jahre nach seinem Sylt-Besuch schuf er das Ölbild „Sylt" (1938), das sich im Kunstmuseum Bern befindet. Es zeigt einen steilen Dünenabhang, den Strand, die Nordsee, am Horizont ein geisterhaftes Schiff mit vollen Segeln und darauf eine seiner Märchenfiguren.

In seinen „Lebenserinnerungen" hielt Ernst Kreidolf 1957 auch Sylter Eindrücke fest. So schrieb er über die Kampener Vogelkoje: „Verkrüppelte Buchen mit Bartflechten behangen, zwischen denen sich blühendes Geißblatt hinaufrankte. Ein großes eben ausgeschlüpftes Abendpfauenauge saß auf einem Zweig. Es war märchenhaft und seltsam."

Feddersen 1984, Schulte-Wülwer 1996, Wedemeyer 1986 u. 1991a.

Kreise 1867 entstand durch die Übernahme der Herzogtümer Schleswig und Holstein die preußische Provinz Schleswig-Holstein. Die alten Ämter wurden in Kreise umgewandelt. Sylt gehörte nun zum Kreis →Tondern. An der Spitze stand ein Landrat. Nach dem Ersten Weltkrieg fiel der nordschleswigsche Teil des Kreises an Dänemark, Sylt blieb beim deutschen „Restkreis" →Südtondern. Bei der Gebietsreform 1970 entstand aus den drei Kreisen

Südtondern, Husum und Eiderstedt der →Kreis Nordfriesland.

Kreis Nordfriesland *(Krais Nuurđfriislön)* Bei der Gebietsreform 1970 entstand im Nordwesten Schleswig-Holsteins der Kreis Nordfriesland mit einer Ausdehnung von der dänischen Grenze bis zur Eider (90 Kilometer) und von der Nordsee bis auf die hohe Geest (58 Kilometer). Er setzt sich zusammen aus den ehemaligen →Kreisen Südtondern, Husum und Eiderstedt. Neu hinzu kamen 1970 das „Holländerstädtchen" Friedrichstadt und die Stapelholmer Gemeinden Drage und Seeth aus dem alten Kreis Schleswig. Im Wattenmeer liegen die nordfriesischen Inseln Amrum, Föhr, Pellworm und Sylt, die Halbinsel Nordstrand sowie zehn →Halligen. Bis auf die Insel Helgoland befinden sich damit alle Regionen mit nordfriesischer Besiedlung in einer gemeinsamen Gebietskörperschaft. Auf 2 049 Quadratkilometern leben rund 160 000 Einwohner, was einer Bevölkerungsdichte von 78 Personen pro Quadratkilometer (Bundesdurchschnitt: 230) entspricht. Nordfriesland ist zwar landwirtschaftlich geprägt – etwa 78 Prozent der Fläche werden agrarisch genutzt –, doch stellt die Landwirtschaft längst nicht mehr den wichtigsten Wirtschaftszweig. Die fruchtbaren Marschböden eignen sich zwar gut zum Ackerbau, zur Milchwirtschaft und zur Bullenmast, doch dominiert bei der Bruttowertschöpfung besonders auf Sylt, aber auch im restlichen Kreisgebiet mit großem Abstand der Dienstleistungssektor (→Fremdenverkehr).

Kreis Nordfriesland 1999, Kunz/Pingel/Steensen 1998, Steensen 1996a.

Hugo Krohn
(Sylter Archiv)

Wilhelm Krüger
(Sylter Archiv)

Krekiehn, Wolfgang →Zeitungen

Kressen-Jacobs-Tal Der Chronist C. P. →Hansen erdichtete u. a. die im 16. Jahrhundert spielende Geschichte von →Pidder Lüng und seiner Familie. Dazu gehörten Vater Jacob Lüng, seine Frau Kressen Jacobs und mehrere Söhne. Die Devise der wilden Burschen lautete: →*„Frii es di Feskfang"*. Kressen soll über lange Zeit das einzige weibliche Wesen in der alten Fischersiedlung am →Budersand nördlich des Hörnumer Hafens gewesen sein. Deshalb unterstellte Hansen, dass das gleichnamige Tal bei Hörnum nach ihr benannt worden sei. Die wirkliche Namensgeberin wurde jedoch 1726 als Tochter eines Nis Andersen geboren und heiratete Jacob Hennings.

C. P. Hansen 1858a, Panten 2001f.

Krohn, Hugo * 11.1.1910 Hoyer/Nordschleswig, † 27.2.1973 Kiel, Jurist, Privatforscher. Neben seiner Tätigkeit als Steueranwalt widmete er sich der Geschichte Sylts, der Heimat seiner Frau. Er verfasste seine Dissertation über „Die Bevölkerung der Insel Sylt" (Kiel 1948, veröffentlicht vom *Nordfriisk Instituut,* Bräist/Bredstedt 1984) und fertigte grundlegende familiengeschichtliche Arbeiten an. Außerdem schrieb er u. a. über alte Seemannsgrabsteine auf Sylt, über das Haus des Walfangkommandeurs Lorens →Petersen de Hahn und über die Familien von Uwe Jens →Lornsen und Schwen Hans →Jensen. Krohn benutzte überwiegend urschriftliche Quellen wie Sylter Kirchenbücher und unveröffentlichtes Material aus Familienbesitz und Archiven, darunter die Chronik von Henning →Rinken.

Krohn 1938 ff., Momsen 1974, Wedemeyer 1973.

Krokhooger *(Krok* = Ackersenf) Die sechs →Grabhügel aus der Bronzezeit liegen westlich von Kampen in der Nähe der →Sturmhaube.

Krüger, Wilhelm * 15.11.1895 Hamburg, † 22.10.1974 Niebüll, Lehrer, Archivleiter. Krüger, 1920-45 am deutschsprachigen Gymnasium in Apenrade tätig, kam 1948 als Lehrer an die Volksschule in Westerland. Nach dem Tod von Wilhelm →Jessen 1949 übernahm er die Leitung des →Sylter Archivs, das er nach dem Brand von 1950 neu aufbaute. Als er 1972 die Leitung abgab, war wieder viel wertvolles Material zusammengetragen. Mit mehr als 200 Aufsätzen über Sylter Themen machte er sich als Heimatforscher einen Namen. Für seine Leistungen auf dem Gebiet der friesischen Kultur sowie für seine engagierte Pflege des Sylter Archivs wurde er 1972 mit dem →C.-P.-Hansen-Preis ausgezeichnet.

Nordfriisk Instituut, Schmidt 1974.

Kruse, Erwin * 15.4.1920 Flensburg, † 12.1. 1990 Westerland, Journalist. Kruse kam 1938 nach Sylt, wurde Banklehrling und Croupier.

1948 begann er mit dem Schreiben, 1960 fand er den Einstieg ins Fernsehen. Für den Norddeutschen Rundfunk berichtete der „Schah von Sylt" in Hunderten von Filmen über die Insel und galt als ein Stück Sylt.
Nordfriisk Instituut.

Kruse, Karl * 25.5.1890 Brokdorf/Kreis Steinburg, † 26.3.1966 Morsum, Lehrer. Kruse kam 1912 als Lehrer nach Morsum. Er lernte die sylterfriesische Sprache und befasste sich mit den Werken Sylter Heimatdichter wie Max →Bossen, Harald →Hansen und Jens →Mungard. Seine besondere Leistung bestand in der Vertonung Sylter Liedtexte, die seither zum festen Repertoire nicht nur des Morsumer Gesangvereins gehören. 1963 erhielt er den →C.-P.-Hansen-Preis.
Lassen 1980, Nordfriisk Instituut.

Küche *(Kööken)* Ab dem 17. Jahrhundert stand etwa ein Viertel des Wohnraums in einem →utlandfriesischen Haus für die Küche zur Verfügung. Sie lag in der Regel nordöstlich des Flures, war zwei Fach (4 – 5 Meter) lang und erstreckte sich über die halbe Haustiefe. Die andere Hälfte gehörte der Wohnstube *(→Kööv)*. In der Küche befanden sich der Herd *(Ialig)*, die einzige offene Feuerstelle des Hauses, der →Backofen *(Baakaun)* und eventuell ein Nebenherd. An der Rückseite des Herdes stand in der *Kööv* der →Bilegger, der vom Küchenherd aus beheizt wurde. Oftmals grenzte eine Speisekammer *(Spiiskaamer)* an die Küche, außerdem gab es einen Zugang zum meist niedrigen Kriechkeller. Als Mobiliar fand man in der Regel einen Tisch an der Wand unter dem Fenster, zwei Stühle und eine Holzkiste zur Aufbewahrung des Brennholzes. Dazu kamen ein oder zwei Tellerracks für die ständig gebrauchten Schüsseln. Das bessere Geschirr wurde in den Stuben „ausgestellt". Häufig waren →Alkoven in die Wände eingebaut. Hier schlief das weibliche Gesinde. Einen Spültisch gab es vor dem 20. Jahrhundert in den Friesenhäusern nicht. Das Wasser wurde von draußen hereingeholt, das Geschirr im Bottich gewaschen und das Abwasser wieder hinausgebracht. Der Fußboden bestand ursprünglich aus Lehm, doch ging man wahrscheinlich schon im 17. Jahrhundert dazu über, ihn mit kleinen Pflastersteinen auszulegen. Später verwendete man auch Ziegel. Die gemauerten Wände wurden gekalkt, später mit Ölfarbe angestrichen und teilweise auch mit →Fliesen versehen. Die Decke bildeten rohe Dielenbretter.
Der Herd bestand aus einem mindestens kniehohen, aus Ziegeln gemauerten Sockel. Darauf brannte das offene Feuer. Als Brennmaterial dienten neben Strandholz Heideplaggen, →*Tuul* (Seetorf), →*Kiisen* (getrockneter Kuhmist) oder →*Luurter* (Schafdung). Zum Anzünden verwendete man →*Blöös* (Heidekraut oder Stroh), Zunder, Feuerstahl und Flintstein. Gekocht wurde in einem Topf, der auf einem Dreibein über dem Feuer stand. Eine Sylter Besonderheit war der Kochherd mit eingelassenen Grapen (Töpfen) für Wasserbäder. Unter dem Herd befand sich häufig der Backofen. Der Rauch wurde durch ein Loch in der Decke abgeleitet. Verschließbare Holzluken schützten gegen Zugluft, wenn der Herd nicht benutzt wurde.
Um die Mitte des 19. Jahrhunderts wandelten sich die Küchen. Die offenen Herdfeuer wurden nach und nach durch eiserne Herde, die so genannten Kochmaschinen, ersetzt. An die Stelle des offenen Schornsteins in der Küche trat ein Ofenrohr. Im 20. Jahrhundert ersetzten Gas- oder Elektroherde die alten Kochsysteme.
Köster-Lösche/Lösche 1989, Kühnast 2000c, Panten/Sandelmann 1993.

Der Herd des Altfriesischen Hauses in Keitum. Über dem Feuerloch steht ein Dreibein, darüber hängt ein Wasserkessel; links der Backofen.
(Söl'ring Foriining)

Kuhlemann, Peter * 16.3.1913 Nordhausen/Harz, Schriftsteller, Maler, Zoologe, Naturschützer. Kuhlemann kam 1927 als Schüler auf Klassenreise nach →Puan Klent. Seitdem verschrieb er sich der Nordseeregion und ihrer Tierwelt. Sein Studium in den Fächern Germanistik, Biologie und Sport musste er 1937 wegen scharfer Auseinandersetzungen mit den Nationalsozialisten abbrechen. Nach seiner

Kriegsgefangenschaft widmete er sich dem Naturschutz und half beim Aufbau zahlreicher Schutzgebiete in Norddeutschland. 1953 wurde er zweiter Vorsitzender der Ferdinand-Avenarius-Gesellschaft und betreute das Haus →Uhlenkamp bis zu dessen Abbruch 1968. Im Jahr 1960 stellte er einen ersten Antrag für einen →Nationalpark Wattenmeer und gründete das Schutzgebiet →Uthörn auf Sylt. Weiter zeichnete er sich bei der Einrichtung mehrerer, auch international bedeutsamer Kultur- und Naturzentren aus. Zu Beginn der 1970er Jahre siedelte er nach Sylt über. Kuhlemann produzierte viele Fernseh- und Rundfunksendungen und erhielt 1957 den Fernsehpreis der Nordschau. Er schrieb 13 Bücher zu sehr unterschiedlichen Themen und illustrierte sie zum Teil selbst. Seine naturkundlichen Sammelalben erzielten sehr hohe Auflagen. 1972 erhielt er als Kunstschaffender den Förderpreis der Kampener Kunstfreunde, 1973 das Bundesverdienstkreuz.

Entz-v. Zerssen 1999c, Kuhlemann 1979 u. 1983, Nordfriisk Instituut, Sylter Archiv.

Emil Kuhrt (Sylter Archiv)

Kuhrt, Emil * 1848 Flensburg, † 22.8.1909 Westerland, Eisenbahndirektor und Bauunternehmer. In nur sieben Wochen erbaute Kuhrt mit seiner Firma 1888 im Auftrag des Kurdirektors →Pollacsek die 4,2 Kilometer lange Trasse der →Inselbahn von Munkmarsch nach Westerland. 1892 kaufte er die „Sylter Dampfspurbahn“. Ab 1903 führte er im Interesse der aufblühenden Nordgemeinden die Nordbahn vom Westerländer Ostbahnhof über Wenningstedt nach Kampen und 1908 weiter zum Hafen List. Sein Bruder Carl (1846-1933) wurde Betriebsdirektor. In seinem Testament hatte Kuhrt die Stadt Westerland als Erben eingesetzt, falls diese sich verpflichtete, an seine Kinder jährlich 20 000 Mark auszuzahlen. Die Stadt verzichtete. Bis 1958 war eine Straße vor dem Rathaus nach ihm benannt, dann wurde sie zu Ehren von Andreas →Nielsen umgetauft.

Hans Jessel 1996c, Kirschner 2000 u. 2002, Quedens/Stöver 1978, Stöver 1989-1991.

Die Skulptur „Triton auf dem Hippokamen“ steht auf der Westerländer Kurpromenade. (Foto: Thomas Steensen)

Kulturspuren →Siedlungsspuren

Kulturvereine Kunst- und Kulturförderung auf Sylt betreiben der →Verein der Sylter Kunstfreunde in Westerland, der →Verein der Morsumer Kulturfreunde, der Archsumer Kulturkreis und der Förderkreis für Theater und Konzert in Westerland. Er wurde 1975 u. a. von Johanna →Eglau zur kulturellen Belebung des Alten Kursaales der Stadt gegründet. Heute bietet der Verein vor allem in den Monaten der touristischen Nebensaison ein buntes Kaleidoskop aus Konzerten, Lesungen und Kabarett.

Kunau, Walther * 14.5.1933 Löhne/Westfalen, Maler. Kunau absolvierte seine Ausbildung in Hamburg, u. a. bei Willem →Grimm. Anschließend wurde er Kunsterzieher im holsteinischen Bad Oldesloe. Seit den 1960er Jahren besuchte er jährlich die Insel Sylt und wohnte in Rantum. Im Schneewinter 1978/79 wurde er eingeschneit und entdeckte beim tagelangen Blick aus dem Fenster seine Leidenschaft für die Landschaftsmalerei. Seine Werke, die sich weniger mit den tobenden Naturgewalten als mit dem unendlichen Variantenreichtum der Sylter Natur befassen, malte er zum Teil erst Jahre später aus dem Gedächtnis. So entstanden z. B. „Wetterwand überm Deich“ 1996, „Watt am Morgen“ 1997 oder „Deichvorland“ 1998.

Kataloge 1996 u. 2001, Thies 1997 u. 2001.

Kunsthandwerk bildete sich auf Sylt gegen Ende des 19. Jahrhunderts heraus. Vor allem in Keitum und Morsum entstanden Töpfer- und →Webereibetriebe. Goldschmiede, Glasbläser, Kerzengießer und andere Kunsthandwerker begannen mit der Produktion für die zunehmende Zahl der Kurgäste auf der Insel. Eindrucksvolle Unikate aus Gold und Silber, Getöpfertes und mundgeblasene Glaswaren belegen jeweils zum Jahresende in einer gemeinsamen Ausstellung die Kreativität der Sylter Kunsthandwerker. Silke Wessel z. B. ist bekannt für ihre gewebten Schals, Antje Ballauf für getriebenen Halsschmuck, Regine Skoluda und Till Bruttel fertigen Geschirr und Porzellanfiguren und Hans-Jürgen Westphal Gläser, Vasen und Schalen. Margrit Werner-Book steht für Lederkostüme, Birte Wieda, Christoph Freier und Edda →Raspé vertreten das Goldschmiedehandwerk, um nur einige Namen zu nennen.

Nordfriisk Instituut.

Kunst im öffentlichen Raum Zu den wichtigsten künstlerischen Werken, die Sylter Plät-

ze und Gebäude schmücken, gehören in Westerland die Monumentalfiguren auf der →Kurpromenade, die Bronzeplastiken →S. O. S. beim Kurzentrum und „Im Ziel" vor der →Asklepios Nordseeklinik, die „Maria mit dem Kinde" vor der →Sankt Christophorus-Kirche, die →Wilhelmine in der Friedrichstraße und die →„Reisenden Riesen im Wind". Die „Ozeanide", eine Kalkstein-Plastik vor der Post in der Westerländer Kjeirstraße, wurde von dem Hamburger Bildhauer Max Sauk (* 1929) gestaltet. Beim →Jugendseeheim Kassel gegenüber der Vogelkoje Kampen steht die Plastik „Wildgänse", vor der Lister Schule der „Zehnkämpfer" von Arno →Breker. In den Dörfern der Gemeinde Sylt-Ost findet man Werke einheimischer und auswärtiger Künstler, die während der Keitumer Skulpturtage 1999, 2000 und 2002 entstanden. Geschichtliche Ereignisse wurden auf →Gedenksteinen festgehalten.
Sylter Archiv.

Kunstmaler →Maler

Kupferkanne heißt eine teilweise unterirdische Gaststätte in Kampen. An dieser Stelle am Fuß des Hünengrabs →Stapelhoog befanden sich →Bunkeranlagen der Wehrmacht, die nach dem Zweiten Weltkrieg zunächst an Flüchtlinge vermietet wurden. Dort landete auch der Schriftsteller Ernst von →Salomon, der sich um eine Zuzugsgenehmigung nach Sylt bemüht hatte. 1950 verwandelte der ehemalige Stettiner Marineoffizier und spätere Bildhauer Günter →Rieck, der ebenfalls bei Kriegsende einen der Flakbunker zugewiesen bekommen hatte, einen Teil der weit verzweigten Bunkeranlage in einen Gastronomiebetrieb. Zusätzlich pflanzte er über 30 000 Büsche, Sträucher und Bäume auf dem 28 000 Quadratmeter großen Gelände. Kunstvoll beschnitten gaben sie zusammen mit frei fliegenden Pfauen dem Park ein mediterranes Gepräge. Der Herbststurm →Anatol vernichtete 1999 einen Großteil des Baumbestandes. Persönlichkeiten der internationalen Gesellschaft und Wirtschaft wie die persische Kaiserin Soraya, Bundeskanzler Helmut Schmidt, der Schauspieler Maximilian Schell und die Industriellen Berthold Beitz und Alfried Krupp von Bohlen und Halbach machten das Lokal zur Legende. Der Cafégarten der „Kuka", die

Straßenansicht der Kupferkanne, 1960er Jahre (Sylter Archiv)

bis 2002 noch von Riecks Witwe persönlich geführt wurde, bietet einen weiten Blick über das Wattenmeer nach List, zum Festland und zur Nachbarinsel Röm.
Nordfriisk Instituut.

Kurhaus Westerland 1878 erhielt Westerland sein erstes Kurhaus, das so genannte Conversationshaus. Es brannte 1893 ab. Das neue Kurhaus nach einem Entwurf der namhaften Architekten Johannes Vollmer (1845-1920) und Heinrich Jassoy (1863-1939) aus Berlin, die z. B. auch das Stuttgarter Rathaus planten, wurde 1898 eingeweiht. Seit 1934 ist es Sitz der Stadtverwaltung. 1947 hielt das →Sylter Archiv Einzug, 1949 gesellte sich eine →Spielbank dazu. Ein Großbrand vernichtete im darauf folgenden Jahr vor allem große Teile des Archivs. 1985 wurde der zweigeschossige Ziegelbau mit Krüppelwalmdach und zwei turmartigen Vorsprüngen mit welscher Haube unter Denkmalschutz gestellt. Neben den Rathausräumen und dem Casino beherbergt er auch den „Alten Kursaal" der Stadt Westerland.
Nordfriisk Instituut.

Kurhaus Westerland, um 1905 (Sylter Archiv)

Auf der Wandelbahn des Seebads Westerland, um 1905 (Sylter Archiv)

Kurkonzert →Musikmuschel

Kurmittelhaus Die Sylter →Nordseeheilbäder Wenningstedt und Westerland besitzen so genannte Kurmittelhäuser für →Badekuren. Neben traditionellen therapeutischen Maßnahmen der →Meeresheilkunde wie Massagen, Inhalationen, Meerwasserbäder und Wattenschlickpackungen werden zunehmend auch alternative Therapieformen wie z. B. Yoga, autogenes Training und Reflexzonentherapie bei der Behandlung angewandt. In Westerland befand sich die Einrichtung zunächst im →Kurzentrum. 1980 wurde in der Dr.-Nicolas-Straße ein neues Kurmittelhaus gebaut. Für farbige Akzente sorgten die Künstler Gerhard Backschat und Erich Lethgau mit ihren Plastiken, die sich in den Fensterflächen des Gebäudes widerspiegeln und den Vorplatz beleben. Heute sind die Kuranwendungen in das →Syltness-Center integriert. In Wenningstedt befindet sich das Kurmittelhaus La Mer in der Dünenstraße.

Sylter Archiv.

Meerwasser-Trinkkur im Kurmittelhaus Westerland, um 1960 (Sylter Archiv)

Kurpromenade Die erste Flaniermeile am Strand von Westerland, damals Wandelbahn genannt, wurde 1879 gebaut. 1911 vernichteten eine Sturmflut und ein Großfeuer das hölzerne Bauwerk. Ein Jahr später entstand an ihrer Stelle eine steinerne, 574 Meter lange Uferschutzanlage, die 1924 auf 800 Meter verlängert wurde. Heute erstreckt sich die Kurpromenade über fast zwei Kilometer und gestattet einen Blick auf die rund 4 000 hier während der Sommersaison aufgestellten Strandkörbe. Bereits 1880 entstand der erste hölzerne Konzertpavillon am Strand. Seit den frühen 1950er Jahren bildet die →Musikmuschel den Mittelpunkt der Promenade. Die Monumentalfiguren „Europa auf dem Stier" und „Triton auf dem Hippokamen", auch „Sturmbläser" genannt, stiftete 1914 der Kurgast Emil Repphan aus Charlottenburg. Geschaffen wurden sie von dem Berliner Bildhauer und Präsidenten der Preußischen Akademie der Künste Ludwig Manzel (1858-1936) aus Muschelkalk. Den Gedenkstein für Berlin gestaltete 1956 die Bildhauerin Renée →Sintenis.

Entz-v. Zerssen 2000a, Hubertus Jessel 1991, Sylter Archiv, Wedemeyer 1977a.

Kurre ist ein Schleppnetz zum Fang von Garnelen, landläufig →Krabben genannt. Die Kurren hängen an den beiden Auslegerbäumen des →Krabbenkutters. Über dem Fanggrund werden sie auf den Meeresboden abgelassen und dann bei langsamer Fahrt gegen den Gezeitenstrom geschleppt. Am Ende des Netzes befindet sich ein Fangsack, der Steert, in dem die relativ kleinen Krebstiere gesammelt werden.

Kurtaxe Diese von den Kurverwaltungen erhobene Tagesgebühr ist seit 1893 in Deutschland gesetzlich eingeführt. Sie ist obligatorisch für Sylter Feriengäste. Das Geld wird von den Kurverwaltungen und Gemeinden für jene Kosten aufgewendet, die durch den Fremdenverkehr entstehen. Dazu gehören Serviceleistungen wie die Strandreinigung, die etwa 50 Rettungsschwimmer an der Westküste, Erste-Hilfe-Stellen, Strandduschen, Kinderspielplätze, befestigte Wanderwege, Kurorchester, Gesundheitsberatung, Vorträge und Personalkosten. Der zahlende Gast erhält außerdem freien Eintritt zum bewachten Strand und Ermäßigungen

Kurtaxe am Strandübergang Süd in Westerland 1911: Kontrolleur August Wichers (links) und Kassierer Paul Langheinrich (Sylter Archiv)

bei vielen kulturellen Veranstaltungen und Einrichtungen.
Sylter Archiv.

Kurverwaltung Auf Sylt gibt es sieben Service-Unternehmen, die für den →Fremdenverkehr arbeiten, und zwar in Hörnum, Kampen, List, Rantum, Sylt-Ost, Wenningstedt-Braderup und Westerland. Sie versenden z. B. Prospekte, unterhalten →Kurmittelhäuser, bieten Veranstaltungen an und erheben die →Kurtaxe.

Kurzentrum Zum Westerländer Kurzentrum gehört das →Syltness-Center mit der →Sylter Welle und ein 1966-68 durch die Firma Hausbau Bense errichteter Gebäudekomplex an der →Kurpromenade. Er umfasst das ehemalige →Kurmittelhaus, die Kongresshalle mit Restaurant, den Kursaal für 950 Personen, die

Das Appartement-Hochhaus „Metropol" ist mit seinen 16 Stockwerken das höchste Gebäude auf Sylt, Foto von 2002. (Foto: Thomas Steensen)

→Lesehalle, das Haus des Kurgastes mit Meerwasser-Trinkhalle, das „Haus am Meer" und das Appartement-Hochhaus „Metropol". In diesem von weitem sichtbaren Gebäude befinden sich auf einer Gesamtfläche von etwa 21 000 Quadratmetern 360 Wohnungseinheiten mit einer Größe zwischen 23 und 240 Quadratmetern.
Walloch 1995.

Küstenschutz Gegen die zerstörerischen Einwirkungen der Nordsee in Form von Überflutungen und Landabtragungen sind an der Küste Nordfrieslands vielfältige Maßnahmen nötig. Dabei kommt dem Erhalt der dem Festland vorgelagerten Inseln und Halligen eine besondere Bedeutung zu. Sie wirken als Wellenbrecher.
Man darf annehmen, dass Sylt um Christi Geburt wenigstens doppelt so groß war wie heute. Durch ständigen →Landverlust schrumpfte die Insel auf ihre aktuellen Ausmaße. Die Verluste von durchschnittlich einem Meter Strandbreite pro Jahr (etwa eine Million Kubikmeter) entstehen vor allem an der brandungsgefährdeten Westküste, während die gemäßigteren Verhältnisse auf der Wattseite nördlich des Hindenburgdamms für einen steten Wechsel im Anwachs und Abbruch des Marschlandes sorgen. Ein erster →Deich gegen die Nordsee soll bereits im Mittelalter südöstlich vor Archsum und Rantum existiert haben. Doch sorgt erst seit 1937 der Deich des →Nössekoogs für den Schutz der gesamten Niederung im Südosten der Insel.
Im Westen versuchte man ab 1867 auf Empfehlung von Graf →Baudissin mit →Buhnen die Meeresströmung von der Küste abzulenken, jedoch ohne den gewünschten Erfolg. 1907 musste mit einer Strandmauer das Hotel →Miramar in Westerland geschützt werden. Ein Basaltdeckwerk sollte ab 1938 an der Nordwestecke des →Ellenbogens weitere Landabbrüche verhindern. Doch bereits im Zweiten Weltkrieg bekam es durch Treibminen die ersten Löcher. Es wurde dem Verfall preisgegeben. Auch die Verwendung von →Tetrapoden befriedigte nicht, denn die sechs Tonnen schweren Betonklötze wurden von schweren →Sturmfluten versetzt und versanken allmählich im Sand. Seit 1972 wird als bisher beste Lösung regelmäßig mit →Sandaufspülungen gearbeitet, um die jährlich verschwindenden Sandmengen zu ersetzen. Besondere Bedeutung besitzen dabei die Inselenden. Die Methode der Stranddrainage, die im dänischen Hirtshals z. B. zu einem Sandüberschuss führte, wird auf Sylt nicht angewendet. Die hier besonders

hohe Brandungsenergie würde bei Sturmfluten die Drainageröhren freilegen und zerstören. 1990, als die →Abbruchkante noch fünf Meter entfernt war, verankerte man mit Sand gefüllte Geotextilwürste vor dem Kampener Haus →Kliffende. Zwar konnte 1999 beim Orkan Anatol ein Absturz des Hauses über die Kliffkante verhindert werden, doch zeigten die großen Lee-Erosionskolke zu beiden Seiten die Grenzen dieses Verfahrens auf. Zum Küstenschutz zählt auch die →Dünenbefestigung.
Die Ausgaben für den Küstenschutz werden aus Mitteln der von Bund und Ländern getragenen Gemeinschaftsaufgabe „Verbesserung der Agrarstruktur und des Küstenschutzes" finanziert. Seit 1971 ist der Küstenschutz eine nationale Aufgabe. Die aufzuwendenden Mittel trägt zu 70 Prozent die Bundesrepublik Deutschland, 30 Prozent kommen vom Land Schleswig-Holstein. Der „Fachplan Küstenschutz Sylt" soll gewährleisten, dass die Uferlinie der Insel in dem Zustand von 1992 erhalten wird. Zuständige Landesbehörde ist das Amt für ländliche Räume (AlR) in Husum.
Seit den 1970er Jahren bemüht sich der Küstenschutzausschuss der →*Söl'ring Foriining* besonders um den Schutz der Ostseite Sylts. Mit Spendengeldern in Höhe von fast 100 000 Mark, die u.a. durch Vorträge seines Mitglieds Uwe →Sönnichsen zusammengetragen wurden, konnte der Verein einen Deichbau vor Rantum unterstützen. 1976 wurde u. a. von dem Hamburger Hermann Haltermann, der ein Haus in der Hörnumer →Kersig-Siedlung bewohnte, der „Verein Deutscher Küstenschutz" ins Leben gerufen. Von einer Westerländerin erhielt die gleichnamige Stiftung ein Gründungskapital in Höhe von 800 000 Mark.

Behrend 2001, Matthiesen 2001, Newig 1987 u. 2000a, Nordfriisk Instituut, Pfnür 2000, Wiedecke 1971.

Küstenseeschwalbe →Seeschwalben

Lachmöwe →Möwen

Lahnung *(Laaning)* nennt man die Begrenzung eines Landgewinnungsfeldes mit einer Größe von etwa 200 mal 400 Metern. Eine Lahnung besteht aus zwei Pfahlreihen, zwischen die →Faschinen gepackt werden. Sie hat eine Höhe von etwa einem Meter und ist oft mit einem Anwurf von →Klei versehen. Die Lahnungsfelder werden netzartig ins Wattenmeer hineingebaut, verringern dadurch die Strömung, dämpfen die Wellenbewegung und schaffen so Stillwasserzonen, in denen es verstärkt zur Ablagerung der mitgeführten Schwebstoffe kommt. Auf diese Weise kann das →Vorland unter günstigen Bedingungen um bis zu zehn Zentimeter pro Jahr aufgebaut werden. Durchschnittlich ist mit einem Anwachs von jährlich drei Zentimetern zu rechnen. Hat die Auflandung eine Höhe von etwa 50 Zentimetern unter dem →Mittleren Tidehochwasser erreicht, wird zur Entwässerung ein System von →Grüppen angelegt. Auf der Fahrt über den Hindenburgdamm nach Sylt kann dieser Prozess auf beiden Seiten des Dammes gut beobachtet werden.

Pfnür 1997.

Laie →Ley

Lambert, Kurt * 16.9.1908 Berlin, † 27.12. 1967 Hamburg, Maler. Lambert studierte ab 1931 an der Staatsschule für freie und angewandte Kunst in Berlin. 1939 erhielt er den großen Staatspreis für Malerei. Nach seinem ersten Sylt-Aufenthalt, vermutlich 1948, kehrte er Sommer für Sommer zurück. In der Landschaft entwarf er die Skizzen für seine Kompositionen. Mit Ölfarben auf Hartfaser entstanden u. a. die Bilder „Grüner Strandwagen" (1952) und „Strandsommer" (1956). Lambert, der als freischaffender Künstler arbeitete, nutzte die Kampener Lokale →Sturmhaube und →Kupferkanne zur Kontaktpflege. Industrielle wie Berthold Beitz oder Berthold von Bohlen und Halbach gehörten zu seiner Kundschaft, auch Axel →Springer gab mehrere Bilder in Auftrag.

Bei seinem ersten Besuch der Insel notierte Kurt Lambert 1948 in sein Tagebuch: „Westerland, fürchterlicher Steinhaufen, bin entsetzt. Wenningstedt dann eine Art Villenort, auch nicht besonders reizvoll. Mit Notizbuch längs der Steilküste nach Kampen, söhnt mit allem wieder aus. Herrliche Dünenformen, bizarr, gebirgshaft. Wundervoller Blick auf Kampen, erste kleine Skizze ins Notizbuch. Abends phantastische Abendstimmung der Dünengebirge gegen den brennenden Himmel und der Blick ins Land hinein zum Leuchtturm mit den unwirklich weißen Häusern im Vordergrund."

Schulte-Wülwer 1996.

Landenberger, Christian * 7.4.1862 Ebingen/Württemberg, † 13.2.1927 Stuttgart, Maler. Landenberger besuchte die Stuttgarter Kunstschule und die Münchner Akademie. 1892 gehörte er zu den Gründungsmitgliedern der Münchner Sezession. 1905 erhielt er einen Ruf an die Stuttgarter Akademie. Er galt als der bedeutendste schwäbische Freilichtmaler und Impressionist. 1926 verbrachte er sechs Wochen auf Sylt und schuf seine Werkgruppe „Strandszenen auf Sylt“, etwa 15 Bilder, die er am Kampener Strand, mitten unter den Badegästen, anfertigte.

Schulte-Wülwer 1996.

Landesgevollmächtigte Die älteste Nachricht über das Kollegium der Landesgevollmächtigten stammt aus dem Jahre 1695. Es übernahm Verwaltungsbefugnisse, die bislang der →Sylter Rat innehatte. Als das Kollegium in der zweiten Hälfte des 18. Jahrhunderts auszusterben drohte, da man Neuwahlen unterlassen hatte, wurde es 1790 per Verordnung wieder eingerichtet. Seither fungierten die Landesgevollmächtigten als Sylter „Regierung“ und vertraten die wirtschaftlichen, politischen und verfassungsmäßigen Interessen der →Landschaft Sylt gegenüber dem Staat. Dazu gehörte z. B. die Verwaltung und später die Kontrolle des Landschaftshaushalts, der seit 1745 vom →Landvogt geführt wurde. Weiter setzte das Gremium die Landschaftsbeamten ein, wie z. B. den →Landschaftsarzt, Apotheker, Fährmann u. a. Zu den Aufgaben zählte auch der Schutz der „Gerechtsamen“, der Gesetze der kommunalen Selbstverwaltung, vor staatlicher Beeinflussung und die Verwaltung des →Vorlandes. Die neun Mitglieder wurden von den Sylter →Bauerschaften gewählt; ihr Amt währte lebenslänglich (→Wahlen). Aus Morsum kamen in der Regel drei, aus Keitum zwei und aus Archsum, den Norddörfern, Tinnum und Westerland je ein Vertreter. Die Gevollmächtigten wählten aus ihren Reihen einen Sekretär, der das Protokoll führte und das Archiv verwaltete. Die Oberaufsicht über das Gremium stand stellvertretend für den Amtmann von Tondern dem Landvogt zu, jedoch ohne festen Sitz und Stimme. Die Sitzungen fanden ab 1764 einmal monatlich im →Landschaftlichen Haus in Keitum statt. 1867 wurden die Kompetenzen

Das Landschaftliche Haus in Keitum (Andreas Gabriel; Foto: Schaper)

der Selbstverwaltung stark eingeschränkt, doch überlebte das Kollegium der Landesgevollmächtigten noch bis 1897. Die →Vorlandverwaltung übernahm 1898 eine Kommission, aus der später der →Landschaftszweckverband Sylt hervorging.

Janus 1998, Meyer 1938, Rinken 1992, Stöpel 1927, Wülfke 1831.

Landesschutzdeich Die vorderste, so genannte erste Deichlinie ist gesetzlich zum Schutz des Landes gegen →Sturmfluten bestimmt. Sie hat in Nordfriesland eine Länge von rund 221 Kilometern. Rund 155 Kilometer Seedeich sichern das Festland und 66 Kilometer die Inseln Sylt, Föhr und Pellworm. Der Deich des →Nössekoogs ist rund 13 Kilometer lang, der Mövenbergdeich des →Lister Koogs etwa 2,5 Kilometer. Die Verantwortung für die Unterhaltung und Wiederherstellung der Landesschutzdeiche ging 1971 von den regionalen →Deich- und Sielverbänden auf das Land Schleswig-Holstein über.

Kreis Nordfriesland 1999, Newig/Petersen 1995.

Landkarten *(Lönkaarten)* Bereits auf den Werken des ägyptischen Kartographen Claudius Ptolemäus (etwa 100 bis 180 n. Chr.) sind so genannte Sächsische Inseln verzeichnet. Man kann ihre Position recht gut mit der Lage der Inseln Amrum, Föhr und Sylt in Einklang bringen. Auf den Kartenschöpfungen der nächsten anderthalb Jahrtausende erweiterten sich diese Erkenntnisse kaum. Eher kann das Gegenteil beobachtet werden. Eine erste fast wirklichkeitsgetreue Anordnung zeigen die 1585 veröffentlichten Küstenkarten des Niederländers Lucas Janszoon Waghenaer. Der Husumer Kartograph Johannes Mejer (1606-1674) schuf eine große Anzahl hochinformativer Karten und

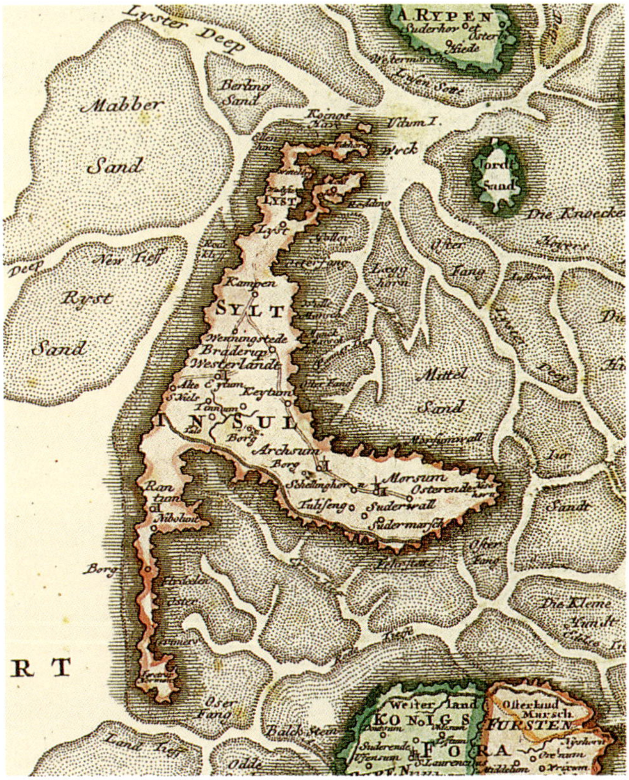

Karte von Johannes Mejer, Husum 1648; Nachdruck von Joan Blaeu, 1662

veröffentlichte sie 1652 zusammen mit Caspar →Danckwerth in seiner schleswig-holsteinischen Landesbeschreibung. Er benutzte u. a. alte Kirchenverzeichnisse, um die geographischen Verhältnisse zu rekonstruieren. Trotz mancher phantasiereicher Ausschmückungen blieb diese Kombination von Beschreibung, Topographie und Kartenwerk viele Jahre maßgeblich für das Bild der Westküste. Ähnliche Bedeutung erreichte eine Karte von *Frisia minor*, dem Gebiet zwischen Eider und Röm, die der Flensburger Landvermesser, Deichgraf und Hardesvogt der Nordergoesharde, Johann Wittemake (um 1605-1676), 1640 erstellte. Im 18. Jahrhundert entstanden die Konzeptkarten der dänischen Gesellschaft für Wissenschaften, die jedoch lange Zeit ungedruckt blieben und erst im 19. Jahrhundert in überarbeiteter Form herausgegeben wurden. Zur Zeit der Verkoppelung ab 1778 legte man in den Sylter Dörfern genaue Flurkarten an. Sie befinden sich heute überwiegend im Landesarchiv in Schleswig. Doch auch im Sylter Archiv sind in der Abteilung Brandakten bislang unveröffentliche Karten zu finden. Seit der Einrichtung der Katasterämter in preußischer Zeit steht eine Vielzahl kartographischer Unterlagen zur Verfügung.

Kunz 1998, Panten 2000a/b.

Landkreise →Kreise

Landschaft *(Lönskep)* ist im hier gemeinten Sinn eine verfassungsrechtliche Bezeichnung für einen Verwaltungstyp, der sich durch eine relativ eigenständige rechtliche und politische Struktur auszeichnet. Zur Zeit der dänisch-schleswig-holsteinischen Verwaltung bestanden auch in Nordfriesland solche Landschaften, insbesondere im Bereich der →Utlande. Ein Musterbeispiel dieser bäuerlichen Selbstverwaltung stellte die Landschaft Eiderstedt dar. Ihre innere Verfassung, das Eiderstedter Landrecht von 1572, diente anderen Regionen als Vorbild.
An der Spitze der Landschaft Sylt stand als Repräsentant des Staates der →Landvogt. Ihre Selbstverwaltung war dadurch nur wenig berührt. Aus den drei Sylter „Commünen", dem →Kirchspiel Morsum, dem Kirchspiel Westerland sowie dem Kirchspiel Keitum mit den vier →Bauerschaften Archsum, Keitum, Tinnum und den →Norddörfern, bildete sich bis 1764 das Kollegium der neun →Landesgevollmächtigten heraus. Sie vertraten noch bis 1897 die Sylter Interessen gegenüber dem Staat, seit 1867 allerdings mit stark eingeschränkter Kompetenz. Teile ihrer Aufgaben gingen anschließend auf eine Kommission ohne offiziellen Namen über. Gelegentlich wurde sie als „Landschaft" zitiert, später mündete sie in den →Landschaftszweckverband. Mit der preußischen Landkreisordnung von 1867 verloren die Landschaften ihre politische Bedeutung. Die reichsdänische →Enklave List gehörte nicht zur Landschaft Sylt.

Janus 1998, Schmidt-Eppendorf 1977, Wülfke 1831.

Landschaftliches Haus 1764 erbaute der Archsumer Kapitän und Sylter Ratmann Theide Peter Clemenz (1736-1815) anlässlich seiner Eheschließung in Keitum ein →utlandfriesisches Haus. Ab sofort wurden hier die Sitzungen der →Landesgevollmächtigten und des →Sylter Rates abgehalten. 1785 stattete der Kapitän sein Haus reichlich mit →Fliesen aus. Nach seinem Tod vermietete seine Witwe Räume an den →Sylter Verein. Es entstand eine

reichhaltige →Lesebibliothek. 1835 wurde Maren Thies Clemenz als Gastwirtin bezeichnet. Damit beherbergt das Landschaftliche Haus die älteste Gastwirtschaft des Dorfes. Das Restaurant wird in der dritten Generation von der Familie Gabriel geführt. Die Räume sind teilweise noch original eingerichtet und geschmückt.
v. Bremen 1999, Voß 1987, Wülfke 1831.

Landschaftsarzt war ein kommunales Amt auf Sylt 1792-1890. Nach einer Epidemie in den Jahren 1784/85 war man zu der Überzeugung gelangt, die medizinische Versorgung auf Sylt zukünftig von Amts wegen zu gewährleisten. Zwar stellte der mächtige →Landvogt Matthias Matthiesen mit C. F. →Buchholz erstmals einen Arzt vertraglich ein, doch schuf erst 1792 eine königliche Resolution die rechtliche Grundlage für die Beschäftigung der Landschaftsärzte. In preußischer Zeit konnte die Stelle abgeschafft werden, da sich nun mehrere freie Ärzte auf der Insel niedergelassen hatten.
Klockenhoff 1988, Rinken 1992.

Sieben Mediziner hatten in gut 100 Jahren die Stelle eines Landschaftsarztes auf Sylt inne:

Christian Friedrich →Buchholz	(1785)-1824
Georg Nikolaus →Wülfke	1824-1838
Saxil (interimistisch)	1838/39
Harald →Ackermann	1839-1855
Simon →Levin	1855-1860
Carl Hinrich Vilhelm →Carstens	1860-1863
August Friedrich →Dittmann	1863-1884
Paul Hinrich Justus →Nicolas	1885-1890

Landschaftsentwicklung Die erdgeschichtliche Entstehung Sylts ist vermutlich auf eine im Tertiär (65 bis 2 Millionen Jahre v. Chr.) entstandene Aufwölbung zurückzuführen. Kaolinsande, Ablagerungen eines Flusssystems aus Skandinavien, sind von Kampen im Norden bis Hörnum im Süden und auf Teilen der Nösse-Halbinsel im Osten zu finden. Am →Morsum-Kliff und am →Roten Kliff treten sie zutage und bieten gute Einblicke in die voreiszeitliche Entstehungsgeschichte. Die Oberfläche Sylts besteht hauptsächlich aus drei geomorphologischen Einheiten: →Geest, →Marsch und →Nehrungen. Um 8000 v. Chr. bestimmten Endmoränenreste der Weichsel-Eiszeit (etwa 115 000-8 000 v. Chr.) und von Schmelzwassertälern durchzogene Sanderflächen die Landschaft um Sylt. Bis 7000 v. Chr. lag der Meeresspiegel rund 45 Meter tiefer. Um 500 v. Chr. war er wegen der abschmelzenden Eismassen ungefähr auf heutiges Niveau gestiegen. Nach dem Bericht des Chronisten Hans →Kielholt lag westlich vor Sylt eine Limonitsandsteinbank. Sie schützte lange das Hinterland vor dem Meereseinfluss. In die Senke hinter dieser Barre entwässerten die Geestflüsse. Es bildeten sich großflächig Sümpfe, Moore und Marschen. Auch zwischen den Sylter Geestkernen lagerten sich im Schutz des Riffs Marschgebiete an. Die Westküste der Insel lag etwa vier bis fünf Kilometer westlich des heutigen Küstenverlaufs. Ab dem 11. Jahrhundert stieg der Meeresspiegel erneut spürbar an. Das Riff wurde allmählich abgetragen und war zu Beginn des 14. Jahrhunderts wohl schon weitgehend zerstört. Das Meer konnte nun ungehindert vor allem die westlichen Marschen abtragen. Mit ihnen verschwanden ganze Siedlungen wie →Eidum oder Alt-Rantum, →Siedlungsspuren zeugen davon. Nach Schätzungen soll die Insel seither um zwei Drittel geschrumpft sein. Im langjährigen Mittel beträgt der →Landverlust rund einen Meter.

Friedrich Mager beschrieb in einer historisch-geographischen Untersuchung 1927 die Bodenkultur und die wirtschaftlichen Zustände der Sylter Gemeinden: „Sylt ist als Lebewesen aufzufassen, dessen ganzer Organismus unter dem zermalmenden, allseitigen Druck des Meeres bis ins Innerste hinein leidet und zunehmend verkümmert; die ganze Entwicklungsgeschichte von Sylt seit seinem Bestehen als Insel ist mit der Geschichte seines Abbruches nahezu identisch."

Fränzle 1987, Hoffmann 2000, Mager 1927, Newig 1996b, Rinken 1992, Schmidtke 1992, Stremme 1984.

Landschaftsvielfalt Es lässt sich kaum eine größere Vielfalt an Landschaftsformationen auf engem Raum vorstellen als auf Sylt. Auf einer Strecke von rund zwölf Kilometern Breite findet man von der West- bis zur Ostküste den Sandstrand, das →Rote Kliff, →Nehrungen und →Dünen, die heidebewachsene →Geest, die östliche Kliffkante, die →Marsch und das

→Wattenmeer. Flüsse und Seen fehlen – mit Ausnahme des Wenningstedter Dorfteichs und einigen →Vorflutern im →Nössekoog –, →Wald gibt es nur in spärlicher Ausprägung.

Landschaftszweckverband Sylt Die Vereinigung bildet den kommunalen Dachverband für die Belange der gesamten Insel. Er wurde notwendig, weil dem →Amt Landschaft-Sylt nicht alle Sylter Gemeinden angehören. Westerland ist Stadt und List amtsfreie Gemeinde. Der Landschaftszweckverband ist eine Nachfolgeeinrichtung der gelegentlich auch als „Landschaft" bezeichneten „Commission zur Verwaltung des landschaftlichen Anwachses", die 1898 gegründet wurde. Sie übernahm Funktionen des 1897 aufgelösten Kollegiums der →Landesgevollmächtigten und führte diese unter wechselnden Namen weiter. 1952 legte man sich auf „Anwachs- und Uferschutzverband" fest, seit 1976 heißt der Zusammenschluss Landschaftszweckverband. Nach einer Satzungsänderung von 1979 zählen neben dem →Küstenschutz auch der Dünenschutz sowie die Pflege des →Waldes und des gesamten insularen Wegenetzes zu den Aufgaben des Verbandes. 1989 übernahm der Landschaftszweckverband auch die Geschäftsführung des Arbeitskreises für integrierten Inselschutz. Im Mittelpunkt stehen die Themen Siedlungswesen, Energieproblematik, Abfall/Entsorgung, Verkehr und Öffentlichkeitsarbeit.

Entz-v. Zerssen 1994b, Krämer 1986, Landschaftszweckverband 1998.

Landverlust Die Schätzungen über Landverluste auf Sylt gehen weit auseinander. Seit dem 14. Jahrhundert etwa soll Sylt um mehr als zwei Drittel geschrumpft sein, im späten 19. Jahrhundert sollen in nur 18 Jahren an einigen Stellen mehrere hundert Meter Strand verschwunden sein. Ortschaften wie →Rantum wurden nachgewiesenermaßen mehrfach nach Osten verlegt, →Eidum, Stedum und Nieblum verschwanden ganz von der Landkarte. Im langfristigen Mittel verliert die Westküste jedes Jahr rund einen Meter.

Während die Sylter aus diesen Vorgängen lernten und ihre Häuser in den letzten Jahrhunderten in gebührendem Abstand zur →Abbruchkante errichteten, bauten die Pioniere des Fremdenverkehrs ab der Mitte des 19. Jahrhunderts wieder viele Gebäude in Küstennähe. Damit setzte zwangsläufig auch der →Küstenschutz auf Sylt ein.

Mager 1927, Newig 1996b.

Das Strandcafé in Wenningstedt im November 1928 kurz vor seinem Absturz vom Kliff auf den Strand (Sylter Archiv)

Landvogt *(Fööger)* Der Vertreter des Landesherrn in der →Landschaft Sylt war der Landvogt. Seit 1547 ist das Amt auf Sylt bekannt. Der Landvogt unterstand zwar dem →Amtmann von Tondern, war jedoch weitgehend unabhängig von diesem. Er beaufsichtigte die →Landesgevollmächtigten, den →Sylter Rat, die →Strandvögte und die →Bauerschaften und sorgte für die Einhaltung der Gesetze. In den Gremien der →Kirchspiele hatte er Sitz und Stimme. Weiter war er ab 1744 als Justizbeamter befugt, kleine Streitsachen selbst zu verhandeln. Als Notar führte er die Schuld- und Pfandprotokolle und vertrat die Obervormundschaft. Ab 1745 sorgte er als Hebungsbeamter auch für die Zahlung der königlichen Gefälle, der Landsteuer und anderer →Abgaben. Seine Aufgaben als Hausvogt wie z. B. die Beaufsichtigung der Mühlen und der Wege sowie polizeiliche Handlungen ließ er in den einzelnen Dörfern durch die Bauervögte erledigen. Ab 1600 befand sich der Sitz der →Landvogtei in Tinnum. Sehr beliebt war die Familie →Taken, die von etwa 1600 bis 1713 über fünf Generationen den Landvogt stellte und bei der Wahrnehmung ihrer Aufgaben eher auf die Belange der einheimischen Bevölkerung als auf die Interessen des Landesherrn achtete. 1713-42 wurde Sylt vom Föhrer Landvogt verwaltet. Auf Sylt vertrat ihn ein Vize-Landvogt. Danach ernannte der absolutistische dänische Gesamtstaat nur noch juristisch vorgebildete und meist landfremde Personen zum Königlichen Landvogt. 1830 kam der spätere „Nationalheld" Uwe Jens →Lornsen ins Amt, doch dauerte seine Dienstzeit nur zehn Tage, da er wegen Veröffentlichung einer politischen Broschüre abgesetzt und verhaftet wurde. 1866 wurde der Sitz des Landvogtes in das →Packhaus in Keitum verlegt. Als 1867 Rechtsprechung und Verwaltung in Schleswig-Holstein getrennt wurden, entstanden aus den →Harden die Hardesvogteibezirke. Die Sylter Verwaltung leitete bis zur Auflösung des Amts 1889 ein →Hardesvogt. Anschließend übernahm seine Aufgaben der Vorsteher des →Amtes Landschaft Sylt mit Sitz in Keitum.

Die Sylter Landvögte:

Andreas Früdden (Andres Frödden)	(um 1547 und noch 1572)
Knut Taken	(um 1600)
Take Knuten	(ca. 1609-1617)
Frödde →Frödden	1623-1634
Peter →Taken I.	1634-1684
Heinrich Dreyer (interimistisch)	1684-?
Joachim Lüthen (Lützen)	?-1689
Steffen →Taken	1689-1711
Peter →Taken II.	1711-1713
Peter Matthießen I. (Föhr)	1714-1742
Matthias Matthießen	1742-1788
Jens Thiesen Deutscher (interimistisch)	1788
Eduard Arnold →Ambrosius	1789-1794
Friedrich Andresen (Ratmann aus Wenningstedt, interimistisch)	1794/95
Wulf Boysen Schmit („Wulf Heicken", Ratmann aus Morsum, interimistisch)	1794/95
Peter Matthießen II.	1795-1799
Paul Christian Busch	1799-1805
Johann Friedrich Jensen	1805-1810
Dröse (Hardesvogt in Tondern; interimistisch)	1810/11
Georg Wilhelm C. v. Eggers	1811-1816
Martin Thomsen	1816-1830
Uwe Jens →Lornsen	1830
Georg Petersen (interimistisch)	1830-1831
Hans Nicolai →Frenssen	1831-1833
Peter Peter Geicken (interimistisch)	1833-1834
Gustav Frederik Lassen	1834-1844
Schwen Hans →Jensen	1844-1854
August Thomsen (interimistisch)	1854
Werner Carl Julius Gottlob van →Levetzau	1854-1859
Dirck Schwen Steffens (Ratmann aus Tinnum; interimistisch)	1859
Peter Albert Petersen (Ratmann aus Tinnum; interimistisch)	1859
Ferdinand E. T. Tvermoes	1859-1863
Hans P. N. Tvede	1863-1864
Peter Theodor Ludwig Hansen	1864-1866
Jacob Broder Jacobsen	1866-1867
Wilhelm Ernst Barthold Freiherr von Brockdorff	1866-1867
Julius Sigismund Wilhelm Marcus von Binzer	1867
Hardesvogt:	
Julius Sigismund Wilhelm Marcus von Binzer	1867-1871
Amtsvorsteher:	
Friedrich Johannes →Hübbe	1872-1889

Janus 1998, Rinken 1992, Schmidt-Eppendorf 1977, Voigt 1967, Wedemeyer 1991a, Wülfke 1831.

Landvogtei *(Föögerii)* Drei Gebäude waren Sitz der Sylter Landvögte. Die erste Landvogtei in Tinnum, in welcher Knut Taken um 1600 residierte, musste aufgegeben werden, weil sie hochwassergefährdet war. Deshalb ließ 1649 →Landvogt Peter →Taken einen neuen, heute als „Alte Landvogtei" bezeichneten Amtssitz errichten. Er steht in der Straße Kampende. Giebel, Tür und viele Innenräume sind mittlerweile stark verändert. Schön erhalten ist aber der reich ausgestattete →*Piisel.*

1748 erteilte der Landvogt Matthias Matthießen den Auftrag für eine dritte Vogtei. Sie wurde 1793 und 1844 durch weitere Gebäude vergrößert. In einem Flügelanbau befand sich der Gerichtssaal. In dem noblen Anwesen übernachtete 1825 der dänische König Friedrich VI.. Die Landvogtei befand sich immer im Besitz des jeweiligen Landvogts, musste also bei Amtsantritt käuflich erworben werden. 1866 wurde der Sitz des Landvogts in das →Packhaus nach Keitum verlegt. Die dritte Landvogtei brannte 1892 ab. Erhalten ist nur noch der Türstein, der sich im Schleswig-Holsteinischen Landesmuseum in Schleswig befindet. Auf dem Platz steht heute der Eiben-Hof.

Berkefeld 1994, Beseler 1969, Hansen 1859a, Opitz 1996, Rinken 1992, Wedemeyer 1967.

Die „Alte Landvogtei" in der Straße Kampende in Tinnum (Foto: Reinhard Scheiblich)

Landwirtschaft *(Buurerii)* spielte in der →Wirtschafts- und Sozialgeschichte Sylts keine dominierende Rolle. Nach dem Verlust der meisten Ackerflächen durch die →Sturmfluten des späten Mittelalters ernährten sich die Menschen hauptsächlich von der →Fischerei, fristeten dabei zumeist aber ein karges Leben. Ein Indiz für die geringe Bedeutung des bäuerlichen Wirtschaftens ist die lange Zeit fehlende bzw. ungenügende Bedeichung der Sylter →Marsch. Die zu erwartenden Erträge schienen die Kosten für einen vernünftigen Deichbau nicht zu rechtfertigen. Während auf der Nachbarinsel Föhr und auf dem nordfriesischen Festland zur Mitte des 16. Jahrhunderts die Marsch mit großen Deichbauprojekten abgesichert wurde, existierte auf Sylt lediglich der →Eidumdeich als niedriger Sommerdeich, der zwar gewöhnliche Fluten abwehren, →Sturmfluten aber nicht standhalten konnte. Sie überschwemmten regelmäßig das Land südlich von Archsum und Morsum und brachten Menschen, Vieh und Ernte in größte Gefahr. Mildere Fluten sorgten hier aber auch für die Bildung neuen →Vorlandes.

Getreideernte in Morsum (Sylter Archiv, Foto: Wilma Bräuner)

Im 15./16. Jahrhundert brachte der wandernde Dünensand im Zusammenspiel mit einigen schweren Sturmfluten die spärliche Landwirtschaft fast völlig zum Erliegen. Auch weil natürlicher Dünger in den Häusern verheizt wurde, blieb die Bodenqualität schlecht. Luftgetrocknete oder gesalzene Fische bildeten die Hauptnahrung. Bis ins 18. Jahrhundert hinein gab es keine Zwei- oder Dreifelderwirtschaft. Vermutlich wurden nur Roggen und Gerste angebaut, Futterkräuter gelangten erst in der zweiten Hälfte des 19. Jahrhunderts auf die Insel. →Pferde sollen über Winter so karg ernährt worden sein, dass man ihnen im Frühjahr mit vereinten Kräften auf die Beine helfen musste. In alten Akten findet man immer wieder den Vermerk „verschuldet". Es fehlte manchmal selbst das Geld zum Erwerb der neuen Aussaat. Eingeführtes Brotkorn galt als ausgesprochenes Luxusgut, das sich nur wenige leisten konnten. 1712 wurden 92 Hauseigner (von etwa 550) mit dem Beruf Landwirt gezählt.

Rettung bot für viele die →Seefahrt. Die spärliche Landwirtschaft lastete nun überwiegend auf den Schultern der →Frauen. Die →Verkoppelung ab 1780 brachte keinen nennenswerten Aufschwung. Produkte des Landbaus waren Roggen, Gerste, Kartoffeln, etwas Hafer, wenig Weizen, Erbsen und Buchweizen. 1861 zählte man 229 Pferde, 1 401 Rinder und 6 043 →Schafe auf der Insel. Ab 1869 wandten sich wieder mehr Männer der Landwirtschaft zu, denn die Ausbildung zum Steuermann oder Kapitän war kostspielig geworden (→Navigationsschulen). Weiter forderte ein zunehmender Nahrungsmittelbedarf auf der Insel eine Steigerung der landwirtschaftlichen Produktion. Moderne Arbeitstechniken ermöglichten dies. 1879 wurden 192 Landwirte gezählt, die Tendenz war stark steigend. Die Betriebe wurden intensiver bewirtschaftet, die Milchproduktion zum rentablen Geschäft. Bis zur Eindeichung

des →Nössekoogs 1937 blieben die Erträge der Agrarwirtschaft allerdings stark durch Sturmfluten bedroht.
Nach dem Zweiten Weltkrieg existierten etwa 300 Höfe auf der Insel. Heute ist ihre Zahl auf etwa 30 geschrumpft, darunter nur sieben Vollerwerbsbetriebe, von denen seit der Schließung der →Meierei nur noch einer „Sylter Milch" produziert. Fünf Bauern betreiben Viehwirtschaft. 50 Eisenbahnwaggons mit Getreide verließen 2001 die Insel, etwa die gleiche Menge an Futter- und Düngemitteln wurde nach Sylt gebracht. Sinkende Erlöse und vor allem steigende Frachtkosten machten die Arbeit zunehmend unrentabel. Die meisten Bauernhöfe stellten ganz auf den →Fremdenverkehr um und bauten ihre Ställe und Scheunen zu Wohnungen um. Auch →Ferien auf dem Bauernhof gehören zum Angebot.

Über die Probleme der Sylter Landwirtschaft schrieb C. P. →Hansen am 27. 4. 1871 in den Itzehoer Nachrichten: *„Im Frühjahre und Vorsommer sind hier (gewöhnlich) nebel- und salzreiche Seewinde oder heftige, kalte und trockene Nordweststürme vorherrschend, welche allem Pflanzenwuchs hinderlich sind, so daß hier im Freien kein Baum, höchstens verkrüppeltes Gebüsch wachsen kann, das Stroh des Kornes stets kurz bleibt, das Gras auf den Wiesen oft erst spät im Mai sich entwickelt, dann erst zur Viehweide benutzt werden kann und gewöhnlich im Juni nur noch fingerlang ist. Nicht selten entsteht mitten in der Heuernte eine Sturmfluth, welche den Ertrag der Wiesen ganz oder theilweise wegschwemmt oder verdirbt, die Ertragfähigkeit des ausgetrockneten, zur Unzeit mit Salzwasser überschwemmten und getränkten Bodens oft auf viele Jahre vernichtet. Nicht minder nachtheilig wirken der Sandflug der Dünen und die häufigen Sand- und Grusüberschüttungen an den Ufern auf die Pflanzen und die Fruchtbarkeit des Bodens. Nach einem Sturme sieht es auf den Wiesen, Äckern und selbst in den Gärten manchmal aus, als ob alles bisher Grüne zerfetzt, zu Tode gepeitscht oder gesteinigt wäre."*

Booysen 1976, Christiansen 1926, Janus 1998, Kunz/Roeloffs 2000, Mager 1927, Reichstein 1999, Rinken 1992, Sawallich 1996.

Lange, Carl Albert * 2.5.1892 Hamburg, † 8.12.1952 Hamburg, Dichter. Nach Kriegseinsatz und -gefangenschaft arbeitete Lange 1923-33 als Angestellter beim Finanzamt. Danach wurde er freier Schriftsteller und Mitarbeiter der *Hamburger Presse* und des *Hamburger Anzeigers.* Für seine Werke fehlten dem nach seinem Tode schnell vergessenen Dichter die Verleger. Kollegen wie Wilhelm →Lehmann beurteilten ihn dagegen einhellig positiv: „Er rettete in die zerdachte Welt das Holde, das Ergreifende, das Spukhafte der Erscheinungen."

Italiaander 1953.

Das Gedicht von Carl Albert Lange stammt aus dem Band „Sylt – Verskranz um Land und Meer":

Leuchtender Akt

Meerwasser, Dünensand, Salz und Jod
ätzen den Leib dir, du leuchtest wie Kupfer,
Sonne malt sengend dir goldene Tupfer,
meißelt die Brust dir zum Bronzekleinod.

Kleine Kristalle aus Sand und aus Salz
sprühn wie Demanten im Kranz
deiner Haare, feucht zu der Schenkel
verschwistertem Paare
tropfen dir Perlen opalen vom Hals.

Wunder gemischt du aus Geist und Natur,
Wogen dir schenkten den Sturz ihrer Güsse,
heiß wie du brennst noch
im Glanz ihrer Spur, mischt sich
ihr Salz mit dem Schmelz deiner Küsse.

Lange, Martin * 15.1.1956 Westerland, Handwerker. Lange ist leidenschaftlicher Sammler von →Fossilien und anderen vor- und frühgeschichtlichen Funden. Angeregt wurde er durch sein Vorbild Ulrich v. →Hacht. Er forscht vor allem in den Braderuper →Kiesgruben, doch barg er auch am →Roten Kliff eine Vase aus der Kaiserzeit buchstäblich in letzter Sekunde. Lange gilt für die Wissenschaft als unentbehrlicher Mitarbeiter und ist befugt, in den geschützten Gebieten archäologische Funde zu bergen. Mit rund 25 000 Exemplaren besitzt er die wohl größte Privatsammlung an Sylter Fossilien. Auf zahlreichen Ausstellungen, darunter 1991-98 in Zusammenarbeit mit dem →Sylter Archiv in der „Alten Post" in Westerland, zeigte er seine besten Funde.

Sylter Archiv.

Der kugelförmige Schwamm erhielt nach seinem Finder den lateinischen Namen „C. Langei". (Foto: Martin Lange)

Lassen-Geschlecht 1809 strandete der Norweger Peter Nicolai →Lassen mit seinem Schiff

Merret Lassen (1823-1909), die Stammmutter des Sylter Seefahrer-Geschlechts (Hoeg 1989)

Helsingør bei Rantum. Hier lernte er Merret Peter Claasen (1789-1869) kennen. Ein Jahr später heirateten die beiden und begründeten mit 17 Kindern das Sylter Lassen-Geschlecht. Sieben ihrer 12 Söhne, die bis auf den ältesten alle zur See fuhren, wurden Kapitäne. Sohn Nicolai →Lassen, ein besonders erfolgreicher Schiffsführer und Reeder, war in Hamburg wegen seines Wohlstands nur als „Gold-Lassen" bekannt. Sein Bruder Hermann Christian →Lassen eiferte ihm nach und wurde der Hamburger „Silber-Lassen".

Mutter Merret war mit herbem Charme ausgestattet. Dies bekam 1825 der dänische König Friedrich VI. zu spüren, als er sie während einer Inspektion von Sturmflutschäden zu sehen wünschte. Merret Lassen erschien kurz unter der Tür und murmelte: „So sehe ich von vorne aus", drehte sich um: „Und so von hinten" und verschwand. Zu ihrem Andenken wurde in Rantum eine Straße benannt. Bis Mitte des 20.

Der norwegische Lugger *Helsingør* strandete 1809 bei Rantum. (Sylter Archiv)

Jahrhunderts erscheint der Name Lassen noch in den Hamburger Kapitänslisten. Die Sylter Schriftstellerin Gondel →Wielandt war eine Urenkelin.

Entz-v. Zerssen 1996, Hubertus Jessel 1989, Jürgs/Trost 1978, Simon 1980, Wielandt 1974.

Lassen, Bernhard * 28.2.1875 Westerland, † 22.2.1941 Westerland, Fotograf. Lassen übernahm 1894 das Fotogeschäft seines verstorbenen Lehrers Paul Ebe →Nickelsen in Westerland. Dessen Fotos sowie viele eigene Aufnahmen bildeten die Grundlage für die Herstellung von Ansichtskarten, die um 1900 in Mode kamen und vor allem auch gesammelt wurden. So entstand eine umfassende Bilddokumentation der Westerländer Ortsgeschichte und des Badelebens. Für „hervorragende Leistungen in der künstlerischen Wiedergabe von deutschen Heimatbildern" erhielt Lassen 1913 eine Auszeichnung des Bundes deutscher Verkehrsvereine in Leipzig. 1919 übergab er sein Geschäft in der Bismarckstraße an Ferdinand Pförtner (1885-1937). Die Zeit der Fotopioniere war vorüber.

Wedemeyer 1989c u. 1991a.

Hans Lassen (Sylter Archiv)

Lassen, Hans * 16.10.1908 Burg/Dithmarschen, † 12.3.1978 Keitum, Lehrer. Lassen kam 1958 als Lehrer an die Westerländer Mittelschule und wurde später deren Konrektor. Als ehrenamtlicher Museumsleiter kümmerte er sich um das →Altfriesische Haus, das →Sylter Heimatmuseum und den →Denghoog. Das Landesamt für Denkmalschutz wählte ihn zum Vertrauensmann für Sylt. Lassen, der auch ein passionierter und begabter Landschaftsmaler war, wurde 1977 für seine Verdienste um die Sylter Museen mit dem →C.-P.-Hansen-Preis ausgezeichnet.

Nordfriisk Instituut, Petersen 1978, Schmidt 1979.

Lassen, Hermann Christian * 30.11.1815 Rantum, † 11.1.1894 Hamburg, Kapitän. Der Sohn von Peter Nicolai →Lassen wurde Bremer Bürger und fuhr Schiffe der Reederei Rickmers. In den 1850er Jahren erwarb er die →Brigg *Arion* und siedelte nach Hamburg über. Dort kaufte er auch die →Bark *Hermann und Oscar*. Wie sein Bruder Nicolai →Lassen wurde auch er vermögend, doch erreichte er ihn nicht ganz. Die Hamburger nannten ihn deshalb „Silber-Lassen". In der Folge hatte er weniger Glück: Beide Schiffe gingen verloren und das vom Bruder übernommene Sägewerk musste wegen fehlender Aufträge verkauft werden. Lassen hatte elf Kinder. Sein ältester Sohn Hermann Rudolph gründete die erfolgreiche Reederei Herm. R. Lassen.

Wielandt 1974.

Lassen, Nicolai * 13.1.1814 Rantum, † 1878 Hamburg, Kapitän und Reeder. Der Sohn von Peter Nicolai →Lassen wurde Claas genannt. Er war ein besonders erfolgreicher Kapitän und brachte es zu mehreren eigenen Schiffen, die er von seinen Brüdern führen ließ. Lassen kaufte in Hamburg ein großes Sägewerk mit Deutschlands ersten Furniersägen und erwarb ein Haus

in Altona. 24 Kinder gehörten zur Familie. Wegen seines Vermögens war er nur als „Gold-Lassen“ bekannt. Sein ältester Sohn Cäsar soll das Erbe der Familie durchgebracht haben. Zu den Sylter Verwandten hielten nur der jüngste Sohn Rudolf und Tochter Amanda Kontakt. Die heutigen Nachkommen sind bis auf zwei Enkel unbekannt.
Wielandt 1974.

Lassen, Peter Nicolai * 31.12.1783 Bergen/Norwegen, † 16.8.1848 Rantum, Prisenmeister. Lassen befand sich zur Zeit der Kontinentalsperre an Bord des norwegischen Kaperschiffes *Helsingør*, wo er die Ladung aufgebrachter Schiffe verwaltete. 1809 wurde sein Lugger von englischen Kriegsschiffen verfolgt und strandete bei Rantum. Während der Reparaturzeit lernte er Merret Peter Claasen (1789-1869) kennen und lieben. Ein Jahr später heirateten sie und begründeten mit 17 Kindern das Sylter →Lassen-Geschlecht. Vier Kinder kamen tot zur Welt.
Wielandt 1974.

Leander, Zarah (eigentlich Stina) geb. Hedberg * 15.3.1907 Karlstad/Schweden, † 23.6. 1981 Stockholm, Schauspielerin und Sängerin. In den Jahren 1937-42 drehte Zarah Leander auf dem Höhepunkt ihrer Karriere zehn Filme mit der deutschen Universum Film AG (Ufa). Lieder wie „Kann denn Liebe Sünde sein“ oder „Ich weiß, es wird einmal ein Wunder geschehn“ wurden in mehreren Sprachen aufgenommen und waren weltweit erfolgreich. In den 1970er Jahren trat sie mehrmals im Westerländer Kurhaus auf.
Sylter Archiv.

Lehmann, Wilhelm * 4.5.1882 Puerto Cabello/Venezuela, † 17.11.1968 Eckernförde, Lehrer, Dichter. Nach dem Ersten Weltkrieg wurde Lehmann Lehrer am Gymnasium in Eckernförde. Für seine frühen Romane erhielt er in den 1920er Jahren den Kleist-Preis. Bald galt er als der letzte „schulebildende“ deutsche Lyriker. Im Mittelpunkt seiner Erzählungen und Gedichte stand immer wieder die schleswig-holsteinische Landschaft. 1936 besuchte er Sylt und traf im Haus →Kliffende in Kampen seinen Freund, den Lektor und Lyriker Oskar →Loerke. Auch im hohen Alter war er noch mehrfach Gast auf der Insel.

Wilhelm Lehmann:

Insel

Auf dem langen Lebensweg,
Was ist wissenswert?
Allem wüßt' ich gern das Wort,
Was dem Auge und dem Ohr,
Füßen, Händen widerfährt.

Wermut silbert Grabenmund,
Artemisia!
Richtig hat das Wort gefaßt:
Insel, du bist da.

Wie die Brandung explodiert,
Ungeheurer Klang.
Andern Ufers Wattenmeer,
Schweigender Gesang.

Hangen blieb ein Gischt,
Weiße Wollgrasflocken.
Wind, begütigt, spielt
Mit den greisen Locken.

Bruns 1969, Wedemeyer 1986 u. 1991a.

Lehmann-Brauns, Paul * 23.10.1885 Neufahrwasser/Danzig, † 24.4.1970 Berlin, Maler. Lehmann-Brauns malte in der Tradition von Eugen →Bracht. Die deutsche Nordseeküste wurde sein wichtigstes künstlerisches Betätigungsfeld. 1921 kam er das erste Mal nach Föhr und kehrte mehrfach wieder. Vor hier unternahm er gelegentliche Sylt-Besuche. Dabei malte er u. a. Seethemen mit aufgewühlten hohen

Paul Lehmann-Brauns: „Brandung, Sylt“, 61 x 74 cm (Museumsberg Flensburg)

Wellen. Auf dem Bild „Südspitze von Sylt" (um 1930) dominieren die Wolkenbildungen am Himmel.

Schulte-Wülwer 1996.

Lei →Ley

Emmi Leisner (Sylter Archiv)

Leisner, Emmi * 8.8.1885 Flensburg, † 11.1. 1958 Flensburg, Sängerin. Die weltbekannte Altistin, die in den Opernhäusern von Berlin, Bayreuth, Dresden, Oslo, Kopenhagen und New York gesungen hatte, ließ sich 1928 in Kampen in einem von Walther →Baedeker konstruierten Rundhaus nieder. Sie genoss die Urgewalten der Sylter Landschaft als künstlerische Inspiration. In Westerland gab sie nach dem Zweiten Weltkrieg Liederabende. 1950 wurde sie erste Kunstpreisträgerin des Landes Schleswig-Holstein. Ihrem Künstlerkollegen Siegward →Sprotte schilderte sie die Insel mit folgenden Worten: „Vor allem die Lister Dünen verbreiteten im Abendlicht eine ‚exterritoriale Stimmung'. Es könnte in der Wüste sein, in Persien oder Mexiko."

Wedemeyer 1991a.

Leistikow, Walter * 25.10.1865 Bromberg, † 24.7.1908 Berlin-Schlachtensee, Maler und Grafiker. Nach seinem Studium war Leistikow Lehrer an der Kunstschule in Berlin. 1892 wurde er Mitbegründer der „Vereinigung der XI" und 1899 der Berliner Sezession. 1890 kam Leistikow erstmals nach Sylt. Er malte eine Reihe von Aquarellen, deren Reproduktionen 1900 in dem Buch „Mein Sylt" von Hans →Bethge veröffentlicht wurden, darunter „Häuser hinter Dünenhang" und „Watt".

Als habe er ein Gemälde von Walter Leistikow vor Augen, schrieb Hans →Bethge: „Das Meer ist die Schönheit. Das Meer ist das Leben. Hart am Wasser schreite ich, und die Sonne ist im Verglühen. Rechts die Dünen sind vom blutroten Glanz übergossen. Einem Maler würde man diese Farbe nicht glauben. Es ist ein ausgesprochenes Blutrot ..."

Schlee 1962, Schulte-Wülwer 1996, SHL 1983.

Walter Leistikow: „Sonnenuntergang", Öl auf Leinwand, 76 x 101 cm, Altenburg, Lindenau Museum (Museumsberg Flensburg)

Lesebibliothek Der Wunsch nach allgemeiner Bildung im Zeichen der Aufklärung führte in der zweiten Hälfte des 18. Jahrhunderts zur Gründung von Lesegesellschaften. Bald entstand dieses Bedürfnis auch auf der abgelegenen Insel Sylt, die über keine öffentliche Bibliothek verfügte. Um diesem Mangel abzuhelfen, gründeten 40 Mitglieder des →Sylter Vereins in Keitum 1819 die Sylter Lesebibliothek. Die so genannten Interessenten gaben dafür entweder Geld oder stellten selbst die Bücher; 1823 standen bereits 340 Titel in den Regalen. Die Bibliothek war im →Landschaftlichen Haus der Witwe Clemenz in Keitum untergebracht. Erster Rechnungsführer und Bibliothekar war Jens →Bleicken. Ihm folgte Jap Peter →Hansen, der 1825 ein „Protocoll der Bibliothek des Siltervereins" anlegte. Eine Kopie befindet sich im →Sylter Archiv. Die Bibliothek wurde bei der Auflösung des Vereins 1835 erhalten und von einem Buchführer verwaltet. Reste davon besitzt die →*Söl'ring Foriining.*

Voß 1987, Wedemeyer 1991a.

Lesehalle Das zum →Seebad Westerland gehörende Gebäude wurde 1905 auf der Stranddüne fertig gestellt und diente der Versorgung der Badegesellschaft mit Lesestoff. Der Bestand wurde täglich aktualisiert und umfasste ein Angebot von rund 450 Zeitungen und Zeitschriften. Auch nach dem Abbruch der alten Strandhallen und der späteren Einrichtung eines →Kurzentrums blieb die Lesehalle mit Meerblick erhalten. Bei einem Großbrand im Verwaltungsgebäude des Tourismus-Zentrums ging 1999 ein großes Sturmbild des Malers Alfred →Paulmann verloren. Im renovierten Lesesaal im Kurzentrum hängt nun eine Nachbildung des Sylter Künstlers Manfred →Schaeffner.

Sylter Archiv, Wedemeyer 1977a.

Leuchttürme *(Füürtoorner)* sind Bauwerke für größere Leuchtfeuer an navigatorisch wichtigen Positionen entlang der Meeresküste. Das Feuer, das mit einer festgelegten Kennung, einer bestimmten Taktfrequenz des Aufleuchtens u. ä., weit aufs Meer hinausstrahlt, ist an der

Leuchtfeuer „List-West" auf dem Sylter Ellenbogen, um 2000 (Foto: Reinhard Scheiblich)

Spitze der Türme angebracht. Leuchttürme sind von unterschiedlicher Bauweise und erhalten zumeist einen auffallenden Anstrich in Form breiter Streifen, damit sie auch bei Tag und auf große Entfernungen zu unterscheiden sind. Seit 1842, als der Föhrer Leuchtturm erbaut wurde, weisen sie vor der Westküste Schleswig-Holsteins Schiffen den Weg.

Auf Sylt ragen vier Leuchttürme in den Himmel. Der höchste ist mit 38 Metern bzw. 179 Treppenstufen das „Rote-Kliff-Feuer" von Kampen. 1855 wurde der Leuchtturm im Auftrag des dänischen Königs Friedrich VII. (1808-1863) aus gelben Bornholmer Klinkern erbaut. Seit 1953 trägt er seine heutige Tageskennung: weiß mit einem breiten waagerechten schwarzen Streifen. Sein Feuer strahlt aus 62 Metern über →Normal Null (NN) rund 45 Kilometer weit. Die „Fresnelsche Gürteloptik" wurde 1852 auf der Pariser Weltausstellung vorgeführt und von der dänischen Regierung für 126 000 Mark erworben. Als Lichtquelle mussten in den ersten Jahrzehnten seines Betriebes pro Jahr 3,4 Tonnen Rüböl und 36 Meter französischer Lampendocht bereitgestellt werden. In den Kriegsjahren 1870/71 blieben die Lieferungen aus Frankreich aus, und der Turm stand im Dunkeln. 1908 wurde auf Petroleum, 1915 auf Steinöl und 1929 auf Elektrizität umgestellt. Seit 1954 sendet der Leuchtturm zu jeder ungeraden Minute auch eine Funkkennung.

Nördlich von Kampen steht ein 11,50 Meter hoher, achteckiger Leuchtturm aus rotem Backstein (Abbildung →S.167). Er diente 1913-76 als Quermarkenfeuer, das die Schiffe zur Kursänderung wegen einer vor der Küste liegenden Sandbank mahnte. Die Warnbefeuerung übernahm das „Rote-Kliff-Feuer".

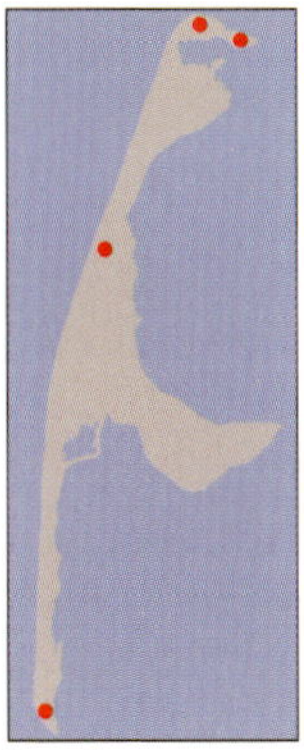

Leuchttürme

Der gusseiserne rote Leuchtturm mit weißem Band südlich von Hörnum (Abbildung →S. 148) ist ein Serienmodell und gleicht jenen auf Pellworm und Westerheversand. Er wurde am 8. August 1907 in Betrieb genommen, ist 33,5 Meter hoch und erhebt sich insgesamt 48 Meter über NN. Mit einer Reichweite von fast 50 Kilometern strahlt das „Hauptfeuer Hörnum-Odde", so die offizielle Bezeichnung, an der deutschen Küste am stärksten. Der Leuchtturm war zunächst neben einem Haus der →HAPAG das einzige Bauwerk in Hörnum. Deshalb wurden die einzelnen Stockwerke auch für Fremdzwecke genutzt: als Unterkunft für Bedienstete des Wasserbauamtes und für Handwerker und 1918-33 als Schulraum für die wenigen Kinder des gerade erst entstehenden Ortes. Heute ist der Turm auch Sendestandort für Mobiltelefone. Sein kleiner Bruder, das 1940 noch in 180 Metern Entfernung von der Küste aufgestellte, sieben Meter hohe Richtfeuer Hörnum-Odde, wurde nach 39 Jahren von der Abbruchkante eingeholt. Der massive rote Turm mit seinem

Der Kampener Leuchtturm von 1855 ist so alt wie das Seebad Westerland, Foto um 2000. (Foto: Volker Frenzel)

waagerechten weißen Streifen stürzte 1979 in die Brandung und versackte im Laufe von Jahren unsichtbar im Meeresboden. Ein ähnliches Schicksal widerfuhr dem Quermarkenfeuer, das 1959-88 auf der Südspitzendüne stand. Sie wurde von Sturmfluten abgetragen.

Auf dem Ellenbogen dienen seit 1858 als Marken für die Einfahrt ins →Lister Tief zwei stählerne Leuchttürme. Zuvor mussten den damaligen Besitzern des →Listlands die benötigten Flächen abgekauft und das Wegerecht zwischen List und den Baustellen geregelt werden. Das rot-weiße Feuer „List-Ost" strahlt aus einer Höhe von 12,50 Metern, das elf Meter hohe weiße West-Feuer ist das nördlichste Gebäude Deutschlands.

Leuchtturmwärter gibt es seit 1977 nicht mehr, die Feuer werden heute über Funkschaltuhren und Sensoren aus der Ferne bedient. Seit 2002 kann der Hörnumer Leuchtturm wieder besichtigt werden.

Gemeinde Kampen 1994, Hubertus Jessel 1986, Matthiesen 2001, Plagemann 1901, Scheiblich/Staack 2002, Spreckelsen 1968.

Werner Carl J. G. van Levetzau (Sylter Archiv)

Levetzau, Werner Carl Julius Gottlob van, Sylter →Landvogt. Der Adlige van Levetzau war 1854-59 Landvogt auf Sylt. 1855 stellte er als Erster →Badekarren am Strand vor Westerland auf. Er bot damit den Gästen gegen Bezahlung eine komfortable Möglichkeit, die Brandung hautnah zu erleben. Die Organisation des →Badelebens darf als Beginn des →Seebads Westerland betrachtet werden. 1859 wurde van Levetzau zum Amtmann in Plön ernannt.

Altonaer Museum 1986, Hans Jessel 1996, Rinken 1992.

Levin, Simon * 27.9.1814 Nakskov/Dänemark, † 19.7.1898 Farsø, Bade- und Landschaftsarzt. Levin hatte u. a. die deutschen Wasserheilstätten studiert, bevor er 1855-60 als erster aus Dänemark stammender →Landschaftsarzt auf Sylt wirkte. Gleichzeitig war er der erste Badearzt des →Seebades Westerland. Er kam in einer nationalpolitisch spannungsgeladenen Zeit auf die Insel. Vor diesem Hintergrund charakterisierte ihn C. P. →Hansen in seinem Tagebuch als „schlauen eiderdänischen Arzt" und „erzdänischen listigen Mann". Levin hatte einen schweren Stand auf Sylt, auch warf man ihm fachliche Mängel vor. Nach fünf Jahren gab er auf und arbeitete bis kurz vor seinem Tod als Distriktsarzt in Farsø.

Klockenhoff 1988.

Levy, Karl * 17.12.1868 Westerland, † 20.11. 1959 Westerland. Der Lehrer an der →Schule in Rantum gehörte zu den Menschen mit jüdischer Herkunft, die stark von deutschem Nationalgefühl durchdrungen waren. Im Abstimmungskampf 1919/20 forderte er in einer Rede bei den Thinghügeln ein „Treuegelöbnis unserem Vaterlande", „unserer tiefgebeugten Mutter Germania". Er war Ortsvorsteher von Rantum, wurde am 3. April 1933 wiedergewählt, aber von den Nationalsozialisten abgesetzt. SS-Männer vom Festland warfen ihm später die Fensterscheiben ein. Doch der Bürgermeister sorgte dafür, dass die Schäden behoben wurden, Levy gehöre zur „Dorfgemeinschaft". Seine „arische" Frau hielt zu ihm. Wie mehrere →Juden auf Sylt überlebte er die Zeit des Nationalsozialismus.

Paul/Carlebach 1998, Pingel/Steensen 1998 u. 2001.

Lewer duar üs Slaav (Lieber tot als Sklave) gilt als ein Wahlspruch der Nordfriesen. So lautet auch der Ausspruch, mit dem in der Ballade →„Pidder Lüng" von Detlev von →Liliencron ein Hörnumer Fischer den dänischen Amtmann Henning v. Pogwisch im Grünkohl erstickt. Geschichte und Hauptfigur wurden allerdings schon von dem Sylter Chronisten C. P. →Hansen erdichtet.

Die Worte „Lieber tot als unfrei" stammen aus westfriesischer Überlieferung und beziehen sich auf den Sieg der →Friesen über den Grafen Wilhelm IV. von Holland im Jahre 1345. Im Zuge aufkeimender nationaler Strömungen wurde der Ausspruch zu Beginn des 19. Jahrhunderts wieder entdeckt. Vor allem das Schicksal des Sylters Uwe Jens →Lornsen erregte weithin in Schleswig-Holstein die Gemüter der Menschen. Der Dichter Gustav Waldemar Gardthausen (1807-1872) widmete ihm 1839 „Die Ostsee, Gedicht in drei Gesängen". Im Anhang standen einige Anmerkungen, darunter: „Die Friesen haben noch einen guten Spruch mehr: Lieber todt als Sklave!"

Den letzten Schritt hin zum „Wahlspruch aller Friesen", wie er ihn bezeichnete, ging für den Bereich der nordfriesischen Inseln mit hoher

Der sylterfriesische Wahlspruch „Lieber tot als Sklave“ in alter Schreibweise auf einem Keitumer Notgeld-Schein, wie er nach dem Ersten Weltkrieg ausgegeben wurde. (Sylter Archiv)

Wahrscheinlichkeit der Amrumer Universitätsdozent Knut Jungbohn Clement (1803-1873). Auf dem Titelblatt seiner „Lebens- und Leidensgeschichte der Friesen“ stand 1845 „*Lewer duad üs Slaw!*“. Zur Kampfparole gegen den dänischen Alleinherrschaftsanspruch im Herzogtum Schleswig umgedeutet, erschien der Spruch erstmals 1844 auf einer beim „Volksfest der Nordfriesen“ in Bredstedt gezeigten Fahne. In der Zeit der nationalpolitischen Auseinandersetzung war die Losung vor allem gegen Dänemark gerichtet, was sich etwa in der Zeit der →Volksabstimmung 1920 zeigte. Der ursprünglich friesisches Freiheitsbewusstsein pointierende Wahlspruch wurde zur beliebigen Phrase entleert und häufig missbraucht. Selbst die nationalsozialistische SA bezog sich auf diesen Schlachtruf.

Bülck 1979, Liliencron 1964, Panten 2001d, Voigt 1977.

Ley (Lei, Laie) ist die Bezeichnung für den schmaleren und flacheren Ausläufer eines Wattstroms. Das Wort stammt sehr wahrscheinlich von „leiten“, „Wasserleitung“ (niederländisch: *lei* = Wasserstraße). Zwischen dem nordfriesischen Festland und Sylt liegen z. B. die Oster- und die Westerley, die beide beim Bau des Hindenburgdamms geschlossen werden mussten. Die Lister Ley ist die südliche Fortsetzung des →Lister Tiefs und bildet die Zufahrt in den Munkmarscher Hafen. Auch eine Wasserrinne zwischen Strand und vorgelagerter Sandbank, in der sich leicht ein →Trecker bilden kann, bezeichnet man als Laie.

Mensing 1931.

Liiger Wal →Hooger Wal

Liliencron, Friedrich Adolf Axel Freiherr von (Pseudonym Detlev) * 3.6.1844 Kiel, † 22.7.1909 Alt-Rahlstedt/Hamburg, Schriftsteller. Nach mehrjährigem Militärdienst war Detlev von Liliencron 1882/83 Hardesvogt auf Pellworm und 1883-85 Kirchspielvogt in Kellinghusen. Danach betätigte er sich als freier Schriftsteller. Bekannt wurde er vor allem durch seine Lyrik, z. B. das Gedicht →„Trutz, blanke Hans“. Angeregt durch die Sagen und Inselgeschichten des Sylter Chronisten C. P. →Hansen schuf er 1891 das nordfriesische Heldenepos →„Pidder Lüng“. Jede der zehn Strophen des Erzählgedichts endet dabei mit dem friesischen Ausspruch: →„Lewer duar üs Slaav!“ Das Werk, das von Liliencron verfasste, noch bevor er die Insel jemals betreten hatte, ging in die deutschen Schulbücher ein und machte Sylt und die Friesen im ganzen Land bekannt. Nach seinem einzigen Besuch der Insel 1904 in Westerland verarbeitete er sein Missfallen an dem mondänen Betrieb in dem Epos „Poggfred“. „Dandys und Damen aus ganz Deutschlands Gauen“ seien den Syltern nur ein „Narrenvolk“, dem es möglichst viel Geld abzuringen gelte, lautete sein Fazit.

Der 14. Kantus im Epos „Poggfred“
von Detlev von Liliencron trägt den Titel
„Idealer Spaziergang“. Darin heißt es:

Wohl zwanzigtausend „Gäste“ schoben sich
Auf einer Wandelbahn am Ufer fort,
Und hin und her auf diesem einen Strich.
...
Denn da gehörts, eitel Koketterie,
Zum guten Ton, daß Dandys sich
und Damen
Die Haut verbrennen lassen wie das Vieh.

Liliencron o. J., Lohmeier 2000, Rost 1996, SHBL 1, Wedemeyer 1986.

Detlev von Liliencron

Lille Peer lebte zwischen 1654 und 1718 im Listland. Er hieß eigentlich Peter Hansen und stammte vom Osthof auf dem →Ellenbogen. Dies ist historisch gesichert. Der Sage nach war *Lille Peer*, wie C. P. →Hansen berichtete, der erste →Eierkönig im Listland. Zwar von kleiner Statur, soll er doch breitschultrig und sehr kräftig gewesen sein. Weiter berichtete Hansen über *Lille Peer*, dass er sein Fischerboot auf dem Rücken quer über die Insel tragen konnte. Beim

Entladen eines Schiffes soll er zwei Biertonnen gleichzeitig unter die Arme genommen haben. Gegen Eierdiebe ging er rigoros vor und versenkte nicht selten ihre Boote in der Nordsee. Aus Rache, so Hansen weiter, entführte eines Tages eine Horde aus Schweden den jüngsten, erst vierjährigen Sohn des Eierkönigs. Als 14 Jahre später erneut ein Schiff vor List strandete, gelang es *Lille Peer*, einen Matrosen zu retten. Wie sich herausstellte, handelte es sich um Atten, seinen verschleppten Sohn.

Hansen 1858a, 1860 u. 1865, Quedens o. J.

Limikolen (Watvögel) →Vögel

List

List *(List*; mittelniederdeutsch: *Liste* = Leiste, Streifen, Kante) Die amtsfreie Gemeinde liegt im Norden der Insel in rund 15 Kilometern Entfernung von Westerland. Auf einer Fläche von 1 923 Hektar leben 2 757 Einwohner (2001) und etwa 500 Zweitwohnungsbesitzer. Zu List gehören die Ortsteile Westerheide, Süderheidetal und →Mellhörn.

List wurde 1292 erstmals urkundlich erwähnt. Damals gelangte das →Listland als Schenkung des dänischen Königs Erich Menved an die Stadt Ripen (Ribe). Es blieb dänisches Staatsgebiet bis 1864 und ist heute amtsfreie Gemeinde im Kreis Nordfriesland. Eine erste Besiedlung fand vermutlich zur →Wikingerzeit statt, wie ein Münzfund mit „Danegeld" nahe legt. Bei der Sturmflut von 1362 wurde das alte Kirchspiel List weitgehend zerstört. Ein letztes Lebenszeichen datiert vom Beginn des 15.

List im frühen 20. Jahrhundert, im Vordergrund das Zollhaus von 1682 (Sylter Archiv)

Jahrhunderts, als eine Kirche in Norder-List auf Sankt Jürgen geweiht wurde. Im Verzeichnis des Schleswiger Bischofs von 1462 tauchte sie nicht mehr auf. Vermutlich fiel sie der Allerheiligenflut 1436 zum Opfer. Reste von Alt-List, das nach seiner Zerstörung von Wanderdünen bedeckt wurde, fand man 1905 und 1929 im Mannemorsumtal westlich von List.

Um 1550 entstand eine Nachfolgesiedlung auf *Melhörn.* Seit dem 16. Jahrhundert lebten die Lister vorwiegend von der Austernfischerei, der Schafzucht und dem Handel mit Möweneiern. Im →Königshafen vor List lieferten sich gegen Ende des Dreißigjährigen Krieges die Dänen eine historische Seeschlacht mit Schweden und Niederländern. Dass sich bei List ein bedeutender Schutzhafen befand, zeigen die Aufzeichnungen von Jacob →Cruppius. Er berichtete, dass er 1673 zwölf Nationen hier angetroffen habe: Niederländer, Seeländer, Engländer, Schotten, Franzosen, Schweden, Normänner (Norweger), Pummeraner, Preußen, Jüten, Friesen und Holsteiner. 1863 erbaute der dänische Staat eine Schule mit einem Kirchsaal in List. Ein Jahr später kam als Ergebnis des →deutsch-dänischen Krieges das Listland zusammen mit den anderen reichsdänischen →Enklaven „an die Majestäten von Preußen und Österreich".

1908 wurde der kleine Ort mit seinen 13 Häusern und rund 70 Menschen durch den Bau der →Inselbahn an das Sylter Leben angeschlossen. 1910 kam die staatliche Preußische Austernanlage von Husum nach List. Heute befindet sich in der →Blidselbucht der einzige Austernkulturbetrieb Deutschlands. Zu Beginn des →Ersten Weltkriegs wurde der strategisch wichtige Ort zum Militärstützpunkt mit Seefliegerhorst. 1924 erhielt die damalige Außenstelle der Biologischen Anstalt Helgoland in List eine →Wattenmeerstation. Seit 1937 funkt eine →Wetterstation mehrmals täglich aktuelle Daten in die Zentrale nach Offenbach. Vom Lister Fliegerhorst aus machte in den 1930er Jahren Wolfgang von →Gronau als Leiter der Deutschen Verkehrsfliegerschule mit tollkühn anmutenden Flugunternehmungen auf sich aufmerksam. Damit erreichte der Ort erstmals größere Bekanntheit. 1933-39 wurde List erneut militärisch ausgebaut und befestigt. Die Einwohnerzahl stieg von 449 im Jahre 1933 auf knapp 3 000 im Jahre 1939 an, Wehrmachtsangehörige nicht mitgezählt. Dies erforderte den Bau der →Sankt Jürgen-Kirche und einer neuen Schule. Zur Versorgung des Seefliegerhorstes und der militärischen Anlagen wurde

bis Beginn des →Zweiten Weltkriegs eine breite Betonstraße nach List verlegt.
Nach Kriegsende zogen Flüchtlinge und Heimatvertriebene in die Baracken und freien Häu-

ser ein. Rund 2 000 Menschen, darunter auch etwa 15 Familien von der evakuierten Insel Helgoland, mussten vorübergehend aufgenommen werden. Der 30 mal 106 Meter große Hangar des Seefliegerhorstes wurde demontiert und 1951 in Kiel als „Ostseehalle" wieder aufgebaut. Mit der Gründung der Bundeswehr 1955 kehrte das Militär erneut nach List zurück. Die →Marineversorgungsschule und der Marinechor galten seitdem als Aushängeschilder der nördlichsten Gemeinde Deutschlands. 2001 jedoch wurde die Schließung der Schule voraussichtlich zum Jahr 2007 beschlossen.
1946 wurde List →Nordseebad. Seine Hauptattraktion ist der Hafen. Seit 1963 verkehren von hier regelmäßig Autofähren der →Rømø-Sylt Linie (RSL) zur Nachbarinsel →Röm und bilden eine Alternative zum Hindenburgdamm. Auch Yachten und Fischkutter ankern hier, und die →Adler-Schiffe laden zu Rundfahrten im Wattenmeer und zu den Seehundsbänken ein. Für die Sicherheit sorgt der Seenotrettungskreuzer „Minden" der Deutschen Gesellschaft zur Rettung Schiffbrüchiger. Prägend wurde das Budenviertel im Hafen, das wegen seiner touristischen Anziehungskraft auch →„List-Vegas" genannt wird. 1977 öffnete das „Haus des Kurgastes" mit Bewegungsbad, Sauna und Massageabteilung seine Pforten, doch bereits 2000 musste das an heutigen Kriterien gemessene unästhetische Gebäude dem Thalasso-Hotel weichen. 1986 entstand die vierte Version der „Strandhalle List". Ihre Vorgänger – die erste Strandhalle stand 1959 noch in 50 Metern Entfernung vom Dünenrand – wurden allesamt Opfer der heranrückenden →Abbruchkante. Die neue Strandhalle steht nun auf einer Betonplatte und kann bei weiterer Erosionstätigkeit nach Osten versetzt werden. Im Süderheidetal und in der Westerheide, den Dünengebieten vor der Blidselbucht, entstand 1961 die Feriensiedlung →Sonnenland.
Die beiden Kirchen in List sind jüngeren Datums. Die protestantische, unter Denkmalschutz stehende Sankt Jürgen-Kirche wurde 1935 als Garnisonskirche erbaut. Die katholische Kirche →Sankt Raphael stammt aus dem Jahr 1988. Der Lister Friedhof liegt außerhalb des Ortes in den Dünen. Auffallend sind die vielen Gräber von Helgoländern, die während der Zwangsevakuierung ihrer Insel nach dem Zweiten Weltkrieg nach Sylt übersiedelten.
Besonders sehenswert ist die →Sylter Sahara, ein jährlich mehrere Meter ostwärts wanderndes Dünengebiet im Westen des Ortes. Für Naturfreunde empfiehlt sich eine Führung zu der Vogelinsel →Uthörn im Königshafen.

Dannenberg 1996, Jürgs/Trost 1978, Leonhardt 1980, Panten 2001e u. 2002b, Rinken 1992, Syltbild Stöver 1992.

Wappen von List

List mit militärischen Gebäuden (links) und der Siedlung Sonnenland (vorne) (Foto: Hans-Jürgen Stöver)

Lister Koog 1937 wurde nördlich von List mit dem 2,5 Kilometer langen →Mövenbergdeich ein 18 Hektar großes Marschgebiet eingedeicht. 1984 erhielt das Feuchtbiotop den Status eines Seevogelschutzgebiets. Es entwickelte sich zum ganzjährigen Brut- und Rastgebiet für über 100 Vogelarten.

Lister Tief heißt das zweieinhalb Kilometer breite und bis zu 44 Meter tiefe →Seegat zwischen Sylt und der dänischen Nachbarinsel Röm, dort *Rømø Dyb* genannt. Der dänische Abzweiger dieser Wasserstraße führt zum Fährhafen Havneby, das deutsche →Tief zum Hafen nach List und in seiner Verlängerung als Lister Ley und →Pandertief auf der Wattseite der Insel nach Süden zum Hafen Munkmarsch. Während einer Tide strömen über 500 Millionen Kubikmeter Wasser mit einer Geschwindigkeit bis zu 1,5 Meter pro Sekunde zwischen Sylter Watt und Nordsee hin und her.

Lister Tor Die Kinnbacken eines vermutlich 1827 an der Lister Westküste gestrandeten Finnwales lieferten das Material für das Lister Tor. Es wurde um 1880 am Süderhörn, dem südlichen Ortsausgang des Dorfes, errichtet. Gegen Ende des Ersten Weltkriegs war es verschwunden. In der Ära des →Walfangs waren solche Kinnbackenportale eine Art Zunftzeichen. Sie zeigten an, dass in einem Haus oder Hof ein Walfangkommandeur wohnte.

Booysen 1828, Hansen 1877, Münzing 1978, Stöver 1992.

„Das Lister Tor" (F. Müller-Kaempff, Nordfriesisches Museum Husum)

Listland *(Listlön)* heißt die rund 1 600 Hektar große Landschaft zwischen der →Vogelkoje Kampen und dem →Ellenbogen. 1 284 Hektar davon, ein großflächiges Dünengebiet mit den höchsten natürlichen Sandbergen und →Wanderdünen Deutschlands, bilden seit 1923 das →Naturschutzgebiet Nord-Sylt. Das Listland wurde 1292 vom dänischen König Erich Menved der Stadt Ripen (Ribe) geschenkt und blieb bis 1864 dänisches Herrschaftsgebiet. List war deshalb von Interesse, weil hier ein Schutzhafen bestand. 1358 wurde er urkundlich erwähnt. Die große Sturmflut von 1362 zerstörte zumindest die Kirche, der endgültige Untergang der mittelalterlichen Siedlung ist wohl der Allerheiligenflut von 1436 zuzuschreiben. Das wüste Land wurde nun gegen eine geringe Gebühr von den südlichen Nachbarn aus Kampen als Weidegrund genutzt. Besonderes Interesse hatten sie am Strandgut, das an dieser kritischen Stelle anfiel, wenn Schiffe die schützende Reede vor →Mellhörn nicht mehr erreichten.
Um anfallendes →Strandgut unter Kontrolle zu bekommen, beschloss die Landesherrschaft im 16. Jahrhundert, das Listland neu zu besiedeln. Vermutlich war der 1572 belegte Hans Nielsen der erste Kolonist. Er erhielt das Listland zur Pacht und wurde zugleich als →Strandvogt eingesetzt. Sein Haus diente als wichtiger Anhaltspunkt für Schiffe, die den Lister Schutzhafen anliefen. 1608 wurde der Hof vermutlich geteilt, denn Jörgen Hansen und Jörgen Jensen sind in einem Erdbuch als Hauswirte verzeichnet. Beide Höfe wurden seither ununterbrochen innerhalb der Familien vererbt. Heute ist das Listland Eigentum einer rund 30-köpfigen Erbengemeinschaft. Die Bewohner des Osthofs sind Nachfahren des Eierkönigs Peter Hansen, genannt →*Lille Peer*.
Die Listländer lebten und leben von der Schafzucht. Große Herden (bis zu 1 500 Tiere) einer wetterfesten Rasse erzielten meist gute Auktionspreise. Außerdem stand ihnen der Fang eines jeden achten Tages aus der Vogelkoje Kampen zu sowie ein Teil der gesammelten Möweneier. Im Ersten Weltkrieg wurde stark in die Idylle eingegriffen, Wehrmachtsunterkünfte errichtet und der Lister Hafen zum Marinestützpunkt und Fliegerhorst ausgebaut. Im Zweiten Weltkrieg okkupierte das Militär weitere 168 Hektar von den Eigentümern des Listlandes. Ein später Ausgleich dafür musste nach einem langen Rechtsstreit zwischen der Bundesrepublik Deutschland und der Erbengemeinschaft 1958 gewährt werden. Die Listländer durften einen Teil des Naturschutzgebietes in Bauland umwandeln. 1961 entstand in der Folge im Süderheidetal die Feriensiedlung →Sonnenland. Für die Zufahrt zum Ellenbogen erheben die Eigentümer eine Gebühr, die zur Unterhaltung der Straßen und Wege im Listland dient.

Janus 1998, Jürgs/Trost 1978, Newig 1980, Panten 2001e u. 2002b, Simon 1980, Wedemeyer 1992c.

List-Vegas Im Hafen von List stehen in Reih und Glied Restaurants, „Spielhöllen" und Verkaufsläden. Nachts erleuchtet Neonreklame die Szenerie. In Anlehnung an das amerikanische Spielerparadies Las Vegas erhielt das Viertel die Bezeichnung „List-Vegas".

„Budenzauber" im Hafenviertel „List-Vegas", um 2000 (Foto: Uwe Sönnichsen)

Literatur Mehr als 350 Titel über Sylts Landschaft, Natur, Geschichte und Kultur enthält die 1993 erschienene Bibliographie „Literatur über Sylt". Doch auch in den Werken vieler bekannter →Schriftsteller wurde die Insel verewigt, so im „Zauberberg" von Thomas →Mann, im Roman „Örtlich betäubt" von Günter →Grass oder im „Deutschen Mondschein" von Wilhelm →Raabe. Eine besondere Kategorie stellt die →friesische Literatur dar, vor allem Prosa, Lyrik und Theaterstücke auf Sylter Friesisch.
Kardel 1959, Mach 1993, Wedemeyer 1971.

Wichtige Werke der allgemeinen Sylt-Literatur sind neben vielen anderen (in chronologischer Reihenfolge):

Jens Booysen: Beschreibung der Insel Silt in geographischer, statistischer und historischer Rücksicht, Schleswig 1828.

Georg Nikolaus Wülfke: Über die Sylter Landschaftsverfassung und ihre zeitgemäße Verbesserung. Hrsg. von A. L. J. Michelsen, Kiel 1831.

Christian Peter Hansen: Die Insel Sylt in geschichtlicher und statistischer Hinsicht, Hamburg 1845.

Christian Peter Hansen: Der Sylter Friese, Kiel 1860.

Christian Jensen: Die nordfriesischen Inseln Sylt, Föhr, Amrum und die Halligen vormals und jetzt, Hamburg 1891.

Helene Varges: Flutkante und Inselflora, Westerland 1923.

Knud Ahlborn und Ferdinand Goebel (Hrsg.): Das Syltbuch, Kampen o. J. (1933).

Henry Koehn: Die Nordfriesischen Inseln. Die Entwicklung ihrer Landschaft und die Geschichte ihres Volkstums, Hamburg 1939.

Henry Koehn: Sylt, ein Führer durch die Inselwelt, Hamburg 1951.

Kurt Joachim Struve: Sonne über Sylt, 3. völlig neu gestaltete Aufl., Kiel 1976.

Margot und Nico Hansen (Hrsg.): Sylt – Geschichte und Gestalt einer Insel, Itzehoe 1967.

Peter Schmidt-Eppendorf: Sylt – Memoiren einer Insel, Husum 1977.

Michael Jürgs und Tassilo Trost: Die Insel, Hamburg 1978.

Sven Simon (Hrsg.): Sylt – Abenteuer einer Insel, Hamburg 1980.

Manfred Wedemeyer: Sylter Schmöker-Lexikon, Essen 1991.

Harald Voigt: Die Festung Sylt. Geschichte und Entwicklung der Insel Sylt unter militärischem Einfluß 1894-1945, Bräist/Bredstedt 1992.

Hans Jessel (Hrsg.): Das große Sylt-Buch, Hamburg 1996.

Walter Fiedler: Sylt, 17. neugeschriebene und bebilderte Auflage, Breklum 2000.

Jan Kirschner: „Blumen pflücken während der Fahrt verboten". Geschichte der Sylter Inselbahn, Flensburg 2000.

Georg Quedens: Kleines Lexikon Sylt, Hamburg 2000.

Johannes Biecker: Baustile auf Sylt. Vom Mittelalter bis heute, Essen 2001.

Werner Matthiesen: Sylt – 700 Jahre Kampf der Friesen gegen den „Blanken Hans", Husum 2001.

Gert Uwe Detlefsen: Leinen los! Geschichte der Sylter Schiffahrt, Flensburg 2002.

Historische Romane, Belletristik und Lyrik:

Theodor Mügge: Der Vogt von Sylt. Zwei Bände, Berlin 1851.

E. Oswald (Bernhardine Schulze-Smidt): Inge von Rantum, Frankfurt/M. 1881.

Wilhelm Jensen: Versunkene Welten, Breslau 1882.

Anny Wothe: Am roten Kliff, Roman von der Insel Sylt, Hamburg 1919.

Detlev von Liliencron: Ausgewählte Werke, Hamburg 1964.

Margarete Boie: Dammbau, Stuttgart 1930.

Gustav Frenssen: Der Landvogt von Sylt, Berlin 1943.

Ernst Penzoldt: Causerien, Frankfurt/M. 1949.

Utta Danella: Stella Termogen oder Die Versuchung der Jahre, Köln 1960.

Barbara Noack: Was halten Sie vom Mondschein? Frankfurt/M.-Berlin 1966.

Kurt Lothar Tank: Sylter Sommer, Hamburg 1972.

Bodo Schütt: Sylt ist mein Haus, Kampen 1974.

Hinrich Matthiesen: Mein Sylt. Ein Lesebuch, Frankfurt/M.-Berlin 1996.

Winfried Hörning (Hrsg.): Sylt – Literarische Reisewege, Frankfurt am Main und Leipzig 1999.

Elke Schneefuß: Das rote Kliff, München 2001.

Tagebücher und Reiseschilderungen:

Christian Peter Hansen: Die nordfriesische Insel Sylt, wie sie war und wie sie ist. Ein Handbuch für Badegäste und Reisende, Leipzig 1859.

Julius Rodenberg: Stilleben auf Sylt, 3. vermehrte Aufl., Berlin 1876.

Wilhelm Raabe: Deutscher Mondschein. Vier Erzählungen, Stuttgart 1873.

Hans Bethge: Mein Sylt. Ein Tagebuch, Berlin 1900.

Edgar Hahnewald: Die Reise nach Sylt, Bremen 1924.

Irmgard Heilmann: Sylter Inselsommer, Rendsburg 1952.

Litoralstation lautet eine andere Bezeichnung für die wissenschaftliche →Wattenmeerstation in List.

Jürgen Jens Lorensen (Nordfriisk Instituut)

Lochterbarig Sylterfriesischer Flur- und Straßenname in Munkmarsch. *Lochter-barig* heißt „Laternenberg".
Möller 1916.

Loerke, Oskar * 13.3.1884 Jungen/Weichsel, † 24.2.1941 Berlin, Schriftsteller. Loerke war Lektor beim S. Fischer Verlag und Mitarbeiter der *Neuen Rundschau.* Der anerkannte Essayist, Literaturkritiker und Förderer junger Autoren wurde 1928 Sekretär der Preußischen Akademie der Künste – Sektion Dichtung. Wenn er Sylt besuchte, wohnte er bei Anthony van →Hoboken in Kampen. Loerke verehrte Clara →Tiedemann, die er gerne „mit Kaffee getränkt" hat, wenn die Prominentenwirtin von Haus Kliffende auf einem ihrer Reitausflüge bei Hobokens vorbeikam. Auf die politischen Repressionen der Nationalsozialisten reagierte er mit Rückzug und Resignation. 1937 schrieb er für die Bildhauerin Renée →Sintenis das Gedicht „Morgen auf der Nordseeinsel".
Loerke 1983, Rost 1996.

Logbuch →Navigation

LORAN-Station An der Straße von Rantum nach Hörnum steht seit 1962 in Höhe des Strandabschnitts →Sansibar das höchste Bauwerk der Insel: der 193 Meter hohe Sendemast, den die amerikanischen Küstenwacht *Coast Guard* aufstellte. Ihre Funkortungskette umspannte das ganze Nordatlantikgebiet, um während des Kalten Krieges die Transportwege amerikanischer Schiffe zu sichern. Die Sylter Station war die einzige Anlage dieser Art in Deutschland. 1989 übergaben die Amerikaner die Station der Tönninger Wasser- und Schifffahrtsdirektion, seit 1995 betreiben mehrere europäische Staaten den Sender. Die Signale der LORAN-Station – *Long Range Aid to Navigation* heißt Navigationshilfe mit großer Reichweite – können noch in einer Entfernung von 2 500 Kilometern empfangen werden. Ihr größter Vorzug liegt in der Genauigkeit der Ortung. Selbst bei maximaler Entfernung können die Maße eines Schiffes, sein Kurs und seine Geschwindigkeit sehr genau angegeben werden.
Prasmo 1987, Quedens 2000b.

Lorensen, Jürgen Jens * 18.6.1759 Archsum, † 14.10.1843 Keitum, Kapitän und Ratmann. Lorensen stammte aus einem großen Sylter Seefahrergeschlecht. Sein Großvater Jürgen Schwennen (* 1701) war mit Gondel, einer Tochter des Walfangkommandeurs Lorens →Petersen de Hahn verheiratet. Kapitän J. J. Lorensen ist der Vater von Uwe Jens →Lornsen und Schwager von Jens →Booysen. 1785 erbaute er ein Haus in Keitum, heute Haus Groth. Von seinen weiten Reisen brachte er u. a. Pflanzensamen mit. Unter Mithilfe von C. P. →Hansen testete er ihr Wachstum auf Sylt und hatte Erfolg. Den kleinen →Wald aus Birken, Kiefern, Fichten, Weißtannen und Lärchen, der sich in den 1820er Jahren zwischen Keitum und Wenningstedt bildete, nannte er „Probe". Zu seinem Andenken gaben ihm die Sylter später den Namen →Lornsenhain.

Rinken 1992, Schmidt-Rodenäs 1981, Voß 1987.

Lorenzen, Cornelius Diedrich * 3.5.1818 Keitum, † 7.1.1879 Keitum, Kapitän. Der Schwager von Kapitän Peter Andreas →Jansen erhielt 1854 in Hamburg das Bürgerrecht und führte bis 1860 die →Brigg *Johanna Elisabeth* der Reederei Eggers nach New York, Rio de Janeiro, Lissabon und England.

Quedens 1982, Schmidt-Rodenäs 1981.

Lorenzen, Cornelius Jürgen →Deutsch-dänischer Krieg

Lörkiwai Sylterfriesischer Straßenname in Braderup und Keitum. *Lörki-wai* heißt „Lerchenweg".

Möller 1916.

Lornsen, Boy * 7.8.1922 Keitum, † 26.7. 1995 Keitum, Zimmermann, Bildhauer, Schriftsteller. Lornsen wohnte viele Jahre in Brunsbüttel, wo sein Vater als Lotse auf dem Nord-Ostsee-Kanal arbeitete. Nach einer handwerklichen Ausbildung und einem Studium der Steinbildhauerei kam er zum Schreiben. Er verfasste etwa 30 Bücher, vor allem für Kinder und Jugendliche, darunter „Robbi, Tobbi und das Fliewatüüt" (1967), das als Serie auch im Fernsehen ausgestrahlt wurde, die Störtebeker-Geschichte „Gottes Freund und aller Welt Feind" (1980) und „Nis Puk". Nach einer Serie von Brandstiftungen in Keitum schrieb er die Kriminalgeschichte „Feuer um Mitternacht". Auf rund 3 000 Lesereisen in Buchhandlungen, Schulen usw. las und zeichnete er. 1980 kehrte Lornsen nach Keitum zurück und nahm in Versform und mit Humor die Sylter Verhältnisse aufs Korn. Den Inselschulen widmete er 1985 sein Musical „Ein Herz für Sylt". 200 Kinder wirkten bei der Uraufführung mit. Ein wichtiges Thema war ihm die bedrohte Natur. In plattdeutscher Sprache veröffentlichte er u. a. „Sien Schöpfung und wat achterno keem" (1993) und als sein letztes Buch „Jesus vun Nazareth. Een Stremel Weltgeschicht" (1994). Das Sylter Heimatmuseum präsentierte 1998 eine große Retrospektive. Zum 80. Geburtstag des Künstlers erhielt die Grundschule Keitum seinen Namen.

Boy Lornsen (Nordfriisk Instituut)

Lornsen 1967 ff., Thies 1998, Wedemeyer 1986.

Lornsen, Uwe Jens * 18.11.1793 Keitum, † 11./12.2.1838 Collonge/Bellerive am Genfer See, Beamter, politischer Schriftsteller. Wie sein von ihm bewunderter Vater, der Kapitän und Ratmann Jürgen Jens →Lorensen, sein Onkel Jens →Booysen und sein Urgroßvater, der berühmte Walfangkommandeur Lorens →Petersen de Hahn, wollte auch Uwe Jens zur See fahren. Napoleonische Kriege und Kontinentalsperre (1807-1813) verhinderten dies und lenkten sein Leben in eine akademische Beamtenlaufbahn. Er nahm ein Jurastudium in Kiel auf und stand hier in Verbindung mit Professor Nikolaus Falck, der aus Emmerleff an der nordschleswigschen Westküste stammte und einige Zeit auf Sylt verbracht hatte. Falck, ebenfalls Kapitänssohn, interessierte Lornsen für die friesische Geschichte, die dieser als „unsere eigentliche vaterländische Geschichte" ansah. In seiner Jenaer Studienzeit entstand die Begeisterung für die Idee deutscher Einheit und Freiheit und für anerkannte Menschenrechte. Für „Freiheit und Menschlichkeit" wollte er etwa auf Haiti und in Griechenland kämpfen. Doch sein Vater, der ihm sein Leben lang Vorbild und Maßstab für sein Handeln blieb, verurteilte alles „Romanhafte".

Sein scharfer Verstand führte Lornsen beruflich rasch in wichtige Ämter, 1826 war er bereits Kontorchef und Kanzleirat der höchsten Regie-

Die 1830 in Hamburg gedruckte Lithographie ist die einzige Zeichnung, die nachweislich zu Lebzeiten Lornsens entstanden ist. Sie diente allen weiteren Zeichnungen als Vorbild. (Nachlass Voß im Sylter Archiv, Nr. 12 u. 13)

rungsbehörde der Herzogtümer, der Schleswig-Holstein-Lauenburgischen Kanzlei in Kopenhagen. 1830 brach er diese Karriere ab und bewarb sich erfolgreich um seine Ernennung zum →Landvogt auf Sylt; Nachfolger als Kontorchef wurde sein Freund und Landsmann Schwen Hans →Jensen. Bewegt durch die revolutionären Ereignisse in Frankreich, Belgien und anderen Ländern, verfasste Lornsen im Sommer 1830 die Flugschrift „Über das Verfassungswerk in Schleswigholstein". Er forderte darin u. a. eine gemeinsame Repräsentativverfassung für „Schleswigholstein" – diese Schreibweise benutzte er, um die untrennbare Verbindung zu betonen –, die Verlegung der Regierungsbehörden von Kopenhagen in die Herzogtümer sowie einen eigenen Gerichtshof. Ihm schwebte eine Union zwischen Schleswig-Holstein und Dänemark vor. Gemeinschaftlich bleiben sollten der Landesherr, das Militär und die Außenpolitik. „Nur der König und der Feind sey uns gemeinschaftlich." In der Aktionsbereitschaft seiner Freunde sah Lornsen sich enttäuscht, dennoch fühlte sich der dänische Gesamtstaat bald darauf zur Erfüllung einiger Reformforderungen genötigt.

Nach wenigen Tagen in der Tinnumer Landvogtei wurde er seines Amtes enthoben und mit einer einjährigen Festungshaft in Friedrichsort und Rendsburg belegt. Nach der Entlassung schlug er nicht eine Karriere als Jurist oder Politiker ein, sondern entschied sich für einen mehrjährigen Aufenthalt in Rio de Janeiro. Wichtigster Grund hierfür war wohl eine rätselhafte Erkrankung, die ihn niederdrückte. Er war, entgegen der Meinung auch seiner Ärzte, überzeugt, an einer übel riechenden Hautkrankheit zu leiden und die Menschen in seiner engeren Umgebung damit anzustecken. Im selbst gewählten Exil verfasste er das Buch „Die Unions-Verfassung Dänemarks und Schleswigholsteins", das als sein politisches Vermächtnis gedacht war. Nach Europa zurückgekehrt, erfuhr er vom Selbstmord seiner unter Schwermut leidenden Schwester Erkel. Im Februar 1838 suchte er den Freitod am Genfer See.

Später wurde er vereinfachend als Märtyrer für ein deutsches Schleswig-Holstein und als nationale Symbolfigur verherrlicht. Straßennamen, Denkmäler, Romane, Schauspiele, Gedichte erinnern an ihn. Lornsen darf als ein Vordenker des neuzeitlichen Verfassungsstaates gelten.

Jensen 1998, SHBL 1, Steensen 1996a.

Lornsenhain Das kleine Gehölz (→Wald) auf der Heide zwischen Westerland und Munkmarsch wurde 1822 von Jürgen Jens →Lorensen angelegt. Nach dem Zweiten Weltkrieg musste es der Erweiterung des Sylter Flughafens weichen. Ein neuer Lornsenhain wurde im Norden Westerlands angepflanzt.

Louise-Schroeder-Heim 1951 erwarb die Arbeiterwohlfahrt (AWO) das Anwesen der →Friesenhalle in Keitum und baute es zu einem Altenheim mit 60 Plätzen um. Benannt wurde die Einrichtung nach Louise Schroeder (1887-1957), der ersten Berliner Bürgermeisterin und ehemaligen Vorsitzenden der AWO. Ab 1972 entstanden aus der Großwäscherei und den Schweineställen Gästezimmer für die Müttererholung. 1978 folgten ein Kindergarten und ein Schwimmbad. Die Einrichtung führte fortan nur noch Mutter-Kind-Maßnahmen durch, die verbliebenen Senioren siedelten bereits 1976 nach Westerland über. Mit ihrer Lage in der Keitumer Bucht, nur wenige Schritte entfernt vom Freibad und vom Zentrum des

Dorfes, gilt die reetgedeckte Anlage für 45 Mütter und 62 Kinder als eine der schönsten ihrer Art.

Sylter Archiv.

Löwengard, Kurt *2.4.1895 Hamburg, † 8.1.1940 London, Maler. Löwengard studierte in Hamburg und wurde Mitglied der dortigen Sezession. In den 1930er Jahren besuchte er fast regelmäßig Sylt und die Halligen. In List wohnte er häufig in der Staatlichen Austernfischerei. Die Aufenthalte dienten nicht nur beruflichen Zwecken, sondern boten dem jüdischen Künstler auch ein hohes Maß an persönlicher Sicherheit. Im August 1938 musste er unter den Augen der Gestapo die Insel unverzüglich verlassen, da die Sylter Kurorte ein Aufenthaltsverbot für jüdische Gäste erlassen hatten. 1939 emigrierte er entkräftet nach London. Auf Sylt entstanden u. a. die Kreidezeichnung „Keitum“ (1934), die Bleistiftzeichnung „Kampen“ (1936) und das Aquarell auf Postkarte „Strand mit Strandkörben“ (1936).

Bruhns 1989, Nordfriisk Instituut, Schulte-Wülwer 1996.

1936 schickte Kurt Löwengard
seinem Galeristen folgendes Gedicht:

Ich male nach Noten,
wenn auch verboten –
Wolken und Schlick
mit Aquarell geht das chick.
(Unter uns – ich tu es nur zum Vergnügen –
das Recht ist mir doch noch geblieben?)

Luftkurorte gibt es seit 1973 im Sylter Osten. Es sind dies die bis 1970 selbstständigen Gemeinden Archsum, Keitum, Morsum und Tinnum, die ärztlich anerkannte und bewährte heilklimatische Eigenschaften aufweisen und über entsprechende Kureinrichtungen verfügen. 2002 wurde die Großgemeinde Sylt-Ost zum Nordseebad aufgewertet.

Lüng, Pidder →Pidder Lüng

Lutine In der → Sankt Niels-Kirche von Westerland hängt eine Gedenktafel, die daran erinnert, dass auf Sylt 1799 der Leichnam von Daniel Wienholt, dem Sohn einer reichen englischen Kaufmannsfamilie, angeschwemmt und hier begraben wurde. Er war Passagier der Fregatte *Lutine*, die mit 300 Mann Besatzung sowie Gold- und Silberbarren im Wert von 1,5 Millionen Pfund in einem Oktobersturm vor der westfriesischen Insel Terschelling *(Skylge)* untergegangen war. Taucher suchten immer wieder nach der Ladung, konnten aber nur ein Fünftel der Werte und die Schiffsglocke bergen. Sie hängt jetzt bei der Versicherungsgesellschaft Lloyds in London und wird nur geläutet, wenn ein Schiffsverlust zu beklagen ist.

Quedens 1980.

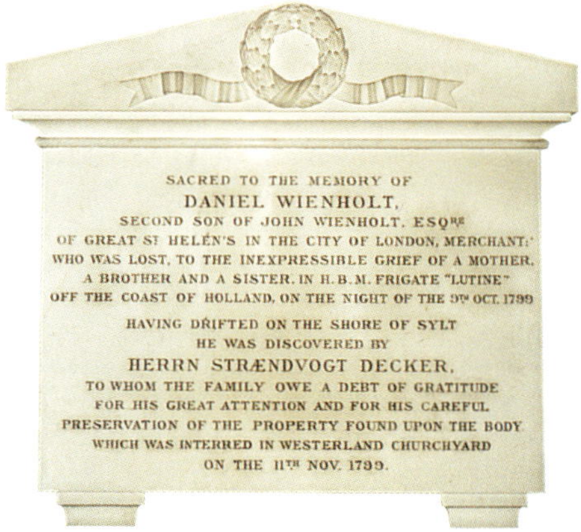

Gedenktafel für die *Lutine* in der Kirche Sankt Niels in Westerland (Foto: Thomas Steensen)

Luurter oder *Sjipluurter* lautete die friesische Bezeichnung für den Schafdung. Er wurde ebenso wie die →*Kiisen* (Kuhdung) verfeuert, weil hölzernes Brennmaterial auf Sylt Mangelware war. Der Schafdung wurde auf dem →Vorland in Säcken gesammelt, nach Hause gebracht und dort auf dem Steinpflaster oder alten Segeln zum Trocknen ausgebreitet.

Winger 1986.

Lüüvwai Sylterfriesischer Straßenname in Braderup und Keitum. *Lüüv-wai* heißt „Austernfischerweg“.

Möller 1916.

Luxemburg, Rosa * 5.3.1870 Zamosc/Polen, † 15.1.1919 Berlin, Politikerin, Schriftstellerin. Rosa Luxemburg stammte aus einer wohlhabenden jüdischen Kaufmannsfamilie und gehörte dem linken Flügel der Sozialdemokratie an. 1918/19 beteiligte sie sich an der Gründung der Kommunistischen Partei Deutschlands. Zusammen mit Karl Liebknecht (1871-1919) wurde sie 1919 in Berlin von Regierungstruppen ermordet. Ihren einzigen Sylt-Urlaub verbrachte sie 1901 im Hotel „Nordsee" in Wenningstedt.

In einem Brief beschrieb Rosa Luxemburg ihrer Freundin Luise Kautsky ihren Sylt-Aufenthalt wie folgt: „Können Sie sich eine Insel vorstellen, die so flach ist, dass man den geringsten Turm von einem Ende zum anderen sieht, so kahl und entblößt von jedem Baum und Strauch, dass man sich gewissermaßen wie auf einem Teebrett fühlt – kein Grat, kein Blümchen, nichts – rein gar nichts, nur das ewig rauschende Meer ringsum. ... Mein Tag ist bald beschrieben: Ich steh' auf, reiße den Schnabel auf zum Frühstück, dann liege ich am Strand auf dem Bauch, bis Mittag, Nachmittag liege ich aber auf dem Rücken am Strand, bis zum Abendbrot, und dann nach dem Abendbrot liege ich, wie stets mein Brauch, auf der rechten oder linken Seite im Bett und schlafe. Dass man dabei so allmählich kretinisiert – na, das merkt Ihr ja selbst am Briefe."

v. Bremen 2000b, Wedemeyer 1986.

Madis, Muchel * 11.11.1572 Morsum, † 21. 1.1651 Morsum, Landmann, →Chronist. Die Handschriften des Muchel Madis befinden sich in der Königlichen Bibliothek in Kopenhagen und in der Universitätsbibliothek in Kiel. In niederdeutscher Sprache hielt er aus der Zeit zwischen 1567 und 1644 Ereignisse aus Morsum und von der Insel fest und beschrieb u. a. Sturmfluten, Pestzeiten oder Schiffsunglücke. Während des Dreißigjährigen Krieges, am 18. Mai 1628, notierte Madis, dass gegen Abend 400 kaiserliche Soldaten unter Oberstleutnant Ernst van Suys „mit Gewehr und Geschütz" in Morsum einzogen. Die Kirche aber war mit Schanze und Graben gesichert. Das „Diarium" des Muchel Madis verschwand im 18. Jahrhundert aus dem Morsumer Pastorat. Es sind aber zahlreiche Abschriften erhalten. Eine davon befindet sich im Nachlass Christian Jensen im Nordfriesischen Institut in Bredstedt und trägt die Überschrift „Eine Alte Beschreibung aus der Morsumer Kirchen Originohlen". Muchel Madis' „Morsumer Annalen" dienten späteren Chronisten, darunter Jens →Schwennen und C. P. →Hansen, als wichtige Grundlage. Veröffentlicht wurden sie 1977 in den „Memoiren einer Insel" von Peter Schmidt-Eppendorf.

Panten 2002a, Schmidt-Eppendorf 1977, Wedemeyer 1991a.

Mahler-Werfel, Alma Maria geb. Schindler * 31.8.1879 Wien, † 11.12.1964 New York, Komponistin. Alma Schindler war ab 1902 mit dem österreichischen Komponisten und Dirigenten Gustav Mahler (1860-1911) verheiratet. Nach einer kurzen Beziehung mit dem Maler Oskar Kokoschka (1886-1980) heiratete sie 1915 den Architekten Walter Gropius (1883-1969) und 1929 den Dichter Franz Werfel (1890-1945). Mit ihm emigrierte sie 1940 nach New York. Als 13-Jährige erlebte sie 1892 auf Sylt düstere und traurige Stunden, weil ihr Vater Emil Jacob →Schindler während des Kuraufenthalts verstarb. Ihre Gefühle beschrieb sie 1960 in der Autobiographie „Mein Leben": „Dieser Tod am Meer, der schwierige Transport nach Wien, die graue, nordische, stürmische, hoffnungslose Natur auf Sylt, all das ist in meiner Erinnerung tief eingegraben."

Wedemeyer 1991a.

Mai, Henriette geb. Otzen * 4.9.1882 Keitum, † 1971 Keitum, Schneiderin. Mai war seit 1906 Mitglied der von Erich →Johannsen gegründeten Sylter Heimatbühne und trat bis 1955 in ungezählten Stücken auf, viele davon in friesischer Sprache. 1964 wurde sie mit dem →C.-P.-Hansen-Preis ausgezeichnet.

Nordfriisk Instituut.

Malerei Im handwerklichen Sinne wurde bereits vor dem 18. Jahrhundert auf Sylt gemalt. In den Stuben der Kapitäne entstanden Wanddekorationen und Schiffsbilder, die zu den schönsten Zeugnissen früher Laienmalerei gehören. Im 19. Jahrhundert fertigte der Chronist C. P. →Hansen zahlreiche, meist kleine Blätter von Örtlichkeiten der Insel und stellte ein erstes bildliches Inventar von Sylt zusammen. Hans Peter →Feddersen aus Wester Schnatebüll darf als Entdecker Sylts für die Kunstmalerei gelten. Er arbeitete bereits 1869 in List. Sein Freund, der Holsteiner Maler Hinrich →Wrage, war der erste, der ab 1872 großformatige Landschaftsgemälde von der Sylter Küste sowie Dünen- und Strandszenen öffentlich präsentierte. Der 1881 erschienene Bildband „Küstenfahrten an der Nord- und Ostsee", zu dem Gustav →Schönleber die Mehrzahl der Vorlagen geliefert hatte, sorgte erstmals dafür, dass eine breitere Öffentlichkeit bildliche

Darstellungen von entlegeneren Küstenregionen des Kaiserreichs zu sehen bekam.
Gegen Ende des 19. Jahrhunderts wurde der Kunstschriftsteller Ferdinand →Avenarius prägend für die Sylter Kunst und Kultur. In seinem Haus Uhlenkamp schwärmte er von den vielfältigen Reizen der Insel und lockte auch die Landschaftsmaler an. Seinem Ruf folgten z. B. die Düsseldorfer Malerfreunde Eugène →Dücker und Carl →Irmer, Vertreter des modernen Rationalismus mit kritisch-nüchternem, unvoreingenommenem Geist. Sie malten landschaftliche Details ohne dramatische Effekte, bemühten sich um die Wirkung von Licht und Luft und zeigten das Natürliche.
Für die Zeit um 1900 ließen sich leicht über 300 Maler nennen, die auf Sylt wirkten und weilten. Es entstanden Bilder für einen breiten Bedarf, wie er sich in einem Seebad entwickelte. Künstlerisch traten Maler wie Andreas →Dirks, Franz →Korwan-Katzenstein oder Fritz →Overbeck aus der Düsseldorfer Schule, die Berliner Eugen →Bracht und Hans →Hartig, Jacob →Alberts, Hans →Baluschek, Robert →Breyer, Lovis →Corinth und Walter →Leistikow aus dem Kreis der Berliner Sezession, Richard Kaiser (1868-1941) aus München, Carl →Arp und Ivo →Hauptmann aus Weimar, Jean Paul Kayser (1869-1942) aus Hamburg oder Emil →Neumann hervor. Die bekanntesten Malerpersönlichkeiten, die in jener Zeit nach Sylt übersiedelten waren Albert →Aereboe, Georg →Busse, Carl Christian →Feddersen, Hugo →Köcke, Helene →Varges und Magnus →Weidemann. Nach dem Ersten Weltkrieg besuchten wiederholt deutsche Expressionisten, vor allem die „Brücke"-Maler Otto →Mueller und Erich →Heckel, die Insel. 1930 weilte Emil →Nolde für mehrere Monate im Hause Clara →Tiedemanns und schuf hier in Kürze 16 Gemälde sowie eine Reihe seiner „leidenschaftlichen Meerbilder mit Sturzwellen und Gischt". Zu den Malern gesellten sich die beiden Bildhauer Ewald →Mataré und Edwin →Scharff sowie ihre Kollegin Renée →Sintenis.
Eine besondere „Szene" bildete sich in Kampen. Hier etablierten sich neben dem Haus Uhlenkamp mit dem Haus des Verlegers Siegfried →Jacobsohn, der Pension Kliffende von Clara Tiedemann und dem Anwesen des Kunsthistorikers Fritz →Wichert weitere gastfreundliche Häuser. Wichert entdeckte und förderte Will →Sohl, Avenarius vergab Stipendien und holte u. a. die Maler Johann Vincenz →Cissarz, Ernst

Hans-Peter Feddersen: „Dünenlandschaft" 1872, Papier/Holz, 34 x 44 cm (Museumsberg Flensburg)

→Kreidolf, Wenzel →Hablik, Karl →Hanusch und Wilhelm Steinhausen (1864-1924) nach Sylt. Bei Jacobsohn gastierten vornehmlich Vertreter der jüdischen Intelligenz der Weimarer Republik, darunter der Maler Ludwig Meidner (1884-1966). Für drei Jahre zog es auch den jungen Kunststudenten Hans →Fuglsang aus Hadersleben nach Kampen. 1910-12 schuf er eine Reihe bemerkenswerter Gemälde, Studien und Zeichnungen. Emil Orlik (1870-1932) zeichnete in der Wuldeschlucht, Andrej →Jawlensky malte 1924 bereits in vollen Farben wie sein Vater und Lehrer Alexej.

Kunstmaler auf dem Roten Kliff bei Kampen in den 1930er Jahren (Sylter Archiv)

Im selben Jahr trafen auch die Mitglieder der Berliner Dada-Bewegung auf Sylt ein. Hannah Höch (1889-1978) zeichnete während ihres Kurzaufenthaltes in Wenningstedt eine von Zäunen und Strommasten durchsetzte Dünenlandschaft. Arthur Segal (1875-1944) zerlegte 1925 die Konturen eines Fischerhauses in die Farben des Regenbogens.

1936 weilte Ernst Wilhelm Nay (1902-1968) auf der Insel. Er malte abstrakt, darunter das Bild „Landschaft auf Sylt", und wurde 1937 von der Reichskunstkammer der Nationalsozialisten als entartet eingestuft. Sylt entwickelte sich für manchen bedrängten Künstler zu einem Zufluchtsort, z. B. für Georg →Tappert, Kurt →Löwengard oder Edwin Scharff. Die jüdische Malerin Anita →Rée wurde jedoch auch hier nicht mehr glücklich. 1933 nahm sie sich, ausgebrannt und vereinsamt, in Kampen das Leben.

Nach dem Dritten Reich entstand im Gästehaus des Verlegers Peter →Suhrkamp in Kampen eine neue Keimzelle kulturellen Lebens. Einer der ersten Besucher war 1945 der Berliner Maler Siegwart →Sprotte, der sich bald darauf dauerhaft auf Sylt niederließ. Schon 1946 und 1947 bot Kampen zwei Kunstausstellungen, an denen sich über 150 Maler und Bildhauer aus allen vier deutschen Besatzungszonen beteiligten. 1948 wählte Kurt →Lambert Kampen als neue Heimat, der Ostpreuße Ernst Mollenhauer (1892-1963) hielt sich hier seit 1946 regelmäßig auf und eröffnete in Keitum ein zweites Atelier. Sein Sylter Vermächtnis sind eine Reihe kleiner Ölbilder, die er „Keitumer Tagebuch" nannte. Willem →Grimm kehrte wieder, auch Ivo Hauptmann und Erich Heckel.

Einer der häufigsten Gäste nach dem Zweiten Weltkrieg war der Berliner Professor für Bildende Künste Alexander →Camaro, der sich bei der Kampener Kupferkanne ansiedelte und hier seine großflächigen Kompositionen schuf. Im Gegensatz dazu suchte sein Berliner Kollege Otto →Eglau die verbale Auseinandersetzung und ließ sich auch vom wachsenden Massentourismus nicht stören, solange er weiterhin seine Motive fand. Der gebürtige Sylter Günther →Petersen kann auf eine 55-jährige Kunstmalerkarriere verweisen, die ihn immer wieder auf seine Heimatinsel zurückführte. Die Malerfreunde Christian →Hinrich und Helmut →Märksch gründeten 1975 zur Belebung der Kunstszene den Verein Kampener Kunstfreunde (ab 1986 →Verein der Sylter Kunstfreunde). Zu den ungezählten Malern, die sich seit 1960 auf Sylt inspirieren lassen, gehören neben vielen anderen der Hamburger Dieter →Röttger, der Kölner Hubert →Berke und der Kieler Gottfried →Brockmann.

Kaufmann 1976, Lengsfeld 1996, Retzlaff 1996b, Schlee 1962, Schulte-Wülwer 1996, SHL 1983, Tiedemann 1973.

Mandränke lautet in Nordfriesland die alte Bezeichnung für zwei verheerende →Sturmfluten, in denen viele tausend Menschen ertrunken sind. Nach der großen Mandränke von 1362 gingen alte Chroniken davon aus, dass rund 100 000 Tote im gesamten Nordseebereich zu beklagen waren. Die zweite Mandränke forderte 1634 fast 10 000 Tote in Nordfriesland, vor allem auf Alt-Nordstrand.

Manigfual Die Geschichte von der Entstehung der Insel Sylt stammt aus der Feder des Chronisten C. P. →Hansen. Sie handelt von einem riesigen Schiff mit Namen *Manigfual* (= Vielfalt), das solche Ausmaße hatte, dass

Kapitän *Ual* (= der „Alte“; auf Schiffen der Kapitän) auf einem Pferd an Bord hin und her reiten musste, um seine Mannschaft zu befehligen. Die Matrosen kletterten als junge Burschen in die Masten und kehrten mit langen, weißen Bärten zurück. Damit sie unterwegs nicht verhungerten, waren Wirtshäuser in die Takelage eingebaut. Eines Tages strandete die *Manigfual* auf den Sandbänken vor Esbjerg. Kapitän *Ual* verließ das Schiff, um Hilfe zu holen. Dabei soll er im Wattenmeer eine Schuhsohle verloren haben. Sie soll den Untergrund der Insel Sylt bilden. Da im Sylterfriesischen Sohle *Sööl* heißt, leiten manche den Namen der Insel davon ab. *Söl* ist die heutige friesische Bezeichnung von Sylt.

Deppe/Frenzel 1996, Hansen 1858a, Jessen 1965.

Mann, Klaus * 18.11.1906 München, † 21. 5.1949 Cannes, Schriftsteller. Der Sohn von Thomas →Mann besuchte einige Male Sylt. 1927 und 1928 traf er sich mit seinen Eltern in der Pension →Kliffende in Kampen. 1932 wohnte der Dichter im Hotel →Miramar in Westerland. Hierüber sind Tagebuchaufzeichnungen überliefert. Am 5. September 1932 notierte er: „(Westerland, Hôtel Miramar). 10 Stunden geschlafen. Ärger über Nepp im Hôtel. Friseur (Gespräch Präservative und Hôtelpreise.) Buchhandlung (Bändchen Huxley gekauft, und zu erkennen gegeben.) – Versucht, ‚Sokrates‘ zu arbeiten. Schwierigkeiten bis zum Widerwillen. Notizen.“

Wedemeyer 1991a.

Mann, Thomas * 6.6.1875 Lübeck, † 12.8. 1955 Zürich, Schriftsteller, Literaturnobelpreisträger 1929. Der Verfasser der „Buddenbrooks“ (1901) war 1921 zu Gast in Wenningstedt und dermaßen beeindruckt von der Brandung, dass er Sylt zum einzigen Passus in der Weltliteratur verhalf. Auch 1927 und 1928 weilte der Dichter mit seiner Familie auf Sylt, nun im Haus →Kliffende, der damaligen Prominentenherberge von Clara →Tiedemann. Im Anzug und mit einer Manuskriptmappe in der Hand ließ er sich am Strand von Kampen fotografieren. Über seine Eindrücke von Sylt schrieb er an seinen Bruder Heinrich: „Die Reize dieser Insel sind keusch und karg und lenken den Sinn auf Grog.“ Er schämte sich, „nichts geleistet zu haben; außer unförderlichen Kleinigkeiten ist nichts zustande gekommen...“ Ins Gästebuch schrieb er am 11. September 1927: „Nicht Glück oder Unglück – der Tiefgang des Lebens ist es, worauf es ankommt. An diesem erschütternden Meere habe ich tief gelebt, und was es aufregte, das wird, gebe es Gott, irgendwie einmal ehrenhaft fruchtbar werden.“

In seinem 1924 erschienenen Roman „Der Zauberberg“ verarbeitete Thomas Mann seine eindrucksvollen Erlebnisse beim Baden in der Nordsee: „Auf Sylt hatte er [Hans Castorp], in weißen Hosen, sicher, elegant und ehrerbietig, am Rande der mächtigen Brandung gestanden wie vor einem Löwenkäfig, hinter dessen Gitter die Bestie ihren Rachen mit den fürchterlichen Reißzähnen schlundtief ergähnen läßt. Dann hatte er gebadet, während ein Strandwärter auf einem Hörnchen denjenigen Gefahr zublies, die frecherweise versuchten, über die erste Welle hinauszudringen, dem herantreibenden Ungewitter auch nur zu nahe zu kommen, und noch der letzte Auslauf des Katarakts hatte den Nacken wie Prankenschlag getroffen.“

Gemeinde Kampen 1994, Mann 1924, Rost 1996, Tiedemann 1973, Wedemeyer 1986 u. 1991a.

Thomas Mann, 1926 (Buddenbrookhaus Lübeck)

Mannemorsumtal In dem Dünental bei →List wurden 1905 und 1930 Reste von Alt-List gefunden. Das ehemalige Kirchspiel ging in der großen →Mandränke von 1362 verloren.

Mare Frisicum (friesisches Meer) wurde in mittelalterlichen Quellen die →Nordsee genannt. In der Gegenwart wird versucht, an alte Verbindungen anzuknüpfen und die Zusammenarbeit der Nordsee-Anrainer zu verbessern.

Mariann Der alte schwedische Dreimastschoner *Mariann* sollte 1961 im Wattenmeer vor Munkmarsch als schwimmende Teestube vor Anker gehen. Zwei gewaltige Stürme und bürokratische Hindernisse vereitelten die Pläne. Ein

Das Wrack der *Mariann* im Wattenmeer, 1975 (Foto: Thomas Steensen)

Brandstifter gab dem Wrack 1981 schließlich den Rest. Heute sind die Überbleibsel bei Ebbe vor dem Weißen Kliff in der Braderuper Bucht zu sehen.

v. Bremen 2000.

Marineversorgungsschule Die Ausbildungseinheit der Bundeswehr mit rund 1 000 Soldaten befindet sich seit 1958 in der ehemaligen Seefliegerkaserne in List. Damit wurde die Bundeswehr neben dem Fremdenverkehrsgewerbe der größte Arbeitgeber am Ort. Unterrichtet werden in jährlich rund 100 Lehrgängen die Fächer Verpflegungsdienst, Versorgung und Materialbewirtschaftung, Personalwesen, Alarm- und Mobilmachungswesen sowie Sanitätsdienst, Gesundheitswesen und Informationstechnik. Neben den Kochkünsten werden auch die musikalischen Leistungen der Soldaten geschätzt. Seit 1961 produzierte der Seemannschor mehrere Schallplatten und CDs und gab über 2 000 Konzerte im In- und Ausland. Dabei wurde das wohl einzigartige Problem gelöst, dass alle drei Monate mit Ablauf einer Grundausbildungszeit nahezu das gesamte Personal ausgetauscht werden musste. Im Rahmen einer Strukturreform der Streitkräfte wird die Schule voraussichtlich im Jahr 2007 geschlossen.

Jürgs/Trost 1978, Syltbild Stöver 1992.

Der Chor der Marineversorgungsschule gibt ein Konzert in der Musikmuschel auf der Westerländer Kurpromenade, um 1990. (Foto: Nis-Peter Jessen)

Markmannshoog ist ein eisenzeitlicher →Grabhügel oberhalb des Morsum-Kliffs.

Märksch, Helmut * 5.8.1907 Berlin, † 12.6. 1980 Kampen, Maler. Märksch studierte bis 1933 in Berlin. Die Nationalsozialisten sperrten ihn ein Jahr später vom Kunstleben aus. Nach 1945 beteiligte er sich regelmäßig an der „Großen Berliner Kunstausstellung". 1961 siedelte er wegen des herben Reizes der Landschaft nach Kampen um. Hier wurde er durch seine expressiven Temperabilder mit Akten, Stilleben und Landschaften bekannt. 1975 gründete er zusammen mit Christian →Hinrich den Verein Kampener Kunstfreunde.

Nordfriisk Instituut.

Marsch *(Mērsk)* ist die zwischen →Watt und →Geest etwa in Meereshöhe oder tiefer gelegene Küstenlandschaft. In Nordfriesland zieht sie sich als etwa fünf bis fünfzehn Kilometer breiter Streifen entlang der Küste von der dänischen Grenze bis zur Halbinsel Eiderstedt und bedeckt mit rund 1 000 Quadratkilometern etwa 49 Prozent der Kreisfläche auf dem Festland und den Inseln. Über 170 Köge (→Koog) konnten eingedeicht werden. Die Sylter Marsch, etwa 30 Prozent der Inselfläche, bildete sich um die Geestkerne Westerland-Kampen-Keitum, Archsum und Morsum aus. Das Gebiet erstreckt sich von Munkmarsch im Nordosten über die Nössehalbinsel bis Rantum im Südosten.

Die Marschen entstanden in den letzten 4 000 Jahren durch natürliche Sedimentationsprozesse im Watt. Dabei wurden im Rhythmus der →Gezeiten die von Strömung und Wind aufgewühlten Schweb- und Sinkstoffe der Nordsee in strömungsberuhigten Zonen des Wattenmeeres wieder abgelagert. Über dieser alten Marsch der →Utlande bildete sich ein großes Hochmoorgebiet aus. Ab dem 11. Jahrhundert legte sich infolge des Meeresspiegelanstiegs jüngere Marsch über das Hochmoor. Auch horizontal betrachtet, gibt es Unterschiede. Während von See aus gesehen die schwereren Stoffe sich zuerst absetzten und das Marschhochland bildeten, wurden die feineren Partikel weiter ans Ufer getragen. Am Geestrand entstand eine schwer wasserdurchlässige Schicht, das häufig versumpfte oder vermoorte Marschsietland.

Die frühen Siedlungsplätze in den Utlanden wurden auf →Warften angelegt. Der steigende Meeresspiegel machte es aber immer dringlicher, auch Vieh und Weiden durch →Deiche vor Hochwasser und →Sturmfluten zu schützen. Auf diese Weise entstanden seit dem 12. Jahrhundert die ersten Köge in Nordfriesland. Auch auf Sylt gab es kleinere Deiche. Die großen →Mandränken von 1362 und 1634 waren es vor allem, die große Teile des gewonnenen Kulturlandes wieder vernichteten und die heutige Insel- und Halligwelt Nordfrieslands formten. Ab dem 17. Jahrhundert gelang es, durch hohe und standfeste Deiche den Meereseinfluss zurückzudrängen und das neu eroberte Kulturland wirkungsvoll zu verteidigen. Den Charakter der Marschlandschaft prägen vor allem die →Vorfluter, die Sielzüge und Gräben, die der Entwässerung dienen. Häufig ist noch die →Grüppen- und Beetstruktur gut zu erkennen, die auf die Methode hinweist, wie einst aus dem →Vorland fruchtbares Grünland gewonnen wurde. →Wehlen zeugen von der allgegenwärtigen Gefahr eines Deichbruchs. Weite Teile der Sylter Marsch schützt seit 1937 der →Nössekoog.

Fischer 1997, Nordfriisk Instituut.

Maskenlaufen *(Maskenloop)* ist eine Sylter Spielart des →Rummelpottlaufens, die vor allem in Morsum, zum geringeren Teil aber auch in Archsum, Keitum, Tinnum und im alten Dorfkern Westerlands noch recht lebendig ist. In Morsum gibt es bis heute keine öffentliche Silvesterveranstaltung. Man wartet zuhause auf den Besuch der Maskierten *(Omtaakelten)*. Etwa 60 bis 100 Menschen in etwa 30 bis 40 Gruppen ziehen zu Fuß oder zu Pferde (→Altjahresumritt) umher. Sie befassen sich in Liedern, Gedichten und Sketchen, häufig auch in →friesischer Sprache, mit den dörflichen Ereignissen des vergangenen Jahres. Wer viel Besuch erhält, darf dies als Auszeichnung betrachten. Das Maskenlaufen zieht sich bis weit nach Mitternacht hin. Anschließend sitzt man im →*Muasem Hüs* beisammen oder bereitet sich auf einen Neujahrsball vor.

Nordfriisk Instituut, Rinken 1992, Tholund 2000a.

Kostümiert und verkleidet ziehen die Sängerinnen und Sänger am Silvesterabend durch Sylt-Ost. (Foto: Volker Frenzel)

Manfred Schaeffner: „Sylter Marsch" um 1990, Öl auf Leinwand, Privatbesitz

Maße *(Maaten)* waren über Jahrhunderte in Schleswig-Holstein recht unterschiedlich. Gleiche Bezeichnungen bedeuteten bei weitem nicht gleiches Maß. Im Wesentlichen waren die alten Maße und Gewichte duodezimal oder sedezimal, also im Zwölfer- oder Sechzehnersystem, aufgebaut. Im 18. Jahrhundert gab es erste Schritte zu einer Vereinheitlichung, die jedoch daran scheiterten, dass viele Maßeinheiten traditionsverhaftet in Gebrauch blieben. Das Dezimalsystem wurde erst um 1870 eingeführt. Nur noch vereinzelt werden in der Landwirtschaft alte Maße wie Rute oder Scheffel oder im Handwerk das Zoll gebraucht.

Das Grundmaß bei der Längenmessung war der Fuß (= 0,285-0,314 m). Er teilte sich in zwölf Zoll und 144 Linien. Zwei tondernsche Fuß auf Sylt bildeten eine Elle (= 58,1 cm), drei Fuß ein Schritt (= 87 cm), sechs Fuß ein Faden. Eine tondernsche Rute entsprach einer Ackerbreite und hatte auf Sylt 18 Fuß (= 5,23 m). Eine Meile umfasste 24 000 dänische Fuß entsprechend 8,805 Kilometern vor 1768 und 7,533 Kilometern danach.

Alle Längenmaße konnten auch als Flächenmaße verwendet werden. Dazu kam das Demat, die Landfläche, die von einem Mann an einem Tag gemäht werden konnte. Ein Demat entsprach zehn Ammersaat zu je 18 Quadratruten, also in etwa einem halben Hektar. Weiter gab es ein Saat zu etwa 0,08 Hektar und auf der Geest ein Scheffel, das je nach verwendeter Rute zwischen 40 und 256 Quadratruten lag. Eine Schippsaat entsprach 24 bis 36 Quadratruten, eine Sylter Tonne 200 Quadratruten, also etwa 0,30 bis 0,76 Hektar.

Bis auf die Meile konnten alle Längenmaße auch als Raummaße verwendet werden. Daneben gab es spezielle Hohlmaße für Getreide: Eine Tonne entsprach drei Scheffel bzw. acht Schipp, wobei der Inhalt je nach Gewicht – Hafer war am leichtesten, Weizen am schwersten – zwischen 118 und 153 Litern schwankte. Darüber stand die Last zu 24 bis 32 Tonnen. Flüssigkeitsmaß war ebenfalls die Tonne zu 64 Kannen bzw. 128 Quartier. Der Inhalt schwankte zwischen 108 und 174 Litern. Als Weinmaß galt ein Anker, das ungefähr 36 Litern entsprach.

Lorenzen-Schmidt 1990, Schmidt-Eppendorf 1977.

Einige Beispiele für Sylter Maße:

1 tondernsche Quadratrute = 0,00274 ha;
1 Demat = 10 Ammersaat
= 180 Quadratruten = 0,49264 ha;
1 Ammersaat = 18 Quadratruten
= 0,04926 ha = 492,6 m2;
1 Steuertonne (Flächenmaß) = 0,5466 ha;
1 Tonne (Raummaß) = 3 Scheffel = 8 Schipp;
1 Tonne Roggen = 120,5 kg;
1 Tonne Gerste = 102,4 kg;
1 Tonne Hafer = 78,3 kg.

Mataré, Ewald * 25.2.1887 Aachen, † 29.3.1965 Büderich/Düsseldorf, Bildhauer, Graphiker. Mataré war Schüler u. a. von Lovis →Corinth in Berlin und wurde 1932 Professor an der Kunstakademie in Düsseldorf. 1933 wurde er entlassen, 1946 erneut berufen. Seine Werke entstanden meist in kirchlichem Auftrag, so die Bronzetüren am Südportal des Kölner Doms und die Türen an der Friedenskirche in Hiroshima. In den Jahren 1923-25 besuchte Mataré Sylt und zog sich in die Einsamkeit des Listlandes zurück. Zu dem Aquarell „Mann mit roter Kuh" bemerkte er 1923: „Das ist meine Gesellschaft hier, Meer und Kühe." Seine Eindrücke und Empfindungen auf Sylt führten ihn nach eigenen Angaben aber zunehmend weg von der Malerei und hin zur Bildhauerei. In der Folge entstanden seine zu Klassikern gewordenen archaischen Tierfiguren von Huhn, Katze, Pferd und Kuh.

Schulte-Wülwer 1996, SHL 1983.

Buchtitel von Hinrich Matthiesen

Matthiesen, Hinrich * 29. 1. 1928 Westerland, Lehrer, Schriftsteller. Matthiesen stammt aus einer alten Sylter Kapitänsfamilie. Er wurde Lehrer und unterrichtete zwölf Jahre an deutschen Schulen in Chile und Mexiko. Sein erstes Buch als freier Schriftsteller erschien 1969, seither produzierte er fast jedes Jahr ein neues Werk. Viele seiner Kriminalromane und Erzählungen basieren auf genauen Recherchen während seiner Zeit in Lateinamerika. 1990 veröffentlichte Matthiesen, der nahe am Nössedeich in Morsum lebt, sein Bekenntnisbuch „Mein Sylt". Darin beschäftigt er sich u. a. mit den Schicksalen alter Seefahrerfamilien, mit dem Kampf um die Erhaltung der sylterfriesischen Sprache und auch mit jenen Problemen, die seiner Insel durch Sturmfluten und Küstenschutz sowie Massentourismus, Bebauung und Überfremdung entstehen. Matthiesens Roman „Eine Liebe auf Sylt" erschien 2002 und hat umfassend die Insel und ihre Menschen zum Thema.

Matthiesen 1990, Struve 1986, Wedemeyer 1991a.

Matthiesen, Hinrich Meinert * 1810 Keitum, † 12.3.1875 Keitum, Kapitän. Der erfahrene Kapitän reiste 1864 im deutsch-dänischen Krieg unaufgefordert und freiwillig nach Cuxhaven, um der alliierten deutsch-österreichischen Flotte seine Dienste als Lotse anzubieten. Sein Vorschlag, die Schiffe durch das Wattenmeer nach List oder Hörnum zu führen, wurde angenommen. Als Belohnung erhielt er vom österreichischen Kaiser Franz Joseph I. das Ritterkreuz.

Stolz 1988.

Matthiesen, Werner * 4.1.1925 Kleinrüde/Angeln, Metallflugzeugbauer, Kommunalpolitiker. Matthiesen lernte Flugzeugbauer in Warnemünde, war Fallschirmjäger und kam nach dem Zweiten Weltkrieg mit schweren Beinverletzungen nach Hörnum. 1958 eröffnete er hier eine Tankstelle. Er war 22 Jahre lang Mitglied der Gemeindevertretung und engagierte sich besonders im Küstenschutz. 1982 erschien sein Dokumentarfilm „Hörnum – sein Strand und seine Stürme". Sieben Filme, ungezählte Fotos und zahlreiche Karten, auf denen er seine Beobachtungen und Messwerte festhielt, sind das Resultat seiner Arbeit. 2001 fasste er seine bisherigen Ergebnisse in dem Buch „Sylt – 700 Jahre Kampf der

Friesen gegen den ‚Blanken Hans'" zusammen.

Matthiesen 2001.

Matzen, Andreas * 8.10.1898 Westerland, † 20.5.1980 Westerland, Angestellter des Seebads Westerland. Matzen verfasste mehrere Beiträge in friesischer Sprache, darunter das Lustspiel *„Ingi fan Raantem"*, das 1959 in →*Fuar Söl'ring Lir* veröffentlicht wurde.

Matzen, Bleick * 19.8.1735 Keitum, † 11. 10.1805, Kapitän. Der Sohn von Kapitän Matz →Bleicken begleitete seinen Vater bereits im Alter von zehn Jahren zur See. Er blieb seinem Beruf fast 60 Jahre treu, davon 45 Jahre als Kapitän auf Flensburger Schiffen, und erlitt nur ein einziges Mal Schiffbruch. Es geschah 1759 auf seiner ersten Reise als Kapitän mit dem Schiff *Die Jungfrau Elsabe* bei der Einfahrt in den Hafen von Porto. 1760 übernahm er den Dreimaster *Die Dreistigkeit* für Fahrten nach Nordeuropa und ins Mittelmeer. 1783 wurde ihm „eines der größten und schönsten" Flensburger Schiffe, die →Fregatte *Victoria*, anvertraut. Ab 1797 kommandierte Matzen die neu gebaute Fregatte *Bona fides*, die 1798 im Ärmelkanal von französischen Kapern aufgebracht und nach St. Malo geschleppt wurde. Zwei Jahre kämpfte der Kapitän und Anteilseigner um die Freigabe seines Schiffes. 1804 übergab er das Kommando an seinen Sohn Jens →Bleicken.

Quedens 1982, Schmidt-Rodenäs 1981.

Matzen, Boy * 3.12.1887 Wenningstedt, † 18.12.1972 Keitum, Landwirt, Kohlenhändler, Bankfilialleiter. Matzen ist ein entfernter Nachkomme des Walfangkommandeurs Hans Hansen →Teunis. Er war seit 1912 Besitzer des →Withüs, des Familienstammsitzes am Wenningstedter Dorfteich. 1919 verkaufte er das Haus und siedelte nach Keitum über. Dort bewirtschaftete er eine Landstelle auf dem heutigen Flughafengelände, übernahm eine Kohlenhandlung und leitete kurzfristig die Spar- und Darlehnskasse in Keitum (→Raiffeisenbank) und später eine Filiale der Schleswig-Holsteinischen Westbank. Er war langjähriger Kassenwart der →*Söl'ring Foriining* und erhielt 1969 zusammen mit Anna →Gantzel und Benedikte →Petersen den →C.-P.-Hansen-Preis.

Sylter Archiv.

Maurus, Heinz * 3.4.1952 Kaufbeuren/Allgäu, Marineoffizier, CDU-Politiker. Maurus, beruflich tätig als Inspektionschef der Marineversorgungsschule in List, war 1986-96 Bürgermeister von Sylt-Ost und wurde 1994 Amtsvorsteher des →Amts Landschaft Sylt. Seit 1992 ist er Kreisvorsitzender der CDU Nordfriesland. 1996 wurde er in den Schleswig-Holsteinischen Landtag gewählt, wo er zunächst Vorsitzender des Innen- und Rechtsausschusses war und seit 2000 das Amt des parlamentarischen Geschäftsführers der CDU-Fraktion bekleidet.

Nordfriisk Instituut, Sylter Archiv.

Meeresaerosol ist in feinste Tröpfchen in der Luft verteiltes Meerwasser. Es wird von der →Brandung erzeugt und vom Wind über den Küstensaum verteilt. Wer sich im Strandbereich der Westküste Sylts aufhält, atmet diesen feinen Nebel ein und damit alle lebenswichtigen Substanzen, die im Wasser der →Nordsee enthalten sind. So wird jährlich etwa eine Tonne Salz auf jedem Hektar der Sylter Küstenzone abgelagert. Auch die elektrische Ladung der Brandungsluft sowie ein ganz typischer Säurewert der Seeluft

Meeresstimmung am Weststrand (Foto: Reinhard Scheiblich)

Verölte Ente (Hendrik Brunckhorst, Nationalparkamt)

über dem Weststrand haben große Bedeutung für die →Meeresheilkunde.

Hubertus Jessel 1996c.

Meeresheilkunde (Thalassologie) ist ein medizinischer Fachbereich, der sich mit den therapeutischen Aspekten des Meerwassers auseinandersetzt. Den Begriff prägte 1867 der französische Arzt Louis Bagot. Kurmittel der Meeresheilkunde sind das Meeresklima, das Seebaden und Meerwasseranwendungen wie warme Bäder, Umschläge, Inhalationen, Tinkturen und Meeresschlick. Die Sylter →Kurmittelhäuser in den →Nordseeheilbädern Westerland und Wenningstedt bieten im Rahmen von →Badekuren eine Vielzahl von Möglichkeiten, die Erkenntnisse der Medizin und des Wenningstedter →Instituts für Pathophysiologie und medizinische Klimatologie praktisch umzusetzen.

Hubertus Jessel 1996c, Pfleiderer 1972, Prignitz 1986.

Meeresleuchten *(Seeljucht)* ist ein Naturphänomen, das an der Nordseeküste in manchen warmen und windstillen Sommernächten zu beobachten ist. Wenn das Wasser durch Wellenschlag, ein Schiff oder Badende in Bewegung gerät, dann blitzt und leuchtet es grünlich fluoreszierend auf. Ursache dafür ist der Einzeller *Noctiluca miliaris.* Das Tier hat, ähnlich dem Glühwürmchen, die Fähigkeit der Biolumineszenz. Es handelt sich dabei um einen chemischen Verbrennungsvorgang mit schwacher Lichterzeugung.

Delff o. J.

Meeresspiegel Als Bezugspunkt für geographische Höhen- und Tiefenangaben (über →Normal Null) in Deutschland dient der mittlere Wasserstand am Amsterdamer →Pegel. Im Bereich der Schifffahrt wird das Bezugssystem Seekartennull (SKN) verwendet. Dieser Wert orientiert sich am durchschnittlichen Niedrigwasserstand eines Gebiets während einer →Springtide. Der Meeresspiegel unterliegt Schwankungen, die auf globale Klimaveränderungen zurückzuführen sind. Laut Pegel Cuxhaven stieg er in der Nordsee im letzten Jahrhundert um 17 Zentimeter. Der →Mittlere Tidehochwasserstand nahm an der schleswig-holsteinischen Westküste um 23 Zentimeter zu.

Nordfriisk Instituut.

Meeresverschmutzung Bis in den 1970er Jahren allgemein ein ökologisches Bewusstsein einsetzte, wurde die Nordsee ungehemmt als Deponie für Abfälle benutzt. Noch in den 1980er Jahren gelangten nach offiziellen Zahlen jährlich rund 28 000 Tonnen Zink, 11 000 Tonnen Blei, 75 Tonnen Quecksilber und 20 000 Tonnen Schiffsmüll über die Flüsse aus der Luft und von Schiffen in das Meer. Dazu kamen rund 400 000 Tonnen Öl, die u. a. von den Raffinerien an der Küste direkt in die Nordsee eingeleitet wurden. Die schleichende Ölpest, der Tankerunfälle und andere Havarien nur die Spitze aufsetzen, war daran zu erkennen, dass permanent tote oder verölte Seevögel wie Trauer- und Eiderenten, Tordalken, Eissturmvögel und Dreizehenmöwen in großer Zahl an die Küste gespült wurden. Gute Hinweise lieferte die Anzahl verölter Trottellummen. Sie leben fast ständig auf hoher See und nehmen dort das Öl auf, an dem sie schließlich zu Grunde gehen. Ihr Vorkommen ist deutlich rückläufig. Dies wird darauf zurückgeführt, dass deutsche Häfen zeitweise eine kostenlose Entsorgung der im Schiffsbetrieb anfallenden Treibstoffrückstände einführten. 1999 wurde die Nordsee zudem als Sondergebiet nach dem internationalen „MARPOL-Abkommen“ ausgewiesen. Jegliche Einleitung von Schiffsmüll, Öl oder gefährlichen Chemikalien ist seither streng verboten. Die verölten Vögel werden im Sylter →Tierheim mit seiner Seevogelrettungs- und -auswilderungsstation gepflegt. Auf die Gefahren der Meeresverschmutzung weist das Denkmal →„S. O. S. Save Our Seas“ in Westerland hin.

Nordfriisk Instituut, Schutzgemeinschaft 1993, Steensen 1996a.

Meerkabarett wird auf Sylt seit 1994 in den Sommermonaten von Juni bis September ge-

Das Blaue Zelt der „Fliegenden Bauten“ (Foto: Volker Frenzel)

boten. 2000 stand das „Blaue Zelt“ der „Fliegenden Bauten“ erstmals direkt neben dem neuen Tower des Sylter Flugplatzes. In dem viermastigen Zelt tritt in der Regel die erste Garde des deutschen und zunehmend auch des internationalen Kabaretts auf. Auch Musikveranstaltungen gehören zum Programm. Bis zu 25 000 Zuschauer im Jahr lassen sich von den Darbietungen begeistern.
Entz-v. Zerssen 1999b.

Meermann →Ekke Nekkepenn

Megalithgrab →Grabhügel, →Jungsteinzeit

Mehrsprachigkeit Die Zwei- und Mehrsprachigkeit wurde früher negativ beurteilt. Seit längerer Zeit hat sich aber in der Sprachwissenschaft die Ansicht durchgesetzt, dass sie für Kinder eine Bereicherung ist und differenziertes Denken und Sprachgefühl fördert. Kinder sind keineswegs überfordert, sondern erlernen Sprachen spielend. Diese wissenschaftlichen Erkenntnisse haben auch für Sylt mit seiner ursprünglichen →friesischen Sprache Bedeutung.
Århammar 1976, Oksaar 1988, Steensen 1998.

Meierei 1906 erbaute der Itzehoer Struve in Tinnum eine Meierei. Die Bauern von Archsum und Morsum verpflichteten sich zur Milchlieferung. Bald schlossen sich auch verschiedene Bauern aus Keitum an, und es entstand 1910 die Genossenschafts-Meierei Sylt. Kurz nach dem Ersten Weltkrieg ging sie in private Hände über. Durch die Schlachtung vieler Milchkühe war der Betrieb unrentabel geworden. Eine Produktivitätssteigerung in der →Landwirtschaft gegen Ende der 1920er Jahre führte zu einer verschärften Konkurrenz unter den Bauern. Als Gegenmaßnahme gründeten Sylter Landwirte 1930 unter Federführung von Peter Albert →Peters die Meierei-Genossenschaft Sylt und kauften den Betrieb zurück. 1949 schlossen sich die Bauern von Klanxbüll, Rodenäs und Horsbüll auf dem Festland der Sylter Genossenschaft an. Zur Förderung des Trinkmilchabsatzes wurde am Westerländer Hauptstrand 1951 eine →Milchkurhalle eröffnet. Die Jahresmilchanlieferung stieg bis 1965 auf über neun Millionen Liter. Dann nahm die Zahl der Milchproduzenten infolge der Aufgabe landwirtschaftlicher Betriebe rapide ab. 1970 lieferten noch 90 Bauern rund drei Millionen Liter. Die Genossenschaft sah sich gezwungen, mit der Adelbyer Meierei aus Nordhackstedt/Kreis Schleswig-Flensburg zu fusionieren. Bis 1996 veredelte die Inselmeierei in Tinnum die Milch der zuletzt rund 160 Sylter Milchkühe, die täglich etwa 3 200 Liter lieferten. Im Sommer wurden auf der Insel rund 8 000 Liter Milch benötigt, weshalb man die Fehlmenge vom Festland besorgte. Als 1996 weitere zwei der noch verbliebenen sieben Sylter Milchbauern aufgaben, stellte die Meierei ihren Betrieb ein. Bis Ende 2000 beförderte täglich ein Tankwagen die Milch zur Weiterverarbeitung in die Zentralmeierei nach Nordhackstedt. Die Trinkmilch wurde anschließend nach Sylt zurückgeliefert. 2000 eröffnete Jens Nielsen, der letzte verbliebene Milchbauer Sylts, in Morsum eine kleine Privatmeierei. Mit einer Tagesproduktion von durchschnittlich etwa 450 Litern Milch beliefert er den insularen Handel.
Nordfriisk Instituut, Sylter Archiv.

Milchverkauf um 1910 (Sylter Archiv)

Mellhörn ist ein Ortsteil im Osten der Gemeinde List. Hier befand sich von alters her ein Schutzhafen. Zwischen 1640 und 1668 wurde *Melhörn* wegen eines zeitweiligen Meereseinbruchs zur Insel.

Melnknob Sylterfriesischer Flur- und Straßenname in Archsum. *Meln-knob* bedeutet „Mühlenhügel“.
Möller 1916.

Melnstich Sylterfriesischer Straßenname in Keitum und Morsum. *Meln-stich* bzw. *Meln-wai* heißt „Mühlenweg".
Möller 1916.

Melnwai →Melnstich

Merelmērskdik →Mittelmarschdeich

Merelmērskhoog (Mittelmarschhoog) heißt ein steinzeitliches, gut erhaltenes nordisches Ganggrab südlich von →Archsum am Nössedeich.

Merz, Sigurd * 4.5.1918 Stuttgart, † 20.10. 1985 Keitum, Maler und Bildhauer. Merz leitete in Stuttgart 1950-83 die von seinem Vater Albrecht Leo Merz (1884-1967) 1919 gegründete Werkkunstschule. Sie bietet vom Kindergarten bis zur Freien Akademie einen durchgehenden, einheitlichen Bildungsweg. Er heiratete Heide Tiedemann, die Tochter von Clara →Tiedemann, ehemals Pensionswirtin von Haus →Kliffende in Kampen. 1973 illustrierte er deren Buch „Kampener Skizzen". Seine Zeichnungen und Aquarelle zeigen die Weite des Watts und der Dünen, den Leuchtturm und vom Sturm gepeitschte Bäume. Merz wurde in Keitum in der Grabstätte Tiedemann beigesetzt.
Tiedemann 1985.

Carl Meyer (Sylter Archiv)

Metropol →Kurzentrum

Meyer, Carl * 10.7.1872 Westerland, † 24. 11.1948 Westerland, Druckereibesitzer und Zeitungsverleger. Meyer gründete 1901 die →*Sylter Zeitung* und übernahm 1923 auch das →*Sylter Intelligenz-Blatt* von Fritz →Roßberg sowie 1939 die →*Sylter Nachrichten* von Friedrich →Ball. Ab 1905 gehörte er mit kurzer Unterbrechung der Westerländer Stadtvertretung an, war jahrelang erster Ratsmann und stellvertretender Bürgermeister. Er setzte sich für die friesische Kultur ein und arbeitete u. a. im Nordfriesischen Verein mit. In seinem Verlag erschienen auch mehrere Bücher über Sylt. Bis zu seinem frühen Tod wirkte Meyers Sohn Paul (1905-1940) 15 Jahre lang als Schriftleiter. Er veröffentlichte u. a. die von ihm verfassten „Zeitbilder aus der ersten Entwicklung des Seebades Westerland". Im Zweiten Weltkrieg musste Carl Meyer die →*Sylter Zeitung* verkaufen.
Sylter Archiv.

Meyer, Julius * um 1830, Schuster, Buchbinder, Buchhändler. Meyer gründete 1886 in Keitum mit dem →*Sylter Intelligenz-Blatt* die wohl erste Zeitung auf der Insel. Sie wurde aber noch im selben Jahr von der Westerländer Badedirektion übernommen.
Sylter Archiv.

Meyer, Traute geb. Johannsen * 28.2.1945 Keitum, Denkmalpflegerin. Die gelernte Weberin trat 1973 in die →*Söl'ring Foriining* ein und initiierte das Aufgabenfeld „Erhaltung der Bausubstanz". 1979 übernahm sie das Amt einer Beauftragten des Landesamtes für →Denkmalpflege. Vom Landesamt für Vor- und Frühgeschichte in Schleswig wurde ihr die Betreuung der Bodendenkmäler anvertraut. 1992 trennte sie ihre →Baupflegegruppe von der *Söl'ring Foriining* ab und begab sich unter die Obhut der Interessengemeinschaft Baupflege Nordfriesland (IGB). 1982 erhielt sie den Deutschen Preis für Denkmalschutz, 1989 die Schleswig-Holstein-Medaille.
Nordfriisk Instituut.

Meyn, Ludwig →Morsum-Kliff

Miesmuscheln *(Blöskelen)* leben auf dem Wattboden und sind in Form und Farbe deutlich von anderen →Muscheln zu unterscheiden. Ihre skulpturlose Schale ist schief dreieckig, vorne zugespitzt und hinten abgerundet. Außen sind sie meist blauschwarz gefärbt, die Innenfläche schimmert perlmuttfarben. Miesmuscheln erreichen eine Größe bis zu acht Zentimetern und sind in Muschelbänken meist

Bei Ebbe fällt die Miesmuschelbank am Priel trocken. (Foto: Georg Quedens)

mehrstöckig miteinander versponnen. Ihre ärgsten Feinde sind Vögel, insbesondere der →Austernfischer sowie Silbermöwe und →Eiderenten, die sich fast ausschließlich von Miesmuscheln ernähren. In der Nähe der Niedrigwasserlinie werden sie außerdem leicht zur Beute für →Strandkrabben und Seesterne. Zur Fortpflanzung produzieren sie dreimal im Jahr fünf bis zwölf Millionen Eier.

Eine große Miesmuschel filtriert etwa zwei bis drei Liter Meerwasser in der Stunde, alle Muschelbänke des nordfriesischen Wattenmeers zusammen setzen das gesamte Wasservolumen in ein bis zwei Wochen um. Dabei kann das ansonsten trübe Meer über den Muschelbänken zeitweise ganz klar werden. Die Muscheln ernähren sich hauptsächlich von Planktonalgen und anderen Mikroorganismen. Auf der harten Oberfläche einer Miesmuschelbank siedeln sich etwa 80 verschiedene Pflanzen- und Tierarten an, die sonst im weichen Watt nirgends zu finden sind, wie z. B. das krustenförmige Moostierchen oder Seeanemonen. Nach neuen wissenschaftlichen Erkenntnissen stabilisieren dichte Muschelbänke den Meeresboden und tragen dadurch auch zum Küstenschutz bei.

Die Schmackhaftigkeit der Miesmuscheln kannten schon die Jäger und Sammler der Jungsteinzeit, wie Schalenberge aus jener Zeit bezeugen. Erste Muschelkulturen legte man im 18. Jahrhundert an, doch in industriellem Maßstab für den Export gibt es sie erst seit den 1980er Jahren vor Sylt und Föhr. Die Erträge der →Fischerei auf den rund 2 000 Hektar großen Kulturflächen belaufen sich auf etwa 20 000 Tonnen jährlich. Heute ist in großen Teilen des →Nationalparks Wattenmeer die Miesmuschelfischerei verboten.

Alshuth 1995, Janke/Kremer 1990, Quedens 1997.

Milchkurhalle Ab 1951 unterhielt die Sylter →Meierei-Genossenschaft in Westerland direkt an der →Kurpromenade eine Milchkurhalle mit Terrasse. Sie war geöffnet von Mai bis Oktober zwischen 10 und 18 Uhr. Das Angebot enthielt rund 130 verschiedene Milchspeisen, Rote Grütze und selbstgebackene Kuchen. Etwa drei Tonnen Milchreis konnten pro Saison verkauft werden. 1998 wurde der Betrieb neu strukturiert. Das Café-Bistro nennt sich jetzt „Badezeit", ist ganzjährig zwischen 10 Uhr und Sonnenuntergang geöffnet und hat eine übliche Speisekarte.

Graue 1993a, Nordfriisk Instituut.

Sylter Milch für den Kurgast, um 1910 (Sylter Archiv)

Militärfreiheit Eine Einberufung zum Militärdienst hatte für die nordfriesischen Seefahrer im 17., 18. und 19. Jahrhundert enorme wirtschaftliche Folgen. Die Schiffseigner stellten gezwungenermaßen Ersatzpersonal ein, so dass unter Umständen die Stelle nicht wieder frei wurde. Die höheren Dienstgrade auf Walfängern und Handelsschiffen – Kommandeure, Kapitäne, Steuerleute, Speckschneider – erlitten Einbußen dadurch, dass sie auf Kriegsschiffen durchweg nur als Matrosen eingesetzt wurden, denn nur solche wurden gebraucht. Das bedeutete geringere Heuer, sozialen Abstieg und im Konfliktfall größeres Risiko für Leib und Leben. Die Sylter Seefahrer versuchten deshalb bereits seit dem 17. Jahrhundert mit einigem Erfolg, sich den Aushebungen zu entziehen. 1735 schuf der dänische König Christian VI. bei einer Reform der Landesverteidigung klare Verhältnisse. Er stellte die Insel- und Halligfriesen von der allgemeinen Militärpflicht frei. Lediglich in Kriegszeiten sollten sie im Bedarfsfalle Mannschaften für die königliche Flotte stellen. Nach der Einverleibung Schleswig-Holsteins durch Preußen wurde diese Befreiung im April 1867 aufgehoben, da sie „mit dem Prinzip der allgemeinen Wehrpflicht unvereinbar" sei.

Quedens 1982, Voigt 1987.

Militärgeschichte Erstmals in neuerer Zeit erhielt Sylt militärischen Besuch im Dreißigjährigen Krieg. Kaiserliche Truppen landeten 1628 mit etwa 400 Mann bei Nösse. Sie rückten bereits einen Tag später wieder ab. Ihnen folgten kurze Zeit später dänische Truppen. Die Einquartierung von 1 300 Soldaten brachte die

Kasernenanlage bei Rantum, 1960er Jahre (Sylter Archiv)

Sylter in große Not, weil sie die Truppe ernähren mussten. 1644 kam es zu einer Seeschlacht im →Königshafen, die der dänische König Christian IV. (1577-1648) gegen eine

schwedisch-niederländische Allianz siegreich beendete.
Während der →schleswig-holsteinischen Erhebung 1848-50 führten die Sylter eine Volksbewaffnung durch. Kriegerische Auseinandersetzungen gab es auf der Insel aber nicht. Die meisten Männer befanden sich auf →Seefahrt, die verbliebenen leisteten keinen Widerstand bei der dänischen Besetzung 1850.
Im →deutsch-dänischen Krieg 1864 verteidigte der dänische Kapitänleutnant Otto Christian →Hammer die nordfriesischen Inseln gegen eine preußisch-österreichische Allianz. Auch hier kam es bis zum Schluss des Krieges, der auf dem Festland entschieden wurde, zu keinen Kampfhandlungen im Gebiet des Wattenmeeres.
Im Unterschied zu vielen anderen deutschen Nordseeinseln wurde Sylt aber durch die beiden Weltkriege sehr in Mitleidenschaft gezogen. Bis heute sind noch in fast allen Ortschaften, in den Dünen oder am Strand Überreste militärischer Einrichtungen wie alte Kasernen oder →Bunker zu finden. Die Aufrüstung Sylts vor dem →Ersten Weltkrieg brachte viele Barackenlager auf die Insel. Entlang der Küste entstanden Unterstände für die →Inselwache, in List ein Seefliegerhorst. Ab 1916 wurden an der Westküste schwere Artilleriestellungen eingerichtet, doch zu Kampfhandlungen kam es nicht. Nach Kriegsende wurden die größeren Militärlager Puan Klent, Vogelkoje und Klappholttal erhalten und als →Kinder- und Jugendheime weiter genutzt.
Auch zwischen den Weltkriegen blieb die Insel Ausbildungsplatz für die Marineartillerie. Bei einem Zwischenfall 1938 geriet ein Geschoss in die Westerländer Paulstraße, durchschlug das Dach eines Hauses und explodierte im Wohnzimmer. Personen kamen nicht zu Schaden. 1927 bezog die Deutsche Verkehrsfliegerschule (DVS) die ehemaligen Marineflugzeughallen in List. Unter ihrer Deckung, nach 1935 aber ganz offiziell und in beschleunigtem Maße, wurde die Anlage zum Seefliegerhorst ausgebaut.
Als Vorbereitung des →Zweiten Weltkriegs entstanden bei List und Hörnum erneut Kasernenanlagen, Flugzeughallen, Werften, Bunker, Treibstoff- und Munitionslager sowie Familienunterkünfte für die Angehörigen der Soldaten und zivilen Beschäftigten. 1936/37 erwarb die Luftwaffe ein rund sieben Hektar großes Gelände im Norden Westerlands, um ein Lazarett für etwa 130 Betten zu errichten. Durch die Eindeichung des →Rantumbeckens sollte ein weiterer Fliegerhorst geschaffen werden. 1939 wurde nordöstlich von Westerland ein Fliegerhorst für Landflugzeuge angelegt. Der →Flughafen nahm fast die gesamte Inselmitte ein.
Nach der deutschen Kapitulation wurden viele militärische Anlagen der →Festung Sylt gesprengt oder demontiert. Mit Hilfe des Flugzeughangars von List entstand die Kieler Ostseehalle, Teile des Hörnumer Hangars gingen an eine Farbenfabrik am Nord-Ostsee-Kanal und an eine Firma an der Ruhr. Viele Häuser und Kasernen dienten zunächst →Flüchtlingen und anderen Wohnungssuchenden als Unterkunft. Später entstanden daraus Mietshäuser, Kinder- und Jugendheime oder →Jugendherbergen. Einige stehen als Bundeseigentum bis heute leer. In die Lister Kaserne zog nach Gründung der Bundeswehr eine →Marineversorgungsschule ein, aus dem Luftwaffenlazarett bei Wenningstedt entwickelte sich die →Nordseeklinik, das Rantumbecken ist heute ein bedeutendes Vogelschutzgebiet. Einige Bunker dienen zivilen Zwecken.

Jensen 1993, Jessen-Klingenberg 1991, Opitz 1997, Steensen 1996a, Stolz 1988, Voigt 1992 u. 1993.

Strandleben vor dem Hotel Miramar, um 1905 (Sylter Archiv)

Mingotti, Antonio →Sankt Severin

Miramar Das 1903 erbaute Jugendstil-Hotel steht auf einer Düne unmittelbar am Strand von Westerland. Erbauer war der Berliner Restaurantbesitzer Otto Busse, dem das Lustschloss Miramar bei Triest an der Adriaküste Istriens als Vorbild diente. Die Hotelführung übernahm sein Sohn Georg August →Busse. Die sturmfluterfahrenen Sylter zeigten wenig Verständnis, als das Gebäude so dicht an die Nordsee gesetzt wurde. Bereits 1907 musste eine Schutzmauer am Strand errichtet werden. Die von Architekt Carl Christiansen geschaffene Fassade des Hauses zeigt dekorative Verzierungen in Pflanzenform. Das damals hochmoderne Hotel zog viel →Prominenz an. Schriftsteller wie Gerhart →Hauptmann, Politiker wie Gustav →Stresemann, Schauspieler wie Hans →Albers oder Gustaf Gründgens, Sportler wie Max →Schmeling und Künstler wie Max Reinhardt oder Emil →Nolde gaben sich die Ehre. 1934 war auch Adolf Hitler angemeldet, doch das seinetwegen angeschaffte Porzellan kam anderen zugute. Hitler hatte wegen des „Röhm-Putsches“ abgesagt. 1978 wurde die Fassade des Hauses renoviert und erstrahlt seitdem in hellgelben Farben. 1990 erhielt es eine vierte Etage.

Wedemeyer 1980 u. 1991a, Wedemeyer/Voigt 1980.

Mittelmarschdeich Der *Merelmērskdik* war einer der ersten →Deiche auf Sylt. Vermutlich um 1500 angelegt, schützte er das südöstliche Marschgebiet zwischen der Nössespitze und Rantum. Bei der großen →Sturmflut von 1634 wurde er vernichtet. Bis zur Bedeichung des Nössekoogs 1937 gab es noch Reste des Deichs beim Osterwall südlich von Morsum, bei Morsum-Odde und zu beiden Seiten des Katrevel südlich von Keitum.

Koehn 1974, Rinken 1992.

Mittelmarschhoog →Merelmērskhoog

Mittelsand lautet die Bezeichnung des ausgedehnten Wattgebiets nördlich von Sylt-Ost.

Mittleres →Tidehochwasser (MThw) nennt man den über einen bestimmten Zeitraum gemittelten Hochwasserstand während der →Gezeiten. Er ist von →Pegel zu Pegel unterschiedlich, weil der →Tidenhub in der Nordsee von Süd nach Nord abnimmt. Am Pegel in Husum wurde im Zeitraum 1981-90 ein mittlerer Hochwasserstand von 1,66 Meter über →Normal Null (NN) erreicht, in Dagebüll noch 1,36 Meter über NN und in List auf Sylt nur 0,81 Meter über NN.

Petersen/Rohde 1991.

Mittleres →Tideniedrigwasser (MTnw) nennt man den über einen bestimmten Zeitraum gemittelten tiefsten Wasserstand während der →Gezeiten. Nach Norden hin nimmt der →Tidenhub in der Nordsee allmählich ab. Dies hat zur Folge, dass bei Ebbe das Wasser nicht so tief fällt. So wurde am →Pegel in Husum im Zeitraum 1981-90 ein mittlerer Niedrigwasserstand von 1,77 Meter unter →Normal Null (NN) gemessen, in Dagebüll 1,53 Meter unter NN und in List auf Sylt nur 0,94 Meter unter NN.

Petersen/Rohde 1991.

Mobilien-Sparkasse →Bankwesen

Moiken Peter Ohm war laut einer Sage die Tochter eines Keitumer Kapitäns, die für ihre Treue nicht belohnt wurde. Moiken hatte sich demnach recht früh mit dem großspurigen und übermütigen Seemann Paul Cornelsen Lund verlobt, doch dachte dieser nicht daran, seine Finger von anderen Mädchen zu lassen. Andererseits verhinderte er jede fremde Annäherung an Moiken. Von den Sylter Burschen wegen seines Verhaltens bereits eindringlich verwarnt, nahm Paul schließlich einen Streit mit Moiken zum Anlass, um wütend die Insel zu verlassen. Auch schwor er, nie mehr zurückzukehren. Moiken erkrankte an ihrer Seele und wanderte noch als alte Frau, geistig umnachtet und wahnsinnig, jeden Tag zur →Landvogtei nach Tinnum, um sich dort nach ihrem vermissten Geliebten zu erkundigen. Der soll nun im Jahre 1815 nach 22-jähriger Abwesenheit den Entschluss gefasst haben, seine Heimatinsel doch noch einmal zu besuchen. Sein langer Fußmarsch über das vereiste Watt führte ihn jedoch nur bis knapp vor die Ostspitze bei Nösse, wo er ermattet niedersank und erfror. Die Schriftstellerin Margarete →Boie verarbeitete die Geschichte in dem Roman „Moiken Peter Ohm“.

Boie 1936, Wedemeyer 1988.

„Moin“ oder „Moin, Moin“ lautet eine häufig verwendete Begrüßungsformel in Nordfriesland und darüber hinaus. Ihre Herkunft ist umstritten, doch legt sich die neuere Forschung zunehmend auf ein verkürztes „Morjen“ bzw. „Morgen“ fest. Ein wichtiges Indiz zur Untermauerung dieser These sieht der Kieler Sprachwissenschaftler Jarich Hoekstra darin, dass das Wort auch in Schlesien und sogar in der Schweiz bekannt ist. Dies macht die Ableitung von dem friesischen *moi* (gut, schön) unwahrscheinlich. Man wünscht sich also in Nordfriesland zu jeder Tageszeit einen „Guten Morgen". Die Sylter Friesen sind in ihrer Sprache zumeist präziser und begrüßen sich mit *„Gu Miaren!"* (Guten Morgen!), *„Gu Dai!"* (Guten Tag!) oder *„Gud Inj!"* (Guten Abend!).

Hoekstra 2002, Pedersen 2001.

Boy Peter Möller (Nordfriisk Instituut, Thomas Steensen)

Möller, Boy Peter * 15.9.1843 Keitum, † 13. 10.1922 Hamburg, Lehrer und Schulrektor, friesischer Sprachpfleger. Der Sohn eines Drechslermeisters besuchte bei C. P. →Hansen in Keitum die Schule und wurde durch ihn stark beeinflusst; sein Büchlein „Meerumrauscht" (Tondern 1879) widmete er seinem früheren Lehrer. Möller war an verschiedenen Schulen tätig und erhielt schließlich die Leitung einer Volksschule in Hamburg. Sein „Übungsbuch zum Unterricht in der deutschen Grammatik" war weit verbreitet. In Büchern und Aufsätzen befasste er sich mit der Vergangenheit und der Sprache der Insel Sylt. Möller war außerordentlich fleißig und sagte von sich selbst, er habe fast alle Freizeit am Schreibtisch verbracht.

Vor allem nach seiner Pensionierung 1908 wandte er sich intensiv der Pflege seiner →friesischen Muttersprache, des *Sölring,* zu. Auf Anregung von Andreas →Hübbe verfasste er das 1909 erschienene *„Söl'ring Leesbok",* das eine Grundlage für die erstmalige Einführung regulären →friesischen Unterrichts an den Schulen der Insel bot. Anknüpfend an Jap Peter →Hansen, verfeinerte er darin die Rechtschreibung des friesischen Inseldialekts. Die von ihm entwickelten Grundsätze, obwohl heftig abgelehnt von seinen Zeitgenossen Erich →Johannsen und teilweise auch Nann →Mungard, blieben im Wesentlichen bis heute gültig. 1910 gab Möller ein Sylter Liederbuch heraus, viele weitere Erzählungen und Gedichte folgten, außerdem eine Neubearbeitung des →„Gidtshals" von Jap P. →Hansen. Einen Höhepunkt seines Schaffens stellte 1916 die Herausgabe des bisher umfassendsten Wörterbuchs der sylterfriesischen Sprache dar. Bei allem Einsatz für das Friesische stand er einem übersteigerten „Friesentum" skeptisch gegenüber. So spottete er schon 1879 in einer Humoreske über einen Schiffer von Amrum, der angeblich meinte, die Friesen stammten von den alten Griechen ab, seien schon bei der biblischen Erstürmung Jerichos dabei gewesen und im Bauch des Trojanischen Pferdes nach Amrum gekommen. Zu seinen Ehren wurde in Keitum eine Straße benannt.

Miedema 1959, Möller 1909 u. 1916, Riecken 2000, Schmidt 1978a u. 1979a, Steensen 1986.

Boy Peter Möller:

Somernacht

Hoog om Hemel Stiar bi Stiar,
En di Folmuun staant üp Wacht.
Aur di See liit Ruu en Freer,
Leecht en klaar es Somernacht.

Sommernacht

Hoch am Himmel Stern bei Stern,
Und der Vollmond steht auf Wacht.
Über der See liegt Ruhe und Frieden,
Leicht und klar ist die Sommernacht.

Möller, Hermann * 13.1.1850 Jerpsted bei Tondern, † 5.10.1923 Kopenhagen, Sprachwissenschaftler. Möller erlebte seine Kindheit 1851-61 in Keitum, wo sein Vater Pastor war. Hier begegnete er verschiedenen Sprachen, insbesondere dem →Friesischen. Seit 1888 Germanistik-Professor in Kopenhagen, wurde Möller einer der angesehensten Sprachwissenschaftler in Dänemark. Er verfasste auch eine allerdings unvollendete Grammatik des Nordfriesischen.

Riecken 2000.

Möller, Inken →Prott, Hinrich (Haulk) Boysen

Möösgraav Sylterfriesischer Flur- und Straßenname in Archsum. *Möös-graav* heißt „Moorgraben".

Möller 1916.

Mootji Köhler →Köhler, Marie

Mootjis Küül bedeutet „Großmütterchens Kuhle" und bezeichnet den Ort des rund 4 500

Jahre alten Großsteingrabs *Merelmērskhoog* im Nössekoog bei →Archsum.

Möller 1916.

„Mörderkuhle“ Für den Oberbau des Hindenburgdamms wurde neben anderen Materialien Sand benötigt. Er stammte aus der 1926 in Akkordarbeit ausgehobenen „Mörderkuhle“ bei Tinnum. Ihre Bezeichnung erhielt sie durch das von den Arbeitern kreierte Motto „Akkord ist Mord“. Auch 1937 bei der Errichtung des Sperrdeichs für das →Rantumbecken kam der Sand aus der Mörderkuhle. Mittlerweile wurde sie als Mülldeponie verfüllt.

Hubertus Jessel 1996b, Voigt 1992.

Morgenstern, Christian * 6.5.1871 München, † 31.3.1914 Meran, Schriftsteller. Der Enkel des Malers Christian Ernst Morgenstern (1805-1867) arbeitete ab 1894 als freier Schriftsteller. Als Dichter spielte er mit der Sprache, ihren Bildern und Widersprüchen und wurde ein früher Vertreter der konkreten Poesie. Beeinflusst haben ihn Friedrich Nietzsche (1844-1900), der Buddhismus und die Anthroposophie seines Freundes Rudolf Steiner (1861-1925). Morgenstern kam 1895 nach Sylt und lebte drei Wochen in Kampen, bis ihm das Geld ausging. Hier entdeckte er die Faszination der Brandung und war fortan zwischen Alpen und Nordsee hin- und hergerissen. 1905 suchte er an der Nordsee Besserung seiner Tuberkulose, wohnte auf der Insel Föhr und machte auch einen Abstecher nach Rantum.

Morgenstern 1952, Wedemeyer 1986 u. 1991a.

1905 dichtete Christian Morgenstern in Rantum die Verse „Sylt-Rantum“:

Weil ich dieses Donnern wieder höre,
Dieses Mahlen einer ungeheuren Mühle,
Weil ich diesen Flugsand wieder fühle
und der Möwen Ruhe wieder störe,
Sei die abendliche Klarheit dort im Westen
Mir ein Bild von naher Tage Glück.
Still leg' ich mich ins Dünengras zurück.
Nicht so, wie ich will, nein, wie es will,
Ist's am besten.

Morsum *(Muasem* = „Siedlung des Mår“) ist ein Ringdorf und setzt sich aus den durch Felder und Wiesen getrennten Ortsteilen Abort *(Abuurt)*, Groß- und Klein-Morsum *(Gurtmuasem, Litjmuasem)*, →Holm, Klampshörn *(→Klaampshörn)*, Nösse *(→Nösi)*, Osterende *(→Uasterjen)*, Schellinghörn *(→Skelighörn)* und Wall *(Wal)* zusammen. Es liegt im äußersten Osten der Insel am Übergang der Geest zur Marsch, woraus sich auch die landwirtschaftlich bedingte, verstreute Lage der Bauernhöfe erklärt. Auf Morsumer Gebiet befinden sich zahlreiche →Grabhügel und archäologische Denkmäler. Es ist eine der am besten erhaltenen prähistorischen Kulturlandschaften in Schleswig-Holstein. Im 14. Jahrhundert sollen der Sage nach nur elf Morsumer die Pest überlebt

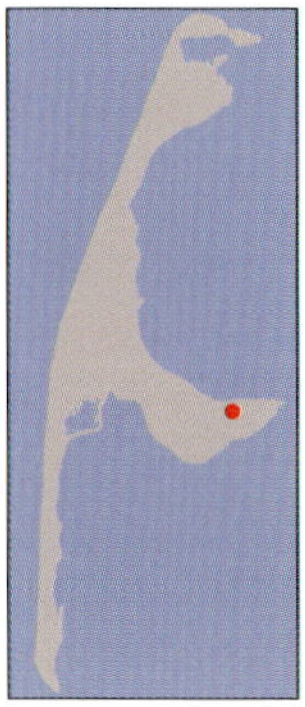

Morsum

Morsum hat seinen ländlichen Charakter weitgehend gewahrt; Szene aus den 1960er Jahren. (Scholz 1999)

haben. Urkundlich erwähnt wurde Morsum erst 1462 im Zinsbuch des Bistums Schleswig. Bis zum Beginn des 18. Jahrhunderts war es das bevölkerungsreichste Dorf auf Sylt, 1695 wurden 118 abgabepflichtige Häuser registriert. Seine besondere Bedeutung lag in der →Landwirtschaft. In schlechten Zeiten für die →Seefahrt galt z. B. die Erkenntnis: *„In Keitum is de grote Not, Morsum hett doch Speck und Brot.“* Mitten in Groß-Morsum stand bis zur Aufhebung des Mühlenzwangs 1853 eine Bockmühle. Die spätromanische Kirche →Sankt Martin gehört gemeinsam mit →Sankt Severin in Keitum zu den sehr alten Gotteshäusern auf Sylt.

Die Landwirtschaft stellt auch in Morsum nicht mehr die Haupteinnahmequelle dar. (Foto: Nis-Peter Jessen)

Während des Dreißigjährigen Kriegs wurde sie als Wehrkirche befestigt. 1836 erhielt Morsum sein erstes Schulhaus.
Im Nordosten liegt das zum Watt abfallende Steilufer →Morsum-Kliff, das 1923 zusammen mit dem benachbarten Heidegelände unter Naturschutz gestellt wurde. Im Westen befindet sich die einzige auf Sylt erhaltene Grabhügel-Gruppe aus der Wikingerzeit. 1927, mit dem Bau des Hindenburgdamms, erhielt das Dorf Anschluss an die Bahn. Seit 1958 ist es Luftkurort. Als besondere Attraktion ließ der Hamburger Verleger Axel →Springer Anfang der 1960er Jahre einen Golfplatz anlegen. Der Einzug des Fremdenverkehrs bedroht neben anderen Entwicklungen seitdem zunehmend die →friesische Sprache, das *Sölring*, das sich in Morsum wohl am besten behaupten konnte. Die Morsumer Mundart weist gegenüber den anderen Inselorten besonders in der Aussprache einige Eigenheiten auf.
Seit 1970 gehört der 1 164 Hektar große Ort zur Großgemeinde →Sylt-Ost. Zwei Jahre später wurde Morsum an die Westerländer Wasserversorgung angeschlossen. 1980 legte man einen Freizeit- und Kurpark an, 1989 entstand das Kurhaus *Muasem Hüs*, das sich schnell als Veranstaltungsort der Morsumer Kulturfreunde etablierte. In den noch zahlreich vorhandenen alten →utlandfriesischen Häusern siedelten sich →Kunsthandwerker und →Galerien an, die auch aus den Ferienzentren der Westküste lebhaften Besuch erhalten. Morsum hat etwa 1 100 Einwohner (2002).

Hoyme 1996, Hubertus Jessel 1989, Leonhardt 1980, Reichstein (Exkursion), Rinken 1992, Rögener 1999.

Morsumer Kulturfreunde →Verein der Morsumer Kulturfreunde

Morsum-Kliff *(Muasemklef)* ist eines der wichtigsten geologischen Denkmäler Deutschlands. Hier treten auf einer Länge von 1 800 Metern und einer Höhe von bis zu 21 Metern Zeugen verschiedener Erdepochen zutage. Der schwarzgraue Glimmerton ist rund fünf bis sieben Millionen Jahre alt und enthält →Fossilien wie Schnecken und Muscheln sowie Krebsreste. Der braunrote Limonitsandstein entstand vor vier bis fünf Millionen Jahren. Es handelt sich um abgelagerten, verwitterten Meeressand. Hier findet man das *Önereerskenpottjüch*, das Geschirr der →Unterirdischen, zum Teil merkwürdig geformte Verkrustungen, die die Phantasie der Menschen beflügelten. Der weiße Kaolinsand gelangte vor zwei bis drei Millionen Jahren über skandinavische Flüsse in die Sylter Gegend und enthält versteinerte Kieselschwämme, Korallen und Seelilien. Sie lebten vor etwa 500 Millionen Jahren. Die drei Schichten lagen ursprünglich übereinander und wurden vermutlich vor rund 150 000 Jahren, in der Saaleeiszeit, durch einen Gletscher zusammengepresst und seitlich verschoben, so dass sie heute mehrere Male nebeneinander anzutreffen sind. Das weiche Gestein des Morsum-Kliffs ist durch Erosion stark gefährdet, ständiges Betreten oder Klettern in der Kliffwand verschärfen das Problem enorm.
In den 1870er Jahren wollte der Geologe und Techniker Ludwig Meyn (1820-1878) aus Uetersen ein Bergwerk am Kliff und auf der Morsumer Heide einrichten. Er hatte bereits umfangreiche Grundstücke erworben. Die Gruben „Barbarossa“ und „Ultima Thule“ sollten der Gewinnung von Eisenerzen dienen. Den anfallenden Abraum wollte er zur Errichtung eines Dammes zum Festland verwenden. Der Boden erwies sich schließlich doch als nicht eisenhaltig genug. Auch im Dritten Reich interessierte man sich für das Sylter Eisenerz, konnte aber die Größe der Lagerstätten nicht vor Kriegsbeginn ermitteln. In den 1950er Jahren wurde ein weiterer vergeblicher Angriff auf das Naturdenkmal Morsum-Kliff unternommen, als erneut die Wirtschaft auf der Suche nach seltenen Rohstoffen wie z. B. Titanerzen war.
Das Kliff und die angrenzende etwa 43 Hektar große Heidelandschaft wurden bereits 1923 zusammen mit dem →Listland als erste Gebiete in Schleswig-Holstein unter →Naturschutz gestellt. Die Initiative dazu ging von Ferdinand →Avenarius aus und trug in letzter Sekunde zur Rettung des geologischen Schatzes bei. Die Erde sollte damals für den Bau des Hindenburgdamms verwendet werden. Das Schutzgebiet ist heute Lebensraum für Erd- und Kreuzkröten sowie für viele bedrohte Vögel wie Uferschwalben, Feldlerchen, Wiesenpieper und Steinschmätzer. Auch eine Reihe seltener Pflanzen hat sich angesiedelt wie z. B. der Sonnentau, das

Morsum-Kliff: Auf den braunroten Limonitsandstein folgt der weiße Kaolinsand im Hintergrund. (Foto: Walter Fiedler)

Gefleckte Knabenkraut oder der Lungenenzian. Auf der Morsumer Heide befindet sich das größte zusammenhängende Hünengräbergelände Deutschlands, darunter die beiden bronzezeitlichen →Grabhügel →Munkhoog und →Markmannhoog.

Hans Jessel 1996d, Kruse 1987, Naturschutzgemeinschaft o. J., Reichstein (Exkursion), Schwarzer 1984, Tegtmeier 1994, Wedemeyer 1985.

Möskental *(Möskideel)* heißt ein Dünental nördlich von Hörnum. *Mösk* bedeutet sowohl Moos als auch Regenpfeifer.

Möller 1916.

Mövenberg heißt das ehemals militärisch genutzte Dünengelände im Norden von List. Die alten Kasernen wurden nach dem Zweiten Weltkrieg zur zweitgrößten Landjugendherberge Deutschlands umgebildet.

Mövenbergdeich 1937 wurde mit einem 2,5 Kilometer langen Deich die Marsch nördlich von List eingedeicht. Das Bauwerk erstreckt sich von List bis zum Mövenberg, nach dem es benannt wurde. Es umschließt den →Lister Koog.

Möwen *(Möen)* sind große weiße, gedrungen gebaute Vögel mit silber- bis schiefergrauen Flügeln und kräftigem Schnabel. Die Jungtiere sind graubraun gesprenkelt. Möwen sind gute Flieger und Läufer, können aber nicht tauchen. Deshalb holen sie ihre Nahrung direkt von der Wasseroberfläche, suchen sie am Erdboden oder jagen sie anderen Vögeln ab. Als wenig wählerische Allesfresser und Kulturfolger lauern sie in Häfen, auf Müllplätzen oder als Schiffsbegleitung auf ihre Beute. Einzelne Tiere haben gelernt, →Muscheln und →Strandkrabben zum Knacken aus der Luft auf harten Untergrund fallen zu lassen und dann zu verzehren. Zu den Großmöwen gehören die →Silbermöwe, die Mantelmöwe und die Heringsmöwe. Kleinmöwen sind die Sturmmöwe, die Lachmöwe und die Dreizehenmöwe. Auf Sylt brüten Silbermöwe, Lachmöwe und Sturmmöwe regelmäßig. Nach etwa sieben Wochen sind die Jungtiere flügge. Mit rund 20 000 Paaren ist die Lachmöwe gegenwärtig die häufigste Art in Nordfriesland. In früheren Jahrhunderten wurden die Möweneier auch wirtschaftlich genutzt. Für das Absammeln und den →Handel sorgte auf Sylt der →Eierkönig.

Fiedler 1992, Quedens 1976.

Muasem Hüs ist die sylterfriesische Bezeichnung für das 1989 eingeweihte Kurhaus in

→Morsum. Es ist u. a. Sitz der Kurverwaltung und hat einen Veranstaltungssaal.

Mueller, Otto * 16.10.1874 Liebau/Schlesien, † 24.9.1930 Breslau, Maler und Grafiker. Mueller studierte an der Dresdner Akademie und wurde 1910 Mitglied der Künstlergemeinschaft „Die Brücke". Hier arbeitete er eng mit Erich →Heckel zusammen. Ab 1919 lehrte er an der Kunstakademie in Breslau. Im selben Jahr hielt sich Mueller auch zum ersten Mal auf Sylt und den Halligen auf, 1921 kehrte er ein weiteres Mal zurück. Seine Skizzen verarbeitete er in Breslau zu Lithographien und Bildern, wie z. B. „Zwei Mädchen in den Dünen, Sylt", „Mädchenakt am Ufer" oder „Zigeunerinnen am Strand".

Schlee 1962, Schulte-Wülwer 1996, SHL 1983.

Theodor Mügge (Nordfriisk Instituut, Thomas Steensen)

Mügge, Theodor * 8.11.1806 Berlin, † 18.2.1861 Berlin, Schriftsteller. Von den freiheitlichen Ideen seiner Zeit erfasst, veröffentlichte Mügge u. a. nach der Juli-Revolution 1830 Flugschriften, die seine Anstellung im Staatsdienst unmöglich machten. Er arbeitete an verschiedenen Journalen mit und wurde 1848 Mitbegründer der *Nationalzeitung*. Als Schriftsteller schuf er ein Lebenswerk von 38 Romanen, Erzählungen und Reisebeschreibungen, darunter 1851 das sehr erfolgreiche Buch „Der Vogt von Sylt". Hierin findet sich das bekannte Zitat „... legt Seebäder an, und eure Möwen und Seeschwalben werden goldene Flügel bekommen." So antwortete der dänische Kronprinz Christian Friedrich in dem Roman seinem Kanzleibeamten Uwe Jens →Lornsen, der ihm von den friesischen Marschen, Inseln und Halligen Bericht erstattet hatte. Er berief sich dabei auf die Erfahrungen Helgolands, das bereits ein →Seebad besaß. Für einen Teil der Sylter Bevölkerung sollte sich die Vision des Dichters erfüllen.

Hörning 1999, Mügge 1851.

Windmühle bei Munkmarsch, um 1905 (Sylter Archiv)

Mühlen *(Melner)* Im 16. Jahrhundert gab es auf Sylt fünf nachgewiesene Windmühlen in Westerland, Keitum, Morsum, Rantum und List. Eine weitere Mühle stand wahrscheinlich in Archsum. Es handelte sich um Bockmühlen, die auf Holzkreuzen standen und mit einem Balken, dem *Melnstört* (Schwanz, Stiel), in den Wind gedreht wurden. Sie taugten nur zum Mahlen von Weizen, Buchweizen, Malz und Roggen und wurden nach der verarbeiteten Hauptfrucht im Allgemeinen als Roggenmühlen bezeichnet. Die Gerste musste bis 1744 mit →Ewer und →Prahm aufs Festland transportiert werden, um z. B. im Friedrichenkoog zu Mehl oder Grütze verarbeitet zu werden. Darüber hinaus hatte fast jedes Haus seine Handmühle *(Kwern)*, auf der nicht nur Malz, sondern vielfach auch Gerste gemahlen wurde. Die Pachtmüller ließen sie zu Beginn des 19. Jahrhunderts verbieten, um ihre Einkünfte zu sichern. Viele Quernsteine gelangten als Pflastersteine vor die Haustüren.
Die Rantumer Mühle verschwand in den ersten Jahren des 17. Jahrhunderts im Dünensand; wahrscheinlich hat die Wester-Mühle in Westerland, 1695 abgebrochen und auf Tinnumer Grund wieder aufgebaut, ihre Funktion mit übernommen. Zwangspflichtig hierzu waren die Bewohner von Tinnum, Rantum und Westerland. 1859 wurde die Westerländer Mühle durch eine achteckige Graupenmühle ersetzt. Sie war den Syltern als Strandgut in die Hände gefallen. Dieser Mühlentyp aus den Niederlanden, bei dem nur die Kappe und nicht die ganze Mühle in den Wind gedreht wurde, diente in erster Linie der Verarbeitung der Gerste zu Graupen und Grütze. Weiter war die Mühle mit Schälsteinen ausgerüstet, denn die harte Gerstenschale ist ungenießbar. Die Tinnumer Wester-Mühle arbeitete bis 1926.

Der erste „Holländer“ wurde 1744 von Momme Sönnichsen auf der Munkmarscher Panderhöhe errichtet. Für seine Konzession hatte er wie alle Müller eine jährliche Gebühr (Rekognition) an die Staatskasse zu zahlen. Später oblag ihm die Verpflichtung, die in den Munkmarscher Hafen einlaufenden Schiffe mit Trinkwasser zu versorgen. Die Erfindung des

Adolf E. →Beneke: „Bockwindmühle in Keitum“ 1862, Zeichnung (Sylter Archiv)

Motors machte eine windabhängige Technik zunehmend überflüssig, und 1909 drehten sich die Flügel der Munkmarscher Mühle zum letzten Mal. Sie wurde Stück für Stück abgetragen und war 1929 endgültig verschwunden.
Um 1795 entstand die Lister Bockmühle. Sie hielt rund 80 Jahre und musste bei eintretender Baufälligkeit wegen des spärlichen Ackerbaus im Listland nicht mehr erneuert werden.
Die größte aller Sylter Zwangsmühlen war die vor 1612 erbaute Bockmühle von Keitum. Die Einwohner von Archsum, Keitum, Munkmarsch, Braderup, Wenningstedt und Kampen waren ihr verpflichtet. Auch diese Mühle wurde 1876 durch eine achteckige Graupenmühle ersetzt. Sie stellte bereits 1900 ihren Betrieb ein und wurde 1911 abgebrochen.
Mitten in Groß-Morsum stand bis zur Aufhebung des Mühlenzwangs 1853 die Morsumer Bockmühle. Hierher hatten die Bauern aller Morsumer Ortsteile sowie die sechs nordöstlichsten Häuser von Archsum ihr Korn zu liefern. In einem Dezembersturm 1735 fiel sie um und musste neu aufgebaut werden. Seit 1787 befand sich im südlichen Teil Morsums auch eine reetgedeckte Graupenmühle. Mit ihrem Fall 1928 endete die Sylter Windmühlenzeit.
1911-58 verarbeitete eine Motormühle in Keitum das Sylter Getreide. Sie befand sich in einem mehrgeschossigen Bau mit Lagerraum und Trocknungsanlage.

Rinken 1992, Rögener 1999, Schmidt 1937a, Stöver 1990.

Müller, Jörg * 1.3.1947 Freiburg/Breisgau, Koch. Nach internationalen Lehr- und Wanderjahren pachtete Müller 1983 das Landhaus Nösse in Morsum und stieg schnell zum Spitzenmann der Sylter Küche auf. Der Gourmet-Führer Michelin verlieh ihm schon im ersten Jahr einen Stern, im Jahr darauf folgte der zweite. Vom Konkurrenten Gault Millau erhielt Müller 19 von 20 möglichen Punkten im Jahr 1987. Ein Jahr später eröffnete er in Westerland sein eigenes Hotel und Restaurant. Auch hier erreichte er wegen „seiner gelassenen Perfektion“ einen Stern sowie 18 Punkte, zuletzt im Jahr 2001. Damit gehört er zu den besten Fünf seiner Zunft in Deutschland. Der Träger des *Grand Award* der Weinzeitschrift *Wine Spectator* repräsentierte die deutsche Küche bei zahlreichen Auftritten in USA, Hongkong, Thailand, Schweden, Italien und Österreich. Sein Küchenchef Thomas Balensiefer qualifizierte sich 2002 ebenfalls unter den Spitzenköchen Deutschlands.

Nordfriisk Instituut, Wedemeyer/Jessen 1997.

Mungard, Jens Emil * 9.2.1885 Keitum, † 13.2.1940 KZ Sachsenhausen bei Berlin, Bauer, friesischer Dichter. Jens Mungard gilt als

Jens Mungard (Nordfriisk Instituut, Thomas Steensen)

der herausragende Dichter in nordfriesischer Sprache. Diese Erkenntnis setzte sich aber erst lange nach seinem Tod durch. Als ältester Sohn des begeisterten Friesen Nann →Mungard wandte er sich früh der Welt der Bücher, der Dichtung und der Sagen zu. Schon mit drei Jahren verlor er seine Mutter; dankbar gedachte er später ihrer Schwester, die seine Stiefmutter wurde und die seinen Interessen und Neigungen mit viel Verständnis begegnete. Der übermächtige Vater förderte seine Beschäftigung mit dem Friesischen, hemmte aber wohl auch seine Entwicklung und mischte sich noch in die persönlichsten Dinge des schon erwachsenen jungen Mannes. Inspirierend wirkte das Vorbild der Westfriesen, die sich um eine einheitliche Rechtschreibung und den Ausbau der →friesischen Sprache bemühten.

Schon in dem *„Söl'ring Leesbok"* von Boy Peter →Möller (1909) und in den *„Söl'ring Dechtings en Leedjis"* von Andreas →Hübbe (1911) erschienen erste Gedichte Jens Mungards. Viele weitere wurden in der *Sylter Zeitung* gedruckt, vor allem in der seit 1926 veröffentlichten, von Hermann →Schmidt bearbeiteten Beilage →*Fuar Söl'ring Lir.* Neben seinem bedeutsamen lyrischen Werk, das 1995 durch Hans →Hoeg in Buchform herausgegeben wurde und das annähernd 800 Gedichte umfasst, schrieb Mungard sechs Theaterstücke sowie Prosa im *Sölring,* außerdem Aufsätze in deutscher Sprache, vor allem zur Heimatkunde der Insel Sylt. Im Jahre 1910 heiratete er die Föhrerin Anna Andresen und übernahm von seinem Vater den großen Bauernhof in Keitum. Doch Mungard meisterte weder das Ehe- und Familienleben noch den Beruf. In der Sylter Gesellschaft wurde er zum Außenseiter. Seine Isolation wurde noch gefördert, als er bei der →Volksabstimmung 1920 zu seinem Vater hielt, der sich für einen Anschluss an Dänemark aussprach. Im Jahre 1921 brannte sein Bauernhof ab, auch ein von ihm erworbenes Haus in Archsum ging in Flammen auf. Mungard hatte wenig Sinn für die praktischen Anforderungen des Lebens und konnte schlecht mit Geld umgehen. Er verlor den Bauernhof, es kam zur Scheidung, zur Entmündigung, zur Trennung von der Familie und schließlich 1934 auch von Sylt. In der Flensburger Gegend und zeitweise in Dänemark schlug er sich durch.

Nann Mungard (Nordfriisk Instituut, Thomas Steensen)

Vom nationalsozialistischen Staat erhoffte Mungard anfangs eine Förderung des Friesischen, dessen Eigenständigkeit er immer betont hatte. Doch schnell erkannte er den freiheitsfeindlichen Charakter und prangerte ihn in mehreren Gedichten an. Manche nationalsozialistischen Handlungen verspottete er. Damit nimmt er unter den Heimatdichtern in Deutschland eine Ausnahmestellung ein. 1935 wurde er erstmals verhaftet und dann wiederholt in „Schutzhaft" genommen. Er erhielt Schreibverbot. „Es fehlt nur noch, daß mir die Finger abgehackt werden", schrieb er 1938. Anfang Februar 1939 wurde er in das Konzentrationslager Sachsenhausen eingeliefert, wo er nach 377 Tagen den Tod der Geknechteten und Gequälten starb.

Århammar 1967, Friesische Gedichte 1973, Hoeg 1985 u. 1995, Nordfriisk Instituut, Schmidt 1966, Schmidt-Rodenäs 1989, Steensen 1982 u. 1986, Wilts 1985.

Jens Mungard:

Ströntistel es min Bloom,
Ströntistel neem's uk mi.
Jü gröört üp Dünemsön,
Ik üp des Leewents-Strön,
En Proter haa wat biiꝺ!

Stranddistel ist meine Blume,
Stranddistel nennen sie auch mich.
Sie wächst auf Dünensand,
Ich auf diesem Lebens-Strand,
Und Stacheln haben wir beide!

Mungard, Karl-August * 13.6.1927 Keitum, Landwirt. „Kolle" Mungard gelangte 1947 durch friesisches Theaterspiel zur →*Söl'ring Foriining.* Anfang der 1960er Jahre wurde er Vorstandsmitglied des Vereins, außerdem arbeitet er im Ausschuss für Landschaftsschutz mit. Seit 1990 betreut er das Kulturdenkmal →Denghoog in Wenningstedt.

Nordfriisk Instituut.

Mungard, Nann Peter(sen) * 30.6.1849 Keitum, † 30.7.1935 Mögeltondern/DK, Kapitän, Landwirt, friesischer Sprachpfleger und „Beweger". Mungard befuhr als junger Mann die Weltmeere und brachte es bis zum Kapitän.

Neben der friesischen Inselsprache hatte er in der Kindheit bereits Hoch- und Niederdeutsch sowie auch Hoch- und Plattdänisch und in der Schule etwas Englisch kennen gelernt. Auf seinen Seereisen kam er mit vielen weiteren Sprachen in Berührung und erlernte z. B. Niederländisch und Japanisch. Doch in „all diesem Sprachengewirr", so schrieb er später, zog ihn sein „liebes Sylt mit seiner eigenen Sprache, Art und Weise ... mit magischer Gewalt" zurück auf die Insel. Er baute trotz eines Beinleidens in Keitum einen mustergültigen Bauernhof auf, wirkte als Wegbereiter bei der Heidekultivierung und Viehzucht und wurde Vorsitzender des Landwirtschaftlichen Vereins auf Sylt. Die Inselfriesen brachte er zu großen →Friesenfesten zusammen. 1909 konnte Nann Mungard sein Sylter Wörterbuch *„For Sölring Spraak en Wiis"* herausgeben. Angeregt auch von dem westfriesischen Bankdirektor Pieter de Clercq und der westfriesischen Sprach- und Literaturgesellschaft, die ihn zu ihrem Ehrenmitglied machte, erarbeitete er ein inselnordfriesisches Wörterbuch, „bewerkstelligt von Männern und Frauen aus dem Volke für das Volk". Der erste, bereits 1913 zum Druck eingerichtete Teil, der bis zum Wort *ofkwirki* (erdrosseln) reicht, konnte aber erst 1974 veröffentlicht werden. Mit dem Wörterbuch sowie mit einem geplanten inselnordfriesischen Schullesebuch und einer Zeitschrift wollte Mungard zum Ausbau der friesischen Sprache beitragen.

Nach dem Ersten Weltkrieg setzte er sich im Kampf um die →Volksabstimmung 1920 für den Anschluss seiner Heimat an Dänemark ein. Er meinte, dass die friesische Sprache und Kultur bei einem kleinen Staat besser aufgehoben sei als beim großen Deutschland, von dem er sich betrogen fühlte. Mungard wurde heftig angefeindet und als „Landesverräter" beschimpft. Beim →Biikebrennen wurde eine Strohpuppe mit seinem Namen in die Flammen geworfen. Als 1921 der Bauernhof, den er 1910 seinem ältesten Sohn Jens →Mungard übergeben hatte, abbrannte, verließ er seine Heimatinsel, „tief gebeugt, aber nicht verzagt", und kam unmittelbar nördlich der neuen Grenze unter. Ein Freund hielt seine Worte fest: „Und wenn ich nun auch nicht mehr auf der Insel bin, so bleibe ich doch, was ich war: ein Sylter Friese."

Auf dem Grabstein der Familie Mungard in Keitum steht in friesischer Sprache:

Wat dērst, dit dö me Lif en Siil;
Üt Sliirighair tjüü Di niin Wiil!
Fuar Hualevhair docht ek en bet,
Jaa, dit jeft rochtlik bluat Fortröt!
Harki Got
Dö rocht,
Wik nemen!

Was Du tust, das tu mit Leib und Seele;
Aus Gleichgültigkeit gönn dir keine Ruh'!
Denn Halbheit taugt nicht ein bisschen,
Ja, sie gibt wahrlich nur Verdruss!
Gehorche Gott,
Tue recht,
Weiche niemandem.

Hoeg 1995, N. Mungard 1974 u. 1989, Steensen 1986.

Munkhoog (Mönchshügel) heißt ein 23 Meter hoher, bronzezeitlicher →Grabhügel oberhalb des →Morsum-Kliffs. Von hier hat man einen der schönsten Rundblicke über die ganze Insel. Bei klarem Wetter sieht man die Inseln Amrum und Föhr im Süden, die nordfriesische Festlandsküste im Osten, das weiße, mehrere Kilometer lange Emmerleff-Kliff nördlich von Hoyer auf dem dänischen Festland sowie die dänische Nachbarinsel Röm im Norden und die Dünen von List und Kampen im Westen.

Entz-v. Zerssen 1998.

Munkmarsch *(Munkmērsk* = die Marsch der Mönche) liegt auf altem Grundbesitz der Brüder des Sankt Knutsklosters zu Odense (Dänemark). 1778 wurde *Monckmarsch* urkundlich erwähnt, auf einer Karte des Husumers Johannes Mejer von 1648 steht *Munckmarsch.* In dem Landverzeichnis der so genannten „Mönkebohlen" (Mönchsland) von 1573 ist die ursprüngliche Bezeichnung Sankt Knutsmarsch zu finden. 1744 erhielt das Dörfchen, das zur Keitumer →Bauerschaft zählte, eine wirtschaftlich bedeutende →Mühle. Sie lieferte ihr Mehl vor allem nach Norwegen. Ab 1755 legten auch Postboote im Munkmarscher Hafen an. Besondere Bedeutung für den Fähr- und Frachtver-

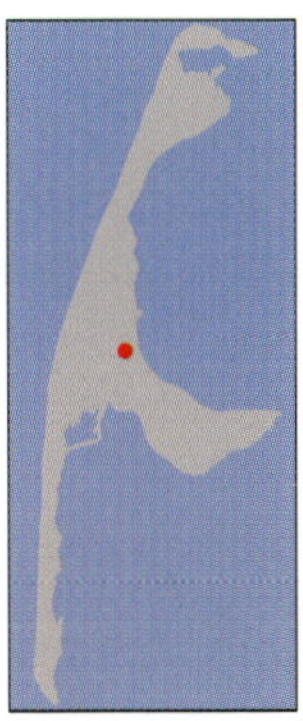

Munkmarsch

Von oben nach unten: Miesmuschel, Sandklaffmuschel, Auster, Herzmuschel, Bohrmuschel (Fiedler 1992)

kehr nach Hoyer auf dem dänischen Festland erhielt er von 1860 bis zum Bau des Hindenburgdamms 1927. Der Keitumer Hafen war versandet, weshalb 1859 Kapitän Andreas →Andersen in Munkmarsch eine 100 Meter lange Mole für die Personenschifffahrt bauen ließ. An der „Legatsbrücke", die so hieß, weil ihr Erbauer seine Einnahmen in eine Stiftung gab, verließen die Badegäste ihren Raddampfer und wurden mit Fuhrwerken in das Seebad Westerland gefahren. 1869 errichtete der Schiffer Thomas →Selmer ein Rasthaus, das spätere →Fährhaus, für die strapazierten Reisenden. 1888 wurden die Gleise der →Inselbahn nach Westerland verlegt, und die Reisenden erreichten fortan in nur zwölf Minuten ihr angestrebtes Ferienziel. Mit Beginn des Seebäderverkehrs in Hörnum 1901 sank die Bedeutung Munkmarschs für die Personenbeförderung. Im Ersten Weltkrieg trat der Hafen noch einmal als Umschlagplatz für Kriegsmaterial und Truppen hervor.
Seit 1970 gehört der nur etwa 150 Einwohner zählende Ortsteil von Keitum zur Großgemeinde →Sylt-Ost. Der Hafen dient heute als Liegestelle für die Boote des Nordfriesischen Segelvereins Keitum, die Munkmarscher Bucht ist ein idealer Ort für Surfer, die es nicht so rau lieben. Im Norden der Ortschaft befinden sich die geologisch aufschlussreichen →Kiesgruben, in denen viele →Fossilien entdeckt wurden.

Schmidt 1937, Wedemeyer/Jessen 1997.

Munkmarscher Fährhaus →Fährhaus

Muscheln *(Skelen)* sind zweiklappige Schalentiere. Viele Muscheln leben eingegraben im Boden des Wattenmeeres und sind nur über ihre Atemrohre (Siphone) mit dem sauerstoff- und nahrungsreichen Wasser verbunden. Andere, wie z. B. die →Miesmuscheln, leben über dem Grund, atmen und ernähren sich über einen Spalt ihres Mantels und schützen sich durch besondere Haltemechanismen, die Byssusfäden, vor Verdriftung. Eine Muschel kann pro Stunde aus bis zu vier Litern Wasser die Nährstoffe herausfiltern. Nach ihrem Tod werden die Schalen in ufernahe Zonen gespült. Die häufigsten der etwa 80 Arten von Nordseemuscheln sind Herz-, Platt-, Pfeffer-, Trog- und Sandklaffmuschel. Diese Muschel mit einer Schalenlänge von etwa 15 Zentimetern lebt am tiefsten im Wattboden. Ihr Sipho kann bis zu 50 Zentimeter Länge erreichen.
Die Bohrmuschel, die sich mit ihren zackigen Rippeln auch in festen Boden und Holz eingraben kann, wanderte um 1890 aus amerikanischen Gewässern in die Nordsee ein, die Amerikanische Schwert- oder Scheidenmuschel gelangte erst 1978, vermutlich im Ballastwasser von Frachtschiffen, an die hiesigen Küsten. Heute bildet sie bereits die häufigste Art und stellt 66 Prozent der Biomasse im Sandwatt. Ihre zehn bis zwanzig Zentimeter langen, bräunlichen schmalen Schalen liegen in jedem Flutsaum. Essbar sind Herz-, Trog- Schwert- und Sandklaffmuscheln sowie die in Kulturen gezüchteten Miesmuscheln und →Austern. In den Monaten mit „r", also von September bis April, sollen sie am schmackhaftesten sein. In

Der Hafen bei Munkmarsch, um 1900 (Sylter Archiv)

den Sommermonaten dagegen vermehren sich giftige Algen, deren Stoffwechselprodukte sich stark in den Muscheln anreichern können.
Alshuth 1995, Fiedler 1992, Quedens 2000a, Reinke 1996, Streble 1990.

Muscheltal hieß ein besonders charakteristisches Dünental auf der südlichen →Hörnum-Odde. Hier konnte man die frühen Stadien bei der Bildung einer Düne sehr gut beobachten. Anfang der 1990er Jahre verschwand das Tal im Zuge größerer Küstenabbrüche und Landverluste.

Museen auf Sylt sind das →Sylter Heimatmuseum, das →Altfriesische Haus, das Hünengrab →Denghoog und die →Vogelkoje Kampen, die alle von der →*Söl'ring Foriining* unterhalten werden. Museale Schätze zeigen auch die Stadtgalerie und das →Sylter Archiv in der →Alten Post in Westerland, das Feuerwehrmuseum in Keitum und das Austernmuseum in List. Naturkundliche Ausstellungen sind in der →Schutzstation Wattenmeer in Hörnum und im Clara-Enss-Haus der →Naturschutzgemeinschaft Sylt in Braderup zu sehen.
Nordfriisk Instituut.

Musik Der in Keitum geborene Gustav →Jenner wurde gegen Ende des 19. Jahrhunderts in Wien der einzige Kompositionsschüler des großen Musikers Johannes Brahms (1833-1897). Jenner war Professor in Marburg und komponierte Lieder, Chor- und Klavierwerke sowie Kammermusik. Erst 64 Jahre nach seinem Tod wurden 1984 zwei seiner Choralvorspiele in der →Sankt Severin-Kirche seines Geburtsortes aufgeführt.
Der Fotograf Paul Ebe →Nickelsen war vielseitig aktiv und auch musikalisch interessiert. 1880 gründete er den Westerländer Dilettantenverein für Theater, Gesang und Musik. Hieraus ging 1889 der Westerländer Musik-Verein hervor. 1937 wurde der Männergesangverein Kampen gegründet und 1953 der Frauenchor Kampen. 1974 schlossen sich die beiden Vereine zum Gemischten Chor Kampen zusammen. Verschiedene dörfliche Chöre bilden den Inselsängerbund Sylt, der bei besonderen Anlässen auftritt. Weit über die Grenzen hinaus bekannt ist der Seemannschor der →Marineversorgungsschule in List. Neben dem im Jahre 2000 gegründeten Archsumer Folklore-Chor „Rüm Hart“ gibt es auf der Insel noch den Sylter-Shanty-Chor von 1977 sowie den Keitumer Singkreis. Der „Förderkreis für Theater und Konzert auf Sylt“ organisiert in den Monaten September bis Mai Konzerte, Lesungen, Kleinkunst und Kabarett. Im Jahre 1985 wurde das Musical „Ein Herz für Sylt“ im Alten Kursaal in Westerland uraufgeführt. Es ist das gemeinsame Werk des Westerländer Kirchenmusikers Hans-Martin Padel und des Keitumer Jugendschriftstellers Boy →Lornsen. 200 Kinder und Jugendliche aus zehn Sylter Schulen wirkten an der Aufführung mit.
Westerland veranstaltet Konzerte im Rahmen des Schleswig-Holstein-Musikfestivals. Auch die anderen Sylter Gemeinden bieten Musikalisches. In den Kirchen von Keitum, Morsum und Westerland sind im Sommer die Nordelbischen Orgelkonzerte zu hören. Kampen organisiert von Mai bis Oktober den Kampener Musiksommer im *Kaamp-Hüs*, Morsum veranstaltet Abendkonzerte im *Muasem-Hüs*, Rantum lädt Gastorchester und -chöre in den Kursaal ein und Wenningstedt bietet Orgelkonzerte in der Friesenkapelle. Regelmäßig konzertiert in der Sankt Severin-Kirche in Keitum der Organist Matthias →Eisenberg. Die Kantorei der Sankt Nicolai-Kirche in Westerland bietet Kirchenmusik vom Barock bis in die Gegenwart.
1994-2000 bot die Veranstaltung „Sylt in concert“ musikalische Werke, Konzerte und Opern in Westerland, Wenningstedt und Kampen an. Einen besonderen Höhepunkt bildete das „Diner nach Noten“ in den Räumen der Sylter

Nach der Wende gab ein Orchester aus Zwickau ein Konzert in der Keitumer Kirche Sankt Severin. (Foto: Uwe Sönnichsen)

Spitzengastronomie. Wegen fehlender europäischer Zuschüsse wurde das Projekt eingestellt.
Gemeinde Kampen 1994, Wedemeyer 1991a.

Musikmuschel Bereits 1879 entstand ein erster hölzerner Konzertpavillon auf der Westerländer →Kurpromenade. Er wurde mitsamt Wandelhallen und Badeanlagen mehrere Male Opfer von Sturmfluten und genauso oft wieder erneuert. 1936 versetzte eine einzige Flutwelle das Gebäude um sechs Meter landeinwärts. Seit 1949 bildet die heutige Musikmuschel, die 1991 ein Kupferdach erhielt, den Mittelpunkt der Kurpromenade. Von Mai bis Oktober wird in der Nachfolge der einstigen Kurkonzerte „Musik am Meer“ geboten. Zwischen Juni und September finden an Sonntagen ökumenische „Gottesdienste am Meer“ statt.
Entz-v. Zerssen 2000a.

Die Wandelbahn im Seebad Westerland: Der Musikpavillon auf dem Konzertplatz existierte in dieser Form von 1900 bis 1909. (Sylter Archiv)

Musikschule Sylt 1970 ergriff das Keitumer Ehepaar Waltraut und Wilhelm →Borstelmann die Initiative zur Gründung einer Musikschule, weil „unsere Jugend musikalisch stärker gefördert werden müsste“. Sofort konnten Schul-, Privat- und Kirchenmusiker für die Idee gewonnen werden. Bereits bei der Gründung des Trägervereins lagen 100 Schüleranmeldungen vor. Zunächst leiteten Hilde Heydt und Hans Hinrichsen die erste Musikschule an der schleswig-holsteinischen Westküste. 1978-88 trat Beate Petersen, die Frau des Kunstmalers Günther →Petersen, in die Verantwortung. Mit Hilfe von öffentlichen Zuschüssen nahm die Einrichtung einen großen Aufschwung; die Schülerzahl stieg zeitweise auf über 600. Für hauptamtliche Lehrkräfte wurden Planstellen eingerichtet und das Instrumentenangebot erweitert. Die Begrenzung der Förderung führte 1989 zu einer Einbindung in die Kreismusikschule Nordfriesland. Heute unterrichten unter Leitung von Helga Ahlborn 14 Lehrkräfte rund 400 Schülerinnen und Schüler. In einem „Musikgarten“ werden bereits Kinder ab dem ersten Lebensjahr in Begleitung ihrer Eltern an die Musik herangeführt.
Nordfriisk Instituut.

Musil, Robert * 6.11.1880 Klagenfurt, † 15.4.1942 Genf, Schriftsteller und Essayist. Musil, der an seinem Hauptwerk „Der Mann ohne Eigenschaften“ fast zwei Jahrzehnte bis zu seinem Tod schrieb, wurde zu Lebzeiten öffentlich kaum wahrgenommen und gilt heute neben Hermann Broch (1886-1951) und Thomas →Mann als Erneuerer des modernen deutschen Romans. Als er im Juli 1914 als Redakteur der Berliner *Neuen Rundschau* das erste Mal Urlaub in Wenningstedt machte, wurde ihm am Badestrand „ganz blond vor Augen. Die junge Bademeisterin, die das Trinkgeld nimmt, um trotz des Andranges eine Hütte zu reservieren, dies dann doch nicht über das Gewissen zu bringen erklärt, aber das Trinkgeld behält.“ Seine Beobachtungen in der Sommerfrische hielt er in einem Tagebuch fest. Anlässlich seines zweiten Besuchs 1923 schrieb er für die *Prager Presse* eine Reportage über die Sturmflut vom 30. August, „derengleichen man seit Jahrzehnten vergessen hatte und nicht mehr erwartete“. Weitere Erlebnisse auf Sylt hielt der Erzähler in seinem „Nachlaß zu Lebzeiten“ (1936) fest. 1938 wurden Musils Bücher in Deutschland verboten. Karl Corino dokumentierte das Leben des Schriftstellers mit rund 1 000 Fotografien. Darunter ist auch das 1923 abgebrannte Haus →Bundis in Wenningstedt zu sehen.

In seinem Bericht „Die Sturmflut auf Sylt“ für die Prager Presse *schrieb Robert Musil 1923: „In der Nacht, die der Sturmflut voranging, zündete der Blitz auf der Insel und verbrannte ein Bauernhaus, und losgelöst von dem Leben der Badezeit und der Erholungs- und Dollaraufgeregtheit der abgereisten Städter, gewann das unbedeutende Ereignis das ganze Gewicht, das es für einsam wohnende Leute hat, die sich erschreckt erzählen, ein solches Unglück hätte sich seit siebenundzwanzig Jahren nicht ereignet. Es traf ein kleines, zum Sommersitz umgebautes Friesenhaus aus dem 18. Jahrhundert, wie sie hier zu Land ziegelrot mit weißen Fensterrahmen auf grünem Rasen stehen, hinter Erd- und Steinwällen geduckt, mit alten Kacheln und Möbeln, das hohe Schilfdach tief in die Stirn gezogen. ... Unter dem ungeheuren Wolkenhimmel sah alles fast niedlich und zierlich aus; bloß wie das Feuer unter dem Druck des Windes aus dem Haustor wie aus einer Schmiede-esse fauchte, machte einen unheimlichen Eindruck.“*

Corino 1989, Hörning 1999, Musil 1936 u. 1976, Rost 1996, Wedemeyer 1986 u. 1991a.

Namen →Ortsnamen, →Personennamen

Nationale Friesen Die *Foriining for nationale Friiske* (Vereinigung nationaler Friesen) setzt sich im Rahmen der →friesischen Bewegung für die Erhaltung und Neubelebung der →friesischen Sprache und Volkskultur ein. Sie wurde 1923 als Friesisch-schleswigscher Verein gegründet und sah in dem Sylter Friesen Nann →Mungard einen ihrer geistigen Väter. Die Nationalen Friesen arbeiten mit der →dänischen Minderheit zusammen und lassen sich politisch vom →Südschleswigschen Wählerverband vertreten. Auf Sylt zählen sie etwa 40 Mitglieder.

Steensen 1986.

Nationalpark Schleswig-Holsteinisches Wattenmeer Der mit rund 430 000 Hektar größte der 13 deutschen Nationalparke liegt im schleswig-holsteinischen →Wattenmeer zwischen der deutsch-dänischen Grenze und der Elbemündung. Landseitig wurde die Grenze in einem Abstand von 150 Metern vor dem →Landesschutzdeich festgelegt. Die nordfriesischen Inseln sowie die fünf großen Halligen Gröde, Hooge, Langeneß, Nordstrandischmoor und Oland zählen nicht zum Nationalpark. Seit 1985 genießt diese einzigartige Landschaft höchsten gesetzlichen Schutz.

Um die verschiedenen Interessen des Naturschutzes, des Küstenschutzes, des Fremdenverkehrs, der Landwirtschaft und der Fischerei aufeinander abzustimmen, richtete man zunächst drei, ab 1999 zwei Zonen mit unterschiedlichen Nutzungsmöglichkeiten ein. Die Schutzzone 1, zu der z. B. auch der →Königshafen nördlich von List gehört, umfasst etwa 37 Prozent der Nationalparkfläche. Hier liegen die meisten Aufenthalts-, Mauser- und Nahrungsplätze für Seehunde und bedrohte Vogelarten. Sie dürfen auch von Wattwanderern nicht betreten werden. Wo die Zone 1 das Festland berührt, ist das Wattlaufen im direkten Küstenbereich (bis etwa 1 000 Meter) erlaubt. Zwischen dem Hindenburgdamm und der Insel Föhr liegt die einzige →Nullnutzungszone des Nationalparks. In

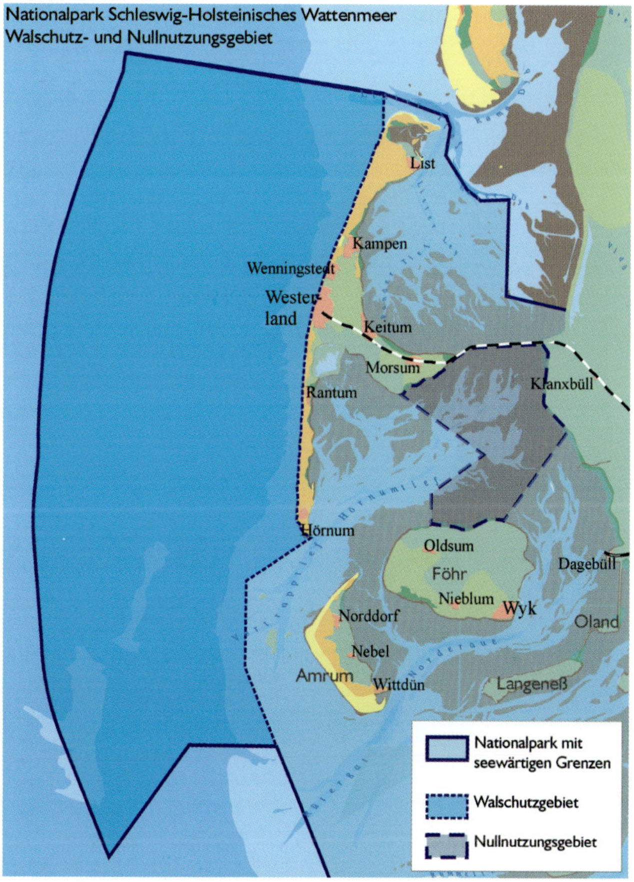

Quellen: Landesamt für den Nationalpark Schleswig-Holsteinisches Wattenmeer 2002, Landesvermessungsamt Schleswig-Holstein, Landesvermessung Niedersachsen, Seekarten des BSH 1996-2001, NPG 7.12.1999, KÜFO; Kartographie: Landesamt für den Nationalpark Schleswig-Holsteinisches Wattenmeer, Kohlus 2002

der Zwölf-Meilen-Zone vor Sylt und Amrum ist zusätzlich ein Walschutzgebiet ausgewiesen, das →Schweinswale insbesondere vor den Gefahren der industriellen Fischerei bewahren soll. Noch muss die Europäische Union zustimmen, doch für deutsche Fischer wurde die Stellnetzfischerei in diesem Gebiet bereits verboten.

Als Verwaltungsbehörde entstand in Tönning in Eiderstedt ein Landesamt, das sowohl für den Schutz des Nationalparks als auch für eine breite Akzeptanz in der Bevölkerung sorgen soll. Das Nationalparkgesetz war 1985 gegen den Willen vieler Nordfriesen beschlossen worden, da man es versäumt hatte, die Betroffenen an der Planung zu beteiligen und von den Vorteilen eines Nationalparks zu überzeugen. 1989-96 sollte zusätzlich das Großforschungsprojekt „Ökosystemforschung Wattenmeer“ zu einem tieferen Verständnis über die ökologischen und ökonomischen Erfordernisse im Schutzgebiet führen. Der 1996 vorgelegte so genannte Synthesebericht löste jedoch erneut heftige Kontroversen an der Westküste aus. Die Forderungen der Wissenschaftler liefen auf eine erhebliche Erweiterung des Nationalparks und insbesondere der Schutzzone 1 hinaus, wie etwa die Einbeziehung des 150-Meter-Uferrandstreifens, die Einstellung der Vorlandbeweidung und eine Einschränkung der Fischerei. Dem gegenüber stand und steht das Beharren vor allem der betroffenen Bevölkerungsgruppen auf Paragraph 2 des Nationalparkgesetzes, der ihre beruflichen Interessen und herkömmlichen Nutzungen sichert. Mit einem novellierten Nationalparkgesetz versuchte das Land Schleswig-Holstein 1999 den widerstreitenden Interessen gerecht zu werden. Demnach sollen z. B. freiwillige Vereinbarungen mit Fischern und Wassersportlern zu einer Meidung der Mausergebiete der Brandgänse führen.

Fiedler 1992, Landesamt Nationalpark 1996, Nationalpark o. J., Nordfriisk Instituut, Quedens 1992, Reichelt 1986, Umweltatlas 1998.

Nationalsozialismus Erst am 3. September 1930 hielt die NSDAP auf Sylt mit dem Gauleiter Hinrich Lohse ihre erste Wahlversammlung ab. Am 3. Oktober 1930 wurde in Westerland eine zunächst kleine NSDAP-Ortsgruppe unter der Führung des Arztes Dr. Johannes Grote (* 1881) gegründet. 1932 entstanden in Morsum, Archsum und List „Stützpunkte", die aber erst nach der „Machtergreifung" zu selbstständigen Ortsgruppen aufrück-

Modenschau in Westerland zur Zeit des Nationalsozialismus, 1936 (Sylter Archiv)

ten. Bei der Wahl des Reichspräsidenten im Frühjahr 1932 entfielen auf Sylt bereits deutlich mehr Stimmen auf Hitler als auf den Amtsinhaber Hindenburg. Im November 1932 erzielten die Nationalsozialisten hier 50,1 %, wobei die Ergebnisse in den Gemeinden zum Teil weit auseinanderklafften: Westerland 43,2 %, Keitum 56,0 %, Morsum 71,8 %, Archsum 80,3 %. Der Anteil der NSDAP auf Sylt lag indes deutlich unter denen auf den Nachbarinseln Amrum (68,5 %) und Föhr (73,8 %). Denn auf Sylt trug die politische Polarisierung wesentlich schärfere Züge. Die NSDAP hatte es hier mit einer recht starken Sozialdemokratie und einer aktiven Ortsgruppe der Kommunistischen Partei zu tun. So kam es im Oktober 1931 zu einer regelrechten Straßenschlacht zwischen Kommunisten und SA-Männern. Insgesamt gesehen war aber die Sozialstruktur der Insel mit vielen mittelständischen Gewerbetreibenden, Kaufleuten, Handwerkern, Landwirten ein fruchtbarer Boden für die NSDAP. Man lehnte die Massendemokratie und die moderne „Asphaltkultur" ab. Die Nationalsozialisten betonten hingegen „Volksgemeinschaft" und die Verbundenheit mit „Heimat und Scholle". Vor diesem Hintergrund führte der wirtschaftliche Niedergang am Ende der →Weimarer Republik, auf Sylt vor allem die Krise im Fremdenverkehr, zum überdurchschnittlichen Wahlerfolg der Nationalsozialisten.

Die Machtübernahme der NSDAP am 30. Januar 1933 wurde auf der Insel mit Flaggenschmuck und einem Fackelzug der SA begrüßt. Gleich danach wurden auch auf Sylt Gegner des Regimes verhaftet und in Konzentrationslager verbracht, vor allem Sozialdemokraten und einzelne Kommunisten wie der Arbeiter Julius →Jürgensen. Die Lokalzeitungen berichteten 1933/34 mehrfach darüber, manchmal mit Nennung der vollen Namen. Andere wurden in grausamer Weise an den Pranger gestellt. Die SA führte Menschen durch Westerland und hängte ihnen Schilder um mit Aufschriften wie „Ich roter Lump habe gesagt: Adolf Hitler ist ein Arbeiterverräter". Alle Sylter Gemeinden ernannten Hitler und Hindenburg zu Ehrenbürgern. Die Propaganda richtete sich stark gegen →Juden.

Wie im ganzen Deutschen Reich wurde das gesamte öffentliche Leben „gleichgeschaltet". Auch die Kirche auf Sylt stellte sich zunächst in den Dienst des „neuen Staates". Bei einem Festgottesdienst in Westerland am 2. Mai 1933 zogen SA, HJ, BDM und andere „nationale Verbände" in das Gotteshaus ein. Bald darauf

löste sich der Ortsgeistliche Reinhard →Wester jedoch von den nationalsozialistischen Deutschen Christen und schloss sich der Bekennenden Kirche an. Ebenso handelte Pastor Otto Glöckner (1900-1955) in Morsum.
Durch zahlreiche Baumaßnahmen wurde die Wirtschaft angekurbelt. Die meisten standen in Verbindung mit der Aufrüstung des Deutschen Reichs, etwa die Erweiterung des →Flugplatzes Westerland und des →Rantumbeckens sowie der militärische Ausbau von List und Hörnum. In diesen Orten, deren Einwohnerzahl sich sprunghaft erhöhte, bestimmten von nun an Kasernen, Flugzeughallen und im Einheitsstil erbaute Wohnunterkünfte das Bild. Der →Reichsarbeitsdienst wurde 1936/37 bei der Eindeichung des Nössekoogs eingesetzt. Die NS-Organisation „Kraft durch Freude" sandte von 1937 an Erholungssuchende auf die Insel. Doch mit Beginn des →Zweiten Weltkriegs endete der gesamte Fremdenverkehr. Nach dem Attentat auf Hitler am 20. Juli 1944 wurden vor allem mehrere Sylter Sozialdemokraten verhaftet. Max →Feddersen, Carl →Jessen und Karl →Quaas kamen um.

Dannenberg 1988, Koops 1993, Pleines, Steensen 1993 u. 1996a, Voigt 1977a, Wedemeyer 1983 u. 2001.

Naturschutzgemeinschaft Sylt e. V. 1977 vereinigte sich die →Bürgerinitiative Sylt, die in den frühen 1970er Jahren das →Atlantis-Projekt zu Fall gebracht hatte, mit dem →Verein Naturschutz Insel Sylt von 1924. Die Naturschutzgemeinschaft Sylt hat damit die längste Tradition aller Vereinigungen ihrer Art in Schleswig-Holstein. Erste Vorsitzende wurde die engagierte Naturschützerin Clara →Enss, die 1994 von dem Arzt Roland →Klockenhoff abgelöst wurde. Seit 1984 unterhält die Gemeinschaft in Braderup ein →Naturzentrum, das seit 2001 den Namen „Clara-Enss-Haus" trägt. Betreut werden außerdem die Natur- und Landschaftsschutzgebiete Braderuper Heide und →Morsum-Kliff mit einer Gesamtfläche von 500 Hektar. Weitere Aufgaben umfassen die Pflege und Kontrolle der Wander- und Reitwege im Schutzgebiet, Führungen, Kartierung von Brut- und Rastvögeln sowie von →Pflanzen und die Ausbildung von Zivildienstleistenden und Praktikanten.

Enss 1996, Naturschutzgemeinschaft 1994.

Natur- und Landschaftsschutzgebiete Der Naturschutz, wie er im Grundgesetz (Art. 75, Abs. 3) als staatliche Aufgabe verankert ist, will Landschaften und Landschaftsbestandteile, die in kultureller, wissenschaftlicher, wirtschaftlicher und sozialer Hinsicht erhaltungswürdig sind, einschließlich der Tier- und Pflanzenarten sowie der Lebensgemeinschaften sichern. Ziel ist eine schöne, biologisch mannigfaltige Landschaft, die zugleich auch die gesunde Umwelt des Menschen darstellt.
Nordfriesland besitzt die meisten und mit „Nord-Sylt" und →„Morsum-Kliff" auch die ältesten Naturschutzgebiete (NSG) aller schleswig-holsteinischen Kreise. Sie wurden u. a. wegen der Seltenheit vieler Tier- und Pflanzenarten, aber auch wegen der besonderen Schönheit der Landschaft angelegt. Alle Handlungen, die

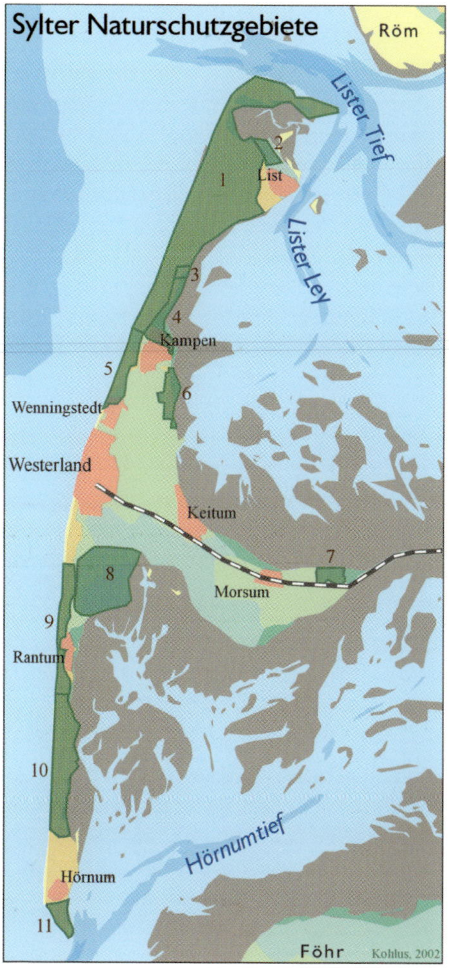

1) Nord-Sylt
2) Lister Koog
3) Kampener Vogelkoje
4) Nielönn
5) Dünenlandschaft auf dem Roten Kliff
6) Braderuper Heide
7) Morsum-Kliff
8) Rantumbecken
9) Baakdeel
10) Rantumer Dünen
11) Hörnum-Odde

zur Zerstörung, Beschädigung oder Veränderung der Naturschutzgebiete führen können, sind verboten. Das größte Gebiet ist das →Wattenmeer nördlich und südlich des Hindenburgdamms, das seit 1935 bzw. 1974 unter Naturschutz steht und 1985 Teil des →Nationalparks Schleswig-Holsteinisches Wattenmeer wurde.

Die Naturschutzgebiete auf Sylt umfassen eine Fläche von mehr als 30 Quadratkilometern, also etwa 33 Prozent der Inselfläche oder rund 57 Prozent der Freiflächen; die Landschaftsschutzgebiete machen etwa 15 Quadratkilometer aus. In den naturkundlichen Informationszentren wie z. B. in Hörnum, am →Rantumbecken, in Braderup oder am Morsum-Kliff informieren die Naturschutzverbände über die ökologischen Besonderheiten des Lebensraums Wattenmeer, über seine Tier- und Pflanzenwelt und über Gefährdung und Schutz der Nordseeküste. Die Schutzgebiete werden von verschiedenen Vereinigungen betreut, insbesondere von der →Naturschutzgemeinschaft Sylt, dem Naturschutzbund (Nabu), dem Verein →Jordsand, der →Schutzstation Wattenmeer, der →*Söl'ring Foriining* und dem →Landschaftszweckverband Sylt. Die Naturschutzbehörde des Kreises Nordfriesland ernennt zusätzlich Landschaftswarte.

Die jüngste Entwicklung in der Naturschutzpolitik zielt auf einen Interessenausgleich zwischen strengem Naturschutz und dem unmittelbaren Naturerlebnis. Die Sylter Naturschutzgemeinschaft regte deshalb an, Naturräume für die Allgemeinheit oder bestimmte Zielgruppen zu öffnen.

Bädergemeinschaft o. J, Heydemann 1997, Hoffmann 1993, Naturschutzgemeinschaft 1994, Umweltamt, Verein Naturschutz 1994.

Die Sylter Naturschutzgebiete von Nord nach Süd
(mit Gründungsjahr und Flächengröße):

1) Das Naturschutzgebiet (NSG) „Nord-Sylt" vom Ellenbogen über das Listland bis Kliffende bei Kampen umfasst großflächige Dünengebiete sowie die höchsten natürlichen Sandberge und die einzigen Wanderdünen Deutschlands (1923; 1796 Hektar).

2) Das Seevogelschutzgebiet „Lister Koog" entwickelte sich ab 1937 nach dem Bau des Mövenbergdeichs. Das Feuchtbiotop ist ein ganzjähriges Brut- und Rastgebiet für über 100 Vogelarten (1984; 18 Hektar).

3) Das NSG „Kampener Vogelkoje auf Sylt" liegt etwa drei Kilometer nördlich von Kampen und beherbergt etwa 130 Pflanzen- sowie rund 40 Brutvogelarten (1935; 10 Hektar).

4) Das NSG „Nielönn" nördlich von Kampen entstand durch die natürliche Bildung neuen Vorlandes. In dem Brackwasser- und Zwischenmoor-Biotop brüten und rasten seltene Vogelarten (1979; 64 Hektar).

5) Das NSG „Dünenlandschaft auf dem Roten Kliff/Sylt" zwischen Wenningstedt und Kampen weist große Heideflächen mit Glocken- und Besenheide sowie Krähenbeere auf (1979; 177 Hektar).

6) Das NSG „Braderuper Heide" zwischen Braderup und Kampen umfasst ausgedehnte Heideflächen mit einer Art der subatlantischen Küstenheide sowie das steil zum Watt abfallende Weiße Kliff mit seinen Schluchten, die in grünes Vorland übergehen (1979; 137 Hektar).

7) Das NSG „Morsum-Kliff" umfasst die Steilküste im Norden von Morsum, an der rund zehn Millionen Jahre Erdgeschichte studiert werden können (1923; 43 Hektar).

8) Das NSG „Rantumbecken" mit der Eidumer Vogelkoje bietet als ehemaliger Seeflughafen über 60 nachgewiesenen Brutvogelarten und einer zunehmenden Zahl weiterer Vögel Platz für Brut und Rast. Aufgrund dieser Bedeutung hat es auch den Status eines Europareservats (1962; 597 Hektar).

9) Das NSG „Baakdeel" umfasst das Dünengebiet zwischen Westerland und Rantum (1979; 242 Hektar).

10) Im NSG „Rantumer Dünen" zwischen Rantum und Hörnum sind in einigen

feuchten Dünentälern die beiden Sylter Sonnentauarten zu finden (1973; 397 Hektar).

11) Das NSG „Hörnum-Odde“ umfasst das besonders gefährdete Dünengebiet südlich von Hörnum und ist besonders wegen seiner wilden Dynamik eindrucksvoll (1972; 157 Hektar).

Naturzentrum Braderup, „Clara-Enss-Haus“ Zu Beginn der 1980er Jahre begann die →Naturschutzgemeinschaft Sylt e. V. unter Führung von Clara →Enss mit dem Aufbau eines Naturzentrums in Braderup. 1984 wurde die Einrichtung eingeweiht. Dioramen, Ausstellungen und naturkundliche Sammlungen informieren über die Heidelandschaft, den Nationalpark Wattenmeer, die Nordsee und allgemein über Umweltfragen. Zwei Seewasser-Aquarien und zahlreiche Spiele vermitteln Wissenswertes über Tiere und Pflanzen. Im Außenbereich wurde ein Kräutergarten mit Heil- und Gewürzpflanzen angelegt; Stranddisteln sind hier ebenso zu bewundern wie Frösche und Libellen. Etwa 25 000 Besucher jährlich verzeichnet das Naturzentrum, das seit 1987 auch als Informationszentrum des →Nationalparks Schleswig-Holsteinisches Wattenmeer arbeitet. Auf geführten Wanderungen werden die geologischen Besonderheiten des →Morsum-Kliffs, das →Naturschutzgebiet Braderuper Heide oder die Natur im Watt vermittelt. Zivildienstleistende helfen bei Besucher lenkenden Maßnahmen wie Wegebegrenzungen und -beschilderungen oder bei der Vogelzählung. Zu Ehren der 2001 verstorbenen Clara Enss trägt das Naturzentrum seither den Beinamen „Clara-Enss-Haus“.
Bädergemeinschaft 1993.

Naumann, Johann Friedrich * 14.2.1780 Ziebigk/Anhalt, † 15.8.1857 Ziebigk, Ornithologe. Der Begründer der wissenschaftlichen Vogelkunde kam 1819 mit drei Freunden nach Sylt, um die Kaspische Meerschwalbe oder Rauchseeschwalbe zu sehen. Es war damals üblich, Vögel für die Sammlung zu schießen. Im Listland wurden die Forscher fündig und erlegten 18 Exemplare. Naumanns Vogelsammlung ist im Schloss von Köthen/Anhalt erhalten und umfasst zusammen mit den Sylter Seeschwalben 1 175 Tiere. Er illustrierte auch das zusammen mit seinem Vater Johann Andreas Naumann (1744-1826) verfasste zwölfbändige Werk „Naturgeschichte der Vögel Deutschlands“, 1822-44.
Wedemeyer 1991a.

Navigation kommt aus dem Lateinischen und bedeutet Schifffahrt. Gemeint ist die möglichst optimale Kontrolle der Fahrzeugbewegungen, um ein Schiff in einer bestimmten Zeit unter Einhaltung eines vorgeschriebenen Kurses möglichst sicher an den Zielort zu steuern. Zur Orientierung auf dem Meer werden verschiedene Techniken und Hilfsmittel benötigt. Die Küstenschifffahrt richtete sich von alters her nach natürlichen Landmarken wie z. B. dem Roten Kliff auf Sylt. Auch Kirchen wie →Sankt Severin oder ein Haus im Listland konnten wertvolle Anhaltspunkte sein. Seit dem 19. Jahrhundert sichern →Leuchttürme die Vorbeifahrt an Sylt, und →Seezeichen dienen der Orientierung im Wattenmeer vor allem in den Hafeneinfahrten. Auf hoher See bestimmte man nachts mit Hilfe bestimmter Sterne oder

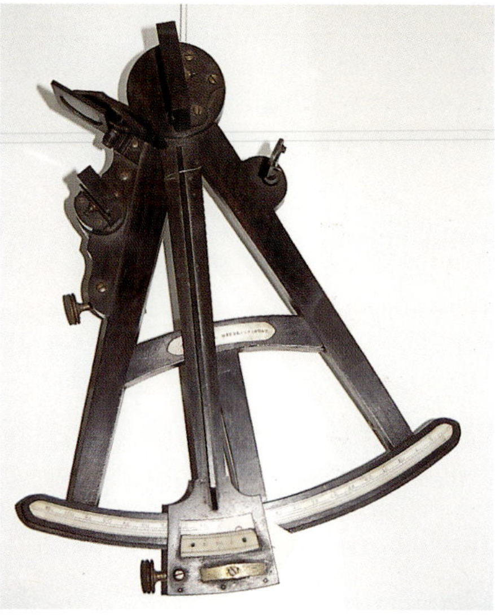

Der Oktant ist ein Winkelmessgerät zur Beobachtung der Gestirnshöhen.
(Söl'ring Foriining)

Sternbilder die Himmelsrichtung, tags wies die Sonne die Richtung. Dazu wurden möglichst genaue astronomische Tafeln benötigt, die die Bewegungen der Gestirne voraussagten sowie genau gehende Schiffschronometer und geeignete Winkelmessgeräte wie z. B. Jakobsstab,

Sextant oder Oktant zur Beobachtung der Gestirnshöhen. Zu den moderneren Navigationsmitteln gehören der 1908 erfundene Kreiselkompass, Echolot, Radar und Satellitenfunk. Die wesentlichen Daten und Ereignisse einer Reise werden in einem Schiffstagebuch, dem Logbuch, festgehalten. Ältere Kapitäne, Pastoren und Lehrer gaben ihr Wissen in →Navigationsschulen weiter und förderten so das hohe Ansehen der nordfriesischen Seefahrer.

Nordfriisk Instituut.

Navigationsschulen zum Erlernen der Grundlagen für das Kapitänspatent hatten auf den nordfriesischen Inseln lange Zeit privaten Charakter und wurden von Pastoren, Lehrern oder Kapitänen geleitet. Bis 1802 gab es keinen vorgeschriebenen Ausbildungsweg, erst danach musste ein Steuermannsexamen in Tönning oder Kopenhagen abgelegt werden. Die Lehrmittel der →Navigation hatten ältere und erfahrene Seeleute vor allem aus den Niederlanden mitgebracht, Unterrichtssprache war häufig →Friesisch oder Plattdeutsch. Zu den ersten Lehrern gehörte Gerson →Crupp(en) aus Keitum. Um 1780 gab in Westerland der ehemalige Kapitän Carsten Hansen (1730-1799) sein Wissen weiter. Es heißt, dass seine Schüler aus allen Orten der Herzogtümer herbeieilten. Eine bekannte Sylter Navigationsschule war auch die von Hans Peter Köster, die zuerst in List und ab 1838 in Tinnum angesiedelt war. Sein Sohn

Seefahrtsschüler, um 1850 (Sylter Archiv)

Peter Petersen Köster hatte bereits in Blankenese und Kiel als Navigationslehrer Erfahrung gesammelt, bevor er 1860 die väterliche Schule übernahm. Ab 1869 musste der Unterricht an staatlichen Schulen erfolgen, was die Ausbildung erheblich verteuerte. Qualitätsmängel waren nicht der Grund, denn von den 160 Schülern des letzten Sylter Navigationslehrers erhielten 148 im Examen, das in Tönning, Flensburg oder Kiel abgelegt werden musste, die höchste Auszeichnung. Im Unterschied zu früher wurde jetzt eine vierjährige Fahrtzeit vor dem Besuch der Schule verlangt, weitere Komplikationen entstanden durch die dreijährige Militärdienstpflicht in der preußischen Armee und durch die wesentlich höheren Kosten bei einer Ausbildung fern der Heimat. So war es kaum noch möglich, vor dem 30. Lebensjahr Kapitän zu werden.

Quedens/Stöver 1978, Rinken 1992.

Nehrung An die →Geest der Insel Sylt im Dreieck Westerland-Kampen-Keitum schließen sich nach Norden und Süden langgestreckte, schmale Nehrungen an. Sie wurden in einem jahrtausendelangen Prozess durch Anlagerung von sandigem Material gebildet. Dies geschah durch küstenparallele Strömungen in der Nordsee und schräg zum Strand wehende Winde. Die Landzunge nach Norden ist etwa 10 Kilometer lang und weist an ihrem Ende, dem →Ellenbogen, die klassische Form eines Sandhakens auf. Die Nehrung nach Süden zwischen →Dikjendeel und der →Hörnum-Odde hat eine Ausdehnung von rund 17 Kilometern. Unter dem Sand liegt hier altes Marschland, das bei Hörnum, wo es Fare- oder Vortrap genannt wird, verschiedentlich sichtbar wird. Bis zur ersten Sandaufspülung 1983 trat es bei jeder Ebbe beim Campingplatz zutage, ebenso konnte die etwa 20 Zentimeter dicke Schlickschicht beim früheren kleinen Leuchtturm gefunden werden. Hörnumer Brunnenbauer stießen erst auf Grundwasser, als diese Schicht durchstoßen war. Durch die im 15. Jahrhundert einsetzende Dünenbildung wurden der Marschboden und die alten →Priele übersandet. Die der Nordsee zugewandte Seite der Nehrungen besitzt einen geradlinigen Sandstrand, die Wattseite ist leicht gebuchtet und sehr seicht. Hier lagert sich →Schlick an.

Matthiesen 2001, Nordfriisk Instituut.

Neolithikum →Jungsteinzeit

Nes Pük →Nis Puk

Neuapostolische Kirche Als der Unterdiakon Georg Schott 1937 im Fliegerhorst Hörnum eine Beschäftigung als Motorenschlosser erhielt, begann die Geschichte der Neuapostolischen Kirche auf Sylt. Während der Kriegsjahre kamen weitere Glaubensanhänger als Soldaten auf die Insel, später zeigten Touristen Interesse an Gottesdiensten dieser eher fundamentalistischen christlichen Glaubensrichtung. 1963/64 wurden in Hörnum und Westerland Kirchen geweiht. Nach dem Neubau einer großen Kirche mit 350 Plätzen im Jap-Peter-Hansen-Wai in Westerland konnten sie 1998 verkauft werden. Seither ist die knapp 160 Seelen zählende Neuapostolische Gemeinde Sylts vereinigt.

Nordfriisk Instituut.

Neujahrsschwimmen →Weihnachtsbaden

Neumann, Emil * 7.7.1842 Pojerstiten/Ostpreußen, † 4.1.1903 Kassel, Maler. Der Landschafts- und Marinemaler lehrte an der Kunstakademie in Kassel. Eine frühe Studienreise führte ihn 1877 nach Sylt. Es war ein stürmisches Jahr, das vor allem der Segelschifffahrt zusetzte. Vier →Strandungen, die auch Neumann sehr beeindruckten, sind an der Sylter Westküste verzeichnet. In der Spekulation, dass sich das Bild mit dem Morsum-Kliff im Hintergrund besser verkaufen ließe, verlegte der Maler den Havaristen in seinem Bild „Wrack vor Morsumkliff, um 1880“ an die Ostküste. Nach Besuchen in den 1880er Jahren entstand u. a. seine Bleistiftzeichnung „Lister Dünen auf Sylt“.

Schulte-Wülwer 1996, SHL 1983.

Newig, Jürgen * 30.3.1941 Westerland, Geograph. Newig studierte in Kiel und Tübingen und ist Professor für Geographie an der Universität Kiel. Er erforscht u. a. die historische Küstengestalt Nordfrieslands und den Fremdenverkehr in Schleswig-Holstein. Ein Schwerpunkt seiner Tätigkeit ist seine Heimatinsel. „Ist Sylt noch zu retten?“ fragte er 2002 im *Sylt Magazin.*

Newig 1974 ff., Nordfriisk Instituut, Steensen 2000.

Nickelsen, John Reinert * 28.3.1865 Braderup † 19.2.1950 Hamburg, Kunstglaser und Glasmaler. Nach einigen Jahren auf See erlernte Nickelsen, ein Neffe des Fotografen Paul Ebe →Nickelsen, das Kunstmalerhandwerk in Chemnitz. 1889 kehrte er nach Sylt zurück und arbeitete als Malermeister in Westerland. 1898 gründete er eine eigene Firma und verlegte den Schwerpunkt seiner Arbeit auf Bleiverglasungen. Ab 1902 führte er sein Unternehmen in Hamburg fort. Nickelsen schuf wertvolle Glasbilder und -mosaike. Für das Kurhaus in Westerland entstanden 1898 die Motive „Szenen der Seeschlacht im Listertief“ und „Nordsee im Jahre 1644“. Das Glasbild „Insel Sylt um 1900“ entwarf er 1920 für das Hotel Miramar. Es befindet sich heute wieder in Familienbesitz.

Remmert 1993.

Nickelsen, Paul Ebe * 10.7.1832 Westerland, † 15.3.1894 Westerland, Fotograf. Nickelsen erlernte vom Vater den Schmiedeberuf, beherrschte aber auch das Steinmetzhandwerk und erteilte Musikunterricht für verschiedene Instrumente. 1853 eröffnete er das erste fotografische Atelier auf Sylt und beschäftigte sich mit der Daguerreotypie (→Fotografie). Es entstanden die ersten fotografischen Aufnahmen aus dem Seebad Westerland. Durch mehrere Porträts der rumänischen Königin Elisabeth, besser bekannt unter ihrem Pseudonym Carmen →Sylva, machte er sich bald einen Namen. Ihr Angebot, Hoffotograf zu werden, lehnte Nickelsen ab. Positiv wirkten sich für den Pionier der Sylter Fotografie die Kontakte zu Künstlerpersönlichkeiten wie Eugène →Dücker oder Carl →Irmer aus. Seine Ansichtskarten mit typischen Sylter Motiven erschienen ab 1890 in verschiedenfarbigen Drucken, darunter auch die sehr beliebten blauen Mondscheinkarten. 1868 fertigte er ein Porträt von C. P. →Hansen. Nickelsen gehörte u. a. zu den Begründern der Freiwilligen Feuerwehr Westerland. 1880 rief er zusammen mit anderen den Westerländer Dilettanten-Verein ins Leben, aus dem 1889 der →Westerländer Musikverein hervorging. 1888 wurde der älteste Straßenzug der Gemeinde auf seinen Vornamen getauft. Die Paulstraße führte über Nickelsens Grund durch die sandige Heide bis an den Strand. Beim Kauf der Fläche hatte sein Vater einen Darlehensantrag seines Sohnes mit der Begründung abgelehnt, dass es „Sünde“ sei, so nahe am Strand zu bauen.
Sein todesmutiger Einsatz zur Rettung schiffbrüchiger Seeleute verursachte 1881 ein schweres Asthmaleiden, von dem sich Nickelsen bis

Paul Ebe Nickelsen (Sylter Archiv)

zu seinem Tod nicht mehr erholte. Der Fotograf hatte vergeblich versucht, durch die schwere Brandung zu der gestrandeten →Brigg *Else* zu schwimmen, um acht erschöpfte Männer vor dem Ertrinken zu retten. 1891 gründete er zur Unterstützung der →Deutschen Gesellschaft zur Rettung Schiffbrüchiger (DGzRS) ein →Freiwilliges Rettungs-Corps.

Petersen 1989, Wedemeyer 1989c u. 1991a.

Nickelsen, Paul * 28.10.1869 Wyk auf Föhr, † 15.8.1952 Westerland, Fotograf. Nickelsen kam mit seinen Eltern 1874 nach Westerland und ging bei seinem Onkel Paul Ebe →Nickelsen in die Lehre. Er fotografierte Sylter Motive, bis ihm die Konkurrenz durch die Ansichtskarten zu groß wurde. Im Westerländer Musikverein spielte er Flöte, nebenbei erteilte er Musik- und Tanzunterricht. „Pua" schrieb in friesischer Sprache mehrere Erzählungen aus dem Sylter Volksleben vergangener Tage. Sie wurden 1958/59 und 1969 in der Zeitungsbeilage →*Fuar Söl'ring Lir* veröffentlicht.

Sylter Archiv.

Paul H. J. Nicolas (Sylter Archiv)

Nicolas, Paul Hinrich Justus * 28.2.1857 Treptow/Rega, † 30.10.1919, Arzt. Nicolas wirkte 1885-90 als letzter →Landschaftsarzt auf Sylt und außerdem als Badearzt. Intensiv befasste er sich mit den heilklimatischen Faktoren der Nordsee und empfahl bereits Winterkuren. Zusammen mit seinem Kollegen Rudolf Schollenbruch erstellte er ein Konzept für ein erstes öffentliches Krankenhaus auf der Insel. Es bereicherte ab 1895 das Sylter →Gesundheitswesen. Nach Nicolas wurde eine Straße in Westerland benannt.

Klockenhoff 1988.

Andreas Nielsen (Sylter Archiv)

Niederdeutsch Der wichtigste Unterschied zwischen dem Hoch- und Niederdeutschen ergibt sich aus der zweiten, hochdeutschen Lautverschiebung. Die Verschlusslaute p, t, k wurden im Althochdeutschen zu pf/f, z/s und ch, also: *Peerd* (Pferd), *slapen* (schlafen), *tein* (zehn), *Water* (Wasser), *ik* (ich). In Nordfriesland gewann das Niederdeutsche, das als Sprache der Hanse hoch angesehen war, im endenden Mittelalter Bedeutung. So wurden die nordfriesischen Landrechte 1426 in dieser Sprache aufgezeichnet. Bis ins 17. Jahrhundert war Niederdeutsch auch auf Sylt die Amts-, Kirchen- und Schulsprache. Diesen Rang verlor es dann an das Hochdeutsche und sank auf die Stufe eines von den Gebildeten verachteten Dialekts herab. Für die überörtliche Verständigung in Nordfriesland spielte die Sprache eine wichtige Rolle. Der Wortschatz des →Friesischen wurde stark vom Niederdeutschen beeinflusst, das auch als Sprache der Seeleute für die Sylter von Bedeutung war. In weiten Teilen Nordfrieslands wurde Friesisch außerdem vom Plattdeutschen verdrängt. Die Regionalsprache wird seit 1998 in der Verfassung von Schleswig-Holstein ausdrücklich genannt und seit 1999 auch durch die Europäische Sprachen-Charta geschützt. Auf Sylt wird die Sprache u. a. durch das Theaterspiel gepflegt, das in Westerland seit Jahrzehnten betrieben wird.

Århammar 1976 u. 2001a, Sanders 1982, Stellmacher 1990.

Niederlande Kultur und Wirtschaftsleben Nordfrieslands und auch Sylts wurden insbesondere im 17. und 18. Jahrhundert stark von Verbindungen mit den Niederlanden beeinflusst. Von dort begaben sich viele Sylter auf →Seefahrt. Sie brachten u. a. Einrichtungsgegenstände und →Fliesen mit. Die drei →Frieslande unterhalten in der Gegenwart regelmäßige Kontakte.

George 1923.

Nielönn *(Niilön)* bedeutet Neuland im Sinne von gewachsenem →Vorland. Das 64 Hektar große Areal liegt nordöstlich von Kampen in einem Winkel zwischen Geest, Dünen und Watt. Dort hat sich eine Mischformation aus →Salzwiese, Moor und Röhricht herausgebildet. Besonderheiten sind auch der große Wollgrasbestand sowie die Bekassine, die hier ihr Brutgebiet eingerichtet hat. 1979 wurde das gefährdete, von Brackwasser und einem so genannten Zwischenmoor geprägte Ökosystem unter →Naturschutz gestellt.

Hans Jessel 1990a.

Nielsen, Andreas * 20.10.1883 Morsum, † 5. 10.1958 Westerland, Kohlenhändler, Politiker. 1912 wurde Nielsen erstmals Stadtvertreter in Westerland für die SPD und blieb es mit kurzen Unterbrechungen bis 1933. Zehn Jahre lang war er auch stellvertretender Bürgermeister. Während der nationalsozialistischen Gewaltherrschaft verbrachte er viele Monate im Konzentrationslager Neuengamme. Nach dem Zweiten Weltkrieg kehrte Nielsen als Bürgermeister ins Westerländer Rathaus zurück. In seinen weiteren Ämtern als Landrat des Kreises Südtondern, als Landtagsabgeordneter (1946-50) und als Bürgervorsteher in Wes-terland war er einer der wichtigsten Männer auf Sylt in der Nachkriegszeit. 1955 wurde er zum Ehrenbürgervorsteher ernannt. Nielsen machte sich besonders verdient um die zahlreichen Heimatvertriebenen auf Sylt und um den Aufbau des Fremdenverkehrsvereins. Wenige Wochen nach seinem Tod benannte die Stadtvertretung in Westerland die Kurthstraße vor dem Rathaus in Andreas-Nielsen-Straße um.

Sylter Archiv.

Nielsen, Meinert * 15.1.1905 Braderup, † 2. 7.1981 Tinnum, Lehrer. Nielsen kam nach Tätigkeiten in Rodenäs und Emmelsbüll als Lehrer nach Keitum. 1937 übernahm er als Leiter die Norddörferschule in Wenningstedt, 1951 die Archsumer Schule. 1962-70 war er dort Bürgermeister. Seit 1925 wirkte Nielsen am friesischen Theater mit und erteilte auch Unterricht in sylterfriesischer Sprache. 1934 wurde er Vorstandsmitglied der →*Söl'ring Foriining*. Für sein jahrzehntelanges Bemühen um die Erhaltung und Pflege der friesischen Sprache und Kultur erhielt er 1971 den →C.-P.-Hansen-Preis.

Nordfriisk Instituut.

Meinert Nielsen (Sylter Archiv)

Nielsglaat Sylterfriesischer Flur- und Straßenname in Hörnum. *Niels-glaat* bedeutet die „Dünenschlucht des Niels".

Möller 1916.

Niihooger Sylterfriesischer Flur- und Straßenname in Morsum. *Nii-hooger* heißt „neue (Grab-)Hügel".

Möller 1916.

Nippflut Die besonders gering ausgebildete Nippflut entsteht etwa alle 15 Tage bei Halbmond. Dann stehen die Gestirne Sonne, Mond und Erde im rechten Winkel zueinander, und ihre Anziehungskräfte heben sich teilweise auf. Das Hochwasser erreicht dabei einen um rund 30 bis 40 Zentimeter tieferen Stand als bei einer mittleren →Flut.

Nis Puk *(Nes Pük)* lautet der Name des sagenhaften nordfriesischen Kobolds, der etwa mit einem Heinzelmännchen oder dem →Klabautermann zu vergleichen ist. Er verkörperte schicksalhafte Fügungen wie Glück und Unglück und man glaubte, bei entsprechend guter Behandlung des Kobolds darauf Einfluss nehmen zu können. Deshalb gewährten ihm auch die Sylter symbolisch Unterkunft in einem versteckten Winkel ihres Hauses und brachten allabendlich ein kleines Opfer in Form von Milch, Grütze und Butter, der Leibspeise von *Nes Pük*. Sein Lieblingsplatz, so wird erzählt, war die Bodenluke, in der er mit herabhängenden dünnen und krummen Beinen die Mittagsstunde verdöste. Ein großer Kopf mit einer hässlichen Nase, ein struppiger Stoppelbart und große, stechende Augen charakterisieren sein absonderliches Aussehen. Ein Sprichwort lautet noch heute: *„Hi glüüret üs en Pük"* (Er glotzt wie ein Puk). Eine Zipfelmütze, eine lange graue oder grüne Jacke, rote Strümpfe und weiche, wollene Pantoffeln gehörten zur Kleidung. Ließ man es an der nötigen Aufmerksamkeit fehlen, richtete er ein schweres Durcheinander an, ließ das Vieh verenden, zog schließlich aus dem Haus aus und nahm das Glück mit.

Jessen 1965, Wedemeyer 1988.

Nis Randers →Ernst, Otto

Noack, Barbara →Schriftsteller

Emil Nolde (Stiftung Seebüll Ada und Emil Nolde, Neukirchen)

Nolde, Emil (eigentlich Emil Hansen) * 7.8. 1867 Nolde bei Tondern, † 13.4.1956 Seebüll/Neukirchen, Maler und Graphiker. Nach einer Ausbildung als Möbelschnitzer und -zeichner in Flensburg lehrte Nolde 1892-98 an der Kunstgewerbeschule in St. Gallen. 1906/07 war er Mitglied der Künstlergemeinschaft „Die Brücke". 1926 erwarb er einen Besitz in Seebüll, wo er ein Atelierhaus errichtete, das jetzige Nolde Museum. Das Haus wurde 1930 renoviert. Nolde entfloh dieser Unruhe und fand über die Sommermonate Quartier im Haus Kliffende bei Clara →Tiedemann in Kampen. Hier malte er eine Folge von sechs Meerbildern, die er von A bis F durchnummerierte. Sie zeigen Noldes Erregung angesichts der schäumenden Wogen und sich überschlagenden Brecher. Außerhalb der Serie entstanden weitere Ölgemälde, darunter die Bilder „Himmel und Meer“ und „Kinder am Strand“, die in Seebüll zu sehen sind. In Kliffende arbeitete Nolde auch am ersten Band seiner Autobiographie „Das eigene Leben“.

Nordfriesen-Wappen (Nordfriisk Instituut)

Das Strandleben motivierte den Expressionisten Emil Nolde zu dem Bild „Badestrand“, das er aber bis zum Saisonende nicht vollenden konnte. In seiner Autobiographie schrieb er dazu: „Ich ging, ich lief, es war kalt, an den grausig ausgestorbenen Gasthäusern vorbei, nach meinem Raume hin mit seinen Bildern drin. ... Unfertig blieb mein letztes großes Bild: Es waren die verschwundenen vielen plätschernden, jubelnden, Erfrischung suchenden Großstadtmenschen, die Badegäste, die ich möglichst viele auf mein Leinen hinmalen wollte, dessen Breite aber nicht genügte, und ich schnitt einen Teil wieder weg.“

Gemeinde Kampen 1994, Schulte-Wülwer 1996, SHL 1983, Tiedemann 1985, Wedemeyer 1986 u. 1991a.

Norddörfer *(Nuurðtērper)* nannte sich der gemeinsame Verwaltungsbezirk der Orte Wenningstedt, Braderup und Kampen. List liegt zwar noch weiter im Norden der Insel, gehörte aber bis 1864 zum Königreich Dänemark und erhielt sich auch danach eine weitgehende Selbstständigkeit. 1927 trennte sich Kampen von Wenningstedt-Braderup. Die Orte hatten sich zu unterschiedlich entwickelt: Wenningstedt am Weststrand zum Badeort mit allen Erscheinungen des Massentourismus, Kampen in den Dünen zum Künstleridyll und Treffpunkt der Schickeria. Nach wie vor gibt es aber Gemeinschaftseinrichtungen wie die Norddörfer-Schule, den Sportverein SC Norddörfer und den →Norddörfer-Musikverein.

Spreckelsen 1981, 1991 u. 1992.

Norddörfer-Musikverein (NMV) Der Verein ging 1907 aus der 1886 gegründeten Norddörfer-Feuerwehrkapelle hervor. Er zeichnet sich dadurch aus, dass über zehn verschiedene Instrumente gelernt werden können, die dem Mitglied jeweils gestellt werden. Fortgeschrittene werden zu Lehrern, und Anfänger nehmen bereits nach kurzer Zeit an den etwa 35 jährlichen Auftritten des Orchesters teil. Höhepunkte sind die Sommerkonzerte im Kursaal Wenningstedt sowie das Dorfteichfest, wo die „Big Band“ vier Stunden am Stück durchspielt.

Nordfriisk Instituut.

Nordfriesen-Wappen Neben den Sylter →Wappen wird auf der Insel manchmal auch das Nordfriesen-Wappen mit Krone, Grütztopf und halbem Adler gezeigt. Es stammt erst aus den 1840er Jahren. Die Krone bezeichnet ursprünglich die gewünschte Reichsunmittelbarkeit der →Friesen in West- und Ostfriesland. Der Grütztopf war von den Erfindern des Wappens als Symbol für die Brüderlichkeit gedacht in dem Sinne, dass früher alle aus einem Topf aßen. Der halbe Adler repräsentiert die Freiheit, die den Friesen von deutschen Kaisern gewährt worden war. Später wurde im Zeichen der deutsch-dänischen Auseinandersetzung insbesondere der Grütztopf mit einer neuen Deutung belegt. C. P. →Hansen erfand die „Sage“, dass friesische Frauen Feinde – man dachte insbesondere an die Dänen – mit heißer Grütze in die Flucht schlugen, als die Kampfkraft ihrer Männer erlahmte.
Das Wappen des →Kreises Nordfriesland mit seinen drei Schiffen im Stil des 16. Jahrhunderts symbolisiert die Dreiheit der einstigen →Kreise, die zu einer Einheit geworden ist. Die Schiffe selbst und die Zeichen in den Großsegeln – Pflugschar, →Hering und Stierkopf – weisen auf traditionelle Wirtschaftsformen in Nordfriesland hin.
Wie die →Fahne sind diese Wappen in den nordfriesischen Farben Gold-Rot-Blau gehalten.

Panten 2001d.

Nordfriesisch →Friesisch

Nordfriesland *(Nuurðfriislön)* ist das von →Friesen bewohnte Gebiet an der Nordwestküste Schleswig-Holsteins, zu dem die Insel Sylt gehört. Die Landschaft weist zahlreiche Besonderheiten in Natur und Kultur auf. Weltweit einzigartig ist z. B. das →Wattenmeer mit seinen Inseln und →Halligen. In kultureller Hinsicht wurde die Region geprägt durch das Aufeinandertreffen von friesischen, dänischen und deutschen Einflüssen. Sie weist eine Vielfalt hier beheimateter Sprachen auf wie kaum eine andere Gegend in Europa. Auch in politischer Hinsicht war Vielfalt ein wesentliches Kennzeichen. Nordfriesland bildete nie einen eigenen

Staat. Erst im Jahre 1970 wurden alle Teile – mit Ausnahme der Insel Helgoland – in einer einheitlichen Gebietskörperschaft zusammengefasst; es entstand der →Kreis Nordfriesland. Im Osten war er jedoch nicht friesisch besiedelt. Der starke Zuzug von außerhalb sorgte dafür, dass die Friesen im Kreisgebiet zahlenmäßig eine Minderheit bilden.

Kunz/Pingel/Steensen 1998, Steensen 2000.

Nordsee *(Nuurðsee)* Das rund 575 000 Quadratkilometer große Randmeer des Atlantischen Ozeans bedeckt die Fläche zwischen Großbritannien, den Niederlanden, Niedersachsen, Schleswig-Holstein, Dänemark und Südnorwegen. Im Norden geht es in das Europäische Nordmeer, im Süden bei Dover in den Englischen Kanal über. Mit durchschnittlich 95 Metern Wassertiefe ist die Nordsee vergleichsweise flach, die durchschnittliche Tiefe der Weltmeere beträgt dagegen rund 3 800 Meter. Der schleswig-holsteinische Teil gehört zur Deutschen Bucht. Wegen des hohen Ansehens, das ihre östlichen Anrainer als seefahrende Kaufleute genossen, wurde die Nordsee im Hochmittelalter auch als →*Mare Frisicum* bezeichnet.

Westliche Winde bestimmen das Klima, in 35 Prozent der Zeit herrscht Windstärke sechs und mehr. Gefürchtet sind die →Sturmfluten, die mehrfach in der Geschichte verheerende Überschwemmungen und Verwüstungen anrichteten. Die Wellen erreichen dann eine Höhe von vier bis sechs Metern (14 bis 16 Meter auf dem Atlantik), worauf viele →Schiffsunglücke der Vergangenheit zurückzuführen sind. Eine weitere Gefahr stellt die oftmals geringe Wassertiefe dar, die z. B. zwei Kilometer vor dem Strand von Westerland weniger als zehn Meter beträgt. Besonders hier sowie vor Rantum, Hörnum und auch vor Amrum kam es häufig zu →Strandungen.

Der Salzgehalt der Nordsee beträgt in Küstennähe 30-34 Promille, das bedeutet 34 Kilogramm Meersalz in einem Kubikmeter Wasser. Die Mischung aus einer Vielzahl chemischer Elemente entspricht fast genau der Zusammensetzung der Salze und Spurenelemente im menschlichen Blutserum. Dies erklärt die Verwendung von Meerwasser in der →Meeresheilkunde.

Die brandende Nordsee (Foto: Nis-Peter Jessen)

Am Südostrand der Nordsee erstreckt sich von Den Helder in den Niederlanden bis Esbjerg in Dänemark das →Wattenmeer, dessen einzigartige Tier- und Pflanzenbesiedlung dem Einfluss der →Gezeiten zu verdanken ist. Als Nationalpark genießt es in Deutschland höchsten Schutz. Die Nordsee – volkstümlich auch als →„Blanker Hans" bezeichnet – entwickelte sich in den letzten Jahrzehnten immer mehr zum „Kranken Hans". Schadstoffeinleitungen über die großen Flüsse, aus der Luft und durch den Schiffsverkehr führten zu einer bedrohlichen →Meeresverschmutzung.

Buchwald 1990, Flemming 1977, Koehn 1974, Umweltatlas 1998.

Nordseebad ist ein Prädikat, das die Sylter Gemeinden Hörnum, Kampen, List, Rantum und Sylt-Ost führen dürfen. Voraussetzungen sind eine besondere Lage sowie die Erfüllung touristischer Anforderungen. Dazu gehören z. B. therapeutische Einrichtungen zur Behandlung oder Vorbeugung bestimmter Krankheiten.

Nordseeheilbad ist ein Prädikat, mit dem die Gemeinde Wenningstedt-Braderup und die Stadt Westerland ausgezeichnet wurden. Beide Orte besitzen je ein →Kurmittelhaus mit einer Vielzahl von Einrichtungen zur Behandlung verschiedener Krankheiten und zur Durchführung von →Badekuren.

Nordseeklinik →Asklepios Nordseeklinik

Normal Null (NN) ist der 1879 durch Gesetz festgelegte Bezugspunkt für alle Höhenmessungen in Deutschland. NN wird vom Mittelwasser (MW) der →Nordsee am Amsterdamer Pegel abgeleitet und ist jene gedachte Linie, nach der Geländehöhen über dem →Meeresspiegel angegeben werden. Auf Sylt ist mit 52,5 Metern über NN die →Uwe-Düne bei Kampen die höchste Erhebung. Seekartennull (SKN) als Bezugsebene für Seekarten entspricht dem mittleren Niedrigwasser während einer →Springtide.

Newig/Petersen 1995, Wieland 1990.

„Norwegerhaus“ 1948 konnte in Hörnum mit Hilfe von Spendengeldern der norwegischen Europa-Hilfe eine Holzhütte als Kirche eingerichtet werden. Sie wurde auf Sankt Martin geweiht. Nach dem Bau der →Sankt Thomas-Kirche 1970 diente sie vorübergehend als Kindergarten und Abstellraum für Strandkörbe. 1974 bezog die →Schutzstation Wattenmeer einen Raum des Hauses, ein zweiter dient seit 1989 als Hörnumer Jugendtreff. 1985 wurde das Haus nach dem Hörnumer Lehrer und Naturschützer Kuno →Ehlfeldt benannt.

Sylter Archiv.

Nösi Das sylterfriesische Wort bedeutet Landzunge und darf nicht verwechselt werden mit *Nöös*/Nase. *Nösi* ist ein Ortsteil von Morsum. Ursprünglich wurde nur die Ostspitze Sylts so bezeichnet, doch ging der Begriff auf das gesamte Sylter Marschgebiet, den →Nössekoog, über.

Möller 1916.

Christian Peter Hansen: „Die Anfahrt bei Nösse, der Ostspitze der Insel Sylt“ um 1850, Zeichnung (Sylter Archiv)

Nösistig Sylterfriesischer Flur- und Straßenname in Morsum. *Nösi-stig* heißt „Weg nach →*Nösi*“.

Möller 1916.

Nösse →Nösi

Nössekoog Ein Entwurf zur Eindeichung der Nössehalbinsel wurde bereits im Jahre 1778 vom Landvogt Matthias Matthießen und anderen aufgestellt, kam jedoch nie zur Ausführung. Ein Schutzdeich für die häufig überschwemmten Marschflächen im Sylter Osten konnte erst 1936/37 im Rahmen des Arbeitsbeschaffungs- und Landgewinnungsprogramms der Nationalsozialisten hergestellt werden. Zeitweise kamen bis zu 700 Kräfte des →Reichsarbeitsdienstes in Tag- und Nachtschichten zum Einsatz. Der gut 13 Kilometer lange Deich von Morsum bis Rantum schützt seither einen rund 2 000 Hektar großen Koog vor →Sturmfluten. Stark zersplitterte Eigentumsverhältnisse, geringe Erfahrungen mit größeren landwirtschaftlichen Betrieben und ein hoher Grundwasserspiegel waren hemmende Faktoren bei der Besiedlung und Bewirtschaftung des Landes. Erst die Verlegung von Höfen und der Bau eines Straßennetzes im Rahmen des →Programms Nord erleichterten den Einsatz landwirtschaftlicher Maschinen im Koog. 1950 lieferten rund 200 Betriebe Milch in die Tinnumer →Meierei. 1967 wurde der Koog mit staatlicher Unterstützung durch ein rund 60 Kilometer langes Grabennetz entwässert, um Ackerflächen zu schaffen. Doch sank bis 1988 die Zahl der Haupt- und Nebenerwerbsbetriebe auf 25. Beackert wurden nur etwa 500 Hektar Land im Randgebiet zur →Geest, das Marschland blieb Grünland. Mit der Schließung der Meierei 1996 lohnte sich für die Bauern die Haltung von Milchkühen nicht mehr. Auf den Wiesen im Koog stapelten sich die Heuballen. Für die Zukunft soll geklärt werden, wie groß der Bedarf an heimischem Fleisch ist und wie viele Tiere dazu auf Sylter Weiden grasen müssen.

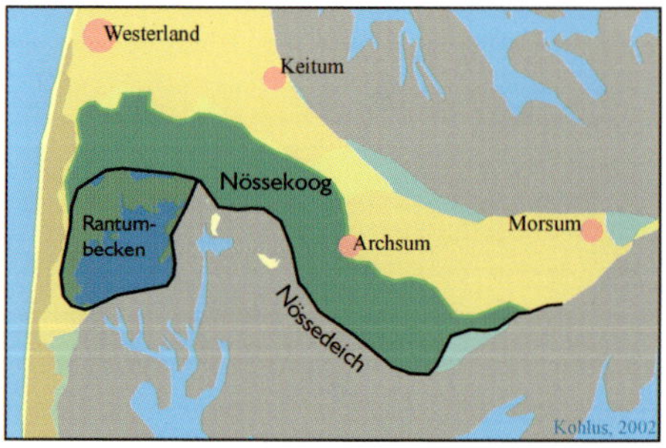

Die Tinnumer Wiesen sind ein besonders bevorzugtes Gebiet von Zug- und Brutvögeln, de-

nen auch das nahe gelegene →Rantumbecken sehr günstige Bedingungen bietet.
Brodersen 1961, Kunz/Panten 1999, Nordfriisk Instituut, Thaysen 2001, Voigt 1992.

Notgeld Im Ersten Weltkrieg kam es zu einer Verknappung von Bunt- und Edelmetallen. Deshalb wurden nach und nach die Kleinmünzen eingezogen und gehortet. Als Ersatz druckte man nach dem Krieg Gutscheine, die später als Notgeld bezeichnet wurden. Für Herstellung und Ausgabe der Scheine waren die Gemeinden verantwortlich. Auf Sylt bemühten sich die Auftraggeber, vor allem auch wegen der aufkommenden Sammelleidenschaft, Motive aus ihrem Gemeindebezirk verewigen zu lassen. Geschichtliche Ereignisse und markante Bauwerke wie Sankt Severin oder die Tinnumer Landvogtei, Bilder, z. B. von Carl Christian →Feddersen oder Franz →Korwan-Katzenstein, und Erinnerungen an die hohe Zeit der Seefahrt gelangten so auf die Ersatzgeldscheine.
Frahm 1985, Haselbach 1994, Thaysen 2001.

Nullnutzungszone Südlich des Hindenburgdamms bis zur Insel Föhr erstreckt sich ein Gebiet der Schutzzone 1 des →Nationalparks Schleswig-Holsteinisches Wattenmeer. Es ist als nutzungsfreies Gebiet ausgewiesen. Die Natur in diesem 12 500 Hektar großen Areal des Nationalparks bleibt sich selbst überlassen. Auch die Fischerei ist im Unterschied zu den übrigen Zone-1-Gebieten verboten. Lediglich die Benutzung der Fahrrinnen ist zur Durchfahrt erlaubt. In Gesprächen mit den Anrainergemeinden wurde zusätzlich ein Verzicht auf das Betreten dieser Zone erreicht. Hier wird deshalb bei Niedrigwasser auch nicht im Watt gewandert.
Nordfriisk Instituut.

Nuurðhörn Sylterfriesischer Flur- und Straßenname in Morsum. *Nuurð-hörn* heißt „Norderende“.
Möller 1916.

Oase zur Sonne heißt ein →FKK-Strand nebst gleichnamigem Restaurant südlich des Westerländer →Campingplatzes. Das Lokal besteht seit 1985. Es hat eine große Terrasse und einen Innenraum, der an eine Skihütte erinnert.

Ein →Eisboot auf einem Notgeldschein der Gemeinde Morsum, nach 1918. „Kannst du auf einem Bein nicht stehn, dann nimm zwei; Arbeit mit halber Kraft macht dich weich.“ Links unten das →Nordfriesen-Wappen. (Nordfriisk Instituut, Thomas Steensen)

Odde Das Wort stammt aus dem Dänischen und bedeutet Spitze oder Vorsprung. Man findet es z. B. in →Hörnum-Odde (Südspitze von Sylt), Morsum-Odde (Ostspitze von Sylt), Amrum-Odde (Nordspitze von Amrum) oder Skagen-Odde (Nordspitze Dänemarks).

Oddewai Sylterfriesischer Flur- und Straßenname in Hörnum. *Odde-wai* bezeichnet den Weg zur Südspitze Sylts, der →Hörnum-Odde.
Möller 1916.

Oktant →Navigation

Ölzeug *(Öölitjüch)* nennt man umgangssprachlich die Oberbekleidung der Seeleute und Fischer. Früher wurde die Kleidung aus Leinen oder Baumwolle mit Gummi, Leinöl, Teer oder Firnis wasserdicht gemacht, heute halten Kunststoffbeschichtungen das Wasser ab. Als „Friesennerz“ kam die Berufsbekleidung in den 1970er Jahren vor allem bei weniger wettererprobten Küstenbesuchern zu Ehren.

Om de Huk Sylterfriesischer Flur- und Straßenname in Braderup. *Om di Huk* heißt „um die Ecke“.
Möller 1916.

Omtaakelte →Maskenlaufen

Önereerskens heißen auf Sylterfriesisch die sagenhaften →Zwerge, die nach alten Überlieferungen unter der Erde in der Heide, am Kliff oder im Wattenmeer gelebt haben sollen. Ihre Vettern waren die Haus- und Poltergeister, die Puken (→Nis Puk) und die →Klabautermänner. Nur nachts kamen sie aus ihren Behausungen heraus, um im Mondschein ihre Wäsche zum Trocknen und Bleichen auszulegen und um zu tanzen und zu spielen. Die Unterirdischen lagen häufig in Fehde mit den Menschen und räuberten ihre Speisekammern und Keller aus. Wenn man ihnen jedoch half, waren sie gutmütig. So soll einmal ein Bauer bei Keitum beim Pflügen eine zerbrochene Schaufel der Unterirdischen gefunden haben. Er legte einen Nagel daneben und ging weiter seiner Arbeit nach. Als er wieder zu der Stelle kam, waren Nagel und Schaufel verschwunden. Dafür fand der Bauer einen wohlschmeckenden Kuchen. Das Hauptaufenthaltsgebiet der *Önereersken* war das →Morsum-Kliff. Sagen berichten, dass die Gnome hier in ihren Werkstätten Gebrauchsgegenstände (*Önereerskenpottjüch*) wie z. B. schälchenförmige Gesteinsscherben, Töpfe, Näpfe und Schüsseln geschmiedet hätten. So sind denn auch heute noch kurios geformte Gebilde im Limonitsandstein zu finden.

Deppe/Frenzel 1996, Jessen 1965, Wedemeyer 1988.

Orhörn (Landspitze) nannten die Sylter früher den Lösch- und Ladeplatz für den Ort Morsum. Östlich davon verbindet seit 1927 der →Hindenburgdamm Sylt mit dem Festland.

Ormen Friske (kräftige Schlange) lautete der Name eines nachgebauten Wikingerschiffes, mit dem 15 junge Schweden im Juni 1950 von Stockholm über Amsterdam zur Weltausstellung nach Paris segeln wollten. Sie beabsichtigten, rechtzeitig zum französischen Nationalfeiertag am 14. Juli anzukommen. Am 22. Juni gerieten sie in der Deutschen Bucht bei Helgoland vermutlich in einen starken Sturm. Drei Tage später wurden Wrackteile des Bootes auf Pellworm und einigen Halligen angetrieben. Im Verlauf einer Suchaktion konnten neun Besatzungsmitglieder nur tot geborgen werden. Der Hörnumer Kapitän Hans Junge (1917-1993) fischte im →Vortrapptief einen Teil des Vorschiffes auf. Der Hals des Bugs wurde im Jahr 2000, zum 50-jährigen Gedenken des Unglücks, an das Schifffahrtsmuseum in Husum abgegeben. Er passte dort zu einem bis dahin nicht identifizierten Drachenkopf.

Nordfriisk Instituut.

Ortsnamen Die meisten Sylter Ortsnamen enden auf -um, was -heim in der Bedeutung „Gehöft, Siedlung" entspricht. Diese Namen gehen auf die um 700 einsetzende erste Phase der friesischen →Besiedlung zurück. Sie können mit →Personennamen oder aber mit Natur- und Kulturbezeichnungen zusammengesetzt sein. Die erste Gruppe erscheint auf Sylt in den Ortsnamen Archsum und Morsum, die also „Heim des Arich/Erik" bzw. „Heim des Mår" bedeuten; dabei handelte es sich entweder um den Begründer oder einen später besonders mächtigen Mann in den Dörfern. Zur zweiten Gruppe gehört Rantum, das wohl „Randheim", also Siedlung an der Westkante bedeutet. Tinnum geht vermutlich auf das altfriesische Wort *têninge* (Einzäunung) zurück. Keitum ist vielleicht das „Heim des Kei oder Keit", kann aber auch „auf der Heide" („Heidum") bedeuten. Hörnum ist wohl kein -heim-Name, sondern bei der Endung -um handelt es sich hier, wie vielfach in Flurnamen, um den Lokativ (den Ort ausdrückender Kasus, Ortsfall) bzw. den Dativ Plural (dritter Fall Mehrzahl), also „bei der Spitze". Wenningstedt wird als alter, vorfriesischer Ortsname angesehen und bedeutet entweder „Wohnstätte der Leute des Winne" oder „Wohnstätte an der *wining*", d. h. „am Neuland". Westerland ist vergleichsweise jung und bedeutet nichts anderes als das Land westlich des bereits bestehenden Dorfes Tinnum. Braderup geht auf das altdänische „Brathorp" zurück, „das Dorf an der steilen Böschung". Kampen entstand aus dem altfriesischen *komp*, das aus dem lateinischen *campus* (Feld) entlehnt ist. Munkmarsch, die „Marsch der Mönche", befand sich einst im Besitz des Klosters Odense. List bedeutet wahrscheinlich „Leiste", also Land- oder Uferstreifen.

Århammar 1993, 1995 u. 2000a, Laur 1992, Panten 1993, Timmermann 2001a.

Ose ist die Hauptfigur einer Geschichte von C. P. →Hansen. Der Chronist schmückte viele, teils auch wahre Geschichten phantasievoll aus, um die Menschen neugierig und das Seebad bekannter zu machen. Eine Anregung lieferte ihm wohl das „Aastal" bei Wenningstedt, in dem die Sylter ihr totes Vieh verscharrten. Aas klingt auf Friesisch etwa *oos*, woraus Hansen sein Osetal mit der entsprechenden Handlung konstruier-

te. Ose, so die Geschichte, war die Frau des Wenningstedter Bauern Frödde. Der wollte auf einer Erntefeier einen Streit schlichten. Unglücklicherweise kam dabei einer der Kontrahenten zu Tode. Bestürzt über seine Tat floh Frödde. Ose verkaufte einen Teil ihres Besitzes, um die Schuld zu sühnen, und arbeitete hart, um ihre Kinder durchzubringen. Nach langer Zeit kam sie erneut nieder, und die Frage der Vaterschaft tauchte auf. Man beobachtete die Frau, folgte ihr und fand schließlich Frödde in einer Höhle in den Dünen. Er hatte die Insel niemals verlassen und war über die Jahre hier von seiner treuen Ose versorgt worden. Seine Tat wurde ihm nun großmütig verziehen. Das Wenningstedter Dünental soll seither Oses Namen tragen.
Eine Sylter →Sage berichtet von einer gewissen Ose aus Tinnum, die sich einst auf dem Ellenbogen, dem Tanzplatz des Teufels, mit einem schönen Jüngling vergnügt haben soll. Sie schwor, eher zu Stein werden zu wollen, als eines anderen Braut. Doch bald träumte sie, der Teufel sei gestorben, und verlobte sich mit Buh Tetten aus Keitum. Der Teufel jedoch hatte Oses Schwur nicht vergessen. Als die Hochzeitsgesellschaft von Tinnum über die Heide zur Kirche nach Keitum wanderte, verwandelte er alle zu Stein. Sie standen noch lange warnend im Norden von Tinnum.

Hubertus Jessel 1996d.

Die treue Ose – hier in der Darstellung von E. Hartmann 1865 – in der Tarnung der Nacht auf dem Weg ins Versteck ihres Mannes (Nordfriisk Instituut)

Osetal heißt ein Dünental bei Wenningstedt. Hier soll, wie eine Sylter Geschichte berichtet, →Ose ihren geflüchteten Mann in einem Versteck jahrelang unbemerkt versorgt haben.

Ossenbrüggen, Maike * 23.11.1939 Keitum, Appartementvermieterin, friesische Sprachpflegerin. Ossenbrüggen erteilt seit über zwei Jahrzehnten Friesischkurse und bemüht sich in der →*Söl'ring Foriining* um Trachten- und Volkstanzgruppen besonders für Kinder und Jugendliche. 1980 verhalf sie dem →Sylter Weihnachtsbaum zu neuer Bekanntheit. Als jüngste Preisträgerin erhielt sie 1985 den →C.-P.-Hansen-Preis. Sie folgt dem Grundsatz: „Es ist wichtig, im Leben fröhlich zu sein."

Nordfriisk Instituut, Ossenbrüggen 1987.

Ostdörfer Bevor mit der Einrichtung der Seebäder und dem Aufblühen des Fremdenverkehrs Westerland und die →Norddörfer zu den größten Gemeinden Sylts heranwuchsen, spielten die Dörfer im Inselosten die wichtigste Rolle für das Inselleben. Die Siedlungen liegen am Rand der Sylter Marschgebiete und sorgten lange Zeit für die, wenn auch nicht üppige, landwirtschaftliche Grundversorgung der Bevölkerung. Bis zu Beginn des 18. Jahrhunderts war →Morsum das bevölkerungsreichste Dorf auf Sylt. Besondere Bedeutung fiel ab 1820 →Keitum zu. Hier befand sich seit 1816 die Zollstation. Nach dem Ausbau des Hafens siedelte sich 1825 die erste Apotheke Sylts in Keitum an, 1829 wurde das Packhaus errichtet. In den 1850er Jahren verschlickte jedoch der Hafen. Neue Anlaufstation der Fährschiffe wurde →Munkmarsch, wo 1859 eine große Anlegemole entstand und 1869 das spätere Fährhaus. Mit dem Bau des Hindenburgdamms 1927 und der nun durchgehenden Zugverbindung Hamburg-Westerland wurden vor allem die Dörfer →Archsum und →Tinnum im wahrsten Sinne rechts und links liegen gelassen. Morsum und Keitum erhielten einen Bahnhof. Doch erreichte der Fremdenverkehr den Sylter Osten im Wesentlichen erst nach dem Zweiten Weltkrieg. Gegen einigen Widerstand wurde bei einer Kommunalreform 1970 die Großgemeinde →Sylt-Ost gebildet.

Nordfriisk Instituut.

Osterende *(Uasterjen)* ist ein Ortsteil von →Morsum.

Ostindienfahrerhuk *(Uastinjisfaarerhuk)* heißt die Nordwestecke des →Ellenbogens. Ab

Das niederländische Handelsschiff war auf dem Weg nach Ostindien und „verirrte“ sich auf den Sylter Strandabschnitt, der Ostindienfahrerhuk genannt wird. (Sylter Archiv)

1751 lag dort für über 100 Jahre das Wrack eines gestrandeten niederländischen Handelsschiffes.
Möller 1916, Rinken 1992.

Oswald, E. →Schulze-Smidt, Bernhardine

Overbeck, Fritz * 15.9.1869 Bremen, † 7.6. 1909 Bröcken/Vegesack, Maler. Overbeck studierte bei Eugène →Dücker an der Düsseldorfer Kunstakademie und schloss sich 1894 der Worpsweder Künstlerkolonie an. Auf der Suche nach neuen künstlerischen Herausforderungen kam er 1903 nach Sylt und war sofort begeistert. Mit Skizzenblock und Aquarellkasten durchstreifte er die Insel und legte sich die Vorlagen an, die er später zu großen Ölgemälden verarbeitete. 1905 entstand die „Dämmerung an der Küste“. Strand, Düne und die Weite des Himmels beherrschen in einer ausdrucksstarken Nüchternheit das Bild. „Dünen auf Sylt“ (um 1904), „In den Dünen“ (1905), „Rotes Kliff in der Abendsonne“ (um 1905) und „Morgen am Strande (Kliff bei Kampen)“ (1907) sind weitere Sylt-Bilder. Seine Frau Hermine Overbeck-Rohte (1869-1937) war ebenfalls Malerin und weilte 1912/13 auf der Insel.

Von seinem ersten Aufenthalt in Wenningstedt schrieb Fritz Overbeck seiner Mutter 1903: „Einen der großartigsten Eindrücke, die ich überhaupt erlebt habe, hatte ich gestern abend am Strand, als der Mond auf das bewegte Meer schien. Wie Gespenster tauchten aus der schwarzgrünen Dunkelheit des Wassers die weißen Schaumkämme der Wellen auf, es war einfach hinreißend. Alles und jedes ist groß hier, prachtvoll in den Linien, die Dünen, die wie ein erstarrtes Meer wirken, der Strand, der sich endlos hinzieht, das Meer, ob es nun ruhig oder bewegt ist, die weite Heidefläche im Inneren der Insel, die Bauart der Häuser, obschon sie räumlich nur klein sind, kurz: alles. Es ist schon alles auf die denkbar größte Einfachheit zurückgeführt, nichts Unwesentliches stört die Stimmung.“

Schulte-Wülwer 1996, SHL 1983.

Hermine Overbeck-Rohte: „Durchblick aufs Meer“ 1912/13, Öl auf Leinwand, 36,5 x 54,5 cm (Stiftung Fritz und Hermine Overbeck e. V.)

Overbeck-Rohte, Hermine →Overbeck, Fritz

Öwenhoog Der bronzezeitliche →Grabhügel liegt am Watt bei Archsum. Nach einer Erzählung von C. P. →Hansen soll hier der goldene Anker des Schiffes von König →Klööw vergraben sein. Das Schiff selbst soll sich im zwei Kilometer entfernten →Klööwenhoog bei Tinnum befinden.
Hansen 1858a.

Packhaus Als der Hafen von Keitum noch die wichtigste Verbindung zum nordfriesischen Festland darstellte, wurde 1829, in erster Linie für die Erträge der „Sylter Heringsfischerei AG“, ein Packhaus gebaut. Es erfüllte im Laufe der Zeit verschiedene Aufgaben. Ab 1831 beheimatete es das Königliche Zollcomptoir und 1854 die erste Poststelle der Insel. Im Packhaussaal wurden im Revolutionsjahr 1848 flammende Reden gegen den dänischen König und für die „Statthalterregierung“ in Kiel gehalten. 1869 bezog mit Friedrich Johannes →Hübbe der letzte Landvogt das seit 1860 bewohnbare Haus. Das einzige Monument aus der Keitumer Hafenzeit ist heute mit Ferienwohnungen ausgestattet.
v. Bremen 1999, Rinken 1992.

Palucca, Gret * 8.1.1902 München, † 22.3. 1993 Hiddensee, Tänzerin und Tanzpädagogin. Wegen ihrer eigenwilligen Interpretationen zwischen klassischem Tanz und Ausdruckstanz wurde Gret Palucca anfangs belächelt, doch wuchs schnell ihre Anerkennung. 1924-50 war sie eine der führenden Solotänzerinnen Deutschlands. 1924 gründete sie in Dresden eine eigene Schule für den Nachwuchs. Nach Sylt kam sie erstmals 1923. Seitdem besuchte sie die Insel regelmäßig und wohnte stets in List, wo sie auch Gastspiele gab. Auch nach der Verstaatlichung ihrer Schule erhielt sie jährlich Sylt-Urlaub, „denn vier Stunden Nordseeluft" waren für sie „wie vier Wochen an der Ostsee". In Klappholttal gab sie 1950 ihre letzte öffentliche Vorstellung. 1962 wurde Gret Palucca mit dem Professorentitel geehrt, 1983 erhielt sie den Deutschen Tanzpreis und 1992 das Große Bundesverdienstkreuz. Die →Adler-Reederei benannte einen historischen Segelkutter nach der Ausnahmekünstlerin.

Erdmann-Rajski 2000.

Pandertief ist die Verlängerung des →Lister Tiefs und der Lister →Ley. Das →Tief führt im nördlichen Wattenmeer Sylts von List in südlicher Richtung auf den Hafen Munkmarsch zu.

Parteien →Wahlen

Patronymische Namensgebung →Personennamen

Paulmann, Alfred * 1.5.1884 Wuppertal-Barmen, † 18.10.1964 Westerland, Modellbauer, Maler. Paulmann besuchte die Kunstschule in Elberfeld, um Bildhauer und Modellbauer zu lernen. Danach wandte er sich autodidaktisch der Malerei zu. Als Matrose der Kaiserlichen Marine befuhr er 1902-06 die Weltmeere, 68 große Wandbilder für die Marinestation Wilhelmshaven resultierten daraus. In Barmen lernte er Margarethe Lassen von Sylt kennen, die seine Schwester besuchte und 1921 seine Frau wurde. Paulmann siedelte nach Sylt über. Zwischen den Weltkriegen war er ein gefragter Navigator auf der Linie Sylt-Helgoland. Aus dieser Tätigkeit gingen viele Studien und danach Gemälde hervor. 1939 entstand das große Bild „Rettung aus Seenot" (7m x 2,50m), das in der →Lesehalle des Westerländer Kurzentrums hing und 1999 verbrannte. Der Sylter Künstler Manfred →Schaeffner wurde mit einer Nachbildung beauftragt. Ein Bild von der Seeschlacht bei List 1644 hängt im Offiziersheim der Marineversorgungsschule. Paulmann malte mit dokumentarischer Akribie Einzelheiten wie Schiffstakelagen oder die Lage eines Schiffes im Seegang. Nur bei der Darstellung von Himmel und Wasser griff er zu künstlerischen Mitteln.

Sylter Archiv.

Paulmann, Margarethe geb. Lassen * 1.6. 1886 Archsum, † 1.3.1980 Burg/Fehmarn. Die Frau des Malers Alfred →Paulmann ist eine Angehörige der bekannten →Lassen-Familie. Sie schrieb 1958-62 einige Gedichte auf Sylter →Friesisch für die Zeitungsbeilage →*Fuar Söl'ring Lir.*

Alfred Paulmann: „Segelschiff im Atlantik" 1961, Ölbild (Sylter Archiv)

Paulsen, Ingwer * 3.4.1883 Kiel-Ellerbek, † 25.11.1943 Halebüll, Radierer, Maler. Paulsen studierte an den Kunstakademien von München, Weimar und Paris. Bei dem Husumer Adolf Brütt (1855-1939) erlernte er die Bildhauerei. Von einer Flandernreise brachte er 1911 großformatige Architekturblätter mit, die ihn in die erste Reihe der europäischen Radie-

Ingwer Paulsen: „Dünen im Listland/Sylt", Öl auf Holz, 40 x 55 cm, Nordfriesisches Museum Husum

Gret Palucca (Sylter Archiv)

rer stellten. Ab 1913 lebte er in Halebüll bei Husum. In den 1920er Jahren entstanden nacheinander seine Mappen „Die Nordfriesischen Inseln und die Halligen", „Eiderstedt" und „Nordfriesland". Auf Sylt malte er Bilder wie „Häuser in Keitum", „Morsum auf Sylt" oder „Dünenlandschaft auf Sylt".

Möller 1984, SHL 1983.

Paulsen, Sven * 22.9.1959 Norderhafen/Nordstrand, Reeder und Busunternehmer. Paulsen leitet die von seinem Vater 1950 auf Nordstrand gegründete „Insel- und Halligreederei" heute von Westerland aus. Über 20 Fahrzeuge auf der Nord- und Ostsee sowie auf der Oder zählen zu seinen →Adler-Schiffen. 1995 kaufte er die →Sylter Verkehrsgesellschaft von Vera Prahl.

Nordfriisk Instituut.

Paulstraße Diese Straße in Westerland ist nach dem Fotografen Paul Ebe →Nickelsen benannt.

Pegel ist ein Messgerät, um die Höhe von Wasserständen festzustellen. Die einfachste Form bildet eine ins Wasser gesteckte Latte mit Messmarkierungen. Um wegen der Einflüsse der →Gezeiten keine Minuswerte zu erhalten, legte man die Nullpunkte der Pegel (PN) an der deutschen Nordseeküste einheitlich auf fünf Meter unter →Normal Null (NN). Ein Pegelstand von vier Metern bedeutet demnach einen Wasserstand von einem Meter unter NN. Ein Schreibpegel notiert selbstständig die gemessenen Werte, die über Funk abgerufen werden können. Dies ist von besonderer Bedeutung, wenn die Einfahrt in einen Fluss oder Hafen, wie in Nordfriesland z. B. in Husum oder Tönning, von der Flutwelle abhängig ist. Auf Sylt befinden sich Pegel in List und Hörnum, vor Westerland registriert seit 1987 ein →Hydrologischer Messpfahl den richtigen Wasserstand.

Umweltatlas 1998.

Pendler →Berufspendler

Penzoldt, Ernst (Pseudonym Fritz Fliege) * 14.6.1892 Erlangen, † 27.1.1955 München, Schriftsteller, Graphiker und Bildhauer. Penzoldt studierte an den Kunstakademien Weimar und Kassel. Er schrieb liebenswürdige und phantasievolle Romane, Komödien, Essays und Gedichte. Penzoldt war 1937 erstmals zu Gast im Hause seines Schwagers Peter →Suhrkamp in Kampen. Nach dem Zweiten Weltkrieg kehrte er häufiger wieder, um ungestört schreiben zu

Ernst Penzoldt: „Selbstbildnis in den Kampener Dünen". Die aquarellierte Federzeichnung stammt aus einem Brief. (Sylter Archiv)

können. 1948/49 zeichnete er ein Selbstporträt in den Dünen. Den besonderen Reiz der Insel versuchte er so zu ergründen: „Weil der Himmel hier größer, viel größer und abwechslungsreicher ist als irgendwo sonst auf der Welt? Weil das Meer und das Watt alle Farben meines Aquarellfarbkastens annehmen können, vom unheimlichsten, fast schwarzen Indigo bis zum durchsichtigsten, wangenzartesten Rosa, in alle Metalle, Seidenstoffe und Edelsteine sich verwandeln können?"

Ernst Penzoldts tiefes Naturerlebnis auf Sylt führte ihn zu der Vorstellung, Gott habe hier die Welt erschaffen: „Bei schönem Wetter bin ich den ganzen Tag am Strand, in den Dünen, im Wasser, im Wind unter Gottes freiem Himmel, bei den Elementen also, aus denen er Dich und mich und die übrigen Menschen geschaffen hat. Denn wenn irgendwo, dann hat er es hier vollbracht. Hier fand er alles, was er dazu bedurfte: Sand und Lehm für die Gestalt, Wind genug für den Atem, die Sprache und die Seele. Feuchte genug für Tränen, Bläue genug für die Augen, Steine für das Herz in der Brust. Die Hügel und die Hänge der Dünen enthalten Formen für Millionen von Geschöpfen. Und das Meer ist voller Gedanken, dunkler und heller, voll Unruhe und unergründlicher Trauer."

Penzoldt 1992, Schulte-Wülwer 1996.

Personennamen Die eigenständige Sprache und Kultur Sylts zeigt sich auch in den Personennamen. Ein Bleicke Schwennen oder eine Erkel Bundis stammen mit Sicherheit von der Insel.

Ursprünge der *Vornamen:*

- Christliche Vornamen wurden häufig umgeformt oder verkürzt. Aus Peter wurde im sylterfriesischen Sprachgebrauch Piðer, aus Jakob Jap. Sehr gebräuchlich auf der Insel waren auch die deutsche, holländische und dänische Umformung von Johannes, also Hans, Jan und Jens (süderjütisch Jes). Aus Matthias wurde die dänische Kurzform Matz, aus Michael Michel/Mochel, aus Nikolaus Nickels/Neggels mit den dänischen bzw. süderjütischen Kurzformen Niels und Nis. Auf Sylt sehr gebräuchliche Frauennamen waren z. B. Ellen (von Helena), Kressen (von Christina), Maai und Moiken (von Maria), Merret (von Margaretha).
- Altfriesische Männernamen sind z.B. Bleicke/Blaik, Ebbe/Ebe/Eeb, Fedder/Feðer, Frödd(e)/Früdde/Frer, Geick(e)/Gaik,Heick(e)/Haik, Eri(c)k (Erich)/Jerk/Erk, Manne/Mani, Naamen, Taame/Tamm, Teide/Taidi. Altfriesische Frauennamen sind Jüürken (niederdeutsche Schreibform Dürken/Düürken), Jarkel/Jerkel (Erkel), Ing/Inken, Jai/Jaiken, Kai/Kaiken, Momcke/Mumki, Oiken, Sai/Saiken.
- Altdänische Vornamen wurden bereits im Mittelalter von den Syltern entlehnt und friesisch umgeformt. So entstanden z. B. die Männernamen Bunde/Bunji (daraus der Nachname →Bundis), Boh/Buu, Eschel/Eskel, Haulk, Knut/Knüt, Poh/Pua, Swen, Tög/Tüki, Wöögen. Sylter Frauennamen altdänischen Ursprungs sind z. B. Gon'el, Tööl/Töölken, Uas (in niederdeutscher Form Ose).

Die meisten dieser alten Sylter Namen kamen mit der Zeit aus der Mode oder wurden durch anklingende festländische und deutsche Namen ersetzt. Dabei spielte auch eine wichtige Rolle, dass die inselfriesischen Seefahrer ihre eigentümlichen Namen dem deutschen bzw. holländischen Sprachgebrauch angleichen wollten. Aus Baik/Baaik und Bunde/Bunji wurde Boi/Boy, aus Brork/Broork Broder, aus Ebbe/Eeb Albert, aus Frer Friedrich, aus Haik Heinrich, aus Las Lauritz, aus Manne Meinert, aus Neggels (Nickels) Cornelius, aus Theyde Thies.

Im Zuge eines aufkommenden Regionalbewusstseins werden manche traditionellen Sylter Vornamen in der amtlichen Schriftform seit einigen Jahren wieder häufiger gewählt.

Die *Nachnamen* wurden im Herzogtum Schleswig und damit auch auf Sylt bis gegen Ende des 18. Jahrhunderts auf patronymische Weise gebildet. Seit dem Mittelalter erhielten die Kinder zu ihrem Eigennamen den Namen ihres Vaters als Familiennamen. Dabei wurde dem Vornamen des Vaters auf Sylt – wie auch auf den Inseln Föhr und Amrum – jeweils die Genitivendung hinzugefügt, entweder die starke auf *-s* oder die schwache auf *-(e)n*. Erk, der Sohn von Bundi Schwennen, hieß z. B. Erk Bundis, dessen Sohn Jap hieß Jap Erken, und dessen Sohn Bleick hieß Bleick Jappen. Es gab also keine festen Nachnamen, sondern diese wechselten von Generation zu Generation. Einsilbige Vornamen erhielten in der Regel die Endung *-(e)n*, z. B. Bleicken, Bohn, Eben, Erken, Frödden, Haycken, Haulken, Knuten, Owen, Pohn, Rinken, Schwennen, Tammen. Zweisilbigen Vornamen wurde zumeist die Endung *-s* angefügt, z. B. Bundis, Christians, Clemens, Eschels, Hennings, Ingwers, Mannis, Meinerts, Michels, Nahmens, Peters, Teidis, Wögens. Der Nachname von Töchtern und Ehefrauen richtete sich entsprechend nach dem Vornamen des Vaters bzw. des Mannes.

Im nördlichen Festlandsbereich Nordfrieslands und im übrigen Landesteil Schleswig wurden die Familiennamen für Männer dagegen zumeist mit der Endung *-sen* (= Sohn von) gebildet, z. B. Brodersen, Feddersen, Petersen. Trifft man solche Namen auf Sylt an, so gibt es drei Möglichkeiten: 1. Der erste männliche Namensträger ist nach Sylt zugewandert. 2. Es handelt sich um Umbildungen aus der Zeit der Seefahrt, als z. B. der ursprüngliche Name Bohn zu Boysen, Jannen zu Jansen, Knuten zu Knudsen oder Knutzen werden konnte. 3. Der ursprüngliche Vorname endete auf *-s*. Dann unterscheidet sich die Sylter Bildung mit *-en* nicht von der mit *-sen*, z. B. Hansen, Jensen, Matzen, Nielsen, Nissen. Ohnehin gilt es zu bedenken, dass die einzelnen Pastoren die Namensführung in den Kirchenbüchern unterschiedlich handhaben konnten.

Neben den auf patronymische Weise gebildeten Nachnamen gibt es auf Sylt auch alte Familiennamen, die sich nach dem Beruf oder der Herkunft richteten. Ein Müller in Munkmarsch hieß eigentlich Christiansen. Er wurde aber landläufig Möller (Müller) genannt, und seine Kinder bekamen nun diesen Namen. Der Name Decker ist wohl aus dem Beruf des Dachdeckers übernommen.
Die patronymische Namensgebung wurde durch einen Erlass von 1771 aufgehoben. Trotz dieser amtlichen Einführung fester Familiennamen blieben viele Pastoren und Familien noch für Jahrzehnte bei der alten Regelung.

Århammar 1992, 1995, 2000a, Jessen 1929, Johannsen 1959/60, J. Mungard 1933, N. Mungard 1909, G. Reinhardt 1984, Rinken 1992, Schmidt 1969, Timmermann 1975 u. 2001b.

Pesel →Piisel

Bleik Peters

Peters, Bleik * 20.3.1825 Keitum, † 28.4. 1908 Davenport, Auswanderer, Jurist. Nach seinem Jurastudium in Heidelberg schloss sich Peters, Stiefsohn von C. P. →Hansen, 1848 zusammen mit anderen Kommilitonen dem Rantzauschen Freikorps an, um „für Deutschlands Recht die Waffen gegen Dänemark zu erheben". Nach verlorenem Kampf entschied er sich für die →Auswanderung nach New York. Zuvor verkaufte Peters sein von der Großmutter geerbtes Haus, das jetzige →Altfriesische Haus in Keitum, an seinen Stiefvater. In Davenport entwickelte sich der Jurist zum angesehenen Notar und Friedensrichter. Sein Bild hängt im Einwandererzimmer des dortigen Museums. Seine Frau Thilde wurde Vorsitzende des Davenporter Frauenvereins.

Thilde Peters (Nordfriisk Instituut, Auswandererarchiv)

Pauseback 2000, Reppmann 1999, Schmidt-Rodenäs 1981, Wedemeyer 1991a.

Peter Albert Peters (Sylter Archiv)

Peters, Peter Albert * 25.6.1884 Tinnum, † 31.7.1973 Keitum, Landwirt. Peters entstammte einer Seefahrerfamilie. Sein Vater Jan war Steuermann auf großer Fahrt, seine Mutter war eine Nachfahrin des Kapitäns Friedrich →Frödden. 1909 übernahm er den elterlichen Fröddenhof. 1921 wurde er zum Bürgermeister von Tinnum gewählt und übte dieses Amt bis 1945 aus. Besondere Verdienste erwarb er sich mit der Gründung der →Meierei-Genossenschaft Sylt 1930. Für seinen Einsatz bei der Erhaltung der sylterfriesischen Sprache, des Sylter Brauchtums und des bäuerlichen Elements der Insel wurde er 1968 mit dem →C.-P.-Hansen-Preis ausgezeichnet.

Nordfriisk Instituut.

Peters, Peter Cornelius →Auswanderung

Petersen, Bunde und Tam Die Tinnumer Brüder waren wahrscheinlich die ersten Sylter →Kommandeure im →Walfang. Laut C. P. →Hansen befehligten sie um 1642 niederländische Schiffe.

Hansen 1877, Hubertus Jessel 1989.

Petersen, Carla geb. Petersen * 31.7.1923 Westerland, Journalistin. Petersen erlernte in Leck den Journalismus. Jahrzehntelang war sie in ihrem Metier auf Sylt tätig und verfasste tausende Artikel unter ihrem Kürzel „cp" über das Inselgeschehen. Als Mutter und als Ehefrau von Kurdirektor Hans →Petersen – damit „erste Dame" Westerlands – arbeitete sie freiberuflich, 1969-83 hauptamtlich als Redakteurin der →*Sylter Rundschau,* dann wieder als freie Mitarbeiterin des →*Sylter Spiegel.* „Carla Kultur" wurde zu einer Institution auf der Insel. Die engagierte Christin lebt nach der Devise: „... immer Grund unter den Füßen haben." Ihr Wirken wurde 1996 mit dem →C.-P.-Hansen-Preis gewürdigt.

Nordfriisk Instituut.

Petersen, Friedrich Andreas * 10.6.1829 Keitum, † 1871 Hamburg, Kapitän. Kapitän Petersen stammte aus einem alten Sylter Seefahrergeschlecht. Sein Ururgroßvater war mit Kressen, einer Tochter des Walfangkommandeurs Lorens →Petersen de Hahn, verheiratet. 1860-62 führte F. A. Petersen als Nachfolger seiner Landsleute A. A. →Klein und D. C. →Diedrichsen den →Schoner *Voltigeur* der Hamburger Reederei Eggers nach Venezuela, um Kaffee einzukaufen. 1863 wechselte er zu Rönneberg & Eggers und befehligte die →Brigg *Cyane* auf Fahrten nach Ostasien und Südamerika. Er verstarb an den Blattern.

Quedens 1982, Schmidt-Rodenäs 1981, Voß 1987.

Petersen, Günther * 12.9.1920 Westerland, Maler. Petersens erste Lehrer waren die Berliner

Maler Hugo →Köcke und Georg August →Busse, die sich auf Sylt niedergelassen hatten. Anfang der 1950er Jahre studierte er an der Kunsthochschule in Düsseldorf. Studienreisen führten ihn immer wieder in andere Länder, so nach Tunesien, Korsika und Lettland. Zunächst porträtierte er Sylt mit Kohle und Bleistift. Doch änderte sich im Laufe seines 55-jährigen Schaffens der Malstil zum Teil drastisch. Von naturalistischen Radierungen alter Sylter Häuser über abstrakte Aquarelle, die das Wattenmeer darstellen, bis zu kubischen Ölstudien verschiedener Landschaften reicht sein Repertoire. Es entstand eine Vielzahl von Sylt-Gemälden und Publikationen wie „Die letzten Friesenhäuser der Insel Sylt" oder „Sylter Köpfe". 1995 wurde Petersen mit dem →C.-P.-Hansen-Preis für vielseitige „Verdienste um friesisches Brauchtum und Kultur" ausgezeichnet. 1997 verließ der Maler resigniert „sein" Sylt, das so gar nichts mehr mit der Insel zu tun habe, auf der er eine „Kindheit in großer Freiheit" verbrachte.

Nordfriisk Instituut, Petersen 1981/82, 1984 u. 1991.

Petersen, Hans * 25.9.1921 Husum, † 15.2. 2000 Westerland, Kurdirektor von Westerland. „Hansi Pe" fand nach kurzem Kriegseinsatz, zeitweiligem Jurastudium in Hamburg und einer Beschäftigung als Mittel- und Berufsschullehrer auf Sylt 1951 sein Hauptbetätigungsfeld in der touristischen Entwicklung Westerlands. Er begann als Leiter der Werbe- und Veranstaltungsabteilung im Städtischen Kurbetrieb und wurde 1955 zum Kurdirektor gewählt. Die Jahre des Aufschwungs gestaltete er durch die Veranstaltung von Konzerten, Tanzturnieren und Miss-Wahlen entscheidend mit. Mit der Einweihung des Hallen-Wellenbades 1964 kannten Westerland und Sylt fast kein Saisonende mehr. Hans Petersen gründete die Bädergemeinschaft und den Fremdenverkehrsverein und war u. a. Gründungspräsident der deutsch-dänischen Arbeitsgemeinschaft Westküste sowie Vorsitzender des Nordseebäderverbandes Schleswig-Holstein. Die Folgen des gescheiterten →Atlantis-Projekts zu Beginn der 1970er Jahre sollte er alleine „ausbaden", 1975 wurde ihm fristlos gekündigt. Petersen gewann den Arbeitsgerichtsprozess und behielt seinen Posten bis 1979. Nach insgesamt 24 Jahren als Kurdirektor ging er in den Ruhestand. 1991 wurde er mit dem Bundesverdienstkreuz ausgezeichnet. Seine Frau Carla →Petersen ist eine bekannte Sylter Journalistin.

Nordfriisk Instituut, Sylter Archiv.

Günther Petersen: „Morsum-Kliff" 1986, Öl auf Leinwand, 60 x 90 cm, Nordfriesisches Museum Husum

Der Kurdirektor Hans Petersen bei einer seiner vornehmsten Aufgaben: Kürung der Miss Westerland zu Beginn der 1970er Jahre (Sylter Archiv)

Petersen, Hermann * 8.10.1907 Keitum, † 18.11.1987 Hörnum, Verwaltungsangestellter, Kaufmann. Petersen war 1949-55 Bürgermeister von Hörnum und setzte sich stark für die Pflege der friesischen Tradition ein. 1974 wurde er mit dem →C.-P.-Hansen-Preis ausgezeichnet.

Nordfriisk Instituut.

Petersen, Jens Peter * 29.6.1922 Keitum, † 31.7.1997 Keitum, Tischler, Landwirt. „Pedje Jon" war leidenschaftlicher Theaterspieler und wirkte in über 20 Stücken der friesischen Laienspielbühne mit. 1968-78 war er stellvertretender Vorsitzender der →*Söl'ring Foriining*

und Vorsitzender des Brauchtumsausschusses. 1989 erhielt er den →C.-P.-Hansen-Preis.

Nordfriisk Instituut.

Uwe Petersen (Foto: Uwe Sönnichsen)

Petersen, Uwe * 28.9.1912 Keitum, † 18.1. 1995 Westerland, Kaufmann, Kommunalpolitiker. Petersen fuhr zur See, zunächst als Heizer, und übernahm dann den elterlichen Kolonialwarenladen in Keitum. Als Gemeindevertreter seit 1953 und Bürgermeister 1962-70 setzte er sich dafür ein, den alten Charakter des Dorfes zu erhalten. Als Vorsitzender der →*Söl'ring Foriining* 1976-90 baute er die Arbeit stark aus, ließ die Museen renovieren und die Vogelkoje in Kampen herrichten, die Trachtengruppe wurde neu gegründet. Die Mitgliederzahl des Vereins verdoppelte sich. Auch für die Pflege des →Friesischen auf der Insel trat er ein. Für seine ehrenamtliche Arbeit erhielt er 1983 das Bundesverdienstkreuz und 1984 den →C.-P.-Hansen-Preis.

Johannsen 1988, Petersen 1984, Reinhardt 1995 u. 1996.

Petersen-Angeln, Heinrich * 4.4.1850 Westerholz bei Flensburg, † 23.4.1906 Düsseldorf, Maler. Petersen, der zur Unterscheidung den Namen seiner Heimatlandschaft hinzufügte, studierte an der Kunstakademie in Berlin und 1879-83 in Düsseldorf. In dem niederländischen Seebad Egmont beobachtete er, wie gut sich Bilder von Trachtenmädchen verkaufen ließen. 1894 weilte er auf Sylt und malte ein ähnliches Motiv, das „Mädchen am Morsum-Kliff". Einen „Mondaufgang am Morsum-Kliff" stellte er 1895 in Hamburg aus.

Schulte-Wülwer 1996.

Petersen de Hahn, Lorens (auch Haen oder Haan) * September 1668 Rantum, † 4.3.1747 Westerland, →Kommandeur, Strandinspektor. Der Legende nach soll Petersen de haan, wie er als Strandinspektor signierte, ein Enkel von Greth →Skrabbel sein. Mit 169 erlegten Walen war er der erfolgreichste Sylter Kommandeur beim →Walfang. Als einer von fünf Söhnen des Rantumer Seefahrers Peter Jensen Hahn geboren, zog er bereits mit elf Jahren auf seinen ersten Heringsfang. Zusammen mit seinem Vater floh er kurzzeitig nach Helgoland, um dem Dienst in der dänischen Flotte zu entgehen. Mit 25 Jahren war er zum Kommandeur des Hamburger Walfängers *Schwarzer Adler* aufgestiegen. Auf neun Fahrten mit diesem Schiff erbeutete er 59 Wale, darunter 18,5 Wale allein im Jahre 1701. Dabei musste ein Wal geteilt werden, weil de Hahn die Unterstützung eines anderen Schiffs in Anspruch genommen hatte. 1703 übernahm er das Walfangschiff *De Stadts Welvaert* und fing in 29 Jahren weitere 110 Wale. Da jedes Tier mehrere tausend Taler wert

Heinrich Petersen-Angeln: „Mädchen am Morsum-Kliff" um 1894, Leinwand, 50 x 73 cm, Privatbesitz (Museumsberg Flensburg)

war, stieg Petersen de Hahn zum wohl reichsten Mann der Insel auf. Als frommer Christ lebte er aber sparsam und half vielen Armen sowie der Kirche.
1697 heiratete er Inge Andreas Erichen (1670-1759) aus Tinnum, die ihm fünf Kinder gebar. Der einzige Sohn verstarb recht früh, die Töchter heirateten alle Schiffskapitäne. Gondel (1700-1771), die älteste, vermählte sich in zweiter Ehe mit dem Keitumer Kommandeur Jürgen Schwennen. Ihr Enkel ist der berühmte Sylter Landvogt Uwe Jens →Lornsen. 1735 setzte sich de Hahn mit 67 Jahren zur Ruhe, übte aber weiter das Amt des Sylter Strand- und Düneninspektors aus. Als Oberaufseher über die →Strandvögte verhalf er seit 1713 dem →Strandrecht wohl erstmals wirklich zur Geltung. Er hinterließ ein Vermögen von etwa 100 000 Reichstalern (nach heutiger Währung etwa acht Millionen Mark) und ein stattliches →utlandfriesisches Haus. Es wurde 1699 erbaut, 1750 renoviert und 1967 durch Brandstiftung vernichtet. Ein originalgetreues Abbild befindet sich im Schleswig-Holsteinischen Freilichtmuseum Molfsee bei Kiel. Margarete →Boie sorgte 1925 mit ihrem Roman „Der Sylter Hahn" dafür, dass der Kommandeur auch über Nordfriesland hinaus bekannt wurde. Die Stadt Westerland benannte eine Straße nach ihm.

Boie 1925, Hansen 1858, Rinken 1992, Schmidt-Eppendorf 1977, Schmidt-Rodenäs 1981, Simon 1980.

Petrejus, Petrus * 2.2.1695 Deezbüll, † 15. 9.1745 Garding, Propst, Chronist. Petrejus war lange Jahre Pastor in Deezbüll. 1742 wurde er zum Propsten von Eiderstedt gewählt. Nebenbei befasste er sich mit historischen Studien. Mit seinem 3-bändigen Werk „Historische Nachricht und Alterthümer von Tundern" schuf er eine bedeutende Chronik der Landschaft des damaligen Amtes Tondern und beschäftigte sich darin auch mit Sylt. Die Schrift wurde 1993 unter dem Titel „Von der Stadt und dem Amt Tondern und vom Deichwesen" im *Nordfriisk Instituut* verlegt.

In seiner Handschrift „Historische Nachricht und Alterthümer von Tundern" schreibt Petrus Petrejus: „Von Clanxbüll in Widingharde nach der West Seiten gerade gegen über, etwa anderthalb Meilen vom festen Lande, ist die Insul Silt belegen, von welcher wir diejenige Nachricht … bey bringen wollen. Sie hat die Form eines lateinischen T, und die Länge von Süden nach Norden ist ungefehr 4 ½ Meil, von Osten nach Westen eine gute Meile lang. Beyde Striche sind nur schmahl. In der Lands Matricul stehet diese Insul für 52 Pflüge, doch kann man nur eine Meile als brauch- und bewohnbahr nennen, weil die 4 ½ Meil von Süden nach Norden lauter hohe Sand Hügel sind, worauff kein Graß sondern etwas Stroh-Habern, langes Graß wächst."

Panten/Sandelmann 1993.

Das Haus des Walfangkommandeurs Lorens Petersen de Hahn wurde 1967 im Freilichtmuseum Kiel-Molfsee nachgebaut.
(Sylter Archiv)

Petritag *(Piðersdai)* Das traditionelle friesische Fest wird am Vorabend von „Petri-Stuhltag" – so die katholische Bezeichnung für den Tag der Inthronisation des ersten Bischofs in Rom – mit dem →Biikebrennen eröffnet. Doch ist der Gerichts- und Tanztag erst seit Ende des 19. Jahrhunderts an den 22. Februar gebunden. Davor konnte er auch verlegt werden, wenn er z. B. in die Fastenzeit fiel. Auch hielt man, mit Ausnahme von Westerland und Keitum, für Kinder und Erwachsene verschiedene „Petritage" ab. Den Kinderpetritag bestimmten die einzelnen Dörfer selbst. Die Bedingung war nur, dass er im Februar und nicht in der Fastenzeit lag, in der sich ausgelassenes Feiern nicht schickte. Heute ist der 22. Februar vor allem der Tag der Jugend auf Sylt: Es gibt schulfrei, und an vielen Orten finden Kindertanz und friesische Theateraufführungen statt. An einem Petritag spielt auch die 1809 erschienene sylterfriesische Komödie *„Di →Gidtshals"*.

Panten 2001b, Rinken 1992.

Pfeiffer, Hans * 23.10.1879 Stettin, † 8.11. 1960 Kiel, Ingenieur. Regierungsbaurat Pfeiffer wurde 1922 Leiter des preußischen Neubauamtes „Dammbau Sylt". Sein Auftrag war die Errichtung eines Eisenbahndammes vom nordfriesischen Festland zur Insel Sylt. Nach einem schweren Rückschlag durch die Sturmflut vom August 1923 entwickelte er eine neue Strategie.

Hans Pfeiffer
(Sylter Archiv)

Zunächst wurde eine Spundwatt durch das Watt getrieben, dann in ihrem Schutz der Damm von Klanxbüll und von der Sylter Nössespitze aus aufgeschüttet. 1925 konnte die Verbindung hergestellt werden. Die Konstruktion war bis dahin ohne Vorbild und brachte Pfeiffer internationale Anerkennung. 1934-39 war er als Generaldezernent für Küstenschutz, Landgewinnung und Wasserwirtschaft beim Regierungspräsidenten in Schleswig für weitere Dammbauten im nordfriesischen Wattenmeer verantwortlich. 1939 wurde er Leiter der Wasserstraßendirektion Kiel, die er bis 1949 führte. 1953 erhielt er das Bundesverdienstkreuz.

Nordfriisk Instituut, SHBL 3.

Pferde *(Hingster)* 1709 wurden 626 Pferde auf Sylt gezählt. Sie dienten vor allem als Zugpferde für den Transport und in der →Landwirtschaft. Bei der →Verkoppelung ab 1778 galten

Ausritt am Sandstrand (Foto: Volker Frenzel)

sie z. B. in Westerland als Maßstab bei der Landzuteilung. Mit dem Niedergang der Landwirtschaft verringerte sich auch die Zahl der Pferde auf Sylt: 1861, sechs Jahre nach der Eröffnung des Seebades Westerland, gab es noch 229 Tiere auf der Insel. Die Technisierung in der Landwirtschaft sorgte dafür, dass in den 1950er Jahren kaum noch Nutzpferde gehalten wurden. Stattdessen registrierte man im Laufe der 1970er und 80er Jahre Hunderte von Reitpferden. Der neue Freizeitsport beeinträchtigte zunehmend die Sylter Natur. Mit einem Reitwegekonzept wird dieser Entwicklung seit 1988 begegnet. Heute kann auf 88 Kilometern gut präparierter Reitwege fast die gesamte Insel aus dem Sattel erkundet werden. Für über 500 Pferde wurden im Jahr 2000 die amtlichen Kopfnummern und Plaketten vergeben. Sieben der acht Reitställe auf der Insel sind im Reit- und Fahrverband Sylt organisiert, der auch für die Betreuung der Reitwege zuständig ist. Hochburg des Reitsports ist der Sylter Osten, wo zwischen Pfingsten und September die alljährlichen Turniere der →Ringreiter stattfinden.

Hubertus Jessel 1989, Kayser 1997, Nordfriisk Instituut, Rinken 1992.

Pflanzen *(Plaanten)* Auf Sylt gedeihen rund 650 verschiedene Pflanzenarten, und jeder Landschaftsgürtel der Insel weist seine typische Vegetation auf. So findet man von West nach Ost auf den Weiß-Dünen vorwiegend den →Strandhafer und andere langwurzelige Gewächse (Tabelle auf S. 265). Die Graudünen werden von Silbergras, Mauerpfeffer, Reiherschnabel, Strandwicke, Gänsedistel und Sandsegge besiedelt, auf den strandfernen Braundünen wachsen z. B. Krähenbeere, Besenheide, Heide- und Labkraut, Dünen-Augenklee und Löwenmäulchen. In den Dünentälern findet man die Glockenheide, die Moosbeere, die Ährenlilie, das Gefleckte Knabenkraut, den Bärlapp, die Zwergbinse und den →Sonnentau. Die beiden letztgenannten sowie elf weitere Dünenpflanzen, darunter z. B. die Dünenrose, die →Stranddistel, das Wollgras oder der Lungenenzian, stehen auf der Roten Liste besonders gefährdeter Arten. Auf der Geest werden die Heideflächen überwiegend von der Krähenbeere bewachsen, und in der flachen Marsch im Osten Sylts gedeihen auf den Salzwiesen u. a. der →Strandflieder, die →Keilmelde und der →Queller. Ein Exot ist die wilde →Sylt-Rose, eine Heckenrose, die sich zunehmend über die ganze Insel ausbreitet und besonders seltene heimische Pflanzenarten verdrängt. Der größte

Der Lungenenzian blüht von Juli bis September. (Foto: Volker Frenzel)

geschlossene Bestand an →Arnika in Schleswig-Holstein befindet sich auf einer Wiese am südlichen Ortsrand von Wenningstedt.
Auf der Insel gibt es auch 22 meist kleinere Gehölze. Die Maßnahmen zur Wiederaufforstung begannen im frühen 19. Jahrhundert und erzeugten etwa 200 Hektar →Wald.

Alshuth 2000, Bädergemeinschaft o. J., Fiedler 2000, Hubertus Jessel 1991, Koch 1996a, Möller 1916.

Einige wichtige Sylter Pflanzenarten und ihre Blütezeit:

Weißdünen:

Strandroggen *(Halem)* Juni bis August
Binsenquecke *(Röter,* „Wurzeln") Juni bis August
Salzmiere Mai bis September
Strandplatterbse *(Dünemiart)* Juni bis August (Naturschutz)
Meersenf Juli bis Oktober

Graudünen:

Sand-Thymian April bis Oktober
Sandsegge Mai bis Juli
Hornklee *(Henken en Huanken)* Mai bis September
Berg-Sandglöckchen Mai bis September
Silbergras Juni bis August
Hasenklee Juni bis September
Echtes Labkraut *(Maria-Bērstre,* „Bettstroh") Juni bis September
Dünenveilchen April bis September

Braundünen:

Krähenbeerenheide April bis Mai
Wollgras *(Ülgērs)* April bis Mai (Naturschutz)
Kriechweide *(Pualmer,* „Palmwedel") April bis Mai
Rauschbeere *(Baien)* April bis August
Blutwurz Mai bis August
Gänsefingerkraut Mai bis August
Dünenrose *(Dünemruus)* Mai bis Juni (Naturschutz)
Besenheide *(Ljung)* Juni bis September
Glockenblume *(Fingerhut)* Juni bis Oktober

Dünentäler:

Moosbeere *(Tranjbaien)* Juni bis August
Sumpfheidelbeere *(Glopen)* Mai bis Juli
Sonnentau Juli bis August (Naturschutz)
Lungenenzian Juli bis September
Sumpf-Bärlapp August bis Oktober
Glockenheide, Erika *(Hiiðbloom)* August bis Oktober (Naturschutz)

Heide:

Arnika *(Güül Hiiðbloom)* Juni bis August (Naturschutz)
Ährenlilie Juli bis August (Naturschutz)
Geflecktes Knabenkraut *(Düüwelsklau)* Juni bis Juli (Naturschutz)
Heidekraut *(Ljung)* Juni bis September

Kampener →Vogelkoje:

Stechginster Frostmonate (Naturschutz)

Salzwiese und Verlandungsbereiche:

Strandaster Herbst (Naturschutz)
Strandgrasnelke *(Hungerkröl)* Mai bis November
Strandwermut, -beifuß *(Lapkrüür,* „Flohkraut") Juli bis Oktober
Strandwegerich *(Sürn)* Juni bis Oktober
Rotschwingel Juni bis Juli
Kleines Seegras *(Tung)* Juni bis August
Andelgras *(Aanel)* Juni bis September
Schlickgras Juli bis August
Keilmelde *(Mjol)* Juli bis September
Strandflieder Juli bis August (Naturschutz)
Queller *(Krā bgērs)* August bis Oktober

Eine Wollgraswiese im Nielönn nordöstlich von Kampen (Sylter Archiv, Foto: Wilma Bräuner)

Heinrich Pfleiderer (Sylter Archiv)

Pfleiderer, Heinrich * 2.2.1900 Bondorf/Württemberg, † 31.12.1973 Wenningstedt, Arzt. Nach einer fünfjährigen Tätigkeit als Leiter der Bioklimatischen Forschungsanstalt in Wyk auf Föhr kam Pfleiderer an die Zentralstelle dieser Forschungsrichtung an der Universität Kiel. Diese verlegte ab 1938 ihre Arbeit ganzjährig in ihre Zweigstelle nach Westerland. Pfleiderer wurde 1939 Direktor des →Instituts für Bioklimatologie und Meeresheilkunde. Er zeigte als Erster, dass klimatische Forschungen am Menschen unter natürlichen Bedingungen im Freien möglich sind. Dazu entwickelte er Apparaturen und Messgeräte und beobachtete das Zusammenwirken klimatischer Elemente auf die menschliche Haut Er verfasste ein Lehrbuch der Bioklimatologie und entwickelte zusammen mit Uwe →Jessel den Frigorigraphen, ein international anerkanntes Dosierungsgerät für die Klimatherapie. Auch nach seiner Emeritierung 1968 widmete sich Pfleiderer der Weiterbildung von Studenten und Ärzten auf dem Gebiet der →Meeresheilkunde.

Uwe Jessel 1970.

Pflüger, Alwin * 24.10.1908 Westerland, Geschäftsmann, Sylter Familienforscher. Seine Mutter Julie Andresen stammte aus einer alten Sylter Familie. Nach einer Banklehre arbeitete Pflüger in verschiedenen, auch international tätigen Firmen. In Hamburg und Berlin sorgte er mit für den Zusammenhalt der Sylter und wurde z. B. 1932 Vorsitzender des Berliner Sylter Vereins. Seit einer Fahrt um die Südspitze Amerikas ist er Mitglied der Cap-Hornier-Bruderschaft. Mit 63 Jahren kehrte er auf seine Heimatinsel zurück und setzte sich stark für kulturelle Belange ein, so für das →Sylter Archiv, die →*Söl'ring Foriining* und das Nordfriesische Institut, das ihn 2002 zum Ehrenmitglied ernannte. Er gehörte zu den Gegnern des Bauvorhabens →Atlantis. Seine familienkundlichen Kenntnisse machten ihn zu einer „Institution" auf der Insel. Allein für seine Forschung zu dem Sylter Kapitän Cornelius Boy →Jensen erhielt er die Ehrenbürgerwürde von Riverside/Kalifornien. Eine Fahrt aufs Festland, wie lange sie auch immer dauere – sagte Pflüger bei der Verleihung des →C.-P.-Hansen-Preises 1979 –, sei für einen Sylter nie mehr als ein Ausflug.

Hoeg 1988b, Nordfriisk Instituut, Retzlaff 1996a.

Pförtner, Ferdinand →Lassen, Bernhard

Pfuhlschnepfen →Vögel

Pharisäer heißt ein in Nordfriesland besonders im Winter sehr beliebtes alkoholisches Heißgetränk aus Kaffee, Rum, Zucker und Schlagsahne. Der Name des Getränks ist vermutlich auf Nordstrand entstanden. Ein Pastor, ein strenger Gegner des Alkohols, war 1874 zu einer Tauffeier auf dem Bauernhof von Peter Georg Johannsen im Elisabeth-Sophien-Koog eingeladen. Als Getränk wurde Kaffee gereicht, der mit einem kräftigen Schuss Rum angereichert war. Eine Sahnehaube dämpfte den verräterischen Duft. Der Pastor, der natürlich Kaffee pur bekam, freute sich über die, auch ohne Alkohol, so fidele Gesellschaft, bis eine schon angetrunkene Magd eine Tasse verwechselte. Die Entrüstung des Gottesmannes entlud sich in dem Ausruf: „Oh, ihr Pharisäer!"

Quedens 1977.

Pidder Lüng verkörpert den Freiheitsdrang der Sylter gegenüber der dänischen Obrigkeit. Der Hörnumer Fischer ist jedoch eine von dem Chronisten C. P. →Hansen 1846 erfundene Figur. Er benutzte sie, um in Zeiten heftiger deutsch-dänischer Auseinandersetzungen die „echten" Sylter Friesen des Mittelalters, die immer schon Gegner der Dänen gewesen seien, von den „neuen, unechten" Friesen zu unterscheiden. Pidder Lüng soll laut Hansens Erzählung im 15. Jahrhundert Henning →Pogwisch, den arrogant und herrisch auftretenden Sohn

Aus Detlev von Liliencrons
Epos „Pidder Lüng":

Einen einzigen Sprung hat Pidder getan,
Er schleppt an den Napf
den Amtmann heran,
Und taucht ihm den Kopf ein
und lässt ihn nicht frei,
Bis der Ritter erstickt ist im glühheißen Brei.
Die Fäuste dann lassend vom
furchtbaren Gittern,
Brüllt er, die Türen und Wände zittern,
Das stolzeste Wort:
„Lewwer duad üs Slaav!"

des Tonderner Amtmannes, im heißen Grünkohl erstickt haben. Er floh nach seiner Tat und verschrieb sich der Seeräuberei. 1515 soll er dafür in Keitum am Galgen hingerichtet worden sein. Der Dichter Detlev von →Liliencron schuf aus dem Stoff 1891 das Heldenepos „Pidder Lüng". In Westerland und Hörnum erinnern Straßennamen an die Geschichte.

Hansen 1858a, Liliencron 1964, Panten 2001f, Wedemeyer 1988.

Pidder-Lüng-Kaserne In der 1939 in Hörnum errichteten Marine-Kaserne wurde nach Gründung der Bundeswehr ein Ausbildungszentrum für das Sanitätswesen des Heeres untergebracht. 1982 erhielt die Kaserne den Namen der bekannten Sylter Sagengestalt →Pidder Lüng. 1995 wurde die Bundeswehreinheit aufgelöst. Die 26 Gebäude auf dem etwa 67 Hektar großen Gelände kaufte 1999 für knapp zehn Millionen Mark eine Immobilienentwicklungsfirma. Sie wollte auf einem kleinen Teil der Anlage bis zu 150 Wohnungen für Sylter Familien errichten. Wegen fehlender planungsrechtlicher Voraussetzungen für einen Wohnungsbau nahm 2001 der Bund die Kasernenanlage zurück.

Nordfriisk Instituut.

Pieptauschiff Für den →Rochenfang wurde im 17./18. Jahrhundert ein spezielles Holzfloß eingesetzt. Entwickelt hatte man diese Methode in Rantum, um den Gefahren der Bootsfischerei in der →Brandung und unter starken Winden zu entgehen. Die Pieptauschiffe erhielten einen Mast sowie ein Vierkantsegel und wurden beim abendlichen Ostwind ins Wasser gesetzt. Sie trieben soweit hinaus, bis die rund 200 Meter lange Trosse abgespult war. An ihrem Heck befand sich das Pieptau mit etwa zehn Leinen, an denen jeweils bis zu 60 Angelhaken mit Wattwürmern als Köder befestigt waren. Am nächsten Morgen konnten die Flöße mit ihrem Fang wieder an Land gezogen werden. Der Chronist Henning →Rinken erinnerte sich, dass solch ein Pieptau nicht selten 90 bis 100 Rochen an Land brachte. Drehte der Wind über Nacht, lag morgens die gesamte Flotte mit ineinander verwickelten Leinen am Strand.

Quedens/Stöver 1978, Rinken 1992.

Pierwurm →Wattwurm

Piisel heißt auf Sylter →Friesisch die gute Stube bzw. der Vorzeigeraum eines →utlandfriesischen Hauses. Sie grenzt an die tägliche Wohnstube, die →*Kööv*. In dem am kostbarsten eingerichteten Zimmer fanden die großen Familienfeiern statt. Hier wurden auch bis zur Beerdigung die Toten aufgebahrt. Im *Piisel* stand kein Ofen, weshalb er auch als „kalte Pracht" bezeichnet wurde. Die Wände waren mit bemalten Holztafeln, die Außenwände zumeist mit →Fliesen versehen. Davor standen Schränke und Truhen mit der Aussteuer. Ein original erhaltener *Piisel* ist im Museum →Altfriesisches Haus in Keitum, ein nachgebauter im Haus von Lorens →Petersen de Hahn im Freilichtmuseum Molfsee bei Kiel zu besichtigen.

Johannsen 1996, Kühnast 2000c.

Der Piisel im Altfriesischen Haus in Keitum
(Söl'ring Foriining)

Pin →Hydrologischer Messpfahl

Plaggendüngung ist eine sehr frühe Form des Düngens in den nordwestdeutschen Geestgebieten. In Rantum entdeckten Archäologen unter einem bronzezeitlichen Grabhügel einen solchen Auftragsboden. Dabei wurde die Narbe von Heide- oder Grasflächen auf vier bis sechs Zentimeter Tiefe abgeschält und auf den Ackerboden gebracht. Dadurch erhielten die Böden im Laufe der Jahrhunderte eine Humusschicht, die weit über die normale Pflugtiefe wuchs.

Reichstein 1996.

Plankton kommt aus dem Griechischen und bedeutet das „Dahintreibende". Gemeint ist die große Zahl zumeist mikroskopisch kleiner pflanzlicher (Phytoplankton) und tierischer (Zooplankton) Meeresorganismen, die sich

nicht aktiv fortbewegen, sondern von der Strömung verdriftet werden. Sie bilden die Hauptnahrungsquelle für viele Fische und manche Wale wie z. B. den Bartenwal.
Das Phytoplankton setzt sich hauptsächlich aus einzelligen Algen zusammen, die mit Hilfe des Sonnenlichts und der Photosynthese Kohlenhydrate aufbauen. Sie halten sich dazu an der Wasseroberfläche auf, wo es bei bestimmten Licht- und Nährstoffverhältnissen zu einer massenhaften Vermehrung, einer so genannten Planktonblüte, kommen kann. Ein kleiner Sturm wirkt dann wie ein Schneebesen und weht die Algen als →Schaum auf den Strand. Das Phytoplankton bildet die Nahrungsgrundlage für das Zooplankton. Hierzu gehört z. B. das Geißeltierchen *Noctiluca*, das ein →Meeresleuchten hervorrufen kann.
Organismen, die ihr ganzes Leben im treibenden Zustand verbringen, fasst man als Holoplankton zusammen. Hierzu zählen z. B. die rund 4 000 Arten von Ruderfußkrebsen, aber auch die →Tange und die →Quallen als die größten planktischen Tiere. Als Meroplankton bezeichnet man Lebewesen, die nur ein bestimmtes Entwicklungsstadium treibend durchmachen, dann jedoch in eine aktiv schwimmende Phase übergehen oder sich am Meeresboden ansiedeln. So erleben z. B. die größeren →Krebse, →Muscheln und →Schnecken planktische Larvenphasen, und auch Fischeier und -larven gehören zum Plankton. Entdecken kann man die filigrane Miniaturwelt mit ihrer glasigen Durchsichtigkeit zumeist nur unter dem Mikroskop.

Alshuth 1994, Nordfriisk Instituut.

Plate →Sandbank

Plattdeutsch →Niederdeutsch

Plebiszit →Volksabstimmung

Pogwisch, Henning, Sohn des →Amtmannes von Tondern. Pogwisch lebte im 15. Jahrhundert und soll gefürchtet gewesen sein wegen seines arroganten und herrischen Auftretens, wenn er im Auftrag seines Vaters auf Sylt erschien, um Steuern und →Abgaben einzutreiben. Zur Demons-tration Sylter Selbstbewusstseins gegenüber der (dänischen) Obrigkeit erdichtete der Chronist C. P. →Hansen im 19. Jahrhundert die Geschichte vom Hörnumer Fischer →Pidder Lüng. Darin erstickt der Fischer den verhassten Pogwisch mit den Worten →*Lewer duar üs Slaav* im heißen Grünkohl.

C. P. Hansen 1858, Liliencron 1964, Panten 2001f, Wedemeyer 1988.

Pohris, Herbert * 21.2.1896 Tarnowitz/Oberschlesien, † 17.9.1971 Kampen, Maler. Pohris studierte in Berlin und eröffnete 1919 in Hameln eine Malschule. Nach einer Zeit am Chiemsee kehrte er nach Berlin zurück und arbeitete für eine Filmgesellschaft. Von den Nationalsozialisten als „entartet" verfemt, konnte er nur heimlich ausstellen. In einem Bombenangriff wurde 1942 sein Lebenswerk zerstört. Der Publizist Hans →Zehrer holte ihn sofort nach Sylt. Pohris fertigte Prominenten-Porträts an und organisierte 1947 eine erste interzonale Kunstausstellung in der Kampener →Sturmhaube.

Zu seiner von Hans Zehrer veranlassten Übersiedelung nach Sylt erklärte Herbert Pohris: „Wir waren beide zur gleichen Zeit in Berlin ausgebombt worden, und groteskerweise war Sylt als offiziell erklärtes Kriegsgebiet der ruhigste Winkel in ganz Deutschland."

Nordfriisk Instituut, Schulte-Wülwer 1996.

Polarlicht Das Nordlicht ist in Sommer- und Herbstnächten auch auf Sylt zu beobachten. Es handelt sich um flackernde Strahlen, Bögen oder Schleier in Grün, Rot oder Blau, die in 90 bis 150 Kilometern Höhe über den Himmel huschen. Die Leuchterscheinungen entstehen nur über den magnetischen Polen der Erde, wo elektrisch geladene Sonnenteilchen ungehindert in die Erdatmosphäre eindringen können. Dort prallen sie mit hoher Geschwindigkeit (200 km/sec) auf Stickstoff- und Sauerstoffmoleküle, die dabei zum Leuchten angeregt werden.

Nordfriisk Instituut.

Politische Geschichte Sylt gehörte zum Herrschaftsgebiet des dänischen Königs. Erstmals urkundlich erwähnt ist die *Insula Sild* 1141 in einer Schenkungsurkunde König Eriks III. an das Kloster Odense. 1435 wurde Sylt mit Ausnahme des →Listlands Teil des Herzogtums →Schleswig, das mit →Dänemark verbunden war. Im 16. und 17. Jahrhundert unterstand die Insel den →Gottorfer Herzögen. Seit 1713/21 war wieder der dänische König Landesherr. Als →Landschaft konnte sich die Inselbevölkerung immer ein recht hohes Maß an Selbstverwaltung bewahren. Die jahrhundertelange Verbindung mit Dänemark endete erst 1864 mit dem →deutsch-dänischen Krieg. Sylt wurde Teil des Königreichs →Preußen und 1871 auch des deutschen →Kaiserreichs. Bei der →Volksabstimmung 1920 entschied sich die große Mehrheit der Sylter für den Verbleib bei Deutschland. Der Kreis Tondern, zu dem die Insel gehörte, wurde geteilt; der Kreis Südtondern entstand. Als ein „Wahrzeichen deutscher Art" galt vielen Syltern der Eisenbahndamm, der am 1. Juni 1927 von seinem Namensgeber, Reichspräsident Paul von →Hindenburg, eröffnet wurde. Bei den →Wahlen erreichte in der Endphase der →Weimarer Republik die NSDAP überdurchschnittliche Anteile auf der Insel. In der Zeit des →Nationalsozialismus wurden auch auf Sylt politische Gegner verfolgt und das gesamte öffentliche Leben „gleichgeschaltet". Seit der Kreisreform von 1970 gehört Sylt zum →Kreis Nordfriesland.

Hansen/Hansen 1967, Hans Jessel 1996a, Schmidt-Eppendorf 1977, Steensen 1996a.

Pollacsek, Julius Adrian * 5.2.1850 Budapest, † unbekannt (ca. 1925-30), Arzt, Badedirektor. Pollacsek, seit 1880 deutscher Staatsbürger, kaufte 1884 das →Seebad Westerland von Friedrich Albert →Haberhauffe. Das Bad mit den Hotels →„Dünenhalle", „Strandhotel" und →„Hotel Royal", dem →Warmbadehaus und den →Badekarren kostete 365 000 Mark. Gleichzeitig erwarb Pollacsek auch die Wenningstedter Badeanlagen. Unter seiner Leitung nahmen die Seebäder einen bedeutenden Aufschwung. Er bemühte sich intensiv um eine bessere →Verkehrsanbindung der Insel und investierte gut 100 000 Mark in die Sylter →Inselbahn. Die Zahl der Kurgäste verdreifachte sich in kurzer Zeit und stieg von knapp 3 000 (1884) auf 9 358 (1892). Pollacsek verkaufte nun die Ostbahn an den Erbauer Emil →Kuhrt. Als Badedirektor wollte er sich mehr um die Anfahrtsmöglichkeiten der Hamburger Reeder, z. B. über Hörnum, kümmern. Offenbar gingen seine Pläne nicht auf, denn 1893 verkaufte er das Seebad für 825 600 Mark an die Gemeinde Westerland. Pollacsek verließ Sylt und übernahm Funktionen im Zeitungswesen. Seinen Namen verwandelte er in Polly-Pollacsek, den seine männlichen Nachkommen bis heute beibehalten haben.

Verheiratet war er in erster Ehe mit Elise Tiedemann, einer Tochter des Landinspektors Hinrich Tiedemann (1800-1851) aus dem Meggerkoog in Stapelholm. Sie war befreundet mit Theodor →Storms Tochter Lucie und veröffentlichte um 1890 einige Novellen und Gedichte. Storm stand 1883 Pate bei der Taufe von Pollacseks Sohn Roland und wohnte 1887, bei seinem einzigen Sylt-Besuch, im Haus des Badedirektors.

Drebes 2000, Janus 1998, Quedens 2000b, Stöver 1980, Wedemeyer/Voigt 1980.

Julius Adrian Pollacsek (Sylter Archiv)

Pony heißt eine legendäre Bar in der Kampener →„Whiskystraße". Sie besteht seit 1961. Unter Gebi Götsch, einem österreichischen Skilehrer, wurde das Pony weit bekannt. Die gesamte Sylter →Prominenz, darunter Werner →Höfer, Gunter →Sachs und Axel →Springer, gab sich hier ein Stelldichein. 1981-95 führte ein Hamburger Ehepaar das Lokal und formte es zu einer Edeldiskothek. Seither leitet der Südtiroler Oskar Schnitzer den Betrieb mit Bar, Diskothek und Restaurant.

Sylter Archiv.

Posa hieß das Schiff des Kampener Kapitäns Meinert →Boysen, das 1857 im Bereich der indonesischen Molukkeninseln strandete. Die neunköpfige Besatzung erlebte ein grausames Schicksal. Kapitän Boysen und fünf seiner Leute wurden getötet, drei Männer konnten nach monatelanger Gefangenschaft freigekauft werden. Sie kehrten 1858 auf ihre Heimatinseln zurück.

Quedens/Stöver 1978.

Postwesen Schon im 18. Jahrhundert wurden zwischen der →Landschaft Sylt und verschiedenen Schiffsleuten Post- und Fährverträge geschlossen. Die Schiffer segelten die Wiedau aufwärts bis nach Tondern oder übergaben in Emmerleff oder Hoyer die Post vertrauenswürdigen Leuten zum Weitertransport. 1854 errichtete der dänische Generalpostdirektor eine klei-

ne Postexpedition in Keitum. Ihr Leiter wurde der Zollkontrolleur Masorsky. Der erste Poststempel trug die dänische Inschrift „*Keitum paa Sylt*“ (Keitum auf Sylt). Dreimal wöchentlich gelangte die Post über Hoyer nach Tondern.
Nach der Gründung des →Seebads Westerland 1855 wuchs die Brief- und Frachtpost deutlich an. 1859 beteiligte sich der Keitumer Kapitän Andreas →Andersen am Transportgeschäft. Er gründete eine kleine Gesellschaft und kaufte das Dampfschiff *Ida*. Masorsky setzte 1862 den Dampfer *Auguste* ein. 1864 erhielt Kapitän Thomas →Selmer aus Munkmarsch die Postbeförderungskonzession. Er stellte den Dampfer *König Wilhelm I.* in Dienst und später den Hinterraddampfer *Bismarck*. 1874 folgte ihm der Ziegeleibesitzer Sophus →Clausen mit seinem Dampfer *Germania*.
1865 wurde ein Anschluss an das Telegrafennetz hergestellt, und 1867 erhielt auch Westerland eine Poststelle, die allerdings nur in den Sommermonaten geöffnet war. Adam Hast, seit 1882 Postagent in Westerland, ließ 1892 das „Kaiserliche Postamt“, die →Alte Post, erbauen. 1897 erreichte durch Initiative des Sylt-Liebhabers Generalpostmeister Heinrich von →Stephan das erste Fernsprechkabel die Insel. Von 1919 bis zum Bau des Hindenburgdamms 1927 gab es auch eine regelmäßige Luftpostverbindung, deren Aufgaben dann die Bahnpost übernahm. Auch die Seepost endete in diesem Jahr. Die Bundespost bezog 1975 einen Neubau in der Westerländer Kjeirstraße. Filialen der Deutschen Post gibt es noch in jeder Sylter Gemeinde.

Koch 1908, Rinken 1992, Sylter Archiv, Wedemeyer 1991a.

Das Kaiserliche Postamt in Westerland um 1900 (Sylter Archiv)

Pötjsmiten Töpfchenwerfen war in früheren Jahrhunderten auf Sylt eine weit verbreitete →Sitte zu Silvester. Dabei galt es lange Zeit als eine Ehre, wenn einem Pfannen, Töpfe und anderes mehr an die Haustür geworfen wurden. Die Akteure durften von den Hausbewohnern sogar eine ordentliche Bewirtung erwarten. Im 19. Jahrhundert wandelte sich die Bedeutung des Brauchs. Nun bewarf man das Haus unbeliebter Menschen mit allem, was man nicht ins neue Jahr mitnehmen wollte, und suchte anschließend schnell das Weite.

Rinken 1992, Tholund 2000a.

Prahl, Ruy * 2.9.1897 Portugal † 12.9.1976 Westerland, Busunternehmer. Prahl übernahm 1956 die →Sylter Verkehrsgesellschaft. Sie war 1952 als Nachfolgerin der Sylter →Inselbahn AG gegründet worden.

Nordfriisk Instituut.

Prahm stammt aus dem Tschechischen und bezeichnete die kastenförmigen, offenen Kähne, die auf der oberen Elbe benutzt wurden. Im 14. Jahrhundert erscheint das Wort im Hochdeutschen. Prahme dienen mit ihrem flachen Boden zur Beförderung von Lasten und als schwimmende Arbeitsplattform. Sie wurden, z. B. von einem →Ewer gezogen, vor 1744 auf Sylt zum Transport von Gerste benötigt. Bis zum Bau einer Graupenmühle konnte dieses Getreide nur auf dem Festland gemahlen werden.

Kluge 1963, Rinken 1992.

Preußen Nach der Trennung von →Dänemark durch den →deutsch-dänischen Krieg 1864 und nach dem preußisch-österreichischen Krieg 1866 gelangte →Schleswig-Holstein – und damit auch Sylt – 1867 zu Preußen. Dabei hatte man sich im Lande viel eher ein eigenständiges Schleswig-Holstein mit Anschluss an einen deutschen Bundesstaat gewünscht. Der Sylter Chronist C. P. →Hansen hatte die Loslösung von Dänemark 1864 als Befreiung begrüßt, aber den Anschluss an Preußen lehnte er ab. Viele Neuerungen stießen auf Widerwillen, insbesondere die Aufhebung der →Militärfreiheit. Nach der Gründung des deutschen →Kaiserreichs 1871 fand man sich auch auf Sylt mit der Zugehörigkeit zu Preußen langsam ab.

In einem Brief nach Westfriesland schrieb C. P. →Hansen 1869: „Im Ganzen geht die Kunde und der Patriotismus der Einwohner Sylts nicht über die Grenzen Schleswig-Holsteins und Nordfrieslands hinaus. Preußen ist uns eben so wenig lieb und bekannt wie Ihnen, wir unterscheiden aber zwischen Preußen und Deutschland, und, obgleich unter Preußens Hoheit stehend, fühlen wir uns doch nur als Deutsche. ... Allein Deutschland verdanken wir unsere Bildung, unser geistiges Wohl hauptsächlich. ... Die Preußen sind wie die Dänen, sie wollen uns nur beherrschen, sie nehmen uns mehr, als was sie uns geben."

Steensen 1996a.

Pricke Bis zu acht Meter lange Birkenbäumchen oder Stangen markieren die Fahrwasserrinnen im flachen Wattenmeer. Die Pricken sind fest in den Wattboden gesteckt und müssen von Zeit zu Zeit neu gesetzt werden, weil sich die Lage der Wattströme, →Priele und Untiefen ständig verändert.

Wieland 1990.

Priel *(Priil)* Die kleineren Wasserrinnen, die bei Ebbe im trockengefallenen →Wattenmeer verbleiben, nennt man Priel. Sie bilden die Hauptwege für das während der →Gezeiten aus- und einströmende Meerwasser. Zum Zeitpunkt maximaler Strömungsgeschwindigkeiten – bis zu acht Meter pro Sekunde – kann für →Wattwanderer das Durchqueren eines Priels sehr gefährlich werden. Größere Priele, die z. B. zwischen den nordfriesischen Inseln und Halligen verlaufen und die wie Flüsse befahrbar sind, bezeichnet man als Wattströme. Sie führen als →Tief schließlich in die offene See. Während der Überflutungszeit ist ein Priel nur noch an seinen Begrenzungsmarkierungen, den →Pricken, zu erkennen. Zur Ebbzeit halten sich viele Fische und Garnelen in den Prielen auf. Dies ist das Revier von Freizeitfischern, die zum Teil auch auf traditionelle Weise (→Fischerei) ihrem Hobby nachgehen. Die Gräben im Nössekoog sind ehemalige Priele und →Wehlen. Sie heißen →*Katrevel*, Kreuz-Wehle, Archs-Wehle, *Tjüüls*-Wehle und *Sii*.

Nordfriisk Instituut.

Primärdünen →Dünen

Programm Nord Zur „Erschließung der notleidenden Gebiete des Landesteiles Schleswig" gründeten die Bundesrepublik Deutschland, das Land Schleswig-Holstein und die betroffenen Kreise 1955 die Schleswig-Holsteinische Landgewinnungs- und -erschließungs-GmbH, später Programm Nord GmbH genannt. Das Hauptaugenmerk lag auf der Steigerung der landwirtschaftlichen Produktivität, denn es bestand eine große Nachfrage nach Nahrungsmitteln. Zu diesem Zweck wurden auch auf Sylt Flurbereinigungsverfahren durchgeführt. Umsiedlungen, Landarrondierungen und Erweiterungen des Straßen- und Wegenetzes wie z. B. im →Nössekoog schufen Grundlagen für eine rationalisierte und technisierte Landwirtschaft. Zum Schutz gegen den Wind wurden Hecken und kleine Hölzungen (→Wald) angepflanzt, gegen den Flugsand half eine →Dünenbefestigung.

Riedel 1983, Wiebe 1979.

Prominenz Wenn in alter Zeit „hohe Personen" die Insel aufsuchten, war dies meist mit nicht geringen Kosten für die →Landschaft Sylt verbunden. Wenigstens die angeforderte Zahl von Wagen hatte im Hafen für die Besucher bereitzustehen. Adelige kamen zur Hasenjagd, Amtspersonen wie z. B. der →Amtmann von Tondern oft mit großem Gefolge zur Inspektion. Der Chronist Henning →Rinken überlieferte eine Liste prominenter Besucher ab 1645. Der dänische König Friedrich VI. übernachtete 1825 in der Tinnumer →Landvogtei. Bei seiner Inselrundfahrt besuchte er auch eine arme Rantumerin in ihrer Hütte und soll sehr beeindruckt gewesen sein. Friedrich VII. kam im Sommer 1860, um vor allem den Kampener Leuchtturm in Augenschein zu nehmen. Die Sylter sollen ihm aufgrund der damaligen politischen Umstände einen kühlen Empfang bereitet haben. Zur Visite von Prinz →Friedrich Karl von Preußen im Jahr 1864 wurde eine Ehrenpforte errichtet.

Priel im Vorland (Foto: Nis-Peter Jessen)

Prominente jeglicher Herkunft waren die treibenden Kräfte für Sylts enormen Aufschwung zur „Königin der Nordsee". Inspiriert hatte die Insel zunächst die Kunstschaffenden, insbesondere die Vertreter der →Malerei und der →Schriftstellerei. Ihnen folgten die ersten Größen aus der Unterhaltungsbranche. Schließ-

lich waren es die Reichen und die Schönen, die Sylt zum Laufsteg ihrer Eitelkeiten machten und der Insel das aufregende Image grenzenlosen Erlebens verschafften.
1888 war die rumänische Königin Elisabeth zu Besuch, die unter dem Pseudonym Carmen →Sylva Gedichte und Romane schrieb. Der bereits schwer erkrankte Dichter Theodor →Storm erhielt 1887 Anstöße für seine „Sylter Novelle", die er jedoch nicht mehr vollenden konnte. Der Organisator des deutschen Postwesens, Generalpostmeister Heinrich von →Stephan, hatte sich in Sylt verliebt. Als Freizeitjäger fand er hier gute Bedingungen, als Gegenleistung lieferte er den Insulanern bereits 1897 ein Fernsprechkabel. 1901 verbrachte die Politikerin Rosa →Luxemburg ihren einzigen Sylt-Urlaub im Hotel Nordsee in Wenningstedt. Das „Haus →Uhlenkamp" von Ferdinand →Avenarius entwickelte sich ab 1903 zum Treffpunkt zeitgenössischer Dichter in Kampen, unter ihnen auch der Schriftsteller Stefan →Zweig. Der Politiker Walther →Rathenau war Gast im Hause →Suhrkamp und trank mit Gerhart →Hauptmann Brüderschaft. Auch Gustav →Stresemann ist in der Sylter Gästeliste zu finden. 1927 erschien Reichspräsident Paul von →Hindenburg zur Einweihung „seines" Dammes und einige Jahre später NS-Generalfeldmarschall Hermann →Göring, der großes Interesse am →Klenderhof zeigte.

Die Schauspielerin Winnie Markus (1921-2002) mit ihrem Kollegen Curd Jürgens (1915-1982) am Strand vor Westerland, 1960er Jahre (Sylter Archiv)

Die erste Prominentenwirtin Sylts hieß Clara →Tiedemann. Sie bewirtschaftete ab 1925 das Haus →„Kliffende" in Kampen. Zu ihren Gästen gehörten z. B. Thomas →Mann und der Dirigent Erich →Kleiber. Die 1920er/30er Jahre erlebten große Schauspieler auf Sylt, wie z. B. Hans →Albers und Marlene →Dietrich. Helmut Zacharias, ein Geiger der Spitzenklasse, gehörte in den Nachkriegsjahren zu den Urlaubsgästen, ebenso die Boxer Max →Schmeling, Hein ten Hoff und Gustav „Bubi" Scholz oder die Schauspieler Heinz Rühmann, Theo Lingen und Gustav Knuth. In den 1960er Jahren gaben sich Wirtschaftsgrößen wie Berthold Beitz, Friedrich Karl Flick oder Axel →Springer ein Champagner-Stelldichein vor →Buhne 16, Playboys, Publizisten, Schauspieler, Musiker und Sportler gehörten zu ihren Gästen. Das gesellschaftskritische Journalisten-Ehepaar Klaus Rainer Röhl und Ulrike Meinhof zählte sich zur Kampener Partygesellschaft. 1971, nach Scheidung und Kampf um die Kinder, versteckten sich beide voreinander auf Sylt ohne zu ahnen, dass sich der andere zur selben Zeit nur wenige Kilometer entfernt aufhielt.
Die freizügigen 1970er Jahre sahen Gäste wie Beate Uhse, Oswald →Kolle und den Erotikfotografen David Hamilton am Strand, aber auch Politiker wie Bundeskanzler Willy →Brandt, Außenminister Gerhard →Schröder und Wirtschaftsminister Karl Schiller verbrachten einige Stunden oder Tage auf der Insel. Der Fernsehjournalist Werner →Höfer sendete mehrere Folgen seiner sonntäglichen Diskussionsrunde „Der internationale Frühschoppen" von Sylt. Bundeskanzler Helmut →Kohl erschien 1992 zu einem Gipfeltreffen mit dem spanischen Ministerpräsidenten Felipe Gonzalez.
Viele weitere Prominente kamen jahrzehntelang als stille Urlauber auf die Insel und lieferten keine einzige Schlagzeile. Zu ihnen gehörten u. a. das Schauspielerehepaar Nadja Tiller und Walter Giller, der Kammersänger Rudolf Schock, der Tenor René Kollo oder der Unterhaltungskünstler Otto Waalkes. Die Prominenz von heute zieht es in aller Regel vor, ihren Sylt-Aufenthalt unentdeckt zu verbringen.

Frenzel/Deppe 1999, Rinken 1992, Schreiber 1996, Simon 1980.

Pröstteft Sylterfriesischer Flur- und Straßenname in Keitum. *Pröst-teft* bezeichnet die „Pfarrkoppel“ beim Pastorat.
Möller 1916.

Pröstwai Sylterfriesischer Straßenname in Keitum. *Pröst-wai* heißt „Pfarrweg“.
Möller 1916.

Prott, Hinrich (Haulk) Boysen * 7.2.1807 Westerland, † 8.7.1884, Kapitän. Prott stammte aus einem alten Sylter Seefahrergeschlecht. Sein Urgroßvater Bo Haulk Boen (1710-1786) war mit Inken, einer Tochter des Walfangkommandeurs Lorens →Petersen de Hahn, verheiratet. Nach dem Tod seiner Frau kämpfte Prott bei der →schleswig-holsteinischen Erhebung gegen Dänemark in der Marine. Nach der Niederschlagung hielt er sich bis 1858 zusammen mit seinem Bruder Andreas in Australien auf. Am 16. Februar 1864 traf auf Sylt die Nachricht vom Beginn des →deutsch-dänischen Krieges ein. Prott überbrachte zusammen mit Cornelius →Bleicken zu Fuß über das winterliche Watt eine Huldigungsadresse an den Augustenburger Herzog Friedrich VIII. Am 15. Juni 1864 gehörte er zu den sieben Sylter Gefangenen, die wegen aufrührerischer Aktivitäten nach Kopenhagen gebracht wurden. Seine Tochter Inken Möller überlistete die dänische Wachkette in Keitum und gelangte nach Morsum. Von dort segelte sie allein zum Festland, um die Nachricht von der Gefangennahme der sieben Sylter zu überbringen. Noch während seiner Abwesenheit wurde Prott zum Feuermeister für den Leuchtturm in Kampen ernannt. Er verwaltete diesen Posten bis 1876. Seine „Erinnerungen aus einer unfreiwilligen Reise nach Kopenhagen 1864“ wurden 1901 im *Sylter Intelligenzblatt* veröffentlicht.
Schmidt-Rodenäs 1981, Stolz 1988.

Pualbuurt lautet der Name für ein kleines Stück Land nördlich von Munkmarsch. Wörtlich übersetzt bedeutet dies „Pfahlbrett“. Die Bezeichnung weist auf den Rochenfang im Sylter Wattenmeer im 17. Jahrhundert hin. Die gefangenen →Rochen wurden direkt an der Küste weiterverarbeitet. Dazu wurden Pfähle aufgestellt und Bretter dazwischen genagelt. Die so genannten Langbretter dienten zum Aufhängen und Trocknen der gereinigten Fische.
Nordfriisk Instituut.

Pua Moders ist der von C. P. →Hansen erdichtete Sylter Eulenspiegel. Nach Erzählungen des Chronisten trieb er seine Streiche nicht nur auf Sylt, sondern besuchte häufig auch die Nachbarinseln Röm, Föhr, Amrum und die Halligen. Als einmal ein niederländischer Käsefrachter an der Hörnum-Odde gestrandet war und auch zwei Föhrer angerudert kamen, um Beute zu machen, da soll sie Pua Moders übers Meer in Richtung des rot aufgehenden Vollmondes geschickt haben: „Was am Strand lag, hat der Strandvogt geholt. Aber da hinten schwimmt noch ein Käse fett und rot im Wasser.“ Und so sagt man noch heute zu einem, der etwas Unmögliches vorhat: „Greif mal nach dem Mond!“
Hansen 1858a, Panten 2001f, Schmidt 1969b, Wedemeyer 1988.

Puan Klent Der „Dünenvorsprung des Pua“ befindet sich an der Ostküste zwischen Rantum und Hörnum, wo 1919 auf Anregung von Knud →Ahlborn in einem Militärlager aus dem Ersten Weltkrieg ein Schullandheim der Stadt Hamburg eingerichtet wurde. 1925/26 erstellte der Hamburger Architekt Franz Wienke weitere Gebäude im Geiste einer landschaftsgebundenen Baukultur. Im Zweiten Weltkrieg erneut militärisch genutzt, danach als Gefangenenlager für deutsche Offiziere und als Unterkunft für polnische Flüchtlingsfamilien verwendet, verwandelten sich die Gebäude ab 1946 wieder in ein Erholungsheim. Es kann über 300 Kinder aufnehmen und ist längst auch

Puan Klent

Das Lager Puan Klent zwischen Rantum und Hörnum diente vielen Zwecken. Heute ist es Kindererholungsheim. (Foto: Volker Frenzel)

für Jugendliche aus anderen Städten und Ländern geöffnet. Sein Name erinnert an einen See- und Strandräuber, dem dieser Platz einst als Versteck gedient haben soll.
Sylter Archiv.

Puan-Stöven-Weg Flur- und Straßenname in Westerland. *Puan Stööwen* bedeutet „Heimstätte des Pua". Zurückzuführen ist der ehemalige Wohnplatz „Puanstöven" auf eine Erzählung von C. P. →Hansen. Demnach soll in den Dünen südwestlich von Westerland einst ein wunderlicher Mann gelebt haben, der sich wenig um Priester und Obrigkeit scherte. Er war ein Hehler der Diebe und Stranddiebe.
Hansen 1858, Möller 1916.

Punsch, nicht zu verwechseln mit →Teepunsch, besteht in Nordfriesland aus heißem Rotwein mit einem Schuss Rum, Rosinen und Mandelblättern.

Quaas, Karl * 18.1.1895, † vermutlich 3.5. 1945 Neustädter Bucht, Schlachter. Das Mitglied der SPD wurde nach dem Attentat auf Hitler vom 20. Juli 1944 ins KZ Neuengamme verbracht. Bei der Auflösung des Lagers kam er wahrscheinlich auf das in der Neustädter Bucht liegende Schiff *Cap Arcona*, das am 3. Mai 1945 von britischen Flugzeugen zerstört wurde.
Sylter Archiv.

Quallen *(Rochelsnoter)* werden vor Sylt vor allem im August gesehen. Die glockenförmigen Nesseltiere mit einem Schirmdurchmesser bis zu 60 Zentimetern bestehen überwiegend aus

Blaue und Gelbe Nesselqualle (Foto: Georg Quedens)

Wasser. Sie sind aber schwerer als Wasser und müssen deshalb ständig ihren Schirm zusammenschlagen, um nicht abzusinken. Sie halten sich möglichst von der Oberfläche fern und lassen sich von der Unterströmung treiben. Diese läuft entgegen der Windrichtung, weshalb die Quallen bei Ostwind vermehrt vor der Sylter Westküste auftauchen.
Quallen sind Räuber und leben hauptsächlich von →Plankton, aber auch von Fischen und Krebsen, die sie zuvor betäuben. Dazu dienen die Nesselzellen auf ihren Fangarmen, den so genannten Tentakeln. In jeder Zelle liegt ein aufgerollter Schlauch. Wird sie berührt, bricht der Kapseldeckel ab, der Schlauch springt explosionsartig heraus und schleudert ein Stilett mit einer Giftmischung aus Ameisensäure und körperfremden Eiweißen gegen die Beute oder den Feind. Dies ist der Grund, weshalb selbst der Chitinpanzer kleinerer Lebewesen durchschlagen werden kann. Die Berührung stark nesselnder Tiere, wie der Kompassqualle, der Blauen Nesselqualle oder der Gelben Haarqualle, führt auch beim Menschen zu einem unangenehmen Hautbrennen und Juckreiz. Man sollte die betroffene Hautregion nur mit Salzwasser abspülen und eventuell anhaftende Tentakeln vorsichtig mit einer Pinzette, aber niemals mit der bloßen Hand entfernen.
Fiedler 1992, Quedens 2000a.

Quedenfeldt, Bodo * 6.9.1943 Flensburg, Kapitän. Quedenfeldt fuhr 32 Jahre lang zur See, darunter 12 Jahre als Kapitän. 1985 schloss er sich der Umweltorganisation *Greenpeace* an und kommandierte bis 1987 das Aktionsschiff *Beluga*. Seine Fahrten in europäischen Küstengewässern und auf Flüssen dienten dem Kampf gegen die zunehmende Umwelt- und Wasserverschmutzung. 1987-95 fuhr Quedenfeldt auf Fahrgastschiffen in der nordfriesischen Insel- und Halligwelt. Seither verwaltet er das Sportzentrum Sylt-Ost. Seit 1984 ist er für die Grünen in der Gemeindepolitik in Sylt-Ost aktiv.

„QueenBee" Zwei Gewinnerinnen des Förderpreises der →Henner-Krogh-Stiftung aus dem Jahre 1994 machen als Gesangsduo „Queen Bee" Karriere. Edda Schnittgard (* 1971), die in Westerland aufwuchs und einige Semester Musiktheaterregie studierte, und Ina Müller, Pharmazeutisch-Technische Assistentin aus dem niedersächsischen Köhlen, wurden für ihr bereits drittes Kabarettprogramm „Freundinnen müsste man sein" mit dem Deutschen

Kleinkunstpreis 2001 ausgezeichnet. Ihr hochdeutsches Repertoire wird zunehmend mit plattdeutschen Texten erweitert, wofür sie 2001 den „Niederdeutschen Literaturpreis" der Stadt Kappeln erhielten. 2002 traten sie auch im Sylter →Meerkabarett auf.

Nordfriisk Instituut.

Queller *(Kräbgērs)* ist eine bis zu 40 Zentimeter hohe, einjährige Salzwasserpflanze. Sie siedelt sich in der vordersten Verlandungszone zwischen freiem →Watt und entstehender →Salzwiese an. In dieser Zone wird der Queller täglich zweimal vom Meerwasser überspült. Damit die Salzkonzentration in der Pflanze nicht zu hoch wird, speichert sie viel Wasser in ihren fleischigen Stängeln und quillt dabei auf. Die Speicherkapazität für Wasser ist aber durch die Größe der Pflanze begrenzt, während Salze weiter aufgenommen werden. Das bedeutet, dass die Salzkonzentration im Gewebe allmählich steigt und zunehmend giftig wirkt. Die rote Färbung im Herbst zeigt deutlich den Zusammenbruch des Systems an, der Queller stirbt ab, vertrocknet und verwest. Eine reichhaltige Samenbildung sorgt für ein erneutes Aufkeimen im kommenden Frühjahr.
Queller und →Seegras sind die Pionierpflanzen bei der Landgewinnung im Watt. Stängel und Äste der Pflanze fangen die mit der Flut herangetragenen Schwebstoffe auf und fördern ein weiteres Ablagern von →Schlick im vordersten Salzwiesenbereich. Außerdem befestigen ihre Wurzeln den Boden und ermöglichen dadurch die Besiedlung der Flächen mit Folgearten wie dem →Andelgras. Auf der Überfahrt nach Sylt kann vor allem auf der Nordseite des Hindenburgdamms der Quellerbewuchs beobachtet werden.

Quedens 1988, Reise 2000.

Quermarkenfeuer →Leuchttürme

Quovadimus →Zeitungen

Raabe, Wilhelm (Pseudonym Jacob Corvinus) * 8.9.1831 Eschershausen, † 15.11.1910 Braunschweig, Schriftsteller. Raabe gilt neben Theodor Fontane als einer der bedeutenden Vertreter des poetischen Realismus. Mit Sprachkomik und Ironie kritisierte er in seinen Romanen und Erzählungen Spießertum, Bildungsphilister, Adel und Kleinstaaterei. Seine Sympathie galt den Außenseitern und gesellschaftlich Unterdrückten. 1867 kam er auf ärztlichen Rat in die Sylter Sommerfrische und wohnte in Tinnum. Seine Inselgefühle verarbeitete er in der Geschichte „Deutscher Mondschein" (1873). „Ich bin nur zu solide gewesen und bereue es heute in Kummer, Schmerz und im Sylter Badekostüm. Oh, hätte ich mich doch ausgetobt in den Tagen meiner Jugend!"

Raabe 1873, Rost 1996.

Radar →Navigation

Raiffeisenbank Im März 1927 gründeten elf Landwirte in Keitum in Genossenschaft eine Spar- und Darlehnskasse. Sie wurde notwendig, weil sich der Mittelstand in einer akuten wirtschaftlichen Notlage befand, der →Hindenburgdamm einen Aufschwung versprach und das Kapital für Investitionen nicht von großen, auf Gewinn ausgerichteten Unternehmen kommen sollte. Erster Geschäftsführer wurde Boy →Matzen, ein Jahr später abgelöst durch Ludwig →Borstelmann. Boy Prott leitete das Genossenschaftsunternehmen 1942-69. In diesem Jahr schloss sich die Kasse mit der 1908 gegründeten Spar- und Darlehnskasse Morsum zur Spar- und Darlehnskasse Sylt zusammen. Ab 1977 firmierte sie unter dem Namen Raiffeisenbank Sylt eG. 1998 beschlossen die Mitglieder die Vereinigung mit der Volksbank Sylt in Westerland zur →Volks- und Raiffeisenbank Sylt.

Nordfriisk Instituut.

Raisihoog →Finn

Ran war die Frau des sagenhaften Meermanns →Ekke Nekkepenn. Sie soll eher hässlich ausgesehen haben und von walrosshafter Statur gewesen sein. Dies würde auch erklären, weshalb ihr Gatte häufig den schönen Mädchen der Insel nachstellte. Ran soll Pate bei der Gründung des alten Rantum gestanden haben.

C. P. Hansen 1858, Wedemeyer 1988.

Wilhelm Raabe

Rantum *(Raantem* = Randheim, Siedlung am Ufer) ist mit 507 Einwohnern (2001) und etwa 300 Zweitwohnungsbesitzern auf einer Fläche

Künstler-Postkarte von Rantum nach dem Original-Aquarell eines unbekannten Malers, Nordfriesisches Museum Husum

von 741 Hektar die kleinste selbstständige Inselgemeinde. Sie gehört zum →Amt Landschaft Sylt und liegt etwa sechs Kilometer südlich von Westerland an einer der schmalsten Stellen der Insel, wo West- und Ostküste nur etwa 500 Meter voneinander entfernt sind. Die erste urkundliche Erwähnung stammt von 1462. Über die Zeit davor darf spekuliert werden. Tatsache ist, dass die Sylter Westküste in früheren Jahrhunderten vier bis fünf Kilometer weiter westlich verlief. Dort begrenzte und schützte ein Riff die Insel. In der Senke zwischen Geestkern und Riff lag fruchtbares Marschland, zu dessen Besitzern auch die Rantumer gehörten. Vermutlich waren sie bis ins 15. Jahrhundert die wohlhabendsten Siedler auf Sylt. Jahrhundertelang befanden sie sich aber auch auf der Flucht vor dem Dünensand und der Nordsee. Wahrscheinlich vernichtete die Allerheiligenflut 1436 die „Westersee-Kirche". Etwa 1652 ging eine zweite Kirche unter. 1725 stand die dritte Rantumer Kirche noch weit entfernt von den Dünen, doch bereits 1757 wurde sie vom Sand begraben. Eine daraufhin weiter östlich erbaute Kirche musste 1801 abgerissen werden, weil erneut wandernde Dünen sie eingeholt hatten. 1964 erhielt Rantum seine heutige reetgedeckte Kirche →Sankt Peter.

Ein Deich schützt die Bewohner der Rantum-Inge seit 1988. (Foto: Uwe Sönnichsen)

Im Verlauf von tausend Jahren wurde auch das Dorf mindestens dreimal verlegt. Davon zeugen Brunnenringe aus Soden oder Abdrücke von Rinderhufen und Wagenrädern, die gelegentlich zutage treten, wenn ein strammer Ostwind das Meer bei Ebbe weit nach Westen drückt und der Sand, der die Siedlungsspuren abdeckte und konservierte, verlagert wird. Bei Rantum befand sich die →Rantumburg, eine der drei Ringwallanlagen auf Sylt. Auch sie wurde vom Dünensand verschüttet, und ein gleiches Schicksal ereilte die →Mühle im frühen 17. Jahrhundert. 1695 wurden 40 abgabenpflichtige Häuser gezählt, 1769 noch 28 mit 102 Einwohnern, 1803 war die Zahl wegen des vorrückenden Sandes auf 53 Einwohner gesunken. 1818 versetzte →Strandvogt Peter Taken sein Haus *Raantem-Ingi* aus der Gefahrenzone direkt ans Watt auf eine Warft. Man bezeichnete dieses älteste und östlichste Gebäude Rantums als Strandwarft; heute wird es als Hotel betrieben. 1819 wurde das letzte Haus des alten Rantum auf einer öffentlichen Auktion verkauft und 1821 abgerissen. Der nach Osten versetzte Ort bestand lange Jahre nur aus acht Häusern und blieb weitgehend bedeutungslos. 1890 zählte man nur noch sechs Häuser mit 29 Einwohnern. Eine kurze Blütezeit begann, als 1903 das Dorf wegen der starken Bedrohung durch die Wanderdünen auf fünf Häuser geschrumpft war. Die Verbliebenen nahmen das verlassene Land in Gemeinbesitz. Ihre Einnahmen aus dem Verkauf des →Dünenhalms, aus dem Weidegeld für fremde Schafe und aus der Jagdverpachtung überstiegen bei weitem die Ausgaben. 1906 verteilte die Gemeinde das Gelände zwischen →Puan Klent und Westerland an die Hausbesitzer. Vier von ihnen veräußerten ihr Grundeigentum nach dem Ersten Weltkrieg für je 100 000 Mark an Westerländer Spekulanten. Diese bezahlten in der Inflationszeit. So behielt nur die Familie Nissen ihre 40 Hektar in der

Ortslage. Mit dem Bau des ersten Hauses im →*Stiindeelki* (Steintal) begann 1933 Rantums Zukunft als Fremdenverkehrsort. 1936 hielt zunächst das Militär Einzug. Es wurden Kasernen für den Seefliegerhorst →Rantumbecken errichtet und ein Schutzdeich. 1940 erhielt der Ort elektrischen Strom von Westerland. Nach dem Krieg herrschten besonders beengte Verhältnisse in Rantum, da zeitweise bis zu 3 000 →Flüchtlinge aufgenommen werden mussten. 1947/48 trennte sich Rantum von Hörnum und bildete eine eigene Gemeinde. Wohl auch wegen der vorgeschriebenen Reetbedachung wurde das sich entwickelnde „Dorf in der Düne" bei Feriengästen immer beliebter und erwarb 1973 das Prädikat →Nordseebad. Aus den Militäranlagen des →Zweiten Weltkriegs entstanden das →ADS-Kinderheim, das Familienferienhaus Stegerwald, das Ferienwohnheim Immenhus und das Erholungsheim *Raanhüs*. Als katholisches Gotteshaus diente 1975-99 →Stella Maris, eine umgebaute Baracke. Seit 1989 schützt ein Deich das Wohngebiet →Rantum-Inge. Die Gemeinde verbucht jährlich über 45 000 Touristen, also rund 100 Gäste pro Einwohner. Für sie wurde 1977 auf der Wattseite ein kleiner Sport- und Segelboothafen angelegt. Sehr beliebt sind auch die legendären südlichen FKK-Strandabschnitte →Samoa und →Sansibar. In →Baakdeel befand sich ab 1881 eine der drei Sylter →Vogelkojen, von der heute außer einem verschilften Süßwasserteich nichts mehr zu sehen ist. Ein Informationszentrum des Vereins →Jordsand dient hier dem Schutz bedrohter Vögel.

Rantums bekanntester Sohn, der erfolgreiche Walfänger und spätere Strandinspektor Lorens →Petersen de Hahn, machte ab 1737 rigoros Schluss mit dem →Strandraub, der sich gerade an Rantums Küste zu einem einträglichen Geschäft entwickelt haben soll. Auch die Chronisten Hans →Kielholt und Henning →Rinken kamen hier zur Welt.

Johann Georg →Kohl schrieb 1846: „Wir besuchen diesen merkwürdigen kleinen Ort und seine Kirchentrümmer, um zu sehen, wie sich ein unter den Dünen verschwindendes Dorf ausnähme. Die Reste der Kirche fanden wir mitten in einem Dünenkessel von hohen Sandhügeln umgeben. Es waren ein paar Mauertrümmer, die aus dem anschwellenden Sande hervorragten. Man beschrieb uns genau, wie es bei dem Untergange der Kirche zugegangen sei. Der Sand sei von allen Seiten Tag und Nacht herbeigeflogen, man habe die Fenster und Thüren nicht so dicht zuhalten können, dass er nicht überall eingedrungen sei, kein Schaufeln und Fegen habe geholfen."

Brich 1998, Hubertus Jessel 1989, Jessen 1967, Kohl 1846, Laur 1992, Leonhardt 1980, Rinken 1992.

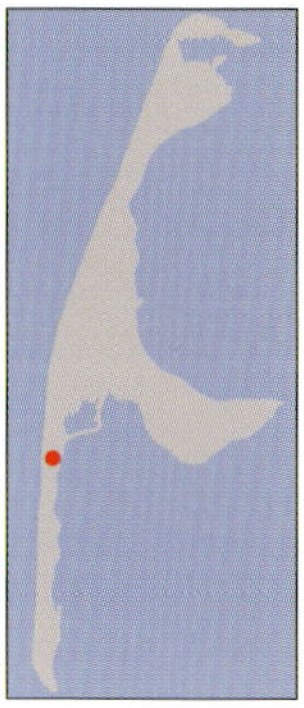

Rantum

Rantumbecken 1936/37 wurde ein rund 570 Hektar großes Wattgebiet in der Rantumer Bucht mit 5,2 Kilometer Außendeich umgeben. Die nun tideunabhängige Wasserfläche sollte der deutschen Wehrmacht als Seeflughafen dienen. Wegen ungünstiger Wind- und Wasserverhältnisse erwies er sich jedoch als wenig tauglich. Nach 1945 war beabsichtigt, das Rantumbecken auszutrocknen und einen →Koog mit 40 Bauernhöfen zu gründen. Agrarexperten legten erste Versuchsfelder für Kohl und Getreide an und testeten die Grünlandnutzung. 1962 fiel die Entscheidung aber zugunsten eines der größten und artenreichsten Seevogelschutzgebiete an der deutschen Küste. 1968 wurde es zum Europareservat erklärt. 1979 erwarb das Land Schleswig-Holstein das Gebiet. Um den einzigartigen salzwasserorientierten Lebensraum zu erhalten, leitete man das Binnenwasser aus dem →Nössekoog durch einen Randgraben und ein →Siel ab und staute Nordseewasser mit Hilfe einer Schleuse in das Rantumbecken ein. Mit der Zeit entwickelten sich ganz unterschiedliche Biotope wie Wiesen, Sümpfe, Wasser- und Sandflächen. Über 260 Vogelarten, darunter über 60 Brutvogelarten, konnten seither hier beobachtet werden. 1972 führte der Verein Jordsand umfassende Maßnahmen zur Pflege des Reservats durch. U. a. wurden vegetationsfreie Steininseln angelegt, um besonders den Seeschwalben und Säbelschnäblern einen geeigneten Untergrund für die Brut zu bieten.

Graue 1993b, Jordsand aktuell, Seevögel 1997.

Rantumburg Der 1757 geborene Strandvogt Peter →Taken erzählte, dass er als Knabe südwestlich von Alt-Rantum einen Teil der „Rathsburg" gesehen habe. Es handelte sich dabei um einen mit Gras überwachsenen Erdwall, ähnlich der Tinnumburg. Die Burg war bereits unter den Dünen begraben und ist heute vermutlich durch die Nordsee abgetragen.

Kersten/La Baume 1958.

Rantum-Inge *(Raantem-Ingi)* Das Wohngebiet in den „Wiesen von Rantum" wird seit 1989 durch eine Bedeichung gegen Überflutungen vom Wattenmeer geschützt. Der Deich konnte mit Hilfe von Spendengeldern, die u. a. Uwe →Sönnichsen durch seine Vorträge einwarb, errichtet werden.

Raspé, Edda * 1.7.1947 Stade, Goldschmiedin. Raspé kam 1968 nach Sylt, um ein Töpferpraktikum zu machen. Nach einem Studium im Fach Gestaltendes Kunsthandwerk in Berlin kehrte sie zurück und erwarb 1980 ein →utlandfriesisches Haus in Morsum. In ihrer Werkstatt formt sie Schmuckstücke aus Gold und Silber mit Edelsteinen und Graniten vom Sylter Strand. Für die Partei der Grünen war sie 1982-86 Kreistagsabgeordnete in Husum, 1987 kandidierte sie für den Bundestag. Heute ist sie in der Morsumer Kommunalpolitik engagiert.

Barz 1988, Nordfriisk Instituut.

Rathaus Westerland →Kurhaus

Walther Rathenau

Rathenau, Walther * 29.9.1867 Berlin, † 24. 6.1922 Berlin, Industrieller und Politiker. Rathenau wurde 1922 Reichsaußenminister. Seine größte Tat war im April desselben Jahres der Abschluss des Vertrags von Rapallo mit der Sowjetunion, in dem beide Staaten auf die Erstattung der Schäden aus dem Ersten Weltkrieg verzichteten. In seinen Schriften entwarf er die Utopie einer Gesellschaft jenseits von Kapitalismus und Sozialismus. Rathenau besuchte Sylt zwischen 1903 und 1912 regelmäßig. Oft wohnte er in der →Villa Roth in der Westerländer Strandstraße. Er war mit Schriftstellern wie Gerhart →Hauptmann oder Stefan →Zweig befreundet und besuchte sie im Hause →Suhrkamp in Kampen. Die Nachricht von der Ermordung des Außenministers löste im Sommer 1922 am Sylter Strand große Betroffenheit aus.

1905-73 residierte das Sylter Amtsgericht in diesem Haus im Kirchenweg. (Foto: Thomas Steensen)

In seiner 1944 erschienenen Autobiographie „Die Welt von gestern" behauptete der Schriftsteller Stefan →Zweig, am 24. Juni 1922, dem Tag der Ermordung seines Freundes Walther Rathenau, in Westerland gewesen zu sein. Er schilderte eine Szene am Strand: „Hunderte und Aberhunderte Kurgäste badeten heiter am Strand. Wieder spielte eine Musikkapelle wie an jenem Tag, als Franz Ferdinands Ermordung gemeldet wurde, vor sorglos sommerlichen Menschen, als wie weiße Sturmvögel die Zeitungsausträger über die Promenade stürmten: ‚Walther Rathenau ermordet!' Eine Panik brach aus, und sie erschütterte das ganze Reich." Sein Biograph Donald Prater fand jedoch heraus, dass Zweig erst im August in Westerland eintraf, die chronologische Ungenauigkeit demnach künstlerischen Interessen unterlag.

Wedemeyer 1986 u. 1991a, Zweig 1968.

Ratmänner →Ding, →Sylter Rat

Realschulen →Schulwesen

Recht und Gerichtswesen *(Rocht)* Vor 1864 gehörte die Insel mit Ausnahme des →Listlandes, der reichsdänischen →Enklave, als Sylter →Harde zum Herzogtum →Schleswig. Die friesischen Harden unterlagen nicht dem 1241 erlassenen *Jydske Lov*, dem Jütischen Recht. Sie hatten sich eine weitgehende Rechtsfreiheit behauptet und lebten nach ihrem Landrecht, das 1426 in den →Utlanden als →Siebenhardenbeliebung schriftlich fixiert und 1572 durch das Nordstrander Landrecht abgelöst wurde. Auf Sylt bestanden demnach über Jahrhunderte unterschiedliche Rechtsverhältnisse, die sich z. B. im →Strandrecht bemerkbar machten. Bis zur Einführung des Bürgerlichen Gesetzbuches im Jahre 1900 behielten die alten Rechtsverhältnisse großenteils ihre Gültigkeit.

Die richterliche Gewalt lag beim →Sylter Rat, der vom →Amtmann von Tondern beaufsichtigt wurde. 1744 trat ihm als selbstständige Justizbehörde die Landvogtei zur Seite. Die Befugnisse des →Landvogts wurden schnell erweitert und der Sylter Rat nur noch selten zur Entscheidung herangezogen. Die niedere Gerichtsbarkeit unterstand allein dem Landvogt. Die mittlere Instanz war das →Dreihardengericht in Tondern. Die Oberinstanz bildete das königliche Obergericht in Gottorf.

Unter preußischer Herrschaft wurden im Jahre 1867 Amtsgerichtsbezirke eingerichtet. Das Sylter Amtsgericht residierte zunächst in Tinnum, ab 1905 in Westerland. 1973 wurde es vom Amtsgericht Niebüll übernommen. Als Berufungsinstanzen dienen das Landgericht in Flensburg (bis 1879 Kreisgericht) und das Oberlandesgericht in Kiel (bis 1879 Appellationsgericht).

Meyer 1938, Panten 1996, Wedemeyer 1991a, Wülfke 1831.

Reckert, Janne →Withüs

Rée, Anita * 9.2.1885 Hamburg, † 12.12. 1933 Kampen, Malerin. Rée stammte aus einer bürgerlich-liberalen jüdischen Kaufmannsfamilie. Wie ihre Schwester wurde sie protestantisch getauft und konfirmiert. Sie gehörte bald zur künstlerischen Avantgarde und war 1919 Mitbegründerin der Hamburger Sezession. Nach einer unglücklichen Liebe zog sie sich in die Einsamkeit Sylts zurück. Die Anteilnahme und Fürsorge, die man ihr in Kampen zukommen ließ, konnten ihre Lebens- und Zukunftsängste aber nicht vertreiben. Gelegentlich porträtierte sie Freunde, Badegäste und Kinder, zuletzt wandte sie sich wieder der Landschaftsmalerei zu. Die „Mondlandschaften", wie die Künstlerin ihre Bilder nannte, drücken bereits eine düstere, von Todessehnsucht geprägte Stimmung aus. Eines ihrer letzten Aquarelle, „Oase mit Regenbogen, 1933", zeigt zwar auch die karge Dünenlandschaft, doch steht darüber ein Regenbogen als biblisches Zeichen der Gnade und Erlösung. Anita Rée zog sich immer mehr zurück und schied freiwillig aus dem Leben.

Anita Rée schrieb Anfang 1933 einer Freundin: „Ich fühle mich entwurzelter, heimatloser als je, weiß noch gar nicht, wie lange ich hier auf diesem Eiland, wo jetzt die teure und widerliche Hochsaison einsetzt, noch bleibe und was überhaupt und nach hier beendetem Aufenthalt, der unsagbar einsam war, aus mir wird." Kurz vor ihrem Tod schrieb sie derselben Freundin: „Ich kann mich in so einer Welt nicht mehr zurechtfinden und habe keinen anderen Wunsch als sie, auf die ich nicht mehr gehöre, zu verlassen. Welchen Sinn hat es – ohne Familie und ohne die einst geliebte Kunst und ohne irgendeinen Menschen – in so einer unbeschreiblichen, dem Wahnsinn verfallenen Welt weiter einsam zu vegetieren und allmählich an ihren Grausamkeiten zugrundezugehen?"

Bruhns 1986, Schulte-Wülwer 1996, Wolff-Thomsen 1994.

Anita Rée (Museumsberg Flensburg)

Reepen →Halmreepen

Reet *(Rait)* ist die allgemein gebräuchliche niederdeutsche Bezeichnung für Ried oder Riet, das Rohrkolbenschilf. Es wächst an flachen Ufern, in Mooren und Sümpfen und wird bis zu vier Meter hoch. Das getrocknete, gebündelte Schilfrohr wird u. a. zum Dachdecken benutzt. Früher wurde das für Sylter Dächer benötigte Schilf im heimischen Wattenmeer geschnitten, heute kommt es vor allem aus den Seen Österreichs, Rumäniens, Ungarns und der Türkei. Die einheimische Ernte aus dem Watt bei der Kampener Vogelkoje oder aus dem Rantumbecken reicht nur für zwei bis drei Häuser pro Jahr. Die Halme werden in Frostzeiten geschnitten, ans Ufer gebracht und nach dem Trocknen gebündelt. Ein Bund hat einen Umfang von genau 86 Zentimetern. 20 Bund Reet ergeben ein Draaf. Für ein Hausdach benötigt man über 20 Draaf. Reet ist ein gutes Isoliermittel, das im Sommer die Hitze und im Winter die Kälte abhält.
Auf Sylt gibt es in mehreren Ortschaften Bestimmungen, dass die Häuser mit Reet gedeckt sein müssen. Vier einheimische Dachdeckerbetriebe bieten ihre Dienste an. Mit Draht, früher →Halmreepen, und einer etwa fingerdicken Rundnadel werden die Reetbündel an die Dachlatten genäht, bis eine rund 30 Zentimeter dicke Schicht die Sparren des Dachstuhls bedeckt. Ein geübter Dachdecker schafft rund vier Quadratmeter an einem Arbeitstag. Der Dachfirst wird mit Grassoden oder Kunststoff belegt. Ein fachgerecht gedecktes Dach aus gutem Material hält je nach Wind- und Sonnenseite 30 bis 100 Jahre. Für ein Einfamilienhaus müssen etwa 25 000 Euro veranschlagt werden.

Jann 1999, Janus 1998, Nordfriisk Instituut, Schattke 1981.

Reetdachdecker bei der Arbeit auf Sylt (Foto: Nis-Peter Jessen)

Rehn, Jens (eigentlich Otto J. Luther) * 18.9. 1918 Flensburg, † 3.1.1983 Berlin, Schriftsteller. Rehns Romane, Erzählungen und Hörspiele befassen sich vor allem mit Menschen in Extremsituationen. In seiner 1961 in Kampen geschriebenen Erzählung „Der Zuckerfresser" beschreibt er eindrucksvoll die Widrigkeiten, mit denen er am Strand zu kämpfen hatte: „Mit dem Schreiben hat es nicht so geklappt, wie ich es mir vorgestellt hatte, im Strandkorb gab es entweder Sonne mit Wind, oder ich saß ohne Wind im Schatten, ein bißchen braun wollte ich ja schließlich werden; und wenn ich mich auf den Bauch an den Sandwall meiner Strandburg legte, gab es auch keine Ruhe; entweder blies der Wind Ecken von Papier um, oder Sand rieselte darüber hin, oder ich bekam ein steifes Kreuz, oder der Schreibarm tat mir weh."

Rehn 1961, Tank 1986.

Reich-Ranicki, Marcel * 2.6.1920 Wloclawek/Polen, Literaturkritiker, Schriftsteller. Reich-Ranicki wanderte bekleidet am Nacktbadestrand entlang und berichtete später, er habe einige „Quadratkilometer Schamhaar" erblickt, sein Auge aber nur auf die Literatur geworfen. Auf die Frage, was ihm an der Insel gefalle, antwortete er: „Nichts!" Sylt sei zwar eine originelle Landschaft, eine Art Mondlandschaft, aber sie sei nicht jedermanns Geschmack. Auf Sylt sei es wie auf einem Schiff während einer Kreuzfahrt: Man sei beengt und bald am Ende.

Reich-Ranicki 1999, Rost 1996, Wedemeyer 1975b u. 1986.

Heinz Reinefarth (Sylter Archiv)

Reichsarbeitsdienst (RAD) Beim Bau des Deichs für den →Nössekoog wurden 1936/37 Arbeitsdienstmänner der Lager „Eduard Jungmann" nördlich von Archsum, „Matthias Claudius" bei Keitum und →„Dikjendeel" bei Rantum eingesetzt. Ihr Auftrag war Teil eines großen Arbeitsbeschaffungsprogramms im Wattenmeer, das die Nationalsozialisten 1933 unter Federführung von Oberpräsident und NSDAP-Gauleiter Hinrich Lohse (1896-1964) einleiteten. Mit dessen „Zehn-Jahres-Plan" sollte neues Land für das „Volk ohne Raum" gewonnen werden und „der deutsche Bauernstand aus der Abhängigkeit zu seiner völkischen Aufgabe zurückgeführt" werden.

RAD-Lager „Eduard Jungmann" nördlich von Archsum (Sylter Archiv)

Steensen 1996a, Thaysen 2001.

Reichstein, Joachim * 5.1.1939 Lüben/Schlesien, Archäologe, Prähistoriker. Reichstein studierte Prähistorische Archäologie, Geschichte und Germanistik in Marburg, München und Kiel. Seit 1983 ist er Leiter des Landesamtes für Vor- und Frühgeschichte von Schleswig-Holstein (heute: Archäologisches Landesamt Schleswig-Holstein) und war u. a. Vorsitzender des Nordwestdeutschen Verbandes für Altertumsforschung. Seit 1987 trägt er den Titel Professor. 1969-74 leitete Reichstein die Grabung Alt-Archsum auf Sylt. Dabei konnten wesentliche Fragen zur Sylter →Vor- und Frühgeschichte sowie zur frühen →Besiedlung der Insel geklärt werden. Die Ergebnisse wurden in mehreren Publikationen, teilweise in Zusammenarbeit mit den Archäologen Georg Kossack und Ole →Harck, veröffentlicht.

Harck/Kossack/Reichstein 1992, Kossack/Harck/Reichstein 1975, Reichstein 1982, 1996 u. 2000.

Reinefarth, Heinrich-Friedrich (Heinz) * 26.12.1903 Gniezno/ Posen, † 7.5.1979 Westerland, Jurist, SS-Obergruppenführer und Generalleutnant der Polizei, Bürgermeister. Reinefarth war im August 1944 maßgeblich beteiligt an der grausamen Niederschlagung des Warschauer Aufstands. Für seine Taten wurde er ausgezeichnet. Im Februar 1945 soll er in Ungnade gefallen sein, weil er als Kommandant der Festung Küstrin einen Teil der Bevölkerung evakuieren ließ, ehe er sich vor der heranna-henden Roten Armee zurückzog. Er geriet in englische Kriegsgefangenschaft. Bei den Nürnberger Prozessen verzichtete man auf eine Anklage. In den Nachkriegsjahren hielt sich Reinefarth zeitweise in Flensburg auf. 1951 wurde er Bürgermeister der Stadt Westerland und 1957 mit den Stimmen aller Parteien wiedergewählt. Für die Vertriebenenpartei BHE gelangte er 1958 in den Landtag. Im Sommer desselben Jahres berichteten Zeitungen über seine NS-Vergangenheit. Doch sowohl die CDU- als auch die SPD-Fraktion in der Westerländer Stadtvertretung widersetzten sich dem dringenden Wunsch ihrer Landesverbände, ihn

zu beurlauben. 1962 musste er sein Amt schließlich doch aufgeben. Ende 1966 stellte das Flensburger Landgericht das Verfahren gegen ihn ein.
Paul 2001, Steensen 1996a, Thorndike/Raddatz 1958.

Reinhardt, Andreas * 5.3.1914 Keitum, Gymnasiallehrer. Als Sohn des Pastors Jacob Reinhardt (1883-1970) wuchs er in Keitum auf, als – wie er selbst sagte – Sylt noch nicht vom „kulturellen Substanzverlust" bedroht war. Er blieb der Insel verbunden. 1960-79 wirkte er als Oberstudiendirektor an der Theodor-Storm-Schule in Husum. Reinhardt war 1972-88 Vorsitzender des Nordfriesischen Vereins. Die Entwicklung nordfriesischer Dörfer analysierte er 1976 u. a. am Beispiel Keitums kritisch. Gemeinsam mit Hermann →Schmidt verfasste er eine Biographie über C. P. →Hansen und bibliographierte die Arbeiten Hermann Schmidts. 1998 setzte er sich für die Wiedererrichtung bzw. den Schutz der Sylter →Thinghügel ein.
Kuschert 1989, Reinhardt 1976 u. 1998, Steensen 2002a.

Reise, Karsten →Wattenmeerstation Sylt

Reisehoog →Grabhügel

Reisende Riesen im Wind nannte der Kieler Bildhauer Martin Wolke sein giftgrünes Kunststoffensemble auf dem Westerländer Bahnhofsvorplatz. Die menschlich anmutenden schief stehenden Riesen sind seit 2001 für die An- und Abreisenden unübersehbar. Bewusst provozierend in Form und Farbe sollen sie zum genauen Betrachten und Nachdenken anregen.

Reisende Riesen im Wind (Foto: Thomas Steensen)

Reisewege →Verkehrsanbindung

Reiten →Pferde

Reizklima →Kuren

Renger-Patzsch, Albert * 22.6.1897 Würzburg, † 27.5.1966 Wamel/Möhnesee, Fotograf. Renger-Patzsch zählte zu den bedeutendsten Vertretern der „neuen Sachlichkeit". Als Fotograf fühlte er sich der realistischen Wiedergabe der Wirklichkeit verpflichtet. 1927 entstand der umfassende Bildband „Das Gesicht der Landschaft – Die Halligen". Eine kleinere Bildfolge stellte er 1936 für das Buch „Sylt – Bild einer Insel" zusammen.

Zu seinen Sylter Bildern schrieb Albert Renger-Patzsch: „Aufnahmen, die den Charakter einer Landschaft wesentlich enthüllen, sind für spätere Zeiten von großer Bedeutung, vermitteln sie uns doch ein klares Bild von dem, was war. Immer mehr zerstört der wachsende Verkehr die ursprüngliche Eigenart der Landschaft, und wir selbst konnten und können es jeden Tag erleben, wie schöne alte Bauernhäuser verschwinden, Halligen Inseln und Inseln Festland werden."

Renger-Patzsch 1927 u. 1936, Schulte-Wülwer 1996.

Rettungswesen →Feuerwehr, →Seenotrettung

Rex, Wilhelm →Roland

Rieck, Günter * 5.7.1910 Stettin, † 23.12.1983 Düsseldorf, Bildhauer. Dem ehemaligen Marineoffizier wurde bei Kriegsende einer der Flakbunker am Fuß des Hünengrabs →Stapelhoog bei Kampen als Unterkunft zugewiesen. 1950 baute er einen Teil der weit verzweigten Bunkeranlage um und eröffnete den Cafégarten →Kupferkanne mit herrlichem Blick über das Watt zum Festland.
Nordfriisk Instituut.

Riesen *(Riisen)* Die frühgeschichtlichen →Grabhügel und Großsteingräber auf Sylt, deren Herkunft man sich in alter Zeit nicht erklären konnte, regten die Phantasie der Menschen an. In Erzählungen und →Sagen wurden sie immer wieder mit riesenhaften Gestalten in Verbindung gebracht. Die Sylter Geschichten stammen in der Form, wie sie heute bekannt sind, aus der Feder des Lehrers C. P. →Hansen. Bröns, der König der Riesen, soll im mächtigsten Grabhügel Sylts, dem →Brönshoog in der Kampener Heide, auf seinem goldenen Wagen sitzend begraben worden sein, nachdem er in einer Schlacht gegen die →Zwerge gefallen war. Als eines Tages Schatzgräber den Wagen herausholen wollten, erhielten sie von einer unsichtbaren Hand mächtige Ohrfeigen. Sie beschuldigten sich gegenseitig und erschlugen sich schließlich im Streit. Das Grab des Riesen Tipken soll der bronzezeitliche →Tipkenhoog auf dem Grünen Kliff bei Keitum sein. Tipken sei einst im Kampf gegen dänische Truppen gefallen.

C. P. Hansen 1858, Müllenhoff 1845, Wedemeyer 1988.

Riewerts, Friedrich * 29.9.1875 Stellau/Steinburg, † 12.1.1915 Soissons/Frankreich (gefallen), Pastor. Riewerts' Eltern stammten von Föhr. Als Pastor in Keitum 1904-10 wurde er erster Vorsitzender der →*Söl'ring Foriining* und begründete 1908 das →Sylter Heimatmuseum.

Riewerts 1906/07.

Riff →Sylter Riff

Rilke, Rainer Maria * 4.12.1875 Prag, † 29.12.1926 Val-Mont/Montreux, Schriftsteller. Rilkes Gedicht „Die Insel" wird fälschlicherweise immer wieder mit Sylt in Verbindung gebracht. Der Dichter hat Sylt jedoch nie besucht. Er war 1911 auf Föhr und erlebte dabei eine stürmische und sehr gefährliche Überfahrt.

Wedemeyer 1991a.

Ringelgans *(Rareguus)* Die Gans wird wegen ihres sonoren „Rottrott" auch Rottgans genannt. Bis auf den weißen Bürzel und einen dünnen weißen Halsring ist sie dunkel gefiedert. Sie gehört zu den kleineren Gänsearten und zieht nicht in Keilform, sondern in Schwärmen. Während des Hochwassers treiben die Vögel auf dem Wasser und gründeln, d. h. sie tauchen mit Kopf und Hals unter Wasser und grasen die erreichbaren Pflanzen wie das Zwergseegras oder den Darmtang ab. Im Frühjahr erscheint fast die gesamte Population, etwa 150 000 Vögel, aus ihren Winterquartieren in Südengland, den Niederlanden und Frankreich und hält sich vorwiegend im Bereich der →Salzwiesen der nordfriesischen Inseln und Halligen auf. Bei der Rast fressen sie sich die nötigen Fettreserven für die weitere Reise in die Brutgebiete an und hinterlassen, da das Seegras um diese Jahreszeit noch keine Blätter ausgebildet hat, abgegraste Weiden und geschädigte Bauern. Ende Mai ziehen die Ringelgänse in ihre Brutheimat nach Sibirien, um ab Mitte September auf ihrem Rückweg erneut im Wattenmeer zu rasten.

Fiedler 1992, Quedens 1990.

Ringreiten *(Ringrir)* ist ein reiterliches Wettspiel, bei dem der Reiter mittels einer etwa zwei Meter langen Lanze einen kleinen Messingring mit einem Durchmesser von 12 bis 25 Millimetern aufspießen muss. Der Ring hängt am *Galig*, einer galgenähnlichen Konstruktion aus zwei Pfählen, zwischen die eine Leine locker gespannt ist. Früher lag statt der Leine ein dritter Pfahl auf den seitlichen Ständern. Das Pferd muss vor und nach dem Stechen mindestens drei Galoppsprünge machen. Die einzelnen Regeln sind allerdings örtlich verschieden. In der Regel erhält der Reiter die Königswürde, der die meisten der etwas kleineren Königsringe gesto-

Ringreiten in Morsum, um 1990 (Foto: Walter Fiedler)

chen hat. Dazu kann auch ein eigenes Königsreiten durchgeführt werden. Der Ursprung des Ringreitens liegt in mittelalterlichen Turnierspielen, die später als reiterliche Geschicklichkeitsübungen fortlebten. Seit Ende des 18. Jahrhunderts schlossen sich die Wettkämpfer zunehmend zu Ringreitergilden zusammen und gaben sich Satzungen.

Wie der Chronist Henning →Rinken berichtete, fanden auf Sylt die ersten Ringreiterspiele 1841 und 1843 in Keitum statt. Hier formierte sich auch 1861 das nur Offizieren zugängliche Sylter Ringreitercorps. Es folgten 1863 der Archsumer Ringreiterverein, 1884 der Morsumer Ringreiterverein, 1912 das Morsumer Ringreitercorps und 1920 der Keitumer Ringreiterverein. Ab den 1980er Jahren gesellten sich drei Frauenriegen hinzu, und zwar die Sylter Amazonen (1982), der Ringreiterverein Weiße

Lanze (1985) und das 1998 gegründete Amazonen Corps zu Morsum. Die Turniere finden alljährlich ab Pfingstsonntag im vierzehntägigen Rhythmus statt. Am letzten Sonntag im August endet die Saison mit dem Amtsringreiten unter Beteiligung der jeweils vier besten Reiterinnen und Reiter jedes Vereins.

Handelmann 1874, Johannsen o. J., Kayser 1997, Rinken 1992.

Rinken, Henning * 2.9.1777 Rantum, † 25. 3.1862 Westerland, Kapitän und Chronist. Sein Vater Rinck Hennings gab sich, wie es bei Kapitänen auf großer Fahrt damals üblich war, die niederländische Namensform Reinert Hendrichs. Rinken selbst schrieb seinen Namen in deutscher Weise Hinrich Reinert Hinrichs. Er war mit Merret Broder Decker (1780-1871), einer Tochter des Westerländer Strandvogts Broder Hansen Decker (1736-1818), verheiratet. Im Alter von 42 Jahren beendete Rinken seine Kapitänslaufbahn, wurde u. a. Vorsteher des Kirchspiels Westerland und beschäftigte sich mit der Landwirtschaft. Er schrieb seine Lebenserinnerungen auf und hinterließ zwei Chroniken. Die Aufzeichnung „Vorzeit und Gegenwart. Beschreibung oder Chronik über der Insel Sylt. 1835, 36 und 37“ befindet sich im Sylter Archiv. Die Handschrift „Vorzeit und Gegenwart. Chronik betreffend der Insel Sylt. 1843 und Fortsetzung“ aus der Berliner Staatsbibliothek wurde 1992 von den Heimatforschern Karl Schmidt-Rodenäs und Albert Panten herausgegeben. Auszüge über Seefahrt, Hausbau, Brauchtum und Tracht stehen in einem Buch von Hanns →Koch (1908). In Rantum wurde zu Rinkens Andenken eine Straße benannt.

Henning Rinken (Sylter Archiv)

Karl Schmidt-Rodenäs schrieb 1992 im Vorwort: „Henning Rinken stellt sich uns dar als ein Mann unnachsichtiger Ehrlichkeit. Sicherlich nur mit geringen Schulkenntnissen ausgerüstet, müht er sich in rührender Weise um adäquaten Ausdruck für das, was er der Nachwelt erhalten möchte, sowie auch für das, was ihm sein nüchternes Urteil eingibt.“

Koch 1908, Rinken 1992, Schmidt 1978b, Schmidt-Rodenäs 1981, Wedemeyer 1991a.

Rinken, Jürn →Hennings, Jürn Rink

Riperstich Sylterfriesischer Straßenname zwischen Kampen und Wenningstedt. *Riper-stich* war vermutlich eine alte Heerstraße, benannt nach der dänischen Stadt Ribe/Ripen.

Möller 1916.

Rippelmarken sind wellige Verformungen der Oberfläche des →Watts. Die typischen Kämme und Furchen, die wie ein Waschbrett aussehen, entstehen durch den Ebbstrom im Sandwatt. Je geringer die Geschwindigkeit des Wassers ist, desto kleiner sind auch die Abstände zwischen den Kämmen. Unsymmetrische Rippeln sind durch Wasserströmungen, symmetrische durch Schwingungswellen des Windes entstanden.

Fiedler 1992.

Risgap lautet ein sylterfriesischer Flur- und Straßenname in Wenningstedt. *Ris* sind Sträucher, woraus man Gerten machen kann, *Gap* heißt „Schlucht, Spalte“. Die Schlucht *Risgap* ist die einzige dünenfreie Stelle an der Westküste Sylts. Der Chronist C. P. →Hansen berichtete 1845 von einer „ziemlich engen Thalschlucht“ bei Wenningstedt, „welche gegenwärtig einen Fahrweg nach dem westlichen Strande und zwar den einzigen durch das rothe Kliff führenden, bildet“. Auf einem 1850 gezeichneten Bild vermerkte er: „Das Riesenloch im rothen Kliff war das innere Ende des alten Friesenhafens, wo der Sage nach die Angelsachsen sich 449 einschifften, um Britanien zu erobern.“ Das Original des Bildes ist im *Nordfriisk Instituut* in Bredstedt aufbewahrt.

C. P. Hansen 1845 u. 1859a, Janus 1998, Möller 1916.

Robben →Seehunde

Robbenschlag Als Ersatz für die stark rückläufigen Erträge im →Walfang konzentrierten sich die Jäger ab der zweiten Hälfte des 18. Jahrhunderts zwangsläufig wieder auf den lange gering geachteten Robbenschlag. Er galt als ungefährlicher und unehrenhafter. Doch bargen gerade das häufige Verlassen des Bootes, das Gehen auf blankem Eis, Risse, Spalten und Eisbewegungen vielfältige Gefahren. War ein Robbenlager ausgespäht, wurde es mit dem Boot angesteuert. Zwei so genannte Springer stiegen beim Anprall des Bootes aus, um es festzumachen. Jeder Robbenjäger war mit einem Knüppel und zwei Messern ausgerüstet, selten mit ei-

Adolf van der Laan: „Walroßjagd im nördlichen Eismeer um 1720-1730", Radierung, 15 x 19 cm. Die Unterschrift lautet: „Das Schießen, knepplen und Stechen der See pferde (Wallrosse)". (Nordfriisk Instituut)

nem Gewehr. Die Robben erhielten einen Schlag auf den Kopf, der sie meist nur betäubte. Dann wurde ihnen bei lebendigem Leib das Fell mit der Speckschicht abgeschnitten. Auf dem Fangschiff trennte man den Speck vom Fell und verpackte ihn in Fässer. Er diente der Trangewinnung. Die Felle wurden eingesalzen. Zum Verzehr eignete sich nur die Leber. 1836 ist mit Peter →Eschels der letzte Sylter Kommandeur auf „Grönlandfahrt" nachgewiesen. Er verlor sein Schiff *Wettrenner* im ewigen Eis und kehrte nur mit viel Glück nach Hause zurück.

Lengsfeld 1991, Oesau 1937, Voigt 1987.

Rochen *(Rochel)* Ihre charakteristische Scheibenform erhalten die Fische durch die mit Kopf und flachem Rumpf verwachsenen Brustflossen. Der lange, dünne Schwanzstiel verleiht ihnen dabei die Gestalt eines Kinderdrachens. Die heute im Wattenmeer nicht mehr vorkommenden Nagel- und Glattrochen erreichen eine Größe von jeweils etwa anderthalb Metern. Sie ernähren sich von Fischen, Krebsen und Weichtieren, die sie am Grund des Meeres erbeuten.
Rochenfleisch war lange Zeit ein wichtiger Nahrungsbestandteil der Sylter Bevölkerung, getrocknet diente es als Wintervorrat. Gefangen wurden die Fische in den Stellnetzen der →Fischgärten oder von Booten aus. Ein altes Abgabenverzeichnis besagt, dass im 17. Jahrhundert etwa 15 Kutter ihre Netze auslegten. Eine beliebte Fangmethode war auch der Einsatz von →Pieptauschiffen. Die Rochen wurden direkt am Ufer getrocknet. Von einem solchen Trockenplatz zeugt noch der Flurname →*Pualbuurt* nördlich von Munkmarsch.
Bis etwa 1800 hatte der Rochenfang Konjunktur, bald danach musste er aufgegeben werden. Der Grund lag wahrscheinlich in der starken Aufschlickung des Watts. Rochen bevorzugen Wassertiefen ab 20 Metern und verirren sich nur sehr selten ins flache Wattenmeer. Heute sind sie vor allem deswegen gefährdet, weil sie als Beifang in Fischernetze geraten. Aufgrund ihrer geringen Vermehrungsrate können diese Verluste kaum ausgeglichen werden. Die am Sylter Strand angeschwemmten Rocheneier wurden aus nördlichen Meeresgebieten verdriftet.

Quedens/Stöver 1978, Seidel 1999.

Rodenberg, Julius (eigentlich Julius Levy) * 26.6.1831 Rodenberg/Hessen, † 11.7.1914 Berlin, Jurist, Schriftsteller. Rodenberg nannte sich nach seinem Geburtsort im heutigen Lahn-Dill-Kreis. 1867-74 gab er in Berlin die Zeitschrift *Der Salon für Literatur, Kunst und Gesellschaft* heraus und 1874-1914 die *Deutsche Rundschau*, eine der führenden Zeitschriften der Gründerzeit. Auch Theodor Storms Novellen „Waldwinkel" (1874), „Psyche" (1875) und „Aquis submersus" (1876) wurden hier im Erstdruck veröffentlicht. Rodenberg selbst schrieb historische und bürgerliche Romane, Dramen, Wanderbücher und Reisebeschreibungen. 1859 entstand in Westerland sein Tagebuch „Stilleben auf Sylt", das den Ruf des damals noch weitgehend unbekannten Nordseebades wesentlich steigerte. Nach einem weiteren Sylt-Besuch 1875 gab er eine erweiterte Ausgabe heraus. Mittlerweile war Schleswig-Holstein preußisch geworden und Rodenberg wünschte Deutschen und Dänen für die Zukunft: „Auch der alte Streit, so wollen wir hoffen, ist für immer geschlichtet und selbst die Erinnerung daran hat den bittern Beigeschmack verloren; denn sie gehört bereits der Geschichte."
Julius Rodenbergs Einschätzung von den Entwicklungsmöglichkeiten des Seebads war 1859 noch ziemlich hoffnungslos: „Ein Modebad ist Westerland nicht und wird es, nach den angedeuteten Übelständen, die zu sehr in der Natur und Beschaffenheit der Insel und des Strandes liegen, auch schwerlich werden. ... Der Besuch von Westerland wird von Jahr zu Jahr wachsen; aber ein Bad für die große und fashionable Welt wird es nicht

werden. Es werden Leute hierher kommen, die wie wir Sehnsucht haben nach der Stille, in der die erschütterten Saiten ihres Innern endlich einmal austönen können; Leute, die dem bunten, flüchtigen Tand entfliehen wollen, anstatt ihn aufzusuchen, die wieder einmal auf kurze Zeit – da ihnen längere nicht gegönnt ist – in die kunstlos einfachen, die natürlichen Bedingungen des Lebens zurückkehren möchten, aus denen sie hervorgegangen sind...“

Rodenberg 1861 u. 1876.

Rogge, Friedrich * 28.10.1867 Potsdam, † 7.7.1932 Rendsburg, Landrat. 1904-14 war Rogge Verwaltungschef des Kreises →Tondern. Er förderte u. a. das Wasserwesen und den Fremdenverkehr. Im Sommer hielt er sich gern in seinem Haus „Hilde“ in Westerland auf. Hier rettete er Menschen aus der Brandung. In besonderer Weise nahm er sich des heimatlichen Bauwesens an und wurde erster Vorsitzender des 1908 gegründeten Vereins →Baupflege Kreis Tondern.

SHBL 2, Steensen 1996a.

Roland Der Ursprung der Symbolfigur Roland soll einer der zwölf Paladine Kaiser Karls des Großen (um 800) gewesen sein, der einigen heranwachsenden Gemeinden Sonderrechte einräumen musste. Die Ritterfigur steht für das Privileg einer freien Stadt mit eigener Gerichtsbarkeit (Schwert), Marktfreiheit und Reichsschutz (Schild mit Reichsadler).

Der aus Findlingen erbaute Westerländer Roland wurde 1917/18 von dem Hamburger Bildhauer Wilhelm Rex als Brunnenfigur gestaltet und von den 5 200 auf Sylt stationierten Soldaten der Stadt geschenkt. Er bekam einen Platz vor dem damaligen Rathaus (→„Hotel Royal“), wobei die Büste des Generalpostmeisters Heinrich von →Stephan weichen musste. 1956 wurde die Statue abgebaut und auf dem Bauhof eingelagert. 1994 erhielt sie einen neuen Platz beim Kreisverkehr Norderstraße/Boy-Truels-Straße.

Hubertus Jessel 1995, Sylter Archiv.

Röm *(Rem*; dänisch: *Rømø)* heißt die halbmondförmige dänische Nachbarinsel nördlich von Sylt. Sie ist rund 130 Quadratkilometer groß und geologisch ähnlich aufgebaut wie →Amrum. Dem weiten Sandstrand im Westen folgen Dünen, Heiden, Nadelwälder, Viehweiden und schließlich an der Ostküste das Wattenmeer. Der Juvre-Koog im Norden der Insel wurde 1928 eingedeicht und umfasst 624 Hektar fruchtbarsten Ackerlandes. Rings um den etwa vier Meter hohen *Borrebjerg* (Burgberg) nördlich von →Havneby erkennt man Wall- und Grabenanlagen, die auf eine rund 600 Jahre alte Wehrburg schließen lassen. Die Insel mit plattdänischer Volkssprache weist zwar in Landschaft und Kultur manche Ähnlichkeiten mit den nordfriesischen Inseln auf, gehört aber nicht zu diesen, sondern war immer von Jüten besiedelt. Der Süden Röms gehörte, wie auch das →Listland auf Sylt, zu den reichsdänischen →Enklaven.

Zwischen →List und Havneby verkehren seit 1963 täglich mehrere Autofähren. In diesem bedeutenden Fischereihafen Dänemarks haben 13 Schiffe ihre Heimat. Die übrigen, meist kleinen Inselorte liegen beidseits der von Süden nach Norden verlaufenden Straße. Sie heißen Sønderby, Mølby, Vråby, Kirkeby, Kongsmark, Lakolk (Seebad seit 1898), Tvismark, Bolilmark, Toftum und Juvre. Ihre Einwohnerzahl ist gesunken und befindet sich mittlerweile bei zusammen rund 800. Ferienhäuser prägen die gesamte Westküste.

In der einzigen Kirche der Insel, Sankt Clemens in Kirkeby, findet man in der Nähe der Orgel noch die reservierten „Lister Stühle“ für die Bewohner des →Listlands, die dem Kirchspiel Röm unterstanden. Von der Seefahrerepoche, der Teilnahme an →Walfang und Robbenschlag, zeugen 42 Kommandeursgrabsteine auf dem Friedhof. Im *Kommandørgården* (Kapitänshof) von 1748 in Toftum, der als Heimatmuseum eingerichtet ist, kann das Leben und Wohnen einer wohlhabenden Kapitänsfamilie besichtigt werden. Daneben befindet sich die ehemals kleinste Schule Dänemarks. Auf sechs mal sechs Metern bot das winzige Gebäude aus dem Jahre 1784 zeitweise bis zu 40 Schülern Platz.

Zwischen Kongsmark, dem größten, und Toftum, dem ältesten Dorf, liegt die Abzweigung zu dem neun Kilometer langen Straßendamm, der seit 1948 die Insel mit dem dänischen Festland verbindet. In der Hochsaison kommen bis zu 50 000 Autos täglich über diese Straße, insgesamt wird Röm pro Jahr von rund 2,5 Millionen Menschen besucht. Früher war Kongs-

Julius Rodenberg (Nordfriisk Instituut)

mark als Verbindungshafen zwischen Jütland und dem Inselseebad Lakolk der Hauptort Röms. Hier legten die von Ballum kommenden Dampfer an, und eine von Pferden gezogene Kleinbahn beförderte die Gäste zur Westküste weiter. Dort warteten die mit bis zu vier Kilometern breitesten Strände Nordeuropas, die heute auch mit dem Auto befahren werden dürfen. Nur der nördlichste Teil bei Juvre steht unter Naturschutz.

Falk 1983, Quedens 2000b.

Rømø-Sylt-Linie (RSL) Seit 1963 pendeln die Autofähren der RSL zwischen List und Havneby auf →Röm. Die Überfahrt dauert etwa 50 Minuten und kostet zwischen 53 und 61,50 Euro je nach Größe des Fahrzeugs (Rückfahrkarte 2002). Ein moderner Anleger mit einer Tragfähigkeit von 72 Tonnen erlaubt seit 2000 das Be- und Entladen der Fähren auch bei extremen Wasserständen. Im Jahr werden ungefähr eine Million Passagiere und 100 000 Autos übergesetzt. Ihre große Stunde erlebte die →Verkehrsverbindung 1994, als Mitte September die Bahnstrecke über den →Hindenburgdamm ausgefallen war. Ausgerechnet an einem Sonntag waren zwei Diesellokomotiven entgleist und blockierten den Hauptstrang von Westerland zum Festland. Die RSL sprang ein und ließ ihre beiden Fähren *Westerland* und *Vikingland* die ganze Nacht durch pendeln.

Nordfriisk Instituut.

Rön →Trachten

Rosa rugosa →Sylt-Rose

Rosenzweig, Karl →Karlchen

Ross, Gustav * 29.9.1818 Altekoppel/Bornhöved, † 8.5.1861 Altona, Arzt. Ross gehörte zu den Wegbereitern der Orthopädie in Schleswig-Holstein. Aus gesundheitlichen Gründen weilte er 1857 und 1858 jeweils längere Zeit zur Erholung auf Sylt. Von der therapeutischen Wirkung eines Aufenthaltes an der Nordsee war er derartig überzeugt, dass er mit einer 24-seitigen Schrift „Das Nordseebad Westerland auf der Insel Silt. Eine vorläufige Ankündigung" an die Öffentlichkeit trat. Er steigerte den Bekanntheitsgrad des entstehenden →Seebades Westerland enorm. 1857 gründete er mit anderen eine Aktiengesellschaft zur Errichtung einer Badeanstalt.

Bei der Grundsteinlegung zur →Dünenhalle hielt Gustav Ross am 29. September 1857 im Namen der Badeaktionäre folgende oft zitierte Rede:
„Vieler Orten sind Seebäder begründet worden, aber nicht das schlechteste wird dasjenige sein, wozu wir heute den Grundstein legen, vielleicht das kräftigste von allen! – Ein großartiges Meer, ein Strand meilenlang ausgebreitet wie der köstlichste Samtteppich, die phantastische Dünenlandschaft, die hehre Schönheit der ganzen Insel, endlich die Tugenden solcher Bewohner – das ist eine so seltene Vereinigung von Vorzügen, daß sicherlich binnen wenigen Jahren Sylt zu den gesuchtesten Nordseebädern zählen wird. Tausende werden Eure gastliche Insel besuchen und mit neuer Kraft, freudigen Mutes und dankerfüllten Herzens wieder von dannen ziehen! – Aber für die Bewohner wird, was wir heute beginnen, nicht ohne tiefe Bedeutung bleiben. Schlagt die Blätter Eurer Geschichte auf, Ihr werdet finden, daß zu keiner Zeit Eure Scholle allein Euch ernähren konnte. Früher bereicherte Euch der Walfischfang, jetzt der Schiffsdienst. Wer aber vermag in die Zukunft zu schauen? Ob nicht, wie das eine aufhörte im Laufe der Zeiten, auch einmal das andere geschmälert werden kann? Deshalb erkennt es dankbar an, daß die gütige Natur Eure Insel mit so herrlichen Eigenschaften zu einem Seebade ausstattete und das offene Auge einiger unter Euch diesen Fingerzeig der Natur benutzte. Im Verkehr mit den Badegästen, die jeder Sommer Euch von nah und fern zuführen wird, wird Euer Gesichtskreis sich erweitern, werden neue Aussichten, neue Hilfsquellen sich Euch eröffnen, der gesunde Sinn aber, der Euch auszeichnet und der Euch durch alle Meere und Länder glücklich hindurch führt, dieser gesunde Sinn wird Euch auch leiten, von dem dargebotenen Neuen bloß das Gute zu behalten."

SHBL 4, Wedemeyer 1991a.

Friedrich Roßberg (Nordfriisk Instituut)

Gustav Ross (Sylter Archiv)

Roßberg, Friedrich * 4.8.1866 Leipzig, † 31.10.1954 Westerland, Buchdrucker, Chronist. Roßberg kam 1886 nach Westerland und erwarb eine eigene Druckerei. Von 1890 bis zur Fusion mit der →*Sylter Zeitung* von Carl →Meyer 1923 gab er das →*Sylter Intelligenz-Blatt* heraus. Ein in den 1930er Jahren verfasstes Manuskript zur Geschichte der Stadt Westerland wurde 1937 in der *Westerländer Kurzeitung* und 1953 im *Sylter Tageblatt* veröffentlicht. Roßberg war viele Jahre in der Westerländer Kommunalpolitik tätig. Maßgeblich beteiligte er sich am Aufbau des Turn- und Sportvereins der Stadt; er führte u. a. eine einheitliche Sportbekleidung ein.

Sylter Archiv.

Die Abendsonne lässt das Kliff zwischen Wenningstedt und Kampen rot aufleuchten.
(Sylter Archiv, Foto: Wilma Bräuner)

Rote Grütze *(Ruarbrii)* Die *Rode Grütt*, wie sie auf Plattdeutsch genannt wird, ist eine mit Stärke angedickte Süßspeise aus frischen Früchten. Sie wird mit Sahne, Milch oder Vanillesoße gereicht.

Rotes Kliff *(Ruarklef)* Das viereinhalb Kilometer lange Rote Kliff zwischen Wenningstedt und dem Haus →Kliffende in Kampen wird von einer fast 30 Meter mächtigen Grundmoräne gebildet. Nach Norden und Süden flacht sie allmählich ab. Vor etwa 180 000 Jahren türmten die Gletscher der →Eiszeit diese Formation auf. Der eisenhaltige Geschiebelehm verfärbt sich unter Sauerstoffeinfluss, so dass die →Abbruchkante vorwiegend im Abendlicht rot aufleuchtet. Seit dem 16. Jahrhundert ist das markante Kliff in Seekarten verzeichnet.
Das Kliff ist in seiner gesamten Länge in besonderem Maße der Brandung ausgesetzt. Auch →Sturmfluten, Auswaschungen durch Regen und Absprengungen ganzer Kliffblöcke durch Frost schädigen es nachhaltig. Der jährliche Landverlust beträgt zwischen einem und vier Metern. Der Verlauf der Abbruchkante vor dreißig Jahren kann beim Haus Kliffende beobachtet werden, wo private Bemühungen der Besitzer bis heute eine Landzunge retteten. Durch Küstenschutzmaßnahmen, insbesondere →Sandaufspülungen, wird seit 1972 versucht, die Schäden zu begrenzen. Seit 1979 ist das Rote Kliff zusammen mit der an seinem oberen Rand beginnenden Heidelandschaft Naturschutzgebiet. Hier steht auch der Kampener Leuchtturm, dessen offizielle Bezeichnung „Rotes Kliff" lautet.

Boll/Christensen/Grube 1984, Koehn 1974, Newig 1987, Reichstein (Exkursion).

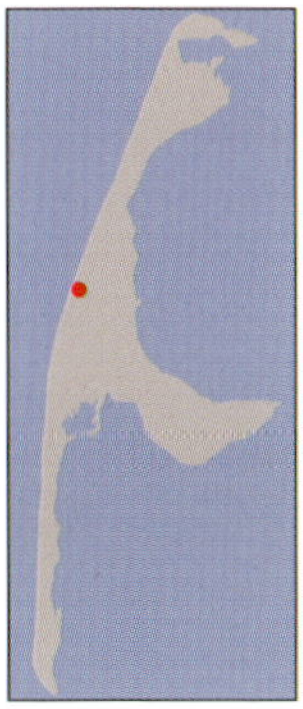

Rotes Kliff

Rotschenkel *(Kliiri)* haben auffallend rote Beine und eine melodische Stimme. Ohne diese Merkmale würde man auf die braungrauen *Tüter*, wie sie plattdeutsch genannt werden, kaum aufmerksam werden. Ende März kehren die Brutvögel aus ihren Winterquartieren in Nordafrika und am Mittelmeer zu ihren Brutplätzen an der Nordseeküste zurück. Sie bevorzugen das hohe Gras dichter, feuchter Wiesen. Schon im Laufe des Monats Juli orientieren sich die Altvögel nach Süden, die Jungen folgen etwas später. Auf Sylt sind sie vor allem im Nössekoog und in den Salzwiesen anzutreffen.

Koch 1996b, Quedens 1976.

Rotschwingel *(Gērs)* ist ein Gras, das Überflutungen durch Salzwasser gut verträgt. Es bildet einen dichten Rasen in den höher gelegenen, etwa 35 bis 100 Jahre alten →Salzwiesen. Diese Zone in Deichnähe wird noch etwa 10 bis 70 Mal im Jahr von höheren Fluten überspült.

Alshuth 1992b, Reise 2000.

Röttger, Dieter * 1.2.1930 Hamburg, Maler. Nach einer Lehre in Typographie und Schriftgestaltung bei der Druckerei Broschek erhielt Röttger seine zeichnerische Ausbildung durch

Dieter Röttger: „Sonnenuntergang über Westerland" 1982, farbige Tusche auf Papier, 30 x 40 cm (Klappholttal)

Arnold Fiedler ebenfalls in Hamburg. 1960 siedelte er nach Sylt über. Der Künstler, der u. a. auch →Fossilien sammelt, lebt sehr zurückgezogen zwischen Keitum und Munkmarsch. Natürliche Strukturen der Sylter Landschaft, wie z. B. →Rippelmarken im Watt, spiegeln sich in seinen Ölbildern wie „Grüne Wattlandschaft" wider. Er schöpft aus seiner Erinnerung an natürliche Formen und Strukturen, übersetzt sie aber in eine eigene Sprache und schafft eine neue Formenwelt. Fragmente des Fliesenbildes „Garten Eden", das Röttger einst für ein öffentliches Gebäude in Hamburg anfertigte, zieren heute die Nordseite der Friedhofskapelle von Sankt Severin in Keitum.

Kruse 1981, Röttger 1984, Röttger/Wedemeyer 1997, SHL 1983, Wedemeyer 2002.

Ernst Rowohlt (Rowohlt Verlag)

Rowohlt, Ernst * 23.6.1887 Bremen, † 1.12.1960 Hamburg, Verleger. Rowohlt ist der Gründer des gleichnamigen Verlages, der seit 1960 seinen Sitz in Reinbek bei Hamburg hat. Besondere Verbreitung fanden die rororo-Taschenbücher („rowohlts rotations romane"). Wenn Rowohlt auf Sylt weilte, wohnte er zumeist in Kampen bei Freunden wie Peter →Suhrkamp oder Clara →Tiedemann. 1929 begegnete er am Roten Kliff dem ziemlich heruntergekommenen späteren Erfolgsschriftsteller Hans →Fallada und motivierte ihn zu einem Neuanfang. Er fühlte sich „wohl wie ein Seehund", wenn er mit einem an den Ecken geknoteten Taschentuch auf dem Kopf bis zum Hals im Wasser sitzen konnte.

Ernst Rowohlt war auch für derbe Späße zu haben. Zusammen mit dem Schriftsteller Hans Sahl (1902-1993) schockierte er um 1930 Kampener Bürger, indem er frisch geräucherte Bücklinge in der Luft zerriss und Köpfe und Häute verächtlich hinter sich in den Sand warf. Dazu schwenkten die beiden eine Schnapsflasche und riefen: „Es lebe die Anarchie!"

Rost 1996, Wedemeyer 1986.

Rudolph, Adda geb. Meyer * 21.4.1902 Westerland, † 13.6.1974 Westerland, Verlegerin. Die Tochter des Zeitungsverlegers Carl →Meyer trat in die Fußstapfen ihres Vaters. In ihrem Verlag für nordfriesisches Heimatschrifttum erschienen mehrere Bücher zur Sprache und Geschichte Sylts.

Petersen 1974.

Rüm Hart, klaar Kiming! „Was heißt: Rüm Hart, klar Kimmang?" Diese Frage stellte der Philosoph und Journalist Friedrich Engels

„Weites Herz, klarer Horizont!" lautet der Wahlspruch der Sylter Friesen. (Foto: Walter Fiedler)

(1820-1895) seinem Kollegen und Freund Karl Marx (1818-1883) in einem Brief vom 2. November 1864. Engels hatte das Herzogtum Schleswig bereist und war vom Selbstbewusstsein der →Friesen an der Westküste beeindruckt. Die Antwort hätte lauten müssen: „Weites Herz, klarer Horizont!" Das Wort wird den welterfahrenen inselfriesischen →Kapitänen zugeschrieben. Der Chronist C. P. →Hansen benutzte es z. B. zur Charakterisierung des Sylter Friesen Uwe Jens →Lornsen: „Es galt von ihm, was der alte nordfriesische Wahl- und

Trinkspruch sagte: er hatte ‚rüm Hart, klar Kimming', d. i. ein weites, menschenfreundliches Herz, einen ausgedehnten, vorurtheilsfreien Gesichtskreis."
Nordfriisk Instituut.

Rummelpott Das Rummelpottlaufen ist ein alter Brauch, der in ganz Europa in unterschiedlicher Ausprägung verbreitet war. Die Umzüge mit dem Rummelpott, der früher aus einem Topf und einer Schweinsblase selbst gebastelt wurde, veranstalteten meist männliche Jugendliche in den zwölf Nächten zwischen Weihnachten und dem Dreikönigstag. In Nordfriesland hat sich dieser Brauch für Kinder noch am Silvesterabend erhalten. Auf Sylt ist der verwandte Brauch des →Maskenlaufens lebendig.
Mensing 1933, Ramge 1997.

Runge, Hermann Fr. * 4.8.1905 Keitum, † 3.7.1929 Keitum, Lehrer. Zusammen mit Hermann →Schmidt initiierte Runge die friesische Zeitungsbeilage →*Fuar Söl'ring Lir*, an der er 1926-29 mitarbeitete. Er übersetzte den „Sylter Hahn" von Margarete →Boie ins Sylter →Friesisch und verfasste moderne friesische Gedichte. Krankheitsbedingt zog er sich von der Arbeit zurück und starb mit noch nicht 24 Jahren.
Sylter Archiv.

Rust, Alfred * 4.7.1900 Hamburg, † 14.8. 1983 Ahrensburg, Vorgeschichtsforscher. Rust war technischer Leiter einer Elektrofirma in Hamburg und betrieb autodidaktisch biologische, kunsthistorische und archäologische Studien. Auf Empfehlung des Vor- und Frühgeschichtlers Gustav Schwantes reiste er per Fahrrad nach Syrien, wo ihm eine beachtliche wissenschaftliche Ausgrabung gelang. Nach der Verleihung der Ehrendoktorwürde habilitierte er sich 1942 und arbeitete als wissenschaftlicher Mitarbeiter des Landesamts für →Vor- und Frühgeschichte Schleswig-Holsteins. Rust suchte nach Beweisen für seine Theorie, dass bereits weit vor 500 000 bis einer Million Jahren in Nordeuropa Menschen gelebt haben. Auf Sylt fand er 1952 am →Morsum-Kliff einen seiner Ansicht nach eindeutig künstlich behauenen Windkanter. Das vorgeschichtliche Werkzeug musste nach Rusts These vor mehr als 500 000 Jahren geformt worden sein. Denn wer sich solcher Mühe unterzog, dem stand offenbar der viel leichter zu bearbeitende Feuerstein oder Flint nicht zur Verfügung. Flint gelangte erst mit den →Eiszeiten ab etwa 500 000 v. Chr. nach Norddeutschland. Seine Theorie ist unter Fachleuten umstritten.
Rust 1956, 1958 u. 1986, SHBL 10, Wedemeyer 1991a.

Säbelschnäbler *(Plütj)* Der hochbeinige, schwarz-weiß gefiederte Vogel hat einen schmalen, aufwärts gebogenen Schnabel. Er besitzt Ansätze von Schwimmhäuten zwischen seinen Zehen und kann deshalb auch gut schwimmen. Seine Nahrung erbeutet er, indem er mit dem Schnabel flache Gewässer durchsiebt. Anfang April finden sich die Vögel aus Afrika kommend auf ihren Brutplätzen auf Vorländern, Wattwiesen und in Kögen ein. Besonders beliebte Plätze auf Sylt sind das Rantumbecken und der Nössekoog. Einem Eindringling fliegen sie schon früh entgegen, um ihn vom Nest fern zu halten. Um die ganze Aufmerksamkeit eines Feindes auf sich zu lenken, stellen sie sich z. B. flügellahm und täuschen ihm leichte Beute vor.
Quedens 1976.

Säbelschnäbler (Foto: Walter Fiedler)

Sachs, Gunter * 14.11.1932 Schloss Mainberg bei Schweinfurt, Fotograf und Kameramann. Der Nachkomme der Besitzer der Kugellagerwerke Fichtel & Sachs ist Produzent und Kameramann. Ausstellungen, Auszeichnungen und Bücher begleiten sein fotografisches Werk. Bekannt wurde er in seiner gesellschaftlichen Rolle als Playboy der 1960er/70er Jahre. Eine kurzfristige Verbindung mit der französischen Schauspielerin Brigitte Bardot verhalf ihm zu größter Popularität. Ständig war er von hübschen Mädchen, teuren Autos und Motorrädern umgeben. Den beliebten Treffpunkt der Sylter →Prominenz, das →Pony in der Kampener →Whiskystraße, suchte er gerne mit donnerndem Motorrad auf. Wilde Parties wurden am Strand und in den Dünen bei →Buhne 16 gefeiert. Wie die meisten Prominenten liefert Sachs heute keine Schlagzeilen mehr, wenn er auf Sylt weilt.

Schreiber 1996.

Saenger, Elsa und Julius →Korwan-Katzenstein, Franz

Sagen *(Staatjis)* berichten zumeist von sonderbaren oder übersinnlichen Ereignissen, haben aber in der Regel einen Anlass, der häufig in der ferneren geschichtlichen Vergangenheit liegt. Die Insel Sylt ist reich an prähistorischen Funden, →Grabhügeln und Siedlungsstellen, zu deren Geschichte seriöse Überlieferungen und Quellen fehlen. Dieser Mangel an gesicherter Erkenntnis hat wohl dazu geführt, dass mit einer vielfältigen Sagen- und Geschichtenflut versucht wurde, den nicht belegbaren Zeitraum mit Leben zu füllen. Als Hauptverantwortlicher für die meisten Geschichten, die als Sylter Sagenwelt bis in die Gegenwart transportiert wurden, muss der Chronist C. P. →Hansen gelten. Weil die Volksüberlieferung auf der Insel seinem romantisch-politischen Verständnis nicht ergiebig genug war, konstruierte er die Sylter Vergangenheit u. a. aus Flurnamen und Kirchenbucheinträgen. Seine „Friesischen Sagen und Erzählungen" (1858) sind auch durch die damaligen deutsch-dänischen Auseinandersetzungen beeinflusst.

Man findet in Hansens Sammlung dämonologische Sagen über Naturgeister wie →Riesen und →Zwerge, darunter →Nis Puk und →Ekke Nekkepenn, weiter Geschichten über Menschen auf der Grenze zum Unheimlichen, wie →Hexen, Teufel und →Wiedergänger bzw. Gunger. Großen Raum nehmen die historischen Sagen ein. Hierzu gehören die Heldengeschichten von →Pidder Lüng oder →Lille Peer, aber auch die treuen Frauen →Moiken Peter Ohm und →Ose. In die Kategorie der Erklärungssagen fallen →Ing und Dung und die unzähligen Geschichten zu den Grabhügeln, Kirchen und Burgen. Schließlich wurden auch die vermeintlichen Eulenspiegeleien eines →Pua Moders sowie Schandtaten von See- und Strandräubern in fast glaubwürdige Erzählform gebracht.

Der Niebüller Regionalforscher Albert Panten zeigt, wie der Chronist C. P. Hansen bei der Erdichtung seiner mittelalterlichen →Pidder-Lüng-Sage vermutlich vorgegangen ist: Aus dem Lister Flurnamen Jens' Langtal, dessen Pendant der ebenfalls vorkommende Flurname Jens' Kleintal ist, leitete Hansen Jens Lang(s) Tal ab und schuf daraus Jens Lüng, den Großvater von Pidder Lüng. Er soll den Untergang Alt-Lists überlebt und Mett, eine weitere Überlebende, geheiratet haben. Diese Tatsache erschloss der Chronist aus dem Hügelnamen Jensmettenberg. Die Flurnamen entstanden jedoch erst im 17. Jahrhundert und kommen als mittelalterliche Zeugnisse nicht in Frage.

C. P. Hansen 1858 u. 1875, Hubrich-Messow 2000, Hubertus Jessel 1969 u. 1996d, Jessen 1965, van der Kooi 1998, Lübbing 1977, Muuß 1992, Panten 2001f, Quedens o. J., Temming 1995, Wedemeyer 1988.

Sahara →Sylter Sahara

Saison *(Baaritir)* Während noch in den 1950er Jahren viele Fenster und Türen in den Sylter Quartieren im Winter vernagelt waren, ist heute bis auf wenige Wochen im Jahr immer Saison. Akzeptable Badetemperaturen hat die Nordsee von Mai bis September. Die Hochsaisonzeiten liegen in den Sommerferien der Schulen und um Weihnachten und Neujahr. Wer weniger zum Baden, sondern mehr zum Wandern oder zur Erholung die Insel besucht, sollte auf die Nebensaison ausweichen. Die Monate Februar/März und September/Oktober stehen ganz im Zeichen des Vogelzugs. Im Frühjahr ist es relativ trocken, und viele Pflanzen zeigen sich in voller Blüte. Im Herbst findet man zwar noch erträgliche Wassertemperaturen, es kündigen sich aber auch die ersten Stürme und viel Regen und Nebel an. Doch an der Küste „gibt es kein schlechtes Wetter, sondern zuweilen die falsche Kleidung", sagt der Volksmund.

Nordfriisk Instituut.

Ernst von Salomon

Salomon, Ernst von * 25.9.1902 Kiel, † 9.8.1972 Stöckte/Winsen a. d. Luhe, Schriftsteller, Drehbuchautor. Als junger, enttäuschter Weltkriegsveteran war von Salomon in den rechtsextremistischen Kapp-Putsch 1920 und in das Attentat auf Außenminister Walther →Rathenau 1922 verwickelt und saß dafür fünf Jahre im Zuchthaus. Seine Erlebnisse mit den Bauernaufständen in Schleswig-Holstein, der Landvolkbewegung, beschrieb er in dem Buch „Die Stadt" (1932). Den Nationalsozialisten und später auch den Siegermächten blieb er verdächtig. So suchte er immer wieder für längere Zeit eine Zuflucht auf Sylt, weil er hier „besonders angenehme Bedingungen fand, um intensiv arbeiten zu können". Sein Kontakt zu den Kampenern war so eng, dass er 1936 als passives Mitglied in die Freiwillige Feuerwehr aufgenommen wurde. Nach dem Zweiten Weltkrieg, den er in Berlin erlebte, bemühte sich der Schriftsteller um eine Zuzugsgenehmigung nach Sylt. 1946 erhielt er eine Unterkunft in den ehemaligen Bunkeranlagen der Wehrmacht bei Kampen. In unmittelbarer Nähe der →Kupferkanne bewohnte er mit seiner Frau ein notdürftig eingerichtetes Erdloch. Hier entstand zwischen 1945 und 1950 einer der ersten deutschen Bestseller der Nachkriegsgeschichte, sein autobiographisch gefärbter Dokumentarroman „Der Fragebogen". Er galt als literarische Antwort auf die 131 Punkte des Entnazifizierungsfragebogens der Alliierten. In seinem Buch „Deutschland deine Schleswig-Holsteiner" (1971) verarbeitete er u. a. auch diese Nachkriegszeit auf Sylt. Von Salomon verwaltete den →Klenderhof in Kampen und nutzte dies, indem er literarische Abende mit Schriftstellern, Schauspielern und Kabarettisten dort veranstaltete. Seine Kollegen kamen laut Kurt Lothar →Tank „gern, denn sie wussten, bei Salomon gab es etwas zu essen".

Ernst von Salomon besuchte regelmäßig im Winter die Insel, um intensiv zu arbeiten. In seinem Buch über Schleswig-Holstein schrieb er 1971: „Für die Einheimischen war ich natürlich ein Badegast, zahlte meine Kurtaxe und die überhöhten Preise für Unterkunft und Verpflegung und stieß mich durchaus nicht an der Qualifikation der Einheimischen, die, wenn sie sich untereinander beschimpften, den härtesten Ausdruck fanden in der Bemerkung: Du bischa so dumm as'n Boadegast!"

Rost 1996, Salomon 1961, 1971a/b, Wedemeyer 1986 u. 1992a.

Salzgewinnung *(Saaltwening)* Die friesischen Besiedler der →Utlande beherrschten die Technik der Salzgewinnung aus Seetorf, dem →*Tuul*. Bei Niedrigwasser wurde im Watt mit besonderen Spaten der Torf in großen Streifen abgestochen und mit Tragbahren an Land gebracht. Noch heute kann man im sich ständig verändernden Wattenmeer hie und da die auffällig gestaffelten alten Tuulbänke finden. An Land wurde der Torf verbrannt und das ausgefallene Salz in großen Siedepfannen gereinigt. Durch die Salzgewinnung wurden die Utlande tiefer gelegt. Dies führte im Zusammenwirken mit →Sturmfluten, insbesondere der verheerenden Flut von 1362 zu landschaftlichen Veränderungen von ungeheurem Ausmaß.

Salz ist für die menschliche Ernährung ein wichtiger Grundstoff und diente in alter Zeit vor allem auch zur Konservierung von Nahrungsmitteln. Daher war es im Mittelalter und in der frühen Neuzeit ein wertvolles Handelsgut und wurde auch als „weißes Gold" bezeichnet. Der Salztorf bildete eine wichtige Grundlage für den Wohlstand der Utlandsfriesen. Die Konservierungstechnik mit Salz kam vor allem den Sylter Heringsfischern entgegen, die dadurch auch entferntere Absatzmärkte versorgen konnten. Auf der Insel erinnern noch Namen wie *Tuulklent*, ein Dünenvorsprung bei Rantum, oder *Tuulstich*, eine Schlucht in den Westerländer Dünen, an die Zeit der Salzsieder.

Möller 1916, Seidel 1999.

Salzwiese *(Ingi)* nennt man das begrünte →Vorland im Watt vor dem Landesschutzdeich. Die Salzwiesen an der schleswig-holsteinischen Westküste umfassen eine Fläche von rund 10 000 Hektar, wovon etwa 3 000 Hektar auf die nordfriesischen Inseln und Halligen entfallen. Die Fläche der Sylter Salzwiesen beträgt rund 300 Hektar.

Die Vorlandwiesen sind mit etwa 55 verschiedenen, mehr oder weniger salzverträglichen

Das Vorland vor Keitum mit deutlich ausgeprägter Abbruchkante zum Watt (Wilhelm Borstelmann)

Pflanzenarten bewachsen. Je nach Höhenlage des Vorlandes besiedeln sie ihre typischen Zonen. Im ufernahen Watt bilden sich bei einer Überflutungshäufigkeit von etwa 700 Mal im Jahr inselartige Wiesen aus →Queller. Auf dem höheren Vorland, das nur noch 100 bis 200 Mal jährlich überflutet wird, entsteht die Andelwiese. Hier gedeihen auf großen zusammenhängenden Flächen →Andelgras, Strandaster, →Strandflieder, →Keilmelde u. a. In Deichnähe bei nur noch seltenen Überflutungen von etwa 10 bis 70 Mal im Jahr bildet sich die →Rotschwingelwiese. Selbst bei intensiver Schafbeweidung von neun bis zwölf Tieren pro Hektar gedeihen hier Pflanzen wie der Strandwegerich (→Suden) sowie Strandnelke, -wermut, -milchkraut, -tausendgüldenkraut oder die Bottenbinse. Ohne Beweidung wächst die Vegetation hoch auf und erzeugt einen bunten Teppich aus Strandastern, Strandbeifuß und Strandflieder. Die Hörnumer Salzwiese ist von der zwergstrauchartigen, stark gefährdeten →Keilmelde bedeckt. Ihre goldenen Blütenstände bilden den typischen Kontrast zum violett-blassblauen Strandflieder.
In den Salzwiesen leben etwa 2 000 Tierarten, d. h. die Artendichte ist hier 750 bis 900 Mal so hoch wie z. B. in der Nordsee. Es wird geschätzt, dass über 50 Prozent der Tierarten der Vorländer in anderen Lebensräumen nicht zu finden sind. U. a. suchen auch Pflanzen fressende Küstenvögel ihre Nahrung in den Salzwiesen, und etwa 25 Vogelarten haben hier Jahr für Jahr ihre Brutplätze. Salzwiesen bilden auch eine wichtige Küstenschutzzone, da die auflaufenden Wellen in diesem ansteigenden Bereich schon viel an Energie verlieren.

Koch 1996a, Nationalpark 1995, Salzwiesen o. J.

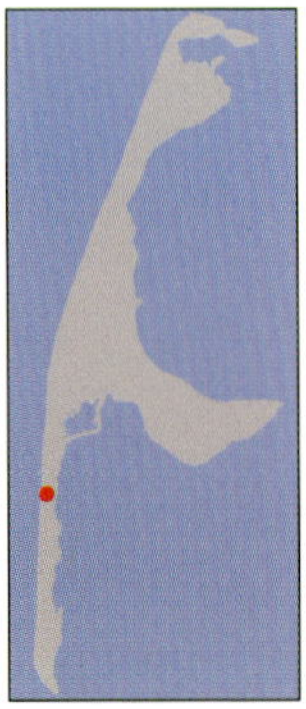

Samoa

Samoa heißt ein Strandabschnitt südlich von Rantum, dort, wo die Insel mit nur 500 Metern am schmalsten ist. Über den Namen Samoa kann nur gerätselt werden. Eine Meinung lautet, dass ein Parkplatzpächter des Badestrandes einmal auf Samoa war. Andere führen die Bezeichnung auf den südseetypischen Sandstrand zurück. Im Mittelpunkt des Areals steht das Lokal „Seepferdchen", einer der gemütlichsten Strand-Treffs auf Sylt, zu dem auch eine Strandsauna direkt beim →FKK-Bereich gehört.

Quedens 2000b.

Sandaufspülungen bilden seit 1972 die wirkungsvollste Methode des →Küstenschutzes gegen den →Landverlust an der Sylter Westküste. Für die ersten Aufspülungen wurde der Sand aus dem Watt vor Archsum (1972) und Rantum (1978) entnommen und über eine Rohrleitung zum Westerländer Strand verfrachtet. Seit den Sandaufspülungen vor Hörnum (1983 und 1986) entnehmen so genannte Hopperbagger, motorisierte Saugbagger mit großem Laderaum, etwa sieben bis neun Kilometer vor der Küste in 12 bis 15 Metern Tiefe den notwendigen Sand. Anschließend ankert der beladene Bagger etwa zwei Kilometer vom Ufer entfernt. Von hier wird unter Zugabe von Wasser durch eine Rohrleitung der Sand an den Strand gespült. Das Wasser läuft ab, der Sand wird mit

Gespannt verfolgen Kurgäste die Sandaufspülung an der Sylter Westküste. (Foto: Uwe Sönnichsen)

Planierraupen verteilt. Die nächsten Sturmfluten tragen nun nicht mehr das natürliche Ufer, sondern den künstlich angelegten Sandstrand ab. Bisher wurden mit dieser Methode des „weichen Küstenschutzes" in 32 Einzelmaßnahmen rund 40 Millionen Kubikmeter Sand aufgebaut. Die Kosten von insgesamt mehr als 100 Millionen Euro für die Verschleißbauwerke regulierte die von Bund und Ländern getragene Gemeinschaftsaufgabe „Verbesserung der Agrarstruktur und des Küstenschutzes".

Frenzel/Deppe 1999, Newig 1996b, Pfnür 1999.

Sandbank *(Sönbaank)* Durch Meeresströmungen und -brandungen bilden sich auf dem Grunde des Meeres langgestreckte Sanderhebungen, die sich ständig verändern. Sie werden auch als Platen bezeichnet. In ihrer Nähe bilden sich →Trecker, tückische Strömungsverhältnisse, die auch geübten Schwimmern Probleme bereiten können. Große Sandbänke ragen aus dem Wasser heraus und bilden beliebte Sonnenplätze für →Seehunde und →Kegelrobben.

Seehunde sonnen sich auf ihrer Sandbank. (Foto: Rosenberger/Seehundstation)

Die bekanntesten Sandbänke im nordfriesischen Wattenmeer sind der Süderoog-, der Norderoog- und der Japsand vor den Halligen sowie der →Jungnamensand und die Knobsände zwischen Sylt und Amrum.
Nordfriisk Instituut.

Sandhaken →Nehrung

Sandinseln Das Material zu einer →Sandaufspülung vor Westerland wurde 1978 aus der Rantumer Bucht entnommen. Zurück blieben die Sandinseln. Sie bestehen aus dem für den Küstenschutz nicht benötigten, gröberen Material. Auf diesem Gelände, das für Füchse unzugänglich ist, siedelten sich bald Vögel an, vor allem auch die selten gewordenen →Seeschwalben. Herbst- und Winterstürme formten eine Miniatur-Dünenlandschaft, die einen idealen Lebensraum für →Brutvögel bildet. Bei Hochwasser während der →Gezeiten lassen sich viele tausend →Vögel hier zur Rast nieder. Die Sandinseln dürfen nicht betreten werden. Es bewacht sie der Vogelwart der →Schutzstation Wattenmeer.
Schutzstation o. J.

Sandregenpfeifer *(Mösk)* Den etwa amselgroßen Vogel kennzeichnet ein kräftiges schwarz-weißes „Halsband". Sein südlichstes Verbreitungsgebiet ist die Nord- und Ostseeküste. Auf Sylt brütet er am Sandstrand zwischen Muscheln, Steinen und Strandgut und ist trotz des offenen Geländes sehr gut getarnt. Auch sein Gelege aus vier hellgrauen, dunkel punktierten Eiern ist kaum von der Umgebung zu unterscheiden. Der Sandregenpfeifer stellt sich bei Störung häufig flügellahm, damit ein Feind sich um ihn statt um den Brutplatz kümmert.
Koch 1996b, Quedens 1997.

Sankt Christophorus 1895-1957 stand in der Neuen Straße in Westerlands Stadtmitte die katholische Herz-Jesu-Kapelle mit 160 Sitzplätzen. 40 Jahre lang zelebrierte ein „Strandpfarrer" in der Saison für die katholischen Gäste den Gottesdienst. 1937 erhielt die Inselgemeinde einen Pfarrer. Als die Kapelle vor allem durch den Zustrom der Heimatvertriebenen zu klein wurde, erbaute man 1955-57 in der Elisabethstraße die Kirche Sankt Christophorus. Namhafte Künstler, darunter der Maler Emil →Wachter aus Karlsruhe, gestalteten den Innenraum, die Fenster und die liturgischen Orte und Geräte. Das Gebäude hielt genau 40 Jahre dem aggressiven Nordseeklima stand und musste 1997-99 komplett erneuert werden. Die neue Kirche ist eine Entwicklung des Müns-

Der Turm der katholischen Kirche Sankt Christophorus in Westerland erhebt sich wie ein Mast über das Schiff; im Vordergrund Kreuze in der →Heimstätte für Heimatlose. (Kirchengemeinde Sankt Christophorus)

teraner Architekten Dieter Baumewerd. Die Grundform des Raumes erinnert an einen Schiffsrumpf. In den Brennpunkten der elliptischen Form stehen Ambo (Lesepult) und Altar. In der Mitte des Raumes ist ein kreuzförmiges Taufbecken in den Boden eingelassen, das Ganzkörpertaufen ermöglicht. 101 Stufen führen zur Plattform des dreieckigen Glockenturms. Vier Glocken beherbergt der „Mast" des Kirchenschiffs. Vor dem Gotteshaus steht die Skulptur „Maria mit dem Kinde".

Nordfriisk Instituut.

Sankt Josef Die katholische Kirche in Hörnum wurde 1962 eingeweiht. Es lebten noch viele katholische Flüchtlinge und Heimatvertriebene im Inselsüden, hinzu kam eine jährlich steigende Zahl katholischer Touristen. Der Westerländer Architekt Höpfner entwarf das Gebäude, das sich in ein Haupt- und Seitenschiff teilen lässt. Die Wandmalereien und bleiverglasten Fenster gestaltete der Maler Emil →Wachter aus Karlsruhe, das Kruzifix an der Altarwand der Bildhauer Leo Ohl aus Buchholz bei Hamburg.

Quedens 1980.

Sankt Jürgen Um 1300 wurde für List eine Kirche verzeichnet, die der Chronist →Kielholt mit „Sunt Jürgen" bezeichnete. Ihr Schicksal ist sehr wahrscheinlich mit dem Untergang des alten →List im 14. Jahrhundert verbunden. Mauerreste des Gotteshauses wurden noch im 19. Jahrhundert in den Dünen gefunden. Auch in der Scheune des Osthofes im Listland tauchten Mauersteine im so genannten Klosterformat auf. Die verfallene Kirche diente der Nachwelt offenbar als Steinbruch. Die Gründer des neuen Ortes List gehörten zum Kirchspiel →Röm. Erst 1863 erhielt List ein Schulgebäude, in das auch ein kleiner Kirchensaal hineingebaut wurde. 1872-1920 predigte in seinem „Bethaus" der Lehrer Heinrich →Helliesen. Die heutige, protestantische Sankt Jürgen-Kirche wurde 1935 von den Architekten Bernhard Hopp und Rudolf Jäger für die Soldaten des Seefliegerhorstes entworfen. Seit 1948 finden zivile Gottesdienste statt, eine selbstständige Kirchengemeinde entstand ein Jahr später. Davor zählten die Lister zur Keitumer Kirchengemeinde →Sankt Severin. Von ihr stammt das spätgotische, über dem Altar schwebende Kruzifix. Ungewöhnlich ist die Lage des Glockenturms, der sich über dem Altar erhebt. Als eine der wenigen während des Dritten Reiches erbauten Kirchen steht Sankt Jürgen seit 1997 unter Denkmalschutz. 2002 wurde der Innenraum renoviert und eine neue Orgel eingeweiht.

Nordfriisk Instituut, Quedens 1980.

Sankt Jürgen (Foto: Karl-Peter Pfnür)

Sankt Martin Die spätromanische Kirche entstand im frühen 13. Jahrhundert und ist neben →Sankt Severin in Keitum das älteste Sylter Gotteshaus. Sie wurde auf dem höchsten Punkt des Morsumer Geestrückens errichtet. Das dem Heiligen Martin geweihte Bauwerk befindet sich in der Mitte des Ringdorfes Morsum. Das Baumaterial besteht aus Granitquadern, Findlingen, Backsteinen und rheinischem Tuff, der als Modeerscheinung seiner Zeit nach der Vollendung des Doms von Ribe 1135 auch zum Bau anderer Kirchen der Region verwendet wurde. Von der kleinen Apsis steigt die äußere Form des Gebäudes über den etwas größeren Chor zum Kirchenschiff auf. Das Gotteshaus, das im Dreißigjährigen Krieg auch als Wehrkirche diente, hat keinen Turm. Stattdessen trägt ein hölzerner Glockenstapel im Kirchhof die 1767 von Johann Nicolaus Bieber in Hamburg gegossene Glocke.

Im Inneren befindet sich ein Altar aus Tuffstein. Der hölzerne Vorsatz wurde 1933 von dem Kieler Bildhauer Alwin Blaue (1896-1958) gefertigt. Er zeigt einen Lebensbaum und die vier Evangelistensymbole. Bei einer umfangreichen Renovierung fand man im selben Jahr auf dem Dachboden das Mittelstück des Flügelaltars. Bei dem Schnitzwerk aus der Zeit um 1500 handelt es sich um einen so genannten Gnadenstuhl. Der thronende Gottvater hält den toten Christus, flankiert von den Bischöfen Sankt Martin und Sankt Severin. Die Seitenflügel zeigen die zwölf Apostel. An der Nordseite der Kirche hängt ein Altarbild mit einer Abendmahlsdarstellung von 1738, das lange Zeit hinter dem Schrein „verschollen" war. Die barocke Kanzel aus Eichenholz stammt von 1698 und zeigt auf

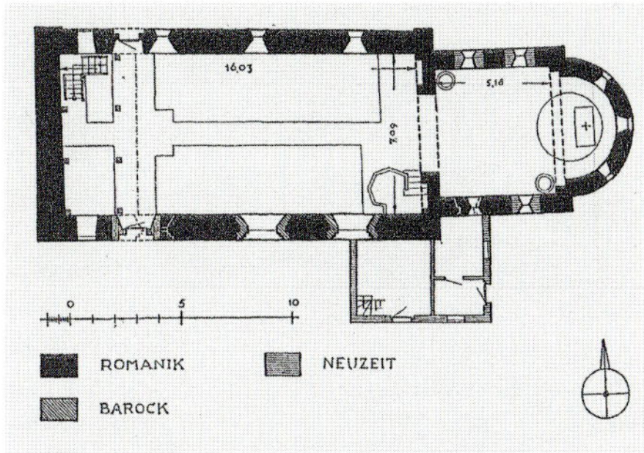

Grundriss der Kirche Sankt Martin in Morsum (Sauermann 1939)

sechs Feldern Reliefs der „Empfängnis", „Geburt", „Taufe", „Kreuzigung", „Auferstehung" und „Himmelfahrt". Ein romanischer, aus Gotland importierter Taufstein in Kelchform stammt aus dem 13. Jahrhundert. Dazu gehören eine Messingtaufschale und eine Taufkanne aus Zinn, beide aus dem Jahr 1682. Ältestes Relikt ist ein aus zwei Granitblöcken bestehendes, etwa 1 000 Jahre altes Weihbecken. Den prächtigen Kronleuchter über dem Mittelgang stiftete 1713 der Kommandeur Jan Petersen Hahn (1670-1746), ein Bruder des Rantumer Walfängers Lorens →Petersen de Hahn, zusammen mit seiner Frau. Der Leuchter hat 18 Kerzenarme und wird von einem Pelikan gekrönt. 1933 wurden von der Flensburger Künstlerin Käte

Sankt Martin, eine der ältesten Kirchen auf Sylt. Von der Apsis (rechts) steigt die Gestalt des Gotteshauses über den Chor zum Kirchenschiff auf. Links im Bild der Glockenstapel. (Foto: Volker Frenzel)

Eine Gedenktafel in der Sankt Martin-Kirche erinnert an die Ereignisse während des Dreißigjährigen Krieges und die Pestzeit:

VNSE KERKE **MI**T S**C**ANTZ
VN**D**E GRA**V**EN **V**AST
VORSEKERT BESET **I**N
E**I**NER HAST
DAT **I**HAR **D**ARNA **I**N
KORTER **V**R**I**ST
DE PEST **V**NS F**LVX**
GEFO**L**GET **I**ST

Die fett gedruckten Buchstaben sind im Original aufgehöht und stehen für römische Zahlen. Zählt man die Zahlen der ersten vier Zeilen zusammen, erhält man das Jahr 1628, als Sankt Morsum zur Wehrkirche befestigt wurde. Die Zahlen der letzten vier Zeilen ergeben zusammengezählt das Jahr 1629, als die Pest auf Sylt wütete.

Lassen (1880-1956) drei Apsisfenster entworfen. Der Berliner Künstler Frank Oehring setzte 1968 die Fenster an der Nordwand des Kirchenschiffes ein. Die beiden Bilder an der Südwand zeigen Pastor Urban Flor und seinen Sohn Martin Richard →Flor. Auf Wandtafeln wurden die Prediger der Kirche festgehalten. Zwei Gedenktafeln erinnern an die Pest im 17. Jahrhundert und an ein →Schiffsunglück im Jahre 1744. Inmitten der Kirche konnte 1986 ein Triumphbogen freigelegt werden. Sankt Martin besitzt seit 1831 eine Orgel. In den Jahren 1908 und 1965 wurde sie jeweils ersetzt, 1973 neu intoniert und verbessert.

Beseler 1969, Dannenberg 1996, C. Petersen 1989c, Quedens 1980, Runge o. J., Sauermann 1939, Schmidt-Eppendorf 1977.

Sankt Nicolai 1908 wurde unter Leitung von Heinrich →Bomhoff in Westerland die Sankt Nicolai-Kirche mit 600 Sitzplätzen fertig gestellt. Gestiegene Gästezahlen in dem →Seebad erforderten eine zweite evangelische Kirche neben →Sankt Niels. Der Geheime Oberbaurat Hosfeld aus Berlin hatte die Pläne entworfen und romanische Elemente für den kompakten Baukörper gewählt. Markant ist der hoch aufragende Turm. Das bemerkenswerteste Stück der Innenausstattung ist der Taufstein. Er stammt mit hoher Wahrscheinlichkeit aus der ersten, 1300 in einer Sturmflut zerstörten Eidumer Kirche, ist aus Granit und wurde vermutlich im 12. Jahrhundert in Schleswig oder Jütland angefertigt. Über dem Altar leuchtet ein Bandfenster, das wie die übrigen Fenster und das Altarkreuz der Ahrensburger Maler und Bildhauer Siegfried Assmann schuf. Der Innenraum der Kirche wurde 1962/63 vollkommen neu gestaltet. In den 1980er Jahren hob man die reichhaltigen Motive im umlaufenden Geländer der Empore farblich hervor. Die Orgel soll bis zum 100-jährigen Jubiläum der Kirche 2008 ersetzt werden. 1989 wurde die kleine Chororgel neben dem Altar eingeweiht. Die Kantorei Sankt Nicolai pflegt die Kirchenmusik in Gottesdiensten und Konzerten. 2001 wurde die Kirche um eine Arbeit der mecklenburgischen Künstlerin Angelika Kasching bereichert. Ihre „Tür zum Leben“, die ehemalige eisenbeschlagene Eingangstür des Westerländer Obdachlosenasyls, zeigt die Skulptur eines Engels, der sich aus der Tür entfaltet und über dem Meer auf den Betrachter zugeht.

Dannenberg 1996, Quedens 1980, Runge o. J.

Heinrich Bomhoff: „St. Nicolai-Kirche Westerland“, Zeichnung. Auf dieser Zeichnung des Bauleiters sieht man, dass die Kirche anfangs noch ganz allein stand. Heute befindet sie sich mitten in der Stadt. (Sylter Archiv)

Sankt Niels Die protestantische Kirche am östlichen Rand des alten Dorfes Westerland wurde 1635 errichtet und 1701 sowie 1789 erneuert und erweitert. Die Kosten trug 1789 allein der Kapitän und Strandinspektor Broder Hansen →Decker (1736-1818), der sich in langen Auseinandersetzungen gegen die Verfechter eines kompletten Neubaus durchgesetzt hatte. An ihn erinnert eine Gedenktafel im Kirchenschiff. Der Name Niels ist eine Ableitung von Nikolaus, dem Bischof von Myra und Schutzheiligen der Seefahrer. Vermutlich 1765 wurde ein Kalfaster an der Südseite angebaut. Zum Gotteshaus gehörte lange Zeit ein frei stehender Glockenstapel, der aber wegen Verwitterung des Holzes dauernd ausgebessert werden musste. 1843 wurde ein kleiner gemauerter Turm aufgestellt, 1875 ein neuer Turm direkt an die Kirche angebaut. Die Glocke soll aus der untergegangenen →Eidumer Kirche Sankt Nicolai gerettet worden sein.

Beim Eintritt fällt der Blick auf einen spätgotischen Flügelaltar aus dem 15. Jahrhundert, der vermutlich auch aus der alten Eidumer Kirche stammt und die Krönung Marias zeigt. Zwei Bischöfe umrahmen die Szene. Die Sei-

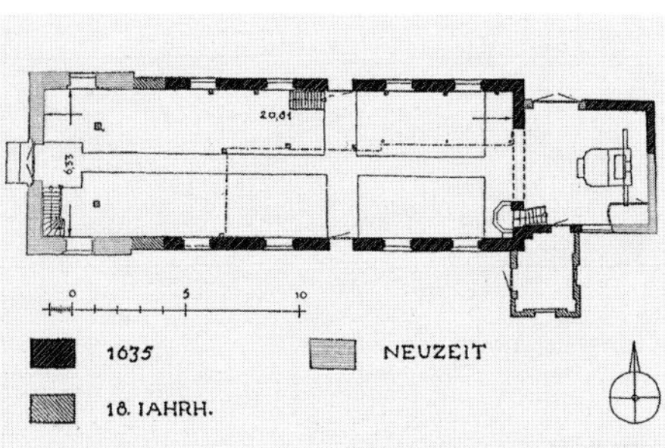

Grundriss der Kirche Sankt Niels in Westerland (Sauermann 1939)

tenflügel zeigen die zwölf Apostel. Ein strenges Luthertum veranlasste, dass im 19. Jahrhundert die Mariendarstellung durch ein Ölbild der Thüringerin Minna v. Doetichen de Rande ersetzt wurde. 1925 kehrte der alte Mittelteil in den Altar zurück. Das älteste Ausstattungsstück der Kirche ist ein Passionskreuz aus dem 13./14. Jahrhundert, die Kanzel stammt aus dem Jahre 1751. Die hölzerne Taufe von 1750 ist eine Dauerleihgabe der Festlandsgemeinde Neugalmsbüll. Der 14-armige Kronleuchter datiert aus dem Jahre 1682, der zweite ist vermutlich älter. Predigertafeln an der Wand verzeichnen alle Geistlichen, die seit Beginn der Reformation hier als Pastoren tätig waren. Eine Gedenktafel aus weißem Marmor erinnert an den Untergang

Helmut →Seidel: „Alte Dorfkirche Sankt Niels" 1987, Lithomanier-Zeichnung (Sylter Archiv)

der →*Lutine* und den Tod des englischen Kaufmannssohns Daniel Wienholt 1799. Das Epitaph ist eine Stiftung seiner Nachfahren aus dem Jahre 1875. Zu dieser Zeit erhielt Sankt Niels auch eine Orgel. An der Südseite der Kirche befindet sich eine →Sonnenuhr aus dem Jahre 1789. Sie zeigt u. a. die Lage Sylts mit 54° 50" nördlicher Breite. An der Ostseite der Kirche lehnt die Grabplatte von Kapitän Dirk Meinerts →Hahn.

Dannenberg 1996, Quedens 1980, Rinken 1992, Runge o. J., Sauermann 1939.

Sankt Peter Bereits in früheren Jahrhunderten existierten Kirchen in Rantum unter dem Schutzpatron Sankt Peter. Sie wurden allesamt Opfer des näher rückenden Dünensandes und des Meeres. Die vorletzte Kirche wurde 1757 abgebrochen, die letzte 1801. Danach gingen die Rantumer nach Westerland zum Gottesdienst. Erst 1964 erhielt der Ort seine heutige reetgedeckte Kirche Sankt Peter. Der Westerländer Architekt Heinrich Bartzen verband bei seiner Arbeit Erfordernisse des modernen Kirchenbaus mit den traditionellen Formen des →utlandfriesischen Hauses. „Der Segen von oben", ein Teil des neuen Altarbildes, stammt noch aus der alten Kirche.

Dannenberg 1996, Matthiesen 2001, Quedens 1980, Runge o. J.

Sankt Raphael Die nördlichste katholische Kirche Deutschlands steht in List. Sie wurde 1988 von dem Westerländer Architekturbüro Hansen & Schlums entworfen. Der Maler Emil

Helmut Seidel: „St. Raphael" um 1985, Lithomanier-Zeichnung (Sylter Archiv)

→Wachter gestaltete den Kirchenraum und die Fenster. Der Glockenstapel neben der Kirche gleicht einer →Bake und stellt einen Bezug zur Seefahrt her.
Nordfriisk Instituut.

Die Sankt Severin-Kirche in Keitum (Foto: Reinhard Scheiblich)

Sankt Severin Am nördlichen Ortsrand von Keitum, auf der Höhe des ansteigenden Geländes, liegt die Sankt Severin-Kirche. Der Bau wurde im frühen 13. Jahrhundert begonnen (Chor und Apsis) und zur Mitte des 15. Jahrhunderts vollendet (Langhaus, Turm und Kalfaster). Auf einem Pergamentstreifen, der in einem Bleikästchen im Altar gefunden wurde, stehen die früheren Kirchenpatrone: Sankt Mauritius, Sankt Knut und Sankt Ketel. Letzterer wurde 1188 heilig gesprochen und war bis zu Beginn des 15. Jahrhunderts der Keitumer Schutzheilige. Dann wurde die Kirche Sankt Severin, einem Kölner Bischof des 4. Jahrhunderts, geweiht. Sie ist das größte und markanteste Gotteshaus auf Sylt.
Der spätgotische Turm stammt aus dem 15. Jahrhundert und wurde bis 1803 auch als Gefängnis genutzt. Den auf der Wattseite einlaufenden Schiffen diente er als Seezeichen. Die beiden Teile eines gespaltenen Findlings in der Westfront des Turmes tragen, wie eine Legende sagt, die Namen der beiden Stifterinnen →Ing und Dung. Über die Herkunft der alten Glocke ist nichts bekannt. 1739 riss sie aus ihrer Halterung und erschlug einen Läutebuben. 1891 und 1907 wurde sie umgegossen. Die beiden anderen Glocken sind Schenkungen.
Äußeres Merkmal der Kirche ist der Granitsockel aus rötlichen Quadern an Schiff und Apsis. Die alten romanischen Fenster wurden Mitte des 19. Jahrhunderts durch Spitzbogenfenster ersetzt. 1885 erneuerte man auch das Dach auf Schiff

und Chor. Statt des alten Bleichdachs erhielt die Kirche ein Schieferdach. 1991 war es verschlissen, seither trägt die Kirche wieder ein Bleidach. Im Inneren des spätromanischen Baus aus rheinischem Tuff sowie Granit und Backstein beeindruckt ein fünfflügeliger Schnitzaltar aus der Lübecker Imperialissima-Werkstatt des 15. Jahrhunderts. Im Mittelschrein befindet sich die Darstellung des „Gnadenstuhls". Gottvater auf dem Thron hält den Leib des auferstandenen Christus. Links daneben ist die Muttergottes mit dem Christuskind zu sehen, rechts ein Bischof mit Krummstab. Die Seitenflügel zeigen die zwölf Apostel. Außen- und Innenseiten der aufklappbaren Flügel tragen Gemälde biblischer Szenen. Den Altaraufsatz schmückt eine Abendmahlszene von 1705.
Eine unerwartete Überraschung erlebten Restaurateure in den 1980er Jahren, als sie unter dicker brauner Ölfarbe auf der Rückseite des Altars kostbare mittelalterliche Tafelbilder freilegten. Mit großer Ausdruckskraft und Feinheit zeigen die Bilder eines unbekannten Meisters die Leidensgeschichte Jesu. Eine Inschrift von 1705 belegt das Datum ihrer Übermalung. Unbeabsichtigt ist so die Konservierung der Originalfarben gelungen, die in der ständig feuchten Kirche die Jahrhunderte sonst wohl nicht überstanden hätten.
Drei stattliche niederländische Kronleuchter aus Messing (17. Jahrhundert) sind Stiftungen wohlhabender Sylter Kapitäne. Die Kanzel aus der Frührenaissance war 1580 von Graf Benedikt von Rantzau für die Kapelle des Schlosses Mögeltondern gestiftet worden. Pastor Jacob →Cruppius aus Keitum kaufte sie 1699 zum Preis von zehn Reichstalern für seine Kirche. Der romanische Taufstein aus gelbrotem Sandstein stammt aus der Bentheimer Gegend (11./12. Jahrhundert). Die Taufschüssel aus Messing spendete 1675 Jens Nickels, der Deckel von 1697 zeigt die Taufe Christi.
An der Südwand steht der „Müllerstuhl", den 1769 der Munkmarscher Graupenmüller Nickels Jensen für seine Familie als ständigen Sitzplatz in den Gottesdiensten einrichten ließ. Vor 1544 diente er als Beichtstuhl. 1654 wurde ein Epitaph angebracht, das fünf Söhne und eine Schwiegertochter des verdienten Landvogts Frödde →Frödden zeigte. Es wurde 1972 aus der Kirche gestohlen und gilt seither als verschollen. Ein Nachfahre, Kapitän Friedrich →Frödden aus Tinnum, schenkte der Kirchengemeinde 1787 eine Orgel. Sie wurde 1895 wesentlich verändert und 1983 mit Ausnahme der hölzernen Prospektfront völlig neu erstellt. In den 1990er Jahren entstand der Wunsch nach einer neuen Orgel. Mit Hilfe einer Millionenspende, eines Förderkreises und aus Konzerterlösen konnte 1999 ein neues Instrument aus der Werkstatt des Stuttgarter Orgelbauers Konrad Mühleisen finanziert werden. Es hat 4 000 Pfeifen in 46 Registern. Die alte Orgel wurde an die katholische Kirche Sankt Stanislaus in Posnan/Polen abgegeben.

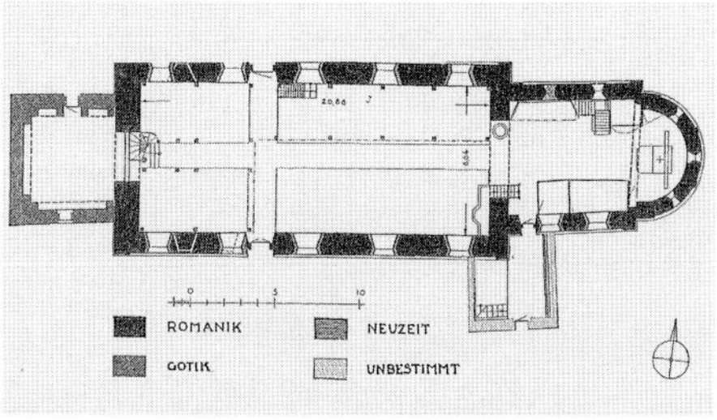

Grundriss der Kirche Sankt Severin in Keitum (Sauermann 1939)

Das Lutherbild an der Südwand schuf der Maler Andreas →Dirks. Die marmorne Votivtafel zu Ehren der im Kriege 1848/50 gefallenen Soldaten ist eine Stiftung aus den Jahren 1864/65. Ernest →Igl fertigte die Plastik „Totengedenken" und das „Auferstehungskreuz" auf der Kanzel. Auf Wandtafeln sind die Prediger der Kirche verzeichnet. 1913 renovierte der Kunstmaler Franz →Korwan-Katzenstein den Innenraum der Kirche, dem 1985 aber wieder seine ursprüngliche hellgrüne Tönung zurückgegeben wurde.
Auf dem Kirchhof zeugen unter Denkmalschutz stehende →Grabsteine mit ausführlichen Inschriften vom Leben der Inselfriesen, insbesondere von ihrer Zeit als Seefahrer. Auch finden sich die Grabmale einiger Sylter Landvögte sowie der Stein für die Familie →Mungard. Die Namen auf den Grabsteinen lesen sich wie ein „Who was Who" von Sylt; viele hervorragende Persönlichkeiten, wie die Maler Otto →Eglau, Magnus →Weidemann, Carl Christian →Feddersen, der CDU-Politiker Gerhard →Schröder, der Verleger Peter →Suhrkamp, der Musikkritiker Antonio Mingotti oder der Kunstschriftsteller Ferdinand →Avenarius und viele andere, die zumindest einen Teil ihres

Lebens auf der Insel verbracht haben, fanden hier ihre letzte Ruhe.
Bekannt und beliebt ist Sankt Severin auch wegen der mitreißenden Predigten des Pastors Traugott →Giesen und der von Wilhelm →Borstelmann eingeführten Abendkonzerte, die heute in der Verantwortung des Orgelvirtuosen Matthias →Eisenberg liegen. Er leitet auch die Konzerte des Keitumer Singkreises.

Bechthold 1996, Beseler 1969, Dannenberg 1987, Quedens 1980, Rinken 1992, Runge o. J., Sauermann 1939, Schmidt-Eppendorf 1977.

Sankt Thomas Das leuchtendweiße evangelische Gotteshaus wurde 1969/70 nach einem Entwurf der Niebüller Architekten Christiansen

Helmut Seidel: „St. Thomas" um 1985, Lithomanier-Zeichnung (Sylter Archiv)

und Friis auf einer Düne in Hörnum erbaut. Die Kirche löste die 1948 errichtete Holzkirche Sankt Martin, auch bekannt als →„Norwegerhaus", ab. Die eigenwillige Ausformung des Kirchenbaus, der unter Denkmalschutz steht, erinnert an ein Schiff mit gesetzten Segeln. Wenn die prächtige Konzertorgel ertönt, erweist sich die hervorragende Akustik des Kirchenraums.

Quedens 1980.

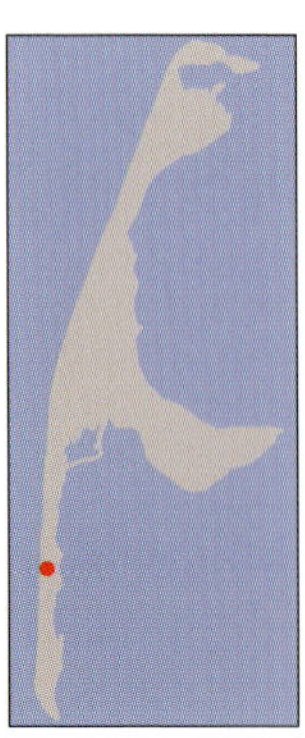

Sansibar

Sansibar heißt der →FKK-Strand nebst gleichnamigem Restaurant südlich des Strandabschnitts →Samoa zwischen Rantum und Hörnum. Das berghüttenähnliche Holzhaus beherbergt einen in die Dünen hineingegrabenen Weinkeller. Hier lagern bei konstanten 16 Grad Temperatur und einer Luftfeuchtigkeit von 72 Prozent rund 1 400 verschiedene Sorten Wein in über 45 000 Flaschen. Die Fachzeitschrift *Der Feinschmecker* zeichnete 2000 das Lokal wegen der besten Weinkarte aus, die es für Weine aus Übersee in Deutschland gibt. Das Gourmet-Restaurant des Schwaben Herbert Seckler ist seit seinem Bestehen 1977 ein Treffpunkt für die →Prominenz der Insel. Warum der Strand nach der ostafrikanischen Insel Sansibar benannt wurde, ist nicht bekannt. Von hier bis nach →Puan Klent verläuft ein Dünental, in dem sich Tausende von Kreuzkröten und Moorfröschen tummeln. Auch der Insekten fressende Sonnentau hat sich dort angesiedelt. An der Straße nach Hörnum steht die →LORAN-Station, ein 193 Meter hoher Sendemast der ehemaligen amerikanischen Küstenwacht „Coast Guard".

Nordfriisk Instituut.

Save Our Seas →S.O.S. Save Our Seas

Sax, Peter * 1597 Evensbüll/Alt-Nordstrand, † 1662 Koldenbüttel/Eiderstedt, Jurist, Ratmann. Sax, der hoch angesehene Ratmann von Eiderstedt, beschäftigte sich neben seinen amtlichen Aufgaben mit der Sammlung schriftlicher Nachrichten über seine Heimat. Daraus entstanden große chronistische Werke, die bis ins 20. Jahrhundert hinein ungedruckt blieben. Erst in den Jahren 1983-88 wurden sie unter dem Titel „Werke zur Geschichte Nordfrieslands und Dithmarschens" von dem Niebüller Regionalforscher Albert Panten in Zusammenarbeit mit dem *Nordfriisk Instituut* in Bredstedt vollständig herausgegeben.

Unter dem Titel „Descriptio Insulae Siltae, das ist Ein Beschreibung der Insul Sildt" notierte Peter Sax 1637 „a magnitudine" (zur Größe der Insel): „Und ob eß wol anfenglich auf die 4 Örter sich gewaltig weit hinauß mag erstrecket haben, und kan sein, wie eß auß dem Begriff dieses Wortes zu vernemen, daß das Landt größer als Föehr gewesen, so hatt eß doch sieder der Zeit sich viel verendert u. ist von Windt u. Wasser so viel weggeschlagen, daß nunmehr ein geringer dreyeckigter Strich nachgeblieben."

Kuschert 1996, Sax 1984.

Schaeffner, Manfred * 11.3.1949 Westerland, Maler und Zeichner. Schaeffner lebt und arbeitet auf Sylt und in Mainz. In seinen Arbei-

ten verwendet er unterschiedliche Techniken wie Aquarell, Acryl, Tempera, Pastell, Blei oder Tusche. Fernreisen waren Ausgangspunkt für großformatige Bilder von Elefanten und anderen Steppenbewohnern. Vorwiegend in Öl malte er seine Sylter Landschaftsbilder (→Marsch) und Szenen wie „Das Watt“ oder „Sturmtag“. Als öffentliche Auftragsarbeiten fertigte Schaeffner Wandmalereien, z. B. für das Flughafengebäude, die Saunalandschaft in der →Sylter Welle oder das →Naturzentrum Braderup. Weiter zeichnete sich der Hobby-Ornithologe als Kopist alter Meister aus. Für den neuen Lesesaal im Tourismus-Zentrum Westerland schuf er die „Strandung vor Sylt“. Sie ist dem großen, 1999 durch Feuer vernichteten Sturmbild des Malers Alfred →Paulmann nachempfunden.
Sylter Archiv.

Schafe *(Sjip)* 1861 zählte man 6 043 Schafe auf Sylt. Sie beweideten gemeinsam die →Heiden und →Dünen und wurden an ihren Ohrenmarken (→Hausmarken) erkannt. Auch die Verarbeitung der →Wolle spielte bis in die 1890er Jahre eine nicht unerhebliche Rolle. Vor allem die beiden Höfe im →Listland lebten und leben von der Schafzucht. Herden mit bis zu 1 500 Tieren einer wetterfesten Rasse erzielten meist gute Auktionspreise. Von den rund 1 300 Mutterschafen, die auf Sylt heute noch gehalten werden, grasen etwa 230 im Listland, die restlichen in Sylt-Ost. Rund 600 Mutterschafe und etwa ebenso viele Lämmer und Einjährige beweiden den Nössedeich, weil sie mit ihren Hufen die Gänge der Mäuse dicht treten und damit Aushöhlungen verhindern.
Anfang der 1990er Jahre wurde ein Teil der Braderuper Heide durch →Plaggen regeneriert. Schonender jedoch ist die Beweidung mit Schafen und Ziegen, die auf natürliche Weise für eine Ausmagerung der Heide und ein Abweiden der Gehölze sorgen. Im Rahmen eines Heideschutzprogrammes wurde dafür 1999 erstmals eine Wanderherde mit 680 Tieren vom Festland gemietet. Seit 2000 hält ein Keitumer Landwirt eine Herde von etwa 300 Heid- und Moor-

Ludwig Dettmann: „Sylter Dünenschafe“ um 1920, Öl auf Leinwand, 85 x 110 cm, Privatbesitz (Museumsberg Flensburg)

schnucken, die von Braderup bis Morsum für eine gesunde Entwicklung der Heidelandschaft sorgen soll.

Christiansen 2000, Fiedler 2000, Quedens 2000b.

Schaluppe Als Schaluppe bezeichnet man entweder einen einmastigen Küstenfrachtsegler oder ein großes Beiboot mit Riemen und Segel, wie es beim →Walfang verwendet wurde.

Schaper, Friedrich * 13.11.1869 Braunschweig, † 21.2.1956 Groß-Borstel bei Hamburg, Maler. Schaper studierte an der Kunstgewerbeschule in Hamburg und an der Berliner Kunstakademie. Er war Gründungsmitglied des „Hamburger Künstlerclubs von 1897" und ab 1902 Mitglied der „Berliner Sezession". Als freischaffender Künstler besuchte er Sylt in den Jahren zwischen 1918 und 1927. Dabei entstanden Radierungen wie „Mühle in Westerland" (1918) oder Aquarelle wie „Dünen auf Sylt" (1927).

SHL 1983.

Friedrich Schaper: „Dünen auf Sylt" 1927, Aquarell auf Papier, 49 x 62 cm, Nordfriesisches Museum Husum

Scharff, Edwin * 21.3.1887 Neu-Ulm, † 18.5.1955 Hamburg, Bildhauer und Graphiker. Unter dem Einfluss des Kubismus wandte sich Scharff 1912 in Paris der Bildhauerei zu. Er schuf in vereinfachten Formen Einzelfiguren, Porträtbüsten, Tierplastiken und Reliefs. Als Lehrer an den Vereinigten Staatsschulen für freie und angewandte Kunst in Berlin wurde der „entartete" Künstler 1933 von den Nationalsozialisten beurlaubt und 1937 entlassen. 1926 mietete Scharff das Sommerhaus von Siegfried →Jacobsohn in Kampen. Wenig später kaufte er ein 1729 erbautes Haus am Wuldeweg. Hier überlebte ab 1942 mit Duldung des Bürgermeisters und des NSDAP-Ortsgruppenleiters seine jüdische Frau Ilona Helene das Dritte Reich. Es wird berichtet, dass einige Kampener ihr halfen, so ein Bäcker, der „bei Dunkelheit hin und wieder ein Brot auf dem Friesenwall ablegte". Nach seiner Ausbombung 1943 kam auch Scharff nach Kampen. Seine bekanntesten Sylt-Impressionen sind das Bronzerelief „Reiter am Strand" (1920), das Ölbild „Reiter am Strand" (1937) und das Aquarell „Kampen/Sylt" (1949).

Gemeinde Kampen 1994, Paul/Gillis-Carlebach 1998, Schulte-Wülwer 1996, SHL 1983, Walloch 1995, Wedemeyer 1991a.

Schaum *(Sküm)* auf der Nordsee ist zunächst kein Grund zur Besorgnis. Vor allem bei wärmerem Wetter vermehren sich explosionsartig winzige Algen im →Plankton. Sie bilden nach ihrem Absterben eine eiweißartige Masse, die von den Wellen zu Schaum geschlagen wird.

Scheefmuul lautet die niederdeutsche Bezeichnung für →Schollen.

Schellinghörn →Skelighörn

Schifffahrt →Seefahrt

Schiffsunglücke *(Skepünlek)* Die knapp 40 Kilometer lange Brandungsküste Sylts war immer wieder Schauplatz von Schiffsunglücken und →Strandungen. Wegen der schwierigen Bedingungen gab es für die Havaristen lange Zeit keine Hilfe. Eine erste Notunterkunft, das „Hörnum-Haus", wurde 1765 in den Hörnumer Dünen errichtet. Noch vor der Gründung der →Deutschen Gesellschaft zur Rettung Schiffbrüchiger 1865 in Kiel baute sich der Westerländer Cornelius Peters den Unterstand *Lukück* (Ausguck), um in stürmischen Nächten mit seinem Spektiv das Meer abzusuchen und etwaigen Gestrandeten zu helfen.
Der Chronist Henning →Rinken berichtete von folgenden schweren Unglücken: Im Jahre 1609 blieben z. B. 14 Fischerboote auf See mit insgesamt 45 Toten. 1711 kenterte das →Schmackschiff der Morsumer Peter und Lütje Haycken auf der Fahrt nach Amsterdam vor Ameland. 88 Passagiere fanden den Tod. 1744 ereilte ein ähnliches Schicksal die Schmack des Morsumers Theide Bohn kurz nach der Abfahrt Richtung

Amsterdam. 83 Sylter Knaben und Männer, etwa ein Sechstel der seemännischen Bevölkerung der Insel, ertranken unweit ihrer Heimat. Zwischen 1830 und 1850 verloren fast 200 Sylter Seefahrer ihr Leben durch Schiffbruch, tropische Krankheiten oder Kaperung. 1858-87 gerieten laut *Caviar-Karte*, einem Blatt, das die Schiffsuntergänge in der deutschen und dänischen Nord- und Ostsee dokumentierte, 30 Schiffe vor Sylt unrettbar in Seenot, 1668-1977 wurden insgesamt 364 Fälle aufgelistet. Vom Beginn der organisierten →Seenotrettung bis heute wurden vor Sylt aber auch über 25 000 Menschenleben gerettet.

Ball 1930, Fey/Stöver 1979, Quedens/Stöver 1978, Rinken 1992, Wedemeyer 1991b.

Eine Gedenktafel in der Kirche →Sankt Martin in Morsum trägt folgende Inschrift:

„Diese Tafel soll erinnern an den 15ten März 1744 als 84 Grönlandfahrer, darunter 50 Morsumer in Sicht ihrer Heimatinsel ertranken."

Schindler, Emil Jacob * 27.4.1842 Wien, † 9.8.1892 Westerland, Maler. Schindler war der bedeutendste Landschaftsmaler der Donaumonarchie. Entscheidende Einflüsse erhielt er durch das Studium der niederländischen Malerei des 17. Jahrhunderts. Als 50-Jähriger unternahm er mit seiner Frau und seiner Tochter Alma →Mahler-Werfel eine Erholungsreise nach Sylt. Dort starb er unerwartet an einer Blinddarmentzündung. Seine letzte Arbeit war vermutlich die kleine Ölskizze „Meeresküste auf Sylt" (1892), die seine Eindrücke von der Nordsee zusammenfasst.

Emil Schindler sah in der Darstellung der bewegten Meeresoberfläche die größte künstlerische Herausforderung: „Das Meer, jenes so allbekannte, so unsagbar fremde, das uns so sympathisch anziehende, so schaurig abweisende, das uns so selbstverständlich scheinende und doch so unbegreifliche, das Meer, das unsere Schiffe gütig bis an die äußersten Grenzen trägt und trotzdem nie aufhören wird, das Bild der Ewigkeit, die Grenzenlosigkeit zu bleiben, von ihm will ich sprechen: das Meer als malerisches Objekt betrachtet, gehört zu den wenigen Dingen auf unserem Erdball, die der Kunst vollinhaltlich wertvoll sind. In der Erscheinung des Meeres liegt alles, was wir von ihm wissen, sogar die Musik, denn selbst dem Taubgeborenen muß beim Anblick des empörten Meeres Ahnung vom Begriffe werden. Das Meer gibt sich klar im Bilde als das, was es dem Erdball ist, Anfang und Ende alles dessen, was wir irdisch nennen. Wie das Meer uns einzig und allein ermöglicht, diese Welt zu bewohnen, verschlingt es auch langsam, Schritt für Schritt vorwärts gehend, alles, zum Schluß auch unser Leben."

Schulte-Wülwer 1996.

Am 30. September 1872 strandete die niederländische Kuff *De Spoit* bei Wenningstedt. (Sylter Archiv)

Schlabrendorff, Fabian v. * 1.7.1907 Halle/Saale, † 3.9.1980 Wiesbaden, Jurist, Offizier der Wehrmacht, Widerstandskämpfer. In seinem Erinnerungsbuch „Offiziere gegen Hitler" (1946) berichtet von Schlabrendorff über seine Teilnahme am Attentatsversuch auf Hitler am 13. März 1943, über den geplanten Staatsstreich am 20. Juli 1944 sowie über seine Verhaftung und Verurteilung zum Tode. Am 4. Mai 1945 wurde er von amerikanischen Truppen aus einem KZ bei Innsbruck befreit. In den 1960er Jahren kaufte sich der Bundesverfassungsrichter (1967-75) ein Ferienhaus in Morsum, verbrachte hier seinen Lebensabend und wurde 1980 auf dem Friedhof von Sankt Martin beigesetzt.

Wedemeyer 1991a.

Grabstein des Widerstandskämpfers Fabian von Schlabrendorff auf dem Morsumer Friedhof (Foto: Reinhard Scheiblich)

Schleswig Das Herzogtum Schleswig, benannt nach seinem Hauptort an der Schlei, erstreckte sich zwischen der Königsau im Norden und der Eider bzw. der Levensau im Süden. Das Territorium gehörte zum Königreich →Dänemark, erhielt jedoch seit dem 12. Jahrhundert mehr und mehr Eigenständigkeit. Die Insel Sylt bildete spätestens seit 1435 einen Teil des Herzogtums, mit Ausnahme der reichsdänischen →Enklave List. Im Spätmittelalter entwickelte sich eine Verbindung Schleswigs mit Holstein (Realunion). In Personalunion regierte seit 1460 der dänische König Christian I. als Herzog von Schleswig und Graf (seit 1474 Herzog) von Holstein. Mit der Landesteilung von 1490 entstand neben dem dänischen König eine zweite Linie regierender Fürsten in den beiden Herzogtümern, die →Gottorfer. Zu ihren Anteilen gehörte auch Sylt, wiederum außer dem →Listland. Von 1721 an war wieder der dänische König alleiniger Landesherr im Herzogtum Schleswig. Seit 1830 entwickelte sich mit dem Aufkommen des nationalen Gedankens ein Streit um das von Dänen, Deutschen und →Friesen bewohnte Herzogtum. Die „Eiderdänen" wollten das ganze Gebiet mit Dänemark vereinigen, die deutschen Schleswig-Holsteiner erstrebten seinen Anschluss an einen deutschen Bundesstaat. In der →schleswig-holsteinischen Erhebung 1848-50 behielt das Königreich Dänemark die Oberhand. Doch im →deutsch-dänischen Krieg 1864 endete die jahrhundertelange Verbindung. Schleswig und Holstein wurden in →Preußen inkorporiert. Mit der Abdankung des preußischen Königs und deutschen Kaisers 1918 war Schleswig kein Herzogtum mehr. Das Gebiet wurde bei der →Volksabstimmung 1920 zwischen Deutschland und Dänemark geteilt. Sylt verblieb bei Deutschland.

Lange 1996, Lorenzen-Schmidt/Pelc 2000.

Schleswig-Holstein ist das nördlichste Bundesland Deutschlands, und die Insel Sylt bildet seinen nordwestlichen Zipfel. Die Verbindung zwischen →Schleswig und Holstein hatte sich bereits im Mittelalter herausgebildet. Schleswig blieb jedoch dänisches Lehen, während Holstein zum Heiligen Römischen Reich deutscher Nation und seit 1815 zum Deutschen Bund gehörte. Die deutsch gesinnten Schleswig-Holsteiner betonten die Zusammengehörigkeit beider Herzogtümer. Der Sylter Uwe Jens →Lornsen schrieb „Schleswigholstein" 1830 demonstrativ in einem Wort. Bis zum →deutsch-dänischen Krieg 1864 gehörten beide Herzogtümer zum dänischen Gesamtstaat. Seit 1867 bildeten sie eine Provinz im Königreich →Preußen. Das Land Schleswig-Holstein wurde 1946 von der britischen Besatzungsmacht gegründet.

Degn 1994, Lange 1996, Lorenzen-Schmidt/Pelc 2000.

Schleswig-holsteinische Erhebung Mit der Krönung Friedrichs VII. (1808-1863) im Januar 1848 zum König von →Dänemark und Herzog von →Schleswig und Holstein und der Regierungsübernahme der eiderdänischen Partei drohte die unmittelbare Einverleibung Schleswigs in das dänische Staatsgebiet. Als Reaktion bildete sich im März in Kiel eine deutschgesinnte Provisorische Regierung, die umgehend von vielen Lokalverwaltungen anerkannt wurde. Auch die Landschaft Sylt meldete nach einer Volksversammlung ihre Zustimmung zu einer Erhebung gegen Dänemark. Eine Volksbewaffnung wurde durchgeführt, doch befanden sich die meisten Männer auf See. So löste sich die Landwehr mit dem ersten Auftauchen dänischer Kriegsschiffe im April rasch auf. Ihr Anführer, Kapitän Andreas →Andersen, floh aufs Festland. Der „Malmöer Waffenstillstand" vom August 1848 beseitigte die Provisorische Regierung. Als Friedenskompromiss bahnte sich zu Beginn des folgenden Jahres eine Union des Herzogtums Schleswig mit Dänemark an. Hiergegen wurden zahlreiche Protestnoten verfasst. Die Sylter, erneut unter Führung von Kapitän Andersen, fügten hinzu: „... denn deutsch sind wir, und deutsch wollen wir bleiben". Als dänische Beamte die Insel besetzten, ergriffen viele junge Männer die Flucht, um nicht für die fremde Flotte rekrutiert zu werden. Landvogt Schwen Hans →Jensen entschied sich 1849 in der Frage der Steuerleistung für eine loyale Haltung gegenüber der dänischen Verwaltung. Viele Sylter folgten dieser Auffassung, weil sie im Gegenzug die Zinsen aus ihren dänischen Staatsobligationen einstreichen durften. Dagegen erhob sich der Westerländer Pastor Christian Frederik Frenssen, ein fanatischer deutscher Nationalist, und verweigerte den Abtrünnigen sogar das Abendmahl. Die Erhebung wurde im August

1850 niedergeschlagen. Tage später fügten sich die in Keitum versammelten Sylter Kommunalbeamten in die geforderte Anerkennung des dänischen Königs mit den Worten, „daß sie der Gewalt weichen müßten". An die Erhebung erinnert ein →Gedenkstein in Westerland mit der Aufschrift „Up ewig ungedeelt".

Jensen 1993, Rinken 1992, Steensen 1996a, Sylter Archiv.

Schlick *(Moďer)* ist die schlammartige Ablagerung von Schwebstoffen im →Watt. Sie besteht aus feinsten Ton- und Sandteilchen und ist vermischt mit organischen Stoffen von Tier- und Pflanzenresten. Die meisten Stoffe stammen vom →Wattwurm und vom Schlickkrebs. Beide ernähren sich von Bodenbakterien, Kieselalgen und den sandkorngroßen Wattschnecken. In der Brackwasserzone, z. B. im Mündungsbereich eines Siels, wo sich Süß- und Salzwasser mischt, gehen viele Kleinstlebewesen zu Grunde. Auch sie tragen zur Schlickbildung bei. Frisch abgelagerter Schlick hat meist eine schwarze Farbe, die von dem hohen Gehalt an Schwefeleisen herrührt. An der Luft nimmt die Oberfläche des Wattenschlicks durch Oxydation eine graubraune Färbung an. Sobald das →Vorland über die tägliche Überflutungsgrenze hinausgewachsen ist, vermindert sich die Salzkonzentration im Boden, weil der Regen die Salze auswäscht. Als →Klei bildet der Schlick schließlich den äußerst fruchtbaren Marschboden. Schlick wurde früher zur Herstellung von Backsteinen verwendet. Heute dient er der →Meeresheilkunde z. B. für Heilbäder (Nordsee-Fango).

Lüders/Luck 1976.

Schmackschiff *(Smak)* Der Frachtensegler wurde gegen Ende des 18. Jahrhunderts in Westfriesland konstruiert und bald auch von nordfriesischen Schiffern übernommen. Die Bezeichnung (zu: mittelniederdeutsch *smacken* ‚schlagen') stammt von der Art der Segelbefestigung, die ein deutliches Schlagen des Tuches zuließ. Der Küstensegler war besonders für die flache Nordsee geeignet. Er besaß ein breites abgerundetes Vor- und Achterschiff, einen flachen Boden mit kleinem Kiel und Seitenschwerter. Mit dem Ein-, Anderthalb- oder Zweimaster fuhren im Frühjahr die Sylter Seeleute zu den Reedereien nach Hamburg oder in die Niederlande. Von dort ging es dann auf →Walfang oder große Fahrt nach Übersee. Im Herbst brachte sie ihr Schmackschiff wieder nach Hause. Nicht selten wurden in den Niederlanden noch →Fliesen geladen.

Kluge 1963, Quedens 1982.

Das Schmackschiff *Die Jungfer Anna*, nach einem Aquarell im Carl-Haeberlin-Museum in Wyk/Föhr

Schmeck, Ingrid M. * 16.9.1944 Posen, Malerin. Ingrid Schmeck lebt seit 1975 als freischaffende Künstlerin in Lübeck. 1980 besuchte sie Sylt und schuf u. a. die Federzeichnung „Ansicht von Klappholttal". Das Bild im

Ingrid Schmeck: „Kliffende Sylt" 1990, aquarellierte Radierung (Klappholttal)

Stil der so genannten Wackelperspektive zierte 1981-99 die Titelseite des Programmheftes der „Akademie am Meer".

Feddersen 1984, SHL 1983, Wedemeyer 1991a.

Schmeling, Max * 28.9.1905 Klein-Luckow/Kreis Strasburg, Boxer. Schmeling wurde mit 21 Jahren Berufsboxer. 1930-32 war er als erster Deutscher Weltmeister im Schwergewicht. Seine beiden Kämpfe gegen den Amerikaner Joe Louis 1936 und 1938 gingen in die Boxgeschichte ein. In dieser Zeit zierte er auch die Gästelisten des Hotels →Miramar und der Nachtbar →Trocadero in Westerland.

Simon 1980.

Hermann Schmidt:

Biteenk dit, Mensk, auriit et ek:
Ark Stün ön't Leewent heer sin Skek!
En fasthual kenst dü niin Minüt;
man spil niin Tir, hur gau es't üt!

Bedenk' dies, Mensch, vergiss es nicht:
Jede Stunde im Leben hat ihren Zweck!
Und festhalten kannst Du keine Minute;
aber verschwende keine Zeit,
wie schnell ist es aus!

Hermann Schmidt (Nordfriisk Instituut, Thomas Steensen)

Schmidt, Hermann * 10.11.1901 Braderup, † 3.7.1979 Wenningstedt, Lehrer, friesischer Sprachpfleger. Wie sein großes Vorbild C. P. →Hansen wollte Schmidt Kapitän werden, doch auch ihm blieb dies aus gesundheitlichen Gründen versagt. Er war als Lehrer zunächst in Wyk/Föhr, von 1927 an sodann auf Sylt in Westerland, Tinnum und als Rektor in Wenningstedt tätig; 1958 wurde er pensioniert, da seine Gesundheit seit dem Krieg beeinträchtigt war. Seine Lebensaufgabe fand er in der Pflege der friesischen Sprache. Die „Überfremdung" der Insel bereitete ihm große Sorgen. Jahrzehntelang gab er die ganz in Sylter →Friesisch gehaltene Zeitungsbeilage →*Fuar Söl'ring Lir* heraus, anfangs gemeinsam mit seinem früh verstorbenen Freund Hermann →Runge. Er verfasste z. B. zahlreiche Gedichte und Lieder, erforschte die Geschichte der friesischen Literatur Sylts, stellte ein Wörterbuch Friesisch-Deutsch und Deutsch-Friesisch zusammen, übersetzte Texte aus dem Deutschen ins *Sölring*, darunter Theodor Storms Novelle „Der Schimmelreiter". Jahrzehntelang war er der unermüdliche friesische Sprachpfleger auf Sylt und trug entscheidend dazu bei, die →friesische Literatur der Insel zu veröffentlichen und bekannt zu machen. Für seine unermüdliche Arbeit erhielt er das Bundesverdienstkreuz. Er wurde zum Ehrenmitglied des Nordfriesischen Vereins und des Nordfriesischen Instituts ernannt und 1961 mit dem →C.-P.-Hansen-Preis ausgezeichnet.

Brouwer 1980, Hoeg/Holander 1979, Johannsen 1977, Reinhardt 1980 u. 1994, Wilts 2001c.

Karl Schmidt (Sylter Archiv)

Schmidt, Karl * 9.11.1910 Neumünster, † 9.1.1992 Rodenäs, Lehrer und Familienforscher. Schmidt, dessen Vorfahren zum Teil von Sylt stammten, war Lehrer in Rodenäs und Neukirchen. Darüber hinaus leistete er vor allem grundlegende Arbeiten zur Familiengeschichte der Insel. Er transkribierte die Chronik des Henning →Rinken. Seine Übertragungen von Gedichten Jens →Mungards sind unveröffentlicht. Insbesondere für sein umfangreiches Buch „Sylter Geschlechter um und nach Lorenz Petersen de haan" (verlegt vom Nordfriesischen Institut, Bräist/Bredstedt 1981) erhielt er 1987 den →C.-P.-Hansen-Preis.

Panten 1992, Schmidt-Rodenäs 1981.

Schnack, Renate geb. Voss * 23.9.1953 Wenningstedt, Politikerin. Die in Braderup bei Niebüll lebende geborene Sylterin trat der SPD bei und engagierte sich 1986-98 in der Gemeinde- und Kreispolitik in Nordfriesland. 1994-98 war sie als erste Frau und erste Sozialdemokratin Kreispräsidentin des Kreises Nordfriesland. Seit 2000 wirkt sie als Minderheitenbeauftragte der Ministerpräsidentin in Schleswig-Holstein und hat auch weitere Ehrenämter inne.

Nordfriisk Instituut.

Schnecken *(Sneken)* gehören zum Stamm der Weichtiere. Es gibt rund 90 000 verschiedene Arten, wie auch die vielfältigen am Strand zu findenden Schneckengehäuse zeigen. Ihre frühe Entwicklung machen Schnecken als Larven frei

schwebend im Wasser durch. Sie zählen in dieser Lebensphase zum →Plankton. Später bilden sie ihre Kalkgehäuse aus, an denen sie auch zu unterscheiden sind. Viele Schnecken ernähren sich von Plankton oder Algen, die sie vom Untergrund abschaben. Größere Beute zerkleinern sie mit Hilfe einer Raspelzunge aus Chitin im vorderen Schlundbereich.
Die größte Vertreterin in der Nordsee ist die aasfressende Wellhornschnecke. Ihr Gehäuse ist für den ungeschützten →Einsiedlerkrebs überlebenswichtig. Weitere imponierende Schalen besitzen der Pelikanfuß und die Netzreusenschnecke. Die räuberische Nabelschnecke schneidet kreisrunde Löcher in die Gehäuse ihrer Beute. Die Pantoffelschnecke gelangte vermutlich gegen Ende des 19. Jahrhunderts im Ballastwasser von Schiffen von Amerika nach Europa und wurde 1934 zum ersten Mal in List entdeckt. Die Gemeine Strandschnecke ist hervorragend an das periodische Trockenfallen des Wattenmeeres angepasst. Sie verschließt ihr Haus mit einem kräftigen Deckel und kann so problemlos einige Tage ohne Wasser überleben. Die etwa fünf Millimeter große Wattschnecke erreicht eine Besiedlungsdichte bis zu 50 000 Tieren pro Quadratmeter Schlickwatt. Nacktschnecken besitzen kein Gehäuse und schützen sich deshalb durch Ausscheidung eines sauren Sekrets vor ihren Fressfeinden.

Alshuth 1994b, Fiedler 1990, Quedens 1997.

Schneider, Paula geb. Lassen * 24.4.1924 Keitum, † 2.5.1986 Keitum, friesische Sprachpflegerin. Durch vier Jahrzehnte wirkte sie am friesischen Theaterspiel auf der Insel mit, war Vorstandsmitglied der →*Söl'ring Foriining* und betreute seit 1963 das →Sylter Heimatmuseum in Keitum. Ihr Ratschlag für alle, die →Friesisch lernen wollen: „Einfach drauflos reden!" Für ihre Verdienste um die sylterfriesische Sprache erhielt sie 1980 den →C.-P.-Hansen-Preis.

Nordfriisk Instituut.

Schollen *(Skolen)* sind Plattfische (→Butt), die wegen ihres schief stehenden Mauls niederdeutsch *Scheefmuul* genannt werden. Eine Scholle ist 25 bis 60 Zentimeter lang und kann bis zu 50 Jahre alt werden. Besonderes Merkmal sind die orangeroten Flecken auf der Körperoberseite, weshalb sie auch als „Goldbutt" bekannt ist. Die Jungtiere wandern aus den Laichgebieten vor der belgisch-niederländischen und britischen Küste mit dem Gezeitenstrom ins Wattenmeer ein und verbringen hier ihre Kinderstube. Anfangs schwimmen die Schollen wie alle Fische aufrecht. Im Alter von ein bis zwei Monaten wandert das linke Auge auf die rechte Seite. Der Körper wird unsymmetrisch und legt sich auf die linke, hell werdende Blindseite. Damit wird die Scholle zum Bodenfisch. Die Tiere ernähren sich hauptsächlich von Muscheln, kleinen Krebsen und Würmern. Geschickte Hobbyfischer können sie im flachen →Priel mit den bloßen Händen (→Buttgrabbeln) fangen oder mit den Füßen (Buttpedden) aufspüren. Die Scholle ist eine der wichtigsten Nutzfischarten. Als kulinarischer Höhepunkt gilt die „Maischolle".

Scholle (Walter Fiedler, gezeichnet von Thomas Bruske)

Fiedler 1992, Quedens 1997.

Scholz, Hans * 20.2.1911 Berlin, † 29.11. 1988 Berlin, Maler und Schriftsteller. Scholz war Feuilletonchef des *Tagesspiegel* und schrieb Essays, Drehbücher, Hör- und Fernsehspiele. Großen Erfolg hatte er mit seinem Roman „Am grünen Strand der Spree" (1955), in dem der Sylter →Klenderhof eine Rolle spielt.

Rost 1996, Scholz 1955.

Schoner Der erste Schoner wurde 1713 in Nordamerika gebaut. Seine Bezeichnung kommt vom dem englisch-mundartlichen *to scoon* und bedeutet soviel wie „Steine über das Wasser gleiten lassen". Zunächst hatte ein Schoner nur zwei, später auch drei bis sieben Masten. Typisch war die Takelung: Statt einer Querbesegelung an Rahen führte das Schiff Gaffel- und Gaffeltoppsegel (Längssegel). Benötigt wurde nur eine kleine Mannschaft. Auf Schonern befuhren viele Sylter →Kapitäne die Weltmeere.

Kluge 1963, Schaefer 1990, Szymanski 1934.

Schönleber, Gustav * 3.12.1851 Bietigheim/ Württemberg, † 1.2.1917 Karlsruhe, Maler und Radierer. Schönleber unternahm nach seiner Ausbildung an der Münchner Akademie eine zweijährige Studienreise an die deutschen Küsten. 1876 besuchte er Keitum, Morsum und List. Hier entstanden die Vorlagen für den 1881 erschienenen Bildband „Küstenfahrten an

Gustav Schönleber: „Blick auf Keitum und Sankt Severin" 1876, Zeichnung, Staatliche Kunsthalle Karlsruhe, Kupferstichkabinett (Museumsberg Flensburg)

der Nord- und Ostsee", zu dem er die Mehrzahl der Abbildungen lieferte. Das Buch erregte in weiten Kreisen der deutschen Bevölkerung Aufmerksamkeit für die entlegeneren Küstenregionen des Kaiserreichs. Schönleber wurde 1880 zum Professor für Landschaftsmalerei an die Karlsruher Kunstakademie berufen, wo u. a. Richard von →Hagn zu seinen Schülern gehörte. Seine bekanntesten Sylt-Impressionen sind der Holzstich „Morsumkliff" sowie die Holzschnitte „Dünen am Königshafen bei List", „Auf der Heide von Sylt" und „Tinghügel auf Sylt".

Feddersen 1984, Schlee 1962, Schulte-Wülwer 1996, SHL 1983.

Schöpfwerk →Siel

Schrahé, Erk-Uwe * 16.8.1931 Archsum, Postmeister a. D. Schrahé, der in Rantum lebt, setzt sich intensiv für die →friesische Sprache auf Sylt ein. Er verfasste auf Friesisch u. a. Erinnerungen an seine Jungenjahre in Keitum und Erzählungen. Seit vielen Jahren gibt er friesischsprachige Kalender heraus. Er stellte ein Verzeichnis der friesischen Haus- und Straßennamen auf Sylt zusammen und übertrug vieles ins Sylter Friesisch, darunter das Johannes-Evangelium und „Der kleine Prinz" von Antoine de Saint-Exupéry.

Nordfriisk Instituut, Schrahé 1990 u. 1994.

Schriftsteller und Schriftstellerinnen Obwohl sich auf Sylt seit der Einrichtung des Seebades 1855 auch viele bekannte Literaten aufhielten, fand die Insel recht wenig Berücksichtigung in der großen →Literatur. In einem Roman von Weltrang spielt Sylt nur einmal eine Rolle: Hans Castorp kämpft in Thomas →Manns „Zauberberg" mit dem „Raubtier" Brandung. Eine große Stellung in der deutschen Belletristik hätte ohne Zweifel auch Theodor Storms →„Sylter Novelle" gefunden, doch war es dem Dichter nicht mehr vergönnt, seine 1887 angefertigten Skizzen auszuarbeiten. In die Schulbücher ging die Ballade „Pidder Lüng" ein, mit der Detlev von →Liliencron 1891 dem sagenhaften Fischer aus Hörnum ein Denkmal setzte.
Sylt ist Ort der Handlung in Wilhelm →Raabes Erzählungen „Deutscher Mondschein". Zwischen Wenningstedt und Westerland offenbart ein romantisch-rebellischer Jurist: „Denn wenn ich auch ein Mann der Prosa bin, so kann ich doch einen toten Seehund mit einer gewissen Melancholie vom Rücken auf den Bauch wenden und meine Gedanken dabei haben." Überwiegend auf der Insel spielen auch literarische Werke wie „Der Vogt von Sylt" (1851) von Theodor →Mügge und „Stilleben auf Sylt" (1861) von Julius →Rodenberg, die Novelle „Inge von Rantum" (1881) von Bernhardine →Schulze-Smidt, der Roman „Stella Termogen oder Die Versuchungen der Jahre" (1960) von Utta Danella, die Feriengeschichte „Was halten Sie vom Mondschein?" (1966) von Barbara Noack oder die Romane „Das Rote Kliff" von Elke Schneefuß (2001) sowie „Das Sylt-Virus" von Kari Köster-Lösche (2002). Der stark nationalsozialistisch ausgerichtete Dithmarscher Pastor Gustav →Frenssen schrieb 1943 seine Erzählung „Der Landvogt von Sylt". Mit großer dichterischer Freiheit befasste er sich dabei mit seinem entfernten Verwandten Hans Nicolai →Frenssen. Daneben finden sich Tagebucheintragungen, Zeitschriftenartikel und an Sylter Vorbilder angelehnte Nebenfiguren, wie die Gärtnerstochter Inken Peters in Gerhart →Hauptmanns Drama „Vor Sonnenuntergang" (1932). Einiges mehr ließen berühmte Dramaturgen und Romanciers über ihre Befindlichkeiten auf der Insel verlauten, so auch der einflussreiche Literaturkritiker Alfred →Kerr an einem Herbsttag vor dem Ersten Weltkrieg angesichts der „rollenden Wasser": „Du, der hier atmet, siehst vor dir den Blutstropfen mit den Trillionen Bakterien, zu denen du gehörst." Der Dauergast Ernst →Penzoldt glaubte in der Nachmittagssonne vor dem Roten Kliff „in lauterem Gold" zu schwimmen. Viele von ihnen waren Gäste im Hause →Suhrkamp, wie etwa Max →Frisch, Oskar →Loerke und Carl →Zuckmayer, einige

bereits zu der Zeit, als es noch Anthony van →Hoboken gehörte. Der gestrauchelte Hans →Fallada wurde auf Sylt neu entdeckt, Julius →Rodenberg verträumte im Dünensand den Mittag, „wenn rauschend an die weiße Wand die grünen Wogen schäumen". Der neuromantische Dichter Hans →Bethge vertraute seinem literarischen Tagebuch „Mein Sylt" (1900) den Anblick „unsagbar niedlicher Nymphen" an, und Christian →Morgenstern ging 1895 nach drei Wochen „leider das Geld aus". Die rumänische Königin Elisabeth, die unter ihrem Pseudonym Carmen →Sylva dichtete, las 1888 in Westerland Kindern am Strand Geschichten vor, Siegfried →Jacobsohn redigierte in Kampen seine gefürchtete kulturkritische *Schaubühne*, Robert →Musil erlebte eine schwere Sturmflut, und der Feuilletonist Victor →Auburtin mokierte sich im *Berliner Tageblatt* über Lokale „mit so friesischen Namen wie →Trocadero".
Der Publizist Hans →Zehrer hatte unter den Nazis Schreibverbot und ging, wie einige andere seiner Leidensgenossen auch, in Kampen in Deckung. Hier schrieb er u. a. sein Werk „Der Mensch in dieser Welt". Auch Ernst von →Salomon liebte die Kampener Verborgenheit. Sein Haupterfolg „Der Fragebogen" entstand ab 1946 in einer ehemaligen Bunkeranlage der Wehrmacht. Der Berliner Theaterleiter und Regisseur Boleslaw →Barlog ärgerte seinen Freund Ernst →Rowohlt mit dessen Neigung, den FKK-Strand zu beobachten. Auch der Literaturkritiker Marcel →Reich-Ranicki hatte sein Erlebnis mit den Nackten. Alfred →Andersch beendete in Kampen seine Autobiographie „Die Kirschen der Freiheit" (1952), Hans →Scholz verewigte den Kampener →Klenderhof in dem Roman „Am grünen Strand der Spree" (1955). Warum Sylt selbst recht wenig Berücksichtigung in der Weltliteratur fand, drückte vielleicht Jens →Rehn in seiner Erzählung „Der Zuckerfresser" aus, in der er die Schwierigkeiten beim Schreiben am Strand eindrücklich schilderte.
Neben den vielen fremden Autoren steht auch eine stattliche Anzahl einheimischer oder auf der Insel ansässig gewordener Literaten. Dazu gehören z. B. die Sylter C. P. →Hansen, Boy →Lornsen, Hinrich →Matthiesen und Gondel →Wielandt sowie die Zugezogenen Knud →Ahlborn, Ferdinand →Avenarius, Margarete →Boie oder Bodo →Schütt. Und schließlich gibt es noch einen Roman von 1926 mit dem Titel „Der Herzog von Sylt", der in einer Schnapslaune eines gewissen Edmund Hoehne entstanden sein soll. Darin ist Sylt ein Freistaat mit einer Nationalversammlung, an deren Spitze ein Herzog vom Stamme Uwe Jens →Lornsens steht. Friesisch ist Schul- und Zeitungssprache. Die Entwicklung verläuft negativ. Bauspekulation und Werteverfall werden schließlich durch eine Sturmflut, die wie im Falle des sagenhaften Rungholt schicksalhaft die Erde reinigt, fortgespült.
Eine besondere Gattung ist die →friesische Literatur. Meisterhaft beherrschte sie vor allem der Sylter Friese Jens →Mungard.
Hörning 1999, Kardel 1959, Rost 1996, Tank 1973, Wedemeyer 1971 u. 1986.

Schröder, Gerhard * 11.9.1910 Saarbrücken, † 31.12.1989 Kampen, Politiker. Der CDU-Politiker bekleidete 1953-69 mehrere Ministerämter in der Bundesregierung. 1937 besuchte er erstmals Sylt und feierte den Geburtstag seiner Frau in der „wilden Tanzbar" →Trocadero in Westerland. 1960 baute Schröder das Haus „Atterdag" in der Nähe der →Uwe-Düne bei Kampen. Der ehemalige Außenminister ist auf dem Friedhof von Sankt Severin in Keitum begraben.
Schreiber 1996.

Gerhard Schröder (Sylter Archiv)

Schröder, Willy * 15.12.1919 Morsum, Kapitän, Reetbauer. Schröder war Kapitän auf großer Fahrt und anschließend Lotse in Kiel. Ein Augenleiden zwang ihn in den vorzeitigen Ruhestand, und er widmete sich fortan einem aussterbenden Beruf. Er pachtete eine rund 1,5 Hektar große Fläche beim Nössedeich in Morsum und erntete →Reet. Der Ertrag lag in guten Jahren bei etwa 20 Draaf, einer Menge, die nicht ganz zum Eindecken eines Einfamilienhauses reicht. Schröder erteilte friesischen Sprachunterricht in der Schule und übersetzte dänische Texte. Zusammen mit seiner Schwester Irma (1912-1971), die ebenfalls ehrenamtlich Sylter Kindern ihre Muttersprache vermittelte, besprach er die Kassetten *„Sölring fuar Bigensters"*.
Harberg 1993, Rögener 1999.

Schullandheime →Kinder- und Jugendheime

Schulwesen Schulunterricht konnte früher, z. B. in den Küsterschulen, nur provisorisch und unregelmäßig gehalten werden, weil die Kinder im Sommer in der Landwirtschaft helfen mussten. Häufig unterrichteten in den Wintermonaten auch erfahrene Kapitäne wie z. B. Gerson →Cruppen, ein Sohn des Keitumer Pastors Jakob →Cruppius, ihre Mitbürger in den Wohnstuben ihrer Häuser. Kinder erhielten Unterricht im Lesen, Schreiben, Rechnen und Beten, Erwachsene in der Kunst der →Navigation, in Mathematik und Astronomie. Bücher hatten die Seefahrer aus den Niederlanden oder aus deutschen Hafenstädten mitgebracht, ihren Unterricht hielten sie auf →Friesisch oder Plattdeutsch. Viele Kapitäne begannen, ordentliche Schulen, wie sie zwar verfügt, auf Sylt aber nicht eingerichtet wurden, durch persönliche Opfer zu fördern. Sie stifteten beträchtliche Teile ihres Vermögens „zur Förderung des Schulgehens armer Kinder". In weiten Teilen der Sylter Bevölkerung setzte sich die Einsicht, dass man für den Unterhalt von geprüften Lehrern und für geeignete Schulgebäude selbst aufkommen sollte, nur schwer durch.

1703 wurde in Morsum der erste Schulbau auf Sylt aktenkundig, 1743 folgte Westerland. 1761/62 entstanden Schulhäuser in Archsum, in Kampen und in Tinnum. 1786 erhielt Keitum und 1796 Braderup ein Schulhaus. Der Unterrichtsort für die Kinder der →Norddörfer wechselte nun von Jahr zu Jahr, bis 1863 eine dritte Schule auf halbem Weg zwischen Kampen und Braderup errichtet wurde. 1786 entstand die zweiklassige Schule in Keitum. Hier diente u. a. C. P. →Hansen als Lehrer. In List gab es eine kleine Schulstelle, die 1820 dem Tinnumer Hans Peter Köster übertragen wurde. Er führte sie auch als →Navigationsschule. 1838, als nur ein Schulkind gemeldet war, zog er nach Tinnum zurück. 1863 erhielt List ein Schulgebäude mit einem kleinen Kirchensaal. 1872-1920 wirkte Heinrich →Helliesen als Lehrer in dem Dörfchen. 1935 wurde ein modernes, achtklassiges Gebäude bezogen. Rantums erste Schule stammte aus dem Jahre 1795 und musste bis 1834 auf der Flucht vor den

Der Rantumer Lehrer Karl Levy mit Schülern, um 1920 (Bildersammlung der Universität Flensburg „Jüdisches Leben in Schleswig-Holstein")

Wanderdünen dreimal versetzt werden. Ab 1852 gab es hier für längere Zeit kein Schulkind mehr. Erst im Jahre 1928 erhielt Rantum wieder ein Schulhaus, in das auch die Hörnumer Kinder, die in einer Militärkaserne unterrichtet wurden, einzogen. 1967 wurde in Hörnum eine Grund- und Hauptschule für die etwa 250 Kinder aus Rantum und Hörnum errichtet. 1806 baute Westerland eine Wohnung für den Küster Jap P. →Hansen und fügte einen Flügel für den Schulunterricht hinzu. 1892 entstand das Schulhaus in der Maybachstraße. 1910 erhielt die Stadt Westerland eine der ersten Mittelschulen des Landesteils Schleswig. Sie wurde von dem Architekten Hans Roß (1873-1922) entworfen und bildet ein eindrucksvolles Beispiel einer vom Gedanken des Heimatschutzes geprägten →Architektur. Aus ihr ging die Realschule hervor. Die Geschichte des Sylter →Gymnasiums begann 1948 in zwei Baracken in Westerland.

Die heutige Sylter Schullandschaft ist für eine Insel recht vielfältig. Grundschulen gibt es in Hörnum, Kampen/Wenningstedt (Norddörfer-Grundschule), Keitum (Boy-Lornsen-Schule), List, Morsum und Westerland (Nicolai-Schule und Nordkampschule). Sie bieten auch →friesischen Unterricht an. Die Sylter Hauptschule, die Realschule und das Gymnasium sind seit 1976 in einem Schulzentrum in der Kampstraße in Westerland untergebracht. Zu den 17

Die Mittelschule Westerland entwarf der Architekt Hans Roß 1910. Sie ist geprägt von der Heimatschutz-Architektur. (Sylter Archiv)

Sylter Schulen gehören auch Einrichtungen der →dänischen Minderheit, eine Berufsschule und Fördereinrichtungen für Kinder mit Lernschwierigkeiten. Montessori-Klassen, in denen nach den Prinzipien der italienischen Ärztin und Pädagogin Maria Montessori (1870-1952) jahrgangsübergreifend und mit speziellen Materialien gearbeitet wird, besitzen die Nicolai-Schule und die Nordkampschule in Westerland. Durch die Gründung des Schulzentrums entstanden Raumkapazitäten in den Dorfschulen, die neu genutzt werden. So bezog z. B. die Sylter Zweigstelle der Niebüller Carl-Ludwig-Jessen-Schule für geistig behinderte Kinder einen Trakt in der Norddörfer-Schule.

v. Bremen 1999, Gemeinde Kampen 1994, Hansen 1879, Janus 1998, Nordfriisk Instituut, Spreckelsen 1996, Voigt 1967.

Schulze-Smidt, Bernhardine * 19.8.1846 Schloss Dunge bei Bremen, † 17.2.1920 Bremen, Schriftstellerin. Die Tochter des Bremer Senators Johann Smidt (1773-1857), des Begründers von Bremerhaven, schrieb mehr als 40 Erzählungen und Reisebeschreibungen. 1879 besuchte sie Sylt und studierte die Eigenart der Landschaft, der Menschen und des Badelebens. 1881 brachte sie unter dem Pseudonym E. Oswald ihre Erfolgsnovelle „Inge von Rantum" heraus. Bis 1906 erfuhr das Buch sieben Auflagen. Kritiker lobten vor allem die meisterhafte Schilderung des Badelebens und des Meeres.

Nordfriisk Instituut, Wedemeyer 1971.

Schütt, Bodo * 10.2.1906 Kiel, † 19.12. 1982 Westerland, Arzt und Lyriker. Schütt war Sanitätsarzt und erlebte den Zweiten Weltkrieg an der Front. 1946 kam er nach Sylt und ließ sich als Facharzt für Innere Krankheiten in Westerland nieder. Seine hervorstechenden Eigenschaften waren eine endlose Wissbegier und eine große Treue seinen Patienten gegenüber. In mehreren Gedichtbänden verarbeitete er das Erlebte und Empfundene. Er liebte die Abgeschiedenheit in Kampen, nicht aber die Invasion der Gäste im Sommer. Sein Leben auf Sylt war die „Existenz auf der Scheide zwischen Wohnland, Menschenland und dem Reich der Riesen, der Elemente". Was die Insel ihm bedeutete, drückte er im Titel eines seiner Gedichtbände aus: „Sylt ist mein Haus".

Bodo Schütt (aus dem Gedichtband
„Sylt ist mein Haus")

Lister Watt

Erde die nichts verrät
unter dem weißen Mond
wo wir gegangen
wo andere gewohnt –
verflogener Vögel
Schrei schluckt die gierig
schweigende Leere –

aus schwarzem Meere
drängen die flutenden Wasser
gleißend herauf
die uns getragen
die andere verschlagen –
gläserner blasser
wallt Mondlicht auf

über dem rieselnden Watt.
Fauchender Flügelschlag
der uns verlockt zu schweifen
Nacht aufzureißen
zieht aus dem Licht querüber
leiblos ins Dunkel –
komm wieder Tag.

Holander 1983, Schütt 1968, 1974 u. 1979, Wedemeyer 1986 u. 1991a.

Schutzstation Wattenmeer e. V. Die 1962 von einem kleinen Freundeskreis gegründete Naturschutzgesellschaft mit Sitz in Rendsburg verfolgt das Ziel eines großräumigen, rechtlich abgesicherten Ökosystemschutzes für das →Wattenmeer. Auf Sylt ist die Schutzstation seit 1972 für die Wattbereiche südlich des Hindenburgdamms sowie für das Naturschutzgebiet Hörnum-Odde und das Landschaftsschutzgebiet Hörnumer Dünen- und Heidelandschaft zuständig. Der Informations- und Bildungsarbeit dienen etwa 20 Zentren und Außenstellen entlang der Westküste Schleswig-Holsteins, darunter der Stützpunkt Hörnum auf Sylt, der seit 1988 von dem Biologen Lothar Koch geleitet wird. Seit 1974 unterhält die Schutzstation im Kuno-Ehlfeldt-Haus (→Ehlfeldt) ein Naturkundliches Informationszentrum, in dem Aquarien mit Tieren und Pflanzen des Wattenmeeres sowie Ausstellungen zu Walen, zur Watt- und Strandökologie und über die Sylter Naturschutzgebiete gezeigt werden. Hinzu kommen die Außenstellen am Keitumer Deich und an der Morsum-Odde. Weitere Stützpunkte befinden sich in dem Jugenderholungsheim →Puan Klent, im →ADS-Schullandheim bei Rantum und in Westerland. Bis zu 30 Zivildienstleistende, Praktikanten, Absolventen des Freiwilligen Ökologischen Jahres und andere Helfer unterstützen im Sommer die Arbeit des Vereins.

Nordfriisk Instituut, Schutzstation 1987 u. o. J.

Schweinswale *(Miarswin)* sind mit einer Länge von etwa 1,80 Metern die kleinsten aller Wale. Sie gehören zur Familie der Zahnwale und bevorzugen Küstengewässer. Im Bereich der nordfriesischen Inseln und Halligen sind sie bei ihrem häufigen Auftauchen und Atemholen gelegentlich zu beobachten. Kennzeichnend ist ihre dunkle, dreieckige Rückenflosse. Um die Mitte des 20. Jahrhunderts waren die Meeressäuger eine regelmäßige Erscheinung im Wattenmeer. Wegen Überfischung ihrer Beutetiere – vorwiegend sind dies Plattfische, Heringe und Makrelen – gelangten sie auf die „Rote Liste gefährdeter Tier- und Pflanzenarten Deutsch-

Gestrandeter Schweinswal (Foto: Georg Quedens)

lands“. Außerdem blieben in den Netzen der Stellnetzfischer in der Nordsee jährlich über 7 000 Tiere hängen und ertranken. Erst seit Anfang der 1990er Jahre treten sie wieder vermehrt auf. Der Grund ist wahrscheinlich eine Änderung der Wanderrouten und Aufenthaltsorte der Tiere.

Zu einem bedeutenden Aufzuchtgebiet der „Kleinen Tümmler“ in der Nordsee wurden die Gewässer vor Nordfriesland und Jütland. Schätzungen gehen von durchschnittlich 6 000 Tieren allein vor Sylt und Amrum aus, wo die Schweinswalmütter ihre Jungen betreuen. Der Nachwuchs wird im Mai/Juni geboren und bis zu acht Monate lang gesäugt. Bei Ostwind kann man sie manchmal in weniger als 50 Metern Entfernung zum Sylter Weststrand jagen sehen. Bei einer Novellierung des Nationalparkgesetzes wurde 1999 in der Zwölf-Meilen-Zone vor den nordfriesischen Inseln das erste Walschutzgebiet Europas ausgewiesen, das die Tiere insbesondere vor den Gefahren der Stellnetzfischerei und vor schnellen Wasserfahrzeugen bewahren soll.

Koch 1996c, Quedens 2000a, Schutzstation 1993.

Schwennen ist ein Familienname, der untrüglich auf Sylter Herkunft des Namensträgers schließen lässt. Schwenn war früher auf Sylt ein sehr beliebter Rufname, der aus dem Altdänischen stammt und eigentlich „Jüngling“ bedeutet. Der Nachname Schwennen entstand nach den Regeln der patronymischen Namensgebung (→Personennamen).

Schwennen, Jens * 24.6.1693 Archsum, † 6.1.1763 Keitum, Landmann, Ratmann. Schwennen, ein Urenkel des Landvogts Frödde →Frödden, war Ratmann in Archsum. 1721 schrieb er eine ältere Chronik ab und führte sie anschließend weiter. Den Grundstock bildeten die Aufzeichnungen von Muchel →Madis, die vom Morsumer Küster und Schulmeister Andres Petersen bearbeitet und ergänzt wurden. Weiter enthält die Handschrift, die sich im Besitz des *Nordfriisk Instituut* in Bredstedt befindet, die Chronik des Hans →Kielholt. Schwennen ist der Urgroßvater des Landvogts Schwen Hans →Jensen.

Panten o. J., Voß 1987.

Seckler, Herbert →Sansibar

Sedimentation Die Ablagerung von Sink- und Schwebstoffen im küstennahen, strömungsberuhigten Gebiet des Wattenmeeres bezeichnet man als Sedimentation. Die Flut führt aus dem Nordseebecken feinstes Material heran. In der Stillwasserzeit sinken diese Substanzen ab. Stoffwechselprodukte der im →Watt lebenden Tiere z. B. verkitten die Sedimente. Da der Ebbstrom deutlich langsamer ist als die Flut, werden einmal abgelagerte Teilchen unter normalen Wetterverhältnissen nicht wieder losgerissen. Bei einer →Sturmflut allerdings kann innerhalb kürzester Zeit die 50- bis 70-fache Menge an Material verfrachtet werden und eine völlig veränderte Situation im Watt entstehen. Bei günstigen Witterungsverhältnissen bilden sich bis zu zehn Zentimeter →Schlick im Jahr.

Nordfriisk Instituut.

Das Foto von Paul Ebe →Nickelsen zeigt das Seebad Westerland mit der →Villa Baur-Breitenfeld und der Wandelbahn 1888. (Sylter Archiv)

Seebäder Schon in der Antike bekannt und wegen seiner heilsamen Wirkung auf offene Wunden, Arthritis und Hautkrankheiten beliebt, geriet das Baden im Meer im Mittelalter in Vergessenheit. Goethe (1749-1832) urteilte über öffentliches Baden noch abwertend und bezeichnete es als „Verrücktheit der Enthusiasten für den Naturzustand". Seine Zeitgenossen waren jedoch bereits dabei, die Heilkräfte des Meeres neu zu entdecken. Um 1750 wurde im englischen Seebad Margate das erste soziale Seehospiz für skrofulöse Kinder eingerichtet. 1788 forderte der Göttinger Mathematikprofessor und Publizist Georg Christoph Lichtenberg (1742-1799) die Einrichtung von Seebädern an den deutschen Küsten. 1794 wurde sein Rat in Heiligendamm bei Doberan an der mecklenburgischen Ostseeküste befolgt. Norderney (1797), Wyk auf Föhr (1819), Büsum (1820) und Helgoland (1826) zogen nach. 1855 bzw. 1859 gelten als die Gründungsjahre der Seebäder →Westerland und →Wenningstedt. Auch in Kampen gab es Bemühungen um eine Badekonzession, die jedoch erst 1898 nach langen juristischen Auseinandersetzungen mit Westerland zugestanden wurde.

1855 stellte der Landvogt Werner van →Levetzau erstmals Badekarren und Umkleidezelte am Westerländer Strand auf. Für die Benutzung musste eine Badekarte gelöst werden. Der Altonaer Arzt Gustav →Ross gehörte 1857/58 zu den ersten Gästen auf Sylt. Er war von der therapeutischen Wirkung eines Nordseeaufenthaltes derartig überzeugt, dass er eine Schrift darüber verfasste, die das entstehende Seebad schnell bekannt werden ließ. 1857 gründete er zusammen mit Wulf Manne →Decker, dem Kirchspielvogt Boy Lorenz Boysen und sechs weiteren Interessenten eine Gesellschaft zur Errichtung einer Badeanstalt. Noch im selben Jahr wurde der Grundstein zum Hotel →„Dünenhalle" gelegt. Dabei kam den Syltern zugute, dass kurz zuvor bei einem Großbrand der halbe Badeort Wyk/Föhr in Flammen aufgegangen war und viele der badehungrigen Gäste nun auf die Nachbarinsel aufmerksam wurden. 1859 entstand als zweites Hotel in Westerland das „Strandhotel", das 1890 abbrannte. Einen ersten Höhepunkt erlebte das Seebad 1860, als König Friedrich VII. von Dänemark mit seiner Gemahlin im Frühstückspavillon „Erholung" einkehrte. 1866 errichtete die Aktiengesellschaft das Warmbadehaus. 1872 entschloss sie sich zum Verkauf des Seebads an Friedrich Albert →Haberhauffe. Dessen größte Investition war 1878 der Bau des „Conversationshauses", das 1893 abbrannte.

1884 wechselte das Seebad erneut den Besitzer und gelangte, zeitgleich mit den Wenningstedter Badeanlagen, für 365 000 Mark an Julius Adrian →Pollacsek. In loser Folge waren inzwischen die Hotels „Zum Deutschen Kaiser", →Hotel „Stadt Hamburg", „Germania", „Christiansenhöhe" „Westend", „Victoria", „Reichshof", „Grand Hotel" oder „Hohenzollern" hinzugekommen. Erst 1891 wurde ein Bebauungsplan aufgestellt. 1893 kaufte die Ge-

Die Werbekarte des Logierhauses Siemens im Seebad Wenningstedt stammt von 1894. (Sylter Archiv)

meinde Westerland das Seebad mit allen zugehörigen Gebäuden und Einrichtungen wie →Lesehalle, Kurhaus, Warmbadeanstalt und →Kurpromenade für 825 600 Mark.
1902 revolutionierte das →Familienbad die Verhältnisse im Badebetrieb. Es erfreute sich großer Beliebtheit, so dass 1910 auch das →Damenbad für Familien geöffnet wurde. Zur 50-Jahr-Feier des Seebads erhielt Westerland 1905 die Stadtrechte. Die Zahl der Badegäste stieg bis 1913 auf über 30 000 jährlich. Mannigfache Veranstaltungen wie Strandburgenwettbewerbe, Modeschauen, Hunderennen, Strandläufe und Tanzveranstaltungen sorgten für die Unterhaltung der Besucher, die überwiegend aus vermögenden Gesellschaftsschichten stammten. Im August 1914 mussten alle Gäste die Insel in kürzester Zeit verlassen. Sie wurde für den Fremdenverkehr gesperrt.
Unter der Inflation nach dem →Ersten Weltkrieg litt auch das Seebad. Die Saison 1923 wurde „wegen der allgemein ungünstigen wirtschaftlichen Verhältnisse“ im Juni vorzeitig von der Badeverwaltung beendet. Man badete fortan auf eigene Gefahr. Für kurzfristigen Aufschwung sorgten unter anderem der Einsatz des Turbinen-Schnelldampfers *Cobra* der →HAPAG 1926 und der Bau des →Hindenburgdamms 1927. Auch über den →Flugplatz war die Insel nun zu erreichen. Die Besucherzahlen stiegen von rund 14 000 (1926) auf über 24 000 (1927) an. Allerdings kamen nun vorwiegend mittlere und höhere Beamte. Sie waren mit Beginn der Weltwirtschaftskrise 1929 von staatlichen Sparmaßnahmen besonders betroffen und blieben zunehmend aus. Ein Jahr später trieb ein schlechter Sommer das Seebad an den Rand des Ruins. Mit der nationalsozialistischen Machtübernahme und der Militarisierung der Insel besserte sich zwar allgemein die wirtschaftliche Lage auf Sylt, nicht jedoch auf dem Sektor des Fremdenverkehrs, der im Weltkrieg ganz zum Erliegen kam.
In den ersten Jahren nach dem →Zweiten Weltkrieg besuchten durchschnittlich 15 000 Gäste die Insel. Sie blieben im Schnitt elfeinhalb Tage. 1949 wurde als besondere Attraktion in Westerland eine →Spielbank eröffnet. Ab den 1950er Jahren sorgten unter Kurdirektor Hans →Petersen neue Einrichtungen wie die Kurliegehalle, die Schlickbadeanstalt oder das Meerwasserwellenbad für eine weitere Belebung des Fremdenverkehrs und eine zeitliche Ausdehnung der Saison. Ein neues →Kurzentrum veränderte in den 1960er Jahren das Bild des Nordseeheilbads entscheidend, ein modernes →Kurmittelhaus sollte ab 1980 zu jeder Jahreszeit den Kur- und Erholungserfolg sichern. Es gehört heute, wie das Schwimm- und Saunabad →Sylter Welle, zum →Syltness-Center.
1859 gilt als das Gründungsjahr des Seebads Wenningstedt. Es wurden 20 Gäste gezählt. Erst 30 Jahre später entstand unter der Regie von Pollacsek als erstes seiner Art das zweistöckige „Central-Hotel“. 1894-1902 folgte das →„Hotel Zum Kronprinzen“, andere Logierhäuser waren z. B. das Hotel „Zur Nordsee“ und der →„Friesenhof“. Die Bäderarchitektur überstand zwar den Zweiten Weltkrieg, doch fielen danach viele Gebäude aus der Jahrhundertwende modernem Geschmack und veränderten Ansprüchen zum Opfer. Heute pflegt Wenningstedt sein Ansehen als Familienbad. Die Kurverwaltung legt mit Programmen wie dem →Meerkabarett oder dem Kinderzirkus auch Wert auf Freizeitvergnügungen außer Sonne, Meer und Strand.
1904 gründeten Geschäftsleute die „Nordseebad Kampen GmbH“. Die Gesellschaft erbaute 1908 nördlich des Kurhauses in der Heide einen pompösen achteckigen, zweigeschossigen Musik- und Teepavillon aus Holz. Nach dem Ersten Weltkrieg zeigten die Inhaber der Badekonzession wenig Initiative, so dass 1921 aktive Kampener den „Verkehrsverein Kampen/Sylt e. V.“ zur Hebung und Förderung des Fremdenverkehrs gründeten. 1938 zählte die Kurverwaltung rund 25 000 Gäste, heute sind es etwa 35 000 im Jahr.

Entz-v. Zerssen 1993d, Quedens/Stöver 1978, Stöver 1980, Tholund 1969, Wedemeyer/Voigt 1980.

„Seebär“ (verballhornt aus niederdeutsch: *bören* = heben, tragen) heißt eine unvermutet auflaufende hohe Flutwelle, deren Ursache in plötzlichen Luftdruckschwankungen zu suchen ist. Das Naturphänomen ereignet sich relativ selten. Der Chronist C. P. →Hansen berichtete 1858 von drei aus Südwest heranrollenden ungeheuren Wellenbergen, die sich bei Gewitterluft hoch auf den Strand und an die Kliffe stürzten. 1964 beobachtete man, wie bei völlig glatter See eine acht Meter hohe Welle aus südlicher Richtung an den Sylter Strand geworfen wurde. Nach zwei weiteren Wellen herrschte wieder absolute Ruhe. 1969 wurden vier Jungen im Alter von acht und neun Jahren von einer plötzlich auftauchenden übergroßen Welle am Strand vor Klappholttal ins Meer gezogen und getötet. Im Juni 2002 konnten die Badenden rechtzeitig vor einem „Seebär" gewarnt werden.

C. P. Hansen 1877, Lindow 1984, Nordfriisk Instituut, Wedemeyer 1991a.

Seebestattungen sind seit Mitte der 1970er Jahre auch in Deutschland einem erweiterten Personenkreis möglich. Als Kriterium für die Freistellung von der allgemein vorgeschriebenen Friedhofsbestattung gilt der Nachweis einer „Verbundenheit mit der See". So kann die jahrelange Ausübung eines maritimen Hobbys, das Wohnen hinterm Deich und sogar ein regelmäßiger Urlaub am Meer als Voraussetzung für eine Seebestattung anerkannt werden. Im Sommer 1988 wurde auf Sylt eine Seebestattungs-Reederei gegründet. Seither sticht die „Ekke Nekkepen" rund 100 Mal im Jahr von Hörnum Richtung Südwest in See, um jenseits der Drei-Meilen-Zone eine Urnenbestattung auf der Nordsee vorzunehmen. Dies geschieht nach seemännischem Zeremoniell. Nach dem Versenken der Urne im Wasser gibt der Kapitän das Signal „letzte Wache", dreht eine Ehrenrunde und vermerkt die Bestattung im Logbuch sowie auf der Seekarte.

Nordfriisk Instituut.

Seefahrt *(Seefaart)* Die Sylter Seefahrt erlebte nach dem →Heringsfang vor Helgoland im 15. und 16. Jahrhundert ihren zweiten Höhepunkt vom 17. bis 19. Jahrhundert, als viele Männer auf →Walfang gingen oder in der Handelsschifffahrt anheuerten. 1782 wurden unter insgesamt rund 2 800 Syltern genau 597 Seeleute gezählt. Darunter befanden sich 150 →Kapitäne und →Kommandeure sowie 164 Steuerleute, die ihre Segelschiffe auf weite Reisen führten. Bekannte Seefahrerfamilien sind →Bleicken, →Groot, →Hansen oder →Teunis. Mit Kriegsbeginn zwischen England und dem mit Napoleon verbündeten Dänemark 1807 bis zum dänischen Staatsbankrott 1813 versiegte die Seefahrt auf der Nordsee fast gänzlich. Erst ab 1830 lebte die Handelsfahrt erneut auf, und zehn Jahre später zählte man bereits wieder 30 aktive Sylter Kapitäne, die von Hamburg, Altona und Kopenhagen oder von niederländischen und norwegischen Häfen in See stachen.

Die Rückwirkungen auf das Inselleben blieben nicht aus. So brachten die im Herbst heimkehrenden Matrosen, Speckschneider, Harpuniere, Steuerleute und Kapitäne neue Moden mit, und →Fliesen, Möbel, Kleidung und Schmuck aus aller Herren Länder zierten die heimischen Stuben, aber auch die Seemannsfrauen. Sie waren geraume Zeit auf sich allein gestellt. Während des Walfangs befanden sich die Männer von Frühjahr bis Herbst auf See, in der Handelsschifffahrt konnte ihre Abwesenheit Jahre dauern.

Die Gefahren der Seefahrt und viele →Schiffsunglücke machten Sylter →Frauen häufig zu jungen Witwen. 1745 wurden z. B. in Kampen 101 Einwohner gezählt, davon 22 Männer. 18

Der Schoner *Jenny von Aalborg* (114 BRT) wurde 1848 erbaut.
(Söl'ring Foriining)

von ihnen waren Seefahrer. Der hohe Anteil an Witwen und unverheirateten Frauen zeigt deutlich die durch die Seefahrt erlittenen Verluste. Der Sylter Landvogt Eduard →Ambrosius notierte, dass 1769 „hier nur 1 180 Personen männlichen Geschlechts und 1 634 weiblichen Geschlechts waren". Nicht selten gerieten die Männer auch in die →Sklaverei.

Aus Sylter Kapitänsfamilien stammen z. B. Uwe Jens →Lornsen und Schwen Hans →Jensen, die für die Geschichte Schleswig-Holsteins und auch Sylts im 19. Jahrhundert eine große Bedeutung erlangten. Ein weiterer Seemannssohn, der Küster und Schulmeister C. P. →Hansen, stieß mit seinen zahlreichen Büchern und Schriften über die Geschichte seiner Insel und über Nordfriesland auf großes Interesse. Ältere Kapitäne und →Kommandeure sorgten in ihren →Navigationsschulen für die seemänni-

sche Ausbildung der Knaben, die etwa im Alter von zwölf Jahren, aber auch schon früher, mit auf große Fahrt gingen. Im →Sylter Heimatmuseum in Keitum sowie in etlichen Privathäusern erinnern Bilder und Gerätschaften an die große Zeit der Sylter Seefahrt.
Ab 1900 etwa übernahm der Fremdenverkehr den ersten Platz im Erwerbsleben der Sylter. Schiffe sind aber immer noch ein wichtiges Verkehrsmittel in Nordfriesland. So gibt es auf Sylt vier →Häfen.

Ambrosius 1792, Gemeinde Kampen 1994, Kresse 1969 u. 1974, Lüden 1983, Meyer 1971, Quedens 1982, Quedens/Stöver 1978, Rinken 1992, Schmidt-Eppendorf 1977, Voigt 1987.

Seefliegerhorst →Militärgeschichte

Seegatt oder Seegat nennt man die tiefen Stromrinnen zwischen den vorgelagerten Inseln und Sänden an der Grenze des →Wattenmeers zur Nordsee. Durch diese „Tore" zwängen sich die großen Wattströme wie das →Lister Tief im Norden und das →Hörnumtief im Süden Sylts. Sie gewährleisten auch bei Niedrigwasser eine Verbindung mit der offenen See.

Seegras *(Tung)* Im nordfriesischen Wattenmeer gibt es zwei Seegrasarten. Das Große Seegras kam früher bei Sylt und Föhr in dichten Wiesen vor, die bis in vier Meter Meerestiefe reichten. Das bis zu 40 Zentimeter lange Zwergseegras wächst in Regionen bis zu einem Meter Wassertiefe und vermehrt sich vorwiegend durch unterirdische Ausläufer (Rhizome). Fischer berichteten im 19. Jahrhundert, dass sie bei Niedrigwasser an vielen Stellen im Wattenmeer große Schwierigkeiten hatten, mit ihren Ruderbooten vorwärts zu kommen. Seegras wurde in großen Mengen getrocknet und als Polstermaterial für Möbel und Matratzen verwendet. In den Jahren 1931/32 starben die Bestände durch Befall mit einem Schleimpilz im großen Umfang ab und erholten sich nicht mehr. Das heutige Vorkommen ist wechselhaft, denn das Seegras ist einjährig und vermehrt sich durch Samen. Ein Bestand von rund 30 Quadratkilometern hält sich vor allem im Bereich der Halligen. In den Seegraswiesen fördert die Pflanze eine Aufschlickung des Vorlandes weil sie viele →Sedimente auffängt. Hier befinden sich die Laichplätze vieler Meerestiere und die Nahrungsgründe für Gänse und Watvögel.

Pabst 2000, Stock/Zucchi/Bergmann/Hinrichs 1995.

Seeheim Alt-Rantum 1926 reisten Verantwortliche der Eisenbahnerfürsorge über die Insel Sylt und besichtigten u. a. das Jugendheim in →Puan Klent. Hierbei entstand die Idee, ein Erholungsheim für Eisenbahner zu bauen. 1929 wurde das Seeheim Alt-Rantum eröffnet. Den Häusern „Altona" und „Hannover" folgte 1932 das Haus „Köln". Zusammen standen nun 230 Betten zur Verfügung. Aus einer Baracke, die vom Bau des Hindenburgdamms

Seeheim Alt-Rantum (Sylter Archiv)

stammte, entstand das Wirtschaftsgebäude. 1938 musste die Anlage an die Luftwaffe verkauft werden. Während des Zweiten Weltkriegs dienten die Gebäude als Soldaten-Unterkünfte, nach dem Krieg zogen die britische Besatzungsmacht und →Flüchtlinge ein. 1946 konnte das Kameradschaftswerk der Bahn das Seeheim wieder übernehmen. 1963 wurde es von der Bundesvermögensverwaltung zurückgekauft. Als Neubau kam 1975 das Haus „Wuppertal" hinzu. Zur selben Zeit wurde aus der Turnhalle die katholische Kapelle →Stella Maris. Das heutige Ferienhotel Seeheim Alt-Rantum der Stiftung Bahn-Sozialwerk (BSW) bietet insgesamt 104 Doppel- und neun Einzelzimmer.

Nordfriisk Instituut.

Seehund (Foto: Rosenberger/Seehundstation)

Seehunde *(Saligen)* sind eine bis 110 Kilogramm schwere Robbenart mit kurzen, zu Flossen ausgebildeten Gliedmaßen; die Männchen werden bis 1,90 Meter groß. Die Meeressäuger und Fleischfresser halten sich vorwiegend im äußeren Küstenbereich auf. Wenn die Luft wärmer wird, suchen sie ihre beliebten →Sandbänke wie den →Theeknob vor Hörnum, den →Jungnamensand und die Knobsände zwischen Amrum und Sylt oder den Jordsand in däni-

schen Hoheitsgewässern auf. Die höchsten Bestände werden im Juli festgestellt. In dieser Zeit werden die Jungen gesäugt, und die älteren Seehunde wechseln ihr Fell. Dafür brauchen sie ungestörte Plätze mit günstigen Fluchtmöglichkeiten ins Wasser. Die Sonnenbestrahlung ist in zweifacher Hinsicht lebenswichtig: Wärme fördert das Wachstum des neuen Fells, UV-Strahlung baut Vitamin D auf, das für viele Lebensprozesse grundlegend ist.
Ein ausgewachsener Seehund braucht je nach Jahreszeit täglich zwischen fünf und sieben Kilogramm Fisch und frisst dabei alles Getier, das er im Wattenmeer erbeuten kann. Vorwiegend jagt er im entfernteren Küstenbereich Plattfische wie Flundern und →Schollen. Er ist in der Lage, bis zu 25 Minuten zu tauchen. Werden Jungtiere von der Mutter getrennt, versuchen sie durch ihr typisches Rufen den Kontakt zu ihr wieder aufzunehmen. Man nennt sie deshalb →Heuler. Wegen des hohen Fettgehalts der Muttermilch (45 Prozent gegenüber etwa vier Prozent bei handelsüblicher Kuhmilch) verdreifachen sie in kurzer Zeit ihr Geburtsgewicht von etwa sieben bis neun Kilogramm. Die Umstellung auf eigene Nahrungssuche überleben jedoch nur etwa 70 Prozent der Neugeborenen, obwohl seit Einstellung der →Seehundjagd 1973 kein direkter Feind mehr droht. Ein lebensbedrohliches Problem für die Tiere scheint die starke →Meeresverschmutzung zu sein. 1988 kam es zu einem großen Seehundsterben. Allein im schleswig-holsteinischen Wattenmeer wurden fast 6 000 tote Tiere gezählt. Insgesamt starben rund 18 000 Seehunde. Man geht davon aus, dass eine verhängnisvolle Kombination aus einem hundestaupeähnlichen Virus und der starken Giftbelastung der Seehunde zu der Epidemie führte. In den Körpern der am Ende der Nahrungskette stehenden Säuger wurde eine sehr hohe Schadstoffkonzentration nachgewiesen. Der Bestand erholte sich nach wenigen Jahren, die alten Zahlen wurden mit rund 20 000 Seehunden im gesamten Wattenmeer, davon etwa 8 000 im schleswig-holsteinischen Teil, sogar übertroffen. 2002 kam es erneut zu einem großen Seehundsterben.
Eine Rarität ist die kleine Kolonie der →Kegelrobben auf dem Jung-namensand vor Amrum. Von Hörnum und List aus ist es möglich, mit erfahrenen Kapitänen Schiffsfahrten zu den Seehundsbänken zu unternehmen und die störungsempfindlichen Tiere aus angemessener Entfernung zu beobachten.

Fiedler 1990 u. 1992, Heers 1999, Nordfriisk Instituut.

Seehundseck heißt ein Strandabschnitt auf der Wattseite bei →Sansibar. Bei Hochwasser können hier ab und zu Seehunde beobachtet werden, die nach Schollen und Aalen jagen.

Seehundjagd Im 17. und 18. Jahrhundert gehörte zum →Walfang auch der →Robbenschlag im Eismeer, vor allem wenn ersterer eine flaue Saison erlebte. Aber auch im Wattenmeer wurden Seehunde gejagt. 1935 erhielten sie durch das Reichsjagdgesetz eine Schonzeit, ab 1973 wurde die Bejagung endgültig eingestellt. Dennoch gibt es auf Sylt noch zwei staatlich bestellte ehrenamtliche Seehundjäger. Sie sorgen dafür, dass →Heuler oder kranke Tiere in der Seehundstation Friedrichskoog in Dithmarschen aufgezogen werden oder direkt am Strand den Gnadenschuss erhalten.

Kuschert 1996, Quedens 2000b.

Der Westerländer Jagdführer und Präparator H. Thiede mit seiner Beute, um 1900 (Sylter Archiv)

Seekabel →Cantat 3

Seekühe heißen in der Sylter Umgangssprache die vier- und sechsfüßigen Betongerüste, die in der →Blidselbucht aus dem Watt ragen. Sie wurden im Dritten Reich als Zielscheiben für Schießübungen der Luftwaffe errichtet.

Seemannschor →Marineversorgungsschule

Seenebel ist eine Besonderheit des Sylter →Klimas und bedeutet Lebensgefahr für unkundige →Wattwanderer. Der plötzliche Nebeleinbruch wird durch unterschiedliche Wasser- und Lufttemperaturen verursacht und lässt bei einer Sichtweite von 20 bis 50 Metern schnell jede Orientierungsmöglichkeit im weiten Watt verschwinden. In den Sommermonaten ist in der Regel aber nur an ein bis zwei Tagen mit diesem Phänomen zu rechnen.

Seenotrettung Die knapp 40 Kilometer lange Brandungsküste Sylts war immer wieder Schauplatz von →Schiffsunglücken und →Strandungen. Wegen der schwierigen Bedingungen gab es für die Havaristen lange Zeit keine Hilfe, im Gegenteil, in der traditionellen Auffassung waren Hilflose und ihr Gut rechtlose Gegenstände. Manche sollen auf dem Strand erschlagen und in den Dünen verscharrt worden sein. 1765 wurde in den Hörnumer Dünen eine erste Notunterkunft errichtet. Das „Hörnum-Haus" war mit Trinkwasser, Schiffszwieback und Zündhölzern ausgestattet. Noch vor der Gründung der →Deutschen Gesellschaft zur Rettung Schiffbrüchiger (DGzRS) 1865 in Kiel baute sich der Westerländer Cornelius Peters den Unterstand *Luk üt* (Ausguck), um in stürmischen Nächten mit seinem Spektiv das Meer abzusuchen und etwaigen Gestrandeten zu helfen. 1866 gründete die DGzRS eine Mörserstation, mit der man eine Kugel nebst einer daran befestigten Leine zu einem gestrandeten Schiff hinüberschießen konnte. Diese Technik wurde bald durch einen Raketenapparat abgelöst, der eine Hosenboje zu dem Havaristen schoss, mit der man die Besatzung an den Strand zog. Doch das gerade bei Sturm sehr schwierige Manöver gelang nicht immer, die Raketen verfehlten ihr Ziel, die Leinen waren nicht selten zu kurz.
Der Westerländer Fotograf Paul Ebe →Nickelsen initiierte deshalb 1891 die Gründung eines →Freiwilligen Rettungs-Corps aus 24 ausgewählten Mitgliedern. Sie führten zusammen mit der DGzRS regelmäßig Übungen mit dem Raketenapparat durch. Zusätzlich und trotz ihres schwierigen Einsatzes in der Brandung wurden jetzt auch Ruder- und Strandrettungsboote in Westerland, Munkmarsch und auf dem Ellenbogen stationiert. Ab 1936 gab es in Hörnum Rettungsboote, darunter das Strandrettungsboot *Kaatje*, das heute beim Westerländer Kurzentrum zu besichtigen ist. 1960-2000 lag der hochseetaugliche Kreuzer *Bremen* im Hörnumer Hafen. In List wurde das Rettungsboot *Hindenburg* 1969 durch den Kreuzer *Hans-Jürgen Kratschke* ersetzt, 1979-89 folgte der Seenotrettungskreuzer *Adolf Bermpohl*. Heute bilden das Seenotrettungsboot *Hertha Jeep* (Hörnum) und der Kreuzer *Minden* (List) sowie SAR-Hubschrauber *(Search And Rescue)* und die Deutsche Lebensrettungsgesellschaft (DLRG) die Basis der Seenotrettung. Das Freiwillige Rettungs-Corps Westerland mit seinen 15 aktiven Mitgliedern steht nach wie vor zur Unterstützung bereit, die Raketenstation befindet sich in einem Uelzener Museum. Vom Beginn der organisierten Seenotrettung bis heute wurden vor Sylt über 25 000 Menschenleben gerettet.

Rettungsboot am Sylter Weststrand, um 1900 (Sylter Archiv)

Körner 1991, Nordfriisk Instituut, Quedens/Stöver 1978, Wedemeyer 1991b.

Seeschwalben *(Tiarnken)* sind Sommergäste an der deutschen Nordseeküste. Wegen ihres gegabelten Schwanzes werden sie als Schwalben bezeichnet, sind aber mit den Möwen verwandt. Sie können schlecht laufen und schwimmen, ihr Flug dagegen ist sehr gewandt. Rüttelnd bleiben sie in der Luft stehen, um plötzlich ins Wasser hinabzustoßen und nach kleinen Fischen zu tauchen. Gefürchtet sind ihre Verteidigungskünste selbst von übermächtigen Gegnern. Als Fernzieher kommen sie im April/Mai als letzte Seevögel im Wattenmeer an, im August fliegen sie bereits wieder in ihre Winterquartiere am Rand der Antarktis zurück. Sie legen dabei alljährlich bis zu 50 000 Kilometer zurück.
Die häufigsten Arten sind die Fluss- und die Küstenseeschwalbe, die an der deutschen Nordseeküste ihre südlichsten Brutplätze hat. Die gefährdete Zwergseeschwalbe als kleinste Vertreterin der Art hat eine auffallend weiße Stirn in der sonst schwarzen Kopfplatte. Sie brütet auf vegetationsarmen Küstenabschnitten in unmittelbarer Nähe des Meeres. Höhere Fluten, achtlose Strandtouristen und räuberische Möwen bewirken, dass die ohnehin nur wenigen Brutpaare nicht in jedem Jahr einen Jungvogel durchbringen. Bereits sehr selten und darum schutzbedürftig sind die Trauerseeschwalbe und die Lachseeschwalbe. Letztere ist hin und wieder nach Eidechsen jagend in den Sylter Dünen zu sehen. Beliebte Aufenthaltsorte der Vögel auf Sylt sind die kleine, fuchssichere Insel Uthörn im Königshafen und das Naturschutzgebiet Rantumbecken, wo sie vom Seedeich aus ungestört beobachtet werden können.

Hans Jessel 1990a, Quedens 1976.

Seetang →Tang

Seezeichen *(Seeteekens)* dienen der Schifffahrt und kennzeichnen die Seewasserstraßen. Man unterscheidet feste Seezeichen wie →Baken, →Pricken, Stangen, →Leuchttürme und schwimmende Seezeichen wie Feuerschiffe, →Bojen oder Fahrwassertonnen. Als Leuchtfeuer dienen sie zur Orientierung bei Nacht und bei schlechter Sicht. Sie kennzeichnen Hindernisse wie Untiefen, Wracks, Ankerplätze und Sperrgebiete oder die seitliche Begrenzung der Fahrrinne.

Lang 1965.

Segelflugschule Wenningstedt Nachdem 1928 erste Segelflugversuche in den Lister Wanderdünen stattgefunden hatten, versuchte man es zwei Jahre später auch am Roten Kliff bei Kampen, da hier die Strömungsverhältnisse der Luft stabiler waren. Es begann ein regelrechter Schulungsbetrieb mit bis zu 20 Flugzeugen. 1933 wurde der erste deutsche Dauerflugrekord aufgestellt, 1935 starteten Feodora „Dolly“ Schmidt und Ernst Jachtmann zu Weltrekordflügen. 1938 wurden Werkstätten, Verwaltungsgebäude und Unterkünfte für etwa 100 Flugschüler errichtet. Mit Beginn des Zweiten Weltkriegs musste die „Reichssegelfliegerschule“, die, gemessen an ihren Ausbildungserfolgen, bereits den dritten Rang in Deutschland innehatte, geschlossen werden. Auf einer Dünenkuppe nördlich von Wenningstedt steht seit 1997 ein Findling mit der Inschrift: „Zur Erinnerung an die Segelflugschule Wenningstedt 1928-39 und die von hier aus gestarteten Weltrekordflüge am Roten Kliff“.

v. Bremen 2000c.

Segeln →Sport, →Wassersport

Seiche, Rolf →Gogärtchen

Seidel, Helmut * 1.10.1908 Leipzig, † 11. 12.1998 Westerland, Graphiker, Maler. Seidel absolvierte eine Lehre zum Lithographen in Berlin und besuchte parallel dazu in einer Abendschule die Zeichenklasse von Professor Emil Orlik (1870-1932). Nach 1945 arbeitete er als freier Graphiker auf Fehmarn. Er war Mitarbeiter bei den *Kieler* und *Lübecker Nachrichten* und verband seine Berichte mit eigenen Illustrationen. 1958 kam er als Fachlehrer der Marineversorgungsschule nach List. Nach seiner Pensionierung 1973 widmete sich Seidel ganz seinen Zeichnungen. Motive lieferte ihm die Sylter Wattseite mit ihrer weiten Landschaft einerseits und den dort angeschwemmten Gegenständen aus Natur und Zivilisation andererseits.

Sylter Archiv.

Selmer, Ernst Westerlund * 23.4.1890 Kristiania/Oslo, † 14.4.1971 Oslo, Sprachwissenschaftler. Selmer wirkte als wissenschaftlicher Hilfsarbeiter am Deutschen Seminar zu Hamburg bei der Bearbeitung und Drucklegung des *„Söl'ring Uurterbok"* von Boy Peter →Möller mit. Auf dieser Grundlage erarbeitete er seine „Sylterfriesischen Studien", die 1921 in Kristiania/Oslo erschienen. Darin analysierte er gründlich die Herkunft des friesischen Wortschatzes auf Sylt. Selmer wurde später Professor für deutsche Philologie und allgemeine Phonetik an der Universität Oslo.

In den „Sylterfriesischen Studien" schreibt Ernst W. Selmer: „Man wird wohl kaum irregehen, wenn man die Behauptung aufstellt, daß seit dieser Zeit [1898], im Laufe der folgenden drei Jahrzehnte, das Sylterfriesisch starke Einbuße erlitten hat... Trotzdem kann man wohl noch immer die ‚Söl'ring Spraak' als die auf der Insel herrschende Sprache bezeichnen."

Selmer 1921, Steensen 1987a.

Thomas Selmer (Sylter Archiv)

Selmer, Thomas * 12.7.1837 Nordstrand, † 17.11.1920 Tinnum, Kapitän. Selmer erwarb 1864 die Konzession zur Postbeförderung und setzte auf der Strecke Hoyer-Munkmarsch den Dampfer *König Wilhelm I.* sowie den Hinterraddampfer *Bismarck* ein. 1868 pachtete er für zehn Jahre ein Stück Land vom Munkmarscher Müller, um in einer Teilhabergesellschaft u. a. mit Kapitän Uwe →Bleicken eine Schiffswerft anzulegen. 1869 ließ er im Hafen ein später →Fährhaus benanntes Restaurant errichten. Hier sollten sich die Badegäste von den Strapazen der umständlichen →Verkehrsanbindung durch das nordfriesische Wattenmeer erholen, bevor sie die Weiterreise in ihre Quartiere an der Sylter Westküste antraten. Um 1900 kaufte Selmer die →Friesenhalle in Keitum.

Simon 1980, Stöver 1979, Sylter Archiv, Voß 1987.

Senwai Sylterfriesischer Straßenname in Keitum und Westerland. *Sen-wai* heißt „Sonnenweg".

Möller 1916.

Serkwai Sylterfriesischer Flur- und Straßenname in Morsum. *Serk-wai* heißt „Kirchweg".

Möller 1916.

Sextant →Navigation

Siebenhardenbeliebung 1426 ratifizierten die Ratmänner der sieben nordfriesischen →Harden von Sylt, Osterland-Föhr, Pellworm sowie der Beltring-, Wiriks-, Horsbüll- und Bökingharde in der Sankt Nicolai-Kirche von Boldixum/Föhr ihr „Grundgesetz". Auch ein Vertreter der Landesherrschaft aus Schleswig war zugegen und nahm den erklärten Willen der Nordfriesen zur Selbstverwaltung und gegen hoheitliche Herrschaftsansprüche zur Kenntnis. Erstmals zu Papier gebracht wurden 23 Artikel überwiegend privatrechtlicher Natur, etwa zum Vermögens- und Erbrecht, sowie die Grundzüge einer Selbstverwaltung. Die Beliebung wurde 1572 auf Veranlassung Herzog Johanns des Älteren „aus fürstlicher Macht und Obrigkeit" durch das Nordstrander Landrecht abgelöst. Dieses wies allerdings nur geringfügige, strafrechtliche Veränderungen gegenüber der Siebenhardenbeliebung auf. Erst mit dem Bürgerlichen Gesetzbuch verloren 1900 die alten Landrechte ihre Geltung vollständig.

Panten 1976, Pappenheim 1926.

Theodor Siebs (Nordfriisk Instituut, Thomas Steensen)

Siebs, Theodor * 26.8.1862 Bremen, † 28.5.1941 Breslau, Sprachwissenschaftler. Siebs gehörte zu den bekanntesten Sprachwissenschaftlern seiner Zeit, vor allem mit seinem Werk „Deutsche Bühnenaussprache" (1898). Seit 1902 war er ordentlicher Professor in Breslau. Schon als Student hatte er sich mit dem Friesischen befasst und unternahm 1885 eine Studienreise nach Nordfriesland. Mit seinen Veröffentlichungen über die Geschichte der →friesischen Sprache schuf er wichtige Grundlagen der →Frisistik. Im Jahre 1898 gab er zwei Lustspiele des Sylter Heimatdichters Erich →Johannsen heraus. Seine phonetische Rechtschreibung setzte sich aber nicht durch.

Miedema 1961, Riecken 2000.

Siedlungsspuren Sichtbare Zeichen frühen menschlichen Lebens auf Sylt sind die aus der →Jungsteinzeit, aus der →Bronzezeit und aus der →Eisenzeit stammenden →Grabhügel, die über das Kerngebiet der Insel zwischen Morsum, Kampen und Rantum verstreut liegen. Kultstätten aus der Zeit um Christi Geburt sind die →Archsum- und die →Tinnumburg. Von einer →Besiedlung des Sylter Gebiets seit der Steinzeit zeugen auch Artefakte, die Archäologen bei Grabungen in →Archsum fanden. Nach Materialabbrüchen am →Roten Kliff traten Relikte aus der Römerzeit zutage. Bei extremen Niedrigwasserständen sind im Küstengebiet vor Westerland und →Rantum gelegentlich Brunnenringe und andere Spuren aus den vergangenen Siedlungen →Eidum und Alt-Rantum zu sehen. Reste vom alten →List, das im 15./16. Jahrhundert von →Wanderdünen bedeckt wurde, fand man im Mannemorsumtal.

Nordfriisk Instituut.

Siel *(Sil)* Das Wasser aus dem Binnenland wird durch das Siel, eine verschließbare Öffnung im Deich, in das Wattenmeer abgeleitet. Bei →Flut werden die Tore durch den höheren Meerwasserdruck automatisch von außen zugedrückt, was das Einströmen von Salzwasser verhindert. Durch den Rückgang des Meerwassers bei Ebbe stößt der nun größer werdende Druck des Binnenwassers die Tore wieder auf. Es beginnt die Sielzugzeit, in der das Wasser aus den Kanälen und →Vorflutern in die Außentiefen (→Tief) abfließen kann. Wo die Voraussetzungen für einen ausreichenden Wasserabfluss nicht gegeben sind, muss mit Schöpfwerken nachgeholfen werden. Dies geschieht auch am Siel des →Nössekooges. Es befindet sich bei der Kreuz-Wehle südlich von Keitum.

Nordfriisk Instituut.

Siemens, Wilhelm * 12.5.1897 Braderup, † 18.8.1984 Westerland, Postbeamter, friesischer Dichter. Seinen Jugendwunsch, Schiffsingenieur zu werden, durchkreuzte der Erste Weltkrieg. Siemens ging zur Post, arbeitete in Hamburg und leitete zuletzt eine Dienststelle mit etwa 500 Beschäftigten. Seit den 1920er Jahren setzte er sich für seine →friesische Muttersprache ein und verfasste viele Beiträge für die Zeitungsbeilage →*Fuar Söl'ring Lir.* Seine Gedichte sind von starker Ausdruckskraft; eine von Hans →Hoeg herausgegebene Auswahl erschien in *„Dechtings"* (1981). Mit seinen humorvollen *„Staatjis"* (1982), hintersinnigen Geschichten von der Sylterin „Inken", wollte er seinen Landsleuten einen Spiegel vorhalten. Ein Gedenkstein wurde 1994 am Braderuper *Skaarwai* aufgestellt (Abbildung auf S. 104).

Wilhelm Siemens:

Dechtings

Dechtings sen tiring en böör,
gur of ring fan wir en sir,
aaft üs glees sa bros en sköör,
ek bünen ön stair en tir.

Dechtings sen broket rüten
üt früger, wark en senen;
ja skiin ek fiir tö büten,
jaar glemen leecht es benen.

Gedichte

Gedichte sind Nachricht und Botschaft,
gut oder schlecht von fern und nah,
oft wie Glas so zerbrechlich und spröde,
nicht gebunden an Ort und Zeit.

Gedichte sind bunte Fensterscheiben
aus Freude, Schmerz und Sinnen;
sie scheinen nicht weit nach außen,
ihr glimmendes Licht ist innen.

Århammar 1967, Schmidt 1961, Siemens 1981, Tholund 1995.

Sievers, Jacob * 1835 Keitum, † 7.4.1879 Puerto Cabello/Venezuela, Konsul. Sievers war ein Enkel von Jacob Trogilius Sievers, des ersten sesshaften Uhrmachers auf Sylt. Er genoss hohes Ansehen in der Handelswelt. Er wurde kaiserlich deutscher Konsul in Venezuela und vertrat auch das niederländische und zeitweise das italienische Konsulat. Während eines Aufstands kam er ums Leben.

Rinken 1992.

Wilhelm Siemens (Sylter Archiv)

Siidik Sylterfriesischer Flur- und Straßenname in Keitum. *Sii* bedeutet „Salzwasserbach". So heißt auch ein alter →Priel im Nössekoog. *Siidik* bedeutet „Wall (Deich) am *Sii*".

Möller 1916.

Silbermöwe *(Asmö)* Die Silbermöwe ist die häufigste aller 44 auf der Erde vorkommenden Arten von →Möwen. Ihre Hauptbrutgebiete in Nordfriesland sind die Inseln und Halligen. Auf

Silbermöwe (Foto: Volker Frenzel)

Sylt brüteten vor dem Ersten Weltkrieg etwa 10 000 Möwenpaare. Durch militärische Anlagen und Schießübungen wurden viele von ihnen hauptsächlich nach Amrum und auf die kleinen Halligen Süderoog und Südfall vertrieben. Als Aas- und Allesfresser vertilgen Silbermöwen alles, was die Natur zu bieten hat. Sie sind gefürchtete Räuber von Jungtieren anderer Gattungen und von Gelegen. Häufig kann man die Vögel, die eine Flügelspannweite bis zu 140 Zentimetern aufweisen, als Begleiter von Schiffen beobachten. Junge Silbermöwen sind zunächst braungefleckt. Erst im vierten Lebensjahr legen sie ihr typisches weißleuchtendes Gefieder mit den silbergrauen Flügeldecken an.
Quedens 1997.

Silvester *(Niijaarsinj)* Am „Abend vor dem neuen Jahr" sind auf Sylt noch einige alte →Sitten und Bräuche lebendig, so z. B. das →Maskenlaufen. Der →Altjahresumritt findet noch in Morsum statt, das →*Pötjsmiten* ist vollkommen in Vergessenheit geraten.
Rinken 1992, Tholund 2000a.

Silwai Sylterfriesischer Flur- und Straßenname in Tinnum. *Sil-wai* heißt „Sielweg".
Möller 1916.

Simon, Sven (eigentlich Axel Springer jun.) * 7.2.1941 Hamburg, † 3.1.1980 Hamburg, Fotojournalist. Der älteste Sohn des Verlegers Axel →Springer kam 1949 zum ersten Mal nach Sylt. Durch die Dünen rollte noch die Inselbahn, die Kampener Heide war unbebaut und in Westerland ragten noch keine Hochhäuser in den Himmel. Dies änderte sich in den 1960er/70er Jahren auf drastische Weise. Kurz vor seinem Freitod auf einer Hamburger Parkbank stellte Sven Simon sein Buch „Sylt – Abenteuer einer Insel" fertig. Es sollte nicht zuletzt das Bewusstsein dafür schärfen, die verbliebenen Reize und Schönheiten der Insel zu bewahren.
Simon 1980.

Simonsen, Andreas Jens * 1828 Keitum, † 24.3.1873 Keitum, Landmann. Der Sohn von Uwe Jens →Lornsens Schwester Erkel nahm in den Jahren 1849/50 aktiv an der →schleswig-holsteinischen Erhebung teil. Später war er →Bauervogt in Keitum. Als solcher gehörte er am 15. Juni 1864 zu den sieben Sylter Gefangenen, die im →deutsch-dänischen Krieg wegen aufrührerischer Aktivitäten für rund sechs Wochen in Kopenhagen festgehalten wurden.
Stolz 1988.

Sintenis, Renée * 20.3.1888 Glatz, † 22.4. 1965 Berlin (West), Bildhauerin. Sintenis schuf Tier- und Aktplastiken und Porträts. Während der Zeit des Nationalsozialismus wurden viele ihrer Werke beschlagnahmt und zerstört. 1947 erhielt sie eine Professur an der Hochschule für Bildende Künste in Berlin. Zwischen den Weltkriegen verbrachte die Pferdenärrin regelmäßig die Sommermonate bei ihrer Freundin Clara →Tiedemann in Kampen. Mit Vergnügen ritt sie den Strand entlang und durch die einsamen Dünen. 1930 wohnte auch das Ehepaar →Nolde, dessen Atelier in Seebüll renoviert wurde, in →Kliffende. Am Ende des gemeinsamen Sommers fertigte Nolde Porträts von Sintenis und Tiedemann. 1956 entwarf die Bildhauerin für die Westerländer Kurpromenade einen Gedenkstein an Berlin.
Schulte-Wülwer 1996, Sylter Archiv, Tiedemann 1973.

Sitten und Brauchtum *(Löns Wiis en Brük)* Private zwischenmenschliche Kontakte werden zumeist durch die ungeschriebenen Gesetze der Sitten geregelt. Dies betrifft vor allem das richtige Verhalten auf Festen oder Vergnügungen. Eine beliebte Gewohnheit auf Sylt war das „Aufsitzen" *(Āpseten)* im Winter, worunter ein abendlicher Besuch beim Nachbarn zu verstehen ist. Die *Āpseters* saßen gemeinsam in der Wohnstube und erzählten sich Geschichten, während die Frauen strickten und die Männer

Umzug der Ringreiter durch Keitum, 1935 (Sylter Archiv)

ihre Tabakspfeifen rauchten. Dies hatte auch einen wirtschaftlichen Hintergrund, brauchte doch nur ein Raum beheizt zu werden. Weiter ist überliefert, dass sich die jungen Leute im Winter einmal in der Woche zum Tanz versammelten, ohne Alkohol und „sonstige Ausgelassenheiten". „Sonst hat man hier keine öffentlichen Lustbarkeiten als bloß am →Petritage", heißt es in der „Beschreibung der Insel Silt" des Chronisten Jens →Booysen (→Biikebrennen).
Zum förmlichen Kennenlernen dienten Höflichkeitsbesuche bei der Familie der Auserwählten. Meistens waren gleich mehrere junge Männer zu Gast. Diese Besuche fanden überwiegend in den dunklen Wintermonaten statt, wenn die Seefahrer auf der Insel weilten. Man nannte sie deshalb →*Hualevjunkensdreenger* (Jungs des Halbdunkeln).
Traditioneller Hochzeitstag auf Sylt war der Donnerstag vor dem 1. Advent. Dies erzeugte oft einen mächtigen Andrang. Häufig soll es geschehen sein, dass der Ehemann sein Schwert über der Haustür in das Reetdach steckte. Die junge Frau schritt darunter hindurch und erkannte damit symbolisch an, dass ihr Gatte sie im Falle ihrer Untreue töten dürfe. Nicht selten arteten Hochzeits- und andere Feierlichkeiten aus. Es kam zu Schlägereien bis hin zu Tötungsdelikten wie im Falle des Rantumer Strandvogts Nis Bohn 1694. Die Vorkommnisse wurden selten geahndet, vielmehr, so berichtete der Chronist Henning →Rinken, legte man üblicherweise zuhause sein Totenhemd zurecht, bevor man sich auf eine Feier begab.
Fröhlich ging es oft auch auf Beerdigungen zu. Noch um 1800 gehörte es sich, dass die jungen Leute nachts die Leichenwache hielten. Dabei floss jede Menge Bier, und es wurde gelacht und gesungen. Zur gleichen Zeit hatten die beiderseitigen Nachbarn des Verstorbenen die Pflicht, ein Grab auszuheben und nach der Beerdigung auch wieder zuzuwerfen. Der am nächsten wohnende Fuhrmann brachte die Leiche zur Kirche.
Die Kindstaufe hatte innerhalb von vier Tagen nach der Geburt zu erfolgen. Das bedeutete im Winter, dass die Kinder in einem Körbchen samt einem warmen Stein zur Kirche getragen wurden. Frauen sollten ihren ersten Kirchenbesuch nach der Geburt eines Kindes mit überkreuzten Beinen hüpfend zurücklegen, um „die Freudigkeit des glücklich erlebten Kirchgangs" zu demonstrieren, wie Rinken schrieb. Auch trugen sie zwei verschiedenfarbene Strümpfe, um sich von den anderen Frauen zu unterscheiden. Dieser Brauch soll bis etwa 1650 üblich gewesen sein.
Einige alte Bräuche wie das →*Pötjsmiten* oder die schriftlichen Neujahrsgrüße, die allen Verwandten und Bekannten überbracht wurden, sind nahezu in Vergessenheit geraten. Das →Maskenlaufen zu Silvester erfreut sich dagegen vor allem in Sylt-Ost zu Fuß und zu Pferde (→Altjahresumritt) noch großer Beliebtheit. Weitere überlieferte Bräuche sind u. a. das →Boßeln, das →Ringreiten und das →Eierwerfen.

Booysen 1828, C. P. Hansen 1858 u. 1875, Koehn 1939, Rinken 1992, Stöpel 1927, Tholund 2000a.

Sjipkaamp Sylterfriesischer Flur- und Straßenname in Westerland. *Sjip-kaamp* heißt „Schafweide".

Möller 1916.

Sjipwai Sylterfriesischer Flur- und Straßenname in Kampen, Tinnum und Westerland. *Sjip-wai* heißt „Schafsweg".

Möller 1916.

Einen „Schafsweg" gibt es mehrfach auf der Insel, hier der in Westerland. (Foto: Thomas Steensen)

Skaarwai Sylterfriesischer Flur- und Straßenname in Braderup. *Skaar-wai* heißt vermutlich „schattiger Weg".

Möller 1916.

Skagerrak →Jugendseeheim Kassel

Skelighörn Sylterfriesischer Flur- und Straßenname in Morsum. *Skelighörn* heißt auch der gesamte, an Archsum grenzende, westliche Ortsteil.

Möller 1916.

Sklaverei *(Slaawerii)* Insbesondere im 17. und 18. Jahrhundert waren Seeräuber aus Algerien, Marokko und Tunesien eine Plage für die Handelsschifffahrt. Allein zwischen 1719 und 1747 gingen 50 hamburgische Schiffe verloren und etwa im selben Zeitraum 19 dänisch-norwegische. 1746-56 schloss der dänische König Verträge mit den Regierungen Nordafrikas und dem Osmanischen Reich, um die Seeräuberei vor allem der Türken zu unterbinden. Schiffe unter dänischer Flagge führten fortan so genannte „Algerische Seepässe" mit sich. Dennoch gerieten auch mehrere Sylter Seefahrer in die Sklaverei, vorwiegend in Nordafrika, und mussten freigekauft werden. Ihre Angehörigen boten manchmal hohe Summen auf, so z. B. 1693, als Erk Geicken aus Westerland nach Algier verkauft worden war. Zeitweilig wurden in den Kirchengemeinden Kollekten für eine Sklavenkasse durchgeführt. Der Sylter Seefahrer Tam(e) →Tamen soll in der Sahara zu einem Wüstenfürsten aufgestiegen sein. Sehr bekannt wurde der Amrumer Friese Hark Olufs (1708-1754), der 1724 als 16-Jähriger in die Sklaverei geriet, zum Schatzmeister des Beys aufstieg und seine Erlebnisse nach der Rückkehr aufzeichnete. Bemerkenswert ist, dass sich Sylter Seeleute nur in sehr seltenen Ausnahmefällen selbst am Sklavenhandel des 18. Jahrhunderts beteiligten.

Der Chronist Henning →Rinken berichtete in seiner Chronik: „1724 kam Andres Frödden aus Wenningstedt in Algirischer-Sclaverey. Während er nun mit niedergeschlagenem Kopfe und Gemüthe über seinem Schicksal auf dem Markte zum verkaufen hingestellt war, klopfte ihn jemand auf dem Schulter, er sahe sich um und erblickte ein großer bärtiger Türke, der ihm zu seinem größesten Erstaunen fragte ‚Best dü eck en Sölering?' [Bist du nicht ein Sylter?] Der Fragende war Jens Baathen aus Archum, der früher in gefangenschaft gerathen, die mohamedanische Religion angenommen und freier Mann geworden war, und half den Gefangenen, bald seine Freiheit zu erhalten." Ähnliches wird über Tam(e) →Tamen berichtet.

Jensen 1939, Rinken 1992.

Skrabbel, Greth Nach einer Erzählung des Chronisten C. P. →Hansen soll Greth Skrabbel als Säugling die Strandung eines niederländischen Schiffes vor Sylt überlebt haben. Mit ihrer Wiege wurde sie an den Strand von Rantum gespült und dort aufgefunden. Laut Hansen wurde sie die Stammmutter des →Petersen de Hahn-Geschlechts. Der berühmte Walfangkommandeur und Strandinspektor Lorens Petersen de Hahn wäre, glaubte man der Geschichte, einer ihrer Enkelsöhne.

Hansen 1858a.

Smeelwai Sylterfriesischer Flur- und Straßenname in Westerland. *Smeel-wai* heißt „schmaler Weg".

Möller 1916.

Smidt, Heinrich * 18.12.1798 Altona, † 3.9.1867 Berlin, Seemann, Jurist, Redakteur. Nach zehnjähriger Dienstzeit auf See studierte Smidt Jura und erhielt eine Anstellung bei der *Staatszeitung.* 1848 wurde er Angestellter des Kriegsministeriums in Berlin. Seine früheren Erfahrungen verwertete er in zahlreichen Schriften, in denen er Dichtung und Wahrheit miteinander verband. In seiner Novelle „Das Röschen vom Kliff" beschrieb Smidt 1861 die Insel Sylt als ein „langgestrecktes Krokodil, das über den Wassern schwebt".

Alberti 1867, Sylter Archiv, Wedemeyer 2000a.

Sohl, Will * 17.6.1906 Ludwigshafen, † 11.9.1969 Heidelberg, Maler. Sohl studierte an der Düsseldorfer Kunstakademie. 1935 kam er das erste Mal nach Sylt, viele weitere Aufenthalte folgten. 1939 bekannte er seiner Frau Ruth: „Dieser Insel verdanke ich meine ganze Arbeit, sie ist wie für mich geschaffen." Sohl lebte sehr zurückgezogen auf Sylt, mal in einem ausgebauten Eisenbahnwaggon, mal in einem Speicher und schließlich auch bei Margarete Gogarten, die ihn im Tausch gegen Bilder versorgte. 1946 entdeckte ihn in Kampen Bürgermeister Fritz →Wichert, der ehemalige Direktor der Mannheimer Kunsthalle. Er förderte Sohls Werk, das jene „Heftigkeiten und Konzentrationen innerer Sturmzustände" und die „Erschütterungen, die jeder, der mit der Insel verbunden ist, einmal erfahren hat", ausdrückte. Das Bild „Rotes Kliff (Sonnensturm)" von 1962 befindet sich im Altonaer Museum. Die Titel einiger Aquarelle lauten: „Krüppelkiefern auf Sylt" (1936), „Schafe auf verschneiten Dünen" (1937) und „Wattlandschaft" (1949).

Schulte-Wülwer 1996, SHL 1983.

Söl ist die sylterfriesische Bezeichnung für Sylt.

Sölring ist die sylterfriesische Bezeichnung für den Dialekt des →Friesischen auf Sylt.

Söl'ring Foriining e. V. Der Sylter Verein setzt sich ein für „die Erhaltung und den Schutz von Küste, Brauchtum, Landschaft und Denkmälern auf der Insel Sylt". Er wurde 1905 in Keitum gegründet und knüpfte an einen früheren →Sylter Verein sowie die Arbeit der →*Foriining fuar Söl'ring Spraak en Wiis* an.
Erster Vorsitzender war Pastor Friedrich →Riewerts. Die Einrichtung und Eröffnung der Museen →Altfriesisches Haus (1907) und →Sylter Heimatmuseum (1908) waren erste Schwerpunkte. Seit 1928 unterhält der Verein den →Denghoog in Wenningstedt, 1988-90 ließ er die →Vogelkoje Kampen herrichten. Neben den musealen Einrichtungen betreut die *Söl'ring Foriining* auch die →Naturschutzgebiete Nord-Sylt, Vogelkoje Kampen, →Rotes Kliff, →Nielönn, →Baakdeel und die Rantumer Dünen.
Die *Söl'ring Foriining* ist heute mit rund 1 600 Mitgliedern der größte lokale Heimatverein in Schleswig-Holstein. Sie ist Bestandteil der →friesischen Bewegung und hat sich dem Nordfriesischen Verein angeschlossen. Ihre Geschäftsstelle befindet sich im Sylter Heimatmuseum. Die →friesische Sprache wird durch Unterricht und Theater gepflegt, die Trachtengruppe zeigt regelmäßig Sylter →Trachten und Volkstänze.

Nordfriisk Instituut, Pflüger 1980, SF 1984-2002, Steensen 1986, Tholund 1980.

Söl'ring Foriining e. V.

Die Vorsitzenden der *Söl'ring Foriining:*

Friedrich →Riewerts (1905-1911)
Jacob Reinhardt (1911-1928)
Jens Hoffmann (1928-1933)
Jan →Jansen (1934-1952)
Hermann →Dirksen (1952-1968)
Claus →Andersen (1968-1976)
Uwe →Petersen (1976-1989)
Horst →Jacobsen (1989-2000)
Klaus →Koehn (2000-2001)
Peter Müller (ab 2002)

Sommerfrische war im 19. Jahrhundert die Bezeichnung für Orte, die wegen ihres besonderen Klimas vor allem in den Sommermonaten besucht wurden. Der Begriff wurde zunächst für die alpinen Ferienorte geprägt und später u. a. auch auf Sylt übertragen.

Wedemeyer 1991a.

Sonne *(Sen)* Die Sonne scheint auf Sylt laut Statistik 1 718 Stunden im Jahr und damit etwa 150 Stunden länger als an den meisten anderen Orten Deutschlands. Sie beeinflusst nachhaltig das Sylter →Klima.

Sonnenland heißt die 1961 von Horst Günther →Hisam erbaute Ferienhaussiedlung im Süderheidetal und in der Westerheide südlich von List. Die Siedlung liegt mitten im Naturschutzgebiet Nord-Sylt. Dies wurde möglich, weil die Eigentümer des Listlandes nach langem Rechtsstreit eine Entschädigung für im Krieg verlorenes Grundvermögen erhielten. Sie durften eine gewisse Landfläche in Bauland umwandeln.

Jürgs/Trost 1978, Naturschutzgemeinschaft 1994.

Sonnenland

Sonnenstraße →Straße der Höflichkeit

Sonnentau Die stark gefährdete Fleisch fressende Pflanze wächst in feuchten Dünentälern, die oft extrem nährstoffarm und leicht moorig sind. Die Blätter des Sonnentaus sind mit Verdauungsdrüsen und Härchen besetzt, die zahlreiche klebrige Sekrettropfen zum Festhalten kleiner Insekten ausscheiden. Auf Sylt kommen drei Unterarten des Sonnentaus vor.

Koch 1996a.

Die kleinste bekannte Sonnenuhr auf Sylt stammt sehr wahrscheinlich aus dem letzten Jahrzehnt des 18. Jahrhunderts. Sie ziert heute die Fassade eines Restaurants in der Westerländer Paulstraße. (Hans Dieter Wöhler)

Sonnenuhren *(Senwiisers)* Sylt hat in Bezug auf seine Fläche die meisten Sonnenuhren in Deutschland. Diese Aussage eines Fachkreises der Deutschen Gesellschaft für Chronometrie wird durch eine Dokumentation des Sylter Fremdenführers Hans Dieter Wöhler belegt. Die älteste Sonnenuhr auf der Insel stammt aus dem Jahr 1750 und befindet sich an der Südwand eines Friesenhauses in der Westerländer Stadumstraße. Vom hohen nautischen und mathematischen Wissen jener Zeit zeugt die Darstellung der Kreuzigungsstunde Jesu auf der Sonnenuhr von 1789 in der →Sankt Niels-Kir-

Sparkassengebäude in Westerland

che in Westerland. Die Blütezeit der Sylter Sonnenuhren lag im 18. Jahrhundert, doch entstanden auch im 20. Jahrhundert noch einmal rund 20 neue Exemplare. Vier von fünf Uhren sind vertikale Wand-Sonnenuhren, die übrigen sind Ringsonnenuhren aus Metall.

Wöhler 2002.

Sönnichsen, Uwe * 7.9.1927 Altona, Bezirksschornsteinfegermeister, Journalist. Sönnichsens Vorfahren lebten in Tondern. Sein Großvater „Carsten Roll" war der erste Bahnspediteur dieser Region. Seit 1954 hielt Sönnichsen Tausende Dia- und Film-Vorträge auf und über Sylt. Dabei stellt der Niebüller besonders die Gefährdung durch →Sturmfluten heraus. Er warb bisher über 900 Mitglieder für die →*Söl'ring Foriining* und sammelte rund 150 000 Euro an Spendengeldern für den →Küstenschutz. Sein Einsatz wurde 1997 mit dem →C.-P.-Hansen-Preis gewürdigt.

Nordfriisk Instituut, Sönnichsen/Moseberg 1994.

Save Our Seas (Foto: Thomas Steensen)

S.O.S. Save Our Seas lautet der Hilferuf der Frau aus Bronze, die seit 1990 an der Strandpromenade vor dem Westerländer Kurzentrum steht. Der 1947 in Paris geborene Bildhauer Serge D. Mangin aus München, der u. a. Porträts von Ernst Jünger, Henry Miller und Luciano Pavarotti fertigte, sieht sie als Sinnbild für die bedrohte Erde und als Aufforderung, bewusst mit der Umwelt umzugehen. Möwe und Robbe des Standbildes symbolisieren Luft und Wasser.

Nordfriisk Instituut.

Sparkasse Die älteste Sparkasse Sylts und eine der ersten in Nordfriesland ist die 1821 in Keitum gegründete „Mobilien-Sparkasse". Zu dieser Kasse wurden nur Interessenten zugelassen, die vorher der →Sylter Allgemeinen Brandkasse von 1819 angehörten. Die Einlagen der Sparkasse wurden ausschließlich zur Regelung von Brandschäden verwendet. Es handelte sich also im strengen Sinne eher um einen Versicherungsverein. Dies gilt auch für die Austernfischercasse in Keitum und die Unterstützungskasse für Seeleute in Westerland. 1866 wurde die „Sylter Spar- und Leihkasse zu Westerland" gegründet. 1872 folgte in Keitum die „Allgemeine Sylter Spar- und Leihkasse", die 1879 bereits 745 Sparkassenbücher eröffnet hatte. Günstige Bedingungen für das →Bankwesen entstanden zu Beginn des 20. Jahrhunderts, als der allgemeine Wohlstand in Westerland und auf der Insel anstieg. Damit wuchsen auch die Spareinlagen. Nach Weltkrieg und Inflation erhielt die Sparkasse, deren Geschäftsräume bis dahin im Rathaus untergebracht waren, ein eigenes Gebäude. 1932 wurde die Einrichtung nach einer Satzungsänderung in Städtische Sparkasse Westerland umbenannt. Nach und nach sorgten Filialen in fast allen Inselorten für eine flächendeckende Finanzversorgung. 1974 wurde ein neues Haus an der Ecke Maybachstraße/Paulstraße bezogen. Hohe Kreditanforderungen in den 1970er Jahren überstiegen die Möglichkeiten der Sylter Sparkasse. Sie fusionierte deshalb Ende 1976 mit der Sparkasse Nordfriesland (ab 2003 Nord-Ostsee-Sparkasse). Filialen befinden sich in Hörnum, Kampen, Keitum, List und Wenningstedt.

Sylter Archiv, W. H. 1992.

Spar- und Darlehnskasse →Bankwesen

Spielbank Die erste Kugel landete auf der schwarzen Vier, als im Juni 1949 im Rathaus und ehemaligen →Kurhaus Westerland erstmals Gäste ihr Glück beim Roulette herausforderten. Ungefähr zeitgleich mit Travemünde folgten die Sylter damit dem Baden-Badener Vorbild. Seit 1977 dürfen auch Sylter Bürger in Westerland spielen. 1998 wurde das Casino von der Schleswig-Holsteinischen Spielbank GmbH

Als anderswo noch Hunger herrschte, durfte im Westerländer Casino 1954 bereits die Kugel wieder rollen. (Sylter Archiv)

übernommen. Die durchschnittlichen Besucherzahlen in Deutschlands kleinster Spielbank liegen bei etwa 25 000 im Jahr. Im Spielsaal befinden sich vier Roulettetische, ein Tisch für Black-Jack und 95 Spielautomaten. Schlips und Sakko sind keine Pflicht mehr. Es genügt auf der Ferieninsel eine korrekte Freizeitkleidung, um Einlass zu erhalten.

Frenzel/Deppe 1999, Kruse 1989e.

Spiro, Stanley Joseph Grove →Grove Spiro, Stanley Joseph

Sport Rund 5 000 Personen sind Mitglieder in Sylter Sportvereinen. Als erster Verein bildete sich 1881 der Turn-Verein Keitum, später folgten der Turn- und Sportverein Westerland von

Volleyball am Strand (Foto: Uwe Sönnichsen)

1883 und der 1. Sylter Fußballverein von 1919, die sich 1929 zum TSV Westerland zusammenschlossen. Weitere größere Sportvereine sind die Sportfreunde List, der TSV Morsum, der SC Norddörfer, der FC Rantum und der TSV Tinnum 66. Als Sportstätten dienen die Norddörfer-Halle und der Norddörfer-Sportplatz in Wenningstedt, die Mehrzweckhalle in Tinnum, das Sportzentrum Sylt-Ost in Keitum, die Turnhalle in Morsum, Sportanlagen bei der Grundschule List sowie die Nicolaihalle, das Sportcenter und seit 1971 das Sylt-Stadion in Westerland. Im Meerwasserfreibad in Keitum spielt der ortsansässige Turnverein hochklassigen Wasserball, in der Sparte →Tennis gibt sich die Weltspitze ein regelmäßiges Stelldichein beim Tennisclub Westerland. Neben den Volkssportarten Fußball, Handball und Leichtathletik nimmt das Segeln und →Surfen einen wichtigen Platz auf Sylt ein. Hier fanden z. B. die deutschen Meisterschaften der Hobie-Segler statt oder die Catamaran-Hochsee-Regatta „60 Seemeilen vor Sylt“ des Sylter Catamaran Clubs (SCC). Zu den traditionellen Schützen- und →Ringreitervereinen gesellen sich außerdem Tischtennis (TTG Sylt-Ost), Segelfliegen (Aero-Club Sylt), →Reiten, Elite-Tanzturniere, die German Polo Masters (Polo Club Sylt) und Beach-Volleyball. Drei →Golfplätze und der →Sylt-Lauf von Hörnum nach List runden die Sylter Sportszene ab.

Fiedler 2000, Nordfriisk Instituut, Sylter Archiv.

Sprache →Friesisch, →Mehrsprachigkeit, →Niederdeutsch

Spreckelsen, Rolf * 9.4.1930 Stade, Architekt, Chronist. Spreckelsen besuchte seit den 1950er Jahren Sylt regelmäßig und entwarf sich 1963 und 1972 Häuser in Wenningstedt. Seit 1983 lebt er ganzjährig auf der Insel. 1975 erschien, verlegt vom *Nordfriisk Instituut*, die Chronik von Wenningstedt, 1981 der erste Band der Norddörfer-Chronik, dem drei weitere folgten. Weiter schuf er reich bebilderte Chroniken zu den Nordseebädern Wenningstedt und Kampen. Für seine chronistische Tätigkeit und seinen Einsatz für die Erhaltung historischer Gebäude erhielt er 1992 den →C.-P.-Hansen-Preis.

Nordfriisk Instituut, Spreckelsen 1968 ff.

Sprichwörter →Sylterfriesische Sprichwörter

Springer, Axel * 2.5.1912 Altona, † 22.9.1985 Berlin, Verleger. Mit der Programmzeitschrift *Hörzu* erzielte Springer kurz nach dem Zweiten Weltkrieg seinen ersten Erfolg als Verleger. Durch die Gründung weiterer eigener Zeitungen und Zeitschriften wie z. B. *Bild* und *Hamburger Abendblatt* und durch den Kauf fremder Zeitungen wie *Die Welt* erweiterte er sein Unternehmen. Heute ist der Axel Springer Verlag in allen Medienbereichen vertreten.

Bis zum Tod seines Sohnes Sven →Simon 1980 war Sylt für Springer eine Art zweite Heimat. Bereits 1937 nahm er als Spieler der →Trocadero-Mannschaft an einem Prominenten-Fußballspiel in Westerland teil. In Kampen kaufte er nach dem Zweiten Weltkrieg den →Klenderhof. Das Haus wurde Schauplatz bedeutender politischer Treffen. Unzählige Persönlichkeiten aus Wirtschaft, Politik und Gesellschaft waren Gäste in der „Springer-Burg“, wie der

Axel Springer auf Sylt, 1970 (Unternehmensarchiv Axel Springer Verlag)

Volksmund bald formulierte. 1973 wurde kurz vor der Ankunft des damaligen Wirtschaftsministers Karl Schiller das Anwesen von Unbekannten angezündet. Durch den schnellen Einsatz der gut ausgerüsteten Feuerwehr konnte ein Großteil des Hauses gerettet werden. Entscheidend war ein hochmodernes Löschfahrzeug, das Axel Springer kurz zuvor gestiftet hatte. Bereits Anfang der 1960er Jahre gründete Springer einen Privatclub für Golfspieler und ließ in Morsum einen Neun-Loch-Platz anlegen. Zusammen mit dem Sylter Juristen Hugo →Krohn veranlasste die Axel-Springer-Stiftung 1968 die Restaurierung von 23 kostbaren →Grabsteinen auf dem Keitumer Friedhof von →Sankt Severin. Sie wurden am nördlichen Friedhofswall wieder aufgestellt. Axel Springer besaß mehrere schöne Anwesen auf Sylt, darunter auch das Haus →Hoboken am Watt in Kampen, das er von seinem Verlegerkollegen Peter →Suhrkamp kaufte.

Nordfriisk Instituut, Sylter Archiv.

Springer-Burg →Klenderhof

Springflut Etwa alle 15 Tage, wenn sich bei Voll- oder Neumond Sonne, Mond und Erde in einer Linie befinden, addieren sich die Anziehungskräfte der Gestirne. Das Hochwasser in der Nordsee erreicht dann einen um 30 bis 40 Zentimeter höheren Stand als bei einer mittleren →Flut.

Sprotte, Siegward * 20.4.1913 Potsdam, Maler. Sprotte studierte ab 1931 an der Kunstakademie Berlin. Studienaufenthalte und Reisen führten ihn durch Europa und nach Übersee. 1945 kam er mit einer Aufenthaltsgenehmigung für maximal drei Wochen nach Sylt. Sprotte blieb und wohnte bis 1947 bei Peter →Suhrkamp in Kampen. 1952 baute er sich ein eigenes Haus, 1961 gestaltete er in der Dorfmitte einen früheren Pferdestall zu einem Atelierhaus um. Sprottes Reisen und Begegnungen mit Kunstfreunden aus aller Welt sorgten wesentlich für den hohen Bekanntheitsgrad Kampens als „Künstlerdorf". 1992 gründete er in Potsdam eine Stiftung zur Erforschung der Simultaneität von Bilden und Sprechen.

Sprotte malt nicht die Natur ab, sondern ist bestrebt, eins mit ihr zu werden. Seine Bilder sind das Ergebnis eines Einfühlungsprozesses in die Gesetzmäßigkeiten und Strukturprinzipien der Natur. Der Maler selbst sagte, er male keine Bilder „von" Sylt, sondern „auf" Sylt und fügte folgende Episode hinzu: „Im Windschutz stehend auf brauner Heide vor meiner Ateliertür malte ich eine Woge mit grünem Himmel. Ein Spaziergänger wunderte sich, daß mein Motiv nirgends zu sehen war." Sprotte lebt und arbeitet in Kampen, Colfosco/Dolomiten und Potsdam.

Bundesgartenschau 2001, Holander 1977, Kuhlemann 1993, Schulte-Wülwer 1996, SHL 1983, Wedemeyer 1991a.

Siegward Sprotte: „Die Woge" 1957, Aquarell, 51,5 x 72 cm, Nordfriesisches Museum Husum

SSW ist die Abkürzung für →Südschleswigscher Wählerverband.

„Stadt Hamburg" →Hotel Stadt Hamburg

Stadtwerke Westerland →Energieversorgung Sylt

Stapelhoog ist ein bronzezeitlicher →Grabhügel in Kampen. Die Bedeutung des Namens ist unsicher. Das Grab wurde 1880 freigelegt. Im Zweiten Weltkrieg errichteten Soldaten eine Flakstellung darauf und bauten Bunker am Fuße des Grabhügels. 1950 gestaltete der Bildhauer Günter →Rieck aus den Wehrmachtsanlagen das Restaurant →Kupferkanne.

Stapelhoogerwai Sylterfriesischer Flur- und Straßenname in Kampen. Der *Stapelhooger-wai* bezeichnet den Weg zu dem gleichnamigen Grabhügel.

Staven ist ein landwirtschaftliches Anwesen mit Haus- und Hofplatz, Garten und Wirtschaftsgebäuden. Ein Stavenbesitzer war im Unterschied zu einem Kätner vollwertiges Mitglied der Sylter Dorfgenossenschaft mit ungeteilten Rechten und Pflichten. Über die Stavenbesitzer in Keitum erstellte 1987 das Ehepaar Erika und Erich →Voß eine umfassende Materialsammlung.

Voß 1987.

Stedum Auf der Liste der in der Sturmflut von 1362 untergegangenen Kirchspiele steht auch *Steidum* oder *Stedum.* Nach Johannes Mejer (1606-1674), dem Husumer Kartographen, lag es südlich von Archsum, wo auch Spuren früherer Besiedlung gefunden wurden. Der Chronist C. P. →Hansen, der ebenfalls Siedlungsreste „in der ehemaligen, weit nach Süden reichenden Morsumer Marsch" festgestellt hat, war der Meinung, dass der Ort ein Opfer der großen Sturmflut von 1362 geworden ist. Stedum lag jedoch einige Kilometer westlich des heutigen Westerland. Seine Kirche wurde nach Osten verlegt und hieß nach dem Dorf →Eidum.

C. P. Hansen 1860, Müller/Fischer 1938.

Steinhausen, Wilhelm →Malerei

Steinwall *(Dik)* Die freie Weide auf der →Allmende machte es notwendig, dass man seinen Gemüsegarten vor dem Haus mit einem kleinen Schutzwall aus Steinen, Erde und Kleisoden umgab. →Findlinge sowie Steine aus den frühgeschichtlichen Grabhügeln, alte Pfosten- und Mahlsteine und Lesesteine von den Äckern wurden für den Wallfuß verwendet. Soden aus den Inge-Ländereien, dem häufig überfluteten Marschland, deckten den Wallfirst und hielten die Steine zusammen. →Klei diente als Bindemittel. Dies ist aus Küstenschutzgründen nicht mehr möglich, weshalb heute normale Grassoden verwendet werden. Wenn nötig, wurde der Wall noch durch Draht oder Stacheldraht erhöht. Durch eine Bepflanzung der Steinwälle mit Sträuchern und Hecken wie Hainbuche, Hasel, Rot- und Weißdorn, Flieder oder Schlehe konnte man den Garten etwas vor dem Wind schützen. Heckenrosen und Ziersträucher auf den Wällen, die landläufig auch Friesenwall genannt werden, sind eine Erfindung der Sylter Neubürger.

Nordfriisk Instituut.

Steinzeit →Jungsteinzeit

Stella Maris heißt die reetgedeckte, außer Dienst gestellte katholische Kapelle in Rantum. 1975 wurde die ehemalige Turnhalle und Kegelbahn des →Seeheims „Alt-Rantum" erworben und zur Kirche umgebaut. Als 1999 Westerland die neue →Sankt Christophorus-Kirche erhielt, wurde Stella Maris ausgeweiht.

Nordfriisk Instituut.

Stephan, Heinrich von * 7.1.1831 Stolp, † 8.4.1897 Berlin, Generalpostmeister und Staatsminister der Deutschen Reichspost. Von Stephan ist eine herausragende Persönlichkeit des deutschen →Postwesens. 1867 überführte er die Thurn- und Taxissche Post in den preußischen Staat, baute nach 1871 die Reichspost auf und setzte sich für eine einheitliche Postgesetzgebung ein. 1870 kreierte er die Postkarte und gründete 1874 den Weltpostverein.
Der Name des Staatsministers ist in Sylts Kurlisten 1874-79 und 1894-96 verzeichnet. Er stieg zumeist in einem Logierhaus in der Friedrichstraße ab und speiste im Restaurant „Seestern". Einen nachhaltigen Eindruck vom manchmal herben Charme der Sylter erhielt er, als er von einem Landwirt barsch zurechtgewiesen wurde, nicht zwischen seinen Schafen zu jagen. Der oberste Postbeamte und seine Jagdbegleiter versprachen Besserung. Auch eine spätere Anekdote zeigt die Gutmütigkeit des Generalpostmeis-

Heinrich von Stephan (Sylter Archiv)

Ein Steinwall, wie er ursprünglich aussah (Sylter Archiv, Foto: Wilma Bräuner)

ters: Mit den Worten „Jung, du schlöpst ja!" weckte er einmal einen Sylter Postkutscher, der auf seinem Bock eingenickt war. „Wat geiht di dat an?" war die spontane Reaktion des sich die Augen reibenden Postboten. Von Stephan konnte sich noch lange Zeit darüber köstlich amüsieren. Seine Vorliebe für Sylt brachte der Insel 1897 ein Fernsprechkabel, und bereits 1892 war mit höchster Förderung die „Kaiserliche Post" (→Alte Post) in Westerland errichtet worden. Seit 1899 erhält eine Büste, angefertigt von dem Berliner Bildhauer Hugo Berwald, sein Andenken. Sie stand zunächst vor dem alten Rathaus →„Hotel Royal" und wurde 1918 in die Grünanlagen vor dem →Kurhaus umgesetzt. Weiter wurden eine Straße, ein Hotel und ein Restaurant nach dem Generalpostmeister benannt.

Als auf Sylt bekannt wurde, dass Generalpostmeister Heinrich von Stephan zur Revision kommen werde, telegraphierte das Postamt Keitum nach Hoyer: „Nehmt Euch in acht, Stephan ist unterwegs; er steckt seine Nase in alles!" Die Antwort kam vom Revisor persönlich: „Er hat sie schon drin!"

Simon 1980, Wedemeyer 1986 u. 1997b.

Markantester Unterschied zum heutigen Strandleben: Es gab noch keine nackte Haut. Seebad Westerland, vor 1911 (Sylter Archiv)

Stiindeelki Sylterfriesischer Flur- und Straßenname in Rantum. *Stiin-deelki* heißt „Stein-Tälchen" und bezeichnet ein kleines Dünental.
Möller 1916.

Stipelstiinhooger Die →Grabhügel aus der Bronzezeit liegen in der Norddörfer-Heide südöstlich von Wenningstedt.

Stojan, Ernst-Wilhelm * 13.5.1926 Oels/ Schlesien, Lehrer, Politiker. Stojan begann als Volksschullehrer in Westerland und wurde später Rektor einer Schule. 1946 schloss er sich der SPD an, wirkte in der Kommunalpolitik Westerlands in verschiedenen Ämtern mit und gehörte 1964-82 dem Schleswig-Holsteinischen Landtag an. Hier leitete er zeitweise den Landesplanungsausschuss. Stojan ist Vorsitzender der Lebenshilfe Sylt e. V.
Maletzke/Volquartz o. J.

Stojan, Siegrid geb. Andersen * 21.2.1926 Westerland, Lehrerin, Kommunalpolitikerin. Stojan war Lehrerin an Sylter Schulen. 1946 trat sie der SPD bei. Sie wirkte in der Kommunalpolitik in verschiedenen Ämtern mit und gehörte dem Kreistag Nordfriesland an. Einige Jahre stand sie dem Kuratorium des →C.-P.-Hansen-Preises vor.
Nordfriisk Instituut, Sylter Archiv.

Storm, Theodor * 14.9.1817 Husum, † 4.7. 1888 Hademarschen, Schriftsteller. Bei seinem einzigen Aufenthalt in Westerland im August 1887 wohnte Storm bei der befreundeten Familie des Westerländer Badedirektors Adrian →Pollacsek. Hier hatte zur selben Zeit auch der Regierungspräsident von Bromberg (heute Bydgoszcz/Polen), Christoph von Tiedemann (1836-1907), Quartier genommen. Er war 1864 Landvogt von Stapelholm und damit Storms ehemaliger Kollege. Auf einem gemeinsamen Spaziergang erzählte er dem Dichter eine Geschichte, die zur Grundlage für Storms →„Sylter Novelle" werden sollte.
Laage 1998.

Strand *(Strön)* nennt man das vom Meer bespülte Gebiet der Küste. Sylt hat zwei gänzlich verschiedene Strandarten zu bieten. Entlang der Westküste zieht sich ein etwa 39 Kilometer lan-

ger, ununterbrochener Sand- und Badestrand mit Brandungsküste von der →Hörnum-Odde im Süden bis zum →Ellenbogen im Norden der Insel. Etwa 10 000 →Strandkörbe sowie 28 Strandkioske, -lokale und -saunen, darunter so bekannte wie →Sansibar oder →Wonnemeyer, prägen die Seite des Sonnenuntergangs. Parallel zum Strand verläuft in etwa 230 bis 430 Metern Entfernung in der Nordsee eine überspülte Sandbank, die bei sehr tiefer Ebbe an einigen Stellen sichtbar wird, ansonsten aber durch eine deutliche →Brandung erkennbar ist. Die Zeiten streng getrennter →Herren-, →Damen- und →Familienbäder am Strand sind lange vorüber. Heute weisen Schilder den Weg zum Hundestrand oder zu den →FKK-Abschnitten. Man kümmert sich allerdings schon lange nicht mehr um die Einhaltung textiler Vorschriften.
Die Ostküste Sylts grenzt an das Wattenmeer. Strand und →Watt, das täglich zweimal trocken fällt, eignen sich hier besonders für Anfänger einiger Wassersportarten und für Familien mit kleinen Kindern. Auf dieser geschützten Seite befinden sich auch die vier Sylter →Häfen. In den Buchten bei Keitum und Morsum kommt es zur Bildung von neuem →Vorland.
Alle Sylter Strände laden zu jeder Jahreszeit zu ausgedehnten Spaziergängen ein. Heilsames →Meeresaerosol liegt in der Luft, und die Sonne bräunt bei jedem Wetter. Der aufmerksame Wanderer kann im →Treibsel nicht nur die Schalen von Muscheln, Schnecken und Krebsen finden, sondern mit etwas Glück auch einen →Bernstein.

Nordfriisk Instituut.

Strandauktion Wie das →Strandrecht besagte, fielen Teile des geborgenen →Strandgutes an die Landesherrschaft und an die →Strandvögte. Diese sorgten mit Verkaufsveranstaltungen dafür, dass die Waren und Güter neue Besitzer fanden und Geld in die Staatskasse brachten. Eine Strandauktion steht im Mittelpunkt des friesischen Theaterstücks *„Strön'auktion ön Blisem"* von Jens →Mungard.

Mungard 1974, Voigt 1967.

Strandburg Die Ursache für die meist kreisförmig aufgeschaufelten Sandwälle am Sylter Weststrand könnte im Windschutz zu suchen sein. Jedenfalls ist es manchmal notwendig, sich vor den vom Wind gepeitschten, kniependen Sandkörnern in Sicherheit zu bringen. Außerdem zeigte der „Burgwall" dem Strandnachbarn unmissverständlich an, welches Areal als besetzt zu betrachten war. Eine Fahne, ein Banner und andere „Hausmarken" kennzeichneten den Besitzer der Strandburg. Künstlerische Talente brachten mit dem Material aus dem →Treibsel wie Muschelschalen, Seesterne und anderem bald wahre Prachtwerke hervor. Zeitweise wurden im 20. Jahrhundert sogar Wettbewerbe ausgeschrieben und die schönsten Strandburgen von der Kurverwaltung ausgezeichnet. Ein spektakulärer Zwischenfall ereignete sich 1904, als ein Burgenbesitzer unter dem Titel „Internationales Heiratsbureau" wohl eine der ersten Partnervermittlungsagenturen eingerichtet hatte.
Aus Gründen des Küstenschutzes war das Bauen von Strandburgen in den 1960/70er Jahren verboten. Man fürchtete die Gefahr, dass das Graben in Kliffnähe ein Unterspülen und weiteren →Landverlust provozieren könnte. Außerdem behinderten die durchwühlten Strände den Transport der →Strandkörbe, insbesondere deren schnelle Bergung bei einer Sturmflut. Heute wird dies mit Landrovern und Allradantrieb erledigt. Seit man Küstenschutz mit Hilfe von →Sandaufspülungen betreibt, dürfen unter Berücksichtigung gewisser Auflagen wieder Strandburgen gebaut werden. Es soll ein Mindestabstand von drei Metern zum Fuß eines Kliffs eingehalten werden und der Sand nicht durch tiefes Graben innerhalb der Burg, sondern aus der Umgebung genommen werden.

Frenzel/Deppe 1999, Kiesbauer 1994, Kürtz 1994.

Emsiger Burgenbau vor Westerland, um 1905 (Sylter Archiv)

Stranddistel *(Ströntistel)* Das selten gewordene Seemannstreu, wie die Stranddistel auch heißt, ist mit viel Glück an frei gewehten Flächen in den Dünen zu finden. Die Pflanze bildet recht umfangreiche, bis zu einem halben Meter hohe Büsche, die einen Durchmesser von etwa einem Meter erlangen. Ihre Wurzeln reichen tief in den Boden hinein und verfestigen den Dünensand. Früher wurden sie in Zucker eingemacht und gegessen. Die wachsartig überzogenen Blätter sind hart und besitzen stachelige Spitzen. Die Stranddistel steht auf der Roten Liste der stark gefährdeten Pflanzen. Um Restbestände des blau-grau blühenden Doldengewächses zu sichern, wurde es unter strengsten Naturschutz gestellt.

Stranddistel (Sylter Archiv, Foto: Wilma Bräuner)

Quedens 1997, Streble 1990.

Strandflieder *(Statietsen)* ist auch als Bondestave, Widerstoß oder Statice bekannt. Die typische Pflanze in der Rotschwingelzone der →Salzwiese erreicht nur noch auf den Halligen flächendeckende Verbreitung. Sie heißt deshalb auch Halligflieder. In den Blütemonaten Juli und August ragen ihre zartlila bis blauen Blüten auf zähen Stengeln bis zu 30 Zentimeter in die Höhe. Die hervorragende Eignung als Trockenblume, die kaum verblasst, verführt häufig zum Pflücken des Blütenstandes. Der Strandflieder ist aber vom Aussterben bedroht und nach der Bundesartenschutzverordnung geschützt. Gegen eine zu hohe Salzkonzentration in seinem Gewebe wehrt er sich durch ein spezielles Entgiftungsverfahren. Über kompliziert gebaute Drüsenzellen scheidet die Pflanze Salzkristalle aus, die man auf ihren Blättern erkennen kann.

Strandflieder (Foto: Georg Quedens)

Koch 1996a.

Strandgang *(Ströngang)* Das Einsammeln von →Strandgut bedeutete vor allem für ärmere Sylter sowie generell in Notzeiten eine wichtige Aufbesserung des Lebensunterhalts. Allerdings stand solches Handeln in deutlichem Widerspruch zum →Strandrecht. Ungeschriebenes Gesetz beim →Strandraub war, dass derjenige sich bediente, der als erster bei der Fundstelle war. Deshalb führten die Sylter Dörfer im 18./19. Jahrhundert regelmäßige Strandgänge ein. Strandläufer (*Strönloopers*) beobachteten die Küste, um dem →Strandvogt oder auch konkurrierenden Stranddieben (*Ströntiiwer*) beim Bergen des angeschwemmten Gutes zuvorzukommen.

Nils Hansen 2001, Steensen 1996a.

Strandgut *(Ströngur)* umfasst alle herrenlosen Dinge, die vom Meer ans Ufer gespült werden. Es ist sicher, dass im Bereich der nordfriesischen Inseln seit dem 17. Jahrhundert über 1000 Segelschiffe gestrandet sind. Die dabei auf den Strand geworfenen Ladungen spiegelten die ganze Vielfalt des damaligen Seehandels wider: Wein, Speck, Rum, Schweine, Tabak, Kaffee und vieles mehr waren stets eine hochwillkommene Bereicherung des noch kargen Insellebens. „Gott segne unsern Strand" soll, nach allerdings ungesicherter Überlieferung, die sonntägliche Bitte einzelner Pastoren gelautet haben. Besonders wertvoll auf der holzarmen Insel waren angeschwemmte Wrackteile *(Strönholt)*. So ist es auch wenig erstaunlich, dass →Strandvogt und →Strandrecht für den korrekten Umgang mit dem Strandgut nicht immer ausreichten. Das rechtmäßig an den Strandvogt gefallene Gut wurde auf →Strandauktionen verkauft. 1948 war das Jahr der Apfelsinen auf Sylt. Ein Havarist hatte seine Ladung verloren, die nun die Strände bedeckte. Die Insulaner sollen sie eimerweise nach Hause getragen haben. An den angetriebenen Gegenständen kann man die Strömungsrichtungen in der Nordsee ablesen. So sind Schlackestücke aus britischen Hochöfen sowie Flaschen und Kistenholz mit niederländischen und englischen Aufschriften keine Seltenheit.

Koehn 1974, Kühn 1999, Quedens 2000b, Voigt 1967.

Strandhafer, auch →Dünenhalm *(Halem)* genannt, ist ein Gras, das bis zu fünf Meter lange, weit verzweigte Wurzeln entwickelt, die in einer metallharten Spitze enden. Das Wurzelwerk einer einzigen Pflanze würde aneinandergereiht von List bis Hörnum, also rund 35 Kilometer weit, reichen. Die Pflanze ist hervorragend geeignet, sich in den Dünensand zu bohren und die geringen, im Sand enthaltenen Feuchtigkeitsmengen und Nährstoffe aufzunehmen. Nach oben treibt sie Büschel von Halmen, deren Blätter zum Schutz gegen zu starke Verdunstung röhrig gerollt sind. Besonders gut wächst der Strandhafer, wenn er von frischem, mit mikroskopisch kleinen Algen und Nährsalzen verklebtem Seesand überschüttet und somit gedüngt wird. Selbst aus einer über einen Meter dicken Sandschicht kann sich die Pflanze durch verstärktes Sprosswachstum wieder ans Sonnenlicht wühlen. Ihre Hauptblütezeit sind die Monate Juni und Juli. Eine dichte Strandhaferkolonie schützt auf natürliche Weise die →Dünen vor weiterer Verwehung. Seit dem 19. Jahrhundert wurde eine derartige →Dünenbefestigung planmäßig durchgeführt. Früher spielte der Strandhafer eine große Rolle als Material für die →Halmreepen u. a. zur Befestigung von Reetdächern oder als Stallstreu. War er auch dafür nicht zu gebrauchen, diente er zur Feuerung *(→Blööṣ).*

Alshuth 1994c, Koch 1996a, Voigt 1967.

Strandhafer (Foto: Karl-Peter Pfnür)

Strandhalle →List

Strandinspektor 1737 erhielten die Sylter →Strandvögte einen Vorgesetzten. Sie hatten ihre Aufgaben, vor allem die Bekämpfung des →Strandraubs, nicht zur Zufriedenheit der Obrigkeit versehen. Deshalb wurde nun der hoch angesehene Walfänger und Kommandeur Lorens →Petersen de Hahn zum ersten Sylter Strand- und gleichzeitig auch Düneninspektor ernannt. Es gelang ihm in kurzer Zeit, die weit verbreiteten Missstände wirkungsvoll zu bekämpfen und dem →Strandrecht Geltung zu verschaffen.

Rinken 1992, Schmidt-Eppendorf 1977, Voigt 1967.

Strandkorb *(Strönkorev)* 1882 wurde das heute typische Strandmöbel von dem Hof-Korbmacher Wilhelm Bartelmann (1845-1930) in Rostock für eine rheuma- und gichtkranke Dame namens Elfriede Maltzahn entwickelt. Dabei musste es so konstruiert werden, dass es bei jedem Wetter einen Aufenthalt am Strand im Bereich der Meeresheilkräfte ermöglichte. Das Ergebnis aus Rohr und Weide, zunächst als Einsitzer, überzeugte und wurde seither stetig weiter entwickelt. Ein moderner zweisitziger Strandkorb aus Kunststoff lässt sich bequem verstellen und in Schräglage bringen, auch die Beine des Ruhenden finden eine Auflage. Man kann ihn relativ leicht bewegen, so dass man immer den schützenden Korb gegen die Sonne oder gegen Wind und Sand ausrichten kann. Eine Markise sowie ein Klapptisch gehören zum erweiterten Komfort. Bald hielt der Strandkorb auch Einzug auf Sylt. Heute werden im Sommer rund 10 000 Strandkörbe zur Vermietung

Das Urmodell des Strandkorbs im Seebad Westerland um 1885, im Hintergrund die Villa Baur-Breitenfeld (Sylter Archiv)

aufgestellt, ein Drittel davon steht allein am Strand von Westerland. Jährlich müssen etwa 600 bis 800 Körbe ersetzt werden. Obwohl es auf Sylt zwei Strandkorbhersteller gibt, kaufen die Kommunen auch auf Usedom, in Ostfriesland oder Mölln ein. Dort kostet ein Standardmodell rund 450 Euro. Die Sylter Strandkörbe sind nicht zuletzt wegen der höheren Lohnkosten bis zu 200 Euro teurer. Deshalb müssen sich die Betriebe vor allem auf die Herstellung von Einzelstücken für Privatkunden, Hotels und Wiederverkäufer konzentrieren.

Holfelder 1996, Hubertus Jessel 1996a, Kürtz 1994, Nordfriisk Instituut, Prignitz 1977.

Strandkrabben *(Strönkräben)* sind charakteristische Krebse des Wattenmeeres. Die bis zu sechs Zentimeter langen und sechs bis acht Zentimeter breiten Tiere können nicht schwimmen, sondern lassen sich mit dem Flutstrom auf die Wattflächen tragen, wo sie sich mit vier stabförmigen Beinpaaren quer zur eigenen Körperachse fortbewegen. Dies brachte der Strandkrabbe den niederdeutschen Namen *Dwarslöper* (Querläufer) ein. Sie vergräbt sich aber auch im Sand oder versteckt sich unter Tang und Steinen, um die Flut abzuwarten. Strandkrabben ernähren sich als Räuber von allen Tieren, die sie überwältigen können. Leichte Beute sind für sie Würmer, kleine Fische und ihre frisch gehäuteten Artgenossen, die „Butterkrebse". Selbst Muschelschalen und Schneckengehäuse können mit den kräftigen Scheren geknackt werden. Die Strandkrabbe bildet andererseits selbst die Nahrung für viele Vögel und Fische, vor allem für Scholle, Aal und Kabeljau. Auch der Große Brachvogel ernährt sich vorwiegend von diesem Krebs.

Quedens 1971, Streble 1990, Thies 1985.

Strandkrabbe (Foto: Uwe Sönnichsen)

Strandpromenade →Kurpromenade

Strandraub *(Strönroowerii)* bedeutet die unbefugte Aneignung von →Strandgut. Wie in solchen Fällen auf Sylt zu verfahren war, regelte das →Strandrecht. Auf das bewusste Herbeiführen von →Strandungen mit falschen Seezeichen stand seit 1705 sogar die Todesstrafe.

Vor allem in Notzeiten kümmerte sich die überwiegend arme Sylter Bevölkerung nicht um Gesetze, sondern bediente sich an allem, was das Meer an den Strand spülte. Dies ist durch die Tatsache belegt, dass sowohl 1682 als auch 1699 nahezu die gesamte männliche Einwohnerschaft des stark vom Sandflug bedrohten Örtchens Rantum wegen Stranddiebstahls bestraft wurde. Der frühzeitigen Entdeckung des Strandguts diente ein regelmäßiger →Strandgang.

Dem illegalen Treiben wurden auch einige Anekdoten gewidmet. So sei das Nacktbaden auf Sylt erfunden worden, als die junge Rantumer Witwe Ellen Mannis bei der unbefugten Aneignung eines Butterfasses am Strand vom →Strandvogt überrascht wurde. Sie hatte gerade noch Zeit, sich ihrer Kleider zu entledigen und den korrekten Herrn dadurch auf Abstand zu halten. Da sie keine Anstalten machte, sich wieder anzuziehen, musste der Beamte schließlich abziehen, ohne den Fall untersucht zu haben. Eine andere Geschichte erzählt von einem Strandräuber, der eine Kiste mit kostbarer spanischer Männerkleidung gefunden hatte. Er wusste nichts Besseres damit anzufangen, als tagtäglich im Sonntagsstaat eines spanischen Edelmanns herumzulaufen, bis ein Gefängnisaufenthalt dem Treiben ein Ende setzte. Eine Geschichte von C. P. →Hansen beschreibt einen furchtbaren Vorfall bei →Dikjendeel. Den mehr oder weniger organisierten Strandraub beendete ab 1713 der berühmte Walfänger und →Strandinspektor Lorens →Petersen de Hahn.

Nils Hansen 2001, Kühn 1999, Quedens 2000b, Voigt 1967.

Strandrecht *(Strönrocht)* Die Eigentumsverhältnisse am →Strandgut waren im Gebiet des heutigen Nordfriesland bereits im 13. Jahrhundert geregelt. „Was niemandem nachweislich gehört, gehört dem König." So lautete die Kernaussage des Jütischen Rechts *(Jydske Lov)* von 1241. Auf Sylt herrschten aber unterschiedliche →Rechtsverhältnisse. Im →Listland galt das Jütische Recht, an den übrigen Stränden die →Siebenhardenbeliebung von 1426 und ab 1572 das Nordstrander Landrecht. Hier beanspruchte der Landesherr nur zwei Drittel vom Strandgut und die Hälfte des Treibguts. Der Rest sollte zwischen dem →Strandvogt und den Bergeleuten aufgeteilt werden. Zur Überwachung des Strandrechts wurden auf Grundlage der Eiderstedter Strandordnung von 1444 →Strandvögte in Westerland und Rantum eingesetzt. Diese ausgesprochen ungerecht anmutende Benachteiligung der havarierten Seefahrer basierte auf den damaligen Grundsätzen der Gemeindezugehörigkeit und der Einwohnerrechte. Nicht einheimische Schiffbrüchige genossen nur sehr eingeschränkten Schutz und gerieten nach überstandener →Strandung unter Umständen erneut in Lebensgefahr. 1667 bestätigte Herzog Christian Albrecht von Gottorf (1641-1694) mit einer Strandverordnung diese

Rechtsverhältnisse weitgehend. Allerdings verzichtete er ab sofort auf ein Drittel des Bergegutes, wenn jemand seine Eigentumsansprüche nachweisen konnte. Das Strandgut wurde vom Strandvogt in →Strandauktionen verkauft, der Erlös ging an die Staatskasse. Sämtliches Holz durften die Vögte behalten, da sie im Gegenzug alle angetriebenen Leichen auf eigene Kosten ordentlich zu beerdigen hatten. Häufig geschah dies wohl durch einfaches Verscharren in den Dünen, besonders nach der 1799 in Europa wütenden Gelbfieberepidemie. Die „revidirte Strand-Ordnung" von 1728 mahnte ausdrücklich korrektes Verhalten an.

Eine neue Qualität der →Seenotrettung wurde in der 1682 erlassenen Strandordnung für das Amt Tondern erkennbar. Hilfeleistung wurde zur Pflicht. Die gerettete Besatzung erhielt drei Fluten lang Gelegenheit, ihr Schiff wieder flott zu bekommen bzw. alles Mögliche abzumontieren und für den Eigentümer in Verwahrung zu nehmen. Nach der Strandordnung des dänischen Königs von 1687 konnten auf herrenlose Waren noch ein Jahr lang Besitzansprüche angemeldet werden. Meldete sich niemand, fiel die Hälfte des Bergegutes an den Strandvogt und seine Helfer. Der Rest ging an die Obrigkeit.

Dass die Küstenbewohner sich auch weiterhin nicht rechtmäßig verhielten, drückte die dänische „Allergnädigste Verordnung des Strand-Rechts" von 1705 aus. Jedes Verhalten, das Schiffe zu einer Strandung verleiten konnte, wurde strengstens verboten. Leibesstrafe drohte demjenigen, der durch falsche Signale oder durch das Entfernen von →Seezeichen Schiffe in die Irre führte. Die Fenster der Häuser, die nahe am Strand standen, mussten nachts verdunkelt werden. Ein Verbot aus dem Jahre 1805 zeigt die Bedeutung des Problems. Im Extremfall musste bei einem Vergehen durch irreführende Beleuchtung mit lebenslänglicher Zuchthausstrafe gerechnet werden. 1713 wurde mit Lorens →Petersen de Hahn der erste →Strandinspektor eingesetzt. Als Oberaufsicht für die drei Strandvögte der Sylter Westküste und die drei Ufervögte der Ostküste bekämpfte er vor allem die weit verbreitete Untugend des →Strandraubs.

1803 trat die Strandordnung König Christians VII. (1766-1808) in Kraft. Die Staatskasse verzichtete nun auf ihren Anteil am Strandgut, wenn der Eigentümer bekannt war. Nach den Schiffseignern musste durch öffentliche Bekanntmachung in Altona, Hamburg und Kopenhagen gesucht werden. Erst nach einem Jahr und sechs Wochen wurde gestrandetes Gut als „vollkommen herrenlos" erklärt. Nun sicherte sich der Fiskus die Hälfte des Treibguts und zwei Drittel des angeschwemmten Fundgutes. Der Rest gehörte dem Strandvogt und den Bergeleuten. Erst die „Strandungsordnung für das Deutsche Reich" von 1874 regelte die Bergung eines verunglückten Schiffes ganz im Sinne des Eigentümers. Sie wurde 1990 aufgehoben. Dies bedeutete auch das Ende für die sieben Sylter Strandvogteien in List, Kampen, Westerland, Rantum, Keitum, Morsum und im Bereich des Hindenburgdamms. Es gelten jetzt für gestrandete Gegenstände die Vorschriften des Fundrechts nach dem Bürgerlichen Gesetzbuch. Der Finder muss die gefundenen Sachen abgeben. Meldet sich sechs Monate lang kein Verlierer, dann erhält er fünf Prozent des Fundwertes als Finderlohn.

Nils Hansen 2001, Hubertus Jessel 1994c, Kühn 1999, Quedens 2000b, Rinken 1992, Voigt 1967 u. 1976.

Strandsegen „Der Herr segne unseren Strand" soll es, nach allerdings gänzlich ungesicherter Überlieferung, von den Kanzeln der Sylter Kirchen geklungen haben. Schiffsstrandungen brachten viel →Strandgut auf die Insel. Ein Teil der angespülten Ladung gehörte von Rechts wegen dem Finder und dem Berger, durch →Strandraub konnte die Ausbeute vergrößert werden. Die Sylter waren auf ihrer waldlosen Insel auch auf Holz angewiesen, das von →Schiffsunglücken stammte. Aus Masten und Balken fertigte man die tragenden Pfosten für neue Häuser, Decksplanken eigneten sich für Fußböden und Rahen wurden z. B. für die Ziehbrunnen auf den Feldern verwendet.

Nils Hansen 2001.

Strandstraße heißt die seit 1986 für Autos gesperrte Parallelstraße zur →Friedrichstraße in Westerland. Sie wurde 1888 zur wichtigsten Verbindung zwischen dem Ostbahnhof, wo die Badegäste mit der →Inselbahn aus Munkmarsch ankamen, und dem Strand. Deshalb entstanden hier auch die meisten Einrichtun-

Strandstraße in Westerland (Blick nach Osten) in den 1950er Jahren (Sylter Archiv)

gen des →Seebads, wie z. B. das „Conversationshaus", oder Gästehäuser wie das →Hotel „Stadt Hamburg" und die →Villa Roth.

Wedemeyer 1989, Wedemeyer/Voigt 1980.

Strandung *(Ströning)* nennt man das Auflaufen eines Schiffes auf den küstennahen Meeresgrund. Im flachen Gezeitenmeer gehörte vor allem in früherer Zeit große Erfahrung zur Umschiffung der zahlreichen Hindernisse und Untiefen. Außensände, →Sandbänke und Wattrücken sind selbst bei Flut nur wenig überspült und ihre Lage ändert sich oftmals schnell. Die alten Segelschiffe waren verhältnismäßig klein und bei schweren Stürmen nicht mehr navigierbar. Auch besaßen sie keinerlei meteorologische Hilfsmittel, um sich rechtzeitig vor Unwettern in Sicherheit bringen zu können.
Kaum eine andere Küste der Welt hat so viele Strandungen aufzuweisen wie die vor den nordfriesischen Inseln und Halligen. Hier verlaufen wichtige Schiffsrouten, etwa von Hamburg und Bremen nach Nordamerika. Allein 1858-87 gerieten laut *Caviar-Karte*, einem Blatt, das die Schiffsuntergänge in der deutschen und dänischen Nord- und Ostsee dokumentierte, 30 Schiffe vor Sylt unrettbar in Seenot, seit 1668 wurden insgesamt 366 Fälle aufgelistet. Für den korrekten Umgang mit dem angespülten →Strandgut sorgte das →Strandrecht. Allerdings soll dies in Notzeiten nicht verhindert haben, dass sich die Inselbewohner regelrecht vom →Strandraub ernährten. 1839 entwickelte sich fast eine Strandschlacht bei Hörnum, als sich Sylter und Amrumer um die Ladung eines gestrandeten Bremer Tabakfrachters stritten. Die Amrumer entkamen mit der begehrten Fracht. Heute sind die Fahrrinnen im Wattenmeer mit →Bojen und →Pricken markiert, →Leuchttürme auf den Inseln sorgen für eine gesicherte Vorbeifahrt des Fernverkehrs. Ein Aufsehen erregender Zwischenfall ereignete sich im Oktober 1998 vor Amrum, als etwa 60 Tonnen Schwer- und Dieselöl aus dem gestrandeten Holzfrachter *Pallas* das bisher größte Vogelsterben an einer deutschen Küste auslösten.

1987 strandete das Küstenmotorschiff *Natie* bei Westerland. (Sylter Archiv)

Ball 1930, Fey/Stöver 1979, Kühn 1999, Matthiesen 2001, Quedens 2000b.

Strandvogt *(Strönfööger)* Zur Überwachung des obrigkeitlichen Anspruchs auf →Strandgut wurden auf Grundlage der Eiderstedter Strandordnung von 1444 Aufsichtspersonen bestimmt. In Westerland, Rantum und Kampen kamen Strandvögte zum Einsatz, an der Ostküste in Morsum, Archsum und Keitum trugen sie die Bezeichnung Ufervogt. Die Männer stammten aus der Inselbevölkerung und hatten nicht selten einen schweren Stand bei der ihnen auferlegten Wahrung der obrigkeitlichen Interessen. 1694 wurde z. B. der Rantumer Strandvogt Nis Bohn auf seiner eigenen Hochzeit erstochen, vermutlich weil er zuvor drei Männer und vier Frauen wegen Strandräuberei vor Gericht gebracht hatte. Die Strandvögte nahmen ihren Auftrag häufig nicht so ernst wie gewünscht, so dass sie ab 1713 einen Strand- und Düneninspektor als Vorgesetzten (→Strandinspektor) erhielten. Im Listland vertraten die beiden dortigen Hofbesitzer das →Strandrecht. In →Strandauktionen setzten die Vögte die geborgenen Waren und Güter in Geld um. Dafür hatten sie für eine ordentliche Bestattung ertrunkener Seeleute zu sorgen. Dies geschah zunächst auf den Sylter Friedhöfen. 1815 sorgte der Ausbruch des Gelben Fiebers dafür, dass die Toten

gleich in den Dünen am Strand verscharrt wurden, eine Sitte, von der man aus Kostengründen auch später nicht mehr ablassen wollte. Erst 1854 wurde auf Veranlassung des Strandvogts Wulf Hansen Decker eine →„Heimstätte für Heimatlose" in Westerland angelegt.
Eine weitere Aufgabe der Strandvögte war die Befestigung der →Dünen, die einen natürlichen Schutzwall für die Insel bildeten. Dazu pflanzte man →Dünenhalm und →Strandhafer, die aber auch wirtschaftlich genutzt wurden, weshalb es zu andauernden Differenzen zwischen Obrigkeit und Sylter Bevölkerung kam. Mit der Aufhebung der Strandordnung wurden 1990 die letzten Sylter Strandvögte ihrer Aufgaben entbunden. Dies waren: Jürgen Runkel (Kampen), Hans Detlef Buchholz (Keitum), Niels →Diedrichsen (List), Jens Uwe Petersen (Morsum), Peter Hansen (Rantum) und Franz Schreiber (Westerland). Heute sind die jeweiligen Ordnungsbehörden zuständig.

Voigt 1967, Wedemeyer 1991a.

Strandwegerich →Suden

Straße der Höflichkeit wurde die 1948 gebaute, bis 1969 einspurige Fahrbahn zwischen Hörnum und Rantum genannt. An den verschiedenen Ausweichstellen musste auf den Gegenverkehr gewartet werden, bis die Straße auf Grund des stark zunehmenden Autoverkehrs zweispurig ausgebaut wurde. Heute nennt man sie „Straße der Rosen" oder auch „Sonnenstraße".

Hubertus Jessel 1989.

Straße der Rosen →Straße der Höflichkeit

Straßennamen 1888 regte der preußische Minister für öffentliche Arbeiten Albert von Maybach (1822-1904) an, den Westerländer Straßen Namen zu geben. Als Kurgast hatte er beobachtet, dass die Orientierung im anwachsenden Wegenetz schwierig wurde. Bis dahin war Westerland nur in Viertel eingeteilt: Süd-, Ost-, Nord- und Westhedig sowie Oster-, Wester- und Süderende. Die Benennung der Straßen ergab sich überwiegend aus ihrer natürlichen Lage, man nutzte die Gelegenheit aber auch zur Ehrung bedeutender Persönlichkeiten der Ortsgeschichte. So erhielten z. B. der langjährige Kirchspielsvogt und Badeaktionär Boy Lorenz Boysen (1812-1890), der Kaufmann Dirk Boy Brodersen (1843-1932), die Strandvogtfamilie →Decker, der Kommandeur und Strandinspektor Lorens →Petersen de Hahn, der Landvogt Uwe Jens →Lornsen, der Gemeindevorsteher Johann Möller (1846-1931) oder der Fotograf Paul Ebe →Nickelsen „ihre" Straße. Solchermaßen geehrt wurden auch Persönlichkeiten, die sich um den Aufbau des →Seebads verdient gemacht hatten, wie z. B. der Bauunternehmer Johannes und der Architekt Heinrich →Bomhoff, der Erbauer der Inselbahn Emil →Kuhrt, der Badearzt Paul H. J. →Nicolas und der Mitbegründer der Aktiengesellschaft Gustav →Ross.
Auch nach einem Staatsoberhaupt und nach Politikern wurden Straßen benannt, etwa nach Otto von Bismarck (1815-1898), nach Kaiser Wilhelm I. (1797-1888), nach Karl Heinrich von Bötticher (1833-1907), dem Oberpräsidenten von Schleswig-Holstein und Staatsminister des Inneren, und nach Albert von Maybach selbst. Letztere wurden vor allem als gern gesehene Kurgäste ausgezeichnet.
Die →Friedrichstraße erhielt ihre Bezeichnung nach den Vornamen zweier Anrainer, die unentgeltlich Grundstücksanteile zur Verfügung gestellt hatten, und auch die Bastianstraße ist nach einem Grundstückseigentümer benannt. Meinert Joh. Bastian hatte Westerland 1881 einen Erbanteil hinterlassen. Der Pidder-Lüng-Wai trägt den Namen des sagenhaften Helden →Pidder Lüng, der Eidumweg und die Rungholtstraße erinnern an historische Orte, die von großen →Sturmfluten vernichtet wurden.

Die Ladung eines verunglückten Holzfrachters liegt vor dem Haus des Strandvogten, um 1900. (Sylter Archiv)

Die friesischen Straßennamen der Sylter Gemeinden bilden in diesem Lexikon eigene Stichwörter.

Möller 1916, Schmidt-Petersen 1974, Schmidt-Rodenäs 1981, Schrahé 1994, Wedemeyer 1991a.

Gustav Stresemann

Stresemann, Gustav * 10.5.1878 Berlin, † 3.10.1929 Berlin, Politiker. Stresemann war ein stilles Kind und wurde nur „Traumjörg" genannt. Sein Vater betrieb in einem Berliner Arbeiterviertel ein Weißbier-Lokal. 1902-18 war der spätere Reichskanzler und Außenminister der Weimarer Republik Syndikus des Verbandes sächsischer Industrieller. In dieser Zeit kam er nach Sylt und trug 1913 drei pathetische Strophen in das Gästebuch des Westerländer Hotels →Miramar ein.

Sylter Archiv.

Strohmeyer, Otto-Heinrich * 6.1.1895 Lahr/Baden, † 7.1.1967 Freiburg, Architekt, Erfinder, Schriftsteller, Musiker. Strohmeyer war ein vielseitig begabter Mann. Beruflich schuf er ab 1950 den General-Bebauungsplan für den Wiederaufbau der im Krieg zerstörten Hansestadt Hamburg. Er gilt als der „Erfinder hansestädtischer Sonne". Damit jede Wohnung an jedem Tag des Jahres etwas Sonne abbekommt, konstruierte er einen Besonnungsmesser und gab einen Atlas mit 36 Besonnungsblättern heraus. Aufsehen erregten auch seine Notenschreibmaschine, seine Steno-Geheimschrift und seine ideale Kinoform mit gleich guter Sicht von allen Plätzen. Auf Sylt löste „Stroh" vor allem Raumprobleme. Für die engen Häuser und Appartements konstruierte er eine verschränkte Treppe, die mit ihren ineinander versetzten Stufen doppelt so steil war wie eine normale. Darüber hinaus entwarf er komplette Gebäude, wie z. B. 1933 die Pension Sennhuk in Kampen oder das Haus →Hoboken mit seinem quadratischen Mitteltrakt für „ungestörtes Klavierspiel".

Entz-v. Zerssen 1995b, Sylter Archiv.

Kurt Struve
(Struve 1986)

Strom →Energieversorgung

Strönwai Sylterfriesischer Flur- und Straßenname in Kampen. *Strön-wai* heißt „Strandweg".

Möller 1916.

1926, als Gustav Stresemann den Friedensnobelpreis erhielt, fertigte Georg →Busse, der Besitzer des Hotels Miramar, die Abschrift eines Gedichts seines berühmten Gastes:

Flatternde Fahnen am Badestrand,
Vielhundertfältig, von jedem Land,
Wohlige Freude, kindliches Lärmen,
Der Strandweg wimmelnd von
Mädchenschwärmen,
Hoch aus den Lüften der Möwe Schrei,
Von ferne huscht ein Segel vorbei,
Da surrt es, ein „Hoch" grüßt
dem Flieger nach:
Das ist Westerland am sonnigen Tag.

Das Meer aufbrausend in Gischt
und Schaum,
Im Nu überflutend der Burgen Raum,
An die Buhnen krachend mit wilder Gewalt,
Dass pfeifendes Heulen die Luft durchhallt,
Zerrissener Wolken ein fliehendes Heer,
Die der Sturmgott treibt über Länder daher,
Und ein Tosen, wie uraltes Siegerlied:
Das ist Westerland, wenn der
Sturmwind zieht.

Du deutsche Insel am Nordseestrand,
Wo friesische Art in Ehren genannt,
Empfängst alljährlich die Pilgernden gern,
Die in der Großstadt dem Meere fern.

Lass in Sonnenglut und Windeswehen
Ein kernhaft gesundes Geschlecht erstehen,
Das in Freiheitskämpfen der Zukunft wild
So fest einst steht wie der Vogt von Sylt.

Zur Erinnerung an den schönen und
genussvollen Aufenthalt in Sylt.
Miramar Sommer 1913.
gez. Dr. Gustav Stresemann und Familie.

Struve, Kurt * 23.12.1900 Elmshorn, † 25.1.2000 Westerland, Lehrer, Reisejournalist, Fotograf. Der Lehrer und promovierte Psychologe war Dozent in Kiel und ab 1932 Rektor an der Volksschule in Westerland. 1960 wechselte er in den freien Journalismus und arbeitete zehn Jah-

re lang u. a. für die Hamburger Illustrierte *Stern*. Weiter veröffentlichte er Bildbände zu Sylt, Amrum, Schleswig-Holstein und den vielen weltweiten Stationen seiner Entdeckerreisen.
Struve 1976 u. 1986.

„Sturmbläser“ →Kurpromenade

Sturmflut *(Storemflör)* Stürme aus westlichen Richtungen erzeugen außergewöhnlich hohe Wasserstände im nordfriesischen Wattenmeer und drohen seit jeher, die flachen Marschen zu überfluten. Für Sylt bedeuteten Sturmfluten immer wieder große Schäden durch →Landverluste an der Westküste, wo einst ganze Ortschaften verloren gingen.
Besonders katastrophal mit vielen tausend Toten sollen im Mittelalter die Sturmfluten von 1216 und 1287 (Luciaflut) gewesen sein, wofür allerdings seriöse Belege fehlen. Die bis heute folgenschwerste Flut war die große →Mandränke vom 15. bis 17. Januar 1362. Chroniken sprechen von 100 000 Toten im Nordseebereich, doch dürfte diese Zahl stark übertrieben sein. In Nordfriesland drang die Flut damals bis an den Geestrand vor, südöstlich von Pellworm versank der Hauptort Rungholt in den Fluten. Im Bereich Alt-Nordstrands sollen 44 Kirchspiele untergegangen sein, die Insel erhielt dadurch eine Hufeisenform.
Auf Sylt war die Allerheiligenflut 1436 besonders verhängnisvoll, als →Eidum in den Untergang gerissen wurde und Alt-Rantum mit der Westerseekirche in den Fluten versank. Eine weitere, besonders folgenreiche Katastrophe ereilte die nordfriesische Küste am 11. Oktober 1634 bei der zweiten Mandränke. Sie zerstörte große Teile der Insel Alt-Nordstrand. Der Wasserstand erreichte eine Höhe von rund 4,50 Meter über →Normal Null (NN), in Nordfriesland starben an die 10 000 Menschen. Sylt kam glimpflich davon, nur in Morsum ertranken sieben Menschen. 1717 forderte die Weihnachtsflut an der niederländischen, deutschen und dänischen Nordseeküste rund 12 000 Tote. In Archsum ertrank damals Inge Mannes in ihrem Bett. Auch die Februarflut von 1825 kostete noch einmal Menschenleben in Nordfriesland, vor allem auf den Halligen, wo 74 Personen ertranken und 234 ihre völlig zerstörten Häuser und Warften verlassen mussten. Es trat der bis dahin höchste Wasserstand ein, in Husum z. B. fünf Meter und mehr über NN. In Rantum wurden fast alle Häuser vernichtet, am →Roten Kliff brachen rund 20 Meter Land ab. Die Verluste an Mensch und Vieh waren den-

Haushoch überspülten die Wellen die Musikmuschel auf der Westerländer Kurpromenade bei einer schweren Sturmflut 1981.
(Foto: Uwe Sönnichsen)

Überschwemmung der Lister Straße bei Sturmflut, 1970er Jahre (Sylter Archiv, Foto: Wilma Bräuner)

noch nicht so groß wie früher, da die →Deiche mittlerweile stärker und höher geworden waren. Im gesamten Küstengebiet von den Niederlanden bis Nordfriesland ertranken damals rund 800 Personen.
1906 befürchtete man den Verlust der Gebäude am Strand vor Westerland und begann mit dem Bau einer Schutzmauer. Dennoch wurde im November 1911 die hölzerne Kurpromende völlig verwüstet und die Musikmuschel von den Wellen davongetragen. 1916 verschlang das Meer in einer Sturmnacht 35 Meter Dünen bei Hörnum. Im August 1923 starben zum letzten Mal auf Sylt Menschen durch eine Sturmflut. Im Februar 1962 (Zweite Julianenflut), als insbesondere in Hamburg viele Todesopfer zu beklagen waren, wurde erneut die Dünenkette bei Hörnum beeinträchtigt und der Ellenbogen vorübergehend vom Inselrumpf abgetrennt. Die Fluten erreichten Westerland und Rantum. Auf der Wattseite wurden das Grüne Kliff bei Keitum und der Hafen von List überspült.
Dem „Generalplan Deichverstärkung, Deichverkürzung und →Küstenschutz" ist es zu verdanken, dass die neun schweren Sturmfluten der letzten 25 Jahre zwar einige neue Rekordmarken setzten, aber keine Menschenleben mehr forderten. 1976 z. B. wurden auf Sylt Dikjendeel, der Ellenbogen sowie Hörnum in Mitleidenschaft gezogen, und erstmals musste der Eisenbahnverkehr auf dem Hindenburgdamm eingestellt werden. 1981 wirbelte eine schwere Flut die sechs Tonnen schweren Tetrapoden bei Hörnum über den Strand und brach einen 25 Meter breiten Dünenstreifen ab. Im Dezember 1999 richtete der Orkan →„Anatol" schwere Schäden an der gesamten Sylter Westküste an. Im Februar 2002 verursachte der Orkan „Anna" eine Schadensflut.

Kramer 1989, Nordfriisk Instituut, Petersen/Rohde 1991, Rinken 1992, Steensen 1992 a u. 1996a.

Sturmhaube 1900 errichtete die Kampener Kurhausverwaltung an der Treppe zum Strand eine Verkaufshalle für Postkarten, Zigaretten u. a. Der Holzbau wurde mehrfach erweitert, erhielt eine Wartehalle für die →Inselbahn, ein Restaurant und das Büro der Badeverwaltung. Nach jedem Kliffabbruch musste man mit dem Gebäude ein Stück weiter auf das „Sylter Hochplateau" ziehen, wie das Naturschutzgebiet damals bezeichnet wurde. 1936 entstand in ziemlicher Entfernung von der Steilküste nach Plänen des Architekten Walther →Baedeker eine neue, reetgedeckte Sturmhaube mit Restaurant, Läden, Umkleidekabinen und einem Leseraum. Aber bereits nach gut 30 Jahren hatte die Kliffkante das Haus erneut eingeholt, und 1969 musste es abgerissen werden. Eine weitere Sturmhaube wurde bereits 1968 eingeweiht. Größere Investitionen machten den markanten Rundbau ab dem Jahr 2000 wieder zum begehrten Anlaufziel. Jetzt findet man unter der Leitung von Detlef Tappe auf 800 Quadratmetern neben Restaurant, Bistro, Café und Bar auch ein „Business-Center" mit allen modernen Kommunikationsmitteln.

Entz-v. Zerssen 2000b, Nordfriisk Instituut.

Die Sturmhaube von 1968 steht weitaus sicherer auf dem Roten Kliff als das Haus Kliffende (links); über der Sturmhaube das Kampener Quermarkenfeuer. (Sylter Archiv)

Suden *(Sürn)* Der etwa 10 bis 30 Zentimeter hohe Meerstrandwegerich wächst auf der oberen →Salzwiese, sehr häufig auf den Halligen, aber auch auf Sylt. Die Pflanze ist als Gemüse genießbar und schmeckt wegen ihres Standortes würzig. Vor allem die Halligbewohner erhielten dafür den Beinamen „Sudenbieter" (Sudenbeißer). Da der Strandwegerich auch von den im Frühjahr durchziehenden Wildgänsen bevorzugt wird, ist er ab Mai/Juni kaum noch zu finden. Auf Sylt wächst er vorwiegend in der Schutzzone 1 des Nationalparkgebiets und darf nicht gepflückt werden. In den Dünen gibt es eine Kümmerform.

Nordfriisk Instituut.

Süderheidetal In dem Dünengebiet südlich von List befindet sich seit 1961 die Feriensiedlung →Sonnenland.

Südschleswigscher Wählerverband Der SSW ist die 1948 gegründete politische Partei der →dänischen Minderheit und der →Nationalen Friesen. Auf Sylt ist er in der Stadtvertretung von Westerland und in den Gemeindevertretungen von List und Sylt-Ost repräsentiert. Der Stimmenanteil lag bei der Kommunalwahl 1998 in Westerland bei 13,1 Prozent (2 Mandate), in List bei 15 Prozent (3 Mandate) und in Sylt-Ost bei 11,5 Prozent (2 Mandate).

Det danske mindretal 2000.

Südtondern Bei der →Volksabstimmung 1920 wurde der Kreis →Tondern geteilt. Der bei Deutschland verbliebene Teil, zu dem Sylt gehörte, erhielt den Namen Südtondern; Kreisort wurde Niebüll. Trotz heftiger Widerstände im Kreis Südtondern ging er 1970 im →Kreis Nordfriesland auf.

Steensen 1996a.

Suhrkamp, Peter * 28.3.1891 Kirchhatten/Oldenburg, † 31.3.1959 Frankfurt/Main, Verleger. Suhrkamp hielt sich nur selten auf Sylt auf, ermöglichte aber seinen Autoren, in seinem Haus an der Wattseite in Kampen auch über längere Zeiträume Ferien mit Arbeit zu verbinden. „Lassen Sie sich fallen! Werden Sie nicht unruhig, verzweifeln Sie nicht, wenn Sie drei, vier Wochen keine Zeilen schreiben können", riet er zu einer konstruktiven Krise. Das Haus hatte seine Frau Mirl, geschiedene van →Hoboken, 1935 in die Ehe mit Suhrkamp eingebracht. Es wurde zur Mußestätte für Schriftsteller wie Max →Frisch, Ernst →Penzoldt, Kurt Lothar →Tank, Ernst von →Salomon, Carl →Zuckmayer u. a. Nach dem Zweiten Weltkrieg verkaufte der Verleger das Haus an seinen Kollegen Axel →Springer, um die deutsche Gesamtausgabe von Marcel Proust finanzieren zu können. 1948 pachtete er den Klenderhof. Suhrkamp ist begraben unter einem →Findling neben seinem Freund Ferdinand →Avenarius auf dem Friedhof von →Sankt Severin in Keitum. Das Suhrkamp-Haus wechselte Ende der 1980er Jahre erneut den Besitzer und gehört heute einem Hamburger.

Peter Suhrkamp, Autor des Essays „Die Nordfriesische Insel", sah sich auf Sylt „im Schnittpunkt von drei glatten Flächen, die selbst im Unendlichen des Raumes stehen. ... Vor den Füßen eilt der ebene Heideboden hemmungslos fort in die Weite. ... Nirgends aber wird das Rund des Himmels erreicht, denn davor steht die in Blau, Grün und Silber fließende Tafel des Meeres."

Rost 1996, Suhrkamp 1967.

Surfen nennt man das Wellenreiten und das Segeln auf einem eigens dafür konstruierten Surf-Brett. 1981 wurden auf Initiative des Westerländers Jürgen Hönscheid erste Wettkämpfe im Sylter Königshafen ausgetragen. 1982 und 1983 verlegte man die Rennen an die Westküste vor Rantum und →Sansibar. Seit 1984 findet auf Sylt jedes Jahr zu Ende September/Anfang Oktober eine Veranstaltung der *Surf-World-Cup*-Serie in den Disziplinen Kursrennen, Slalom und Wellenreiten statt. Dabei kämpfen die weltbesten Surfer am →Brandenburger Strand vor Westerland um Punkte und Prämien. Über 100 000 Zuschauer verfolgen jährlich die seit 1998 professionell vermarkteten Rennen. Das Rahmenprogramm der „Sylter Woche" findet in Hangar 401 auf dem Flughafengelände statt. 2000 fiel der Wettkampf erstmals aus, da zehn Tage lang Flaute herrschte und keine Wettfahrt durchgeführt werden konnte. Im selben Jahr fand vor →Buhne 16 der erste Sylter *Longboard Contest* mit über 70 Konkurrenten statt. Einen weiteren Wettbewerb bilden die jährlich stattfindenden deutschen *Fun-*

Gekonnte Übung bei der Austragung des Surf-Cups vor Westerland, um 2000 (Foto: Volker Frenzel)

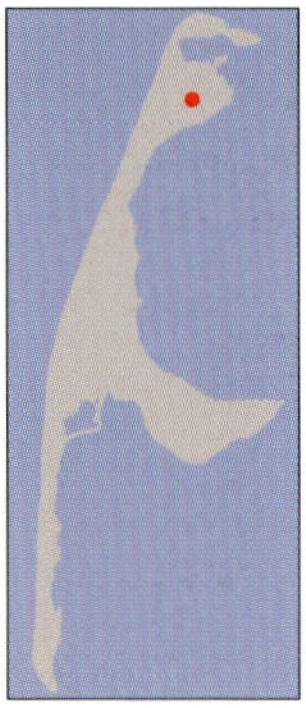

Süterknol

board-Meisterschaften. Aber auch für Anfänger und Fortgeschrittene werden überall auf der Insel Surfkurse angeboten.

Nordfriisk Instituut, Sylter Archiv.

Süterknol (deutsch: Schusterhügel) heißt die höchste →Düne auf Sylt. Mit 36,9 Metern erhebt sie sich südwestlich von List. Seit 1937 arbeitet hier eine →Wetterstation. Die Düne erhielt ihren Namen bei einer Landvermessung nach 1870. Der echte „Schusterhügel" lag dort, wo heute die Tankstelle steht. Die höchste Erhebung der Insel ist die →Uwe-Düne.

Möller 1916, Nordfriisk Instituut.

Sylt (*Söl;* abgeleitet von altfriesisch *Sül* bzw. dänisch *Sild* = Schwelle, Sockel) Der Name *Sild* taucht erstmals 1141 im Schenkungsbuch des Klosters Odense auf. Im Erdbuch des dänischen

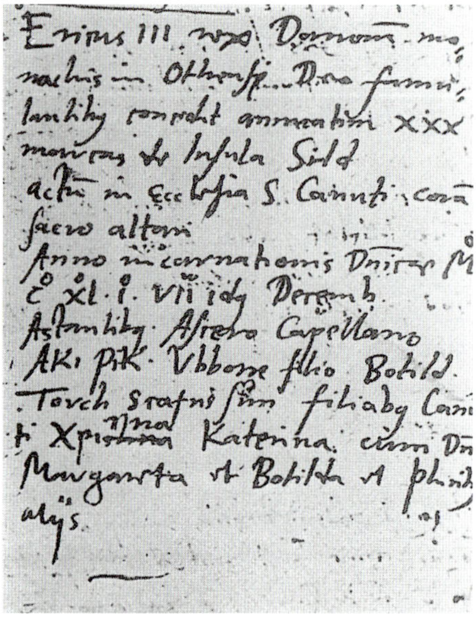

Ericus III. rex Danorum mo-
nachis in Othensi ... Dno fami-
liaribus concedit annuatim XXX
marcas de Insula Sild
actum in Ecclesia S. Canuti coram
sacro altari
Anno incarnationis Dnice M
C XLI. VII idus Decemb.
Astantibus Alfredo Capellano
Aki Pik Ubbone filio Bohild
Tovch Suafni filiabus Cani
ti Xpistina Katerina cum Dna
Margareta et Bohilda et pluribus
aliis.

Das Schenkungsbuch des Klosters Odense enthält die früheste Erwähnung des Namens Sild (Abschrift durch Cornelius Hamsfort). (Sylter Archiv)

Königs Waldemar II. von 1231 heißt die Insel *Syld*, im Register des Domkapitels zu Schleswig im 14. und 15. Jahrhundert Sylt und *Syld.* Die Schreibweise wechselte noch lange zwischen Sylt und *Silt*, bis sich erstere in der zweiten Hälfte des 19. Jahrhunderts durchsetzte. Die alten Sylter nannten ihre Insel *Sal, Söl* oder *Söld*, die übrigen Friesen bezeichneten die Sylter als *Seeliger, Sallinger* und *Söldring.*

Århammar 1994, Laur 1992.

Sylt aktuell →Zeitungen

Sylter Allgemeine Brandkasse Elf Männer gründeten 1819 in Keitum einen ersten Versicherungsverein, um das Feuerrisiko ihrer Häuser und Einrichtungen zu decken. Jens →Booysen wurde erster Vorsteher der „Sylter Allgemeinen Brandkasse", die auf dem Prinzip der gegenseitigen Hilfe beruhte. Der Versicherungsverein behauptete sich durch Kriege und Krisen hindurch bis heute. Vorstand und Vertrauensmänner betreuen ihre traditionsbewusste Kundschaft, auf Versammlungen wird auch →Friesisch gesprochen.

SF 2002.

Sylter Anzeigenblatt später *Anzeigenblatt für den Kreis Südtondern* →Zeitungen

Sylter Archiv 1947 richtete die Stadt Westerland zusammen mit der →*Söl'ring Foriining* im Rathaus ein Archiv ein. Im Jahr darauf vereinigte der Keitumer Heimatforscher Wilhelm →Jessen die Westerländer Akten- und Buchbestände mit seinen eigenen und gründete damit das Sylter Archiv. In seine Nachfolge traten nach 1949 die ehrenamtlichen Archivpfleger Wilhelm →Krüger, Victor Bender und Werner →Haselbach. Seit 1994 wird das Archiv hauptamtlich geleitet. Bei einem Rathausbrand im Jahre 1950 wurde das Archivmaterial fast völlig vernichtet. Reste, darunter Akten der →Landvogtei und Dorfschaftsprotokolle, sind lückenhaft oder stark beschädigt erhalten. Als das Archiv 1985 in die →Alte Post umzog, war wieder viel wertvolles Material zusammengetragen. Fortlaufend ab 1915 liegen Lokalzeitungen vor, Kurlisten und -zeitungen aus den Anfängen des →Seebads weisen Lücken auf. Auf etwa 850 Regalmetern bietet das Archiv neben den Aktenbeständen zur Stadt- und Inselgeschichte eine umfangreiche Bibliothek mit Literatur zu Sylt und Nordfriesland sowie private Nachlässe, biographische Sammlungen und viele Bilder. Eine Postkartensammlung dokumentiert die Entwicklung der Seebäder. Ein besonderer Schatz ist die Glasplattensammlung des Sylter Photopioniers Paul Ebe →Nickelsen und seines Schülers Bernhard →Lassen.

Sylter Archiv.

Sylter Credt-Verein →Bankwesen

Sylter Dampfschiffahrt-Gesellschaft
→Verkehrsanbindung

Sylter Heimatmuseum In dem 1759 von Kapitän Uwe Peters, dem Großvater von Uwe Jens →Lornsen, errichteten →utlandfriesischen Haus auf dem Keitumer Kliff befindet sich seit 1908 das Sylter Heimatmuseum. Den Grundstock des Museums lieferte die heimatkundliche Sammlung von C. P. →Hansen, die aus seinem →Altfriesischen Haus ausgelagert wurde. Sie umfasst die Themen Geologie, Archäologie, →Seefahrt und →Walfang, Wohnkultur, →Trachten und Schmuck auf Sylt. Auf einem Sandsteinrelief über der Eingangstür ist die *Fortuna von Altona* abgebildet, das Handelsschiff, mit dem der Erbauer des Hauses einst die Weltmeere bereiste.
In dem von der →*Söl'ring Foriining* getragenen Museum werden außerdem Sylter Persönlichkeiten vorgestellt und in den Galerieräumen wechselnde Kunstausstellungen organisiert. Seit 1997 wird eine Dokumentation über Magnus →Weidemann gezeigt. Auf das Grundstück gelangt man seit 1999 durch ein Tor aus zwei Walkieferknochen. Sie gehörten einem 18 Meter langen und rund 35 Tonnen schweren Finnwal, der 1995 vor Wenningstedt strandete.
SF 1995 u. 1999.

Sylter Intelligenz-Blatt Dieses von Julius →Meyer in Keitum gegründete Blatt war die wohl erste →Zeitung auf Sylt; die erste Ausgabe erschien am 7. Mai 1886. Das Blatt wurde jedoch noch im selben Jahr von der Westerländer Badedirektion übernommen und erschien in der Verantwortung von Julius Adrian →Pollacsek als *Sylter Kur-Zeitung und Intelligenz-Blatt.* 1889 wurde Fritz →Roßberg Herausgeber. Das *Sylter Intelligenz-Blatt* ging im Inflationsjahr 1923 in der →*Sylter Zeitung* auf. Die erhaltenen Ausgaben befinden sich im Sylter Archiv.
Sylter Archiv.

Sylter Intelligenz=Blatt.
Zeitung und Anzeiger für die Insel Sylt.
Redaktion, Druck und Verlag von Fr. Roßberg in Westerland.
Nr. 28. Sonnabend, 8. April 1899. 14. Jahrgang.

Das Sylter Heimatmuseum in Keitum – ein Tor aus den Kieferknochen eines Wals zeigte an, dass in diesem Haus ein →Kommandeur wohnte. (Söl'ring Foriining)

Sylter Kreditbank →Volks- und Raiffeisenbank

Sylter Kunstfreunde →Verein der Sylter Kunstfreunde

Sylter Kurzeitung →Zeitungen

„Sylter Maß" Mit einem kleinen Trick werden manchmal auf dem Sylter Immobilienmarkt Wohnungen größer angegeben als allgemein üblich. Man nimmt das so genannte Fußleistenmaß. Grundlage für die Größenberechnung ist damit der Fußboden, die z. B. unter Deckenschrägen üblichen Abzüge entfallen. Dadurch erscheint der Quadratmeterpreis niedriger. Man sollte sich also Klarheit darüber verschaffen, ob im jeweiligen Fall ein „Sylter Maß" vorliegt.
Nordfriisk Instituut.

Sylter Nachrichten Die →Zeitung wurde 1924 von Friedrich →Ball gegründet und stand in Konkurrenz zur →*Sylter Zeitung.* An diese wurde sie nach Balls Tod verkauft. Die letzte Ausgabe erschien am 31. Dezember 1938. Von der Zeitung sind nur Einzelexemplare erhalten, die vor allem im Sylter Archiv zu finden sind.
Sylter Archiv.

„Sylter Novelle" Bei seinem einzigen Besuch der Insel Sylt im August 1887 skizzierte Theodor →Storm eine Geschichte, die er wegen seiner schweren Erkrankung aber nicht mehr ausarbeiten konnte. Ein sonntäglicher Spaziergang führte ihn in Begleitung seines ehemaligen

Landvogtkollegen Christoph von Tiedemann (1836-1907) am 13. August in die Wenningstedter Dünenlandschaft. Dazu schrieb Storm seiner Frau: „Als T(iedemann) u. ich oben auf einer Düne saßen, erzählte er mir, indem wir in die Dünenwildnis hinabsahen u. der kalte Wind uns ins Gesicht blies, den Stoff zu einer Sylter Novelle, den er sich tags zuvor erdacht hatte. ... Die Skizzierung habe ich schon begonnen." Das Fragment zur „Sylter Novelle" wurde erst 80 Jahre nach dem Tod des Dichters von den Stormforschern Cliffort Albrecht Bernd und Karl Ernst Laage in der Schleswig-Holsteinischen Landesbibliothek aufgespürt.

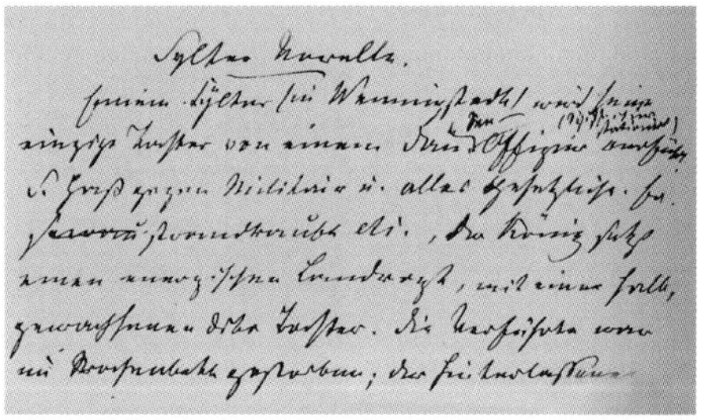

Storms Entwurf lagerte lange in einer Mappe, die seine Tochter Gertrud Stein verwahrte. Das Fragment befindet sich heute in der Kieler Landesbibliothek.

Die Geschichte lehnt sich stark an die Sagenwelt von C. P. →Hansen an, mit dem Storm in Verbindung stand. Der Höhepunkt der Handlung und schließlich auch ihr katastrophales Ende spielen sich in der einsamen, schaurigen Dünenlandschaft Sylts ab. Lars, unehelicher Sohn aus der Beziehung eines dänischen Marineoffiziers mit der Tochter eines Wenningstedter Strandräubers, begehrt die Tochter des Tinnumer Landvogts. Standesschranken verbieten dies, die Tochter wird einem anderen versprochen. Kurz vor der Hochzeit trifft sich die Verlobte noch einmal heimlich mit Lars in den Dünen. Anschließend verweigert sie die für sie bestimmte Eheschließung. Als herauskommt, dass sie schwanger ist, wird sie von ihrem Vater verstoßen und findet Unterschlupf bei Strandräubern. Lars hat mittlerweile auf einem Schiff angeheuert, das eines Nachts südlich von Westerland Schiffbruch erleidet. Die Besatzung wird von Strandräubern überfallen und Lars dabei von seinem eigenen Großvater erschlagen. Seine Geliebte beobachtet die Bluttat und verfällt dem Wahnsinn. Nach ihrem Tod erscheint sie als Wiedergängerin in den Sylter Dünen.

Laage 1998, Rost 1996.

Sylter Produkte e. V. 2001 gründeten Sylter Unternehmer einen Verein zur Vermarktung „Original Sylter Produkte". Mit einem Siegel kennzeichnen sie die Erzeugnisse, die nachprüfbar von der Insel stammen, wie z. B. die →Auster „Sylter Royal", die Pflegeserie Sylter Thermasol, die Bonbons „Echt Sylter Brisen-Klömbjes", die →Sylt-Quelle oder die Milch der kleinen →Meierei.

Sylter Rat *(Raat)* Das Sylter Volksgericht (1. Instanz) bestand aus zwölf Ratmännern, die in früheren Jahrhunderten von den Bauerschaften auf Lebenszeit gewählt wurden. Ab dem 15. Jahrhundert ernannte zwar der Amtmann in Tondern als Repräsentant der Staatsmacht die Ratmänner, vorgeschlagen wurden sie aber weiterhin von den Bauerschaften. Morsum stellte vier, Archsum, Keitum und Tinnum je zwei und Westerland sowie die Norddörfer je einen Ratmann. Als Gerichtsschreiber oder Protokollführer nahm in der Regel der Prediger an den Sitzungen teil, ab 1560 oblag diese Aufgabe dem Amtmann, der sich durch seinen →Landvogt vertreten ließ. Ab 1754 übernahm der Landvogt auch die Oberaufsicht über die Rechtsprechung. Bei den Sitzungen (→Ding) hatte er jedoch nur beratende Funktion und führte das Protokoll. Als Gericht tagte der Rat in Keitum einmal jährlich im Herbst, bei Bedarf kam er auch in Tondern als „Kriminalgericht" zusammen. Am 22. Februar, dem →Petritag, und am 29. Juni fand jährlich je ein „Dinglesen" statt, bei dem vor allem Gebote, Verbote und Beliebungen sowie sämtliche Vertragsabschlüsse öffentlich verkündet wurden. Nach der Aufwertung zur Justizbehörde 1744 übernahm die Landvogtei immer mehr Aufgaben des Rates. Nur noch in seltenen und wichtigen Fällen wurde seine Entscheidung in Anspruch genommen. Ab 1764 tagte der Rat im →Landschaftlichen Haus in Keitum. Sein letztes Urteil fällte er 1866 in einer Erbschaftsangelegenheit.

Janus 1998, Rinken 1992, Schmidt-Eppendorf 1977, Wülfke 1831.

Sylter Riff Etwa drei Kilometer westlich vor dem Sylter Inselkern lag ein eiszeitliches Riff aus Limonitsandstein. Es erstreckte sich von Blåvandshuk in Dänemark bis nach Eiderstedt. Nach alten Überlieferungen muss es sich etwa einen bis zwei Meter über den Meeresspiegel erhoben haben. Nach der Eiszeit bildete sich östlich des Riffs aus Ablagerungen →Schlick, und fruchtbarer Marschboden entstand. Hier befanden sich vermutlich die im 15. Jahrhundert zerstörten Dörfer Alt-Rantum, →Eidum und Alt-Wenningstedt. Der Chronist Hans →Kielholt berichtete, dass zwei große →Sturmfluten in den Jahren 1434 und 1436 das Riff durchbrachen und weitgehend abtrugen. Auf aktuellen Seekarten ist es noch als Sylter Riff verzeichnet.

Matthiesen 1999 u. 2001, Schmidt-Eppendorf 1972.

Sylter Royal ist die Marktbezeichnung der →Austern, die „Dittmeyer's Austern-Compagnie" in Deutschlands einzigem Kulturbetrieb in der Blidselbucht bei List züchtet.

Sylter Rundschau heißt die heute einzige täglich erscheinende →Zeitung für die Insel. Die erste Ausgabe kam am 1. Oktober 1949

Sylter Rundschau

Anzeiger für Westerland, Wenningstedt, Kampen, List, Tinnum, Keitum, Morsum, Archsum, Rantum, Hörnum

Mit amtlichen Bekanntmachungen der Behörden und Dienststellen unseres Verbreitungsgebietes

Nr. 1 — Sonnabend, 1. Oktober 1949 — 1. Jahrgang

Erste Ausgabe der Sylter Rundschau (Nordfriisk Instituut, Thomas Steensen)

heraus. Gegründet wurde die Zeitung von Erich →Buchsteiner, der die Druckerei von Carl →Meyer übernommen hatte. Nach Buchsteiners Tod 1969 verkaufte seine Witwe Lilly die Zeitung an den Verlag der *Husumer Nachrichten,* mit dem bereits eine langjährige Kooperation bestanden hatte. Im Jahr darauf erwarb der Flensburger Zeitungsverlag das Gesamtunternehmen. Die *Sylter Rundschau* ist heute eine von 16 Lokalausgaben des Schleswig-Holsteinischen Zeitungsverlags in Flensburg. Täglich werden etwa 8 500 Exemplare gedruckt. Ihre Leserschaft findet die Zeitung auch bei Sylt-Freunden im gesamten Bundesgebiet.

Steensen 1987b, Sylter Archiv.

Sylter Sahara nennt der Volksmund das Gebiet westlich von List mit den einzigen →Wanderdünen Deutschlands.

Sylter Spiegel Die aus Anzeigen finanzierte →Zeitung erscheint seit 1983 einmal wöchentlich im gleichnamigen Westerländer Verlag. Er wurde gegründet von den Fachfrauen für Werbung, Journalismus und Betriebswirtschaft Sabine Adler, Renate Lanz und Ursula Hodapp, der heutigen Verlegerin und Herausgeberin. Der *Sylter Spiegel* hat eine Auflagenzahl von etwa 20 000. In dem kostenlos verteilten Blatt wurden häufig Ereignisse und Entwicklungen auf Sylt kritisch in den Blick genommen.

Nordfriisk Instituut.

Sylter Tafel Der 40 Mitglieder starke Verein ist seit 1998 eine von etwa 30 Einrichtungen in Schleswig-Holstein, die bedürftige Menschen mit Lebensmitteln versorgen. Dafür sammeln die Helferinnen und Helfer nicht mehr verkaufsfähige, aber kontrollierte und genießbare Lebensmittel von Supermärkten, Bäckereien und Großhändlern. Aus Spendengeldern werden gezielt Waren wie Käse, Wurst oder Suppen zugekauft. Gutscheine für Gaststätten mit Straßenverkauf und gespendete Fahrscheine für die öffentlichen Verkehrsmittel ergänzen die Versorgung. Die Lebensmittelausgabe findet zweimal wöchentlich in Westerland statt. 30 bis 40 Personen besuchen regelmäßig die Sylter Tafel, im Sommer kann die Zahl auch auf etwa 50 ansteigen. Der Warenwert einer Tragetasche, die jeder Bedürftige erhält, beträgt durchschnittlich 15 Euro.

Nordfriisk Instituut, Sylter Archiv.

Sylter Tageblatt Die →Zeitung wurde vom 1. Juli 1953 bis 1971 vom Flensburger Zeitungsverlag herausgegeben. Sie ging in der →*Sylter Rundschau* auf.

Sylter Verein Unter dem Namen „Sylter Verein" bestanden mehrere Vereinigungen auf Sylt. Mit dem Ziel, „dem Geiste Erheiterung im Genuss anständiger Vergnügungen und geselliger Munterkeit zu geben", gründete Jens →Booysen 1817 in Keitum den ersten Sylter Verein. Tagungslokal war das →Landschaftliche Haus der Witwe Clemenz. 1819 richtete der Verein zur kulturellen Unterhaltung eine →Lesebibliothek ein. Sie vermehrte ihren Bestand vor allem dadurch, dass die Mitgliedsbeiträge in Form von Büchern entrichtet werden konnten. Dieser Verein bestand bis 1835.

Zusammen mit anderen riefen Kapitän Andreas →Andersen und der Arzt A. L. O. →Jenner

Im Gründungsprotokoll des
Sylter Vereins von 1817 hieß es:

„Leicht ist's, die Menschen zu verachten
Schwer: liebend sie und tiefer zu betrachten
Leicht ist's: viel Geld zu verschwenden
Schwer: solches recht vernünftig
und nützlich zu verwenden;
Menschen! mit Götterkraft in der Brust,
mit Tugend und Lust
einander die Hände gereicht
dann wird selbst das Schwerste
für uns leicht!"

1860 im Hotel Groot in Keitum den Allgemeinen Sylter Verein ins Leben, um „gesellig bildende Unterhaltung, sowie Lectüre von Zeitungen, Zeitschriften und Werken" zu ermöglichen. Ein literarischer Ausschuss sorgte für Bücher, Zeitungen, periodische Schriften und Karten.
1894 gründete sich ein Sylter Verein in Altona. Er bezweckte, „den in Altona, Hamburg und Umgebung wohnenden ... Syltern Gelegenheit zu geselligen Zusammenkünften und Unterhaltungen zu geben" ... und „stellt sich ferner die Aufgabe, zur Hebung der im Verfall begriffenen sylter-friesischen Sprache seinerseits beizutragen". Ehrenmitglied wurde später der Hamburger Kaufmann Andreas →Hübbe. Ende der 1960er Jahre schlief die Einrichtung ein. 1929 entstand ein ähnlich ausgerichteter Verein in Berlin.
Unter dem Sylter Verein versteht man heute die →*Söl'ring Foriining* „zur Erhaltung und zum Schutze von Küste, Brauchtum, Landschaft und Denkmälern auf der Insel Sylt".

v. Bremen 1999, Janus 1998.

Sylter Verkehrsgesellschaft (SVG) Die Sylter Verkehrsgesellschaft mbH wurde 1952 als Nachfolgerin der Sylter →Inselbahn AG gegründet. Sie übernahm auch die Firma Jürgensen, die zwischen Wenningstedt, Braderup, Munkmarsch, Keitum und Tinnum einen Omnibusverkehr betrieb. 1953 wurde die Südbahn von der Oberfinanzdirektion Kiel hinzugekauft. Damit war der gesamte Sylter öffentliche Personennahverkehr in einer Hand. 1956 übernahm der Busunternehmer Ruy →Prahl die Firma und modernisierte zunächst die Inselbahn. Nach seinem Tod 1976 führte seine Witwe Vera das Unternehmen bis 1995 weiter. Dann verkaufte sie ihre 32 Busfahrzeuge an den Besitzer der →Adler-Schiffe, Sven Paulsen. Er bedient weiterhin die fünf Sylter Buslinien und führte 1998 in Westerland auch den Stadtbus ein. Dieser kann bei einer geringen Zuzahlung in Verbindung mit der Kurkarte benutzt werden. Über zwei Millionen Mal im Jahr wird das öffentliche Beförderungsangebot in Anspruch genommen. Weiter veranstaltet Paulsen Inselrundfahrten sowie Ausflugsfahrten nach Dänemark.

Kirschner 2000.

Sylter Weihnachtsbaum *(Jöölboom)* Weil →Wald auf den nordfriesischen Inseln nur spärlich wuchs und die Einfuhr von Tannenbäumen zu kostspielig war, erfanden die Menschen einen ganz eigenen Weihnachtsschmuck, den *Jöölboom.* Lange Zeit mehr oder weniger vergessen, wurde er um 1980 u. a. von Maike →Ossenbrüggen auf Sylt zu neuem Leben erweckt. Inzwischen erfreut er sich auch auf dem nordfriesischen Festland und darüber hinaus wachsender Beliebtheit. Eigentlich muss man von einem Weihnachtsgestell sprechen. In einen rechteckigen Fuß ist ein 50 Zentimeter langer Rundstab gebohrt. Daran sind drei Querstreben in einem Abstand von etwa 20 Zentimetern befestigt. Die mittlere Strebe ist 60 Zentimetern lang und damit etwa ein Drittel länger als die untere und die obere. An diesen Streben

Sylter
Weihnachtsbaum
(Söl'ring Foriining)

werden der Weihnachtsschmuck und die vier *Popen* (Figuren aus Salzteig) angebracht. Die Symbolfiguren sind Adam und Eva mit der Schlange unter dem Baum der Erkenntnis, das Pferd als Zeichen für Ausdauer und Kraft, der Hund für Treue und der Hahn für Wachsamkeit. Der mehrfach gelackte Salzteig ist nicht zum Verzehr gedacht, wohl aber zur Wiederverwendung, sofern es gelingt, die zerbrechlichen und feuchtigkeitsempfindlichen Figuren aufzubewahren. Geschmückt wird der *Jöölboom* außerdem mit Dörrobst und Äpfeln, die für Fruchtbarkeit stehen, sowie mit einem Kranz aus Immergrün, der den kleinsten Sonnenrundlauf des Jahres symbolisiert. Die vier Kerzen, die man auf die äußersten Enden der oberen Querstreben setzt, kamen erst in jüngster Zeit hinzu.

Ossenbrüggen 1987, SHHB o. J.

Sylter Welle Die schiffsförmige Freizeitanlage in den Westerländer Dünen wurde 1993 erbaut. Sie bietet ein Meerwasser-Wellenbad, Sprudelbecken, Massagepilz, Schaumfontänen, Rutschbahnen, Planschbassins und eine großzügige Saunalandschaft. Seit 2001 gibt es zusätzlich ein in die Dünen gebettetes Außenbecken von 25 mal 10 Metern Länge. Im 25 Grad warmen Wasser öffnet sich den Schwimmern auch im Winter ein herrlicher Ausblick auf den Strand und die Nordsee. Die Sylter Welle wird jährlich von über 200 000 Badegästen besucht.

Sylter Welle in Westerland (Foto: Thomas Steensen)

Sylter Zeitung Eine erste Zeitung dieses Namens erschien schon seit 1879 für kurze Zeit und wurde in Deezbüll auf dem Festland gedruckt; Ansprechpartner auf der Insel war Julius →Meyer. Das von Carl →Meyer in Westerland gegründete Blatt, dessen erste Ausgabe am 30. April 1901 erschien, war lange Zeit die führende →Zeitung auf Sylt. Sie übernahm 1923 auch das →*Sylter Intelligenz-Blatt.* Die Zeitung erschien anfangs dreimal wöchentlich, seit 1919, endgültig seit 1924 dann an jedem Werktag, jeweils nachmittags. 1926 betrug die Auflage rund 1 200 Exemplare. Zum 1. Januar 1939 wurde das Konkurrenzblatt →*Sylter Nachrichten* übernommen. Nach dem frühen Tod seines Sohnes Paul verkaufte Meyer seine Zeitung auf Druck der NSDAP an die *Flensburger Nachrichten*, die sie mit der *Südtondernschen Zeitung* vereinigten. Die letzte *Sylter Zeitung* erschien am 29. Juni 1940. „Der Wert einer Heimatzeitung ist überhaupt nicht materiell zu erfassen", schrieb Carl Meyer in seinem Abschiedswort. Jahrgangsbände der Zeitung werden im Sylter Archiv verwahrt und bilden eine wichtige Quelle zur Inselgeschichte in der ersten Hälfte des 20. Jahrhunderts. Die Nachfolge trat 1949 die →*Sylter Rundschau* an.

Sylter Zeitung

Nachrichten- und Anzeigen-Blatt für die Insel Sylt.

8. Jahrgang. Dienstag, den 30. Juni 1908. — Nr. 76. —

Nordfriisk Instituut, Sylter Archiv.

„Sylt-Garage" Die große Beliebtheit Sylts als Ferieninsel schuf enormen Bedarf auch an preisgünstigen Übernachtungsmöglichkeiten. Dies erklärt die besondere Umnutzung vieler Garagen. Man richtete sie wohnlich ein und vermietete sie als Ferienwohnung bzw. wohnte selbst darin und vermietete sein Haus. Wo weiterer Wohnungsbau nicht erlaubt ist, soll es sich eingebürgert haben, nur den Bau einer Garage zu beantragen. Vielfach ist aber in einer solchen „Sylt-Garage" dann doch eine Ferienunterkunft zu finden.

Sylt in concert 1994-2000 fand auf Sylt unter dem Titel *Sylt in concert* jährlich im Juli/August ein vierwöchiges →Musikereignis statt. Zum Angebot, das an verschiedenen Veranstaltungsorten vorgetragen wurde, gehörten z. B. Opern, Konzerte und Kirchenmusik. Besondere Höhepunkte bildeten die Konzerte der Teilnehmer an der Sommerakademie *Jeunesses musicales* und das „Diner nach Noten" als kulinarischer Beitrag. Weil keine europäischen Zuschüsse mehr flossen, wurde das Projekt eingestellt.

Sylter Archiv.

Syltklinik Das Krankenhaus in Wenningstedt ist eine von zwei deutschen Einrichtungen zur Nachbehandlung krebskranker Kinder. Träger der Syltklinik ist die Arbeiterwohlfahrt (AWO), Bezirksverband Hannover. Es besteht eine enge Zusammenarbeit mit der →Asklepios Nordseeklinik in Westerland.

Im Laufschritt durch Dünen und Heide und oftmals gegen den Wind: der Sylt-Lauf, um 1995 (Foto: Volker Frenzel)

Sylt-Lauf Im März 1982 suchten 15 Sylter Leichtathleten die Herausforderung, einmal die ganze Insel läuferisch von Süd nach Nord zu durchqueren. Daraus entwickelte sich ein immer beliebter werdender Volkslauf. Zum 20. Sylt-Lauf im Jahr 2001 waren über 1 000 Teilnehmende auf der 33 333 Meter langen Strecke von Hörnum nach List am Start. Die Besten schafften sie in einer Zeit unter zwei Stunden.

Sylt-Literatur →Literatur

Sylt-Marketing GmbH Zur Nachfolgeorganisation der →Bädergemeinschaft Sylt GmbH für die touristische Vermarktung der Insel wurde 2001 die bereits 1997 ins Leben gerufene Sylt-Marketing GmbH bestimmt. Neben den sieben Sylter Gemeinden trugen sich auch die Fremdenverkehrsvereine von Kampen, Wenningstedt (Touristinformation) und Westerland (Fremdenverkehrszentrale) sowie der Hotel- und Gaststättenverband Sylt, der Sylter Unternehmerverein und die Volks- und Raiffeisenbank Sylt als Teilhaber ein. Neu war die Öffnung der Organisation für private Mitglieder.
Nordfriisk Instituut.

Syltness-Center ist die heutige Bezeichnung für das ehemalige →Kurmittelhaus in Westerland. Neben den klassischen Therapien der →Meeresheilkunde gehören z. B. auch orientalische Bade-Anwendungen zur Steigerung des körperlichen Wohlgefühls zum Angebot. Die Zahl der Kuren ging mit der Gesundheitsreform stark zurück. 1988 wurden über 400 000, im Jahr 2001 noch gut 110 000 therapeutische Maßnahmen durchgeführt. Im Syltness-Center befindet sich auch der Tourismus-Service Westerland.

Wappen von Sylt-Ost

Sylt-Ost Im Rahmen der Kommunalreform wurden um 1970 in Deutschland viele Ortschaften zu Großgemeinden zusammengefasst. Auf Sylt entstand 1970 gegen einigen Widerstand aus der Bevölkerung die Gemeinde Sylt-Ost. Die Bezeichnung für die zusammengelegten Dörfer →Archsum, →Keitum, →Morsum, →Munkmarsch und →Tinnum im Osten der Insel war zunächst provisorisch gedacht, wurde dann aber beibehalten. Zunächst stand auf den Ortstafeln der einzelnen Dörfer in großer Schrift „Sylt-Ost“, mittlerweile erscheinen hier aber wieder die alten Ortsnamen. 2003 sollen auch die friesischen Namen aufgenommen werden. In der Großgemeinde leben 5 647 Menschen (2001). Seit 1973 ist sie anerkannter Luftkur-ort, seit 2002 trägt sie das Prädikat Nordseebad.
Nordfriisk Instituut, Quedens 2000b.

Sylt-Quelle Seit 1993, sieben Jahre nach ihrer Entdeckung durch den Hamburger Unternehmer Günther Spranger, sprudelt am Rantumbecken das Mineralwasser Sylt-Quelle. Das Unternehmen befindet sich seit 1999 in den Händen der Unternehmerfamilie Heemann. Das besonders reine und jodhaltige Mineralwasser wird unterhalb des Samoa-Strandes aus verschiedenen Adern gefördert und durch eine et-

Das Quellenhaus der Sylt-Quelle in Rantum, 2002 (Sylt-Quelle)

wa 4,5 Kilometer lange Pipeline zum Quellenhaus im Rantumer Hafen gepumpt. Hier wird es mit Kohlensäure versetzt oder auch als stilles Wasser zum Verkauf in Mehrwegflaschen abgefüllt. Es wird ausschließlich in der Gastronomie und Hotellerie und im Feinkosthandel vertrieben. Neben dem Mineralwasser entspringt in dem 640 Meter tiefen Brunnen auch die Sylt-Quelle Thermalsole, die sich wegen ihrer seltenen inhaltlichen Mineralvielfalt zu Therapiezwecken und für Wellnessbehandlungen eignet. Wahrzeichen der Sylt-Quelle ist das gläserne Quellenhaus, eine 16-eckige zweistöckige Glaskonstruktion mit einem leuchtturmähnlichen dritten Geschoss. Im dortigen Bistro erhalten Interessierte u.a. Informationen über die geologischen Grundlagen der Sylt-Quelle. In der zweiten Etage befindet sich im so genannten Kunst:Raum eine Galerie, die schwerpunktmäßig junge Kunst zeigt und fördert. Weiter werden hier Konzerte, Lesungen und Theater veranstaltet. Die Sylt-Quelle vergibt ein „Kunststipendium" und seit 2001 das Literaturstipendium →„Inselschreiber".

Bädergemeinschaft 1998, Entz-v. Zerssen 1993a, 1995c u. 1996a.

Syltring, Syltringisch ist der Dialekt des →Friesischen auf Sylt *(Sölring).*

Sylt-Rose *Rosa rugosa* lautet der wissenschaftliche Name einer Wildrose auf Sylt. Wegen ihrer Anspruchslosigkeit und Robustheit als Windschutz wurde sie um 1890 von der ostsibirischen Halbinsel Kamtschatka mitgebracht. Mittlerweile breitet sich die Kartoffelrose, wie ihre gewöhnliche Bezeichnung lautet, über die ganze Insel aus. Sie schafft dies mit ihrem aggressiven Wurzelwerk und mit Hilfe der Vögel, die ihre Hagebutten fressen und die Samen ausscheiden. Ihr einziger natürlicher Feind, der sibirische, monatelang andauernde Bodenfrost, fehlt auf Sylt.

Nordfriisk Instituut.

Die *Rosa rugosa* verbreitet sich langsam über die gesamte bewohnte Inselfläche. (Foto: Walter Fiedler)

Sylva, Carmen (eigentlich Elisabeth, geborene Prinzessin zu Wied) * 29.12.1843 Schloss Monrepos bei Neuwied, † 2.3.1916 Bukarest, rumänische Königin. Unter ihrem Pseudonym verfasste die Königin Gedichte, Dramen, Unterhaltungsromane und Kinderbücher. Die vielgelesene Schriftstellerin erwies sich als kluge Kulturvermittlerin zwischen dem Balkan und Mitteleuropa. 1888 war die Gattin König Carols I. mit ihrem Hofstaat zu Gast in der →Villa Roth in Westerland, las am Strand Kindern Geschichten vor und stiftete einen Gedenkstein für die →„Heimstätte der Heimatlosen". Die angrenzende Elisabethstraße wurde nach ihr benannt.

Die rumänische Königin empfängt Besuch in der Villa Roth, 1888. (Sylter Archiv)

Am 31. Juli 1888 schrieb Carmen Sylva in einem Brief aus Westerland: „Ich wohne allerliebst, fühle mich behaglich hier, habe einen Salon, der vom Schreibtisch aus aufs Meer sieht, vom Balkon aus auf den höchst poetischen Friedhof der Heimatlosen, wo kleine schwarze Kreuze das Datum der Auffindung der Leiche tragen und die 50 Gräber mit Blumen geschmückt sind."

Rost 1996, Wedemeyer 1991a.

Taken (Tacken, Thacken) Aus der Sylter Familie Taken stammten über fünf Generationen von etwa 1600 bis 1713 fünf →Landvögte. Sie waren beliebt, da sie bei der Wahrnehmung ihrer Aufgaben sehr die Belange der einheimischen Bevölkerung im Auge behalten haben sollen. Von Knut Taken ist bekannt, dass er um 1600 lebte, sein Sohn Take Knuten war Landvogt von etwa 1609 bis 1617. Dessen Sohn Peter →Taken I. bekleidete das Amt 1635-84, sein Sohn Steffen →Taken von 1689 bis zu seinem Tod 1711. Sein Enkel Peter →Taken II. beendete die Dynastie in den Jahren 1711 bis 1713.

C. P. Hansen 1845 u. 1877, Rinken 1992, Schmidt-Rodenäs 1981.

Taken I., Peter * ca. 10.4.1613 Tinnum, † 1. 5.1685 Tinnum, Landvogt. Der Sohn des Take Knuten bekleidete das Amt des Landvogts 1634-84. In diesem Jahr wurde er wegen seiner Anhänglichkeit an den im Krieg unterlegenen Gottorfer Herzog Christian Albrecht (1641-1694) von königlich-dänischen Beamten abgesetzt. Peter Taken baute 1649 in Tinnum die →Landvogtei, die er bis zu seinem Tode bewohnte.

C. P. Hansen 1845 u. 1860, Rinken 1992, Sauermann 1939, Schmidt-Rodenäs 1981.

Taken II., Peter * 8.9.1672 Tinnum, † 7.11. 1727, Tinnum, Landvogt. Der Sohn von Steffen →Taken war 1711-13 letzter gottorfischer Landvogt auf Sylt. Er wurde entlassen, als der dänische König Friedrich IV. (1699-1730) mit seinem „Okkupationspatent" die gottorfischen Teile des Herzogtums Schleswig übernahm.

C. P. Hansen 1845, Kuschert 1996, Rinken 1992, Schmidt-Rodenäs 1981.

Taken, Steffen (auch Steffen Petersen) * Tinnum, † 25.1.1711 Tinnum, Landvogt. Der Sohn von Peter →Taken I. war seit 1669 seinem Vater als Amtsgehilfe zugeordnet. 1684 mussten beide königlich dänischen Beamten weichen. Für Steffen Taken war dies nur vorübergehend, denn von 1689 bis zu seinem Tode 1711 kehrte er ins Amt zurück. Die unterschiedliche Namensführung zeigt ein frühes Beispiel für den Übergang von der patronymischen Namensgebung zu festen Familiennamen (→Personennamen).

C. P. Hansen 1845, Rinken 1992, Schmidt-Rodenäs 1981.

Takerwai Sylterfriesischer Flur- und Straßenname in Keitum. *Tak* heißt „decken, ein Haus decken", der *Taker* ist der Dachdecker. *Takerwai* bedeutet demnach „Dachdeckerweg".

Möller 1916.

Tamblé, Richard * 27.9.1913 Völklingen/ Saarland, † 11.6.1982 Westerland, Zahnarzt. Tamblé gehörte 1951-78 der Stadtvertretung in Westerland an und war 1955-62 Bürgervorsteher. In seine Amtszeit fallen die Gründung des Gymnasiums, die Entwicklung des Wohnungsbaus und des Seebads. Im Deutschen Bundestag vertrat er 1960-72 als SPD-Abgeordneter die Interessen der Insel- und Westküstenbevölkerung Nordfrieslands. 1962 erhielt er für seine kommunalpolitischen Verdienste die Freiherr-vom-Stein-Medaille.

Sylter Archiv.

Tamen, Tam(e) * 30.6.1711 Kampen, † unbekannt, Seefahrer, angeblicher Wüstenfürst. Sein Vater Tame Bleiken soll ein durch mangelhafte Erziehung verwahrloster Mann gewesen sein, der bereits 1710 seinen Tod vorgetäuscht haben soll. Tame Tamen fuhr zur See und geriet 1746, als das Schiff von afrikanischen Piraten gekapert wurde, in →Sklaverei. Nach misslungenen Fluchtversuchen erlangte er durch seinen Übertritt zum Islam eine gewisse persönliche Freiheit. Auf einem Karawanenzug geriet er unter halbwilde Krieger der Sahara und wurde deren Anführer. Er soll verschiedene Zweige eines größeren Stammes vereinigt und den Titel eines „Beglerbeg" erlangt haben. Auf Sylt wurde erzählt, dass Tame Tamen einen Schiffsjungen von der Insel auf dem Sklavenmarkt in Algier in friesischer Sprache anredete und ihm die Freiheit verschaffte. Sein früherer Schiffsgenosse Frödde Andresen soll ihn in Alexandrien mit großem Gefolge gesehen habe. Zeit und Ort seines Todes sind nicht bekannt.

Christiansen o. J., Jensen 1939.

Der Redakteur Christian Peter →Christiansen veröffentlichte im eigenen Verlag ein kleines Buch mit dem Gedicht „Tame Tamen von Sylt". Darin schildert er die Begegnung eines als Sklave genommenen Sylters mit dem „Wüstenfürst":

Da trifft mich sein Aug' mit scharfem Blick,
Und plötzlich hält er sein Pferd zurück.
Er winkt mir zu, und ich spring herbei
Und schau zu ihm auf ganz furchtlos und frei.
Er mustert, als sei sie ihm bekannt,
Meine Sylter Jacke mit rotem Band.
Da hör' ich ihn fragen, und ich faß' es nicht,
Der Maurenfürst auf friesisch spricht:
„Best dü ek en Söldring dreng?"
(Übersetzung: Bist Du nicht ein Sylter Junge?)

Tang *(Tung)* oder Seetang ist die Bezeichnung für größere und derbe Formen der Braun- und

Rotalgen. Die Makroalgen werden mehrere Meter lang. Wo sie, wie an den felsigen Küsten von Großbritannien und Skandinavien, in größeren Mengen vorkommen, werden sie geerntet und industriell zu Düngemittel, Vitaminpräparaten oder Pharmazeutika verarbeitet. Auf Sylt findet man Tang lediglich am Strand als Bestandteil des →Treibsels. Am häufigsten ist wohl der Blasentang vertreten, der an den zahlreichen runden oder ovalen gasgefüllten Schwimmblasen zu erkennen ist. Sie geben ihm im Wasser Auftrieb. Rotalgen wie der Blutrote Seeampfer und Grünalgen wie der essbare Meersalat findet man seltener.

Stock/Zucchi/Bergmann/Hinrichs 1995.

Tank, Kurt Lothar * 25.2.1910 Berlin, † 21. 6.1978 Bad Segeberg, Schriftsteller. Tank redigierte rund 20 Jahre lang den Kulturteil im *Deutschen Allgemeinen Sonntagsblatt.* Er kam mehrfach im Jahr nach Sylt um zu regenerieren. Sein „Zauber-Eiland" regte ihn zum Schreiben an. In Kampen, wo er auch im Gästehaus des Verlegers Peter →Suhrkamp wohnte, legte er sein Tagebuch „Sylter Sommer" an, in List beim Leuchtturmwärter schrieb er seine Hauptmann-Biographie, in Braderup fertigte er eine Schrift über Günter Grass, und in →Klappholttal bearbeitete er „Candide". Hier wirkte Tank auch als Dozent und hielt u. a. literaturkritische Vorlesungen. Er gab Anregungen für einen Ausbau des Instituts und kreierte den neuen Namen „Akademie am Meer".

Im Deutschen Allgemeinen Sonntagsblatt *schrieb Kurt Lothar Tank: „Nicht nur der Blutkreislauf, auch die Phantasie wird angeregt in diesem Klima. Man träumt tiefer, ausdauernder, ja verwegener auf Sylt. Man schreit am Meer um die Wette mit den Möwen. Wenn der Sturm stark genug bläst, kann man sich an ihn lehnen wie an eine Wand und fällt nicht um. Ich habe es ausprobiert. Ehrenwort."*

Tank 1972 u. 1986, Wedemeyer 1978a.

Tappe, Detlef →Sturmhaube

Tappert, Georg * 20.10.1880 Berlin, † 17. 11.1957 Berlin, Maler. Tappert studierte an der Akademie Karlsruhe, wurde 1910 einer der Gründer der „Neuen Sezession" und lehrte ab 1921 als Professor an der Staatlichen Kunstschule in Berlin-Schöneberg. Er zählte zu den führenden Malern der Moderne zwischen den Weltkriegen. 1933 wurde er von den Nazis beurlaubt, 1937 endgültig entlassen. Tappert nutzte jede Gelegenheit, außerhalb Berlins tätig sein zu können. 1933 und 1934 besuchte er Sylt und malte „10 Ansichten von Sylt". 1939 kehrte er wieder. Seine Landschaftsbilder haben ein dominierendes Motiv: friesische Häuser, die einsam und verloren unter hohem Himmel am Meer, in den Dünen oder in der flachen Heide stehen. Im Landesmuseum Schleswig befinden sich u. a. „Haus in den Dünen bei Keitum" (1939), „Große Dünenlandschaft" (1939) und „Hinter den Dünen bei Wenningstedt/Sylt" (1939).

Schulte-Wülwer 1996, SHL 1983.

Buchtitel von Kurt Lothar Tank

Tauchen *(düki)* Sylt ist eine Insel in der relativ flachen Nordsee, Tauchen scheint hier wenig verlockend. Dennoch werden auch auf Sylt Tauchkurse angeboten. Die Unterwasserflora und -fauna orientiert sich an festem Untergrund oder Hindernissen. So bieten die vor der Westküste liegenden Schiffswracks bzw. Geröllfelder und Findlinge aus losgebrochenem Geestmaterial hervorragende Beobachtungsplätze für Fische, Muscheln und Pflanzen.

Tee soll nach der Überlieferung erstmals im Jahre 1735 als Strandgut nach Sylt gelangt sein. Versuche, daraus den bekannten Sylter Langkohl zu bereiten, stießen nicht auf Begeisterung. Bald lernte man aber, das aromatische Getränk zu genießen. Inzwischen ist Tee fast ebenso beliebt wie Kaffee *(Kofi)* und wird u. a. vom Sylter Teekontor in vielen Sorten angeboten. Kaffee kam laut Henning →Rinken 1742 auf die Insel, als der Tinnumer Landvogt ihn als Geschenk erhalten hatte.

Haddinga 1977, Köster-Lösche/Lösche 1989, Meier o. J., Rinken 1992.

Teepunsch ist ein heißes Getränk aus dünnem Tee, viel Kümmelschnaps (Köm) und bei Bedarf Zucker. Der aus kleinen Tässchen getrunkene Teepunsch gilt als „Nationalgetränk" Nordfrieslands und ist auch auf Sylter Speisekarten zu finden. Als „Teepunschgrenze" wird heute noch das Flüsschen Arlau südlich von Bredstedt bezeichnet. Nördlich der Arlau gibt man „Geele Köm" (Gelben Köm), südlich des

Claus Tegtmeier: „Morsum-Kliff – sandverweht" 1988, Öl auf Leinwand, 74 x 104 cm, Nordfriesisches Museum Husum

Flusses „Witte Köm" (Weißen Köm) in den Tee.

Köster-Lösche/Lösche 1989, Meier o. J.

Teft Sylterfriesischer Flur- und Straßenname in Archsum. *Teft* bezeichnet eine „Koppel beim Haus".

Möller 1916.

Tegtmeier, Claus * 23.7.1946 Hamburg, Maler. Tegtmeier studierte in Hamburg, richtete sich 1977 ein Atelier in Blankenese und 1981 einen weiteren Wohn- und Arbeitssitz in Kampen ein. Seitdem setzte er sich immer wieder künstlerisch mit dem →Morsum-Kliff auseinander. 1991-94 entstand sein Werkzyklus „Morsum Kliff auf Sylt" mit Ölbildern, Zeichnungen und Objekten. Als Besonderheit verwendete er Erde vom Kliff in seinen Bildern, um die dynamisch-tektonischen Prozesse bei seiner Entstehung erfahrbar zu machen.

Tegtmeier 1994.

Die Betonklötze sollten eigentlich Sandverluste am Strand verhindern. Deutlich ist jedoch ein Materialverlust hinter den Tetrapoden festzustellen. (Foto: Volker Frenzel)

Telefon Bereits 1897, Jahre vor allen anderen Nordseeinseln, erhielt Sylt ein Fernsprechkabel. Man verdankte dies wohl der Leidenschaft von Generalpostmeister Heinrich von →Stephan für die Insel. 1901 gab es 51 Anschlüsse in Westerland.

Simon 1980.

Tenne →„Whiskystraße"

Tennis Das Tennisspiel wurde im 18. Jahrhundert in England erfunden und entwickelte sich zum beliebten Sommersport der gesellschaftlichen Oberschicht. Durch Kurgäste gelangte es in die Nordseebäder, so auch nach Sylt. 1892 veröffentlichte der Westerländer Seebadedirektor die Regeln des Spiels. Der Rasenplatz lag in der Nähe des Kurhauses beim Inselbahnhof, wo 1901 das erste Turnier ausgetragen wurde. 1907 entstand eine neue Tennisanlage beim Südbahnhof, in der heutigen Käpt'n-Christiansen-Straße. 1924 gewann der 16-jährige, spätere Wimbledon-Finalist Gottfried von Cramm die Sylter Tennismeisterschaft. Zu den prominenten Tennisspielern auf Sylt zählten beispielsweise Hans →Albers, Max →Schmeling oder der Schauspieler Harry Piel. 1939 wurde der Tennisclub Westerland gegründet. Er unterhält eine Anlage mit zehn Außenplätzen und drei Hallenplätzen am Seedeich. Auch die Weltelite trug mehrere Male Turniere auf diesen Plätzen aus. Das deutsche Tennisidol Boris Becker war 2002 Teilnehmer eines Prominentenwettbewerbs.

Wedemeyer 1991a.

Tērpstig Sylterfriesischer Flur- und Straßenname in Braderup und Morsum. *Tērp-stig* bzw. *Tērp-wai* heißt „Dorfstraße", „Dorfweg".

Möller 1916.

Tērpwai →Tērpstig

Tetrapoden sind rund sechs Tonnen schwere, vierbeinige Betonklötze, die einst in Grenoble zur Befestigung der Hafenmole von Casablanca/Marokko entwickelt wurden. In den 1960er Jahren versuchte der →Küstenschutz auf Sylt, die →Landverluste vor Hörnum und Westerland mit solchen Betonkonstruktionen einzudämmen. Der Erfolg war äußerst unbefriedigend. Auf der Lee-Seite verstärkte sich der Sandabbau sogar um ein Vielfaches. Bei schweren Sturmfluten, wie z. B. 1981, wurden die Kolosse trotz ihrer Masse unterspült und versetzt. Darüber hinaus verunstalteten sie den attraktiven Sandstrand. Insgesamt wurden auf Sylt über 12 000 Tetrapoden verlegt.

Koehn 1974, Krämer 1986, Newig 1996b u. 2002.

Schriftzug über der Haustür von „Haus Bundis" (Foto: Harry Kunz)

Teunis Die Sylter Walfänger- und Seefahrerfamilie Teunis stammt ursprünglich von der Nachbarinsel Röm. Der Stammvater der Sylter Dynastie, →Kommandeur Hans Hansen Teunis, siedelte etwa in der Mitte des 18. Jahrhunderts nach Sylt über. Sein Sohn Hans Hansen →Teunis „de jonge" begleitete ihn bereits als Neunjähriger beim Walfang. Aus seiner Nachkommenschaft gingen viele Walfangkommandeure und Kapitäne auf Handelsschiffen hervor. Bis heute ist der Name auf See zu finden. Hans „de jonge" zog um 1771 in das Commandeur-Teunis-Haus, heute „Haus Bundis", in Wenningstedt, das immer in Familienbesitz geblieben ist. Jens Peter Bundis (1869-1957), ein Nachfahre, formte es zum Gästehaus um. 1923 musste er zusehen, wie sein Haus bis auf die Grundmauern niederbrannte. Es wurde rekonstruiert. Original erhalten ist nur ein Flügel der prachtvollen und oft kopierten Eingangstür, angefertigt von einem Schiffszimmermann.

v. Bremen 2000, Quedens 1982 u. 1996.

Teunis, Edward * 3.2.1841 Wenningstedt, † 30.1.1896 Keitum, Kapitän. Teunis rettete in der Weihnachtsnacht 1882 vierzehn schiffbrüchige Chinesen aus dem Gelben Meer. Er war mit seinem Segelschiff *Hilda Maria* auf dem Weg von Amoy nach Tientsin. Als Dank und Anerkennung erhielt der Kapitän später eine hölzerne Gedenktafel. Sie befindet sich im Geburtshaus von Uwe Jens →Lornsen in Keitum.

Sylter Archiv.

Die hölzerne Gedenktafel für Edward Teunis ist 150 x 60 cm groß. Die Buchstaben sind vergoldet. In China haben solche Tafeln die Bedeutung eines Hausaltars. (Sylter Archiv)

Teunis, Hans Hansen (de jonge) * 9.10. 1746 Röm, † 9.7.1803 Altona, Kommandeur. Sein Vater, der ebenfalls Hans Hansen Teunis

Edward Teunis (Sylter Archiv)

Der Text auf der Ehrentafel für Edward Teunis stammt vom Direktor der Seezollbehörde in Chefoo und lautet in deutscher Übersetzung:

Sein großherziger Edelmut
soll uns Vorbild sein.
Das Kauffahrteischiff Shuang Tai Shun aus Chin Chu segelte mit einer Ladung Bohnen nach Süden. Auf dem Meer geriet es in einen Sturm, der den Mast knickte und das Steuerruder zerbrach. Das Schiff war dem Versinken nahe und wurde mit seinen 14 Personen, die nichts zu essen hatten, drei Tage und Nächte lang von den Wellen hin und her geworfen. Da begegnete ihm die deutsche Bark *Hilda Maria* unter Kapitän Teunis. Dieser rettete die Leute aus der Gefahr, nahm sie an Bord und brachte sie nach Chefoo. Hier habe ich die in Not geratenen Handelsleute mit allem Nötigen versorgt und in ihre Heimat zurückgeschickt. Oft habe ich seither der edlen Tat des Kapitäns Teunis gedenken müssen. Es war, wie die Alten sagten, eine Freundschaft so fest wie Gold und (Edel)stein, hochherziger Edelmut, der bis zu den Wolken und zum Himmel reicht. Jetzt sind China und das Ausland nur ein Land und feste Bande umschlingen die Völker. Solch Edelmut und solch barmherziger Sinn, wie Kapitän Teunis ihn bewiesen hat, findet bei Hoch und Niedrig die höchste Anerkennung. Aus dankbarer Gesinnung schrieb ich diese Zeilen.

hieß, siedelte im 18. Jahrhundert von Röm nach Sylt über und begründete hier ein großes Walfänger- und Seefahrergeschlecht. Er befehligte zwischen 1742 und 1766 die Walfang- und Robbenschiffe *Juffrouw Maria & Sara*, *Juffrouw Maria* und *Juffrouw Anna Maria*. Hans (de jonge) war verheiratet mit Margarethe Jürgens (1746-1785) von List und zog mit ihr 1771 nach Wenningstedt in das heutige „Haus Bundis". Der Ehe entstammen sechs Kinder, darunter die Kapitäne Teunis Hans →Teunis und Jürgen Hans →Teunis. Ein →Grabstein auf dem Keitumer Friedhof erzählt, dass Kommodore Teunis bereits als neunjähriger Knabe „zur Grönländischen-Seefahrt angeführt, worauf er 47 Reisen, davon 37 als Commandeur und die mehresten mit glücklichem Erfolg gethan". Er befehligte das von seinem Vater übernommene Walfangschiff *Juffrouw Anna Maria* und erlegte insgesamt 115 Wale und knapp 48 000 Robben im Eismeer.

Bechthold 1996, v. Bremen 2000, Dannenberg 1993, Quedens 1982 u. 1996.

„Haus Bundis" des Kommandeurs Hans Hansen Teunis am Wenningstedter Dorfteich, um 1900. Es brannte 1923 ab. (Sylter Archiv)

Teunis, Jacob Jürgen * 3.11.1813 Wenningstedt, † 17.11.1864 Wenningstedt, Kapitän und Reeder. Der Sohn von Kapitän Jürgen Hans →Teunis kommandierte 1845-49 die →Brigg *Manon* der Altonaer Reederei Degetau. 1850 erwarb er das Schiff und fuhr nun als Eigner und Kapitän nach Rio de Janeiro, in die Karibik und nach New York. 1851/52 kommandierte sein Schwager P. A. →Jansen das Schiff. 1853 wurde es nach Norwegen verkauft. Anschließend stand Teunis für zwei Jahre im Dienst der Hamburger Reederei Eggers, deren Vollschiff *Imperieuse* er nach Australien führte. 1854 kehrte er nach Sylt zurück.

Bremen 2000, Quedens 1982.

Teunis, Jürgen Hans * 3.6.1780 List, † 4.2. 1825 auf See, Kapitän. Der Sohn von Hans Hansen →Teunis wurde 1822 Kapitän des Handelsschiffes *Die Wachsamkeit* der Reederei Dreyer in Altona. 1823 übernahm er die →Brigg *Maria Elisabeth* zu Fahrten ins Mittelmeer. Ab 1824 fuhr er auf dem kleinen →Schoner *Christiane Kristine* der Reederei Dadelssen in Altona zu den englischen Häfen Hull und London. Im Februar 1825 verunglückte das Schiff vor der Elbemündung in jenem furchtbaren Sturm, der auf den Halligen 74 Menschenleben forderte. Seine Söhne Diedrich Jürgen Teunis (* 1806, † unbekannt in Altona), Hans Hansen Teunis (1783-1826) und Jacob Jürgen →Teunis fuhren ebenfalls zur See.

v. Bremen 2000, Quedens 1982 u. 1996.

Teunis, Teunis Hansen * 21.9.1778 List, † 12.8.1819 auf See, Kommandeur. 1817-19 war der Sohn von Hans Hansen →Teunis Kommandeur des Altonaer Walfangschiffes *Geheimer Conferenzrath von Blücher*. Unter der über 50-köpfigen Besatzung befanden sich seine Söhne Paul (1799-1840), Hans (1803-1879) und Boy (1805-1835) sowie sein Bruder Hans Teunis (1783-1826) als Steuermann. Teunis Hansen starb 1819 auf der Rückreise von Grönland. Sein Sohn Paul ist als Steuermann auf See verschollen und wurde 1840 für tot erklärt. Sohn Boy verunglückte als Kapitän eines Schiffes auf der Reise von Marseille nach New York.

Bechthold 1996, Quedens 1982.

Thacken, Marren →Hexen

Thalassotherapie →Meeresheilkunde

Theater *(Komeedi)* Im Alten Kursaal in Westerland werden verschiedene kulturelle Auf-

Die Sylter Heimatbühne gibt „Die drei Dorfklugen", um 1930. (Sylter Archiv)

führungen angeboten. Das Spektrum reicht von Operetten über Ballett, Musicals und Tanzshows bis zum norddeutschen Volkstheater. Im →Friesen-Saal von Keitum gibt es Theater in plattdeutscher und friesischer Sprache. Die beiden Sylter Theater-Abonnements enthalten auch Aufführungen des Schleswig-Holsteinischen Landestheaters.

Theeknob Auf dieser →Sandbank südwestlich vor Hörnum bringen viele Seehunde ihre Jungen zur Welt. Deshalb sind hier auch mehr Robben zu beobachten als anderswo im Wattenmeer, zeitweise bis zu 600 Tiere.

Ein Cap-Hornier: Kapitän Carl Thiesen (Sylter Archiv)

Thiesen, Carl * 4.9.1894 Westerland, † 14. 11.1975 Mölln, Kapitän. Thiesen entstammte einer alten Sylter Kapitänsfamilie. Sein Vater kommandierte u. a. einen Mississippi-Raddampfer, sein Großvater Jens Dirck →Thiesen war Segelschiffkapitän. Thiesen war Mitglied der Cap-Hornier-Bruderschaft. Dazu musste er mindestens eine Fahrt um Kap Hoorn, die Südspitze Amerikas, gemacht haben. 1933-36 gehörte er dem Vorstand der Sylter Kreditbank an, der späteren Volksbank Sylt. Mit Arbeiten über Sylt machte Thiesen sich als Heimatforscher einen Namen. Wenige Wochen vor der geplanten Verleihung des →C.-P.-Hansen-Preises verstarb der Kapitän in seiner Wahlheimat an den Folgen eines Verkehrsunfalls. Sein Nachlass befindet sich im Sylter Archiv.
Sylter Archiv.

Jens Dirck Thiesen, ein nicht unvermögender Kapitän im Ruhestand (Sylter Archiv)

Thiesen, Jens Dirck * 23.7.1820 Westerland, † 13.4.1900 Westerland, Kapitän. Thiesen erwarb 1847 sein Steuermannspatent. Ab 1854 führte er als Kapitän für die Hamburger Reederei Eggers die →Bark *Cid* nach Melbourne, Rio de Janeiro, Venezuela und Hongkong. 1860 erhielt er das Kommando auf der Fregatte *Semiramis*, mit der er auf der Rückreise von Bombay bei Mauritius strandete; das Schiff musste er verkaufen. Thiesen hatte sich mit einem stattlichen Vermögen auf Sylt zur Ruhe gesetzt, als er 1863 im Sturm bei Hörnum Überreste seiner alten *Cid* erkannte. Sie war bei der Einfahrt in die Elbe verunglückt.
Quedens 1982, Schmidt-Rodenäs 1981.

Thiessen, Boy →Göring, Hermann

Thing →Ding

Thinghügel *(Tinghooger)* Eine Gruppe von →Grabhügeln nördlich von Tinnum galt lange als Sitzungsort des →Dinggerichts. Dafür gibt es jedoch keinen Nachweis. Die Hügel trugen ihren Namen wohl eher deswegen, weil der Weg von den Norddörfern zum Gerichtsort Keitum dort vorbeiführte. Ein Teil der Thinghügel wurde 1939 beim Bau des Flugplatzes eingeebnet.

Gustav →Schönleber: „Die Thinghügel westlich Tinnum", Zeichnung (Schmidt-Eppendorf 1977)

Zu besichtigen ist der bei Keitum rekonstruierte →Tipkenhoog.
Reinhardt 1998.

Thomsen, Asmus Friedrich * 26.8.1823 Flensburg, † 28.4.1887 Keitum, Pastor. Thomsen studierte auf Veranlassung seines Vaters, der Lehrer war, Mathematik und Philosophie. Sein Interesse galt jedoch dem Predigeramt. Er bildete sich autodidaktisch fort und legte 1853 sein theologisches Examen in Flensburg ab. 1864 wurde er als Pastor in Keitum eingesetzt. Zeitweise verwaltete er auch das Pfarramt in Westerland. 1885 gründete er einen Handwerkerverein, einen Hausfleißverein und eine Handfertigkeitsschule. Zusammen mit dem Kirchenvorstand fasste er den Entschluss, Selbstmörder so zu beerdigen wie andere Tote auch.
Dannenberg 1987, Janus 1998.

Tide →Gezeiten

Tidebecken nennt man die Wassereinzugsgebiete der Gezeitenströme. Es gibt im nordfriesischen Wattenmeer fünf große Tidebecken, die durch das →Lister und das →Hörnumer Tief sowie die Norderaue, die Süderaue und die Heverströme gespeist werden. Die drei kleineren Becken sind das Hoogeloch westlich der Hallig Hooge, das Rummelloch-West vor der Insel Pellworm und die Tümlauer Bucht vor Eiderstedt. Seewärts beginnt ein Tidebecken mit einem →Seegat, das sich landwärts in Wattströme und →Priele verzweigt, die vom Ebbwasser geformt werden. Mit zunehmender Entfernung vom Seegat nimmt in Küstennähe die Strömungsgeschwindigkeit des Wassers ab, Sedimente werden abgelagert, der →Schlick wird dicker. Mit jeder Tide strömen rund 1,1 Milliarden Kubikmeter Wasser in das Lister und etwa 1,4 Milliarden Kubikmeter in das Hörnumer Becken. Werden die Tidebecken durch menschliche Eingriffe, z. B. durch Eindeichungen und Dämme, beeinflusst und verkleinert, bleibt dies nicht ohne Folgen. Die Strömungsverhältnisse in den Wattströmen ändern sich und die →Sedimente werden an anderen Stellen abgelagert.
Matthiesen 2001, Nordfriisk Instituut.

Clara Tiedemann (Sylter Archiv)

Tidehochwasser (Thw) nennt man den Hochwasserstand im Verlauf einer normalen Tide (→Gezeiten). Er ist von →Pegel zu Pegel unterschiedlich, weil der →Tidenhub in der Nordsee von Süd nach Nord abnimmt.
Petersen/Rohde 1991.

Tidenhub bedeutet die Höhendifferenz zwischen dem Hochwasserstand am Ende der →Flut und dem Stand des Niedrigwassers bei beendeter →Ebbe. Er beträgt an der deutschen Nordseeküste durchschnittlich zwischen zweieinhalb und dreieinhalb Meter und nimmt von Süden nach Norden ab. Im Süden Nordfrieslands, am Eidersperrwerk, ist er mit rund drei Metern noch durchschnittlich doppelt so groß wie im Norden mit rund 1,8 Metern bei List auf Sylt. Bei einer →Nippflut ist der Tidenhub geringer, bei einer →Springflut stärker ausgeprägt als normal. Der höchste europäische Tidenhub wird mit über elf Metern in der Bucht von Saint Malo an der Nordküste der Bretagne registriert. Den größten Tidenhub der Welt findet man mit 14 Metern in der kanadischen Bay of Fundy an der Ostküste Nordamerikas.
Alshuth 1996, Jensen 1998.

Tideniedrigwasser (Tnw) nennt man den tiefsten Wasserstand im Verlauf einer normalen Tide (→Gezeiten). Nach Norden hin nimmt der →Tidenhub in der Nordsee allmählich ab. Dies hat zur Folge, dass bei Ebbe das Wasser nicht so tief fällt.
Petersen/Rohde 1991.

Tiedemann, Clara * 13.6.1891 Flensburg, † 19.11.1979 Stuttgart, Schauspielerin. Die Gattin des glücklosen Meldorfer Verlagsbuchhändlers Jürgen Heinrich Tiedemann (1884-1928) war ab 1925 Chefin von Haus →Kliffende, dem Gästehaus und Treffpunkt der →Prominenz aus Wirtschaft, Kultur und Politik. Ihr Rufname unter Eingeweihten lautete Klaus. Ein Zimmer erhielt nur, wer von einem Stammkunden eingeführt worden war. „Wenn ihr jemand nicht passte, schickte sie die Serviererin mit dem Kursbuch an den Tisch", erinnerte sich der Sohn des Schriftstellers und Theaterintendanten Felix Hollaender. Zu den berühmtesten Gästen zählten der Schriftsteller Thomas →Mann, der Maler Emil →Nolde, der Dirigent Erich →Kleiber und der Verleger Ernst →Rowohlt, aber auch NS-Generalfeldmarschall Hermann →Göring. 1955 ging Clara Tiedemann in den „Ruhestand" nach Stuttgart. Sie lebte dort als Schriftstellerin bis zu ihrem Tod 1979 und wurde auf dem Friedhof in Keitum beigesetzt.

Rost 1996, Tiedemann 1985, Wedemeyer 1986.

Tief *(Diip)* Bestimmte Wattströme führen in Form einer tiefen Rinne auch bei Ebbe noch genügend Wasser, um die Schifffahrt zu ermöglichen. Man nennt sie Tief. Die Fahrrinnen zu den Sylter Häfen bilden von Süd nach Nord das →Vortrapptief, das →Hörnumtief, das →Eidumtief (Rantum), das →Pandertief (Munkmarsch) und das →Lister Tief.

Tierheim Das Sylter Tierheim mit der angeschlossenen Seevogelrettungs- und -auswilderungsstation liegt in einem Wäldchen zwischen Tinnum und Keitum. Träger der seit 1985 bestehenden Anlage ist der Deutsche Tierschutzbund, die Hege und Pflege der Tiere obliegt dem Tierschutzverein Sylt. Vorsitzender war 1987-2002 der Bildhauer Anatol →Buchholtz. Sein Nachfolger wurde der Bürgervorsteher von Sylt-Ost, Peter M. Wedell. Im Tierheim leben stets zwischen 100 und 150 Tiere, wovon etwa die Hälfte →Wildtiere sind. Diesen steht u. a. ein rund 9,7 Hektar großes Gelände mit mehreren Teichen zur Verfügung. Als Folge der →Meeresverschmutzung werden immer wieder verölte Seevögel eingeliefert. Sie werden in der Station gesäubert, gepflegt und wieder in die Freiheit entlassen. Für →Seehunde und →Heuler ist das Tierheim nicht zuständig. Sie werden durch die ehrenamtlichen Seehundjäger versorgt und bei Bedarf in die Seehundstation Friedrichskoog in Dithmarschen abgegeben.

Nordfriisk Instituut.

Tiideringhooger *(tiiðeri* = tüdern, festbinden; *ing* = Wiese; *tiiðering* = Weide zum Tüdern) Die →Grabhügel aus der Bronzezeit liegen östlich der Norddörfer-Schule in Kampen. Ein von dem Kulturhistoriker und Schriftsteller Gustav Freytag (1816-1895) geöffnetes Grab steht unter Denkmalschutz. Freytag musste sich 1868 gegen die Vorwürfe „Schatzgräber" und „Haifisch" wehren und belegte sein wissenschaftliches Interesse und fachkundiges Vorgehen durch eine ausführliche Schilderung seiner Tätigkeiten bei der Öffnung eines „bereits durchwühlten Grabhügels".

Janus 1998, Möller 1916.

Tinnum *(Tinem)* Das Dorf gehört seit 1970 zur Gemeinde →Sylt-Ost im →Amt Landschaft Sylt. Tinnum liegt rund vier Kilometer südöstlich vom Stadtzentrum Westerlands. Auf einer Fläche von 751 Hektar leben rund 2 500 Einwohner (2002).

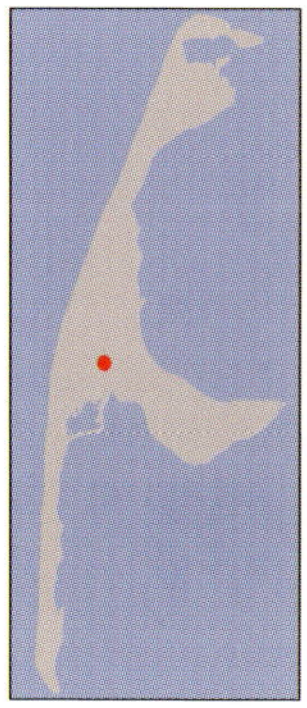

Tinnum

Die Bedeutung des Ortsnamens ist unklar. Vermutlich geht er auf das altfriesische Wort *têninge* (Einzäunung) zurück. Auch die Deutung „Heim des Tinne" ist möglich. Erste Erwähnung fand „*Tynnum*" 1462 im Zinsbuch des Bischofs von Schleswig. In den Marschwiesen liegt eine Ringwallanlage aus der Zeit um Christi Geburt, die →Tinnumburg. Im Norden soll nach unbelegter Überlieferung bei den →Thinghügeln einst Gericht gehalten worden sein. 1613 zählte man 34 Landbesitzer. 1642 brachen von hier die Brüder Tam und Bunde →Petersen als erste Sylter →Kommandeure zum →Walfang auf. Die erste →Landvogtei wurde 1649 erbaut; bis 1868 blieb Tinnum Sitz des Landvogts. 1659 öffnete *Hans Skuulmaister* seine Privatschule. 1695 wurden 55 abgabenpflichtige Häuser gezählt, darunter die gerade erbaute Westermühle. 1770 hatte die Gemeinde 88 Häuser, nach der großen Sturmflut von 1825 noch 72 mit 252 Einwohnern. 1837 erhielt Tinnum das Inselgefängnis, und bis 1904 war auch das Sylter Amtsgericht im Ort, bevor es nach Westerland wechselte. 1838 zog die →Navigationsschule von Hans Peter Köster nach Tinnum. Von 1870 bis etwa 1920 existierte eine Kratzmühle zur Verarbeitung von Schafwolle. Eine Zählung von 1890 erbrachte 347 Einwohner in 72 Häusern. 1904 erhielt der Ort ein mehrgeschossiges Schulhaus, das im

Dorfpartie von Tinnum, um 1950 (Sylter Archiv, Foto: Pförtner)

Volksmund als „Tinnumer Hochschule" bezeichnet wurde. Ab 1925 lieferte Westerland elektrischen Strom. Beim Bau des Hindenburgdamms entstand 1926 die →Mörderkuhle. Von 1927 bis in die 1930er Jahre besaß Tinnum einen Bahnhof an der Eisenbahnstrecke nach Westerland. Die Nähe zur Stadt und die Lage an der Durchgangsstraße nach Keitum sowie an der Bahnstrecke wirkten sich vor allem nach dem Zweiten Weltkrieg negativ auf das Ortsbild aus. Es entstanden viele Gewerbebetriebe und Lagerhallen in dem Luftkurort, wie Tinnum sich seit 1960 nennen darf. Im Süden und Osten sind aber einige →utlandfriesische Häuser erhalten. Wegen der etwas günstigeren →Immobilienpreise und der Nähe zu Westerland ist Tinnum ein beliebter Wohnort. In der →Meierei wurde bis zu ihrer Schließung 1996 die Milch von rund 500 Sylter Kühen aufbereitet. Ein Tier- und Vogelpark zeigt seit 1963 etwa 300 Tierarten, darunter auch Affen, Kängurus und Strauße. Die Seevogelrettungs- und -auswilderungsstation befindet sich im Sylter →Tierheim. In der Dirksstraße steht das Geburtshaus des bekannten Malers Andreas →Dirks.

Bechthold 1996, Laur 1992, Leonhardt 1980, Quedens 2000b, Rinken 1992, Schmidt 1937, Schmidt-Petersen 1974.

Tinnumburg *(Tinemborig)* In den Tinnumer Marschwiesen liegt eine kreisförmige Wallanlage. Sie wurde auf der ältesten Kleischicht der Sylter Südermarsch errichtet. Unter dem heute sichtbaren Erdwerk kamen Befunde und Funde aus der Zeit um Christi Geburt zum Vorschein, die eine älteste Anlage analog zur →Archsumburg nahe legen. Vermutlich handelte es sich um eine Kultstätte für Opferrituale. Nach einer jahrhundertelangen Phase ohne neue Besiedlungsspuren entstand der jetzt vorhandene Wall in einer frühgeschichtlichen Periode. Eine wikingerzeitliche Bebauung des Innenraumes gilt als gesichert. Eine Ausgrabung im Jahre 1976 unter Leitung des Archäologen Ole →Harck erbrachte Hinweise auf einfache Sodenhäuser und Herdstellen aus frühgeschichtlicher Zeit. Der heute sichtbare Wall hat eine Höhe von etwa acht Metern und eine Breite von 20 Metern. Der Wallkörper wurde immer wieder verändert. In der Mitte des 18. Jahrhunderts ließ der damalige Landvogt Matthias Matthießen die Burg „ausgraben" und den Wall von Süden her durchstechen. Im 19. Jahrhundert nutzten Bauern das Burgzentrum als Viehtränke, bis Landvogt Schwen Hans →Jensen dies unterband, weil er die Erde auf die Wiesen fahren wollte. Durch die Anlage von Schützengräben wurde im Zeiten Weltkrieg die Wallkrone teilweise zerstört, später aber wieder rekonstruiert.

120 Meter ist der Durchmesser des Tinnumer Ringwalls. (Foto: Uwe Sönnichsen)

Engler 1993, Harck 1990, Reichstein 1996, Segschneider 2000.

Tipkenhoog heißt der vielleicht schönste bronzezeitliche →Grabhügel auf dem Grünen Kliff von Keitum. Der Hügel ist nach dem sagenhaften →Riesen *Tipken* benannt. Der soll nach C. P. →Hansen im Kampf mit dänischen Eindringlingen gefallen und unter dem Tipkenhoog beigesetzt worden sein. Forschungsgrabungen durch Heinrich Handelmann brachten 1870 „nicht das geringste Produkt menschlichen Kunstfleißes" hervor. Im Zweiten Weltkrieg richtete die Marineflak einen Beobachtungsposten auf dem Grabhügel ein, wodurch das Gebiet in Mitleidenschaft gezogen wurde. 1982 wurden Trittspuren beseitigt. Wegen seiner Größe und Lage wurde hier lange Zeit eine der neun Sylter →Biiken entzündet. Dies geschieht heute in einiger Entfernung, damit der Hügel keinen Schaden nimmt.

Handelmann 1873, Kersten/La Baume 1958, Reichstein (Exkursion).

Toft →Agrarverfassung

Tondern Nach der Stadt in Nordschleswig wurde das Amt Tondern benannt, zu dem die →Landschaft Sylt bis 1864 gehörte. In preußischer Zeit gelangte ganz Sylt 1867 zum Kreis Tondern, der bei der →Volksabstimmung 1920 geteilt wurde. Die Insel verblieb beim Kreis →Südtondern, der 1970 im →Kreis Nordfriesland aufging.

Steensen 1996a.

Topographie Sylt ist mit einer Fläche von etwa 99 Quadratkilometern die größte deutsche Nordseeinsel und nach Rügen, Usedom und Fehmarn die viertgrößte Insel Deutschlands. Sie liegt etwa 20 Kilometer westlich des deutschen und dänischen Festlands, der Ostzipfel bei Nösse reicht jedoch bis auf acht Kilometer Luftlinie an den Friedrich-Wilhelm-Lübke-Koog heran. Geographisch liegt die Insel auf dem 55. Breitengrad und damit auf der Höhe von Königsberg, Labrador, Alaska oder Sibirien. In Nord-Süd-Richtung befindet sich Sylt auf einer Linie mit den Mittelmeerinseln Korsika und Sardinien. Die Nord-Süd-Ausdehnung der Insel beträgt 38,5 Kilometer, von West nach Ost werden zwischen 12,6 Kilometer (Westerland-Morsum) und nur 350 Meter an der schmalsten Stelle zwischen Rantum und Hörnum erreicht. Der Umfang Sylts beträgt 107 Kilometer. Die höchste natürliche Erhebung ist die →Uwe-Düne westlich von Kampen mit 52,5 Metern über →Normal Null. Der höchste Punkt der →Geest liegt mit 27 Metern über NN ebenfalls bei Kampen. Darauf steht der →Leuchtturm „Rotes Kliff", der mit einer Gesamthöhe von 65,2 Metern die Dünenkette überragt. Steil fallen die Küstengebiete bei den vier Sylter →Kliffen ab.

Die →Sturmflut von 1362 brachte auch im Sylter Gebiet schwere →Landverluste. Vom späten 14. Jahrhundert an formte sich die unverkennbare, langgestreckte Gestalt, wie man sie heute kennt, heraus. Zu etwa 33 Prozent ist die Insel mit →Dünen bedeckt, der Rest besteht je etwa zur Hälfte aus Geest und →Marsch. Die Geest ist überwiegend mit →Heide bewachsen, in der Marsch liegen die landwirtschaftlich nutzbaren Äcker und Weiden. Das Zentrum Sylts bilden drei durch Sandflug zusammengewachsene Geestkerne, die in etwa das Dreieck Kampen-Westerland-Morsum bezeichnen. Südlich davon und zwischen Morsum und Keitum liegt das Sylter Marschgebiet mit dem →Nössekoog. Typisch für die Insel sind die kilometerlangen Dünenketten, die sich auf den →Nehrungen von Hörnum bis List erstrecken. Über das gesamte Westufer der Insel breitet sich ein rund 39 Kilometer langer ununterbrochener →Strand aus feinem Sand aus. Die hier tobende →Brandung führt in Verbindung mit dem scharfen Westwind zu andauernden Landschaftsveränderungen. Der Küstenstreifen brach und bricht immer wieder ab, wird weggeschwemmt und an anderer Stelle wie z. B. am →Ellenbogen wieder abgelagert. Einige Siedlungen wurden in der Vergangenheit von der Nordsee vernichtet, andere vom Dünensand bedeckt. Sie mussten mehrfach nach Osten verlegt werden wie z. B. Rantum, Wenningstedt oder List. Die Dörfer →Eidum, →Stedum und Stinum waren auf Dauer nicht zu retten. Heute ist der →Küstenschutz bemüht, durch regelmäßige →Sandaufspülungen den Sturmfluten Abbaumaterial zu bieten und das Meer von der besiedelten Küste fernzuhalten.

Hans Jessel 1996, Koehn 1939, Leonhardt 1980, Matthiesen 2001, Müller/Fischer 1938.

Tote Tante ist die Bezeichnung für eine heiße Schokolade mit Rum und Sahnehaube.

Tourismus →Fremdenverkehr

Trachten *(Drachten)* Über drei Jahrhunderte lässt sich das Trachtenwesen auf Sylt verfolgen. Die ältesten Überlieferungen stammen aus den landeskundlichen Schriften von Heinrich Rantzau aus dem Jahre 1597. Darin befinden sich Zeichnungen von Cornelius Hamsfort, die um 1575 entstanden sind. Sehr detailliert berichtete Henning →Rinken 1843 über die

Die Sylter Trachtengruppe auf dem Landestrachtenfest 1999 in Westerland (Foto: Söl'ring Foriining)

Brautkleid, etwa 18. Jahrhundert

Kommunionskleid, etwa 18. Jahrhundert

Nach Ankunft des Mannes von einer Seereise, etwa 18. Jahrhundert (Zeichnungen: Heinrich Rieter, Hoffmann 1940)

Trachten der Sylter Frauen und Christian →Jensen fügte 1891 seinem Bericht die Zeichnungen des Schweizers Heinrich Rieter (1751-1818) hinzu. Die Tracht war in dieser Zeit zwar verschiedenen Veränderungen unterworfen, blieb in ihrer Grundform jedoch bis in die Endphase um 1800 erhalten. In den erfolgreichen Jahren der Handelsschifffahrt (1775-1807) zog in vermögenden Familien eine „Kapitänsfrauentracht" ein. Manche Frau begleitete ihren Mann in die großen Hafenstädte und brachte die feineren Stoffe auf die Insel mit. Der zunehmende Wohlstand bedingte aber auch das Ende für die alten Trachten. Die Frauen schmückten sich jetzt zunehmend mit Gold. Die Anzahl der goldenen Knöpfe *(Döpken)* an der Kopfhaube *(Hüüv)* wuchs und mit ihnen die Kopfbedeckung, bis sie, über 20 Zentimeter hoch, nicht mehr tragbar war und ganz abgelegt wurde. 1820 trat wohl zum letzten Mal eine Frau mit *Hüüv* vor den Traualtar. Weitere wesentliche Teile der traditionellen Tracht wie z. B. das Überkleid *(Kaartel)* wurden nach und nach abgelegt, die Reste der städtischen Mode angepasst. Um 1850 war die traditionelle Kleidung aus dem öffentlichen Leben verschwunden. Die Maler Eugen →Bracht und Franz →Korwan-Katzenstein machten sich ab 1880 auf die Suche und lieferten ihre Funde an das „Museum für Deutsche Volkstrachten" in Berlin.

Auf Sylt gab es keine Familienstandstrachten, wohl aber festgelegte Kleiderregeln. Bei Begräbnissen und zum Abendmahl wurde das rote Kleid *(Ruar Kaartel)* angelegt. Zusätzlich mit vergoldeten Metallverzierungen auf den Ärmeln versehen, nannte man es *Smii.* Ebenfalls zum Abendmahl sowie am Sonntag nach der glücklichen Heimkehr des Gatten von See trug die Ehefrau das festliche bunte Kleid *(Broket Kaartel).* Dieses schmückte auch die Brautjungfern. Die Braut und die sie begleitenden älteren Frauen *(Ualerwüfen)* trugen das goldene Hochzeitsgewand *(Gulet Kaartel)*, das die Braut noch ein letztes Mal am Sonntag nach der Hochzeit anhatte. Danach wurde es weitergereicht. An normalen Sonntagen trugen die Sylter Frauen ein schwarzes Kleid *(Kardem)*, im Winter einen Pelzrock *(Siist).* In der Übergangszeit wurde unter dem Kleid der *Ülen-* oder *Lenensmok* angezogen, ein kragenloses Gewand aus weißem Wollstoff oder Leinen. An dem sichtbar getragenen Gürtelband war zu erkennen, dass sich der Ehemann auf der Insel aufhielt. Befand er sich auf See, trug die Frau das Band unter dem Kleid. Bei traurigen Anlässen wurde der Silberschmuck der Kopfhaube mit einem Tuch verdeckt.

Die heute wieder getragene Sylter Festtagstracht wurde einem 1974 von Manfred →Holst gefundenen Original nachgearbeitet. Für das *Broket Kaartel* werden 74 Streifen aus rotem, weißem und schwarzem Stoff zu Röllchen genäht, die man nach überlieferter Farbfolge senkrecht aneinandersetzt. Die bis zum Ellenbogen reichenden weiten Ärmel sind aus dickem rotem Wollstoff gefertigt, den Rücken bildet ein schwarzes Plissee. Früher wurde es hergestellt, indem man den Stoff in Falten legte, zusammennähte, kochte, im Backofen trocknete und anschließend die Fäden zog. Die Falten blieben dauerhaft erhalten.

Unter dem *Kaartel* trägt man den *Ülen-* oder *Lenensmok*, ein kragenloses Kleid aus weißem Wollstoff oder Leinen. Es wird ergänzt durch einen Einsteckkragen *(Kraagetsmok)* und Untersteckärmel *(Kraagetsliiven).* Mit einem *Skortelsbjen* (Gürtelband) aus rotem Flanell oder Wollstoff wird das Kleid körpernah gehalten.

Beine und Füße kleiden selbstgestrickte scharlachrote Wollstrümpfe *(Höösen)* und schwarze Schnallenschuhe aus Kalmusleder. Weißlederne, reich bestickte Stulpenhandschuhe *(Haansken)* schützen vor der Winterkälte. Ein sich nach unten verjüngender, hinten abgeflachter stumpfer Kegel aus Pappe, die mit schwarzem Samt bezogen wird, bildet die Kopfbedeckung *(Hüüv).* Sie ist zehn Zentimeter hoch. Die zehn kreisrunden *Döpken* werden am oberen Rand befestigt.

Die heutige Mädchentracht kann ihrem historischen Vorbild nur nachempfunden werden. Die Technik, den mehrere Meter langen roten Stoffstreifen kunstvoll zu einer Art eng anliegendem *Kaartel* zu wickeln, ist verloren gegangen. Erstmalig zur Konfirmation und später nur zum Abendmahl trugen die Mädchen ein Kopfband *(Haurbjen)*, das in Höhe und Größe der *Hüüv* entsprach. Es war rundherum mit einer dichten Reihe dünner, runder, vergoldeter Messingstückchen besetzt. Feierlichen Anlässen diente die niedrigere, schmucklose *Rön.* Ein ge-

webtes Haarband *(Hiirbjen)* aus hellrotem Wollstoff vervollständigte die Mädchenkleidung.
Männertrachten wurden weder überliefert noch neu kreiert, auch nicht bei der Entwicklung der Beiderwandtracht zur Einweihung des Hindenburgdamms 1927 oder beim Entwurf der Blauen Tracht 1929. Während die maßgeblich von dem Schauspieler Paul Lehmann geschaffene Beiderwandtracht sich nur kurze Zeit hielt, wurde die von Frauen aus den Norddörfern entwickelte Blaue Tracht mit Zustimmung der *Söl'ring Foriining* bis 1975 als „offizielle" Sylter Tracht getragen. In der im selben Jahr gegründeten Sylter Trachtengruppe sind alle Varianten gleichberechtigt vertreten. Man zählt heute etwa 30 *Broket Kaartel*, etwa 50 Mädchentrachten, drei Kapitänsfrauentrachten, rund 25 Blaue und drei Braune Trachten, die Kleidung der Blauen Tracht für die ältere Frau.
Trachten und Volkstanz pflegen außerdem die Kinder- und Jugendtrachtengruppe der *Söl'ring Foriining* und die Trachtengruppe der Hauptschule Sylt. Zu besonderen Anlässen sieht man vereinzelt auch nicht-organisierte Sylterinnen in ihren privaten Trachten.

Farenburg 2002, Grunsky 2000b, Hoffmann 1940, Jensen 1891, Koehn 1974, Möller 1916, Nordfriesischer Verein 1995, Rinken 1992, SHHB o. J.

Trauerenten →Vögel

Trecker (niederdeutsch: *trecken* = ziehen) heißt eine tückische Unterströmung, die zwischen dem Strand und einer vorgelagerten →Sandbank entstehen kann. Die Vertiefung dazwischen, die Laie oder →Lei, bildet die Rinne für das zurückfließende Wasser. Sie kann zum reißenden Strom werden, der auch geübte Schwimmer ins Meer hinauszieht. Die beste Rettung für Badende, die in einen Trecker geraten, besteht darin, seitlich aus der Strömung herauszuschwimmen oder sich die etwa hundert Meter mittreiben zu lassen, bis sich der Trecker von selbst auflöst. Auch →Buhnen sind bevorzugte Orte der Treckerbildung.

Frenzel/Deppe 1999.

Treibsel *(Teeki)* besteht aus den unterschiedlichsten Dingen, die vom Meer ans Ufer geworfen werden, z.B. Muschelschalen, Schneckengehäuse, Quallen, Seesterne, Krebse und Tang, aber auch Abfall und Müll. Extremfälle bilden die Kadaver von Robben und Walen. Das Treibgut wird am Strand und an den Böschungen der Deiche abgelagert und bildet dort den Treibselwall *(Drewali*; aus: *Dreft-Wali*), auch als Spül- oder Flutsaum bezeichnet. Aus der Lage eines solchen Walles können wertvolle Erkenntnisse für die Deichsicherheit gewonnen werden. Ein Fahrweg auf der schrägen Außenböschung eines Seedeiches dient der regelmäßigen Räumung und Abfuhr des Treibselgutes, damit es zu keiner Schädigung der Grasnarbe oder Beeinträchtigung der Deichsicherheit durch Maulwürfe und andere „Wühler" kommen kann. Der sandige Weststrand Sylts wird während der Badesaison täglich gereinigt. Dies bezahlt der Badegast u. a. mit seiner →Kurtaxe.

Nordfriisk Instituut.

Treskerstig Sylterfriesischer Flur- und Straßenname in Morsum und Tinnum. *Treskerstig* bezeichnet den „Weg am oder zum Drieschland". Dabei handelte es sich um Brachland, das bis zur nächsten Einsaat als Viehweide bzw. zur Heugewinnung diente.

Möller 1916.

Trinkwasser *(Feeskweeter)* Sylt versorgt sich selbst mit Trinkwasser, das sich in mehreren voneinander unabhängigen Linsen im Sylter Boden sammelt. Der Grundwasserspiegel schwankt saisonal und je nach Wetterlage. Überschüssiges Grundwasser fließt mit einer Geschwindigkeit von einem Meter pro anderthalb Tagen durch den sandigen Untergrund

Energieversorgung Sylt, um 1910 (von links): Wasser- und Kanalwerk mit Schornstein für Dampfmaschine, Wasserturm, Elektrizitätswerk (Sylter Archiv)

in die Nordsee ab. Auf einer Fläche von rund 18 Quadratkilometern schöpfen seit 1901 die Pumpen des Westerländer Wasserwerkes (→Energieversorgung) das Trinkwasser aus bis zu 90 Metern Tiefe. Ein Wasserturm sorgte ab 1905 für den Druckausgleich im Leitungsnetz. 1985 implodierte er wegen eines defekten Belüftungsventils und musste 1989 gesprengt werden. Die genehmigte jährliche Fördermenge von 2,6 Millionen Kubikmetern wird noch nicht erreicht. Seit zehn Jahren liegt der Wasserverbrauch nahezu konstant bei etwas über zwei Millionen Kubikmetern. Auf die Monate Juni bis September entfällt nahezu die Hälfte der Fördermenge. Die Gemeinden Kampen und Wenningstedt-Braderup besitzen ein eigenes Wasserwerk, das sie 1955 übernahmen. Erbaut wurde es in den 1930er Jahren von der Wehrmacht zur Versorgung ihrer Truppen. Sieben Pumpen fördern jährlich etwa 650 000 Kubikmeter Wasser, wobei der Verbrauch in einem Sommermonat mit rund 4 500 Kubikmetern auf das Fünf- bis Sechsfache ansteigt. Das Wasserwerk der Gemeinde List stammt von 1936. Es fördert rund 200 000 Kubikmeter Trinkwasser aus dem Dünengebiet.

Gemeinde Kampen 1994, Nordfriisk Instituut.

„Triton auf dem Hippokamen“ →Kurpromenade

Trocadero 1919 erwarben Maximilian Haggenmiller und seine Frau in der Westerländer Strandstraße ein Restaurant, das gemeinhin als „Bierküche“ bezeichnet wurde. Ein Jahr später eröffneten sie darin einen Nachtclub. Bei dreimaligem Smokingzwang pro Woche stieg das Lokal schnell zum Tanztreff der feineren Gesellschaft auf. Das „Troc“ bestand aus zwei ineinander gehenden Räumen. Im Durchgang vom kleineren schummrigen Saal in rotem Plüsch zum größeren Saal saß und spielte die Kapelle. Aus dem größeren Saal führten sechs Stufen von der Tanzfläche zur Bar empor. Zur Musik von Barnabas von Géczy (1897-1971), Teddy Stauffer (1909-1991), Helmut Zacharias (1920-2002) oder Caterina Valente (* 1931) tanzten u. a. Marlene →Dietrich, Josephine Baker (1906-1975), Hans →Albers, Axel →Springer, Max →Schmeling und der Chirurg Ferdinand Sauerbruch (1875-1951). Die Tanzfläche war in Quadrate aufgeteilt. Ab und zu brach plötzlich die Musik ab, und eine Zahl wurde angesagt. Die Tänzer im entsprechenden Quadrat erhielten dann eine Flasche Sekt. Das Trocadero war auch der Geburtsort des „Puszta-Foxes“, eines Modetanzes der 1930er Jahre. Er entstand in einer nächtlichen Laune aus der Kombination einer Csárdás-Melodie mit einem Foxtrott-Rhythmus. Nach dem Krieg stand →Karlchen hinter der Theke und beeindruckte mit seinem phänomenalen Namensgedächtnis und außerordentlichem Zeichentalent. 1950 fanden im Trocadero die Wahlen zur „Miss Schleswig-Holstein“ statt. Es gewann Susanne →Erichsen, die spätere erste „Miss Germany“. 1958 wurde das Lokal in ein →Kino umgewandelt, 1975 abgebrochen.

Rost 1996, Simon 1980, Sylter Archiv.

Mart. Betzou: „Solo im Trocadero“, Ölbild. Barnabas von Géczy spielt im Trocadero. (Sylter Archiv)

Trottellummen →Vögel

„Trutz, blanke Hans“ lauten Überschrift und Refrain eines Gedichts von Detlev von →Liliencron. Es handelt von Rungholt, der bei der großen →Sturmflut 1362 untergegangenen Warftensiedlung auf der Insel Strand. Seine Beschreibungen erinnern aber eher an das Leben und Treiben im dekadenten Rom. Im Refrain „Trutz, blanke Hans“ kommt die Überheblichkeit zum Ausdruck, mit der nicht nur die Rungholter Gott und den Naturgewalten entgegengetreten sein sollen. Der Chronist Anton →Heimreich berichtete 1662 auch von →Deichgrafen, die sich wegen der vermeintlichen Qualität ihrer Schutzwerke zu hochmütigen Äußerungen hinreißen ließen. Trotz oder trutz war eine Herausforderung an die Nordsee: „Versuch doch, gegen unseren Deich anzustürmen, du ärmlicher Geselle!“ Der Ausspruch wurde zu einem geflügelten Wort für Nordfriesland.

Pingel 1994.

Tuul ist die friesische Bezeichnung des Seetorfs. Die dunkelbraunen, glatten Stücke werden manchmal von der Brandung aufgewühlt und an den Strand geworfen. Die Torfschicht liegt seit einigen tausend Jahren unter Sand und Schlick vergraben. Sie stammt aus der Nacheiszeit, als Sylt ein Teil des Festlands war und Moore und Bruchwälder das Landschaftsbild bestimmten. Deshalb ist es auch möglich, in angeschwemmten Tuulstücken →Bernstein zu finden. Früher wurde *Tuul* zur →Salzgewinnung und als Brennmaterial verwendet. Der Chronist Henning →Rinken berichtete von einer sehr ergiebigen Tuulbank im Süden Westerlands. Sie verlief vom Weststrand unter den Dünen hindurch in südöstlicher Richtung bis nach Dagebüll auf dem Festland. Das Tuulstechen war eine äußerst schwere Arbeit. Zunächst mussten rund 50 Zentimeter Sand und eine etwa ebenso dicke Schicht →Klei ausgegraben werden. Darunter lag die Tuulschicht in unterschiedlicher Dicke. Der schwere, nasse Seetorf wurde von Männern ausgehoben, Frauen trugen ihn an den Strand. Nicht selten soll ihre Kleidung vor dem Bauch gefroren gewesen sein. In der Tuulbank wurden ganze Baumstämme gefunden, die einst in Nordost-Richtung umgefallen waren. Wurde die Torfschicht durchstochen, quoll Wasser hervor und zwang die Arbeiter zur Flucht aus dem Graben.

Kiesbauer 1994, Rinken 1992, Wedemeyer 1991a, Winger 1986.

Tweskdiiker Sylterfriesischer Flur- und Straßenname in Keitum. *Tewsk-diiker* heißt „zwischen den Wällen/Steinwällen".

Möller 1916.

Uasterhörn Sylterfriesischer Flurname in Keitum und Morsum. *Uaster-hörn* heißt „Ostecke".

Möller 1916.

Uasterjen Sylterfriesischer Flur- und Straßenname in Morsum. *Uaster-jen* heißt „Osterende" und ist ein Ortsteil von Morsum.

Möller 1916.

Uasterreeg Sylterfriesischer Flur- und Straßenname in Archsum. *Uaster-reeg* heißt „Osterreihe".

Möller 1916.

Über Hundert Jahre Alter Gasthof →Hundert Jahre Alter Gasthof

Haus Uhlenkamp (Avenarius-Festschrift)

Uhlenkamp nannte Ferdinand →Avenarius sein 1903 in Kampen in einem sehr eigenwilligen friesisch-schweizerischen Stil errichtetes Haus. Im ersten Stock hatte es einen umlaufenden Balkon, so dass man je nach Wetterlage den ganzen Tag in der Sonne arbeiten bzw. jederzeit dem Wind aus dem Weg gehen konnte. In das Dach hatte Architekt Ludwig Voigt eine von außen nicht sichtbare Wanne zum hüllenlosen Sonnenbaden eingelassen. Unter dem Einfluss von Avenarius entwickelte sich hier bis 1923 ein Kunst- und Kulturzentrum. Maler, Schriftsteller und Musiker, darunter Emil →Nolde, Wenzel →Hablik, Thomas →Mann, Carl →Zuckmayer und Max →Frisch, waren Besucher im Haus Uhlenkamp. Die 1953 gegründete Ferdinand-Avenarius-Gesellschaft konnte ihr Ziel, das Haus als Gedenkstätte zu erhalten, nicht erreichen. Der Hamburger Reeder Alfred C. Toepfer bot zwar eine hohe Summe für die Erhaltung des Hauses als künstlerische Begegnungsstätte. Er scheiterte an unerfüllbaren Forderungen der Gemeinde. Für die Umsetzung des Gebäudes in das Freilichtmuseum Kiel-Molfsee fehlte ein Sponsor. 1968 musste es einem Appartementkomplex weichen.

Spreckelsen 1996, Wedemeyer 1986.

Umweltbundesamt Bei seiner Gründung 1974 übernahm das Umweltbundesamt von der Deutschen Forschungsgemeinschaft (DFG) die Westerländer Messstation zur Luftuntersuchung. Auf Sylt kann bei den häufigen Nordwestwetterlagen nordatlantische und arktische Luft untersucht werden, die noch nicht mit Schadstoffen aus europäischen Quellen in Berührung gekommen ist. So zeigen Vergleiche, dass die Belastung unserer kontinentalen Luft mit Stickstoffoxiden, die vor allem vom Autoverkehr stammen, gleichbleibend hoch ist. Ein weiteres Thema ist die Konzentration des bo-

Uthörn

dennahen Ozons, das vor allem während des Sommersmogs Pflanzen, Tiere, Materialien und Menschen schädigen kann. 1999 wurde nach 35-jähriger „provisorischer" Unterbringung in einer Holzbaracke ein Neubau zwischen Westerland und Wenningstedt bezogen. Die örtliche Nähe zur Außenstation des →Instituts für Medizinische Klimatologie der Universität Kiel begünstigt die wissenschaftliche Zusammenarbeit auf den Gebieten Ozon und UV-Strahlung. Mit modernen Kommunikationsmitteln können sich Besucher über vielerlei Umweltprobleme und die Ideen und Grundsätze der Messstation informieren.

Adolphsen/Hundhausen 2000.

Umweltpreis 1988 stifteten der →Landschaftszweckverband, die →Bädergemeinschaft und die →Energieversorgung Sylt einen jährlichen Umweltpreis. Er wird jeweils am 5. Juni, dem Tag der Umwelt, überreicht. Preiswürdig sind u. a. Anregungen zur Müllvermeidung oder Mülltrennung, die Förderung von Bus- oder Fahrradnutzung, der Einsatz zum Schutz bedrohter Tiere, Pflanzen und Landschaften oder die Sauberhaltung und Reinigung der Ortschaften.

Sylter Archiv.

Unterirdische Die →*Önereersken*, wie sie sylterfriesisch heißen, waren sagenhafte →Zwerge, die alten Erzählungen zufolge in den Sylter Dünen gehaust haben sollen.

Üp de Hiir Sylterfriesischer Flur- und Straßenname in Braderup. *Üp di Hiið* heißt „auf der Heide".

Möller 1916.

Üp Klef Sylterfriesischer Flur- und Straßenname in Morsum. *Üp Klef* heißt „auf dem Kliff".

Möller 1916.

Uthlande →Utlande

Uthörn ist eine kleine Insel im →Königshafen, der als bedeutsames Nahrungs- und Rastgebiet für durchziehende Vögel gilt. Seit Anfang der 1960er Jahre steht sie unter Naturschutz. Hier befinden sich u. a. die Brutgebiete von →Eiderenten, →Brandgänsen, →Austernfischern und →Seeschwalben. Das Naturparadies darf nicht betreten werden.

Koch 1996b.

Üthörn Die kleine Ferienanlage befindet sich in den drei reetgedeckten Häusern eines 1936 auf dem →Ellenbogen erbauten Gehöfts. Bis 1959 diente es den Wissenschaftlern der Biologischen Anstalt Helgoland als Austernfischereianlage. Beim Umzug der BAH in die Nähe des Lister Hafens kaufte Peter Diedrichsen das Anwesen und baute es zum Hotel und Restaurant um. Der erste Gast soll 1960 mit dem Motorrad gekommen sein. *Spiegel*-Herausgeber Rudolf Augstein (* 1923) fuhr angeblich in einem Straßenkreuzer vor und wollte einen Teil der Anlage kaufen. Diedrichsen teilte sein Anwesen aber nicht. 1976 wurde ein Beherbergungsbetrieb mit Ferienwohnungen geschaffen.

Nordfriisk Instituut, Sawallich 1995.

Utlande (Außenlande) Die traditionelle Bezeichnung für das Gebiet zwischen der festländischen →Marsch und den Außensänden des Wattenmeeres findet sich erstmals im Erdbuch des dänischen Königs Waldemar II. von 1231. Lange Zeit waren die abgelegenen Gebiete der nordfriesischen Inseln und →Halligen nur schlecht zugänglich, weshalb sich die dortigen →Harden und →Landschaften eine relativ große Unabhängigkeit gegenüber der Landesherrschaft bewahren konnten. Dies galt auch für die Insel Sylt. Kennzeichnend und prägend für die Utlande ist die fortwährende Auseinandersetzung des Menschen mit den Naturgewalten. So ist die Geschichte Nordfrieslands über weite Strecken bestimmt durch die Versuche, den Utlanden mit Hilfe von Deichen und Kögen Siedlungsland und wirtschaftlichen Nutzen abzuringen. Heute setzt der Interessenkonflikt zwischen Natur- und Landschaftsschutz, wirtschaftlicher Nutzung und Fremdenverkehr, wie er sich vor allem in den Diskussionen um den →Nationalpark Schleswig-Holsteinisches Wattenmeer äußert, in den Utlanden wesentliche Akzente.

Kunz/Panten 1999, Panten 1996.

Utlandfriesisches Haus Mit dem Begriff Friesenhaus wird in der Regel das utlandfriesische Haus verbunden. Im ursprünglichen Stil handelt es sich um Langhäuser. Sie sind auffallend schmal und niedrig, mit geringen Wandhöhen und entsprechend tiefer Dachtraufe. Vermutlich ist ein bereits in der →Bronzezeit nachgewiesenes dreischiffiges Wohnstallhaus die Urform. Entwickelt wurde das Langhaus in der flachen →Marsch von Menschen, deren Lebensunterhalt vornehmlich in der Viehhaltung und weniger im Ackerbau lag. Die schmale Giebelseite war zumeist gen Westen gerichtet, um einen hohen Windschutz zu erreichen.

Der wichtigste Aspekt beim Hausbau auf den Inseln und Halligen war der Schutz vor →Sturmfluten. So ist dieser Haustyp auf einer frei stehenden Ständerkonstruktion aufgebaut, auf der die Deckenbalken lasten, die wiederum die Dachsparren tragen. Darauf ruht das mit →Reet gedeckte Dach. Den Abstand zwischen zwei Ständern, der je nach Nutzungsart zwischen etwa zwei und maximal fünf Metern beträgt, nennt man Fach. Die locker eingefügten Außenwände bestanden aus Lehm, Holzbohlen oder Grassoden, ab dem 17. Jahrhundert vorwiegend aus Ziegelsteinen. Sie hatten keine tragende Funktion. Sollten sie unterspült werden, blieb das Haus zumindest in seinen Grundfesten erhalten. Der Bodenraum unter dem Reetdach bot dann den Hausbewohnern einen letzten sicheren Zufluchtsort. Sonst diente er als trockener Stauraum für Stroh, Heu und Brennmaterial. Da die innere Ständerkonstruktion höher reichte als die Außenwände, ergab sich hier eine abseitenähnliche Deckenschräge, die →Katschor. Die letzten Häuser dieses Typs wurden vor 1800, zuletzt ohne Ständergerüst, gebaut. Stärkere Außenwände trugen nun den Dachstuhl. Der überlieferte Grundriss wurde beibehalten.

In der Mitte verlief quer durch das Haus ein schmaler, mit Sandsteinplatten ausgelegter Flur *(Taal).* Er trennte den Wirtschaftsteil vom Wohnteil und bildete die Luft- und Lichtschleuse des Hauses. Ab dem 18. Jahrhundert sorgte ein Spitzgiebel über der Haustür für einen freien Fluchtweg aus dem Haus, wenn z. B. brennendes Reet vom Dach zu rutschen drohte. Während die Haustür häufig das prunkvollste Detail des Hauses darstellte, war die Gartentür auf der Gegenseite, die →„Klöntür“, meist horizontal zweigeteilt. Rings um das

Ein Sylter Haus in Keitum (Sylter Archiv, Foto: Wilma Bräuner)

Haus verlief eine Steinbrücke, die vom Dach heruntertropfendes Wasser in den Garten weiterleitete. Die Steine wurden zumeist von den Feldern abgesammelt. Häufig war das Grundstück mit einem bepflanzten →Steinwall deichähnlich umgeben und wirkte so wie eine kleine Burg in der flachen Landschaft.

Den Wohnbereich bildete die →Küche *(Kööken)* mit offener Feuerstelle, Backofen *(Baakaun)* und Nebenherd. Angrenzend lag eine Speisekammer *(Spiiskaamer)*, außerdem gab es einen Zugang zum meist niedrigen Kriechkeller. Darüber befanden sich die Kellerstube *(Kelerkaamer)* und daneben die gute Stube, der →*Piisel.* Von diesem gelangte man in die →*Kööv*, die neben der Küche liegende und mit einem →Bilegger beheizbare Wohnstube. In die Wände eingelassen waren Wandschränke *(Skaapen)* sowie mehrere Schlafstellen *(Bērstairer)*, die →Alkoven. Betrat man vom Flur den Wirtschaftsteil, so gelangte man einerseits in die Kammer für Knecht

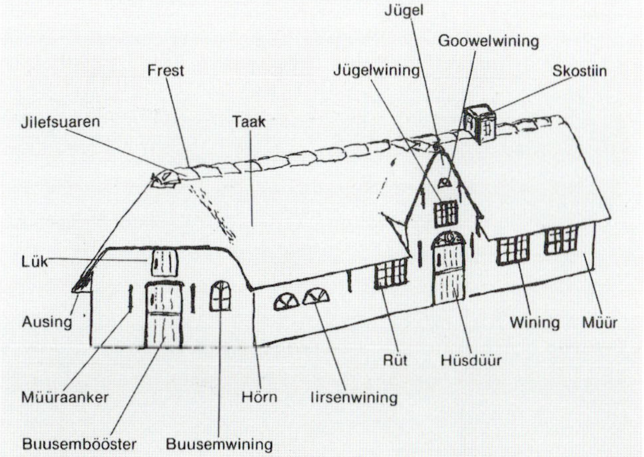

Sylterfriesische Bezeichnungen für die Bestandteile eines utlandfriesischen Hauses (Gantzel/Wilts 2001)

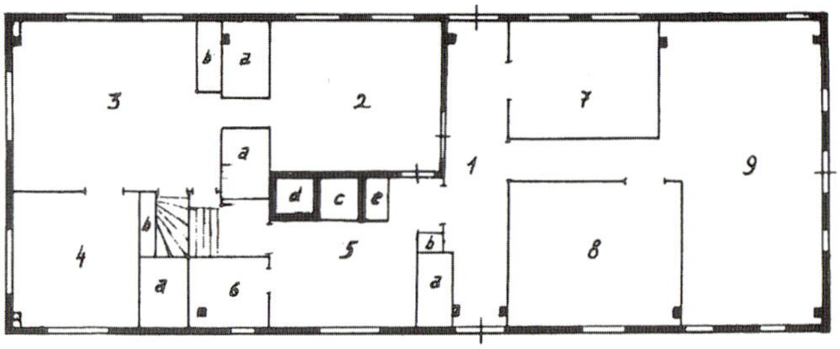

Grundriss:
a, b Alkoven
1 Flur
2 Kööv
3 Piisel
4 Kellerkammer
5 Küche
c Feuerstelle
d Backofen
e Nebenherd
6 Speisekammer
7 Kammer für Gesinde
8 Dreschtenne
9 Stall

oder Magd, andererseits in die Dreschtenne *(Lö)*. Dahinter erstreckte sich über die gesamte Breite der Stallbereich *(Buusem)*. Die Kühe standen mit dem Kopf zu der einen Längswand, Pferde, falls vorhanden, zur anderen. Schweine wurden in Buchten gehalten.

Heute stehen auf Sylt noch etwa 200 utlandfriesische Häuser aus dem 18./19. Jahrhundert. Öffentlich zugänglich ist das Museum →Altfriesisches Haus in Keitum. Das Haus des Walfangkommandeurs Lorens →Petersen de Hahn von 1699 befindet sich im Schleswig-Holsteinischen Freilichtmuseum Molfsee bei Kiel.

Seinen Besuch in einem utlandfriesischen Haus, bei Edwin →Scharff in Kampen, beschrieb Kurt Lothar →Tank in seinem Tagebuch „Sylter Sommer“ mit folgenden Worten:

„Es ist ein schönes altes Friesenhaus Sylter Bauart, lang und schmal, einstöckig, mit niedrigen Decken, kachelbekleideten Wänden und Schrankbetten. Der Hauptflügel, das Wohnhaus, hat einen hübschen nach Süden gekehrten Giebel, und das Giebelzimmer, ein kleiner Raum mit schräggrauen Holzwänden, ist das Atelier des Professors. Wir sehen uns um. Auch hier gibt es eines jener hohen, in die Wand gebauten Betten. Man benutzt eine kleine Holzbank, um hineinzugelangen. Es sieht gemütlich und zugleich ein bißchen gruselig aus, erinnert an Sargnischen in den Katakomben, an ägyptische Totenkammern, und die merkwürdige, von einigen Chronisten mit Verwunderung verzeichnete Tatsache, daß in den Seelen der Sylter, neben den christlichen Gedanken, ja stärker als diese, die Vorstellungen der Seelenwanderung lebendig seien, dieses seltsame Faktum wird mir, während ich den Bettschrank betrachte, plötzlich verständlich. Sie sprechen hier nicht von Zimmern oder Räumen. Sie sagen, ein Haus habe acht oder zehn oder zwölf Fach. Und ein Fach im Fach ist das Bett, darin liegt der Mensch, und nebenan muhen die Kühe. So schließt sich der magische Kreis um alle Kreaturen des Hauses.“

Hans Jessel 1990b, Johannsen 1996 u. 1999, Kühnast 2000c, Köster-Lösche/Lösche 1989 u. 1994, Newig 1974a, Quedens 1988, Rinken 1992, Tank 1986, Wolf 1940.

„Üüs Sölring Lön“ Der gebürtige Keitumer und spätere Husumer Stadtsenator Christian P. →Christiansen dichtete das „Nationallied“ der Sylter. Die Melodie schrieb Thomas, der Bruder von Andreas →Hübbe.

Üüs Sölring Lön, dü best üüs helig,
dü blefst üüs ain, dü best üüs Lek!
Din Wiis tö hualen sen wü welig!
Di Sölring Spraak auriit wü ek.
Wü bliiv me di ark Tir forbünen,
sa lung üs wü üp Wärel sen.
Uk diar jar Uuning bütlön fünen,
ja leeng dach altert tö di hen.
Kumt Riin, kumt Senenskiin,
kum junk of lekelk tiren,
tö Söl wü hual aural,
wü bliiv truu Sölring Liren.

Di Seewinj soong me litjem Suusin,
hur ik üp Söl üs Dütji slöp;
fan Strön jert ik dit eewig Bruusin,
üs ik bi Mooters Hun jit löp.
Ik haa di Staiðer al bihölen,
diar jens üüs Jungens-Hemelrik:
di Teft en Uursem fol fan Krölen,
Üüs Spölplaats bi di Bosk üp Dik.
Kumt Riin, kumt Senenskiin,
kum junk of lekelk Tiren,
tö Söl wü hual aural,
wü bliiv truu Sölring Liren.

„Üüs Sölring Lön“
(Lassen 1980)

Üüs Taachten hual jit fast omslüngen,
wat üüs fan litj āp wert en lef:
üüs Tērp, hur wü tö Skuul jens gingen,
üüs Mark, üüs Hiið, di Wai bi Klef.
Ark Stich, hur wü üs Jungen ronen,
ark Stegelk, diar aur Eeker gair,
di Hooger, hur wü Biiki bronen:
Hat es jit ales üp sin Stair.
Kumt Riin, kumt Senenskiin,
kum junk of lekelk Tiren,
tö Söl wü hual aural,
wü bliiv truu Sölring Liren.

Unser Sylter Land, du bist uns heilig,
du bleibst unser eigen, du bist unser Glück!
Deine Sitten wollen wir erhalten!
Die Syltringer Sprache vergessen wir nicht.
Wir bleiben mit dir zu jeder Zeit verbunden,
solang wir auf der Erde sind.
Auch wer seine Wohnung draußen gefunden,
sehnt sich doch immer zu dir hin.
Kommt Regen, kommt Sonnenschein,
kommen dunkle oder glückliche Zeiten,
zu Sylt wir halten
überall;
wir bleiben treue Sylter Leute.

Der Seewind sang mit leisem Säuseln,
wo ich auf Sylt als Säugling schlief,
vom Strande hörte ich das ewige Rauschen,
als ich an Mutters Hand noch lief.
Ich habe die Stätten alle behalten,
die einst unser Kinderparadies:
die Toft im Frühling voller Blumen,
unser Spielplatz am Busch auf dem Wall.
Kommt Regen, kommt Sonnenschein,
kommen dunkle oder glückliche Zeiten,
zu Sylt wir halten überall,
wir bleiben treue Sylter Leute.

Unsere Gedanken halten noch fest
umschlungen,
was uns von klein auf wert und lieb:
unser Dorf, wo wir zur Schule
einst gegangen,
unsere Wiesen, unsere Heide,
den Weg am Kliff.
Jeder Steig, wo wir als Kinder gelaufen,
jeder Pfad, der über die Felder geht,
die Hügel, wo wir die Biike gebrannt:
Es ist noch alles da wie einst.
Kommt Regen, kommt Sonnenschein,
kommen dunkle oder glückliche Zeiten,
zu Sylt wir halten überall,
wir bleiben treue Sylter Leute.

Århammar 1967, Gantzel 1980, Lassen 1980.

Uwe-Düne Die höchste Erhebung Sylts ist mit 52,5 Metern die nach dem Sylter Friesen Uwe Jens →Lornsen benannte Uwe-Düne. Sie liegt auf der →Geest beim →Roten Kliff bei Kampen. Über 109 Stufen einer Holztreppe ist sie zu besteigen. Auf dem Gipfel befindet sich eine Aussichtsplattform mit Bänken zum Ausruhen. Den jährlich etwa 100 000 Besuchern bietet sich bei klarer Sicht ein weiter Blick zu den Nachbarinseln und bis zum Festland. Die höchste reine →Düne ist der →*Süterknol* im Listland.

Nordfriisk Instituut.

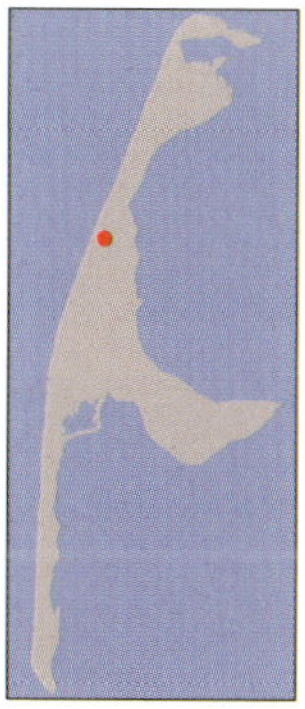

Uwe-Düne

Die Uwe Düne ist die höchste Erhebung auf Sylt. (Sylter Archiv)

Uwen, Bleik Peter →Altfriesisches Haus

Uwen, Peter (auch Peter Ove Jensen) * 22.4. 1701 Keitum, † 1743 auf See, Kapitän. Uwen ist der erste bekannte Besitzer des →Altfriesischen Hauses in Keitum. Er übernahm es 1739. Der Kapitän sank vier Jahre später mit seinem Schiff auf einer Reise von Hamburg nach Trondheim. Das Haus blieb vier Generationen in der Familie. Zunächst erhielt es sein jüngster Sohn, der Kapitän und →Landesgevollmächtigte Bleik Peter Uwen (1740-1806), der es 1784 erweiterte. Nach dessen Tod vererbte seine Frau Maren (1763-1845) das Haus ihrem Enkel Bleike →Petersen. Dessen Mutter Erkel (1798-1857) heiratete 1844 den Sylter Chronisten C. P. →Hansen, der das Anwesen 1850 von seinem Stiefsohn kaufte.

Schmidt-Rodenäs 1981.

Helene Varges (Sammlung Manfred Wedemeyer, Morsum)

Valente, Caterina → Trocadero

Varges, Helene * 17.11.1877 Johannesburg in Ostpreußen, † 21.3.1946 Westerland, Malerin. Helene Varges besuchte die Kunstgewerbeschule in Berlin und machte sich um die Jahrhundertwende mit buchkünstlerischen Entwürfen einen Namen. 1908 kam sie mit ihrer Freundin Margarete →Boie zum ersten Mal nach Sylt, 1919 verlegten die beiden ihren ständigen Wohnsitz auf die Insel. Varges gestaltete die Bücher ihrer Freundin, darunter 1925 die Sylter Sage „Die treue Ose". Das in ihrer Handschrift verfasste Buch wurde nur in 200 Exemplaren veröffentlicht. Bereits 1923 erschien ihr erfolgreichstes illustriertes Buch „Flutkante und Inselflora", das bis 1961 mehrere Auflagen erlebte. Sie fertigte nun auch freie Feder- und Pastellzeichnungen an. 1928 gab sie ihre Mappe „Insel Sylt – Zwölf Federzeichnungen von Helene Varges" heraus. Alle charakteristischen Landschaftsformen, vor allem Dünen, die Steilküste, Heideformationen oder die Keitumer Kirche wurden dabei berücksichtigt. 1933 erschien in Hamburg die Mappe „Bilder von Sylt".

Die Schriftstellerin Claretta Cerio beschrieb in ihrem autobiographischen Buch „Mit Bedenken versetzt" (1981) Helene Varges wie folgt: „Klein und zierlich, die glatten weißen Haare kurz geschnitten, ohne frivole Konzessionen in ihren meist grauen Schneiderkostümen, eine stets makellose weiße Seidenbluse mit einer Brosche am Hals als einfachen Schmuck, wirkte sie wie eine Silberstiftzeichnung, klar umrissen in den Konturen und, trotz Verzicht auf Farben und Kontraste, von einem eigenen Schimmer umgeben. Etwas von der zarten, gepflegten Unauffälligkeit, der vornehmen Eleganz ihres Äußeren spiegelte sich auch in ihren Bildern wider, größtenteils kleinformatige Pastelle der Sylter Landschaft – Heide, Sand, Meer, Himmel, Dünen; einzige Variation war die Beleuchtung."

Schlee 1992, Schulte-Wülwer 1996, SHL 1983, Varges 1923 u. 1928, Wedemeyer 1986.

Vaterunser Im →Friesischen der Insel Sylt lautet das Vaterunser:

Üüs Faaðer ön Hemel,
Let heligt uur din Noom.
Let kum din Rik.
Let ske din Wel,
üs ön Hemel, sa uk üp di Öört.
Üüs daagligs Bruar dö üüs deling.
En foriiv üüs üüs Skilj,
üs uk wü foriiv üüs Skiljners.
En föör üüs ek ön Forsjuk.
Man forliisi üüs fan dit Ärigs.
For din es dit Rik en di Kraft
en di Herelkhair ön Eewighair.
Aamen.

Dahl 2000.

Verein der Morsumer Kulturfreunde 19 Personen gründeten 1990 den Verein Morsumer Kulturfreunde zur Förderung der Kultur und der ortsansässigen Vereine. Zu ersten Aktivitäten wie Weihnachtsmarkt und Markttage kamen hochrangige Veranstaltungen wie Musical- und Opernaufführungen. 1999 waren die Morsumer Kulturfreunde maßgeblich an der Herausgabe der Chronik „100 Jahre Morsum, Emma Scholz erzählt" beteiligt. Im selben Jahr erhielten sie den Sylter Umweltpreis für die Einrichtung eines Obstlehrpfades an der Morsumer Schule. Zum 75. Geburtstag des Hindenburgdamms 2002 organisierte der mittlerweile

Federzeichnung von Helene Varges (Wedemeyer 1991a)

250 Mitglieder starke Verein eine große Ausstellung im *Muasem Hüs.*

Bartling 2002.

Verein der Sylter Kunstfreunde Auf Initiative des Malers Christian →Hinrich wurde 1975 der Verein der Kampener Kunstfreunde gegründet. Die Erinnerung an Sylter Künstler soll gepflegt und gegenwärtige Talente der Sylter Kunstszene sollen gefördert werden. 1986 ging daraus der Verein der Sylter Kunstfreunde hervor. Er hat rund 250 Mitglieder und zeigt Ausstellungen zumeist in der Stadtgalerie in der →Alten Post in Westerland, aber auch in Zusammenarbeit mit der →Asklepios-Nordseeklinik, dem Behandlungs- und Beratungszentrum (BBZ) und dem Seniorenheim des Deutschen Roten Kreuzes in Westerland, dem →Sylter Heimatmuseum und der →Energieversorgung Sylt.

Nordfriisk Instituut.

Verein Jordsand zum Schutze der Seevögel und der Natur Der Verein wurde 1907 in Hamburg gegründet und betreut mittlerweile 22 Reservate im gesamten deutschen Küstenbereich. Erster Vorsitzender war Franz Dietrich (1862-1944). Er machte 1907 die Insel →Jordsand zum Vogelschutzgebiet. 1909 kaufte der Verein mit Spendengeldern, an denen sich auch der Dichter Detlev von →Liliencron beteiligte, die Hallig Norderoog. Seit 1957 gehört zu den betreuten Arealen auch das rund 570 Hektar große →Rantumbecken mit seinen Säbelschnäblern, Küstenseeschwalben und Lachmöwen. Ein Informationszentrum des Naturschutzvereins befindet sich in der →Vogelkoje Eidum, wo auch Führungen angeboten werden.

Pabst 2000.

Verein Naturschutz Insel Sylt e. V. Der Verein wurde 1924 von Knud →Ahlborn, Ferdinand →Goebel, Henry →Koehn und anderen gegründet. Er setzte sich zum Ziel, alle wichtigen Naturdenkmäler, landschaftlichen Schönheiten und bedeutsamen Kulturdenkmäler der Insel Sylt zu schützen. Bereits vor der Vereinsgründung wurde die Anerkennung der →Naturschutzgebiete Nord-Sylt und Morsum-Kliff erreicht, 1935 folgte die Vogelkoje Kampen. 1977 vereinigte sich der Verein mit der →Bürgerinitiative Sylt zur →Naturschutzgemeinschaft Sylt e. V.

Naturschutzgemeinschaft 1994.

Verkehrsanbindung Im frühen 19. Jahrhundert war eine Reise nach Sylt eine äußerst umständliche Angelegenheit. Die Fahrt von Hamburg mit Kutsche und Fähre dauerte zumeist mehrere Tage. Zweimal in der Woche verkehrte ein Segelschiff zwischen Emmerleff auf dem Festland und Keitum. Die Überfahrt dauerte selbst bei günstigem Nordwestwind fast den ganzen Tag, denn bei fortschreitender Ebbe im Wattenmeer musste auf halber Strecke stundenlang auf die nächste Flut gewartet werden. Im Hafen gab es noch keinen Anleger, weshalb die Passagiere im Watt ausgebootet und mit Fuhrwerken an Land transportiert oder getragen werden mussten. In strengen Wintermonaten holte man zumindest Versorgungsgüter und die Post mit dem →Eisboot auf die Insel.

1856 wurde die Husumer Reederei gegründet. Sie befuhr mit dem Raddampfer *Hammer* eine Route von Husum über Wyk/Föhr nach Nösse an der Ostspitze Sylts. 1859 verschlickte der Keitumer Hafen. Nun verkehrte der Raddampfer *Ida* des Kapitäns Andreas →Andersen zwischen Hoyer und →Munkmarsch. 1862 stellte der Postbeförderer Masorgsky den Dampfer *Auguste* auf dieser Linie in Dienst. 1864 erwarb Kapitän Thomas →Selmer die Konzession zur Postbeförderung und setzte den Dampfer *König Wilhelm I.* und später den Hinterraddampfer *Bismarck* ein. Der neue Hafen Hoyerschleuse erleichterte ab 1870 das Anlegen auf dem Festland. Ab 1874 beförderte der Ziegeleibesitzer Sophus →Clausen mit seinem Dampfer *Germania* die Post.

Der Raddampfer *Cobra* legt in Hörnum an, 1904.
(Sylter Archiv)

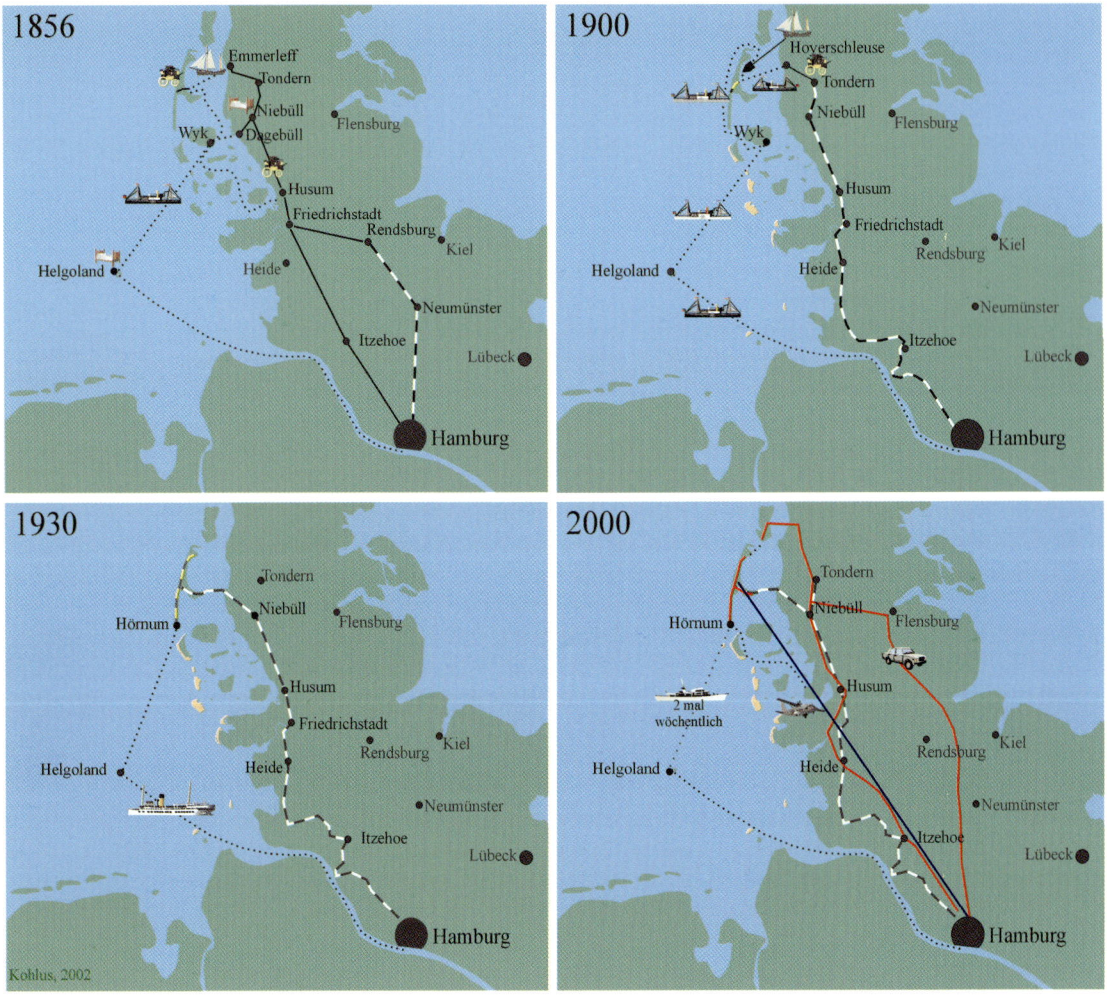

Verkehrsverbindungen von Hamburg nach Sylt zu Wasser zu Lande und mit dem Flugzeug (Karte: Jörn Kohlus)

Mit der Entdeckung der Insel für den →Fremdenverkehr wuchs der Bedarf an Fährverbindungen. 1882 wurde die Sylter Dampfschiffahrt-Gesellschaft (SDG) gegründet. Ihr gehörten die Schiffe *Sylt*, *Westerland* und *Vorwärts*, ab 1890 auch der Salondampfer *Nordsee*. Die stetig wachsende Zahl an Passagieren stieg in diesem Jahr bereits auf über 7 000. Mit den legendären Raddampfern →*Frisia* (1900) und →*Freya* (1904), letzterer unter →Käpt'n Corl, kamen weitere Schiffe hinzu. Die Anreise aus Hamburg – seit 1887 mit der Marschbahn bis Tondern, ab 1892 bis Hoyerschleuse – dauerte noch etwa neuneinhalb Stunden, wenn die Seefahrt pünktlich klappte.

Seit 1886 befuhren die Hamburger Reedereien Morris & Co. sowie Albert →Ballin die „Bäderlinie Hamburg-Helgoland-Wyk/Föhr", wo die Reisenden von der SDG übernommen wurden. Ab 1897 manövrierten ihre Dampfer auch die gesamte Sylter Westküste entlang, um den →Ellenbogen herum bis ins →Pandertief, wo die Passagiere wieder in die kleinen Boote der SDG umsteigen mussten. 1901 wurde in Hörnum schließlich eine 153 Meter lange Anlegebrücke gebaut, die den Schiffsverkehr gezeitenunabhängig machte. Die Raddampfer *Cobra* und *Prinzessin Heinrich* und der Doppelschraubendampfer *Silvana* liefen diesen Hafen an.

1905 begann die Zeit der →HAPAG auf Sylt. Ab 1908 schickte sie das erste deutsche Turbinenschiff *Kaiser* mit Platz für 2 000 Passagiere nach Hörnum. 1914 kam die *Königin Luise* hinzu, die jedoch noch im selben Jahr als *Hilfsstreuminendampfer B* der deutschen Kriegsmarine vor England versenkt wurde. Ab 1924 verkehrten die Dampfer *Bubendey* (später in *Glückauf* und *Kehrwieder* umbenannt) und *Kaiser*, ab 1934 auch die neu gebaute *Königin Luise* auf der Linie Hamburg-Helgoland-Hörnum. Auch die zweite *Königin Luise* wurde ein Opfer des Krieges. Sie lief 1941 zwischen Schweden und Finnland auf eine Seemine und sank. Nach dem Zweiten Weltkrieg nahm 1955 eine neu gegründete Gesellschaft unter dem Namen HADAG (Hafen-Dampfschiffahrts-AG) den Bäderverkehr von Hamburg wieder auf. Ab 1977 fuhren ihre Schiffe nur noch bis Helgoland, 1982 wurde der Seebäderdienst eingestellt.

Auf der Insel bewegte man sich ab 1888 auf ständig wachsender Trasse mit der →Inselbahn in die Ferienorte. 1910 ging die SDG in den Besitz der Sylter Dampfspurbahn über. 1920 wurde das Unternehmen zur Sylter Inselbahn AG umgebildet und die Linie Hoyer-Munkmarsch um das Motorschiff *Preußen* und den Dampfer *Auguste Victoria* erweitert. Durch die →Volksabstimmung von 1920 kam Hoyer zu Dänemark. Zunächst mussten strenge Pass- und Visumvorschriften beachtet werden, bis erreicht werden konnte, dass die Sylt-Reisenden das dänische Gebiet unter Polizeiaufsicht und in plombierten Eisenbahnwagen passieren durften. Zwischenzeitlich liefen die Sylter Schiffe auch den Hafen Dagebüll an. Mit dem Bau des →Hindenburgdamms endete 1927 die umständliche Anfahrt. Nach der Gründung der →Sylter Verkehrsgesellschaft mbH durch Ruy →Prahl 1952 wurde die Inselbahn von Grund auf erneuert. Ihre letzte Fahrt machte sie 1970. →Eisenbahn und →Autozug benötigen heute nur wenige Minuten zur Durchquerung des Sylter Watts. Die Anreise von Hamburg dauert etwas mehr als drei Stunden. Buslinien der Sylter Verkehrsgesellschaft verbinden die Inselorte.

Seit 1918 hat die Insel einen →Flughafen für Verkehrs- und Privatmaschinen. In den Sommermonaten bestehen Linienverbindungen zu vielen deutschen Großstädten.

Über seine Anreise nach Munkmarsch berichtete W. Heß, Lehrer der Zoologie am Polytechnikum in Hannover, 1876: „Bald erblicken wir vor uns die Insel Sylt. Während das Festland allmählich immer mehr verschwindet, tritt sie immer deutlicher hervor, und bald umkränzt sie fast den ganzen Horizont. Im Süden bemerken wir die buntfarbenen Felsen des Morsumkliffs, im Norden den weißen Sand der Lister Dünen und zwischen beiden die bräunlich grünen Abhänge des mittleren Teils, auf welchem sich der stattliche Leuchtturm bei Wenningstedt erhebt. “

Asmus 2000, Bock 1989, Detlefsen 2002, Kirschner 2000 u. 2002, Spreckelsen 1977, Voigt 1967.

Verkoppelung Um gleiche Voraussetzungen unter den Mitgliedern einer →Bauerschaft zu erhalten, waren die Ackerländereien einst in schmale Streifen unterteilt. Jedem Bauer gehörte auf einem Feld ein solcher Streifen. Die Bewirtschaftung konnte unter diesen Voraussetzungen nur gemeinsam geschehen, da es zu den einzelnen Stückchen keine separaten Zuwege gab. Es herrschte der so genannte Flurzwang. 1766 entschied die Regierung des Herzogtums Schleswig, dem einzelnen Bauern größere betriebswirtschaftliche Freiheiten zu geben. Zur Umwandlung der Wirtschaftsflächen in Privateigentum wurde eine Verkoppelungsverordnung erlassen. Jeder Landwirt sollte nun eine zusammenhängende Landfläche von möglichst gleicher Bodenqualität wie sein Nachbar erhalten. Die Größe seines Loses hing in Westerland z. B. von der Anzahl der Pferde ab. Zwei Tiere standen für ein volles Los, ein Pferd für ein 2/3-Los, und wer kein Pferd besaß, erhielt ein halbes Los. Pferdebesitzer bekamen den Vorzug bei der Landverlosung, mussten dafür aber der Gemeinschaft mit Spann- und Fuhrdiensten zur Verfügung stehen. Die Verkoppelung auf Sylt begann 1778 unter der Leitung des Landmessers Nickels →Wögens. Bis 1786 vermaß er die Ackerländereien und fertigte Karten an, doch zogen sich die juristischen Auseinandersetzungen über die Landverteilung noch gut 50 Jahre hin. Die Kläger bezogen sich hauptsächlich auf die Gefährdung der ihnen zugeteilten Ländereien durch Überflutung. In der Feldgemeinschaft waren alle Bauern gleichmäßig davon betroffen, nach der Neuverteilung nur noch einzelne.

Booysen 1828, Julius Christiansen 1926, C. P. Hansen 1877, Rinken 1992.

Verlagswesen Verlage auf Sylt gaben vor allem →Zeitungen heraus. Ein wissenschaftlicher Verlag ist die →Cicero Presse. Der 1977 von Frank Rosemann gegründete Eiland-Verlag in Westerland gibt Kalender, Poster und Postkarten heraus.

Nordfriisk Instituut, Sylter Archiv.

Villa Baur-Breitenfeld Georg Baron von Baur-Breitenfeld (1847-1890) und sein wohlhabender verwitweter Vater August, einst Besitzer des Klostergutes Ettal in Bayern, waren 1878 Kurgäste in Westerland. Im Haus ihres Gastgebers lernten sie dessen Töchter kennen, 1879 gab es eine Doppelhochzeit. 1880/81 baute Georg auf der Düne bei der Strandstraße eine massive Villa mit 32 Zimmern. Einige Zeit überragte das Haus alle anderen Gebäude. Zur Strom- und Wassergewinnung war ein Maschinenhaus angebaut, mit Hilfe einer Dampfmaschine wurde Strom erzeugt. Ein Windrad trieb die Wasserpumpe an. Während der Badesaison wohnte von Baur-Breitenfeld in seiner Villa, in der restlichen Zeit des Jahres in München. Georg von Baur-Breitenfeld starb 1890 im Alter von 42 Jahren. Ein Jahr nach dem Tod seiner Witwe Elise musste das Haus 1919 wegen Einsturzgefahr abgerissen werden.

Quedens/Stöver 1978, Wedemeyer 1986, Wedemeyer/Voigt 1980.

Das massige Haus Baur-Breitenfeld von 1881 überragte einige Jahre lang alle anderen Gebäude in Westerland. (Sylter Archiv)

Village →„Whiskystraße“

Villa Meeresblick wurde im Volksmund die so genannte Doppelblockstelle Hindenburgdamm bezeichnet. Es handelte sich dabei um eine besondere Bahnstation in der Mitte der Strecke Klanxbüll-Morsum. Bis 1996 versahen hier Blockwärter der Bundesbahn ihren Dienst. Sie meldeten die Durchfahrt eines Zuges an den nächsten Bahnhof. Erst dann wurde die Strecke für nachfolgende Züge freigegeben. Mit dieser Sicherungstechnik in Blockabschnitten wurden Auffahrunfälle trotz erhöhten Verkehrsaufkommens weitgehend verhindert.

Nordfriisk Instituut, Sylter Archiv.

Villa Roth 1884 öffnete das Logierhaus Villa Roth in der Westerländer Strandstraße seine Pforten. Das Haus mit seinen vielen Türmchen prägte lange Zeit das Bild des Seebads. Hier wohnte mit ihrem Hofstaat die rumänische Königin Elisabeth, die sich als Autorin Carmen

Die Villa Roth in der Strandstraße musste 1965 dem neuen Kurzentrum weichen. (Sylter Archiv)

→Sylva nannte, bei ihrem Sylt-Besuch im Jahre 1888. Die Fremdenliste verzeichnete damals: „Ihre Majestät Königin Elisabeth von Rumänien (Comtesse de Vrancea) mit Gefolge und Dienerschaft aus Bukarest mit acht Personen in Villa Roth.“ 1923 erwarb Hayo Feikes das Haus. 1965 wurde es abgerissen und ein Teil des Grundstücks für den Bau des neuen →Kurzentrums verkauft. Auf der Restfläche erstellte die Familie Feikes das „Hotel Roth“.

Feikes (Auskunft), Wedemeyer 1986, Wedemeyer/Voigt 1980.

Vögel *(Fügeler)* Der →Nationalpark Wattenmeer ist eine der vogelreichsten Landschaften der Erde und stellt im Vogelzug eine Art Drehscheibe dar, über die viele Zugwege verlaufen. Sylt und die nahe Festlandsküste dienen den Vögeln als Orientierungspunkte. Jedes Jahr im April und Mai tauchen etwa 800 000 Zug- und Brutvögel im Nationalpark auf, einige zehntausend davon in der Sylter Umgebung. Die meisten Vögel fressen sich die notwendigen Fettreserven für den Weiterflug in ihre Sommer-Quartiere in den arktischen Gebieten an, ein Teil bleibt jedoch den ganzen Sommer über hier. Mit Glück sind auch die größten Seevögel der Deutschen Bucht zu sichten, die Basstölpel mit einer Flügelspannweite von über 170 Zentimetern. Aus einer Höhe von 30, 40 Metern stürzen sie sich bei der Jagd auf Beute mit einer Geschwindigkeit von ungefähr 100 Stundenki-

Zugvögel im Watt (Foto: Georg Quedens)

lometern in das Wasser und dringen mittels Stoßbewegungen bis in eine Tiefe von zwölf Metern vor.

Die Sylter Naturschutzorganisationen bieten regelmäßig ornithologische Führungen an und ermöglichen seltene Einblicke in weitgehend ungestörte Lebensabläufe. Bis heute hat die Ornithologische Arbeitsgemeinschaft (OAG) rund 300 Vogelarten auf der Insel nachgewiesen, darunter etwa 80 Brutvogelarten.

In den Wintermonaten kann man vor allem Seevögel beobachten. Dazu gehören z. B. Eis- und Trauerenten sowie →Eiderenten, Mittelsäger, Sterntaucher, Trottellummen, Tordalken und einige Arten von →Möwen. Auch Kleinvögel, wie die Feld- und die Ohrenlerche, der Berghänfling und die Schneeammer, überwintern in der Wattenmeerregion. Von den Watvögeln (Limikolen) bleiben der →Austernfischer und die Pfuhlschnepfen sowie Sanderlinge, Steinwälzer und Meerstrandläufer ganzjährig auf Sylt. Im Februar treffen die ersten Schwärme der →Knutts sowie →Kiebitze und Sandregenpfeifer im Wattenmeer ein, im März folgen der Alpenstrandläufer, die verschiedenen Regenpfeiferarten sowie →Ringelgänse, →Brandgänse und einige Entenarten. Nach einer Rast fliegen sie in ihre arktischen Brutgebiete weiter. Ab April/Mai sind Zwerg- und Küstenseeschwalben sowie →Säbelschnäbler zu beobachten. Die Hauptaufzuchtzeit für →Seeschwalben, Sandregenpfeifer, Austernfischer und →Rotschenkel liegt im Monat Juni. Der Höhepunkt des herbstlichen Vogelzugs naht im August und September, wenn die Knutts und andere Brutvögel auf ihrem Flug nach Süden erneut Rast im Wattenmeer machen. Auch Klein- und Singvögel, wie Finken, Drosseln, Grasmücken, Laubsänger, Rotkehlchen, Schwalben, Baumpieper und Schafstelzen, rüsten nun zum Aufbruch. Von Oktober bis Dezember, wenn der Klein- und Watvogelzug allmählich abebbt, treffen die nordischen Wintergäste und überwinternde Hochseevögel vor Sylt ein.

Einzige bejagte Vögel sind Rebhühner und Fasane. Zum Problem für die Vogelwelt, besonders für die am Boden brütenden Arten, wurden seit der Erbauung des Hindenburgdamms die einwandernden →Füchse. Etwa 100 dieser Räuber werden pro Jahr von Jägern erlegt.

Eine zusammenfassende Übersicht des Vogelbestandes wurde zuletzt 1902 von dem Westerländer Kaufmann Meinert Bernhard →Hagendefeldt veröffentlicht. Seither sind einige Arten auf Sylt nicht mehr ansässig, darunter der Weißstorch und die Raubseeschwalbe.

Als besonders geeignete Beobachtungsplätze für Vogelfreunde gelten von Nord nach Süd:

Königshafen und Uthörn, Blidselbucht, Nielönn und Vogelkoje Kampen, Wenningstedter Dorfteich, Keitumer Bucht, Wattenmeer am Hindenburgdamm, Katrevel, Tinnumer Wiesen im Nössekoog, Rantumbecken und Hörnumer Nehrung. – Hochseevögel wie Meeresenten, Lummen, Tordalken, Sturmtaucher und Eissturmvögel sind vor allem bei Nordweststurm von der Westerländer Strandpromenade aus zu beobachten.

Bruns 1983, Fiedler 1992, Hagendefeldt 1902, Koch 1996b, Quedens 2000a.

Vogeleier *(Fügelaier)* Insbesondere Möweneier stellten über Jahrhunderte eine willkommene Bereicherung des Speisezettels der Sylter Küche dar. Das Einsammeln und Verkaufen der Eier im Listland war Aufgabe der →Eierkönige. 1869 erging eine polizeiliche Verordnung, nach der das Eiersammeln auf Sylt nur noch bis zum 8. Juni eines Jahres erlaubt wurde. Heute ist das Sammeln von Wildvogeleiern gesetzlich verboten.

Der Schriftsteller Johann Georg →Kohl schrieb nach einem Besuch auf Sylt 1846: „Den Bergenten baut man aus Brettern eigene kleine, bequeme Nester, die man in die Dünenhöhlen und Löcher hinstellt. Diese Nester oder Kasten haben oben einen Schieber, so daß man bequem hineinlangen und selbst unter der Mutterente, die ihr Nest nicht verläßt, so viel Eier wegnehmen kann, als man nicht liegen zu lassen wünscht."

Kohl 1846, Nordfriisk Instituut.

Vogeler, Heinrich →Uhlenkamp

Vogelkoje *(Fügelkui)* Vogelkojen bestehen in der Regel aus einem quadratischen, etwa 60 mal 60 Meter großen Süßwasserteich und vier hornförmig gebogenen, rund 40 Meter langen Seitenkanälen. Diese so genannten Fangpfeifen sind mit Schilfwänden und Netzwerk umgeben und enden immer schmaler und niedriger werdend in einer Reuse oder einem Fangkasten. Der Teich liegt gut geschützt in einem künstlich angelegten, dichten Wäldchen aus Weiden, Pappeln, Erlen und Moorbirken. Mit Hilfe von Lockenten wurden die in jedem Jahr von August bis Dezember nach Südwesten durchziehenden Pfeif-, Spieß-, Stock- und Krickenten in großen Scharen angezogen und in die Fangpfeifen gelotst. Der plötzlich hervortretende Kojenmann trieb die Tiere in die äußerste Spitze einer Pfeife, wo sie in der Reuse gefangen und durch „Ringeln", d. h. Genickbruch mit einem geübten Schleudergriff, schnell und schmerzlos getötet wurden. Gegen die Tötungsart gibt es auch aus der Sicht heute gültiger Vogelschutzrichtlinien keine Einwände.

Die bekannteste der drei historischen Einrichtungen zum Entenfang auf Sylt befindet sich vier Kilometer nördlich von Kampen. Sie wurde 1767 von dem →Landvogt Matthias Matthießen sowie von Kapitän Friedrich Jensen →Becker und Bleick Jens Eben, beide aus Kam-

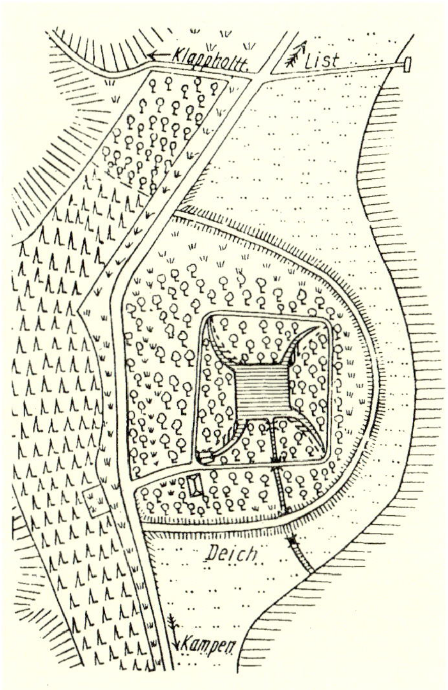

Grundriss der Vogelkoje Kampen (Sylter Archiv)

pen, errichtet. Der Wildentenfang trug lange Zeit zum Lebensunterhalt der Inselbewohner bei, allein in dieser Vogelkoje wurden von ihrer Einrichtung bis zu ihrer Stilllegung 1921 insgesamt 695 957 Enten erlegt. Das beste Jahr war 1841 mit einer Ausbeute von 25 224 Enten, im letzten Betriebsjahr fing Kojenwärter Meinert Knudsen noch 99 Stück. Seit 1935 steht das etwa zehn Hektar große Gebiet unter Naturschutz. 1971-85 war es an den Deutschen Bund für Vogelschutz verpachtet, seither wird es im Auftrag der Gemeinde Kampen von dem Sylter Verein →*Söl'ring Foriining* betreut. Es konnten insgesamt 51 Brutvogelarten, darunter →Brandgans, →Rotschenkel, Kuckuck, Rohrammer und Aaskrähe sowie Turmfalke und Waldohreule beobachtet werden. Der kleinste registrierte Vogel ist das nur fünf Gramm schwere Wintergoldhähnchen, das während der Zugzeiten in großen Scharen in die Vogelkoje einfällt. Unzählige Kleintiere, Insekten und Säugetiere, darunter sogar die stark gefährdete Zwergmaus, haben hier einen Lebensraum gefunden. Im Teich leben vor allem Aale, Stichlinge und Meerneunaugen. 170 Pflanzenarten sind in dem seiner natürlichen Entwicklung überlassenen Bruchwald nachzuweisen. In der Vogelkoje befinden sich eine naturkundliche und eine kulturgeschichtliche Ausstellung über Entenvögel und Entenfang. Die Rantumer Vogelkoje bestand von 1880 bis 1927. Im Jahre 1909 war sie wegen Fahrlässigkeit in Brand geraten, wurde aber nochmals eingerichtet. Heute zeugt nur noch der Süßwasserteich etwa 1,5 Kilometer südlich von Rantum von ihrem ehemaligen Dasein. Die Eidumer Vogelkoje bei Dikjendeel am nordwestlichen Ende des →Rantumbeckens wurde 1874 angelegt, war bis 1934 in Betrieb und steht heute unter Natur- und Denkmalschutz. Ein Informations- und Schulungszentrum am Kojenteich bietet u. a. eine repräsentative naturkundliche Sammlung von über 55 verschiedenen Brut- und Rastvogelarten in ihren naturgetreu nachgebildeten Lebensräumen. Die Betreuung obliegt dem Verein →Jordsand. Beide Kojen litten vor allem durch den Bau und Betrieb der Inselbahn, die seit 1901 in unmittelbarer Nähe vorbeiführte. Die Kojenbesitzer erhielten dafür zwar Schadensersatz, doch konnten die Fangverluste bei weitem nicht ausgeglichen werden.

Binder 1997, Hansen 2000, Hilty 1978, Meier 1987, Quedens 1990, Wedemeyer 1974 u. 1996a.

Otto Fikentscher: „Vogelkoje Kampen" um 1865, Holzschnitt (Sylter Archiv)

Voigt, Harald * 13.11.1928 Glückstadt, Gymnasiallehrer, Historiker. Von 1967 an leistete Voigt zahlreiche wesentliche Beiträge zur Erforschung der Sylter Geschichte. Sein 1977 erschienenes Buch „Der Sylter Weg ins Dritte Reich" war eine der ersten lokalhistorischen Studien über das Aufkommen des Nationalsozialismus. Grundlegende Arbeiten veröffentlichte er auch zur Sylter Militärgeschichte („Die Festung Sylt", 1. Auflage 1992) und zur Seefahrtsgeschichte der Inselfriesen. Für seine vielfältigen Forschungen zur Sylter Vergangenheit erhielt er 1988 den →C.-P.-Hansen-Preis.

Steensen 1989, Voigt 1967 ff.

Volksabstimmung Gemäß dem Versailler Friedensvertrag von 1919 sollten die Menschen im nördlichen Teil des alten Herzogtums →Schleswig darüber entscheiden, ob sie bei Deutschland verbleiben oder sich Dänemark anschließen wollten. Auf Sylt setzte sich insbesondere Nann →Mungard für Dänemark ein. Er wurde daraufhin stark angefeindet. In der ersten Zone (Nordschleswig) entschied sich am

Am Tag der Volksabstimmung trug der 1. Sylter-Fußballverein Westerland ein Spiel gegen eine englische Besatzungsmannschaft aus. (Sylter Archiv)

10. Februar 1920 eine große Mehrheit für Dänemark. Damit gelangte auch der Fährhafen →Hoyer, obwohl in dem Ort selbst eine klare Mehrheit von 73 % für Deutschland votierte, an Dänemark. Die sich daraus ergebenden Probleme wurden mit dem Bau des →Hindenburgdamms gelöst. Die Abstimmung in der zweiten Zone (Mittelschleswig) ergab am 14. März 1920 eine deutliche Mehrheit von 80 % für Deutschland. Auf Sylt entfielen sogar 2 715 Stimmen auf Deutschland (88,4 %), nur 355 auf Dänemark (11,6 %). Morsum wies mit 25 % den höchsten Anteil für Dänemark auf. Im Kirchspiel Keitum lag der prodänische Anteil bei 10 %, in Westerland ebenfalls bei 10 %, in List bei 14 %.
Koops 1993, Steensen 1986 u. 1996a.

Volks- und Raiffeisenbank Die Entwicklung des →Seebads Westerland erforderte Kapital. Hotels und Logierhäuser mussten erbaut und eine Infrastruktur errichtet werden. Damit nahm das Sylter →Bankwesen einen erheblichen Aufschwung. Mit dem wachsenden Gästestrom kamen kapitalkräftige Geschäftsleute vom Festland auf die Insel. Wollten Einheimische diesen im Kreditwesen Konkurrenz bieten, galt es Anfangskapital zu sammeln. 1896 gründeten 20 Sylter mittelständische Gewerbetreibende im „Hotel Stadt Hamburg" das genossenschaftliche Unternehmen „Sylter Credit-Verein in Westerland". Jedes Mitglied hatte zunächst zehn Mark Einlage zu leisten. Kassierer wurde der Kohlenhändler Meinert →Hagendefeldt. 1939 wurde das Unternehmen in Volksbank Sylt umbenannt. 1998 schloss sich die Volksbank mit der →Raiffeisenbank zur Volks- und Raiffeisenbank Sylt zusammen.
Sylter Archiv.

Volksbräuche →Sitten und Brauchtum

Volksgruppe →friesische Volksgruppe

Volkshochschule (VHS) In dem Bemühen um eine allgemeine Volks- und Arbeiterbildung entstand seit Mitte des 19. Jahrhunderts in Skandinavien das Heim-Volkshochschulwesen. In Deutschland bildeten sich vor allem Abend-Volkshochschulen. Knud →Ahlborn richtete nach dem Zweiten Weltkrieg eine Heimvolkshochschule in →Klappholttal ein. Mit fünf Kursen begann 1946 auf Initiative von Hans Werner →Jessel die VHS Westerland als Ableger der VHS Niebüll ihre Tätigkeit. 1962 wurde sie selbstständig. 1965 entstand die Hörnumer Filiale, 1974 eine Einrichtung in List. 1976 wurde die VHS Sylt gegründet, unter deren Dach seither alle Sektionen arbeiten. 1983 kam die Morsumer Sektion hinzu. Im Winter 2000/2001 erteilten 40 Dozentinnen und Dozenten unter der Leitung von Andrea Pöhlmann-Glass insgesamt 2 287 Unterrichtsstunden an 971 Teilnehmende. Viele Kurse finden im Schulzentrum in Westerland statt.

Vollmondabende nannte man die geselligen Abende mit kleinen friesischen Darbietungen, die viele Jahrzehnte lang in verschiedenen Sylter Dörfern gehalten wurden. Die Frauen nahmen ihre Handarbeit dazu mit. Da die Straßen noch kaum beleuchtet waren, musste auf dem Nachhauseweg in der Nacht der Mond recht hell scheinen.

Der Sylter Heimatdichter Max →Bossen,
der selbst viele Vollmondabende gestaltete,
dichtete:

Kum wi töhop üp Folmuunsinjer,
äprocht tö hualen sölring Wiis,
üs sölring Lir en sölring Frinjer
fööl wü üüs jir sa rocht itüüs.

Kommen wir zusammen
an Vollmondabenden,
aufrecht zu erhalten Sylter Brauch,
als Sylter Leute und Sylter Freunde
fühlen wir uns hier so richtig zu Hause.

Vorfluter *(Fuarflörer)* lautet die Bezeichnung für die das Niederschlagswasser führenden Flüsse, Sielzüge und Gräben der →Marsch. Sie enden am Deich und fließen bei Ebbe durch ein →Siel in die Nordsee ab. Im Sylter →Nössekoog unterstützte bis 1969 ein Schöpfwerk bei Keitum die Wasserlösung, danach übernahm das Mitteldeichsiel am Rantumbecken diese Aufgabe. Größere Vorfluter im Nössekoog sind →Katrevel, Kreuz-Wehle, Archs-Wehle, *Tjüüls*-Wehle, Munkhörn-Siel und *Sii.*

Vorland *(Fuarlön)* ist das Land zwischen Deich und offenem Watt. Es liegt etwa in der Höhe zwischen der mittleren Hochwasserlinie (→MThw) und einem Meter darüber. Das Vorland wächst entweder auf natürlichem Wege durch Sedimentation oder auf beschleunigte Weise mit Hilfe künstlich angelegter Felder zur Landgewinnung (→Lahnungen). Es ist wichtig für den Deichschutz, weil es die Wucht der auflaufenden Wellen bremst. Die Entstehung neuen Vorlandes kann sehr gut beidseits des Hindenburgdamms beobachtet werden.

Reitmann 1989.

Blick aus der Grabkammer des →Denghoog (Foto: Reinhard Scheiblich)

Blick über Vorland und Watt zwischen Munkmarsch und Keitum (Foto: Volker Frenzel)

Vortrapptief heißt das bis zu 35 Meter tiefe →Seegat zwischen Sylt und Amrum. Seine Verlängerung im Wattenmeer ist das zum Hörnumer Hafen ziehende →Hörnumtief. Das Vortrapptief verläuft in südlicher Richtung an Amrum und den vorgelagerten Sand- und Seehundsbänken, darunter Theeknob, Hörnumknob und Jungnamensand, vorbei.

Vor- und Frühgeschichte Megalithgräber wie z. B. der →Denghoog zeugen von einer →Besiedlung der Insel Sylt seit der →Jungsteinzeit. Aus der →Bronzezeit stammen einige hundert →Grabhügel, die einst über den gesamten Geestkern der Insel verstreut lagen. Viele wurden zerstört. Auch in der →Eisenzeit wurden Urnen in Grabhügeln beigesetzt, die →Wikinger bestatteten ihre Toten auf gleiche Weise. Die Ringwallanlagen →Archsumburg und →Tinnumburg entstanden in der Zeit um Christi Geburt. Es handelte sich um Kultstätten der germanischen Bevölkerung auf Sylt, deren letzte Rätsel noch nicht gelöst sind. Im 7./8. Jahrhundert ließen sich die ersten →Friesen auf der Insel nieder.

Voß, Erich * 28.9.1916 Kiel, Arzt. Bei der Erstellung seiner Ahnentafel gelangte Voß in den 1930er Jahren nach Keitum. Seitdem besteht eine enge Verbindung zu Sylt. Zusammen mit seiner Frau Erika (8.12.1920) erforschte er die Familie des Landvogts Frödde →Frödden und erstellte eine historische Arbeit über die Geschichte der Keitumer Hausbesitzer von 1709 bis 1875. Weiter nahm Voß erfolgreich die Suche nach Bildnissen von Uwe Jens →Lornsen auf. 1990 wurden er und seine Frau mit dem →C.-P.-Hansen-Preis ausgezeichnet. Seine Arbeitsmaterialien befinden sich unter „Nachlass Voß" im Sylter Archiv.

Voß 1987, 1993 u. 1997.

Wachsmuth, Nicolai Jessen →Boysen, Meinert

Wachter, Emil * 29.4.1921 Karlsruhe, Maler. Wachter besuchte die Kunstakademie Karlsruhe und wurde 1958 dort künstlerischer Lehrer. 1956 erhielt er seinen ersten Auftrag auf Sylt. Für die 1959 eingeweihte katholische →Sankt Christophorus-Kirche in Westerland entwarf er mehrere Rundfenster, die zum größten Teil auch in den Neubau von 1999 übernommen werden konnten. 1975 und 1983 gestaltete der ökumenisch eingestellte Künstler Malereien, Reliefs und Fenster für die katholische →Sankt Josef-Kirche in Hörnum, 1988 wurden seine Arbeiten für die katholische Kirche →Sankt Raphael in List eingeweiht. 1997 schuf er einen Flügelaltar für die evangelische Kirche →Sankt Peter in Rantum. Charakteristisch für Wachter ist sein Bestreben, die Distanz zu biblischen und mythologischen Themen aufzuheben.

Sylter Archiv.

Waetzold, Wilhelm * 21.2.1880 Hamburg, † 5.1.1945 Halle, Kunsthistoriker. Waetzold war Geheimer Regierungsrat und Vorsitzender der Kulturbeiräte der Berliner Funkstunde und der Deutschen Welle. 1927-33 leitete er als Generaldirektor die Staatlichen Museen in Berlin. In diesen Jahren besuchte er häufig Sylt und erwarb ein Haus in Kampen. Er verfertigte u. a. die kunstgeschichtlichen Schriften „Du und die Kunst", „Die Kunst des Porträts" oder „Dürer und seine Zeit". Der Kunstprofessor ist neben Fritz →Wichert und Peter →Suhrkamp auf dem Friedhof von →Sankt Severin in Keitum begraben.

Schulte-Wülwer 1996, Wedemeyer 1991a.

Wahlen *(Waalen)* Die Sylter →Bauerschaften hatten das Recht, ihre →Bauervögte und die →Landesgevollmächtigten zu wählen. Das Wahlrecht war dabei an den Besitz von Ländereien und eines Hauses gebunden. Mehrfache Hausbesitzer hatten mehrere Stimmen. Nur in Morsum konnten auch Hausmieter das Stimmrecht ausüben. Die Wahl vollzog in der Regel der Mann als Oberhaupt der Familie. In seiner Abwesenheit, die bei den Sylter Seefahrer häufig vorkam, oder nach seinem Tod ging das Wahlrecht auf seine Frau über, solange sie Haus und Land besaß. Zur Wahl musste sie allerdings einen „Vormund" schicken, zumeist einen Nachbarn oder einen Sohn. Der Wahlvorgang lief so ab, dass jeder Wahlberechtigte drei Namen zu Protokoll gab. Bei der Wahl der Landesgevollmächtigten z. B. wurden die drei Männer, die die meisten Stimmen auf sich vereinigten, vom →Landvogt dem Amtmann in Tondern zur Bestallung vorgeschlagen. 1864 wurde auf Vorschlag der Landesgevollmächtigten die Bedingung des Grundbesitzes fallen gelassen. Nun erhielt jeder das Wahlrecht, der zu den von der →Landschaft aufzubringenden Abgaben beisteuerte.
Die ersten überregionalen Parlamentswahlen in Schleswig-Holstein waren die Wahlen zu den Ständeversammlungen seit 1834. Lediglich die besitzende Schicht durfte wählen, insgesamt nur etwa 2,25 Prozent der gesamten Bevölkerung. Die Wahlberechtigten wurden einzeln aufgerufen und mussten dann öffentlich und mündlich ihre Stimme abgeben. Das Wahllokal lag überdies auf dem Festland, in Emmelsbüll. An der ersten Ständewahl 1834 nahm überhaupt kein Sylter teil. Im Revolutionsjahr 1848 galt hingegen erstmals ein allgemeines und gleiches Wahlrecht für alle Männer über 21 Jahren. Jetzt beteiligten sich fast alle auf der Insel anwesenden Sylter und wählten den liberalen Kandidaten Gülich.
In der Zeit des deutschen →Kaiserreichs 1871-1918 galt für den Reichstag das allgemeine, gleiche und geheime Wahlrecht für Männer. Es fanden vor allem die liberalen Parteien Anhänger auf Sylt; auch die Sozialdemokraten feierten erste Wahlerfolge. Während der →Weimarer Republik – nun durften auch die Frauen mitbestimmen – wählte die große Mehrheit zunächst die republiktreuen Parteien, allen voran die Deutsche Demokratische Partei (DDP) und die SPD, die in der Westerländer Stadtvertretung die absolute Mehrheit besaß. Doch die linksliberale DDP verlor schnell den größten Teil ihrer Stimmen und war bald fast bedeutungslos. Das bürgerliche Lager wandte sich nach rechts, zur Deutschen Volkspartei (DVP) und insbesondere zur Deutschnationalen Volkspartei (DNVP). 1930 begann der Siegeszug des →Nationalsozialismus. Auf der kommunalen Ebene traten damals – und großenteils

noch heute – zumeist Wählergemeinschaften an, von den Parteien oftmals nur die SPD. Nach 1945 war in der Stadt Westerland häufig die Sozialdemokratische Partei die stärkste Kraft, in den Landgemeinden hingegen eher die Christlich Demokratische Union. Bei den Wahlen nach dem Zweiten Weltkrieg erreichten erstmals überhaupt dänisch gesinnte Kandidaten vom Südschleswigschen Verein bzw. seit 1948 vom →Südschleswigschen Wählerverband größere Stimmenzahlen; bei der Landtagswahl im April 1947 verbuchten sie auf Sylt 27,9 Prozent der Stimmen. Bei der Landtagswahl 2000 ergaben sich auf der Insel folgende Anteile der einzelnen Parteien an den Zweitstimmen: CDU 40,0 %, SPD 34,9 %, FDP 8,7 %, Grüne 5,3 %, SSW 9,2 %, PDS 0,9 %, NPD 0,5 %.

Jensen 1961/1993, Koops 1993, Meyer 1938, Steensen 1986 u. 1996a, Wülfke 1831.

Währung Die ersten Münzen im nordeuropäischen Raum entstanden im 9. Jahrhundert in dem Handelsort Haithabu an der Schlei. Im 12. Jahrhundert wurde Schleswig die Münzprägestätte der dänischen Könige. Zur Ausprägung kamen Taler in unterschiedlichsten Werten bis hinunter zum 1/192 Taler, dazu Mark- und Zwei-Markstücke sowie Sechs-Schilling-Stücke. Im 17. Jahrhundert musste der Taler wegen des schwindenden Silbergehalts in den Kleinmünzen stetig umgewertet werden. Bis ins 19. Jahrhundert galt er als Rechnungsmünze. Daneben gab es den „schlechten“ Taler, den Gulden. 1788 wurde in den Herzogtümern mit dem schleswig-holsteinischen Courant und dem Speziestaler auch eine Silberwährung eingeführt. Die Stückelung des Geldes wich sehr stark ab von derjenigen der hanseatischen Gepräge, so dass eine Umrechnung von Summen in lübischer Währung recht kompliziert war. 1813 reformierte König Friedrich VI. (1808-1839) das bankrotte dänische Geldwesen und genehmigte die Einführung von Papiergeld. Als neue Münze wurde der *Rigsbankdaler* eingeführt. Die Umrechnung in die hanseatische Courant-Währung blieb aber bis zur Umstellung auf das preußische Münzsystem äußerst umständlich. 1875 wurden alle älteren Münzen für ungültig erklärt und die Währung des Deutschen Reiches übernommen.

Für Sylt galten im 18./19. Jahrhundert folgende Währungsverhältnisse.

1 Gulden (Reichstaler) = 2 Mark
= 32 Schillinge (ß) = 384 Pfennige;
1 Mark = 16 Schillinge = 192 Pfennige;
1 Taler = 3 Mark = 48 Schillinge;
1 Speziestaler = 1 ¼ Rigsdaler = 3 ¾ Mark schlesw.-holst. Courant = 60 Schilling schlesw.-holst. Courant;
1 Mark schlesw.-holst. Courant = 2 Mark dänische Courant = 32 Schilling dänische Courant;
1 Mark dänische Courant = 16 Schilling dänische Courant = 8 Schilling schlesw.-holst. Courant;
1 Rigsbankdaler = ½ Speziestaler
= 30 Schilling;
60 Schilling Courant =
192 Reichsbankschilling;
1 Schilling Courant = 3⅕ Reichsbankschilling;
1 Reichsbankschilling = 5/16 Schilling Courant.

Lorenzen-Schmidt 1990, Lorenzen-Schmidt/Pelc 2000, Schmidt-Eppendorf 1977.

Wal (Wall) ist ein Ortsteil von →Morsum.

Wald *(Holting)* Pollenanalysen zeigen, dass auf Sylter Boden um 4000 v. Chr. in höheren Lagen ein Eichenmischwald wuchs. Frühe Siedler schlugen mit geschliffenen Feuersteinbeilen erste Rodungsinseln in den Wald. In der →Eisenzeit gab es kaum noch einen Baumbestand. Der Chronist Henning →Rinken berichtete, dass nach einem großen Deichbau 1362 sämtliche Hölzungen verschwunden sein sollen. Flurnamen auf Inselkarten des 17. Jahrhunderts enthalten Namen wie Mabberwoldt, Dameser-

Waldidyll im Friedrichshain (Sylter Archiv)

woldt, Herscholt, Panholt usw., die alle auf Gehölze hinweisen. „...daß aber auff der Höhe viel Holtzung gewesen, davon sind noch klahre Merckmahle“, schrieb 1740 auch der Chronist Petrus →Petrejus. Funde in Watt und Marsch, wie der Stamm einer Eiche beim Bau des Nössekooges, lieferten ebenfalls Anhaltspunkte dafür, dass Sylt einst waldreicher war.

1767 wurden neue Bäume auf der Insel angepflanzt. Sie boten dem Fangteich in der Kampener →Vogelkoje Tarnung. Weitere Waldanlagen vor allem in den Geestbereichen der Insel zeigten, dass der Wind kein ernsthaftes Hindernis für den Baumbestand war. Zu Beginn des 19. Jahrhunderts begann man in einem Dünental bei der Eidumer Vogelkoje mit der planmäßigen Wiederaufforstung. 1820 testete Jürgen Jens →Lorensen mit Erfolg die von seinen Reisen als Kapitän mitgebrachten Samen von Birken, Kiefern, Fichten, Weißtannen und Lärchen. Das Wäldchen zwischen Keitum und Wenningstedt nannte er selbst „Die Probe“. Bald folgte mit dem Friesenhain nördlich davon eine zweite Waldstelle. Beide Anlagen mussten später der Flughafenerweiterung weichen. Ab 1869 pflanzte man auf Rat des Küstenschutzbeauftragten Graf →Baudissin auf einer Fläche von 35 Hektar kleinwüchsige Krummholzkiefern gegen die „wilden Dünen“ bei Klappholttal. Dieses „Klappholz“ gab dem größten Sylter Waldgebiet seinen Namen. 1894-98 legte der Heidekulturverein Westerland den neun Hektar großen Friedrichshain an. Die Schulen vergrößerten in den 1950er Jahren das Areal auf 20 Hektar.

Ab 1955 entstanden u. a. im Rahmen des →Programms Nord auf rund zwei Prozent der Inselfläche bzw. 200 Hektar Land 43 mehr oder weniger große Gehölze. Dazu zählen das Trimmwäldchen nördlich von Wenningstedt, das Braderuper Wäldchen, die beiden Nordwäldchen und das Südwäldchen von Westerland, das Mummarkwäldchen mit der Eidumer Vogelkoje, das Eidumwäldchen, das Nössewäldchen, der →Lornsenhain im Norden Westerlands, der Hermannshain in List, wo sich auch der so genannte „Urwald“ mit dicht verkrautetem Unterholz befindet, die →Kupferkanne bei Kampen, die →Mörderkuhle bei Tinnum und andere kleine Aufforstungen. Im Dezember 1999 legten heftige Stürme, an ihrer Spitze →Anatol, zehn Hektar Wald flach. Etwa jeder zehnte Baum, vorrangig Kiefern und Fichten, ging verloren. Dazu kam, dass die Sturmtage den jährlichen Salzeintrag von etwa 50 Kilogramm pro Hektar um ein Mehrfaches erhöhten.

Gemeinde Kampen 1994, Hubertus Jessel 1994b, Koehn 1974, Kruse 1989d, Panten/Sandelmann 1993, Rinken 1992.

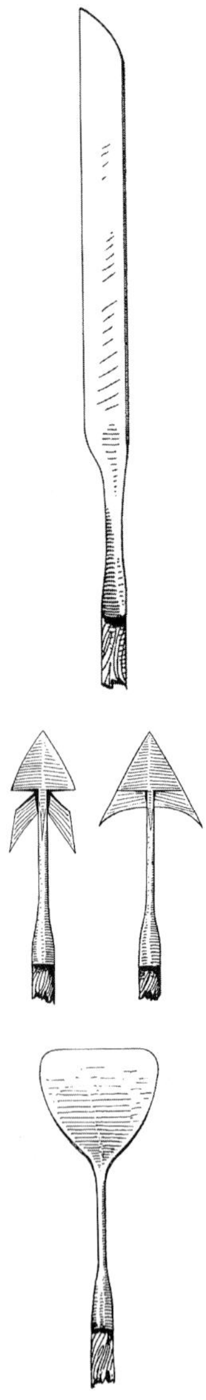

Geräte für den Walfang: Flensmesser Handharpunen Speckstecher (Nordfriisk Instituut)

Walfang *(Walfeskfang)* war wohl das größte Jagdunternehmen der Menschheit und wurde schon um 2200 v. Chr. von Norwegern praktiziert. Als man 1596 entdeckte, dass sich zwischen Grönland und Spitzbergen ungeheure Massen von Walen aufhielten, rüsteten die Niederlande, England, Frankreich und Dänemark Fangflotten aus. Hamburg und Bremen stiegen auf deutscher Seite in den Wettbewerb ein.

Zwischen etwa 1650 und 1800 beteiligten sich auch die Männer der nordfriesischen Inseln und Halligen stark am Walfang. Die Möglichkeit, auf niederländischen und Hamburger Walfangschiffen anzuheuern, kam für viele Familien zur rechten Zeit, denn die spärlichen Möglichkeiten in der Landwirtschaft reichten bei der wachsenden Bevölkerung als Lebensgrundlage nicht mehr aus. Der →Heringsfang war stark zurückgegangen. 1642 sind die ersten Sylter Walfang-Kommandeure Bunde und Tam →Petersen aus Tinnum nachzuweisen. Bis ins späte 18. Jahrhundert prägte die →Seefahrt nun das Inselleben. Während der mehrmonatigen Abwesenheit der meisten Männer mussten die →Frauen alleine zurechtkommen. Der Walfang führte bald zu beträchtlichem Wohlstand, denn viele Matrosen stiegen zum Bootsmann, Steuermann, Harpunier, Speckschneider, Schiffszimmermann oder →Kommandeur eines Schiffes auf. Der erfolgreichste Sylter war Lorens →Petersen de Hahn, der ab seinem elften Lebensjahr aktiv wurde und insgesamt 169 Wale erbeutete. Sehr bekannt war auch Kommandeur Peter Peter →Hansen.

Der Walfang war ein gigantisches, aber sehr gefährliches Unternehmen und forderte nicht nur im Fangbetrieb, sondern auch durch Unglücke bei der An- und Abfahrt viele Opfer. Die Fangsaison begann im Februar/März mit der Anreise auf →Schmackschiffen in die großen Häfen von Altona, Hamburg, Bremen, Amsterdam oder Kopenhagen. Von hier brachen die Walfänger ins Eismeer auf. Rund 250 000

Ein unbekannter Künstler malte den Hamburger Walfänger in der Arktis, 2. Hälfte des 18. Jahrhunderts. Öl auf Leinwand, 53 x 69 cm, Altonaer Museum in Hamburg

Menschen befanden sich auf etwa 5 000 Schiffen während der Sommermonate in den Gewässern vor Spitzbergen.

Wale sind die größten Lebewesen unseres Planeten. Mit rund 150 Tonnen hat ein Wal das Gewicht einer ausgewachsenen Elefantenherde. Von den Seeleuten „Walfisch“ *(Walfesk)* genannt, wurde das Säugetier vor allem wegen seiner öligen Speckschicht verfolgt. Das Fangschiff war mit seinen 30 bis 40 Metern Länge kaum größer als die Beute, und die Schaluppen, von denen aus der Wal harpuniert wurde, nur wenige Meter groß. Der Wal musste direkt von vorn oder von hinten in seinem toten Blickwinkel angegriffen werden, damit man sich ihm auf fünf bis zehn Meter nähern konnte. Nur dann bestanden gute Aussichten, dass der Wurf mit der Harpune, der Geschicklichkeit, Mut und Übung erforderte, gelingen konnte. Saß die Harpune in der Speckschicht, begann die Verfolgung des aufgeschreckten Tieres. Dabei konnte es geschehen, dass ein Wal mit aller Kraft senkrecht abtauchte, auf dem Meeresgrund aufschlug und mit gebrochenem Kiefer wieder nach oben trieb. Die größte Gefahr für die Jäger bestand darin, dass ein Wal auf der Flucht die sechsköpfige Schaluppenbesatzung unter das Eis ziehen konnte, wenn die Fangleine nicht rechtzeitig gekappt wurde. Hatte man das Tier schließlich zur Erschöpfung gebracht, wurde ihm mit dem Lanzenmesser der Todesstoß in Herz oder Lunge versetzt.

Das tote Tier wurde am Fangschiff vertäut und zerkleinert. Die Speckstreifen hievte man an Bord und verpackte sie in Fässer. Der Speck, aus dem in den Heimathäfen pro Wal etwa 17 000 Liter Tran gebrannt wurden, war ein sehr begehrtes und gut bezahltes Brennmittel, z. B. für die Straßenlaternen der europäischen Großstädte. Die Barten, auch „Fischbein“ genannt – die aus Horn bestehenden Elemente eines Filterapparates im Maul der Bartenwale –, brauchte man zur Herstellung von Korsettstangen, als Stäbe für Sonnen- und Regenschirme, Knöpfe, Lineale, Peitschenstile, Kämme, Spangen, Angelruten oder als Sprungfedern für Kutschen. Die Leber lieferte reichlich Vitamin A und D (Lebertran). Auch die außergewöhnlich harten und witterungsbeständigen Walknochen fanden auf den holz- und steinarmen nordfriesischen Inseln Verwendung, etwa als Balken, Pfosten, Grenzmarken und auf der dänischen Insel Röm auch als Bänke und Kirchenstühle. Eine Besonderheit aus jener Epoche sind die *Scrimshaws*, feine, schwarz eingefärbte Ritzzeichnungen auf Pottwalzähnen, die von Seefahrt und

Wanderdünen gibt es in Deutschland nur auf Sylt. (Foto: Volker Frenzel)

Walfang berichten. Einige sind im →Sylter Heimatmuseum zu sehen.
In der zweiten Hälfte des 18. Jahrhunderts verringerten sich infolge des übermäßigen Bejagens die Erträge. Die Zahl der Schiffe auf Arktisfahrt nahm ab, und viele Seeleute, gerade von der Insel Sylt, wechselten in die Handelsschifffahrt. Als Ersatz für den Wal konzentrierte man sich zunehmend auf den →Robbenschlag. Nach den napoleonischen Kriegen erfuhr ab den 1820er Jahren auch die Jagd auf den Wal eine bescheidene Renaissance. Der Walfang mit Segelschiffen aus einem deutschen Hafen endete 1872 mit der Heimkehr des letzten Schiffes nach Bremerhaven.

Brinner 1913, Feddersen 1995, Kuschert 1996, Lengsfeld 1991, Münzing 1978, Oesau 1937 u. 1955, Quedens 1982, Roeloffs 1997, Voigt 1982/83 u. 1987a/b.

Walschutzgebiet Das Gebiet in der Zwölf-Meilen-Zone westlich der nordfriesischen Inseln ist seit 1999 dem Schutz der →Schweinswale gewidmet. Es ist das erste seiner Art in Europa.

Walseekerstich Sylterfriesischer Flur- und Straßenname in Archsum. *Wals-eeker-stich* heißt „Weg zum Acker bei(m) Wall“. Wall ist ein Ortsteil von Morsum.

Möller 1916.

Wanderdünen Das Gebiet der einzigen Wanderdünen Deutschlands wird auch „Sylter Sahara“ genannt. Es liegt westlich von List, ist etwa zwei Kilometer lang, rund 30 Meter hoch und durchschnittlich 600 Meter breit. Die →Dünen bewegen sich, getrieben vom Westwind, mit einer Geschwindigkeit von durchschnittlich vier Metern im Jahr nach Osten. Die „Sylter Sahara“, eines der wenigen wirklich naturbelassenen Gebiete der Insel, steht seit 1923 unter Naturschutz und darf nicht betreten werden.

Wappen *(Waapen)* Auf Dänisch heißt die Insel *Sild* (mit stummem d). Dies ist auch das nordische Wort für Hering, der in das Sylter Wappen aufgenommen wurde. Das unheraldische, inoffizielle Wappen ist ein weiß und blau geteiltes rechteckiges Querformat, in dessen blauem Fußteil ein silberner Hering abgebildet ist. Die Umrandung stellt ein Blatt dar. Der Hering schwimmt, vom Betrachter aus gesehen, nach links. Das älteste bekannte Siegel aus dem 16. Jahrhundert zeigt dagegen einen „Rechtsfisch“. Es befindet sich auf einem Aktenblatt Sylter Rechnungssachen vom Jahre 1773. Auch das Siegel vom 16. Januar 1668 trägt einen stilisierten Rechtsfisch. In jüngeren Darstellungen schwimmt der Fisch nach links und ähnelt nun deutlich dem Nordseehering. Beispiele sind ein Siegel der Sylter Landvogtei aus der Zeit vor 1864, ein Wappen auf dem Buchtitel *„Söl'ring Leesbok“* von Boy P. →Möller aus dem Jahre 1909, das 1925 von Helene →Varges gezeichnete Wappen für die Sylter Heimatbücher oder auch das Wappen auf der *Sylter Rundschau.* Als Unterschrift dient der Sylter Wahlspruch →*„Rüm Hart, klaar Kiming!“* Gelegentlich sieht man auf der Insel auch das →Nordfriesen-Wappen mit dem Wahlspruch →*„Lewer duar üs Slaav"*.

Die Wappen einzelner Sylter Ortschaften entstanden zum Teil erst in jüngster Zeit. 1982 kreierte Hubertus →Jessel Wappen und Flagge von →Hörnum. Im Mittelpunkt steht der Leuchtturm, im Schildfuß sieht man ein Muschelhorn. 1979 entwickelte H. F. Kühne aus Barsbüttel ein Wappen für →Kampen. Eine stilisierte Stranddistel verkörpert das von Dünen, Weiden und Heideflächen geprägte Landschaftsbild. Bereits 1948 entwarf Albert →Aereboe ein Wappen für →List. Der Wal im oberen Teil steht für den historischen Walfang, die Nadel im Kompass in der unteren Wappenhälfte zeigt nach Norden und damit auf das Fanggebiet bei Spitzbergen. Rantum benutzt unterschiedliche, behördlich nicht genehmigte Wappen. Auf einem Beispiel aus dem Jahre 1987 ist die Lage der Gemeinde auf dem schmalsten Inselabschnitt zwischen Nordsee und Wattenmeer zu sehen. Seit 2002 hat auch die Gemeinde → Sylt-Ost ein von Hubertus →Jessel entworfenes Wappen. Die rote Morgensonne im gelben Feld steht sinnbildlich für den Sylter Osten. Fünf blaue Kompass-Sterne stellen die Gemeindeteile dar. Im blauen Feld des Meeres befindet sich ein Hering, wie er bereits im Siegel der Tinnumer Landvogtei 1668 geführt wurde. 1959 gestaltete W. H. Lippert aus Brunsbüttel ein Wappen für →Wenningstedt. Es ist schräggeteilt und zeigt zum einen die Wellen des Meeres als Haupterwerbsgebiet in früheren Jahrhunderten. Zum anderen deutet ein Wikingerschiff auf die wechselhafte Vergangenheit der Gemeinde hin.

Das bereits 1907 durch Kaiser Wilhelm II. verliehene und 1955 durch den Sylter H. Wendt leicht veränderte Wappen von →Westerland zeigt einen Leuchtturm als wichtigstes Seezeichen für die gesamte Westküste. Der Wellenschildfuß deutet die Lage der Stadt hart am Wasser an.

Hubertus Jessel 1989, Panten 2000c, Reißmann 1997, Wedemeyer 1991a.

Warft *(Werew)* wird in der Wattenmeerregion der Nordsee auch als Warf, Werf oder Werft (Nord- und Ostfriesland), Wurt (Jade/Weser-Gebiet), Wierde, Wührde (Weser/Butjadinger-Gebiet) oder Terp (Westfriesland in den Niederlanden) bezeichnet. Das Wort leitet sich vermutlich ab von „werfen" und benennt die bereits gegen Ende des ersten Jahrtausends aus Klei und Stallmist aufgeworfenen Siedlungshügel in der Marsch und auf den Halligen. Hier wäre ohne die künstlich errichteten Wohn-, Schutz- und Zufluchtstätten vor der Bedeichung kaum ein Überleben möglich gewesen. Daneben wurden auch natürlich aufgewachsene Erhebungen als Wohnhügel genutzt. Die Höhe der Warften richtete sich nach den Erfahrungen mit den Sturmfluten und musste von Zeit zu Zeit diesen angepasst werden. Eine moderne Warft ist ähnlich aufgebaut wie ein →Landesschutzdeich. Auf einem Sandkern liegt eine Schicht schwerer Kleierde, die wiederum mit Grassoden belegt ist. Auf Sylt findet man Warften vor allem in der Marsch von Archsum, Morsum und Rantum.

Lüders/Luck 1976, Nissen 1986, Wergin 1997.

Sylter Siegel aus dem 16. Jahrhundert (Panten 2000c)

Warmbadehaus Das alte Warmbadehaus entstand 1866 als Einrichtung des →Seebads Westerland. Das Wasser wurde unmittelbar aus dem Meer gepumpt und diente medizinischen und therapeutischen Kuren und Massagen. 1907/08 schuf der Architekt Heinrich →Bomhoff im Geiste des Heimatschutzes und der →Baupflege ein neues Warmbadehaus. Es gelang ihm, durch ein weit heruntergezogenes Dach den Giebel dominierend herauszustellen. Das massive Haus erschien dadurch kleiner und weckte Erinnerungen an →utlandfriesische Giebelhäuser. Ohne der Heimattümelei zu verfallen, schuf der Architekt einen Bau von ungezwungen friesischem Charakter. 1981 wurde das Haus abgebrochen.

Andresen 1980, 1989 u. 2000.

Franz Korwan-Katzenstein: „Warmbadehaus/ Westerland" um 1910, Aquarell (Sylter Archiv)

Warncke, Anita →Weißes Haus

Wassersport ist rund um Sylt bestens zu betreiben. An der Westküste zeigt sich das Meer von seiner rauen Seite und bringt selbst absolute Könner im Segeln oder →Surfen zum Kentern. Seit 1984 findet hier alljährlich der *Surf-World-Cup* statt, auch Segler fahren regelmäßig ihre Wettfahrten aus. Das ruhige Wattenmeer an der Ostküste ist ein ideales Revier für Anfänger. Sportboothäfen befinden sich in Munkmarsch und in Rantum. Segel- und Surfkurse werden allerorts angeboten.

Wasserwerk →Trinkwasser

Watt *(Heef)* An der flachen Gezeitenküste von Den Helder in den Niederlanden bis Blåvandshuk in Dänemark entstand zwischen Ufer und offener Nordsee ein bis zu 30 Kilometer breiter amphibischer Saum. Er fällt bei Ebbe ganz oder teilweise trocken, wird bei Flut jedoch zum größten Teil überspült. Dann ragen nur noch die höher gelegenen Inseln und Halligen sowie die größeren Sände aus dem Wasser heraus. Die Wattfläche in Nordfriesland beträgt rund 175 000 Hektar. Das Watt wird von →Prielen durchzogen. Sie bilden die Zu- und Abflussrinnen der Gezeitenströme und fallen auch bei Ebbe nicht trocken. Die Flut führt ständig feinstes Material heran und fördert die →Sedimentation. Da das Wasser im Außenbereich eines →Tidebeckens schneller strömt, lagert sich dort nur schweres und grobkörniges Material ab. Es bildet sich das harte Sandwatt. Erst im strömungsberuhigten Innenbereich des Wattenmeeres, in Festlandsnähe, sinken die feineren Teilchen zu Boden und bilden das stark wasserhaltige, weiche Schlickwatt. Die Übergangszonen nennt man Mischwatt. Das Sylter Watt besteht fast nur aus Sand. Die extremen Lebensbedingungen in dieser zweimal täglich vom Meerwasser überfluteten Region erlauben nur bestimmten, salzwasserverträglichen Pflanzen und Tieren eine Ansiedlung und erzeugen einen weltweit seltenen, heute durch einen →Nationalpark geschützten Lebensraum, das →Wattenmeer.

Matthiesen 2001, Reise 2000, Schutzstation 1993, Wieland 1990.

Wattstimmung (Sylter Archiv, Foto: Wilma Bräuner)

Wattenmeer *(Heef)* Das Wattenmeer Nordfrieslands umfasst die küstennahen Gebiete der →Nordsee mit →Watt, Inseln und →Halligen von Sylt bis Eiderstedt. Es bildet einen vielgestaltigen Naturraum aus sich permanent verändernden Schlick-, Sand- und Mischwattgebieten, Prielen, Buchten und Flussmündungen, Sand- und Miesmuschelbänken, Stränden, Seegras- und Salzwiesen.
Die Dynamik dieser weltweit einzigartigen Küstenlandschaft – nur einige kleine Abschnitte vor der koreanischen Küste sind damit vergleichbar – zeigt sich besonders eindrucksvoll in dem Jahrhunderte währenden Prozess der Gewinnung und des Verlustes von Kulturland. Zu Beginn unserer Zeitrechnung lag die Küstenlinie noch westlich der heutigen Außensände. Vor allem ab dem 11. Jahrhundert stieg der Meeresspiegel an, und das Wasser drang langsam in die →Utlande vor. Damals begannen die →Friesen, sich und ihr Kulturland systematisch durch Eindeichungen zu schützen. Die frühen →Deiche zeigten sich jedoch den großen →Sturmfluten noch nicht gewachsen. Das Watt wurde für ein erhebliches Siedlungsgebiet, darunter Rungholt und große Teile Alt-Nordstrands, zum „Friedhof der Marschen“. Das Sylter Wattenmeer erstreckt sich von der Ostküste der Insel bis zum gegenüberliegenden deutschen und dänischen Festland.
Das Wattenmeer ist ein biologisch hochproduktiver Lebensraum, dessen Bedeutung weit über seine Grenzen hinausreicht. Flüsse sowie Flut und Wellengang bringen Nähr- und Schwebstoffe in das Watt, wo dieser Import von Bakterien, Algen und anderen Kleinorganismen in Biomasse umgesetzt wird. →Vögel fliegen

daran gesättigt zurück zum Land, →Krebse und →Fische setzen die Nahrungskette im offenen Meer fort. Zahlreiche Tier- und Pflanzenarten haben sich den hier herrschenden Bedingungen angepasst. Sie müssen in der Lage sein, die sich durch die →Gezeiten ändernden Umweltbedingungen wie starke Temperatur- und Lichtschwankungen oder Austrocknung zu überleben. Andererseits finden sie im Wattenmeer eine enorme Nahrungsfülle. Im flachen Wasser reichern sich Schwebstoffe, insbesondere →Plankton, an. Bei Niedrigwasser dringt besonders viel Licht auf den Meeresgrund und lässt eine üppige Weide aus Mikroalgen gedeihen. Meist im Wattboden verborgen, findet man Klein- und Kleinstlebewesen wie →Schnecken, Würmer, →Muscheln, Garnelen und Krebse, manche in sehr hoher Zahl und Dichte. Die etwa fünf Millimeter große Wattschnecke lebt in Kolonien mit bis zu 50 000 Tieren pro Quadratmeter Schlickwatt. Das Wattenmeer ist das vogelreichste Gebiet Europas. Bis zu zwölf Millionen Wat- und Wasservögel rasten, brüten, mausern oder überwintern hier im Verlauf eines Jahres, allein in Schleswig-Holstein rund drei Millionen. Insgesamt verbringen erhebliche Bestände von rund 40 verschiedenen Vogelarten ihren Lebenszyklus ganz oder teilweise im Wattenmeer, ebenso zahlreiche Fischarten, →Seehunde und →Kegelrobben sowie einige →Schweinswale.

1985 wurde das Schleswig-Holsteinische Wattenmeer in den Status eines →Nationalparks erhoben. Seine „Ursprünglichkeit und Schönheit mit einer artenreichen Tier- und Pflanzenwelt" (Nationalparkgesetz) genießt seitdem allerhöchsten Schutz.

Fiedler 1992, Landesamt 1992, Quedens 1992, Steensen 2001c, Umweltatlas 1998.

Wattenmeerstation Sylt Die Wattenmeerstation am Lister Hafen wurde 1924 als Außenstelle für Austernforschung der Biologischen Anstalt Helgoland gegründet. Das Laboratorium sollte die Ursachen des dramatischen Rückgangs der Austernbestände untersuchen und Möglichkeiten der Austernzucht aufzeigen. Der Zweite Weltkrieg beendete diese Bemühungen. Nach dem Krieg widmeten sich die Forschungen der Flora und Fauna im Wattenmeer und in der angrenzenden Nordsee. Mit dem Projekt SWAP (Sylter Wattenmeer-Austausch-Prozesse) dehnten sich die biologischen Untersuchungen auf das gesamte Ökosystem der Küste mit seinen Wechselwirkungen zwischen Strömungen, Sedimentverteilungen und Organismen aus. Seit 1998 gehört die Station zur Stiftung →Alfred-Wegener-Institut für Polar- und Meeresforschung (AWI) mit Hauptsitz in Bremerhaven und ist zuständig für den Bereich der Küstenökologie. Etwa 50 Mitarbeiterinnen und Mitarbeiter, davon acht auf wissenschaftlichen Dauerstellen, und viele Praktikanten, Diplomanden und Doktoranden sowie jährlich rund 350 Studierende erkunden unter Leitung von Professor Karsten Reise (* 1946) das Leben der Pflanzen und Tiere im Sylter Seegebiet, unterstützt durch den stationseigenen Forschungskatamaran *Mya*.

Kinne 1967, Nordfriisk Instituut, Reise 1998, Sawallich 1992b.

Wattwandern *(heefwaneri)* Auf bestimmten Routen kann man bei Niedrigwasser im →Watt spazieren gehen, z. B. vom Festland zu einer der Halligen oder zur Insel Föhr, von Föhr nach Amrum oder von Nordstrand nach Südfall. Die

Mit dem Wattführer auf Exkursion (Foto: Volker Frenzel)

Wattwanderwege verlaufen zumeist auf einer →Wattwasserscheide. Sie werden von den Wattführern zudem so gewählt, dass →Priele an flacheren Stellen durchwatet und Muschelbänke und tückische, nur dünn verschlickte ehemalige Erdentnahmelöcher umgangen werden. Die „Wege" sind, von Ausnahmen abgesehen, nicht gekennzeichnet und verändern sich ständig, vor allem unter dem Einfluss starker →Sturmfluten. Plötzliche Wetteränderungen, Gewitter und aufziehende →Seenebel werden genau wie im Hochgebirge zu lebensgefährlichen Fallen. Eine Durchquerung des Watts sollte deshalb nicht ohne fachkundige Führung und Kompass erfolgen. Von Sylt aus ist keine andere Insel oder Hallig zu Fuß erreichbar. Im Wattgebiet der Insel werden dennoch zahlreiche Führungen angeboten. Man hat die Wahl zwischen geologischen, botanischen, ornithologischen und anderen Wanderungen.

Quedens 1992, Reinke 1996.

Wattwasserscheide Auch im →Watt gibt es Höhenunterschiede im Gelände. Ein Wattrücken wirkt deshalb ähnlich wie ein Gebirge. Er trennt die Wasser führenden Täler oder →Tidebecken voneinander, allerdings nur bei →Ebbe. Während in den Tälern die →Priele verlaufen, fällt der Wattrücken bei jeder Tide trocken, weshalb auch der Aufwand für einen Dammbau zu den Inseln und Halligen hier am geringsten ist. Früher wurden manche Wattwasserscheiden auch verkehrsmäßig genutzt, z. B. von Postkutschen, weil ihre Oberfläche ziemlich eben und nicht von Prielen durchschnitten ist. Nach Sylt konnte ein solcher Weg nur bei wochenlangem Ostwind, wie z. B. 1849, benutzt werden. Er führte auf der Linie des heutigen →Hindenburgdamms von Morsum zur Wiedingharde. Auch viele →Wattwanderwege verlaufen auf solchen Wasserscheiden.

Newig/Petersen 1995, Rinken 1992.

Wattwurm *(Eeswürem)* Im →Watt lebt in großer Zahl ein bis zu einem Zentimeter dicker und bis zu 30 Zentimetern langer Ringelwurm. Als Wanderer kann man die großflächigen Watt- oder Sandpierwurmsiedlungen mit bis zu 30 Tieren pro Quadratmeter anhand der Kothäufchen und Einsturztrichter leicht erkennen. Der Wattwurm bewohnt bis zu 30 Zentimeter tief in den Boden gegrabene L-förmige Gänge. Im waagerechten Teil liegend frisst er ein Gemisch aus Sand sowie Pflanzen- und Tierresten und ernährt sich von den Mikroorganismen, die auf der Oberfläche der Sandkörner wachsen. Dabei sackt Erde von oben nach, weshalb an der Wattoberfläche ein kleiner Einsturztrichter entsteht. In einer Wattwurmsiedlung wird die nahrungsreiche oberste Sedimentschicht des Watts rund zehnmal im Jahr im Darm „verarbeitet". Zur Ausscheidung der unverdaulichen Nahrungsreste schiebt er sich durchschnittlich alle 45 Minuten rückwärts nach oben, bis das Schwanzende die Bodenoberfläche erreicht, und legt seine typischen Kothaufen in Form von Sandschnüren („Sandspaghetti") auf dem Watt ab. Dieser Vorgang ist nicht gefahrlos, da seine natürlichen Feinde wie Scholle, Strandkrabbe, Austernfischer oder Brachvogel zumindest Teile des Schwanzendes erbeuten können. Allerdings kann der Wattwurm die Hinterleibssegmente etwa sieben Mal ersetzen.

Fiedler 1992.

Watvögel (Limikolen) →Vögel

Weber, Ulle →Withüs

Weberei *(weev* = weben) In enger Verbindung mit der Entwicklung der →Tracht bildete sich auf Sylt im 18. Jahrhundert die Kunstweberei heraus. Um 1790 waren allein in Westerland zwölf Weber mit der Anfertigung von Gürtelbändern beschäftigt. Die Alltagskleidung wurde von den Sylter Familien hergestellt. Vor 1900 stand in fast jedem Haus ein Webstuhl. Die →Wolle stammte von eigenen Schafen. Wenn ein Junge konfirmiert wurde, bekam er einen gewebten Anzug, der mindestens bis zu seiner Hochzeit hielt. Die gewalkten Webstoffe waren unverwüstlich. *Wat stampet wiar, stön fan salev* – Was gestampft oder gewalkt war, stand von selbst – wurde gesagt. Eine Grundwebart war die Leinwandbindung. Kinder- und Frauenkleidung wurde in der Beiderwand-Technik, also zweischichtig, gewebt. Naturgrau war die Hauptfarbe. Auch Leinen wurde in vielen Häusern verarbeitet. Die lebensnotwendige Hausweberei entwickelte sich vor allem in den Ostdörfern zum →Handwerk. Um 1890 gab es rund ein Dutzend Webemeisterinnen und -meister auf der Insel. 1921 gründete Johanna Cords in Sylt-Ost eine kleine Strickerei und Handweberei, die sie nach dem Zweiten Weltkrieg nach Rantum verlegte. Um 1955 beschäftigte sie 150 Arbeitskräfte, zumeist Frauen von

Jede Weberei hatte ihre eigenen Muster und Artikel. Die Webstube von Hanna Jörgensen in Keitum existierte bis 1950. (Sylter Archiv)

→Flüchtlingen. In den Nachkriegsjahren eröffnete auch Landesinnungsmeisterin Luise Harders ihre weithin bekannte „Alt-Angler-Kunstweberei“ in Westerland. In den 1950 und 60er Jahren konnte auch in Keitum und Kampen die Herstellung von Stoffen, Decken, Kissen, Wandbehängen, Teppichen und Vorhängen verfolgt werden. 1979 machte sich Silke Wessel aus Munkmarsch in Keitum mit einem Webstuhl selbstständig. Als sie 1988 nach Westerland zog, war sie noch eine von drei verbliebenen Handwebmeisterinnen auf Sylt. Seit 2000 betreibt sie als letzte Selbstständige ihres Fachs eine Werkstatt mit Laden in Keitum.

Haverkamp 1908, Stöpel 1927, Sylter Archiv.

Wedderkop, Hermann von * 1876 Eutin, † um 1950 Hamburg, Kunstschriftsteller. Von Wedderkop gab zwischen 1922 und 1931 die avantgardistische Zeitschrift *Der Querschnitt* heraus und verfasste einige Bände der Buchreihe „Was nicht im Baedeker steht“. 1927 erschien sein Sylt-Roman „Adieu Berlin“. 1940 wurde der Musikroman „Die falsche Note“ veröffentlicht. Dann verliert sich seine Spur.

In seinem Roman „Adieu Berlin“ beschreibt Hermann von Wedderkop das Badeleben in Kampen 1927 aus der Sicht eines Berliner Playboys: „In diesem Dorf tummelt sich die komischste Gesellschaft, nur Menschen von Interessen, die zu dieser Landschaft in Beziehung stehen – Musiker, Schriftsteller, überhaupt Künstler. Es ist tatsächlich ein besonderes Fleckchen Erde. ... Es ist die bekannte Mischung, wie man sie ja nirgendwo wiederfindet: diese Mischung von Bohème, Großartigkeit der Natur und Komfort. Und zwar vollkommen unberührte Natur, Möwen, Wasser, das kleine Dorf mit dem Leuchtturm nach dem Innern der Insel zu, und schließlich, wunderbarster Gegensatz zum offenen Meer: die Wattseite, diese Art Urlandschaft, an Einsamkeit vielleicht das Unerhörteste, was es gibt.“

Wedemeyer 1991a.

Wedemeyer, Manfred * 2.7.1931 Nortorf/Holstein, Volkswirt und Schriftsteller. Wedemeyer war 1954 erstmals auf Sylt und erwarb 1964 ein Grundstück in Morsum. 1971-98 leitete er die Akademie am Meer in →Klappholttal. Er verfasste eine Vielzahl von Publikationen über die Insel und ihre Persönlichkeiten. 1994-97 war er wissenschaftlicher Mitarbeiter der Universität Klagenfurt. 2000 erhielt er den →C.-P.-Hansen-Preis für sein Gesamtwerk.

Nordfriisk Instituut, Steensen 2000, Wedemeyer 1967 ff.

Weesterstich Sylterfriesischer Flur- und Straßenname in Archsum und Tinnum. *Weester-stich* heißt „Westerweg“.

Möller 1916.

Wehle *(Sii)* nennt man ein teichähnliches Gewässer (Kuhle) auf der Landseite eines Deiches. Es entstand dadurch, dass bei einem Deichbruch das hereinstürzende Wasser den Boden auswühlte. Die Wehlen waren in der Regel zu tief, als dass man sie noch einmal durchdeichen konnte. Deshalb wurde der neue Deich meist im Halbkreis, vielerorts Halbmond genannt, an der Auskolkung vorbeigeführt. Zurück blieben die kleinen, für die nordfriesischen Marschen so typischen Seen. Auf Sylt tragen die Gräben im Nössekoog entsprechende Namen: Kreuz-Wehle, Archs-Wehle, *Tjüüls*-Wehle und *Sii*.

Nordfriisk Instituut.

Weidemann, Magnus * 17.12.1880 Hamburg, † 9.10.1967 Keitum, Theologe, Maler, Fotograf, Lyriker. Der nach eigener Einschätzung natürlich empfindende Lichtmensch und Schönheitssucher Weidemann gab 1919 seine Pfarrstelle in Kiebitzreihe bei Elmshorn auf und widmete sich der Malerei und Dichtkunst. Seit 1921 besuchte er regelmäßig Knud →Ahlborn und Ferdinand →Goebel in →Klappholttal. 1923 gab er die Zeitschrift *Die Freude* heraus, 1926 übernahm er Goebels Haus in Keitum. Genuss und Freude sollten die obersten Lebensziele sein, ein Körper ohne Kleidung das eigentlich Normale und Gesunde. Es entstanden Bilder wie „Schäumen und Träumen“, „Sonnenfunken“ und „Huldigung“. Weidemann war der Auffassung, dass nacktes Baden ein neues Menschentum erziehe. Folgerichtig wurde er

Magnus Weidemann: „Sylter Dünenland“ 1955, Öl auf Hartplatte, 60 x 110,5 cm, Nordfriesisches Museum Husum

zu einem Pionier der Aktfotografie. 1926 erschien sein Buch „Deutsches Baden".
In den 1930er Jahren glitten seine Landschaftsbilder und Aufsätze ins Heroische und Völkische ab. 1939 veröffentlichte er sein Buch „Unsere Nordische Landschaft" mit 81 Abbildungen, die zum Teil auch als Postkarten erschienen. „Nordisch", so schrieb der Kunsthistoriker Ulrich Schulte-Wülwer, „hieß für ihn urtümlich, zäh, kämpferisch und widerstandsfähig." Bilder wie „Frühlingsfeuer auf Hünengrab" (1938) verstand er durchaus als politische Botschaften im Sinne der nordischen Rassenlehre.
Nach dem Zweiten Weltkrieg malte Weidemann zunächst kleine Aquarelle, veranstaltete Lesezirkel in seinem Haus und beschäftigte sich mit philosophischen Themen. 1967 wurde er neben seinen Freunden Ahlborn und Goebel an der Südmauer des Keitumer Friedhofs begraben. Seine Bilder sind seit 1997 in der Weidemann-Dokumentation des →Sylter Heimatmuseums in Keitum ausgestellt. Eine große Sammlung besitzt das Nordfriesische Museum Nissenhaus.

Schulte-Wülwer 1996, Wedemeyer 1986, Wedemeyer/Weidemann 1984, M. Weidemann 2001, V. Weidemann 1980, Wulf 1980.

Weihnachtsbaden findet seit 1985 jährlich am zweiten Weihnachtstag am Strand vor Westerland statt. Von Jahr zu Jahr stürzen sich mehr Teilnehmer in die zwei bis vier Grad kalte

Mutige „Walrösser" steigen auch bei Wassertemperaturen um die 4° Celsius in die Nordsee. (Foto: Volker Frenzel)

Nordsee. Dies geschieht verkleidet, im Badeanzug oder nackt. Die so genannten „Walrösser" aller Altersgruppen werden von mehreren tausend Schaulustigen angefeuert, die gut vermummt und mit heißem Punsch das Geschehen von der sicheren Kurpromenade aus verfolgen. Weitere derartige Mutproben können bei den Neujahrsschwimmen vor Wenningstedt und List abgelegt werden.

Nordfriisk Instituut.

Weihnachtsbaum →Sylter Weihnachtsbaum

Weimarer Republik Die Weimarer Republik, die erste Demokratie für Deutschland, wurde auch auf Sylt als ein Ergebnis der deutschen Niederlage im Weltkrieg empfunden, fand aber dennoch anfangs viel Zustimmung. Die →Volksabstimmung am 14. März 1920 brachte auf der Insel eine klare Mehrheit für Deutschland, führte jedoch auch zu einer Übersteigerung des deutschen Nationalismus. Das blühende kulturelle Leben der Republik, besonders in der Hauptstadt Berlin, war während der Saison auch auf Sylt zu spüren, denn viele →Maler, →Schriftsteller und andere →Prominente verbrachten hier ihre Sommerferien. Ein für die Insel besonders wichtiges Ereignis war die Einweihung des →Hindenburgdamms 1927, benannt nach dem Reichspräsidenten. Bei den →Wahlen zum Reichstag hatten zunächst die republiktreuen Parteien die besten Ergebnisse erzielt, doch schnell nahmen die bürgerlichen Rechtsparteien an Stärke zu. Der Siegeszug des →Nationalsozialismus begann auf Sylt im September 1930. Dieser hing zusammen mit der schweren wirtschaftlichen Krise. Der Fremdenverkehr hatte seinen Vorkriegsstand nie wieder erreicht. Vor allem in der Zeit der Weltwirtschaftskrise sparte man zuerst an der Ferienreise. Überdies war 1930 das Wetter so schlecht, dass die Gäste geradezu fluchtartig die Insel verließen. Das Handwerk litt unter dem Auftragsmangel. Die Landwirtschaft geriet in eine schwere Krise. Die Arbeitslosigkeit erreichte einen Höchststand.

Koops 1993, Steensen 1996a, Voigt 1977.

Weißdüne →Dünen

Weiße Nächte →Klima

Weißes Haus Das 1763 von Kapitän Friedrich Jensen →Becker erbaute Haus in Kampen ging durch viele Hände. Eigentümer waren u. a. der Kapitän Tyge Jensen Kamp (1805-1879) sowie die Architekten Walther →Baedeker und Hans Poelzig. 1934 erwarb es die Kunsthandwerkerin Anita Warncke (1896-1957) aus Mecklenburg. Gemeinsam mit ihrer Freundin Irmgard Jaeger (1886-1975) formte sie das Haus zu einem kulturellen und geistigen Treffpunkt für Menschen, die unter dem Nationalsozialismus litten. Irmgard Jaeger, die 1947-51 dem Kreistag Südtondern angehörte, erwarb das Weiße Haus nach dem Tode ihrer Freundin und ließ es 1970 unter Denkmalschutz stellen.

Sauermann 1939, Spreckelsen 1996.

Kapitän Friedrich Jensen →Becker ließ eine neunzeilige Inschrifttafel am Weißen Haus in Kampen anbringen:

Soli Deo Gloria
Mensch bedenke das Ende
So wirst du nimmer übels thun
Eines ist Noht nemlich das
Selig ist der das Brod isset
im Reiche Gottes. Lucas 14 v. 15.
Darum eines ist Noht,
nemlich die Sorge um die Seligkeit.
Ao. 1763

Weißes Kliff *(Witklef)* heißt die bis zu 15 Meter hohe Steilküste zwischen Munkmarsch und Braderup. Der Name stammt von dem hellen Kaolinsand, der an der Ostküste Sylts zutage tritt. Diese 80 Meter mächtige Schicht wurde in dem Delta eines skandinavischen Flusssystems, das hier vor rund zwei bis drei Millionen Jahren mündete, abgelagert. Der Sand enthält zahllose winzige Edel- und Halbedelsteinkörnchen in den verschiedensten Farben sowie Bausteine aus einem zerschlagenen Urgebirge Nordeuropas. Der touristisch wenig erschlossene Strand und auch die Steilküste laden zum Wandern und zum Genießen der Naturschönheiten ein. Im Watt vor dem Weißen Kliff tauchen bei Ebbe die Reste des verbrannten Dreimastschoners →*Mariann* auf. Auch an der Westküste bei List ist auf alten Karten ein „Weißes Kliff" verzeichnet.

Bremen 2000, Kersten/La Baume 1958.

Wellen →Brandung

Weltkriege →Erster Weltkrieg, →Zweiter Weltkrieg

Wenningstedt *(Woningstair)* Die Gemeinde Wenningstedt-Braderup im →Amt Landschaft Sylt liegt rund drei Kilometer nördlich von Westerland. Auf einer Fläche von 637 Hektar leben 1 587 Einwohner und 1 825 Zweitwohnungsbesitzer (2001).

Der „Wohnplatz der Leute des Winni", wie der Name wohl zu deuten ist, bestand vermutlich bereits vor der ersten friesischen Einwanderungswelle ab dem 7./8. Jahrhundert. Möglicherweise war es ein Hafenort und wie Braderup und List von Dänen gegründet. Nach altüberlieferten, aber gänzlich unbewiesenen Geschichten sollen im 5. Jahrhundert von hier die Angeln und Sachsen unter Führung von →Hengist und Horsa gen Westen ausgelaufen sein, um England zu erobern. Aus vorgeschichtlicher Zeit wurden zahlreiche Grabhügel, darunter auch das rund 5 000 Jahre alte Ganggrab →Denghoog, entdeckt. Erste urkundliche Erwähnung fand „*Wynningstede*" 1462 im Zinsbuch des Bistums Schleswig.

Bis ins 17. Jahrhundert blieb das Dorf klein, seine Bewohner lebten in ärmlichen Verhältnissen. Einer Steuerliste von 1612 kann man entnehmen, dass lediglich sechs Einwohner Abgaben zu leisten hatten. Zum Vergleich: Morsum als einwohnerstärkste Gemeinde hatte 73, Westerland 37 Steuerzahler. Ab etwa 1650 beteiligten sich auch die Wenningstedter am →Walfang und überwanden damit das größte Elend. 1709 wurde z. B. das Geburtshaus von Kapitän Jens →Booysen erbaut; weitere Kapitänshäuser wie etwa das des Kommandeurs →Teunis folgten.

1859 gilt als das Gründungsjahr des →Seebads Wenningstedt (20 Gäste), doch erst 1889 wurde als erstes seiner Art das zweistöckige „Central-Hotel" errichtet. Es diente später als Bahnhofshotel der Inselbahn, wurde in Hotel „Seestern" umbenannt und 1923 abgerissen. 1894-

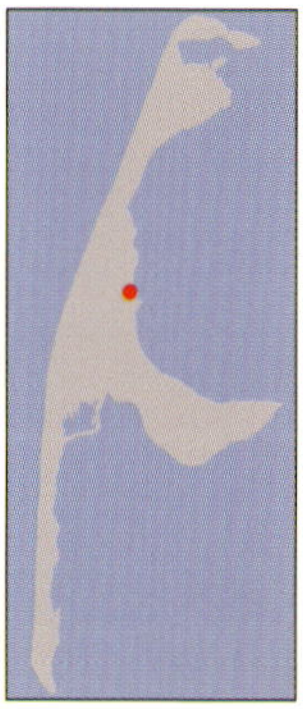

Weißes Kliff

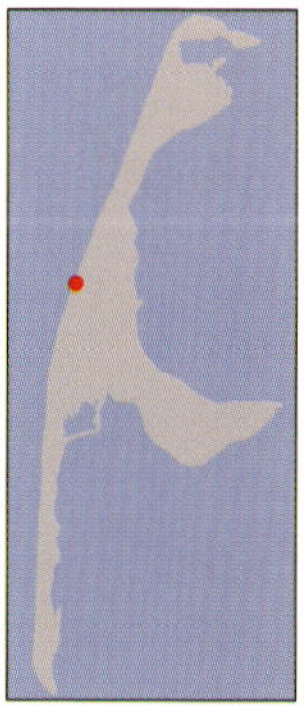

Wenningstedt

Hotel „Zum Kronprinzen" in Wenningstedt nebst Villen und Logierhaus, um 1905 (Sylter Archiv)

Blick über den Dorfteich in Wenningstedt zur Friesenkapelle (Foto: Uwe Sönnichsen)

Wappen von Wenningstedt

1902 entstand in rund 70 Metern Entfernung zur Küste das →Hotel „Zum Kronprinzen". Das Haus wurde 1955 von der heranrückenden See eingeholt und musste gesprengt werden. In der Sturmflut von 1962 erreichte die Abbruchkante auch die weiter östlich gelegenen Nebengebäude, die ein Jahr später ebenfalls abgerissen wurden. Um die Jahrhundertwende entstand auch das „Hotel zur Nordsee", das spätere „Hamelau's Strandhotel" und heutige Schullandheim des Hamburger Bismarck-Gymnasiums. Ab 1903 verband die Inselbahn den Ort mit Westerland und Kampen. 1907 erhielt Wenningstedt ein stattliches Gebäude, die Kaiserliche Post, in der sich heute das Bürgermeisteramt befindet. 1914 wurde am Dorfteich die protestantische →Friesenkapelle gebaut. Bis 1927 bestand mit Kampen und Braderup der Gemeindeverbund →Norddörfer. Kampen trennte sich ab, Wenningstedt nahm →Braderup in seine Gemeinde auf.

Die alternative Teestube im →Withüs öffnete 1951. Im Jahr 1983 vernichtete eine Sturmflut die bereits 1927 und 1949 versetzte Kurhaus-Strandhalle. Ihre Reste bilden heute das Restaurant „Kliffkieker". Seit 1960 darf sich Wenningstedt-Braderup als →Nordseeheilbad bezeichnen. Damals kam auch der Dorfteich, einst Viehtränke und Waschplatz, in Gemeindebesitz – als Geschenk der Hausbesitzer, deren Grundstücke an den Teich angrenzten. An der Westküste nördlich von Wenningstedt befindet sich das hoch aufragende →Rote Kliff, östlich des Ortes zwischen Dünen und Heide ein 1989 angelegter, auch hohen Ansprüchen genügender Golfplatz.

Bremen 2000, Laur 1992, Leonhardt 1980, Rinken 1992, Spreckelsen 1977, 1981 u. 1991.

Werner, Anton von * 9.5.1843 Frankfurt/Oder, † 4.1.1915 Berlin, Maler. Von Werner studierte Kunst in Berlin und Karlsruhe. 1875 wurde er zum Direktor der Berliner Akademie und zum Mitglied der preußischen Landeskunstkommission ernannt. 1882 erholte er sich in Westerland bei „unaufhörlich niederströmendem Regen.... Der Blick von den hohen Dünen hinab auf das wild aufgeregte Meer mit der gegen den Strand donnernden, hochaufschäumenden Brandung und auf die über dem weiten Horizont wild dahinjagenden phantastischen Wolkengebilde entschädigte indes reichlich dafür". So beschrieb er seine „Erlebnisse und Eindrücke" (1913). 1891 kehrte er wieder und fertigte am Strand einige skizzenhafte Zeichnungen, darunter die „Kurgäste am Strand". Sie gehören zu den wenigen künstlerischen Dokumenten, die das frühe →Badeleben auf Sylt darstellen.

Schulte-Wülwer 1996, Werner 1913.

Anton von Werner: „Motiv am Strand" 1891, Bleistiftzeichnung (Museumsberg Flensburg)

Werner, Gerd. P. →Bürgerinitiative „Rettet Sylt"

Wessel, Silke →Weberei

Reinhard Wester (Nordfriisk Instituut, Thomas Steensen)

Wester, Reinhard * 2.6.1902 Wuppertal-Elberfeld, † 16.6.1975 Eutin, Pastor, Bischof. Wester wirkte seit 1932 als Pastor in Westerland. Er begrüßte zunächst die Machtübernahme der Nationalsozialisten, schloss sich dann aber der Bekennenden Kirche an, die sich gegen den Machtanspruch der nationalsozialistischen Deutschen Christen wandte, und war zeitweise Vorsitzender ihres Landesbruderrats. 1941 war er für einige Wochen inhaftiert. Nach der Rückkehr aus englischer Kriegsgefangenschaft in Ägypten 1947 wurde er Bischof für Schleswig.

Dannenberg o. J., Steensen 1996a.

Westerland *(Weesterlön)* Westerland liegt am Sylter Weststrand etwa in der Mitte der nordsüdlichen Ausdehnung der Insel. List im Norden befindet sich etwa 15 Kilometer, Hörnum im Süden rund 17 Kilometer entfernt. Auf einer Fläche von 843 Hektar lebten 2002 genau 9 195 Einwohner und 4 528 Zweitwohnungsbesitzer. 1905 erhielt Westerland die Stadtrechte.

Der Ort wurde in der ersten Hälfte des 15. Jahrhunderts von den Einwohnern des alten Kirchdorfs →Eidum gegründet. Sturmfluten hatten ihr Dorf zerstört. Ihre neuen Siedlungen nannten sie zunächst Hedigen (Heideflächen). Die 1462 im Zinsbuch des Bistums Schleswig erstmals beurkundete Bezeichnung *„Westerlant"* ist ein alter Tinnumer Flurname und weist darauf hin, dass sich die Eidumer im Westen des bereits bestehenden Dorfes Tinnum niedergelassen hatten. 1695 wurden 76 abgabenpflichtige Häuser gezählt. 1855 entdeckte der Landvogt Werner van →Levetzau Westerland für den Fremdenverkehr. Wulf Manne →Decker und andere formten das alte Kirchdorf ab 1857 zu einem erfolgreichen →Seebad. Seither nahm es einen rasanten Aufstieg zu einem mondänen Badeort. Rund zweieinhalb Millionen Übernachtungen in etwa 25 000 Gästebetten werden pro Jahr verzeichnet. 1 089 Gewerbebetriebe sorgten im Jahr 2000 für eine Steuerkraft von rund 1 500 Mark je Einwohner.

1857 wurde das erste Hotel, die →„Dünenhalle", eröffnet, 1859 folgten mit dem „Strandhotel" (1890 abgebrannt) und 1869 mit dem →„Hotel Stadt Hamburg" weitere Logierhäuser, 1880/81 baute man das erste massive Haus direkt auf die Dünen am Übergang zum Strand, die 1919 abgerissene →Villa Baur-Breitenfeld. Weitere Häuser aus dem 19. Jahrhundert sind z. B. das →„Hotel Royal" und die →Apotheke (1892) in der →Friedrichstraße. In der →„Alten Post" (1892) sind u. a. die Stadtbücherei und das Sylter Archiv untergebracht.

Elektrische →Energieversorgung ab 1893 und ein Fernsprechkabel zum Festland ab 1897 steigerten die Anziehungskraft der Gemeinde erheblich. 1898 wurde das architektonisch interessante →Kurhaus eingeweiht. 1903 entstand das Jugendstil-Hotel →„Miramar", 1908 folgte das erste →Kurmittelhaus und 1912 der →Flugplatz. Zwischen 1934 und 1940 stieg die Einwohnerzahl kriegsbedingt von rund 4 000 auf 7 700 Personen an.

Seit 1948 darf sich die Stadt mit dem Prädikat →Nordseeheilbad schmücken. Die rund 10,5 Quadratkilometer große „Hauptstadt" Sylts ist heute bereits von weitem an ihren Betonhochhäusern zu erkennen. Die bekannte Silhouette entstand 1966-68 mit der Errichtung des →Kurzentrums und des Appartement-Hochhauses „Metropol". 1971 wurde das gigantische Bauprojekt →„Atlantis" nach vehementem Protest aus der Bevölkerung in letzter Minute ge-

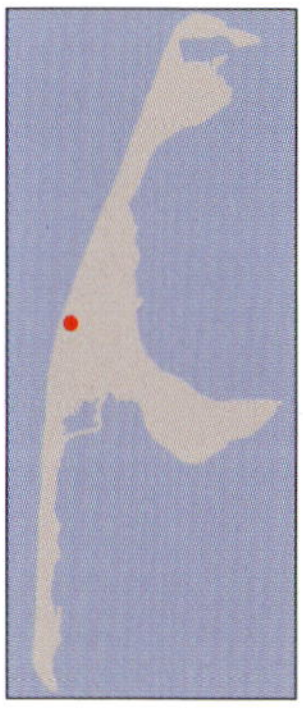

Westerland

Die „Hauptstadt" aus der Luft. Die Deckwerke am Strand verhindern hier deutlich den Landverlust. (Foto: Volker Frenzel)

Wappen von Westerland

stoppt. 1993 entstand ein Gebäudekomplex mit dem Freizeitbad →Sylter Welle nebst einer Saunalandschaft und dem jetzt in →„Syltness-Center“ umbenannten Kurmittelhaus. Doch gibt es neben der modernen Architektur auch 30 Häuser, die, wie z. B. die →„Alte Friesenstube“, unter Denkmalschutz gestellt wurden. Weitere 150 Häuser gelten als schützenswert, darunter mehrere →utlandfriesische Häuser im alten Dorfkern.

Die protestantische Kirche →Sankt Niels wurde 1635-37 errichtet. 1908 weihte man die unter Leitung von Heinrich →Bomhoff erbaute zweite evangelische Kirche →Sankt Nicolai mit 600 Sitzplätzen ein. 1896-1957 stand in Westerlands Stadtmitte die katholische Herz-Jesu-Kapelle mit 160 Sitzplätzen. Als sie zu klein wurde, erbaute man 1957 die Kirche →Sankt Christophorus. Gegenüber der Kirche liegt die →„Heimstätte für Heimatlose“, ein Friedhof für die namenlosen Opfer der See. Ein Wahrzeichen der Stadt ist die →Wilhelmine in der Wilhelmstraße. Andere Symbolfiguren wie der „Sturmbläser“ oder die „Europa“ sind auf der →Kurpromenade zu finden. Seit 2001 stehen auf dem Bahnhofsvorplatz die →„Reisenden Riesen im Wind“.

Hubertus Jessel 1998, Leonhardt 1980, Newig 1974 u. 1996a, Opitz 1996, Rinken 1992, Stöver 1980, Voigt 1986a, Wedemeyer 1977a, Wedemeyer/Voigt 1980.

Westerländer Musikverein von 1889 Bereits 1880 gründeten Paul Ebe →Nickelsens Musikschüler den Westerländer Dilettanten-Verein. 1889 entstand daraus der Westerländer Musikverein, der gleichzeitig als Feuerwehrkapelle diente. Die ständig wachsende Musikerschar tritt auf Straßen-, Schützen- oder Ringreiterfesten, bei Pfingstkonzerten und bei der →Biike auf. Am Heiligen Abend ertönen ihre weihnachtlichen Weisen vom Turm der →Sankt Nicolai-Kirche. Die etwa 40 aktiven Musiker aller Altersgruppen absolvieren rund 80 bis 100 Veranstaltungen im Jahr. 2000 entstand ihre erste CD. Mit 59 Jahren Amtszeit hielt Max Thomas 1895-1954 den Taktstock am längsten in der Hand. Die anderen Kapellmeister waren Peter Andresen (1889-94), Alfred Genschmer (1954-57 und 1964-70), Hans Warnke (1957-64), Siegfried Nissen (1970-80 und seit 1981) und Siegfried Tachilzik (1980/81).

C. Petersen 1989b, Wedemeyer 1989b.

Blick auf die neuen Strandanlagen in Westerland nach dem Großbrand 1911 (Sylter Archiv)

Wetter →Klima

Wetterstation Seit dem 1. Januar 1937 arbeitet in List auf der Düne *Süterknol* eine Wetterstation. Sie übermittelt zweimal stündlich aktuelle Daten über Wolkenformation, Windgeschwindigkeit und Windrichtung. Auch die Lufttemperatur in verschiedenen Höhen, die Luftfeuchtigkeit und der Luftdruck, die Sonnenscheindauer und der Erdbodenzustand werden an die Bundeszentrale in Offenbach und an das Seewetteramt Hamburg gemeldet. Zweimal täglich kann in List telefonisch die aktuelle Wettervorhersage abgefragt werden. Dies ist deshalb sinnvoll, weil sich das Wetter auf den nordfriesischen Inseln deutlich vom Festlandswetter unterscheiden kann. Seit den 1960er Jahren misst eine Außenstation des →Umweltbundesamtes in Westerland und Tinnum die Sylter Luftqualität. Eine zweite Wetterstation wurde im Jahr 2000 in Hörnum eingeweiht. Die vom S. Fischer Verlag gestiftete Messeinrichtung „Isaacs Sturm“ leitet ihre Daten stündlich an die Meteomedia AG weiter, die mehr als 200 solcher Stationen besitzt. Der Name ist dem Titel eines amerikanischen Wetterthrillers entliehen. Der Film erzählt die tragische Geschichte eines Meteorologen im Kampf gegen einen Hurrikan.

Eschbach 1995, Nordfriisk Instituut.

„Whiskystraße“ ist die scherzhafte Bezeichnung für den *Strönwai* in Kampen, eine Straße, in der sich seit den 1960er Jahren wie in den Großstädten Bars und Clubs aneinanderreihen.

Nobelkarrosse in Kampen (Foto: Volker Frenzel)

Damals entdeckte die Lebewelt neben Saint Tropez auch Sylt und insbesondere Kampen. Die Nobelkarossen vor den Bartüren gaben reichlich Anlass für Spekulationen. Klatschjournalisten sorgten für weltweite Verbreitung der Ereignisse. Das →Gogärtchen ist nach wie vor ein beliebter Treffpunkt der →Prominenz, das →Pony beging 2001 sein 40-jähriges Jubiläum. Andere bekannte Lokale hießen „Bei →Karlchen", „Village", „Tenne" oder „Ziegenstall", die Bar der Tänzerin und Schauspielerin Valeska →Gert.

Leonhardt 1980, Schreiber 1996.

Wibel, Ferdinand →Denghoog

Wichert, Fritz * 22.8.1878 Kastel bei Mainz, † 25.1.1951 Kampen, Kunsthistoriker. Wichert war ab 1909 Direktor der Mannheimer Kunsthalle. 1923 erhielt er den Auftrag, in Frankfurt das Kunstschulwesen neu zu ordnen, und richtete eine Kunstgewerbeschule ein. In dieser Zeit gehörte er auch zu den Gästen des Hauses →Kliffende in Kampen. 1933 wurde er in den vorzeitigen Ruhestand versetzt und verzog nach Sylt. Hier baute ihm Walther →Baedeker 1936 seinen Wicherthof in Kampen. 1946-48 stellte er sich als Bürgermeister des Ortes zur Verfügung und nahm sich insbesondere der Flüchtlingsnot an. Seine Verdienste um Kunst und Wissenschaft wurden mit der Verleihung der Goethe-Medaille und der Freiherr-vom-Stein-Plakette gewürdigt.

1931 begann Fritz Wichert mit seinen „Aufzeichnungen aus Kampen". Darin schrieb er u. a.: „Hier ist es so schön, daß man nicht weiß, wo man sich lassen soll. Das Wattenmeer ist lieblich blau, der Himmel wie eine irisierende Kuppel aus Kristall und das Land – ja, wie muß das gewesen sein, ehe die Verschandelung einsetzte."

Gemeinde Kampen 1994, Schulte-Wülwer 1996, Spreckelsen 1996, Wedemeyer 1991a.

Wiedergänger *(Weðergunger, Gunger)* werden ruhelose Tote genannt, die als Geister oder Gespenster erscheinen müssen. Besonders Landfrevler, die heimlich Grenzsteine versetzten, Selbstmörder, Gotteslästerer und ertrunkene Seefahrer fanden dem Volksglauben nach keine Ruhe im Grab und mussten umgehen. Die Seeleute erschienen in schweren Stiefeln, die voller Wasser waren. Sie hinterließen im Haus ihrer Angehörigen, das sie in der Nacht besuchten, große Pfützen.

Deppe/Frenzel 1996, C. P. Hansen 1858 u. 1875, Jessen 1965, Wedemeyer 1988.

Wiedermann, Otto →Friesenkeks

Gondel Wielandt (Sylter Archiv)

Wielandt, Gondel geb. Christiansen * 3.7. 1895 Westerland, † 12.7.1964 Westerland, friesische Heimatdichterin. Ihre Mutter gehörte der aus Rantum stammenden großen Sylter Familie →Lassen an. Gondel Wielandt verfasste Gedichte und Prosastücke auf Sylter →Friesisch und arbeitete intensiv mit an der Zeitungsbeilage →*Fuar Söl'ring Lir.* Ihre Kinderzeit beschrieb sie in der heiteren Novelle „Julke und Linke", die in den 1950er Jahren in friesischer und deutscher Sprache in der →*Sylter Rundschau* und in der oben genannten Beilage erschienen ist. Durch ihr letztes Werk „Die Lassens von Sylt" wurde sie auch außerhalb der Insel bekannt.

Wielandt 1974, Wielandt/Schmidt 1966.

Wienholt, Daniel →Lutine

Wiipwai Sylterfriesischer Flur- und Straßenname in Braderup. *Wiip-wai* heißt „Kiebitzweg".

Möller 1916.

Wikinger ist die Bezeichnung für die Bewohner Nordeuropas vom Ende des 8. bis etwa Mitte des 11. Jahrhunderts. Sie traten vorübergehend in weiten Teilen Europas als Krieger, Kaufleute oder Siedler auf. Ihre zahlenmäßige Stärke reichte allerdings nicht aus, um sich auf dem europäischen Kontinent dauerhaft niederzulassen. Ein bedeutender Münzfund, der 1937 in List südlich des Königshafens gemacht wurde, förderte einen Silberschatz aus jener Zeit zu Tage. Das mit einem Bleideckel verschlossene Kuhhorn enthielt Münzen englischer Herkunft mit Prägungen König Aethelraeds (978-1016),

König Sithrics III. von Dublin (989-1029) sowie deutsche Münzen. Es handelte sich um so genanntes „Danegeld“, das an die Wikinger gezahlt wurde, um eine Plünderung Londons zu verhindern. Der Schatz befindet sich im Archäologischen Landesmuseum Schleswig-Holstein in Schleswig.

Koehn 1974.

Wildtiere Bereits im Erdbuch des dänischen Königs Waldemar II. werden 1231 →Hasen als wildlebende Tiere auf Sylt genannt. 1732 sollen Seefahrer Wildkaninchen von der niederländischen Insel Ameland mitgebracht und in den Sylter Dünen ausgesetzt haben. Um 1800, so berichtete der Chronist C. P. →Hansen, waren keine Kaninchen *(Kaninken)* mehr zu finden. Es ist anzunehmen, dass sie der eifrigen Jagd oder wildernden Hunden *(Hüner)* zum Opfer gefallen sind. Um 1908 siedelten Westerländer Jagdpächter erneut Wildkaninchen auf Sylt an. Ihre größten Jagdkonkurrenten waren →Füchse *(Fosen)*, Iltisse *(Ilken)*, Wiesel *(Wisel)* und Marder *(Muurkater)*, die früher über das zugefrorene Watt, seit 1927 vorwiegend über den Hindenburgdamm einwanderten. Sie rissen auch das Rehwild, das 1959 auf Sylt ausgesetzt wurde und sich allein schon wegen der Gefahren des Straßenverkehrs kaum vermehrte. Der Bestand stagniert jetzt bei etwa 30 Tieren. Während Mäuse- und Spitzmausarten *(Müs)* vermutlich zur ursprünglichen Inselfauna gehörten, wanderte der Maulwurf trotz eigens angelegter Drahtsperren nach Sylt ein. Seit 1996 wurden auch →Dachse zur Plage.

Sylt weist ein reiches Vorkommen an →Vögeln und Seevögeln auf. Im Watt leben unzählige Arten von →Fischen, →Krebsen, →Muscheln, →Quallen und →Schnecken. →Austern, →Krabben und →Miesmuscheln sind beliebte Meeresfrüchte, die zum Teil im Sylter Wattenmeer gezüchtet werden. Auf den Sandbänken können →Seehunde und →Kegelrobben beobachtet werden, →Schweinswale jagen manchmal nur wenige Meter vor der Westküste. Dramatisch sind die seltenen Walstrandungen, die in aller Regel zum Verenden der Tiere führen.

Ambrosius 1792, Koehn 1974, Quedens 2000a.

Wilhelmine Die füllige Brunnenfigur der Bildhauerin Ursula →Hensel-Krüger wurde

Die Wilhelmine, ein Wahrzeichen der Stadt Westerland (Foto: Uwe Sönnichsen)

1980 in der Wilhelmstraße aufgestellt. Sie gilt als Symbol der Freundlichkeit und Lebenslust und wurde von der seinerzeit auf Sylt wohnenden Künstlerin entworfen, „um dem Menschen die Freude wiederzugeben“.

Wedemeyer 1991a.

Willkomm, Ernst Adolf * 10.2.1810 Herwigsdorf/Sachsen, † 24.5.1886 Zittau, Schriftsteller. Willkomm bereiste 1838 und 1849 die nordfriesischen Inseln, als diese noch weitgehend unbekanntes Land darstellten. Auf Sylt traf er den Lehrer und Chronisten C. P. →Hansen, der seinem Besucher alte Geschichten von der Insel erzählte. Unter der Überschrift „Der Schlickläufer“ verarbeitete Willkomm seine Sylt-Erkenntnisse 1854 in dem Band „Im Wald und Gestade“ und fügte an: „nach den mündlichen Mitteilungen des Cantors C. P. Hansen in Keitum auf Sylt“.

Ernst Adolf Willkomms Erzählung „Der Schlickläufer“ um einen Sylter namens Tade Boh Rink endet: „In der Eile des Fliehens verfehlte nämlich der so geübte Schlickläufer den rechten Pfad. Er bemerkte es erst, als es zu spät war und er den Boden mehr und mehr unter seinen Füßen weichen fühlte. Der Unglückliche war auf eine jener in den Watten zahlreich sich vorfindenden Stellen gekommen, wo der Schlick in rollenden Morast übergeht und trotz der fetten harzartigen Masse doch alles einschluckt. Gegen diesen furchtbaren Feind, der sich unsichtbar wie der Rachegeist des erzürnten Meeres oder wie die Geister der durch seine Schuld Ertrunkenen an seine Fersen klammerte, war aller Kampf vergebens. Rink sank immer tiefer und tiefer in den Schlick ein. Seine Verfolger wagten nicht, dem Unglücklichen sich zu nähern, da ihnen ein gleiches Schicksal bevorstand. Sein Rufen, endlich sein Verzweiflungsschrei machte sie nur zu lautlosen Zuschauern seiner fruchtlosen Anstrengungen. Schon nach Verlauf einer Stunde war der

Schlickläufer bis unter die Arme in das Watt versunken. Lange aber sahen die Insulaner von ferne noch die machtlosen Bewegungen des armen Mannes, bis zuletzt seine Stimme erstickte und nur noch die langen grauen Haare des Versinkenden im blassen Strahle des Mondes über dem dunklen Wattenfelde hin und her flatterten."

Wedemeyer 1991a.

Wilts, Ommo * 20.5.1937 Oldenburg/Oldb., Sprachwissenschaftler. Wilts studierte an den Universitäten Marburg, Kiel und Reykjavik/Island. Nach kurzer Lehrtätigkeit als Studienrat war er 1972-2002 wissenschaftlicher Mitarbeiter an der Nordfriesischen Wörterbuchstelle der Universität Kiel, zuletzt als Akademischer Direktor. Er veröffentlichte zahlreiche Arbeiten, vor allem zur Lexikographie, Literatur und Didaktik des Nordfriesischen. Außerdem förderte er die Sprachpflege auf Sylt. Gemeinsam mit Anna →Gantzel erarbeitete er ein friesisches Schulwörterbuch, gab ihr friesisches Lesebuch heraus und erstellte das friesische Lehrwerk *„Üüs sölring Liirbok"*.

Gantzel/Wilts 1978, Steensen 2000, Wilts 1985 ff.

Windkraftanlagen Im August 1973 startete eine deutsch-schweizerische Forschergruppe auf Sylt einen ersten Versuch, mit einer modernen Windmühle elektrischen Strom zu erzeugen. In einem Sturm im Dezember desselben Jahres brachen die Flügel ab und das Projekt „Noah" wurde eingestellt. 1987 errichtete die Energieversorgung Sylt die Windkraftanlage „Wacuwind I". Mit einer Leistung von 150 Kilowattstunden im Jahr war sie die erste dieser Größenordnung in Deutschland. Wenig später einigte man sich im Kreis Nordfriesland, dass Sylt als Fremdenverkehrsregion windkraftfreie Zone bleiben solle. Für 2006 wird ein Offshore-Windpark in einem Abstand von mindestens 30 Kilometern vor der Sylter Küste geplant. 80 Windmühlen sollen 240 Megawatt oder 800 Millionen Kilowattstunden Strom pro Jahr erzeugen und damit etwa 200 000 Privathaushalte mit Energie versorgen. Ungeklärt ist dabei noch, ob die 120 Meter hohen Windkraftanlagen später wirklich nicht von der Insel aus zu sehen sind, wie Meerestiere oder Zugvögel auf die „Barriere" reagieren und wie die Risiken von Schiffshavarien gehandhabt werden sollen.

Nordfriisk Instituut.

Windstärke Der Wind weht in unterschiedlicher Stärke ständig auf Sylt. Zur Einschätzung der Windstärke in Boden- oder Wasseroberflächennähe stellte der britische Admiral Sir Francis Beaufort (1774-1857) im Jahre 1806 eine zwölfstufige Skala auf. Windstärke 0 bedeutet Windstille, Windstärke 12 bezeichnet einen Orkan. Die Windgeschwindigkeit liegt dabei über 117 km/h bzw. 63 Knoten, die Wellenberge auf See übersteigen die 14-Meter-Marke. Diese Stufe wird manchmal auch bis Windstärke 17 erweitert.

Die Windstärken nach Beaufort:

Windstärke 0: Windstille, < 1 km/h, Rauch steigt senkrecht empor
Windstärke 1: leiser Zug, 1-5 km/h, nur Rauch zeigt Windrichtung an
Windstärke 2: leichte Brise, 6-11 km/h, Wind im Gesicht fühlbar, Blätter säuseln
Windstärke 3: schwache Brise, 12-19 km/h, Wimpel flattern, dünne Zweige bewegen sich
Windstärke 4: mäßige Brise, 20-28 km/h, loses Papier wird verweht, dickere Zweige bewegen sich
Windstärke 5: frische Brise, 29-38 km/h, kleine Bäume beginnen zu schwanken, große Bäume rauschen kräftig
Windstärke 6: starker Wind, 39-49 km/h, starke Bäume geraten in Bewegung, Wind fängt an zu pfeifen
Windstärke 7: steifer Wind, 50-61 km/h, ganze Bäume schwanken, Schwierigkeiten beim Gehen gegen den Wind
Windstärke 8: stürmischer Wind, 62-74 km/h, Äste brechen, Gehen wird erheblich erschwert
Windstärke 9: Sturm, 75-88 km/h, kleinere Schäden, Gegenstände fliegen umher
Windstärke 10: schwerer Sturm, 89-102 km/h, Bäume werden entwurzelt, Gehen schwierig
Windstärke 11: orkanartiger Sturm, 103-117 km/h, verbreitet Sturmschäden, Gehen kaum möglich
Windstärke 12: Orkan, >117 km/h, schwere Verwüstungen, Gehen unmöglich

Winger, Annemarie geb. Hegwer * 1.4.1920 Keitum, † 9.8.2002 Keitum, friesische Sprachpflegerin. Als Museumspflegerin verfasste Winger u. a. eine Abhandlung über den Fundus des →Altfriesischen Hauses in Keitum. Sie schrieb Dokumente aus dem Nachlass von Uwe Jens →Lornsen und Henning →Rinken ab und machte sie so für die Nachwelt lesbar. Intensiv arbeitete sie in der →*Söl'ring Foriining* mit, erteilte Friesischunterricht und verfasste viele Geschichten in der friesischen Sprache, die sie erst auf dem Schulhof und im kleinen Laden ihrer Mutter lernte. Für ihr Wirken erhielt sie 1983 den →C.-P.-Hansen-Preis.

Nordfriisk Instituut.

Winjshoog *(Winj* = Wind, *Hoog* = Hügel) ist die sylterfriesische Bezeichnung eines Hügels bei →Sankt Severin in Keitum. Wahrscheinlich handelt es sich um einen alten Kulthügel.

Koehn 1974, Möller 1916.

Winjshoog Gung Sylterfriesischer Flur- und Straßenname in Keitum. → *Winjshoog Gung* bezeichnet entweder den „Weg zum → *Winjshoog*" bei der Keitumer Kirche oder in der Bedeutung *Wung* das „Flurstück beim *Winjshoog*".

Möller 1916.

Wirtschafts- und Sozialgeschichte Sylt erscheint in der Geschichte erstmals in Urkunden des 12. Jahrhunderts, eine →Besiedlung ist bereits für die →Jungsteinzeit nachzuweisen. Die frühen Siedler lebten von der →Landwirtschaft, von der →Jagd und von der →Fischerei. Funde belegen, dass auch der →Handel im Nordseeraum bereits in ältesten Zeiten eine Rolle spielte. Seit dem Verlust der meisten Marschflächen durch die Sturmfluten des späten Mittelalters ernährten sich die Sylter hauptsächlich von der Fischerei, fristeten jedoch ein eher karges Leben bis zur Blütezeit des →Heringsfangs. Im 14. Jahrhundert wütete die Pest und entvölkerte die Insel fast vollständig. Im 15./16. Jahrhundert brachte der wandernde Dünensand im Zusammenspiel mit einigen schweren Sturmfluten die Landwirtschaft fast zum Erliegen. Dies zeigen die fortwährenden Bitten um Steuererlass oder -stundung sowie der Verkauf von Landstücken zu Billigpreisen. Die größte Not konnte nur in der Gemeinschaft überwunden werden. Dafür sorgten die von den →Bauerschaften ausgearbeiteten Dorfverfassungen. Vom 17. Jahrhundert an beteiligten sich die Sylter Männer sehr erfolgreich am →Walfang und an der →Seefahrt. Eine Momentaufnahme im Jahre 1782 zeigt, dass von den etwa 1 200 männlichen Inselbewohnern knapp 600 zur See fuhren. Die Risiken und Gefahren auf hoher See forderten allerdings viele Opfer. Die weiterhin intakte Dorfgemeinschaft zeigte sich darin, dass der „bemittelte Seemann beständig dem unbemittelten Landmann geholfen hat", wie die schleswig-holsteinische Landkommission 1821 feststellte. Die landwirtschaftlichen Tätigkeiten verrichteten die Sylter →Frauen, die im Vergleich zur Binnenländerin eine besondere Selbstständigkeit und erhebliches Selbstbewusstsein entwickelten.

Seit der Gründung des →Seebads Westerland 1855 veränderten sich die Lebensverhältnisse grundlegend. Der Ort wuchs innerhalb eines halben Jahrhunderts zu einem mondänen Seebad und ist heute der Inbegriff eines Fremdenverkehrs-Zentrums mit allen positiven und negativen Seiten. Künstler und Intellektuelle entdeckten den Reiz der Sylter Landschaft, die Inselbevölkerung wuchs auf über 4 500 im Jahr 1900. Die Einführung staatlicher →Navigationsschulen 1869 verteuerte die Ausbildung zum Steuermann erheblich. Dies war ein Grund dafür, dass sich nun wieder mehr Männer der Landwirtschaft zuwandten. Der steigende Nahrungsmittelbedarf in den Seebädern und ein allgemeines Bevölkerungswachstum erforderten eine gesteigerte landwirtschaftliche Produktion. Zur Versorgung der Badegäste wurde auch zunehmend Dienstleistungspersonal benötigt. Bereits 1860 gab es eine erste Wäscherei in Westerland. Um 1900 arbeiteten in der Saison etwa 1 000 Kellner, Hausdiener und Zimmermädchen auf der Insel, vorwiegend in den Seebädern. Weiter gab es Beschäftigung im Wegebau, als Pflanzer oder Halmstecher bei der →Dünenbefestigung, im Buhnenbau, bei der →Inselbahn sowie als Badewärter oder Fremdenführer. Auch die Ostdörfer profitierten vom zunehmenden Badebetrieb, weil er einen günstigen Absatzmarkt für ihre landwirtschaftlichen Produkte schuf. Heute bestehen nur noch sieben Vollerwerbsbetriebe auf der Insel.

Mit dem Aufblühen der Seebäder gab es auch Arbeit für Sylter, z. B. als Badewärter (um 1880). (Sylter Archiv)

Unter dem Ansturm der Fremden entwickelte sich ein neues friesisches Heimatbewusstsein. 1905 wurde die →*Söl'ring Foriining* ins Leben gerufen, und 1909 kamen viele hundert Inselfriesen zu einem Friesenfest auf Sylt zusammen. Kurz vor Beginn des →Ersten Weltkrieges begann aus strategischen Gründen der Ausbau der Insel zur →Festung. Zahlreiche Stellungen und Unterkünfte für die Soldaten entstanden. Vor dem und im →Zweiten Weltkrieg wurde die militärische Aufrüstung vorangetrieben. Alte Kasernen prägen noch heute das Bild, vor allem in Hörnum und List.
Die Wirtschaftswunderjahre brachten die Reichen und Schönen, die immer auf der Suche nach exklusiven Plätzen sind, auf die Insel. →Prominente aus allen Gesellschaftsschichten zahlten verlockende Preise für Wohneigentum, der Ausverkauf Sylts war kaum zu stoppen. In Kampen dominierten vor den Bars Fahrzeuge der höchsten Preiskategorie, mehrere Strandabschnitte an der Westküste kamen wegen ausschweifender Veranstaltungen in Verruf. Die auch auf Sylt verkündete „nackte Revolution" des Berufsaufklärers Oswalt →Kolle wurde bald gesellschaftliche Normalität. Am Beginn des dritten Jahrtausends zählt man rund 21 270 Einwohner, dazu kommen etwa 10 000 Zweitwohnungsbesitzer. Dies führt dazu, dass gerade in der dunklen Jahreszeit eine große Zahl von Häusern und Wohnungen leer steht. Das Sozialgefüge ist auch deshalb in Gefahr, weil viele gebürtige Sylter mittlerweile auf dem Festland wohnen. Sie können sich ein Zuhause auf ihrer Insel nicht mehr leisten.

Hansen/Hansen 1967, Hans Jessel 1996, Koehn 1939, Schmidt-Eppendorf 1977, Steensen 1996a, Sylter Archiv, Wedemeyer 1993a.

Withüs *(Weißes Haus)* Das alte Sylter Haus am Wenningstedter Dorfteich wurde um 1680 erbaut und gelangte 1810 an Steuermann Hans Teunis, Sohn von Kommandeur Hans Hansen →Teunis. Er ließ das stark beschädigte Gebäude renovieren und prächtig ausstatten. Bis 1919 blieb es in Familienbesitz, dann verkaufte es Boy →Matzen an den Hamburger Kaufmann Heinrich Schacht. 1951 pachteten Ferdinand →Goebel und seine Tochter, die Schauspielerin Ulle Weber, das Haus. Weber eröffnete zusammen mit der Kunsthandwerkerin Janne Reckert im Ostteil des Hauses eine Töpferei und die erste Teestube auf Sylt. Es entwickelte sich eine Kulturstätte u. a. für Menschen, die der Adenauer-Politik kritisch gegenüberstanden. Nach Ablauf der Pachtzeit wurden die Räume zu Gästewohnungen umgebaut. 1994 schloss die Teestube. An der Westseite des Hauses steht ein Stein, dessen Inschrift besagt, dass 1959 die Anrainer des Dorfteichs der Gemeinde Wenningstedt das Gewässer schenkten.

Bremen 2000a, Spreckelsen 1991.

Wodan (Wotan) Der Überlieferung nach musste diese heidnische Gottheit regelmäßig durch Opferfeuer gnädig gestimmt werden. War Wodan verstimmt, dann soll er mit seinen Hunden und seinem Totenheer am Himmel durch die Nacht geritten sein, Sturmfluten erzeugt und Verderben über die Menschen gebracht haben. Laut C. P. →Hansen soll auch die →Biike einst Wodan gewidmet gewesen sein. Er berichtete von alten Erzählungen, nach denen Menschen um das Feuer sprangen und flehend riefen: „Zehre, Wodan, zehre!" Dabei hofften sie, ihr Gott möge das Opfer annehmen. Es gibt keinerlei Nachweis dafür, doch wird die Geschichte bis heute immer wieder zur Deutung der Biike herangezogen.

Frenzel/Deppe 1999, Panten 1994.

Wögens, Nickels * 7.8.1745 Goting/Föhr, † 3.4.1808 Keitum, Landmesser. Wögens zog in den 1770er Jahren mit seiner Familie nach Sylt. 1778-86 vermaß er im Rahmen der →Verkoppelung die Ackerländereien, zunächst in Westerland, später in Keitum. Dabei hinterließ er eine Sammlung von 49 handgezeichneten Blättern über die Lage von Grundstücken und Häusern. Auf dieser Grundlage fertigten Erich und Erika →Voß die „Karte von Wögens (Keitum um 1790)" und verfolgten die Reihe der Stavenbesitzer über den Zeitraum von etwa 1709 bis 1875.

Borstelmann/Ihonor 2001, Hansen 1877, Rinken 1992, Voß 1987.

Schwenn Wögens (Sylter Archiv)

Wögens, Schwenn * 19.9.1833 Keitum, † 13.2.1920 Altona, Kapitän. Der Urenkel des Landmessers Nickels →Wögens war der letzte Spross der Sylter Wögens-Familie im Mannesstamm. Als 19-Jähriger trat er in den Dienst der Hamburger Reederei Eggers und fuhr unter Kapitän J. D. →Thiesen auf der →Bark *Cid* nach Australien. 1862 erwarb er das Hamburger Bürgerrecht und damit die Berechtigung, hanseatische Schiffe zu führen. Mit der Bark *Alert* lief er fast alle bedeutenden Häfen in Ostasien, Australien und Südamerika an. Unter englischer Flagge sollte er um 1870 die Bark *Guiding Star* an die Westküste Südamerikas bringen. Sie hatte Proviant und Kohlen für die spanische Kriegsflotte an Bord. Vor dem chilenischen Hafen Valparaiso wurde die Bark gestoppt, beschlagnahmt und schließlich entschädigungslos verkauft. Kapitän Wögens und seine Mannschaft kehrten mit leeren Händen zurück. 1876 wechselte er zur Kosmos-Linie und führte bis 1882 die Dampfer *Karnak*, *Denderah*, *Ramses*, *Theben* und *Menes* zur Westküste Südamerikas. Seine Laufbahn endete als Direktor dieser Reederei.

Borstelmann/Ihonor 2001, Quedens 1982.

Wohnkultur →Kööv, →Piisel, →Utlandfriesisches Haus

Wolle *(Ül)* Die Wolle der heimischen →Schafe wurde durch die Jahrhunderte insbesondere für die Herstellung von Kleidungsstücken genutzt. Als um 1800 die Seefahrt zurückging, bot der →Handel mit Wollprodukten eine neue Erwerbsmöglichkeit. Nachmittags kamen die *Bleensters* zusammen, sechs bis acht junge Mädchen, die die Wolle kratzten und spinnfertig machten. Abends trafen sich reihum die Frauen in den Häusern zum Stricken. Laut Henning →Rinken wurden um 1836 auf Sylt jährlich bis zu 20 000 Pfund Wolle verarbeitet, meistens zu Strümpfen, Socken und Jacken. 1834 z. B. wurden über 7 000 Jacken und 3 000 Paar Strümpfe nach Hamburg exportiert. Im 20. Jahrhundert verdrängte billigere und feinere Wolle aus dem Ausland die Sylter Produkte vom Markt. Von den rund 2 000 Sylter Schafen werden heute etwa 1 000 zur Wollproduktion gehalten.

Christiansen 1926, Haverkamp 1908, Quedens 2000b.

„Wonnemeyer" →Abessinien

Wörterbücher →Friesische Wörterbücher

Wracks →Strandungen

Wrage, Hinrich * 12.3.1843 Hitzhusen/Holstein, † 4.7.1912 Malente-Gremsmühlen, Maler. Als eines von elf Kindern einer Landarbeiterfamilie zog sich Wrage aus Überanstrengung bei der Feldarbeit Knochenhautentzündungen an beiden Schienbeinen zu und blieb zeitlebens behindert. Durch ein Stipendium wurde ihm der Besuch der Düsseldorfer Kunstakademie ermöglicht, wo er sich mit Hans Peter →Feddersen anfreundete. Durch dessen Naturstudien angeregt, wagte er 1872 erstmals selbst die Anstrengung einer Studienreise nach Sylt. Viele weitere sollten folgen. Zusammen mit Feddersen gehörte Wrage zu den ersten Malern, die großformatige Landschaftsgemälde von der Sylter Küste sowie Dünen- und Strandszenen öf-

Schafschur in Kampen (Sylter Archiv)

Hinrich Wrage: „Dünen auf Sylt" 1881, Tempera/Kohle, 105 x 194 cm, Nordfriesisches Museum Husum

fentlich präsentierten. Als eines seiner ersten großen Syltbilder vollendete er 1873 in München das Gemälde „Strand auf Sylt", eine düstere Komposition zum Thema Sturm, Strandung und Strandraub. Bei seiner „Dünenlandschaft mit Blick auf List" (um 1875) verzichtete er auf dramatische Effekte. Hier bemühte sich Wrage um größte Genauigkeit bei der Wiedergabe topographischer Einzelheiten. Eine Bilanz seiner Sylt-Studien zog er 1881 in einer Reihe von elf Kohlezeichnungen, die als Lichtdrucke unter dem Titel „Strand und Dünen, Landschaften von Sylt" erschienen sind. 1996 erhielt das Schleswig-Holsteinische Landesmuseum aus dem Nachlass des Künstlers 123 Bilder und Studien.

Drees 1998, Schlee 1962, Schulte-Wülwer 1996.

Wuldeschlucht heißt ein eiszeitliches Schmelzwassertal beim →Weißen Kliff bei Braderup. *Wolde* bezeichnet im Ostfriesischen eine moorige Wiese. Die „Schlucht" entstand vor etwa 50 000 Jahren und bildet eine der auffälligsten Geländeformationen auf der Insel.

Möller 1916.

Wülfke, Georg Nikolaus * 30.1.1800 Husum, † 31.3.1858 Husum, Arzt und Politiker. Erste Berufserfahrung sammelte Wülfke als Badearzt in Wyk auf Föhr. 1824 wurde er Nachfolger von C. F. →Buchholz als →Landschaftsarzt auf Sylt. Von den liberalen Zeitströmungen erfasst, setzte er sich gemeinsam mit Kapitän Jens →Booysen für eine Reform der Sylter Landschaftsverfassung ein und stand im Bestreben nach einer Verfassung für Schleswig-Holstein an der Seite von Uwe Jens →Lornsen. Obwohl er seit 1838 Physikus in Husum war, wurde er 1848 von den Syltern als Abgeordneter in die verfassunggebende Landesversammlung gewählt. Das Scheitern der →schleswig-holsteinischen Erhebung hatte auch für ihn persönliche Konsequenzen: Er verlor seine berufliche Anstellung.

In einem Brief schrieb Georg Wülfke 1841, dass „Sylt ein kleines Paradies" sei, und weiter: „Jawohl, sage ich dann, gehen Sie nur mal hin und leben Sie unter diesen kernigen Leuten, unter Sitten, wie sie auf dem ganzen Festland nicht gefunden werden, und seien Sie mal 14 Jahre hineingelebt wie ich, so werden Sie nicht anders können als mir beipflichten … Ich werde nie aufhören, ein Sylter zu sein."

C. P. Hansen 1845, Jensen 1961 u. 1993, Klockenhoff 1988, Rinken 1992, Wedemeyer 1986, Wülfke 1831.

Georg Nikolaus Wülfke (Sylter Archiv)

Zacharias, Helmut →Trocadero

Zehrer, Hans * 22.6.1899 Berlin, † 23.8. 1966 Berlin, Publizist und Schriftsteller. Zehrer war Herausgeber und Leitender Redakteur der Zeitschrift *Die Tat* und 1932/33 Chefredakteur der *Täglichen Rundschau*. Nach der nationalsozialistischen Machtübernahme wurde sein Rücktritt erzwungen. Zehrer ging nach Sylt in die „innere Emigration" und verfasste in seinem kleinen Haus am Watt in Kampen den Unterhaltungsroman „Percy auf Abwegen". Wegen des gegen ihn verhängten Schreibverbots legte er sich das Pseudonym Hans Thomas zu. In Kampen entstand ebenfalls sein zeitphilosophisches Werk „Der Mensch in dieser Welt". In das Gästebuch des →Klenderhofs schrieb er: „Hans Zehrer, allein mit einem Rest Bommerlunder". 1945/46 leitete Zehrer den Aufbau der Tageszeitung *Die Welt* und war 1953-66 deren Chefredakteur. Als „Hans im Bild" kannte man ihn 1952-61 als Verfasser von Leitartikeln in Axel →Springers *Bild*.

1948 hängte Hans Zehrer mehrere Plakate in Kampen aus. Der Text lautete: „300 – dreihundert – neue Deutsche Mark zahle ich demjenigen, der mir nachweisen kann, wer in der Nacht vom … mein Schaf vom Tüder geschnitten hat." Der Vorfall konnte nie aufgeklärt werden. Erst 1972 äußerte der Schriftsteller Kurt Lothar →Tank einen Verdacht gegen seinen Kollegen Ernst von →Salomon. Dieser „veranstaltete" als Verwalter des Klenderhofs in Kampen in den Jahren vor der Währungsreform „literarische Abende mit Schriftstellern, Schauspielern, Kabarettisten und dem Zauberer Kalanag. Sie kamen gern, denn sie wussten, bei Salomon gab es etwas zu essen …"

Rost 1996, Simon 1980, Wedemeyer 1986.

Zeitungen und Zeitschriften *(Bleeren)* Der Chronist Henning →Rinken berichtete, dass bereits 1779 auf Sylt Zeitung gelesen wurde: Der →Landvogt und die drei Pastoren der Insel hielten sich den *Altonaer Mercur*. 1843 erreichten laut Rinken mit der täglichen Post mehrere Packen dieser Zeitung wie auch der *Börsenhalle*, der *Schiffsnachrichten*, des *Kieler Correspondent* sowie das *Husumer Wochenblatt* und das *Itzehoer Wochenblatt* die Sylter Leser. 1886 gründete Julius →Meyer in Keitum mit dem →*Sylter Intelligenz-Blatt* die wohl erste Zeitung auf Sylt. Noch im selben Jahr übernahm die Westerländer Badedirektion das Blatt und vereinigte es mit der *Sylter Kurzeitung*. Lange Zeit führend auf der Insel war die 1901 von Carl →Meyer gegründete →*Sylter Zeitung*, die 1923 das *Sylter Intelligenz-Blatt* von Fritz →Roßberg aufnahm. Als Konkurrenzblatt entstanden 1924 die →*Sylter Nachrichten* von Friedrich →Ball, die aber 1939 ebenfalls von der *Sylter Zeitung* übernommen wurden. Deren Ende kam 1940; auf Druck der NSDAP musste Meyer seine Zeitung an die *Flensburger Nachrichten* verkaufen.

Nach dem Weltkrieg erschienen als einzige Zeitung für Sylt seit Juli 1945 für wenige Wochen die *Radio-Kurznachrichten / Nachrichtendienst für die Insel Sylt*. Das Informationsblatt wurde vom deutschen Festungskommandanten auf Sylt mit Genehmigung der britischen Militärregierung herausgegeben. Im Verlag von Carl Meyer erschien seit Januar 1946 mit Erlaubnis der Militärregierung das *Sylter Anzeigenblatt*. Meyers Verlag und Druckerei übernahm Erich →Buchsteiner. Er gründete 1949 die →*Sylter Rundschau*, in der das *Sylter Anzeigenblatt* aufging. Als Konkurrenz erschien aus dem Flensburger Zeitungsverlag das →*Sylter Tageblatt*. 1969 wurde die *Sylter Rundschau* an den Verlag der *Husumer Nachrichten* verkauft, und 1970 erwarb der Flensburger Zeitungsverlag das Gesamtunternehmen. Das *Sylter Tageblatt* wurde mit der *Sylter Rundschau* vereinigt. Diese ist seitdem die einzige Tageszeitung für Sylt. Daneben gibt es die Wochenblätter *Sylt aktuell*, *Sylt life* und →*Sylter Spiegel* sowie einige Werbe- und Informationsmedien. 1926-40 und 1953-70 erschien die friesische Zeitungsbeilage →*Fuar Söl'ring Lir*. 1970/71 gaben Hans-Jürgen Bandow, Karl-Peter Christiansen und Wolfgang Krekiehn je acht Ausgaben der Urlauberzeitschrift *QUOVADIMUS* heraus. Gegenwärtig erscheinen u. a. die Zeitschriften *Sylt Magazin*, *Die Insel* und *Natürlich Sylt*.

Hubertus Jessel 1989, Koehn 1974, Rinken 1992, Steensen 1987b u. 1992b, Wedemeyer 1991a.

„Ziegenstall" →Gert, Valeska

Zipfelgemeinde List liegt im nördlichsten Zipfel der Bundesrepublik Deutschland. Seit 1999 gibt es eine Partnerschaft mit den anderen drei Zipfelgemeinden Görlitz (Ost), Oberstdorf (Süd) und Selfkant (West) zur Verwirklichung gemeinsamer Marketing-Projekte. Regelmäßig kommen die Gemeindeoberhäupter zu ihrem „Zipfeltreffen" zusammen. Besucher der Orte können z. B. einen Zipfelpass erwerben. Haben sie alle vier Zipfel besucht, winkt eine Belohnung.

Nordfriisk Instituut.

Zoll *(Tol)* Das Listland gehörte im Unterschied zum übrigen Sylt nicht zum Herzogtum Schleswig, sondern unmittelbar zum Königreich Dänemark. In beiden Gebieten galt unterschiedliches Recht. Sowohl Schiffe aus Tondern im Herzogtum Schleswig als auch aus Ribe im Königreich Dänemark liefen den Lister Königshafen an, der Schmuggel blühte. Ein altes Zollbuch dokumentiert, dass 1642/43 ein Zollboot bei List die Gewässer kontrollierte. 1681 wurde in List eine Zollstelle eingerichtet. Jedes Schiff, das durch das Lister Tief segelte, musste nun anlegen und seine Ladung abfertigen lassen. 1694 wurde die Zollstelle nach Hoyer verlegt. Erst 1816 erhielt Sylt wieder eine eigene Zollstelle. Das „Königliche Zollcomptoir" wurde in Keitum in einer Privatwohnung angesiedelt. Wegen der Versandung des Lister Hafens war jetzt Keitum der Anlegeplatz der Schiffe. 1831 wechselte das Büro in die Wohnung des Landvogts im →Packhaus. Die Zollabgaben waren aber bis zur Einführung einer neuen Zollverordnung 1838 nur unbedeutend. 1867 eröffnete der preußische Staat sein Zollamt ebenfalls in Keitum, ab 1880 in einem neuen Gebäude mit zwei Beamtenwohnungen. Das Amt zog 1902 nach Westerland, wo es noch heute besteht. Das alte Zollhaus in List wurde 1935 abgebrochen und der Zollstein aus dem Ostgiebel in das →Sylter Heimatmuseum gegeben.

Meyer 1938, Rinken 1992, Sylter Archiv.

Zollboote *(Tolbuaten)* Zur Bekämpfung des Schmuggels auf See wurde 1824 an den dänischen Küsten ein Wasserzolldienst, das so genannte Kreuzzollwesen, eingerichtet. Seit 1838 versah der Zollkreuzer *Maria* im →Lister Tief seinen Dienst. 1864 wurde er durch den von der Eider stammenden Kreuzer *Tönning* ersetzt. In den 1880er Jahren kam der Zollkreuzer *List* aus dem →Hörnumer Tief in den Lister Hafen. 1902 wurde er mit der Auflösung des Kreuzzollwesens in Husum außer Dienst gestellt. Während des Zweiten Weltkriegs war in List eine Zollschiffstation eingerichtet. Als Fahrzeug diente die *Oland* des Marschenbauamtes in Husum. Nach dem Krieg setzte die britische Militärregierung zeitweise die Seezollkutter *Hermine* für List und *Heike* für Hörnum ein. 1955 wurde die Zollschiffstation Wittdün/Amrum mit dem Zollboot *Kniepsand* nach Hörnum

Der Zollkreuzer *Kniepsand* der Küstenwache in Hörnum (Foto: Volker Frenzel)

verlegt, von wo sie seither die Seefahrt und Fischerei überwacht, Meeresverschmutzungen ermittelt und zur Seenotrettung bereit steht.

Quedens 2000b, Sylter Archiv.

Zuckmayer, Carl * 27.12.1896 Nackenheim, † 16.1.1977 Visp/Schweiz, Schriftsteller. Zuckmayer war Dramaturg in Kiel, München und Berlin. 1933 wurden seine Stücke wegen öffentlicher politischer Stellungnahmen und wegen seiner jüdischen Herkunft von den Nationalsozialisten verboten. Nach seiner Rückkehr aus der Emigration nahm er 1966 die Schweizer Staatsbürgerschaft an. Wenn Zuckmayer auf Sylt zu Besuch war, wohnte er in Kampen bei Freunden wie Anthony van →Hoboken, Ferdinand →Avenarius oder Peter →Suhrkamp.

Jürgs/Trost 1978, Rost 1996, Wedemeyer 1986 u. 1991a, Zuckmayer 1976.

Carl Zuckmayer

Silvester 1932 schrieb der später preisgekrönte Schriftsteller Carl Zuckmayer auf Sylt „unterm Dunst hobokenscher Weinschläuche, zu einem Portwein von 1896 (meinem Geburtsjahr!)" einen hintergründigen Spruch auf das Neue Jahr.

Sylvesterspruch 1932

Das alte Jahr zu Ende geht,
Das neue vor der Türe steht.
Das mag ein gut Jahr werden!
Der Nebel in der Heide stockt.
Der Leuchtturm hinterm Nebel hockt
Und hält die Wacht auf Erden.

Es schläft das Meer, es ruht das Watt,
Die Wildgans schläft, von Muscheln satt,
Das Wachs tropft von den Lichtern –
Wir trinken unsern Portwein still:
Mag kommen, was da kommen will –
Der Himmel helf' den Dichtern!

Zugvögel →Vögel

Zühlke, Willy * 28.5.1923 Hörup, Lehrer, Kommunalpolitiker. Seine Kindheit und Jugend erlebte Zühlke in Flensburg und Westerland. Als 17-Jähriger trat er der SS bei und wurde 1941 in Nordrussland schwer verwundet. Nach dem Krieg wurde Zühlke Lehrer, zuletzt als Schulleiter in List, wo er seit 1952 wohnt. Er wirkte seit 1963 in der Lister Gemeindevertretung mit, schloss sich der CDU an und war 1974-98 Abgeordneter im Kreistag Nordfriesland, 1984-94 als Kreispräsident. 1995-2002 saß er dem Kuratorium zur Verleihung des Sylter →C.-P.-Hansen-Preises vor.

Nordfriisk Instituut.

„Zum Kronprinzen" →Hotel Zum Kronprinzen

Zwangsarbeitende Während des →Zweiten Weltkriegs mussten auch auf der Insel Sylt viele hundert, wahrscheinlich mehrere tausend Menschen Zwangsarbeit verrichten. Sie kamen aus verschiedenen von deutschen Truppen besetzten Ländern. Nach dem Grundsatz „völkischer Ungleichheit" standen die „rassisch Minderwertigen" aus Polen und der Sowjetunion auf der untersten Stufe und galten als „Untermenschen". Zahlreiche Zivilarbeiter und auch Kriegsgefangene wurden als Hilfskräfte auf Bauernhöfen, in Gewerbebetrieben und Haushalten eingesetzt, viele arbeiteten am Ausbau der militärischen Anlagen. In Schleswig-Holstein wurden im November 1943 fast 130 000 Zwangsarbeitende gezählt, das war knapp ein Viertel aller Arbeitskräfte in der Provinz. Auf der Insel Sylt befanden sich mehrere Lager für Zwangsarbeitende, belegt sind vor allem die in Hörnum (300 Menschen verschiedener Herkunft), Tinnum (Arbeitslager Ehlers, 35 Menschen aus der Sowjetunion) und Westerland (Kriegsgefangenenlager für Eisenbahnarbeiten mit 60 Plätzen, die meisten kamen aus der Sowjetunion; Ausländerlager für „Befestigungsarbeiten" mit etwa 1 200 Menschen, vor allem aus den Niederlanden, Belgien und Italien). Nach Kriegsende konnten viele *„displaced persons"* nicht sofort in ihre Heimatländer zurückkehren. Auf Sylt verblieben für Monate und Jahre vor allem zahlreiche Polen. Das Schicksal der Zwangsarbeitenden – in Schleswig-Holstein wie in vielen anderen Gegenden – wurde lange Zeit verdrängt und wird erst seit etwa 2000 intensiver erforscht.

Der Westerländer Willi Witte (1928) erinnerte sich an Zwangsarbeiter bei einer Kohlenhandlung in Westerland: „Ich habe gesehen, wie zwei Russen bei Schnee und eisiger Kälte nur Lappen anstatt Schuhe an den Füßen hatten. Die brachten mal Kohlen zu uns. Meine Mutter bat sie, diese im Schuppen auszuschütten. Da lag ein Haufen Brot für die Hühner, das wir immer bei den Soldaten holten. Es war steinhart und total verschimmelt. Aber diese beiden fielen wie Tiere darüber her, so ausgehungert waren sie. Den Russen etwas zu essen zu geben war streng verboten. Ich weiß aber, dass meine Mutter und eine Nachbarin immer frisches Brot für die Russen unter dem Ascheimer versteckten."*

Hoch/Schwarz 1988, Nordfriisk Instituut, Pries 1986, Steensen 1996a, Voigt 1992.

Zweig, Stefan * 28.11.1881 Wien, † 23.2. 1942 Petrópolis/Brasilien, Schriftsteller. Zweig schrieb gegen Ende des Ersten Weltkriegs sein pazifistisches Drama „Jeremias". 1934 emigrierte er nach Brasilien. Durch die politischen Verhältnisse in Europa und die Bitterkeit des Exils niedergedrückt, schied er gemeinsam mit seiner zweiten Frau aus dem Leben. Bei seinen Sylt-Aufenthalten 1922 und 1923 wohnte Zweig im „Hotel zum Deutschen Kaiser" in Westerland. Für schöne Landschaften hatte er nur flüchtige Augenblicke während seiner seltenen Arbeitspausen übrig. Ansonsten dienten sie ihm als „neue Kulissen, die seine ambulante Arbeitsstätte umrahmten", wie seine Frau Friderike 1922 in Westerland beobachtete.

Simon 1980, Wedemeyer 1986 u. 1991a, Zweig 1968.

Zweisprachige Ortstafeln auf Deutsch und Friesisch dürfen mit Genehmigung des Landesverkehrsministers seit 1997 in Nordfriesland aufgestellt werden. Zuvor war dieses Verlangen friesischer Vereinigungen mit Hinweis auf die Straßenverkehrsordnung abgelehnt worden. Die erste Gemeinde mit einer zweisprachigen Ortstafel war Kampen/*Kaamp* auf Sylt, nachdem in Risum-Lindholm/*Risem-Lonham* schon früher ein inoffizielles Schild gestanden hatte. Die Gemeinde Sylt-Ost, in der die meisten Friesisch Sprechenden wohnen, hat die Einführung zweisprachiger Ortstafeln für 2003 geplant.

Petersen/Rinio/Århammar 1997.

Zweiter Weltkrieg Dieser Abschnitt in der →Militärgeschichte Sylts brachte einschneidende landschaftliche Veränderungen mit sich. Als Kriegsvorbereitungen wurden ab 1935 Kasernenanlagen, Flugzeughallen, Werften, Bunker, Treibstoff- und Munitionslager sowie Familienunterkünfte für die Angehörigen der Soldaten und zivilen Beschäftigten in die Sylter Dünenlandschaft gebaut. Eine neue Betonstraße führte durch das Listland bis zum Ellenbogen. In List wurden die Anlagen aus dem →Ersten Weltkrieg zum Seefliegerhorst ausgebaut. Wegen der bis 1939 auf rund 3 000 angestiegenen Bevölkerungszahl erhielt der Ort eine moderne Dorfschule und einen neuen Inselbahnhof. 1935 wurde auch in Hörnum ein vergleichbarer Seefliegerhorst angelegt. Als weitere günstige Stelle kam die Steidumbucht im Wattenmeer vor Rantum in Frage. Mit der Eindeichung des →Rantumbeckens 1936/37 sollte eine ausreichende, vor Seegang und Strömung geschützte Start- und Landefläche geschaffen werden. Der Fliegerhorst konnte aber bis Kriegsbeginn nicht fertiggestellt werden und erwies sich später als untauglich. Dafür entstand ab 1939 auf dem bereits vorhandenen kleinen →Flugplatz nordöstlich von Westerland ein Fliegerhorst für Landflugzeuge. Das Areal nahm zwischen Westerland, Keitum und Munkmarsch nahezu die gesamte Inselmitte in Anspruch. Den Dünenbereich der Westküste besetzte erneut die Artillerie der Kriegsmarine, die eventuelle Angriffe aus der Luft und von See abwehren sollte. Unterkünfte für diese Soldaten entstanden im Norden Westerlands und bei List. Große Teile der Kriegswirtschaft wurden mit Hilfe von →Zwangsarbeitenden aufrechterhalten.

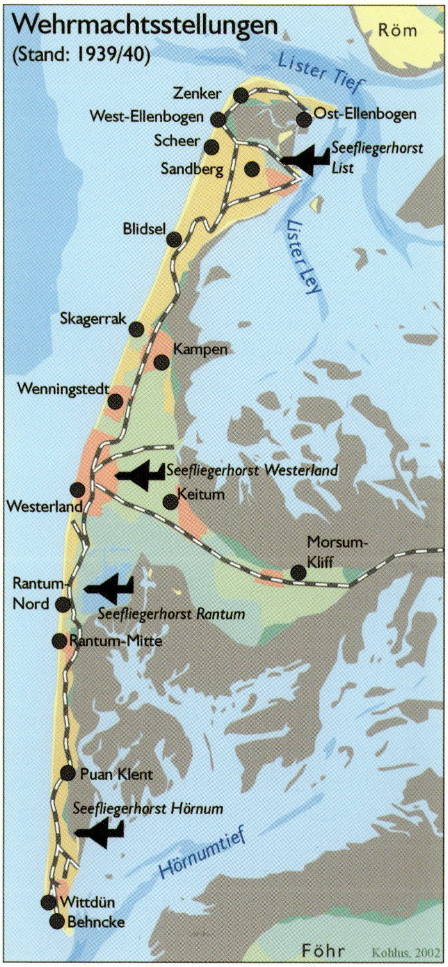

Am 19. März 1940 unternahm die britische Luftwaffe einen ersten größeren Angriff auf ein deutsches Landziel und bombardierte den Stützpunkt Hörnum. Angeblich unterstützte der ehemals auf Sylt wohnhafte Grove →Spiro die Aktion. Getroffen wurden eine Magazinbaracke und das Krankenrevier. Die restlichen rund 120 Bomben und 1 250 Brandsätze fielen in die Dünen und ins Wasser. Bis zum Kriegsende warfen englische Flugzeuge immer wieder Grundminen in das nordfriesische Seegebiet. Es musste viele Male abgefahren werden, bevor es als minenfrei erklärt werden konnte. Dennoch gingen zwischen 1945 und 1947 noch einige Schiffe mit einem Teil ihrer Besatzungen durch Minenkontakt verloren.
Im Herbst 1944 war mit etwa 12 000 die größte Zahl an Soldaten auf Sylt erreicht. Man rechnete mit einer Landeoperation der Alliierten. In

Die „Hummelkoje“ 1940, Mannschaftsunterkunft der Flakstellung List (Jörn Kohlus)

den letzten Kriegstagen wurde die Insel per Führerbefehl zur →Festung erklärt, jedoch ohne praktische Auswirkungen. Am 16. April 1945 fand in den Dünen südlich von Westerland eine Hinrichtung statt. Ein 20-jähriger Marinegrenadier hatte die Husumer Kaserne verlassen, um seine Freundin zu treffen. Zwei weitere Todesurteile wurden noch am 24. April 1945 vollstreckt.
Nach der deutschen Kapitulation hielten englische Besatzungstruppen Einzug und sprengten oder demontierten viele der militärischen Anlagen. Die Sylter Bevölkerung hatte über 700 Gefallene zu beklagen. Sie starben auf fernen Schlachtfeldern.

Hubertus Jessel 1989, Jessen-Klingenberg 1991, Opitz 1997, Steensen 1996a, Voigt 1992 u. 1993.

Zweite Zone Bei der →Volksabstimmung 1920 gehörte Sylt zur zweiten Zone, die sich am 14. März mit großer Mehrheit für den Verbleib bei Deutschland entschied. Im Unterschied zur ersten Zone (Nordschleswig), wo die Stimmen en bloc gewertet wurden, war in der zweiten Zone eine Auswertung nach Gemeinden vorgesehen. Eine weiter südlich gelegene dritte Abstimmungszone wurde auf Wunsch der dänischen Regierung aufgehoben.

Zweitwohnungen veränderten das Landschaftsbild Sylts seit den 1960er Jahren erheblich. Speziell für eine gut verdienende Oberschicht aus den Metropolen Deutschlands wurden Appartementhäuser und Ferienwohnungen gebaut, wonach die Bevölkerung z. B. in Kampen und Hörnum um 50 bis 200 Prozent in die Höhe schnellte. In Keitum achtete man streng auf die Bauvorschriften und erhielt das einzigartige Dorfbild. Dabei waren es häufig gerade die Fremden, die mit großer Hingabe alte Sylter Bausubstanz sanierten und stil- und formgerecht der Nachwelt erhielten. Eine Untersuchung von 1976 ergab aber auch, dass z. B. den etwa 800 Keitumern rund 1 400 Neubürger gegenüberstanden. Eine Integration fand nicht statt. Die lebhafte dörfliche Gemeinschaft von einst oder →Sitten und Bräuche wie das nachbarschaftliche „Aufsitzen" waren kaum noch anzutreffen. Auch auf den →Fremdenverkehr nahmen die Zweitwohnungsbesitzer Einfluss. Immer weniger Menschen verbrachten ihre Ferien in Hotels oder Pensionen, sondern bezogen ihre eigene Wohnung oder „anonyme" Appartements. Außerhalb der →Saison blieben und bleiben diese in aller Regel unbewohnt. Dies reißt nicht nur Lücken in die Kommunikationsstruktur ganzer Ortsteile, sondern verhindert auch das Zusammenwirken in der Not. Nachbarschaftshilfe, Streu- und Räumdienst im Winter usw. sind nicht mehr gewährleistet.

Nordfriisk Instituut, Reinhardt 1976.

Zwerge Viele nordfriesische →Sagen, Geschichten und Anekdoten ranken sich um Zwergengestalten, die einst allerhand Schabernack mit den Menschen trieben, ihnen aber auch Gutes tun konnten. Die Bandbreite ihres koboldhaften Treibens reichte in den Erzählungen von harmlosen Neckereien bis zum Raub ungetaufter Kinder oder schöner Mädchen und Frauen. Es gab aber auch gutmütige Gesellen unter ihnen, die Puken, die bei guter Behandlung eine große Hilfe im Haus und auf dem Felde sein konnten. Als Dank verlangten sie Brei oder Grütze mit einem großen Stück Butter („Grütze und Butter ist Zwergenfutter") sowie mancherorts weiche, wollene Kleidung oder Pantoffeln (→Nis Puk). Die Sylter Zwergengeschichten stammen in der Form, wie sie heute bekannt sind, aus der Feder des Lehrers C. P. →Hansen. Nach seiner Wiedergabe alter Erzählungen sollen auf der Insel die →*Önereersken* gewohnt haben, vorwiegend in den einsamen Dünen und Heiden. Sie waren häufig bösartig, und immer wieder kam es zu kriegerischen Auseinandersetzungen mit den →Riesen. In der entscheidenden Schlacht sahen die Zwerge unter König →*Finn* schon wie die sicheren Sieger aus. Flink wie die Flöhe krochen sie den Riesen in die Kleider und schnitten mit ihren Messern viele zu Tode. →*Bröns*, der König der Riesen, und sein Sohn waren bereits gefallen, die anderen wollten aufgeben. Da nahten ihre Frauen und machten ihnen wieder Mut. Das Kriegsglück wendete sich, Finn und sein Zwergenvolk wurden vernichtend geschlagen.

Hansen 1858a u. 1875, v. d. Kooi 1998, Wedemeyer 1988.

Zwergseeschwalbe →Seeschwalben

Im Anflug
von Süden
(Foto:
Volker Frenzel)

Abend - di Inj
Abendbrot - di Naachtert
Abendmahl - di Nachtmol
abends - en Injem
aber - man
Abfall - di Offal
abladen - ofleer
Absatz - di Hak
Abschied - di Ofskēr
absenden - ofstjüür
abwärts - dialfuar
acht - aacht
achtgeben - üppasi
achtzig - tachentig
Acker - di Eeker
Adresse - di Önskreft
ähnlich - lik
Ähre - di Aaks
alle - ali
alleine - aliining
alles - ales
alltags - ualdaags
als - üs
alt - ual
Altar - di Aalter
Ameise - di Müürk
an - bi
Andenken - dit Önteenken
andere - üðern
anders - üðers
anderswo - üðershur
Anfang - di Bigen
anfangen - bigen
Angehörige - di Ainen
angezogen - öntain
Angst - di Ungst
anrufen - önröp
Ansicht - di Önsicht
Antwort - di Swaar
Anwendung - di Önweening
anziehen - öntii
Apfel - di Aapel
Apotheke - di Apteek
Arbeit - di Aarber
arbeiten - aarberi
arm - ārem
Arm - di Jerem
Ärmel - di Sliiv
Arzt - di Dochter
Ast - di Twich
auch - uk
auf - üp
Aufenthalt - di Āphualing
aufmachen - iipenmaaki
aufwärts - āpfuar
Auge - di Oog
aus - üt
auseinander - ütarküðer
ausgeben - ütdö
Auskunft - di Biskiir
Ausland - dit Ütlön
ausruhen - wiili
außen - büten
außer - fuarbüten
außerordentlich - aur di Maaten, ünskeks
Auster - di Skruk
Austernfischer - di Lüüv
auswendig - üt Haur
Axt - di Eeks

Baby - di Dütji
Backe - di Sjak
backen - baak
Bäcker - di Baker
baden - baari
Bahnsteig - di Baanstich
bald - bal
Balken - di Bualk
Ball - di Baal
Band - di Bjen
Bart - di Biirt
Bauch - di Bük
Bauchweh - di Lifwark
bauen - bech
Bauer - di Buur
Bäuerin - dit Buurenwüf
Bauernhof - di Buurenstair
Baum - di Boom, di Bosk
bedanken - fuul Dank sii
bedienen - bitiini
Beere - di Bai
bei - bi
beide - biiring
Bein - di Biin
bekannt - bikeent
bekommen - fo
benutzen - brük
bequem - makelk
bereit - klaar tö
bereits - al
Berg - di Bārig
Besen - di Böösem

besichtigen - biluki
besser - beeter
beste - beest
bestimmt - wes
beten - böörigi
Betrieb - di Rail
Bett - di Bēr
Bettlaken - di Blach
bevor - jer
bezahlen - bitaali
Biene - di Em
Bild - di Skelt
Birne - di Piar
bis - hen tö, olter dat
Bitte - di Ber
Bitte schön! - Wiis sa gur!
blass - bleek
Blatt - di Bleer
blau - blö
Blitz - di Lait
Blitzen - laidigi
blond - leechthiiret
bloß - bluat
blühen - blostri
Blume - di Bloom
Blut - dit Blör
Blüte - di Bloster
bluten - bleet
Boden (Gefäß) - di Buurem
Boden (Erde) - di Grün
Bonbon - di Baaltji
Boot - di Buat
böse - ārig, bister
brauchen - brük
braucht nicht (zu tun) - tört ek
braun - brün
Braut - di Brir
Bräutigam - di Brirman
breit - breer
Briefkasten - di Breevkas
Brieftasche - di Jilbok
Brombeere - di Eekerbai
Brot - di Bruar
Brötchen - di Runtstek
Bruder - di Bröðer
Brunnen - di Suar
Brust - di Brest
brüten - bröri
Buch - dit Bok
Bügeleisen - di Strikiirsen
bügeln - strik
bunt - broket
Bürgermeister - di Büürfööger
Bürgersteig - di Stegelk
Bürste - di Bösel
Butter - dit Böter
Butterbrot - di Böterskiiv
Buttermilch - di Öörter

da - diar
dabei - diarbi
Dach - di Taak
Dachboden - di Bualkem
Dachdecker - di Taker
dadurch - diardöör
dafür - diarfuar
dagegen - diartöögen
daheim - itüüs
dahin - diarhen
dahinter - diarachter
damit - diarme
danach - diareeðer
daneben - bitö
dänisch - deensk
danken - danki, toonki
dann - da
daran - diarön
darauf - diarüp
daraus - diarüt
darin - diarön, benen
darüber - diaraur
darum - diarom
darunter - diaröner, diarmung
das - dit
dass - dat
dasselbe - ditsalev
dauern - waari
Daumen - di Tüm
davon - diarfan
davor - diarfuar
dazu - diartö
dazwischen - diartwesken
Deckel - di Ler
Deich - di Dik
denken - teenk
denn - aur
der - di
derselbe - disalev
deshalb - diarom, diarfuar
desto - om sa
deutsch - dütsk
Deutschland - Dütsklön

dich - di
dicht - techt
dick - tjuk
die - di
Dienstag - di Tiisdai
dieser - dijirem, des
dieses - ditjirem, det
Ding - di Saak
dir - di
doch - dach
Doktor - di Dochter
Donner - di Töner
Donnerstag - di Türsdai
Dorf - di Tērp
dort - diar
dorthin - diarhen
draußen - büten
drei - trii
dreißig - dörtig
dreizehn - trötain
drinnen - benen
du - dü
dunkel - junk
dünn - ten
durch - dóór
dürfen - mut
Durst - di Töst

eben - jüst, efen
ebenso - aliksa
Ecke - di Huk, di Hörn
egal - saacht ditsalev
ehe - jer
ehrlich - iarelk
Ei - dit Ai
Eiche - di Iik
eigentlich - eegenlig
Eimer - di Aamer
eingießen - iinfel
einige - som, somen
einladen - nöörigi
einmal - jens
eins - jen
einverstanden - iinforstönen
einzeln - enkelt
Eis - dit Is
Eisen - dit Iirsen
elf - elev
Ellenbogen - di Alemböög
Eltern - di Aalern
Ende - di Jen
eng - naar
England - Engelön
englisch - engelsk
Enkel - dit Jungensjungen
Ente - di En
Enterich - di Enerk
entgegen - öntöögen
entlang - langs
entschuldigen - önskiljigi
entzwei - öntau, önsteken
er - hi
erblicken - waar uur
Erdbeere - di Iartbiar
Erde - di Öört
erhalten - fo
erholen - forhaali
erkundigen - eeðerfraagi
erleben - bilewi
ernähren - niari
ernst - iarnst
Ernte - di Bāricht
erst - jest
erstens - jestjens
ertrinken - dreenk
erwachsen - wuksen
erziehen - āptii
es - hat, dit
essen - iit
etwa - omtrent, binai
etwas - wat, en bet
euch - juu
euer - juu

fahren - köör
Fahrrad - di Weel, di Rad
fallen - faal
falsch - forkiirt, falsk
Farbe - di Farev, di Klöör
Faust - di Fest
fehlen - faili, waant
feiern - fiiri
fein - fiin
Feld - di Mark
Fenster - di Wining
Fensterscheibe - di Rüt
Ferkel - di Gris(ki)
fern - fiir
Fernglas - di Kiiker
Ferse - di Hak
fest - fast
Festland - di Fastlön

fett - fat
feucht - fochtig
Feudel - di Böörtslunt
Feuer - dit Jöl
finden - finj
Finger - di Finger
Fingernagel - di Nail
Fisch - di Fesk
flach - flak
Flasche - di Borel
Fleck - di Plak
Fleisch - dit Meet
fleißig - fliitig
flicken - klüti
Fliege - di Flüch
fliegen - flö
fließen - laap
Flöte - di Floit
Flügel - di Jük
Flur (der) - di Taal
flüstern - weski
fort - of Stair, wech
fotografieren - ofnem, knipsi
Frage - di Fraag
fragen - fraagi
Franzose - di Fransman
Frau - di Wüf
frei - frii
Freiheit - Friihair
Freitag - di Friidai
fremd - freemer
Freude - di Früger
Freund - di Fründ
freundlich - bliir, net
Friede - di Freer
Friedhof - di Sērkhof
frieren - früüs
friesisch - friisk
frisch - frisk
froh - bliir
Frost - di Frost, di Kol
früh - eeðer
früher - tö di Tir
Frühling - di Uurs
Frühstück - di Miarenskofi, di Merönern
frühstücken - Kofi drink
fühlen - fööl
führen - föör
füllen - fel
fünf - fif
fünfzig - föftig
für - fuar
Fuß - di Fut
Fußboden - di Böört
Füße - Fet
füttern - rök

Gabel - di Gaawel
Gans - di Guus
Gänse - Gös
Gänseblümchen - di Fransknopen
Gänserich - di Gāsi
ganz - hiil, gans
gar - noch
gar nicht - gaar ek
gar nichts - gaar nönt
Garten - di Guart
Gartentor - di Lēr
Gaststube - di Skeenk
Gebäck - dit Böökens
Gebäude - di Bechning
geben (es gibt) - dö (hat jeft)
Gebet - di Böörig
geboren - bēren
gebrauchen - brük
Geburtstag - di Gibuurtsdai
Gedanke - di Taacht
Gedicht - di Dechting
gegen - töögen
gegenüber - likaurfuar, töögenaur
Gegenwart - di Nütir
geheim - jemelk
gehen - gung
Gehirn - di Brain
gehören - hiir
Geige - di Fijool
gelb - güül
Geld - dit Jil
gemein - gimiin
gemeinsam - emsk, töhop
gemütlich - makelk
genau - nau
genug - noch
geöffnet - iipen
Gepäck - di Bagaasji
gerade - jüst, lik
geradeaus - likiüt
gern - hol
Gerste - di Beri
Geruch - di Hārem
Gerümpel - di Skramel
Gesangbuch - di Salembok

Geschäft - di Gisjeft
geschehen - pasiari, ske
Geschenk - di Gaav
Geschichte - di Forteling, di Staatji
geschlossen - slööten
Geschwister - di Sesken
Gesicht - di Gisicht
gestern - jüster
gestorben - stürwen
gesund - sün
Gewehr - di Bös
gewinnen - wen
gewohnt - uun
Giebel - di Jügel
gießen - giteri
glänzen - glinteri
Glas - di Glees
glatt - glēr
Glaube - di Gloov
glauben - liiv
gleich, sogleich - gilik, metjens, daalkens
gleichzeitig - tö salev Tir, emsk
Glied - di Ler
Glocke - di Klok
Glück - dit Lek
glücklich - lekelk
Glückwunsch - di Lekwensk
Gold - dit Gul
Gott - Got
Gottesdienst - di Hööv
Grab - dit Greev
Graben - di Graav
Grabstein - di Likstiin
Gras - dit Gērs
grau - gre
greifen - grip
grob - grof
groß - gurt
Großeltern - Grootaalern
Großmutter - Grootmooter, Mootji
Großvater - Grootfaaðer, Gooki
grün - green
Grund - di Grün
Gruß - di Gröötnis
grüßen - grööt
gucken - luki
gut - gur
Guten Abend! - Gud Inj!
Guten Morgen! - Gur Miaren!

Haar - dit Hiir
haben - haa
Hacke - di Hak
Hafer - di Haawer
Hahn - di Huan
Hain - Feen
halb - hualev
Hals - di Hals
halten - hual
Hammer - di Hamer
Hand - di Hun
hängen - hingi
Harke - di Riiv
hart - hart
hässlich - skaank
Haufen - di Hop, di Stak
häufig - aaft
Haus - dit Hüs
Häuser - Hüüsing(er)
Haut - di Hir, dit Fel
heben - left
Hecktor - di Lēr
Hefe - di Kweeken
Heide (die) - di Hiið
Heidekraut - di Ljung
heilig - helig
Heiligabend - di Jöölinj
heimlich - jemelk
heiraten - bifrii
heiß - mal wārem
heißen - jit
heizen - füüri
helfen - help
hell - leecht
Hemd - di Sjürt
Hengst - di Springhingst
Henne - di Hen
her - jaart
herab - dial
heran - naiertö, naierhen
herauf - āp
heraus - üt
Herbst - di Hārefst
Herd - di Ialig
herein - iin
herüber - aur
herum - ombi
Herz - dit Hart
herzlich - hartelk
Heu - dit Foðer
heuer - jaarlung
heute - deling

heute Abend - injung
heute Morgen - jü Miaren, miarlung
hier - jir
Hilfe - di Help
Himbeere - di Hinbiar
Himmel - di Hemel
hin - hen
hinein - iinön, iin
hinter - achter, beeft
Hintern - di Iars, di Achterjen
hinüber - henaur
hinunter - dial
hinzu - hentö
hoch - hoog
Hochzeit - di Brölep
Hocker - di Skamel
Hof - di Buurenstair
hoffen - hööpi
hohl - hol
holen - haali
Hölle - di Hel
Holunder - di Helbosk
Holz - dit Holt
hören - hiir
Horizont - di Kiming
Hose - di Boks
Hosentasche - di Fek
hübsch - dailk
Hüfte - di Höft
Huhn - di Hen
Hund - di Hün
hundert - hönert
Hündin - di Tef
Hünengrab - di Hoog
Hunger - di Hunger
Hut - di Hur

ich - ik
ihm - höm
ihn - höm
ihnen - jam
ihr - höör
ihr (Mz.) - jaar
immer - langsen, altert
in - ön
innen - benen
Insel - di Ailön
inzwischen - öntwesken

ja - jaa
Jacke - di Jak
Jahr - dit Jaar
jährlich - ark Jaar
jedenfalls - üp ark Fal
jeder - ark
jedermann - arkenjen
jederzeit - arktirs
jedesmal - arklop
jedoch - dach
jemand - hoken
jener - didiar
jetzt - nü
Johannisbeeren - di Riiwels
Jugend - di jung Liren
jung - jung
Junge - di Dreeng

Kaffee - di Kofi
Kalb - di Kualev
kalt - kuul
Kamm - di Kum
kämmen - kem
Kaninchen - di Kanink
kariert - rütet
Karotte - di Wortel
Kartoffel - di Iartapel
Käse - di Aast
Kater - di Hikat, di Kaater
Katze - di Jükat, di Kat
kaufen - koopi
kaum - binai, knap
kein - niin
kennen - keen
Kerze - di Leecht
Kessel - di Serel
Kiebitz - di Wiip
Kind - dit Jungen
Kinn - di Ken
Kirche - di Sērk
Kirsche - di Kasbiar
Kissen - di Haurem, di Hüünki
Klang - di Lün
kleben - bak, klüwi
Kleid - di Rok
Kleidung - di Kluaðer, dit Tjüch
klein - litj
Kliff - di Klef
klug - klook
knapp - naar, skraal
Knie - di Kneebiin
knien - ön Kneebiin faal
Knöchel - di Knokel, di Aanklööv

Knochen - di Knaak
Koch - di Kok
kochen - kööki
Kochtopf - di Kroch
Kohle - di Kööl
kommen - kum
Konfirmation - dit Friimaakin
können - ken
Kopf - di Haur
Korb - di Korev
Krähe - di Kreek
Kreuz - di Krüts
Krickente - di Ertling
kriechen - krep
kriegen - fo, faat fo
krumm - krüm
Küche - di Kööken
Kuh - di Kü
Kühe - Kin
kühl - köölig
Kuhstall - di Buusem
Küken - di Henk
Kurgast - di Baarigast
kurz - kuurt
Kuss - di Taatj
küssen - taatji

lachen - lachi
Lamm - di Lum
Land - dit Lön
Landstraße - di Lönwai
lang - lüng
lange - lung
langsam - lungsom
längst - al lung, leengst
lassen - let
laufen - laap
laut - gurtem
leben - lewi
Leben - dit Leewent
Leber - di Liwer
Lebewohl! - Faarwel!
leer - lerig
legen - lii
lehren - liir
Lehrer - di Skuulmaister
Leiche - di Lik
leicht - lecht
leihen - liin
leise - litjem
Leiter (die) - di Laðer

lenken - stjüüri
Lerche - di Lörki
lernen - liir
lesen - lees
letzte - leest
leuchten - ljucht
Leute - di Lir(en)
Licht - di Leecht
lieb - lef
Liebe - di Lefhair
lieben - lef haa
Lied - dit Leedji
liegen - lii
links - left
Lippe - di Lep
Loch - di Hol
Löcher - Hööler
Locke - di Kröl
locker - luas
Löffel - di Skair
los - luas
lösen - liisi
Löwenzahn - di Böterkröl
Luft - di Locht
Lunge - di Lung
Lust - di Lest

machen - maaki
Mädchen - dit Faamen
Magen - di Maag
mager - maager
mahlen - grinj
Mal - di Lop, di Mol
malen - maali
malnehmen - maalnem
Mama - Māmi
man - em
manche - maning
manchmal - maningmol
Mann - di Man
Männer - Maaner, Kārming
Märchen - di Tial
Marder - di Muurkat
Markt - di Marker
Marsch(land) - di Mērsk
Marschwiese - di Mark, di Feen
Mauer - di Müür
Maus - di Müs
Meer - di See
Mehl - dit Meel
mehr - muar

mehrmals - muarmols, aafter
mein - min
meinen - meen
meist - miist
meistens - fuartmiist
melken - molki
Melodie - di Wiis
Mensch - di Mensk
merken - mark
messen - meet
Messer - di Knif
Messer (Mz.) - Kniiwer
mich - mi
mieten - hüür
Milch - di Molk
mindestens - tömenst
Minute - di Minüt
mir - mi
Mist - di Mjuks
Misthaufen - di Haagen
mit - me
miteinander - mearküđer
mitnehmen - menem
Mittag - di Medai
Mittagessen - di Önerdaurt
Mitte - di Meren
mitteilen - mediili
Mittel - di Merel
mitten - mer ön
mittendurch - merendöör
Mitternacht - di Mernacht
Mittwoch - di Winjsdai
mitunter - somtirs
modern, modisch - mooris
mögen - mai
möglich - möögelk
Monat - di Muun
Mond - di Muun
Montag - di Mondai
Moosbeere - di Tranjbai
Morgen - di Miaren
morgens - miarens
Möwe - di Mö
Mücke - di Mech
müde - treet
Mühe - di Mait
Mund - di Mür
müssen - mut
mutig - murig
Mutter - di Mooter
Nabel - di Naawel
nach - eeđer, tö
Nachbar - di Naiber
Nachbarin - di Naiberswüf
nacheinander - eeđerarküđer
nach Hause - tüs
nachher - achterön
Nachmittag - di Auröner
Nachricht - di Tiring
nächst - naist
Nacht - di Nacht
nachts - en Nachtem
Nacken - di Nak
nackt - naaken
Nadel - di Neerel
Nagel - di Spiker
nahe - nai
nahebei - naibi
nähen - sii
Naht - di Soom
Name - di Noom
Nase - di Nöös
nass - wiit
natürlich - natüürelk
Nebel - di Töök
neben - bisir
nehmen - nem
nein - naan
nennen - neem
neu - nii
Neujahr - dit Niijaar
neulich - leest
neun - niigen
neunzig - neegentig
nicht - ek
nichts - nönt
nie - oler
niedrig - liig
niemand - nemen
Niere - di Njüür
nirgends - nārigen
noch - jit
nochmals - jit jens
Norden - di Nuurđ
nördlich - nuurđelk
Not - di Nuar
nötig - nöörig
nun - nü
nur - bluat
Nutzen - Gaagen
nützen - nüti

ob - of, weđer
oben - boowen
Oberschenkel - di Lunk
obgleich - likwel, aldat
oder - of
Ofen - di Aun
offen - iipen
oft - aaft
öfters - aaftjens
ohne - söner
Ohr - di Uar
Ohrläppchen - di Uarlap
Ohrring - di Uarbumel
Oma - di Mootji
Onkel - di Oom
Opa - di Gooki
Ort - di Stair
Osten - di Uast
Ostern - di Puask
östlich - uastelk

Papa - Bābi
passieren - pasiari, ske
Pastor - di Pröst
Person - di Mensk
Pesel - di Piisel
Pfeife - di Piip
pfeifen - floiti
Pferd - di Hingst
Pfingsten - di Pingster
Pflaume - di Plum
pflücken - ploki
pflügen - pluugi
Pfütze - di Weeterpet
Pilz - di Porhur
pissen - pesi
Plan - di Plaan
plattdeutsch - platdütsk
Platz - di Plaats, di Stair
Platz nehmen - omset
plötzlich - üp jen Maal
Postbote - di Breevdraier
praktisch - gaarelk
Predikt - di Prötjii
Preis - di Pris
prüfen - proowi
Puls - di Pols
Punsch - di Puns
Puppe - di Pop
Pute - di Kalikuun
putzen - potsi

quälen - kweeli
Qualm - di Rook
Quark - di Kjaarel
quer - twērt aur
querfeldein - liktö

Rabe - di Raav
Rad - di Weel
Rand - di Kant
rasch - rask
rasieren - reeki
Rat - di Reer
raten - reer
Ratte - di Rot
Rauch - di Rook
rau - rüch
Raum - di Rüm
recht - rocht
rechts - rochts
rechtzeitig - tö Tir
reden - snaki
Regen - di Riin
regnen, es regnet - riin, hat rintj
reiben - riiv
reich - rik
reichen - leeng
reichlich - rikelk
reif - rip
Reifen - di Hop
Reihe - di Reeg
rein - riin
reinlich - renelk
Reise - di Rais
reiten - rir
rennen - ren
reparieren - ütbeeteri
Rest - di Aurbliivsel
retten - bārigi
richtig - rocht
riechen - hāremi
Riff - di Ref
Rind - di Nuat
Rinde - di Rinj
Ring - di Ring
Rippe - di Rep
Rock - di Skort
Roggen - di Roch
roh - re
Rose - di Ruus
rot - ruar
Rübe - di Rööv

Rücken - di Rech
Rückseite - di Achtersir
rückwärts - töbeek
rudern - rö
rufen - röp
ruhen - wiili
ruhig - ruuig
rund - runt
rundum - trinjom
Ruß - di Söt

Sache - di Saak
sagen - sii
Sahne - di Fleten
Saison - di Baaritir
Salz - dit Saalt
Salzwasser - dit Saaltweeter
Sand - dit Sön
sanft - milj
Sarg - di Kest
satt - sat
Satz - di Sats
Sau - di Söch
sauber - riin, akuraat
sauer - süür
saufen - süp
Saum - di Heemels
Schachtel - di Eesk
Schade - di Skaar
Schaf - di Sjip
Schafbock - di Ram
schämen - skaami
Schar - di Skööl
scharf - skarp
Schatten - di Skaar
schauen - skaui
Schauer - di Büü
Schauspiel - di Komeedi
Scheibe - di Skiiv
scheißen - skit
Scheitel - di Skiirels
schenken - foriiri, skeenk
Schere - di Sjern
schief - sküüv
Schienbein - di Skenbiin
schießen - sjit
Schiff - di Skep
Schiffe - Skeepen
schimpfen - skel, kiiwi
Schinken - di Skink
Schirm - di Skirem
schlafen - sliip
schlagen - slaa
Schlamm - di Moðer
Schlange - di Slang
schlecht - ring
Schleuse - di Slüüs
schließen - slüt
schließlich - töleest
schlimm - slim
Schlittschuh - di Skätsk
Schlucht - di Glaat, di Deel
schlucken - slunk
Schluss - di Slüt
Schlüssel - di Kai
schmal - smeel
schmecken - smak
Schmerz - di Wark
schmierig - smörig
schmutzig - fül
Schnee - di Sne
schneien - snii
schneiden (Messer) - skiar
schneiden (Schere) - klep
schnell - rask, gau, waker
Schnupfen - di Snööv
schon - al
schön - dailk
schräg - sküüns
Schrank - di Skaap
Schrankbett - di Fastbērstair
Schraube - di Skrüüv
Schreck - di Skrek
schrecklich, abscheulich - apskailig
Schrei - di Belk
schreiben - skriiv
schreien - skriil, skrau
Schuh - di Skoch
Schuhe - Skuur
schuldig - skiljig
Schule - di Skuul
Schulter - di Skoler
Schürze - di Skorteldok
Schuss - di Skot
Schüssel - di Fat
Schutz - di Sküül
schwach - swak, flau
Schwalbe - di Swaalk
schwanger sein - skrabli, üp Wai wiis
Schwanz - di Stört
schwarz - suurt
Schwein - dit Swin

schwer - swaar
Schwester - di Sester
schwimmen - swum
schwitzen - sweet
schwül - lumerig
sechs - soks
sechzig - söstig
See - di See
Seehund - di Salig
Seele - di Siil
Seeschwalbe - di Tiarnk
Segel - di Sail
segeln - siil
sehen - se
sehr - mal, aur di Maaten
Seife - di Siip
sein (Verb) - wiis
sein - sin
seit - sent
Seite - di Sir
selber - salev
selten - ek aaft
Sense - di Lö
setzen - seet
sich - höm, höör
sich (Mz.) - jam
sicher - seeker
sie - jü, höör
sie (Mz.) - ja, jam
sieben - soowen
siebzig - sööwentig
Silbermöwe - Asmö
singen - sjung
Sinn - di Sen
sitzen - set
so - sa
sobald, sowie - sa bal üs
sofort - metjens
sogar - sagaar
Sohle - di Sööl
Sohn - di Dreeng
solang - salung
solch - sok
sollen - skel
Sommer - di Somer
sondern - man
Sonnabend - di Seninj
Sonne - di Sen
Sonntag - di Sendai
sonst - üðers
Sorge - di Sörig
sorgfältig - akuraat
so viel - sa fuul
so weit - sa fiir
sowenig - sa litjet
sparsam - spaarsom
spät - leet
Spaten - di Gluuv
Speck - dit Fleesk
Sperling - di Spārig
Spiegel - di Spail
Spiel - di Spöl
spielen - spöli
spitz - spits
Sprache - di Spraak
sprechen - snaki, spreek
Stall - di Buusem
Stalltür - di Bööster
Star - di Spreen
stechen - steek
stecken - steki
stehen - stuun
Stein - di Stiin
stellen - stel
sterben - sterev
Stern - di Stiar
Stichling - di Springfesk
Stiefel - di Steewel
still - stel
Stimme - di Stem, di Mual
Stirn - di Fuarhaur
Stoff (textil) - dit Tjüch
stolz - stolt, mans
Storch - di Störk, di Aaribaar
stoßen - stumpi
Strand - di Strön
streicheln - aii
streichen - strik
Streichholz - di Swaawelstok
streiten - strir
streng - streeng
streuen - striili
stricken - prekeli
Stroh - di Stre
Strumpf - di Höös
Stube - di Kööv
Stubentür - di Pööster
Stück - di Stek
Stuhl - di Stööl
stumpf - stump
Stunde - di Stün
Sturm - di Storem

Sturmmöwe - Kaukmö
stürzen - stört
Stute - di Ök, di Hos
suchen - sjuk
Süden - di Süđern
Sünde - di Sen
süß - swet
Süßwasser - dit Fērskweeter
Sylterfriesisch - Sölring

Tag - di Dai
Tage - Daagen
täglich - ark Dai
Tal - di Deel
Tanz - di Daans
tanzen - daansi
Tasche - di Task
Tasse - di Kop
taub - doov
Taube - di Düf
Taufe - di Dööp
taufen - dööpi
Tauffeier - di Goom
tausend - düüsent
Teich - di Kiar
Teil - di Diil
Teller - di Teler
teuer - jüür
Teufel - di Duiwel
tief - diip
Tier - di Diirt
Tisch - di Staal
Tochter - di Faamen
Tod - di Duar
Toilette - di Hüsji
Topf - di Pot
Torte - di Taart
tot - duar
tragen - drai
Träne - di Tuar
trauen - truu
trauern - sörigi
Traum - di Droom
träumen - drem
traurig - truurig
treffen - raaki
treiben - driiv
Treppe - di Trap
treten - trapi, treer
treu - truu
trinken - drink
trocken - drüch
trotzdem - likert, likwel
trübe - blünerig
Tuch - di Dok
tüchtig - düchtig
tun - dö
Tür - di Düür
Turm - di Türn

übel - ööwel
üben - ööwi
über - aur
überall - aural
überein - aurjen
überlegen - aurlii
übrig - aur
Ufer - di Heefkant
Uhr - di Klok
Uhrzeiger - di Wiiser
um - om
umblättern - ombleeri
umher - ombi
umsonst - fuar nönt, foriivs
unartig - krööpen
und - en
ungefähr - binai
unglücklich - ünlekelk
unmöglich - ünmöögelk
uns - üüs
unser - üüs
unten - öner
unter (zwischen) - öner (mung)
Unterarm - di Önerjerem
Unterhose - di Brök
Unterlippe - di Önerlep
Unterricht - di Önerrocht
Unterrock - di Pai
Unterschrift - di Önerskreft
Untertasse - di Skötel
unterwegs - önerwai
unvernünftig - ünklook
unwahr - löögens
unzufrieden - üntöfreeren

Vater - di Faađer
Verabredung - di Ofmaaking
verantworten - forswaari
verbessern - forbeeteri
verbieten - forber
verbrennen - forbren
verdienen - fortiini

Verein - di Foriining
Vergangenheit - di Jertir
vergeben - foriiv
vergessen - auriit
verheiratet - befriit wiis
verkehrt - forkiirt
verloben (sich) - et ütbring
verlieren - forlees
verrückt - ek rocht wis, tumpig
verschieden - forskelig
Verwandte - Frinjer
Verwandtschaft - di Frinjskep
Vieh - di Krailer, dit Tjüch
viel - fuul
viele - maning
vielen Dank! - fuul Dank!
vielleicht - filecht, mesken
vier - fjuur
vierzig - fiartig
Vogel - di Fügel
Volk - dit Folk
voll - fol
von - fan
vor - fuar
voran - fuarof
voraus - fuarüt
vorderste - di jest
vorgestern - jerjüster
vorhin - fuarof
Vormittag - di Iiröner
vorne - fuar
vorschlagen - fuarslaa
vorsichtig - fuarsichtig
vorwärts - fuarüt, fiirer
Vorzeit - di Fuartir

wach - waaken
wachsen - wuksi
Wagen - di Wain
wahr - waar
während - welt, went
Wal - di Walfesk
Wall - di Dik
Wand - di Wuch
Wände - Wuuger
Wange - di Sjak
wann - wan
warm - wārem
warten - teev
warum - hurom
was - wat
waschen - taui
Wasser - dit Weeter
Wattenmeer - di Heef
Weg - di Wai, di Stich
weg - wech
wegen - aur
weh tun - siir dö
weich - wuk
Weihnachten - Jööl
weil - aur
Wein - di Wiin
weiß - wit
Weißbrot - di Kaak
Weißdorn - di Hoftuurn
weit - fiir
weiter - förter, fiirer
Weizen, di Weeten
welcher - wat fuar jen
Welle - di See
Welt - di Wārel
wem - hoken
wen - hoken
wenig - litjet
weniger - mener
wenigst - menst
wenigstens - tömenst
wenn - wan
wer - hoken
werden - uur, wel
werfen - smit
wessen - huns, hokens
Westen - di Weest
westwärts - weesterfuar
Wetter - di Weðer
wie - hurdeling
wie lange - hur lung
wieder - weðer
(Auf) Wiedersehen! - Faarwel!
wiegen - weeg
Wiese - di Ingi
wieviel - hurfuul
wieviele - hurmaning
wild - wilj
Wille - di Wel
Wind - di Winj
windstill - luuwen
Winter - di Wunter
wir - wü
Wirbelsäule - di Rechknaak
wischen - wiski
wissen - weet

wo - hur
Woche - di Week
wodurch - hurdöör
wofür - hurfuar
wohin - hurhen
wohl - wel, noch
wohnen - uuni
Wohnstube - di Kööv
Wolke - di Wolk
wollen - wel
woraus - hurüt
Wort - di Uurt
wünschen - wenski
Wurm - di Würem
Wurst - di Mārig
Wurzel - di Röt
wütend - ārig, malhauret

Zahl - di Tal
zählen - teel
Zahn - di Ter
Zange - di Tang
zart - saart, fiin
Zehe - di Tuan
zehn - tiin
Zeichen - di Teeken
zeigen - weegi
Zeile - di Reeg
Zeit - di Tir
Ziege - di Siig
Ziegelstein - di Müürstiin
ziehen - tii
Ziel - di Maal
ziemlich - temelk
Zimmer - di Rüm
Zimmerdecke - di Aurskot
zu - tö
Zucker - di Soker
zuerst - töjest
zufällig - töfelig
Zug - di Toch
zugleich - emsk; me ditsalev
zu Hause - itüüs
Zukunft - di kumen Tir, di Tökumst
zuletzt - töleest
zunächst - fuart naist
Zunge - di Tung
zurück - töbeek
zusammen - töhop
Zustand - di Töstand
zuviel - töfuul, olterfuul
zuvor - töfuaren
zuweilen - somtirs
zuwenig - olterlitjet
zwanzig - twuntig
zwar - rochtigenoch
zwei - tau
Zwiebel - di Look
zwischen - twesken, mung
zwölf - twelev

Nach: Århammar 1967a, Gantzel/Wilts 1978,
Möller 1916, Schmidt 1972, Schrahé 1990.
– Mit Dank an Nils Århammar.

Hinweise zur Rechtschreibung und
Aussprache s. in diesem Lexikon S. 101/102.

Thomas Otto Achelis: Die Ärzte im Herzogtum Schleswig bis zum Jahre 1804, Kiel 1966.
Thomas Otto Achelis: Matrikel der schleswigschen Studenten 1517-1864, Band II 1741-1864, Kopenhagen 1966.
Antje Adolphsen und **Eckhard Hundhausen**: Messstation Westerland. Wie sauber ist die Luft? In: Sylt-Magazin 2000, S. 56-57.
Knud Ahlborn: „Klappholttal". Die Idee eines Jugendlagers, Hamburg 1921.
Knud Ahlborn: Naturschutz und Landschaftspflege auf Sylt. In: Zwischen Eider und Wiedau 1960, S. 29-35.
Knud Ahlborn: Ferdinand Avenarius, Kampen 1961.
Knud Ahlborn: 50 Jahre Nordseeheim Klappholttal. Eine Chronik. In: Nordfriesland Nr. 11 (August 1969), S. 155-163.
Knud Ahlborn und **Ferdinand Goebel** (Hrsg.): Das Syltbuch. Eine Gesamtdarstellung der Insel Sylt in gemeinsamer Arbeit mit zahlreichen Kennern von Land und Leuten, Kampen o. J. (1933).
Eduard Alberti: Lexikon der Schleswig-Holstein-Lauenburgischen und Eutinischen Schriftsteller von 1829 bis Mitte 1866, Kiel 1867.
Ihno Alberts, **Harm Wiemann** und **Ursula Basse Soltau**: Das alte Friesenspiel ist jung. Klootschießen und Boßeln, Norden 1988.
Sabine Alshuth: Quallen. In: Sylt Magazin 1992a, S. 36-37.
Sabine Alshuth: Dwarslöper, Einsiedler, Krabben. In: Sylt Magazin 1992b, S. 44-45.
Sabine Alshuth: Salzige Blüten. In: Sylt Magazin 1992c, S. 54-57.
Sabine Alshuth: Algen. In: Sylt Magazin 1993, S. 46-48.
Sabine Alshuth: Wunderwelt im Wassertropfen. In: Sylt Magazin 1994a, S. 76-78.
Sabine Alshuth: Meeresschnecken. In: Sylt Magazin 1994b, S. 82-84.
Sabine Alshuth: Strandhafer und Strandroggen. In: Sylt Magazin 1994c, S. 86-87.
Sabine Alshuth: Muscheln. In: Sylt Magazin 1995, S. 56-60.
Sabine Alshuth: Kunststücke von Ebbe und Flut. In: Sylt Magazin 1996, S. 60-62.
Sabine Alshuth: Angepasst und Fuß gefasst. In: Sylt-Magazin 2000, S. 50-53.
Altonaer Museum in Hamburg und Norddeutsches Landesmuseum (Hrsg.): Saison am Strand: Badeleben an Nord- und Ostsee, 200 Jahre, Herford 1986.
Eduard Ambrosius: Kurze Nachrichten von der Insel Sylt, Kopenhagen 1792.
Heather Amery/Stephen Cartwright: Min jest düüsend Uurter. Fuar dit Sölring biaarbert fan Nils Århammar, Bräist/Bredstedt 1999.
Amt für Land- und Wasserwirtschaft Husum: Fachplan Küstenschutz Sylt, Husum 1985.
Christa Maria Andersen: Sylt, Hamburg 1991.
Hans-Günther Andresen: Das Warmbadehaus in Westerland – Ein bedeutendes Denkmal neuer friesischer Architektur des frühen 20. Jh. soll fallen. In: Die Heimat 87 (1980), S. 392-417.
Hans-Günther Andresen: Bauen in Backstein. Schleswig-holsteinische Heimatschutz-Architektur, Heide 1989.
Hans-Günther Andresen: Heimatschutzarchitektur in Nordfriesland. In: Thomas Steensen (Hrsg.): Das große Nordfriesland-Buch, Hamburg 2000, S. 314-321.
Michael Andritzky und **Kai J. Friedrich** (Hrsg.): Klappholttal/Sylt 1919-1989. Geschichte und Geschichten, Kontinuität im Wandel, Gießen 1989.
Nils Århammar: Die Syltringer Sprache. Die Syltringer Literatur. In: Margot und Nico Hansen (Hrsg): Sylt – Geschichte und Gestalt einer Insel, Itzehoe-Voßkate 1967, S. 189-230. Auch als Sonderdruck, 2. Aufl., Münsterdorf 1975.
Nils Århammar: Die Herkunft des Inselnordfriesischen im Lichte der Wortgeographie. In: Philologica Frisica anno 1966, Grins (Groningen) 1968, S. 49-76.
Nils Århammar: Historisch-soziolinguistische Aspekte der nordfriesischen Mehrsprachigkeit. In: Friesisches Jahrbuch 1976, S. 55-76.
Nils Århammar: Ein sicheres Indiz für nordfriesisch-holländische Zweisprachigkeit während der Seefahrtsepoche der Inselfriesen. In: Nordfriesisches Jahrbuch 20 (1984), S. 187-202.
Nils Århammar: Vortrag über die sylterfriesische Sprache und Literatur. Unveröffentlichtes Manuskript, Westerland 1992.
Nils Århammar: Wolfgang Laurs Historisches Ortsnamenlexikon von Schleswig-Holstein aus der Sicht der nordfriesischen Namen- und Sprachgeschichtsforschung. In: Nordfriesisches Jahrbuch 29 (1993), S. 265-291.
Nils Århammar: Warum der Name „Sylt" nicht von „Salz" kommen kann! In: Sylter Spiegel, 16.2.1994.
Nils Århammar: Namen in Nordfriesland. In: Nordfriesisches Jahrbuch 31 (1995), S. 119-146.
Nils Århammar: Zur späteren Textüberlieferung dreier Lieder von Jap P. Hansen. In: Nordfriesisches Jahrbuch 34 (1998), S. 165-171.
Nils Århammar: Namen in Nordfriesland. In: Thomas Steensen (Hrsg.): Das große Nordfriesland-Buch, Hamburg 2000a, S. 252-255.
Nils Århammar: Nordfriesisch. In: Jan Wirrer (Hrsg.): Minderheiten- und Regionalsprachen in Europa, Wiesbaden 2000b, S. 144-158.
Nils Århammar: Das Nordfriesische im Sprachkontakt (unter Einschluss der nordfriesischen Lexikologie). In: Horst Haider Munske (Hrsg.): Handbuch des Friesischen, Tübingen 2001a, S. 313-353.
Nils Århammar: Die Herkunft der Nordfriesen und des Nordfriesischen. In: Horst Haider Munske

(Hrsg.): Handbuch des Friesischen, Tübingen 2001b, S. 531-537.
Nils Århammar: Grundzüge nordfriesischer Sprachgeschichte. In: Horst Haider Munske (Hrsg.): Handbuch des Friesischen, Tübingen 2001c, S. 744-765.
Walter Asmus: Verkehr in Nordfriesland. In: Thomas Steensen (Hrsg.): Das große Nordfriesland-Buch, Hamburg 2000, S. 380-395.
Michael Augustin und **Friedrich Johannsen**: Vom Boßeln, Klootschießen und vom Bowl-playing, St. Peter-Ording 1978.

Bädergemeinschaft Sylt e. V.: Naturschutz auf Sylt, Westerland 1993.
Bädergemeinschaft Sylt GmbH (Hrsg.): „Natürlich Sylt" 1999, Westerland 1998.
Klaus Baese: Friesennerz und Badehose – Widersprüchlichkeiten im Wetter Nordfrieslands. In: Thomas Steensen (Hrsg.): Das große Nordfriesland-Buch, Hamburg 2000, S. 92-97.
Friedrich Ball: Strandungen an der Küste von Sylt, Westerland 1930.
Walter Bamberger: Magnus Weidemann – zum Gedächtnis. In: Zwischen Eider und Wiedau 1968, S. 27-28.
Walter Bamberger: Der Maler und Radierer Ingwer Paulsen (zum 100. Geburtstag). In: Zwischen Eider und Wiedau 1983, S. 52-54.
Albert Bantelmann: Landschaft und Besiedlung Nordfrieslands in vorgeschichtlicher Zeit. In: Geschichte Nordfrieslands, 2. Aufl., Heide 1996, S. 13-56.
Wieland Barthelmess: Hans Hartig – Ein Malerleben 1873-1936, Fischerhude 1998.
Alfred Bartling: Die Morsumer Kulturfreunde e. V. Unveröffentlichtes Manuskript, Morsum 2002.
Paul Barz: Menschen auf Sylt, fotografiert von Hans Siwik, Heide 1988.
Adelbert Graf Baudissin: Schleswig-Holstein – Meerumschlungen. Kriegs- und Friedensbilder aus dem Jahre 1864, Stuttgart 1865 (Neudruck: Kiel 1978).
Adelbert Graf Baudissin: Blicke in die Zukunft der nordfriesischen Inseln und der Schleswiger Festlandsküste, Schleswig 1867.
Martin Baumann: Das buddhistische Denkmal. In: Sylt Magazin 1996, S. 42-44.
Ernst-Ludwig Bechthold: Seezeichen und Gotteshaus: St. Severin in Keitum. In: Hans Jessel (Hrsg.): Das große Sylt-Buch, Hamburg 1996, S. 308-312.
Thomas Behrend: Eine Welt ohne Sylt? In: Die Insel. Das Magazin für 2001, S. 112-117.
Viktor Bender: Hans Werner Jessel zum Gedächtnis. In: Zwischen Eider und Wiedau 1976, S. 38-39.
Viktor Bender: Im Dienste der Meeresheilkunde. Professor Dr. med. Uwe Jessel. In: Zwischen Eider und Wiedau 1982, S. 68-69.
Adolf Erich Beneke: Aquarelle & Zeichnungen 1861/1862. Teplitzer, Sylter, Husumer & Hamburger Bilder. Faksimile-Druck (herausgegeben vom Verein der Sylter Kunstfreunde), o. O. 2000.
Henning Berkefeld: Notizen unterm Friesendach. In: Sylt Magazin 1994, S. 230-234.
Hartwig Beseler (Hrsg.): Kunst-Topographie Schleswig-Holstein, Neumünster 1969.
Eberhard Bethge: Hans Bethge. Leben und Werk, 2. Aufl., Rohlsdorf 1997.
Hans Bethge: Mein Sylt. Ein Tagebuch, Berlin 1900.
Johannes Biecker: Baustile auf Sylt. Vom Mittelalter bis heute, Essen 2001.
Dorothee Bieske: Hans Peter Feddersen. Ein Maler zwischen Tradition und Moderne, Heide 1998.
Jens-Hinrich Binder: Kulturerbe mit ökologischer Funktion. In: Nordfriesland Nr. 117 (März 1997), S. 22-24.
Bärbel Bischoff: Gesundheitstraining auf eigene Kosten. In: Sylt Magazin 1994, S. 210.
Otto Hinrich Bleicken: Das Frödden-Epitaph und das Frödden-Geschlecht auf der Insel Sylt. In: Die Heimat 84 (1977), S. 288-293.
Hans Bock: Die Marschbahn von Altona nach Westerland, Heide 1989.
Margarete Boie: Schwester. Jahreslauf einer Insel, Stuttgart 1921.
Margarete Boie: Der Auftakt, Stuttgart 1922.
Margarete Boie: Die treue Ose. Sage von der Insel Sylt, Westerland 1922.
Margarete Boie: Bo, der Riese, Westerland 1923.
Margarete Boie: Der Sylter Hahn, Stuttgart 1925.
Margarete Boie: Dammbau, Stuttgart 1930.
Margarete Boie: Moiken Peter Ohm, 4. Aufl., Stuttgart 1936.
H. Boll, S. Christensen und **F. Grube**: Drenthe-Till vom „Roten Kliff". In: Egon T. Degens, Gero Hillmer und Christian Spaeth (Hrsg.): Exkursionsführer Erdgeschichte des Nordsee- und Ostseeraumes, Hamburg 1984, S. 297-309.
Jens Booysen: Beschreibung der Insel Silt in geographischer, statistischer und historischer Rücksicht, Schleswig 1828. Neudruck: Schleswig 1976.
Wilhelm Borstelmann und **Daniel Ihonor** (Hrsg.): Die Sylter Familien Thomsen und Wögens und verwandte Geschlechter. Eine genealogische Aufstellung, Bräist/Bredstedt 2001.
Kurt Boysen: Das Nordstrander Landrecht von 1572, Neumünster 1967.
Eugen Bracht: Volkstümliches von den Nordfriesischen Inseln. In: Mitteilungen aus dem Museum für Deutsche Volkstrachten und Erzeugnisse des Hausgewerbes zu Berlin (1900), S. 226-264.
Arno Breker: Paris, Hitler et moi, Paris 1970.
Silke v. Bremen: Feuer für die Walfänger: Sylter Traditionen. In: Hans Jessel (Hrsg.): Das große Sylt-Buch, Hamburg 1996, S. 318-323.
Silke v. Bremen: Mehr wissen über Keitum – ein

Friesendorf auf Sylt, Neumünster 1999.
Silke v. Bremen: Wenningstedt – Braderup, Neumünster 2000a.
Silke v. Bremen: Wo Rosa Luxemburg lag und lag... In: Sylter Spiegel, 7.6.2000b.
Heinz Brich: Nordseebad Rantum/Sylt – Leben zwischen zwei Meeren, Rantum/Sylt 1998.
Ludwig Brinner: Die deutsche Grönlandfahrt, Berlin 1913.
Richard Brodersen: Der Marschenverband Schleswig-Holstein e. V. und sein Wirken für die Besiedlung und Baugestaltung in den neuen Kögen. In: Die Küste 9 (1961), S. 72-104.
Jelle Hindriks Brouwer: Hermann Schmidt. In: Nordfriesisches Jahrbuch 16 (1980), S. 5-7.
Wilhelm Bruck (Hrsg.): Das Nordseebad Westerland-Sylt an der nordschleswigschen Westküste, Dresden 1877.
Maike Bruhns: Anita Rée – Leben und Werk einer Hamburger Malerin, Hamburg 1986.
Maike Bruhns: Kurt Löwengard (1895-1940). Ein vergessener Hamburger Maler, Hamburg 1989.
Heinz Bruns: Der Sänger des Grünen Gottes. Zum Gedächtnis Wilhelm Lehmanns. In: Schleswig-Holstein 21 (1969), S. 131-133.
Herbert Bruns: Bilder aus der Sylter Vogelwelt, Wiesbaden o. J. (1983).
Herbert Bruns: Sylt. Natur, Erholung, Forschung, Lehre, Umweltbelastung, Inselplanung und Bürgerinitiative. Eine Dokumentation vom Kampf gegen „Atlantis" und für Sylt, Wiesbaden 1975/76 (Biologische Abhandlungen 4, Nr. 37-52).
Konrad Buchwald: Nordsee. Ein Lebensraum ohne Zukunft?, Göttingen 1990.
Rudolf Bülck: Lewer duad üs Slav. Geschichte eines politischen Schlagwortes. In: Zwischen Eider und Wiedau 1979, S. 163-193.
Bundesgartenschau Potsdam 2001 GmbH (Hrsg.): Karl Hagemeister – Siegward Sprotte. Det wächst, Potsdam 2001.

Johann Friedrich Camerer: Fünfte Nachricht zu den Nachrichten von den Herzogthümern Schleßwig und Holstein, und zwar eine genaue Beschreibung der Insel Sylt. Leipzig 1756 (Neuauflage: Hörnum 1987).
Werner Carstens: Zur Entstehungsgeschichte der nordfriesischen Siebenhardenbeliebung und der Eiderstedter Krone der rechten Wahrheit von 1426. In: Zeitschrift der Gesellschaft für Schleswig-Holsteinische Geschichte 65 (1937), S. 368-378.
Peter Carstensen: Das alte Sylt, Hamburg 1997.
C. P. Christiansen: Tame Tamen von Sylt, Husum o. J.
Jörg Christiansen: Wanderschafe auf der Heide. In: Sylt Magazin 2000, S. 54-55.
Julius Christiansen: Sylter Landwirtschaft vor und nach der Verkoppelung. In: Jahrbuch des Nordfriesischen Vereins 1926, S. 43-68.
Uwe Thies Clemenz: Söl'ring an Sylter Schulen (1909-1950), Bräist/Bredstedt 1970.
Karl Corino: Robert Musil. Leben und Werk in Bildern und Texten, Reinbek 1989.

Ernst Martin Dahl u. a. (Bearb.): Loow nü e Hiire (Nordfriesisches Gesangbuch), Bräist/Bredstedt 2000.
Caspar Danckwerth: Newe Landesbeschreibung der zwey Hertzogthümer Schleswich und Holstein, Husum 1652.
Utta Danella: Stella Termogen oder Die Versuchung der Jahre, Köln 1960.
Gerd Dannenberg: Schicksal hinter goldenen Lettern. Pastor Reinhard Wester 1932-1947, unveröffentlichtes Manuskript.
Gerd Dannenberg: Die Predigertafeln von St. Niels in Westerland auf Sylt, Selbstverlag 1982.
Gerd Dannenberg: Die Predigertafeln von St. Martin in Morsum auf Sylt, Selbstverlag 1986.
Gerd Dannenberg: Die Predigertafeln von St. Severin in Keitum auf Sylt, Selbstverlag 1987.
Gerd Dannenberg: Kreuz und Hakenkreuz auf Sylt 1933-1936, Selbstverlag 1988.
Gerd Dannenberg: Die Küster, Kirchendiener und Organisten der Insel Sylt seit der Reformation, Selbstverlag 1988.
Gerd Dannenberg: Menschen auf List im 18. Jahrhundert, Selbstverlag 1993.
Gerd Dannenberg: Viele nahm das Meer: Kirchen der Insel. In: Hans Jessel (Hrsg.): Das große Sylt-Buch, Hamburg 1996, S. 302-307.
Det danske mindretal på Sild. Die dänische Minderheit auf Sylt, Flensborg 2000.
Egon T. Degens, Gero Hillmer und **Christian Spaeth** (Hrsg.): Exkursionsführer Erdgeschichte des Nordsee- und Ostseeraumes, Hamburg 1984.
Christian Degn: Schleswig-Holstein – eine Landesgeschichte. Historischer Atlas, Neumünster 1994.
Christian Delff: Blick in die Natur, 2. Auflage, Flensburg o. J.
Frank Deppe: Natur ohne Käseglocke. In: Sylt Magazin 2002, S. 38-41.
Frank Deppe und **Volker Frenzel:** Sagenhaftes Sylt. Geschichten aus der Vergangenheit, Hamburg 1996.
Gert Uwe Detlefsen: Krabben – Garnelen – Granate, Husum 1984.
Gert Uwe Detlefsen: Leinen los! Geschichte der Sylter Schiffahrt, Flensburg 2002.
Ludwig Dettmann: Lebenserinnerungen Teil 1. In: Nordelbingen 42 (1973), S. 23-69. – Teil 2. In: Nordelbingen 44 (1975), S. 79-106.
Heinz Dierchen: Dänische Idylle. In: Sylt Magazin 1992, S. 220.
Curt Dietz: Die Ablagerungen des Tertiärs auf der Insel Sylt. In: Zwischen Eider und Wiedau 1963, S. 76-84.

Curt Dietz und **Herbert-Lothar Heck**: Geologische Karte von Deutschland. Erläuterungen zu den Blättern Sylt-Nord und Sylt-Süd, Kiel 1952.
Kay Dohnke und **Dietrich Stein** (Hrsg.): Gustav Frenssen in seiner Zeit, Heide 1997.
Gerhard Drebes: Dr. phil. Julius Adrian Pollacsek. Unveröffentlichtes Manuskript, Schleswig 2000 (Sylter Archiv).
Jan Drees: Hinrich Wrage (1843-1912) – Landschaftsbilder, Schleswig 1998.

Wolfgang Eberl und **Rudolf Kleeberg** (Bearb.): Denkmalschutzgesetze, Bonn 1997.
Gerhard Eckert und **Hans-Jürgen Stöver**: Auf Schienen durchs Watt: Der Damm, der Sylt veränderte, Hamburg 1977.
Herbert Eisenstein: Sylt und Tondern in der arabischen Geographie von al-Idrisi (1154). In: Nordfriesisches Jahrbuch 28 (1992), S. 95-108.
Walther Emeis: Einführung in das Pflanzen- und Tierleben Schleswig-Holsteins, Rendsburg 1950.
Walther Emeis: Die Pflanzen- und Tierwelt der Sylter Naturlandschaft. In: Margot und Nico Hansen (Hrsg.): Sylt - Geschichte und Gestalt einer Insel, Itzehoe 1967, S. 115-120 u. 133-136.
Hartmut Engel: Wattwandern, Struckum o. J.
Michael Engler: Spuren der Geschichte in Schleswig-Holstein, Neumünster 1993.
Clara Enss: Zwischen Konfrontation und Kooperation: Naturschutz auf Sylt. In: Hans Jessel (Hrsg.): Das große Sylt Buch, Hamburg 1996, S. 282-287.
Helga Entz-v. Zerssen: Die Sylt-Quelle. In: Sylt Magazin 1993a, S. 6-8.
Helga Entz-v. Zerssen: Uralte Baderegel: Nackt in die Fluten. In: Sylt Magazin 1993b, S. 10-13.
Helga Entz-v. Zerssen: Marine-Golf-Club. In: Sylt Magazin 1993c, S. 72.
Helga Entz-v. Zerssen: Hundert Jahre unter Strom. In: Sylt Magazin 1993d, S. 130-133.
Helga Entz-v. Zerssen: Auch im Watt lauert Gefahr. In: Sylt Magazin 1994a, S. 6-8.
Helga Entz-v. Zerssen: Überinsular. In: Sylt Magazin 1994b, S. 64-66.
Helga Entz-v. Zerssen: Konkurrenz der leeren Betten. In: Sylt Magazin 1995a, S. 4-10.
Helga Entz-v. Zerssen: Otto-Heinrich Strohmeyer. Architekt und Multitalent. In: Sylt Magazin 1995b, S. 42.
Helga Entz-v. Zerssen: Jungbrunnen für die Psyche. In: Sylt Magazin 1995c, S. 94-95.
Helga Entz-v. Zerssen: Sylter Sole fließt aufs Festland. In: Sylt Magazin 1996a, S. 207-208.
Helga Entz-v. Zerssen: Die alte Strandvogtei. In: Sylt Magazin 1996b, S. 210-212.
Helga Entz-v. Zerssen: Das Wunder Morsum-Kliff. In: Sylt Magazin 1998, S. 178-180.
Helga Entz-v. Zerssen: Attacke aus dem Meer. In: Sylt Magazin 1999a, S. 6-15.
Helga Entz-v. Zerssen: Das Meerkabarett. Kulinarische Würze zum Spektakel. In: Sylt Magazin 1999b, S. 77.
Helga Entz-v. Zerssen: Peter Kuhlemann. Multitalent (85) mit jungen Ideen. In: Sylt Magazin 1999c, S. 94.
Helga Entz-v. Zerssen: Die Geschichte der Musik am Meer. In: Sylt Magazin 2000a, S. 116-119.
Helga Entz-v. Zerssen: Frischer Wind in der Sturmhaube. In: Sylt Magazin 2000b, S. 182-183.
Katja Erdmann-Rajski: Gret Palucca – Tanz und Zeiterfahrung in Deutschland im 20. Jahrhundert, Köln 2000.
Heinrich Erichsen: Alt-Morsum. In: Zwischen Eider und Wiedau 1982, S. 156-159.
Otto Ernst: Appelschnut, o. O. 1907.
Ingeborg Eschbach: Wetterlaunen. In: Sylt Magazin 1995, S. 30-31.
Etymologisches Wörterbuch des Deutschen, Berlin 1989.

Fritz Joachim Falk: Grönlandfahrer der Nordseeinsel Römö, Bredstedt/Bräist 1983.
Fritz Joachim Falk: Mit der Fregatte „Grönland" ins Eismeer, Wyk auf Föhr 1989.
Fritz Joachim Falk: Das größte Unglück der Grönlandfahrt. Das Katastrophenjahr 1777, Wyk auf Föhr o. J.
Volkert F. Faltings: Nordfriesische Grabhügelnamen mit anthroponymischem Erstglied, Odense 1996.
Volkert F. Faltings: Das Ende der alten Hardenverfassung auf Westerlandföhr und Amrum. Ursachen und Folgen einer königlichen Order von 1697. In: Nordfriesisches Jahrbuch 37 (2001), S. 7-68.
Ute Farenburg: Sylter Trachten. Unveröffentlichtes Manuskript, Westerland 2002.
Berend Harke Feddersen: Schleswig-Holsteinisches Künstler-Lexikon, Bredstedt 1984.
Berend Harke Feddersen: Das Jahr der Wal- und Robbenjäger. In: Klaus Lengsfeld (Hrsg.): Der historische Walfang der Nordfriesen, Band 1, Husum 1995.
Wiebke und **Wolfgang Fey** und **Hans-Jürgen Stöver**: Strandungen vor Sylt, Husum 1979.
Renate Feyl: Der lautlose Aufbruch. Frauen in der Wissenschaft, Berlin 1981.
Walter Fiedler u. a.: Tiere im Wattenmeer, Kiel 1990.
Walter Fiedler: Nationalpark Schleswig-Holsteinisches Wattenmeer, Heide 1992.
Walter Fiedler: Sylt, 17. Aufl., Breklum 2000.
Hans-Juergen Fink und **Matthias Friedel**: Unter dem Himmel von Sylt. Die Insel in Luftbildern, Hamburg 2000.
Ludwig Fischer (Hrsg.): Kulturlandschaft Nord seemarschen, Bräist/Bredstedt 1997.
N. C. Flemming (Hrsg.): Das Meer. Enzyklopädie der Meeresforschung und Meeresnutzung, Freiburg/Basel/Wien 1977.

Martin Richard Flor: Nachrichten von der Insul Sylt. Zusammengetragen 1758. Herausgegeben und kommentiert von Ekkehard Schmidt. In: Nordfriesisches Jahrbuch 10 (1974), S. 51-92.
Hans Frahm: Das Notgeld Nordfrieslands. Teil II: Die Inseln und Halligen, a) Sylt. In: Nordfriesisches Jahrbuch 21 (1985), S. 91-148.
Horst Joachim Frank: Literatur in Schleswig-Holstein, 1. u. 2. Band, Neumünster 1995/1998.
Horst Joachim Frank: Vom Geizhals bis zur „Dunklen Hochzeit". In: Nordfriesland Nr. 135/136 (Dezember 2001), S. 22-35.
Otto Fränzle: Glaziäre, periglaziäre und marine Reliefformen im nördlichen Schleswig-Holstein. In: Jürgen Bähr und Gerhard Kortum (Hrsg.): Schleswig-Holstein, Berlin/Stuttgart 1987, S. 155-172.
Christoph Freier: Haustüren auf Sylt, Westerland 1981.
Christoph Freier: Erhaltungssatzung – na und!? In: Der Maueranker 3 (September 1993), S. 22-24.
Christoph Freier: Sylter Baugeschichten. Gute Nachricht, schlechte Nachricht. In: Der Maueranker 4 (Dezember 1998), S. 4-7.
Karl-Heinz Freiwald: Das jüngste Grab ist neunzig Jahre alt. In: Sylt Magazin 1995, S. 168.
Gustav Frenssen: Jacob Alberts – Ein deutscher Maler, Berlin 1920.
Gustav Frenssen: Der Landvogt von Sylt, Berlin 1943.
Volker Frenzel und **Frank Deppe**: Sylt im Wandel. Menschen, Strand und mehr, Hamburg 1999.
Matthias Friedel und **Hans-Juergen Fink**: Unter dem Himmel von Sylt. Die Insel in Luftbildern, Hamburg 2000.
Friesische Gedichte aus West-, Ost- und Nordfriesland. Ins Hochdeutsche übertragen von James Krüss, Wilhelmshaven 1973.
Max Frisch: Gesammelte Werke in zeitlicher Folge, Band II, 1944-1949. Hrsg. von Hans Mayer, Frankfurt/M. 1976.
A Frisian and Germanic Miscellany. Published in Honour of Nils Århammar on his Sixty-Fifth Birthday, 7 August 1996, Odense/Bredstedt 1996.

Anna Gantzel: Christian Peter Christiansen erdichtete das Sylter Heimatlied. In: Zwischen Eider und Wiedau 1980, S. 175-177.
Anna Gantzel: Üt min Denkelbok. Ein sylterfriesisches Sach- und Lesebuch. Herausgegeben von Ommo Wilts, Husum 1983.
Anna Gantzel und **Ommo Wilts**: Sölring fuar sölring Skuulen. Friesisches Schulwörterbuch (Sylterfriesisch-Deutsch / Deutsch-Sylterfriesisch), Keitum 1978, 3. Aufl. 2001.
Gemeinde Nordseebad Kampen auf Sylt (Hrsg.): 450 Jahre Kampen, Kampen/Sylt 1994.
Ernst Obsen George: Die wirtschaftlichen und kulturellen Beziehungen der Westküste Schleswig-Holsteins zu den Niederlanden. In: Nordelbingen 1 (1923), S. 220-289.
Ernst Obsen George: Henry Koehn (1892-1963). In: Nordfriesisches Jahrbuch 1 (1965), S. 19-20.
Valeska Gert: Katze von Kampen, Percha/Starnberger See 1973.
Geschichte Nordfrieslands, 2. Aufl., Heide 1996.
Traugott Giesen: Sylt für die Seele, Stuttgart 1998.
Ferdinand Goebel: Sylt, eine erste Einführung, Eckernförde 1950a.
Ferdinand Goebel: Sylt, Vergangenheit, Gegenwart und Zukunft einer Insel, Eckernförde 1950b.
Gottorf im Glanz des Barock. Katalog, 4 Bände, Schleswig 1997.
Günter Grass: Örtlich betäubt, Neuwied und Berlin 1969.
Thomas Graue: Muntermacher vor der Welle. In: Sylt Magazin 1993a, S. 146.
Thomas Graue: Die Idee vom Seefliegerhorst. In: Sylt Magazin 1993b, b. 188-189.
Hugo Green: Sorgen um den Bestand und die Zukunft der Insel Sylt. In: Zwischen Eider und Wiedau 1968, S. 89-95.
Hugo Green: Fahrgastbeförderung zwischen Munkmarsch auf Sylt und Hoyerschleuse – Dänemark nach dem ersten Weltkrieg. In: Zwischen Eider und Wiedau 1969, S. 105-109.
Hugo Green: Keitums schönste Sonnenuhr. In: Zwischen Eider und Wiedau 1970, S. 107-112.
Hugo Green: Eine gute alte Sitte auf Sylt geht ihrem Ende entgegen. In: Zwischen Eider und Wiedau 1971, S. 56-66.
Hugo Green: Anna Gantzel. In: Zwischen Eider und Wiedau 1974, S. 77-80.
Margret Grimm und **Harald Rüggeberg** (Hrsg.): Der Maler Willem Grimm 1904-1986, Hamburg 1989.
Wolfgang von Gronau: Pionierflüge mit dem Dornier „Wal", 3. Aufl., Steinebach-Wörthsee 1977.
Andreas Großjohann: Das Otto Ernst-Lesebuch, Hamburg 1991.
Manfred Großkinsky: Eugen Bracht (1842-1921) – Landschaftsmaler im wilhelminischen Kaiserreich, Darmstadt 1992.
Konrad Grunsky: Nordfriesische Wohnkultur zwischen Küche und Alkoven. In: Thomas Steensen (Hrsg.): Das große Nordfriesland-Buch, Hamburg 2000a, S. 300-309.
Konrad Grunsky: Von „alten" und „neuen" Trachten in Nordfriesland. In: Thomas Steensen (Hrsg.): Das große Nordfriesland-Buch, Hamburg 2000b, S. 326-333.
Jens Grzonkowski: Bernstein, Hamburg 1996.

W. H.: 85 Jahre Sparkasse Westerland, unveröffentlichtes Manuskript, 1992.
Ulrich von Hacht (Hrsg.): Fossilien von Sylt I-III, Hamburg 1985-1990.

Johann Haddinga: Das Buch vom ostfriesischen Tee, Leer 1977.
Meinert Bernhard Hagendefeldt: Die Vogelwelt der Insel Sylt, Ornithologisches Monatsbuch 27 (1902).
Brunhilde Hagge: Sölring Liirbok II, Bräist/Bredstedt 1978.
Brunhilde Hagge (Übersetzerin): Fiin daagligs kost. Satiiren fan Ephraim Kishon, Bräist/Bredstedt 1981.
Brunhilde Hagge: Tö Anna Gantzels duar. In: Nordfriesland Nr. 72 (Dezember 1984), S. 98.
Brunhilde Hagge: Fuar üüs litjen. Wel wü spöli en sjung en daansi? Bräist/Bredstedt 1986.
Brunhilde Hagge: Thies Clemenz waar 80 jaar. In: Nordfriesland Nr. 79/80 (Dezember 1987), S. 70.
Brunhilde Hagge: Wat di tir forgair, Bräist/Bredstedt 1989a.
Brunhilde Hagge: Hahndorf. Me di „Zebra" hen tö Australjen. In: Nordfriesland Nr. 87 (September 1989b), S. 27.
Brunhilde Hagge: Dr. Thies Clemenz. In: Nordfriesland Nr. 99 (September 1992), S. 6.
Brunhilde Hagge: Hans Hoeg 80 jaar ual. In: Nordfriesland Nr. 117 (März 1997), S. 5.
Ulf Hahne: Tourismus in Nordfriesland: In: Thomas Steensen (Hrsg.): Das große Nordfriesland-Buch, Hamburg 2000, S. 396-403.
Otto C. Hammer: Vesterhavsøernes Forsvar i Aaret 1864, Kjøbenhavn 1865.
Rørd Hammer: Kaptajnløjtnant O. C. Hammer. En Livsskildring, København 1928.
Heinrich Handelmann: Antiquarische Miscellen. 21. Der Tiideringshoog auf Sylt. 22. Der erste Kolkhoog auf Sylt. 23. Der südlich Krockhoog auf Sylt. 24. Ein vereinzelt nordöstlich von Kampen auf Sylt gelegener Grabhügel. In: Zeitschrift der Gesellschaft für Schleswig-Holsteinische Geschichte 3 (1873), S. 83-91.
Heinrich Handelmann: Volks- und Kinderspiele aus Schleswig-Holstein, Kiel 1874.
Heinrich Handelmann: Die amtlichen Ausgrabungen auf Sylt 1870, 1871 und 1872, Kiel 1873.
Heinrich Handelmann: Die amtlichen Ausgrabungen auf Sylt 1873, 1875, 1877 und 1880, Kiel 1882.
Christian Peter Hansen: Die Insel Sylt in geschichtlicher und statistischer Hinsicht, Hamburg 1845, Neudruck Walluf 1974.
Christian Peter Hansen: Das Seebad Westerland auf Sylt und dessen Bewohner, Garding 1856.
Christian Peter Hansen: Friesische Sagen und Erzählungen, Altona 1858a, Nachdruck: Niederwalluf bei Wiesbaden 1970.
Christian Peter Hansen: Uald' Söld'ring Tialen, Mögeltondern 1858b.
Christian Peter Hansen: Die nordfriesische Insel Sylt, wie sie war und wie sie ist. Ein Handbuch für Badegäste und Reisende, Leipzig 1859a. Reprint Schasan/Liechtenstein 1982.
Christian Peter Hansen: Der Fremdenführer auf der Insel Sylt. Ein Wegweiser für Badende in Westerland, Mögeltondern 1859b, Reprint Schleswig 1980.
Christian Peter Hansen: Der Sylter Friese, Kiel 1860.
Christian Peter Hansen: Das Schleswig'sche Wattenmeer und die friesischen Inseln, Glogau 1865.
Christian Peter Hansen: Der Badeort Westerland auf Sylt und dessen Bewohner, Garding 1870.
Christian Peter Hansen: Sagen und Erzählungen der Sylter Friesen, Garding 1875, Nachdruck Walluf bei Wiesbaden 1972.
Christian Peter Hansen: Die Friesen. Scenen aus dem Leben, den Kämpfen und Leiden der Friesen, besonders der Nordfriesen, Garding 1876.
Christian Peter Hansen: Chronik der friesischen Uthlande, 2. sehr vermehrte Aufl., Garding 1877.
Christian Peter Hansen: Die Anfänge des Schulwesens oder einer Schulchronik der Insel Sylt, Garding 1879.
Christian Peter Hansen: Sylt in alten Ansichten. 12 Lithographien nach Zeichnungen, Schleswig 1981.
Conrad Hansen: Die „Kampener Vogelkoje". In: Zwischen Eider und Wiedau 2000, S. 31-37.
Hans Heinrich Hansen: Die Familie des Zollverwalters Carol Röeder (1699-1757) und ihre Grabsteine in Keitum auf Sylt. In: Nordfriesisches Jahrbuch 13 (1977), S. 135-136.
Harald Hansen: Die wirtschaftliche Bedeutung der Austernfischerei für Sylt während der letzten Jahrhunderte. In: Zwischen Eider und Wiedau 1961, S. 77-82.
Harald Hansen: Vom Werdegang des Feuerschutzes auf der Insel Sylt. In: Zwischen Eider und Wiedau 1974, S. 121-124.
Jap Peter Hansen: Nahrung für Leselust in nordfriesischer Sprache, 3. Ausgabe, Westerland-Sylt 1896.
Margot und **Nico Hansen** (Hrsg.): Sylt – Geschichte und Gestalt einer Insel, Itzehoe-Voßkate 1967.
Margot und **Nico Hansen** (Hrsg.): Amrum – Geschichte und Gestalt einer Insel, 2., verb. Aufl., Itzehoe-Voßkate 1969.
Margot und **Nico Hansen** (Hrsg.): Föhr – Geschichte und Gestalt einer Insel, Münsterdorf 1971.
Nils Hansen: Strandrecht und Strandraub. In: Kieler Blätter zur Volkskunde 33 (2001), S. 51-78.
Cornelia Harberg: Sylt wie es früher war, Gudensberg-Gleichen 1993.
Ole Harck: Archsum auf Sylt. Teil 3. Die Ausgrabungen in den römerzeitlichen Erdwerken Archsumburg, Tinnumburg und Trælbanken an der Westküste Schleswigs, Mainz 1990.
Ole Harck, Georg Kossack und **Joachim Reichstein**: Frühe Bauern auf Sylt. Ausgrabungen in Archsum. In: Michael Müller-Wille und Dietrich Hoffmann (Hrsg.): Der Vergangenheit auf der Spur. Archäologische Siedlungsforschung in Schleswig-Holstein, Neumünster 1992, S. 11-38.

Ole Harck (Schriftenverzeichnis). In: Offa 56 (1999), S. 13-17.
Otto Hartz: Die Entstehung der Siebenhardenbeliebung von 1426. In: Jahrbuch des Heimatbundes Nordfriesland 24 (1937), S. 158-168.
Werner Haselbach: Hoyerschleuse – Munkmarsch. In: Söl'ring Foriining (Hrsg.): Jahresbericht 1985, Keitum 1986, S. 27-29.
Werner Haselbach: 6 Wochen im Eis. In: Söl'ring Foriining (Hrsg.): Jahresbericht 1986, Keitum 1987, S. 17-19.
Werner Haselbach: Notgeld der Insel. In: Sylt Magazin 1994, S. 40-42.
Werner Haselbach: Der „Sylter Verein von 1817". In: Söl'ring Foriining (Hrsg.): Jahresbericht 1994, Keitum 1995, S. 43-45.
Uwe Haupenthal, Hans-Jürgen Krähe und **Klaus Lengsfeld**: Jacob Alberts 1860-1941. Retrospektive, Husum 1999.
Raoul Hausmann: Hyle – Ein Traumsein in Spanien, Frankfurt/M. 1969.
L. Haverkamp: Die Nordsee-Insel Sylt. Ihr Erwerbsleben und ihre sozialen Verhältnisse historisch betrachtet, Berlin 1908.
Karl-Eberhard Heers: Seehunde, Heide 1999.
Irmgard Heilmann: Sylter Inselsommer, Rendsburg 1952.
Irmgard Heilmann: Graf Spiro und Scotland Yard. In: Sylt Magazin 1993, S. 148-149.
Anton Heimreich: Ernewrete Nordfresische Chronick, Schleswig 1668.
Wolfgang Henze: Eduard Bargheer – Leben und Werk nit einem Werkverzeichnis der Gemälde. Gale ia Henze, Campione d'Italia 1979.
Berndt Heydemann: Neuer Biologischer Atlas. Ökologie für Schleswig-Holstein und Hamburg, Neumünster 1997.
Berndt Heydemann: Ökosysteme der Salzfluren über einen längeren Zeitraum. In: Umweltbundesamt (Hrsg.): Umweltatlas Wattenmeer. Bd. 1: Nordfriesisches und Dithmarscher Wattenmeer, Stuttgart 1998, S. 90-91.
Volker Detlef Heydorn: Bildende Kunst und Politik – Erinnerungen eines Nonkonformisten, München 1995.
Hiir Sölring – Liir Sölring. Friesischer Sprachkurs, 2. Aufl., Kiel/Bredstedt 1978.
Hans Rudolf Hilty: Vogelkojen in Nordfriesland, Münsterdorf 1978.
Hans Hingst und **Joachim Reichstein**: Die Danewerk-Denkschrift von 1949. In: Archäologische Nachrichten aus Schleswig-Holstein, Heft 11 (2000), S. 138-156.
Joachim Hinrichsen: Ein Föhrer blickt zurück. Hrsg. von Volkert F. Faltings, Bräist/Bredstedt u. Insel Amrum 1988, bes. S. 34.
Gerhard Hoch und **Rolf Schwarz**: Verschleppt zur Sklavenarbeit. Kriegsgefangene und Zwangsarbeiter in Schleswig-Holstein, 2. Aufl., Alveslohe und Nützen 1988.
Rolf Hochhuth: Zwischen Sylt und Wilhelmstraße. Essays, Gedichte, Reden, Berlin 2001.
Hans Hoeg: Max Bossen – en Friis me hart en siil. In: Nordfriesland Nr. 82 (Juni 1988a), S. 6.
Hans Hoeg: Alwin Pflüger 80 jaar ual. In: Nordfriesland Nr. 84 (Dezember 1988b), S. 8.
Hans Hoeg (Hrsg.): Nann Peter Mungard 1849-1935. Der Friese Jan, Noorsaarep/Norddorf 1989.
Hans Hoeg: Karl August Boysen es duar. In: Nordfriesland Nr. 93 (März 1991), S. 5.
Hans Hoeg (Hrsg.): Jens Mungard: Ströntistel en Dünemruusen. Das lyrische Werk, Insel Amrum 1995.
Hans Hoeg und **Reimer Kay Holander**: En leest faarwel tö Hermann Schnidt. In: Nordfriesland Nr. 50/51 (November 1979), S. 55.
Frank Höfer: Pendler. Übers Meer zur Arbeit. In: Sylt Magazin 1995, S. 138-140.
Frank Höfer: Die Nacht in der Herberge. In: Sylt Magazin 1996, S. 46-48.
Werner Höfer: Alle meine Sylter Wirtinnen. In: Merian: Sylt – Amrum – Föhr, Heft 5, 28. Jahrgang (1975), S. 51-54.
Anna Hoffmann: Die Landestrachten von Nordfriesland, Heide 1940; 2. Aufl., Heide 1980.
Dietrich Hoffmann: Nordfriesland: Landschaft von Eis und Meer geschaffen. In: Thomas Steensen (Hrsg.): Das große Nordfriesland-Buch, Hamburg 2000, S. 100-107.
Traute Hoffmann: Listlandgeschichten. Das Naturschutzgebiet Nord-Sylt zwischen Ökonomie, Ökologie und Strategie, List auf Sylt 1993.
Dietrich Hofmann: Die sylterfriesische Übersetzung des Neuen Testaments und der Psalmen von Peter Michael Clemens. In: Zwischen Eider und Wiedau 1960, S. 146-149.
Dietrich Hofmann: „Der Sylter Petritag". In: Nordfriesisches Jahrbuch 1 (1965), S. 94-108.
Adolf Hofmeister: Der Sylter Chronist Hans Kielholt. In: Zeitschrift der Gesellschaft für Schleswig-Holsteinische Geschichte 30 (1900), S. 353-354.
Reimer Kay Holander: Aug' in Auge. Ein Gespräch mit dem Maler Siegward Sprotte über Dialog und Landschaft. In: Nordfriesland Nr. 41 (August 1977), S. 15-24.
Reimer Kay Holander: Zum Tode von Harald Hansen. In: Nordfriesland Nr. 58-60 (Dezember 1981), S. 51-52.
Moritz Holfelder: Das Buch vom Strandkorb, Husum 1996.
Mira Hopfengärtner: Nach Jahr und Tag - Plaudereien, Schleswig 1982.
Winfried Hörning (Hrsg.): Sylt – Literarische Reisewege, Frankfurt am Main und Leipzig 1999.
Karl-Heinz Hoyme: Mein Dorf im Wandel der Zeit. In: Nordfriesland Nr. 115 (September 1996), S. 19-25.

Andreas Hübbe (Hrsg.): Söl'ring Dechtings en Leedjis, Hamburg (1911).
Gundula Hubrich-Messow: Von Ekke Nekkepenn bis Martje Floris – Märchen und Sagen Nordfrieslands. In: Thomas Steensen (Hrsg.): Das große Nordfriesland-Buch, Hamburg 2000, S. 268-273.
Eckhard Hundhausen: Aktuelle Wetterdaten. In: Sylt Magazin 1997, S. 162-163.

Rudolf Illing: Die Entwicklung der Seefischerei an der Nordseeküste Schleswig-Holsteins. In: Zeitschrift der Gesellschaft für Schleswig-Holsteinische Geschichte 52 (1923), S. 1-71.
Interessengemeinschaft Baupflege Nordfriesland e. V. (Hrsg.): Der Maueranker, Vierteljahreszeitschrift seit 1981.
Rolf Italiaander (Bearb.): Carl Albert Lange 1892-1952, Hamburg 1953.

Karin Jacobs: Boleslaw Barlog. Tankt in Keitum Kraft für Berlin. In: Sylt Magazin 1992, S. 122.
Siegfried Jacobsohn: Briefe an Kurt Tucholsky 1915 bis 1926, Hamburg 1989.
Klaus Janke und **Bruno P. Kremer**: Das Watt, Stuttgart 1990.
Timo Jann: Packt Reet auf Friesendächer. In: Sylt Magazin 1999, S. 92-93.
Reinhold Janus (Hrsg.): Sieben Jahre auf Sylt. Tagebücher des Inselfriesen Christian Peter Hansen 1865-1871, Neumünster 1998.
Reinhold Janus: Christian Peter Hansen und seine Welt. Vom Tagebuch zum Buch der Tage 1865 bis 1871. In: Nordfriesland Nr. 125/126 (April 1999), S. 26-29.
Alfred Jastrow: Vertriebene und Flüchtlinge in Nordfriesland, Husum o. J. (1978).
Christian Jensen: Die nordfriesischen Inseln Sylt, Föhr, Amrum und die Halligen vormals und jetzt, Hamburg 1891; 2. Aufl., Lübeck 1927.
Christian Jensen: Vom Dünenstrand der Nordsee und vom Wattenmeer, Schleswig 1900.
Christian Jensen: Die Sylter Gefangenen vom Jahre 1864. In: Die Heimat 24 (1914), S. 218-221.
Christian Jensen: Die Geschichte der Fischerei und des nautischen Küstenschutzes an der schleswigschen Westküste. Sonderabdruck aus den „Mitteilungen des Deutschen Seefischerei-Vereins", Nr. 7/10, 1917.
Christian Jensen: Der Friese Tam Tamen. Ein Fürst der Wüste in Afrika. In: Westerländer Kurzeitung, 12.8.1939.
Frerk Jensen: Gezeitenbewegungen in der Nordsee und im nordfriesischen Wattenmeer. In: Umweltatlas Wattenmeer. Bd. 1: Nordfriesisches und Dithmarscher Wattenmeer, Stuttgart 1998, S. 54-55.
Johannes Jensen: Nordfriesland in den geistigen und politischen Strömungen des 19. Jahrhunderts, Neumünster 1961, Nachdruck: Bräist/Bredstedt 1993.
Johannes Jensen: Zwei „Sylter Riesen" im 19. Jahrhundert. Uwe Jens Lornsen und Schwen Hans Jensen, Bräist/Bredstedt 1998.
Wilhelm Jensen: Versunkene Welten, Breslau 1882.
Wilhelm Jensen: Heimkunft, Dresden 1894.
Hans Jessel: Sylt – Ein Reisebuch, Hamburg 1989.
Hans Jessel: Das Radwanderbuch Sylt, Hamburg o. J. (1990a).
Hans Jessel: Friesenhaustüren, Hamburg 1990b.
Hans Jessel: Mein Sylt: Insel im Wind. In: Ders. (Hrsg.): Das große Sylt-Buch, Hamburg 1996a, S. 8-43.
Hans Jessel: Einnahmequellen zu allen Zeiten: Strandungen und Strandräuberei. In: Ders. (Hrsg.): Das große Sylt-Buch, Hamburg 1996b, S. 138-143.
Hans Jessel: Manchmal mußten die Fahrgäste schieben: Geschichte der Inselbahn. In: Ders. (Hrsg.): Das große Sylt-Buch, Hamburg 1996c, S. 174-181.
Hans Jessel: Ein geologischer Glücksfall: Die Zufälligkeit der Existenz Sylts. In: Ders. (Hrsg.): Das große Sylt-Buch, Hamburg 1996d, S. 212-217.
Hans Jessel: Ungeliebter Gast am Badestrand: Die Qualle. In: Ders. (Hrsg.): Das große Sylt-Buch, Hamburg 1996e, S. 264-267.
Hans Jessel: Schmuddelwetter und Polarlicht: Der Winter auf Sylt. In: Ders. (Hrsg.): Das große Sylt-Buch, Hamburg 1996f, S. 288-299.
Hans Werner Jessel: Fliesen – Bilderbuch, Flensburg 1963.
Hubertus Jessel: Der Gehalt der Sylter Sage. In: Zwischen Eider und Wiedau 1958, S. 35-41.
Hubertus Jessel: Sylt im Spiegel der Sage, Flensburg 1969.
Hubertus Jessel: Sylt – Modellfall für die Zukunft. In: Zwischen Eider und Wiedau 1973, S. 119-124.
Hubertus Jessel: Das Biikebrennen der Nordfriesen, Husum 1982.
Hubertus Jessel: Südspitze in Not. In: Sylt Magazin 1986, S. 96-97.
Hubertus Jessel: Sylter Geschichte in Silber – Sylter Daten Bank, Westerland 1989.
Hubertus Jessel: Insel Sylt zum Erleben und Liebgewinnen, Starnberg 1991.
Hubertus Jessel: Warum der Name SYLT von SALZ kommen kann. In: Söl'ring Foriining e. V. (Hrsg.): Jahresbericht 1993, Keitum 1994a, S. 23-29.
Hubertus Jessel: Verschlungene Pfade. Echt windstill, wenn es stürmt. In: Sylt Magazin 1994b, S. 24-26.
Hubertus Jessel: Seit 550 Jahren Gesetz. Ordnung am Strand. In: Sylt Magazin 1994c, S. 60-62.
Hubertus Jessel: Der Roland verließ sein Exil. In: Sylt Magazin 1995, S. 156-157.
Hubertus Jessel: Kein Badeurlaub ohne ihn: Der Strandkorb. In: Hans Jessel (Hrsg.): Das große Sylt-Buch, Hamburg 1996a, S. 170-173.
Hubertus Jessel: Wie das Meer bezwungen wurde: Der Hindenburgdamm. In: Hans Jessel (Hrsg.): Das

große Sylt-Buch, Hamburg 1996b, S. 190-197.
Hubertus Jessel: Unbekannte Helfer: Die Meeresheilkräfte. In: Hans Jessel (Hrsg.): Das große Sylt Buch, Hamburg 1996c, S. 234-237.
Hubertus Jessel: Hexentanz auf dem Budersandberg: Die Sageninsel. In: Hans Jessel (Hrsg.): Das große Sylt-Buch, Hamburg 1996d, S. 314-317.
Hubertus Jessel: Blompotjes und Historien: Die Fliesen. In: Hans Jessel (Hrsg.): Das große Sylt-Buch, Hamburg 1996e, S. 338-343.
Hubertus Jessel: Abbruch nach nur vierzig Jahren. In: Sylt Magazin 1998, S. 132.
Uwe Jessel: Das Institut für Bioklimatologie in Westerland. In: Nordfriesland Nr. 13/14 (Mai 1970), S. 59-64.
Jes Jessen: Nordfriesische Familienkunde. a) Personennamen und Familiengeschichte. In: L. C. Peters (Hrsg.): Nordfriesland, Husum 1929, S. 260-277.
Nis-Peter Jessen (Fotos) und **Anne Leier** (Text): Sylt, Schleswig 1984.
Wilhelm Jessen: Uwe Jens Lornsens Vorfahren und ihre Welt, Neumünster o. J.
Wilhelm Jessen: Rantum auf Sylt, Westerland 1925.
Wilhelm Jessen (Hrsg.): Sylter Sagen. Nach den Schriften des Heimatforschers C. P. Hansen, 2. Aufl., Westerland 1965.
Wilhelm Jessen: Das Meer vernichtet - und segnet. Ein Blick in die Geschichte der Landschaft Sylt am Beispiel des Dorfes Rantum, Westerland 1967.
Manfred Jessen-Klingenberg: Geschichte Schleswig-Holsteins, 5. Aufl., Freiburg 1991.
Albrecht Johannsen: Liste alter Personennamen in Nordfriesland. In: Jahrbuch des Nordfriesischen Instituts 6 (1959/60), S. 116-124.
Carl Ingwer Johannsen: Sein Ständerbau überlebt auch Sturmfluten: Das Friesenhaus. In: Hans Jessel (Hrsg.): Das große Sylt-Buch, Hamburg 1996, S. 330-337.
Carl Ingwer Johannsen (Hrsg.): Schleswig-Holstein. Vom Leben und Arbeiten auf dem Lande, Hamburg 1999.
Erich Johannsen: Üt Söl'ring Komedistekken. Söl'ring Leedtjis, Westerlön 1903.
Friedrich Johannsen: Vom Ringreiten in Schleswig-Holstein, Husum o. J.
Friedrich Johannsen: Hermann Schmidt wurde 75 Jahre. In: Zwischen Eider und Wiedau 1977, S. 30.
Friedrich Johannsen: Harald Hansen war ein großer Friese. In: Zwischen Eider und Wiedau 1986, S. 175-176.
Friedrich Johannsen: Uwe Petersen, Keitum, feierte seinen 75. Geburtstag. In: Zwischen Eider und Wiedau 1988, S. 166.
Friedrich Johannsen: Dr. Andreas Reinhardt wurde 80 Jahre. In: Zwischen Eider und Wiedau 1995, S. 146-147.
Jordsand aktuell: Das Rantumbecken – Sylt, Hamburg o. J.
Heinz Erwin Jungjohann: Die Kamtschatka-Rose. In: Zwischen Eider und Wiedau 1975, S. 172-173.
Michael Jürgs und **Tassilo Trost**: Die Insel, Hamburg 1978.

Michael Kallhorst: Sylt kennen und lieben, Lübeck 1986.
Harboe Kardel: Schicksale einer Insel-Apotheke. In: Die Heimat 59 (1952), S. 262-264.
Harboe Kardel: Sylt in der deutschen Literatur, Nordelbingen 27 (1959), S. 146-169.
Harboe Kardel: Tonderns erster Landrat – ein Sylter. In: Zwischen Eider und Wiedau 1962, S. 61-64.
Harboe Kardel: Friesische Art und Sprache auf Notgeldscheinen. In: Zwischen Eider und Wiedau 1973, S. 110-113.
Harboe Kardel: Tondern und Sylt. In: Zwischen Eider und Wiedau 1976, S. 113-116.
Astrid Karstensen und **Fiete Pingel**: Archivalische Bestände des Nordfriisk Instituut. Eine Übersicht. In: Nordfriesisches Jahrbuch 37 (2001), S. 121-130.
Katalog der Berlinischen Galerie: „Der deutsche Spießer ärgert sich". Raoul Hausmann 1886-1971, Berlin 1994.
Kataloge der Museen in Schleswig-Holstein: Alf Bachmann, Maler der Küsten und Meere, Band 7, Husum 1993.
Kataloge der Museen in Schleswig-Holstein: Walther Kunau, Geformte Natur, Band 28, Reinbek 1996.
Kataloge der Museen in Schleswig-Holstein: Walther Kunau, Sylt gesehen und erinnert, Band 60, Husum 2001.
Rita Kauder: Wenzel A. Hablik (1881-1934) als Maler (Dissertation), Kiel 1979.
Gerhard Kaufmann: Sylt – Föhr – Amrum, die nordfriesischen Inseln. In: Gerhard Wietek (Hrsg.): Deutsche Künstlerkolonien, München 1976, S. 68-81.
Brigitte Kaul: Uwe Jens Lornsen (1793-1838). In: Zwischen Eider und Wiedau 1989, S. 214-217.
Undine Kayser: Ausritte über Strand und Heide. In: Sylt Magazin 1997, S. 86-88.
Alfred Kerr: Gesammelte Schriften in zwei Reihen. Zweite Reihe in zwei Bänden: Die Welt im Licht. 1. Band: Verweile doch! Berlin 1920.
Karl Kersten: Vorgeschichte der Insel Sylt. In: Margot und Nico Hansen (Hrsg): Sylt – Geschichte und Gestalt einer Insel, Itzehoe-Voßkate 1967, S. 11-16 u. 29-34; 2. Aufl. des Sonderdrucks, Münsterdorf 1975.
Karl Kersten und **Peter La Baume**: Vorgeschichte der nordfriesischen Inseln, Neumünster 1958.
Heinz Kiesbauer: Sylt, 3. Aufl., Frankfurt/M.-Berlin 1994.
Otto Kinne: Die Biologische Anstalt Helgoland. In: Nordfriesland Nr. 6 (Dezember 1967), S. 101-114.

Jan Kirschner: „Blumen pflücken während der Fahrt verboten". Geschichte der Sylter Inselbahn, Flensburg 2000.
Jan Kirschner: Auf Schienen durch die Nordsee. 75 Jahre Hindenburgdamm, Flensburg 2002.
Fritz Klauke: Wattenpost und Postfähren zwischen Sylt und dem Festland in alter Zeit. In: Zwischen Eider und Wiedau 1962, S. 56-61.
Roland Klockenhoff: Sylter Landschaftsärzte 1786-1890 und ihre Vorgänger, Bräist/Bredstedt 1988.
Friedrich Kluge: Etymologisches Wörterbuch der deutschen Sprache, 19. Aufl., Berlin 1963.
Hanns Koch: Aus alten Sylter Tagen, Berlin 1908.
Lothar Koch: Kegelrobben im Wattenmeer. Herausgegeben von der Schutzstation Wattenmeer, Rendsburg 1989.
Lothar Koch: Eine Landschaft für Überlebenskünstler: Dünen und Salzwiesen. In: Hans Jessel (Hrsg.): Das große Sylt Buch, Hamburg 1996a, S. 238-247.
Lothar Koch: Gefiederter Massentourismus: Zug- und Brutvögel aus aller Welt. In: Hans Jessel (Hrsg.): Das große Sylt Buch, Hamburg 1996b, S. 252-263.
Lothar Koch: Knopfaugen an der Waterkant: Insel der Robben und Wale. In: Hans Jessel (Hrsg.): Das große Sylt Buch, Hamburg 1996c, S. 268-273.
Henry Koehn: Die Nordfriesischen Inseln. Die Entwicklung ihrer Landschaft und die Geschichte ihres Volkstums, Hamburg 1939; 5. Aufl., Hamburg 1961.
Henry Koehn: Sylt, ein Führer durch die Inselwelt, 5. Aufl., Hamburg 1974.
Johann Georg Kohl: Die Marschen und Inseln der Herzogthümer Schleswig und Holstein, 3 Bände, Dresden und Leipzig 1846 (zu Sylt: Band 2).
Erich Kolumbe: Der Königshafen bei List auf Sylt. In: Die Heimat 39 (1929), S. 201-207.
Jurjen van der Kooi: Der Ring im Fischbauch. Sagen aus Nordfriesland, Leer 1998.
Wilhelm Koops: Der Kreis Südtondern in der Zeit der Weimarer Republik (1918-1933). Ein Landkreis zwischen Obrigkeitsstaat und Diktatur, Neumünster 1993.
Georg Kossack: Sylter Forschungen. In: Nordfriesisches Jahrbuch 7 (1971), S. 12-24.
Georg Kossack, Karl-Ernst Behre und **Peter Schmid (Hrsg.)**: Archäologische und naturwissenschaftliche Untersuchungen an ländlichen und frühstädtischen Siedlungen im deutschen Küstengebiet vom 5. Jahrhundert v. Chr. bis zum 11. Jahrhundert n. Chr. Band 1: Ländliche Siedlungen, Weinheim 1984.
Georg Kossack, Ole Harck, Joachim Reichstein: Zehn Jahre Siedlungsforschung in Archsum auf Sylt, Berlin 1974 (Bericht der Römisch-Germanischen Kommission, 55, II. Teil).
Kari Köster-Lösche und **Karl-Heinz Lösche**: Küchen & Kochen in Nordfriesland, Hamburg 1989.
Johann Kramer: Kein Deich – Kein Land – Kein Leben. Geschichte des Küstenschutzes an der Nordsee, Leer 1989.
Louise Krämer: Sylt im Kampf mit Meer und Sand. Ein historischer Überblick, Keitum o. J. (1986a).
Louise Krämer: Gustav Jenner – ein berühmter Keitumer. In: Söl'ring Foriining e. V. (Hrsg.): Jahresbericht 1985, Keitum 1986b, S. 24-27.
Kreis Nordfriesland (Hrsg.): Zahlenspiegel 1999.
Walter Kresse: Schiffsverzeichnis der Hamburger Reedereien 1824-1888, 3 Bände, Hamburg 1969.
Walter Kresse: Hamburger Seeschiffe 1889-1914, Hamburg 1974.
Willy Krogmann: Überlieferung und Erfindung in C. P. Hansens „Uald Söldring Tialen". In: Rheinisches Jahrbuch für Volkskunde 7 (1965), S. 269-313.
Hugo Krohn: Uwe Jens Lornsens Vorfahren. In: Sippe der Nordmark 2/1938.
Hugo Krohn: Die Familiengeschichte Schwen Hans Jensen. In: Mitteilungen für Kieler Stadtgeschichte 1955.
Hugo Krohn: Sylter beim englischen Feldzug 1689/1690. In: Jahrbuch des Nordfriesischen Instituts 1959/60, S. 107-110.
Hugo Krohn: Entwicklung und Aufbau der Inselbevölkerung Sylts. In: Jahrbuch des Nordfriesischen Instituts 1962/63, S. 26-38.
Hugo Krohn: Entwicklung und Aufbau der Inselbevölkerung Sylts. In: Nordfriesisches Jahrbuch 1 (1965), S. 109-119.
Hugo Krohn: Das uthlandfriesische Haus des Lorens Petersen de Hahn. In: Das Schleswig-Holsteinische Freilichtmuseum, Molfsee 1969.
Hugo Krohn: Alte Seemannsgrabsteine auf Sylt. In: Nordfriesisches Jahrbuch 8 (1972), S. 64-83.
Hugo Krohn: Die Bevölkerung der Insel Sylt, Bräist/Bredstedt 1984.
Erwin Kruse: „Hochöfen und Bergwerke, um Eisen zu gewinnen..." In: Sylt-Magazin 1987, S.40.
Erwin Kruse: Teurer Pin am Meerespuls. In: Sylt Magazin 1989a, S. 18.
Erwin Kruse: Bunker mit Familienanschluss. In: Sylt Magazin 1989b, S. 24-25.
Erwin Kruse: Zauberstab und Talisman. In: Sylt Magazin 1989c, S. 42-43.
Erwin Kruse: Der Wald bekommt Blätter. In: Sylt Magazin 1989d, S. 46-47.
Erwin Kruse: Es begann mit der schwarzen Vier. In: Sylt Magazin 1989e, S. 119.
Erwin Kruse: Mehrere Prinzen standen im Gästebuch. In: Sylt Magazin 1989f, S. 140-141.
Iven Kruse: Andreas Dirks zum Gedächtnis. Schleswig-Holsteinisches Jahrbuch (Kunstkalender Schleswig-Holstein), Hamburg 1924, S. 78-91.
Joachim Kruse: Dieter Röttger. Das Radierwerk 1972-1976, Coburg 1981.
Peter Kuhlemann: Sylter Strand – Westerland, Westerland o. J.

Peter Kuhlemann: Ethnologische und zoologische Irrtümer in der Archäologie, Barmstedt 1979.
Peter Kuhlemann: Robinson auf Nordseeinseln, Westerland 1983.
Peter Kuhlemann: Begegnungen mit Siegward Sprotte. In: Sylt Magazin 1993, S. 86-87.
Hans Kuhn: Zu den alten Wallburgen Nordfrieslands. In: Nordfriesisches Jahrbuch 20 (1984), S. 15-33.
Hans Joachim Kühn: Die Anfänge des Deichbaus in Schleswig-Holstein, Heide 1992.
Hans Joachim Kühn: Gestrandet bei Uelvesbüll. Wrackarchäologie in Nordfriesland, Husum 1999.
Gerd Kühnast: Bauen und Bewahren in Nordfriesland. Interessengemeinschaft Baupflege. In: Nordfriesland Nr. 54/55 (Oktober 1980), S. 88-90.
Gerd Kühnast: Wir über uns – 20 Jahre IGB in Nordfriesland. In: Der Maueranker, Heft 1 (März 2000a), S. 3-5.
Gerd Kühnast: Aufklärung, Beratung, Denkmalschutz. Zwei Jahrzehnte IGB. In: Nordfriesland Nr. 130 (Juli 2000b), S. 28-30.
Gerd Kühnast: Nordfriesland – eine vielfältige Bauernhauslandschaft. In: Thomas Steensen (Hrsg.): Das große Nordfriesland-Buch, Hamburg 2000c, S. 288-299.
Gerd Kühnast: Niederländische Fliesen in nordfriesischen Häusern. In: Thomas Steensen (Hrsg.): Das große Nordfriesland-Buch, Hamburg 2000d, S. 310-313.
Harry Kunz: Wegweiser zu den Quellen der Haus- und Hofgeschichte Nordfrieslands, Bräist/Bredstedt 1998.
Harry Kunz, Fiete Pingel und **Thomas Steensen:** Nordfriesland von A bis Z, Bräist/Bredstedt 1998.
Harry Kunz und **Albert Panten:** Die Köge Nordfrieslands, 2., durchgesehene und aktualisierte Auflage, Bräist/Bredstedt 1999.
Harry Kunz und **Brar Roeloffs:** Landwirtschaft und Fischerei. In: Thomas Steensen (Hrsg.): Das große Nordfriesland-Buch, Hamburg 2000, S. 360-369.
Jutta Kürtz: Badeleben an Nord- und Ostsee, Heide 1994.
Rolf Kuschert: Andreas Reinhardt 75 Jahre alt. In: Nordfriesland Nr. 86 (Juni 1989), S. 3-4.
Rolf Kuschert: Die frühe Neuzeit. In: Geschichte Nordfrieslands, 2. Aufl., Heide 1996, S. 105-204.

Karl Ernst Laage: Theodor Storms letzte Reise und seine Sylter Novelle, Heide 1998.
Landesamt für den Nationalpark Schleswig-Holsteinisches Wattenmeer (Hrsg.): Nationalpark Schleswig-Holsteinisches Wattenmeer, Tönning 1992.
Landesamt für den Nationalpark Schleswig-Holsteinisches Wattenmeer (Hrsg.): Ökosystemforschung Wattenmeer. Synthesebericht. Grundlagen für einen Nationalparkplan, Heide 1996.
Wolfgang Landgrebe: Sylt. Fotografien von gestern und heute, Gudensberg-Gleichen 1997.
Landschaftszweckverband Sylt (Hrsg.): Commission zur Verwaltung des landschaftlichen Anwachses – Anwachs und Uferschutzbund – Landschaftszweckverband Sylt 1898-1998, Sylt 1998.
A. W. Lang: Entwicklung, Aufbau und Verwaltung des Seezeichenwesens an der deutschen Nordseeküste bis zur Mitte des 19. Jahrhunderts, Bonn 1965.
Ulrich Lange (Hrsg.): Geschichte Schleswig-Holsteins, Neumünster 1996.
Moiken Lassen (me Help fan Meinert Nielsen): Let üüs Sölring sjung. 48 Sölring Leedjis, Kairem 1980.
Annette Laugwitz: Architekt Walther Baedeker (1880-1959): Bürgerliches Wohnen in Hamburg und auf Sylt. Dissertation Uni Hamburg (1999).
Wolfgang Laur: Syssel und Harde. In: Zeitschrift der Gesellschaft für Schleswig-Holsteinische Geschichte 106 (1981), S. 31-53.
Wolfgang Laur: Historisches Ortsnamenlexikon von Schleswig-Holstein, 2. Aufl., Neumünster 1992.
Wolfgang Laur: Der Denghoog auf Sylt, ein oft mißdeuteter Grabhügelname. In: Nordfriesisches Jahrbuch 37 (2001), S. 161-164.
Klaus Lengsfeld (Hrsg.): Der historische Walfang der Nordfriesen, Husum 1991.
Klaus Lengsfeld: Vom spröden Inselcharme angezogen: Frühe Maler auf Sylt. In: Hans Jessel (Hrsg.): Das große Sylt-Buch, Hamburg 1996, S. 344-347.
Michael Lenth: Rechtshistorische und dogmatische Untersuchung der Schafweide auf dem Listland (Sylt). Dissertation, Kiel 1972.
Rudolf Walter Leonhardt: Sylt 1870-1920, Luzern u. Frankfurt/M. 1980.
Detlev von Liliencron: Sämtliche Werke. Zwölfter Band: Poggfred (Zwei Teile), 7. und 8., stark vermehrte Auflage, Berlin und Leipzig o. J.
Detlev von Liliencron: Ausgewählte Werke, Hamburg 1964.
Wolfgang Lindow (Bearb.): Plattdeutsches Wörterbuch, Leer 1984.
Oskar Loerke: Die Gedichte. Hrsg. von Peter Suhrkamp, Frankfurt am Main 1983.
Dieter Lohmeier: Kleiner Staat ganz groß. Schleswig-Holstein-Gottorf, Heide 1997.
Dieter Lohmeier: Nordfriesland in der Literatur. In: Thomas Steensen (Hrsg.): Das große Nordfriesland-Buch, Hamburg 2000, S. 256-267.
Jens Lorenzen: Die Halligen in alten Abbildungen, Risum-Lindholm 1992.
Klaus-Joachim Lorenzen-Schmidt: Kleines Lexikon alter schleswig-holsteinischer Gewichte, Maße und Währungseinheiten, Neumünster 1990.
Klaus-Joachim Lorenzen-Schmidt und **Ortwin Pelc** (Hrsg.): Schleswig-Holstein Lexikon, Neumünster 2000.
Boy Lornsen: Robbi, Tobbi und das Fliewatüüt, Stuttgart 1967.

Boy Lornsen: Williwitt und Fischermann, Würzburg 1981.
Boy Lornsen: Klaus Störtebeker. Gottes Freund und aller Welt Feind, Stuttgart 1985a.
Boy Lornsen: Nis Puk in der Luk, Hamburg 1985b.
Boy Lornsen: Das Wrack vor der Küste und andere Erzählungen, Hamburg 1993.
U. J. Lornsen: Ueber das Verfassungswerk in Schleswigholstein, Kiel 1830; Nachdruck – mit einer Erläuterung von Alexander Scharff – durch die Gesellschaft für Schleswig-Holsteinische Geschichte, Schleswig 1980.
Kari und **Karl-Heinz Lösche:** Häuser der Uthlande, Bräist/Bredstedt 1994.
LSHS = Lexikon der Schleswig-Holsteinisch-Lauenburgischen u. Eutinischen Schriftsteller von 1866-1882, Kiel 1885.
Hermann Lübbing: Friesische Sagen von Texel bis Sylt, Leer 1977.
Catharina Lüden: Sklavenfahrt mit Seeleuten aus Schleswig-Holstein, Hamburg und Lübeck im 18. Jahrhundert, Heide 1983.
Karl Lüders und **Günter Luck:** Kleines Küstenlexikon, Hildesheim 1976.

Rudolf Mach: Literatur/Sylt und Randgebiete, Unveröffentlichtes Manuskript, Berlin 1993.
Matthias M. Machan: Sylt – Die 55 besten Restaurants und Landgasthöfe, Hamburg 2002.
Cécile Mack: Henriette Hirschfeld-Tiburtius (1834-1911) – Das Leben der ersten selbständigen Zahnärztin Deutschlands, Frankfurt/Main 1999.
Friedrich Mager: Der Abbruch der Insel Sylt durch die Nordsee. Eine historisch-geographische Untersuchung, Breslau 1927.
Karl Ingwer Malcha: Die politischen Grundgedanken von Uwe Jens Lornsens „Unionsverfassung". In: Nordfriesisches Jahrbuch 4/5 (1968/69), S. 172-191.
Erich Maletzke und **Klaus Volquartz:** Der Schleswig-Holsteinische Landtag, Kiel o. J.
Ingeborg Malik: Abschied von Irmgard Heilmann. In: Sylt Magazin 1994, S. 116.
Thomas Mann: Der Zauberberg, Berlin 1924.
Nis Richard Marcussen: Suden ist eine selten gewordene, fast vergessene Delikatesse. In: Zwischen Eider und Wiedau 1976, S. 197-202.
Hinrich Matthiesen: Mein Sylt. Ein Lesebuch, Frankfurt/M.-Berlin 1996.
Hinrich Matthiesen: „lekelk" und nicht „happy", „dailk" und nicht „trendy". Laudatio auf Erika Hansen zur Verleihung des C.-P.-Hansen-Preises 1999. In: Nordfriesland Nr. 129 (April 2000), S. 22-24.
Werner Matthiesen: Zwei Meter Meeresspiegelanstieg seit 1436. In: Söl'ring Foriining (Hrsg.): Jahresbericht 1999, S. 9-10.
Werner Matthiesen: Sylt – 700 Jahre Kampf der Friesen gegen den „Blanken Hans", Husum 2001.
Heinrich Mehl: Bettgeschichten. In: Sylt Magazin 1999, S. 74-76.
Hans Otto Meier: Von Biikebrennen und Petritagen auf der Insel Sylt, Keitum 1986.
Otto G. Meier (Hrsg.): Die Naturschutzgebiete auf Sylt und Amrum, Heide 1987.
Renate Meier: Köstliches aus der alten friesischen Küche, Bielefeld o. J.
Günter Meißner: Hans Baluschek, Dresden 1985.
Otto Mensing: Schleswig-Holsteinisches Wörterbuch, 5 Bände, Neumünster 1931.
Carl Meyer (Hrsg.): Illustrierter Reise-Führer durch die Nordseebäder auf der Insel Sylt, Reprint der Ausgabe von 1906, Westerland 1983.
Ernst-Günther Meyer: Die Geschichte der Verfassung und Verwaltung der Landschaft Sylt, Dissertation, Hamburg 1938.
Hans-Joachim Meyer: Bluat fuar tau Stünen. In: Nordfriesland Nr. 135/136 (Dezember 2001), S. 15-17.
Jürgen Meyer: Hamburger Segelschiffe 1795-1945, Norderstedt 1971.
H. T. J. Miedema: Libbenswurk en les fan Boy P. Möller. In: It Beaken 21 (1959), S. 255-259.
H. T. J. Miedema: Paedwizers fan de Fryske filology, Ljouwert/Leeuwarden 1961.
Adolf Möller: Ingwer Paulsen – Der Radierer Nordfrieslands, Husum 1984.
Boy P. Möller: Söl'ring Leesbok. Lesebuch in Sylter Mundart, Altona 1909.
Boy P. Möller: Söl'ring Uurterbok. Wörterbuch der Sylter Mundart, Hamburg 1916.
S. R. Möller-Ernst: Appelschnut über Appelschnut und eine Chronik des Otto-Ernst-Hauses, Hamburg 1990.
Ingwer Ernst Momsen: Zum Gedenken. Hugo Krohn. In: Nordfriesisches Jahrbuch 10 (1974), S. 5-7.
Margareta Morgenstern (Hrsg.): Christian Morgenstern. Ein Leben in Briefen, Wiesbaden 1952.
Peter Moses-Krause (Hrsg.): Victor Auburtins gesammelte kleine Prosa, Berlin 1995.
Theodor Mügge: Der Vogt von Sylt. Zwei Bände, Berlin 1851.
Karl Müllenhoff (Hrsg.): Sagen, Märchen und Lieder der Herzogthümer Schleswig, Holstein und Lauenburg, 4. Aufl., Kiel 1845.
Wolfgang J. Müller: Kirchen auf Sylt und ihre Kunstschätze, Kiel 1980.
Friedrich Müller und **Otto Fischer:** Das Wasserwesen an der schleswig-holsteinischen Nordseeküste. II. Teil: Die Inseln, 7. Sylt, Berlin 1938.
G. Müller-Westermeier: Klimadaten von Deutschland, Zeitraum 1961 bis 1990, Selbstverlag des Deutschen Wetterdienstes, Offenbach 1996.
Michael Müller-Wille und **Dietrich Hoffmann** (Hrsg.): Der Vergangenheit auf der Spur. Archäolo-

gische Siedlungsforschung in Schleswig-Holstein, Neumünster 1992.
Jens E. Mungard: Sylter Personennamen. In: Knud Ahlborn u. Ferdinand Goebel (Hrsg.): Das Syltbuch, Kampen Sylt o. J. (1933), S. 27-28.
Jääns E. Mungard: Dit Leewent en broket Kraans, Drachten 1962.
Jääns E. Mungard: „Strön'auktion ön Blisem", Bräist 1974, Friisk Komeedibibleteek Nr. 4.
Jens Mungard: Fuar di min hart heer slain, Bräist/Bredstedt 1985.
Jens Mungard: Ströntistel en Dünemruusen. Das lyrische Werk. Hrsg. von Hans Hoeg, Insel Amrum 1995.
Nann Mungard: For Sölring Spraak en Wiis, Keitum 1909.
Nann Mungard: Ein inselnordfriesisches Wörterbuch, Westerland 1974.
Nann Peter Mungard: Der Friese Jan. Lebenserinnerungen eines Sylter Kapitäns. Hrsg. von Hans Hoeg, Noorsaarep/Norddorf 1989.
Horst Haider Munske (Hrsg.): Handbuch des Friesischen / Handbook of Frisian Studies, Tübingen 2001.
Joachim Münzing: Die Jagd auf den Wal, Heide 1978.
Robert Musil: Nachlaß zu Lebzeiten, Zürich 1936.
Robert Musil: Tagebücher. Herausgegeben von Adolf Frisé, Reinbek 1976.
Rudolf Muuß: Nordfriesische Sagen, Husum 1992 (Nachdruck der Ausgabe von 1933).

Nationalpark Schleswig-Holsteinisches Wattenmeer (Hrsg.): Nationalpark Wattenmeer. Natur Natur sein lassen, Tönning o. J.
Nationalpark Schleswig-Holsteinisches Wattenmeer 10 Jahre, Tönning 1995.
Naturschutzgemeinschaft Sylt (Hrsg.): 70 Jahre Naturschutz auf Sylt, Westerland 1994.
Naturschutzgemeinschaft Sylt (Hrsg.): Das Naturschutzgebiet Morsum-Kliff. Eine Sylter Landschaft, Westerland o. J.
Jürgen Newig: Wie sah das „typische" Sylter Haus aus? Eine quantitative Auswertung der Sylter Bausubstanz im Jahre 1850. In: Nordfriesland Nr. 31 (August 1974a), S. 148-155.
Jürgen Newig: Fremdenverkehr und Freizeitwohnwesen in ihren Auswirkungen auf Bad und Stadt Westerland auf Sylt, Kiel 1974b.
Jürgen Newig: Zur Entwicklung des Listlandes auf Sylt in den letzten drei Jahrhunderten – ein historisch-kartographischer Vergleich. In: Nordfriesisches Jahrbuch 16 (1980), S. 69-74.
Jürgen Newig: Die Entwicklung des Küstenschutzes auf Sylt. In: Berliner Geographische Studien 25 (1987), S. 53-74.
Jürgen Newig: Zur langfristigen Gestaltänderung der Insel Sylt. In: Ulrich Radtke (Hrsg.): Vom Südatlantik bis zur Ostsee - neue Erkenntnisse der Meeres- und Küstenforschung, Köln 1995, S. 121-137.
Jürgen Newig: Das ganze Jahr Hauptsaison: Sylts aktuelle Situation. In: Hans Jessel (Hrsg.): Das große Sylt-Buch, Hamburg 1996a, S. 206-209.
Jürgen Newig: Der Kampf mit der See: Küstenschutz an der Sylter Westküste. In: Hans Jessel (Hrsg.): Das große Sylt-Buch, Hamburg 1996b, S. 218-223.
Jürgen Newig: Ohne ihn wäre Nordfriesland kleiner: Küstenschutz. In: Thomas Steensen (Hrsg.): Das große Nordfriesland-Buch, Hamburg 2000, S. 142-151.
Jürgen Newig: Ist Sylt noch zu retten? In: Sylt Magazin 2002, S. 6-13.
Jürgen Newig und **Marcus Petersen:** Eine Klassifizierung von Deichen an der Nordseeküste. In: Schriften des Naturwissenschaftlichen Vereins für Schleswig-Holstein 65 (1995), S. 67-106.
Jürgen Newig und **Hans Theede** (Hrsg.): Von Seefahrt, Seeräubern und Schiffswracks, Hamburg 2000.
Hans Chr. Nickelsen: Das Sprachbewusstsein der Nordfriesen in der Zeit vom 16. bis ins 19. Jahrhundert, Bräist/Bredstedt 1982.
Meinert Nielsen: Max Bossen, Morsum †. In: Zwischen Eider und Wiedau 1960, S. 25-26.
Nis R. Nissen: Kleine Geschichte Dithmarschens, Heide 1986.
Barbara Noack: Was halten Sie vom Mondschein? Frankfurt/M.-Berlin 1966.
Nordfriesischer Verein (Hrsg.): Trachten in Nordfriesland, o. O. 1995.
Nordfriesisches Schiffahrtsmuseum Husum (Hrsg.): Der historische Walfang der Nordfriesen 1, Husum 1991.
Nordseeheim Klappholttal (Hrsg.): Volkshochschule Klappholttal, Akademie am Meer auf Sylt. 60 Jahre (1919-1979), Klappholttal/Sylt 1979.

Wanda Oesau: Schleswig-Holsteins Grönlandfahrt auf Walfang und Robbenschlag, Glückstadt 1937.
Wanda Oesau: Hamburgs Grönlandfahrt, Glückstadt 1955.
Hans Oestreich: Der Fremdenverkehr der Insel Sylt, Bräist/Bredstedt 1976.
Els Oksaar: Schlüssel zur Welt. Mehrsprachigkeit im Kindesalter – ein Reichtum. In: Nordfriesland Nr. 82 (Juni 1988), S. 17-20.
Eckardt Opitz: „Ein dür und mager Eilandt": Die Geschichte Sylts vom Mittelalter bis 1855. In: Hans Jessel (Hrsg.): Das große Sylt-Buch, Hamburg 1996, S. 108-123.
Eckardt Opitz: Schleswig-Holstein, Hamburg 1997.
Jan Ossenbrüggen: Meinert Nielsen. In: Zwischen Eider und Wiedau 1982, S. 217-219.

Maike Ossenbrüggen: Der friesische Weihnachtsbogen auf Sylt. In: Söl'ring Foriining (Hrsg.): Jahresbericht 1986, Keitum 1987, S. 35-36.
Ostfriesische Landschaft (Hrsg.): Ostfriesland. Natur, Landschaft, Menschen, Schicksale. Ein Lesebuch, Hannover 1984.
E. Oswald (Bernhardine Schulze-Smidt): Inge von Rantum. Eine Sylter Novelle, Frankfurt/M. 1881.

Siegfried Pabst: Wo is Watt?, 3. Aufl., Schleswig 2000.
Jürgen Pachtenfels: Durch Watt und Priel. Ein Rundgang durch die nordfriesische Hallig- und Inselwelt, Husum 2001.
Max Pahl und **Peter Carstensen:** Hörnum – Heimat am Horn, Hamburg 1973.
Albert A. Panten (Hrsg.): Unbekannte Rechtsquellen des 15. und 16. Jahrhunderts aus Nordfriesland, Langenhorn 1976.
Albert Panten: Karl Schmidt †. In: Nordfriesland Nr. 97 (März 1992), S. 4.
Albert Panten: Wolfgang Laurs Historisches Ortsnamenlexikon von Schleswig-Holstein. Aus der Sicht der nordfriesischen Regionalgeschichtsforschung. In: Nordfriesisches Jahrbuch 29 (1993), S. 253-263.
Albert Panten: Fastnachtsfeuer. Zur Geschichte des Biikebrennens. In: Nordfriesland Nr. 105 (März 1994), S. 11-12.
Albert Panten: Die Nordfriesen im Mittelalter. In: Geschichte Nordfrieslands, 2. Aufl., Heide 1996, S. 57-102.
Albert Panten: Helgoland im Mittelalter. In: Nordfriesisches Jahrbuch 34 (1998), S. 63-111.
Albert Panten: Christianisierung und Religiosität in Nordfriesland : In: Thomas Steensen (Hrsg.): Das große Nordfriesland-Buch, Hamburg 2000a, S. 162-169.
Albert Panten: Nordfriesland auf alten Karten. In: Thomas Steensen (Hrsg.): Das große Nordfriesland-Buch, Hamburg 2000b, S. 170-175.
Albert Panten: Von der Hausmarke zum Zeichen regionaler Identität: Wappen Nordfrieslands. In: Thomas Steensen (Hrsg.): Das große Nordfriesland-Buch, Hamburg 2000c, S. 175-179.
Albert Panten: Johann Wittemake – Hardesvogt, Deichgraf, Oberst. In: Thomas Steensen (Hrsg.): Bredstedt – Stadt in der Mitte Nordfrieslands, Bräist/Bredstedt 2000d, S. 386.
Albert Panten: Wie der Grütztopf ins friesische Wappen kam. Zur Geschichte eines Symbols, Teil I. In: Nordfriesland Nr. 133 (April 2001a), S. 10-17.
Albert Panten: Geschichte der Friesen im Mittelalter. In: H. H. Munske (Hrsg.): Handbuch des Friesischen, Tübingen 2001b, S. 550-555.
Albert Panten: Die Christianisierung Nordfrieslands. Unveröffentlichtes Manuskript, Niebüll 2001c.
Albert Panten: Freiheit, Gleichheit, Brüderlichkeit. Wie der Grütztopf ins friesische Wappen kam. 2. Teil. In: Nordfriesland Nr. 134 (September 2001d), S. 22-28.
Albert Panten: Die Wiederbesiedlung des Listlandes auf Sylt. Unveröffentlichtes Manuskript, Niebüll 2001e.
Albert Panten: Die Sagendichtung um Pidder Lüng von C. P. Hansen. Unveröffentlichtes Manuskript, Niebüll 2001f.
Albert Panten: Mitteilungen zur Sylter Chronistik. Unveröffentlichtes Manuskript, Niebüll 2002a.
Albert Panten: Geschichte der Wiederbesiedlung des Listlandes auf Sylt. In: Nordfriesisches Jahrbuch 38 (2002b).
Albert Panten: Zur Geschichte und Entwicklung des Biikebrennens. In: Zwischen Eider und Wiedau 2002c, S. 92-99.
Albert Panten: Jens Schwennens Chronik. Unveröffentlichtes Manuskript, Niebüll o. J.
Albert Panten und **Heinz Sandelmann** (Hrsg.): Petrus Petrejus – Von der Stadt und dem Amt Tondern und vom Deichwesen, Bräist/Bredstedt 1993.
Max Pappenheim: Die Siebenhardenbeliebung vom 17. Juni 1426, Flensburg 1926.
Gerhard Paul: Landunter. Schleswig-Holstein und das Hakenkreuz, Münster 2001.
Gerhard Paul und **Miriam Gillis-Carlebach** (Hrsg.): Menora und Hakenkreuz. Zur Geschichte der Juden in und aus Schleswig-Holstein, Lübeck und Altona (1918-1998), Neumünster 1998.
Paul-Heinz Pauseback: Aufbruch in eine Neue Welt, Bräist/Bredstedt 1995.
Paul-Heinz Pauseback: Übersee-Auswanderung aus Schleswig-Holstein, Breklum 1999.
Karen Margrethe Pedersen: Mojn og hej. In: Pluk Nr. 3 (2001), S. 1-10.
Ernst Penzoldt: Sommer auf Sylt. Liebeserklärungen an eine Insel. Hrsg. von Volker Michels, Frankfurt/M. u. Leipzig 1992.
Ulla Penzoldt und **Volker Michels** (Hrsg.): Jubiläumsausgabe zum 100. Geburtstag von Ernst Penzoldt, Frankfurt/M. 1992.
Katja Peters: Schmackhafte Raritäten aus dem Watt: Die Geschichte der Sylter Auster. In: Hans Jessel (Hrsg.): Das große Sylt-Buch, Hamburg 1996, S. 150-157.
Adeline Petersen, Carsten Rinio und **Nils Århammar:** Tweerspreekede toorpsskilte – Zweisprachige Ortsschilder. Geschichte – Grundlagen – Perspektiven. In: Nordfriesland Nr. 120 (Dezember 1997), S. 11-20.
Carla Petersen: Zum Tode von Adda Rudolph. In: Nordfriesland Nr. 31 (August 1974), S. 131.
Carla Petersen: Zum Tod von Hans Lassen. In: Nordfriesland Nr. 42-44 (Mai 1978), S. 53-54.
Carla Petersen: In zwei Kulturen beheimatet. In: Sylt Magazin 1987a, S. 60.
Carla Petersen: Alte Post ward wieder jung. In: Sylt Magazin 1987b, S. 85.

Carla Petersen: Marlies Rosenzweig steigt nicht in Karlchens Fußstapfen. In: Sylt Magazin 1987c, S. 137.
Carla Petersen: Paulstraße – ein Stück Nostalgie. In: Sylt Magazin 1989a, S. 116-117.
Carla Petersen: Hundert Jahre Musikverein. In: Sylt Magazin 1989b, S. 118.
Carla Petersen: Kein Dokument verrät das Alter. In: Sylt Magazin 1989c, S. 144-145.
Christian Petersen: Hohe Ehrung für Harald Hansen. In: Zwischen Eider und Wiedau 1965, S. 24-25.
Günther Petersen: Die letzten Friesenhäuser der Insel Sylt und einiges „Drum und Dran", 2 Bände, Schleswig 1981/82.
Günther Petersen: Sylter Köpfe, Schleswig 1984.
Günther Petersen: Stationen eines Malers, Husum 1991.
Johannes Petersen: Post und Fähren als Förderer der Verbindung mit den nordfriesischen Inseln Sylt und Föhr. In: Nordfriesisches Jahrbuch 22 (1986), S. 65-85.
Marcus Petersen: Die Halligen. Küstenschutz – Sanierung – Naturschutz, Neumünster 1981.
Marcus Petersen und **Hans Rohde:** Sturmflut, Neumünster 1991.
Peter Hansen Petersen: Chronik von List auf Sylt. Manuskript im Sylter Archiv, Nr. 181/51.
Sönke Petersen: Deutsches Küstenrecht, Baden-Baden 1989.
Hans Pfeiffer und **W. Mügge:** Bau eines hochwasserfreien Eisenbahndammes vom Festlande nach der Insel Sylt. In: Die Bautechnik, Heft 6 (Februar 1928).
Heinrich Pfleiderer: Die Heilkräfte des Meeres und des Meeresklimas, Münsterdorf 1972.
Alwin Pflüger: 75 Jahre Söl'ring Foriining. Zur Geschichte des Sylter Heimatvereins. In: Nordfriesland Nr. 56 (Dezember 1980), S. 126-129.
Alwin Pflüger: Ein Amerika-Friese als Pionier in Kalifornien. In: Sylt Magazin 1986, S. 12-15.
Alwin Pflüger: Aus den Lebenserinnerungen des 1918 in Kalifornien verstorbenen Peter Michel Claasen von Sylt. In: Söl'ring Foriining (Hrsg.): Lön en Lir, Jahresbericht 1987, S. 22-24.
Karl-Peter Pfnür: Die Vorlandgewinnung zum Schutze der Küste. In: Söl'ring Foriining e. V. (Hrsg.): Jahresbericht 1996, Keitum 1997, S. 4-5.
Karl-Peter Pfnür: Küstenschutz mit Sandfangzäunen und Strandhafer. In: Söl'ring Foriining e. V. (Hrsg.): Jahresbericht 1998, Keitum 1999, S. 6-9.
Karl-Peter Pfnür: Mit Strandhafer gegen den „Blanken Hans". In: Söl'ring Foriining e. V. (Hrsg.): Jahresbericht 1999, Keitum 2000, S. 6-8.
Fiete Pingel: Trutz (nun) blanke Hans, Hintergründe eines Spruches. In: Nordfriesland Nr. 107 (September 1994), S. 17.
Fiete Pingel: Dorfschaften, Kirchspiele und Harden – Obrigkeit und Verwaltung in Nordfriesland. In: Thomas Steensen (Hrsg.): Das große Nordfriesland-Buch, Hamburg 2000a, S. 406-413.
Fiete Pingel: Leben mit Landunter: Die Halligen. In: Thomas Steensen (Hrsg.): Das große Nordfriesland-Buch, Hamburg 2000b, S. 454-461.
Fiete Pingel und **Thomas Steensen:** „Es gab einmal Juden in Nordfriesland." Jüdisches Leben und Antisemitismus in Friedrichstadt und im übrigen Nordfriesland. In: Gerhard Paul und Miriam Gillis-Carlebach (Hrsg.): Menora und Hakenkreuz. Zur Geschichte der Juden in und aus Schleswig-Holstein, Lübeck und Altona (1918-1998), Neumünster 1998, S. 297-315.
Fiete Pingel und **Thomas Steensen** (Hrsg.): Jüdisches Leben und Judenverfolgung in den Frieslanden, Bräist/Bredstedt 2001.
Albert Plagemann: Der Rote-Kliff-Leuchtturm auf Sylt. In: Die Heimat 11 (1901), S. 221.
Joachim Pleines (Materialsammlung), Kopien u. a. im Nordfriesischen Institut.
Jan Pluis: Tegelvaart. Friese Schepentableaus, Fries Scheepvaart Museum Sneek 1988.
Jan Pluis: Importierte Wohnkultur. Niederländische Wandfliesen in Nordfriesland. In: Nordfriesisches Jahrbuch 31 (1995), S. 7-51.
Jan Pluis: De Nederlandse Tegel – decors en benamingen 1570-1930, Leiden 1997.
Karl-Heinz Prasmo: „Küstenwächter". In: Sylt Magazin 1987, S. 108.
Martina Pries: Die Aufnahme und Eingliederung der Flüchtlinge und Vertriebenen im ehemaligen Kreis Südtondern zwischen Jahresanfang 1945 und dem Beginn der 50er Jahre. Schriftliche Hausarbeit, Universität Kiel 1986.
Horst Prignitz: Vom Badekarren zum Strandkorb, Leipzig 1977.
Horst Prignitz: Wasserkur und Badelust, Leipzig 1986.
Thomas Pusch: „Spaniens Himmel..." und auch für Schleswig-Holsteiner Antifaschisten keine Sterne – ihr Weg durch den Spanischen Bürgerkrieg. In: Informationen zur schleswig-holsteinischen Zeitgeschichte, Nr. 32, Dezember 1997, S. 17-54.

Georg Quedens: Sylt erzählt, Münsterdorf o. J.
Georg Quedens: Seetiere, Flensburg 1971.
Georg Quedens: Vögel der Nordsee, Breklum 1976.
Georg Quedens: Nordstrand, Breklum 1977.
Georg Quedens: Inselkirchen, Breklum 1980.
Georg Quedens: Inseln der Seefahrer, Hamburg 1982.
Georg Quedens: Das Friesenhaus, Hamburg 1988.
Georg Quedens: Vögel über Watt und Meer, Hamburg 1990.
Georg Quedens: Wild und Jagd auf den Nordfriesischen Inseln. In: Zwischen Eider und Wiedau 1990, S. 120-132.

Georg Quedens: Nationalpark Wattenmeer, 2. Aufl., Breklum 1992.
Georg Quedens: Heringsfischer, Walfänger und Handelsseefahrer: Sylter auf See. In: Hans Jessel (Hrsg.): Das große Sylt-Buch, Hamburg 1996, S. 130-137.
Georg Quedens: Strand und Wattenmeer, 6. Aufl., München-Wien-Zürich 1997.
Georg Quedens: Von Seehunden, Strandigeln und Silbermöwen – die Tierwelt Nordfrieslands. In: Thomas Steensen (Hrsg.): Das große Nordfriesland-Buch, Hamburg 2000a, S. 64-85.
Georg Quedens: Skap üüb strun – Schiff auf Strand! In: Thomas Steensen (Hrsg.): Das große Nordfriesland-Buch, Hamburg 2000b, S. 190-195.
Georg Quedens: Von der Seefahrerinsel zum Seebad: Amrum. In: Thomas Steensen (Hrsg.): Das große Nordfriesland-Buch, Hamburg 2000c, S. 440-447.
Georg Quedens: Kleines Lexikon Sylt, Hamburg 2000d.
Georg Quedens: Vor 100 Jahren – Seebäderlinie von Hamburg nach Hörnum und Amrum. In: Zwischen Eider und Wiedau 2002, S. 196-202.
Georg Quedens und **Hans-Jürgen Stöver:** Sylt wie es früher war, Hamburg o. J. (1978).
Georg Quedens, Hans Hingst, Gerhard Stück und **Ommo Wilts:** Amrum – Landschaft, Geschichte, Natur, Amrum 1991.

Wilhelm Raabe: Deutscher Mondschein. Vier Erzählungen, Stuttgart 1873.
Helga Ramge (Hrsg.): Heut bin ich über Rungholt gefahren. Die schönsten Balladen aus Nord- und Ostfriesland, Husum 1996.
Helga Ramge: „Krieg ik dree, so wünsch ik Glück..." Das Rummelpottlaufen und seine Lieder. In: Nordfriesland Nr. 120 (Dezember 1997), S. 7-10.
Jens Rehn: Der Zuckerfresser, Neuwied 1961.
Marcel Reich-Ranicki: Mein Leben, Stuttgart 1999.
Horst Reichelt (Red.): Nationalpark Wattenmeer. Natur und Umwelt auf Sylt, o. O. (1986).
Joachim Reichstein: Archäologischer Denkmalschutz in Schleswig-Holstein. In: Die Heimat 89 (1982), S. 80-91.
Joachim Reichstein: Der Nordseeraum als kulturelle Ausgleichszone. In: Georg Kossack, Karl-Ernst Behre und Peter Schmid (Hrsg.): Archäologische und naturwissenschaftliche Untersuchungen an ländlichen und frühstädtischen Siedlungen im deutschen Küstengebiet vom 5. Jahrhundert v. Chr. bis zum 11. Jahrhundert n. Chr. Band 1: Ländliche Siedlungen, Weinheim 1984, S. 386-394.
Joachim Reichstein: Jahrtausendelange Bedrohung des Lebens auf Sylt: Ergebnisse archäologischer Siedlungsforschung. In: Hans Jessel (Hrsg.): Das große Sylt-Buch, Hamburg 1996, S. 92-107.
Joachim Reichstein: Das karge Leben der Insulaner, Sylter Rundschau vom 18.12.1999.
Joachim Reichstein: Die alte Sylter Kulturlandschaft in der Auseinandersetzung mit der modernen Zeit. In: Zwischen Eider und Wiedau 2000, S. 21-30.
Joachim Reichstein: Exkursion auf Sylt. Übersicht über die wichtigsten vor- und frühgeschichtlichen Denkmäler. Manuskript o. J.
Andreas Reinhardt: Harald Hansen wurde 90 Jahre alt. In: Zwischen Eider und Wiedau 1975, S. 54-56.
Andreas Reinhardt: Abwehr oder Anpassung. Das Dorf Nordfrieslands zwischen Tradition und Fortschritt. In: Nordfriesland Nr. 37 (Mai 1976), S. 21-28.
Andreas Reinhardt: Hermann Schmidt †. In: Zwischen Eider und Wiedau 1980, S. 24-25.
Andreas Reinhardt: Harald Hansen, Keitum †. In: Zwischen Eider und Wiedau 1982, S. 215-216.
Andreas Reinhardt: In memoriam Anna Gantzel: In: Zwischen Eider und Wiedau 1986, S. 192-195.
Andreas Reinhardt: Sylter setzten Hermann Schmidt einen Gedenkstein. In: Zwischen Eider und Wiedau 1991, S. 188-190.
Andreas Reinhardt: Jap Peter Hansen, Leben und Werk. In: Zwischen Eider und Wiedau 1993, S. 50-54.
Andreas Reinhardt: Hermann Schmidt (1901-1979). Eine Bibliographie, Bräist/Bredstedt 1994a.
Andreas Reinhardt: Fuar Söl'ring Lir. In: Zwischen Eider und Wiedau 1994, S. 28.
Andreas Reinhardt: Uwe Petersen 1912-1995. In: Nordfriesland Nr. 109 (März 1995), S. 4.
Andreas Reinhardt: Zwanzig Jahre Trachtengruppe der „Söl'ring Foriining". In: Zwischen Eider und Wiedau 1996a, S. 70-71.
Andreas Reinhardt: Vom Ringreiten auf der Insel Sylt. In: Zwischen Eider und Wiedau 1996b, S. 115-117.
Andreas Reinhardt: Uwe Petersen †. In: Zwischen Eider und Wiedau 1996c, S. 155-156.
Andreas Reinhardt: Die Sylter Thinghügel. In: Zwischen Eider und Wiedau 1997, S. 121-123.
Andreas Reinhardt: Erbe aus ältester Zeit. Zur historischen Bedeutung der Sylter Thinghügel. In: Nordfriesland Nr. 121 (März 1998), S. 16-18.
Andreas Reinhardt: Hubertus Jessel 85 Jahre – Ein Leben für die Insel Sylt. In: Zwischen Eider und Wiedau 2001, S. 215-216.
Gertrud Reinhardt: Getauft auf den Nordfriesischen Inseln. 2 300 Friesennamen auf Amrum, Föhr, Sylt, Hamburg 1984.
Hans-Dieter Reinke: Viel mehr als Schlick: Der Nationalpark Wattenmeer. In: Hans Jessel (Hrsg.): Das große Sylt Buch, Hamburg 1996, S. 274-281.
Hans-Dieter Reinke: Sylt, Hamburg 2002.
Karsten Reise: Einstige Austernbänke. In: Umweltbundesamt (Hrsg.): Umweltatlas Wattenmeer, Band 1, Stuttgart 1998, S. 168.
Karsten Reise: Leben in Watt und Meer Nordfries-

lands. In: Thomas Steensen (Hrsg.): Das große Nordfriesland-Buch, Hamburg 2000, S. 38-51.

Martin Reißmann (Bearb.): Die Wappen der Kreise, Ämter, Städte und Gemeinden in Schleswig-Holstein, Husum 1997.

Claus-Jürgen Reitmann: Land vor dem Deich, Breklum 1989.

Erhard Remmert: Jugendstilfenster in Norddeutschland, Weingarten 1993.

Albert Renger-Patzsch: Die Halligen, Berlin 1927.

Albert Renger-Patzsch: Sylt – Bild einer Insel, München 1936.

Joachim Reppmann: North Germans in America 1847-1860, Verlag für Amerikanistik/Hesperian Press, Wyk/Föhr 1999.

Wolfgang Reschle: Wenzel Hablik, Münsterdorf 1981.

Christiane Retzlaff: Pionierin Zahn um Zahn. In: Sylt Magazin 1993, S. 143.

Christiane Retzlaff: Kabel nach Kanada. In: Sylt Magazin 1994, S. 22.

Christiane Retzlaff: Neue Ideen für Orgel und Chor. In: Sylt Magazin 1995, S. 222-223.

Christiane Retzlaff: Eine Insel – viele Welten: Sylter erinnern sich. In: Hans Jessel (Hrsg.): Das große Sylt-Buch, Hamburg 1996a, S. 186-189.

Christiane Retzlaff: Wo Nolde seine Wirtin malte: Künstler in Kampen. In: Hans Jessel (Hrsg.): Das große Sylt-Buch, Hamburg 1996b, S. 348-353.

Claas Riecken: Nordfriesische Sprachforschung im 19. Jahrhundert, Bräist/Bredstedt 2000, S. 284-292.

Wolfgang Riedel: Landschaftswandel ohne Ende, Husum 1983.

Friedrich Riewerts: Aus den Tagen der Selbständigkeit Sylts. In: Jahrbuch des Nordfriesischen Vereins 4 (1906/07), S. 60-73.

Friedrich Riewerts: Ein nordfriesisches Heimatmuseum auf Sylt. In: Jahrbuch des Nordfriesischen Vereins 5 (1908/09), S. 85-90.

Henning Rinken (Hinrich Reinert Hinrichs): Chronik betreffend der Insel Sylt. Hrsg. von Karl Schmidt-Rodenäs und Albert Panten, Bräist/Bredstedt 1992.

Gabriele Erika Risch: Auf der Suche nach der Geschichte der Zahnärztinnen in Deutschland, Dissertation Münster 1992.

Julius Rodenberg: Verschollene Inseln. Sand- und Seebilder, Berlin 1861.

Julius Rodenberg: Stilleben auf Sylt, 3. vermehrte Aufl., Berlin 1876, Neudruck: Leer 1979.

Gesche Roeloffs: Die medizinische Versorgung auf Walfangschiffen des Grönlandhandels unter Berücksichtigung der Chirurgenprotokolle, Bräist/Bredstedt 1997.

Martin Rögener und die Morsumer Kulturfreunde (Hrsg.): Blick auf 100 Jahre Morsum/Sylt. Emma Scholz, geb. Kruse erzählt, 2 Bände, Hamburg 1999 (Eigenverlag).

Hans Wolfgang Rogl: Die Nordsee-Inselbahnen, 4. Aufl., Düsseldorf 1990.

Hans Rohde: Der Leuchttürme „Rote Kliff" bei Kampen/Sylt und seine Besucher in den Jahren 1864 bis 1873. In: Zwischen Eider und Wiedau 1964, S. 66-75.

Hans Rohde: Wilhelm Raabe auf Sylt. In: Zwischen Eider und Wiedau 1966, S. 40-43.

Jürgen E. Rohde: Lexikon für Freizeit und Erholung – Sylt, Heide 1987.

Alexander Rost: „In der Natur nie Ähnliches gesehen": Schriftsteller auf Sylt. In: Hans Jessel (Hrsg.): Das große Sylt Buch, Hamburg 1996, S. 354-363.

Dieter Röttger: Sonnen, Wellen, Wolken. Aquarelle 1968 bis 1984, Hamburg 1984.

Dieter Röttger und **Manfred Wedemeyer** (Hrsg.): Dieter Röttger – Erdlebenbilder, Farbige Tuscheblätter '95/'96, Mappe mit 12 Reproduktionen und Texten, Privatdruck 1997.

Klaus Rudat: Bernstein, Husum 1985.

Wolfgang Runge: Kirchen auf Sylt, 2. Aufl., Flensburg o. J.

Alfred Rust: Artefakte aus der Zeit des Homo heidelbergensis in Süd- und Norddeutschland, Bonn 1956.

Alfred Rust: Die älteste Besiedlung des Sylter Raumes. In: Karl Kersten und Peter La Baume: Vorgeschichte der nordfriesischen Inseln, Neumünster 1958, S. 17-18.

Alfred Rust: Der primitive Mensch. In: Propyläen Weltgeschichte, Band I, Frankfurt/M.-Berlin 1986, S. 155-226.

Ernst von Salomon: Der Fragebogen, Reinbek 1961.

Ernst von Salomon: Deutschland deine Schleswig-Holsteiner, Hamburg 1971.

Ernst von Salomon: Kampen, Zuflucht für Verfemte. In: QUOVADIMUS 5 (1971), S. 14-16.

Salzwiesen im Nationalpark, Tönning o. J.

Willy Sanders: Sachsensprache – Hansesprache – Plattdeutsch, Göttingen 1982.

Ernst Sauermann (Hrsg.): Die Kunstdenkmäler des Kreises Südtondern, Berlin 1939.

Hans-Peter Sawallich: Genutzte Relikte. In: Sylt Magazin 1992a, S. 30.

Hans-Peter Sawallich: Wattenmeer-Forschung. In: Sylt Magazin 1992b, S. 46-48.

Hans-Peter Sawallich: Fünf Städte – ein Heim. In: Sylt Magazin 1992c, S. 188.

Peter Sawallich: Leben auf dem Ellenbogen. In: Sylt Magazin 1995, S. 186-188.

Peter Sawallich: Letzter Landwirt in Kampen. In: Sylt Magazin 1996, S. 170.

Peter Sax: Werke zur Geschichte Nordfrieslands und Dithmarschens. Band 3, Sankt Peter-Ording 1984.

U. Schaefer: Gaffel-Schoner in Nord- und Ostsee, 1990.

Walter Schattke: Das Reetdach, Schleswig 1981.
Reinhard Scheiblich und **Hans Helge Staack:** Leuchttürme Lexikon, Hamburg 2002.
Ernst Schlee: Maler auf Sylt, Flensburg 1962.
Ernst Schlee: Altes und neues Sylt: das geistige Bild der Insel. In: Margot und Nico Hansen (Hrsg): Sylt – Geschichte und Gestalt einer Insel, Itzehoe-Voßkate 1967; 2. Aufl. des Sonderdrucks, Münsterdorf 1975, S. 147-148 u. 161-189.
Ernst Schlee: Spuren des frühen Jugendstils in Schleswig-Holstein. In: Nordelbingen 57 (1988), S. 111-136.
Ernst Schlee: Die Zeichnerin Helene Varges (1877-1947). In: Nordelbingen 61 (1992a), S. 181-200.
Ernst Schlee: Wiedergefunden – Sylt als Künstler-Insel. In: Zwischen Eider und Wiedau 1992, S. 30-32.
Schleswig-Holsteinischer Heimatbund e. V. (Hrsg.): Trachten und Brauchtum der Insel Sylt, Kiel o. J.
Schleswig-Holsteinischer Landkreistag (Hrsg.): 125 Jahre Kreise in Schleswig-Holstein, Neumünster 1992.
Schleswig-Holsteinisches Landesmuseum (Hrsg.): Künstlerinsel Sylt, Schleswig 1983.
Ekkehard Schmidt: Nachrichten von der Insul Sylt. Zusammengetragen 1758. Von Martin Richard Flor. In: Nordfriesisches Jahrbuch 10 (1974a), S. 51-92.
Ekkehard Schmidt: Verzeichnis der Pflanzen und Tiere auf der Insel Sylt um 1735 nach M. R. Flor. In: Nordfriesisches Jahrbuch 10 (1974b), S. 93-96.
Ekkehard Schmidt: Der Sylter Chronist M. R. Flor und die Entstehung seiner Beschreibung der Insel Sylt. In: Nordfriesisches Jahrbuch 10 (1974c), S. 97-132.
Hermann Schmidt: Die Windmühlen der Insel Sylt, Husum 1937a.
Hermann Schmidt: Zur Chronik des Ortes Tinnum. In: Sylter Nachrichten Nr. 69, 79, 83, 90, 95, 100 (März/April 1937).
Hermann Schmidt: Über Deicharbeiten der Holländer auf Sylt (1625-1634). In: Jahrbuch des Nordfriesischen Vereins 25 (1938), S. 74-93.
Hermann Schmidt: Ostereierwerfen und -rollen auf Sylt. In: Die Heimat 49 (1939), S. 51-53.
Hermann Schmidt: Vom Fischfang der Sylter in vergangenen Tagen, Tinnum 1942.
Hermann Schmidt: Zur Geschichte des Syltringischen Schrifttums. In: Friesisches Jahrbuch 1961, S. 59-97 u. 1976, S. 120-130.
Hermann Schmidt: Andreas Hübbe als Förderer friesischer Bestrebungen zur Spracherhaltung. In: Jahrbuch des Nordfriesischen Vereins 35 (1964), S. 160-176.
Hermann Schmidt: Söl'ring Steken üp Riimen, Bräist 1966.
Hermann Schmidt: Wörterbuch der Sylterfriesischen Sprache (Söl'ring Uurterbok), Keitum 1969a.
Hermann Schmidt: Pua Moders, der Schelm von Sylt, Westerland 1969b.
Hermann Schmidt: Wörterbuch Hochdeutsch/Sylterfriesisch (Dütsk/Söl'ring), Keitum 1972.
Hermann Schmidt: Wilhelm Krüger zum Gedenken. In: Nordfriesland Nr. 32 (November 1974), S. 197-198.
Hermann Schmidt: Von der Jagd auf Sylt. In: Zwischen Eider und Wiedau 1976a, S. 202-210.
Hermann Schmidt: Zur Geschichte des Syltringischen Schrifttums. In: Nordfriesisches Jahrbuch 12 (1976b), S. 120-130.
Hermann Schmidt: Boy Peter Möller. In: Zwischen Eider und Wiedau 1978a, S. 146-156.
Hermann Schmidt: Henning Rinken, ein Sylter Chronist. In: Zwischen Eider und Wiedau 1978b, S. 156-159.
Hermann Schmidt: Boy Peter Möller. In: Zwischen Eider und Wiedau 1979a, S. 208-212.
Hermann Schmidt: Hans Lassen. In: Nordfriesisches Jahrbuch 15 (1979b), S. 5.
Hermann Schmidt und **Andreas Reinhardt:** C. P. Hansen. Der Chronist der Insel Sylt, Husum 1979.
Karl Schmidt: Einkünfte des Morsumer Pastorats 1570-1670. In: Nordfriesisches Jahrbuch 21 (1985), S. 179-194.
Karl Schmidt: Die Lyrik Jens Mungards. In: Nordfriesisches Jahrbuch 25 (1989a), S. 17-25.
Karl Schmidt: Neuigkeiten aus alter Zeit. I: Die dienstlichen Sorgen des Keitumer Pastors Jacobus Cruppius (1637-1708). In: Nordfriesisches Jahrbuch 25 (1989), S. 109-122.
Karl Schmidt und **Nils Århammar:** Neuigkeiten aus alter Zeit. II: Einkünfte von Pastorat und Kirche zu Westerland auf Sylt nebst anderen Nachrichten aus dem 17. Jahrhundert. Mit sachlich-sprachlichen und namenkundlichen Erläuterungen. In: Nordfriesisches Jahrbuch 26/27 (1990/91), S. 75-98.
Peter Schmidt-Eppendorf: Der Sylter Chronist Hans Kielholt, Münsterdorf 1972.
Peter Schmidt-Eppendorf: Sylt – Memoiren einer Insel, Husum 1977.
Asmus Schmidt-Petersen: Die Orts- und Flurnamen der Insel Sylt, Hamburg 1974.
Karl Schmidt-Rodenäs: Sylter Geschlechter um und nach Lorenz Petersen de haan, Bräist/Bredstedt 1981.
Karl Schmidt-Rodenäs: Die Lyrik Jens Mungards. Eine Formstudie. In. Nordfriesisches Jahrbuch 25 (1989), S. 17-25.
Kurt-Dietmar Schmidtke: Die Entstehung Schleswig-Holsteins, Neumünster 1992.
Elke Schneefuß: Das Rote Kliff, München 2001.
Hans Scholz: Am grünen Strand der Spree, Hamburg 1955.
Erk-Uwe Schrahé: Deutsch-Söl'ring zum Söl'ring Uurterbok, Wörterbuch der Sylter Mundart von Boy P. Möller, Rantum 1990 (Privatdruck).
Erk-Uwe Schrahé: Friesische Haus- und Straßennamen, 2. Aufl., Keitum 1994.
Hermann Schreiber: Die wilden Sechziger sind vor-

bei: Sylt und die Prominenz. In: Hans Jessel (Hrsg.): Das große Sylt-Buch, Hamburg 1996, S. 84-89.
Johannes v. Schröder: Topographie des Herzogthums Schleswig, Oldenburg (Holstein) 1854.
Ulrich Schulte-Wülwer: Richard von Hagn – ein Malerleben zwischen Husum und Dresden, Husum 1963.
Ulrich Schulte-Wülwer: Malerei in Schleswig-Holstein, Heide 1989.
Ulrich Schulte-Wülwer: Sylt in der Malerei, Heide 1996.
Bernhardine Schulze-Smidt alias E. Oswald: Inge von Rantum. Eine Sylter Novelle, Frankfurt/M. 1881.
Bodo Schütt: Jahr der Insel, Flensburg 1968.
Bodo Schütt: Sylt ist mein Haus, Kampen 1974.
Bodo Schütt: Nördliche Küste, Kampen 1979.
Schutzgemeinschaft Deutsche Nordseeküste (Hrsg.): Geht es der Nordsee besser? Wilhelmshaven 1993.
Schutzstation Wattenmeer: Schützt Wattnatur in Sylt-Ost, Rendsburg o. J.
Schutzstation Wattenmeer: Portrait einer Vereinsarbeit, o. O. 1987.
Schutzstation Wattenmeer (Hrsg.): Synchrone Sichtungsbeobachtungen von Schweinswalen vor Sylt, Rendsburg 1993a.
Schutzstation Wattenmeer (Hrsg.): Das Watt – Lebensraum auf den zweiten Blick, Kiel 1993b.
Klaus Schwarzer: Das Morsum-Kliff und seine Ausbreitung unter den nördlich vorgelagerten Wattsedimenten. In: Egon T. Degens, Gero Hillmer und **Christian Spaeth** (Hrsg.): Exkursionsführer Erdgeschichte des Nordsee- und Ostseeraumes, Hamburg 1984, S. 251-282.
Heinz Seehase: Die Fischerei in Schleswig-Holstein, Hamburg 1935.
Seevögel, Band 18 (1997), Sonderheft.
Martin Segschneider: Hünengrab und Brunnenring – Archäologie Nordfrieslands. In: Thomas Steensen (Hrsg.): Das große Nordfriesland-Buch, Hamburg 2000, S. 108-121.
Brigitta Seidel: Küstenfischerei in Nordfriesland, Husum 1999.
Ernst W. Selmer: Sylterfriesische Studien, Kristiania 1921, S. 1.
SF = Söl'ring Foriining (Hrsg.): Jahresberichte 1984-2002.
SHBL = Schleswig-Holsteinisches Biographisches Lexikon.
SHL = Schleswig-Holsteinisches Landesmuseum (Hrsg.): Künstlerinsel Sylt, Schleswig 1983.
Wilhelm Siemens: Dechtings, Bräist/Bredstedt 1981.
Wilhelm Siemens: Staatjis, Bräist/Bredstedt 1982.
Wilhelm Siemens stuarev. In: Nordfriesland Nr. 71 (September 1984), S. 67-68.
H. Siercks: Christian Jensen, der Kämpfer für friesisches Volkstum. In: Die Heimat 27 (1917), S. 10-15.
Sven Simon (Hrsg.): Sylt – Abenteuer einer Insel, Hamburg 1980.
SLL = Sylter Land und Leute, Heimatbeilage der Sylter Zeitung, 1927-1940.
Martin Söhl: Über die nordfriesische Auster. In: Nordfriesisches Jahrbuch 24 (1988), S. 261-276.
Söl'ring Foriining (Hrsg.): Jahresberichte 1984-2002.
Söl'ring Foriining (Hrsg.): Museen in Keitum, Keitum 1995.
Söl'ring Steken üp Riimen. Saamelt en ütsaacht fan Hermann Schmidt, Bräist 1966.
Uwe Sönnichsen und **Jochen Moseberg:** Wenn die Deiche brechen, Husum 1994.
Frank Spiegel: Volumina von Tidebecken im nordfriesischen Wattenmeer. In: Umweltbundesamt (Hrsg.): Umweltatlas Wattenmeer. Bd. 1: Nordfriesisches und Dithmarscher Wattenmeer, Stuttgart 1998, S. 46-47.
Heinz Spielmann und **Susanne Timm:** Wenzel Hablik. Bestandskatalog seiner Werke im Schleswig-Holsteinischen Landesmuseum Schloß Gottorf, Schleswig, Schleswig 1990.
Rolf Spreckelsen: Sylter Leuchtfeuer und Seezeichen, Westerland 1968.
Rolf Spreckelsen: Nordseebad Wenningstedt a. Sylt, Hamburg 1977.
Rolf Spreckelsen: Nordseebad Kampen auf Sylt. Die Geschichte des Bades, Hamburg 1978a.
Rolf Spreckelsen: Der Braderuper Kapitän und Landesgevollmächtigte Andreas Hansen. In: Söl'ring Foriining (Hrsg.): Jahresbericht 1978b, S. 17-23.
Rolf Spreckelsen: Chronik der Norddörfer auf Sylt. Wenningstedt, Braderup, Kampen. Band 1: Allgemeiner Teil, Bräist/Bredstedt 1981; Band 2: Hauschroniken des Ortes Wenningstedt, Keitum/Sylt 1991; Band 3: Hauschroniken des Ortes Braderup, Keitum/Sylt 1992; Band 4: Hauschroniken des Ortes Kampen, Keitum/Sylt 1991.
Rolf Spreckelsen: Das Fährhaus Munkmarsch. In: Der Maueranker 4 (Dezember 1992), S. 4-11.
Rolf Spreckelsen: Kampen-Sylt. Ein Flirt fürs Leben, Hamburg 1996.
Siegward Sprotte: Meditationen im Sand oder Wie ich nach Sylt kam und blieb. In: Nordfriesisches Jahrbuch 8 (1972), S. 172-183.
Robert Stadelmann: Meer – Deiche – Land, Neumünster 1981.
Stadttheater Gießen (Hrsg.): Programmheft zum 8. Sinfoniekonzert, Spielzeit 1999/2000. Darin: Der einzige Schüler von Johannes Brahms.
Thomas Steensen: Jens Mungard. In: Nordfriesland Nr. 63/64 (November 1982), S. 102-104.
Thomas Steensen: Friesischer Schulunterricht in den zwanziger Jahren. In: Nordfriesland Nr. 68 (Dezember 1983), S. 113-120.
Thomas Steensen: Die friesische Bewegung in Nordfriesland im 19. und 20. Jahrhundert, 2 Bände,

Neumünster 1986.
Thomas Steensen: Conrad Borchling und die nordfriesische Bewegung. In: Nordfriesisches Jahrbuch 23 (1987a), S. 15-26.
Thomas Steensen: Geschichte und Gegenwart der Husumer Nachrichten. Ein Blick auf die Entwicklung der Presse in Nordfriesland. In: Nordfriesland, Nr. 79/80 (Dezember 1987b), S. 73-80.
Thomas Steensen: Judenverfolgung in Nordfriesland. Spuren in nordfriesischen Zeitungen 1933-1939. In: Nordfriesland, Nr. 84 (Dezember 1988), S. 11-16.
Thomas Steensen: Heimatgeschichte mit Engagement. C.-P.-Hansen-Preis für Harald Voigt. In: Nordfriesland Nr. 85 (März 1989a), S. 23-24.
Thomas Steensen: Streifzüge durch die Geschichte Nordfrieslands. Friesische Sprache und friesische Bewegung, Husum 1989b, 3. Aufl. 1996.
Thomas Steensen (Hrsg.): Die friesische Freiheit, Bräist/Bredstedt 1990.
Thomas Steensen (Hrsg.): Deichbau und Sturmfluten in den Frieslanden, Bräist/Bredstedt 1992a.
Thomas Steensen: „In Land und Stadt das Heimatblatt". Zur Zeitungslandschaft in Schleswig-Holstein – insbesondere Nordfriesland – während der Weimarer Republik. In: Werner Paravicini (Hrsg.): Mare Balticum. Festschrift für Erich Hoffmann, Sigmaringen 1992b, S. 391-412.
Thomas Steensen (Red.): Nationalsozialismus in Nordfriesland, Bräist/Bredstedt 1993a.
Thomas Steensen: Die Friesen in Schleswig-Holstein. In: Minderheiten im deutsch-dänischen Grenzbereich. Hrsg. von der Landeszentrale für Politische Bildung, Kiel 1993b, S. 159-196.
Thomas Steensen: Wer sind die Friesen? Bräist/Bredstedt 1994; 2. Aufl. 2001.
Thomas Steensen: Nordfriesland im 19. und 20. Jahrhundert. In: Geschichte Nordfrieslands, 2. Aufl., Heide 1996a, S. 205-435 u. 441-454.
Thomas Steensen: Friesischer Schulunterricht im Meinungsstreit – Sylt 1909/10. In: A Frisian and Germanic Miscellany, Odense/Bredstedt 1996b, S. 223-239.
Thomas Steensen: Grundtatsachen zur Zwei- und Mehrsprachigkeit, Bräist/Bredstedt 1998.
Thomas Steensen: Zwei Jahrhunderte nordfriesischer Literatur – ein kurzer Rück- und Ausblick. In: Helga Bleckwenn (Hrsg.): Cimbria literata. Horst Joachim Frank zu Ehren. Zeitschrift für Kultur- und Bildungswissenschaften 8 (1999), S. 121-127.
Thomas Steensen (Hrsg.): Das große Nordfriesland-Buch, Hamburg 2000.
Thomas Steensen: Sprache(n) an der deutschen Nordseeküste. In: Jürgen Newig und Hans Theede: Tradition und Kultur an der deutschen Nordseeküste, Hamburg 2001a, S. 22-35.
Thomas Steensen: Zur Geschichte der interfriesischen Beziehungen. In: Die Friesen – ein Volk für sich? Beiträge über Geschichte, Sprache und Gegenwart zum Friesenkongreß 2000 in Jever/Friesland, Aurich 2001b, S. 9-20.
Thomas Steensen: Das Wattenmeer als Weltkulturerbe? Ein Diskussionsbeitrag. In: Nordfriesland Nr. 134 (September 2001c), S. 12-17.
Thomas Steensen: Geschichte Nordfrieslands in der Neuzeit. In: Horst Haider Munske (Hrsg.): Handbuch des Friesischen, Tübingen 2001d, S. 686-697.
Thomas Steensen: Zur Entstehung und Entwicklung interfriesischer Beziehungen. In: Horst Haider Munske (Hrsg.): Handbuch des Friesischen, Tübingen 2001e, S. 698-703.
Thomas Steensen: 100 Jahre Nordfriesischer Verein. In: Nordfriesland Nr. 138 (Juni 2002a), S. 10-18.
Thomas Steensen: Friesischer Schulunterricht im 20. und 21. Jahrhundert. In: Nordfriesisches Jahrbuch 37 (2002b).
Walther Steller: Erich Johannsen, de skriuwer fan de „Frier fan Marssum". In: It Beaken 15 (1953), S. 38-43.
Dieter Stellmacher: Niederdeutsche Sprache. Eine Einführung, Bern 1990.
Martin Stock, Herbert Zucchi, Hans-Heiner Bergmann, Klaus Hinrichs: Watt. Lebensraum zwischen Land und Meer, Heide 1995.
Siegrid Stojan: C.-P.-Hansen-Preis für Hugo Green, Laudatio. In: Nordfriesland Nr. 29 (Februar 1974), S. 9-11.
Gerd Stolz: Die „Eroberung" der nordfriesischen Inseln im Jahre 1864, Husum 1988.
Richard Stöpel: Geschlechter kommen und gehen. Versuch einer Geschichte Sylts, Band I, Westerland 1925, Band II, Westerland 1927.
Theodor Storm: Sylter Novelle (herausgegeben von Karl Ernst Laage), Heide o. J.
Hans-Jürgen Stöver: Von der Inselbahn und den Bäderschiffen Sylts, Schleswig 1979.
Hans-Jürgen Stöver: Westerland auf Sylt. Das Bad im Wandel der Zeiten, Husum 1980.
Hans-Jürgen Stöver: Sylter Inselbahn I-IV, Die Kleine Sylt Serie, Wenningstedt/Sylt 1989-1991.
Hans-Jürgen Stöver: Die Windmühlen der Insel Sylt, Wenningstedt/Sylt 1990.
Hans-Jürgen Stöver (Hrsg.): Festschrift 700 Jahre List auf Sylt 1292-1992, Wenningstedt 1992.
Hans-Jürgen Stöver: Die Kleine Sylt Serie, Wenningstedt 1993.
Heinz Streble: Was find ich am Strande? 5. Aufl., Stuttgart 1990.
H. E. Stremme: Die Insel Sylt im Eiszeitalter. In: Egon T. Degens, Gero Hillmer und Christian Spaeth (Hrsg.): Exkursionsführer Erdgeschichte des Nordsee- und Ostseeraumes, Hamburg 1984, S. 283-296.
Karl Wilhelm Struve: Karl Kersten 70 Jahre alt. In: Offa 35 (1978), S. 5-7.
Kurt Joachim Struve: Sonne über Sylt, 3., völlig neu gestaltete Aufl., Kiel 1976.

Kurt Struve: Sylt. Ein Bilder- und Lesebuch, Hamburg und Zürich 1986.
Peter Suhrkamp: Die nordfriesische Insel. In: Margot und Nico Hansen (Hrsg): Sylt – Geschichte und Gestalt einer Insel, Itzehoe-Voßkate 1967, S. 6-10.
Sydslesvig i dag, København 1955/56, S. 186-191.
Syltbild Stöver (Hrsg.): Festschrift 700 Jahre List auf Sylt 1292-1992, Wenningstedt 1992.
Sylter Archiv.
Sylter Land und Leute, Heimatbeilage der Sylter Zeitung, 1927-1940.
Sylt Magazin – Für Urlauber und Insulaner, Ausgaben 1986-2002.
H. Szymanski: Deutsche Segelschiffe, Berlin 1934.

Kurt Lothar Tank: Kampens literarische Welt. In: Merian 14 (1961), Heft 3 (Nordfriesische Inseln und Helgoland), S. 24-26.
Kurt Lothar Tank: Sylter Sommer, Hamburg 1972.
Kurt Lothar Tank: Sylter Lesebuch, Frankfurt/M. - Berlin 1986.
Claus Tegtmeier: Morsum Kliff auf Sylt. Annäherung an eine Landschaft, Husum 1994.
Manfred Temme: In memoriam Prof. Dr. Herbert Bruns. In. Corax, Veröffentlichungen der Ornithologischen Arbeitsgemeinschaft für Schleswig-Holstein und Hamburg e. V., Band 17, Heft 4/1999, S. 365-366.
Rolf L. Temming (Hrsg.): Seemanns-Sagen und Schiffer-Märchen, gesammelt von Heinrich Smidt, Husum 1995.
Lütje Hinrich Thaysen: Das Dorf Archsum. Die Archsumer Schulgebäude und einiges drum herum, Archsum/Sylt 2001.
Manfred Thies: Biologie des Wattenmeeres, Köln 1985.
Maria-Gesine Thies: Natur und geformte Natur – zum Werk des Malers Walther Kunau. In: Schleswig-Holstein 3/1997, S. 5-7.
Maria-Gesine Thies (Red.): Boy Lornsen als Schriftsteller und Bildhauer, (Keitum) 1998.
Maria-Gesine Thies: Sylt – gesehen und erinnert. Die Insel in der künstlerischen Betrachtung Walther Kunaus. In: Schleswig-Holstein 10/2001, S. 7-10.
Maria-Gesine Thies und **Silke v. Bremen-Jessel:** Museen in Keitum, Keitum 1995.
Jakob Tholund: Chronik der Stadt Wyk auf Föhr. In: Wyk auf Föhr – Geschichte und Bild eines Nordseebades, Heide 1969, S. 9-64.
Jakob Tholund: Quo vadis, Sylt? Quo vadis, Nordfriesland? Ansprache zum 75jährigen Jubiläum der Söl'ring Foriining. In: Nordfriesland Nr. 56 (Dezember 1980), S. 121-126.
Jakob Tholund: Eine Stimme für Nordfriesland, Bräist/Bredstedt 1993.
Jakob Tholund: Eilunsfresken – Inselfriesen. Lebensbilder aus Nordfriesland, Bräist/Bredstedt 1995.
Jakob Tholund: Biikebrennen, Boßeln und Rummelpott – Sitten und Brauchtum. In: Thomas Steensen (Hrsg.): Das große Nordfriesland-Buch, Hamburg 2000a, S. 322-325.
Jakob Tholund: Grüne Insel im Wattenmeer: Föhr. In: Thomas Steensen (Hrsg.): Das große Nordfriesland-Buch, Hamburg 2000b, S. 430-439.
Wolfgang Thoms: C. P. Hansen: Zum Schutze der Seevögel auf Sylt. In: Zwischen Eider und Wiedau 1977, S. 138-140.
Annelie und **Andrew Thorndike** und **Karl Raddatz:** Urlaub auf Sylt, Berlin 1958.
Clara Tiedemann: Kampener Skizzen, Begegnungen, Gespräche, Schicksale, 3. Aufl., Münsterdorf 1985.
Ulf Timmermann: Ein Beitrag zur inselnordfriesischen Personennamenkunde? In: Nordfriesisches Jahrbuch 11 (1975), S. 193-197.
Ulf Timmermann: Nils Århammar – Werdegang und Tätigkeit. In: A Frisian and Germanic Miscellany. Published in Honour of Nils Århammar, Odense/Bredstedt 1996, S. IX-XVIII.
Ulf Timmermann: Nordfriesische Ortsnamen. In: Horst Haider Munske (Hrsg.): Handbuch des Friesischen/Handbook of Frisian Studies, Tübungen 2001a, S. 366-381.
Ulf Timmermann: Nordfriesische Personennamen. In: Horst Haider Munske (Hrsg.): Handbuch des Friesischen/Handbook of Frisian Studies, Tübungen 2001b, S. 381-395.
Eberhard Tschepe: Hörnum und der Süden von Sylt, Ludwigsburg 1986.

Palle Uhd Jepsen: Jordsand – Vogelinsel im Wattenmeer. Geschichte und Natur Dänemarks einziger Hallig, Esbjerg 1977.
Umweltamt des Kreises Nordfriesland: Verzeichnis der nach Abschnitt IV des Landschaftspflegegesetzes geschützten Gebiete und Gegenstände, Husum o. J.
Umweltbundesamt (Hrsg.): Umweltatlas Wattenmeer. Bd. 1: Nordfriesisches und Dithmarscher Wattenmeer, Stuttgart 1998.

August Wilhelm Vahlendieck: Das Witte Kliff von Helgoland, Bräist/Bredstedt 1992.
Helene Varges: Flutkante und Inselflora, Westerland 1923.
Helene Varges: Insel Sylt – Zwölf Federzeichnungen, Westerland 1928.
Verein Naturschutz Insel Sylt, Bürgerinitiative Sylt, Naturschutzgemeinschaft Sylt e. V. (Hrsg.): 70 Jahre Naturschutz auf Sylt, Wenningstedt-Braderup 1994.
Verkehrsverein Kampen/Sylt e. V. 75 Jahre 1921-1996, o. O. 1996.

Harald Voigt: Geschichte der Insel Sylt. In: Margot und Nico Hansen (Hrsg.): Sylt – Geschichte und

Gestalt einer Insel, Itzehoe 1967, S. 34-36, 49-64 u. 77-81.
Harald Voigt: Die Ausübung des Strandrechts auf Sylt 1918-1939 als Spiegelbild der wirtschaftlichen Verhältnisse. In: Nordfriesisches Jahrbuch 11 (1975), S. 65-71.
Harald Voigt: Die Toten des Sylter Strandes – Poesie und Wirklichkeit. In: Nordfriesisches Jahrbuch 12 (1976), S. 131-150.
Harald Voigt: Der Sylter Weg ins Dritte Reich, Münsterdorf 1977a.
Harald Voigt: 50 Jahre Hindenburgdamm, Münsterdorf 1977b.
Harald Voigt: Nordfriesische Seeleute um 1800. Verklarungsprotokolle als Quelle regionalgeschichtlicher Forschung. In: Nordfriesisches Jahrbuch 13 (1977c), S. 81-105.
Harald Voigt: „Als ob sie förmlich bey ihnen in die Lehre gegeben" – Nordfriesische Seeleute als Ausbilder auf russischen Walfängern um 1800. In: Nordfriesisches Jahrbuch 15 (1979), S. 71-79.
Harald Voigt: Die „Reise ins Eismeer und nach den Küsten von Grönland und Spitzbergen im Jahre 1801" des Friedrich Gottlob Köhler, Seilermeister in Pirna, Leipzig 1820. In: Nordfriesisches Jahrbuch 18/19 (1982/83), S. 155-179.
Harald Voigt: 1436-1986, 550 Jahre Westerland-Wäästerlön. Eine Chronik, Westerland/Sylt 1986a.
Harald Voigt: Nordfriesische Seeleute in der Altonaer Grönlandfahrt von 1788 bis 1838. In: Nordfriesisches Jahrbuch 22 (1986b), S. 87-157.
Harald Voigt: Die Nordfriesen auf den Hamburger Wal- und Robbenfängern 1669-1839, Neumünster 1987a.
Harald Voigt: Nordfriesische Seeleute in der Altonaer Grönlandfahrt von 1788 bis 1838. Teil II. In: Nordfriesisches Jahrbuch 23 (1987b), S. 151-277.
Harald Voigt: Die Festung Sylt. Geschichte und Entwicklung der Insel Sylt unter militärischem Einfluß 1894-1945, Bräist/Bredstedt 1992; 3. Aufl. 1997.
Harald Voigt: 100 Jahre Elektrizität auf der Insel Sylt, Westerland 1993a.
Harald Voigt: Die geschichtliche Entwicklung Sylts im Rahmen der nationalsozialistischen Aufrüstungspolitik. In: Thomas Steensen (Red.): Nationalsozialismus in Nordfriesland, Bräist/Bredstedt 1993b.
Sönnich Volquardsen: Lebensspuren eines „Schutzhäftlings". Das Schicksal Ludwig Borstelmanns. In: Nordfriesisches Jahrbuch 34 (1998), S. 9-37.
Carl Voss: Meisterwerke der nordfriesischen Baukunst, Bredstedt 1975.
Erich und Erika Voß: Die Stavenbesitzer und ihre Familien im alten Keitum (1709-1875), Keitum 1987.
Erich Voß: Frödde Frödden, Fürstlicher Landvogt der Landschaft Sylt von 1623 bis 1635 und seine Familie. In: Nordfriesisches Jahrbuch 29 (1993), S. 53-103.
Erich Voß: Auf der Suche nach Bildnissen Uwe Jens Lornsens. Versuch einer Dokumentation. In: Zeitschrift der Gesellschaft für Schleswig-Holsteinische Geschichte 122 (1997), S. 390-409.

Karl-Heinz Walloch: Das Sylt Lesebuch, Hamburg 1995.
Karl-Heinz Walloch: Fährhaus Munkmarsch a. Sylt. Geschichte in Geschichten, Morsum 1999.
Manfred Wedemeyer: Hans Nikolai Frenssen. Uwe Jens Lornsens Nachfolger in der Sylter Landvogtei. In: Die Heimat 74 (1967), S. 34-39.
Manfred Wedemeyer: Sylter Literaturgeschichte in einer Stunde, Münsterdorf o. J. (1971).
Manfred Wedemeyer: Die Bedeutung der Vogelkoje Kampen auf Sylt. In: Jahrbuch für Naturschutz und Landschaftspflege 21 (1972), S. 120-123.
Manfred Wedemeyer: In memoriam Hugo Krohn. In: Nordfriesland Nr. 26 (Mai 1973), S. 71-72.
Manfred Wedemeyer: Die Vogelkoje Kampen. Ein Sylter Naturschutzgebiet, Heide 1974.
Manfred Wedemeyer: Sylt – ein Führer durch die Inselwelt, Berlin-New York 1975a.
Manfred Wedemeyer: Sylts literarische Welt. In: Merian: Sylt – Amrum – Föhr, Heft 5, 28. Jahrgang (1975b), S. 100 u. 102.
Manfred Wedemeyer: Grüße von Sylt, Schleswig 1977a.
Manfred Wedemeyer: In memoriam Knud Ahlborn. In: Nordfriesland Nr. 41 (August 1977b), S. 3-4.
Manfred Wedemeyer: Jens Booysen – Chronist, Kommunalpolitiker und Handelsschiffskapitän im „goldenen Zeitalter" der Insel Sylt. In: Die Heimat 84 (1977c), S. 283-288.
Manfred Wedemeyer: In memoriam Kurt Lothar Tank. In: Nordfriesland Nr. 45/46 (August 1978a), S. 3.
Manfred Wedemeyer: Der Maler Andreas Dirks. Ein Sylter Künstlerschicksal. In: Nordfriesland Nr. 45/46 (August 1978b), S. 48-56.
Manfred Wedemeyer: Miramar – Ein Haus auf Vorposten. In: Die Heimat 87 (1980), S. 193-196.
Manfred Wedemeyer: Die Verurteilung von Jap P. Hansen im Jahre 1835. In: Die Heimat 88 (1981a), S. 200-202.
Manfred Wedemeyer: „Die Meernatur der Insel hat mich gebannt": Der Maler Albert Aereboe in List und Kampen auf Sylt. In: Die Heimat 88 (1981b), S. 302-304.
Manfred Wedemeyer: C. P. Hansen und seine Verleger. In: Nordfriesland Nr. 58-60 (Dezember 1981c), S. 82-85.
Manfred Wedemeyer: C. P. Hansen – Der Lehrer von Sylt, Schleswig 1982a.
Manfred Wedemeyer: Der Sylter Patriot C. P. Hansen – Sein Verhältnis zu Dänemark 1824-1879. In: Die Heimat 89 (1982b), S. 306-309.
Manfred Wedemeyer: „Die blaue Frau" in Keitum.

Ein Ölbild von Hans Hartig. In: Die Heimat 89 (1982c), S. 429-430.
Manfred Wedemeyer: „Nichtchristliche Gäste verbeten." Der Antisemitismus auf Sylt. In: Die Heimat 90 (1983), S. 9-12.
Manfred Wedemeyer: Ein unbekannter Brief von C. P. Hansen. In: Die Heimat 92 (1985), S. 24-27.
Manfred Wedemeyer: Käuze, Künstler, Kenner – kaum gekanntes Sylt, Essen 1986.
Manfred Wedemeyer: Die schönsten Sagen der Insel Sylt, Essen 1988.
Manfred Wedemeyer: Westerland in alten Ansichten, Zaltbommel/Niederlande 1989a.
Manfred Wedemeyer: 100 Jahre Westerländer Musikverein 1889-1989. Ein Beitrag zur Geschichte der Geselligkeit auf Sylt, Westerland 1989b.
Manfred Wedemeyer: Der Sylter Photopionier Paul Ebe Nickelsen und sein Schüler Bernhard Lassen, Westerland 1989c.
Manfred Wedemeyer: Sylter Schmöker-Lexikon, Essen 1991a.
Manfred Wedemeyer: Gott segne das Rettungswerk. 100 Jahre Freiwilliges Rettungs-Corps Westerland 1891-1991. In: Die Heimat 98 (1991b), S. 293-295.
Manfred Wedemeyer: „Kampen war immer meine Zuflucht, wenn die Zeiten mulmig waren." Ernst von Salomon und die Insel Sylt. In: Die Heimat 99 (1992a), S. 141-143.
Manfred Wedemeyer: „Baden ist besser als Briefe schreiben." Siegfried Jacobsohns Sommerredaktion der „Weltbühne" auf Sylt. In: Die Heimat 99 (1992b), S. 165-168.
Manfred Wedemeyer: 700 Jahre List auf Sylt 1292-1992. In: Die Heimat 99 (1992c), S. 252-255.
Manfred Wedemeyer: 100 Jahre Freiwilliges Rettungs-Corps Westerland. In: Zwischen Eider und Wiedau 1992, S. 25-29.
Manfred Wedemeyer: Kleine Geschichte der Insel Sylt, Essen 1993a.
Manfred Wedemeyer: Der Sylter Vogelbeobachter Meinert B. Hagendefeldt (1866-1914). In: Die Heimat 100 (1993b), S. 199-202.
Manfred Wedemeyer: Ferdinand Avenarius – Vorkämpfer des Naturschutzes auf Sylt. In: Die Heimat 102 (1995), S. 194-197.
Manfred Wedemeyer: Von der Entenfalle zur Vogelschutzstätte: Die Kampener Vogelkoje. In: Hans Jessel (Hrsg.): Das große Sylt-Buch, Hamburg 1996a, S. 144-149.
Manfred Wedemeyer: „Unter allen Umständen bade man ohne Kleider...": Zur Geschichte des Nacktbadens auf Sylt. In: Hans Jessel (Hrsg.): Das große Sylt-Buch, Hamburg 1996b, S. 182-185.
Manfred Wedemeyer: Humanität, Naturliebe und Heimatkunde. Leben und Werk von Margarete Boie (1880-1946). In: Arno Bammé, Gerhard Jastram, Ingrid Reschenberg, Christina Tadsen (Hrsg.): Zu früh zum Aufbruch? Schriftstellerinnen im Nordfriesland der Jahrhundertwende, Bräist/Bredstedt 1996c.
Manfred Wedemeyer: „Kampen – nicht nur eine Insel im Raum, auch eine Insel in der Zeit" – Die kulturelle Entwicklung des Nordseebades. In: Die Heimat 103 (1996d), S. 76-82.
Manfred Wedemeyer (Hrsg.): Margarete Boie. Die Dichterin der Insel Sylt, München/Wien 1997a.
Manfred Wedemeyer: Heinrich von Stephan und die Insel Sylt. In: Die Heimat 104 (1997b), S. 68-71.
Manfred Wedemeyer: Ein Urphänomen: Sylt. In: Thomas Steensen (Hrsg.): Das große Nordfriesland-Buch, Hamburg 2000a, S. 414-429.
Manfred Wedemeyer: Hans Nikolai Frenssen – Uwe Jens Lornsens Nachfolger in der Sylter Landvogtei. In: Schleswig-Holstein 3/2000b, S. 13-14.
Manfred Wedemeyer: Franz Korwan - ein jüdisches Schicksal auf Sylt. In: Schleswig-Holstein 6/2000c, S. 5-6.
Manfred Wedemeyer: „Die Meerluft war seinen Nerven Erquickung". Die Sommerfrische Sylt vor 100 Jahren im Tagebuch von Hans Bethge. In: Schleswig-Holstein 10/2000d, S. 5-6.
Manfred Wedemeyer: Antisemitismus auf Sylt. In: Fiete Pingel und Thomas Steensen (Hrsg.): Jüdisches Leben und Judenverfolgung in Friesland, Bräist/Bredstedt 2001, S. 112-120 u. 142.
Manfred Wedemeyer: Tiere und Pflanzen, die es in der Natur nicht gibt. Das Radierwerk von Dieter Röttger. In: Schleswig-Holstein 3/2002, S. 9-10.
Manfred Wedemeyer und **Harald Voigt:** Westerland. Bad und Stadt im Wandel der Zeit, Westerland 1980.
Manfred Wedemeyer und **Volker Weidemann:** Fidus – Magnus Weidemann. Eine Künstlerfreundschaft 1920-48, Kiel 1984.
Manfred Wedemeyer und **Nis-Peter Jessen:** Sylter Spaziergänge, Bottrop-Essen 1997.
Magnus Weidemann: Ganz neue Landschaft: In: Zwischen Eider und Wiedau 1961, S. 27-30.
Magnus Weidemann: Das Einzigartige auf der Insel Sylt. In. Nordfriesland Nr. 56 (Dezember 1980), S. 137-143.
Martin Weidemann (Hrsg.): Magnus Weidemann – Sylter Landschaftsbilder, Husum 2001.
Volker Weidemann: Magnus Weidemann – Leben und Werk. Zum 100. Geburtstag des Malers. In: Nordfriesland Nr. 56 (Dezember 1980), S. 131-136.
Hans-Günther Wenk: Die Natur- und Kulturlandschaft der Insel Sylt. In: Margot und Nico Hansen (Hrsg.): Sylt – Geschichte und Gestalt einer Insel, Itzehoe 1967, S. 82-92 u. 105-114.
Joachim Wergin: Halligleben im Wandel der Zeiten, Hamburg 1997.
Anton von Werner: Erlebnisse und Eindrücke 1870-1890, Berlin 1913.
Ferdinand Wibel: Der Gangbau des Denghoog bei Wenningstedt auf Sylt. In: Berichte der Schleswig-

Holstein-Lauenburgischen Gesellschaft für die Sammlung und Erhaltung vaterländischer Altertümer, Bd. 29, Kiel 1869.
Dietrich Wiebe: Das Programm Nord. Kulturlandschaftswandel durch raumwirksame Staatstätigkeit in Schleswig-Holstein, Paderborn 1979.
Walter Wiedecke: Sandvorspülungen vor Westerland. Untersuchungen und Schutzmaßnahmen vor dem Mittelteil der Insel. In: Nordfriesland Nr. 17/18 (Mai 1971), S. 35-42.
Peter Wieland: Küstenfibel, Heide 1990.
Gondel Wielandt: Die Lassens von Sylt. Eine Chronik der Insel und ihrer Menschen, 5. Aufl., Hamburg 1974.
Gon'el Wielandt und **Hermann Schmidt:** Söl'ring Spreekuurter en wat Söl'ring snak, Wäästerlön' 1966.
Constanze Wilken: Christian Hinrich – ein Malerleben auf Sylt, Königstein 2001.
Ommo Wilts: Jens E. Mungard. Zu seinem hundertsten Geburtstag am 9. Februar 1985. In: Nordfriesland Nr. 74 (Oktober 1985a), S. 39-43.
Ommo Wilts: Anna Gantzel. In: Nordfriesisches Jahrbuch 21 (1985b), S. 13-14.
Ommo Wilts: Üüs Sölring Liirbok/Friesisches Lehrbuch, 2. Aufl., Husum 1986.
Ommo Wilts: Hans Hoeg feierte 75. Geburtstag. In: Nordfriesland Nr. 97 (März 1992), S. 6.
Ommo Wilts: „Di Sölring Spraak auriit wü ek!": Das Friesische. In: Hans Jessel (Hrsg.): Das große Sylt Buch, Hamburg 1996, S. 324-329.
Ommo Wilts: Nordfriesland im Spiegel seiner Sprichwörter. In: Thomas Steensen (Hrsg.): Das große Nordfriesland-Buch, Hamburg 2000a, S. 248-251.
Ommo Wilts: Die nordfriesische Literatur. In: Thomas Steensen (Hrsg.): Das große Nordfriesland-Buch, Hamburg 2000b, S. 242-247.
Ommo Wilts: Die nordfriesische Literatur. In: Horst Haider Munske (Hrsg.): Handbuch des Friesischen, Tübingen 2001b, S. 396-408.
Ommo Wilts: Eine unerbittliche Instanz. Zum 100. Geburtstag von Hermann Schmidt. In: Nordfriesland Nr. 135/136 (Dezember 2001c), S. 39-42.
Annemarie Winger: Sylter Theaterplakate aus Erich Johannsens Zeit. In: Zwischen Eider und Wiedau 1980, S. 166-169.
Annemarie Winger: Sie heizten mit „Luurter" und „Kiisen". In: Sylt Magazin 1986, S. 24-25.
Annemarie Winger: Ein altes Haus, seine Bewohner und ihre Geschichte: In: Zwischen Eider und Wiedau 1987, S. 87-91.
Annemarie Winger: Was das Keitumer Kirchenbuch über Christian Peter Hansen berichtet. In: Zwischen Eider und Wiedau 1991, S. 172-173.
Annemarie Winger: Friesische Sprichwörter. In: Sylt Magazin 1992, S. 96 u. 1993, S. 211.
Reinhold Winter: Die Entwicklung der Freimaurerei auf der Insel Sylt und die Geschichte der St. Johannis-Loge „Frisia zur Nordwacht". Unveröffentlichtes Manuskript 1967 (Sylter Archiv).
Hans Dieter Wöhler: Sonnenuhren auf Sylt. Dokumentation und Ausstellung in der Stadtgalerie „Alte Post" in Westerland 6. bis 27. Juni 2002.
Gustav Wolf: Haus und Hof deutscher Bauern, 1. Band: Schleswig-Holstein, Berlin 1940.
Wilhelm Wolf: Henry Koehn auf Sylt. In: Zwischen Eider und Wiedau 1963a, S. 29-30.
Wilhelm Wolf: Meeresleuchten an Nordfrieslands Küsten. In: Zwischen Eider und Wiedau 1963b, S. 163-166.
Ulrike Wolff-Thomsen: Lexikon schleswig-holsteinischer Künstlerinnen, Heide 1994.
Jürgen Wulf: „Magnus Weidemann", Keitum-Sylt. 1880-1967, Schleswig 1980.
Georg Nikolaus Wülfke: Ueber die Sylter Landschaftsverfassung und ihre zeitgemäße Verbesserung. Hrsg. von A. L. J. Michelsen, Kiel 1831.

Karin Zander: Matthias Eisenberg. Organist in Keitum. In: Sylt Magazin 1994, S. 227-228.
Frank Zarp: Neuer Kurs der Adlerschiffe. In: Sylt Magazin 2000, S. 191-192.
Hans-Joachim Zielinski: Chancen für kranke junge Menschen. In: Sylt Magazin 2000, S. 168-169.
Carl Zuckmayer: Gedichte. In: Werkausgabe in zehn Bänden. 1920-1975, Band 3, Frankfurt/Main 1976, S. 103.
Willy Zühlke: Hand auf's Herz: was sagt Ihnen der Name Schwen (Sven) Hans Jensen? In: Zwischen Eider und Wiedau 1997, S. 124-125.
Stefan Zweig: Die Welt von gestern. Erinnerungen eines Europäers, Berlin/Frankfurt 1968.